東京大学

理 科

理科一類・理科二類・理科三類

東京大学

理二

聖文社

は　し　が　き

　おかげさまで，大学入試の「赤本」は，今年で創刊 70 周年を迎えました。

　これまで，入試問題や資料をご提供いただいた大学関係者各位，掲載許可をいただいた著作権者の皆様，各科目の解答や対策の執筆にあたられた先生方，そして，赤本を使用してくださったすべての読者の皆様に，厚く御礼を申し上げます。

　以下に，創刊初期の「赤本」のはしがきを引用します。これからも引き続き，受験生の目標の達成や，夢の実現を応援してまいります。

　本書を活用して，入試本番では持てる力を存分に発揮されることを心より願っています。

編者しるす

＊　　　＊　　　＊

　学問の塔にあこがれのまなざしをもって，それぞれの志望する大学の門をたたかんとしている受験生諸君！　人間として生まれてきた私たちは，自己の欲するままに，美しく，強く，そして何よりも人間らしく生きることをねがっている。しかし，一朝一夕にして，この純粋なのぞみが達せられることはない。私たちの行く手には，絶えずさまざまな試練がまちかまえている。この試練を克服していくところに，私たちのねがう真に人間的な世界がはじめて開かれてくるのである。

　人生最初の最大の試練として，諸君の眼前に大学入試がある。この大学入試は，精神的にも身体的にも，大きな苦痛を感ぜしめるであろう。あるスポーツに熟達するには，たゆみなき，はげしい練習を積み重ねることが必要であるように，私たちは，計画的・持続的な努力を払うことによって，この試練を克服し，次の一歩を踏みだすことができる。厳しい試練を経たのちに，はじめて満足すべき成果を獲得できるのである。

　本書は最近の入学試験の問題に，それぞれ解答を付し，さらに問題をふかく分析することによって，その大学独特の傾向や対策をさぐろうとした。本書を一般の参考書とあわせて使用し，まとはずれのない，効果的な受験勉強をされるよう期待したい。

（昭和 35 年版「赤本」はしがきより）

挑む人の、いちばんの味方

赤本創刊70周年

1954年に大学入試の過去問題集を刊行してから70年。赤本は大学に入りたいと思う受験生を応援しつづけてきました。これからも，苦しいとき落ち込むときにそばで支える存在でいたいと思います。

そして，勉強をすること，自分で道を決めること，努力が実ること，これらの喜びを読者の皆さんが感じることができるよう，伴走をつづけます。

そもそも赤本とは…

受験生のための大学入試の過去問題集！

70年の歴史を誇る赤本は，500点を超える刊行点数で全都道府県の370大学以上を網羅しており，過去問の代名詞として受験生の必須アイテムとなっています。

………… なぜ受験に過去問が必要なのか？ …………

大学入試は大学によって問題形式や頻出分野が大きく異なるからです。

記述式？

マーク式？

問題のレベルは？

時間配分は？

自分に足りないのは？

みんなの疑問に答える赤本！

頻出分野は？

どんな対策が必要？

どんな問題が出るの？

赤本で志望校を研究しよう！

赤本の掲載内容

傾向と対策

これまでの出題内容から，問題の「**傾向**」を分析し，来年度の入試に向けて具体的な「**対策**」の方法を紹介しています。

問題編・解答編

- 年度ごとに問題とその解答を掲載しています。
- 「**問題編**」ではその年度の試験概要を確認したうえで，実際に出題された過去問に取り組むことができます。
- 「**解答編**」には高校・予備校の先生方による解答が載っています。

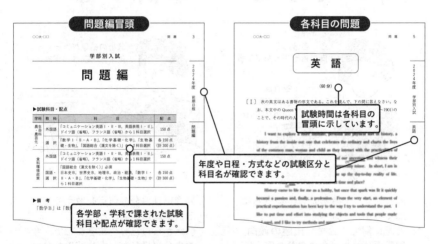

他にも，大学の基本情報や，先輩受験生の合格体験記，在学生からのメッセージなどが載っていることがあります。

2024年度から見やすいデザインに！ NEW

掲載内容について

著作権上の理由やその他編集上の都合により問題や解答の一部を割愛している場合があります。なお，指定校推薦入試，社会人入試，編入学試験，帰国生入試などの特別入試，英語以外の外国語科目，商業・工業科目は，原則として掲載しておりません。また試験科目は変更される場合がありますので，あらかじめご了承ください。

過去問に始まり，

STEP 1
なにはともあれ

まずは
解いてみる

しずかに…
今，自分の心と
向き合ってるんだから

ムーン

それは
問題を解いて
からだホン！

過去問は，**できるだけ早いうちに
解くのがオススメ！**
実際に解くことで，**出題の傾向，
問題のレベル，今の自分の実力**が
つかめます。

STEP 2
じっくり具体的に

弱点を
分析する

分析の結果だけど
英・数・国が苦手みたい

スリー

必須科目だホン
頑張るホン

間違いは自分の弱点を教えてくれ
る**貴重な情報源**。
弱点から自己分析することで，**今
の自分に足りない力や苦手な分野**
が見えてくるはず！

合格者があかす
赤本の使い方

傾向と対策を熟読
（Fさん／国立大合格）

大学の出題傾向を調べる
ために，赤本に載ってい
る「傾向と対策」を熟読
しました。

繰り返し解く
（Tさん／国立大合格）

１周目は問題のレベル確認，２周
目は苦手や頻出分野の確認に，３
周目は合格点を目指して，と過去
問は繰り返し解くことが大切です。

過去問に終わる。

STEP 3 〈志望校にあわせて〉

苦手分野の重点対策

明日からはみんなで頑張るよ！
参考書も！ 問題集も！
よろしくね！

呼んだ？

なにを!?
どこから!?

グッ グッ

参考書や問題集を活用して，苦手分野の**重点対策**をしていきます。**過去問を指針**に，合格へ向けた具体的な学習計画を立てましょう！

STEP 1 ▶ 2 ▶ 3

実践を繰り返す

〈サイクルが大事!〉

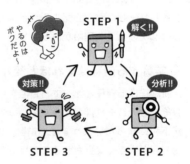

STEP 1 解く!!

やるのはボクだよ〜

対策!! 分析!!

STEP 3 STEP 2

STEP 1〜3を繰り返し，実力アップにつなげましょう！
出題形式に慣れることや，**時間配分を考える**ことも大切です。

目標点を決める
（Yさん／私立大合格）

赤本によっては合格者最低点が載っているので，それを見て目標点を決めるのもよいです。

時間配分を確認
（Kさん／私立大学合格）

赤本は時間配分や解く順番を決めるために使いました。

添削してもらう
（Sさん／私立大学合格）

記述式の問題は先生に添削してもらうことで自分の弱点に気づけると思います。

新課程も赤本で
ばっちり！

新課程入試 Q&A

2022年度から新しい学習指導要領（新課程）での授業が始まり，2025年度の入試は，新課程に基づいて行われる最初の入試となります。ここでは，赤本での新課程入試の対策について，よくある疑問にお答えします。

使える？

Q1. 赤本は新課程入試の対策に使えますか？

A. もちろん使えます！

OK

旧課程入試の過去問が新課程入試の対策に役に立つのか疑問に思う人もいるかもしれませんが，心配することはありません。旧課程入試の過去問が役立つのには次のような理由があります。

● 学習する内容はそれほど変わらない

新課程は旧課程と比べて科目名を中心とした変更はありますが，学習する内容そのものはそれほど大きく変わっていません。また，多くの大学で，既卒生が不利にならないよう「経過措置」がとられます（Q3参照）。したがって，出題内容が大きく変更されることは少ないとみられます。

● 大学ごとに出題の特徴がある

これまでに課程が変わったときも，各大学の出題の特徴は大きく変わらないことがほとんどでした。入試問題は各大学のアドミッション・ポリシーに沿って出題されており，過去問にはその特徴がよく表れています。過去問を研究してその大学に特有の傾向をつかめば，最適な対策をとることができます。

出題の特徴の例	・英作文問題の出題の有無
	・論述問題の出題（字数制限の有無や長さ）
	・計算過程の記述の有無

新課程入試の対策も，赤本で過去問に取り組むところから始めましょう。

Q2. 赤本を使う上での注意点はありますか？

A. 志望大学の入試科目を確認しましょう。

　過去問を解く前に，過去の出題科目（問題編冒頭の表）と2025年度の募集要項とを比べて，課される内容に変更がないかを確認しましょう。ポイントは以下のとおりです。科目名が変わっていても，実際は旧課程の内容とほとんど同様のものもあります。

英語·国語	科目名は変更されているが，実質的には変更なし。 ▶▶ **ただし，リスニングや古文・漢文の有無は要確認。**
地歴	科目名が変更され，「歴史総合」「地理総合」が新設。 ▶▶ **新設科目の有無に注意。ただし，「経過措置」(Q3参照)** **により内容は大きく変わらないことも多い。**
公民	「現代社会」が廃止され，「公共」が新設。 ▶▶ **「公共」は実質的には「現代社会」と大きく変わらない。**
数学	科目が再編され，「数学C」が新設。 ▶▶ **「数学」全体としての内容は大きく変わらないが，出** **題科目と単元の変更に注意。**
理科	科目名も学習内容も大きな変更なし。

　数学については，科目名だけでなく，どの単元が含まれているかも確認が必要です。例えば，出題科目が次のように変わったとします。

旧課程	「数学Ⅰ・数学Ⅱ・数学A・数学B（数列・ベクトル）」
新課程	「数学Ⅰ・数学Ⅱ・数学A・**数学B（数列）・数学C（ベクトル）**」

　この場合，新課程では「数学C」が増えていますが，単元は「ベクトル」のみのため，実質的には旧課程とほぼ同じであり，過去問をそのまま役立てることができます。

Q3. 「経過措置」とは何ですか？

A. 既卒の旧課程履修者への対応です。

　多くの大学では，既卒の旧課程履修者が不利にならないように，出題において「経過措置」が実施されます。措置の有無や内容は大学によって異なるので，募集要項や大学のウェブサイトなどで確認しておきましょう。

○旧課程履修者への経過措置の例

- ●旧課程履修者にも配慮した出題を行う。
- ●新・旧課程の共通の範囲から出題する。
- ●新課程と旧課程の共通の内容を出題し，共通範囲のみでの出題が困難な場合は，旧課程の範囲からの問題を用意し，選択解答とする。

　例えば，地歴の出題科目が次のように変わったとします。

旧課程	「日本史B」「世界史B」から1科目選択
新課程	**「歴史総合，日本史探究」「歴史総合，世界史探究」から1科目選択**※ ※旧課程履修者に不利益が生じることのないように配慮する。

　「歴史総合」は新課程で新設された科目で，旧課程履修者には見慣れないものですが，上記のような経過措置がとられた場合，新課程入試でも旧課程と同様の学習内容で受験することができます。

要チェックだホン

新課程の情報は WEB もチェック！
より詳しい解説が赤本ウェブサイトで見られます。
https://akahon.net/shinkatei/

科目名が変更される教科・科目

	旧 課 程	新 課 程
国語	国語総合 国語表現 現代文A 現代文B 古典A 古典B	現代の国語 言語文化 論理国語 文学国語 国語表現 古典探究
地歴	日本史A 日本史B 世界史A 世界史B 地理A 地理B	歴史総合 日本史探究 世界史探究 地理総合 地理探究
公民	現代社会 倫理 政治・経済	公共 倫理 政治・経済
数学	数学Ⅰ 数学Ⅱ 数学Ⅲ 数学A 数学B 数学活用	数学Ⅰ 数学Ⅱ 数学Ⅲ 数学A 数学B 数学C
外国語	コミュニケーション英語基礎 コミュニケーション英語Ⅰ コミュニケーション英語Ⅱ コミュニケーション英語Ⅲ 英語表現Ⅰ 英語表現Ⅱ 英語会話	英語コミュニケーションⅠ 英語コミュニケーションⅡ 英語コミュニケーションⅢ 論理・表現Ⅰ 論理・表現Ⅱ 論理・表現Ⅲ
情報	社会と情報 情報の科学	情報Ⅰ 情報Ⅱ

大学のサイトも見よう

目　次

解答編　※問題編は別冊

2018 年度

🔊英語リスニング問題の音声を専用サイトにて配信しています（配信期間：2025 年 3 月末まで）。詳しくは，別冊問題編の目次をご覧ください。

掲載内容についてのお断り

著作権の都合上，下記の内容を省略しています。

2023 年度：「英語」大問 3 （リスニング）問題(C)のスクリプト（放送内容）・全訳

2022 年度：「英語」大問 3 （リスニング）問題(A)のスクリプト（放送内容）・全訳

2020 年度：「英語」大問 3 （リスニング）問題(A)・(B)のスクリプト（放送内容）・全訳

基本情報

🏛 沿革

1877（明治 10）	東京大学創設（東京開成学校と東京医学校を合併，旧東京開成学校を改組し法・理・文の 3 学部，旧東京医学校を改組し医学部を設置，東京大学予備門を付属）
1886（明治 19）	工部大学校を統合して帝国大学に改組（法・医・工・文・理の 5 分科大学を設置）
1890（明治 23）	東京農林学校を統合して農科大学を設置
1897（明治 30）	京都帝国大学の創設に伴い，帝国大学を東京帝国大学と改称
1919（大正 8）	分科大学を廃し学部を置く（帝国大学令改正）。法・医・工・文・理・農の各学部のほか経済学部を設置

🖊 1925（大正 14） 大講堂（安田講堂）落成

1947（昭和 22）	東京帝国大学を東京大学と改称（帝国大学令等改正）
1949（昭和 24）	国立学校設置法公布。新制東京大学創設（教養学部・教育学部が新設され，法・医・工・文・理・農・経済・教養・教育の 9 学部設置）

| 1958（昭和 33） | 薬学部を設置 |
| 2004（平成 16） | 国立大学法人化により国立大学法人東京大学となる |

 # 東京大学の進学選択制度

　東京大学では，すべての学生が，教養学部前期課程の 6 科類に分かれて入学し，教養学部前期課程（駒場キャンパス）で最初の 2 年間を送る。学生は 2 年間の前期課程の後，後期課程へ進学する。

　一般選抜による入学者は，前期課程で得た広範な分野の知見と学びの基礎力をもとに，後期課程における自分の進むべき専門分野の学部・学科等を主体的に選択する。前期課程各科類から後期課程各学部への進学先はおよそ下表のようなものである。また，各学部には指定科類以外のどの科類からもそれぞれ一定数の進学が可能な「全科類枠」もある。例えば，理科各類から経済学部や文学部に進学することも可能。

　学校推薦型選抜による入学者は，入学後は教養学部前期課程の 6 つの科類のうちいずれかに所属することになるが，前期課程修了後は出願時に志望した学部等へ進学する。

●教養学部前期課程からの主な進学先

前期課程科類（1～2 年）	主な後期課程学部（3～4 年）*
文科一類	法学部，教養学部
文科二類	経済学部，教養学部
文科三類	文学部，教育学部，教養学部
理科一類	工学部，理学部，薬学部，農学部（応用生命科学課程，環境資源科学課程），医学部（健康総合科学科），教養学部
理科二類	農学部，薬学部，理学部，工学部，医学部，教養学部
理科三類	医学部（医学科）

＊農学部獣医学課程，薬学部薬学科及び医学部医学科は 3～6 年。

学部・学科の構成

大　学

⠿後期課程　（本郷キャンパス）

※教養学部は後期課程も駒場キャンパスで講義が行われる。

※理学部数学科は駒場キャンパスで講義が行われる。

●法学部
第1類（法学総合コース）
第2類（法律プロフェッション・コース）
第3類（政治コース）

●経済学部
経済学科
経営学科
金融学科

●文学部
人文学科〔専修課程：哲学／中国思想文化学／インド哲学仏教学／倫理学／宗教学宗教史学／美学芸術学／イスラム学／日本史学／東洋史学／西洋史学／考古学／美術史学／言語学／日本語日本文学（国語学）／日本語日本文学（国文学）／中国語中国文学／インド語インド文学／英語英米文学／ドイツ語ドイツ文学／フランス語フランス文学／スラヴ語スラヴ文学／南欧語南欧文学／現代文芸論／西洋古典学／心理学／社会心理学／社会学〕

●教育学部
総合教育科学科〔専修（コース）：基礎教育学（基礎教育学）／教育社会科学（比較教育社会学，教育実践・政策学）／心身発達科学（教育心理学，身体教育学）〕

●教養学部
教養学科〔分科（コース）：超域文化科学（文化人類学，表象文化論，比較文学比較芸術，現代思想，学際日本文化論，学際言語科学，言語態・テクスト文化論）／地域文化研究（イギリス研究，フランス研究，

ドイツ研究，ロシア東欧研究，イタリア地中海研究，北アメリカ研究，ラテンアメリカ研究，アジア・日本研究，韓国朝鮮研究）／総合社会科学（相関社会科学，国際関係論）

学際科学科〔コース：科学技術論／地理・空間／総合情報学／広域システム／サブプログラム：科学技術論，地理・空間，総合情報学，広域システム，進化学〕

統合自然科学科〔コース：数理自然科学／物質基礎科学／統合生命科学／認知行動科学／スポーツ科学〕

PEAK（Programs in English at Komaba）*〔コース：国際日本研究，国際環境学〕

*英語による授業のみで学位取得が可能なプログラム。

●工学部

社会基盤学科〔コース：設計・技術戦略／政策・計画／国際プロジェクト〕

建築学科

都市工学科〔コース：都市環境工学／都市計画〕

機械工学科

機械情報工学科

航空宇宙工学科〔コース：航空宇宙システム／航空宇宙推進〕

精密工学科

電子情報工学科

電気電子工学科

物理工学科

計数工学科〔コース：数理情報工学／システム情報工学〕

マテリアル工学科〔コース：バイオマテリアル／環境・基盤マテリアル／ナノ・機能マテリアル〕

応用化学科

化学システム工学科

化学生命工学科

システム創成学科〔コース：環境・エネルギーシステム／システムデザイン＆マネジメント／知能社会システム〕

●理学部

数学科

情報科学科

物理学科

天文学科

地球惑星物理学科

地球惑星環境学科

化学科

生物化学科

生物学科

生物情報科学科

●農学部

応用生命科学課程〔専修：生命化学・工学／応用生物学／森林生物科学
／水圏生物科学／動物生命システム科学／生物素材化学〕

環境資源科学課程〔専修：緑地環境学／森林環境資源科学／木質構造科
学／生物・環境工学／農業・資源経済学／フィールド科学／国際開発
農学〕

獣医学課程（3～6年）〔専修：獣医学〕

●薬学部

薬科学科

薬学科（3～6年）

●医学部

医学科（3～6年）

健康総合科学科〔専修：環境生命科学／公共健康科学／看護科学〕

大学院

法学政治学研究科 / 公共政策学教育部 / 経済学研究科 / 人文社会系研究
科 / 教育学研究科 / 総合文化研究科 / 学際情報学府 / 新領域創成科学研究
科 / 工学系研究科 / 情報理工学系研究科 / 理学系研究科 / 数理科学研究
科 / 農学生命科学研究科 / 薬学系研究科 / 医学系研究科

（注）学部・学科ならびに大学院の情報は，2024 年 4 月時点のものです。

📍 大学所在地

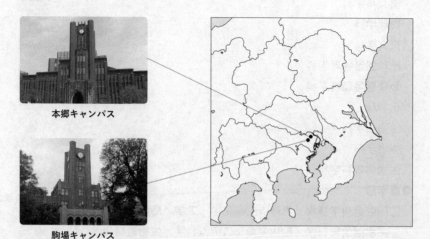

本郷キャンパス

駒場キャンパス

本郷キャンパス　〒 113-8654　東京都文京区本郷 7 丁目 3 番 1 号
駒場キャンパス　〒 153-8902　東京都目黒区駒場 3 丁目 8 番 1 号

東京大学アドミッション・ポリシー

東京大学の使命と教育理念

　1877 年に創立された我が国最初の国立大学である東京大学は，国内外の様々な分野で指導的役割を果たしうる「世界的視野をもった市民的エリート」（東京大学憲章）を育成することが，社会から負託された自らの使命であると考えています。このような使命のもとで本学が目指すのは，自国の歴史や文化に深い理解を示すとともに，国際的な広い視野を持ち，高度な専門知識を基盤に，問題を発見し，解決する意欲と能力を備え，市民としての公共的な責任を引き受けながら，強靭な開拓者精神を発揮して，自ら考え，行動できる人材の育成です。

　そのため，東京大学に入学する学生は，健全な倫理観と責任感，主体性と行動力を持っていることが期待され，前期課程における教養教育（リベラル・アーツ教育）から可能な限り多くを学び，広範で深い教養とさらに豊かな人間性を培うことが要求されます。この教養教育において，どの専門分野でも必要とされる基礎的な知識と学術的な方法が身につくとともに，自分の進むべき専門分野が何であるのかを見極める力が養われるはずです。本学のカリキュラムは，このように幅広く分厚い教養教育を基盤とし，その基盤と有機的に結びついた各学部・学科での多様な専門教育へと展開されており，そのいずれもが大学院や研究所などで行われている世界最先端の研究へとつながっています。

期待する学生像

　東京大学は，このような教育理念に共鳴し，強い意欲を持って学ぼうとする志の高い皆さんを，日本のみならず世界の各地から積極的に受け入れたいと考えています。東京大学が求めているのは，本学の教育研究環境を積極的に最大限活用して，自ら主体的に学び，各分野で創造的役割を果たす人間へと成長していこうとする意志を持った学生です。何よりもまず大切なのは，上に述べたような本学の使命や教育理念への共感と，本学にお

ける学びに対する旺盛な興味や関心，そして，その学びを通じた人間的成長への強い意欲です。そうした意味で，入学試験の得点だけを意識した，視野の狭い受験勉強のみに意を注ぐ人よりも，学校の授業の内外で，自らの興味・関心を生かして幅広く学び，その過程で見出されるに違いない諸問題を関連づける広い視野，あるいは自らの問題意識を掘り下げて追究するための深い洞察力を真剣に獲得しようとする人を東京大学は歓迎します。

入学試験の基本方針

したがって，東京大学の入試問題は，どの問題であれ，高等学校できちんと学び，身につけた力をもってすれば，決してハードルの高いものではありません。期待する学生を選抜するために実施される本学の学部入学試験は，以下の三つの基本方針に支えられています。

第一に，試験問題の内容は，高等学校教育段階において達成を目指すものと軌を一にしています。

第二に，入学後の教養教育に十分に対応できる資質として，文系・理系にとらわれず幅広く学習し，国際的な広い視野と外国語によるコミュニケーション能力を備えていることを重視します。そのため，文科各類の受験者にも理系の基礎知識や能力を求め，理科各類の受験者にも文系の基礎知識や能力を求めるほか，いずれの科類の受験者についても，外国語の基礎的な能力を要求します。

第三に，知識を詰めこむことよりも，持っている知識を関連づけて解を導く能力の高さを重視します。

東京大学は，志望する皆さんが以上のことを念頭に，高等学校までの教育からできるだけ多くのことを，できるだけ深く学ぶよう期待します。

『令和6年度 東京大学入学者募集要項』より。

入 試 デ ー タ

 ## 入試状況（志願者数・競争率など）

○競争率は受験者数÷合格者数で算出。

○各年度とも追加合格はない。

○外国学校卒業学生特別選考を除く。

○2024年度文科一・二類，2023年度文科三類，2021年度文科二類では第1段階選抜は実施されていない。

区　　分		募集人員	志　願　者　数		受験者数	合格者数	競争率
			第2次試験出願時	第1段階選抜合格者数			
2024 前期日程	文 科 一 類	401	1,143	—	1,111	402	2.8
	文 科 二 類	353	1,050	—	1,025	355	2.9
	文 科 三 類	469	1,521	1,408	1,396	471	3.0
	理 科 一 類	1,108	3,084	2,776	2,735	1,119	2.4
	理 科 二 類	532	2,218	1,863	1,844	548	3.4
	理 科 三 類	97	416	291	286	98	2.9
2023 前期日程	文 科 一 類	401	1,237	1,203	1,188	406	2.9
	文 科 二 類	353	1,101	1,059	1,044	358	2.9
	文 科 三 類	469	1,416	—	1,392	471	3.0
	理 科 一 類	1,108	2,838	2,770	2,730	1,118	2.4
	理 科 二 類	532	2,294	1,866	1,845	547	3.4
	理 科 三 類	97	420	291	288	97	3.0
2022 前期日程	文 科 一 類	401	1,285	1,203	1,187	405	2.9
	文 科 二 類	353	1,090	1,059	1,039	357	2.9
	文 科 三 類	469	1,498	1,407	1,391	469	3.0
	理 科 一 類	1,108	2,978	2,772	2,734	1,121	2.4
	理 科 二 類	532	2,235	1,869	1,849	547	3.4
	理 科 三 類	97	421	340	326	97	3.4

（表つづく）

区　　　　分		募集人員	志　願　者　数		受験者数	合格者数	競争率
			第2次試験出願時	第1段階選抜合格者数			
2021 前期日程	文 科 一 類	401	1,264	1,203	1,183	403	2.9
	文 科 二 類	353	1,016	－	985	355	2.8
	文 科 三 類	469	1,455	1,407	1,388	469	3.0
	理 科 一 類	1,108	2,989	2,771	2,744	1,122	2.4
	理 科 二 類	532	1,980	1,862	1,833	546	3.4
	理 科 三 類	97	385	342	335	98	3.4
2020 前期日程	文 科 一 類	401	1,409	1,204	1,186	407	2.9
	文 科 二 類	353	1,111	1,060	1,051	361	2.9
	文 科 三 類	469	1,433	1,407	1,400	470	3.0
	理 科 一 類	1,108	2,925	2,770	2,737	1,125	2.4
	理 科 二 類	532	1,968	1,863	1,847	550	3.4
	理 科 三 類	97	413	340	330	97	3.4
2019 前期日程	文 科 一 類	401	1,407	1,204	1,192	404	3.0
	文 科 二 類	353	1,183	1,064	1,059	364	2.9
	文 科 三 類	469	1,492	1,408	1,398	471	3.0
	理 科 一 類	1,108	2,915	2,771	2,748	1,128	2.4
	理 科 二 類	532	2,081	1,874	1,855	554	3.3
	理 科 三 類	97	405	340	331	97	3.4
2018 前期日程	文 科 一 類	401	1,323	1,204	1,175	404	2.9
	文 科 二 類	353	1,201	1,068	1,058	361	2.9
	文 科 三 類	469	1,535	1,407	1,394	472	3.0
	理 科 一 類	1,108	2,992	2,774	2,750	1,130	2.4
	理 科 二 類	532	2,174	1,862	1,846	549	3.4
	理 科 三 類	97	450	389	378	98	3.9

合格者最低点・平均点

○前期日程第2次学力試験の得点は，大学入学共通テスト（2020年度までは大学入試センター試験）の成績（配点110点：900点満点を110点に換算）と第2次学力試験の成績（配点440点）を合算し，550点満点としたもの。

○2024年度文科一・二類，2023年度文科三類，2021年度文科二類（無資格者3名は除く）では第1段階選抜は実施されていない。

年度	日程	科　類	第1段階選抜合格者			第2次学力試験合格者		
			満点	最低点	平均点	満点	最低点	平均点
2024	前期日程	文 科 一 類	900	—	—	550	331.0222	357.8879
		文 科 二 類	900	—	—	550	332.2333	357.0024
		文 科 三 類	900	623	742.69	550	331.0889	353.2306
		理 科 一 類	900	703	788.01	550	326.2444	355.5756
		理 科 二 類	900	682	764.53	550	314.1444	338.3614
		理 科 三 類	900	691	803.19	550	380.4778	403.9569
2023	前期日程	文 科 一 類	900	479	725.82	550	343.8889	371.4137
		文 科 二 類	900	454	712.03	550	342.4444	368.8971
		文 科 三 類	900	—	—	550	340.3333	363.8835
		理 科 一 類	900	543	764.91	550	314.9778	345.1978
		理 科 二 類	900	711	749.46	550	312.9778	334.7559
		理 科 三 類	900	640	697.91	550	357.6667	389.2253
2022	前期日程	文 科 一 類	900	520	675.62	550	302.5889	331.5381
		文 科 二 類	900	435	692.31	550	306.1444	329.5061
		文 科 三 類	900	595	697.77	550	305.4111	327.6554
		理 科 一 類	900	630	730.01	550	303.2333	334.3703
		理 科 二 類	900	646	700.02	550	287.3778	312.9709
		理 科 三 類	900	529	659.06	550	347.5111	377.1345
2021	前期日程	文 科 一 類	900	562	743.23	550	334.7778	360.8180
		文 科 二 類	900	—	—	550	337.9222	362.0720
		文 科 三 類	900	600	770.24	550	336.6222	356.8357
		理 科 一 類	900	699	789.12	550	333.2667	360.7410
		理 科 二 類	900	629	764.47	550	314.2333	338.5574
		理 科 三 類	900	534	757.92	550	375.7111	405.5365

（表つづく）

年度	日程	科　類	第1段階選抜合格者			第2次学力試験合格者		
			満点	最低点	平均点	満点	最低点	平均点
2020	前期日程	文 科 一 類	900	621	750.22	550	343.9444	374.1542
		文 科 二 類	900	612	763.49	550	337.6111	361.6561
		文 科 三 類	900	575	780.21	550	338.8667	358.6730
		理 科 一 類	900	681	791.72	550	320.7222	352.5810
		理 科 二 類	900	626	770.70	550	313.0222	336.9197
		理 科 三 類	900	611	780.01	550	385.6111	414.1081
2019	前期日程	文 科 一 類	900	628	765.14	550	351.8333	378.7604
		文 科 二 類	900	728	794.58	550	358.0667	379.0783
		文 科 三 類	900	750	798.20	550	342.7222	361.4619
		理 科 一 類	900	698	799.62	550	334.6667	363.2257
		理 科 二 類	900	720	786.59	550	330.3778	353.1962
		理 科 三 類	900	630	801.68	550	385.3778	410.8422
2018	前期日程	文 科 一 類	900	582	756.22	550	354.9778	381.0984
		文 科 二 類	900	703	781.30	550	350.6333	373.0185
		文 科 三 類	900	738	788.77	550	343.5778	364.0315
		理 科 一 類	900	715	802.00	550	319.1889	351.7954
		理 科 二 類	900	717	785.31	550	310.9667	336.2429
		理 科 三 類	900	630	793.45	550	392.3444	418.3943

募集要項（出願書類）の入手方法

　東京大学の募集要項は，紙媒体としては発行されません。東京大学ウェブサイトからダウンロードしてください。

入学者選抜等に関する照会先

　東京大学　入試事務室

　　〒 113-8654　東京都文京区本郷 7 丁目 3 番 1 号

　　TEL　03（5841）1222

　　（注）照会は，志願者本人が行うこと。

 東京大学のテレメールによる資料請求方法

| スマホ・ケータイから | QRコードからアクセスしガイダンスに従ってご請求ください。 |
| パソコンから | 教学社 赤本ウェブサイト（akahon.net）から請求できます。 |

合格体験記
募集

　2025年春に入学される方を対象に，本大学の「合格体験記」を募集します。お寄せいただいた合格体験記は，編集部で選考の上，小社刊行物やウェブサイト等に掲載いたします。お寄せいただいた方には小社規定の謝礼を進呈いたしますので，ふるってご応募ください。

● 応募方法 ●

下記 URL または QR コードより応募サイトにアクセスできます。
ウェブフォームに必要事項をご記入の上，ご応募ください。
折り返し執筆要領をメールにてお送りします。

※入学が決まっている一大学のみ応募できます。

☞ http://akahon.net/exp/

● 応募の締め切り ●

総合型選抜・学校推薦型選抜	2025年 2 月 23 日
私立大学の一般選抜	2025年 3 月 10 日
国公立大学の一般選抜	2025年 3 月 24 日

受験川柳 募集

受験にまつわる川柳を募集します。
入選者には賞品を進呈！
ふるってご応募ください。

応募方法　http://akahon.net/senryu/　にアクセス！☞

気になること、聞いてみました！

在学生メッセージ

大学ってどんなところ？　大学生活ってどんな感じ？
ちょっと気になることを，在学生に聞いてみました。

以下の内容は 2020〜2022 年度入学生のアンケート回答に基づくものです。ここ
で触れられている内容は今後変更となる場合もありますのでご注意ください。

Message from current students

メッセージを書いてくれた先輩　［文科一類］I.S. さん　K.S. さん　［文科二類］K.H. さん　Y.O. さん
　　　　　　　　　　　　　　　［文科三類］T.S. さん　S.N. さん

大学生になったと実感！

　大学では自分で受ける授業を選べるという点が高校と大きく違います。
興味・関心がある授業をとることができるのが嬉しいです。私は今のとこ
ろ経済学部に進学予定ですが，心理学にも興味があったので心理の授業も
とりました。また，朝起きられないから 1 限には授業を入れないなどとい
った工夫をしている人もいます。（K.H. さん／文科二類）

　クラスメイトなど周囲の人が資格の勉強を始めたりセミナーに出席した
り，将来に向けて本格的に動き始めているのを目の当たりにしています。
好きなように履修を組みアルバイトやサークルに参加するなど，より自由
に動けるようになった一方で，進学に必要な単位数や成績などは自分で情
報を集めなければならず，完全に自己責任で行動するようになりました。
（K.S. さん／文科一類）

Message from current students

大学生活に必要なもの

　パソコンは課題やオンライン授業のためにほとんど必須です。また，タブレット端末もあると便利だと思います。私は，後者を持っていなかったため入学にあたって購入しました。使ってみると，ノートをとる作業や，資料を保存しておくのに最適で，使い勝手はかなりいいです。さらにタブレット端末であれば，ノートや教科書を広げて勉強することが難しい電車の中でも手軽に勉強できるのでよいと思われます。（T.S. さん／文科三類）

この授業がおもしろい！

　私が受けたオンライン授業の中で一番良かったものは，国内外から幅広くゲスト講師を呼び講義をしてもらう法学の授業です。地理的障壁を撤廃できるオンラインの利点を最大限活かした授業であり，とても面白かったです。（K.S. さん／文科一類）

　毎年開講されている「美術論」の授業が特に面白かった。ルネサンス初期からフランス革命前までの時代の西洋絵画の見方のレクチャーを受ける。例年大教室で 300 人近い学生が受講する人気の講義であるが，それゆえに大教室ではスクリーンに映し出される絵画をじっくり鑑賞できないという弊害もあったことかと思う。それがオンライン授業であれば誰もが同様に絵画などの資料を見られるので，よりわかりやすくなったのではないかと感じた。（S.N. さん／文科三類）

大学の学びで困ったこと＆対処法

　外国人の先生が担当される語学の授業で，先生がいっさい日本語を話してくれないことです。当然と言えば当然なのですが，それにしても内容がまったく聞き取れないことのストレスといったらありません。対処法の1つとしては，電子辞書を購入することが挙げられます。複数の辞書が1つの機器に収録されているし，紙の辞書よりも手早く検索することが可能です。便利です。（T.S. さん／文科三類）

　一番困ったのは勉強の進め方だった。高校までのように教科書やプリントに全てがまとまっているわけではなく，ハンドアウトなどから自分でまとめ直すことが必要であったりした。特に，対面授業がなくてクラスメイトなどから情報がなかなか得られなかったため，どのように勉強をしたらよいか悩むことが多かった。結局，特に難しい授業については Word を使ってまとめノートを作成し，それ以外は紙のノートを使ったり，配られた PDF に書き込む形で対応した。（Y.O. さん／文科二類）

いま「これ」を頑張っています

　資格試験の勉強をしています。私には大学の勉強よりも面白く，寝食を忘れてのめりこんでいます。おまけに将来の仕事にも直接的に役立つものなので，やらない理由がないです。遊び歩いたり，サークルで過ごすのが性に合わないと感じる人は，周囲に流されることなく将来の自分に投資をしましょう。（T.S. さん／文科三類）

　塾のアドバイザーと家庭教師のアルバイトを頑張っています。教育系のアルバイトは，仕事内容自体やりがいがありますし，同じ大学生と一緒に働くのでとても楽しいです。今後，海外旅行に行きたいと思っているので，そのためにお金を貯めています。（I.S. さん／文科一類）

Message from current students

　東京大学では意外にも語学の授業が多く難度も高いため，語学の勉強が重要です。好成績をとるため，また将来の可能性を広げるために英語と中国語の勉強に励んでいます。（K.S. さん／文科一類）

 ## 部活・サークル活動

　バドミントンサークルに所属しています。活動は週 2 ですが友達と暇なときに集まって自主練もしています。ほかにも旅行サークルや文化祭実行委員にも所属しています。どれも和気あいあいとしていて楽しいですよ！（K.H. さん／文科二類）

 ## 交友関係は？

　私はサークルやバイト先で友達を作りました。特にサークルは何回も行けば自然とみんな仲良くなれて，友達と遊びに行ったりする人もいます。また，クラスの中にパ長（パーティー長の略）という人が存在し，クラス間の交流を企画してくれます。対面は少ないですが，クラス間の交流でクラスメイトとも仲良くなれます。（K.H. さん／文科二類）

 ## おススメ・お気に入りスポット

　キャンパスの周りにはいろいろな飲食店があり，昼ご飯には困りません。特に菱田屋という定食屋さんは本当においしいです。量も多く学生にはありがたいです。おすすめは生姜焼き定食です。皆さんもぜひ行ってみてください！（K.H. さん／文科二類）

みごと合格を手にした先輩に，入試突破のためのカギを伺いました。
入試までの限られた時間を有効に活用するために，ぜひ役立ててください。

（注）ここでの内容は，先輩方が受験された当時のものです。2025 年
度入試では当てはまらないこともありますのでご注意ください。

・アドバイスをお寄せいただいた先輩・

S.T. さん　　理科一類
前期日程 2019 年度合格，静岡県出身

　高校入学後から毎日少しずつこつこつと勉強量を積み重ねていった
ことで，しっかりと基礎を固めることができ，それが最終的に合格に
つながったのだと思います。

その他の合格大学　　日本大（理工〈センター利用〉），早稲田大（基幹理工）

○ **H.S. さん**　理科二類
前期日程 2019 年度合格，愛知県出身

　合格の最大のポイントは，常に本番を意識して勉強したことです。
例えば，数学なら見直しのタイミングや計算用紙の使い方などです。
あとは，本番で最後に大事なことはケアレスミスをしないことです。
そのために，自分のミスのパターンは模試や演習のたびに確認し，同
じミスをしないように対策しました。

その他の合格大学　慶應義塾大（医，理工）

○ **Y.I. さん**　理科二類
前期日程 2019 年度合格，三重県出身

　同じ大学を目指す仲間を見つけることで，意見・情報交換ができ，
モチベーションアップにもつながります。つらいときも支えてくれる
仲間の存在は大きいです！

○ **Y.N. さん**　理科二類
前期日程 2018 年度合格，千葉県出身

　焦らず常に心に余裕をもつことが大事です。勉強と遊びのメリハリ
を意識して適度に息抜きしつつ，コンスタントに努力し続けると，結
果につながると思います。気負いすぎずに頑張ってください。

その他の合格大学　早稲田大（先進理工），慶應義塾大（理工），東京理科
大（理工），立教大（理〈センター利用〉）

入試なんでも **Q** & **A**

受験生のみなさんからよく寄せられる，
入試に関する疑問・質問に答えていただきました。

Ⓠ 「赤本」の効果的な使い方を教えてください。

A 　赤本は志望校の出題形式に慣れるのに大いに活用しました。東京大学に関しては，模試やその過去問，予想問題など，本番の出題形式に合わせた様々な問題が存在します。しかし，基本的な事項を緻密にかつ様々に組み合わせた問題として最も優秀なのは本試験の過去問ですから，赤本を用いて過去問演習をたくさんこなすことが試験慣れには最も適していると思います。また，東大の入試は出題量が非常に多く解答戦略を練ることが重要ですから，ある程度の年数をこなして自分なりの解き方を見つけることが大切です。 　　　　　　　　　　　　　　（S.T. さん／理科一類）

A 　大学の出題傾向を知るためにまずは高2のときに目を通した。高3の入試直前期，基礎が完成したと思えたころに本格的に赤本を解き始めた。入試本番の雰囲気を再現するために，自分の部屋ではなく自習室などピリピリした空気の中で時間を計って解いた。解けなかった問題は赤本を解き直し，別解まで目を通して1問1問から最大限の成果を得られるようにした。 　　　　　　　　　　　　　　（Y.I. さん／理科二類）

Ⓠ どのように学習計画を立て，受験勉強を進めていましたか？

A 　受験2カ月前までは月単位で最低限やるべきことを決め，それに加えて模試などで見つかった課題を解決するための学習をプラスアルファして行いました。大まかに計画を立てることで，焦ることなく勉強

内容を吸収できました。冬休み以降は1カ月に一度，1日ごとの学習計画を立ててそれを実践しました。実際には勉強内容を1日早めたり逆に延ばしたりしましたが，大まかには予定を遵守し，タスクをこなしていきました。 （S.T. さん／理科一類）

 学校がある日は無計画にその日やりたいと思った勉強をやるだけでしたが，長期休みや直前期からは，2週間分くらいの計画を大まかに立てて，それに沿って勉強しました。途中で出来不出来によって計画を変えることもありました。計画が細かすぎると調整しにくく，達成できなかったときに気分が下がるので，ゆとりをもった大まかな計画を立てることを心掛けました。計画はルーズリーフにまとめて書き，勉強机の前に貼って常に確認できるようにしました。 （Y.N. さん／理科二類）

Q 1年間の学習スケジュールはどのようなものでしたか？

 最初は発展問題に歯が立たず，高3春〜夏休みはどの教科も基礎固めに専念した（それが結果的に，秋から演習を始める際の解説の理解スピードのアップにつながった）。秋ごろから過去問を毎日少しずつ（直近5カ年分をとっておき）20カ年分くらい解いた。センター後は制限時間を決めて問題を解いたり，「この大問は時間をかけた割には解けなかったな」など，見極めをしながら過去問に取り組んだ。二次試験受験の2週間前からは直近5カ年分の過去問を解き，特に解説を読み込み，よく出る分野などの傾向をつかんでいった。 （Y.I. さん／理科二類）

Q 東京大学を攻略する上で，特に重要な科目は何ですか？
また，どのような勉強方法をとりましたか？

A 数学と理科だと思います。数学は1問の配点が非常に大きいため，1問完答を増やすだけで点数が跳ね上がります。つまり，ここで1問取れるか取れないかは合格戦略を立てる上でかなり重要になってきます。また，完答せずとも部分点ももらえるようなので，食らいついていけば合

格へのアドバンテージとなる科目となることは間違いありません。理科は最後まで伸びる科目です。入試直前まで頑張りましょう。

（S.T. さん／理科一類）

A　東京大学を攻略する上で特に大切な科目は英語だと思います。理由は配点が大きく，得意にしてしまえば得点が安定するからです。僕の対策は，長文系の問題とリスニングで点数を稼ぐことでした。リスニングは，過去問を解いたりラジオを聞いたりして，なるべく毎日触れました。英語は数学と違って，問題によって大きく点数がブレることもないので，万が一数学で失敗しても自分には英語があるんだという精神安定剤にもなります。

（H.S. さん／理科二類）

苦手な科目はどのように克服しましたか？

A　数学が苦手で，まずは学校の予習復習や提出物に真面目に取り組み，基礎を固めた。その後は東大に限らず様々な大学の過去問を解いた。校内の東大志望者で集まり，時間を計って過去問や個別大模試を解いた後，全員の解答を採点し，別解の確認をした。他の人の解答を見たり，自分の解答を採点してもらったりすることは，記述，特に証明問題での穴を発見でき，プラスになった。間違えた問題はできるようになるまで繰り返し，何度やってもつまずく問題はピックアップし，受験直前に見直すようにした。

（Y.I. さん／理科二類）

時間をうまく使うためにしていた工夫を，教えてください。

A　隙間時間を有効活用することです。電車や徒歩での移動中，また寝る直前などに単語帳を確認することを毎日怠らなければ，かなり長い勉強時間を確保できます。塵も積もれば山となるわけです。さらに，疲れたときに目を閉じてリスニングを少しやるなど，休憩時間にも少しだけ勉強の成分を残すことも有効です。また，英語に関しては普段から英語

に触れることが大切です。英語のニュースを見たりラジオを聞いたりするのはもちろん，英語の論文を読んでみたりすると，内容に対する興味もかき立てられて一石二鳥です。　　　　　　　　　　　（S.T. さん／理科一類）

A 　時間は有限なので無駄な時間を省くようにしました。僕は毎日自分が使った時間を細かくメモしました。そして，1日の終わりに改善すべき点を見つけ，効率をどんどん上げていきました。そのメモのおかげで，勉強時間が少なくなっていたり，時間をかけすぎている科目の発見につながりました。通学の電車は混んでいたので，立ちながらでもパラパラめくることのできる単語カードを利用しました。1日を振り返ると案外無駄にしている時間は多いので，時間の使い方をメモして改善することは大切だと思います。　　　　　　　　　　　　　　（H.S. さん／理科二類）

Q 　模擬試験の上手な活用法を教えてください。

A 　最初のうちは解けなくて当たり前なので，「復習のツール」として活用するようにした。解説を丁寧に読み込み，類題に出くわしたときに解けるようにした。英作文や国語は自分の解答と模範解答を照らし合わせ，どうすれば満点解答になったのかを自分で研究した。入試直前は主に過去問や個別大模試の復習をし，解き方やアイデアの根拠を一通りおさらいした。東大の場合解答欄が小さいので，記述ポイントを押さえながらどこまで記述量を減らせるかを考えた。　　　　（Y.I. さん／理科二類）

Q 　受験生のときの失敗談や後悔していることを教えてください。

A 　地方公立校では理科の進度が遅いため，意識して対策をしないと本番に間に合いません。また，高1・高2のうちは国数英に注力するよう言われることが多々あるため，理科を疎かにしがちです。僕の場合，高2まで物理をほとんどやってこなかったため高3になって非常に苦しみました。夏休み以降集中して取り組むことでなんとか挽回することができ

ましたが，もっと早くから物理をこつこつやっていればよかったと少し後悔しています。　　　　　　　　　　　　　　　　（S.T. さん／理科一類）

 普段の生活の中で気をつけていたことを教えてください。

 普段の生活の中で気をつけたことは，メリハリをつけることとよく寝ることです。メリハリのつけ方としては，やる気がないときはダラダラやるのではなく，顔を洗ったり音楽を聴いたりして気分を切り替えてから勉強を続けるようにしました。よく眠るためにもメリハリは大事で，僕は家ではあんまり勉強はしないようにしていて，塾で1日のタスクを全て終わらせるために帰宅時間を定めて，それに近づくと集中して終わらせるようにしました。　　　　　　　　　　　（H.S. さん／理科二類）

Q **受験生へアドバイスをお願いします。**

A やはり，最後まで諦めないこと，これに尽きます。現役生は最後まで伸びるとよく言われますが，僕の場合も本当に最後の最後まで実力を伸ばすことができました。また，直前期に数学でスランプに陥ったのですが，それでも問題を解き続けて自分に足りないところを一つずつ潰していくことで，本番は今までで一番と言ってよいくらいの結果を出すことができました。試験時間中も同じです。数学の部分点，理科の記述，また記号問題など，最後の最後まで問題に食らいつくことで得点が積み重なります。だから，合格のために最後の1秒まで諦めないでください。

　　　　　　　　　　　　　　　　　　　　　（S.T. さん／理科一類）

科目別攻略アドバイス

みごと入試を突破された先輩に，独自の攻略法や
おすすめの参考書・問題集を，科目ごとに紹介していただきました。

英 語

リスニングを固めることが重要です。東大英語ではリスニングの比重が
大きい上，記号問題なので対策をすれば確実に点が取れるおいしい分野で
す。また，リスニングを強化すると自分の英語のアウトプットが全体的に
よくなり，速読や英作文にも強くなれます。　　　（S.T. さん／理科一類）

英作文は添削してもらうといいです。全部の問題に手をつけるために，
時間配分を明確に決めておく必要があります。　　（Y.N. さん／理科二類）
📖 おすすめ参考書　『鉄緑会東大英単語熟語 鉄壁』（KADOKAWA）

数 学

できる問題とできない問題を見極める力を養う必要があります。

（Y.N. さん／理科二類）

物 理

公式をまず覚える。公式が導出できる根拠や１つの公式に付随して導出
できる公式までしっかりマスターしよう。公式を使いこなせるようになる
まで同じ問題を何度もやることが重要。物理は習いたてのころは伸び悩む
ことが多いが，爆発的に伸びる日が来るので諦めずにやることが大切。

（Y.I. さん／理科二類）

📖 **おすすめ参考書**　『**物理教室**』（河合出版）
『**体系物理**』（教学社）
『**難問題の系統とその解き方 物理**』（ニュートンプレス）
『**実戦 物理重要問題集 物理基礎・物理**』（数研出版）

化　学

　基礎知識を確実に蓄えることが重要です。そうすれば，用語問題だけでなく，記述や計算にも強くなれます。　　　　　　（S.T. さん／理科一類）
📖 **おすすめ参考書**　『**実戦 化学重要問題集 化学基礎・化学**』（数研出版）

国　語

　現代文は類似・対比関係に着目して文章に線を引くようにすると，解答する際まとめやすい。高1，高2のころから様々なジャンルの文章に触れたりコラムなどを読んだりしておくと，初見の文章でも予備知識でスラスラ読める場合が多い。古文はまず単語を覚える。その際，語源を知る，漢字を当ててみるなど周辺知識にまで目を配っておくと覚えやすい。文章を読みながら意味の取りにくい箇所が出てきたら，品詞分解，主語の確認をする。教科書の予習復習をしっかりしよう。　　　　　（Y.I. さん／理科二類）
📖 **おすすめ参考書**　『**文脈で学ぶ 漢文 句形とキーワード**』（Z会）
『**読んで見て聞いて覚える重要古文単語315**』（桐原書店）
『**東大の現代文25カ年**』『**東大の古典25カ年**』（ともに教学社）

科目ごとに問題の「傾向」を分析し，具体的にどのような「対策」をすればよいか紹介しています。まずは出題内容をまとめた分析表を見て，試験の概要を把握しましょう。

=== 注 意 ===

「傾向と対策」で示している，出題科目・出題範囲・試験時間等については，2024年度までに実施された入試の内容に基づいています。2025年度入試の選抜方法については，各大学が発表する学生募集要項を必ずご確認ください。

英　語

年　度	番　号	項　目	内　容
2024 ◐	〔1〕(A)	読　　解	要約（80字）
	(B)	読　　解	空所補充，語句整序
	〔2〕(A)	英　作　文	意見論述（テーマ選択，80語）
	(B)	英　作　文	和文英訳
	〔3〕(A)	リスニング	内容説明
	(B)	リスニング	内容真偽，内容説明
	(C)	リスニング	内容説明
	〔4〕(A)	文法・語彙，読　　解	誤り指摘
	(B)	読　　解	英文和訳
	〔5〕	読　　解	内容説明，語句整序，空所補充，内容真偽
2023 ◐	〔1〕(A)	読　　解	要約（80字）
	(B)	読　　解	空所補充，語句整序
	〔2〕(A)	英　作　文	意見論述（80語）
	(B)	英　作　文	和文英訳
	〔3〕(A)	リスニング	内容説明
	(B)	リスニング	内容説明，内容真偽
	(C)	リスニング	内容説明，内容真偽
	〔4〕(A)	文法・語彙，読　　解	誤り指摘
	(B)	読　　解	英文和訳
	〔5〕	読　　解	語句整序，内容説明，空所補充
2022 ◐	〔1〕(A)	読　　解	要約（80字）
	(B)	読　　解	空所補充，語句整序
	〔2〕(A)	英　作　文	意見論述（80語）
	(B)	英　作　文	和文英訳
	〔3〕(A)	リスニング	内容説明
	(B)	リスニング	内容説明
	(C)	リスニング	内容説明，内容真偽
	〔4〕(A)	文法・語彙，読　　解	誤り指摘
	(B)	読　　解	英文和訳
	〔5〕	読　　解	内容説明，語句整序，空所補充，内容真偽

2021 ◑	〔1〕(A)	読　　解	要約（80 字）
	(B)	読　　解	空所補充, 語句整序
	〔2〕(A)	英　作　文	テーマ英作文（80 語）
	(B)	英　作　文	和文英訳
	〔3〕(A)	リスニング	内容説明, 内容真偽
	(B)	リスニング	内容真偽, 内容説明
	(C)	リスニング	内容真偽, 内容説明
	〔4〕(A)	文法・語彙, 読　　解	誤り指摘
	(B)	読　　解	英文和訳
	〔5〕	読　　解	内容説明, 語句整序, 空所補充, 内容真偽
2020 ◑	〔1〕(A)	読　　解	要約（80 字）
	(B)	読　　解	語句整序, 空所補充
	〔2〕(A)	英　作　文	意見論述（80 語）
	(B)	英　作　文	和文英訳
	〔3〕(A)	リスニング	内容真偽, 内容説明
	(B)	リスニング	内容説明
	(C)	リスニング	内容説明, 内容真偽
	〔4〕(A)	文法・語彙, 読　　解	誤り指摘
	(B)	読　　解	英文和訳
	〔5〕	読　　解	内容説明, 語句整序, 空所補充, 内容真偽
2019 ◑	〔1〕(A)	読　　解	要約（80 字）
	(B)	読　　解	空所補充
	〔2〕(A)	英　作　文	テーマ英作文（80 語）
	(B)	英　作　文	和文英訳
	〔3〕(A)	リスニング	内容説明, 内容真偽, 空所補充
	(B)	リスニング	内容説明
	(C)	リスニング	内容説明, 内容真偽
	〔4〕(A)	文法・語彙, 読　　解	誤り指摘
	(B)	読　　解	英文和訳
	〔5〕	読　　解	内容説明, 語句整序, 空所補充, 内容真偽

2018 ◑	〔1〕(A)	読　　解	要約（80字）	
	(B)	読　　解	空所補充，要約（20語）	
	〔2〕(A)	英　作　文	意見論述（60語）	
	(B)	英　作　文	和文英訳	
	〔3〕(A)	リスニング	内容説明	
	(B)	リスニング	内容説明	
	(C)	リスニング	内容説明	
	〔4〕(A)	文法・語彙，読　　解	語句整序	
	(B)	読　　解	英文和訳	
	〔5〕	読　　解	英文和訳，空所補充，内容説明，語句整序	

（注）　●印は全問，◑印は一部マークシート法採用であることを表す。
　　　全問文科と共通問題。

読解英文の主題

年　度	番　号	類別	主　題	語　数
2024	〔1〕(A)	論説	プロパガンダの目的	約390語
	(B)	随筆	新聞と雑誌の記事の違い	約970語
	〔5〕	随筆	通りを自由に歩けることの意義	約960語
2023	〔1〕(A)	論説	時間不足が生じる理由	約420語
	(B)	論説	笑いの役割	約1000語
	〔5〕	随筆	環境正義の会議でのエピソード	約830語
2022	〔1〕(A)	論説	人間にとって食べ物がもつ意味	約410語
	(B)	論説	会話の引き際はいつなのか	約970語
	〔5〕	随筆	ジェンダーに関する違和感	約970語
2021	〔1〕(A)	論説	10代の若者の気質の変化	約320語
	(B)	論説	人工知能と芸術	約840語
	〔5〕	随筆	目に見えない仕事	約990語
2020	〔1〕(A)	論説	高齢者にやさしい町づくり	約380語
	(B)	論説	都市生態系における進化	約930語
	〔5〕	物語	家を出る日のこと	約890語
2019	〔1〕(A)	論説	子どもの権利という概念の誕生	約320語
	(B)	論説	音楽は世界共通言語か	約760語
	〔5〕	評伝	雲の魅力	約950語
2018	〔1〕(A)	論説	噂の広まり方	約350語
	(B)	論説	言語化による記憶の劣化	約840語
	〔5〕	物語	母と娘の確執	約900語

（注）　英文和訳のみの英文，文法・語彙問題の英文は除く。

処理の素早さがポイント！
速読即解＋即表現の総合力が必要

01 出題形式は？

〈**問題構成**〉　例年大問 5 題で，読解，英作文，リスニング，文法・語彙と，「話す」以外のすべての英語力が試される出題である。試験時間は 120 分。聞き取り試験は例年，試験開始後 45 分経過した頃から約 30 分間，問題が放送される。それぞれの問題は標準的なものがほとんどだが，量が多いので時間との戦いである。

〈**解答形式**〉　要約・英作文・英文和訳の本格的な記述が中心だが，選択問題ではマークシート法が採用されている。記述式の解答用紙は A 3 判 1 枚の両面を使う。草稿用紙が問題冊子の中に与えられており，字数制限のある問題では，それに相当するマス目もある。

02 出題内容はどうか？

(1) 読解問題

① 要約問題

〔 1 〕(A)として毎年出題されている。英文自体は 300～400 語程度の短めのものが使われる。要約の制限字数は，過去には 100～120 字の年度もあったが，2018～2024 年度は 70～80 字となっている。いずれにしても，英文に述べられていることから要点を抽出し，わかりやすくまとめる力を試す問題である。使われる英文のテーマは多岐にわたるが，随筆的なものも含めて論説文が中心である。

② 文脈把握問題

例年，〔 1 〕(B)では文章の流れ・論旨・場面の展開を読み取る力をみる問題が出題されている。出題内容としては，2018 年度は文の空所補充と，文章中で言及されている発見の内容を英語で要約する問題が出題された。2019 年度は文の空所補充と，空所にあてはまる単語 1 語を文章中から抜き出す問題，2020～2024 年度は文の空所補充と語句整序であった。

③　英文和訳問題

　例年，〔4〕(B)が独立した英文和訳問題になっている。与えられる文章の長さ，和訳箇所の数，和訳部分の分量は年度によって異なる。語数が少ない場合でもなじみのうすい語を文脈から推測しなければならなかったり，一見易しい語ばかりのように見えて，直訳では意味が通らず意訳を求められたりと，何らかの工夫が必要とされる場合が多い。2020・2022 年度は，下線部中の語句が指す内容を明らかにして訳すという条件がつけられたものが 1 問あった。英文の内容は論説系のものが主流であるが，2019・2022・2024 年度は随筆であった。

④　読解総合問題

　〔5〕は例年読解総合問題である。英文の長さは年度によって異なるが，〔1〕と〔5〕の合計は例年 2000〜2200 語程度である。ただし，2022 年度は約 2350 語とやや多く，2023 年度は約 2250 語，2024 年度は約 2320 語だった。〔5〕の英文が長めの場合には，内容が読み取りやすいことが多く，必ずしも長いから難しいとは言えない。題材としては〔5〕は論説系よりも伝記・物語・随筆といった文学系のものが多い。2018・2020 年度は物語，2019 年度は評伝，2021〜2024 年度は随筆が出題された。設問は，意味内容，適切な語句の補充といった各箇所の細かい理解を求めるものが多いが，2019〜2022・2024 年度は，文章全体にわたる内容真偽が出題されている。物語や 2022 年度のようにそれに近い随筆が使われている場合には，人物の心理などを問う内容説明といった，想像力を試す設問もみられる。

⑵　英作文問題

①　テーマ英作文・意見論述

　与えられたテーマについて 60〜80 語程度で書くものや，意見や理由を求められる問題が出されている。語数はそれほど多くはないので，要点を簡潔にまとめる力が求められるだろう。2018 年度は戯曲の一場面が引用され，その対話の内容について思うことを 40〜60 語で述べるというものであった。2019 年度は一転して，新たに祝日を設けるとしたらどのような祝日を提案したいかというオーソドックスなテーマで，祝日の意義や望ましいと考える理由について述べることが求められた。2020 年度は人が言葉を操っているのか言葉に操られているのかについ

ての意見を，また 2021 年度は暮らしやすい街の最も重要な条件を理由を添えて述べるもの，2022 年度は「芸術は社会の役に立つべきだ」という主張についてどう考えるか，理由を添えて述べるもの，2023 年度は 30 年後に移動の手段はどうなっていると考えるか，理由を添えて述べるものであった。2024 年度は 2022 年度のように，示された主張に対する自分の考えを理由を添えて述べるものだったが，「紙は人類の最も偉大な発明の一つである」と「自転車は人類の最も偉大な発明の一つである」の 2 つからいずれか一つを選んで解答するという新形式の問題だった。2019〜2024 年度の語数はいずれも 60〜80 語となっている。

② 要約問題

〔1〕でも求められる要点把握力がベースで，それを英語で表現する力がプラスされることになる。2018 年度は，〔1〕(B)で，文章中で言及されている発見の内容を 15〜20 語程度で要約する問題が出題された。いずれの場合でも限られた語数に収めるのが難しい。

③ 和文英訳

長らく出題されていなかったが，2018 年度以降は〔2〕(B)で出題されている。短い文章の部分訳で，1990 年代まで出題されていたのと同様の形式。難易度も当時と同じレベルである。

(3) 文法・語彙問題

2018 年度は一連の文章中の空所を語句整序により埋めるものが出題された。2019〜2024 年度は文章中の誤り箇所が問われた。5 つの段落に 5 カ所ずつ下線が入っており，誤りを含むものを各段落から一つずつ選ぶ形式で，文法・語彙の知識と文脈把握力の両方が試される。

(4) リスニング問題

例年，(A)・(B)・(C)の 3 パートからの出題が続いている。放送内容は大きく分けて，講義形式のものと会話形式のものとがある。設問内容は，2018 年度は内容説明のみであったが，2019 年度は内容説明，内容真偽と空所補充が出題された。空所補充も放送内容に合うように説明文を完成させるもので，内容説明と考えてよい。2020〜2024 年度は内容説明と内容真偽である。いずれにしても，放送内容の聞き取りがきちんとできていれば答えられるという点には変わりがないので，出題内容の変動に惑わされないよう十分な練習をしておきたい。

　　講義形式の英文のテーマは，科学的なものから社会・文化的なものまで多岐にわたる。一般にはあまり知られていない内容であったり，聞いたことのある話題でも詳細な説明がされていたりしており，予備知識の助けなしに純粋に聞き取り能力だけで内容を理解できているかどうかを試したいという意図がうかがえる。

　　会話形式の場合，一人が語り続ける講義よりも変化があり，集中力は保ちやすい。ただ，内容が日常的なおしゃべりではなく，討論や専門的な内容の質疑応答といったものが多いので，油断は禁物である。2017年度の(B)は友人同士の会話という設定ではあったが，やはり内容は討論に近いものであった。

03　難易度は？

　　読解問題で取り上げられる文章は標準的であり，設問にも難問・奇問はないが，試験問題全体の分量が多く，〔1〕(A)の要約や〔2〕の英作文の記述もあるので，とにかく時間との戦いになるだろう。また〔4〕(A)の誤り指摘や語句整序には，かなり難度の高いものが含まれることもあり，そうした問題に時間を取られすぎると，とうてい時間内に解き終わることはできない。リスニングも読み上げられる英文が非常に長く，日頃から対策を積んでおかないと対応できないものである。問題分量の多さという点だけでも，難度はかなり高いと言える。

対　策

01　読解問題

⑴　語彙の充実

　　読解英文中には極端な難語はなく，専門的な語や特殊な語には注がついているので，標準的な語句を完全消化することを目標にしよう。単語集に載っている代表的な訳語が全部言えるというレベルから，さらにその語の持つ意味の広がりまでつかんでおきたい。そこで大切になるのが，

辞書を丁寧に読むことである。訳語のチェックだけでなく用例も見て，その語がどのような使われ方をするのか，どのようなニュアンスなのかをつかむようにしたい。その点で『東大の英単語』（教学社）は，単純な頻度順に集めたものではなく，テーマ別に類義語の使い分けやニュアンスに言及してあり，たいへんわかりやすい。東大の過去問の文章を使った確認問題もあるので，ぜひ活用してもらいたい。

⑵ **文脈把握力を培う**

　精読は必ず行うべきだが，常に全体の構成に目を配るようにしよう。最後まで読んだら改めて最初から通読してみるとよい。そうすることで，各部分が全体の中で占める役割が俯瞰的につかめる。

① **要約問題**

　筆者の主張をつかむためには，具体例など，枝葉にあたる部分を取り除いてみるとよい。ただし，残りを単純につなぎあわせただけでは，要約としては不十分である。各部分の全体に対する役割を理解し，要点を再構成することを心がけたい。2018 年度では，耳慣れない用語が文章の主題に欠かせないカギであるものの，その直訳では意味がわかりにくく，伝わりやすい言葉にまとめ直すことが求められた。このようなケースもあるため，日頃から訓練を積んでおくことが必要である。『東大の英語 要約問題 UNLIMITED』（教学社）は過去 61 カ年分（1960～2020 年度）の要約問題が掲載されており，数多くの練習を重ねるのに大いに役立つ。ぜひ活用したい。

② **英文和訳問題**

　一連の文章の一部が問題になっていることが多い。下線部以外のところもきちんと読み，全体の流れ，筆者の主張を理解した上で解答すること。近年の傾向としては，分量は少なく，一見難語は含まれていないにもかかわらず，訳しにくいものが多いということがある。これは，文脈の理解に左右されるためであるとともに，基本語が意外な意味で使われていることがあるためだ。過去問を十分研究し，辞書をまめに引いておきたい。また，内容は理解できるものの，わかりやすい日本語にまとめるのが難しい場合もあり，日本語の語彙力や文章作成能力も高めておく必要がある。

③　読解総合問題

　英文の長さにしり込みしないために，1000 語程度のものは一気に読めるよう，普段から訓練しておくこと。文章の種類は，文学系のもの（物語・伝記・随筆など）が中心なので，具体的な場面やそのときの人物の気持ちなどを生き生きと思い描けることが重要である。また，こうしたジャンルの文章では，描出話法（本来なら"…"か間接話法のthat 節内に入っているはずのセリフや思いが，「地の文」に放り出されているもの）や省略，比喩が多く見られるため，日頃から親しんでおかなければ対応は難しいだろう。1000 語程度の文章は，早稲田大学法学部でも例年出題されている。内容は必ずしも文学系のものではないが，長さに慣れるという点で活用できる。

02　英作文問題

　形式にかかわらず，英文として正しいものであることが最低条件なので，語法・文法事項など，辞書や参考書で丁寧に確認しておきたい。

①　テーマ英作文・意見論述

　設問内容が多様なので，どのようなものでも素早く対応できるように過去問を十分に研究しておこう。また，大阪大学や，早稲田大学法学部・国際教養学部といった他大学の過去問もぜひ利用したい。根拠・理由を挙げて「賛否」を論じるテーマの場合は，両方の立場で書いてみるとよい。書く練習量が増やせるだけでなく，異なった視点から考える練習にもなる。

②　要約問題

　テーマ英作文・意見論述とは異なり，内容に関する自由度はない。指定語数はぎりぎりのことが多く，それに収まるようにする基本的な力は〔1〕(A)と同じである。したがって，〔1〕(A)の解答を作成したら，それを英語で表現してみる，ということで対策ができる。

③　和文英訳

　長らく出題されていなかったが，2018 年度以降連続して出題されている。いつ問われても一定のレベルの英語が書けるようにしておきたい。特に，標準的な構文や語法が十分に使いこなせることは，他の形式の英作文でも必要なことなので，市販の問題集の例文などを徹底的にマスターして

おこう。また，『東大の英語 25 カ年』（教学社）で過去問にもあたってお
きたい。

03　文法・語彙問題

　問われる文法事項は基本的なものばかりであるが，完全に理解できてい
ないと解答できないものも多い。英文に接する際は「なんとなく」単語か
ら意味を推測して読んでしまわないよう日頃から意識しておきたい。誤り
指摘対策としては，文型の把握，修飾関係など，文中のすべての語につい
て文法機能がしっかり把握できるよう訓練を積んでおきたい。たとえば，
日常学習から受験直前期まで使える総合英文法書『大学入試 すぐわかる
英文法』（教学社）は，基礎を押さえて英語力を磨くトレーニングに役立
つだろう。

04　リスニング問題

　試験時にまず実行すべきことは「リスニング放送の前に問題冊子の設問
文や選択肢に目を通す」ことである。各パートそれぞれの放送内容の場面
設定が簡単に書かれていることが多いので，それも見落とさないこと。
2021 年度までは，「(A)と(B)は内容的に関連している」と示されており，(A)
の中に(B)で討論されるテーマが述べられていた。また，設問を読めば，ど
んな内容の講義や会話かある程度推測でき，聞き取る必要のあるポイント
もつかめる。試験時間にあまり余裕はないが，リスニング放送が開始され
る 4，5 分前になったら，これらの準備を始められるようにしておきたい。
放送は 2 回しか繰り返されないので，少ない聞き取りのチャンスを逃さな
いためにも，準備が必要である。最初の 1 回は大きな流れをつかむように
心がけること。数値などはできるだけメモしておこう。2 回目は 1 回目で
聞き取った内容を確認すると同時に，聞き取りにくかったところに集中し
て，細部までとらえるようにする。聞き取る力は短期間で身につくもので
はない。毎日少しずつでも聞く時間を確保すること。本書とは別に『東大
の英語リスニング 20 カ年』（教学社）で詳しい解説や聞き取りポイントを
示してあるので，ぜひ活用してほしい。

東大「英語」におすすめの参考書

- ✓ 『東大の英単語』（教学社）
- ✓ 『東大の英語 要約問題 UNLIMITED』（教学社）
- ✓ 『東大の英語 25 カ年』（教学社）
- ✓ 『大学入試 すぐわかる英文法』（教学社）
- ✓ 『東大の英語リスニング 20 カ年』（教学社）

赤本チャンネルで東大特別講座を公開中

実力派講師による傾向分析・解説・勉強法をチェック ➡

○東大が受験生に身につけてほしいこと【外国語】

　人間は「ことば」なしでは生きていけません。誰もが「ことば」で考え，相手の感情を知り，自分の思考を相手に伝えます。「世界的視野をもった市民的エリート」を育てることを使命とする東京大学は，教養教育（リベラル・アーツ教育）を重視しており，そのため，入試問題においては，多くの外国語による受験に門戸を開いています。具体的には，英語のほか，ドイツ語，フランス語，中国語等による受験が可能です。共通して求める能力をまとめるとすれば，「外国語による理解力と表現力」ということに尽きます。

　いずれの外国語についても，本学で学ぼうとする皆さんは，高等学校までの教育課程の範囲内で，それぞれの言語によるコミュニケーションに必要とされる理解力と表現力を備えていることが期待されますので，その言語についての正確な知識に裏打ちされた論理的な思考力の養成に努めてください。外国語文の和訳，和文の外国語訳，文法的知識を問う問題は言うまでもなく，ときにその言語の背景にある社会・文化への理解を要求する問題が出題されるのも，そうした努力の成果を見るためです。

　以下，外国語として選択されることの最も多い英語について若干付言します。現代社会において，市民的エリートとしての責任を果たそうとすれば，英語力が重要な要素であることは明らかでしょう。ここで求められる英語力は，具体的には3点にまとめられます。

1）英語による受信力

　　知的内容のあるコミュニケーションが交わされる場において，相手側の英語による発信を正しく理解する能力が必要不可欠であることは言うまでもないでしょう。読解・聴解を含めた受信力を問う問題が出題されるのはそのためです。

2）英語による発信力

　　同様の場において，自分の述べたいことを正しく英語で表現できる発信力が不可欠なこともまた明らかです。英作文の問題が出されるのはこのためであり，現在，「話す」能力の試験を課すことができないのはもっぱら技術的な理由によります。

3）批判的な思考力

　　上記2点の能力を発揮し，健全なコミュニケーションを達成するためには，例えば常に何が「正しい」のかを問うような想像力豊かな批判的視点がなければなりません。それがなければコミュニケーションの場には誤解と曲解が渦巻くことになります。

　こうした英語力を身につけるためには，発音・語彙・文法構造などの細部の把握と，論理構成の理解や文化的背景についての知識に裏打ちされた大局的な把握との両面での訓練が必要であり，教養教育ではそうした英語教育を目指しています。そのため，本学を志望する皆さんには，高等学校学習指導要領の範囲内で，そうした英語カリキュラムに対応できる能力を身につけるように特に意識して，学習を進めてほしいと思います。

『令和6年度 東京大学入学者募集要項』より

数　学

年　度	番号	項　目	内　　容	
2024	〔1〕	図形と方程式, ベクトル	条件を満たす点の領域	✅**図示**
	〔2〕	積　分　法	定積分で表された関数の最大値・最小値	
	〔3〕	確　　　率	8個の点を移動する点Pの確率	✅**証明**
	〔4〕	図形と方程式, 微　分　法	条件を満たす円の個数	
	〔5〕	積　分　法	板の回転体の体積	
	〔6〕	整 数 の 性 質	整数係数の多項式の値が素数となる整数の個数	✅**証明**
2023	〔1〕	積　分　法	定積分の値の評価, 区分求積法と極限	✅**証明**
	*〔2〕	確　　　率	3色の玉12個の並べ方に関する条件付き確率	
	〔3〕	図形と方程式, 微　分　法	放物線の弦の長さに関する存在条件と増減表	
	〔4〕	空間図形, 空間ベクトル	座標空間内で球と三角形の共有点が存在するための半径の範囲	
	〔5〕	式 と 証 明	整式の割り算における余りに関する係数の導出	✅**証明**
	〔6〕	空 間 図 形, 積　分　法	条件を満たす線分の存在範囲と体積	
2022	〔1〕	微・積分法	三角関数と対数関数の合成関数の増減と最小値, 定積分の値	✅**証明**
	〔2〕	数列, 整数	整数からなる数列のmod 5, mod 25での周期性, 最大公約数	✅**証明**
	〔3〕	図形と方程式, 微　分　法	2点のx, y座標の差と点の存在範囲, 関数の増減と最小値	
	〔4〕	図形と方程式, 積　分　法	原点対称な3次関数のグラフと直線で囲まれた部分の面積, 条件を満たす点の存在範囲	✅**証明・図示**
	〔5〕	空 間 図 形, 積　分　法	円錐上の点とxy平面上の点を結ぶ線分の中点の回転, 立体の体積	
	〔6〕	確　　　率	コインの裏表の出方と点の移動に関する確率	

年	番号	分野	内容	
2021	*〔1〕	図形と方程式	2つの放物線の共有点の x 座標，放物線の通過範囲	⊘図示
	〔2〕	複素数平面	複素係数の連立方程式，複素数の存在範囲	⊘図示
	〔3〕	微・積分法	分数関数のグラフの接線，分数関数の定積分	⊘証明
	*〔4〕	整数	4で割った余りと二項係数	⊘証明
	〔5〕	微分法	三角関数の微分法，$f'(\theta)=0$ となる θ の値の評価	⊘証明
	〔6〕	数と式	有理係数の整式の因数分解，式処理	
2020	〔1〕	2次関数，不等式，集合と論理	2次関数または1次関数の値と不等式，集合の一致	⊘証明
	〔2〕	平面図形	平行線と三角形の面積，平行線と面積比，点の存在範囲	
	〔3〕	微・積分法	媒介変数表示の曲線と x 軸で囲まれた図形の回転と面積	⊘証明
	*〔4〕	数列	多項式の係数と数列	
	〔5〕	空間図形，積分法	円錐の点と定点を結ぶ線分の通過領域と体積	⊘図示
	〔6〕	三角関数，2次曲線	楕円の接線の条件，三角方程式の解の個数	⊘証明
2019	〔1〕	積分法	無理関数を含む定積分，置換積分	
	*〔2〕	図形と方程式，微分法	三角形の面積，3文字の関係式から1変数関数への帰着	
	〔3〕	空間図形	八面体の平面による切り口，平面の方程式	⊘図示
	〔4〕	整数	互除法と最大公約数，互いに素と平方数	⊘証明
	〔5〕	数列，極限	方程式の解で定まる数列の極限	⊘証明
	〔6〕	複素数平面	4次方程式の複素数解，解と係数の関係	⊘証明・図示
2018	〔1〕	微分法，極限	三角関数の分数式の増減表，極限	
	〔2〕	整数，数列	互いに素の論証，項の大小と不等式	
	〔3〕	図形と方程式，極限	放物線の通過範囲と面積，極限	
	*〔4〕	図形と方程式，微分法	3次方程式の実数解の評価と3次関数のグラフ	⊘図示
	〔5〕	複素数平面	点の線対称移動と軌跡	
	〔6〕	空間図形，積分法	球の移動図形の切断面，体積	⊘図示

（注）　＊印は文科との共通問題（一部共通も含む）。

出題範囲の変更

　2025 年度入試より，数学は新教育課程での実施となります。詳細については，大学から発表される募集要項等で必ずご確認ください（以下は本書編集時点の情報）。

2024 年度（旧教育課程）	2025 年度（新教育課程）
数学Ⅰ・Ⅱ・Ⅲ・Ａ・Ｂ（数列，ベクトル）	数学Ⅰ・Ⅱ・Ⅲ・Ａ・Ｂ（数列，統計的な推測）・Ｃ（ベクトル，平面上の曲線と複素数平面）

旧教育課程履修者への経過措置

　2025 年度において，旧教育課程履修者に対しては，出題する教科・科目の問題の内容によって配慮を行うものとする。

 論理的思考力・考察力，
計算力・処理力を要する問題が出題

01 出題形式は？

〈**問題構成**〉　試験時間 150 分，6 題の出題が定着している。

〈**解答形式**〉　解答形式は全問記述式である。解答は，2024 年度に〔3〕(1)で「結論のみを書けばよい」という小問も見られたが，それ以外は結果だけでなく，解答過程も記述するものである。根拠を明確にし，場合を尽くした吟味を行い，慎重な計算を忍耐強く行うこと。

〈**解答用紙**〉　解答用紙はＡ３判の大きさであるが，余白を除くと実質スペースはＢ４判程度である。両面刷りのものが 2 枚で，例年，1 枚目の解答用紙の表面が〔1〕〔2〕，裏面が〔3〕，2 枚目の解答用紙の表面が〔4〕〔5〕，裏面が〔6〕にあてられている。したがって，〔3〕〔6〕は設問数が多かったり，記述量が多く難度も高いことが普通である。

　計算量が多いことや，場合分けが煩雑なこともよくある。記述すべきことをよく考え，解答用紙におさまるような答案の記述を普段から心がけよう。入試本番では紙面を縦に 2 分割して記入していくなどして，スペース不足になるのを防ぐよう工夫したい。

〈**計算用紙**〉　解答用紙の余白には何も書いてはいけないが，問題冊子の余白は計算に使用できる。余白の部分は非常に多いので，計算だけでなく，例えば，題意の理解，解法の模索，答案の下書きなど，使い道は多い。

02 出題内容はどうか？

〈出題範囲〉

　2025 年度の出題範囲は前掲の表のように予定されているが，数学 B で「統計的な推測」が出題範囲に含まれていることに注意しておきたい。

〈頻出項目〉

　頻出項目は微・積分法，図形と方程式（点の存在範囲・曲線の通過範囲を含む），数列，極限，整数，空間図形である。微分法は関数値の増減への応用，積分法は定積分の値や面積・体積への応用の問題が多く，計算が大変な場合が多かったが，最近は難度が緩和されている。確率・場合の数は，2018〜2021 年度は出題されていなかったが，2022〜2024 年度は 3 年連続して出題された。

〈出題の特徴〉

① 整数の扱いを含む問題

　ほぼ毎年出題されている。2018・2019 年度はやや易〜標準レベルであるが，それ以外の年度はやや難〜難レベルの問題である。論証・発想の両方とも難しい年度が多い。2023 年度は整数ではなく整式の割り算の余りの問題であった。

② 数列の問題

　何らかの形でほぼ毎年出題されている。2020 年度は多項式の係数についての発想力と処理力，2022 年度は数列の漸化式を用いた論証力と記述力が問われたが，いずれも厳しい問題であった。

③ 空間図形の問題

　この 7 年間では 2021 年度を除き，毎年出題されている。処理力を要求するものが多いのが特徴である。最近は，積分計算自体は煩雑なものではない。2018〜2020 年度は切断面についての誘導のついた出題で，2020 年度は煩雑で難度が高かった。2022・2024 は小問による誘導のない問題が出題された。また，2023 年度は線分の存在範囲の体積で，難しかった。

④ 極限の問題

　2018・2019 年度に出題されている。ほとんどが諸分野の問題で求めた式の値の極限を問う形となっている。2023 年度は区分求積の形での出題であった。

⑤　三角関数に関する問題

図形と方程式，微・積分法等の他分野に分類される問題で用いられることが多い。三角関数の計算には十分な練習を積むことが不可欠である。2020年度は三角方程式の解の個数についてのやや難の問題が出題された。2022年度は対数関数との合成関数の増減の証明問題と定積分の計算問題であった。

⑥　複素数平面

この7年間では2018・2019・2021年度に出題されている。2018・2019年度はいずれもやや難のレベルであった。

⑦　確率・場合の数

2018～2021年度は出題がなかったが，それ以前はほぼ例年出題され，2022年度には難度の高い出題があった。場合分けを徹底する訓練や推移図から規則性を見出す訓練が欠かせない。2024年度は漸化式を立てて解く確率の問題が出題された。文科でも頻出項目なので，念のため文科の過去問も解いておくとよいだろう。

03　難易度は？

この7カ年の難易度の変動を見ると，2018年度は親切な小問設定のあるものが3題あり，他もあわせて全体で4題半は易～標準レベルであった。2019年度はやや難の問題が少しあり，最後まで詰め切るのが難しい問題も見られた。2020～2023年度は発想力・解答の構想力が問われる問題が多く，加えて処理力も問われる問題があり，難度も上がっていたが，2024年度は易化して取り組みやすい問題が増えた。

こうした年度による変化は若干見られるものの，粘り強い論理的思考力・論証力，図形的考察力，高度な計算処理力を要する点では一貫している。過去問演習などを通じて高度な数学的思考力・計算力・表現力を身につけておきたい。また，いずれの難易度でも特に計算ミスによる失点は極力避けたい。

01 粘り強い思考と論理的な根拠記述

　〔傾向〕からもわかるように，東大の数学は発想力・計算力・場合分け・論証力のいずれを欠いても合格は難しい。丁寧な思考と粘り強い分析を行う勉強を続けた者とそうでない者の違いが出るので，そのような努力を軽視しないこと。記述にあたっては，論理的な思考を端的に表現するように心がけなければならないが，立式の根拠などポイントになる理由づけは，簡潔でもよいから省かずに記述すること。『大学入試 最短でマスターする数学Ⅰ・Ⅱ・Ⅲ・Ａ・Ｂ・Ｃ』『大学入試 突破力を鍛える最難関の数学』（いずれも教学社）なども活用したい。

02 場合分けと計算力

　領域，確率，場合の数，整数などの分野においては，とりわけ思考を整理する上で，場合分けの良し悪しが決定的なはたらきをすることが多い。見逃している場合がないか，最終的にどうまとめるかも含めて，普段から意識的に学習することが大事である。また，積分計算や数列，確率などでは計算ミスが致命的になることも多い。計算量を減らす工夫をする，計算を素早くチェックする，数値の妥当性を検討する，代入する数値や分数計算，符号での誤りがないか確かめる，特別な値で結果を検証するなどを常に心がけることで，計算ミスを減らすことができる。また，複雑な計算をやり抜く根気を養うことと，周囲を気にしない集中力も大切である。さらに，ミスに気づいて時間をロスしたときにも決して狼狽しない精神力も重要である。

03 基礎事項を軽視しない

　解答の多くはたくさんの基礎事項で組み立てられている。通常の授業で取り扱われる定義，証明，基礎的な操作，公式の適用などを絶対に軽視し

てはならない。それとともに,『東大の理系数学 25 カ年』『東大数学プレミアム』(いずれも教学社) などを活用して過去問に多く接することにより,それらの基礎事項を総合的に理解しながら定着させていくことも重要である。その過程で,よく使われているアイデアも身につけることができる。

東大「数学」におすすめの参考書

- ✓ 『東大の理系数学 25 カ年』(教学社)
- ✓ 『東大数学プレミアム』(教学社)
- ✓ 『大学入試 最短でマスターする数学 I・II・III・A・B・C』(教学社)
- ✓ 『大学入試 突破力を鍛える最難関の数学』(教学社)

○東大が受験生に身につけてほしいこと【数学】

　数学は，自然科学の基底的一分野として，人間文化の様々な領域で活用される学問であり，科学技術の発展に貢献するだけでなく，社会事象を客観的に表現し予測するための手段ともなっています。そのため，東京大学の学部前期課程（1，2年生）では，理科各類の全学生が解析・代数を必修科目として履修し，文科各類の学生も高度な数学の授業科目を履修できるカリキュラムが用意されています。

　本学に入学しようとする皆さんは，入学前に，高等学校学習指導要領に基づく基本的な数学の知識と技法を習得しておくことはもちろんのことですが，将来，数学を十分に活用できる能力を身につけるために，次に述べるような総合的な数学力を養うための学習を心掛けてください。

1）　数学的に思考する力

　　様々な問題を数学で扱うには，問題の本質を数学的な考え方で把握・整理し，それらを数学の概念を用いて定式化する力が必要となります。このような「数学的に問題を捉える能力」は，単に定理・公式について多くの知識を持っていることや，それを用いて問題を解く技法に習熟していることとは違います。そこで求められている力は，目の前の問題から見かけ上の枝葉を取り払って数理としての本質を抽出する力，すなわち数学的な読解力です。本学の入学試験においては，高等学校学習指導要領の範囲を超えた数学の知識や技術が要求されることはありません。そのような知識・技術よりも，「数学的に考える」ことに重点が置かれています。

2）　数学的に表現する力

　　数学的に問題を解くことは，単に数式を用い，計算をして解答にたどり着くことではありません。どのような考え方に沿って問題を解決したかを，数学的に正しい表現を用いて論理的に説明することです。入学試験においても，自分の考えた道筋を他者が明確に理解できるように「数学的に表現する力」が重要視されます。普段の学習では，解答を導くだけでなく，解答に至る道筋を論理的かつ簡潔に表現する訓練を十分に積んでください。

3）　総合的な数学力

　　数学を用いて様々な課題を解決するためには，数学を「言葉」や「道具」として自在に活用できる能力が要求されますが，同時に，幅広い分野の知識・技術を統合して「総合的に問題を捉える力」が不可欠です。入学試験では，数学的な思考力・表現力・総合力がバランスよく身についているかどうかを判断します。

『令和6年度 東京大学入学者募集要項』より

物　理

年　度	番号	項　　目	内　　容
2024	〔1〕	力　　　学	斜めのベルトコンベア上に置いた物体の運動
	〔2〕	電　磁　気	多重電極コンデンサーによるエレクトレットのモデル
	〔3〕	波　　　動	反射板によるドップラー効果とうなり
2023	〔1〕	原子，力学 電　磁　気	核分裂した原子核の電磁場中での運動　　　　　　⊘論述
	〔2〕	電　磁　気 波　　　動	ワット天秤
	〔3〕	熱　力　学	二つの風船の実験　　　　　　　　　　　　　　⊘論述
2022	〔1〕	力　　　学	潮汐運動のモデル化
	〔2〕	電　磁　気	ダイオードの入ったコイルに生じる電磁誘導
	〔3〕	熱　力　学	半透膜を通した混合気体の状態変化
2021	〔1〕	力　　　学	ブランコの運動
	〔2〕	電　磁　気	多重極板コンデンサー，電気振動
	〔3〕	原　　　子	光ピンセット
2020	〔1〕	力　　　学	中心力を受けた小球の運動，万有引力，量子条件
	〔2〕	電　磁　気	平行レール上を運動する導体棒による電磁誘導
	〔3〕	熱　力　学	気体の断熱変化と定圧変化による熱の移動
2019	〔1〕	力　　　学	動く台車上の物体の運動，倒立振子
	〔2〕	電　磁　気	抵抗とコンデンサーの回路，交流ブリッジ回路
	〔3〕	波　　　動	球面での光の屈折，見かけ上の光源までの距離
2018	〔1〕	力　　　学	振り子が取り付けられた台の運動
	〔2〕	電　磁　気 力　　　学	ばねでつながれた平行板コンデンサー
	〔3〕	熱　力　学	管でつながれた複数の液柱　　　　　　　　　　⊘論述

無理な難問ではないが思考力・数理能力を要する 物理現象を深く理解し，特徴を把握しよう

01 出題形式は？

〈**問題構成**〉　大問3題の出題が続いている。試験時間は例年，理科2科目で150分である。

〈**解答形式**〉　計算問題は最終結果だけでなく，途中の過程まで記述する解答形式がほとんどである。論述を要する設問が含まれることもあるので，要点を外さずに簡潔で明瞭な答案を作成する練習も必要である。グラフを描く設問は2010年度以降は出題されていないが，2018・2020〜2023年度にはグラフを選択する問題が出題されている。2019〜2023年度には空所補充形式での問題が，2021〜2024年度には数値計算の問題が出題された。

〈**解答用紙**〉　解答用紙は理科4科目共通のもので，A3判サイズの用紙に大問ごとの罫の入ったスペース（〔1〕〔2〕はB5判，〔3〕はB4判程度）が与えられている。スペースをどのように使うかの明確な指示はないが，考察過程や結論がはっきりわかるように記述すべきである。ただし，答案を整理して書かないと，解答欄に書ききれなくなってしまう。

02 出題内容はどうか？

〈**出題範囲**〉

　出題範囲は「物理基礎・物理」である。

〈**頻出項目**〉

　高校の物理の2大分野である力学と電磁気からの出題の割合が大きい。熱力学の分野からは2018・2020・2022・2023年度に出題されている。波動の分野からは，2019・2023・2024年度に出題されており，2023年度〔2〕は電磁気との融合問題であった。原子の分野からは，2021年度に大問で出題されており，2020年度〔1〕は力学に原子物理の内容が含まれ，2023年度〔1〕は力学・電磁気・原子の融合問題であった。

　力学分野では，相互に影響を及ぼし合いながら動く2物体の運動を扱った問題が，2018・2019・2022・2024年度の〔1〕に出題されている。また，

力学分野だけでなく電磁気分野でも単振動を扱った問題が目立ち，2018・2024年度の〔1〕〔2〕，2019年度の〔1〕は単振動の内容を含む問題である。

〈問題の内容〉

　複数の分野を融合させた総合的な問題が多い。また，個々の設問は頻出の標準的なものでも，その組み合わせ方や題材を扱う切り口に工夫がこらされた問題や，見慣れない題材や目新しい設定で深い思考力や考察力が必要な問題も多い。

　設問は文字式の計算問題が中心である。近似計算をしたり，数学的な処理能力が求められたりすることもよくある。また，適切な図やグラフを選ぶ問題がよく出題されている。

03 難易度は？

　年度により難易度や問題量にはばらつきがある。この数年の状況をみると，2018・2019・2021・2023年度は分量も多く，難度も例年より高めであったが，2020・2022年度はそれに比べ問題量が少なく，やや易しい。2024年度は，問題量は例年どおりだが，やや易しい。2023年度はこの数年の中でもっとも難易度の高い問題であったと思われる。

　全体として，高校の物理の範囲を逸脱することなく，無理な難問は出題されていないが，見慣れない設定で，その場で考えさせる問題も多い。難易の傾斜も配慮され，ときに誘導的な問題文になるが，いずれにしても応用的な思考力や総合的な数理能力を要求する問題となっている。試験時間に対して設問の分量は多めであり，問題全体の見通しを立てて，素早く解く能力も必要である。

対 策

01 教科書を中心に基本事項の徹底的な理解を

　複雑に見える問題も，個々の設問は標準的なものが大部分である。まず，教科書で扱われている程度の事項はきちんと学習し，公式を導く過程や物

理量の定義などの理解を十分にしておきたい。ただし，計算問題にせよ，論述問題にせよ，表面的な理解で公式を適用するだけの学習では対処できない問題が多く，教科書を中心にして，基本事項の本質的な理解を図ることが大切である。その上で，程度の高い参考書をざっと読んでおくとよいだろう。

02 目的をもった問題練習を

　基本事項の徹底を図るためには，まず学校の授業で扱う教科書傍用問題集を完全にこなし，その上で物理の考え方を身につけるために『体系物理』（教学社）を活用するのがよい。その後に取り組む問題集は，標準レベルのものとしては『実戦 物理重要問題集 物理基礎・物理』（数研出版），『名門の森 物理』シリーズ（河合出版），『難問題の系統とその解き方 物理』シリーズ（ニュートンプレス），応用力や思考力を養うためには，『物理［物理基礎・物理］標準問題精講』（旺文社），『理論物理への道標』上・下（河合出版）などが挙げられる。また，微分・積分を使用して物理の法則を整理したい人は参考書として『新・物理入門』（駿台文庫）を読んでみるのもよいだろう。ただし，いたずらに数をこなすのではなく，問題の背景や計算結果のもつ意味を考えてみるなど，一歩踏み込んで掘り下げるような勉強も，東大では特に必要である。また，別の解法を考えるような練習もしておくとよい。見慣れない設定の問題や未経験の問題に対処するための柔軟な思考力やセンスを養うには，こういった積み重ねが大切である。

03 計算力の養成

　近似計算を含め，煩雑な計算を要する問題もよく出題されている。途中の経過まで記述する解答形式が大半なので，問題練習に際しては，面倒がらずに，計算過程を示しながら，自分の手で計算をすることも大切である。誤りの少ない，素早い計算をする力は，日頃の学習の積み重ねで身につくものである。また，近似計算についてある程度の慣れがなければ，近似の条件の使用に戸惑うことが多い。教科書の計算例（単振り子，ヤングの実

験，ニュートンリングなど）や本書の過去の問題などで，近似式の使い方をよく見ておき，近似計算が必要な問題に出会ったら，面倒がらずに実際にやってみることである。

04 出題傾向・出題形式に合わせた練習も

　論述問題の出題は少ないが，慣れていなければ書きにくく，時間もかかるので，出題されると得点差につながりやすい。考察理由を簡潔な文章に書き表すような練習もふだんからしておくこと。通常の問題集では論述問題はあまり見られず，大学により特色もあるから，本書や難関校過去問シリーズ『東大の物理 25 カ年』（教学社）などを活用するとよい。また，適切な図やグラフを選ぶ問題も出題されているが，実際に自分で図やグラフを描くことで，ポイントをつかみやすく的確に判断できるようになるので，面倒がらずに練習しておこう。

化 学

年　度	番号	項　　目	内　　容
2024	〔1〕	有　　機	エステルの合成実験，単糖類の異性体と還元性（50字他）　　　　　　　　　⊘論述・計算・描図
	〔2〕	無機・変化	両性元素とCrの性質と反応，酸化還元滴定，AuとAgの性質と反応（20字他）　　　⊘論述・計算
	〔3〕	状態・変化	実在気体，気体の溶解度，リン酸の電離平衡，緩衝液　　　　　　　　　　　　⊘計算・論述
2023	〔1〕	有　　機	分子式 $C_{16}H_{16}O_4$ の芳香族化合物の構造決定，配座異性体　　　　　　　　　⊘計算・描図・論述
	〔2〕	理論・無機	HFの性質と反応，電離平衡，AlとTiの工業的製法，金属の結晶格子　　　　　　⊘論述・計算
	〔3〕	変化・状態	化学平衡，不均一触媒のはたらき，コロイド溶液，浸透圧　　　　　　　　　　⊘計算・論述
2022	〔1〕	有　　機	油脂の構造決定，C_5H_{10} のアルケンの構造決定　　　　　　　　　　　　　　⊘計算・論述
	〔2〕	理論・無機	熱化学方程式，ヘスの法則，錯イオンの構造，プルシアンブルーの結晶格子　　　　　　⊘計算
	〔3〕	変化・状態	鉄の製錬，CO_2 の圧力と状態変化，サイトカインと抗体の結合反応の反応速度と化学平衡　⊘計算・論述
2021	〔1〕	有機・構造	分子式 $C_6H_{12}O$ をもつ化合物の構造決定，窒素原子を含む芳香族化合物の反応　　　⊘計算・論述
	〔2〕	理論・高分子	水素吸蔵物質を含む気体の平衡，アミノ酸・酵素の反応　　　　　　　　　　　　　　⊘計算
	〔3〕	理論・無機	滴定による Cl^- の定量，水素吸蔵合金の結晶格子　　　　　　　　　　　　⊘計算・論述
2020	〔1〕	高　分　子	糖類とその誘導体，セルロースの誘導体の性質と反応　　　　　　　　　　　　⊘計算・論述
	〔2〕	構造・無機	空気の成分分析と人工光合成，分子・イオンの電子式とCO_2 結晶　　　　　　⊘計算・論述
	〔3〕	理　　論	トロナ鉱石の分析と炭酸の電離平衡，火山ガスの反応とマグマの密度　　　　　⊘計算・論述
2019	〔1〕	有　　機	フェノールの置換反応と誘導体，立体異性体，フェノール樹脂　　　　　　　　⊘論述・計算
	〔2〕	変化・無機	リンと燃料電池，$CuFeS_2$ の反応と製錬　　　　　　　　⊘描図・計算・論述
	〔3〕	変化・構造	酸化還元滴定，$M_AM_BX_3$ 型結晶構造　　　　　　　　　⊘計算・論述

2018	〔1〕	高分子・有機	未知ジケトピペラジンの構造決定と立体異性体，電気泳動 ☑**計算・論述**
	〔2〕	理論・無機	金属酸化物の結晶構造と融点，Al の電解精錬と錯イオンの構造 ☑**計算・論述**
	〔3〕	変化・状態	NH_4^+ の電離定数と緩衝作用，実在気体，メタノール合成の反応熱 ☑**計算・描図・論述**

 有機の構造決定が頻出
酸化還元・化学平衡の応用力を

01　出題形式は？

〈**問題構成**〉　例年大問 3 題で，各大問が中問 2 問で構成されており，実質 6 題の分量で出題されている。ただし，2018 年度は有機分野と無機分野が，2019 年度は有機分野が 2 問に分かれておらず，それぞれ実質 4 題，5 題の出題であった。過去には長めの論文を読ませる設問形式もみられたが，近年は従来型の思考問題で応用力を確かめるパターンとなっている。2023 年度はリード文が会話形式になっている問題があった。

〈**解答形式**〉　理科 2 科目で 150 分の出題で，記述式と論述式による設問が主体である。計算問題は答えに至る過程を示すことが要求されることも多い。論述問題は理由説明を求めることが多く，ときに現象説明が求められる。なお，論述問題では，2018〜2022 年度に字数指定のあるものはみられなかったが，2023 年度は 10 字程度で空所を補充する問題，2024 年度は 20 字程度と 50 字程度のものが 1 問ずつ出題された。

〈**解答用紙**〉　A 3 判用紙 1 枚の両面を使って解答する（理科共通）。表に〔1〕〔2〕の解答，裏に〔3〕の解答となる。実質的には〔1〕〔2〕がそれぞれ B 5 判程度，〔3〕が B 4 判程度の大きさなので，解答枠を考慮した無駄のない解答が要求される。また，横罫線のみで設問ごとの解答欄がないので，採点者にわかりやすい答案づくりが必要である。

02 出題内容はどうか？

〈出題範囲〉

出題範囲は「化学基礎・化学」である。

〈理論分野〉

全体的に理論分野からの出題が多く，テーマを決めた総合問題で応用力が試される。実験や観測データをもとに，理論的な裏づけが要求され，計算のみならず論述や描図による設問もある。

頻出分野としては，酸化還元反応，熱化学，反応速度と化学平衡，気体の法則，結晶構造，溶液の性質などが挙げられる。酸化還元反応については応用問題として，燃料電池，リチウムイオン電池，ヨウ素滴定，融解（溶融）塩電解などが出題されている。反応速度と化学平衡では，反応速度と活性化エネルギー，触媒，圧平衡，電離平衡，溶解度積，分配平衡などが出題されているが，有機分野と絡めたり，頻出物質とは異なる物質が扱われたりしていることが多いので戸惑うかもしれない。なお，計算に当たっては途中の計算式や化学反応式などが要求されることが多いので，解答スペースから考えて，的確に要点を押さえた解答を作成する必要がある。

〈無機分野〉

イオン分析と錯イオンの構造，気体の発生と性質，無機工業分野などの出題は，メインというよりはサブとしての取り扱いが多いが，基本～標準的な設問である。実験操作・装置は教科書記載レベルと考えてよく，化学変化の原理的な特徴と物質の性質，検出反応をとらえておくとよい。理論分野と絡めて出題されることもあるので注意が必要である。

〈有機分野〉

有機化合物の構造決定に関する出題が多く，組成式，分子量測定から分子式を求め，各種検出反応を通して構造を決定する。このとき，構造異性体のみならず，幾何異性体，鏡像異性体を考慮することも多い。さらに，炭素間二重結合をもたない環式化合物の立体異性体，鎖式および環式化合物の鏡像異性体・L体とD体の構造などについて深く学習することが必要となる。2024年度のように，実験操作に関する問題が出題されることもある。また，単糖類・アミノ酸から多糖類・タンパク質およびDNA・RNAなどの天然有機化合物，さらには特異な高分子化合物からの出題は

油脂を含めて難度が高い。

03 難易度は？

　問題量，試験時間（2科目150分），解答内容を考慮すると，時間的余裕はなく，全問を試験時間内で解き切るのは難しいかもしれない。最初に全体を見わたして，手をつけやすい問題から解いていくなどの工夫が求められる。

　難問もあるが，一つ一つは高校で学習した知識で対応できるだろう。ただし，高校の教科書では扱われていない内容が出題されることも多く，それだけに幅広い科学的知識と緻密な思考力が問われる。有機・理論分野での出題は標準的だが，ときにやや難の出題もみられ，決して容易に得点できるものではないので，応用力を養成するためにも，常に「なぜそうなるのか」を考えながら問題演習に当たろう。

対 策

01 理論分野

⑴ 教科書を土台に理解を深めよう

　見慣れない題材を取り上げた問題は，知識重視よりも問題文の熟読・読解を中心に考えて問題に当たるとよい。特に，酸化還元や化学平衡の分野では実験データの読み取りや化学変化の予測を含めて，筋道の通った答案づくりをめざそう。その際，酸化剤や還元剤の半反応式，化学平衡と質量作用の法則を原理面からとらえて，応用問題に当たるようにしたい。特に注意を要する項目を示す。

① 化学平衡の応用分野として，分配平衡，イオン分析を含めた溶解度積，緩衝液の電離平衡，気液平衡，さらに，アミノ酸の等電点と平衡状態，2023年度に出題されたHFの電離平衡，2022年度に出題されたサイトカインと抗体の結合など。

② 酸化還元反応では尿素を用いた排ガスNO_x除去のほか，ヨウ素滴

定や塩化銀定量の沈殿滴定など。

③ 希薄溶液分野では電解質の凝固点降下に加え，沸点上昇，浸透圧および蒸気圧降下のラウールの法則まで含めた対策。

④ 酸化銀電池，リチウムイオン電池などが出題されたことがある。酸素−水素燃料電池の応用としてメタノール，メタンなどを燃料とした燃料電池も勉強しておきたい。また，2021年度の水素吸蔵合金の結晶分野まで広げた思考をもちたい。

⑵ **化学反応式・計算式に工夫**

〔1〕〔2〕の解答欄が1題あたり実質B5判程度であり，そこへ途中計算式や化学反応式などを記述することになる。常日頃から解答に至る筋道と要点をつかんだ答案作成に気を配り，設問ごとに化学反応式，未知数と計算式，解答と単位の3点が明確になるように意識するとよいだろう。論述問題や描図問題もどの設問の答案であるかを明確にする必要がある。本書での解答の分量などを参考にして，答案づくりの対策をしておきたい。

02 無機分野

⑴ **図説などを多用する**

各種結晶構造や金属イオン分析，ヨウ素の昇華実験，アンモニア錯イオンの構造などは視覚的・立体的にとらえられる特徴がある。また，各種電池，気体発生装置，無機単体や化合物などは実験図や模式図を参考にして知識を確実なものにしたい。

⑵ **新素材，環境問題に関心をもつ**

大気汚染と二酸化炭素，排ガスとしての硫黄酸化物 SO_x，窒素酸化物 NO_x，クリーンエネルギーとしての水素合成・水素吸蔵合金などが近年，環境面から注視されている。また，アモルファス，セラミックス，機能性高分子などの新素材分野にも関心をもっておきたい。

03 有機分野

(1) 未知物質の構造決定は頻出

異性体と構造決定の出題がよくみられる。〔傾向〕で見たように，組成式，分子量，分子式を通して検出反応と特性から構造を決定するものである。したがって，各種異性体は鎖式，環式を問わず幾何異性体と鏡像異性体を考慮した上で，構造を推定する。各種検出反応は，反応の仕組みをとらえた理解をしておきたい。例えば，臭素との反応では，臭素が付加すれば炭素間不飽和結合であり，臭素と置換して白色沈殿となればフェノールであるというような，思い込みの知識は正解を遠ざけてしまう結果になりかねない。また，ヨードホルム反応や銀鏡反応では，ヨードホルムや銀の析出だけに目を奪われずに，有機化合物が酸化されていることに気をつけておきたい。さらに，不斉炭素原子数と鏡像異性体の数や左旋性（L体），右旋性（D体）の立体構造もしっかり理解しておきたい。

(2) 高分子化合物は重要

高分子化合物，特に天然高分子化合物についてはよく取り上げられており，内容的にも難度の高いものがみられる。近年，アミノ酸やタンパク質関連の研究でノーベル賞受賞者が続いたことから脚光を浴びている分野でもある。DNA，RNA関連分野である糖類，アミノ酸類，リン酸および油脂などは内容的にかなり深い理解が要求されるので，教科書内容の完全な理解はもちろん，参考書などで知識を深め，ニュースなどで話題になっている発見や研究についても興味をもって目を通すようにしておきたい。

04 参考書・問題集

参考書は『理系大学受験 化学の新研究』（三省堂），問題集は『実戦 化学重要問題集 化学基礎・化学』（数研出版），『理系大学受験 化学の新演習』（三省堂）を推奨する。

生　物

年　度	番号	項　目	内　容
2024	〔1〕	遺伝情報, 生殖・発生	RNA ポリメラーゼ C 末端領域のリン酸化，肢の形成 ☑論述
	〔2〕	植物の反応	花芽形成，フロリゲンの発現制御，春化，イネの品種改良 ☑論述
	〔3〕	細　　胞, 生殖・発生, 遺伝情報	神経管の発生と分化，遺伝子の発現誘導，細胞間の接着力と細胞選別 ☑論述
2023	〔1〕	遺伝情報, 生殖・発生	体細胞の組換え，DNA の修復，細胞周期，がん抑制遺伝子（20字他） ☑論述・計算
	〔2〕	植物の反応, 代謝	ソースからシンクへのスクロースの輸送，窒素代謝 ☑論述・描図
	〔3〕	動物の反応, 遺伝情報	ABO 式血液型の決定にはたらく酵素，アミノ酸配列の決定，新型コロナウイルスの表面タンパク質 ☑計算
2022	〔1〕	動物の反応, 遺伝情報	視物質，恐怖記憶の形成と想起，海馬における空間記憶，遺伝子の発現調節 ☑論述
	〔2〕	代　　謝, 植物の反応	光環境に対する生存戦略，植物ホルモン，シアノバクテリアの膜脂質 ☑論述
	〔3〕	生殖・発生, 遺伝情報, 細胞	ノッチシグナルの伝達，エンドサイトーシス，ノッチシグナルの張力依存性仮説 ☑論述
2021	〔1〕	遺伝情報, 代謝	乾燥耐性，遺伝子発現，代謝経路　　　　　　　　☑論述
	〔2〕	植物の反応	根の屈性，オーキシンの極性輸送，シグナル分子☑論述
	〔3〕	生殖・発生, 遺伝情報, 生　　態, 動物の反応	脊椎動物の性，性転換のしくみ，男女の性差と脳 ☑論述・計算
2020	〔1〕	遺 伝 情 報	相互転座による融合遺伝子のはたらき，遺伝子発現，がん治療の分子標的薬 ☑論述・計算
	〔2〕	植物の反応, 生態	寄生植物ストライガの防除，菌根菌と植物の相互作用，気孔の開閉とアブシシン酸 ☑論述
	〔3〕	進化・系統, 生殖・発生	動物の発生と系統，珍渦虫と無腸動物，生物の進化 ☑論述

2019	〔1〕	遺伝情報, 生殖・発生	タンパク質，遺伝子発現，線虫の細胞分化　　　　　⊘論述
	〔2〕	代　　謝, 遺伝情報	光合成，光-光合成曲線，気孔開度，カルビン・ベンソン回路，強光阻害，光化学系Ⅱのタンパク質合成　⊘論述
	〔3〕	進化・系統	表現型可塑性，遺伝的同化　　　　　　　　　　　⊘論述
2018	〔1〕	遺 伝 情 報	真核生物の転写，選択的スプライシング，ゲノムへのマッピング　　　　　　　　　　　　　　　　⊘論述・計算
	〔2〕	遺伝情報, 体内環境, 動物の反応	悪性腫瘍，マイクロサテライトの電気泳動，シュワン細胞，MHCタンパク質　　　　　　　　　　　　　⊘論述
	〔3〕	植物の反応	春化による花芽形成能力の獲得，フィトクロムのPrとPfrの変換　　　　　　　　⊘論述・計算・描図

データ解析と未知のものに対する柔軟な発想を！
思考力・的確な表現力が求められる

01　出題形式は？

〈**問題構成**〉　大問3題で定着している。各大問は，Ⅰ，Ⅱ，Ⅲなどと区分されることが多いので，大問3題といっても，実質的には5〜7題程度の出題量といえる。試験時間は理科2科目で150分であるが，実験考察系の問題の占める割合が高いので，時間の配分に十分配慮する必要がある。

〈**解答形式**〉　空所補充問題，下線部についての知識事項を問う選択問題，下線部の内容や意義を説明する論述問題，原因を追究する論述問題などが中心となる。

　論述問題は，1問あたり1〜3行程度が中心となっているが，2018・2019年度は最大5行程度のものが出題されている（なお，解答用紙の1行は35字程度）。総論述量は，2024年度は30〜31行程度，2023年度は，20字以内の字数指定のあるものに加え，24〜28行程度であった。2022年度は26行程度，2021年度は23行程度，2020年度は34行程度，2019年度は21〜23行程度，2018年度は19行程度である。2018・2023年度には描図問題も出題された。計算問題が出題されることもあるが，途中の計算過程は求められず，計算の結果のみを記す問題が中心である。

〈**解答用紙**〉　解答用紙は，理科共通の体裁となっており，各科目A3判大が1枚で，表裏両面を使用する。〔1〕〔2〕の解答を表面，〔3〕の解答を裏

面に記述することになっている。実質的な記述スペースとしては，〔1〕〔2〕が各B5判程度，〔3〕がB4判程度である。1行は35字程度となっており，〔1〕〔2〕は各25行，〔3〕は50行で，大問1題を記述するのに十分なスペースが与えられている。スペースをどのように用いるかについての明確な指示はないが，採点者にわかりやすいようにレイアウトし，考察過程や結論がはっきりかつ正確に伝わるように記述する必要がある。

02 出題内容はどうか？

〈出題範囲〉

　出題範囲は「生物基礎・生物」である。

〈実験考察問題〉

　東大の典型的問題と考えてよい。オリジナリティの高い問題で，他大学に類題を見ることは少ない。条件設定が丁寧で，リード文をしっかり読んで理解すれば，解答のヒントとなる事項がその中に含まれているので，自分で考える習慣がついている受験生にとっては，有利な問題にもなりうる。逆に言うと，パターン暗記で受験勉強をしてきた受験生にとっては，初めて見る問題やデータにとまどって難しく感じてしまうタイプの問題と言えるだろう。

　実験考察問題には，①実験設定，②実験操作の意味づけ，③仮説の検証，④実験結果の予測，⑤与えられた実験結果やデータからの考察，⑥新たな実験の設定などがある。そして，実験データをつなぎ合わせて背後に潜むメカニズムを推測し，ストーリーを構築することが要求される。以下の問題がこれに相当する。

2024年度：〔1〕I−D・E・G，II−J，〔2〕I−E・G・H，II−M，〔3〕I−D・E・F・G，II−H

2023年度：〔1〕I−F・G・H・J，〔2〕I−E・F，II−J，〔3〕G・H・I

2022年度：〔1〕I−F，II−L，〔2〕I−E・F，II−I・J，〔3〕I−C，II−F・G・H

2021年度：〔1〕I−C・E，II−H・I，〔2〕I−B・C，II−G・H，〔3〕I−A・F・G

2020 年度：〔1〕Ⅰ-C・D・E，〔2〕Ⅰ-C・D，Ⅱ-G・H，〔3〕
　　　　　　Ⅱ-F

2019 年度：〔1〕Ⅰ-C・D，Ⅱ-G・H，〔2〕Ⅱ-H・I，〔3〕Ⅰ-E，
　　　　　　Ⅱ-F・G

2018 年度：〔1〕Ⅰ-D，Ⅱ-H，〔2〕F・I，〔3〕Ⅰ-B，Ⅱ-D

〈**計算問題**〉

柔軟な発想と論理性を問うものが出題されている。例えば

- 2023 年度〔1〕Ⅱ-Oにおける病的遺伝子の変異を受け継ぐ確率を求める問題

- 2021 年度〔3〕Ⅰ-Dにおける自家受精による F1～F3 世代の変異の割合を求める問題

- 2020 年度〔1〕Ⅱ-K・Lにおける分子標的薬の影響を受けない細胞の数を求める問題

- 2018 年度〔1〕Ⅱ-H(ⅳ)におけるスキップされていないものを求めた後で $x=0$ を活用する問題，〔3〕Ⅱ-Eにおける k_3 を平衡状態から求める問題

〈**頻出分野**〉

頻出分野では以下のような内容が出題されている。

① **遺伝情報**

バイオテクノロジーなどの最新の遺伝子分析を題材とする問題が多く出題されている。

- 2024 年度〔1〕RNA ポリメラーゼⅡのC末端領域のリン酸化に関する考察問題

- 2023 年度〔3〕SARS-CoV-2 を宿主細胞に感染させた後の新しく合成される宿主タンパク質とウイルスタンパク質に関する問題

- 2022 年度〔1〕人工遺伝子を海馬の神経細胞に導入し，チャネルロドプシン遺伝子の発現を誘導する問題

- 2021 年度〔1〕乾燥ストレス耐性に関与する3つの遺伝子のはたらきを考察する問題

- 2020 年度〔1〕染色体相互転座によって生じる白血病の融合遺伝子を扱った問題で，がん化に必要なエキソンを推定する問題

- 2019 年度〔1〕線虫の細胞分化について変異体を用いた実験結果と4種

のタンパク質のはたらきからそのしくみを考える問題

- 2018 年度〔1〕「RNA-Seq」解析でゲノムへのマッピング

② 細胞, 代謝

- 2024 年度〔3〕細胞間の接着力
- 2023 年度〔2〕窒素同化の反応速度が光環境に強く依存する理由
- 2022 年度〔2〕光合成に関与する酵素 A のジスルフィド結合の誘導の有無における酵素活性の問題

  〔3〕細胞内へのノッチシグナル伝達と張力依存性仮説の考察問題
- 2021 年度〔1〕トリグリセリドを原料としたグルコース合成とトレハロース合成の問題
- 2019 年度〔2〕強光阻害を受けた光化学系Ⅱの能力復活に関する問題

③ 体内環境, 動物の反応

体液の濃度調節（イオン, 血糖量など）は頻出。それに伴い腎臓や肝臓について問われることも多い。さらに, 興奮の伝導・伝達, 神経系に関する基本的な内容や心臓など循環系に関する総合問題も出題されたことがある。2021 年度〔3〕では男女の性差と脳機能の違いについての問題が, 2018 年度には〔2〕で悪性腫瘍細胞を題材にした拒絶反応が出題された。

④ 植物の反応

- 2024 年度〔2〕フロリゲンの発現に違いを生じさせる主要な環境要因を探る実験
- 2023 年度〔2〕土壌中の硝酸塩濃度に応答して地上部と地下部の乾燥重量比が変化することの適応的意義
- 2022 年度〔2〕アブシシン酸輸送体欠損変異体を用いた光合成速度と気孔開度に関する問題
- 2021 年度〔2〕オーキシンの極性輸送の起こるしくみについて排出輸送体と IAA の性質の関連性を問う問題
- 2020 年度〔2〕ストライガの寄生に関する問題, シロイヌナズナのタンパク質 X や Y を過剰発現させた個体のアブシシン酸に対する作用を問う問題
- 2018 年度〔3〕春化の花芽形成における役割とフィトクロムの Pr 型と Pfr 型の変換プロセス

⑤ **生殖・発生**

- 2024 年度〔3〕神経管の細胞で発現する遺伝子 A・B・C および脊索から分泌されるタンパク質Dの相互作用

⑥ **生態，進化・系統**

- 2021 年度〔3〕カクレクマノミの性転換のしくみ
- 2020 年度〔3〕五放射相称動物と左右相称動物，珍渦虫の系統分類に関する問題
- 2019 年度〔3〕ミジンコの表現型可塑性，チョウの夏型・冬型の生理機構
- 2018 年度〔3〕「胚軸だけでなく，茎や葉柄でも高温で伸長促進が見られる。この性質が自然選択によって進化したとすれば，どのような理由によるのか」という，柔軟な発想を問う問題

過去には分子進化による進化速度が出題されたこともある。この分野も気を抜くことができない。

03 難易度は？

東大の問題は，知識そのものは高校の教科書を踏まえたレベルの問題であることが多く，良問である。ただし，すべての教科書に記載されている内容かと言えばそうとも限らない。一歩も二歩も踏み込んだ，高度な内容の問題も見られる。教科書に記載のない内容の場合は，リード文中にその言葉の定義をきちんと述べてあるが，取り上げられたテーマのほとんどが，受験生にとっては初見のものと思われ，かつ非常に長いリード文を読むことが要求される。丁寧な記載事項があるにしても，取り上げられたテーマ自体が高度な内容であることを考慮すると，やはり難問と言えるだろう。ただし，時間をかけて問題を熟読すれば，解法のヒントとなる文章が必ずと言っていいほどきちんと記載されているので，考える習慣のついている受験生は解答できるような問題となっている。

01 リード文対策

　東大の生物のリード文は長い。しかも目新しいテーマを扱ったものが多い。すべてのリード文をじっくり読んでいるとそれだけでも疲れてしまい，気持ちだけが焦って考える時間が少なくなってしまう。常日頃から長い文章を読んでいる受験生ならば気にならないかもしれないが，そうでない受験生には以下の方法をすすめておこう。

　リード文は，①**「掘り下げなくても解答できるもの」**と②**「じっくり読まないと解答できないもの」**に分かれる。Ⅰのリード文（[文1]）の大半は①で，基礎事項の確認という意味合いで出題されているので，さほど時間をかけなくても対応できるだろう。まずは軽く読みこなしていけばよい。

　②は東大独自のオリジナリティの高い問題で，かつ受験生には未知のテーマであることが多い。あるいは知っている現象でも別の角度から実験を設定していることが多い。これはⅡ以下のリード文（[文2]以下）で多く見られる。ここでは，途中で重要な語句だとわかったら，メモを取ったり，アンダーラインを引いたりして注意しておくとよい。また，実験の目的などを把握しておくことも忘れてはいけない。さらに，設問の内容をあらかじめ見ておき，何について問われるのかを知っていれば，ヒントがどこにあるのかも見つけやすい。

　東大では思考力を非常に重要視している。なぜそのような結果になったかなど，理由を問う問題が多いのは，生物の本質的理解を見るためと考えておこう。

02 論述対策を早くから行う

　東大の生物の場合，実験考察問題の解答様式は，多くが1～3行程度で記述する論述式である。問われている内容を理解していても，それを過不足なく表現することは容易ではない。何を省き，何を記述するかということを自分なりに判断して書くことになるが，論述力をつけるには，作成し

た解答を信頼のおける先生に添削してもらうことが効果的である。また，定評のある論述問題集なども活用しよう。

03 　過去問で実験考察問題対策を

　東大の考察問題は他大学に類を見ない独創性に富む問題からなる。参考にできる問題は少ないので，難関校過去問シリーズ『東大の生物25カ年』（教学社）も活用して，過去問にできるだけ多くあたり，どのような問題が出題されているかを実感としてつかむのが最も効果的である。1回目は時間を気にせずに十分時間をかける。2回目はある程度時間を設定して解答してみるとよい。重要なのは，ただ解くだけではなく，必ず解答例・解説を読み込んで，どのように考えて正解を導き出しているのかを理解しておくことである。思考の過程を理解することにより応用力がつき，非常に有益である。

04 　科学的な思考方法を身につけ，理解を深めておく

　科学的思考法とは，与えられたグラフや表などから，論理を展開するのに必要な情報を導き出し，生命現象と結びつけ矛盾しない解釈を行うことである。さらに，必要に応じて，仮説を自分で立て，検証することも重要な作業となる。未知の分野で，データの背後に存在する"しくみ"について仮説を設定し，検証していくことを習慣にしておくと非常に有利になる。分子生物学などのさらなる理解には，『Essential 細胞生物学』（南江堂），『理系総合のための生命科学～分子・細胞・個体から知る"生命"のしくみ』（羊土社），『分子生物学講義中継　Part 0（上巻・下巻）』（羊土社）などがおすすめである。

地　学

年　度	番号	項　目	内　容	
2024	〔1〕	宇　　宙	星団と恒星，太陽の活動	⊘計算・論述
	〔2〕	大気・海洋	雲粒と雨粒の形成，海水の運動と熱輸送	⊘計算・論述
	〔3〕	地球，地史	走時曲線と発震機構，地質図・地史	⊘計算・論述
2023	〔1〕	宇　　宙	連星の質量，超新星の膨張	⊘計算・論述
	〔2〕	大気・海洋	エクマン輸送，大気の状態，潮汐と海流	⊘論述・計算
	〔3〕	地　　球，鉱物・岩石	ジオイド，火山，結晶分化作用	⊘論述・計算
2022	〔1〕	宇　　宙	連星の明るさ，惑星の運動と性質	⊘計算・描図・論述
	〔2〕	大気・海洋	気圧と風，海水の運動	⊘論述・計算
	〔3〕	地　　球，地質・地史	地震と断層，日本の地質，地殻熱流量（15字他）	⊘計算・描図・論述
2021	〔1〕	宇　　宙	天体の距離，彗星の運動と性質	⊘計算・論述
	〔2〕	大気・海洋	大気の状態，海水の運動	⊘論述・計算
	〔3〕	地　　球，地質・地史	地球の形，地質断面図，地震波	⊘描図・論述・計算
2020	〔1〕	宇　　宙	惑星の運動，恒星の性質	⊘計算・論述
	〔2〕	大気・海洋	温暖化，大気と海洋の相互作用	⊘論述
	〔3〕	地　　球，鉱物・岩石，地質・地史	走時曲線，地震と断層，堆積物	⊘計算・論述・描図
2019	〔1〕	宇　　宙	恒星の寿命，惑星の運動と明るさ	⊘計算・論述
	〔2〕	大気・海洋	大気の水収支，海水の運動	⊘計算・論述・描図
	〔3〕	地　　球，地質・地史	地質図と地殻変動，過去の気候とアイソスタシー	⊘計算・論述
2018	〔1〕	宇　　宙	天体までの距離，銀河回転と銀河の質量	⊘論述・計算
	〔2〕	大気・海洋	雲粒と雨粒の形成，エルニーニョ	⊘計算・論述
	〔3〕	地　　球，鉱物・岩石	地震と断層，鉱床	⊘計算・論述

説明文・図からの考察問題主体，計算量も多い
全体を見通し，できる問題から確実に解く

01　出題形式は？

〈問題構成〉　例年大問 3 題だが，大問は別々の 2 ないし 3 つの内容の問
に分かれていることが多い。分かれていない場合でも 2 分野以上にわたる
総合的な問題があり，出題の形式は多少変化しても問題構成の方針は例年
同じと考えてよい。なお，試験時間は理科 2 科目で 150 分。時間の配分に
十分配慮する必要がある。

〈解答形式〉　計算・論述法がかなりのウエートを占めているのは従来どお
りである。計算問題は毎年出題されていて，近年はほぼすべての大問で計
算問題がみられる。論述も多いが，分量の指定は字数指定ではなく，1 〜
5 行程度の行数指定が多い。1 行は 35 字程度を目安として考えておくと
よい。ほかに読図に関する出題も目立っている。描図問題は 2019〜2022
年度は連続して出題された。2024 年度には「図を用いて説明してもよい」
という出題があった。

〈解答用紙〉　解答用紙は，理科共通の体裁となっており，各科目 A 3 判大
が 1 枚で，表裏両面を使用する。〔1〕〔2〕の解答を表面，〔3〕の解答を裏
面に記述することになっている。実質的な記述スペースは，〔1〕〔2〕が B
5 判程度，〔3〕が B 4 判程度である。1 行は 35 字程度となっており，
〔1〕〔2〕は各 25 行，〔3〕は 50 行で，大問 1 題を記述するのに十分なスペ
ースが与えられている。スペースをどのように用いるかについての明確な
指示はないが，採点者にわかりやすいようにレイアウトし，考察過程や結
論がはっきりかつ正確に伝わるように記述する必要がある。

02　出題内容はどうか？

〈出題範囲〉

　出題範囲は「地学基礎・地学」である。

〈出題分野〉

　宇宙が〔1〕，大気・海洋が〔2〕，地球，鉱物・岩石，地質・地史分野が

〔3〕で出題されている。2020 年度の系外惑星や地球温暖化など，話題に
なっている題材を扱う問題も多い。例年ほぼすべての分野から幅広く出題
されている。

〈出題意図〉

　内容的には，地学の知識を問うだけでなく，数学・物理・化学的手法を
用いて考察させる問題もあり，特に数学，物理についての基礎的な知識が
必要なことが多い。自然現象に対する幅広い知識と洞察力だけでなく，図
表の分析・読解力，応用力，計算力，表現力などが試されている。教科書
の内容をそのまま出題するのではなく，考える力を見る問題が多い。

03 難易度は？

　初めて見るであろう題材を扱う問題も多く，全体的に難度は高い。さら
に問題文が長いため，より難しく感じる問題もあるが，問題文をしっかり
読み，落ち着いて考えれば解答の筋道が見えてくるだろう。思考力・理解
力を総合的に問う良問が多い。

　例年，問題量が多く，試験時間内に全問解答するのはなかなか容易なこ
とではない。問題解答にあたっては，問題に難易差があるので，最初にど
の問題から取り組むかよく見きわめることが必要である。受験生の得意分
野によっても異なるが，宇宙分野は比較的難しく，計算問題も多いので，
宇宙以外の分野から始めるのがよいかもしれない。問題を見て素早く難易
度を判断できるようにしておきたい。

　計算問題は重要で，量的にも多い。有効数字や単位にも気をつけてミス
をしないことが大切である。対数の計算は 2024 年度にもあり，頻出であ
る。出題頻度は高くはないが，2021 年度には積分を扱う計算が，2023 年
度には微分を扱う計算が出題された。計算問題の出来・不出来は合否を左
右することになるだろう。

01　基礎知識の充実

　個別的な知識の集積だけでは対応しにくい問題も多い。関連性を重視し，数学・物理・化学的にも裏づけし，1つずつ論理的に納得しながら知識を確実なものにしておきたい。そのためには，基礎的な数学・物理・化学の知識も必要で，過去問をよく研究する必要がある。また，教科書を中心に資料集なども利用し，読図や描図をしながら体系的に学習することが大切である。例年，問題文が長く，その中に解答の手がかりがあることが多いので，文章を正確に読み取る能力が必要である。論述対策としては，原因・関連性・探究方法・相違などについて30〜200字程度でまとめる練習は欠かせない。こういう練習によって知識は体系化され，確実なものとなる。また，対数や三角関数の計算，有効数字の扱いなど計算問題対策も重要である。

　そのほか，綿密な学習を続けると同時に，宇宙や地球科学関係のテレビ番組や記事に注意したり，新書などに目を通したりすることも効果があるだろう。日頃から幅広く興味をもち，偏りなく学習して，知識の幅を広げておくことが特に重要である。

　教科書をしっかり勉強することはもとより，知識の定着には『書き込みサブノート地学基礎』（旺文社），問題演習には『センサー地学』（新興出版社啓林館）がよいだろう。より深い知識や理解を得るには『スクエア最新図説地学』（第一学習社）などを参照するとよい。

02　宇　宙

　毎年，大問1題が計算問題を伴って出題されている。計算も複雑なものが多く，数学的知識はもちろんのこと，物理的知識も要求されることが多い。分野別では，太陽放射と地球への影響については必ず整理して理解しておくこと。惑星現象，会合周期，ケプラーの法則，恒星の光度，HR図，連星，変光星，銀河系，ハッブルの法則などはその内容とともに，典型的

な計算問題にも習熟しておくこと。対数関数の知識が必要な計算問題も出
題されているので，十分練習しておく必要がある。恒星の一生や宇宙の進
化などについてもまとめておくこと。特に恒星に関しては質量や内部構造
の変化，元素の形成などとも関連づけて理解しておくことが必要である。

　全体として，物理の基礎学習が必要で，特に基礎的な力学はぜひ学習し
ておきたい。2018年度は天体までの距離，銀河の質量についての計算問題，
2019年度は恒星の寿命に関する計算問題，2021年度は天体間の距離や彗
星のガス放出量についての計算問題，2022・2023年度は連星を題材とし
た描図問題や計算問題，2024年度は天体の光度や太陽風の圧力に関する
計算問題が出題された。広い範囲の学習が必要である。

03　大気・海洋

　毎年出題されており，ウエートは大きい。特に海洋は他大学に比べて出
題率が高い。図の読解が必要な出題も多く，計算問題も複雑なものが多い。
その内容は，海水の熱輸送，波，二酸化炭素の輸送，水収支，海水位の変
化，海洋と大気の相互作用など多彩である。2024年度は雲粒・雨粒の成
長を題材にした計算問題が出題された。転向力・エネルギー収支・凝結・
起潮力など量的に扱う分野は計算問題も含め，特に習熟しておくこと。高
層天気図と地上天気図の関連も重要である。グローバルな気象（例えば，
酸性雨やエルニーニョ，ラニーニャなど）については教科書の記述だけで
なく，ぜひ地球環境についての一般図書などで知識・教養を深めておきた
い。特に大気と海洋の相互作用は重要である。いずれにしても広い範囲の
知識が必要な分野といえる。

04　地　球

　地球の内部構造や状態，地球の大きさ，地震活動と地震波解析，重力異
常，地殻熱流量，地球の誕生過程，他の惑星との比較などについて，関連
性・相違・探究方法などに留意しながら学習しておくこと。過去には地球
の形成過程と月の地形や小惑星の形成過程の比較などのユニークな問題や
アイソスタシーを月に応用する問題も見られた。2019年度にはミランコ

ビッチサイクルが扱われ，地球・大気・宇宙にまたがる内容の出題もあった。2023年度にはジオイドに関して，降水量と関連させた応用問題が出題された。2024年度には走時曲線の式を求める出題があった。

05　鉱物・岩石

　地質・地史とのどちらかが出題されている。2024年度は鉱物・岩石の出題はなかった。地質分野などと関連して出題されることも多い。代表的な岩石については分布の特徴・産状・成因・組織・鉱物組成・化学組成など，造岩鉱物については化学組成・多形・固溶体，結晶の化学的・物理的性質などをまとめておくこと。火成岩が出題されることが多いが，2020年度は堆積岩（堆積物）が題材とされ，地質との融合問題であった。図の見方や地学的意義の把握，化学計算，分析値に基づく計算などにも習熟しておくこと。2023年度は従来あまり出題のなかった偏光顕微鏡についての出題があった。探究活動が重視されている関係で，実験・観察に関する問題も見られるので，丁寧な学習が必要である。

06　地質・地史

　鉱物・岩石とのどちらかが出題されている。2024年度は地質図が5年ぶりに出題された。図表などを用いた出題が多く，地質図・地質断面図・ルートマップの読解や描図練習を十分にしておくこと。地質図作成の知識も身につけておきたい。また，不整合・示準化石・示相化石などについてはその地学的意義をよく理解しておこう。絶対年代の測定法についても理解を深めておくこと。この分野は探究活動が重視される現在の理科の特徴が出題に反映されやすい分野でもあり，地質調査などについても十分学習しておく必要がある。なお，「地学」では，日本列島の地質・地史がかなり詳しく扱われている。大きく取り上げられたことはないが，気をつけておきたい。また，先カンブリア時代の地史に関しても，近年教科書の記載内容が増えているので要注意といえる。

○東大が受験生に身につけてほしいこと【理科】

　理科は，文系・理系を問わず，社会における自然科学，先端技術が関連する様々な分野において，問題の本質を見つけ，課題解決に導くための考え方の基礎となる教科です。このために，東京大学の学部前期課程（1，2年生）では，理科各類の全学生が物理・化学・生物を必修科目として履修し，文科各類の学生も高度な自然科学の授業科目を履修できるカリキュラムが組まれています。本学を受験する皆さんには，高等学校で理科の各科目を広く勉強し，理科に関する基礎的な力を身につけることを期待しています。このために，入学試験では以下の能力を判断するための問題が出題されますので，そのような力を養成する学習を目指してください。

1）　自然現象の本質を見抜く能力

　　自然現象を深く観察し，実物に即して現象の本質を見抜く発見力・洞察力を重視します。

2）　原理に基づいて論理的にかつ柔軟に思考する能力

　　自然現象に関する知識の正確さとともに，自然現象を科学的に分析し，深く掘り下げ，論理的に思考する能力を重視します。また，単なる計算力を問うのではなく，自然現象を定量的に考察する能力も重視します。求められる自然現象に関する知識は，現行の高等学校学習指導要領の範囲を逸脱することはありませんが，これらを十分に理解・消化し，論理的に組み合わせて活用する能力が求められます。

3）　自然現象の総合的理解力と表現力

　　自然現象は複合的な現象なので，一つの分野の特定の知識・技術のみではなく，幅広い分野の知識・技術を統合し総合的に理解する能力を重視します。また，得られた結論を，客観的に説明する科学的な表現力を重視します。

『令和6年度 東京大学入学者募集要項』より

国　語

年　度	番号	種類	類別	内　容	出　典
2024	〔1〕	現代文	評論	内容説明（100〜120 字他），書き取り	「時間を与えあう」小川さやか
	〔2〕	古　文	日記	口語訳，内容説明，和歌解釈	「讃岐典侍日記」藤原長子
	〔3〕	漢　文	文章	口語訳，内容説明，指示内容	「書林揚觶」方東樹
2023	〔1〕	現代文	評論	内容説明（100〜120 字他），書き取り	「仮面と身体」吉田憲司
	〔2〕	古　文	説話	口語訳，内容説明	「沙石集」無住
	〔3〕	漢　文	思想	口語訳，内容説明	「貞観政要」呉兢
2022	〔1〕	現代文	評論	内容説明（100〜120 字他），書き取り	「ナショナリズム，その〈彼方〉への隘路」鵜飼哲
	〔2〕	古　文	物語	口語訳，内容説明	「浜松中納言物語」
	〔3〕	漢　文	思想	口語訳，内容説明	「呂氏春秋」呂不韋
2021	〔1〕	現代文	評論	内容説明（100〜120 字他），書き取り	「ケアと共同性」松嶋健
	〔2〕	古　文	物語	口語訳，内容説明	「落窪物語」
	〔3〕	漢　文	論説	口語訳，内容説明	「霞城講義」井上金峨
2020	〔1〕	現代文	評論	内容説明（100〜120 字他），書き取り	「神の亡霊」小坂井敏晶
	〔2〕	古　文	絵巻詞書	口語訳，内容説明	「春日権現験記」鷹司基忠ら
	〔3〕	漢　文	史伝	口語訳，内容説明	「漢書」班固
2019	〔1〕	現代文	評論	内容説明（100〜120 字他），書き取り	「科学と非科学のはざまで」中屋敷均
	〔2〕	古　文	俳文	口語訳，内容説明	「誹諧世説」高桑闌更
	〔3〕	漢　文	思想	口語訳，内容説明	「明夷待訪録」黄宗羲

2018	〔1〕	現代文	評論	内容説明（100〜120 字他），書き取り	「歴史を哲学する」 野家啓一
	〔2〕	古　文	軍記物語	口語訳，内容説明	「太平記」
	〔3〕	漢　文	文章	語意，口語訳，内容説明	「新刻臨川王介甫先生文集」 王安石

（注）　文科と共通問題（一部共通も含む）。

▶古文出典・内容一覧

年　度	出　典	類別	内　　容
2024	「讃岐典侍日記」	日記	堀河天皇の死を悼み新天皇への出仕を逡巡
2023	「沙石集」	説話	福耳を売って不幸になり品性も衰えた僧
2022	「浜松中納言物語」	物語	中国で契りを結んだ后との別れを悲しむ中納言
2021	「落窪物語」	物語	落窪の君の夫道頼一行と父源中納言家の車争い
2020	「春日権現験記」	絵巻詞書	興福寺の僧に下された春日大社の神の託宣
2019	「誹諧世説」	俳文	妻が猫を過度に愛することから発した夫婦の一件
2018	「太平記」	軍記物語	和歌の代詠と引き歌による返事の解釈

傾 向 　現代文は自分の言葉も必要になる 古文・漢文は標準的な良問

01 出題形式は？

〈問題構成〉　現代文 1 題，古文 1 題，漢文 1 題の計 3 題という構成が続いている。試験時間は 100 分。

〈解答形式〉　全問記述式である。〔1〕の 100〜120 字の内容説明を除けば，字数制限はない。したがって，指定された解答欄の大きさからおおよその字数を判断することになる。

〈解答用紙〉　例年，解答用紙の指定の枠内に記入する形式。説明問題の 1 行の長さは 13.5cm 程度，幅は各行とも約 9mm となっている。1 行の枠内に 2 行以上書いたり，枠をはみ出したりしないこと。逆に空白が多すぎ

るのも望ましくない。解答分量は 1 問につき 1 〜 2 行である。解答枠が解答内容に比べてあまり余裕がなく，まとめる工夫を要する。

02　出題内容はどうか？

▶現代文

本文：例年，抽象度の高い論理的文章が出題されている。その内容は哲学や科学思想史，言語や美術を含めた文化論，社会論や文明論が主なものである。

設問：論旨をきちんと把握できているかどうかを問う説明問題が中心である。特に本文の論理展開上重要な箇所についての説明問題が多い。記述問題とはいえ，解答の方向性は定まっており，解釈の仕方でさまざまな解答例が出るようなものはあまり出題されない。設問の意図するものに答えるには，単に本文からの引用をまとめるだけでは不十分なものが多い。ふだんから語彙を豊富にすることを意識し，自分の言葉で文章をまとめることがきわめて大切といえる。抽象的な語句をわかりやすく説明する表現力も必要である。さらに，字数指定のあるなしを問わず，ポイントを押さえながら簡潔にまとめる要約力も欠かせない。

なお，本文全体の趣旨（論旨）をふまえて 100 字以上 120 字以内でまとめる設問が定着している。漢字の書き取り（音・訓含めて）も例年 3 問出題されている。

▶古　文

本文：標準的な文章が出題される。物語や日記の一部が出題される場合はリード文が丁寧に付されるし，それ以外の作品でも必要な限りの注や系図が付けられ，専門的な古典の知識，作品に対する予備知識の有無で解答作成に差が出ることはない。近年は文科と共通の出典であるが，設問数は文科よりも少ない。

出典は中古と中世が中心となっている。ジャンルは，物語系の作品が出題されることが多い。2024 年度は中古の日記が出題された。それ以外では，2020・2023 年度は説話や説話的な文章，2019 年度は俳文が出題されているので，典型的な中古文を中心にしつつも，近世の作品まで目を通してお

きたい。

　設問：口語訳を中心に内容説明といった，本文全体の主旨，部分の解釈をみる典型的な記述型読解問題である。

　口語訳は基本的な古語や語法・文法などに着眼点をおいたもので，これといって難問が課されることもなく，設問は良問で構成されている。指示語の指示内容や具体的な内容を記す必要のある場合には設問でその旨が明記されるので，何を書けばよいのかと戸惑ってしまうというようなことはない。また，前後の文脈をふまえた人物の心情を説明する問題もよく出題されている点には注意を払っておきたい。文法問題が単独で出題されることは近年はないが，口語訳においても説明においても，助動詞・助詞・敬語などの正確な理解が求められていることはいうまでもない。解答欄が小さいのでコンパクトにまとめる必要がある。

　和歌に関しては，2022・2024 年度は大意の説明（2022 年度は下の句のみ）が出題されたが，修辞そのものを問う問題はまずなく，口語訳を基本とした解釈に基づき，詠まれた状況や詠み手の心情に即した解釈を問うものが主体である。散文の中に含まれている修辞表現については，前後の文脈をふまえた心情や内容理解の説明といった形で問われることがある。

▶漢　文

　本文：出題される文章の時代は一定していない。2016 年度のように漢詩が出題される場合もある。なお，従来文科とは出典が異なっていたが，近年は共通の出典となり，設問も 1 問少ないものの同じである。

　本文は，一部の設問箇所を除いて，返り点，送り仮名が付けられている。会話を示す「　　」や注も親切に付されていて，読解しやすいように問題が作られている。

　設問：例年の傾向として口語訳中心の問題構成となっている。また，心情や状況などの具体的な説明も求められるが，こういった問題も口語訳の延長にあるものとみてよいだろう。なお，書き下しや訓点を付す問題，漢文に特有な語の読みといったものが単独で問われるのはまれである。

03 難易度は？

▶**現代文** 古文・漢文を含めて100分という試験時間内で相当量の文章を読み，考え続け，解答を仕上げていく力は，集中力一つとっても並大抵のものではない。相当のボキャブラリー・論理的思考力・表現力・要約力という正統な国語力が必要である。現代文にかける時間の目安は40分というところだろう。

▶**古文・漢文** 古文・漢文ともに全国的な国公立大学の同傾向の問題水準から抜きんでるほどではなく，標準的な問題である。時間配分は，現代文とのかねあいになるが，1題にかけられる時間は25〜30分程度とみておけばよいだろう。

対 策

現代文

01 論理的思考力

　人文科学・社会科学・自然科学など各分野の評論文を幅広く読んでおくことが望ましい。基礎知識や論理的思考力があるかないかは，読解の正確さや速さに大きくかかわってくる。教科書はいうまでもなく，新聞の社説や論文，文芸雑誌，新書や文庫，単行本などを精力的に読み込もう。例えば，2021年度に出題された「ケアと共同性」が収録されている『文化人類学の思考法』（松村圭一郎他編，世界思想社），『現代の哲学』（木田元，講談社学術文庫），『現代思想の源流』（今村仁司他，講談社）あたりがすすめられる。しかし現実にはなかなか時間がとれないというのであれば，最近の思潮を取り上げた短い文章を集めたもの，例えば，『高校生のための現代思想エッセンス ちくま評論選 二訂版』（岩間輝生他編，筑摩書房），『高校生のための評論文キーワード100』（中山元，ちくま新書）や，『術語集』『術語集Ⅱ』（中村雄二郎，岩波新書），『現代思想を読む事典』（今村仁司編，講談社現代新書），『いまを生きるための思想キーワード』（仲

正昌樹，講談社現代新書）などを読んでみてはどうだろうか。また，現代
文のキーワードを解説した参考書の一読もすすめる。

02　豊かな感性の育成

　論理的思考力とともに感性の豊かさ，鋭さも求められている。教科書や
新書・文庫などを利用して韻文や随筆，小説などに数多くふれておきたい。
手っ取り早いものとしては韻文の短い批評を集めたもの，例えば，『折々
のうた』（大岡信，岩波新書）などを利用するのもよい。あるいはエッセ
イのアンソロジー『ベスト・エッセイ』（日本文藝家協会編，光村図書出
版）などもすすめられる。

03　表現力の養成

　全問記述式であるから，その訓練は不可欠である。問題集や本書などで
訓練しておくべきだが，その際，以下の点に注意したい。
① 　抽象的表現を具体的表現に
② 　比喩表現を普通の表現に
③ 　本文のキーワードとなる語句の意味を具体的に
④ 　反語など修辞を使った表現を率直・簡明な表現に
⑤ 　省略された意図を明らかに
⑥ 　倒置された因果関係を本来の順序どおりに
　こうした点の読み込みの深さと，それを簡潔な答案に仕上げる的確な表
現力の向上をめざすこと。設問で問われるのは，このような箇所である。

04　表現の正確さ

　実際に文章を書いてみた後で，必ず以下のことをチェックしておこう。
これは古典でも同様である。
① 　誤字・脱字がないか
② 　主語と述語，修飾語と被修飾語が正しく対応しているか
③ 　副詞や助詞などの使い方が間違っていないか

④　読点のつけ方が適切か

古　文

01　基礎的知識

　基本中の基本である，単語と文法をマスターすること。
【単語】　①陳述の副詞　②古今異義語　③多義語　④慣用表現
【文法】　①助詞・助動詞　②敬語　③紛らわしい語の識別
　以上の知識を，読解の前提として身につけなければならない。
　和歌の解釈が要求される年度もあることを考えると，掛詞を中心とする
和歌修辞の知識も身につけ，その修辞が反映された口語訳の仕方をマスタ
ーしておくと心強い。

02　古典常識

　設問は，内容読解に終始している。適切な注が付いているとはいえ，古
文の世界観や一般的宗教観，風俗，暦，有職故実などの古典常識について
の一定レベルの教養を身につけておく必要がある。むろん，古文を多く読
むに越したことはないが，現代語訳または小説化されたものなどで一度な
じんでおくだけでも違う。例えば，『源氏物語』をはじめとして多くの現
代語訳版が出版されているし，谷崎潤一郎や芥川龍之介，円地文子など，
近現代の小説にも中古を題材としたものが多い。

03　口語訳・内容説明

　口語訳は基本的に正確な逐語訳をする。内容説明は傍線部を文脈を補っ
て説明する。必要に応じて，指示内容や省略された主語・目的語・述語を
補おう。ただし，いずれも現代語の表現として自然な言葉になるよう気を
つけたい。このような配慮は，古文に慣れた者ほど注意が必要であろう。
古文の表現に慣れてしまうと，現代語としての不自然さを見落としがちに
なるからである。自分が読み手になっても理解できる訳文を作るように心

がけたい。

漢 文

01 基礎の充実で確かな読解

　的確に論理を押さえる読解力が問われる。難解な文章は出題されないので，教科書の復習を中心にするとよい。訓読が問われることはほとんどないが，漢文を正確に素早く読むためには訓読に慣れておくことが必要である。訓読の基本法則，再読文字・返読文字，助字，基本句形，多義語を確実にマスターしよう。内容の理解に際しては，疑問，反語，抑揚，感嘆，否定の表現に注意すること。過去には副詞「何」を本文の流れから疑問・反語のどちらで読むのかが書き下し文で問われている。

02 口語訳

　訓読ができれば直訳は難しくないだろうが，漢文はたとえ話や比喩表現が多く，また文章が簡潔なので，解答では言葉を適宜補って訳す必要がある。日本語として意味の通じる訳文を書く練習をしておこう。古文においては，単に「現代語訳せよ」という口語訳問題も多いが，漢文では「平易な現代語に訳せ」などという問い方をされることがある。東大の受験生のレベルを考えると，標準的な問題だけに，ちょっとした表現の不備や説明の不明瞭さが致命傷となりかねないので十分に注意したい。特に，比喩や簡潔な表現については具体的な説明が求められるので注意を要する。例えば

《根が抜けて，風に吹かれていく草》＝《頼りない自分の境涯》

という連想ができるよう，想像力と鑑賞力を養っておくとよい。漢詩の参考書などでパターンをつかんでおこう。

○おすすめ参考書

『東大現代文プレミアム』（教学社）

　東大現代文の「解き方」を丁寧に解説する一冊。現代文が苦手で解答に

自信が持てない人，現代文は得意だが東大の問題には苦戦する人，現代文で安定して得点したい人におすすめ。

○東大が受験生に身につけてほしいこと【国語】

　国語の入試問題は，「自国の歴史や文化に深い理解を示す」人材の育成という東京大学の教育理念に基づいて，高等学校までに培った国語の総合力を測ることを目的とし，文系・理系を問わず，現代文・古文・漢文という三分野すべてから出題されます。本学の教育・研究のすべてにわたって国語の能力が基盤となっていることは言をまちませんが，特に古典を必須としているのは，日本文化の歴史的形成への自覚を促し，真の教養を涵養するには古典が不可欠であると考えるからです。このような観点から，問題文は論旨明快でありつつ，滋味深い，品格ある文章を厳選しています。学生が高等学校までの学習によって習得したものを基盤にしつつ，それに留まらず，自己の体験総体を媒介に考えることを求めているからです。本学に入学しようとする皆さんは，総合的な国語力を養うよう心掛けてください。

　総合的な国語力の中心となるのは
1）　文章を筋道立てて読みとる読解力
2）　それを正しく明確な日本語によって表す表現力
の二つであり，出題に当たっては，基本的な知識の習得は要求するものの，それは高等学校までの教育課程の範囲を出るものではなく，むしろ，それ以上に，自らの体験に基づいた主体的な国語の運用能力を重視します。

　そのため，設問への解答は原則としてすべて記述式となっています。さらに，ある程度の長文によってまとめる能力を問う問題を必ず設けているのも，選択式の設問では測りがたい，国語による豊かな表現力を備えていることを期待するためです。

『令和6年度 東京大学入学者募集要項』より

東大「国語」におすすめの参考書

- ✓ 『文化人類学の思考法』（松村圭一郎他編，世界思想社）
- ✓ 『現代の哲学』（木田元，講談社学術文庫）
- ✓ 『現代思想の源流』（今村仁司他，講談社）
- ✓ 『高校生のための現代思想エッセンス ちくま評論選 二訂版』
  （岩間輝生他編，筑摩書房）
- ✓ 『高校生のための評論文キーワード 100』（中山元, ちくま新書）
- ✓ 『術語集』『術語集 II』（中村雄二郎，岩波新書）
- ✓ 『現代思想を読む事典』（今村仁司編，講談社現代新書）
- ✓ 『いまを生きるための思想キーワード』（仲正 昌樹，講談社現代新書）
- ✓ 『折々のうた』（大岡信，岩波新書）
- ✓ 『ベスト・エッセイ』（日本文藝家協会編，光 村図書出版）
- ✓ 『東大現代文プレミアム』（教学社）

赤本ブログ

詳しくはこちら

受験のメンタルケア、
合格者の声など、
受験に役立つ記事が充実。

赤本チャンネル

YouTube

人気講師の大学別講座や
共通テスト対策など、
役立つ動画を公開中！

TikTok

2024

年度

解答編

前 期 日 程

——— 解 答 編 ———

英　語

①（A）　**—— 解答**　　〈解答1〉　民主主義に不可欠な大衆心理の操作を目的とするプロパガンダは，暴力に訴えない手段だが，第二次大戦中にイメージが悪化したため，現在ではこの用語自体は使われていない。(70〜80字)

〈解答2〉　プロパガンダは暴力に代わる大衆心理操作の手段であり，民主主義の本質的特徴である。第二次大戦中のイメージの悪化で，現在は呼び名を変えて世界中に広まっている。(70〜80字)

〈解答3〉　非暴力的に大衆心理を操作し，民主社会の構造を維持する手段であるプロパガンダは米国で生まれ，第二次大戦中の悪印象を払拭する別の用語で，現在世界中に広がっている。(70〜80字)

·· 全 訳 ··

《プロパガンダの目的》

1　米国現代史の主要な論争点の一つがコーポレート・プロパガンダであることは間違いない。プロパガンダは商業メディア全体に広がっているが，娯楽産業，テレビ，学校で見られるもののかなりの部分，新聞に登場する多くのことなど，一般大衆に届く全般的な仕組みも含んでいる。その非常に多くが広告産業から直接生まれているが，この産業はこの国で確立され，主に1920年代以後，発展した。現在では世界の他の地域全体に広がりつつある。

2　その目標はまさに最初から，彼らが言うように，完全に公然と意識的に，「大衆の心を操作する」ことだった。大衆の考え方は，企業には最大の脅威とみなされていた。米国は非常に自由な国なので，自由，諸権利，公正

を手に入れようとする人々の努力を押しつぶすことを，国家の権力の行使に求めることは難しい。そのため，人々の心を操作する必要が出てくるだろうと，早い段階で認識されていた。武力や暴力の効果的な使用に取って代わる，あらゆる種類の操作の仕組みが考え出されなければならなくなるだろう。武力や暴力は初期には今よりかなり大きな程度まで使えたし，幸いなことに長年の間に，一律ではないものの，減ってきている。

③　広告産業の第一人者は，高く評価されている自由主義者エドワード=バーネイズである。彼は，さかのぼること1920年代に，広告産業の基準となる手引書を書いたのだが，これは非常に読む価値のあるものだ。私はここで右翼のことを語っているのではない。これははるか遠く離れた，アメリカ政治の左派自由主義側の話である。彼の著書は『プロパガンダ』という題名である。

④　バーネイズの『プロパガンダ』は大衆の組織立った習慣や意見の意識的操作が民主社会の中心的特徴であると指摘することで始まっている。彼は次のように言う。私たちはこれを実行する手段を持っており，これを行わなければならない。何よりもまず，それが民主主義の本質的な特性なのだ。しかしまた（一言付け加えれば）権力構造，権威構造，富などを，おおまかにそれが今あるとおりに維持する方法なのである。

⑤　第二次世界大戦の間に用語が変わったことには言及しておくべきだろう。第二次世界大戦前は，「プロパガンダ」という用語はまったく公然と自由に使われていた。そのイメージは，ヒトラーのせいで大戦中に相当悪くなったため，その用語は使われなくなった。今では他の複数の用語が使われている。

=== 解　説 ===

◆読解する

　全体の構成を意識しながら，各段を検討しよう。

〔第1段〕

　この段では，米国現代史で論じるべきことがプロパガンダであり，これがアメリカで確立された広告産業から生まれたこと，この産業が現在では世界全体に広がりつつあることを述べている。

〔第2段〕

　この段では，広告産業の目標は当初から大衆の心の操作であり，国家権

力や暴力に代わる効果的な手段が必要だと述べている。

〔第3段〕

　この段では，広告産業の第一人者で高い評価を受けている自由主義者エドワード=バーネイズと，その著書『プロパガンダ』が広告産業の手引書であることを紹介している。

〔第4段〕

　この段では，『プロパガンダ』において，大衆の組織立った習慣や意見を操作することが民主社会の中心的特徴であり，操作する手段があること，操作しなければならないこと，またそれは権力や権威の構造や富を維持する手段であることが述べられていることを紹介している。

〔第5段〕

　この段では，「プロパガンダ」という言葉が，第二次世界大戦中にヒトラーのせいでイメージが悪くなり，今では他の言葉が使われるようになっていることを述べている。

　各段と各文の内容をまとめると次表のようになる。

各段の要旨		各センテンスの内容
第1段	米国現代史の論点，プロパガンダの現状	第1文：米国現代史の主要な論争点の一つは間違いなくコーポレート・プロパガンダである。 第2文：それは商業メディアだけでなく一般の人々が触れるすべての領域に広がっている。 第3文：その多くは，アメリカで確立し，1920年代から発展した広告産業から生まれている。 第4文：現在では世界中に広がりつつある。
第2段	大衆の心の操作に使える手段	第1文：広告産業の当初からの目標は「大衆の心の操作」だった。 第2文：大衆の考えは企業の最大の脅威とみなされていた。 第3文：米国は自由な国であり，人々の活動を抑えるのに国家権力に訴えるのは難しい。 第4文：そのため，人々の心を操作する必要性が早い段階で認識されていた。 第5文：暴力に代わる操作の仕組みを考え出さなければならなくなる。 第6文：暴力は以前には使えたが，減ってきている。

第3段	広告産業の第一人者とその著書『プロパガンダ』の紹介	第1文：広告産業の第一人者は，自由主義者エドワード=バーネイズである。
		第2文：彼は1920年代に広告産業の手引書を書いた。
		第3文：筆者は右翼の話をしているのではない。
		第4文：アメリカ政治の左派自由主義側の話である。
		第5文：彼の著書の書名は『プロパガンダ』である。
第4段	『プロパガンダ』の主張	第1文：『プロパガンダ』は，大衆の習慣や意見の操作が民主社会の中心的特徴であると指摘する。
		第2文：バーネイズは次のように語る。「操作する手段があり，操作しなければならない」
		第3文：「それが民主主義の本質的特徴である」
		第4文：「それは権力・権威構造，富を維持する手段でもある」
第5段	用語の変化	第1文：第二次世界大戦中に用語が変わった。
		第2文：第二次世界大戦前は，「プロパガンダ」という言葉は公然と自由に使われていた。
		第3文：大戦中にヒトラーのせいでイメージが悪くなり，使われなくなった。
		第4文：今は他の語が使われている。

◆答案を作成する

　広告産業の立役者であるエドワード=バーネイズとその著書のことがかなり詳しく述べられているが，字数を考えるとバーネイズ個人や著書に言及するより，そこで述べられていることをもとに，「プロパガンダとは何のためのものであり，現状はどうなっているか」をまとめる。「暴力によらずに大衆の心理を操作することを目的とする」「それが民主主義の本質的特徴である」「大戦中にイメージが悪くなり，現在は異なる用語になっている」という流れでまとめるとよいだろう。字数を調節して「アメリカから始まり今では世界中に広がっている」といったことを盛り込むことも考えられる。

―――― 語句・構文 ――――

（第1段） ●the public「一般の人々，一般大衆」 ●a good bit of ～「～のかなりの部分」 ●public relations「広告，宣伝」 ●from *A* on「*A* 以後（ずっと）」

（第2段） ●as *A* put it「*A* の言うように，*A* の言葉を借りれば」 ●call on〔upon〕*A* to *do*「*A* に～してくれるように訴える，求める」 ●violence「（不当な）権力の行使，暴力」 ●early on「早い段階で」

（第3段）　●leading figure「第一人者，重鎮」　●highly regarded「高
く評価されている」　●way「はるかに」

（第4段）　●the way S V「SがVするように，SがVするとおりに」

（第5段）　●terminology「専門用語，術語」　●drop「～をやめる，捨
てる」

①（B）── 解 答

(ア)(1)— b ）　(2)— a ）　(3)— d ）　(4)— c ）
(5)— e ）

(イ)asked an editor if I could describe a particular street as tree-lined
but trash-scattered

·············· **全 訳** ··············

《新聞と雑誌の記事の違い》

1　1990年代半ば，私の妻はリベリア共和国で国連人権委員会の役員を務
めていた。当時，私は『ニューヨーク』誌で執筆を始めたばかりであり，
私の編集者はリベリア内戦を最も緊急を要する項目リストの上位には入れ
ていなかった。しかし，私は運がよかった。編集者は，私が『ニューヨー
ク・タイムズ・マガジン』に，その内戦について書くことを許可してくれ
るほどには理解があった。それが私の最初の正式な海外任務だったのであ
る。

2　リベリア内戦に関するすべてのことが普通ではなく，おぞましく，そし
て心をとらえるものだった。しかし，私はとりわけリベリアの報道陣に魅
せられた。精力的で，賢く，決然とした記者，編集者，カメラマンの集団
である。モンロビアには十分な食料はなく，きれいな水はまったくなく，
電気もほとんどない状態だったが，それでも報道陣は驚くべき新聞・雑誌
を幾分かでも出すのに十分なインクと紙をどうにか見つけていた。

3　奇妙なことに，いまだに私が最もはっきりと覚えているのは，こうした
リベリアの新聞のある広告である。それは，私がちょうどそのころ身につ
けようとしていた雑誌の執筆，編集に取り組む最善の方法を私が理解する，
まさしく雷に打たれたような理解だったが，それを助けてくれた広告だっ
た。

4　その広告は地元の肉屋のもので「牛のすべての部位」と書いてあっ
た。(1)[b ）これが肉屋の名前だったのか，販売のスローガンだったのか，

単なる事実を述べたものなのか覚えていないが，それはどうでもよい]。
「牛のすべての部位」という言葉がほぼ30年にわたって私の頭に残っているのは，それが新聞の執筆と雑誌の執筆の違いを私が説明する方法になったからである。

⑤　雑誌に携わる多くの人と同様に，私も新聞から始め，アドレナリンが出るわ，切迫しているわ，重圧の大きい共同作業をしなければならないわで，その仕事が大好きだった。『ワシントン・ポスト』紙で警察の夜の警らにはりついた駆け出しの記者だったとき，一度私は午前4時に編集室を出て，地下の印刷室にふらっと入り，まさに印刷ほやほやの朝刊を1部つかんだことがある。それは第1面に私の署名記事のある朝刊だった。記事はいちばん下だったが，そんなことはどうでもいい。それでも私は素晴らしい気分だったのだ。

⑥　(2)[a] しかし，そのころには実は私は自分の書く文が気になり始めており，新聞業務に携わることの限界を懸念していたのである]。私が言おうとしているのは，新聞や新聞に携わる人たちを批判しようという意図のものではない。明らかに新聞は，とりわけ大きな全国紙は，創造的で勇敢な才能ある人たちで満ちており，ちなみに彼らは，私たちの民主主義を救う手助けもしている。それは決して小さなことではない。

⑦　私が抱えていた問題には2つの要素があった。第一は常套句の量だった。警察のデスクで，私たちは，街には2種類の通りしかないと冗談を言っていた。「静かで並木のある通り」か「ゴミの散らかった薬物がまん延する通り」のどちらか，ということだ。私は一度ある編集者に，私が特定の通りを，並木はあるがゴミの散らかった，と言うことができるかどうか尋ねたが，彼はその冗談を理解する暇もなかった。

⑧　常套句はどこにでもあり，とりわけ文章の中ではそうだ。常套句は，ジャーナリズムではスピードと引き換えにしている代償の一つだが，用心深くし，編集前にてきぱきと削ることでその大半は取り除けるだろう。(3)[d] 私は文を書くのがうまくはないが，そうなるように努力したいと思っていたし，今でも思っており，私に努力してほしいと思うような人たちのために働くことを望んでいた]。

⑨　第二の問題は，新聞を編集するとき，荒々しい感情，奇妙な詳細，異常な意見，筆者が対象となるものや世間と影響しあう不穏な力学は取り除く

のがふつうであることだ。『ニューヨーカー』誌の才気ある編集者，故ジョン=ベネットは，かつて私にジャーナリズムの本当の先入観は，一貫性に向かうものだと語ったことがある。もちろん他の先入観もあるが，これは間違いなく正しいように思えた。吟味されることのないこの先入観のせいで，私たちは，記事には始まり，中間部分，結末がある，あらゆる疑問に答えなければならない，この世界で起こることはすべて何らかの理由があって起こると思ってしまうのだ。

⑩　雑誌に携わる人たちは，一般的に言って，別の理解をしている。すべての記事に結末があるわけではない，始まりさえ，すべての記事にあるわけではないということだ。すべてのことが筋のとおるものでなければならないわけではないのである。すべてのことが理解可能なわけではない。そして最も重要なことだが，記事を書くことに，常にずっと混乱や複雑さを加えるものがある。つまり，書き手（とその経験，信念，個性，来歴，性分）の存在は，書き手が述べたり説明したりしているどんなものでも，その実態を必ず変えてしまうということだ。(4)[c] 私は時がたつうちに，最も優れた雑誌編集者は，複雑さを恐れるのではなく，それに向かうということを学んだ]。「入れてしまえ，全部入れてしまえ」というのが，こうした編集スタイルを表すのに有効な言い方だ。それを表すもう一つの言葉がある。それが「牛のすべての部位」である。

⑪　昨年，ちょうど『アトランティック』誌のスタッフに加わったばかりのジェニファー=シニアに，（昔から世界史的な出来事の節目の年については独創性が乏しいのだが）9/11 のテロ攻撃から 20 周年に際して，彼女には何か言うべき独自のことはあるかどうか私が尋ねたとき，彼女は少し考えてから「たぶんありますけれど，やっかいです」と言った。そのとき彼女が私に略述してくれた話は，やっかいどころではないものだった。それは非常に個人的なもので，あらゆる人々の中で，9/11 テロ陰謀説を信じている，一人の人物を取り上げたものだった。「いい人ですよ」とジェンは言ったが，これは 9/11 テロ陰謀説の信奉者に関して以前には正気の人から一度も言われたことのないことだ。私たちは話しに話した。そしてそのとき私は「牛のすべての部位」だと思い，「やってみよう」と言った。ともかく全部入れてしまえ，である。それからジェンと彼女の編集者スコット=ストッセルは何か魔法のようなことを起こし，私たちは彼女の記事を

出版して，それが全米雑誌賞の特集記事部門とピューリッツァー賞の特集記事部門を受賞した。[(5)][e] それが人生のあらゆるごたごたを含んでおり，散文ではなく詩のように書かれていると言う以外，説明するのは不可能だ]。ジェンとスコットと私は，その過程の終わりごろに，記事にはナットグラフと似ているものさえ含まれていないことに気づいた。ナットグラフとは，なぜあなたが，つまり読者が，この記事を読み続けるべきなのかを説明した短い文章のことを表す，新聞業界からの借用語である。ときには，雑誌の一記事はその全体が自身のナットグラフであるほど人を引きつけることがあり，ジェンの場合にはこのことが当てはまったのである。

=== 解説 ===

(ア)　(1)　空所の前に「その広告は地元の肉屋のもので『牛のすべての部位』と書いてあった」とあり，空所の後には「『牛のすべての部位』という言葉がほぼ30年にわたって私の頭に残っているのは，それが新聞の執筆と雑誌の執筆の違いを私が説明する方法になったからである」とある。ある意味，空所部分がなくても話はつながっている。したがって，この広告が筆者の心に残っている理由には関係のない補足情報が入ると考えられる。b）の「これが肉屋の名前だったのか，販売のスローガンだったのか，単なる事実を述べたものなのか覚えていないが，それはどうでもよい」が適切。

(2)　空所の直後に「私が言おうとしているのは，新聞や新聞に携わる人たちを批判しようという意図のものではない」とある。空所には，「新聞や新聞に携わる人たちへの批判」とも受け取れるようなことが入ると考えられる。a）の「しかし，そのころには実は私は自分の書く文が気になり始めており，新聞業務に携わることの限界を懸念していたのである」が適切。

(3)　第7段第1文（The problem I had …）に，「常套句」は当時筆者の抱えていた問題の一つであると述べられており，空所の直前には「常套句は，ジャーナリズムではスピードと引き換えにしている代償の一つだが，用心深くし，編集前にてきぱきと削ることでその大半は取り除けるだろう」とある。筆者は，書き手の工夫が要らない定番表現で文章をつづることに疑問を感じていたと思われる。d）の「私は文を書くのがうまくはないが，そうなるように努力したいと思っていたし，今でも思っており，私に努力してほしいと思うような人たちのために働くことを望んでいた」が

適切。

(4)　空所を含む段は，雑誌に携わる人が新聞に携わる人とは記事の書き方が違っていることを述べている。新聞に携わる人は，第9段第3文（This unexamined bias …）に「（一貫性という）吟味されることのないこの先入観のせいで…記事には始まり，中間部分，結末がある，あらゆる疑問に答えなければならない，この世界で起こることはすべて何らかの理由があって起こると思ってしまう」と述べられているとおり，記事をすっきりと型にはめてしまう傾向がある。第10段第1文（Magazine people, …）～第3文（Not everything …）では，雑誌に携わる人たちがそれと対照的であることが述べられている。続く第4文（And most importantly, …）では「書き手の存在が，記事を書くことに…混乱や複雑さを加える」としている。c）の「私は時がたつうちに，最も優れた雑誌編集者は，複雑さを恐れるのではなく，それに向かうということを学んだ」が適切。

(5)　空所の前には，ジェニファー＝シニアの書いた記事が大きな賞を2つも受賞したことが述べられており，空所の後には「ジェンとスコットと私は，その過程の終わりごろに，記事にはナットグラフと似ているものさえ含まれていないことに気づいた」とある。空所には，受賞したジェニファーの記事に何が含まれているか（あるいは含まれていないか）といった説明が入ると考えられる。e）の「それが人生のあらゆるごたごたを含んでおり，散文ではなく詩のように書かれていると言う以外，説明するのは不可能だ」が適切。

　使用しなかった選択肢は以下のとおり。

f）「効果的だと私たちがプロの新聞記者に見うける類の，自分との距離の置き方には，それなりの意味がある」

　文章中に，新聞記者のとるべき態度について言及した箇所はなく，当てはまるところがない。

(イ)　当該箇所は「私は一度（　　　　），しかし彼はその冗談を理解する暇もなかった」となっている。空所の前のI once「私は一度」に続く述語動詞は asked か could describe になるが，if や an editor があることを考えると asked an editor if「～かどうかある編集者に尋ねた」とするのが妥当。if 節の S V に I could describe が使える。describe の語法として，describe A as B「A を B と言う」がある。A は目的語で名詞でなくては

ならないので street を使うが，可算名詞なので a を補う。その間に形容詞 particular を入れると a particular street「ある特定の通り」とできる。残るのは but trash-scattered と tree-lined で，but が生きるためには，tree-lined but trash-scattered「並木はあるがゴミの散らかった」となり，これを B に置く。全体で「(私は一度) ある編集者に，私が特定の通りを，並木はあるがゴミの散らかった，と言うことができるかどうか尋ねた」となる。

───────── 語句・構文 ─────────

(第1段) ●legitimate「正式な，本物の」

(第2段) ●be taken by ～「～に魅せられる，夢中になる」 ●the press「報道陣，新聞〔雑誌〕記者」 ●journalism「新聞・雑誌」

(第3段) ●after all this time「いまだに」

(第4段) ●read "…"「(看板，掲示などに)『…』と書いてある」

(第5段) ●novice「駆け出し (の)，初心者 (の)」 ●beat「巡回 (区域)」 ●newsroom「ニュース編集室」

(第6段) ●be stuffed with ～「～が詰め込まれている，～でぎゅうぎゅうである」

(第7段) ●twofold「2要素のある」 ●get a joke「冗談 (の意味) がわかる」

(第8段) ●pay a price for ～「～の代償を払う」 ●scrub「ごしごしみがく (こと)，取り除く (こと)」

(第9段) ●bias「先入観，偏見」 ●consistency「一貫性」

(第10段) ●make sense「道理にかなう，意味がわかる」 ●disposition「性分，気質」 ●inevitably「必然的に」

(第11段) ●more than ～「～どころではない」 ●sane「正気の，まともな判断のできる」 ●piece「(新聞などの) 記事」

② (A) ── 解答例 ── 〈解答例1〉 I believe paper is one of the greatest inventions of humankind. It has enabled us, humans, to record our thoughts and ideas and share them beyond the limitations of space and time. Thanks to this, we have been able to develop science and technology efficiently, create great literature, and spread education among ever more people. Without paper, we would not be what we are today. Thus, paper must be listed as one of the greatest inventions. (60〜80 語)

〈解答例 2 〉 I think there is some truth in the assertion that paper is one of humankind's greatest inventions. It has contributed to human progress by helping spread knowledge and information. However, paperlessness has been advocated in recent years, partly because many trees are being cut down due to the increasing use of paper. It is not eco-friendly, and trees are very important in this global warming age. Therefore, it is time to rethink about the widespread use of paper. (60〜80 語)

〈解答例 3 〉 In my opinion, the bicycle is one of the greatest human inventions. Of course, it is much slower than the motorcycle, the car, and the train, but within our livelihood zones, it is the most convenient. It surpasses walking in speed, can go through narrow paths, and doesn't need a large parking space. Moreover, it doesn't need any fuel or power and only requires our muscular strength. It is environment-friendly and, at the same time, helps us enjoy good health. (60〜80 語)

〈解答例 4 〉 I doubt that the bicycle is one of the greatest inventions of humanity. I admit it allows us to travel faster than walking and makes it easier to go to school or go shopping at a supermarket in the neighborhood. However, it is difficult to travel long distances by bicycle. Moreover, owing to its convenience, some cyclists ignore traffic rules and ride recklessly. In many cities, the illegal parking of bicycles is a problem. Bicycles can be a nuisance. (60〜80 語)

═══════════════ 解 説 ═══════════════

〈解答例〉の全訳は以下のとおり。

〈解答例 1 〉 私は紙が人類の最も偉大な発明の一つだと思う。紙のおかげで私たち人類は思想や着想を記録し，それを空間や時間の限界を超えて共有できてきた。このおかげで，私たちは科学技術を効率的に発達させ，偉大な文学を生み出し，ますます多くの人に教育を広めることができている。

紙がなかったら，私たちは今日のようにはなっていないだろう。したがっ
て，紙は最も偉大な発明の一つに挙げなければならない。

〈解答例2〉　紙は人類の最も偉大な発明の一つであるという主張には一理
あると思う。紙は知識や情報を広めるのに役立つことで，人類の進歩に貢
献してきた。しかし，近年ペーパーレス化が叫ばれており，これは一部に
は紙の使用の増加のせいで，多くの木が切り倒されているからである。そ
れは生態系に優しいものではないし，この地球温暖化の時代に木は非常に
大切である。したがって，紙の広範な使用について再考すべき時期が来て
いる。

〈解答例3〉　私の意見では，自転車は人類の最も偉大な発明の一つである。
もちろん，オートバイ，自動車，電車よりもずっと遅いが，生活圏内では
自転車は最も便利である。速さで徒歩にまさり，狭い道を通り抜けること
ができ，広い駐輪スペースも要らない。さらに，何の燃料も動力も要らず，
必要なのは自分の筋力だけである。環境に優しく，同時に私たちが健康で
いる手助けになる。

〈解答例4〉　私は自転車が人類の最も偉大な発明の一つであるとは思わな
い。自転車のおかげで徒歩よりも速く移動したり，通学や近所のスーパー
マーケットに買い物に行くのが容易になったりすることは認める。しかし，
長距離を自転車で移動するのは難しい。さらに，その手軽さのせいで，自
転車に乗る人の中には，交通ルールを無視し，無謀な乗り方をする人もい
る。多くの都市では，違法駐輪が問題になっている。自転車は迷惑なもの
になることもあるのだ。

● 「紙は人類の最も偉大な発明の一つである」，「自転車は人類の最も偉大
　な発明の一つである」のいずれかの主張を選び，それに対して理由を添
　えながら自分の考えを述べる問題。直接賛否を問われてはいないので，
　両面を述べることも可能である。いずれにしても限られた指定語数で，
　妥当な理由を簡潔に示し，説得力のある内容にまとめることが求められ
　る。

② (B) ── 解答　　〈解答1〉　The quota system, whether it is
temporary or not, is an effective means
aimed at quickly eliminating inequalities that have taken root over a

long time. When this objective is achieved, the quota system can be abolished in light of the very principle of equality.

〈解答2〉　Whether it is transitory or not, the quota system is an effectual method meant to promptly eradicate inequalities that have put down roots over a long period of time. Once this goal has been accomplished, it is possible to do away with the system according to the very principle of equality.

═══════════════════ 解説 ═══════════════════

(第1文)「クオータ制は，それが一時的であろうがなかろうが一つの有効な手段であって，長い時間の中で根付いてしまった不平等を迅速に解消することを目的としている」

- 前半は「クオータ制は一つの有効な手段である」が骨組み。system は可算名詞であり，「クオータ制というもの」の意で，the quota system と定冠詞をつけるのが妥当。語注は，文中で適切な冠詞類や数までは示していないのがふつうなので気をつけたい。「有効な」には effective / effectual，「手段」には means / method / step などが使える。measure はこの意味では複数形で使うのが通例なので，避けておくのがよいかもしれない。「一つの」は不定冠詞で十分である。The quota system is an effective means などとなる。

- 「それが一時的であろうがなかろうが」は譲歩節 whether … or not で表す。「一時的な」には temporary / transitory / transient などがあり，whether it is temporary or not などとなる。主節の主語の後に挿入すると原文に忠実な展開になるが，主節の前においてもかまわない。その場合，代名詞 it が，指示する the quota system よりも先に出るが，何を指すかすぐにわかり，むしろ従属節が代名詞になっているほうがバランスがよいだろう。

- 後半は「(クオータ制は)～を目的としている」が骨組みであるが，「(クオータ制は)～を目的としている（手段である）」と考えると，より自然な英文になる。「～することを目的とする」は aimed at *doing* が文字どおり。内容上，meant to *do*「～することを意図されている」も使える。

- 「不平等を迅速に解消する」は quickly eliminate inequalities が文字どおり。「不平等」は不可算扱いもあるが，多くの場合さまざまな不平等

を指して複数形で使われる。「〜を解消する」には eradicate「〜を根絶する」，remove「〜を取り除く，なくす」，sweep away「〜を一掃する」なども使える。「迅速に」は quickly のほかに swiftly / promptly などもある。なお，「〜を目的とする」を aimed at＋名詞とするなら，a quick elimination of 〜「〜の迅速な解消」と表現できる。

●「長い時間の中で根付いてしまった」は「不平等」を先行詞とする関係代名詞節で表す。「根付く」は take root が文字どおり。put down roots という表現もある。「長い時間の中で」とあるので，これらを現在完了で使う。「長い時間の中で」は over a long (period of) time「長期の間に」などとなる。for a long time は「長期にわたって（ずっと〜し続ける）」と継続の意味になるので，「完了・結果」を表す同文では使えない。

（第2文）「それが達成されたあかつきには，クオータ制は，まさに平等の原理に照らして廃止することもできる」

●「〜したあかつきには」は when「〜したときに」，if「もし〜したら」，once「もし〜したら」といった接続詞で表現できる。

●「それが達成された」の「それ」は第1文の「不平等を解消すること」を指している。it や this では指示性が弱く，何を表すかやや伝わりにくいので，this aim〔goal / objective〕などと補うとよい。「達成される」は be achieved〔accomplished / attained〕とできる。時制は，上記のいずれの接続詞でも，「時と条件の副詞節では未来のことも現在形」というルールに当てはまる。また「完了」の意味をしっかり出したければ，現在完了にしてもよい。

●「クオータ制は廃止することもできる」は the quota system can be abolished が文字どおり。it is possible to do away with the quota system ともできる。なお，the quota system の反復を避けたければ，the〔this〕system としてもよい。

●「〜に照らして」は in light of 〜 が使える。内容上，according to 〜〔in accordance with 〜〕「〜にしたがって」，based on〔upon〕〜「〜に基づいて」，under「〜のもとに」なども可能である。

●「まさに平等の原理」の「まさに」は the very 〜 で表す。「平等の原理」は principle of equality と文字どおりでよい。

③ (A) — 解答

(6)— a) (7)— a) (8)— c) (9)— b)
(10)— e)

·············· 全 訳 ··············

《1隻のコンテナ船の事故の大きな影響》

1 初めは，それは冗談のように思えた。1隻の船がスエズ運河をふさいでいる？ そんなことがどうして起こりうるというのだ？ しかし，これは，インターネット上では急速にそうなったにせよ，冗談ではなかった。やがて，わかりきったことを指摘するコメントがあふれるようになった。どういうわけか狭い運河で動けなくなった巨大な船は，2021年に世界が直面しているあらゆる問題の，完璧すぎる象徴だ，ということである。たとえあなたがひどい一日を味わっていても，少なくともあなたは世界貿易の10パーセントをどういうわけか妨害している5万トンのコンテナ船ではない。それはばかげたことと恐ろしいことが完全に混ざり合ったものだった。どうして1カ所にある1隻の船が世界貿易を止めうるというのだろう？

2 ことの始まりは2021年3月23日だった。エバー=ギブンという名のコンテナ船がスエズ運河を航行中に，時速50マイルにも達する風を伴う季節的な砂嵐に見舞われた。あおられて航路から外れたため，乗組員たちは荒々しい風に対峙しながら一晩中なんとか制御しようと努力した。朝には，エジプト当局者は想像もできないようなことを発表した。巨大な船がスエズ運河に斜めに嵌まったというのである。船はどこにも動けそうになかった。そして船が運河の一航路区間をふさいでいたため，他の誰もどこにも動けなかったのである。

3 エバー=ギブンは世界最大級のコンテナ船で，要は浮かぶ超高層ビル，海を行く巨人である。エンパイアステートビルの大きさがあり，エッフェル塔30基分より重く，貨物専用コンテナ2万個を運べる。船が動けなくなったとき，船荷の見積価は7億7500万ドルだったが，そのほとんどは果物と野菜で，後日廃棄せざるをえなかった。船にはあるアドベンチャーゴルフ場に送られることになっていた，ディノという愛称の恐竜の10メートルの模型もあった。

4 運河がふさがれていた6日の間，400隻近い貨物船がどちらかの端で足止めされ，100億ドル近くに相当する貿易を停止させることになった。供

給の遅れのせいで石油の世界価格は上がっては落ち，コンピュータチップ
といったその他の商品の市場も損害を被り，世界規模のサプライチェーン
への影響は数カ月後にもまだ感じられていた。このすべてが，まさにこう
した出来事が起こるのを防ぐ大きな動機を与えていたと思われるだろう。
何がいけなかったのだろうか？

⑤　多くの点で，これは起こるべくして起こった災害だった。世界貿易は過
去50年の間に非常に拡大し，相当な交通量がスエズ運河のような世界の
狭い航路にますます重圧をかけることになっている。そして運河を拡幅し
たり深くしたりする努力が絶えず行われているものの，まだ追いついてい
ない。

⑥　エバー＝ギブンは新世代の超巨大コンテナ船の最初のものの一つで，ま
さにその大きさが，小型の船なら直面しない問題を引き起こす。一つには，
船が満載の状態だと高さが164フィートになる。これはサッカー場2面分
よりも大きな帆のようなものだ。強烈な横風を受けると，航路上に船をと
どめるのはたいへんな難題になる。

⑦　運河の航行不能は1週間足らずで解決したが，配送への影響が小さくな
るのには何カ月も要した。エバー＝ギブンが起こした最大の問題の一つは，
すでに不足していた輸送コンテナの供給が遅れたことだ。それは今でも急
を要する問題である。今日，ほぼあらゆることに生じた遅れが長引き，通
常の郵便さえ遅れ気味になっている中で，この災害が警告してくれた世界
に私たちは暮らしている。スエズ運河は支障なく流れているかもしれない
が，世界貿易はまだ砂地から抜け出せないままである。

━━━━━━━━━━━━━　解　説　━━━━━━━━━━━━━

⑹　「2021年3月の状況は『ばかげたことと恐ろしいことが完全に混ざり
合ったもの』と表現されている。話し手はこれで何を意味していたと思う
か」

　第1段第1文（At first …）に「初めは，冗談のように思えた」，同段
第4文（But this was no joke, …）に「インターネット上では急速にそ
うなったにせよ，冗談ではなかった」とある。後者も裏を返せばネット上
では冗談のように取り沙汰されていたということである。一方，同段第6
文（Even if you were …）に「たとえあなたがひどい一日を味わってい
ても，少なくともあなたは世界貿易の10パーセントをどういうわけか妨

害している 5 万トンのコンテナ船ではない」，同段最終文（How could one …）に「1 カ所にある 1 隻の船が世界貿易を止めうる」とあることから，冗談のような出来事が世界貿易にかかわることが述べられている。a）の「ある意味では滑稽だが，世界貿易の脆弱さも明らかになった」が正解。

b）「たった 1 隻の船が運河の一部を破壊しうるというのはばかげていた」

c）「現代のコンテナ船は非常に大きいので，他のすべてのものが小さく見える」

d）「インターネット上のコメントは，冗談と嘆きのメッセージに二分されていた」

e）「その出来事は私たちに，物事が予想外にうまくいかないことがあるのを思い出させてくれる」

(7)「話し手によると，『エバー=ギブン』はどのようにして動けなくなったのか」

第 2 段第 2・3 文（While travelling along …）に「時速 50 マイルにも達する風を伴う季節的な砂嵐に見舞われ…あおられて航路から外れた」とある。a）の「きわめて強い風が吹きつけて船を制御できなくした」が正解。

b）「運河のその部分に砂が堆積していた」

c）「砂が船のエンジンを完全にふさいだ」

d）「嵐の最中に船が航路を変えていたときに押し込まれた状態になった」

e）「気象状況を考えると，船の航行速度が速すぎた」

(8)「話し手によると，『エバー=ギブン』は…を運んでいた」

第 3 段第 2 文（When it got stuck, …）に「船が動けなくなったとき，船荷の…ほとんどは果物と野菜だった」とある。c）の「主に果物と野菜」が正解。

a）「恐竜の模型 1 つとアドベンチャーゴルフ場丸ごと 1 つ」

b）「7500 万ドル相当の商品」

d）「2 万個を超えるコンテナ」

e）「エッフェル塔のレプリカ 30 個」

(9)「なぜ話し手はこの出来事を『起こるべくして起こった災害』と言うのか」

　第5段第2文（Global trade has expanded …）に「世界貿易は過去50年の間に非常に拡大し，相当な交通量がスエズ運河のような世界の狭い航路にますます重圧をかけることになっている」とある。ｂ）の「増加する世界貿易がこのような航路に重圧をかけるようになった」が正解。

ａ）「気候変動が運河の水圧を上げた」

ｃ）「この種の出来事が起こったのは初めてではない」

ｄ）「その運河は過剰な交通のせいで少しずつ損傷していた」

ｅ）「拡幅された運河は船を制御しにくくする」

⑽　「運河がふさがれたことで生じた最大の問題の一つとして，話し手は何に言及しているか」

　第7段第2文（One of the biggest problems …）に「エバー＝ギブンが起こした最大の問題の一つは，すでに不足していた輸送コンテナの供給が遅れたことだ」とある。ｅ）の「船に積まれたままのコンテナの数が不足につながった」が正解。

ａ）「航行不能は解消したが，運河の砂は相変わらず問題である」

ｂ）「その問題を解決しようという試みは，世界的に海運の遅れを引き起こしている」

ｃ）「現代の船舶はとても長いので，この種の事故は繰り返し起こるだろう」

ｄ）「海運会社は今では積載量を減らして，より小型の船舶を使っている」

━━━━━━━━━━━━━━ 語 句 ・ 構 文 ━━━

（第1段） ●a flood of ～「多数の～，～の洪水」 ●bring A to a halt「A を停止させる」

（第2段） ●in the face of ～「～に直面して」 ●wedge「～を押し込む」 ●diagonally「斜めに」

（第3段） ●cargo「貨物」 ●destined for ～「～行きの」

（第4段） ●take a hit「損害を被る」

（第5段） ●choke-point「狭い航路」

（第6段） ●stack「～に積む」 ●side-on「横からの」

（第7段） ●hold up ～「～を遅らせる」

③（B） ── 解答 ──　⑴─ e ）　⑿─ c ）　⒀─ a ）　⒁─ c ）
　　　　　　　　　　　⒂─ e ）

.... 全 訳 ....

《輸送問題に関する会話》

パトリック（以下P）：こんにちは。「パトリック=スミスとともに輸送を
　　考える」へようこそ。私たち自身や私たちが必要とするものをどのよ
　　うにしてある場所から別の場所へ移動させるかについてお話ししてい
　　きます。ゲストのアディサ=イブラヒムさんは，輸送研究所にお勤め
　　で，このことについて私たちがもっと理解する手助けに来てくださっ
　　ています。

アディサ（以下A）：お招きいただいてありがとうございます，パトリッ
　　ク。楽しみにしていました。

P：始めに，私たちの多くがしたことのある経験について話し合いたいと
　　思います。たとえば，荷物を早めに注文したのに，着いたのは遅かっ
　　たなどということがありますよね。翌日配達が翌週配達になったりも
　　します。配達業者や送り主を責めるのは正当なことでしょうか。それ
　　とも，ことはそんなことより複雑なのでしょうか。

A：それよりずっと複雑ですね。こういった配達サプライチェーンに関わ
　　る変動する部分というのはたくさんありますし，どこかで支障が一つ
　　出ると，配達できなくなることも起こりかねません。それを考えるな
　　ら，正しい注文処理をしなくてはなりませんし，正しい在庫品を選び，
　　運送業者を選び，製品を正しいルートにのせ，渋滞を避け，駐車する
　　場所を見つけなくてはなりません。そうした一連の工程には物事がう
　　まくいかなくなるところが非常にたくさんあります。

P：だからこそサプライチェーンと呼ばれているわけですね。その一番弱
　　い連結部分の強度しかないのですから。

A：そのとおりです。それはすばらしい比喩ですし，本当にチェーンなの
　　です。そして，私たちは玄関口に立っている人までつながるチェーン
　　の長さを忘れていることが多いと私は思います。一つの側面を例にと
　　れば，道路のシステムを大きな漏斗と考え，お米をその漏斗にかなり
　　ゆっくりと注ぎ込むと考えると，お米は流れ込んで，まったく何の問
　　題もありません。ですが，ざーっと注ぎ込めば詰まってしまうかもし

れませんね。実際，より多くのルート，おそらく私たちが予想していなかった，そして私たちのシステムがその準備をまったくできていなかったルートの上に，突如より多くのトラックが走るようになっているのです。

P：それで，会話の中で輸送の問題について話し合うといつも，貨物輸送や配送という状況での可能性のある解決策の分野として，技術が持ち出されます。そして，おそらくそれは自動配送とかドローン配送とかですよね。近い将来，どの程度まで技術が解決策にうまくはまり込むと思われますか。

A：技術は確かに解決策に一役買うものです。今後もそうでしょう。どれだけ短い期間でそうなるかというのがおそらくもっとよい質問でしょうね。自動配送はもう始まりつつあります。私はたぶんもうちょっと先だと思います。ドローンもあります。ドローンに関しては空域規制や騒音，プライバシーに関連する当面の障害がいくつかありますが，大きな投資が行われています。

P：ウェブサイトを開いて注文しようとしているといつも，大きなピカピカ光るバナーが「無料翌日配送」とか「無料即日配送」とか言ってきますが，実際その無料配送は本当に無料というわけではないですよね。

A：まさにそのとおりです。購入者には無料に感じられるかもしれません，翌日無料発送というのは。いつだってコストはかかっていますし，私たちはみんな社会として，その影響の対価を払うことになるんです。それは環境への影響かもしれません。このあらゆる包装やプラスチックで生み出しているもの，作られている不必要なものの影響かもしれません。

P：輸送研究所の上級研究技師アディサ=イブラヒムさんでした。あなたの見識を教えてくださって，本当にありがとうございました，アディサ。

A：機会をいただいてありがとうございました，パトリック。

===================== 解　説 =====================

(11)「アディサによると，多くのことが，配達がうまくいかなくなる原因となりうるが，彼女が言及していないのはどれか」

　アディサの2番目の発言第3文（If you think …）に正しい配達のため

に必要なことが述べられている。順に，①「正しく注文を処理する」，②「正しい在庫品を選ぶ」，③「運送業者を選ぶ」，④「製品を正しいルートにのせる」，⑤「渋滞を避ける」，⑥「駐車する場所を見つける」となっている。

a）「駐車する場所を見つけるのに長い時間がかかる可能性がある」は⑥と一致する。

b）「配達するのに間違った品物を選んでしまうかもしれない」は②と一致する。

c）「注文の処理に間違いがあるかもしれない」は①と一致する。

d）「配送ルートをあまりにも多くの車が走っているかもしれない」は⑤と一致する。

e）「配達に使われている車が事故を起こすかもしれない」は言及されていない。これが正解。

⑿　「漏斗の比喩の要点は何か」

　アディサの3番目の発言第4・5文（To take one aspect, …）に「道路のシステムを大きな漏斗と考え，米をその漏斗にかなりゆっくりと注ぎ込むと…米は流れ込んで…何の問題もないが，ざーっと注ぎ込めば詰まってしまうかもしれない」とある。漏斗は道路，米は配送車をたとえたものであり，c）の「配送の突然の増加は大きな影響を及ぼす可能性がある」が正解。

a）「よい漏斗はものをゆっくりと通す」

b）「準備不足はシステムが停止することにつながりうる」

d）「配送の過程には私たちが思うよりも多くの段階がある」

e）「道路のシステムは効率的な配送を促す」

⒀　「技術と輸送についてパトリックは何と言っているか」

　パトリックの4番目の発言第1文（And anytime we talk …）に「輸送の問題について話し合うといつも…可能性のある解決策の分野として，技術が持ち出される」とある。a）の「輸送問題についての議論は通常，技術の話になる」が正解。

b）「ドローンは商品の配達によく使われている」

c）「配送が自動でできればそのほうがよい」

d）「技術が唯一の解決策だとは思わない人もいる」

　e）「輸送問題はさまざまな技術を組み合わせないと解決できない」

⑭　「インターネットで商品を注文することについて，パトリックはどん
な警告をしているか」

　パトリックの5番目の発言（Whenever we have …）に「ウェブサイ
トを開いて注文しようとしていると…『無料翌日配送』とか『無料即日配
送』とか言ってくるが…本当に無料というわけではない」とあり，直後の
アディサの発言はこれを肯定し，購入者からは見えにくいコストに言及し
ている。c）の「速い無料の配送を提供するサイトはふつう，隠れたコス
トを抱えている」が正解。

　a）「あるサイトは素早い配送を提供するが，それは保証されえない」

　b）「『即日』配送と『翌日』配送は間違えやすい」

　d）「無料配送を謳っているが実際には客に料金を請求するサイトもある」

　e）「ウェブサイトは，客を誘い込むためにピカピカ光るバナーのような
視覚的なしかけを使うことが多い」

⑮　「安価で速い配達のコストとして，アディサは何に言及しているか」

　アディサの5番目の発言第2〜4文（It might feel free …）に「翌日
無料発送というのは…コストはかかっているし，私たちは…その影響の対
価を払うことになる。それは環境への影響かもしれない」とある。e）の
「地球に余分な負荷がかかる」が正解。

　a）「配送員は過労になっている」

　b）「素早く作られた商品はすぐ壊れもする」

　c）「商品は，購入後すぐに捨てられることが多い」

　d）「配送料は最終的には上がるだろう」

────────── 語句・構文 ──────────

（パトリック第2発言）　●let's say「たとえば〜」　●shipper「送り主」

（アディサ第2発言）　●inventory「在庫品」

（パトリック第4発言）　●bring A up「（話題などに）A を持ち出す」
　　●freight「貨物輸送」

（パトリック第5発言）　●place an order「注文する」

③(C) ── **解答**　⒃─ c)　⒄─ e)　⒅─ a)　⒆─ d)
　　　　　　　　　⒇─ b)

··· **全訳** ·······································

《パプアニューギニアの言語多様性》

① 　インドは，13 億の国民，広大な領土，22 の公用語（数百の非公用語と
ともに）を抱え，世界で最も言語的に多様な国の一つとしてよく知られて
いる。それでも，太平洋にある，住民がわずか760万人の国にはかなわな
い。その国とはパプアニューギニアである。この国は世界で3番目に広い
雨林と，世界の生物多様性の5パーセントを有しているが，口頭語の驚く
べき多様性の本場でもある。この国では850近い言語が話されており，総
数でも一人当たりでも，そこは明らかに地球上最も言語的に多様な場所に
なっている。

② 　なぜパプアニューギニアにはそれほど多くの言語があり，地元民はどの
ように対処しているのだろうか。パプアニューギニアの諸言語のうち，最
古の言語群は4万年前に最初に定住した人たちが持ち込んだ，いわゆる
「パプア」諸語である。この範疇に分類されてはいるものの，これらの言
語は共通の単一の起源があるわけではない。そうではなく，それらは数十
の無関係な語族と，いくつかの「孤立言語」，すなわち同族言語がまった
くない言語である。これはパプアニューギニアの比較的新しい諸語と対照
的だ。それらは約3500年前に入ってきたもので，おそらく台湾に単一の
起源をもっている。1800年代に英語話者，ドイツ語話者の植民者がやっ
てきたことによって，事態はいっそう複雑になった。1975年にオースト
ラリアから政治的独立を果たしたあと，パプアニューギニアは，英語をは
じめとして，わずか3つの公用語を採用した。しかし，残りの言語に対す
る国の承認の欠如が多様性を減じることはなかった。今日，この国の850
の言語のそれぞれに，数十人から65万人の話者がいるのである。場所に
よっては，たった一つの言語しか話さない人たちが，5平方キロメートル
足らずの範囲で暮らしているところもある。

③ 　一つには，こうした言語のうちの非常に多くは，パプアニューギニアの
自然のままの地形のおかげで生き残ってきた。山々，ジャングル，沼地が
村民たちを孤立させ，彼らの言語を保存してきたのだ。農村で暮らす人た
ちもその一助である。パプア人で都会に住んでいるのは，およそ13パー

セントにすぎない。それどころか, パプア人の中には外部世界と一度も接触したことがない人たちもいる。部族間の激しい対立も, 人々が自分自身の言語に誇りをもつことを促している。時間の経過がもう一つの重要な要因である。言語学者ウィリアム=フォーリーによると, 単一の言語が2つに分かれるのにはおよそ1000年を要する。進化するのに4万年あったので, パプア諸語は自然に変化するのに十分な時間があったのだ。

④　この信じがたいほどの言語的多様性を前にして, パプア人たちは「トクピシン」と呼ばれる一つの言語を受け入れている。これは英語を土台にしているが, ドイツ語, ポルトガル語, 現地のパプア諸語が混ざっている。それは, 意思疎通を容易にするために, 19世紀に貿易業者たちが発達させたものである。しかし, 最近の数十年の間に, それはパプアニューギニアの主要言語になった。トクピシン語の新聞があり, 教会ではよく使われている。トクピシンは今では人口の多数を占める400万人のパプア人に話されている。貿易言語としての起源がその成功の理由を説明してくれる。つまり, 簡単な語彙のおかげで学習しやすいということである。いろいろな言語が混ざり合っていることが, この言語を驚くほど表現豊かにしてもいる。

⑤　しかし, トクピシンの成功はパプアニューギニアの言語の多様性を脅かしもするかもしれない。他の言語を徐々に締め出してもいるのである。十数の言語がすでに消えてしまった。現代パプア語が栄えるにつれて, 古代からの言語が廃れていく危機にあるのだ。

=== 解説 ===

⒃　「話し手によると, パプアニューギニアはどのように言語的に多様なのか」

　第1段第4文（There are nearly 850 …）に「この国では850近い言語が話されており, 総数でも一人当たりでも, そこは明らかに地球上最も言語的に多様な場所になっている」とある。c) の「他のどの国と比べても, 一人当たりの（話す）言語が最も多い」が正解。

a) 「世界の850の言語の5パーセントがそこで話されている」

b) 「インドとほぼ同じくらい多くの口頭語がある」

d) 「領土の小ささと比較して最も多くの言語がある」

e) 「世界の他の地域を合計したよりも多くの言語が話されている」

⒄　「パプア諸語は何年間パプアニューギニアで話されているか」

　第2段第2文（The oldest group of languages …）に「パプアニュー
ギニアの…最古の言語群は4万年前に最初に定住した人たちが持ち込んだ,
いわゆる『パプア』諸語である」とある。e）の「40000」が正解。
　a）「850」　b）「1800」　c）「3500」　d）「14000」

⒅　「1975年のオーストラリアからの独立後,物事はどのように変わった
か」

　第2段第7文（After achieving political independence …）に「1975
年にオーストラリアから政治的独立を果たしたあと,パプアニューギニア
は,英語をはじめとして,わずか3つの公用語を採用した」とある。a）
の「英語が公用語の一つと宣言された」が正解。
　b）「ドイツ語と英語がもっと広まった」
　c）「ほんの数十人の人しか話していない,複数の新しい言語が発見され
た」
　d）「新しい独立政府は,言語の多様性を促進した」
　e）「口頭語数は850以下に減った」

⒆　「話し手によると,パプアニューギニアの言語の多様性を説明するの
は何か」

　第3段第2文（Mountains, jungles and …）に「山々,ジャングル,沼
地が村民たちを孤立させ,彼らの言語を保存してきた」とある。d）の
「場所から場所へと移動することの困難さ」が正解。
　a）「村同士の頻繁な行き来」
　b）「豊かな生物多様性」
　c）「1000年ごとの新しい移住者たちの到来」
　e）「言語学者ウィリアム=フォーリーの影響」

⒇　「現代のパプアニューギニアの『トクピシン』を説明しているのはど
の文か」

　第4段第3文（But in recent decades, …）に「最近の数十年の間に,
それ（＝トクピシン）はパプアニューギニアの主要言語になった」,同段
第6・7文（Its root as a trading …）に「簡単な語彙のおかげで学習し
やすく…驚くほど表現豊かでもある」とある一方,第5段第1文（Yet
Tok Pisin's success …）に「トクピシンの成功はパプアニューギニアの

言語の多様性を脅かしもするかもしれない」とある。ｂ）の「パプア人は『トクピシン』を便利だと思っているが，言語の多様性を犠牲にしている」が正解。

ａ）「『トクピシン』はより表現豊かなので，他の地元の言語は徐々に姿を消しつつある」

ｃ）「宗教の普及が最近『トクピシン』の人気を高めた」

ｄ）「『トクピシン』は，複数の言語の要素を含んでいるため，より学習しやすい」

ｅ）「貿易業者は，ヨーロッパ言語を推奨するために『トクピシン』を作ることにした」

～～～～～～～～～～ 語句・構文 ～～～～～～～～～～

（第１段） ●be no match for ～「～にはかなわない」

（第２段） ●fall under this category「この範疇に入る，分類される」

（第３段） ●in part「一つには，ある程度，いくぶん」

（第４段） ●mixed heritage「ミックスルーツ」　通常は人種，民族または文化などの観点で人が複数のバックグラウンドを持っていることを指すが，ここでは多様な言語からなるトクピシンに対して使われている。

（第５段） ●crowd *A* out「*A* を締め出す，立ち行かなくする」　●fall away「減る，落ち込む」

 (A) ── 解答 ── ⑵─(b)　⑵─(e)　⑵─(a)　⑵─(e)　⑵─(e)

⋯⋯⋯⋯⋯⋯⋯⋯⋯⋯⋯ 全訳 ⋯⋯⋯⋯⋯⋯⋯⋯⋯⋯⋯

《時間経過の認識と心臓の関係》

⑵　時間の認識はまったく一定不変のものではない。２つの新しい研究が，心臓の鼓動が時間の経過をよりゆっくりあるいはより早く感じさせている可能性があると示唆している。別個の研究グループによって行われた実験が，一致する発見を明らかにした。それらを合わせると，彼らの研究は心臓の活動が経過する時間の認識に影響することを裏付けている。身体と切り離して時間の経験を見ることはできないことを示しているのである。

⑵　2023 年 4 月，ロンドン大学ロイヤル＝ホロウェイ校のイレーナ＝アルスラノワが主導する神経科学者のグループが，時間の認識は 1 回の鼓動

毎に変化することを報告した。彼らの実験では，28 人の人が 2 つの視覚的刺激か 2 つの聴覚的刺激の継続時間を区別することを学習した。たとえば，被験者は 2 つの形を見る，あるいは 2 つのはっきり違う音を聞いた。各組のうちの一方の図形あるいは音は 200 ミリ秒提示され，他方は 400 ミリ秒続いた。

(23)　次に，人々は新たな手がかり，つまり前のとは別の音や形を見聞きして，前の 1 組を参照しながら，提示が短く感じられるか，それとも長く感じられるか判断しなくてはならなかった。しかし，あるひねりが加えられていたのである。これらの新たな音や形は，人の心拍数のリズムのある特定の瞬間，すなわち，心臓が鼓動の間に引き締まっているとき（心臓収縮期）か，緩んでいるとき（心臓弛緩期）と一致させていたのだ。収縮期には被験者は実際よりも継続時間を短いと感じた。弛緩期にはまさしくその逆が当てはまった。

(24)　アルスラノワと彼女の共同研究者たちによると，その現象は血管壁にある圧力センサーが脳に信号を送って，入ってくる情報を処理する脳の能力に影響を与えるという事実で説明できるかもしれないということだ。センサーの影響のこうした増加が，時間を長く感じさせる可能性がある。同様の発見が，コーネル大学の研究者グループによって 2023 年 3 月に発表されたが，彼らは各鼓動間の時間認識の違いに焦点を当てた。その間隔が長いときには，時間は遅く感じられることを彼らは発見した。2 つの鼓動間の時間が短いときは，時間は早く流れるように思える。

(25)　両方のグループの研究者たちは，こうした経験は情緒や注意力を含めて，多くの要因に影響されるものだと注意を促している。そうした経験はまったく違う尺度でも起こりうる。しかし，3 月の研究を行った研究者の一人であるアダム=K.アンダーソンは，その新しい研究はそれが展開するにつれ，心臓がどのように時間の経験に影響するかということを明らかにすると説明している。彼は，身体と脳がどのように関係しているかということは，神経科学において関心が高まっているとはっきり述べている。「人々は，脳が心臓のすることに影響を及ぼしうるという考えには慣れているでしょう」と彼は言う。しかし，その関係を逆にすることは，今までになく新しく，実に魅力的である。「あなたの脳は，時間の流れと同様に根本的なことを形成するために，心臓のパターンに耳を傾けているかもし

れません」と彼は付け加える。

―――――――――――― **解　説** ――――――――――――

⑵1)　(b)の to feel either slower and faster が誤り。either *A* or *B* で「*A* もしくは *B*」とするのが正しい。

⑵2)　(e)の presented for 200 milliseconds が誤り。主語の「各組のうちの一方の図形あるいは音」は被験者に「提示される」was presented と受動態でなければ意味上成り立たない。presented の目的語がないことからも判断できる。

⑵3)　(a)の how the presentation felt shorter or longer が誤り。これだと how が「どのようにして提示がより短くあるいはより長く感じられるか」という「方法」の意になる。内容上,「より短く感じられるかそれともより長く感じられるか」となるべきであり, how ではなく whether を使うのが正しい。

⑵4)　(e)の When there is more time between two beats が誤り。直前の文に「その間隔がより長いときには, 時間はより遅く感じられる」とあり, (e)の直後の主節では「時間はより早く流れるように思われる」と対照的な事実が述べられている。後者は「間隔が短いとき」でなければならない。more ではなく less が正しい。

⑵5)　(e)の similarly fundamental as the passage of time が誤り。単独でうしろに名詞しかない as は基本的に「～として（の）」の意の前置詞で, 同文では意味をなさない。similarly を as に変えることで as fundamental as ～「～と同じくらい根本的な」の同等比較になり, 文意に合う。

～～～～～～～～～～～～ **語句・構文** ～～～～～～～～～～～～

（段落⑵1)）　●uncover「～を明らかにする, 暴露する」
（段落⑵5)）　●illuminate「～を解明する」　●novel「新奇な」

④(B) — 解答　全訳下線部(ア)・(イ)・(ウ)参照。

‥‥‥‥‥‥‥‥‥‥‥‥‥‥‥‥‥‥ **全　訳** ‥‥‥‥‥‥‥‥‥‥‥‥‥‥‥‥‥‥

《人間の生存本能についての疑問》

① 　母が私をベジタリアンに育てたので, 私は肉を食べたいという本物の欲求を抱いてはいなかったが, 夏にはときどき, スイカの大きな一切れを家

の庭の遠くの片隅に持っていき，それを死んだばかりの動物に見立てたりした。四つんばいになって，その甘く赤い果肉に顔をうずめて，かぶりついた。(ア)ときどき，私はひとつかみもぎ取っては口に詰め込んだものだが，それは私が知っているどの動物の食べ方ともあまり似ていなかった。私は特定の種類の動物を演じているというより，自分の中に認識していたある種の野性味を実行していたのである。

② 私は，PBSのテレビ番組「ワイルドアメリカ」を見たのだが，その番組では保護論者マーティ＝ストーファーが動物界の荒々しさを示していた。(イ)家の裏の森の中，一人きりで，誰か他の人の目には私がどのように見えるかなど考えもせずに，私は自分の胸を叩いて，自分自身が創作した物語を演じたことがあった。私は，リスたちのせわしない所作とうちのゴールデンレトリーバーの荒っぽいしつこさに共鳴した。私はフォークやナイフに当惑した。私たちは腕の先にこんなに完璧な道具を持っているのに，一体なぜフォークやナイフは存在しているのだろう，と思ったのである。

③ どれほど繰り返しストーファーが人間の語りを（非常に頻繁に）活写されている動物たちに押しつけてもなお，生き延びることが動物界のすべてに価値を与える最優先事項であることは常に明らかだった。野生のテンは自分の感情に流されたとしても，そのせいで赤ん坊のためにエサをとるのをやめることはない。(ウ)私は小学校で，私たちは動物であると教わったが，他の動物と違って，私たちは身体的生存を求める本能によって突き動かされているようには思えなかった。先生たちはその連続性を強調したが，私たちは食物連鎖のはるかに上のほうにいたので，生き延びること（という本能）はもはや私たちには見えもしなかったのだ。私たちは生き延びることなどはるかに超え，天に届くほど高い暗い領域におり，そこでは私たちの本能が資本主義や脱毛のような悪趣味なものへと歪められていたのである。私はこれに名前をつけることはできなかったかもしれないが，気づいてはいたのだ。

=== 解 説 ===

(ア) Sometimes, I'd rip handfuls out and stuff them in my mouth, which wasn't much like the way any animal I knew of ate.

●Sometimes, I'd rip handfuls out「ときどき，ひとつかみもぎ取って」がおおまかな訳。I'd は I would の短縮形で，would は過去の習慣を表

す。通常「〜したものだ」の訳をあてる。rip *A* out「*A* をもぎ取る，はぎとる」の目的語の handful は「ひとにぎり（の量）」の意。複数形になっていることから，もぎ取る行為が繰り返されたことがわかる。「もぎ取っては」とするとそれが表せるだろう。

● stuff them in my mouth「自分の口に詰め込んだ」

● …, which wasn't much like 〜「…が，それはあまり〜のようではなかった」が直訳。「〜とはあまり似ていなかった」などと日本語を整える。

●（the way）any animal I knew of ate は，土台になるのが（the way）animal ate「動物が食べる様子，動物の食べ方」である。I knew of は animal を先行詞とする関係代名詞節，any＋単数は「どの〜でも」の意なので，「私が知っているどの動物の食べ方（とも）」などとすると通りがよい。なお，knew, ate は時制の一致で過去形になっているため，時制の一致をしない日本語では現在形のように訳すこと。

(イ)　Alone in the woods behind our house I had beaten my chest, acted out my own invented stories without a thought to how another's gaze might see me.

● Alone in the woods behind our house「家の裏の森の中で一人きりで」が直訳。そのままで問題ないが，あえて言えば「で」の連続がやや稚拙に響くので，「森の中，一人きりで」，「森の中で一人，…」などと工夫することも考えられる。

● I had beaten my chest, acted out my own invented stories「私は自分の胸を叩いて，私自身の創作された物語を演じていた」が直訳。beaten と acted はカンマで並んでいるが，acted が分詞構文であれば受動を表す。目的語 stories があるのでその可能性はなく，この２つの過去分詞は had とともに過去完了を成す述語動詞である。過去完了になっているのは，直前の文の watched よりも前に行われたことを表していると考えられる。期間を表す表現がない点や「私」の行為の内容などを考慮すると，「〜してきた」という訳は避けたほうがよいだろう。act out 〜 は「（物語など）を実演する」の意。my own invented stories は「自分自身が創作した物語」などと日本語として自然な訳を工夫したい。

● without a thought to 〜「〜への思考なしに」が直訳。「〜など考えも

せずに」などと整える。

◉how another's gaze might see me「他の凝視が私をどのように見るか
もしれないか」が直訳。another は自分とは別の人を指し，「他者，他
人，誰か他の人」などとするとよい。gaze「凝視，注視」は動詞のよ
うに訳して，「誰か他の人が私をどのように見るか」，さらに「誰か他の
人の目には私がどのように見えるか」などと日本語を工夫したい。なお，
might は「～かもしれない」と推測や可能性を表すが，あえて訳出しな
いほうが日本語としては自然である。

(ウ)　I learned in elementary school that we were animals, but unlike
other animals we did not seem driven by the instinct for physical
survival.

◉I learned in elementary school that we were animals「私は小学校で，
私たちは動物であると習った」が直訳で，そのままでよい。learned は
「教わった」ともできる。なお，「人間が動物である」は変わらぬ真実で
あり，時制の一致の例外にあたるが，このように時制の一致が起こるこ
ともある。

◉…, but unlike other animals「…が，他の動物と違って」が直訳で，そ
のままでよい。

◉we did not seem driven by the instinct for physical survival「私たち
は身体的生存のための本能によって突き動かされているようではなかっ
た」が直訳。for は要求を表し，「身体的生存を求める本能」などとす
るとわかりやすい。physical をあえて訳出せず「生存本能」とまとめて
も，この survival が「身体の」生存を指すことは十分伝わるだろう。
did not seem driven は「突き動かされているようには思えなかった」
とすると通りがよい。

──────────── **語句・構文** ────────────

(**第1段**)　◉harbor「～を心に抱く」　◉on all fours「四つんばいで」
◉play「～を演じる」　◉enact「～を演じる，実行する」

(**第2段**)　◉business「所作，しぐさ」　◉obsession「執念」　◉why
should ～?「一体なぜ～なのか」　should は感情の強調。

(**第3段**)　◉impose A on B「A を B に押しつける」　◉depict「～を描
写する，活写する」　◉assign A to B「A を B に割り当てる，指定す

る」　●continuity「連続性」　ここでは動物と人間が，人間も動物であるという点でつながっていることを表している。●no longer「もう〜ない」　not の位置に置かれることに注意。●atrocity「ばかげたもの，ひどいこと」

(A)自宅への帰り道が，おびえずに自分らしくいることができる場所になったということ。

(B) had told me was that I was the one

(C)夜，白人女性が自分のほうに向かって歩いてくるのを見たら，彼女を安全だと安心させるために通りの反対側に渡ったことと，自分のうしろに誰かがいるときには，急に振り向いて怖がらせることのないようにしたこと。

(D)(ア)(26)—d)　(27)—e)　(28)—a)　(29)—b)　(30)—c)　(31)—f)

(イ)—e)

(ウ)—b)

⋯⋯⋯⋯⋯⋯⋯⋯⋯⋯⋯⋯⋯⋯　全　訳　⋯⋯⋯⋯⋯⋯⋯⋯⋯⋯⋯⋯⋯⋯

《通りを自由に歩けることの意義》

① 　私が歩くことを愛好するようになったのは子どものときだったが，必要に迫られてのことだった。私は家にじっとしていたくなかったのだ。家から出ているありとあらゆる理由を見つけて，誰か友達の家とか子どもがいるべきではない街頭祝典とかにいて，公共交通機関に乗るには遅すぎる時刻まで，たいてい外に出ていた。だから歩いたのだ。

② 　1980 年代のジャマイカのキングストンの通りはひどい状態のことが多かったが，私は見知らぬ人たちと友達になった。乞食や街頭の物売りや貧しい労働者たちといった，経験豊富な放浪者で，彼らは私の夜間の先生になった。彼らは通りのことを知っていて，それをどう探検し楽しむかについて教えてくれた。通りには通りなりの安全性があった。家とは違って，通りでは私はおびえることなく自分でいられた。歩くことはいつものことでなじみ深かったので，家までの道のりは心の安らぎだった。

③ 　通りには通りのルールがあり，それをものにするという課題が私は大好きだった。私は自分を取り巻く危険や近くにある楽しいことに対して敏感になる方法を学び，仲間たちが見逃してしまう重要な細かいことに気づけることを自慢に思った。キングストンは，複雑で，多くの場合奇怪な，文

化的，政治的，社会的活動があちこちにあり，私は自分を夜の地図作成者に任命した。

④　私は「カリブ海最北の都市」と呼ばれるのを聞いていたニューオリンズにある大学に行くため，1996年にジャマイカを離れた。私はそこの何がカリブ的で何がアメリカ的なのか，もちろん歩いて，はっきりさせたかったのだ。

⑤　ニューオリンズでの最初の日，私はその場所の感じをつかみに，そして寮の部屋を居心地のよい空間に変えるための必需品を買いに，数時間歩きに出かけた。大学の職員が何人か，私が何をしようとしているか気づいて，私の歩く範囲を旅行者や新入生の親たちにとって安全だと推奨されている場所に限定するよう忠告してきた。彼らはニューオリンズの犯罪率に関する統計のことに言及した。しかし，キングストンの犯罪率は彼らが言った数字をはるかに上回っていたので，私はこれらの善意の警告を無視することにした。発見されるのを待っている都市があり，面倒な事実に邪魔させるつもりはなかった。こんなアメリカの犯罪者はキングストンの犯罪者と比べれば何でもない，と私は思った。彼らは私にとって真の脅威ではない，と。

⑥　誰も私に言わなかったのは，私こそが脅威とみなされるであろう人物だということだった。

⑦　数日のうちに，私は通りを行く多くの人が私を怖がっているようだと気づいた。近づいてきたときに私をちらっと見て，それから通りの反対側へ渡ってしまう人もいれば，前を歩く人の中には，うしろを振り返って私がいるのに気づくと，足早になる人もいた。年配の白人女性は自分のバッグを抱え込み，若い白人男性はあたかも自分の安全のために挨拶を交わすかのように，そわそわした様子で「やあ，元気？」と挨拶してきた。私がやってきてからひと月足らずのことだが，あるとき，通りの真ん中で車椅子が動かせなくなってしまった男性を助けようとしたことがあった。彼は顔を撃ち抜くぞと私を脅し，白人に助けを求めた。

⑧　私はこうしたことには何も準備ができていなかった。私は自分の肌の色のせいで私を警戒するような人がまったくいない，大半が黒人の国からやってきた。今は，誰が私のことを怖がるのかわからなかった。警官に対しては特に準備ができていなかった。彼らは決まって私を呼び止め，私が罪

を犯していることを前提とした質問をしていじめた。それまで私は，アフリカ系アメリカ人の友人の多くが「例の話」と呼ぶものを受けたことがなかった。警官に呼び止められたらどう振る舞えばよいか，彼らが私に対して何を言おうと，何をしようと，できるだけ礼儀正しく，協力的でいる方法を教えてくれる両親などいなかったのだ。

⑨　私の生き残り戦術が始まった。活気ある通りのあるこの都市では，歩くことは複雑で，多くの場合重苦しいやり取りになった。夜，私のほうに向かって白人女性が歩いてくるのを見たら，彼女を安全だと安心させるために通りを反対側へ渡ったものだ。家に何かものを忘れてきても，もし誰かが私のうしろにいたら，すぐにはくるっと身をひるがえさないようにした。突然うしろを向くと警戒させることがあると知ったからだ。ニューオリンズは突然，ジャマイカよりも危険に感じられるようになった。最善を尽くしても，通りが心地よく安全だと感じられることはまったくなかった。簡単な挨拶さえ怪しまれた。

⑩　ハリケーン・カトリーナがその地域を襲った後，おばがニューヨーク市に来て暮らしなさいと私を説得した。初めは友人たちと，その後は付き合い始めた女性と，この街を探検した。彼女はいつまでも私と一緒に歩き回り，ニューヨーク市の多くの楽しみを吸収した。この都市の私の印象は，彼女と歩き回っている間に形作られた。しかし間もなく，現実が，とりわけ一人歩きのときには，自分が安全ではないことを思い出させた。

⑪　ある夜，イースト・ヴィレッジで，私が食事に行くのに走っていたところ，私の前にいた白人男性が振り返ると，突然私の胸をぶんなぐったのだ。私は彼が酔っ払っているか，私を昔からの仇と間違えたのだと思ったが，彼は私の人種を理由に私を犯罪者だと思ったに過ぎないことがすぐにわかった。私が自分の想像した輩ではないことを知ったとき，彼は自分が攻撃したのは背後に走って近づいてきた私のせいだと続けて言った。私は，ニューオリンズで自分に課した昔のルールに戻った。

⑫　私は今なお，完全に自分のものとは言えない都市に到達しようとしている。「ホーム」の定義の一つは，それが最も自分でいられる場所であるということだ。そして，歩いているとき，つまり私たちが最初に覚えた行為の一つを繰り返す自然な状態にあるとき以外のいつ，より自分でいるだろう？　一方の足が地面から離れ，一方の足が着地し，私たちの願望がそれ

に静止点から静止点へと進むための弾みをつける。私たちは見ること，考えること，話すこと，逃げることを望む。しかし，他の何よりも，私たちは自由でいることを望む。私たちは，おびえることなく，そして誰もおびえさせることなく，私たちが選ぶどこでも歩くという自由と喜びを望んでいるのである。私は10年近くニューヨーク市で暮らしてきて，その魅力的な通りを歩くのをやめてはいない。そして，私はいまだに子どものころキングストンの通りで見つけた心地よさを見出したいと思っているのである。

=============== 解　説 ===============

(A)　解答欄は約17cm×2行。主語 the way home の home は「家へ」という副詞で，the way「道のり」をうしろから修飾しており，「家への道のり」の意。この home は文字どおり，自分の暮らす家，家庭の意。became home「『家』になった」の補語の home については，当該文前半に「歩くことはいつものことでなじみ深かった」，直前の同段第3文（The streets had …）には「通りでは私はおびえることなく自分でいられた」とあることから，街に出ていた筆者が家まで帰る道中は，筆者にとって落ち着ける時間だったことがわかる。at home に「自宅にいて」の他に「（自宅にいるように）くつろいで」という意味があるように，この home は安心していられる場所のことである。本文中の言葉を使えば「おびえずに自分で〔自分らしく〕いられる場所」となるだろう。

(B)　当該文の前の段で述べられているのは，筆者が大学職員に危険な地域へは行かないようにと助言されたことである。一方，直後の第7段ではその第1文（Within days I noticed …）に「数日のうちに，私は通りを行く多くの人が私を怖がっているようだと気づいた」とある。そのことを踏まえ，文法・語法上のルールにしたがって考える。空所の後に who would be considered a threat「脅威とみなされるであろう」とあり，第7段へのつなぎになっていることがわかる。与えられた語のうち，who の先行詞（＝必ず名詞）にできるのは one のみであり，the もこれとともに使う以外にない。空所の前には What no one とあり，what が導く節を構成する必要がある。no one はその主語だが，動詞が was では後が続かないため，told を選ぶ。tell A B「A に B を話す」と第4文型の動詞であり，What no one told me とすれば「誰も私に話さなかったこと」とで

2024年度　前期日程

英語

きる。ただし，残る動詞は 2 つの was のほかに had があるが，目的語に
できるものがもうないため，had told と過去完了にするしかない。名詞
節 What no one had told me が文全体の主語になり，述語動詞は was と
なる。残る語の中に I があり，節を作る必要があるため，was の補語は
that 節になる。that I was the one（who ～）とすれば，「私が～人物だ
ということ」となり，文構造上も内容上も正しくつながる。全体で，
(What no one) had told me was that I was the one (who would be
considered a threat.)「誰も私に言わなかったのは，私こそが脅威とみな
されるであろう人物だということだった」となる。

(C)　解答欄は約 17cm×3 行。下線部は「私は，ニューオリンズで自分に
課した昔のルールに戻った」となっている。ニューオリンズで故郷のジャ
マイカとはまったく異なる経験をした筆者が用心深く振る舞うようになっ
た様子は第 9 段に述べられている。同段第 3 文（I would see a white
woman …）に「夜，私のほうに向かって白人女性が歩いてくるのを見た
ら，彼女を安全だと安心させるために通りを渡ったものだ」，第 4 文（I
would forget something …）に「もし誰かが私のうしろにいたら，すぐ
にはくるっと身をひるがえさなかった。突然うしろを向くと警戒させるこ
とがあると知ったからだ」とある。この 2 つの行動をまとめる。

(D)　(ア)(26)　当該箇所は「私は見知らぬ人たちと友達（　　　）」となって
いる。直後の文に「彼らは私の夜間の先生になった」とあり，親しくなっ
たことがわかる。d）の made を補い，made friends with ～「～と友達
になった」とするのが適切。

(27)　当該箇所は「仲間たちが見逃してしまう重要な細かいことに気づける
こと（　　　）」となっている。e）の prided を補えば，pride *oneself*
on *doing*「～することを自慢する，誇る」の語法に合い，文意にも適する。

(28)　当該箇所は「彼らは私の歩くという行為を旅行者や新入生の親たちに
とって安全だと推奨されている場所に限定する（　　　）」となっている。
空所の後には me to restrict … と続いており，a）の advised を補えば，
advise *A* to *do*「*A* に～するよう勧める，忠告する」の語法に合い，内容
上も適切。

(29)　当該文は「彼ら（＝警官）は決まって私を呼び止め，私が罪を犯して
いることを前提とした質問をして私（　　　）」となっている。筆者が黒

人であるというだけで，当然何かよからぬことをしているだろうと決めてかかっている警官の様子から，b）の bullied「～をいじめた」が適切。

(30)　当該箇所は「私が，彼が（　　　）ものではないことがわかったとき」となっている。直前の文に「彼は私の人種を理由に私を犯罪者だと思ったに過ぎない」とあるので，c）の imagined を補い，「私が彼の想像したもの（＝犯罪者）ではない」とするのが適切。

(31)　当該箇所は「私は10年近くニューヨーク市で暮らしてきて，その魅力的な通りを歩くのを（　　　）ない」となっている。空所直後が動名詞walking であること，直後の文に「私はいまだに子どものころキングストンの通りで見つけた心地よさを見出したいと思っている」とあり，またこの文章が「私が歩くことを愛好するようになったのは子どものときだった」（第1段第1文）で始まっていることから，f）の stopped「やめる」を補えば，文法・語法上も内容上も適切。

(イ)　当該箇所は「しかし間もなく，現実が，とりわけ一人歩きのときには，自分は（　　　）ではないことを思い出させた」となっている。同段では，筆者がニューヨーク市に移り，ガールフレンドとともに同市を歩き回って，なじみ始めたことが述べられている。しかし直後の第11段では，食事に行くのに急いでいた筆者が前にいた白人男性に殴られた出来事が書かれており，ニューオリンズにいたころと同様，黒人であるだけで敵意を向けられることを思い知らされたことがわかる。e）の invulnerable「弱みがない，安全な」が適切。a）「恐れている」　b）「勇敢である」　c）「有罪である」　d）「興味を持っている」　f）「準備ができていない」

(ウ)　第1～3段では，筆者が子どものころ，故郷のキングストンの通りを歩くことが心の安らぐ時間だったことが述べられている。第4～9段では，ニューオリンズで筆者が通りで怖がられる存在になってしまった経験，第10・11段では，ニューヨーク市で気を抜くとやはり自分が脅威になることを知った経験が述べられている。第12段で，そうした経験をした後，筆者がどのように思っているかがまとめられており，同段第6・7文（But more than anything…）では「他の何よりも，私たちは自由でいることを望む。私たちは，おびえることなく，そして誰もおびえさせることなく，私たちが選ぶどこでも歩くという自由と喜びを望んでいる」としている。b）の「街の通りをおびえたり心配したりせずに歩けることは，筆

者にとって自由の重要な源である」が適切。

a）「アメリカ合衆国でしばらく暮らして，筆者はキングストン，ニューオリンズ，ニューヨーク市は安全という点でそれほど違いがないと気づく」

c）「筆者にとって，歩くことは人種差別や警察に対する反抗の行為である」

d）「アメリカ合衆国の都市を歩くことは，筆者にとってストレスのかかる経験ではない。なぜなら，彼は通りで自分が取るすべての動きに注意を払うのに慣れているからである」

e）「キングストンで暮らしている間，筆者は幼少期の家にいるのと，街のさまざまな通りにいるのを同じように快適に感じている」

────── 語句・構文 ──────

(第1段)　●out of necessity「必要上，必要に迫られて」

(第2段)　●deliver「(演説，講演などを) する」

(第3段)　●challenge of *doing*「～するという難題，課題」　●bizarre「奇怪な，風変わりな」　●appoint *A* (to be / as) *B*「*A* を *B* に任命する」

(第5段)　●well-meant「善意の」　●get in the way「邪魔になる」

(第8段)　●be wary of ～「～に用心深い，～を警戒する」　●cop「警官」　●take *A* for granted「*A* が本当だと決めつける，*A* を当然のことと思う」

(第11段)　●S was *doing*(,) when S' V (過去形)「Sが～していると，S'がVした」　主節が過去進行形で when 節が後にくる場合，主節から訳していくと自然になることが多い。この when は and then の意の関係副詞とも考えられる。●punch *A* in the chest「*A* の胸をげんこつでなぐる」「叩く」の意の動詞はこのパターンを取ることがある。e. g. pat *A* on the shoulder「*A* の肩をぽんぽんと叩く」　●go on to *do*「続けて～する」

(第12段)　●momentum「弾み，勢い」

講評

　大問数が 5 題であること，選択問題での解答方式がマークシート法であることは例年どおりである。内容や出題形式に多少の変化が見られることがあり，2024 年度は大問 2(A)の意見論述が 2 つの主張から 1 つ選択する形式となった。

　1　(A)英文の内容を日本語で要約するもの。字数は 70～80 字。(B)文の空所補充と語句整序。

　2　(A)意見論述。日本語で示された主張について自分の考えを述べるもの。60～80 語。(B)和文英訳。2 段落ある短い和文中の下線部を英訳するもの。

　3　リスニング。3 つのパートに分かれており，いずれも 2 回ずつ放送される。(A)・(C)はモノローグ，(B)はインタビューで，内容はそれぞれ独立している。リスニングは試験開始後 45 分経過した頃から約 30 分間問題が放送される。

　4　(A)文法・語彙，読解問題。各段落に 5 カ所ある下線部のうち，誤りを含む箇所を 1 つ指摘するもの。(B)英文和訳問題。一連の英文中の 3 カ所を和訳するもの。

　5　長文読解。通りを歩くことに関して筆者の経験と考えを述べた文章。

　以下，各問題の詳細をみる。

　1　(A)　英文量は約 390 語で，例年並の長さとなっている。「プロパガンダ」がどのようにして生まれ，どのような役割を果たしてきたか，またこの言葉自体の現状を論じた文章。述べられている事柄がさまざまであるため，制限字数に収めるには何に焦点を当てるか絞ることが重要である。

　　(B)　英文量は空所に入る文も含めて約 970 語。例年並の長さとなっている。5 カ所ある空所に合う文を選ぶ問題と，文意に合うように語句を並べ替える問題の 2 種類。空所補充の選択肢に紛らわしいものはなく，並べ替えの箇所も与えられた語句の語法や文法事項に照らせば比較的容易に答えられる。

　2　(A)　意見論述。前述のとおり，新形式である。示された主張につ

いて，理由を添えて自分の考えを述べるという点では2023年度と同じ
だが，示された主張が2つあり，そのいずれかを選択する形式だった。
主張は「紙は人類の最も偉大な発明の一つである」，「自転車は人類の最
も偉大な発明の一つである」というもの。単純な賛否を問われてはいな
いので，両面から述べることも可能である。いずれにしても語数は
60〜80語と，それほど多いわけではないので，簡潔に説得力のある文
章にまとめることが重要だろう。

　(B)　和文英訳。一連の文章中の下線部1カ所（2文）を英訳するもの。
英訳箇所の長さは2023年度（1文）よりやや長いが，2文に分かれて
いるため各文の構造は取りやすく，難易度に大きな差はない。素早く解
答したい問題である。

　3　(A)　スエズ運河で起きた出来事とその影響について解説した記事。
出来事の状況がどのようなものかしっかり把握することが重要である。
選択肢自体には紛らわしいものはない。

　(B)　荷物の配送にまつわる問題についてのインタビュー。話し手が変
わることでモノローグより注意力が刺激されるだろう。日本でも荷物の
再配達，トラック運転手の不足や労働時間に制限が設けられることによ
る配送の困難が問題になっている。こうしたことを見聞きしていれば話
についていきやすい。日ごろからさまざまなことに関心をもち，注意を
払っておくことは，リスニングに限らず理解の助けになる。

　(C)　パプアニューギニアの言語の歴史や現状についての講義。数値や
年代がやや多めに出てくるので，それぞれ何に関連するものか確実に聞
き取りたい。

　4　(A)　5段落構成の一連の文章で，各段落に5カ所ずつ下線が入っ
ており，そのうち誤りを含むものを選ぶ問題。語句や文法事項の知識と
文脈の把握力が試されているが，いずれも比較的容易である。時間をか
けずに解答したい問題である。

　(B)　一連の文章中の3カ所の英文和訳。いずれの箇所も短く，語句，
構文面で難解なものはない。ただし，随筆であるため，日本語表現と
して自然で文学的な言い回しに工夫する必要がある部分も見られる。日本
語力をつけておきたい。

　5　通りを歩くという日常的な行為が，筆者にとってどのような意味

をもっているか，自身の経験をもとに述べた文章。日本では考えにくい状況が描かれているが，アメリカの黒人差別の現状については何らかの形で見聞きしたことがあるはずである。そうした知識をもとに，筆者の経験を追体験しながら読みたい。設問は，記述式が内容説明と語句整序，選択式が単語の空所補充と内容真偽である。内容真偽は 2024 年度には出題がなかったが，2019～2022 年度には出題されており，2024 年度に復活した。

数　学

① 〜＼　発想　／〜

内積を用いて P$(x, y, 0)$ が(i)〜(iii)を満たす条件を x, y の式で表す。

解答　P$(x, y, 0)$ とすると，(i)より

$$(x, y) \neq (0, 0) \quad \cdots\cdots ①$$

このとき，$\cos\angle\text{AOP} = \dfrac{\overrightarrow{\text{OA}}\cdot\overrightarrow{\text{OP}}}{|\overrightarrow{\text{OA}}||\overrightarrow{\text{OP}}|}$ であるから，(ii)は

$$\frac{-y}{\sqrt{2}\sqrt{x^2+y^2}} \leqq -\frac{1}{2}$$

$$\sqrt{x^2+y^2} \leqq \sqrt{2}\,y$$

$$x^2+y^2 \leqq 2y^2 \quad \text{かつ} \quad y \geqq 0$$

$$|y| \geqq |x| \quad \text{かつ} \quad y \geqq 0 \quad \cdots\cdots ②$$

$\cos\angle\text{OAP} = \dfrac{\overrightarrow{\text{AO}}\cdot\overrightarrow{\text{AP}}}{|\overrightarrow{\text{AO}}||\overrightarrow{\text{AP}}|}$ であるから，(iii)は

$$\frac{\sqrt{3}}{2} \leqq \frac{y+2}{\sqrt{2}\sqrt{x^2+(y+1)^2+1}}$$

$$\sqrt{3\{x^2+(y+1)^2+1\}} \leqq \sqrt{2}\,(y+2)$$

$$3\{x^2+(y+1)^2+1\} \leqq 2(y+2)^2 \quad \text{かつ} \quad y+2 \geqq 0$$

$$3x^2+y^2-2y-2 \leqq 0 \quad \text{かつ} \quad y+2 \geqq 0$$

$$x^2 + \frac{(y-1)^2}{3} \leqq 1 \quad \cdots\cdots ③$$

$$\left(\begin{array}{l}(x, y) \text{ が上式を満たせば} \\ y \geqq 1-\sqrt{3} \text{ であるから } y+2 \geqq 0 \\ \text{は満たされる。}\end{array}\right)$$

以上①，②，③より求める領域は右図の網かけ部分のようになる。ただし，境界線上の点は，原点のみを除き他は含む。

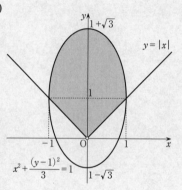

$y = |x|$

$x^2 + \dfrac{(y-1)^2}{3} = 1$

━━━━━━━━━━━━━━ 解 説 ━━━━━━━━━━━━━━

《条件を満たす点の領域》

条件(i)～(iii)を満たす点 P$(x, y, 0)$ の条件を素直に x, y の式で表していけばよい。

式を整理する途中に $\sqrt{\ }$ が混じった式

$$\sqrt{x^2+y^2} \leqq \sqrt{2}\,y \quad \cdots\cdots(*)$$

などが出てくるが，一般に

$$\lceil A \geqq B \Longrightarrow A^2 \geqq B^2 \rfloor \lceil A^2 \geqq B^2 \Longrightarrow A \geqq B \rfloor$$

のいずれも成り立たないので，両辺を2乗して整理するときはその符号に注意する。

$(*)$のときは $\sqrt{x^2+y^2} \geqq 0$ であるから $\sqrt{2}\,y \geqq 0$（つまり $y \geqq 0$）が必要で，$y \geqq 0$ のもとでは両辺が0以上であるから，$(*)$は

$$x^2+y^2 \leqq 2y^2$$

と同値である。よって，$(*)$は〔解答〕のように

$$x^2+y^2 \leqq 2y^2 \quad かつ \quad y \geqq 0$$

と同値になる。

---

② 〰〰〰〰〰〰〰〰〰〰 ╲ 発 想 ╱ 〰〰〰〰〰〰〰〰〰〰

$f(x)$ は絶対値記号がついた定積分の形で表されているから，絶対値記号を外し，必要ならば積分区間を分けて表せばよい。t で積分するときは x は定数であることに注意。

〰〰〰〰〰〰〰〰〰〰〰〰〰〰〰〰〰〰〰〰〰〰〰〰

解 答　(1)　$0 \leqq t \leqq 1$ において

$$|t-x| = \begin{cases} -(t-x) & (0 \leqq t \leqq x \text{ のとき}) \\ t-x & (x \leqq t \leqq 1 \text{ のとき}) \end{cases}$$

であるから

$$f(x) = -\int_0^x \frac{t-x}{1+t^2}\,dt + \int_x^1 \frac{t-x}{1+t^2}\,dt$$

$$= -\int_0^x \frac{t}{1+t^2}\,dt + x\int_0^x \frac{1}{1+t^2}\,dt + \int_x^1 \frac{t}{1+t^2}\,dt - x\int_x^1 \frac{1}{1+t^2}\,dt$$

$$= -\int_0^x \frac{t}{1+t^2}\,dt + x\int_0^x \frac{1}{1+t^2}\,dt - \int_1^x \frac{t}{1+t^2}\,dt + x\int_1^x \frac{1}{1+t^2}\,dt \quad \cdots\cdots ①$$

よって

$$f'(x) = -\frac{x}{1+x^2} + \int_0^x \frac{1}{1+t^2}\,dt + x\cdot\frac{1}{1+x^2}$$

$$-\frac{x}{1+x^2} + \int_1^x \frac{1}{1+t^2}\,dt + x\cdot\frac{1}{1+x^2}$$

$$= \int_0^x \frac{1}{1+t^2}\,dt + \int_1^x \frac{1}{1+t^2}\,dt$$

$0 \leqq x \leqq 1$ のとき，$x = \tan\varphi$ となる φ $\left(0 \leqq \varphi \leqq \dfrac{\pi}{4}\right)$ がただ1つあって

$$f'(\tan\varphi) = \int_0^{\tan\varphi} \frac{1}{1+t^2}\,dt + \int_1^{\tan\varphi} \frac{1}{1+t^2}\,dt$$

となる。

$t = \tan\theta \left(-\dfrac{\pi}{2} < \theta < \dfrac{\pi}{2}\right)$ とおくと

$$dt = \frac{d\theta}{\cos^2\theta}, \quad \begin{array}{c|c} t & 0 \to \tan\varphi \\ \hline \theta & 0 \to \quad \varphi \end{array}, \quad \begin{array}{c|c} t & 1 \to \tan\varphi \\ \hline \theta & \frac{\pi}{4} \to \quad \varphi \end{array}$$

$$f'(\tan\varphi) = \int_0^{\varphi} \frac{1}{1+\tan^2\theta}\cdot\frac{d\theta}{\cos^2\theta} + \int_{\frac{\pi}{4}}^{\varphi} \frac{1}{1+\tan^2\theta}\cdot\frac{d\theta}{\cos^2\theta}$$

$$= \int_0^{\varphi} d\theta + \int_{\frac{\pi}{4}}^{\varphi} d\theta$$

$$= 2\varphi - \frac{\pi}{4} \quad \cdots\cdots ②$$

よって，$f'(\tan\alpha) = 0$ すなわち $2\alpha - \dfrac{\pi}{4} = 0$ となる α の値は

$$\alpha = \frac{\pi}{8} \quad \cdots\cdots (答)$$

(2)　右図より $\tan\alpha$ の値は

$$\tan\frac{\pi}{8} = \frac{1}{1+\sqrt{2}}$$

$$= \sqrt{2} - 1 \quad \cdots\cdots (答)$$

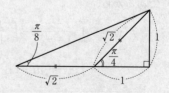

(3) ②より，$0 \leqq x \leqq 1$ における $f(x)$ の増減は右の表のとおり。

x	0	$\cdots$	$\sqrt{2}-1$	$\cdots$	1
$f'(x)$		$-$	0	$+$	
$f(x)$		$\searrow$		$\nearrow$	

よって，最小値は①より

$f(\sqrt{2}-1)$

$$= -\int_0^{\sqrt{2}-1} \frac{t}{1+t^2}\,dt + (\sqrt{2}-1)\int_0^{\tan\frac{\pi}{8}} \frac{1}{1+t^2}\,dt$$

$$\qquad\qquad -\int_1^{\sqrt{2}-1} \frac{t}{1+t^2}\,dt + (\sqrt{2}-1)\int_1^{\tan\frac{\pi}{8}} \frac{1}{1+t^2}\,dt$$

$$= -\frac{1}{2}\Big[\log(1+t^2)\Big]_0^{\sqrt{2}-1} - \frac{1}{2}\Big[\log(1+t^2)\Big]_1^{\sqrt{2}-1} + (\sqrt{2}-1)\Big(2\cdot\frac{\pi}{8} - \frac{\pi}{4}\Big)$$

（②の計算より）

$$= \frac{1}{2}\log 2 - \log(4-2\sqrt{2}) = \log\frac{\sqrt{2}}{4-2\sqrt{2}} = \log\frac{\sqrt{2}+1}{2} \quad \cdots\cdots(答)$$

また

$$f(0) = \int_0^1 \frac{t}{1+t^2}\,dt = \frac{1}{2}\Big[\log(1+t^2)\Big]_0^1 = \frac{1}{2}\log 2$$

$$f(1) = \int_0^1 \frac{1-t}{1+t^2}\,dt = \int_0^1 \frac{1}{1+t^2}\,dt - \int_0^1 \frac{t}{1+t^2}\,dt = \frac{\pi}{4} - \frac{1}{2}\log 2$$

であり

$$f(1) - f(0) = \frac{\pi}{4} - \log 2 > \frac{3}{4} - 0.7 > 0$$

なので　　$f(1) > f(0)$

よって，最大値は

$$f(1) = \frac{\pi}{4} - \frac{1}{2}\log 2 \quad \cdots\cdots(答)$$

══════════════ 解　説 ══════════════

《定積分で表された関数の最大値・最小値》

(1) 絶対値記号を外し，$\displaystyle\int_a^b xf(t)\,dt = x\int_a^b f(t)\,dt$ であることと

$\displaystyle\frac{d}{dx}\int_a^x f(t)\,dt = f(x)$ であることを用いて微分計算をしていけばよい。最

後はおなじみの $\dfrac{1}{1+x^2}$ の積分（原始関数が tangent の逆関数になる）に

帰着できる。

　　なお，〔解答〕では積分計算 $\displaystyle\int_0^1 \dfrac{|t-x|}{1+t^2}dt$ を実行せずに $f'(x)$ を求めたが，

(3)で改めて定積分の値が要求されるから，先に $f(x)$ を求めてもよい。

　　$t=\tan\theta\left(-\dfrac{\pi}{2}<\theta<\dfrac{\pi}{2}\right)$ と置換すると

$$f(x)=\int_0^{\frac{\pi}{4}}|\tan\theta-x|\,d\theta\quad(0\leqq x\leqq1)\quad\cdots\cdots③$$

と表せるから，$x=\tan\varphi$ となる $\varphi\left(0\leqq\varphi\leqq\dfrac{\pi}{4}\right)$ を用いて

$$f(x)=\int_0^{\varphi}(x-\tan\theta)\,d\theta+\int_{\varphi}^{\frac{\pi}{4}}(\tan\theta-x)\,d\theta$$

$$=\Big[x\theta+\log(\cos\theta)\Big]_0^{\varphi}+\Big[-\log(\cos\theta)-x\theta\Big]_{\varphi}^{\frac{\pi}{4}}$$

$$=2\log(\cos\varphi)+\left(2\varphi-\dfrac{\pi}{4}\right)x+\log\sqrt{2}$$

$$f'(x)=-\dfrac{2\sin\varphi}{\cos\varphi}\cdot\dfrac{d\varphi}{dx}+\left(2\varphi-\dfrac{\pi}{4}\right)+2\cdot\dfrac{d\varphi}{dx}\cdot x$$

$$=2\varphi-\dfrac{\pi}{4}\quad\left(\dfrac{\sin\varphi}{\cos\varphi}=\tan\varphi=x\ \text{より}\right)$$

となる。

(2)　〔解答〕の解き方のほか

$$\tan\dfrac{\pi}{8}=\sqrt{\dfrac{1-\cos\dfrac{\pi}{4}}{1+\cos\dfrac{\pi}{4}}}=\sqrt{\dfrac{\sqrt{2}-1}{\sqrt{2}+1}}=\sqrt{2}-1$$

としてもよい。

(3)　(1)の φ を用いて，②より

• $0<\varphi<\dfrac{\pi}{8}$，すなわち $0<x<\tan\dfrac{\pi}{8}$ のとき　　$f'(x)<0$

• $\dfrac{\pi}{8}<\varphi<\dfrac{\pi}{4}$，すなわち $\tan\dfrac{\pi}{8}<x<1$ のとき　　$f'(x)>0$

なので，$f(x)$ の増減がわかり

• 最小値は $f(\sqrt{2}-1)$

• 最大値は $f(0)$，$f(1)$ の大きいほうの値

であることがわかる。

$\log 2$ の評価が与えられているので，直接 $f(0)$，$f(1)$ を求めて比較したが，③より $f(0)$，$f(1)$ はそれぞれ右図 S，T の面積であり，$y=\tan\theta$ のグラフは $0\leqq\theta\leqq\dfrac{\pi}{4}$ では下に凸であることから，$f(0)<f(1)$ がわかる。

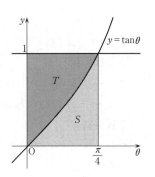

③
〜〜〜〜〜　発　想　〜〜〜〜〜

(2)　1秒ごとの点Pの移動の確率を考えると「原点Oに関して対称な2点には等確率で移る」ことがわかる。

(3)　n 秒後のPがとりうる点は n の偶奇に応じて変わることに注意。

〜〜〜〜〜〜〜〜〜〜〜〜〜〜〜〜〜〜〜〜〜〜〜〜〜〜〜〜〜〜

解答　(1)　$(\pm 1,\ \pm 2)$，$(\pm 2,\ \pm 1)$（複号任意）

(2)　n 秒後 $(n\geqq 0)$ にPが点 $(a,\ b)$ にいるとき，$n+1$ 秒後にPは

　　　確率 $\dfrac{1}{3}$ で $(a,\ -b)$，確率 $\dfrac{1}{3}$ で $(-a,\ b)$

　　　確率 $\dfrac{1}{6}$ で $(b,\ a)$，確率 $\dfrac{1}{6}$ で $(-b,\ -a)$

にいる。

$(a,\ -b)$ と $(-a,\ b)$ および $(b,\ a)$ と $(-b,\ -a)$ は原点に関して対称であるから，Pがどこにあってもその1秒後に原点に関して対称な2点にいる確率は等しい。

よって n 秒後 $(n\geqq 1)$ にPが $(2,\ 1)$ にいる確率と $(-2,\ -1)$ にいる確率は等しい。　　　　　　　　　　　　　　　　　　　（証明終）

(3)　次図のように(1)の8個の点を

　　　$A=\{(2,\ 1),\ (-1,\ 2),\ (-2,\ -1),\ (1,\ -2)\}$

　　　$B=\{(1,\ 2),\ (-2,\ 1),\ (-1,\ -2),\ (2,\ -1)\}$

と2つのグループに分ける。

Pが

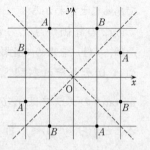

- グループ A のいずれかの点にいれば，その1秒後には
  グループ B のいずれかの点
- グループ B のいずれかの点にいれば，その1秒後には
  グループ A のいずれかの点

にいることになる。

最初にPは $(2,\ 1)$（グループ A の点）にいるから

- 偶数秒後にはグループ A の点
- 奇数秒後にはグループ B の点

にいることになる。

n を0以上の偶数とする。n 秒後に $(2,\ 1)$ または $(-2,\ -1)$ にいる確率を p_n とすると，確率 $1-p_n$ で $(-1,\ 2)$ または $(1,\ -2)$ にいる。

x 軸または y 軸に関して対称に移動することを(ア)，直線 $y=x$ または $y=-x$ に関して対称に移動することを(イ)と表すと，$n+2$ 秒後にPが $(2,\ 1)$ または $(-2,\ -1)$ にいるのは

- n 秒後に $(2,\ 1)$ または $(-2,\ -1)$ にいて，(ア)を2回，あるいは(イ)を2回行う
- n 秒後に $(-1,\ 2)$ または $(1,\ -2)$ にいて，(ア)，(イ)を1回ずつ行う

場合に限るから

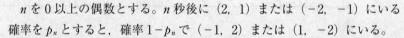

$$p_{n+2} = \left\{\left(\frac{2}{3}\right)^2 + \left(\frac{1}{3}\right)^2\right\}p_n + 2\cdot\left(\frac{2}{3}\right)\cdot\left(\frac{1}{3}\right)(1-p_n)$$

$$p_{n+2} = \frac{1}{9}p_n + \frac{4}{9}$$

変形して

$$p_{n+2} - \frac{1}{2} = \frac{1}{9}\left(p_n - \frac{1}{2}\right)$$

$p_0 = 1$ であるから

$$p_n - \frac{1}{2} = \left(\frac{1}{9}\right)^{\frac{n}{2}}\left(p_0 - \frac{1}{2}\right) = \frac{1}{2}\cdot\left(\frac{1}{3}\right)^n$$

$$p_n = \frac{1}{2}\left\{1 + \left(\frac{1}{3}\right)^n\right\}$$

(2)より，$n \geqq 1$ において求める確率は

$$\begin{cases} 0 & (n \text{ が奇数のとき}) \\ \dfrac{1}{2}p_n = \dfrac{1}{4}\left\{1+\left(\dfrac{1}{3}\right)^n\right\} & (n \text{ が偶数のとき}) \end{cases} \quad \cdots\cdots(答)$$

━━━━━━━━━ 解 説 ━━━━━━━━━

《8個の点を移動する点Pの確率》

(1) 1秒後にPは図Bで描かれた4点のいずれかにいる。仮にPが $(1, 2)$ にいるとき，2秒後にPは図Aのいずれかの点にいるから，この2つの図に描かれた8個の点をPはとりうる。

また，この8点のいずれかにいれば，その1秒後もその8点のいずれかにいることになるから，この8点が答えのすべてである。

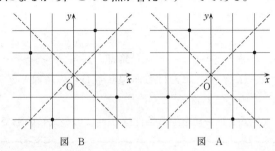

図 B   図 A

(2) n 秒後にPが $(2, 1)$ または $(-2, -1)$ にいるとき，$n-1$ 秒後（つまり $(2, 1)$ または $(-2, -1)$ にいる1秒前）のPの位置は

$$(1, 2), \ (-1, -2), \ (2, -1), \ (-2, 1)$$

のいずれかである。

そこで，これらの位置にいる確率をそれぞれ a_{n-1}, b_{n-1}, c_{n-1}, d_{n-1} とすると，n 秒後に $(2, 1)$ にいる確率は

$$\frac{1}{6}a_{n-1}+\frac{1}{6}b_{n-1}+\frac{1}{3}c_{n-1}+\frac{1}{3}d_{n-1}$$

$(-2, -1)$ にいる確率は

$$\frac{1}{6}a_{n-1}+\frac{1}{6}b_{n-1}+\frac{1}{3}c_{n-1}+\frac{1}{3}d_{n-1}$$

となり，2つの確率の a_{n-1}, b_{n-1}, c_{n-1}, d_{n-1} の「係数」は等しくなる（この係数が等しくなる理由を〔解答〕では一般に説明した）。

よって，n 秒後にPが $(2, 1)$, $(-2, -1)$ にいる2つの確率も等しい。

(3)　Pがとりうる点は 8 個あるから

「n 秒後に各点にいる確率をそれぞれ a_n, b_n, … とすると」

などとすると大変である。

(1)などによって，「図A，図Bのいずれかの点に 1 秒ごとに交互に移動する」ことがわかり，(2)により「求める確率は $(2, 1)$ または

$(-2, -1)$ にいる確率の $\dfrac{1}{2}$ 倍」であることがわかる。

　よって，n が偶数のとき，n 秒後にPのいる位置を

・$(2, 1)$ または $(-2, -1)$　……(*)

・$(-1, 2)$ または $(1, -2)$

の 2 つに分類して，(*)にいる確率 p_n に関する漸化式を立てればよい。

つまり，p_{n+2} を p_n で表せばよい。

　━━━━━\ 発想 /━━━━━

(1)　点 $(t, f(t))$ における曲線 $y=f(x)$ の法線と x 軸の交点が
円 C_t の中心である。

(2)　C_t が $(3, a)$ を通る条件は $a^2 = (t\,の整式)$ の形で表せる。

━━━━━━━━━━━━━━━━━━━━━━━━━

解答　　**(1)**　点 $(t, f(t))$ における曲線 $y=f(x)$ の法線の方程式は

$$(x-t) + f'(t)\{y - f(t)\} = 0$$

この直線と x 軸の交点の x 座標が $c(t)$ であるから

$$c(t) = t + f(t)\,f'(t) = \dfrac{t^3}{4} - 3t \quad ……(答)$$

よって

$$\begin{aligned}
\{r(t)\}^2 &= (点 \ (t, f(t)) \ と点 \ (c(t), 0) \ の距離)^2 \\
&= [1 + \{f'(t)\}^2]\{f(t)\}^2 \\
&= \left(1 + \dfrac{t^2}{2}\right) \cdot \dfrac{1}{8}(-t^2 + 16)^2 \\
&= \dfrac{1}{16}t^6 - \dfrac{15}{8}t^4 + 12t^2 + 32 \quad ……(答)
\end{aligned}$$

(2)　円 $C_t : \{x - c(t)\}^2 + y^2 = \{r(t)\}^2$ が点 $(3, a)$ を通る条件は

$$\{3 - c(t)\}^2 + a^2 = \{r(t)\}^2$$

$$a^2 = \frac{t^6}{16} - \frac{15}{8}t^4 + 12t^2 + 32 - \left(\frac{t^3}{4} - 3t - 3\right)^2$$

$$a^2 = -\frac{3}{8}t^4 + \frac{3}{2}t^3 + 3t^2 - 18t + 23 \quad \cdots\cdots①$$

$g(t) = -\frac{3}{8}t^4 + \frac{3}{2}t^3 + 3t^2 - 18t + 23$ とおくと，①を満たす実数 t $(0 < t < 4)$

の個数は，曲線 $y = g(t)$ の $0 < t < 4$ の部分と直線 $y = a^2$ の共有点の個数と
一致する。

$$g'(t) = -\frac{3}{2}t^3 + \frac{9}{2}t^2 + 6t - 18 = -\frac{3}{2}(t+2)(t-3)(t-2)$$

であるから，$g(t)$ の $0 < t < 4$ における増減は次のようになる。

t	(0)	$\cdots$	2	$\cdots$	3	$\cdots$	(4)
$g'(t)$		$-$	0	$+$	0	$-$	
$g(t)$	(23)	$\searrow$	5	$\nearrow$	$\frac{49}{8}$	$\searrow$	(-1)

　よって，曲線 $y = g(t)$ の概形は右のよ
うになる。

$f(3) = \frac{7\sqrt{2}}{4}$ より，$0 < a^2 < \frac{49}{8}$ であるか

ら，①を満たす実数 t の個数は

$$\begin{cases} 0 < a^2 < 5 \text{ のとき} & 1\text{個} \\ a^2 = 5 \text{ のとき} & 2\text{個} \\ 5 < a^2 < \frac{49}{8} \text{ のとき} & 3\text{個} \end{cases}$$

$a > 0$ より，求める個数は

$$\begin{cases} 0 < a < \sqrt{5} \text{ のとき} & 1\text{個} \\ a = \sqrt{5} \text{ のとき} & 2\text{個} \\ \sqrt{5} < a < \frac{7\sqrt{2}}{4} \text{ のとき} & 3\text{個} \end{cases} \quad \cdots\cdots(答)$$

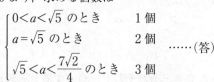

━━━━━━━━━━━ 解　説 ━━━━━━━━━━━

《条件を満たす円の個数》

(1)　円 C_t と曲線 $y = f(x)$ の位置関係さえ把握できれば

$$c(t) = t + f(t)f'(t), \quad \{r(t)\}^2 = \left[\sqrt{1 + \{f'(t)\}^2}\right]^2 \{f(t)\}^2$$

であることはすぐわかる（下図参照）。

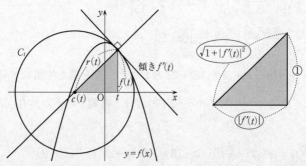

(2)　C_t が $(3, a)$ を通る条件が $a^2 = g(t)$ の形で表せるから，$y = g(t)$ の
グラフを描いて直線 $y = a^2$ との共有点の個数の問題に置き換えて考えれば
よい。

⑤　〜〜〜〜〜〜〜　＼　発　想　／　〜〜〜〜〜〜〜〜

　　回転体の平面 $x = t$ による切り口は，三角形 ABD を平面 $x = t$
で切った切り口の線分を x 軸のまわりに回転させたものである。

解答　$D\left(\dfrac{1}{2}, 0, \dfrac{1}{2}\right)$ であり，三角

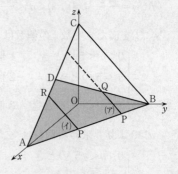

形 ABD の周および内部を x 軸のまわり
に回転させた立体を K とする。

　K の平面 $x = t$ $(0 \leqq t \leqq 1)$ における切
り口は，三角形 ABD の平面 $x = t$ にお
ける切り口の線分を x 軸のまわりに回転
させたものである。

(ア)　$0 \leqq t \leqq \dfrac{1}{2}$ のとき

　平面 $x = t$ と直線 AB，BD の交点をそれぞれ P，Q とすると三角形の平
面 $x = t$ における切り口は線分 PQ である。

　また，P は線分 BA を $t : 1 - t$ に内分する点であり，Q は線分 BD を
$t : \dfrac{1}{2} - t$ すなわち $2t : 1 - 2t$ に内分する点である。よって

2024年度　前期日程　数学

$$\overrightarrow{\mathrm{OP}} = (1-t)\overrightarrow{\mathrm{OB}} + t\overrightarrow{\mathrm{OA}} = (t,\ 1-t,\ 0)$$

$$\overrightarrow{\mathrm{OQ}} = (1-2t)\overrightarrow{\mathrm{OB}} + 2t\overrightarrow{\mathrm{OD}} = (t,\ 1-2t,\ t)$$

また，平面 $x=t$ において直線 PQ の方程式は $y+z=1-t$ であるから，この平面において，I$(t,\ 0,\ 0)$ とし，I から直線 PQ に下ろした垂線の足をHとすると

$$\mathrm{H}\left(t,\ \frac{1-t}{2},\ \frac{1-t}{2}\right)$$

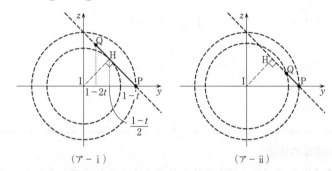

（ア-ⅰ）　　　　　　　　　（ア-ⅱ）

（ア-ⅰ）　$\dfrac{1-t}{2} \geqq 1-2t$，すなわち $\dfrac{1}{3} \leqq t \leqq \dfrac{1}{2}$ のとき

切り口は，I を中心とする半径 PI の円と I を中心とする半径 HI の円で挟まれる部分となる。よって，断面積 $S(t)$ は

$$S(t) = \pi \mathrm{PI}^2 - \pi \mathrm{HI}^2 = \pi\left\{(1-t)^2 - \left(\frac{1-t}{\sqrt{2}}\right)^2\right\} = \frac{\pi}{2}(1-t)^2$$

（ア-ⅱ）　$\dfrac{1-t}{2} \leqq 1-2t$，すなわち $0 \leqq t \leqq \dfrac{1}{3}$ のとき

切り口は，I を中心とする半径 PI の円と I を中心とする半径 QI の円で挟まれる部分となる。

よって，断面積 $S(t)$ は

$$S(t) = \pi \mathrm{PI}^2 - \pi \mathrm{QI}^2$$

$$= \pi\{(1-t)^2 - (1-2t)^2 - t^2\}$$

$$= \pi(-4t^2 + 2t) \quad (t=0 \text{ のときも含む})$$

（イ）　$\dfrac{1}{2} \leqq t \leqq 1$ のとき

平面 $x=t$ と直線 AB，AD の交点をそれぞれ P，R とすると，三角形の平面 $x=t$ における切り口は線分 PR である。

$\overrightarrow{\mathrm{OP}} = (t,\ 1-t,\ 0),\ \overrightarrow{\mathrm{OR}} = (t,\ 0,\ 1-t)$

断面積は(ア-i)と同様に考えて

$$S(t) = \frac{\pi (1-t)^2}{2} \quad (t=1 \text{のときも含む})$$

以上(ア), (イ)より, 求める体積 V は

$$V = \int_0^1 S(t)\,dt$$

$$= \int_0^{\frac{1}{3}} \pi (-4t^2 + 2t)\,dt + \int_{\frac{1}{3}}^1 \frac{\pi}{2}(1-t)^2 dt$$

$$= \pi \left[-\frac{4}{3}t^3 + t^2 \right]_0^{\frac{1}{3}} + \pi \left[-\frac{(1-t)^3}{6} \right]_{\frac{1}{3}}^1$$

$$= \frac{\pi}{9} \quad \cdots\cdots (答)$$

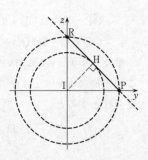

========== 解　説 ==========

《板の回転体の体積》

x 軸のまわりに回転させた立体の体積を考えるわけであるから, 回転体の平面 $x=t$ における切り口の面積を考えて積分すればよい。

この切り口は三角形 ABD を平面 $x=t$ で切ったときにできる線分を x 軸のまわりに回転させた立体である。よって, この線分上の点と $(t,\ 0,\ 0)$ との距離の最大値および最小値を考えることになる。

点 $(t,\ 0,\ 0)$ からこの線分を含む直線に下ろした垂線の足を H とすると $\mathrm{H}\left(t,\ \dfrac{1-t}{2},\ \dfrac{1-t}{2}\right)$ であるから, H がこの線分上にあるかないかで場合分けして考えればよい。

〜〜〜〜〜〜〜〜〜〜＼　発　想　／〜〜〜〜〜〜〜〜〜〜

(1) $A \cdot B = (\text{素数})$ ($A,\ B$ は整数) のとき, 組 $(A,\ B)$ は絞られる。

(2) (1)の考察から, n の値の可能性は最大で 6 個に絞られる。よって, これらのうち同時におこりうることがないものがあることを示していくことになる。

解答　(1)　$f(n) = n(n^2 + 10n + 20)$ が素数 p となるのは

$$(n, \ n^2 + 10n + 20) = (\pm 1, \ \pm p), \ (\pm p, \ \pm 1) \quad (複号同順)$$

となるときであり，$n = \pm 1$ または $n^2 + 10n + 20 = \pm 1$ である。

- $n = 1$ のとき，$f(1) = 31$ は素数となる。
- $n = -1$ のとき，$f(-1) = -11$ は素数でない。
- $n^2 + 10n + 20 = 1$ のとき，n は整数とならず不適である。
- $n^2 + 10n + 20 = -1$ のとき，$n = -3, \ -7$ であり，$f(-3) = 3, \ f(-7) = 7$ はいずれも素数である。

　以上より，求める n の値は

$$n = 1, \ -3, \ -7 \quad \cdots\cdots (答)$$

(2)　$g(n)$ が素数となるのは，(1)と同様にして

(ア-ⅰ)　$n = 1$ かつ $g(1)$ が素数

(ア-ⅱ)　$n = -1$ かつ $g(-1)$ が素数

(イ-ⅰ)　$n^2 + an + b = 1$ かつ n が素数

(イ-ⅱ)　$n^2 + an + b = -1$ かつ $-n$ が素数

　ここで，(イ-ⅰ)，(イ-ⅱ)が同時におこらないことを示す。

　もし，(イ-ⅰ)，(イ-ⅱ)が同時におこれば，ある素数 $p, \ q$ があって

$$p^2 + ap + b = 1 \quad \cdots\cdots ①$$

$$(-q)^2 + a(-q) + b = -1 \quad \cdots\cdots ②$$

　① － ② より

$$(p + q)(p - q + a) = 2$$

であるが，$p + q, \ p - q + a$ は整数で $p + q \geqq 4$ であるから，このような素数 $p, \ q$ は存在しない。

　よって，(イ-ⅰ)，(イ-ⅱ)は同時におこらない。

　もし，(イ-ⅰ)，(イ-ⅱ)が両方ともおこらなければ，$g(n)$ が素数となる n は高々 ± 1 の 2 個しかない。

　(イ-ⅰ)がおこると仮定する。(イ-ⅰ)を満たす n は高々 2 個である。

　もし(ア-ⅰ)，(ア-ⅱ)が同時におこることがなければ，$g(n)$ が素数となる n は 3 個以下である。

　(ア-ⅰ)，(ア-ⅱ)が同時におこるとすると，$h(x) = x^2 + ax + b$ とするとき，$g(1) = h(1)$，$g(-1) = -h(-1)$ がともに素数となる。

したがって
$$h(1) = g(1) > 1, \quad h(-1) = -g(-1) < -1$$
であるから，$h(x)$ の連続性により
$$h(x) = 1 となる x \quad (-1 < x < 1)$$
が存在する。この x は素数とならない。つまり，2次方程式 $x^2 + ax + b = 1$ は実数解をもつが，そのうち1つは素数でない。よって，（イ-ⅰ）を満たす n は1個以下である。このとき，$g(n)$ が素数となる n は3個以下となる。

（イ-ⅱ）がおこるときも同様にして，（ア-ⅰ），（ア-ⅱ）が同時におこるとすると，$h(x) = -1$ となる x （$-1 < x < 1$）が存在し，この x に対して $-x$ は素数とならないから，（イ-ⅱ）を満たす n は1個以下である。このときも，$g(n)$ が素数となる n は3個以下となる。

以上より，$g(n)$ が素数となるような整数 n の個数は3個以下である。

(証明終)

━━━━━━━━━━━━━━━ 解説 ━━━━━━━━━━━━━━━

《整数係数の多項式の値が素数となる整数の個数》

(1)は $f(n)$ の因数分解を考えればよい。2つの整数 n, $n^2 + 10n + 20$ の積が素数であれば，n, $n^2 + 10n + 20$ のいずれかは1または−1となるから，そこから n の可能性を絞り，最後に $f(n)$ が素数となる n を答えればよい。

(2)は(1)と同様に考えると，答えとなる n は最大でも6個であることがわかる。

以下の〈　〉は条件を満たす n の個数である。
(ア-ⅰ)　$n = 1$ かつ $g(1)$ が素数　〈最大で1個〉
(ア-ⅱ)　$n = -1$ かつ $g(-1)$ が素数　〈最大で1個〉
(イ-ⅰ)　$n^2 + an + b = 1$ かつ n が素数　〈最大で2個〉
(イ-ⅱ)　$n^2 + an + b = -1$ かつ $-n$ が素数　〈最大で2個〉

(イ-ⅰ)，(イ-ⅱ)を満たす n が2個ずつあればその時点で3個を超えてしまうから，まずはこの2つのケースについて調べていく。

〔解答〕では，「$x^2 + ax + b$ の x に異なる2つの値 p, $-q$ を代入したときの値の差が2である」ことを利用して(イ-ⅰ)，(イ-ⅱ)が同時におこらないことを示した。

　ここは様々な証明方法があるので，〔参考1〕のように2次方程式の解
を利用してもよい。

参考1　（イ-ⅰ），（イ-ⅱ）が同時におこらないことを，2次方程式の解を
利用して示す。

　（イ-ⅰ）を満たす n が存在する，つまり $n^2+an+b=1$ となる素数 n が
存在するとする。

　このとき，2次方程式
$$x^2+ax+b-1=0 \quad \cdots\cdots ③$$
は整数の解をもつから，③の判別式は平方数である。すなわち
$$a^2-4(b-1)=L^2 \quad (L \text{ は } 0 \text{ 以上の整数}) \quad \cdots\cdots ④$$
と表せる。

　もし，2次方程式
$$x^2+ax+b+1=0 \quad \cdots\cdots ⑤$$
が整数の解をもたなければ，（イ-ⅱ）を満たす n が存在しない。

　仮に，$x^2+ax+b+1=0$ が整数の解をもつとすると
$$a^2-4(b+1)=M^2 \quad (M \text{ は } 0 \text{ 以上の整数}) \quad \cdots\cdots ⑥$$
と表せる。④-⑥より
$$8=L^2-M^2$$
$$8=(L+M)(L-M)$$
$$(L,\ M)=(3,\ 1)$$
よって，③，⑤の2つの解はそれぞれ
$$\frac{-a\pm3}{2},\ \frac{-a\pm1}{2}$$

③の解の一方は素数であるから，大きいほうの解は2以上であり，
$\dfrac{-a+3}{2}\geqq2$，すなわち $a\leqq-1$ が成り立つ。

　このとき，⑤の解はいずれも0以上であるから，$n^2+an+b+1=0$ を満
たす n に対して $-n$ は素数とならない。

　よって，（イ-ⅰ），（イ-ⅱ）は同時にはおこらない。

　　　　　　　　　　　　　　　　　　　　　　　（〔参考1〕ここまで）

　（イ-ⅰ），（イ-ⅱ）が同時におこらないことから，条件を満たす n は最
大でも4個であることが示せる。

最後に示すことが

　　　$g(\pm 1)$ がいずれも素数であり，（イ-ⅰ）を満たす n が2個

　あるいは

　　　$g(\pm 1)$ がいずれも素数であり，（イ-ⅱ）を満たす n が2個

のケースを否定することである。

　〔解答〕では，（ア-ⅰ），（ア-ⅱ）が同時におこると仮定して，（イ-ⅰ）あ
るいは（イ-ⅱ）を満たす n が1個以下であることを示したが，（イ-ⅰ）あ
るいは（イ-ⅱ）を満たす n が2個あると仮定して，（ア-ⅰ），（ア-ⅱ）が同
時にはおこらないことを，以下の〔参考2〕のように示してもよい。

参考2　（イ-ⅰ）を満たす n が2個あるとすると，2次方程式

　　　$x^2 + ax + b - 1 = 0$

が2つの素数の解をもつ。これを p，q とすると

　　　$p + q = -a$，$pq = b - 1$　　（解と係数の関係）

であり，$a < 0$，$b > 0$ である。

　このとき

　　　$g(-1) = -1 + a - b < 0$

となり，（ア-ⅱ）はおこらない。

　（イ-ⅱ）を満たす n が2個あるとすると，2次方程式

　　　$x^2 + ax + b + 1 = 0$

の2つの解は $-p$，$-q$（p，q は素数）と表せる。このとき

　　　$-p - q = -a$，$pq = b + 1$　　（解と係数の関係）

であり

　　　$g(-1) = -1 + a - b = p + q - pq = 1 - (p-1)(q-1) \leqq 0$

であるから，（ア-ⅱ）はおこらない。

講　評

　2022・2023年度と難化傾向にあったが，2024年度は易化した。6.
(2)以外は東京大学理科の問題とすれば取り組みやすい。

　積分分野の問題が，体積を求める問題，定積分で表された関数に関す
る問題と2題出題されており，これは2022・2023年度に続き3年連続
である。また，2024年度は文科との共通問題はなかった。

　数学が得意な人にとっては東大理科入試としてはやや物足りなく感じるかもしれないが，実際はこの程度の難易度で試験として大いに機能していると思われる。

　1　図形的に考えれば円錐の共通部分の xy 平面の切り口の問題であるが，そこに気づかなくても，単に与えられた条件を同値変形していくだけで解ける。軌跡と領域の分野の中では考えやすい部類の問題である。

　2　絶対値がついた定積分に関する出題である。被積分関数もよく見るものであり，これも取り組みやすい。

　3　まともに考えると(3)の状態は 8 つ出てくるが，(1)，(2)を解く過程で n の偶奇に分けて考え，原点に関して対称な点をまとめることで 2 つの状態で済むことがわかる。なお，n の偶奇に分けて考え漸化式を立てて解く問題は 2012 年度にも出題されている。

　4　(1)で放物線の法線を考え，円 C_t について調べた後，(2)で定数分離して（$a^2 = g(t)$ の形を作って）考える問題。方針自体は難しくないが，現れる多項式がやや煩雑であり，ミスなく解き切るとなると相応の計算力が要求される。

　5　「板」の回転体の体積を問う問題であり，例年（特に 2023 年度）に比べると平易である。積分計算自体も難しくはないので，ぜひ完答したい。

　6　(1)は比較的解きやすいが，（マイナス）×（マイナス）で素数になるパターンを見落とすなどのミスには注意が必要である。(2)はやや難しいが，これは 1 ～ 6 ．(1)まで解き終えた人向けの，腰を据えて解く問題と捉えれば無茶な難易度ではない。

物 理

(1) **解答** Ⅰ. (1) ベルトは静止しているから，物体Aがベルトから受ける動摩擦力は，x軸の負の向きに$\mu'mg\cos\theta_1$である。物体Aの最高点のx座標をx_1とする。物体Aの力学的エネルギーの変化は，物体Aにはたらく非保存力である動摩擦力がした仕事に等しいから

$$mgx_1\sin\theta_1 - \frac{1}{2}mv_0^2 = -\mu'mg\cos\theta_1 \times x_1$$

$$\therefore \quad x_1 = \frac{v_0^2}{2g(\sin\theta_1 + \mu'\cos\theta_1)} \quad \cdots\cdots(答)$$

別解 物体Aが$x=0$からx軸の正の向きに運動し，最高点に到達するまでの間の加速度をa_1とする。物体Aのx軸方向の運動方程式は

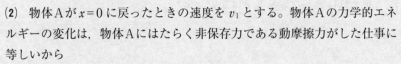

$$ma_1 = -mg\sin\theta_1 - \mu'mg\cos\theta_1$$

$$\therefore \quad a_1 = -g(\sin\theta_1 + \mu'\cos\theta_1)$$

等加速度直線運動の式より

$$0 - v_0^2 = 2a_1x_1$$

$$\therefore \quad x_1 = \frac{v_0^2}{2g(\sin\theta_1 + \mu'\cos\theta_1)}$$

(2) 物体Aが$x=0$に戻ったときの速度をv_1とする。物体Aの力学的エネルギーの変化は，物体Aにはたらく非保存力である動摩擦力がした仕事に等しいから

$$\frac{1}{2}mv_1^2 - \frac{1}{2}mv_0^2 = -\mu'mg\cos\theta_1 \times 2x_1$$

$$v_1^2 = v_0^2 - \mu'g\cos\theta_1 \times 4 \cdot \frac{v_0^2}{2g(\sin\theta_1 + \mu'\cos\theta_1)}$$

$$= \frac{\sin\theta_1 - \mu'\cos\theta_1}{\sin\theta_1 + \mu'\cos\theta_1}v_0^2$$

$v_1 < 0$であるから

$$v_1 = -v_0\sqrt{\dfrac{\sin\theta_1 - \mu'\cos\theta_1}{\sin\theta_1 + \mu'\cos\theta_1}} \quad \cdots\cdots(答)$$

$$\left(または \quad v_1 = -v_0\sqrt{\dfrac{\tan\theta_1 - \mu'}{\tan\theta_1 + \mu'}}\right)$$

別解 物体Aが最高点からx軸の負の向き
に運動し，$x=0$に戻るまでの間の加速度
をa_1'とする。物体Aのx軸方向の運動方
程式は

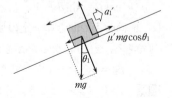

$$ma_1' = -mg\sin\theta_1 + \mu'mg\cos\theta_1$$

$$\therefore \quad a_1' = -g(\sin\theta_1 - \mu'\cos\theta_1)$$

等加速度直線運動の式より

$$v_1{}^2 - 0 = 2a_1'(0 - x_1)$$

$$v_1{}^2 = 2g(\sin\theta_1 - \mu'\cos\theta_1) \times \dfrac{v_0{}^2}{2g(\sin\theta_1 + \mu'\cos\theta_1)}$$

$v_1 < 0$ であるから

$$v_1 = -v_0\sqrt{\dfrac{\sin\theta_1 - \mu'\cos\theta_1}{\sin\theta_1 + \mu'\cos\theta_1}}$$

II. (1)　物体Aの加速度をa_2とすると，x軸
方向の運動方程式より

$$ma_2 = \mu'mg\cos\theta_2 - mg\sin\theta_2$$

$$\therefore \quad a_2 = g(\mu'\cos\theta_2 - \sin\theta_2)$$

物体Aの時刻tにおける速度をv_2とすると，
等加速度直線運動の式より

$$v_2 = a_2 t = (\mu'\cos\theta_2 - \sin\theta_2)gt$$

$v_2 = V$ となって以降，物体Aはベルトに対して静止したまま，床に対し
て速度Vで等速直線運動をする。この時刻をt_2とすると

$$V = (\mu'\cos\theta_2 - \sin\theta_2)gt_2$$

$$\therefore \quad t_2 = \dfrac{V}{g(\mu'\cos\theta_2 - \sin\theta_2)}$$

よって

$$0 < t \leqq \frac{V}{g\,(\mu'\cos\theta_2 - \sin\theta_2)}\ \text{のとき}$$

$$v_2 = (\mu'\cos\theta_2 - \sin\theta_2)\,gt$$

……(答)

$$\frac{V}{g\,(\mu'\cos\theta_2 - \sin\theta_2)} < t\ \text{のとき} \qquad v_2 = V$$

(2)　x 軸の正の向きに一定の加速度をもつから，いわゆる U ターン型の運動である。$x = 0$ に戻ったときの速度を v_2' とすると

$$v_2' = v_0\ \ \text{……(答)}$$

別解　$x = 0$ に戻ったとき，等加速度直線運動の式より

$$(v_2')^2 - (-v_0)^2 = 2a_2 \cdot 0$$

$v_2' > 0$ であるから

$$v_2' = v_0$$

Ⅲ. (1)　物体Aおよび物体Bは x 軸に対して静止しているから，力のつりあいの式より

物体A：$\mu'mg\cos\theta_3 - mg\sin\theta_3 - kd_0 = 0$

……①

物体B：$kd_0 - mg\sin\theta_3 = 0$　……②

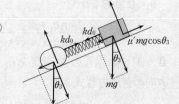

②より

$$d_0 = \frac{mg}{k}\sin\theta_3\ \ \text{……(答)}\ \ \text{……③}$$

(2)　③を①に代入すると

$$\mu'mg\cos\theta_3 - mg\sin\theta_3 - k\cdot\frac{mg}{k}\sin\theta_3 = 0$$

∴　$\mu' = 2\tan\theta_3$　……(答)

(3)　物体Aと物体Bの物体系には外力がはたらかないので，物体系の運動量が保存し，物体系の重心の速度は一定である。よって

$$v_G = \frac{v_A + v_B}{2} = \frac{V}{2}\ \ \text{……(答)}$$

(4)　重心Gから見た物体Bの加速度を a とすると，運動方程式より

$$ma = -2kd$$

∴　$a = -\frac{2k}{m}d$

この単振動の角振動数を ω とすると

$$\omega = \sqrt{\frac{2k}{m}}$$

重心 G から見た物体 B の初速度 $v_{G \to B(0)}$ が振動中心での速度 V_0 であるから

$$V_0 = v_{G \to B(0)} = V - \frac{V}{2} = \frac{V}{2}$$

時刻 t における重心 G から見た物体 B の速度 $v_{G \to B}$ は

$$v_{G \to B} = \frac{V}{2} \cos \omega t$$

よって，時刻 t における斜面から見た物体 B の速度 v_B は

$$v_B = v_G + v_{G \to B}$$
$$= \frac{V}{2} + \frac{V}{2} \cos \sqrt{\frac{2k}{m}} \, t = \frac{V}{2} \left(1 + \cos \sqrt{\frac{2k}{m}} \, t \right) \quad \cdots\cdots (答)$$

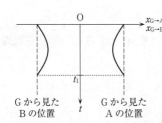
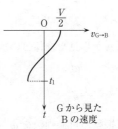

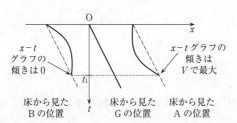

物体 A は時刻 t_1 にはじめてベルトと同じ速度 V になったから，この時刻は単振動の半周期後である。よって

$$t_1 = \frac{1}{2} \cdot \frac{2\pi}{\omega} = \frac{\pi}{\sqrt{\frac{2k}{m}}} = \pi \sqrt{\frac{m}{2k}} \quad \cdots\cdots (答)$$

別解 物体 B と同様に，物体 A の速度 v_A について考える。重心 G から見た物体 A の初速度 $v_{G \to A(0)}$ は

$$v_{\mathrm{G} \to \mathrm{A}\,(0)} = 0 - \frac{V}{2} = -\frac{V}{2}$$

時刻 t における重心 G から見た物体 A の速度 $v_{\mathrm{G} \to \mathrm{A}}$ は

$$v_{\mathrm{G} \to \mathrm{A}} = -\frac{V}{2} \cos \omega t$$

よって，時刻 t における斜面から見た物体 A の速度 v_{A} は

$$v_{\mathrm{A}} = v_{\mathrm{G}} + v_{\mathrm{G} \to \mathrm{A}} = \frac{V}{2} - \frac{V}{2} \cos \sqrt{\frac{2k}{m}}\,t = \frac{V}{2}\left(1 - \cos \sqrt{\frac{2k}{m}}\,t\right)$$

ここで，$t = t_1$ で $v_{\mathrm{A}} = V$ であるから

$$V = \frac{V}{2}\left(1 - \cos \sqrt{\frac{2k}{m}}\,t_1\right)$$

$$\cos \sqrt{\frac{2k}{m}}\,t_1 = -1$$

$$\therefore \quad t_1 = \pi \sqrt{\frac{m}{2k}}$$

(5) 物体 A から見た物体 B の加速度を a' とすると，運動方程式より

$$ma' = -kd$$

$$\therefore \quad a' = -\frac{k}{m}d$$

この単振動の角振動数を ω' とすると

$$\omega' = \sqrt{\frac{k}{m}}$$

$t = t_1$ で，斜面から見た物体 B の速度 v_{B} は

$$v_{\mathrm{B}} = \frac{V}{2}\left(1 + \cos \sqrt{\frac{2k}{m}}\,t_1\right) = 0$$

物体 A から見た物体 B の初速度 $v_{\mathrm{A} \to \mathrm{B}\,(0)}$ が振動中心での速度 V_0' であるから

$$V_0' = v_{\mathrm{A} \to \mathrm{B}\,(0)} = 0 - V = -V$$

時刻 t における物体 A から見た物体 B の速度 $v_{\mathrm{A} \to \mathrm{B}}$ は

$$v_{\mathrm{A} \to \mathrm{B}} = -V \cos \sqrt{\frac{k}{m}}\,(t - t_1)$$

よって，時刻 t における斜面から見た物体 B の速度 v_{B} は

$$v_{\mathrm{B}} = v_{\mathrm{A}} + v_{\mathrm{A} \to \mathrm{B}} = V - V \cos \sqrt{\frac{k}{m}}\,(t - t_1)$$

$$= V\left\{1 - \cos\sqrt{\frac{k}{m}}\left(t - \pi\sqrt{\frac{m}{2k}}\right)\right\}$$

$$= V\left\{1 - \cos\left(\sqrt{\frac{k}{m}}\,t - \frac{\pi}{\sqrt{2}}\right)\right\} \quad \cdots\cdots(答)$$

(6) 物体Bの単振動の振幅を D' とすると

$$V = D'\omega'$$

$$\therefore \quad D' = V\sqrt{\frac{m}{k}}$$

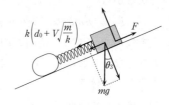

ばねの最大の伸びは $d_0 + V\sqrt{\frac{m}{k}}$ であり,

このとき物体Aが静止しているとして,物体Aが受ける静止摩擦力の大きさを F とすると,力のつりあいの式より,③を用いて

$$F = mg\sin\theta_3 + k\left(d_0 + V\sqrt{\frac{m}{k}}\right)$$

$$= mg\sin\theta_3 + k\left(\frac{mg}{k}\sin\theta_3 + V\sqrt{\frac{m}{k}}\right)$$

$$= 2mg\sin\theta_3 + V\sqrt{km}$$

物体Aが静止し続けるための条件は

$$F \leq \mu mg\cos\theta_3$$

$$2mg\sin\theta_3 + V\sqrt{km} \leq \mu mg\cos\theta_3$$

$$\therefore \quad \mu \geq 2\tan\theta_3 + \frac{V}{g\cos\theta_3}\sqrt{\frac{k}{m}} \quad \cdots\cdots(答)$$

=========================== 解説 ===========================

《斜めのベルトコンベア上に置いた物体の運動》

I. 非保存力による仕事と力学的エネルギーの変化の関係から求める。
〔別解〕のように等加速度直線運動の式から求めてもよい。

II. (1) x 軸は床に対して静止し,ベルトは x 軸の正の向きに運動しているから,ベルトが物体Aから受ける動摩擦力は,x 軸の負の向きに $\mu'mg\cos\theta_2$ であり,作用反作用の関係より,物体Aがベルトから受ける動摩擦力は,x 軸の正の向きに $\mu'mg\cos\theta_2$ である。

物体Aはベルトに対して静止し,床に対して速度 V で等速直線運動をするまでは,x 軸の正の向きに加速している。よって

$$a_2 = g(\mu'\cos\theta_2 - \sin\theta_2) > 0$$

$\therefore \quad \mu'\cos\theta_2 > \sin\theta_2$

ところで，物体Aが受ける静止摩擦力の最大値（最大摩擦力の大きさ）F_{max} は，$F_{max} = \mu mg\cos\theta_2$ であり，一般に，静止摩擦係数 μ ＞動摩擦係数 μ' であるから

$$F_{max} = \mu mg\cos\theta_2 > \mu' mg\cos\theta_2 > mg\sin\theta_2$$

すなわち，重力の斜面方向成分 $mg\sin\theta_2$ は最大摩擦力 $\mu mg\cos\theta_2$ より大きくなることはないので，物体Aはベルト上で一旦静止すると，そのまま静止を続ける。

(2)　物体Aが斜面に沿って上向きに運動するときも，下向きに運動するときも，物体Aがベルトから受ける動摩擦力は，斜面に沿って上向きに $\mu' mg\cos\theta_2$ である。

Ⅲ. (3)　時刻 t $(0 < t < t_1)$ において，ばねの自然長からの伸びが d' $(< d_0)$ になったとき，物体Aおよび物体Bの加速度を a_A および a_B とすると，運動方程式より

物体A：$ma_A = \mu' mg\cos\theta_3 - mg\sin\theta_3 - kd'$ ……④

物体B：$ma_B = kd' - mg\sin\theta_3$ ……⑤

④，⑤の両辺の和を求め，①，②を用いると

$$ma_A + ma_B = 0$$

すなわち，物体Aと物体Bの物体系には，外力がはたらかない。物体系に外力の力積がはたらかないとき，物体系の運動量は保存する。

物体Aおよび物体Bの質量を m_A および m_B，位置を x_A および x_B とする。

重心の位置 x_G および重心の速度 v_G は

$$x_G = \frac{m_A x_A + m_B x_B}{m_A + m_B}$$

$$v_G = \frac{dx_G}{dt} = \frac{m_A v_A + m_B v_B}{m_A + m_B}$$

ここで，v_G の式の分子は物体系の運動量である。よって，物体系の運動量が保存するとき，重心の速度は一定，すなわち，重心は等速直線運動をする。

$m_A = m_B = m$ のとき，運動量保存則より

$$mV + 0 = mv_A + mv_B$$

重心の速度は

$t=0$ で $\qquad v_G = \dfrac{m_A v_A + m_B v_B}{m_A + m_B} = \dfrac{V}{2}$

時刻 t で $\qquad v_G = \dfrac{m_A v_A + m_B v_B}{m_B + m_B} = \dfrac{v_A + v_B}{2}$

よって

$$v_G = \dfrac{v_A + v_B}{2} = \dfrac{V}{2}$$

(4) 重心 G から見た物体 B の単振動の振動中心は，物体 B が受ける合力 $=0$ となる力のつりあいの位置であり，②より

$\qquad kd_0 - mg \sin\theta_3 = 0$

ばねの自然長を l_0 とすると，重心 G から物体 B の振動中心の位置まで

は $\dfrac{l_0 + d_0}{2}$ である。

よって，時刻 t における重心 G から見た物体 B の位置 $x_{G \to B}$ は

$$x_{G \to B} = D \sin\omega t - \dfrac{l_0 + d_0}{2}$$

○ 「重心 G から物体 A および物体 B までの距離がともに d だけ減少する
と，物体 A がばねから受ける力が $2kd$ 変化すること」は，固定点 G に対
して振動する物体 A までのばねの長さが $\dfrac{1}{2}$ 倍になるので，ばね定数がは
じめの 2 倍の $2k$ になったことを表す。同様に，物体 B の振動中心からば
ねが d だけ縮んだとき，物体 B が受ける合力は縮む向きと逆向きに $2kd$
であるから，この力が復元力となって単振動をする。運動方程式は

$\qquad ma = -2kd$

○ 斜面上で，重心 G に対して物体 A および物体 B が単振動をするとき，
物体 A および物体 B が受けるベルトからの動摩擦力の向きは，物体 A およ
び物体 B の運動の向きによらず，常に斜面に沿って上向きである。これは，
物体 A および物体 B が，鉛直下向きの重力と同じような保存力を受けてい
ると見なすことができる。

よって，物体 A および物体 B は動摩擦力を受けているが，力学的エネル
ギーが保存し，単振動は減衰しない。重心 G に対する物体 B の運動における，振動の中心と振動の端との間での力学的エネルギー保存則は

$$\frac{1}{2} m \left(\frac{V}{2}\right)^2 = \frac{1}{2} \cdot 2kD^2$$

$$\therefore \quad \frac{V}{2} = D\sqrt{\frac{2k}{m}} = D\omega$$

床に対する物体A（質量 m_A）および物体B（質量 m_B）とばねの系全体で，ばねの伸びが x のときの力学的エネルギー E は

$$E = \frac{1}{2} m_A v_A{}^2 + \frac{1}{2} m_B v_B{}^2 + \frac{1}{2} kx^2$$

$$= \frac{1}{2} m_A v_{G\to A}{}^2 + \frac{1}{2} m_B v_{G\to B}{}^2 + \frac{1}{2} kx^2 + \frac{1}{2} (m_A + m_B) v_G{}^2$$

ここで，重心の速度 v_G は一定であるから，$\frac{1}{2}(m_A + m_B) v_G{}^2$ は一定であり，重心から見た物体Aおよび物体Bの運動エネルギーとばねの弾性力による位置エネルギーが保存することになる。

(5) 時刻 t $(t > t_1)$ では，ベルト上で静止した物体Aから見た物体Bは単振動をし，物体Aから振動中心の位置までは $l_0 + d_0$ である。物体Bの振動中心からばねが d だけ縮んだとき，物体Bが受ける合力は縮む向きと逆向きに kd であるから，この力が復元力となって単振動をする。運動方程式は

$$ma' = -kd$$

(6) 物体Aが静止し続けるための条件は，ばねが最も伸びたとき，すなわち，物体Aから見た物体Bが単振動の下端にあるときに，物体Aが受ける静止摩擦力の大きさが最大摩擦力の大きさを超えないことである。

② 解答   I. (1) 下電極が電荷 $+Q$ を，金属板が電荷 $-Q$ を帯びているとき，その間の誘電体には z 軸の正の向きの電場が生じる。その大きさを E_1 とすると

$$E_1 = \frac{Q}{\varepsilon L^2}$$

その電位差を V_1 とすると

$$V_1 = E_1 d = \frac{Qd}{\varepsilon L^2}$$

下電極が電位の基準であるから，金属板の電位は

$$-\frac{Qd}{\varepsilon L^2} \quad \cdots\cdots(答)$$

別解　下電極と金属板によるコンデンサーの電気容量を C_1 とすると

$$C_1 = \frac{\varepsilon L^2}{d}$$

よって，電位差 V_1 は

$$V_1 = \frac{Q}{C_1} = \frac{Qd}{\varepsilon L^2}$$

金属板の電位は　　　　$-\dfrac{Qd}{\varepsilon L^2}$

(2)　同じ電気容量をもつ上電極と金属板によるコンデンサーと，下電極と金属板によるコンデンサーの並列接続となる。

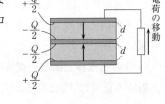

はじめに下電極が帯びていた電荷 $+Q$ が，上電極と下電極に均等に分配されるので

$$\frac{Q}{2} \quad \cdots\cdots(答)$$

(3)　上電極と金属板との間の真空部分の電場の強さを E_0 とすると

$$E_0 = \frac{\dfrac{Q}{2}}{\varepsilon_0 L^2} = \frac{Q}{2\varepsilon_0 L^2} \quad \cdots\cdots①$$

上電極が金属板から受ける静電気力の大きさを F とすると

$$F = \frac{1}{2} \cdot \frac{Q}{2} \cdot \frac{Q}{2\varepsilon_0 L^2} = \frac{Q^2}{8\varepsilon_0 L^2}$$

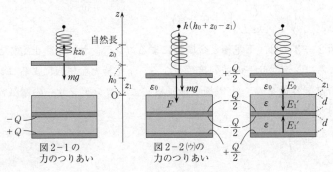

図2-1の
力のつりあい

図2-2(ウ)の
力のつりあい

2
0
2
4
年
度

前期日程

物
理

　　　図2−1の静止状態で，ばねの自然長からの伸びをz_0とすると，上電極の力のつりあいの式より

　　　　$kz_0 - mg = 0$

　　　図2−2(ウ)の静止状態で，上電極のz座標をz_1とすると，上電極の力のつりあいの式より

$$k(h_0 + z_0 - z_1) - mg - \frac{Q^2}{8\varepsilon_0 L^2} = 0 \quad \cdots\cdots\text{②}$$

$$\therefore \quad z_1 = h_0 - \frac{Q^2}{8k\varepsilon_0 L^2} \quad \cdots\cdots\text{(答)} \quad \cdots\cdots\text{③}$$

(4)　金属板は，上側表面も下側表面もともに同じ電荷$-\dfrac{Q}{2}$を帯びて同じ厚さの誘電体にはさまれているので，金属板の上側誘電体内の電場と，下側誘電体内の電場は，大きさが等しく向きが反対である。よって，$z = 0$の電位は0である。

　　　$z = 0$の誘電体表面と上電極間の電位差をV_2とすると，下電極に対する上電極の電位はV_2となるから，①より

$$V_2 = E_0 z_1 = \frac{Q}{2\varepsilon_0 L^2}\left(h_0 - \frac{Q^2}{8k\varepsilon_0 L^2}\right) \quad \cdots\cdots\text{(答)}$$

II. (1)　この間の上電極の運動は単振動の半周期分で，振動の上端が$z = h_1$，下端が$z = 0$，振動中心は上電極の力のつりあいの位置で③の$z = z_1$である。よって

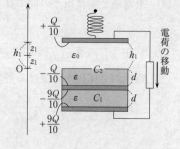

$$h_1 = 2z_1$$

$$= 2\left(h_0 - \frac{Q^2}{8k\varepsilon_0 L^2}\right) \quad \cdots\cdots\text{(答)}$$

(2)　図2−3(エ)は，下電極と金属板によるコンデンサーと，上電極と金属板によるコンデンサーの並列接続となる。下電極と金属板によるコンデンサーの電気容量をC_1，上電極と金属板によるコンデンサーの電気容量をC_2とすると

$$C_1 = \frac{\varepsilon L^2}{d}$$

$$\frac{1}{C_2} = \frac{1}{\dfrac{\varepsilon_0 L^2}{h_1}} + \frac{1}{\dfrac{\varepsilon L^2}{d}} = \frac{\varepsilon_0 d + \varepsilon h_1}{\varepsilon_0 \varepsilon L^2}$$

$$\therefore \quad C_2 = \frac{\varepsilon_0 \varepsilon L^2}{\varepsilon_0 d + \varepsilon h_1}$$

前ページの図のように，抵抗を電荷が移動し，上電極の電荷量が $+\dfrac{Q}{10}$ になったとき，下電極の電荷量は $+\dfrac{9Q}{10}$ である。

　抵抗の発熱量の合計を W とすると，これは図 2 − 3 (ウ)と(エ)との間で，コンデンサー全体に蓄えられたエネルギーの減少量に等しい。

$$W = \left\{ \frac{\left(\dfrac{Q}{2}\right)^2}{2C_1} + \frac{\left(\dfrac{Q}{2}\right)^2}{2C_2} \right\} - \left\{ \frac{\left(\dfrac{9Q}{10}\right)^2}{2C_1} + \frac{\left(\dfrac{Q}{10}\right)^2}{2C_2} \right\}$$

$$= \frac{\dfrac{Q^2}{4} - \dfrac{81Q^2}{100}}{2\dfrac{\varepsilon L^2}{d}} + \frac{\dfrac{Q^2}{4} - \dfrac{Q^2}{100}}{2\dfrac{\varepsilon_0 \varepsilon L^2}{\varepsilon_0 d + \varepsilon h_1}}$$

$$= -\frac{7}{25}\frac{Q^2 d}{\varepsilon L^2} + \frac{3}{25}\frac{Q^2(\varepsilon_0 d + \varepsilon h_1)}{\varepsilon_0 \varepsilon L^2}$$

$$= \frac{Q^2(3\varepsilon h_1 - 4\varepsilon_0 d)}{25\varepsilon_0 \varepsilon L^2} \quad \cdots\cdots (答)$$

別解　下電極側のコンデンサー（電気容量 C_1）と，上電極側のコンデンサー（電気容量 C_2）の並列接続であるから，これらの極板間の電位差は等しく，これを V' とする。

下電極側のコンデンサーでは　　　$\dfrac{9Q}{10} = C_1 V'$

上電極側のコンデンサーでは　　　$\dfrac{Q}{10} = C_2 V'$

$$\therefore \quad C_2 = \frac{1}{9}C_1 \quad \cdots\cdots ④$$

よって

$$W = \left\{ \frac{\left(\dfrac{Q}{2}\right)^2}{2C_1} + \frac{\left(\dfrac{Q}{2}\right)^2}{2C_2} \right\} - \left\{ \frac{\left(\dfrac{9Q}{10}\right)^2}{2C_1} + \frac{\left(\dfrac{Q}{10}\right)^2}{2C_2} \right\}$$

$$= -\frac{\dfrac{14Q^2}{25}}{2 \times \dfrac{\varepsilon L^2}{d}} + \frac{\dfrac{6Q^2}{25}}{2 \times \dfrac{1}{9}\dfrac{\varepsilon L^2}{d}}$$

$$= \frac{4}{5}\frac{Q^2 d}{\varepsilon L^2}$$

ここで，④より

$$\frac{\varepsilon_0 \varepsilon L^2}{\varepsilon_0 d + \varepsilon h_1} = \frac{1}{9}\frac{\varepsilon L^2}{d}$$

$$\therefore \quad d = \frac{\varepsilon}{8\varepsilon_0}h_1 \quad \cdots\cdots ⑤$$

よって

$$W = \frac{4}{5}\frac{Q^2}{\varepsilon L^2} \times \frac{\varepsilon}{8\varepsilon_0}h_1 = \frac{Q^2 h_1}{10\varepsilon_0 L^2}$$

(3) この間の上電極の運動は単振動の半周期分で，振動の上端が $z = h_1$，

下端が $z = 0$，振動中心は $z = \dfrac{h_1}{2} = z_1$ で上電極の力のつりあいの位置である。

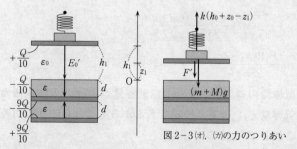

図2-3(オ)，(カ)の力のつりあい

　上電極が電荷 $+\dfrac{Q}{10}$ を帯びているとき，上電極と金属板との間の真空部

分の電場の強さを E_0' とすると，

$$E_0' = \frac{\dfrac{Q}{10}}{\varepsilon_0 L^2}$$

上電極が金属板から受ける静電気力の大きさを F' とすると

$$F' = \frac{1}{2} \cdot \frac{Q}{10} \frac{\dfrac{Q}{10}}{\varepsilon_0 L^2} = \frac{Q^2}{200\varepsilon_0 L^2}$$

おもりの質量を M とすると，上電極の力のつりあいの式より

$$k(h_0 + z_0 - z_1) - (m+M)g - \frac{Q^2}{200\varepsilon_0 L^2} = 0$$

ここで，②を用いると

$$\frac{Q^2}{8\varepsilon_0 L^2} - Mg - \frac{Q^2}{200\varepsilon_0 L^2} = 0$$

$$\therefore \quad M = \frac{3Q^2}{25\varepsilon_0 L^2 g} \quad \cdots\cdots(\text{答})$$

(4) 1サイクルの間で，抵抗の発熱のためのエネルギー源となるのは，図2－3(オ)→(キ)において，おもりにはたらく重力がした仕事（または，おもりの重力による位置エネルギーの減少）である。抵抗の発熱量の合計を W_{all} とすると

$$W_{\text{all}} = Mgh_1 = \frac{3Q^2}{25\varepsilon_0 L^2 g} \times gh_1$$

$$= \frac{3Q^2 h_1}{25\varepsilon_0 L^2} \quad \cdots\cdots(\text{答})$$

別解 図2－3(キ)での抵抗の発熱量を W' とすると，これは設問Ⅱ(2)と同様に，図2－3(カ)と(キ)との間で，コンデンサー全体に蓄えられたエネルギーの減少量に等しい。図2－3(ア)に戻った状態では，上電極と下電極がともに電荷 $+\dfrac{Q}{2}$ を帯び，下電極側のコンデンサーと，上電極側のコンデンサーは電気容量がともに C_1 である。⑤も用いて

$$W' = \left\{ \frac{\left(\dfrac{9Q}{10}\right)^2}{2C_1} + \frac{\left(\dfrac{Q}{10}\right)^2}{2C_1} \right\} - \left\{ \frac{\left(\dfrac{Q}{2}\right)^2}{2C_1} + \frac{\left(\dfrac{Q}{2}\right)^2}{2C_1} \right\}$$

$$= \frac{\dfrac{8Q^2}{25}}{2\dfrac{\varepsilon L^2}{d}} = \frac{4}{25}\frac{Q^2}{\varepsilon L^2} \times \frac{\varepsilon}{8\varepsilon_0} h_1$$

$$= \frac{Q^2 h_1}{50\varepsilon_0 L^2}$$

よって

$$W_{all} = W + W'$$

$$= \frac{Q^2 h_1}{10\varepsilon_0 L^2} + \frac{Q^2 h_1}{50\varepsilon_0 L^2} = \frac{3Q^2 h_1}{25\varepsilon_0 L^2}$$

=== 解 説 ===

《多重電極コンデンサーによるエレクトレットのモデル》

誘電体に電場を加えると誘電分極によって帯電するが,その電場を取り去っても帯電が保たれている物質をエレクトレット (electret) という。強磁性体を磁場中におくと磁化するが,その磁場を取り去っても磁化が保たれている物質をマグネット (magnet,磁石) と呼ぶのに対応して名づけられた。

I. (1) 電荷 $+Q$ から出る電気力線の本数が $\dfrac{Q}{\varepsilon}$ 本であるから,ガウスの法則より,$E_1 \cdot L^2 = \dfrac{Q}{\varepsilon}$ である。

(3) コンデンサー電極間にはたらく静電気力の大きさ F は,電気容量 C (誘電率 ε,電極面積 S,電極間隔 d) のコンデンサーが電荷 Q を帯び,電極間の電場の強さが E,電位差が V のとき

$$F = \frac{1}{2} QE = \frac{Q^2}{2\varepsilon S} = \frac{CV^2}{2d}$$

(4) 下電極に対する金属板の電位は,設問 I(1)と同様にして,$-\dfrac{\frac{Q}{2} d}{\varepsilon L^2}$ である。金属板は,上側表面も下側表面もともに電荷 $-\dfrac{Q}{2}$ を帯びているので,金属板に対する $z = 0$ の誘電体表面の電位は,$\dfrac{\frac{Q}{2} d}{\varepsilon L^2}$ である。

よって,下電極に対する $z = 0$ の誘電体表面の電位は 0 である。

II. (1) 図2−3(ア)の状態は,図2−2(ア)の状態と等しく,設問 I(2)と同様に上電極と下電極はともに電荷 $+\dfrac{Q}{2}$ を帯び,金属板は,上側表面も下側表面もともに電荷 $-\dfrac{Q}{2}$ を帯びている。

I. (1)　時間 t_1 で音波は距離 L 進むので

$$L = Vt_1$$

その間に音源は距離 $v_s t_1$ 進むから，時刻 t_1 に音源で発生した音波が点 P に到達する時刻を t_2 とすると

$$L - v_s t_1 = V(t_2 - t_1)$$

$$\therefore \quad t_2 = \frac{L}{V} + \left(1 - \frac{v_s}{V}\right)t_1 = \left(2 - \frac{v_s}{V}\right)\frac{L}{V} \quad \cdots\cdots(答)$$

(2)　点 P で観測される音波の振動数を f_P とすると，ドップラー効果の式より

$$f_P = \frac{V}{V - v_s}f_0$$

点 P での音波の位相が 2π だけ変化するために要する時間は，観測される音波の 1 周期に等しいから，この時間を T_P とすると

$$T_P = \frac{1}{f_P} = \frac{V - v_s}{V}\cdot\frac{1}{f_0} \quad \cdots\cdots(答)$$

(3)　観測者に音源から直接届く音波の振動数を f_D，反射されて届く音波の振動数を f_R とすると

$$f_D = f_0$$

$$f_R = \frac{V + v_s}{V - v_s}f_0$$

うなりの振動数を Δf とすると

$$\Delta f = |f_R - f_D| = \frac{V + v_s}{V - v_s}f_0 - f_0$$

$$= \frac{2v_s}{V - v_s}f_0 \quad \cdots\cdots(答)$$

(4)　うなりが観測されるのは，音源が観測者の位置を通り過ぎた直後からであるから，その時刻を t' とすると

$$t' = \frac{L}{2v_s} \quad \cdots\cdots(答)$$

このとき，音源は観測者から遠ざかるので，観測者に直接届く音波の振動数を $f_{D'}$，反射されて届く音波の振動数を $f_{R'}$ とすると

$$f_{D'} = \frac{V}{V + v_s}f_0$$

$$f_R' = \frac{V}{V - v_s} f_0$$

うなりの振動数を $\Delta f'$ とすると

$$\Delta f' = |f_R' - f_D'| = \frac{V}{V - v_s} f_0 - \frac{V}{V + v_s} f_0$$

$$= \frac{2 V v_s}{V^2 - v_s^2} f_0 \quad \cdots\cdots(答)$$

II. (1)　反射されて観測者に届く音波の振動数を f_R とすると，これは，時刻 $t = t_1$ に音源から出た音波の振動数であるから

$$f_R = \left(2 - \frac{t_1}{T}\right) f_1$$

観測者に直接届く音波の振動数を f_D とすると，これは，時刻 $t = t_1$ に音源から出て観測者に届くまでの時間 $\dfrac{2L_0}{V}$ だけ経過した後の音波であるから

$$f_D = \left(2 - \frac{t_1 + \dfrac{2L_0}{V}}{T}\right) f_1$$

よって，うなりの振動数 f_h は

$$f_h = |f_R - f_D| = \left(2 - \frac{t_1}{T}\right) f_1 - \left(2 - \frac{t_1 + \dfrac{2L_0}{V}}{T}\right) f_1$$

$$= \frac{2L_0}{VT} f_1$$

$$\therefore \quad L_0 = \frac{f_h}{2f_1} VT \quad \cdots\cdots(答)$$

(2)　観測者に直接届く音波の振動数を f_D' とすると，これは，時刻 $t = t_{A0}$ に音源から出た音波であるから

$$f_D' = \left(2 - \frac{t_{A0}}{T}\right) f_1$$

時刻 $t = 0$ に音源から出て，反射されて観測者に届くのが時刻 $t = t_{A0}$ であるから

$$t_{A0} = \frac{2L_A}{V}$$

時刻 $t=0$ に振動数 $2f_1$ の音波が音源から出て，反射されて届く音波の振動数を f_R' とすると

$$f_R' = \frac{V+v_r}{V-v_r}2f_1$$

うなりの振動数を f_A とすると，

$$f_A = |f_R' - f_D'| = \frac{V+v_r}{V-v_r}2f_1 - \left(2 - \frac{\dfrac{2L_A}{V}}{T}\right)f_1$$

$$= \frac{(V-v_r)+2v_r}{V-v_r}2f_1 - 2f_1 + \frac{2L_A}{VT}f_1$$

$$= \left(\frac{2v_r}{V-v_r} + \frac{L_A}{VT}\right)2f_1 \quad \cdots\cdots(答)$$

(3) 観測者に直接届く音波の振動数を f_D'' とすると，これは，時刻 $t=t_B$ に音源から出た音波であるから

$$f_D'' = \left(1 + \frac{t_B}{T}\right)f_1$$

時刻 $t=t_s$ に音源から出て，反射されて観測者に届くのが時刻 $t=t_B$ であるから

$$t_B - t_s = \frac{2L_B}{V} \qquad t_B = t_s + \frac{2L_B}{V}$$

時刻 $t=t_s$ に振動数 f_{R0} の音波が音源から出て，反射されて届く音波の振動数を f_R'' とすると

$$f_R'' = \frac{V+v_r}{V-v_r}\left(1 + \frac{t_s}{T}\right)f_1$$

うなりの振動数を f_B とすると

$$f_B = |f_D'' - f_R''| = \left(1 + \frac{t_s + \dfrac{2L_B}{V}}{T}\right)f_1 - \frac{V+v_r}{V-v_r}\left(1 + \frac{t_s}{T}\right)f_1$$

$$= \left(1 + \frac{t_s}{T}\right)f_1 + \frac{2L_B}{VT}f_1 - \frac{(V-v_r)+2v_r}{V-v_r}\left(1 + \frac{t_s}{T}\right)f_1$$

$$= \left\{ \frac{L_B}{VT} - \frac{v_r}{V-v_r}\left(1+\frac{t_s}{T}\right)\right\} 2f_1 \quad \cdots\cdots(\text{答}) \quad \cdots\cdots ①$$

(4) 任意の時刻 $t=t_s$ に音源から発生される音波について考える。

振動数が図3－3(A)のように時間変化する音波の場合，設問Ⅱ(3)と同様に，時刻 $t=t_s$ に音源から出て，$x=L_B$ で反射板により反射されて観測者に届くのが時刻 $t=t_A$ であったとすると，うなりの振動数 f_h^A は

$$f_h^A = \frac{V+v_r}{V-v_r}\left(2-\frac{t_s}{T}\right)f_1 - \left(2 - \frac{t_s + \dfrac{2L_B}{V}}{T}\right)f_1$$

$$= \frac{(V-v_r)+2v_r}{V-v_r}\left(2-\frac{t_s}{T}\right)f_1 - \left(2-\frac{t_s}{T}\right)f_1 + \frac{2L_B}{VT}f_1$$

$$= \left\{\frac{v_r}{V-v_r}\left(2-\frac{t_s}{T}\right) + \frac{L_B}{VT}\right\}2f_1$$

振動数が図3－3(B)のように時間変化する音波の場合のうなりの振動数 f_h^B は，①の f_B に等しい。よって

$$\Delta f_h = |f_h^A - f_h^B|$$

$$= \left\{\frac{v_r}{V-v_r}\left(2-\frac{t_s}{T}\right)+\frac{L_B}{VT}\right\}2f_1 - \left\{\frac{L_B}{VT}-\frac{v_r}{V-v_r}\left(1+\frac{t_s}{T}\right)\right\}2f_1$$

$$= \frac{6v_r}{V-v_r}f_1 \quad \cdots\cdots(\text{答}) \quad \cdots\cdots ②$$

別解　振動数が図3－3(B)のように時間変化する音波の場合，設問Ⅱ(2)と同様に，時刻 $t=0$ に音源から出て，$x=L_A$ で反射板により反射されて観測者に届くのが時刻 $t=t_{B0}$ であったとすると，①で $t_s=0$，$L_B=L_A$ とおいて

$$f_h^B = \left(\frac{L_A}{VT}-\frac{v_r}{V-v_r}\right)2f_1$$

よって

$$\Delta f_h = |f_h^A - f_h^B|$$

$$= \left(\frac{2v_r}{V-v_r}+\frac{L_A}{VT}\right)2f_1 - \left(\frac{L_A}{VT}-\frac{v_r}{V-v_r}\right)2f_1$$

$$= \frac{6v_r}{V-v_r}f_1$$

(5)　②より

$$v_r = \frac{\Delta f_h}{6f_1 + \Delta f_h} V$$

$$= \frac{5.0 \times 10^2}{6 \times 3.0 \times 10^4 + 5.0 \times 10^2} \times 3.4 \times 10^2$$

$$= 0.941 \fallingdotseq 9.4 \times 10^{-1} \, \text{[m/s]} \quad \cdots\cdots \text{(答)}$$

=========== 解　説 ===========

《反射板によるドップラー効果とうなり》

I. (3)　観測者も音源とともに速さ v_s で運動するから

$$f_D = \frac{V - v_s}{V - v_s} f_0 = f_0$$

音源から反射板に届く音波の振動数を f_W とすると

$$f_W = \frac{V}{V - v_s} f_0$$

よって

$$f_R = \frac{V + v_s}{V} f_W = \frac{V + v_s}{V - v_s} f_0$$

(4)　音源が観測者の位置を通り過ぎる前の $0 \leqq x < \dfrac{L}{2}$ を運動するときは，

観測者に直接届く音波の振動数と，反射されて届く音波の振動数はともに

$\dfrac{V}{V - v_s} f_0$ であるから，うなりは観測されない。

II. (1)　時刻 $t = t_1$ に音源で発生した音波が反射されて観測者に届く音波と，その届いた時刻に，直接観測者に届く音波によるうなりを考える。

　時刻と振動数の関係は右図(a)の通りである。

(2)　時刻と振動数の関係は，次ページの図(b)の通りである。

　時刻 $t = 0$ に音源から出た振動数 $2f_1$ の音波が，反射板に届いたときの振動数を f_W' とすると

$$f_W' = \frac{V + v_r}{V} 2f_1$$

よって

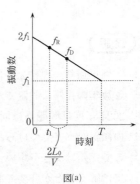

図(a)

$$f_R' = \frac{V}{V - v_r} f_W' = \frac{V + v_r}{V - v_r} 2f_1$$

(3) 時刻と振動数の関係は，右下図(c)の通りである。

図(c)より　　$f_D'' > f_{R0}$

題意より，音波の往復時間は，音波の周期より十分長く T より十分短いので，$f_D'' > f_R''$ である。

(5) v_r の計算で，分母の $6f_1$ と Δf_h の大きさに着目すると

$$\frac{\Delta f_h}{6f_1} = \frac{5.0 \times 10^2}{6 \times 3.0 \times 10^4} = \frac{1}{360}$$

であるから，$6f_1 \gg \Delta f_h$ として，分母の Δf_h を無視して計算することも可能である。有効数字3桁目の四捨五入で誤差を含むこともあるが

$$v_r = \frac{\Delta f_h}{6f_1 + \Delta f_h} V \fallingdotseq \frac{\Delta f_h}{6f_1} V$$

$$= \frac{5.0 \times 10^2}{6 \times 3.0 \times 10^4} \times 3.4 \times 10^2$$

$$= 0.944 \fallingdotseq 9.4 \times 10^{-1} \,[\text{m/s}]$$

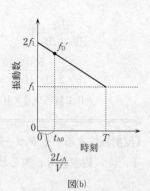

図(b)

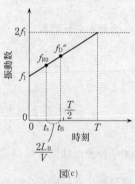

図(c)

（講 評）

　例年通り，理科2科目で試験時間150分，大問3題の構成である。ここ数年の複雑な設定でかなりの難問が出題されていたものと比較すると，2024年度は問題量は同程度であるが，難易度はやや易化した。難易度の傾斜がうまくつけられ，計算量も多く時間内に解ききることが難しいので，差はつきやすい。各問前半から中盤の比較的解きやすい問題を確実に解くことが肝要である。多くの問題で，解答に用いる物理量の指示があるが，使用できる量と使用できない量の関係に注意が必要である。

　空所補充問題とグラフを選択する問題は2020年度以降毎年出題されていたが，2024年度は出題されなかった。数値計算問題は2021年度以

降毎年出題され，2024年度も1問出題された。

　1　斜めに置かれた摩擦のあるベルトコンベア上を運動する物体の問題である。Ⅰ・Ⅱで物体が受ける動摩擦力の向きを間違えないようにして完答を目指したい。Ⅱ・Ⅲでは物体がベルトから受ける動摩擦力が常に一定の向きであるから保存力のように扱えること，Ⅲでは物体系が受ける外力の和が0であるから物体系の運動量が保存し重心の速度が一定になること，⑷では重心に対する物体Aおよび物体Bの単振動，⑸では物体Aに対する物体Bの単振動を式に表すことができたかどうかで差がつく。

　2　誘電体をはさんだ多重電極コンデンサーの問題である。電荷量による極板間引力の式は，導出問題として扱われることが多いが，東京大学では頻出事項であり公式として覚えておく必要がある。コンデンサーの電極間の電場と電位，電気量保存則，誘電体，エネルギーの変化と仕事は定番である。Ⅰ⑶，Ⅱ⑶は，上電極が単振動を行い，その移動範囲の中心が力のつりあいの位置であることに気づくかどうかがポイント。

　3　音源から直接届く音波と，反射板によって反射して届く音波がドップラー効果を起こし，うなりを観測する問題である。振動数が時間変化をするので，直接届いた音波と反射して届いた音波が，いつの時刻に出されていつの時刻に届いたものなのかを丁寧に考えるのがポイントである。計算量も多いので，焦って早合点しないようにしたい。

化　学

(1) 解答

I　ア. $HOOC-COOH + 2CH_3CH_2OH$

$\longrightarrow CH_3CH_2OCO-COOCH_2CH_3 + 2H_2O$

イ. エステル化は可逆反応であるため，エステルが生成するのと同時にエステルの加水分解も進行して，やがて平衡状態に達するから。

ウ. a. けん化

構造式：$CH_3-CH_2-O-\underset{O}{\overset{O}{C}}-\underset{O}{\overset{O}{C}}-ONa$　　$NaO-\underset{O}{\overset{O}{C}}-\underset{O}{\overset{O}{C}}-ONa$

　　　　CH_3-CH_2-OH

エ. 溶液を加熱していき，温度が185℃に達したときに発生した蒸気を冷却して，液体として回収する。

オ. 水とエタノールの混合物 52.0 mL に含まれる水の質量は

$$1.00 \times \frac{52.0}{2} = 26.0 \, (g)$$

42.0 g の $HOOC-COOH \cdot 2H_2O$ の物質量は

$$\frac{42.0}{126} = \frac{1}{3} \, (mol)$$

であるから，これに含まれる水の質量は

$$18.0 \times \left(\frac{1}{3} \times 2\right) = 12.0 \, (g)$$

さらに，実験に用いた 100 mL のエタノールに含まれる水の質量は

$$1.00 \times \left(100 \times \frac{100 - 95.0}{100}\right) = 5.0 \, (g)$$

よって，エステル化により生成した水の物質量は

$$\frac{26.0 - (12.0 + 5.0)}{18.0} = 0.50 \, (mol)$$

であるから，エステル化されたカルボキシ基の物質量は 0.50 mol となる。

ゆえに，求める割合は

$$\dfrac{0.50}{\dfrac{1}{3}\times 2}\times 100 = 75〔\%〕\quad\cdots\cdots(答)$$

カ. ^{16}O のみを含む酢酸と，^{18}O のみを含むエタノールを用意してエステル化を行う。生成した水の分子量を測定し，分子量が 18.0 であれば，エタノール由来の酸素原子のみが炭素―酸素単結合を形成することが確認できる。

Ⅱ　キ.
```
    H              CH2OH
    |              |
    C=O            C=O
    |      
  H-C*-OH          
    |              |
    CH2OH          CH2OH
```

ク. b. 9　　**c.** 1

ケ. 化学構造：
```
   -C-C-OH
    ‖ |
    O H
```

理由：化合物 **E** のカルボニル基に隣接した炭素原子に水素原子が結合していないため，酸化されやすい構造に変化できないから。(50字程度)

コ.
```
      OH
   H──H
     ═O
   H──OH
   H──OH
   H──OH
   H──H
      OH
```

════════════ 解　説 ════════════

《エステルの合成実験，単糖類の異性体と還元性》

Ⅰ　ア. エステル化は可逆反応であるから

　　　　HOOC-COOH + 2CH₃CH₂OH

　　　　　　⇌ CH₃CH₂OCO-COOCH₂CH₃ + 2H₂O　……(ⅰ)

のように書いてもよい。また，シュウ酸は $(COOH)_2$，シュウ酸ジエチルは $(COOC_2H_5)_2$ などと表してもよい。

イ. 図1－1の装置では，エステル化により生成した水が除去できないため，エステルの加水分解も同時に起こってしまい，全てのシュウ酸をエステルにすることはできない。

　図1－2のような装置（ディーン・スターク装置という）を用いると，水が蒸発して冷却された後，液だめにたまることで反応液から除去されるので，(i)式の平衡をエステルの生成方向へ進めることができ，目的とするエステルを高い収率で得ることができる。

　水はベンゼンとは混ざり合わず，ベンゼンよりも密度が大きいので，液だめの下層にたまる。よって，液だめからあふれて反応液に戻るのはベンゼンとエタノールであり，水は液だめにたまったままとなる。こうして，反応が進むにつれて，液だめには多くの水がたまっていく。

ウ. エステルに強塩基を加えて加熱すると，カルボン酸の塩とアルコールが生じる。この反応をけん化という。今回の実験では，反応の終了直後にNaOH水溶液を加えているので，反応液は加熱された状態になっている。シュウ酸ジエチルにはエステル結合が2つあるので，シュウ酸の塩として，エステル結合が1カ所けん化された化合物と，2カ所けん化された化合物の2種類が生じる。

$$CH_3-CH_2-O-\underset{\underset{O}{\|}}{C}-\underset{\underset{O}{\|}}{C}-O-CH_2-CH_3 + NaOH$$

$$\longrightarrow CH_3-CH_2-O-\underset{\underset{O}{\|}}{C}-\underset{\underset{O}{\|}}{C}-ONa + CH_3-CH_2-OH$$

$$CH_3-CH_2-O-\underset{\underset{O}{\|}}{C}-\underset{\underset{O}{\|}}{C}-O-CH_2-CH_3 + 2NaOH$$

$$\longrightarrow NaO-\underset{\underset{O}{\|}}{C}-\underset{\underset{O}{\|}}{C}-ONa + 2CH_3-CH_2-OH$$

エ. 加熱により反応液の温度を上げていくと，沸点の低い順（エタノール→ベンゼン→水→シュウ酸ジエチル）に蒸発していき，反応液から除かれる。温度が185℃になったときの蒸気にはシュウ酸ジエチルのみが含まれるので，これを冷却して液体にすれば，純粋なシュウ酸ジエチルが得られる。

　このように，2種類以上の液体の混合物を，沸点の違いを利用して分離する操作を分留という。なお，硫酸は不揮発性であるから，蒸気には含まれず，反応液に残り続ける。

　〔解答〕では方法を詳しく述べたが，単に「分留する」と答えてもよいだろう。

オ. 液だめにたまった水には

　(1)エステル化により生成した水

　(2) 42.0 g の HOOC−COOH・2H$_2$O 中の水

　(3)実験に用いた 100 mL のエタノール中の水

の 3 種類の水が含まれる。

　水とエタノールの混合物の組成は，水とエタノールを 1：1 の体積比で混合したものと同じであったという記述から，混合物中の水の体積は

$$52.0 \times \frac{1}{1+1} = 26.0 \,[\text{mL}]$$

であるとわかる。これより，液だめの水の質量が 26.0 g とわかるので

$$\frac{26.0 - \{(2)+(3)\}}{18.0} \quad \cdots\cdots(\text{ii})$$

から，エステル化で生成した水の物質量が求められる。1 mol のカルボキシ基がエステル化されると 1 mol の水が生成することから，エステル化されたカルボキシ基の物質量は(ii)となる。

　また，1 mol の HOOC−COOH にはカルボキシ基が 2 mol 含まれることから，反応前の全てのカルボキシ基の物質量は HOOC−COOH の物質量の 2 倍である。

カ. 通常の酢酸やエタノールに含まれる酸素原子はほとんどが ^{16}O である。酸素原子が ^{18}O に置き換わったエタノールを用いてエステル化を行ったときに，生成した水の分子量が 18.0 であれば，^{18}O は水には含まれず，必ずエステル中に含まれることになり，問題文の内容が確認できる。

$$\text{CH}_3\text{-C-}\boxed{^{16}\text{OH} + \text{H}}\text{-}^{18}\text{O-CH}_2\text{-CH}_3$$
$$\underset{^{16}\text{O}}{\|}$$

$$\longrightarrow \text{CH}_3\text{-C-}^{18}\text{O-CH}_2\text{-CH}_3 + \text{H}_2^{16}\text{O}$$
$$\underset{^{16}\text{O}}{\|}$$

　もし，カルボン酸由来の酸素原子も酢酸エチルの C−O 結合を形成するならば，生成した水には H$_2$^{16}O と H$_2$^{18}O が含まれるので，分子量は 18.0 より大きくなる。

　解答のポイントは，「^{18}O のみを含むエタノールを用意する」「水の分子量を測定すると 18.0 になる」の 2 点である。

II　キ. 炭素数 3 の直鎖状飽和炭化水素であるプロパンの全ての炭素原子

に1つずつヒドロキシ基が結合した分子は，グリセリン $C_3H_8O_3$ である。

プロパン　　　　　グリセリン

　グリセリンが酸化された構造をもつことと，分子式が $C_3H_6O_3$ であることから，単糖の構造は次のように2種類あることがわかる。

ク． 6個あるヒドロキシ基が，炭素の六員環に対して上に向いているか下に向いているかを考える。まず，6個とも上を向いている構造（次図の①）から考え，次に1個下を向いた構造（次図の②），2個下を向いた構造（次図の③〜⑤），3個下を向いた構造（次図の⑥〜⑧）と順に立体異性体を考えていくと，8種類ある（炭素原子と，炭素原子に結合した水素原子は省略している）。

[7]には右図のように鏡像異性体が1組存在する。

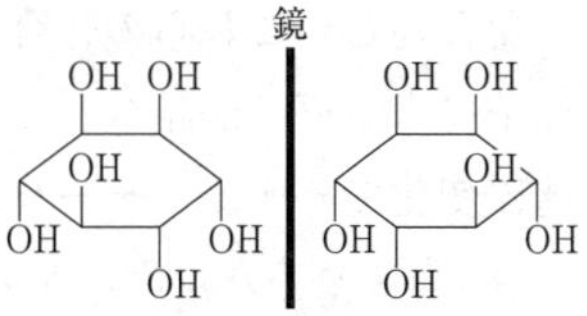

したがって，立体異性体は9種類存在し，その中で鏡像の関係にある異性体は1組存在する。

[7]以外に鏡像異性体が存在しないのは，分子内に対称面があるため，鏡像体がもとの分子と同じ立体配置をもつからである。このような化合物をメソ体（メソ化合物）という。たとえば[6]には右図に示す対称面があり，その鏡像体の立体配置は[6]と同じになる。

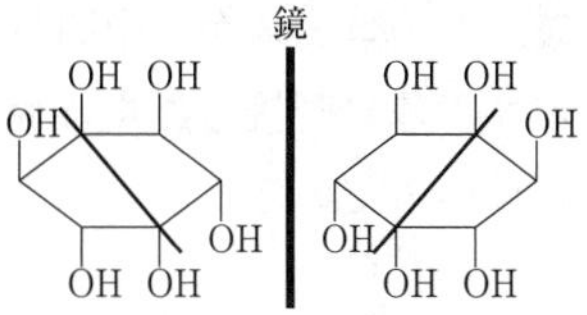

ケ． 実験結果1から，フルクトースとグルコースの還元性はほぼ変わらないので，それらに共通して含まれる構造が重要であると考えられる。

実験結果2から，化合物**C**，**D**には共通して含まれるが，化合物**E**には含まれない構造が重要であると考えられる。

以上から，フェーリング液を還元するために重要な化学構造は，次の図の破線で囲った部分であるとわかる。なお，フルクトースにはその化学構造が2つある。

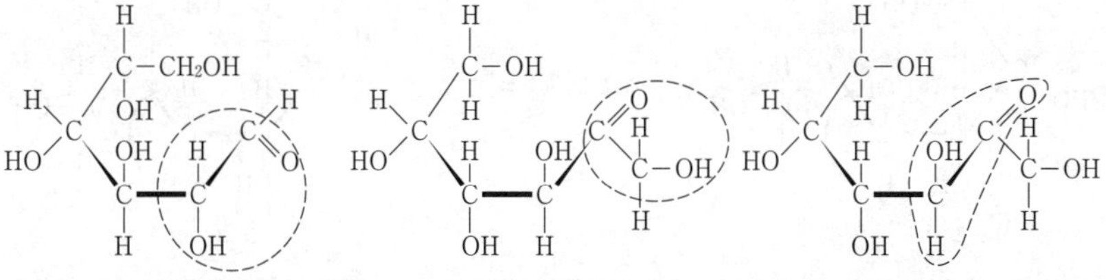

グルコース　　　　フルクトース

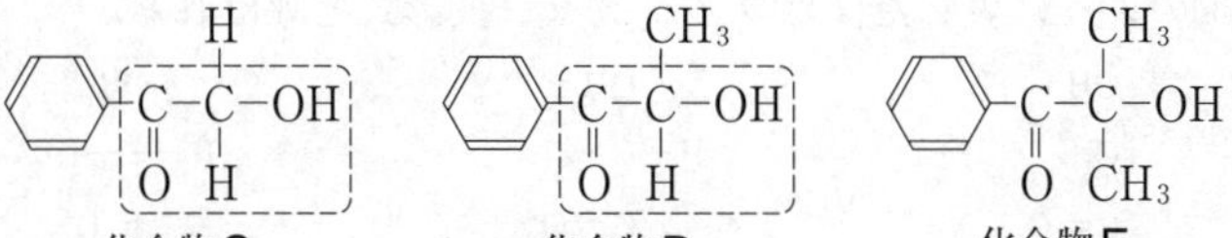

化合物**C**　　化合物**D**　　化合物**E**

グルコースとフルクトースは，ともに不安定で酸化されやすい（つまり還元剤としてはたらく）中間体**A**に変化することでフェーリング液を還元すると判断できるので，化合物**C**，**D**も同様に不安定で酸化されやすい中間体を生じ，フェーリング液を還元すると考えられる。

　　化合物Eがこれらの化合物と異なる点は，カルボニル基に隣接した炭素原子に水素原子が結合していないことであり，このため酸化されやすい構造に変化できず，フェーリング液を還元することができない。

　　〔解答〕の「カルボニル基に隣接した炭素原子」は「ヒドロキシ基が結合している炭素原子」としてもよい。

コ．グルコースが，中間体Aを経由してマンノースに変化したとき，カルボニル基に隣接した炭素原子に結合している −H と −OH の立体配置が入れ替わっている。

　　これをもとに考えると，フルクトースからプシコースが生成するときも，カルボニル基に隣接した −H と −OH の立体配置が入れ替わると考えられる。このとき，カルボニル基の炭素原子の位置番号はともに②である。

　　プシコースの構造を図1−5の(ii)，(iii)のように表すと，次の図のようになる。(iii)のように表した図はフィッシャー投影式と呼ばれる。

　なお，中間体**A**，**B**が不安定なのは，炭素間二重結合 C=C に −OH が結合しているからであり，ビニルアルコールが不安定であるのと同様である。中間体**A**，**B**の場合は，C=C の両側に −OH が１個ずつ結合している。このような構造をエンジオール構造という。ビニルアルコールがアセトアルデヒドに変化するのと同じように，エンジオール構造も，C=C の一方のC原子に結合した −OH のH原子が他方のC原子に結合（転位反応）することで，二重結合がCとOの間につくられ，カルボニル基が形成される。

フルクトース

グルコース　　　　　　　　　中間体A

マンノース

フルクトース　　　　　　　　中間体B　　　　　　　　プシコース

② **解答** Ⅰ **ア.** Zn
イ. Sn

ウ. 生じた硫酸鉛(Ⅱ)が鉛の表面を覆ったから。（20字程度）
エ. **X**：CrO_4^{2-}
イオン反応式：$Cr_2O_7^{2-} + H_2O \rightleftharpoons 2CrO_4^{2-} + 2H^+$

$(Cr_2O_7^{2-}+2OH^- \rightleftarrows 2CrO_4^{2-}+H_2O \,/\, Cr_2O_7^{2-}+OH^- \rightleftarrows 2CrO_4^{2-}+H^+$
も可)

オ. 溶解度の小さい $PbCrO_4$ が沈殿し，溶液中の CrO_4^{2-} が減少すると，CrO_4^{2-} が生成する方向へ平衡が移動するため，$Cr_2O_7^{2-}$ と CrO_4^{2-} がほぼすべてなくなるまで $PbCrO_4$ の沈殿が生成し続けるから。

カ. $3B^{2+}+Cr_2O_7^{2-}+14H^+ \longrightarrow 3B^{4+}+2Cr^{3+}+7H_2O$

キ. $0.45\,mol \cdot L^{-1}$

Ⅱ **ク. a.** 面心立方格子　**b.** イオン化傾向

ケ. 錯イオン**C**：$2Au+I_3^-+I^- \longrightarrow 2[AuI_2]^-$

錯イオン**D**：$2Au+3I_3^- \longrightarrow 2[AuI_4]^-+I^-$

コ. K_1：(い)　K_2：(え)

サ. Ag と沈殿を生成した陰イオンを X^{n-} とすると，沈殿**E**の化学式は Ag_nX となり，その生成反応は

$$nAg^+ + X^{n-} \longrightarrow Ag_nX$$

と表される。Ag^+ と反応した X^{n-} の質量は

$$(9.30-7.00) \times 10^{-3} = 2.30 \times 10^{-3}\,[g]$$

であるから，X^{n-} の式量を M とおくと

$$\frac{7.00 \times 10^{-3}}{107.9} = \frac{2.30 \times 10^{-3}}{M} \times n \qquad \therefore \quad M=35.5n$$

王水に含まれる陰イオンは Cl^-（式量 35.5）と NO_3^-（式量 62.0）であるから，$n=1$，$M=35.5$ で，X^{n-} は Cl^- であると考えられる。

よって，沈殿**E**の化学式は　　$AgCl$　……(答)

シ. 58 秒

══════════════ 解　説 ══════════════

《両性元素と Cr の性質と反応，酸化還元滴定，Au と Ag の性質と反応》

Ⅰ **ア.** A^{2+} を含む中性～塩基性水溶液に H_2S を加えて白色沈殿が得られたことから，**A** は Zn であり，白色沈殿は ZnS であるとわかる。

また，ZnS とダイヤモンドの結晶構造はそれぞれ次の図のようになっている。ZnS の結晶構造中の Zn^{2+} と S^{2-} を C 原子に置き換えると，ダイヤモンドと同じ結晶構造になることがわかる。

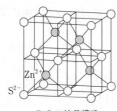

ZnSの結晶構造

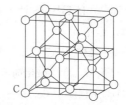

ダイヤモンドの結晶構造

　Zn^{2+} を含む水溶液に $K_2Cr_2O_7$ 水溶液を加えると，クロム酸亜鉛 $ZnCrO_4$ の黄色沈殿が得られる。二クロム酸亜鉛 $ZnCr_2O_7$ が生成しない理由については，オの〔解説〕を参照。

イ. B^{2+} を含む中性〜塩基性水溶液に H_2S を加えて灰黒色の沈殿が得られたことと，**B**が両性元素であることを考慮すると，**B**は Sn であり，灰黒色の沈殿は SnS であるとわかる。

ウ. Pb のイオン化傾向は H_2 よりも大きいので，次のように希硫酸と反応はするが，反応により生じた硫酸鉛(Ⅱ) $PbSO_4$ は水に難溶なので，Pbの表面を覆い，内部の Pb が反応するのを妨げる。

$$Pb + H_2SO_4 \longrightarrow PbSO_4\downarrow + H_2$$

希塩酸に加えた場合も，同じ理由でほとんど反応しない。

$$Pb + 2HCl \longrightarrow PbCl_2\downarrow + H_2$$

エ. 二クロム酸イオン $Cr_2O_7{}^{2-}$ を多く含む赤橙色の水溶液に塩基を加えて pH を大きくすると，クロム酸イオン $CrO_4{}^{2-}$ を生じて黄色に変化する。逆に，$CrO_4{}^{2-}$ を多く含む黄色の水溶液に酸を加えて pH を小さくすると，$Cr_2O_7{}^{2-}$ を生じて赤橙色に変化する。

オ. $K_2Cr_2O_7$ 水溶液中では，$Cr_2O_7{}^{2-}$ と $CrO_4{}^{2-}$ の間でエの〔解答〕のような化学平衡が成立している。溶解度の小さい黄色の $PbCrO_4$ が沈殿すると，溶液中の $CrO_4{}^{2-}$ が減少するので，ルシャトリエの原理から，$CrO_4{}^{2-}$ が生成する方向へ平衡が移動し，$Cr_2O_7{}^{2-}$ が減少する。すると，生成した $CrO_4{}^{2-}$ が再び $PbCrO_4$ として沈殿し，$CrO_4{}^{2-}$ が減少することで，平衡が移動して $CrO_4{}^{2-}$ が生じる。これが次々と繰り返されることで，最終的に $Cr_2O_7{}^{2-}$ と $CrO_4{}^{2-}$ はほぼ消失することになる。

　解答のポイントは，「$PbCrO_4$ は溶解度が小さい」「$CrO_4{}^{2-}$ が生成する（$Cr_2O_7{}^{2-}$ が減少する）方向へ平衡が移動する」の2点である。

　アで $ZnCr_2O_7$ が生成しない理由も，これと同様である。

カ. B^{2+}（Sn^{2+}）は B^{4+}（Sn^{4+}）に酸化されているので，次のように還元剤としてはたらく。

$$B^{2+} \longrightarrow B^{4+} + 2e^- \quad \cdots\cdots \text{(あ)}$$

$K_2Cr_2O_7$ は次のように酸化剤としてはたらく。

$$Cr_2O_7^{2-} + 14H^+ + 6e^- \longrightarrow 2Cr^{3+} + 7H_2O \quad \cdots\cdots \text{(い)}$$

(あ)×3＋(い) より

$$3B^{2+} + Cr_2O_7^{2-} + 14H^+ \longrightarrow 3B^{4+} + 2Cr^{3+} + 7H_2O$$

キ. 硫酸酸性の水溶液中で，$KMnO_4$ は次のように酸化剤としてはたらく。

$$MnO_4^- + 8H^+ + 5e^- \longrightarrow Mn^{2+} + 4H_2O \quad \cdots\cdots \text{(う)}$$

一方，KI は次のように還元剤としてはたらく。

$$2I^- \longrightarrow I_2 + 2e^- \quad \cdots\cdots \text{(え)}$$

(う)×2＋(え)×5 より

$$2MnO_4^- + 16H^+ + 10I^- \longrightarrow 2Mn^{2+} + 5I_2 + 8H_2O$$

よって，$KMnO_4$ 水溶液の濃度を c〔mol·L^{-1}〕とおくと，生成した I_2 の物質量は

$$c \times \frac{3.00}{1000} \times \frac{5}{2} = c \times \frac{7.50}{1000} \text{〔mol〕}$$

次に，I_2（酸化剤）とチオ硫酸ナトリウム $Na_2S_2O_3$（還元剤）はそれぞれ次のように反応する。

$$I_2 + 2e^- \longrightarrow 2I^- \quad \cdots\cdots \text{(お)}$$

$$2S_2O_3^{2-} \longrightarrow S_4O_6^{2-} + 2e^- \quad \cdots\cdots \text{(か)}$$

(お)＋(か) より $\quad I_2 + 2S_2O_3^{2-} \longrightarrow 2I^- + S_4O_6^{2-}$

よって，$Na_2S_2O_3$ と反応した I_2 の物質量は

$$2.00 \times \frac{3.40}{1000} \times \frac{1}{2} = \frac{3.40}{1000} \text{〔mol〕}$$

となるから

$$c \times \frac{7.50}{1000} = \frac{3.40}{1000} \qquad \therefore \quad c = 0.453 \fallingdotseq 0.45 \text{〔mol·L}^{-1}\text{〕}$$

Ⅱ ク. **a.** 単位格子中に含まれる原子の数が4個であることから，Au と Ag の結晶構造は面心立方格子であるとわかる。

b. Au は金属の中でイオン化傾向が最も小さく，酸化されにくいため，天然では単体として産出する。

ケ. 錯イオン**C**は直線形であるから，Au^+ に 2 個の I^- が配位結合した $[AuI_2]^-$ である。Au が酸化されて Au^+ が生じる反応と I_3^- が還元される反応はそれぞれ

$$Au \longrightarrow Au^+ + e^- \quad \cdots\cdots(き)$$

$$I_3^- + 2e^- \longrightarrow 3I^- \quad \cdots\cdots(く)$$

であるから，(き)×2＋(く) より

$$2Au + I_3^- \longrightarrow 2Au^+ + 3I^- \quad \cdots\cdots(け)$$

Au^+ と I^- から錯イオン**C**が生成する反応は

$$Au^+ + 2I^- \longrightarrow [AuI_2]^- \quad \cdots\cdots(こ)$$

なので，(け)＋(こ)×2 より

$$2Au + I_3^- + I^- \longrightarrow 2[AuI_2]^-$$

錯イオン**D**は平面正方形であるから，Au^{3+} に 4 個の I^- が配位結合した $[AuI_4]^-$ である。Au が酸化されて Au^{3+} が生じる反応は

$$Au \longrightarrow Au^{3+} + 3e^- \quad \cdots\cdots(さ)$$

であるから，(さ)×2＋(く)×3 より

$$2Au + 3I_3^- \longrightarrow 2Au^{3+} + 9I^- \quad \cdots\cdots(し)$$

Au^{3+} と I^- から錯イオン**D**が生成する反応は

$$Au^{3+} + 4I^- \longrightarrow [AuI_4]^- \quad \cdots\cdots(す)$$

なので，(し)＋(す)×2 より

$$2Au + 3I_3^- \longrightarrow 2[AuI_4]^- + I^-$$

コ. K_1, K_2, K はそれぞれ

$$K_1 = \frac{[[Ag(NH_3)]^+]}{[Ag^+][NH_3]} \;, \quad K_2 = \frac{[[Ag(NH_3)_2]^+]}{[[Ag(NH_3)]^+][NH_3]}$$

$$K = \frac{[[Ag(NH_3)_2]^+]}{[Ag^+][NH_3]^2}$$

と表されるので

$$K_1 K_2 = K \quad \cdots\cdots(せ)$$

の関係がある。さらに

$$\frac{K_2}{K_1} = \frac{[[Ag(NH_3)_2]^+]}{[[Ag(NH_3)]^+][NH_3]} \times \frac{[Ag^+][NH_3]}{[[Ag(NH_3)]^+]}$$

$$= \frac{[Ag^+][[Ag(NH_3)_2]^+]}{[[Ag(NH_3)]^+]^2} \quad \cdots\cdots(そ)$$

　　図2-1から，銀を含むイオンの存在割合がそれぞれ

　　　　　　$Ag^+ : 40\%$，$[Ag(NH_3)]^+ : 20\%$，$[Ag(NH_3)_2]^+ : 40\%$

となるときがあるので，そのときのそれぞれの濃度を

　　　　　　$[Ag^+] = 4x \, [mol \cdot L^{-1}]$

　　　　　　$[[Ag(NH_3)]^+] = 2x \, [mol \cdot L^{-1}]$

　　　　　　$[[Ag(NH_3)_2]^+] = 4x \, [mol \cdot L^{-1}]$

と表し，(そ)に代入すると

　　　　$\dfrac{K_2}{K_1} = \dfrac{4x \cdot 4x}{(2x)^2} = 4$　　$\therefore$　$K_2 = 4K_1$　……(た)

　　これを(せ)に代入すると

　　　　$K_1 \cdot 4K_1 = K$　　$\therefore$　$K_1 = \dfrac{\sqrt{K}}{2}$

　$K = 1.11 \times 10^7 \, [mol^{-2} \cdot L^2]$　であるから

　　　$K_1 = \dfrac{\sqrt{1.11 \times 10^7}}{2} = \dfrac{\sqrt{11.1} \times 10^3}{2} = \dfrac{3.33 \times 10^3}{2} = 1.665 \times 10^3$

　　　$\fallingdotseq 1.7 \times 10^3 \, [mol^{-1} \cdot L]$

となり，(た)から

　　　$K_2 = 4 \times 1.665 \times 10^3 = 6.66 \times 10^3 \fallingdotseq 6.7 \times 10^3 \, [mol^{-1} \cdot L]$

サ．王水は濃塩酸と濃硝酸の混合溶液であるから，Agと沈殿を生成する陰イオンはCl^-であり，沈殿**E**はAgClであると推測できる。そこで，はじめに**E**をAgClと仮定して，これが問題文の結果と整合することを次のように示す方法で解いてもよい。

　　まず，問題文より，反応したCl^-の質量は

　　　　$(9.30 - 7.00) \times 10^{-3} = 2.30 \times 10^{-3} \, [g]$

　EがAgClであるとすると

　　　　$Ag^+ + Cl^- \longrightarrow AgCl$

　より，反応したCl^-の質量は

　　　　$35.5 \times \dfrac{7.00 \times 10^{-3}}{107.9} = 2.303 \times 10^{-3} \fallingdotseq 2.30 \times 10^{-3} \, [g]$

となり，問題文の結果と整合する。よって，**E**はAgClである。

シ．SO_3^{2-}の酸化反応

　　　　$SO_3^{2-} + H_2O \longrightarrow SO_4^{2-} + 2H^+ + 2e^-$

より，$3.00 \times 10^{-4}\,\text{mol}$ の Na_2SO_3 が放出する電子の物質量は

$$3.00 \times 10^{-4} \times 2 = 6.00 \times 10^{-4}\,(\text{mol})$$

であり，これが Au を析出させるのに必要な電子の物質量である。よって，電気分解により $1.00\,A$ の電流を少なくとも t 秒流せばよいとすると

$$1.00 \times t = 9.65 \times 10^4 \times 6.00 \times 10^{-4} \quad \therefore\quad t = 57.9 \doteqdot 58\ \text{秒}$$

③ 解答　**Ⅰ　ア．a．** 高　**b．** 低　**c．** 分子間力
d． 分子自身の体積（大きさ）

イ． CO_2 の圧力を $p \times 10^5\,(\text{Pa})$ とおくと，気体部分の CO_2 の物質量は

$$3.00 \times \frac{p \times 10^5}{1.00 \times 10^5} = 3.00p\,(\text{mol})$$

水に溶解している CO_2 の物質量は

$$0.0600 \times 10^{-5} \times (p \times 10^5) \times 100 = 6.00p\,(\text{mol})$$

気体部分の CO_2 と水に溶解している CO_2 の物質量の和は $6.00\,\text{mol}$ なので

$$3.00p + 6.00p = 6.00 \quad \therefore\quad p = \frac{2}{3}$$

よって，気体部分に移動した CO_2 の物質量は

$$3.00 \times \frac{2}{3} = 2.00 \doteqdot 2.0\,(\text{mol}) \quad \cdots(答)$$

ウ． (A)―(2)　(B)―(3)

エ． CO_2 の圧力が $1.25 \times 10^5\,\text{Pa}$，温度が $T\,(\text{K})$ のとき，気体部分の CO_2 の物質量を $n_g\,(\text{mol})$ とすると，気体の状態方程式から

$$1.25 \times 10^5 \times 69.8 = n_g \times 8.31 \times 10^3 \times T \quad \cdots\cdots①$$

また，イの問題文から

$$1.00 \times 10^5 \times 69.8 = 3.00 \times 8.31 \times 10^3 \times 280 \quad \cdots\cdots②$$

も成り立つので，$\dfrac{①}{②}$ より

$$\frac{1.25}{1.00} = \frac{n_g T}{3.00 \times 280} \quad \therefore\quad n_g = \frac{1.05 \times 10^3}{T}\,(\text{mol})$$

また，水に溶解している CO_2 の物質量は

$$k_H \times (1.25 \times 10^5) \times 100 = 1.25 \times 10^7 \times k_H\,(\text{mol})$$

気体部分の CO_2 と水に溶解している CO_2 の物質量の和は $6.00\,\text{mol}$ なの

で
$$\frac{1.05\times10^3}{T}+1.25\times10^7\times k_{\mathrm{H}}=6.00$$

$$\therefore\quad k_{\mathrm{H}}=4.80\times10^{-7}-8.40\times10^{-5}\times\frac{1}{T}$$

この式で表される直線を図3-2（下）に描き込み，交点の温度を読み取ると，310K 以上 330K 未満であることがわかる。

よって，求める温度の範囲は　　(2)　……(答)

Ⅱ　オ. 中性付近の溶液に少量の酸を加えると

$$\mathrm{HPO_4^{2-}+H^+\longrightarrow H_2PO_4^-}$$

の反応が起こり，加えた酸の $\mathrm{H^+}$ が消費される。

また，少量の塩基を加えると

$$\mathrm{H_2PO_4^-+OH^-\longrightarrow HPO_4^{2-}+H_2O}$$

の反応が起こり，加えた塩基の $\mathrm{OH^-}$ が消費される。

いずれの場合も，pH の変化が抑えられるため，緩衝作用がはたらいている。

カ. 第二中和点では，$\mathrm{HPO_4^{2-}}$ の加水分解が起こる。

$$\mathrm{HPO_4^{2-}+H_2O\rightleftharpoons H_2PO_4^-+OH^-}$$

これと，水のイオン積 $K_{\mathrm{w}}=[\mathrm{H^+}][\mathrm{OH^-}]$ より

$$[\mathrm{H_2PO_4^-}]=[\mathrm{OH^-}]=\frac{K_{\mathrm{w}}}{[\mathrm{H^+}]}$$

が成り立つので

$$K_{\mathrm{a2}}=\frac{[\mathrm{HPO_4^{2-}}][\mathrm{H^+}]}{[\mathrm{H_2PO_4^-}]}=\frac{[\mathrm{HPO_4^{2-}}][\mathrm{H^+}]}{\dfrac{K_{\mathrm{w}}}{[\mathrm{H^+}]}}=\frac{[\mathrm{HPO_4^{2-}}][\mathrm{H^+}]^2}{K_{\mathrm{w}}}$$

$$\therefore\quad [\mathrm{H^+}]=\sqrt{\frac{K_{\mathrm{a2}}K_{\mathrm{w}}}{[\mathrm{HPO_4^{2-}}]}}\quad……③$$

加水分解する $\mathrm{HPO_4^{2-}}$ はごくわずかなので

$$[\mathrm{HPO_4^{2-}}]\fallingdotseq\frac{0.0100\times\dfrac{10.0}{1000}}{\dfrac{10.0+20}{1000}}=\frac{1}{3}\times10^{-2}\,[\mathrm{mol\cdot L^{-1}}]$$

と近似できるから，③より

$$[H^+] = \sqrt{\dfrac{(6.30\times10^{-8})\times(1.00\times10^{-14})}{\dfrac{1}{3}\times10^{-2}}}$$

$$= \sqrt{(6.30\times10^{-8})\times3}\times10^{-6}\,[\mathrm{mol\cdot L^{-1}}]$$

ゆえに，求める pH は

$$-\log_{10}\{\sqrt{(6.30\times10^{-8})\times3}\times10^{-6}\} = \frac{1}{2}\times7.20 - \frac{1}{2}\times0.477 + 6$$

$$= 9.36 \fallingdotseq 9.4 \quad \cdots\cdots(答)$$

キ. 酸の化学式を HA とし，その電離平衡

$$\mathrm{HA \rightleftharpoons H^+ + A^-}$$

の電離定数を K_a とする。

pH5.0 付近で $[\mathrm{HA}] = [\mathrm{A^-}]$ となればよいので

$$K_a = \frac{[\mathrm{H^+}][\mathrm{A^-}]}{[\mathrm{HA}]}$$

において，$[\mathrm{HA}] = [\mathrm{A^-}]$，$[\mathrm{H^+}] = 1.0\times10^{-5}\,[\mathrm{mol\cdot L^{-1}}]$ として

$$K_a = \frac{[\mathrm{H^+}][\mathrm{A^-}]}{[\mathrm{HA}]} = 1.0\times10^{-5}\,[\mathrm{mol\cdot L^{-1}}]$$

よって，電離定数が $1.0\times10^{-5}\,\mathrm{mol\cdot L^{-1}}$ の酸を用いればよい。

ク. 図3-3より，pH が7.0になるのは，第一中和点と第二中和点の間である。第一中和点までに起こった反応のイオン反応式は

$$\mathrm{H_3PO_4 + OH^- \longrightarrow H_2PO_4^- + H_2O}$$

であるから，反応した NaOH と生成した $\mathrm{H_2PO_4^-}$ の物質量はともに

$$0.0100\times\frac{10.0}{1000} = 1.0\times10^{-4}\,[\mathrm{mol}]$$

よって，求める NaOH 水溶液の体積を $x\,[\mathrm{mL}]$ とおくと，第一中和点から pH が7.0になるまでに反応した NaOH の物質量は

$$0.0100\times\frac{x}{1000} - 1.0\times10^{-4} = (x-10)\times10^{-5}\,[\mathrm{mol}]$$

これより，第一中和点から pH が7.0になるまでに起こった反応のイオン反応式と，物質量の変化は次のようになる。

	$\mathrm{H_2PO_4^-}$	+	$\mathrm{OH^-}$	$\longrightarrow$	$\mathrm{HPO_4^{2-}}$	$+ \mathrm{H_2O}$	
反応前	1.0×10^{-4}		$(x-10)\times10^{-5}$		0	—	$[\mathrm{mol}]$
反応量	$-(x-10)\times10^{-5}$		$-(x-10)\times10^{-5}$		$+(x-10)\times10^{-5}$	—	$[\mathrm{mol}]$
反応後	$(20-x)\times10^{-5}$		0		$(x-10)\times10^{-5}$	—	$[\mathrm{mol}]$

したがって，$K_{a2} = \dfrac{[HPO_4{}^{2-}][H^+]}{[H_2PO_4{}^-]}$，$[H^+] = 1.0 \times 10^{-7}$〔$mol \cdot L^{-1}$〕より

$$6.30 \times 10^{-8} = \frac{\dfrac{(x-10) \times 10^{-5}}{10.0+x} \times 1.0 \times 10^{-7}}{1000} \bigg/ \frac{(20-x) \times 10^{-5}}{\dfrac{10.0+x}{1000}}$$

∴　$x = 13.8 \fallingdotseq 14$〔mL〕

よって，求める数値は　　14　……(答)

ケ. 温度を下げると，発熱反応の方向に平衡が移動するので

$$H_2PO_4{}^- \rightleftharpoons HPO_4{}^{2-} + H^+$$

の平衡が左に移動し，$[H^+]$ が小さくなる。よって，pH は大きくなる。

=========================== 解　説 ===========================

《実在気体，気体の溶解度，リン酸の電離平衡，緩衝液》

Ⅰ　ア. 実在気体を低圧にすると，分子自身の体積が無視できるのと同時に，分子間距離が大きくなるので，分子間力の影響も無視できるようになる。

イ. 気体の状態方程式 $PV = nRT$ より，気体の体積と温度が一定のとき，物質量は圧力に比例するから，気体部分の CO_2 の物質量 n〔mol〕は

$$3.00 : n = 1.00 \times 10^5 : p \times 10^5 \qquad \therefore \quad n = 3.00p \text{〔mol〕}$$

次のように気体の状態方程式を 2 つ立てて求めてもよい。

$$p \times 10^5 \times 69.8 = n \times 8.31 \times 10^3 \times 280 \qquad \cdots\cdots \text{Ⓐ}$$
$$1.00 \times 10^5 \times 69.8 = 3.00 \times 8.31 \times 10^3 \times 280 \qquad \cdots\cdots \text{Ⓑ}$$

$\dfrac{\text{Ⓐ}}{\text{Ⓑ}}$ より　　$\dfrac{p}{1.00} = \dfrac{n}{3.00}$　　∴　$n = 3.00p$〔mol〕

また，ヘンリー定数 k_H の定義から，気体の圧力を P〔Pa〕，液体の体積を v〔L〕とすると，液体に溶解する気体の物質量は $k_H P v$〔mol〕と表せる。

　p の値を求める際は，ピストンを動かす前後で CO_2 の物質量の総和が変わらないことを用いる。

ウ. CO_2 の分圧を $P \times 10^5$〔Pa〕$(0 < P < 1.00)$ とすると，水に溶解している CO_2 の物質量は

$$0.0600 \times 10^{-5} \times (P \times 10^5) \times 100 = 6.00P \text{〔mol〕}$$

であるから，気体部分の CO_2 の物質量は

$$6.00 - 6.00P = 6.00\,(1-P)\,\text{〔mol〕}$$

Ar の分圧は

$$1.00 \times 10^5 - P \times 10^5 = (1.00 - P) \times 10^5 \text{〔Pa〕}$$

であるから，容器に追加した Ar の物質量を a〔mol〕とすると，（分圧の比）＝（物質量の比）の関係より

$$P \times 10^5 : (1.00 - P) \times 10^5 = 6.00\,(1-P) : a$$

$$\therefore \quad 6P^2 - (a+12)\,P + 6 = 0$$

(A)　$a = 1.00$〔mol〕のとき

$$6P^2 - 13P + 6 = 0 \qquad (2P - 3)\,(3P - 2) = 0$$

$0 < P < 1.00$ なので　$P = \dfrac{2}{3}$

よって，気体部分に移動した CO_2 の物質量は

$$6.00 \times \left(1 - \frac{2}{3}\right) = 2.0 \text{〔mol〕}$$

(B)　$a = 3.00$〔mol〕のとき

$$6P^2 - 15P + 6 = 0 \qquad (P - 2)\,(2P - 1) = 0$$

$0 < P < 1.00$ なので　$P = \dfrac{1}{2}$

よって，気体部分に移動した CO_2 の物質量は

$$6.00 \times \left(1 - \frac{1}{2}\right) = 3.0 \text{〔mol〕}$$

Ⅰ. k_H と T の関係式

$$k_H = 4.80 \times 10^{-7} - 8.40 \times 10^{-5} \times \frac{1}{T}$$

より，k_H は $\dfrac{1}{T}$ の 1 次関数となるから，図 3－2 （下）にそのグラフを描くと直線になる。

$T = 300$〔K〕のとき

$$k_H = 4.80 \times 10^{-7} - 8.40 \times 10^{-5} \times \frac{1}{300} = 0.020 \times 10^{-5} \text{〔mol·L}^{-1}\text{·Pa}^{-1}\text{〕}$$

$T = 350$〔K〕のとき

$$k_H = 4.80 \times 10^{-7} - 8.40 \times 10^{-5} \times \frac{1}{350} = 0.024 \times 10^{-5} \text{〔mol·L}^{-1}\text{·Pa}^{-1}\text{〕}$$

となるから，この２点を通る直線を描くと下図のようになり，与えられた曲線との交点が，実験３を行ったときの温度となる。

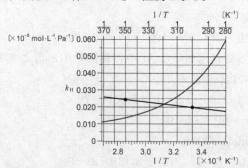

Ⅱ　オ． 図３－３より，溶液が中性になるのは第一中和点と第二中和点の間である。このときに起こっている反応は

$$NaH_2PO_4 + NaOH \longrightarrow Na_2HPO_4 + H_2O$$

であり，NaH_2PO_4 と Na_2HPO_4 の混合水溶液になっている。弱酸とその塩の混合水溶液は緩衝液となるが，NaOH と中和反応する NaH_2PO_4 を弱酸，Na_2HPO_4 をその塩として考えればよい。

カ． 第二中和点までに起こった反応をまとめると

$$H_3PO_4 + 2NaOH \longrightarrow Na_2HPO_4 + 2H_2O$$

であるから，第二中和点においては Na_2HPO_4 の水溶液となっている。溶液の体積が

$$10.0 + 20 = 30 \text{〔mL〕}$$

になっていることに注意すると，そのモル濃度 c〔$mol \cdot L^{-1}$〕は

$$c = \frac{0.0100 \times \dfrac{10.0}{1000}}{\dfrac{30}{1000}} = \frac{1}{3} \times 10^{-2} \text{〔}mol \cdot L^{-1}\text{〕}$$

であり，Na_2HPO_4 の電離によって生じた $HPO_4{}^{2-}$ の一部が次のように加水分解する。

$$HPO_4{}^{2-} + H_2O \rightleftharpoons H_2PO_4{}^- + OH^-$$

〔解答〕では，加水分解する $HPO_4{}^{2-}$ がごくわずかであることから，加水分解の前後で $HPO_4{}^{2-}$ の濃度は変わらないと考えて

$$[HPO_4{}^{2-}] \fallingdotseq c = \frac{1}{3} \times 10^{-2} \text{〔}mol \cdot L^{-1}\text{〕}$$

と近似している。

別解 $[H^+]$ を求める別解を示す。加水分解した HPO_4^{2-} の割合を h $(0<h<1)$ とおくと，加水分解による濃度変化は

$$HPO_4^{2-} + H_2O \rightleftharpoons H_2PO_4^- + OH^-$$

反応前	c	—	0	0	$[mol \cdot L^{-1}]$
反応量	$-ch$	—	$+ch$	$+ch$	$[mol \cdot L^{-1}]$
反応後	$c(1-h)$	—	ch	ch	$[mol \cdot L^{-1}]$

となるから，$1-h \doteqdot 1$ と近似すると，加水分解定数 K_h は

$$K_h = \frac{[H_2PO_4^-][OH^-]}{[HPO_4^{2-}]} = \frac{ch \cdot ch}{c(1-h)} = \frac{ch^2}{1-h} \doteqdot ch^2 \quad \therefore \quad h = \sqrt{\frac{K_h}{c}}$$

よって $[OH^-] = ch = \sqrt{cK_h}$

ここで

$$K_h = \frac{[H_2PO_4^-][OH^-]}{[HPO_4^{2-}]} = \frac{[H_2PO_4^-][OH^-][H^+]}{[HPO_4^{2-}][H^+]} = \frac{[H_2PO_4^-]K_w}{[HPO_4^{2-}][H^+]}$$

$$= \frac{K_w}{K_{a2}}$$

が成り立つから

$$[H^+] = \frac{K_w}{[OH^-]} = \frac{K_w}{\sqrt{c \cdot \dfrac{K_w}{K_{a2}}}} = \sqrt{\frac{K_{a2}K_w}{c}}$$

キ. HA と NaOH の中和反応は

$$HA + NaOH \longrightarrow NaA + H_2O$$

であり，HA と NaA の混合水溶液になれば緩衝作用を示す。この緩衝液に少量の酸を加えると

$$A^- + H^+ \longrightarrow HA$$

の反応が起こり，少量の塩基を加えると

$$HA + OH^- \longrightarrow A^- + H_2O$$

の反応が起こることで，pH の変化が抑えられる。$[A^-]$ と $[HA]$ を大きくすることで十分な緩衝作用が発揮されるから，$[HA] = [A^-]$ になるときに緩衝作用が最大となる。

ク. 次のように解いてもよい。

別解 第一中和点までに必要な NaOH 水溶液の体積は $10\,mL$ である。

pH が 7.0 のとき，$[H^+] = 1.0 \times 10^{-7}\,[mol \cdot L^{-1}]$ であるから

$$K_{a2} = \frac{[\mathrm{HPO_4^{2-}}][\mathrm{H^+}]}{[\mathrm{H_2PO_4^-}]} \ \text{より}$$

$$\frac{[\mathrm{HPO_4^{2-}}]}{[\mathrm{H_2PO_4^-}]} = \frac{K_{a2}}{[\mathrm{H^+}]} = \frac{6.30 \times 10^{-8}}{1.0 \times 10^{-7}} = \frac{0.630}{1.0}$$

滴定前の $\mathrm{H_3PO_4}$ の物質量を $a\,[\mathrm{mol}]$ とすると

$$\mathrm{H_3PO_4 + OH^- \longrightarrow H_2PO_4^- + H_2O}$$

より，第一中和点までに必要な NaOH と，生成した $\mathrm{H_2PO_4^-}$ はともに $a\,[\mathrm{mol}]$ であり，そこから pH が 7.0 になるまでに必要な NaOH の物質量を $b\,[\mathrm{mol}]$ とおくと

$$\mathrm{H_2PO_4^- + OH^- \rightleftharpoons HPO_4^{2-} + H_2O}$$

反応前	a	b	0	—	〔mol〕
反応量	$-b$	$-b$	$+b$	—	〔mol〕
反応後	$a-b$	0	b	—	〔mol〕

よって，NaOH 水溶液を混合した後の溶液の体積を $v\,[\mathrm{L}]$ とすると

$$\frac{[\mathrm{HPO_4^{2-}}]}{[\mathrm{H_2PO_4^-}]} = \frac{\dfrac{b}{v}}{\dfrac{a-b}{v}} = \frac{b}{a-b}$$

であるから

$$\frac{b}{a-b} = \frac{0.630}{1.0} \qquad \therefore \quad \frac{b}{a} = \frac{0.630}{1.0 + 0.630}$$

10mL の NaOH 水溶液に $a\,[\mathrm{mol}]$ の NaOH が含まれるので，$b\,[\mathrm{mol}]$ の NaOH が含まれる NaOH 水溶液の体積は

$$10 \times \frac{b}{a} = 10 \times \frac{0.630}{1.0 + 0.630} = 3.86\,[\mathrm{mL}]$$

したがって，必要な NaOH 水溶液の体積は

$$10 + 3.86 = 13.86 \fallingdotseq 14\,[\mathrm{mL}]$$

ケ. ルシャトリエの原理をもとに考えればよい。

（講評）

2024 年度は論述問題や計算問題が多く，特に〔1〕Ⅱは思考力を要する問題であった。時間内に解き切ることは非常に難しかったであろう。

　1　Ⅰ　ア〜エは基本問題である。オの計算問題は，問題文が長く難

しく感じられたかもしれないが，液だめにたまった水に3種類の水が含まれることがわかれば，自然な発想で解ける。

　Ⅱ　いずれも知識を問うものではなく，思考力を要する問題であった。特にコはエンジオール構造についての知識があれば解きやすかったかもしれないが，多くの受験生は知らなかったはずなので，問題文から起こる反応を推測しなければならず，難しかっただろう。キとケは正答したい。

　2　Ⅰ　SnS の沈殿の色は少し詳細な知識を必要としたが，キのヨウ素滴定の計算問題も含めて全体的に基本～標準問題で構成されており，完答を目指したい。オはエの化学平衡をもとに考えることがポイント。

　Ⅱ　ケの Au の錯イオンは受験生にはなじみがなく戸惑ったかもしれないが，錯イオンの形から化学式が推定できる。コは2つの曲線の交点でのイオンの割合を読み取り，K_1，K_2，K の間に成り立つ関係式をつくる。

　3　Ⅰ　イ，ウはいずれも，水に溶けている CO_2 の物質量と，気体部分の CO_2 の物質量の和は 6.00 mol で一定であることを用いる。ウは「分圧の比＝物質量の比」を使うのがポイント。エはグラフの交点を求めるという発想が少し難しかったかもしれない。

　Ⅱ　リン酸の電離平衡の問題は定番であり，類題の経験があれば解けただろう。ただ，キに関してはどう答えればよいかわからなかった受験生も多かったかもしれない。

生　物

① 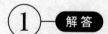　**Ⅰ. A. 1.** 核小体　**2.** 基本転写因子
　　B. rRNA：リボソームを構成する成分となる。
　tRNA：コドンに対応するアミノ酸をリボソームまで運ぶ。

C. (2)→(5)→(1)→(4)→(3)

D. エンハンサーYは，酵素AによるSer2のリン酸化を促進し，プロモーター近傍で一時停止しているRNAポリメラーゼⅡを遺伝子内部に進行させる。

E. Ser2のリン酸化が律速段階なので，プロモーター近傍で一時停止したRNAポリメラーゼⅡの滞留が起こるため。

F. (2)

G. 酵素BはATPのリン酸基を利用してCTD断片をリン酸化するため，ATP非存在下ではCTD断片はリン酸化を受けず，試料溶液中で液滴状に存在する。

H. 転写開始前のRNAポリメラーゼⅡは，核内で局所的に集合しているが，Ser5のリン酸化を受けて核内で分散することにより，プロモーターに安定的に結合できるようになる。

Ⅱ. Ⅰ. 前後両足を持たないマウスとなる。

J. 塩基配列欠損部位に，マウス由来の転写調節因子Eの結合配列を導入する。

K. (1)・(2)・(3)または(1)・(3)

L. (3)・(6)

==================== 解 説 ====================

《RNAポリメラーゼC末端領域のリン酸化，肢の形成》

Ⅰ

［文1］　ヒトの細胞核には3種類のRNAポリメラーゼがある。RNAポリメラーゼⅠはrRNAの転写を，RNAポリメラーゼⅡはmRNAの転写を，そしてRNAポリメラーゼⅢはtRNAと一部のrRNAの転写を行う。プロモーターはRNAポリメラーゼⅡを転写開始点へと呼び込む。

2
0
2
4
年
度

前
期
日
程

生
物

　真核生物の RNA ポリメラーゼⅡの C 末端領域には，7アミノ酸を基本
単位とする繰り返し構造が存在する。RNA ポリメラーゼⅡがプロモーター
ー上に呼び込まれた後に，酵素Aと酵素Bがそれぞれ，繰り返し構造を構
成する7アミノ酸のうち2番目のセリン（Ser2）と5番目のセリン（Ser
5）を特異的にリン酸化する。

　プロモーターに呼び込まれた RNA ポリメラーゼⅡは転写開始点から数
十塩基対進んだ場所で一時停止した後に遺伝子内部に進行することで
mRNA を合成する。

A．1. rRNA の転写は核小体内の rRNA 遺伝子領域で行われる。RNA
ポリメラーゼⅠ，Ⅲはこれらの遺伝子領域に結合し，rRNA を合成する。
転写された rRNA の前駆体は，プロセシングや修飾を受けて成熟した
rRNA 分子となり，リボソームの構造に組み込まれる。

2. 真核細胞の転写では，プロモーターに複数のタンパク質からなる基本
転写因子が結合する必要がある。基本転写因子がプロモーターと結合する
と RNA ポリメラーゼⅡがプロモーターに結合して転写が開始される。

B． rRNA はタンパク質とともにリボソームを構成する。リボソームは大
サブユニットと小サブユニットで構成されていて，真核細胞では大サブユ
ニットに3種類，小サブユニットに1種類の rRNA が含まれている。こ
のうち大サブユニットに含まれる1種類が RNA ポリメラーゼⅢにより合
成され，それ以外はすべて RNA ポリメラーゼⅠにより合成される。

　tRNA はコドンで指定されたアミノ酸をリボソームまで運搬するはたら
きをもつ。

C． RNA ポリメラーゼⅡのゲノム DNA に対する結合量は，図1-1
（左）上段（リン酸化の有無に関わらず認識する抗体で回収したもの）と
（左）下段（リン酸化 Ser5 を特異的に認識する抗体で回収したもの）で
同一のグラフとなっている。図の注釈に「全グラフの縦横軸の縮尺は同
一」とあることに注意すると，この結果から遺伝子 X に結合している
RNA ポリメラーゼⅡは，ほぼすべてが Ser5 のリン酸化を受けているこ
とが推測される。すなわち，Ser5 のリン酸化は RNA ポリメラーゼⅡが
プロモーターに呼び込まれた直後に起こるものと考えられる。また，これ
らのグラフではプロモーター近傍での結合量が特に多くなっている。これ
はリン酸化 Ser5 を持つ RNA ポリメラーゼⅡがプロモーター近傍で一時

停止していることを示す。さらに，図1－1（左）中段のグラフより，リン酸化 Ser2 を持つ RNA ポリメラーゼⅡでは，プロモーター近傍での結合が見られないことから，Ser2 のリン酸化が起こると，RNA ポリメラーゼⅡが遺伝子 X 内部へと進行することがわかる。［文1］には「プロモーターに呼び込まれた RNA ポリメラーゼⅡは転写開始点から数十塩基対進んだ場所で一時停止した後に，遺伝子内部へと進行する」とある。これを考慮すると，RNA ポリメラーゼⅡのプロモーターへの呼び込み→Ser5 のリン酸化→RNA ポリメラーゼⅡのプロモーター近傍における一時停止→Ser2 のリン酸化→RNA ポリメラーゼⅡの遺伝子内部への進行という順番で起こると考えられる。よって，(2)→(5)→(1)→(4)→(3)となる。

　ポイントは，RNA ポリメラーゼⅡのC末端領域（CTD）の Ser5 のリン酸化が行われることで転写が開始され，その後，Ser2 のリン酸化が行われて，転写の伸長が起こることである。

　これにより，実験2で薬剤 B′ を作用（Ser5 のリン酸化を阻害）させた場合，RNA ポリメラーゼⅡとプロモーターとの安定的な結合が消失するために，転写が起こらないと考えられる。また，薬剤 A′ を作用（Ser2 のリン酸化を阻害）させた場合，転写の伸長が起こらないために，遺伝子 X からの転写が起こらないと考えられる。

D. 図1－1の（右）上段のグラフより，エンハンサーYがはたらいていない場合，RNA ポリメラーゼⅡはプロモーター近傍で停止したままで遺伝子 X の内部へ進行しない。また，（右）中段のグラフより，リン酸化 Ser2 を持つ RNA ポリメラーゼⅡと遺伝子 X 内部との結合が消失している。よって，エンハンサーYは酵素Aによる Ser2 のリン酸化を促進し，RNA ポリメラーゼⅡの遺伝子内部への進行を促進することで転写を促進すると考えられる。

E. プロモーター近傍における RNA ポリメラーゼⅡの DNA に対する結合量のピークがみられるということは，その先にある反応が滞っていることを意味する。設問Cの(1)の後に起こるのは(4)の Ser2 のリン酸化である。これが律速段階となって，プロモーター近傍で一時停止している RNA ポリメラーゼⅡの割合が高まっていると考えられる。

F. 薬剤 A′ により酵素Aの活性が阻害される。酵素Aは，Ser2 のリン酸化を促進する。そのため，酵素Aがはたらかないと RNA ポリメラーゼⅡ

のプロモーターでの結合は維持されるが，遺伝子内部では解離が起こるので結合が失われると考えられる。

G. 酵素Bは，ATPが持つリン酸基をリン酸基転移反応によってCTD断片に移すことによりリン酸化することが実験3から推測できる。しかしATP非存在下ではCTD断片をリン酸化できないため，CTD断片は溶液中に凝集して液滴状に存在すると考えられる。

H. RNAポリメラーゼIIがプロモーターに呼び込まれ，一時停止箇所まで進む際のRNAポリメラーゼIIの細胞核における存在様式の変化が問われている。DNAに結合していない，すなわち非リン酸化状態のRNAポリメラーゼIIは，CTD領域が互いに集合することで，凝集状態で存在すると考えられる。その後，プロモーターに呼び込まれ，酵素Bによる Ser5のリン酸化を受けると，CTD領域の親水性が高まることで，RNAポリメラーゼIIは核内で分散した状態で存在するようになると考えられる。この結果，RNAポリメラーゼIIはプロモーターに対して安定的に結合できるようになると考えられる。

II

[文2]　エンハンサーは転写調節因子との結合を介してRNAポリメラーゼIIによる転写活性の空間的特異性を制御している。マウス胚では，将来手や足が形成される特定の領域で遺伝子Sの転写が活性化されるが，これにはエンハンサーZが必須である。このエンハンサーZと肢形成との関係を調べるため3つの実験が設定された。

I. 実験4の6〜8行目に「ニシキヘビ由来のエンハンサーZと入れ換えたゲノム編集マウスでは，肢原基における遺伝子Sの発現は消失していた」とあるので，前後両足を持たないマウスが生まれると考えられる。

J. エンハンサーZの塩基配列を比較するとニシキヘビでは，転写調節因子Eの結合配列が欠損している。この欠損領域にマウス由来の結合配列を導入し，前後両足が形成されることを確かめればよい。これにより，遺伝子Sの発現制御に関して，転写調節因子Eの結合部位の機能を検証できる。

K. 図1−5（左）を見ると，点変異箇所がエンハンサーZの配列の前方〜中央部分（1〜500番目程度）である場合，遺伝子Sの異所的発現は起きていない。一方，同図（右）を見ると点変異が763番目や767番目という後方部分である場合には，異所的発現が起きていることがわかる。

(1)妥当。実験5より，ヒトの多指症患者では769番目の塩基対に点変異が生じていること，および当該箇所には転写調節因子Fの結合部位が存在していることがわかっている。よって，エンハンサーZ中の転写調節因子Fの結合部位に点変異を持つとき，多指症を発生するリスクが生じると考えることができる。

(2)妥当。図2－5（右）の異所的発現から，転写活性化能の異常亢進により，肢原基全体での遺伝子Sの mRNA 産生量（転写量）が増加したと読みとれる。ただし mRNA の本来の存在領域のみ見ると，点変異の位置による差は無いため，「異常亢進は起こっていない」という解釈もできる。

(3)妥当。実験5より，遺伝子Sが本来発現しない場所で異所的に転写活性化されると多指症が発症することがわかっている。本来の肢原基とは別の場所で遺伝子Sが発現すると，この領域で発生の異常が生じることで多指症となると考えることができる。

(4)不当。遺伝子Sの mRNA の安定性が上昇しただけならば，異所的に肢がつくられる理由にはならない。

L. 実験6より，無手足症の患者由来の細胞を解析すると，遺伝子SとエンハンサーZの配列に変異はないこと，およびエンハンサーZ近傍のDNA 領域が欠損しており，当該 DNA 領域にはタンパク質Gが結合することがわかっている。また，患者由来のサンプルでは，エンハンサーZと遺伝子Sが近接状態にある細胞の出現頻度が顕著に低下していた。ただし，タンパク質GはRNA ポリメラーゼⅡを直接活性化することはない。以上のことから，タンパク質GがエンハンサーZ近傍のDNA 領域に結合することで，ゲノムDNA の構造を変化させて遺伝子SとエンハンサーZを近接させることが考えられる。これによって遺伝子Sの転写活性化が起こる。よって，(3)，(6)が妥当。

② **解答** **I. A. 1.** 栄養　**2.** 生殖

B. 短日植物：アサガオ，キク　　長日植物：アヤメ

C. (1)・(2)・(4)・(5)

D. 温度条件：変更前は22℃の温度条件に保っていたが，変更後は明期開始時に16℃，10時間後に23℃になるように24時間周期で変動させた。

光条件：変更前に照射していた光のうち，730nm 付近の遠赤色光の強度

を相対値 0.5 から 2.0 に高めた。

E. 明期開始から 4 時間でピークに達するフロリゲンの発現は遠赤色光の受容により増加する。明期開始から 16 時間でピークに達するフロリゲンの発現は温度の低下にともなってその発現量が減少する。

F. 光受容体 X－フィトクロム　その他－フォトトロピン，クリプトクロム

G. (2)・(4)

H. 遺伝子 Y の産物はフロリゲンの発現を抑制すると考えられ，その発現は気温の上昇・低下にやや遅れて増加・減少する。その結果，春にはフロリゲンの発現が促進され，秋にはフロリゲンの発現が抑制される。

I. (2)・(3)

Ⅱ. J. (2)

K. (3)・(4)

L. (1)・(3)

M. 祖先品種Wと野生型を交配して得られた F_1 を自家受精し，1 つの遺伝子について野生型，他の遺伝子についてWの形質を持つホモ接合体を作製した。

N. (3)・(4)・(5)

=========== **解説** ===========

《花芽形成，フロリゲンの発現制御，春化，イネの品種改良》

Ⅰ

　植物は，安定した情報の 1 つである日長などさまざまな情報を統合して花芽形成のタイミングを決定する。実験 1 では，シロイヌナズナの同一系統を実験室内で栽培した場合と野外で栽培した場合でフロリゲンの発現量の日周変動を調べた。

　実験室において 24 時間周期のうち明期を 8 時間に設定して栽培した場合はフロリゲンが発現せず，明期を 16 時間に設定した場合にフロリゲンの発現がみられた。野外で明期 16 時間となる 6 月に栽培した場合，フロリゲンの発現がみられたが，16 時間明期の実験室の結果とは異なるものであった。

　実験 2 では，明期の開始から 4 時間をピークとするフロリゲンの発現についての解析を行った。光受容体 X の遺伝子が機能を失った変異体を栽培

すると，明期開始から4時間をピークとするフロリゲンの発現が大きく減少した。明期開始から16時間をピークとするフロリゲンの発現はわずかに減少しただけであった。

A. 被子植物の成長には，茎を伸ばして次々と葉を分化しながら成長を続ける₁栄養成長相と，ある条件や段階に達すると，花を咲かせて種子をつくる₂生殖成長相がある。

B. キク・アサガオは短日植物で，春から夏にかけて栄養成長し，夏から秋にかけて開花する。アヤメは長日植物で，秋から冬にかけて栄養成長し，早春から初夏にかけて開花する。なお，トマトは中性植物である。

C. (1)正しい。フロリゲンは葉で転写・翻訳されて合成される。

(2)正しい。日長を葉で受容してつくられる。短日植物であれば短日条件で，長日植物であれば長日条件で花芽形成に十分な量のフロリゲンがつくられる。

(3)誤り。師部（師管）を通り茎頂に移動する。木部（道管）を移動することはない。

(4)正しい。フロリゲンは茎頂分裂組織に移動して花芽の分化を促進する。

(5)正しい。茎頂に運ばれたフロリゲンは，受容体と結合して核内に移動し，花芽形成に関連する一群の遺伝子の発現を誘導する。これらの遺伝子のはたらきにより，芽は花芽へと分化する。

D. 温度条件について図2−5より，変更前は22℃で一定であったものが，変更後は16〜23℃の間を24時間周期で変化するものになっている。一方，光条件について図2−6より，変更後は変更前と比べて730nm付近の光が強くなっている。730nmの波長は遠赤色光の中心波長であることから，フィトクロムが関係することが予想できる。解答としては温度条件と光条件について，グラフから数値を読み取って論述しておけば十分である。

E. ここでは，野外ではたらいているフロリゲンの発現制御を温度条件と光条件に着目して説明する。明期開始から4時間をピークとするフロリゲンの発現について，当初の実験室条件から温度条件のみを変更した図2−3では図2−1からあまり増加していないが，温度と光条件を変更した図2−4では野外における結果（図2−2）と同程度まで増加している。このことから，明期開始から4時間をピークとする発現には遠赤色光である

730 nm 付近の波長の光が関与することが考えられる。一方，明期開始から 16 時間をピークとするフロリゲンの発現について，温度条件のみを変更した図 2 − 3 では図 2 − 1 から著しく減少している。このことから，明期開始から 16 時間をピークとする発現には温度が関与することが考えられる。このピークが始まる明期開始から 12 時間以降の温度条件は低下し続けていることから，温度低下に伴ってフロリゲンの発現量は減少していると考えられる。

F. 実験 2 で光受容体 X の遺伝子が変異した変異体では明期開始から 4 時間をピークとするフロリゲンの発現量が大きく減少したとあるので，光受容体 X は 730 nm 付近の波長を受容するフィトクロムと考えられる。

その他に被子植物で知られている光受容体としては，フォトトロピンやクリプトクロムがある。

G. (1)不適。光受容体 X 以外の光受容体については実験をしていないので，関与しないとは言い切れない。

(2)適切。日長だけでなく，光の波長や温度も関与している。

(3)不適。野外を参考にした温度条件と光条件のもとで，明期の長さを変えた実験はしていないので誤り。

(4)適切。温度条件もフロリゲンの発現量に関係することから，温度条件が花芽形成を制御する要因の 1 つであることがわかる。

(5)不適。実験 2 に，光受容体 X の変異体を野外で育てると，野生型より花芽形成のタイミングが遅れたとあるので，フィトクロムが関与する明期の開始から 4 時間をピークにフロリゲンが多く発現するほうが，花芽形成を促進する効果が強いと考えられる。

H. 遺伝子 Y の発現量は，気温の低下から 1 〜 2 カ月遅れて減少し，また気温の上昇からも 1 〜 2 カ月遅れて増加している。そのため遺伝子 Y の発現量は 2 月から 4 月にかけて最低となる。この 2 月から 4 月にかけて花芽形成が見られることから，遺伝子 Y の産物はフロリゲンの発現を抑制していると考えられる。つまり，春には遺伝子 Y の発現量が減少しているために転写抑制が解除され，フロリゲンの発現量が増加する。また，秋には遺伝子 Y の発現量が増加しているためにフロリゲンの発現が抑制される。

I. (1)不適。気温が低下している間に花芽形成が誘導されるのではなく，

気温が上昇に転じてから花芽形成が誘導される。

(2)適切。図2－7に見られるように春と秋では日長が同じになるが，秋にはフロリゲンの発現が抑制されるために，花芽形成が抑制される。これにより，春に確実に花芽形成が誘導される。

(3)適切。日々の激しい温度変化を伴う環境であっても，図2－8に見られるように，一定時間のまとまりでの変化に反応するので花芽形成の制御が乱れにくい。

(4)不適。花芽形成には日長の情報が必要である。春化は，日長応答性に対する抑制の解除と理解することができる。

(5)不適。図2－8より，ハクサンハタザオでは，気温に対する応答が6週間前後の過去を参照するしくみを持っていると考えられる。

Ⅱ

　光周性による花芽形成のタイミングの制御に関わる遺伝子の突然変異体が複数知られている。イネ品種Zは，花芽形成を制御する2つの遺伝子に変異がみられた。品種Zの育種過程を明らかにするため，品種Zの祖先品種Wを調べた。その結果，これら2つの遺伝子にみられる変異に加えて，光周性による花芽形成を制御するもう1つの遺伝子に機能が失われる突然変異がみられた。

　20世紀に入って，祖先品種Wを利用して品種Zが育種される過程で，1つの遺伝子が突然変異を持たない野生種（機能型）の遺伝子に置き換えられたことで北海道での栽培により適したタイミングで開花するようになったと考えられた。

J. 高緯度になるほど夏の日長は低緯度地方よりも長くなる。よって，本州に比べて北海道の方が夏の日長は長くなる。イネは短日植物のため，北海道では花芽形成に必要な限界暗期に達するのが遅くなる。

K. (1)紡錘体は体細胞分裂でも減数分裂でも形成される。

(2)動原体は体細胞分裂でも減数分裂でも形成される。

(3)二価染色体は減数第一分裂の前期に形成され，体細胞分裂や減数第二分裂では形成されない。

(4)相同染色体が両極に移動するのは減数第一分裂後期に起こる現象である。

(5)細胞質分裂は減数第一分裂終期，第二分裂終期，そして体細胞分裂終期にみられる。

L. (1)適切。イネは自家受粉を行って個体を増やす。ヘテロ接合体の個体どうしの受粉でホモ接合体の表現型が出現することが考えられる。

(2)不適。苗の段階では花芽形成に関連する遺伝子の突然変異体を選抜するのは困難である。

(3)適切。水田で大規模に栽培することで，成長にしたがって多数の個体の中から花芽形成が困難な個体を抽出することができる。

(4)不適。冷害の年に大発生した害虫への対処法が向上したとしても，複数の遺伝子の機能が失われた突然変異体の選抜が可能となることとは無関係である。

(5)不適。花芽形成の遅れは，開花結実する前に気温の低下が起こり，次世代に自分の遺伝子を残せなくなることから，高緯度での栽培に不利な形質となる。

M. 祖先品種Wは3つの変異遺伝子を持っている。それを $aabbdd$ としておく。これに対して変異遺伝子を持たない野生型（$AABBDD$）を交配すると得られた F_1 は $AaBbDd$ になる。この F_1 の自家受粉によって3つの変異遺伝子のうち1つ（A/a とする）が野生型の遺伝子に置き換えられたホモ接合体（$AAbbdd$）を選抜した。

N. (1)・(2)不適。2つの遺伝子座が異なる染色体上にある場合，それらは独立の関係にあることから，組換えが起こる。

(3)適切。2つの遺伝子座間の染色体領域の配列が，相同染色体間で大きく異なる場合，得られた個体の形質から遺伝子の組み合わせを予測することが難しくなる。よって，交配育種により組み合わせることは難しい。

(4)適切。2つの遺伝子座が近接している場合，組換えが起こりにくくなる。

(5)適切。生存に不利な対立遺伝子の組み合わせを持つ個体は自然選択によって排除される。

③ **解答** **Ⅰ．A．** 両生類の胞胚の動物極側の領域と植物極側の領域を単独で培養すると，前者は外胚葉に，後者は内胚葉に分化したが，両者を接触させて培養すると動物極側の領域から中胚葉性の組織が分化した。

B． ギャップ遺伝子→ペアルール遺伝子→セグメントポラリティ遺伝子

C． 1—外胚葉　2—背側　3—中胚葉　4—左右　5—中胚葉

D. (2)

E. (3)・(4)

F. (6)

G. タンパク質Eは遺伝子 *A* の発現を抑制しており，タンパク質Dを受容することで抑制を解除する。遺伝子 *A* は遺伝子 *B* の発現を抑制するため，タンパク質Dの濃度上昇により遺伝子 *A* が発現すると，遺伝子 *B* の発現が抑制される。遺伝子 *C* は影響を受けない。

Ⅱ. H. 目的の遺伝子の<u>終止コドン</u>を除き，目的遺伝子の翻訳領域と *GFP* 遺伝子のコドンの<u>読み枠</u>がずれないようにリンカーの長さを調節して連結する。

I. 6—カドヘリン　**7**—カルシウム　**8**—アクチンフィラメント

J. 野生型胚—(2)　遺伝子 *G* 欠損胚—(2)

K. タンパク質F—(5)(6)　タンパク質G—(2)

═══════════════ 解　説 ═══════════════

《神経管の発生と分化，遺伝子の発現誘導，細胞間の接着力と細胞選別》

Ⅰ

［文1］　脊椎動物では，発生の進行に伴い胚の体軸に沿って特徴的な性質を持つ細胞へ分化し，さまざまな組織をつくる。原腸の形成が終わると，神経板がつくられ，この神経板が将来中枢神経系になる。

　発生が進むと神経板は神経管となり，その前方が膨らんで脳となり後方が脊髄となる。神経管の腹側には脊索が神経管に沿って配置し，脊索の左右には体節が配置する。

［文2］　神経管の細胞は背腹軸に沿った位置に対応して選択的な遺伝子発現を示す細胞へと分化し，同じ種類の細胞は集合して配置する。これにより，位置情報に応じた細胞の機能分化が引き起こされる。

　脊索からの距離に応じて腹側の細胞から調節遺伝子 *A*, *B*, *C* を選択的に発現する細胞が配置している。また，脊索には分泌型タンパク質Dが発現し，拡散によって背腹軸に沿った濃度勾配がつくられる。

　遺伝子 *A*, *B*, *C* の空間的な発現パターン形成における脊索およびタンパク質Dのはたらきを調べるため，実験1〜3を行った。

A. ニューコープの実験について方法と結果を説明する問題。基本的な問題なので与えられた語句をもれなく用いて説明する。動物極側の領域と植

物極側の領域をそれぞれ切り出し，単独で培養すると動物極側の領域からは外胚葉のみが分化し，植物極側の領域からは内胚葉のみが分化する。一方，動物極側の領域と植物極側の領域を接触させて培養すると，動物極側の領域から中胚葉性の組織が分化する。

B. 分節遺伝子のはたらきが調節されて胚が区画化され，体節が形成される。分節遺伝子はギャップ遺伝子，ペアルール遺伝子，セグメントポラリティ遺伝子に分類され，それぞれ複数種類の遺伝子がある。はたらく順序はギャップ遺伝子→ペアルール遺伝子→セグメントポラリティ遺伝子の順番である。ギャップ遺伝子により，前後軸に沿って胚の大まかな区画化が起こる。ペアルール遺伝子により，前後軸に沿って7つの繰り返し構造が形成される。セグメントポラリティ遺伝子により，前後軸に沿って14個の体節の位置が決まる。

C. 「原腸の形成が終わると，　1　のうち　2　に位置する細胞が肥厚し，平らな構造の神経板がつくられる」神経板は外胚葉由来なので　1　には外胚葉が入る。神経板は背側の外胚葉から分化するので，　2　には背側が入る。残りの外胚葉は表皮へと分化する。神経胚の段階で前後軸・背腹軸・左右軸という3つの基本的な配置が決まる。「神経管の腹側には，　3　からできた棒状の脊索が神経管に沿って配置する。脊索の　4　には，　5　からできた体節が配置する」「棒状の脊索」がヒントになり，脊索は中胚葉由来であることから　3　には中胚葉が入る。脊索の左右には中胚葉由来の体節が位置する。よって，　4　には左右，　5　には中胚葉が入る。

D. タンパク質Dとその受容体の結合を阻害すると，遺伝子A，Bの発現を失うことから，タンパク質Dは遺伝子A，Bの発現を誘導することがわかる。また，図3−2(a)よりタンパク質Dは遺伝子Cの発現を抑制していることがわかる。図3−2(b)・(c)から移植した脊索やタンパク質Dを染み込ませたビーズに近い側に遺伝子Aの発現した細胞が生じていることから，発現誘導に必要なタンパク質Dの濃度は，遺伝子AがBより高いことがわかる。よって，(2)が適切。

E. 図3−3(a)より，脊索からの相対距離が1〜4のとき遺伝子A発現細胞が100％，5〜8のとき遺伝子B発現細胞が100％となる。同図(b)より遺伝子Aを欠損させるとこれまで発現しなかった相対距離1〜4の場

所でも遺伝子 B が発現する細胞が見られた。このことから，遺伝子 B が脊索から一定程度離れた位置でしか発現できない可能性，すなわち，脊索から分泌されるタンパク質Dの濃度が高すぎる場合には発現できない可能性が否定された。遺伝子 A にコードされた調節タンパク質Aが遺伝子 B の発現を抑制していると考えられる。また，同図(c)より本来遺伝子 A が発現していない，脊索からの相対距離 7 〜 8 の位置で遺伝子 A を発現させると遺伝子 B の発現が見られない。このことも遺伝子 A の産物が遺伝子 B に対して抑制的にはたらく調節タンパク質として機能していることを示している。よって，(1)・(2)は不適で(3)が適切。

　さらに遺伝子 A が存在しない場合であっても，同図(b)より遺伝子 B 発現細胞の割合が 100％ となるタンパク質Dの濃度の下限は，相対距離 8 と変化していない。このことから，(4)は適切で(5)は不適である。

F. 図 3 − 4 (b)より，培養時間 12 時間では，培地中のタンパク質Dの濃度を 4nM にしても遺伝子 A を発現している細胞は見られない。これより(1)，(2)，(4)，(5)が不適となる。また，同図(c)より，タンパク質Dの濃度が 2.5nM のとき 36 時間培養すると遺伝子 B を発現している細胞は 20％ であるが，遺伝子 A を発現している細胞は，同図(b)より 80％ となる。設問文に，「遺伝子 A，B，C のうち，発現する細胞の割合が最も多い遺伝子を図に示している」とあるので，この条件で発現している遺伝子は遺伝子 A となる。これより(3)が不適となる。よって(6)が適切。

G. この問題で問われているのは，タンパク質Dの濃度に応じて遺伝子 A，B，C が発現する際に，タンパク質Eがどのようにはたらくかである。図 3 − 5 を見ると，タンパク質Dの濃度が 0.125nM および 0.5nM のとき，遺伝子 E に対する RNA 干渉の有無により，細胞が発現する遺伝子の割合に変化はない。このことから，タンパク質Eは，遺伝子 B および C の発現には関与していないことが推察される。タンパク質Dの濃度が 2.0nM のとき，遺伝子 E に対する RNA 干渉を行わなかった場合には遺伝子 A が 5％，遺伝子 B が 95％ となっているのに対し，RNA 干渉を行った場合には遺伝子 A が 60％ まで増加し，遺伝子 B が 40％ まで低下している。RNA 干渉によりタンパク質Eの発現量を減らすことで遺伝子 A の発現が増加したのだから，タンパク質Eは遺伝子 A の発現を抑制していることが考えられる。また，図 3 − 4 (a)においてタンパク質Dの濃度が

2.0nM 以上になると，遺伝子 A の発現は増加する。このことから，受容体であるタンパク質Eがタンパク質Dと結合することで，遺伝子 A に対する発現抑制が解除されることが考えられる（遺伝子 E に対する RNA 干渉により遺伝子 A の発現が増加したのは，発現しているタンパク質Eの数が減ったために，より低濃度のタンパク質Dでもタンパク質Eが飽和したためと考えられる）。図3−4(a)より，遺伝子 B はタンパク質Dによって発現誘導され，タンパク質Dの濃度上昇に応じて発現が増加すると考えられる。しかし，設問Eで考察したように，遺伝子 A の産物は遺伝子 B の発現を抑制するため，タンパク質Dが高濃度になり遺伝子 A の発現抑制が解除されると，遺伝子 B の発現は抑制されるようになると考えられる。

Ⅱ

［文3］ ゼブラフィッシュの脊髄の発生において，神経管の細胞は背腹軸に沿って腹側から順に調節遺伝子 A，B，C を選択的に発現する。蛍光タンパク質を利用して遺伝子 A，B，C を発現する細胞を時間を追って観察した。その結果，神経管形成の初期段階では，遺伝子 A を発現する細胞の一部が遺伝子 B を発現する細胞の集合の中に入り込むなどの，異なる細胞の混じり合い現象が見られた。

発生の進行に伴い，混じり合い現象は見られなくなり，最終的には同じ種類の細胞のみからなる集合が形成（細胞選別）された。細胞選別に関与する分子メカニズムを調べる目的で実験4と実験5を行った。

H. 融合 DNA 配列を作製する際，目的（ターゲット）遺伝子の翻訳領域に終止コドンがあると，*GFP* 遺伝子をつなげた場合に目的遺伝子の終止コドンで翻訳が停止してしまう。これが生じないようにするため，目的遺伝子の終止コドンを除いておく必要がある。しかし，このままではフレームシフトなどが生じて正常な *GFP* 遺伝子が作られない可能性が高い。蛍光タンパク質の正確な翻訳を確保するためには，読み枠の整合性が重要である。そこでリンカーの長さを調節して *GFP* 遺伝子の読み枠がずれないようにすればよい。

I. 細胞間の接着結合についての内容である。接着結合は固定結合の一種で，カドヘリンと細胞内のアクチンフィラメントが結合したものである。カドヘリンの結合にはカルシウムイオンが必要である。よって 6 の

接着分子にはカドヘリン，　7　のイオンにはカルシウム（イオン），　8　の細胞骨格にはアクチンフィラメントが入る。

J. 野生型胚については図3－7より，遺伝子 B 発現細胞（以下Bとする）と遺伝子 C 発現細胞（以下Cとする）の細胞間接着力は2nN，CどうしのС細胞間接着力は7nN である。よって，B－C－Cと並んだ場合，B－C間の接着力とC－C間の接着力では後者の方が大きいので，BとCの間の接着のみが引き離されると考えられる。よって，⑵が適切。

　一方，図3－8⑻より遺伝子 G 欠損胚でも，B－C間の接着力は2nN，C－C間の接着力は7nN と正常胚と同じなので⑵が適切。

K. 図3－8⒜より遺伝子 F が欠損した細胞では，遺伝子 A 発現細胞（以下Aとする）とB，およびBとCの細胞間接着力が増加している。遺伝子 F が欠損することで接着力が増加したのだから，タンパク質FはA－B間，B－C間の接着力を弱めていることがわかる。遺伝子 F や G が欠損した細胞では異なる細胞の混じり合い現象が継続していることから，タンパク質FはA－B間，B－C間の接着力を弱めることで，異なる遺伝子を発現する細胞集合の空間的分離を可能にしていると解釈することができる。よって，タンパク質Fについては⑸，⑹が適切。

　一方，図3－8⑻より遺伝子 G が欠損した細胞では，B－B間の接着力が極端に減少している。このことから，タンパク質GはB－B間の接着力を強めることで，異なる遺伝子を発現する細胞集合の空間的分離を可能にしていると解釈することができる。よって，タンパク質Gについては⑵が適切。

講　評

　2024 年度入試の全体的難易度は，2023 年度と同じレベルである。知識問題と考察問題の割合は知識問題がやや増加したものの，考察問題の占める割合が多いことに関しても変わりはない。知識問題としては，生物用語の空所補充や文章選択のタイプも見られる。ただし，この選択問題が考察系の問題となっていることが多く，単純な知識問題というわけにはいかない。

　問題のページ数は 2023 年度の 30 ページから 34 ページとやや増加し

ているが，総論述量は同じ程度であった。問題文の分量が多く正確に読んでいくには時間がかかり，選択問題も確かな裏付けを必要とするタイプで，考察を必要とするため確信をもった答案作成が難しかったと思われる。受験生が初めて見るようなトピックを題材にした問題も出題され，しかもグラフや図の読解を要求する問題が中心で，多面的な情報処理能力が必要とされる。ハイレベルな考察問題を普段から演習していないと対応するのが困難であろう。

　各大問の冒頭には長いリード文があり，文章が長いだけではなく，図表も多く，さらに図表の説明も複雑なので，理解するのに多くの時間を要する。（理科2教科150分から1教科を半分とすると）75分の制限時間内で答案を仕上げるのは非常に厳しいと思われる。

　東大生物では，最近の過去5年間，総論述量は平均で28行程度で，この点から言えば，2024年度の30〜31行程度は，平均より若干多かったと言えるだろう。また，設問ごとの制限行数では最大で5行程度のものが2018・2019年度で2年連続出題されていたが，2020年度以降は多くが1〜3行程度である。また，グラフ作成は2023年度は出題されているが2024年度は出題されていない。

　どの大問も複数の実験結果を統合して考察する設問が多く，時間配分がより重要となっている。たとえば，2024年度では，第3問だけで12ページに及ぶ。その中に図が10個ある。それらの図の細かな注釈を読みながら対応するので，一目見て本質をつかむ練習を積んでおく必要がある。

　東大生物の特徴は，「リード文の徹底理解」と「論理的思考力・分析力」そして「その表現能力を見る」というものである。2024年度もその特徴は健在であり，情報を正確に分析して，まとめる能力を養うことが必要となる。論述対策としてはまず出題者の狙いは何か，解答のポイントは何か，どこを中心にするかを考えて的確に2行（70字）程度〜3行（105字）程度でまとめる練習をしておくとよいだろう。目新しい題材や見慣れない図表が問題文に取り上げられることが多い。これらの図表を基にしたデータの分析，その結果から考察される内容，さらに仮説を検証する実験の設定などが出題されていて，短時間に論点を把握した文章をまとめる練習を日ごろからこなしておきたい。

1　「RNA ポリメラーゼ C 末端領域のリン酸化，肢の形成」に関する問題であった。Ⅰはやや難の問題で，設問 D，E，G，H が考えにくかったと思われる。DNA ポリメラーゼⅡの転写のしくみはこの実験問題で初めて見たかもしれない。問題の流れに沿って考えていくことが要求される。その意味では設問 C できちんと正解が得られないとそれ以降が壊滅的になる。出題者はそれを十分考慮している。設問 E の論述や設問 G の CTD の存在様式がイメージできたか，また設問 H で Ser 5 のリン酸化によって局所的に凝集していた RNA ポリメラーゼⅡが分散してプロモーターに結合できるということを表現できたかで大きく差がついただろう。Ⅱは独立した問題からなる。Ⅰと比べて解答しやすい問題構成であった。

2　「花芽形成，フロリゲンの発現制御，春化，イネの品種改良」に関する問題であった。標準的な難易度の出題であるが，東大入試らしく図の読み取りと解釈に難しいものが含まれていた。Ⅰでは設問 D，E の論述をどのようにまとめるかが少し困難であったかもしれない。ここでは野外における実験がなされている。これは，自然条件下で生物を研究する重要性が最近特に重要視されてきたためである。自然条件下（イン・ナチュラ），実験室下（イン・ビトロとイン・ビボ）とで細胞機能の理解に取り組む手法である。図 2 − 7 の出題意図が理解できたかどうかで大きな差がついたであろう。設問 H では，遺伝子 Y によるフロリゲンの発現制御について実験結果から考察することが求められた。選択問題の設問 I は時間がかかるので，Ⅱの知識問題などを仕上げた後で考えていくのがよいかもしれない。

3　「神経管の発生と分化，遺伝子の発現誘導，細胞間の接着力と細胞選別」に関する問題であった。Ⅰは分泌タンパク質の濃度と遺伝子発現の関係を読み取る問題である。設問 D〜F の選択肢と一緒に考えていけば見た目ほど難しくはない。設問 G は難しい。Ⅱは定番の細胞の接着力と細胞選別の問題である。与えられた実験データを読み取っていけば正解に達することができる。設問 K は実験結果の 3 つのデータをもとに異なる細胞間の接着力を分析する問題であった。

地 学

① **解答**

問1. (1) 星団A，星団Bの距離をそれぞれ d_A パーセク，d_B パーセクとすると

$$d_A = \frac{1}{0.0025} = 4.0 \times 10^2 \text{ パーセク} \quad \cdots\cdots(答)$$

$$d_B = \frac{1}{0.00078} = 1.28 \times 10^3 \fallingdotseq 1.3 \times 10^3 \text{ パーセク} \quad \cdots\cdots(答)$$

(2) 星団A：1×10^{-8} 星団B：2×10^{-14}

(3) 星団Bで最も明るい主系列星の光度を L_B〔W〕とすると

$$L_B = 2 \times 10^{-14} \times 4\pi (1.3 \times 10^3 \times 3.1 \times 10^{16})^2$$
$$= 4.1 \times 10^{26} \fallingdotseq 4 \times 10^{26} \text{〔W〕} \quad \cdots\cdots(答)$$

(4) 星団Bで最も明るい主系列星の質量を M_B〔kg〕とすると，(3)の結果から $L_B = L_S$ より

$$\frac{M_B}{M_S} = \left(\frac{1}{1}\right)^{\frac{1}{4}} = 1 \qquad 1 \text{ 倍} \quad \cdots\cdots(答)$$

(5) 同じ星団に属する恒星は同時に主系列星として誕生し，HR図の左上に分布する質量が大きく明るいものから巨星に進化するから。

(6) 高温の主系列星が含まれ，巨星が含まれないので，星団Aが散開星団である。

問2. (1) **A.** 対流 **B.** 磁場 **C.** オーロラ

(2) ピーク波長を λ〔m〕とすると

$$\lambda \times 2.0 \times 10^6 = 5.0 \times 10^{-7} \times 5.8 \times 10^3$$
$$\lambda = 1.45 \times 10^{-9} \fallingdotseq 1.5 \times 10^{-9} \text{〔m〕} \quad \cdots\cdots(答)$$

(3) **ア**—③ **イ**—④

(4)(a) 1.0×10^{10} 年の間に太陽が失う質量を M〔kg〕とすると

$$M = 4\pi (1.5 \times 10^{11})^2 \times 1.6 \times 10^{-20} \times 4.0 \times 10^5 \times 3.2 \times 10^7 \times 1.0 \times 10^{10}$$
$$= 5.8 \times 10^{26} \text{〔kg〕}$$

$$\frac{5.8 \times 10^{26}}{2.0 \times 10^{30}} \times 10^2 = 2.9 \times 10^{-2} \fallingdotseq 3 \times 10^{-2} \text{〔\%〕} \quad \cdots\cdots(答)$$

(b)　1 天文単位の距離での太陽風の圧力を P_S〔Pa〕，質量密度を ρ〔kg/m³〕，速度を V〔m/s〕とすると

$$P_S = \rho V^2 = 1.6 \times 10^{-20} \times (4.0 \times 10^5)^2 = 2.56 \times 10^{-9}\,[\text{kg/}(\text{m·s}^2)]$$

　r 天文単位での太陽風の圧力を P_r〔Pa〕とすると，P_r が星間物質の圧力とつり合うので

$$\frac{2.56 \times 10^{-9}}{r^2} = 1.0 \times 10^{-13}$$

$$r^2 = 2.56 \times 10^4$$

$$r = 1.6 \times 10^2 \fallingdotseq 2 \times 10^2 \text{ 天文単位}\quad \cdots\cdots(答)$$

(5)　デリンジャー現象が先で磁気嵐が後。

理由：デリンジャー現象は太陽から光速度で到達する X 線による電離層の乱れで発生し，磁気嵐は光速度より遅い荷電粒子で構成される太陽風によって発生するから。

================== 解　説 ==================

《星団と恒星，太陽の活動》

問 1.　**(1)**　年周視差 p'' の天体までの距離 d パーセクは，$d = \dfrac{1}{p}$ で求められる。

(2)　星団 A の HR 図では，左上から右下にかけて分布するすべての天体が主系列星であり，最も明るいのは明るさ $10^{-8}\,\text{W/m}^2$ のものである。

　星団 B の HR 図では，恒星は右上と左下の 2 つのグループに分けられるが，右上のグループで明るさが 10^{-14}〜$10^{-17}\,\text{W/m}^2$ にかけて分布している恒星が主系列星であり，最も明るいのは表面温度 8000 K で明るさ $2 \times 10^{-14}\,\text{W/m}^2$ のものである。なお，これより右上に分布するものは巨星，HR 図の左下に分布するグループは白色矮星である。

(3)　星団 B を中心とし，地球までの距離 d_B を半径とする球殻を考えると，当該の天体の光度 L_B はこの球殻全体で受け止めるエネルギーの総和と考えてよい。球殻上での光度はどこでも $2 \times 10^{-14}\,\text{W/m}^2$ であり，$d_B = 1.3 \times 10^3$ パーセクなので，L_B を求める式は〔解答〕のようになる。

(4)　$L_B = L_S$ が成り立つことから，1 つ目の式では $M_B = 1.0 M_S$ となり，M の条件を満たすのでこれが答えとなる。2 つ目の式では $M_B = 0.9 M_S$ となるが，これは M の条件を満たさないので答えとならない。

(5)　星団を構成する恒星はほぼ同時に主系列星として誕生する。主系列星は質量の大きいものほど明るく，HR 図の左上に分布する。また，主系列星としての寿命も短い。そのため HR 図の左上の主系列星から順に巨星に進化していくことになる。以上より，星団中の最も明るい主系列星の寿命は星団の年齢と一致すると考えてよい。

(6)　散開星団は青白い O 型，B 型などの高温の主系列星を含む星団で，星間ガスから誕生してまだあまり時間が経過していないものを指す。星団 A は HR 図の左上に分布する高温の主系列星を含み，星団 B はそれらを含まないことから，星団 A が散開星団であると判断できる。

問 2.　(1)　太陽の表層である光球のすぐ下の部分は対流層と呼ばれ，主にガスの対流によって熱が運ばれている。光球で磁場が強い部分にはガスが滞留し，対流による熱の輸送が妨げられ，周囲より温度が低くなる。この低温の部分が黒点である。オーロラは地球の高層大気での発光現象であり，太陽からの荷電粒子の流れが原因となって発生する。

(2)　天体の電磁波の放射は黒体放射で近似することができる。黒体放射はウィーンの法則にしたがい，放射エネルギーのピーク波長を λ〔m〕，天体の表面温度を T〔K〕とすると，$\lambda \cdot T =$ 一定 の関係が成り立つ。問題文に太陽の λ と T が与えられているので，それを利用して計算する。

(3)　波長領域が $3.8 \sim 7.8 \times 10^{-7}$ m の電磁波は可視光線である。高温（100万 K 以上）のコロナから放射される電磁波は，波長の短い X 線，紫外線が中心である。

(4)(a)　半径 1 天文単位の球殻を太陽の寿命（1.0×10^{10} 年）の間に通過する太陽風の質量 M が，太陽質量の何％かを求めればよい。

(b)　1 天文単位の距離での太陽風の質量密度 ρ，速度 V が与えられているので，それをもとに 1 天文単位での太陽風の圧力 P_S をまず求める。次に太陽からの距離 r での太陽風の圧力 $\left(\dfrac{P_S}{r^2}\right)$ が星間物質の圧力と等しくなる距離 r を求めればよい。

(5)　フレアが発生する際にはコロナから X 線と多量の荷電粒子（太陽風）が放出される。X 線は光速度で伝わるので，地球まで 8 分 20 秒ほどで到達する。太陽風は荷電粒子の流れなので，その速さは光速度より遅く，2 〜 4 日かけて地球に到達する。X 線で起こる現象がデリンジャー現象，荷

電粒子の増加で起こる現象が磁気嵐とオーロラである。

② 解答　**問1.** (1) **ア.** 凝結　**イ.** 過冷却
ウ. 冷たい（氷晶）

(2)(a)　$L = \dfrac{a(p_w - p_i)}{T} t$　……(答)

$t = \dfrac{LT}{a(p_w - p_i)} = \dfrac{800 \times 260}{400(2.25 - 1.99)} = 2.0 \times 10^3 \,[\text{s}]$　……(答)

(b)　$t = 0\,[\text{s}]$ での落下速度を $U_0\,[\text{m/s}]$, $t = t_1\,[\text{s}]$ での落下速度を U_1 $[\text{m/s}]$ とする。

U は t の1次関数であるから, $U_0 = 0$ より

$\langle U \rangle = \dfrac{U_0 + U_1}{2} = \dfrac{1}{2} U_1 = \dfrac{1}{2} k L_1 = \dfrac{ka(p_w - p_i)}{2T} t_1 \,[\text{m/s}]$　……(答)

数値を代入すると

$\langle U \rangle = \dfrac{1.2 \times 10^3 \times 400 \times 10^{-6} \times (2.25 - 1.99)}{2 \times 260} \times 2.0 \times 10^3$

$= 0.48 \,[\text{m/s}]$

$U_0 = 0$ なので, 落下距離を $D\,[\text{m}]$ とすると

$D = \langle U \rangle \times t_1 = 0.48 \times 2.0 \times 10^3 = 9.6 \times 10^2 \,[\text{m}]$　……(答)

(c)　$L = 800\,[\mu m]$ の氷晶の質量を $M_{800}\,[\text{kg}]$, 水滴の質量を $M_w\,[\text{kg}]$, 体積を V_w とすると

$M_{800} = bL^2 = 2.3 \times 10^{-14} \times 800^2 = 1.47 \times 10^{-8} \,[\text{kg}]$

$M_w = \rho_w \times V_w = 1.0 \times 10^3 \times \dfrac{4\pi}{3}(4.0 \times 10^{-6})^3 = 2.67 \times 10^{-13} \,[\text{kg}]$

水滴の個数を N とすると

$N = \dfrac{M_{800}}{M_w} = \dfrac{1.47 \times 10^{-8}}{2.67 \times 10^{-13}} = 5.5 \times 10^4$ 個　……(答)

(3)　この状況では氷晶1個当たりの水滴の数が1個程度と通常に比べ少ないので, 氷晶はあまり成長せず, 通常に比べて小さくなる。

問2. (1) **ア.** 貿易風　**イ.** 北　**ウ.** 南　**エ.** 水温躍層

(2)　貿易風帯と偏西風帯の間の海洋には時計回りの亜熱帯環流が形成されるが, コリオリの力により環流の内側に向かうエクマン輸送が生じ, 表層の高温で海水密度の小さい海水が環流の内側に集まる。その結果, 海面高

度は高くなり，暖水層が深いところまで広がる。

⑶　北半球では時計回りの環流が形成されており，太平洋の西側では低緯度から高温の海水が北へ，東側では高緯度から低温の海水が南に流れているため。

⑷　太平洋の北緯40°以北では，等温線の傾きから東部で北向きの流れが，西部では南向きの流れがあることがわかる。高温の海水が北へ，低温の海水が南に向かって流れているので，熱は正味で北に向かって輸送されている。

=== 解　説 ===

《雲粒と雨粒の形成，海水の運動と熱輸送》

問1. ⑴　雲粒は水滴と氷晶からなり，それぞれの生成の核となる微粒子を，凝結核，氷晶核という。氷点下でも−20℃程度までは，雲の内部に氷晶と過冷却水滴が共存する。この場合，過冷却水滴は蒸発し，蒸発した水蒸気が氷晶に昇華することで，氷晶が成長する。大きくなった氷晶は上昇気流で支えきれず落下し，途中で融解すると雨滴となる。このようにして生成される雨滴を冷たい雨，あるいは氷晶雨という。

⑵(a)　$t=0$ で $L=0$ なので，時刻 t における大きさ L は，与えられている変化率と時間 t の積で表される。

　得られた式に数値を代入し，t を計算すればよい。なお，数値を代入する際は単位が揃っているか必ず確認すること。

(b)　問題文で落下速度 U は大きさ L に比例し，L は時間 t に比例することが与えられている。$t=0$ では $L=0$ なので落下速度 $U_0=0$ となる。以上より，平均速度 $<U>=\frac{1}{2}U_1$ となる。落下距離 D は $<U>$ と時間 t の積で求めることができる。

(c)　氷晶の質量を，与えられた半径の水滴の質量で割ればよい。数値を代入する際には単位に気をつけること。

⑶　⑵(c)の結果より，800μm の大きさの氷晶を生成するのに 5.5×10^4 個の水滴が必要であることがわかっている。⑶の設定では，氷晶1個に対して，水滴が1個しかないことになるので，氷晶は成長しにくく，非常に小さいものとなると考えられる。

問2. ⑴**ア.** 赤道に吹き込む東風は貿易風である。

イ・ウ. エクマン輸送では海上を吹く風に海水が引きずられ，転向力が働くことで風向きに対して北半球では直角右向きに，南半球では直角左向きに海水が輸送される。

エ. 太平洋東部で冷水が湧き上がりやすいのは，海洋表層の暖水層（混合層）が貿易風で西に吹き寄せられるため，東部で厚みが薄くなっているからである。混合層が薄いということは，その下の水温躍層が浅いということになる。

(2) 北半球で時計回りの環流が生じると，表層の海水はエクマン輸送により環流の内側に集まる。その結果，集まった暖水からなる混合層は厚さを増し，海面高度は高くなり，水温躍層は深くなる。

(3) 大まかな傾向として低緯度の海水温は高く，高緯度の海水温は低い。しかし北半球では時計回りの環流が生じるため，海洋の西側では暖水が北へ，東側では冷水が南に向かって流れ，結果として海水温の等値線は西北西一東南東方向に伸びることになる。

(4) 北緯40°以北で海水温の等値線が西南西一東北東方向になっていることは，この海域では反時計回りの環流が形成されていることを示している。北向きの流れで暖水が北へ，南向きの流れで冷水が南へ運ばれることで，熱は正味で北に向かって輸送されていると考えられる。

③ 解答

問1. **(1)** **ア.** 境界　**イ.** 逆　**ウ.** 深発地震
エ. 和達-ベニオフ帯

(2)(a) 曲線1：$t=\dfrac{\sqrt{(x-160)^2+900}}{6.0}$

直線2：$z<40$km におけるP波速度6.0km/s で伝わる経路の長さは
$$10\sqrt{2}+40\sqrt{2}=50\sqrt{2}\ \text{[km]}$$
であり，$z\geqq40$km におけるP波速度8.5km/s で伝わる経路の長さは
$$160-x-10-40=110-x\ \text{[km]}$$
であるから
$$t=\frac{50\sqrt{2}}{6.0}+\frac{110-x}{8.5}=-0.12x+25\quad\cdots\cdots\text{(答)}$$
傾き：-1.2×10^{-1}　切片：2.5×10

(b) 断層面と，震源を通り断層面に直交する平面で区切られた4象限にお

いて，初動の押し波と引き波の領域は次図のようになる。2つの面が地表面と交わる地点は，観測点⑨の東方では

$$30 \times \frac{1}{\sqrt{3}} \fallingdotseq 17 \text{〔km〕}$$ 離れており，⑧と⑨

の間に位置する。同様に，観測点⑨の西方では $30\sqrt{3} \fallingdotseq 52 \text{〔km〕}$ 離れており，⑪と⑫の間に位置する。

　したがって，引き波が観測される観測点は，⑨・⑩・⑪の3つである。

(3)(a)—エ　観測点①：押し波

(b)—⑦・⑧・⑨・⑩・⑪・⑫

問2. **(1)** **ア.** 東西　**イ.** 北　**ウ.** 45　**エ.** 28

(2)地層：鍵層

条件：・短期間に堆積すること。

　　　・広範囲に堆積すること。

　　　・特徴的であり識別しやすいこと。

以上3つの中から2つを解答。

(3)泥岩

(4)(a)ヌンムリテス（カヘイ石）

(b)　<u>中生代</u>までにH層，中生代と<u>新生代</u>の境でG層，新生代にF層，E層，D層が順に堆積した。その後，この地域は北に<u>傾斜</u>して隆起し，陸上で侵食を受けた後，不整合でB層が堆積した。その後，<u>第四紀</u>の初めである260万年前に岩脈Cが<u>貫入</u>し，再び隆起して陸上で侵食を受け，不整合でA層が堆積した。

(5)　鉱物の形成時に含まれていた放射性同位体の量を N_0，現在含まれている放射性同位体の量を N とし，半減期を T 年，絶対年代を t 年とすると

$$\frac{N}{N_0} = \left(\frac{1}{2}\right)^{\frac{t}{T}}$$

で表される。

$$\frac{N}{N_0} = 1 - 0.4 = 0.6, \quad T = 7 \times 10^8 \text{ 年より} \qquad 0.6 = \left(\frac{1}{2}\right)^{\frac{t}{7 \times 10^8}}$$

両辺の対数をとって　　　$\log_{10} 0.6 = \dfrac{t}{7 \times 10^8} \log_{10} \dfrac{1}{2}$

$\log_{10} 0.6 = \log_{10} 2 + \log_{10} 3 - 1 = -0.22$, $\log_{10} \dfrac{1}{2} = -\log_{10} 2 = -0.30$ より

$t = \dfrac{0.22}{0.30} \times 7 \times 10^8 = 5.1 \times 10^8 \fallingdotseq 5 \times 10^8$ 年　……(答)

=== 解　説 ===

《走時曲線と発震機構，地質図・地史》

問 1．(1)　グループ(A)は大陸プレート内部で発生するプレート内地震（内陸直下型地震），(B)は大陸プレートと海洋プレートの境界で発生するプレート境界地震（海溝型地震），(C)は沈み込んだ海洋プレート（スラブ）内で発生する深発地震である。(C)は深発地震面を形成するが，この面は発見者の名前から和達-ベニオフ帯とも呼ばれる。

(2)(a)　曲線 1 は震源 L から観測点までの最短距離 l [km] を伝わる時間を表している。三平方の定理より

　　　$l = \sqrt{30^2 + (160 - x)^2}$

であることを用いて立式する。

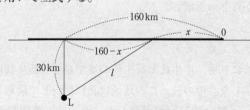

直線 2 は下図のように深さ 40km の境界面で屈折して伝わる屈折波による走時である。

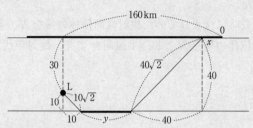

細線の経路の長さは

　　　$10\sqrt{2} + 40\sqrt{2} = 50\sqrt{2}$ [km]

で表され，太線の経路の長さ y [km] は

$$160-10-40-x=110-x〔\text{km}〕$$

で表される。

細線部分は $6.0\,\text{km/s}$，太線部分は $8.5\,\text{km/s}$ で伝わるので，〔解答〕のような式が立てられる。

(b)　断層がずれて地震が発生すると，断層面と，震源を通り断層面に直交する平面で区切られた4象限で，P波初動の押し波と引き波の領域が交互に現れる。初動の押し波が観測される領域は，ずれの方向を示す矢印が向かう領域である。横ずれ断層の図はよく目にするが，この問題のように正断層，逆断層でも同様に区分される。

(3)(a)　点Mで発生した地震波は深さ $40\,\text{km}$ の境界面で速さが不連続に遅くなる。その場合は境界面から遠ざかるように屈折する。したがって，地震波は㋲のように伝わる。

　点Mの地震を発生させた断層（下図でMを通る太線）は傾斜が $15°\text{W}$ であり，また(B)に属する地震であることから逆断層である。ずれの方向は矢印の方向であり，Mから西方に $45\times\tan15°\fallingdotseq12.2〔\text{km}〕$ 離れた②と③の間の地点を押しと引きの境界線が通ることに注意すると，初動の押し引き分布は下図のようになり，観測点①ではP波初動が押し波となる。

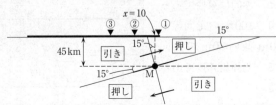

(b)　点Nの地震を発生させた断層（右図でNを通る太線）は傾斜が $75°\text{W}$ であり，また，プレートの沈み込み方向に押される力で発生したということから，図中の矢印のようなずれ方をしたことがわかる。P波初動の押し引きの分布は図のようになり，屈折を考慮しない場合の，地表における押しと引きの領域の境界を点Pとし，Pの x 座標を $x_\text{P}〔\text{km}〕$ とすると

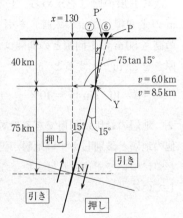

$$x_P = 130 - 115 \times \tan 15°$$
$$= 98.95 \,〔\mathrm{km}〕$$

となり，観測点⑥の少し東に位置することになる。

　しかしながら，深さ40kmでの屈折を考慮すると，押しと引きの領域の境界は，図の点Yで折れ曲がり，点Pからずれた地表の点P′に達することになる。点Yでの屈折角をrとすると，地震波の速さから

$$\frac{\sin r}{\sin 15°} = \frac{6.0}{8.5} ≒ 0.7$$

が得られる。これを用いて，点Y，点P′のx座標をそれぞれ$x_Y〔\mathrm{km}〕$，$x_{P'}〔\mathrm{km}〕$とすると

$$x_Y - x_{P'} = \frac{\mathrm{YP'} \sin r}{\mathrm{YP} \sin 15°}(x_Y - x_P) ≒ \frac{\sin r}{\sin 15°}(x_Y - x_P) ≒ 0.7(x_Y - x_P)$$
$$x_{P'} = 130 - 75 \tan 15° - 0.7 \times 40 \tan 15° ≒ 102 \,〔\mathrm{km}〕$$

となり，点P′は観測点⑥と観測点⑦の間に位置することがわかる。

　よって，答えは⑦〜⑫となる。

問2. (1)　右図のように，E層と
F層の境界の80mと100mの走
向線を引くと，走向は東西である
ことがわかり，100mの走向線の
20m北に20m低い80mの走向
線があるので，北傾斜45°である
ことがわかる。

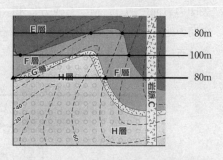

　次にF層の厚さを求める。F層の下面（G層とF層の境界）の高さ80
mの走向線（図中の太線）を引くと，F層の上面（F層とE層の境界）
の高さ80mの走向線との間隔は40mである。傾斜が45°なので，地層の
厚さを$d〔\mathrm{m}〕$とすると

$$d = 40 \times \sin 45° = 40 \times \frac{1}{\sqrt{2}} ≒ 28 \,〔\mathrm{m}〕$$

(2)　地層の対比に利用できる地層を鍵層という。短期間に広範囲に堆積し，
他の地層と識別しやすい地層が鍵層として適している。解答はこの中から
2つについて記述すればよい。なお，火山灰層は以上の3つの条件を満た
している。

(3)　粒径が $\frac{1}{16}$ mm（0.063mm）未満の粒子が集まっている堆積岩は泥岩

である。ちなみに $\frac{1}{16}$ mm〜2mm は砂岩，2mm 以上は礫岩である。

(4)(a)　地層の逆転がないので，F層はG層より新しい。また，F層は岩
脈Cに貫かれているので，Cより古い。したがって，F層は6600万年前
から260万年前の期間に堆積したことになる。この期間は古第三紀，新第
三紀にあたり，示準化石はヌンムリテス（カヘイ石）である。なお，アン
モナイト，イノセラムス，トリゴニアは中生代，コノドント，三葉虫，フ
ズリナ（紡錘虫）は古生代の示準化石である。

(b)　北傾斜のH層〜D層と水平なB層の関係は不整合であることがわかる。
また岩脈CがB層は貫いているがA層は貫いていないことから，A層は不
整合で重なっていることがわかる。

(5)　半減期は，放射性同位体の量が $\frac{1}{2}$ になるのにかかる時間であるから，
壊変した40％ではなく残っている60％について式を立てる。

講 評

　　出題傾向は例年通り。問題文が長く内容が複雑なものが多いが，しっ
かり読めば題意をつかむことができる。計算を含め問題量が多く，時間
配分に気をつける必要がある。

　　1　問1．球状星団，散開星団のHR図を題材に，天体までの距離，
明るさ，進化などを問う出題。星団BのHR図の左下の（左上から右下
に並んでいる）グループは白色矮星なのだが，これを主系列星と考えて
しまうと(2)だけでなく(3)・(4)も正答できなくなる。問われている内容は
標準的なものが中心なので，(2)の星団Bを正答できたかどうかで大きな
差がついたと思われる。

　　問2．太陽と太陽の活動に関する出題。(1)〜(3)は確実に得点したい。
(4)は太陽風に関する計算問題で，あまり目にしたことがない題材だった
かもしれない。問題文で説明されていることを式に表す力が求められる。
(5)のデリンジャー現象と磁気嵐に関する論述は，よく出題される内容な

ので，確実に解答したいところである。

2 問1．氷晶の成長に関する計算問題。話の流れをつかみ，問題文で与えられた式をうまく使って解答できるかがポイント。正答率はあまり高くなかったのではないだろうか。

問2．海洋の循環と海水温に関する出題。(2)の論述は難度が高いが，(3)・(4)は確実に得点したい問題である。海水温の等値線や，エクマン輸送に関しては繰り返し出題されているので，確実に理解しておきたい。

3 問1．沈み込み境界で発生する地震を題材に，走時曲線や発震機構について問う出題。(1)の空欄補充は確実に得点したい。(2)(a)の走時曲線の式を求める問題は，問題文で示されている屈折波の経路を図に描けるかどうかが分かれ目。差がついた問題だろう。(2)(b)，(3)は初動の押し引き分布の問題だが，逆断層でどうなるのかを考えるのが第一歩。次に境界線が地表面と交差する位置を求める必要がある。(3)(b)は屈折の影響も考える必要があり，正答率は低かったのではないだろうか。

問2．地質図に関する出題。(1)の地層の走向，傾斜の読み取り，地層の厚さの計算は，典型的な出題であり，確実に得点したい。(2)～(4)も基本的な内容である。(5)の放射年代を求める計算は繰り返し出題されているので，確実にできるようにしておきたい。

講評

一　現代文（評論）　タンザニアの行商人たちが行う掛け売りがどのような可能性につながるものなのかを考察した小川さやかの評論で、文章の表現・内容ともに平易でわかりやすいものであった。的確にまとめるスピードが必要になると、日頃の問題練習時から設問の表現に注意する習慣を身につけておきたい。㈤は基本レベルである。

かがポイントになる。㈣はやや難レベル。二〇二三年度に続き「生活全般の上では」という条件を解答に反映できたた。日頃の問題練習時から設問の表現に注意する習慣を身につけておきたい。㈤は基本レベルである。

二　古文（日記）　平安時代後期の日記『讃岐典侍日記』から、崩御した堀河天皇の喪に服している作者が再出仕を要請されて苦悩する様子を綴った部分が出題された。前書きを踏まえた作者の立場を考慮しつつ読み進めていく必要がある。㈠の口語訳は、手紙文または心内文にあたる箇所で、誰の言葉かを把握していることが大前提となる。㈡の内容説明は、「いつしか」「〜といひ顔」「参る」「あさまし」などの重要語句の理解とともに、文脈に即した解釈を示す。㈢の和歌の大意の説明は、「墨染めの袂」が喪服を意味していることの理解がポイント。少し前の出家の話題から僧衣と混同しないように注意したい。

三　漢文（文章）　著作や著述のありかたについて論じた文章。普遍的で確固とした言説を示すことができず、剽窃に終始している現状を批判しているという内容で、対句的な表現が多用された漢文らしい文体のものであった。㈠の口語訳はごく標準的。比喩の理解がポイントとなる。㈡の内容説明は、後の内容も視野に入れた理解を示したい。㈢の内容説明（指示内容）は、本文全体から肝心な内容を見出して簡潔にまとめる必要がある。

（三）

〜を前提とする〟ということ。「不得已」は〝せずにいられない・しないわけにはいかない〟ということで、ここでは、〝述べずにいられない〟ということ。「言」はここでは〝言論・言説〟の意で、最終的に「剽賊」を戒める本文全体の内容から、〝自分の言説・自分が述べたいこと〟ということを示す必要がある。【解答】は、前提条件である「不得已而有言」を先に示す形としたが、傍線部の語順の通りに〝著作や論説は、述べずにいられない自分の言説を持っているからこそ成り立つものだ〟のようにまとめてもよい。

傍線部e自体は「見識ある者が常に書物が多いことを心配するのは、どうしてこのことに起因しないだろうか、いや、このことに起因する」という意味で、「此」は、有識者が書物が多いことを心配する理由のことで、具体的には、前の「降而不能乃剽賊矣。夫剽賊以為文、且不足以伝後、而況剽賊以著書邪」を指している。「降」は「古文章之士の「古」との対比で〝近年・現代〟の意でとらえる。「不能」の「能」は、直前文の「能及之」（＝〝その境地に到達することができる〟）にあたり、「之」とは、さらに前の「要各能自見於天下後世」（＝〝重要なことはそれぞれそのこと自体を世の中全体に後の時代まで知られるようにすることができる〟）ことを指している。その「要」とは、本文の前半で述べられている内容から、「要」（＝〝重要〟）で「確」（＝〝確か〟）な言説のありかたのこと。「降而不能乃剽賊矣」は、〝時代が下って、重要なことや確かなこととして後世に知られる言説ができなくなり、剽窃を行うようになった〟ということを言っている。「夫A、且B、而況C」は〝そもそもAさえBなので、ましてやC（がBなの）は言うまでもない〟という抑揚の構文で、「夫剽賊以為文、且不足以伝後、而況剽賊以著書邪」は、〝剽窃して書いた文章さえ後世に伝える価値がないのだから、ましてや剽窃した文章で書物を著しても後世に伝える価値がないのは言うまでもない〟ということ。近年の著作物の有様を述べた以上の内容を簡潔にまとめる。

2024年度　前期日程

国語

参考　『書林揚觶』は、清代の学者方東樹が著述や著書のありかたについて論じたもの。方東樹は朱子学を重んじ、当時盛んであった考証学派に対抗した。

降りて能くせずして乃ち剽賊せり。夫れ剽賊して以て文を為るすら、且つ以て後に伝ふるに足らず、而るに況んや剽賊し て以て書を著すをや。然り而して識有る者恒に書の多きを病むや、豈に此に由らざらんや。

―――解説―――

本文のおおまかな内容は次の通りである。

書物を著して論を立てる者は、述べ立てずにいられない重要な自分の言説を持っていて初めて、その言説が世間に 認められ、道理を示すことができる。言説には適正な内容と述べ方が必要で、重要かつ確かなものでなければならな い。君子の言説は、普遍的で信用と利益を得ることができるものである。ところが現在の著作者は、剽窃を専らとす る売文家で、その著作は後世に伝える価値もないため、書物ばかりを世に出しても意味がない。

(一)

b、「快を一時に取るを」と読む。「取快」は "良い気分になる・満足を得る"、「一時」は "わずかな間・短い時だ け" の意。「不為敷衍流宕、放言高論、取快一時」で "節度なく述べ立てたり、無責任なことを分を越えて述べたり して、満足を一時的に得たりはしない" ということ。

c、「丘山の利」と読む。「有丘山之利」は後の「無毫末之損」と対句表現になっており、「丘山」は多大な様子の比 喩。

d、「偏なりと雖も」と読む。「雖」は逆接を表す。「偏」は "偏っている・偏向している" の意。「老荘申韓之徒、学 術雖偏、要各能自見於天下後世」は、"老子・荘子や申不害・韓非子などの古代の思想家の門弟は、専門的な教義は 偏りがある(=それぞれ独自の教義を立てている)とはいえ、重要なことはそれぞれそのこと自体を世の中全体に後 の時代まで知られるようにすることができた" という意味で、「学術雖偏」は、それぞれの教義には偏りがあるとい うことを譲歩的に示す部分となっている。

(二)

「著書立論」は、書物を著したり論を示したりすること。「必本〜」は "必ず〜に基づく・・・〜があって初めてできる・

全訳

そもそも書物を著し論を起こすことは、必ず抑えようがなくて言説がある（＝述べずにいられない自分の言説を持って
いる）ことに基づく。その後でその言説が適切で、その言説が真実で、その言説が有用となる。だから君子の言説は、道
理に達するところで終わり、節度なく述べ立てたり、無責任なことを分を越えて疑わなければならない。満足を一時的に得たりは
しない。思うに重要なことでなければ排除しなければならず、確かでなければ疑わなければならない。もはや排除しました
疑ったならば、その書物を立派だと見なしたり信じたりしてはならない。君子の言説は、季節が巡り時が流れるさまや、
日常の衣服や日常の食物のように、疑うはずもなく、嫌悪するはずもない。すべての世の中で永久に信用して従い、多大
な利益があって、ほんのわずかな損害もない。このことに基づいて古今の著作者について考察すると、白黒のようにはっ
きりと区別がつく。書物を著すにあたってそれらを自分の基準としなければ、ただ自分の言葉を売る者であるに過ぎない。

老子・荘子、申不害・韓非子の門弟は、専門的な教義は偏りがあるとはいえ、重要なことはそれぞれその境地を世の
中全体に後の時代まで知られるようにすることができた。時代が下ってそうできなくなって剽窃している。そもそも剽窃して文章を作ってさえ、後世に伝える価値
ことができた。時代が下ってそうできなくなって剽窃している。そもそも剽窃して文章を作ってさえ、後世に伝える価値
がないのだから、ましてや剽窃して書物を著しても後世に伝える価値がないのは言うまでもない。だから、見識ある者が
常に書物が多いことを心配するのは、どうしてこのことに起因しないだろうか、いや、このことに起因する。

読み

凡そ書を著し論を立つるは、必ず已むを得ずして言有るに本づく。而る後に其の言当たり、其の言信にして、其
の言用有り。故に君子の言、事理に達して止み、敷衍流宕、放言高論し、快を一時に取るを為さず。蓋し要に非ざれば則
ち厭ふべく、確ならざれば則ち疑ふべし。既に厭ひ且つ疑へば、其の書貴び信ずべからず。君子の言は、寒暑昼夜、布
帛菽粟のごとく、疑ふべき無く、厭ふべき無し。天下万世信じて之を用ゐ、丘山の利有りて、毫末の損無し。此を以て
古今の作者を観れば、昭然として白黒のごとし。書を著すに諸を身に本づけざれば、則ち只だ是れ其の言を鬻ぐ者なるの
み。老荘申韓の徒、学術偏なりと雖も、要は各 能く自ら天下後世に見る。斯の義や、古の文章の士は猶ほ能く之に及ぶ。

三

解答

出典

方東樹《ほうとうじゅ》『書林揚觶《しょりんようし》』〈巻上　著書必有宗旨〉

(一) **b,** 満足を一時的に得る
c, 多大な利益
d, 偏りがあるとはいえ

(二) 述べずにいられない自分の言説があって初めて、著作や立論を行うことができるということ。

(三) 剽窃した文章を集めただけの近年の著作物は、重要で確実なものとして後世に伝える価値がないこと。

参考 『讃岐典侍日記』は、平安時代後期に藤原長子（讃岐典侍）が著した日記。上下二巻から成り、堀河天皇の崩御から新帝鳥羽天皇に再出仕する経緯などが、堀河天皇を追慕する思いを中心に綴られている。

(三) 傍線部オの和歌は三句切れで、逐語訳は〝乾く間もない墨染めの袂だなあ。ああ、昔を思い出すよすがだと思う〟である。「墨染めの袂」は、ここでは喪服のことで、前書きにあるように、崩御した堀河天皇の喪に服している作者の服装である。喪服が「乾くまもなき」とは、堀河天皇を悼む涙で喪服が乾く間もないほど濡れているということ。「あはれ」は感動詞。「昔のかたみ」は、亡き堀河天皇を偲ぶよすがとなるものの意。「あはれ昔のかたみと思ふに」「乾くまもなき墨染めの袂かな」という文が倒置されている和歌なので、大意を説明する際にはわかりやすい語順に整え、感動詞や詠嘆表現などは省いてまとめる。

とに出仕することを言っている。「ん」は助動詞「ん」（「む」）の婉曲の用法。「あさましき」（「あさまし」）は意外なことに驚きあきれる様子を表す形容詞で、ここでは、驚きあきれるほど情けなく嘆かわしい気持ちととらえることができる。以上の内容を、敬語表現は省き、わかりやすく簡潔にまとめる。

（一）

ア、「年ごろ」は"長年・何年にもわたって"の意。「させ」は助動詞「さす」の尊敬の用法、「たまふ」は尊敬語補助動詞で、「させたまふ」で二重尊敬の形となっており、弁の三位から作者への敬意を表している。尊敬の接頭語の「御」も忘れずに訳出すること。「宮仕へせさせたまふ御心」は、宮仕えをする作者の心がけ・気立てのことを言っている。「ありがたさ」は、めったにない様子を表す形容詞「ありがたし」（「有り難し」）の語幹に、名詞を作る接尾語の「さ」が付いて成った名詞。ここでは良い意味で用いられているので、"めったにないほどのすばらしさ・奇特な様子"のように訳す。

ウ、「ゆかしく」は、心引かれる様子を表す形容詞「ゆかし」の連用形で、ここでは、作者が鳥羽天皇に対して抱いている気持ちとして、"お目にかかりたく・慕わしく"のように訳す。「まゐらすれ」は、謙譲語補助動詞「まゐらす」の已然形で、作者から鳥羽天皇への敬意を表している。「ど」は逆接を表す接続助詞。

エ、「かやうにて」は"このような様子で・このような状態で"。具体的には、あれこれと思い悩んでいる作者自身の様子を指しているが、現代語訳なので指示語のままでよい。「心づから」は"自分の心から・自分の思いのままに"の意。「身づから」（「自ら」）（＝"自分から"）や「手づから」（＝"自分の手で"）と同類の終助詞。「弱りゆけ」は、"弱っていく・衰弱していく"の意の動詞「弱りゆく」の命令形。「かし」は念押しの終助詞。「心づから弱りゆけ」は、作者が自分の身に対して、"自分の思いのままに衰弱していけよ"と命令する形で、思い悩むあまり自分の身が弱っていくならそれでかまわないという投げやりな気持ちを表したものである。傍線部エの後の「さらば、ことつけても」の「さらば」は、この「弱りゆく」ことを受け、このまま自分の身が衰弱していったなら、そのことにかこつけてでも出仕を免れることができるのではないかという見込みを言っている。

（二）

傍線部イは作者の心内文で、現代語訳は"早く（鳥羽天皇のもとに出仕したい）"というような様子で参上するようなことは、嘆かわしい"のようになる。「いつしか」は、ここでは、その時が来るのを待ち望む気持ちを表す副詞として用いられている。「～顔」は、"いかにも～な様子"の意。「参ら」（「参る」）は、作者が新天皇である鳥羽天皇のも

と思うと

（悲しみの涙で）乾く間もない墨染め（＝私の喪服）の袂だなあ。ああ、昔（＝亡き堀河天皇）を思い出すよすがだ

思わないだろう」などと次から次へと思うと、袖が隙間なく濡れるので、

---- 解説 ----

本文のおおまかな内容は次の通りである。

第一段落　（かくいふほどに、…）

十月になり、弁の三位を介して、院（＝亡くなった堀河天皇の父である白河上皇）が作者に新天皇（＝堀河天皇の子である鳥羽天皇）への出仕を求めているとの言葉が伝えられた。作者は茫然とし、生前の堀河天皇が鳥羽天皇への出仕を望んではいないようだったことなども思い起こして出仕をためらいながら、自分と同じ立場におかれた周防の内侍の和歌を想起して共感した。

第二段落　（「故院の御かたみには、…）

作者は、亡き堀河天皇の子である鳥羽天皇を慕う気持ちもあるが、かつて親や姉に勧められて心ならず出仕したことも思い合わせてやはり出仕には気が進まず、いっそ出家すれば院も諦めてくれるかとも考えるが、その決心もつかず、このまま自分の身が衰弱していけばよいとまで思い悩み続けた。何日か過ぎて、早く出仕せよと促す手紙が何度も届けられるが、その気にもなれない。

第三段落　（「過ぎにし年月だに、…）

作者は、かつて堀河天皇のもとに出仕したときでさえ、周囲に気が引けてばかりでいたのに、今になってまた鳥羽天皇のもとに出仕しても、鳥羽天皇にも周囲の人にも良いとは思われないだろうと思い悩み、堀河天皇の喪に服しながら悲しみの涙に暮れ続けている思いを和歌に詠んだ。

うなことは、やはりあってよいことではない。かつて出仕したときさえ、晴れがましさ（＝晴れがましい場に出て行くこと）は思い悩んだけれども、親たちや、（姉の）三位殿などでなさる（＝私に出仕を勧めなさる）ようなことだからと思って、言いたいことを言うことができなかったので、心の中だけで、海人の刈る藻のように思い乱れた。本当に、今回のことも、自分の思い通りにはできなくともきっと言わなければならないことであるけれども、一方で、（私が）俗世を見限っ（て出家し）たとお聞きになったならば、（白河院は）それほどまで（私を）必要だともお思いにならないだろうと思い乱れて、もう少しこの数カ月の間よりも物思いが募って髪を切り捨てるようなことも、昔の物語にも、そのようにしている人を、出そうか。そうはいうもののやはり、自分から髪を切り捨てるような気持ちがして、「（出家するための）どのような機会を探し他人も『厭わしい心の持ちようだなあ』などと言うようだけれども、自分の心の中でも、本当にそのように弱っていけるので、そういうもののやはり本気でも（出家の）決心がつかない。このような様子で自分の思いのままに思われることであit。それならば、それにかこつけても（出仕を免れることができるだろう）」と次から次へと思わずにいられなくて、何日も過ぎると、「（鳥羽天皇の）御乳母たちが、まだ六位で、五位にならないうちは、（天皇に）お食事を差し上げないことである。この二十三日と、六日と、八日が良い日だ。早く、早く」と書いてある手紙が、何度も届けられるけれども、（出仕を）決意することができる気もしない。

「過ぎてしまった年月でさえ、一身上の悩みの後は、女房などの中に入ることができそうな様子でもなく、みっともなく痩せ衰えてしまったので、どうしたものだろうかとばかり思い悩まずにいられなかったけれども、（亡き堀河天皇の）お心への慕わしさで（出仕し）、女房たちなどのお気持ちも、（姉の）三位がそうして（出仕して）いらっしゃるので、そのお気持ちに背かないようにしようという思いによってか、ちょっとしたことにつけても、ひたすら気遣いをせずにいられなくて過ぎたのに、今になってまた出仕して、かつて経験したときのようにするようなことも難しい。鳥羽天皇は幼くていらっしゃる。（私のことを）そのようにして長らく仕えてきてしまった者だとお思いになることもないだろう。昔（＝亡き堀河天皇）ばかりが恋しくて、ふと（私を）見るような人は良いとは思うだろうか、いや、そのようなままでは、昔（＝亡き堀河天皇）ばかりが恋しくて、ふと（私を）見るような人は良いとは思うだろうか、いや、その

二

解答

出典 藤原長子『讃岐典侍日記』〈下〉

(一) ア、長年、宮仕えをなさるお心がけのめったにないほどのすばらしさ
　　ウ、お目にかかりたく思い申し上げるけれども
　　エ、このような状態で自分の思いのままに衰弱していけばよいよ

(二) 待ち望んでいたかのように新天皇に出仕するのは心外だということ。

(三) 自分の喪服姿は亡き堀河天皇を偲ぶよすがだと思うと涙が絶えない。

全訳

このように言ううちに、十月になった。「弁の三位殿からお手紙」と言うので、取り入れて見ると、「長年の間、宮仕えをなさる（あなたの）お心のめったにないほどのすばらしさなどを、十分に以前からお聞きになっていたからであろうか、院から、この（鳥羽天皇の）御所にそのような人が必要である、すぐに参上せよとの、お言葉があるので、そのような心づもりをなさってください」と書いてあるのを、見ると、驚きあきれる思いで、見間違いかと思うほどまで茫然とせずにいられないことだよ。（堀河天皇が）御存命だったときから、このようには耳にしたけれども、どうとも（堀河天皇の）お返事がなかったからには、そうでなくてもと（堀河天皇は）お思いなのだったろうか、それなのに、早く（鳥羽天皇のもとに出仕したい）というような様子で参上するようなことは、嘆かわしい。周防の内侍が、後冷泉院に先立たれ申し上げて、後三条院から、七月七日に参上せよとのことを、おっしゃったところ、

「故院（＝亡き堀河天皇）の御形見としては、（鳥羽天皇に）お目にかかりたく思い申し上げるけれども、出しゃばるよ

天の川は同じ流れと聞きながらも、渡るようなことはやはり悲しい（＝後冷泉天皇と後三条天皇は同じ血筋だとはわかっているけれども、引き続いて出仕するようなことはやはり悲しい）

と詠んだとかいうのは、なるほどその通りだと思われる。

に『贈与交換』を含むという了解は、彼ら自身が交渉の過程において共同で生み出している見方であると結論づけている。したがって、交渉を通じて掛け売りについての見方がどう生まれてくるかがわかるように解答したい。具体的には〈掛け売りの交渉（契約内容の話し合い）が、行商人と客双方に、贈与交換の必要を感じさせる〉という流れが示せればよいだろう。なお、商交渉＝「代金支払いの契約」ではなく、商交渉には「ツケの交渉」も含まれる（傍線部エの二行前）ため、利益と損失という視点での駆け引き全般が商交渉であ

る。一方、「贈与交換」は相手のために、善意に基づいて何かを与える行為であり、その違いと重なりに注意しよう。

以上を踏まえて、解答のポイントを整理しておこう。

① 掛け売りは値段やツケをめぐる交渉に止まらない

② 行商人も客も損得を、相手を助けた／相手に助けられたという贈与と記憶する

③ この贈与への返礼の必要を感じ、贈与交換を導く

④ 交渉時の損得が相殺される

⑤ 相互扶助の関係につながる

設問に「楷書で」とあるので、細かいところまで一画一画明瞭に書くこと。a、「曖昧」は偏の部分に注意する。b、「憤」る（“怒りの気持ちを抱く”）も偏に気をつける。c、「拘泥」は“こだわること”で、ハネにも気を配ること。

参考　小川さやか（一九七八年〜）は文化人類学者で、専門はアフリカ地域研究。愛知県生まれ。立命館大学大学院先端総合学術研究科教授、日本文化人類学会理事。二〇一一年に『都市を生きぬくための狡知——タンザニアの零細商人マチンガの民族誌』（二〇一一年）で第33回サントリー学芸賞（社会・風俗部門）を受賞、二〇二〇年には『チョンキンマンションのボスは知っている——アングラ経済の人類学』（二〇一九年）で第8回河合隼雄学芸賞および第51回大宅壮一ノンフィクション賞を受賞。他の著作に『その日暮らしの人類学——もう一つの資本主義経済』（二〇一六年）がある。

これが「贈与交換に回収させる」という表現で述べられている内容である。この内容をいかに短く的確にまとめられるかが鍵となるだろう。

次に、設問の表現に着目しよう。この設問で出題者は「どういうことか」ではなく、「筆者はどのようなことを言っているのか」と問うている。この表現は単なる言い換えではなく、より高次の言い換えを求めている。本文の末尾に「この交渉で実践されているのは、市場取引の体裁を維持しながら、二者間の基盤的コミュニズムを胚胎させることに他ならない」とあり、筆者は、贈与交換で恩を返す行為を要請するような交渉を、単なる市場取引を超えた「二者間の基盤的コミュニズム」につながるものだと評価していることがわかる。「コミュニズム」とは一般的には〝貧富の差のない平等な社会を目指す共産主義〟を指すが、本文には「基盤的コミュニズム」の説明がない（原文では「はじめに」において、デヴィッド・グレーバーが「コミュニズム」と区別するために用いた重要な概念として紹介・説明されている）ため、自分で類推する必要がある。行商人と客という個人間（＝「二者間」）で、相手が困難な状況、すなわち経済的に苦しい状況にあるときに、手を差し伸べるような相互扶助の関係は、貧富の差の解消と、平等な社会関係を志向するという意味での「コミュニズム」に通じるものがあると理解できればよいだろう。つまり、筆者は、掛け売りをめぐって行われる交渉が、単なる商取引（商品の売買）、単なる贈与交換（プレゼントの交換）の次元に止まらない、相互扶助の関係という望ましい社会関係構築の可能性を持つもの（人間関係・社会のあり方に関わるもの）と評価しているのである。

最後に、「本文全体の趣旨を踏まえて」とあるので、傍線部エの中の「時間や機会の贈与交換」という本文全体のキーにもなっている用語に注目し、これに関して筆者が述べてきた内容を押さえよう。㈡で見たように、筆者は、〈掛け売りを「代金支払いの契約」と「時間・機会の贈与交換」と捉える〉仮説を繰り返し提示（第七段落一〜二行目、第八段落三〜四行目）し、その後、行商人や客の言動を通して検証している（第九段落）。したがって、この掛け売りに対する見方が本文の主軸を成している。さらに、最終段落一行目では「掛け売りが代金支払いの契約と同時

（三）

①が必要である。

傍線部ウを含む文は、『商品代金の支払い』は遂行されなくても」＝「商売の帳尻があわなくても」、『時間や機会の贈与」に何らかの返礼が遂行される」結果、「生活全般の上では帳尻があっている」状態になると述べている。商品の代金が支払われなければ、行商人は当然商売上の損害を被る。では、なぜ「生活全般」では「帳尻があ」う、すなわち、損失の穴埋めが起こるのかといえば、「『時間や機会の贈与』に何らかの返礼が遂行される」からである。具体的には、客が「『ツケのお礼に』と食事を奢ってくれ」たり、客が行う「商売で行商人に掛け売りしてくれたり」する（傍線部を含む第九段落四〜六行目）のである。より一般的な形に言い換えると、〈商売の収入とは別のところで客から何らかの利益がもたらされる〉となり、この結果、商売上の損失は、代金支払いと贈与の返礼（贈与交換）とは明確に区別されていることを示している。もう一つ、客の（そして行商人にも共通する）認識として押さえておくべきは、客は代金とは別に、贈与に対する返礼が必要だと考えていることである。第九段落の四〜七行目の事例は、代金が未納であるにもかかわらず贈与の返礼を行うということはないだろう。さて、解答に入れるべきポイントを整理すると以下のようになる。

① 　代金未払いの損失

② 　客は代金とは別に時間をもらったお礼が必要だと考え、実行する

③ 　商売の収支とは別のところで生活上損失は補填される

（四）

傍線部エの「この余韻」が指す内容をこの段落、特に直前の二つの文を参照し、押さえていこう。自分の困難な状況を訴えあう値段やツケの交渉での成功／失敗は、相手に助けられた（相手に助けられた／相手を助けた）という贈与として記憶される。この記憶により、相手に助けられた（贈与を受けた）と感じた側は、相手の状況に鑑みながらこれが「余韻」である。この記憶により、相手に助けられた（贈与を受けた）と感じた側は、相手の状況に鑑みながら今度は相手を助けようという意識を持って贈与を行う。助けた（贈与を与えた）側が困っている状況では相手に助けてもらうような贈与を期待し、求める。このような贈与交換の結果として交渉の成功／失敗は相殺されることになる。

（二）

① 客の確保・維持につながる
② 商品購入の機会が増える
③ 販売数が増えれば仕入れ先から優遇される
④ ツケは緊急時に使用できる資金となる

これら四つの要素を解答欄に合わせ、短くまとめよう。その際、単に四つの要素を並列するのではなく、①〈客の確保〉と②〈購入機会の増加〉が、③の前半の〈販売数が増える〉原因となるものであるという因果関係を作って記述できるとよいだろう。

傍線部イを含む文の次の第七段落一〜二行目に「彼らは……掛け売りを『市場交換』と『贈与交換』のセットで捉えているのではないかと考えるようになった」とあり、その次の第八段落の三〜四行目にも「『支払い猶予を与える契約』を『代金支払いの契約』と『時間・機会の贈与交換』に分割して考えると、彼らの言動はつじつまがあい」とある。ここから、行商人たちが掛け売り（＝「支払い猶予を与える契約」）を二つの側面が結合したものと認識していることがわかり、その認識が傍線部イのような発言を生み出していると考えられる。この認識は、第七段落の二〜五行目で「ツケは商品やサービスの対価であり、……返してもらう必要がある」（＝「代金支払いの契約」の認識）、一方、「ツケを支払うまでの時間的猶予……は『贈与』したものなので」「特別な理由」がなければ、「いつ返すかは」「与えられた側が決めるのだ」（＝「時間・機会の贈与交換」の認識）と詳しく説明されている。ここから解答のポイントは以下の二点になる。

① 商品の代金は支払ってもらう
② 支払うまでの時間は贈与したものなので、いつ返すかは客が決める

解答作成にあたっては、傍線部には含まれていないが、誰の認識かがわかるよう「行商人」の語を入れておきたい。

また、傍線部イの主張は、その後に〈いつかは返してもらう〉という内容が省略されているものと考えられるので、

「代金支払いの契約」と「時間・機会の贈与交換」であると捉えているためである。この「贈与交換」では、客からの贈与は、その取引自体とは別のところで行われるため、商売上の損失はより広い生活全般のレベルで補塡され帳尻があっているように思われる。掛け売りにおいて行商人と客は、商交渉で得をし、助けられたと感じた側が、今度はその返礼として贈与を行う。こうした実践は困難な状況に対して互いに助け合う関係に道を拓くものである。

──────
解説
──────

本文は、タンザニアの行商人たちが行っている掛け売りが、我々の社会で行われている商取引とは決定的に異なる次元を持つものであることを示した文章である。一般に、我々の常識的な見方と異なるもの（近代以前のもの・西洋以外の地域のもの）を提示する評論は、我々の常識を揺さぶるとともに、そこに新しい可能性があるものとして論じられるのが普通であるから、我々の常識的な見方とどう異なるか、どんな可能性があるのかといった問題意識を持って読むことが求められている。本文全体は十段落から成っている。ここでは全体を四つに分けて、構成を整理しておこう。

┌─────────────────
│ **1　第一～三段落（タンザニアの…）**
│ 　行商人が行う掛け売りの功罪
│ **2　第四～六段落（ただ、それは…）**
│ 　ツケの回収に関する行商人の言動
│ **3　第七～九段落（これらの商人や客の…）**
│ 　掛け売りを「市場交換」と「贈与交換」のセットとみる捉え方
│ **4　第十段落（いまから振り返ると、…）**
│ 　行商人と客との交渉がもたらす可能性
└─────────────────

(一)　傍線部アを含む第三段落から、掛け売りの商売上の利点がどのようなものか押さえていこう。

国語

一

解答

出典

小川さやか「時間を与えあう——商業経済と人間経済の連環を築く『負債』をめぐって」〈2　金品の取引と時間・機会の贈与　2-1　ツケの返済と時間／機会の贈与〉（佐久間寛編『負債と信用の人類学——人間経済の現在』以文社）

(一) ツケは客の確保や販売機会の増加により販売数を増やし、その結果仕入れ時の優遇も招き、また未払金は緊急時の資金になるという利点があるから。

(二) 行商人たちは、代金は払ってもらうが、払うまでの時間は相手に贈与したものなので、いつ支払うかは相手が決めるものだと考えているから。

(三) 代金は受け取れなくても、客は代金とは別に猶予時間の贈与には返礼が必要だと考え実行するため、売り上げでない形で損失は補填されるということ。

(四) 掛け売りは値段やツケをめぐる商交渉に止まらず、行商人も客もそこでの損得を、相手を助けた／相手に助けられたという贈与と捉えるため、それへの返礼の必要を感じ、贈与交換を導く。これにより損得が相殺される点で相互扶助につながるということ。（一〇〇字以上一二〇字以内）

(五) a、曖昧　b、憤　c、拘泥

**　　　要旨　　　**

タンザニアの行商人たちは客の確保や販売機会の増加など商売上の利点から、掛け売りに応じている。ツケをいつ返済するかを客が決めることや、ツケを支払っても行商人に「借り」があるような言動をするのは、行商人も客も掛け売りを

//////////////// · memo · ////////////////

//////////////// · **memo** · ////////////////

///////////////////// · **memo** · /////////////////////

2023 年度

解 答 編

解答編

■英語■

1 (A)　解答

<解答1＞　経験が重視される現代において，消費力も経験の選択肢も増したことや，携帯電話の過剰使用で時間不足が生じており，人々の心身の健康や生産性に悪影響を及ぼしている。(70〜80 字)

<解答2＞　現代では経験が重視されるが，消費力と選択肢に対して時間が足りない。携帯電話の使いすぎも時間不足の一因であり，不足を感じる人ほど心身の健康や生産性に問題がある。(70〜80 字)

<解答3＞　現代人はものの消費より経験を重視するが，消費力の激増，選択肢過多，また携帯電話の過剰使用で時間不足に陥っており，そのせいで心身の健康や生産性に問題を抱えがちだ。(70〜80 字)

◆全　訳◆

≪時間不足が生じる理由≫

　2010 年代，私たちはあまりにも多くのものを持ちすぎていることを心配していた。大量消費が環境に与える影響に対する意識の高まりと，ソーシャルメディアで自分の生活を吹聴したいという欲求によって，私たちはものより経験を評価するようになった。現在，私たちは新しいことを心配し始めている。時間が少なすぎるということである。

　心理学者たちは，経験は物質的な商品よりも，幸福感をもたらしてくれる可能性が高いということを発見しているが，もちろん私たちはどの経験を追求すべきか選択しなくてはならない。間違った選択をするのではないか，そのために貴重な時間を無駄にするのではないかという不安は，私たちの多くが痛感することである。

　この問題には，皮肉なところがある。過去数十年間よりも現在のほうが私たちは自由な時間がある。しかし，いくつかの理由でそんなふうに感じないということである。

　2019 年の自著『時間を過ごすこと』で，ダニエル=S. ハマーメッシュは，私たちの寿命が 1960 年から 13 パーセントと少し伸びている一方で，私たちの消費力は 198 パーセントと急激に増したと説明している。「そのため，私たちが欲しいと思い，今では買う余裕のあるすべてのものを，増えているとはいえますます相対的にずっと限られている，そうしたものを購入し生涯にわたってそれらを楽しむための時間に詰め込むのは難しくなる」と，彼は書いている。

　次に，私たちの携帯電話中毒がある。アメリカの成人は，大量のメール，テキスト，ソーシャルメディアの更新，四六時中流れるニュースに遅れないようについていこうとして，毎日携帯電話に約 3 時間半を費やしている。そして，私たちの時間の多くは「汚染された時間」，つまり一つのことをしながら，何か他のことを考えている時間なのである。ツイッターに目を通しながらテレビを見るというように，一瞬一瞬からより多くのものを得ようとすることで，私たちは自分が生産的になっていると思うが，実際にはそれでいっそう疲れ果てているだけである。

　こうした状況を助長するのが，今日の経験経済において絶えず広がっていく選択肢である。今夜行こうと思えば行けるあらゆる演劇や講話や勉強会のことを考えてみるとよい。

　心理学者たちが言うところの「時間欠乏」に私たちの多くが悩まされるのも当然である。関心経済に抵抗しようという呼びかけは以前からあるが，私たちに時間が足りないと感じさせる要因は，すぐになくなりそうにはない。たとえば，テクノロジー会社は，端末にどれだけ時間を費やしているか教えてくれるアプリを作ったかもしれないが，彼らのビジネスモデルは消費者が端末を使い続けることに依存している。

　時間が足りないと感じている人たちのほうが，不安やうつに陥りやすい。彼らのほうが運動し，健康的な食べ物を食べている可能性が低い。そして，彼らのほうが仕事では生産性が低い。それなら，最もよい時間の使い方に対する心理学者の関心が高まっていることもうなずける。

■■■■■■■■■■◀解　説▶■■■■■■■■■■

◆読解する

　全体の構成を意識しながら，各段を検討しよう。

〔第 1 段〕

　この段では，2010 年代の消費行動においては，ものを持ちすぎること
が懸念されていたが，ものより経験が重視されるようになり，現在は時間
不足が新たな懸念となっていることを述べ，文章のテーマを示している。

〔第 2 段〕

　この段では，追求する経験の選択を間違えると時間を無駄にすることに
なるという恐れを多くの人が感じている実情を述べ，新たな懸念の内容の
一端に触れている。

〔第 3 段〕

　この段では，この何十年かで自由時間が多くなっているのに，いくつか
の理由でそうは感じられないという皮肉な状況を述べている。

〔第 4 段〕

　この段では，その皮肉な状況の理由の一つとしてある学者の言葉を引用
し，激増した消費力で手に入れられるものを，限られた時間に詰め込むの
が困難になっていると述べている。

〔第 5 段〕

　もう一つの問題として携帯電話中毒を挙げ，人々は大量のメールや情報
を処理するのに多くの時間を費やしている上に，同じ時間でできるだけ多
くのことをしようと複数の作業を同時に行うことで，実は疲れ切っている
だけであるとしている。

〔第 6 段〕

　この段では，経験として楽しめるものが無数にあることに言及している。

〔第 7 段〕

　この段では，上記のような現状から，人々が時間不足に悩まされている
と述べ，その要因がすぐにはなくならない事情を説明している。

〔第 8 段〕

　時間不足を感じている人たちは，精神的にも肉体的にもよくない状態に
あって生産性も落ちるとし，心理学者が時間の最善の使い方に関心を寄せ
るのも当然だと締めくくっている。

　各段と各文の内容をまとめると次表のようになる。

各段の要旨		各センテンスの内容
第1段	消費生活における問題の変遷	第1文：2010 年代の問題はものを持ちすぎていることだった。 第2文：大量消費の環境への影響に対する意識と SNS で自分の生活を紹介したいという欲求で，ものより経験が評価されるようになった。 第3文：現在では，時間不足が新たな懸念である。
第2段	時間不足に関する一つの懸念	第1文：ものより経験のほうが幸福をもたらすことはわかっているが，人々はどの経験を追求すべきか選択しなくてはならない。 第2文：間違った選択をし，時間を無駄にすることを多くの人が恐れている。
第3段	自由時間に見られる皮肉な状況	第1文：この問題には皮肉なところがある。この何十年かを比べると，今の私たちは多くの自由時間を持っている。 第2文：しかし，いくつかの理由でそうは感じられない。
第4段	皮肉な状況の原因	第1文：ある学者は 1960 年から寿命は少しだけ伸びたが，消費力は激増していると述べている。 第2文：そして，現在の消費力で手に入れられるすべてのものを，限られた時間に詰め込むのが難しいとしている。
第5段	携帯電話中毒がもたらす問題	第1文：次に，携帯電話中毒という問題もある。 第2文：アメリカの成人は，大量のメールや情報の処理に1日約3時間半，携帯電話を使っている。 第3文：そして，人々の時間の多くは同時に複数のことを行うという「汚染された時間」である。 第4文：同時に複数のことを行って生産的になっていると人々は思っているが，実際には疲れ切っているだけである。
第6段	時間不足を助長するもう一つの理由	第1文：この状況を，経験経済で選択肢が広がっていることが助長している。 第2文：今夜行こうと思えば行ける楽しみ（経験を与えてくれるもの）はいくらでもある。
第7段	時間不足を感じさせる原因がなくならない理由	第1文：心理学者が言う「時間欠乏」に私たちの多くが悩まされるのも当然である。 第2文：関心経済に抵抗するように呼びかける声はあるが，時間不足を感じさせる原因はすぐにはなくなりそうにない。 第3文：テクノロジー会社は，消費者がどれだけ端末に時間を使っているかわかるアプリを作ったかもしれないが，彼らの仕事は消費者が端末を使い続けることをモデルとしている。
第8段	時間不足を感じる人の実情	第1文：時間が足りないと感じている人のほうが（そうでない人より），不安やうつを抱えている。 第2文：彼らのほうが運動不足で健康的な食事をしていない。 第3文：彼らのほうが仕事では生産性が低い。 第4文：時間の最善の使い方に対する心理学者の関心が高まっているのも当然である。

◆答案を作成する

　この文章は，人々の関心がものの消費から経験の消費へと移った現代において，時間不足という新たな懸念が生じている理由について論じている。第4段にある消費力の激増，第5段の携帯電話中毒，第6段の選択肢の過多が理由として述べられており，これらを中心にまとめることになる。また，第8段で述べられている，時間不足を感じている人ほど心身の健康や生産性が低水準であるという点にも言及する必要があるだろう。

●語句・構文●

（第1段）　●broadcast「〜を吹聴する」

（第2段）　●feel *A* deeply「*A* を痛感する」

（第4段）　●spending power「消費力，購買力」　●surge「急にとてつもなく増加する」　●stuff *A* into *B*「*A* を *B* に詰め込む」

（第5段）　●24/7（twenty-four seven）「1日24時間週7日の，四六時中の，年がら年中の」　●we are being productive「今，生産的になっている」　be動詞でも，今この時だけの状態を示すときには進行形にできる。

（第6段）　●Add to this the … options「選択肢が，これを増す」が直訳。もとの語順は The … options add to this。

（第7段）　●No wonder S V「SがVするのも当然だ，少しも不思議ではない」　もとは It is no wonder that S V の形式主語の文。
　　　　　●attention economy「関心経済」情報の質より人々の注目度に重きを置く経済。

（第8段）　●feel short of 〜「〜が不足していると感じる」　●make sense「道理にかなう，意味がわかる」

1 (B) 解答

(ア)(1)— f)　(2)— b)　(3)— c)　(4)— d)
(5)— g)

(イ)as able to identify the nature of the laughs as fellow Americans

◆全　訳◆

≪笑いの役割≫

「病気や悲しみにも伝染性はあるが，この世に笑いや陽気な気分ほどいやおうなくうつりやすいものはない」『クリスマスキャロル』の中で，チ

ャールズ=ディケンズはそう書いた。彼は 1840 年代のロンドンにいたのだが，この言葉はいついかなる場所でも真実の響きがある。笑いは，人類に普遍的に見られる数少ない特徴の一つである。困難なときでも，楽しい穏やかな笑いがストレスや不確かなことに対処する助けになったことがある人は多い。

　したがって，心理学者たちがかつては，その多くが笑いは不幸や絶望ほど重要ではないと考えて，笑いに真剣な注意を向けるのをしぶっていたのは驚きである。(1)[f] 心理学はまだ，後ろ向きの感情と前向きな感情について知られていることのバランスをとるのに，遅れを取り戻すべくやるべきことがたくさんある]。

　これは科学における損失である。最近の研究で，笑いには想像よりはるかに多くの意味があるとわかっているからである。気分との明らかな関連以上に，笑いは人間関係の本質や健康状態に対する実に深遠な洞察を与えてくれる。幼児のくすくす笑いの研究は，私たちが自己意識や他人の心を読む能力をどのように発達させるのかを理解する手助けにさえなるかもしれないのだ。

　笑いは他の種でも驚くほどよく見られるが，人間関係は平均的な動物間の関係よりもずっと複雑で，人間は自分の声をはるかによく制御できる。(2)[b] その結果，人間の笑いは影響力があり柔軟な社交上の道具に進化した]。バージニア大学のエイドリアン=ウッドによれば，笑いは主に３つの目的に役立つ。第一は，報酬である。つまり，私たちが笑い合うとき，それはある特定のふるまいを評価していることを表し，ふれあいを強化して，私たちは今後より一層同じようにふるまうようになる。

　笑いの２つめの機能は，つながりを知らせることだ。こうした友好関係の笑いは，自発的なもの（つまり「作り笑い」）で，特定のふるまいを強化するというより，緊張や気まずさを和らげる傾向がある。たとえば，あなたが何か感情を傷つける可能性のあることを言ってしまったら，思いやりのあるくすくす笑いは，それがほんの冗談のからかいだということを表して人を安心させるのに役立つかもしれない。

　笑いの３つめの目的は，あなたの上司があなたの型破りな考えを笑い飛ばすというように，優位を知らせることだ。直截な異議や批判は敵対心を誘発するかもしれないが，笑いは不賛成をもっと微妙な示し方で示す。

「⁽³⁾[c) それは社会的調和の見た目を維持してくれます]」と，ウッドは
言う。

　この主張の証拠を示すために，ウッドと彼女の共同研究者たちは，762
人の人々に笑いのさまざまなサンプルを，それが報酬を与えるように聞こ
えるか，安心させる（友好関係の印）ように聞こえるか，それともばかに
している（優位の印）ように聞こえるかに基づいて評価してくれるように
頼んだ。笑いのタイプのそれぞれが，異なる聴覚的特徴を持っていること
がわかった。報酬の笑いはより大きく長かった。友好関係の笑いはより静
かで短く微妙だった。一方，優位の笑いは他の笑いが持つ響きの美しい喜
びにつながる特徴を欠いていた。「そういう笑いは基本的により不快で耳
障りで，こういう聴覚的な混沌の印をすべて持っていました」と，ウッド
は言う。

　笑いは強力な社会的信号であるという結論は，カリフォルニア大学ロサ
ンゼルス校のグレゴリー=ブライアントとその共同研究者たちによる，実
験参加者は人々の親密さを彼らの笑い声の響きだけに基づいて予測できる
という研究結果と一致する。実験で使われた笑い声はすべてアメリカ合衆
国で集められたものだったが，それでもヨーロッパ，アジア，アフリカの
人たちも，アメリカ人の参加者とまったく同じように，笑いの性質を特定
することができた。人々の，ある笑いが自然に起こったものか作り笑いか
を判断できる能力もまた，文化を超えて同じように高い。他の研究では，
文化の異なる人々の笑い方の微妙な違いを突き止めているが，ブライアン
トの出した結果は，中核となる信号は世界のどこでも認識可能であること
を示唆している。

　笑いの普遍性を裏づけるさらなる証拠は，子どもの情緒的な語彙にその
初期の表れが見られることにある。赤ん坊の最初の笑いは，一般に生後 4
カ月までに生じるが，これは最初に言葉を話すよりずっと前である。「そ
れは純粋に情緒的なものなので，複雑さが最も少ないタイプの笑いです」
と，ノーザンバーモント大学のジーナ=ミローは言う。

　幼児の世話をする人ならだれでも知っていることだが，人は赤ん坊をキ
ャッキャと笑わせるのに，あきれるほどなんでもするものだ。ウッドの見
解の枠組みだと，これは報酬の笑いで，愛情に満ちたふれあいを強めてく
れる。ミローも同様の主張をしており，笑いは明らかな進化上の恩恵をも

たらすと指摘している。「$^{(4)}$[d）それは，世話役と幼児とのつながりを保つ，一種の『接着剤』の役割を果たしているかもしれません]」と，彼女は言う。「幼児はそのあと，その肉体的な生存の点でも，世話役に対するそうした重要な愛着感情を発達させるという点でも，積極的に関わってくれる世話役を得ることから恩恵を受けます」

　笑いは社会的ふれあいに非常に密接に関連しているので，笑えるようになることは重要なことである。「もし笑いの中に加われないとしたら，あるいは笑いに加わりたくないと思うのなら，また笑いがそのままあなたをいらいらさせるとしたら，それはあなたが人々と持つふれあいに本当に大きな影響を及ぼすでしょう」と，ロンドン大学ユニバーシティカレッジのソフィー＝スコットは言う。

　笑いを研究している多くの科学者と同様，スコットは当初，彼女の研究を真剣な関心を向ける価値がないと見なす同僚たちからの抵抗に幾分直面した。今では彼女は，笑いが与えてくれる，人間の状態の理解に役立つ深い洞察にかつてないほど確信を持っている。「$^{(5)}$[g）ばかげていて取るに足りないように思える物事が，実際には人間の生活の最も重要な要素かもしれません]」と，彼女は言う。私たちは，笑いは気分の単純な表現にすぎないと思うかもしれないが，笑いは実は笑いごとではないのだ。

　私たちの社会生活における笑いの重要性を考えると，友情や恋愛関係を後押しするのに笑いを戦略的に使うことはできるのだろうかとも思うかもしれない。21 の異なる社会に及ぶある研究で，一般に人は作り笑いと本物の笑いを区別できることが明らかになった。しかし，さらなる実験ではどちらの種類の笑いも人の好ましさを高めうることを示唆している。

　しかし，あなたの笑いに関する人々の認識は，あなたについてすでに彼らが持っている意見に左右されるであろうから，もし彼らがあなたのことをいらいらするとすでに思っているのであれば，笑いには効果がないだろう。代わりに，あなたと知人が自然に笑える状況を探すほうがよいかもしれない。ある研究では，一緒に面白い映画を見た人たちは，そのあと打ち解けて，互いに個人的な情報を明かす傾向があることがわかった。したがって，もしだれかと真剣に向き合いたいなら，まず冗談でも言うことだ。

◀━━━━━━◀ 解　説 ▶━━━━━━▶

◆㋐ ▶⑴　空所の前に「心理学者たちがかつては，その多くが笑いは不

幸や絶望ほど重要ではないと考えて，笑いに真剣な注意を向けるのをしぶっていた」とあり，空所に続く第 3 段第 1 文（This has been …）には「これは科学における損失である」と述べられている。 f ）の「心理学はまだ，後ろ向きの感情と前向きな感情について知られていることのバランスをとるのに，遅れを取り戻すべくやるべきことがたくさんある」が適切。

▶(2)　空所の前には，「他の動物でも笑いはよく見られるが，…人間は声をずっとよく制御できる」と，他の動物と人間の違いに言及している。そこから，人間特有の笑いの話になると考えられる。 b ）の「その結果，人間の笑いは影響力があり柔軟な社交上の道具に進化した」が適切。

▶(3)　当該段第 1 文（The third purpose …）に，上司が部下の型破りな着想を笑い飛ばすことで不賛成を表す状況が述べられており，続く第 2 文はそれを受けて「直截な異議や批判は敵対心を誘発するかもしれないが，笑いは不賛成をもっと微妙な示し方で示す」としている。つまり，笑いが敵対心，対立が露わになることを防いでいると言える。 c ）の「それは社会的調和の見た目を維持する」が適切。

▶(4)　空所の前には「笑いは明らかな進化上の恩恵をもたらす」とあり，空所のあとには「幼児はそのあと…積極的に関わってくれる世話役を得ることから恩恵を受ける」とある。赤ん坊が笑うことで，人が世話をしてくれる，自分に関わってくれるということを述べていると考えられる。 d ）の「それは，世話役と幼児とのつながりを保つ，一種の『接着剤』の役割を果たしているかもしれない」が適切。

▶(5)　空所の前には「笑いは人間の状態を理解するのに役立つ深い洞察を与えてくれる」と述べられており，空所のあとには「笑いは気分の単純な表現にすぎないと思うかもしれないが，笑いは実は笑いごとではない」とある。笑いが単なるおかしさの表れではなく重要なものだと述べており，g ）の「ばかげていて取るに足りないように思える物事が，実際には人間の生活の最も重要な要素かもしれない」が適切。

　使用しなかった 2 つの選択肢は以下のとおり。

a ）「かつてはとりわけ人間的だと考えられていた現象が，他の種と共通のふるまいと密接に結びついていることがわかる」
第 4 段第 1 文（While laughter is …）に「笑いは他の種でも驚くほどよく見られる」とあるが，人間と共通するふるまいとの結びつきについて述

べられている箇所はない。

e）「それは，それが他のだれかが考えていることに影響を及ぼし得ると幼児が理解していることを示している」

第9段（Further evidence …）・第10段（As any …）に幼児の笑いのことが述べられており，第10段最終文（"The infant subsequently …）には赤ん坊が世話をしてくれる人の存在から恩恵を受けることが述べられているが，そのことと幼児が何かを理解していることとの関連は見出せない。

◆(イ)　当該箇所は「笑い声はすべてアメリカ合衆国で集められたものだったが，それでもヨーロッパ，アジア，アフリカの人たちはちょうど（　　　）」となっている。空所のあとに were があることにも注意。同段は笑い合っている人たちの関係性を笑い声だけで推測できるかどうかの実験について述べている。第1文（The conclusion that …）では，「実験参加者は人々の親密さを彼らの笑い声の響きだけに基づいて予測できるという研究結果」が出ていることが述べられている。当該文にあるようにサンプルの笑い声はアメリカ人のものだったが，yet「それでも」として当該箇所が続いていることから，「アメリカ以外の地域の人たちも推測できた」という内容だと考えられる。as ～ as …「…と同じように～」の同等比較の～の部分に入るのは形容詞か副詞で，与えられている語句のなかでは形容詞の able のみ。これに to identify the nature of the laughs「笑いの性質を特定する」と続けられるのは容易にわかる。比較対象を示す2つめの as には Americans が続き，were の主語にもなる。これで（… were just）as able to identify the nature of the laughs as Americans（were.）となる。残る fellow は形容詞的に「仲間の，同じ地位の」の意があり，fellow Americans とすることで「同じ実験に参加したアメリカ人」といった意味にすることができる。

◆━◆━◆━◆━●語句・構文●━◆━◆━◆━◆━◆

（第1段）●ring true「真実の響きがある」

（第5段）●smooth over ～「～を和らげる，取り繕う」

（第7段）●mocking「人をばかにしたような」　●acoustic「聴覚の，音響的な」発音は [əkúːstik] なので注意。日本語では「アコースティック」と表記されることが多い。

（第8段）●fit in with ～「～と一致する」

（第 10 段）　●go to length to *do*「～するためにどんなことでもする」

（第 13 段）　●given「～を考えると」　●boost「～を促進する，高める」

（第 14 段）　●open up「打ち解ける」　●get funny「冗談を言う，面白くする」

2 (A) 解答例

＜解答例 1 ＞　I think the vehicle-control system will be completely automated, and cars will have literally become automobiles. Some cars have come to be driven automatically under certain conditions over these past ten or twenty years. And this can be applied to other means of transportation, such as buses and taxis. So, thirty years is enough for automakers to evolve cars into automatic transportation. Thus, even the elderly or the differently abled will be able to get about freely on their own.（60〜80 語）

＜解答例 2 ＞　In my opinion, transportation will be much the same even in thirty years. Today, we use various means of transportation, such as cars, trains, planes and ships, and now we can't possibly go back to getting about only on foot or by bicycle. So, although fuels may become cleaner and more efficient, what we will see on the road and the sea or in the sky won't change dramatically.（60〜80 語）

■■■■◀解　説▶■■■■

▶＜解答例＞の全訳は以下のとおり。

＜解答例 1 ＞　自動車制御の仕組みが完全に自動化され，車は文字どおり自動車になっていると思う。この 10 年 20 年で，一定の条件下では自動運転ができる車も出てきている。そして，これはバスやタクシーのような他の移動手段にも適用できる。したがって，30 年は，自動車メーカーが車を自動移動手段に進化させるのには十分である。そうなると，高齢者や障害者も，自分で自由に移動できるようになるだろう。

＜解答例 2 ＞　私の意見では，移動手段は 30 年後でもほぼ同じだろう。今日，私たちは，自動車，電車，飛行機，船といったさまざまな移動手段を使っており，今さら徒歩や自転車だけで移動することを再開することはとてもではないができない。したがって，燃料はもっと環境に優しく効率

のよいものになるかもしれないが，私たちが道路や海，空で目にするもの
は劇的には変わらないだろう。

▶「今から 30 年後，移動の手段はどうなっていると考えるか」という問
いかけに対して，理由も添えて自分の考えを述べるもの。「どうなってい
ると考えるか」なので，必ずしも変化しているという方向で述べる必要は
ない。ポイントは，妥当な理由を限られた指定語数で，簡潔に説得力のあ
る内容にまとめることだろう。

2 (B) 解答

＜解答1＞ If I dig a little more deeply into
the reason, I think I felt (that) I had to learn
more about Europe in order to consider the path (that) Japan's
modernization (had) followed under its influence.

＜解答2＞ Thinking a bit more (deeply) about the reason, I realize I
felt (that) I needed to know more about Europe so as to think over
how Japan (had) modernized, influenced by Europe.

◀解　説▶

「さらにもう少し掘り下げてみると，日本の近代化がヨーロッパの影響を
受けながら辿ってきた道筋を考えるには，そのヨーロッパのことをもっと
知らなければならない，といったことも感じていたのだった」

●「さらに掘り下げてみると」は「何を」を補う必要があるだろう。文章
冒頭に「なぜ歴史を学ぶようになったのか」とテーマが示されており，
「その理由を」などとできる。「掘り下げる」は dig deeply が直訳で，
比喩的にも使えるので，If I dig a little more deeply into the reason
とできる。「掘り下げる」が「考察する」の意であることから，think a
little more (deeply) about ～ / reflect a little more on ～ / give a
little more thought to ～ などの表現も使える。また，これらを分詞構
文にすることも考えられる。「もう少し」は a little bit more / a bit
more ともできる。なお，主節の述語動詞が「感じていた」のままでは
この部分との整合性がとれないので，「感じていたとわかる」とする必
要がある。主節は I realize〔think〕などとなる。

●「そのヨーロッパのことをもっと知らなければならない」が felt の目的
語の that 節内の S V ～ にあたる。I had to know more about Europe

ともできる。時制の一致に注意すること。「知る」はこれから学ぶということなので learn がより近いとも言える。「〜しなければならない」を needed to *do* としても問題はない。「その」は訳出不要。

● 「道筋を考えるには」は，(in order / so as) to think about the path 〔route〕がほぼ直訳で，このままでよい。「〜を考える」には think over や consider も使える。「道筋」は「どのようにして〜したか」と how の節に読み換えることもできる。

● 「日本の近代化が…辿ってきた（道筋）」は（the path）that Japanese modernization（had）followed が文字どおり。「日本の」は Japan's とすることも可能。「辿ってきた」の時制は，I felt との関係で言えば厳密には過去完了だが，内容上この 2 つが同時のことではないのは明白なので，過去形でも問題ないだろう。how 節なら how Japan（had）modernized 〔was / had been modernized〕，あるいは how Japan（had）achieved modernization などとなる。modernize は自動詞として使うことも，他動詞を受動態にして使うこともできる。ただし，本問の和文ではどちらでもよいかもしれないが，自動詞は日本が近代化において主体的だったこと，受動態は当然，受動的だったことを表す点には注意。

● 「ヨーロッパの影響を受けながら」は分詞構文を使って，influenced by Europe とできる。「ヨーロッパの影響下で」under the influence of Europe としてもよい。Europe の反復を避けたければ，under its influence としてもよい。なお，分詞構文は前に必ずカンマを打つこと。how Japan, influenced by Europe,（had）modernized のような挿入にすると収まりがよいが，無理に挿入にする必要はない。

3 (A) 解答　(6)— b　(7)— a　(8)— c　(9)— d　(10)— b

◆全　訳◆

≪伝書鳩の帰巣の特性≫

家鳩は，巣に帰るときに特定のルートをとることが知られている。この帰巣本能を何が支えているのか推測できるだろうか。私がこれから語る新しい研究では，家鳩が最初に移動してから 4 年後でさえも，同じ経路をたどってもとの場所に帰ることができることがわかっている。それはすごい

ことではないだろうか。

　実は，動物の記憶能力を調べるのは非常に困難である。オクスフォード大学の動物学者ドーラ＝ビロは，動物が，数年前に記憶に蓄えた情報を検索することを求められることはめったにないと認めている。最近の論文で，ビロと彼女の共同研究者たちは，伝書バトが 8.6 キロ離れた農場から自分のハト小屋へ戻るルートを確立してから 3，4 年後にそのルートを比較した。この研究は最初，ハトが数回の飛行の間に異なる社会的状況でルートを覚えるという 2016 年のある実験からデータを収集した。ハトたちは単独で飛ぶこともあれば，道筋を知っている仲間，知らない仲間と一緒に飛ぶこともあった。

　一時的に鳥の背中に取り付けられた GPS 装置のデータを使って，研究者たちは 2016 年にハトの集団がとった飛行ルートと，2019 年，あるいは2020 年に同じ鳥がとったルートの多くを比較した。途中で少し目印を見逃したものもいたが，他の多くは彼らが 2016 年に使ったルートと「びっくりするほど似た」ルートをとった。オクスフォード大学のもう一人の動物学者で，この調査の共同研究者でもあるジュリアン＝コレットは，「それは彼らがそこを飛んだのは 4 年前ではなくて，ほんの前日であるかのようでした」と言っている。

　研究チームは，ハトたちが最初に単独で飛んでも他のハトと一緒に飛んでも同じようにルートをよく覚えており，2016 年に飛んでいなかったハトよりもずっと成績が良いことを発見した。伝書鳩が，他の渡りをする動物と同様，巣に飛んで戻るとき，正確な体内方位磁石を使うことは以前から知られていたが，この調査は，彼らが何年ものちにハト小屋へ戻るルートをたどるのに目印を記憶することも示した。

　この結果は驚くことではないと，ボウリンググリーン州立大学で動物行動学の研究をしているが，この調査には参加していないヴァーマー＝ビングマンは言う。そして，彼はその調査が伝書鳩の注目すべき記憶力の新しい確証を与えてくれることも指摘している。「それは，人間の能力に対する私たちの自己中心的な認識と動物たちが実際にできることの間にある距離を少し縮めてくれます」

◀━━━━━━━ ◆解　説▶ ━━━━━━━▶

▶(6)　「ドーラ＝ビロによると，動物はどれほどの頻度で数年前に蓄えた情

報を使うように求められるか」

第 2 段第 2 文（Dora Biro, a zoologist …）に「ドーラ=ビロは，動物が，数年前に記憶に蓄えた情報を検索することを求められることはめったにないと認めている」とある。b）の「めったにない」が正解。

a）「ほぼ毎日」　c）「ひと月に 1 回」　d）「1 年に 1 回」

e）「4 年に 1 回」

▶(7)　「ビロと彼女の共同研究者たちによる研究は，伝書鳩が…からの同じルートをとるかどうかを調べた」

第 2 段第 3 文（In a recent article, …）に「ビロと彼女の共同研究者たちは，伝書鳩が 8.6 キロ離れた農場から自分のハト小屋へ戻るルートを確立してから 3，4 年後にそのルートを比較した」とある。a）の「3，4 年の間をあけて，8.6 キロ離れた農場」が正解。

b）「GPS 装置をハトの背中につけずに，2016 年に建てられた農場」

c）「10 年の間をあけたあと，8.6 キロも離れたところに位置する丘」

d）「数年後に，3，4 キロ離れた家」

e）「互いに 8.6 キロ離れたところに位置する 3 つか 4 つの異なる場所」

▶(8)　「2016 年にハトの集団がとった飛行ルートは…」

第 3 段第 1・2 文（Using data from GPS …）に「研究者たちは 2016 年にハトの集団がとった飛行ルートと，2019 年，あるいは 2020 年に同じ鳥がとったルートの多くを比較し…多くは彼らが 2016 年に使ったルートと『びっくりするほど似た』ルートをとった」とある。c）の「彼らの 2019 年，あるいは 2020 年のルートと驚くほど似ていた」が正解。

a）「そのルートを知っているハトに付き添われるときは似ていることがわかった」

b）「多くのハトが迷い，さまざまだった」

d）「自分の進む経路を知らない他のハトたちにはまったくたどれなかった」

e）「2019 年，もしくは 2020 年に飛んでいるハトがとったルートとは大きく違っていた」

▶(9)　「その調査は，伝書鳩が…に頼っていることを裏付けている」

第 4 段第 2 文（Homing pigeons, like other …）に「伝書鳩が…巣に飛んで戻るとき，正確な体内方位磁石を使うことは以前から知られていたが，

この調査は…戻るルートをたどるのに目印を記憶することも示した」とある。ｄ）の「彼らの体内方位磁石だけでなく目印の記憶（に）も」が正解。

ａ）「彼らが単独で飛ぶときにだけ記憶する情報」

ｂ）「仲間と一緒に飛んでいる間にだけ蓄える目印の記憶」

ｃ）「彼らの体内方位磁石と嗅覚」

ｅ）「彼らの仲間だけでなく視覚的な目印（に）も」

▶⑽　「ヴァーマー＝ビングマンによると，この調査は動物の能力は…ことを示している」

　第5段最終文（"It closes the distance …) に「それ（＝その調査）は，人間の能力に対する私たちの自己中心的な認識と動物たちが実際にできることの間にある距離を少し縮めてくれる」とある。ｂ）の「私たちが人間の能力と見なしているものにより近い」が正解。

ａ）「私たちが当然そうだろうと考えがちであるとおりに，ほぼ人間の能力と等しい」

ｃ）「記憶能力の点では人間のものと等しい」

ｄ）「異なるルートの長さを比較するという点では，人間の能力よりもはるかに発達している」

ｅ）「私たちが当然そうだろうと想像するとおりに，人間の能力よりわずかに劣っているだけである」

━◆━◆━◆━ ●語句・構文● ━◆━◆━◆━◆━◆━◆━◆━◆━◆━◆━

（第3段）　●a handful of ～「少数の～，わずかな～」

（第5段）　●close the distance「距離を縮める，詰める」

3 (B) 解答　　⑾─ｄ）　⑿─ｄ）　⒀─ｂ）　⒁─ｄ）　⒂─ｄ）

━━━━◆全　訳◆━━━━

≪大気中の二酸化炭素を取り除く取り組み≫

　先月，アメリカ合衆国東部メイン州沖で，研究者とエンジニアのチームが一続きの小さな水に浮く物体を海に流した。チームはそれを「ブイ」と呼んでいたが，むしろ緑のリボンに張り付けられた調理前のラーメンの包みのように見えた。その役割はたった一つ，流れて行って二度と見えなくなることだった。運がよければ，その後継者たちが間もなく大海に放たれ，

そこを流れ去り，大気中の炭素を少し吸収して，その後海底まで沈んで，その残骸はそこに何千年も留まることになるだろう。

　このチームはあるビジネスモデルを作ろうとしているのである。彼らはランニングタイドという会社に勤めており，この会社は海藻の魔法で海洋と大気から二酸化炭素を取り除けると主張している。ランニングタイドは，熱をこもらせる汚染物質を大気中から取り除き，何世紀にもわたって閉じ込めることを目的として，過去 2，3 年の間に登場した一連の炭素除去会社の一つである。スイスのクライムワークスやカナダのカーボンエンジニアリングのような最も有名な会社は，大気中の炭素を化学的に浄化するというよくある工業的方法を使って，直接空気回収を行っている。

　ランニングタイドが焦点を当てているのは海藻である。海藻は 1 日に 2 フィートという速さで成長し，それは海藻が大量の炭素を吸収することを意味している。その海藻はその後収穫するか，処分するか，海の底まで自然に漂っていくに任せることができるだろう。それは，海と大気から炭素を吸収するための完璧な自然の道具のように思えた。しかし，私は怪しいと思った。海藻を育てることで人類が大気から二酸化炭素を取り除けるという考えは，ただもう話がうますぎて本当とは思えなかったのである。

　だから，今月の早い時期にランニングタイドのリーダーたちに会ったとき，私には嬉しい驚きがあった。ランニングタイドの中核において，炭素の除去とは大量の炭素を一つの場所から別の場所に移動することなのだと，ランニングタイドの CEO であるマーティ=オドリンがメイン州にある彼の自宅から私に語ってくれたのだ。カギとなる問題は，化石燃料によって放出される何百ギガトンもの炭素をどのようにして，炭素が化石燃料から大気，そして植物へと移動する「速いサイクル」から，炭素が何千年も地中に閉じ込められたままになる「遅いサイクル」に戻すかということである。「その大量の移動を成し遂げるのに可能な中で最も効率のよい方法は何だろうか」　この問いは本当に本当に重要である。国連は最近，気候変動を改善するためには炭素の除去が「不可欠」であると述べたが，これまでのところ，それを安価にそして大規模に行う技術はない。

　オドリンはメイン州の漁師の家の生まれで，大学ではロボット工学を学び，地球表面の 3 分の 2 を覆う海は炭素除去に不可欠になるだろうという理論に基づいて，2017 年にランニングタイドを設立した。少なくとも今

のところ, ランニングタイドの方法のカギとなる側面はそのブイである。
ブイはそれぞれ, 廃材, 石灰石, 海藻でできており, これらはある点で気
候問題に取り組むことを意図した素材である。つまり, 木材はそうでなけ
れば捨てられる森林の炭素を表し, 石灰石は海洋酸性化を後退させ, そし
て最も重要なことだが, 海藻は素早く成長して陸と海から炭素を吸収する。
最終的に, 石灰石は溶け, 木と海藻は漂って海底に沈んで, ブイは分解す
るようになっている。

■━━━━━━◀解 説▶━━━━━━■

▶⑾ 「ランニングタイドが設計した『ブイ』は…ことを意図されている」
　第1段第3・4文（They had only one …）に「その役割はたった一つ,
流れて行って二度と見えなくなることだった。…大海に放たれ…流れ去り
…その後海底まで沈んで, その残骸はそこに何千年も留まる」とある。
d）の「海底まで沈む」が正解。
a）「水の中でゆでられ食べられる」
b）「大気中に漂っていく」
c）「大気中に炭素を放出する」
e）「船に浅い海域を警告する」

▶⑿ 「ランニングタイドが選り抜きの材料として海藻を使う理由ではな
いのは次のどれか」
　第3段第2文（Kelp grows as fast …）に「海藻は1日に2フィートと
いう速さで成長し…大量の炭素を吸収する」とあるのが, e）「海藻は速
く成長し, 多くの炭素を吸収できる」にあたる。続く第3文（That kelp
could …）に「海藻はその後収穫するか, 処分するか, 海の底まで自然に
漂っていくに任せることができる」とあるのが, a）「海藻は海底まで沈
むに任せることができる」, b）「海藻は簡単に捨てられる」, c）「海藻は
収穫できる」にあたる。d）の「海藻は建築材料に使える」は述べられて
いない。これが正解。

▶⒀ 「マーティ=オドリンによると, 気候変動と効果的に戦うためには,
化石燃料で生み出される炭素をどれほど取り除く必要があるか」
　第4段第3文（The key issue is how to …）に「カギとなる問題は,
化石燃料によって放出される何百ギガトンもの炭素をどのようにして…炭
素が何千年も地中に閉じ込められたままになる『遅いサイクル』に戻すか

ということだ」とある。b）の「何百ギガトンも」が正解。

a）「数ギガトン」　c）「何百トンも」　d）「数メガトン」

e）「何千トンも」

▶⒁　「『速いサイクル』では何が起きているか」

　第 4 段第 3 文（The key issue is how to …）に「炭素が化石燃料から大気，そして植物へと移動する『速いサイクル』」とある。d）の「炭素は化石燃料から大気へ，そして植物へと移動する」が正解。

a）「炭素は中性になる」

b）「炭素は海中深く送り込まれる」

c）「炭素は化石燃料に移動する」

e）「炭素は地中に閉じ込められたままである」

▶⒂　「オドリンについて正しくない文は次のどれか」

　第 5 段第 1 文（Odlin, who comes …）に「オドリンはメイン州の漁師の家の生まれで…2017 年にランニングタイドを設立した」とあり，a）「彼は 2017 年にランニングタイドを設立した」，e）「彼は漁師の家に生まれた」は正しい。第 4 段第 2 文（At its core, …）に「ランニングタイドの CEO であるマーティ＝オドリンがメイン州にある彼の自宅から私に語ってくれた」とあり，b）「彼はランニングタイドの CEO である」，c）「彼はメイン州に住んでいる」は正しい。d）の「彼は大学でロボット工学を教えていた」は，第 5 段第 1 文に「オドリンは…大学ではロボット工学を学んだ」とあることと一致しない。これが正解。

◆━◆━◆━◆━　●語句・構文●　◆━◆━◆━◆

（第 1 段）　●with any luck「運がよければ」

（第 2 段）　●with the hope of *doing*「〜することを目的として」

（第 3 段）　●too good to be true「話がうますぎて本当とは思えない，信じられない」

（第 4 段）　●remedy「〜を改善する，正しい状態に戻す」

3 (C) 解答　⒃— e)　⒄— e)　⒅— d)　⒆— d)　⒇— a)

◆全　訳◆

≪脱成長とは何か≫

著作権の都合上，省略。

著作権の都合上，省略。

◆**解　説**▶

▶⒃ 「ヒッケルによると，『脱成長』の目的は…である」

　ヒッケルの 2 番目の発言第 1・2 文（I think …）に「脱成長とは…資源とエネルギーの使用を計画的に減らすことであり，…不平等も減らし…それを地球の限界の範囲内で行うことを意味している」とある。e）の「地球の限界内に留まるように，不平等と資源の使用を減らすこと」が正解。

a）「伝統的な経済と先住民族の哲学を結びつけること」

b）「高収入の国々には環境破壊の責任があると考えること」

c）「環境保護を犠牲にして資本主義を推進すること」

d）「技術革新を通じてすべての人によい生活を与えること」

▶⒄ 「ヒッケルによると，『成長』という概念は…」

　ヒッケルの 4 番目の発言第 3・4 文（So, it's a very powerful …）に「成長という言葉でそのように特徴づけられているため，私たちはみんなそれを受け入れ…さまざまな意見のどちらの側であれ，いわば何らかの形で経済成長を強く批判する政党を見つけるのはとても難しい」とある。e）の「政治的な領域の両側で一般に受け入れられている」が正解。

a）「グローバルな南の国々によって，高収入の国々に売られてきた」

b）「台頭する環境保護経済という分野の根本的な概念である」

c）「自然界の自然現象だが，経済原理では不自然である」

d）「経済学者には非常に重要だが，再定義の必要がある」

▶⒅ 「環境保護経済の『定常状態』に関する次の文のうち，ヒッケルがインタビューで述べていることと一致しないのはどれか」

　ヒッケルの 6 番目の発言第 2 文（For example, …）に「環境保護経済の『定常状態』という原理を見てみると…年単位でもとに戻せないほど多くのものを生態系から決して搾り取ってはならない，生態系が確実に吸収できないほど多くの廃棄物を決して生み出してはならない」とある。c）の「1 年単位でもとに戻せないほど多くのものを環境から決して搾り取ってはならない」，e）「環境が確実に吸収できないほど多くの廃棄物を決し

て生み出してはならない」はこの部分と一致する。同発言第3文（And so, …）に「この概念は，ともに生きている生態系とのこのバランスを維持するということだ」とある。a）の「ともに生きている生態系とのバランスを維持することが重要だ」はこの部分と一致する。同発言第4文（And this is like …）に「これは環境保護経済の公式の原理のようなもので，経済や交易に関する先住民族の考え方に同じものがある」とある。b）の「それは経済や交易に関する先住民族の考え方と似ている」はこの部分と一致する。d）の「先住民族の共同体から決して天然資源を搾り取ってはならない」は述べられていない。これが正解。

▶⒆　「聞き手は，環境保護経済は…と示唆している」

　聞き手の7番目の発言（So in a way …）に「ある意味，環境保護経済は，何千年も存在してきたこういう先住民族の知識の多くにちょっと追いついてきているということですね」とある。d）の「何千年も存在してきた先住民族の知識にちょっと追いついてきている」がこの部分と一致する。これが正解。

a）「グローバルな北向けに先住民族の知識由来の考え方の名称を変えた」

b）「先住民族の知識と根本的に異なっている」

c）「先住民族の知識から生じている考え方にきわめて批判的である」

e）「何千年も存在してきた先住民族の知識から生じる考え方をただ真似ているだけである」

▶⒇　「ヒッケルによると，その土地と近い関係で暮らしている人たちは…生きている世界と相互作用している」

　ヒッケルの最後の発言第2文（"People who live close …"）に「『その土地と近い関係で暮らしている人たち』は，彼らが依存している，生きている世界と意味深い形で相互作用するさまざまな方法を持っている」とある。a）の「さまざまな方法で」が正解。

b）「同様の方法で」

c）「豊かな経済圏と同じ方法で」

d）「何千年も同じままである方法で」

e）「祖先への敬意をもって」

◆━◆━◆━◆━◆　●語句・構文●　◆━◆━◆━◆━◆

（ヒッケル第2発言）　●meet「（必要・条件など）を満たす」

（聞き手第3発言）　●Global North「グローバルな北」北半球に先進富裕
　国が多く見られることから，地球規模での南北問題を言うときに先進諸
　国・地域を指して使う。対する Global South「グローバルな南」は，
　発展途上諸国・地域を指す。
（ヒッケル第4発言）　●buy into ～「～を受け入れる，～に賛成する」
　●spectrum「（観念，活動などの）範囲，さまざまな意見」
（ヒッケル第5発言）　●intact「そのままの，損なわれない」

4 (A)　解答　(21)—(d)　(22)—(a)　(23)—(d)　(24)—(b)　(25)—(b)

━━━━━━◆全　訳◆━━━━━━━━━━━━━━━━━━━━

≪共通語の非中立性≫

　(21)　言語は決して中立ではない。はっきりと平和や幸福を人類にもたら
す言語はない。他の言語に優先して，ある特定の言語を選ぶことは，ある
特定の状況で特定の話し手によっては，より中立と見なされるかもしれな
い。しかし，この一つの言語が，別の状況で別の話し手によっては政治的
な含みの多い偏りのある選択と見なされる可能性がある。英語もこうした
社会的現実の例外ではない。もっとも，その世界的な共通語としての立場
が疑問の余地なく受け入れられていることが多いことが，英語をそのよう
なものに思わせるかもしれないが。

　(22)　共通語としての英語は，異なる第1言語を話す人たちの間の「中立
の」媒体と表現されることが多かった。南アフリカでは，英語は一般的に
「中立の」媒体とはほど遠く，私は，南アフリカ人が共通語を使う状況で，
英語をどのように話し，聞き，書き，受け取り，解釈するか，その方法の
非中立的で曖昧な性質を正確に調査している。実は，私の主な主張は，曖
昧さというのは，南アフリカという場における共通語としての英語の，最
も疑われることが少なく，最も決定的でありながら，なお十分には認識さ
れていない特徴である，ということだ。

　(23)　共通語としての英語を使う人たちに見られる両義性を調べることは，
絶えず変わる世界を理解しようとするときに，彼らが自分の言語的，社会
的財産をどのように見ているかを再評価する機会になる。言語人類学者に
とっては，一貫性のなさや矛盾するように見える立場にもっと注意を払う

ことによって，こうした両義的な立場や曖昧な側面を観察することに利点がある。人類の歴史を通して，共通語の機能を獲得した言語はいくつかあり，共通語は国際的な異文化間の状況だけでなく，南アフリカのようにある国の国内においても利用される。

⑳　世界には，英語を共通語とするさまざまな状況があるが，それらはすべて，話者間の英語能力のレベルが多様であることで特徴づけられる。言語のイデオロギー的な枠組みは，変種の一つ，最もよくあるのはいわゆる「標準」を，他より優れていて優勢であると位置づける。そうした標準英語と非標準ではあるが共通語の形態をとっているものとの共存が，しばしば人種差別的な性格を持つ複雑な権力の力学を生み出す。共通語としての英語が使われる状況の分析が，一言語のみの話者と二言語話者や英語がうまく話せない人とのやり取りが行われる交流を考慮に入れないとしたら，現実を無視していることになるだろう。共通語での交流に関する私自身の概念化は，ある程度は，さまざまなレベルの能力を持つ英語話者の集団による交流のプラットフォームの役割を果たす，多くの社会言語学的な変動によって特徴づけられるタイプの意思疎通ということである。

㉕　私の主張は，本質的に，ただしこれだけではないが，権力とイデオロギーに関するものである。こうした概念は言語の政治学に根本的な影響を及ぼすからである。私が英語の共通語としての立場の曖昧さを分析するさまざまな状況は，力関係が対等ではない対話に基本的に基づいている。こうした対等ではない力や政治の多くは，アフリカの人々が歴史を通じて差別されてきたという単純な事実のせいである。したがって私の主張は，ただ言語的なものであるだけではなく，英語を共通語とする意思疎通に焦点をあてた，その多様な形態における人種的なアイデンティティの政治に関するものでもある。

■■■■■■■■　◀解　説▶　■■■■■■■■

▶㉑　(d)の The English language has no exception が誤り。同段第 1・2 文（Language is …）に「言語は決して中立ではない。はっきりと平和や幸福を人類にもたらす言語はない」とある。当該文後半に「もっとも，その世界的な共通語としての立場が疑問の余地なく受け入れられていることが多いことが，英語をそのようなものに思わせるかもしれないが」，つまり「英語は他の言語と違って"本当の"共通語のように思えるかもしれ

ないけれども」とあるので，前半では英語も他の言語と同様であると述べ
ようとしていると考えられる。したがって，(d)は「英語が例外を持ってい
ない」ではなく「英語も例外ではない」の意にすべきである。has ではな
く is である。

▶(22)　(a)の has often portrayed as a 'neutral' medium が誤り。主語の
English as a lingua franca は「表現する」側ではなく，「『中立の』媒体
として」表現される側である。portray が他動詞であるのに，目的語がな
いことにも注意。has often portrayed を has often been portrayed とす
る。

▶(23)　(d)の inconsistencies and seeming contradictory positions が誤り。
「一貫性のなさ」と並んで contradictory positions「矛盾する立場」とあ
るが，形容詞 seeming では「うわべの（立場）」となり意味不明である。
seemingly「見たところ」と副詞にして，「矛盾するように見える立場」
とするのが適切。

▶(24)　(b)の create complex power dynamics が誤り。同文の主語は The
coexistence と 3 人称単数であり，creates が正しい。この主語に of such
a Standard English と alongside non-Standard and lingua franca forms
という前置詞句がかかっており，forms が主語ではない。なお，通常は
coexistence *A* with *B*「*A* と *B* の共存」となるが，この with の代わりに
alongside が使われていると考えられる。

▶(25)　(b)の a fundamental impact to the politics of language が誤り。直
前に have があり，have a … impact「…な影響を及ぼす」の意であるこ
とは明らか。「何に」には to ではなく on を使うのが正しい。これは
influence や effect でも同様。

◆~◆~◆~◆　●語句・構文●　◆~◆~◆~◆~◆~◆~◆

（段落(21)）　●loaded「一方に有利〔不利〕な，多くを含んだ」

（段落(22)）　●far from ～「～とほど遠い，まったく～ではない」
　●disputed「異議を唱えられる，疑われる」

（段落(23)）　●make sense of ～「～を理解する」

（段落(24)）　●competency「能力」　●racialize「～に人種差別的な性格を
　与える，人種で区別する」

4 (B)　解答　全訳下線部㈦・㈧・㈨参照。

◆全　訳◆

≪食物と感情の関係≫

　食物と摂食に基づく関係性の理論のいくつかによると，食べ物と感情は，子ども時代の早期から混ざり合うようになる。㈦まさしく人生の最初から，食べ物は私たちの感情を満たす方法になり，生涯を通じて，感情は私たちがいつ，何を，どのくらい食べるかに影響を及ぼす。最も確実な日常的例の一つは，私たちの多くが空腹の結果として機嫌が悪くなったり，いらいらしたりしがちであることだ。こうした感情は，「空腹でいらいら」として知られるようになっている。しかし，感情に関する最も優れた洞察は，私たちが何かを食べているが，空腹でさえないというときに生じることもある。

　ときには，食べ物自体が，私たちにさかのぼって感情や状況を見出させてくれることがある。たとえば，シャンペンのボトルを開けることが，成功のお祝いの印となる傾向があるが，一方で，フードライターのナイジェラ=ローソンは，彼女のチョコレートケーキは，「ふられたときにまるごと1個食べたいと思うようなもの」であると示唆している。㈧心を落ち着かせる砂糖の力はまさに最初から存在するようであり，わずか生後1日という幼い赤ん坊でもその効果が実証されている。それでも，ローソンの考え方は，まだ多くの未解決の疑問がある食物研究の領域に私たちを連れて行く。情緒的な，つまり慰めの食物摂取である。これは，身体は実際にはカロリーの必要な状態にはないのに，感情のほうが優勢になる類の食物摂取のことである。

　慰めの食物摂取や情緒的な食物摂取に関する研究は，矛盾する結果を生みがちであり，そのため，慰めの食べ物，コンフォートフードは根拠のない話だと結論する人もいる。たとえば，チキンスープはコンフォートフードの最有力候補であることが多く，ある調査では参加者の半分近くが1位に挙げている。しかし，別の調査では，チキンスープが慰めになるのは，チキンスープをコンフォートフードと見なしている人にとってだけであることがわかった。これはもっともなことだ。㈨コンフォートフードの選択は，良いとき悪いとき両方の，そしてそれらと結びついている食べ物の固

有の記憶に左右される。私にとって慰めとなるものが，あなたにとっては
そうではないかもしれない。コンフォートフードは，年齢，性別，文化，
食べ物そのものの種類，慰めとなる食物摂取を引き出す感情によってさま
ざまに変わることが示されている。それは大きなるつぼなのである。

━━━━━━━ ◀解 説▶ ━━━━━━━

▶(ア) Right from the start food becomes a way to satisfy our feelings,
and throughout life feelings influence when, what and how much we
eat.

● Right from the start「まさしく最初から」 right は「ちょうど，まさ
  しく」と後の語句を強調する副詞。「最初」とは，直前の文に from
  early childhood「子ども時代の早期から」とあることから，「人生の最
  初」ということ。

● food becomes a way to satisfy our feelings「食べ物は私たちの感情を
  満たす方法になる」 a way to *do* は「～する（ための）方法」の意。

● and throughout life「そして生涯を通じて」

● feelings influence when, what and how much we eat「感情は私たち
  がいつ，何を，どのくらい食べるかに影響を及ぼす」 when 以下は，
  when we eat, what we eat and how much we eat の意。繰り返され
  る we eat が共有されている。

▶(イ) The power of sugar to soothe appears to be present from the
very beginning, with effects demonstrated in those as young as one
day old.

● The power of sugar to soothe「気持ちを落ち着かせる砂糖の力」が同
  文の主語。soothe は「気持ちを落ち着かせる，慰めをもたらす」の意。

● appears to be present from the very beginning「まさに始めから存在
  するようである」 appear to *do*「～するように思える，～するようだ」
  very は名詞を修飾すると「まさに～」の意。このあとの内容から，(ア)
  の right from the start と同様，「人生のまさに最初から」の意と考え
  られる。

● with effects demonstrated in ～ は with O C「OがCの状態で」の意
  の付帯状況で「～において影響〔効果〕が実証され〔示され〕ていて」
  が直訳。訳し上げて「存在しているようだ」を修飾してもよいし，訳し

下ろして，「存在するようであり…実証されている」としてもよい。

● those as young as one day old「生後 1 日という幼い人たち」の意。as
〜 as … はここでは「…ほども〜」という強調の表現。one day old
「生後 1 日」が非常に幼いことを強調している。内容上 those は「赤ん
坊」とする。

▶ (ウ)　the choice of comfort food depends on unique memories of both
good and bad times and the foods associated with them；what's
comforting to me, might not be to you

● the choice of comfort food depends on …「コンフォートフードの選択
　は…に左右される」が直訳であり，そのままで問題ないが，主語を「何
　をコンフォートフードに選ぶか」などとしてもよいだろう。

● unique memories of both good and bad times「良いとき悪いとき両方
　の固有の記憶」が直訳。「楽しいとき辛いとき」などとすることもでき
　る。

● and the foods associated with them「そしてそれらと結びついている
　食べ物」の them は both good and bad times を指す。and がつなぐの
　が unique memories と the foods なのか，both good and bad times と
　the foods なのかやや迷うが，「良いとき悪いときと結びついている食べ
　物」と述べていることから，「良いとき〔悪いとき〕にあれを食べたな」
　という思い出と考えて，(memories) of の目的語は both good and bad
　times と the foods の 2 つとするのが妥当と思われる。

● what's comforting to me, might not be to you「私にとって慰めとな
　るものがあなたにとってはそうではないかもしれない」 might not be
　のあとに comforting が省略されている。me のあとのカンマは主語と
　動詞の間に打たれており，通常はこのように使うことはないが，ひと息
　おいている感じを出したかったのかもしれない。和訳に反映することは
　できないので，通常どおりに訳してよい。なお，me と you は文字どお
　りの訳でよいが，「ある人」「別の人」などとすることもできるだろう。

◆━━━◆━━━◆━━━　●語句・構文●　━━━◆━━━◆━━━◆

(第 1 段)　● reliable「確実な，当てになる」　● hangry「空腹でいらい
　らした，怒りっぽい」 hungry「空腹の」と angry「腹を立てた」を合
　わせて作られた語。

（第2段）　●take over「（前のものに代わって）優勢になる」

（第3段）　●front-runner「一番人気のもの，最も有力なもの」　●make sense「道理にかなう，意味がわかる」　●bring out ～「～を引き出す」

5　解答

(A) problems by repeating the kind of behavior that brought us

(B)スペインでの殺人罪の刑期が平均して7年だとギルモアから聞いてその短さに怒りが向いたため，ギルモアの刑務所廃止論に対する強い反感が少し和らいだということ。

(C)子どもたちに話したスペインの刑罰のことを，子どもたちはよそで起きている自分たちとは無関係なことだと判断して，刑務所を自分たちの生活にとっての危険な要素とは考えないだろうと予想していたから。

(D)(ア)(26)— d ）　(27)— f ）　(28)— a ）　(29)— c ）　(30)— e ）　(31)— b ）

(イ)— c ）

(ウ)— c ）

◆━━━━◆全　訳◆━━━━◆

≪環境正義の会議でのエピソード≫

　2003年にフレズノで開かれた環境正義に関する会議に出席したことについて，ルース=ウィルソン=ギルモアが話したいと思っているエピソードがある。カリフォルニア州のセントラル・ヴァレーの各地から来た人々が，彼らの共同体が直面している環境の深刻な危険について話すために集まっていた。この危険は主に何十年にもわたる工業型農業の結果で，状況はまだ変わっていない。会議では若い人たちのための勉強会があり，そこでは子どもたちが彼らの懸念について話し合い，その後グループで環境正義の名のもとに何を最も行う必要があるか決めることになっていた。有名な地理学教授であり，刑務所廃止運動で影響力のある人物であるギルモアは来賓演説者だった。

　彼女が自分の演説の準備をしていると，だれかが彼女に子どもたちが彼女と話したがっていると伝えてきた。彼女は子どもたちが集められている部屋に入って行った。子どもたちは主にラテンアメリカ系で，その多くは農場労働者やその他の農業関係の仕事についている人たちの息子，娘だった。彼らの年齢はさまざまだったが，ほとんどは中等学校生だった。強固

な意見を持ち，大人を疑うのには十分な年齢だ。彼らは肩を上げ，腕を組んで，彼女にしかめ面を向けていた。彼女はこの子どもたちのことを知らなかったが，彼女に反対していることはわかった。

「どうしたのですか？」と，彼女は尋ねた。

「あなたは刑務所廃止論者だと聞いています」と，一人が言った。「刑務所を『閉鎖』したいのですか？」

ギルモアはそのとおりだ，確かに刑務所を閉鎖したいと思っている，と言った。

でも，なぜ？と彼らは尋ねた。そして彼女に返事をする間も与えず，一人が言った。「でも何か重大な不正をする人についてはどうなんですか？」他の子どもたちがそうだ，そうだと言った。「他の人たちを傷つける人はどうなんですか？」「もしだれかがだれかを殺したらどうなんですか？」

小さな農業の町から来たのであれ，フレズノのような都市周辺の公共住宅から来たのであれ，この子どもたちが彼ら自身の経験から世界の厳しさを理解しているのが，ギルモアには明らかにわかった。簡単には説得できそうになかった。

「あなたたちがなぜそう問いたいのかわかります」と，彼女は言った。「でも，これはどうですか？ だれかが閉じ込められるべきか解放されるべきか問うのではなくて，なぜ私たちはそもそも私たちにその問題をもたらしたようなふるまいを繰り返すことによって問題を解決するのかについて考えてはどうかしら？」彼女は彼らに，社会として，なぜ私たちは残酷さや罰を許すことを選ぶのか考えてみてくださいと言っていたのだ。

彼女はしゃべっているとき，子どもたちが自分を，何か間違った主張を提示し，これはあなたたちのためなのだと言いに来た新任教師であるかのように無視しようとしているのを感じた。しかし，ギルモアは決然と続けた。彼女は彼らに，スペインでは人が他の人を殺すことは極めてまれで，殺人で服役する平均的な期間は 7 年だと言った。

「何ですって？ それだけ？ 7 年なの！」子どもたちは殺人に対する 7 年の刑がとても信じられず，少し態度が和らいだ。彼らはギルモアの考え方の代わりにそのことについて憤慨したのだろう。

ギルモアは彼らに，もしスペインのだれかが他の人を殺すことで問題を解決しようと考えたら，その反応は，自分が何をしてしまったのか，釈放

されたらどのように生きるべきか答えを出すために，その人物が自分の人
生の7年を失うというものだと話した。「この方針が私に教えてくれるこ
とは」と彼女は言った。「命が尊重されるところでは，本当に命が尊重さ
れるということです」 つまり，スペインでは，人生は十分な価値がある
から，人を傷つける人に対して暴力的で人生を破壊するようなふるまいを
しないと人々は考えているのだ，と彼女は続けた。「そして，これが表し
ているのは，日々の問題を解決しようとしている人たちにとって，暴力的
で人生を破壊するようなふるまい方をするのは解決策ではない，というこ
とです」

　子どもたちは，疑い以外何の感情もギルモアには示さなかった。彼女は
話し続けた。彼女は自分自身の主張を信じていたし，活動家，学者として
長年それらを熟考してきたが，子どもたちを納得させるのは難しかった。
彼らはギルモアに，あなたが言ったことを考えてみると言って，彼女を去
らせた。部屋を出たとき，彼女は完全に敗北した気分だった。

　最後に，その子どもたちは会議で発表を行い，ギルモアが驚いたことに，
勉強会で自分たちは，セントラル・ヴァレーで成長していく子どもとして
の自分たちの生活に影響を及ぼす環境の危険は3つあるという結論に達し
たと述べた。その危険とは，農薬，警察，刑務所だった。

　「子どもたちの話に耳を傾けながらそこに座っていて，私は心臓が止ま
りました」と，ギルモアは私に話した。「どうして？　別の場所の例を子
どもたちに話したとき，この子たちは，どこか他の場所の人たちがセント
ラル・ヴァレーの人たちよりも単に善良であるか優しいだけだという結論
を下すかもしれない。言い換えると，どこか他のところで起きることは自
分たちの生活には無関係だと判断するのだろうと気をもみました。でも，
彼らの発表から判断すると，子どもたちは私が伝えようとしたことのもっ
と大きな点を理解していました。つまり，命が尊重されるところでは，命
は尊重されるということです。彼らは，『なぜここでは命は貴重ではない
と毎日感じるのだろう』と自問したのでしょう。それに答えようとして，
彼らは自分たちを傷つきやすくしているものを特定したのです」

━━━━━━━◀解　説▶━━━━━━

◆(A)　当該箇所は「なぜ私たちはそもそもその問題（　　　）を解決する
のか」となっている。空所の前の we solve に続く目的語には内容上

problems しか考えられない。why we solve problems「なぜ私たちは問題を解決するのか」のまとまりができる。the kind には of が続くと考えられ，定冠詞であることから the kind of ＋名詞のあとに that を関係代名詞として続けるのが妥当である。関係代名詞節の動詞には brought しかなく，文型上 us が続き「私たちに…をもたらした〈　　　　〉」となる。「…を」にあたる語として，残る名詞 behavior「ふるまい」は意味を成さないので，空所の直後にある the problem「その問題」を当て，〈　　　　〉に behavior を入れる。これで the kind of behavior that brought us 〈the problem〉「私たちにその問題をもたらした類のふるまい」となる。残る by と repeating は by repeating「～を繰り返すことによって」となり，repeating の目的語として the kind … が続く。

◆(B)　解答欄は約 17 cm ×3 行。当該箇所は「彼らは少しリラックスした」となっている。下線部を含む段の前の段第 1 文（As she spoke, …）に「彼女はしゃべっているとき，子どもたちが自分を…無視しようとしているのを感じた」とあり，子どもたちはギルモアに対して強硬な態度を示していた。しかしその後，ギルモアがスペインでの殺人罪の刑期が平均 7 年だと言うと，彼らは驚きを隠せず，下線部直後の文には「彼らはギルモアの考え方の代わりにそのことについて憤慨した」とある。relaxed は「（厳しさなどが）ゆるくなった，反対などをゆるめた」の意と考えられる。「スペインでの殺人罪の刑期が平均して 7 年だとギルモアから聞いてその短さに怒りが向いたため，ギルモアの考えに対する強い反感が少し和らいだ」などとなるだろう。「ギルモアの考え」については，そのままでも十分かもしれないが，「刑務所廃止論」とすれば，スペインの話との関連をより明確にすることができる。

◆(C)　解答欄は約 17 cm ×3 行。当該箇所は「子どもたちの話に耳を傾けながらそこに座っていて，私は心臓が止まった」となっている。直後のギルモアの言葉（When I gave the kids …）に「この子たちは…どこか他のところで起きることは自分たちの生活には無関係だと判断するのだろうと気をもんだ」とある。ギルモアは子どもたちにスペインの刑期の話をしたが，子どもたちが納得しているようには思えなかった。ところが，最終段第 4 文（But judging from …）には「彼らの発表から判断すると，子どもたちは私が伝えようとしたことのもっと大きな点を理解していた」と

あり，自分たちには関係ないと思っているという予測に反していたことが
わかる。実際，最後から2つ目の段最終文（Those hazards were …）に
は，子どもたちが自分たちの生活を脅かす3つの危険の一つに刑務所を含
めていたことが述べられている。「子どもたちに話したスペインの刑罰の
ことを，子どもたちはよそで起きている自分たちとは無関係なことだと判
断して，刑務所を自分たちの生活にとっての危険な要素とは考えないだろ
うと予想していたから」などとなるだろう。厳密には，ギルモアは子ども
たちが発表で刑務所を危険な要素に挙げるかどうかを予想していた，とい
ったことは述べられていないので，同段の内容には触れず，最終段の当該
箇所をまとめるだけでもよいかもしれない。

◆(D)　▶(ア)　(26)　当該箇所は「人々が，彼らの共同体が（　　　）環境の
深刻な危険について話すために集まっていた」となっており，空所は
hazards「危機」を先行詞とする関係代名詞節である。関係代名詞は省略
されており，目的格だとわかるので，元になる文は「彼らの共同体は危険
（　　　）」である。d）の faced「〜に直面している」を補うと意味が
通る。

(27)　当該箇所は「子どもたちが彼らの（　　　）について話し合い，その
後グループで環境正義の名のもとに何を最も行う必要があるか決めること
になっていた」となっている。子どもたちの勉強会は，第1段第2文
（People from all over …）「共同体が直面している環境の深刻な危険に
ついて話すため」の会議で催されたものであり，子どもたちも「問題」に
ついて話し合うことになっていたと考えられる。選択肢中では f）の
worries「心配事」が適切。

(28)　当該箇所は「彼らは肩を上げ，腕（　　　），彼女にしかめ面を向け
ていた」となっている。with their shoulders up and their arms（　
　）は，with O C「OがCの状態で」の付帯状況であり，a）の crossed
を補い，「腕を組んで」という挑戦的な様子にするのが適切。

(29)　当該箇所は「子どもたちは，（　　　）以外何の感情もギルモアには
示さなかった」となっている。2文あと（She believed her own …）の
後半に「子どもたちを納得させるのは難しかった」とあり，子どもたちは
ギルモアの話に釈然としていないことがわかる。c）の doubt「疑い，疑
念」が適切。

⑳　当該箇所は「彼女は…活動家，学者として何年もの（　　　）をそれらに加えてきた」となっている。「それら」は直前の her own arguments「自分自身の主張」を指している。give *A* thought で「*A* を熟考する」の意。e）の thought「熟考」が適切。

㉛　当該箇所は「部屋を出たとき，彼女は完全に（　　　）気分だった」となっている。㉙で見たとおり，ギルモアは子どもたちを納得させることは難しいと感じていた。b）の defeated「打ち負かされた」が適切。

▶(イ)　当該箇所は「この子どもたちは彼ら自身の経験から世界の（　　）を理解している」となっている。第 2 段第 7 文（"What's going on?"…）〜第 15 文（… kills someone?"）にある子どもたちとギルモアのやり取りでは，刑務所廃止論者のギルモアに対して，子どもたちは「重大な不正を犯した人，他の人を傷つけた人，人を殺した人はどうなのか（刑務所から出すのか）」と，矢継ぎ早にその疑問点をぶつけている。罪を犯した人が自由でいるなど許せないという態度であり，世の中，そんなに甘くないと言いたげである。c）の harshness「厳しさ」が適切。a）「高価さ」　b）「幸せ」　d）「不思議さ」　e）「豊かさ」　f）「疲労」

▶(ウ)　下線部は「命が貴重なところでは，命は本当に貴重だ」が直訳（life は「命」「人生」「生活」の意があり，ここではこれらすべてを含むと考えられるが，便宜上「命」としておく）。スペインでの殺人罪の刑期が 7 年であることに関して，刑務所廃止論者のギルモアは下線部を含む段第 1 文（Gilmore told them that …）で「だれかが他の人を殺すことで問題を解決しようと考えたら…その人物が自分の人生の 7 年を失う」，同段第 3 文（Which is to say, …）で「スペインでは，人生は十分な価値があるから，人を傷つける人に対して暴力的で人生を破壊するようなふるまいをしないと人々は考えている」，同段第 4 文（"And what this demonstrates …）で「日々の問題を解決しようとしている人たちにとって，暴力的で人生を破壊するようなふるまい方をするのは解決策ではない」と説明している。人の命を奪うことは自分の人生・命を奪うに等しい，また，殺人犯にたとえば無期懲役，死刑の判決を下すのであれば，その判決は殺人犯と同じことをすることになる，ということを述べている。c）「命の貴重さが本当にわかっている人たちは，暴力的または人生を破壊するようなどんな制度も自分たちの社会では許さないだろう」が適切。

ａ）「命の価値を理解している社会は，人間の幸福だけでなく，動物や植物の命も守るだろう」

ｂ）「命が非常に貴重な社会では，殺人者は自分の罪の償いをして人生を過ごすことになるだろう」

ｄ）「刑務所制度に関するアメリカ合衆国とスペインの方針は，どちらも命の貴重さを考慮に入れているという点で似ている」

ｅ）「命の意味を本当に正しく評価している人たちは，彼ら自身の命のほうが受刑者の命よりも貴重だと主張するだろう」

━━━━━━ ●語句・構文● ━━━━━━━━━━━━━━

（第１段）●industrial farming「工業型農業」 ●mean *A* to *do*「*A*（人）に～させる，してもらうつもりである」 ●in the name of ～「～の名のもとに」 ●renowned「有名な」 ●figure「（形容詞を伴って）～な人物」

（第８段）●in the first place「第一に，そもそも」

（第９段）●for *one's* own good「～のためになるように」 ●press on「（仕事などを）続ける，強行する」

（第13段）●to *one's* surprise「～が驚いたことに」

（最終段）●irrelevant to ～「～に無関係な」 ●vulnerable「傷つきやすい，冒されやすい」

❖講　評

　大問数が５題であること，選択問題での解答方式がマークシート法であることは例年どおりである。例年，内容や出題形式に多少の変化はみられるが，2023 年度は 2022 年度と同様であった。

　１　(A)英文の内容を日本語で要約するもの。字数は 70～80 字。(B)文の空所補充と語句整序。

　２　(A)意見論述。示されたテーマについて自分の考えを述べるもの。60～80 語。(B)和文英訳。１段落分の和文中の下線部を英訳するもの。

　３　リスニング。３つのパートに分かれており，いずれも２回ずつ放送される。(A)・(B)はモノローグ，(C)はインタビューで，内容はそれぞれ独立している。リスニングは試験開始後 45 分経過した頃から約 30 分間問題が放送される。

4 (A)文法・語彙，読解問題。各段落に 5 カ所ある下線部のうち，誤りを含む箇所を一つ指摘するもの。(B)英文和訳問題。一連の英文中の 3 カ所を和訳するもの。

5 長文読解。環境正義の会議で刑務所廃止論者の女性が経験した出来事を紹介した文章。

以下，各問題の詳細をみる。

1 (A) 英文量は約 420 語でやや長めである。「時間不足が生じる理由」は，現代社会において人々の消費行動が，ものから経験へと移っており，消費力や選択肢が過度に増したため，さらに携帯電話を過剰に使用しているため，人々が時間不足に陥り，心身の健康や生産性に問題が生じていることを論じた文章。要点ははっきりしているので，それを制限字数に収まるようにまとめることがポイントである。

(B) 英文量は約 910 語（空所を埋めると約 1000 語）で，このタイプの問題ではやや長めである。5 カ所ある空所に合う文を選ぶ問題と，文意に合うように語句を並べ替える問題の 2 種類。空所補充の選択肢に紛らわしいものはなく，並べ替えの箇所もどのような意味になるかわかりやすかった。

2 (A) 意見論述。「今から 30 年後，移動の手段はどうなっていると考えるか」という問いに，理由を添えて自分の考えを述べるもの。「どうなっているか」と問われているので，「（大きく）変化している」と論じることも「（あまり）変わっていない」と論じることもできる。指定語数はあまり多くはないので，説得力のある理由を簡潔に述べることが求められる。

(B) 和文英訳。一連の文章中の下線部 1 カ所（1 文）を英訳するもの。英訳箇所の長さは 2022 年度とほぼ同じである。語句，構文ともに比較的解答しやすい問題であった。

3 (A) 伝書バトの帰巣の特性に関する研究を紹介したもの。講義に類する。研究の内容には年や距離を表す数字が含まれており，いつ，どこで，どのような結果が明らかになったか正確に聞き取る必要がある。

(B) 大気中の二酸化炭素を減らす取り組みについて説明したもの。(A)と同様，いつ，どこで，だれが，何をしたかという事実を正しく聞き取りたい。小問の中に「当てはまらないもの」を選ぶ問題が含まれており，

一つの項目，一人の人物についての情報をもれなく聞き取る必要がある。

　(C)　脱成長に関する本の著者をゲストに迎えたラジオ番組のインタビュー。「脱成長」「成長」を始め，関連する概念の説明を正しく聞き取る必要がある。(B)と同様，「当てはまらないもの」を選ぶ問題が含まれている。全体的に，選択肢の表現が放送内容とほぼ同じであるものが多いので，比較的解答しやすい。

　4　(A)　5 段落構成の一連の文章で，各段落に 5 カ所ずつ下線が入っており，そのうち誤りを含むものを選ぶ問題。語句や文法事項の知識と文脈を把握する力が試されるが，いずれも比較的容易である。

　(B)　一連の文章中の 3 カ所の英文和訳。いずれの箇所も短く，語句，構文面で難解なものはないが，2 通りに解釈できるところが 1 カ所あり，文意・文脈を十分に検討する必要があった。

　5　環境正義の会議で，刑務所廃止論者の女性が，地元の子どもたちに詰め寄られたエピソードを紹介した文章。この女性の主張を集約したフレーズがシンプルであるのに深い意味を持っているので，しっかり解釈することが求められる。また，それに対する子どもたちの反応を正しく理解する必要がある。設問は，語句整序，記述式の内容説明，選択式の空所補充，選択式の内容説明で，2019〜2022 年度に出題された内容真偽がなく，代わりに選択式の内容説明が出題された。

数学

1 ◇発想◇　(1)　$t = x^2 \ (x = \sqrt{t}\,)$ と変数変換を行うと

$A_k = \int_{k\pi}^{(k+1)\pi} \dfrac{|\sin t|}{2\sqrt{t}} dt$ となる。$k\pi \leqq t \leqq (k+1)\pi$ で

$\dfrac{|\sin t|}{2\sqrt{(k+1)\pi}} \leqq \dfrac{|\sin t|}{2\sqrt{t}} \leqq \dfrac{|\sin t|}{2\sqrt{k\pi}}$ であることを用いる。

(2)　$B_n = \dfrac{1}{\sqrt{n}} \sum_{j=0}^{n-1} A_{n+j}$ であることを用いる。(1)の結果および区分

求積法，はさみうちの原理を用いる。

解答　(1)　$t = x^2 \ (x = \sqrt{t}\,)$ とおくと

$$\frac{dt}{dx} = 2x = 2\sqrt{t}\,, \quad \begin{array}{c|ccc} x & \sqrt{k\pi} & \to & \sqrt{(k+1)\pi} \\ \hline t & k\pi & \to & (k+1)\pi \end{array}$$

なので

$$A_k = \int_{\sqrt{k\pi}}^{\sqrt{(k+1)\pi}} |\sin(x^2)| \, dx = \int_{k\pi}^{(k+1)\pi} \frac{|\sin t|}{2\sqrt{t}} dt$$

$k\pi \leqq t \leqq (k+1)\pi$ において

$$\frac{|\sin t|}{2\sqrt{(k+1)\pi}} \leqq \frac{|\sin t|}{2\sqrt{t}} \leqq \frac{|\sin t|}{2\sqrt{k\pi}}$$

なので

$$\int_{k\pi}^{(k+1)\pi} \frac{|\sin t|}{2\sqrt{(k+1)\pi}} dt \leqq \int_{k\pi}^{(k+1)\pi} \frac{|\sin t|}{2\sqrt{t}} dt \leqq \int_{k\pi}^{(k+1)\pi} \frac{|\sin t|}{2\sqrt{k\pi}} dt$$

$$\frac{1}{2\sqrt{(k+1)\pi}} \int_{k\pi}^{(k+1)\pi} |\sin t| \, dt \leqq A_k \leqq \frac{1}{2\sqrt{k\pi}} \int_{k\pi}^{(k+1)\pi} |\sin t| \, dt$$

ここで

$$\int_{k\pi}^{(k+1)\pi} |\sin t| \, dt = \int_0^\pi \sin t \, dt = \Big[-\cos t \Big]_0^\pi = 2$$

であるから

$$\frac{1}{\sqrt{(k+1)\,\pi}} \leq A_k \leq \frac{1}{\sqrt{k\pi}}$$ 　　　　　　　　　　（証明終）

(2) 　$$\sqrt{n}\,B_n = \int_{\sqrt{n\pi}}^{\sqrt{(n+1)\,\pi}} |\sin(x^2)|\,dx + \int_{\sqrt{(n+1)\,\pi}}^{\sqrt{(n+2)\,\pi}} |\sin(x^2)|\,dx + \cdots$$

$$+ \int_{\sqrt{(n+n-1)\,\pi}}^{\sqrt{(n+n)\,\pi}} |\sin(x^2)|\,dx$$

$$= \sum_{j=0}^{n-1} A_{n+j}$$

いま，(1)より

$$\frac{1}{\sqrt{(n+j+1)\,\pi}} \leq A_{n+j} \leq \frac{1}{\sqrt{(n+j)\,\pi}} \quad (j=0,\ 1,\ 2,\ \cdots,\ n-1)$$

であるから

$$\frac{1}{\sqrt{n}}\sum_{j=0}^{n-1}\frac{1}{\sqrt{(n+j+1)\,\pi}} \leq B_n \leq \frac{1}{\sqrt{n}}\sum_{j=0}^{n-1}\frac{1}{\sqrt{(n+j)\,\pi}}$$

$$\frac{1}{\sqrt{\pi}}\cdot\frac{1}{n}\sum_{j=0}^{n-1}\frac{1}{\sqrt{1+\dfrac{j+1}{n}}} \leq B_n \leq \frac{1}{\sqrt{\pi}}\cdot\frac{1}{n}\sum_{j=0}^{n-1}\frac{1}{\sqrt{1+\dfrac{j}{n}}}$$

ここで

$$\lim_{n\to\infty}\frac{1}{n}\sum_{j=0}^{n-1}\frac{1}{\sqrt{1+\dfrac{j+1}{n}}} = \lim_{n\to\infty}\frac{1}{n}\sum_{j=1}^{n}\frac{1}{\sqrt{1+\dfrac{j}{n}}}$$

$$= \int_0^1 \frac{dx}{\sqrt{1+x}} = \Big[2\sqrt{1+x}\,\Big]_0^1$$

$$= 2(\sqrt{2}-1)$$

$$\lim_{n\to\infty}\frac{1}{n}\sum_{j=0}^{n-1}\frac{1}{\sqrt{1+\dfrac{j}{n}}} = \int_0^1 \frac{dx}{\sqrt{1+x}} = 2(\sqrt{2}-1)$$

ゆえに，はさみうちの原理から

$$\lim_{n\to\infty} B_n = \frac{2(\sqrt{2}-1)}{\sqrt{\pi}} \quad \cdots\cdots（答）$$

〔注〕 $$\lim_{n\to\infty}\frac{1}{n}\sum_{j=0}^{n-1}\frac{1}{\sqrt{1+\dfrac{j}{n}}} = \int_1^2 \frac{dx}{\sqrt{x}} = \Big[2\sqrt{x}\,\Big]_1^2 = 2(\sqrt{2}-1)$$ と求めてもよい。

━━━◀解　説▶━━━

≪定積分の値の評価，区分求積法と極限≫

▶(1)　本問の解答は 3 つの段階からなる。

　第 1 段階は，変数変換によって $A_k = \int_{k\pi}^{(k+1)\pi} \dfrac{|\sin t|}{2\sqrt{t}} dt$ とすることである。

これは自然な発想である。

　第 2 段階は，積分区間の範囲において被積分関数を評価し

$$\frac{|\sin t|}{2\sqrt{(k+1)\pi}} \leq \frac{|\sin t|}{2\sqrt{t}} \leq \frac{|\sin t|}{2\sqrt{k\pi}}$$

を得ることである。ここが本問のポイントである。$|\sin t|$ の絶対値を外すことを考えるのではなく，$|\sin t|$ をそのまま用いることに気づきたい。定積分の値の評価では被積分関数の評価を用いることが大切な観点であるが，分数関数の評価では分母・分子のどちらかを評価することで上手くいくことが多い。

　第 3 段階は，$|\sin t|$ の周期性から

$$\int_{k\pi}^{(k+1)\pi} |\sin t| \, dt = \int_0^\pi \sin t \, dt = 2$$

いわゆる「$\sin x$ のひと山分の面積は 2」を用いることである。これにより，$\int_{k\pi}^{(k+1)\pi} \dfrac{|\sin t|}{2\sqrt{k\pi}} dt$ などの分母の 2 を消すことができる。

　どの段階もどこかで経験済みのことと思われるが，短時間でこれら一連の方向性を見出していく発想はそれほど易しくはない。定積分の値の評価のよい経験となる問題である。

▶(2)　本問の解答は 4 つの段階からなる。

　第 1 段階は

$$\sqrt{n} B_n = \sum_{j=0}^{n-1} A_{n+j} \quad \left(B_n = \frac{1}{\sqrt{n}} \sum_{j=0}^{n-1} A_{n+j} \text{ でもよい}\right)$$

とみることである。これは(1)を利用するだろうという発想から自然な観点である。

　第 2 段階は，(1)の結果を用いて

$$\frac{1}{\sqrt{n}} \sum_{j=0}^{n-1} \frac{1}{\sqrt{(n+j+1)\pi}} \leq B_n \leq \frac{1}{\sqrt{n}} \sum_{j=0}^{n-1} \frac{1}{\sqrt{(n+j)\pi}}$$

を得ることである。これも易しい。

第3段階は，区分求積法の利用がみえてくることから

$$\frac{1}{\sqrt{n}}\sum_{j=0}^{n-1}\frac{1}{\sqrt{(n+j+1)\pi}}=\frac{1}{\sqrt{\pi}}\cdot\frac{1}{n}\sum_{j=0}^{n-1}\frac{1}{\sqrt{1+\dfrac{j+1}{n}}}$$

と変形することである。

第4段階は，$\displaystyle\lim_{n\to\infty}\frac{1}{n}\sum_{j=1}^{n}\frac{1}{\sqrt{1+\dfrac{j}{n}}}=\int_{0}^{1}\frac{dx}{\sqrt{1+x}}$ の計算を正しく行うことである。最後は，はさみうちの原理による。

(2)は(1)の証明ができなくても(1)の結果を用いて解決する設問であり，(1)の発想よりも易しいので，区分求積に至る変形とその後の計算に注力することが大切である。

本大問は(1)での発想を考慮すると全体として標準〜やや難の問題である。

2　◇発想◇　(1)　玉はすべて区別して考える。黒玉と白玉の計8個を並べ，それらの間7カ所と両端2カ所の計9カ所から異なる4カ所を選び，そこに赤玉を1個ずつ入れる場合の数 N を求める。

(2)　どの赤玉も隣り合わない並べ方のうち，少なくとも2個の黒玉が隣り合う場合の数 M を求めると，$q=\dfrac{N-M}{N}$ である。隣り合う黒玉の個数が3個である場合の数 M_1 と，2個である場合の数 M_2 を求める。M_2 では，連続する2個の黒玉をまとめて1個として考えるが，これに残りの1個の黒玉が連続し，3個の黒玉が連続する場合を除く必要がある。これを計算する際に M_1 が利用できる。例えば，M_1 通りの1つ $\boxed{B_1B_2B_3}$ からは除くべき $\boxed{B_1B_2}B_3$ と $B_1\boxed{B_2B_3}$ の2通りが得られる。

解答　(1)　黒玉と白玉の計8個を並べ，それらの間7カ所と両端2カ所の計9カ所から異なる4カ所を選び，そこに赤玉を1個ずつ入れる場合の数を N とすると

$$N=8!\cdot {}_9C_4\cdot 4!=8!\cdot\frac{9!}{4!\cdot 5!}\cdot 4!=9!\cdot 8\cdot 7\cdot 6$$

12個の玉の並べ方は 12! 通りあるから

$$p = \frac{9! \cdot 8 \cdot 7 \cdot 6}{12!} = \frac{8 \cdot 7 \cdot 6}{12 \cdot 11 \cdot 10} = \frac{14}{55} \quad \cdots\cdots(答)$$

(2)　どの赤玉も隣り合わない並べ方のうち, 少なくとも 2 個の黒玉が隣り合う場合の数を M とすると, $q = \dfrac{N-M}{N} \left(= 1 - \dfrac{M}{N}\right)$ である。隣り合う黒玉の個数が 3 個である場合と, 2 個である場合の数をそれぞれ M_1, M_2 とすると

$$M = M_1 + M_2 \quad \cdots\cdots①$$

(ⅰ)　M_1 を求める。

　連続する黒玉 3 個の並べ方は 3! 通りある。その各々に対して連続する 3 個の黒玉をまとめて 1 個と考え, これと 5 個の白玉の計 6 個の並べ方が 6! 通りある。その各々に対してそれらの間 5 カ所と両端 2 カ所の計 7 カ所から異なる 4 カ所を選び, そこに 4 個の赤玉を 1 個ずつ入れる場合の数が $_7\mathrm{C}_4 \cdot 4!$ 通りあるので

$$M_1 = 3! \cdot 6! \cdot {}_7\mathrm{C}_4 \cdot 4! = 6 \cdot 6! \cdot \frac{7!}{4! \cdot 3!} \cdot 4! = 6 \cdot 7! \quad \cdots\cdots②$$

(ⅱ)　M_2 を求める。

　連続する 2 個の黒玉の選び方が $_3\mathrm{C}_2$ 通りあり, その各々に対して 2 個の並べ方が 2! 通りある。この 2 個をまとめて 1 個と考え, これと残りの 1 個の黒玉と 5 個の白玉の計 7 個を並べ, それらの間 6 カ所と両端 2 カ所の計 8 カ所から異なる 4 カ所を選び, そこに 4 個の赤玉を 1 個ずつ入れる場合の数を $M_2{}'$ とする。

$$M_2{}' = {}_3\mathrm{C}_2 \cdot 2! \cdot 7! \cdot {}_8\mathrm{C}_4 \cdot 4! = 3 \cdot 2! \cdot 7! \cdot \frac{8!}{4! \cdot 4!} \cdot 4!$$

$$= 6 \cdot 7! \cdot 8 \cdot 7 \cdot 6 \cdot 5$$

これら $M_2{}'$ 通りのうちで黒玉が 3 個隣り合っている場合の数を $M_2{}''$ とすると

$$M_2 = M_2{}' - M_2{}''$$

である。

ここで, 黒玉を B_1, B_2, B_3 とするとき, $M_2{}''$ 通りの 1 つ 1 つは(ⅰ)の M_1 通りの各々, 例えば $\boxed{\mathrm{B}_1 \mathrm{B}_2 \mathrm{B}_3}$ から, $\boxed{\mathrm{B}_1 \mathrm{B}_2} \mathrm{B}_3$ と $\mathrm{B}_1 \boxed{\mathrm{B}_2 \mathrm{B}_3}$ のように 2 通りに区別して得られるので, $M_2{}'' = 2 M_1$ となり

$$M_2 = M_2' - M_2'' = M_2' - 2M_1 \quad \cdots\cdots ③$$

①，②，③から

$$M = M_1 + M_2 = M_2' - M_1$$
$$= 6 \cdot 7! \cdot 8 \cdot 7 \cdot 6 \cdot 5 - 6! \cdot 7!$$
$$= 6 \cdot 5 \cdot 7! (8 \cdot 7 \cdot 6 - 4 \cdot 3 \cdot 2)$$
$$= 6^2 \cdot 5 \cdot 7! \cdot 52$$
$$= 6^2 \cdot 5 \cdot 7! \cdot 4 \cdot 13$$

ゆえに

$$q = \frac{N - M}{N} = \frac{9! \cdot 8 \cdot 7 \cdot 6 - 6^2 \cdot 5 \cdot 7! \cdot 4 \cdot 13}{9! \cdot 8 \cdot 7 \cdot 6}$$

$$= \frac{9 \cdot 8 \cdot 8 \cdot 7 - 6 \cdot 5 \cdot 4 \cdot 13}{9 \cdot 8 \cdot 8 \cdot 7}$$

$$= \frac{3 \cdot 8 \cdot 7 - 5 \cdot 13}{3 \cdot 8 \cdot 7}$$

$$= \frac{103}{168} \quad \cdots\cdots(答)$$

〔注〕 (1)の式中の $_9C_4 \cdot 4!$，(2)の式中の $_7C_4 \cdot 4!$，$_3C_2 \cdot 2!$，$_8C_4 \cdot 4!$ はそれぞれ $_9P_4$，$_7P_4$，$_3P_2$，$_8P_4$ としてもよい。

━━━━━━━ ◀解　説▶ ━━━━━━━

≪3色の玉12個の並べ方に関する条件付き確率≫

　12個の玉をすべて異なるものとして考える。確率ではどの玉も平等に扱うことが基本である。同様に起こる場合をまとめて考えることもあるが，玉を赤1，赤2，…のようにすべて区別して考えて立式するとよい。

▶(1)　大多数の受験生が経験済みと思われる発想で立式できて特に難所はない。落とせない設問なので，計算に注意すること。

▶(2)　〔解答〕は4つの段階からなる。

　第1段階は，どの赤玉も隣り合わない並べ方の中での余事象を考えることである。余事象の場合の数は，どの赤玉も隣り合わないという条件のもとで，隣り合う黒玉の個数が3個である場合の数 M_1 と，2個である場合の数 M_2 の和となる。

　第2段階は，M_1 を求めることである。3個の黒玉をまとめて1個として考え，(1)と同様に考える。連続する黒玉の並び順も考慮する。

第 3 段階は，M_2 を求めることである。ここが難しく，差が出るところである。連続する 2 個の黒玉をまとめて 1 個として考えるが，これに残りの 1 個の黒玉が連続する場合を除かねばならない。例えば，M_1 通りの 1 つ $\boxed{B_1B_2B_3}$ からは除くべき $\boxed{B_1B_2}B_3$ と $B_1\boxed{B_2B_3}$ の 2 通りが得られる。これに気づくことがポイントである。

第 4 段階は，$\dfrac{N-M}{N}$ あるいは $1-\dfrac{M}{N}$ の計算を誤らず行うことである。〔解答〕では念のため少し詳しくその過程を記してあるが，間違えやすいので慎重に行いたい。

本大問は(2)が難の問題である。

3

◇発想◇　(1)　C 上の点 $(\cos\theta,\ a+\sin\theta)$ $(0\leqq\theta<2\pi)$ が領域 $y>x^2$ にあるための a の条件を求める。別解として，$a>0$ のもとで，点 $(0,\ a)$ と放物線 $y=x^2$ 上の任意の点 $(x,\ x^2)$ の距離が 1 より大となるための a の範囲を求める解法も考えられる。

(2)　L_P を点 P の y 座標と a で立式し，$L_P{}^2=h(y)$ とおく。$h(y)$ が $-1<y<0$ で極値をもつための a の条件を求める。$h(y)$ の増減表を考える。

解答　(1)　C 上の点 $(\cos\theta,\ a+\sin\theta)$ $(0\leqq\theta<2\pi)$ が領域 $y>x^2$ にあるための条件は

$$a+\sin\theta>\cos^2\theta$$
$$a+\sin\theta>1-\sin^2\theta \quad\text{すなわち}\quad \sin^2\theta+\sin\theta>1-a$$

$t=\sin\theta$ $(-1\leqq t\leqq 1)$ とおくと，これは

$$t^2+t>1-a$$

となる。

$f(t)=t^2+t$ とおき，$-1\leqq t\leqq 1$ で常に $f(t)>1-a$ となるための a の条件を求める。

これは $f(t)=\left(t+\dfrac{1}{2}\right)^2-\dfrac{1}{4}$ と図 1 から

$$1-a<-\frac{1}{4}$$

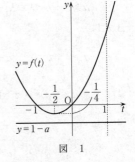

図　1

ゆえに，求める a の範囲は　　$a > \dfrac{5}{4}$　……(答)

別解　まず，$a>0$ が必要である。

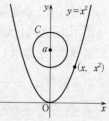

このもとで，放物線 $y=x^2$ 上の任意の点 $(x,\ x^2)$ と点 $(0,\ a)$ との距離が 1 より大となるための a の範囲を求める。

C と放物線の y 軸に関する対称性から，$x \geqq 0$ としてよい。

$$x^2 + (x^2-a)^2 > 1 \qquad \text{すなわち} \qquad x^4 - (2a-1)x^2 > 1-a^2$$

$t=x^2$ とおくと

$$t^2 - (2a-1)t > 1-a^2$$

$g(t)=t^2-(2a-1)t$ とおくと，$t \geqq 0$ であるすべての t に対して，$g(t)>1-a^2$ となるための $a\ (>0)$ の範囲が求めるものである。

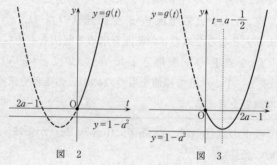

図 2　　　　　　図 3

$g(t)=t\{t-(2a-1)\}$ であるから，このための a の範囲は，図 2 または図 3 から

$$a>0 \quad \text{かつ} \quad 2a-1 \leqq 0 \quad \text{かつ} \quad 1-a^2 < 0 \quad \text{……①}$$

または

$$a>0 \quad \text{かつ} \quad 2a-1>0 \quad \text{かつ} \quad g\left(a-\frac{1}{2}\right) > 1-a^2 \quad \text{……②}$$

①より，$a \leqq \dfrac{1}{2}$ かつ $a>1$ となり，これを満たす a はない。

②より

$$a>\frac{1}{2} \quad \text{かつ} \quad \left(a-\frac{1}{2}\right)^2 - (2a-1)\left(a-\frac{1}{2}\right) - 1 + a^2 > 0$$

$$a > \frac{1}{2} \quad \text{かつ} \quad a > \frac{5}{4}$$

これより　　$a > \frac{5}{4}$

(2)　図形全体を y 軸方向に $-a$ 平行移動し, 円 $E : x^2 + y^2 = 1$ と放物線 $F : y = x^2 - a$ について, E のうち, $x \geqq 0$ かつ $y < 0$ を満たす部分をあらためて S として考えてよい。

S 上の点 $P(x_0, y_0)$ $(x_0 \geqq 0$ かつ $y_0 < 0)$ での接線の方程式は

$$x_0 x + y_0 y = 1 \quad \text{すなわち} \quad y = -\frac{x_0}{y_0} x + \frac{1}{y_0}$$

これと $y = x^2 - a$ から y を消去した x の方程式は

$$-\frac{x_0}{y_0} x + \frac{1}{y_0} = x^2 - a$$

$$y_0 x^2 + x_0 x - (a y_0 + 1) = 0 \quad \cdots\cdots ③$$

この判別式を D とすると

$$
\begin{aligned}
D &= x_0{}^2 + 4 y_0 (a y_0 + 1) \\
&= 1 - y_0{}^2 + 4 a y_0{}^2 + 4 y_0 \quad (x_0{}^2 + y_0{}^2 = 1 \text{ より}) \\
&= (4a - 1) y_0{}^2 + 4 y_0 + 1 \\
&> 4 y_0{}^2 + 4 y_0 + 1 \quad \left(a > \frac{5}{4} \text{ より} \right) \\
&= (2 y_0 + 1)^2 \geqq 0
\end{aligned}
$$

であるから, 確かに③は異なる 2 つの実数解をもつ。それを α, β $(\alpha < \beta)$ とおくと $y_0 < 0$ であるから

$$\beta - \alpha = \frac{-x_0 - \sqrt{D}}{2 y_0} - \frac{-x_0 + \sqrt{D}}{2 y_0} = \frac{\sqrt{D}}{-y_0}$$

いま, 点 (x_0, y_0) $(x_0 \geqq 0$ かつ $y_0 < 0)$ での接線の傾きは $-\dfrac{x_0}{y_0}$ であり

$$\sqrt{1^2 + \left(-\frac{x_0}{y_0} \right)^2} = \sqrt{\frac{x_0{}^2 + y_0{}^2}{y_0{}^2}} = -\frac{1}{y_0}$$

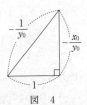

図　4

である。よって, 図 4 との相似比から

$$L_P = \left(-\frac{1}{y_0}\right)(\beta - \alpha) = \frac{\sqrt{D}}{y_0{}^2}$$

となる。

したがって，$Q(x_1,\ y_1)$，$R(x_2,\ y_2)$ とすると

$$L_Q = \frac{\sqrt{D_1}}{y_1{}^2} \quad (D_1 = (4a-1)y_1{}^2 + 4y_1 + 1)$$

$$L_R = \frac{\sqrt{D_2}}{y_2{}^2} \quad (D_2 = (4a-1)y_2{}^2 + 4y_2 + 1)$$

よって，条件 $L_Q = L_R$ すなわち $L_Q{}^2 = L_R{}^2$ は，$\dfrac{D_1}{y_1{}^4} = \dfrac{D_2}{y_2{}^4}$ となり

$$\frac{(4a-1)y_1{}^2 + 4y_1 + 1}{y_1{}^4} = \frac{(4a-1)y_2{}^2 + 4y_2 + 1}{y_2{}^4} \quad \cdots\cdots④$$

そこで

$$h(y) = \frac{(4a-1)y^2 + 4y + 1}{y^4} \quad (-1 \le y < 0)$$

とおき，$h(y)$ の増減を考える。

$$h'(y) = \frac{y^4\{2(4a-1)y + 4\} - 4y^3\{(4a-1)y^2 + 4y + 1\}}{y^8}$$

$$= -\frac{2}{y^5}\{(4a-1)y^2 + 6y + 2\}$$

$-\dfrac{2}{y^5} > 0$ であるから，$h'(y)$ の符号は $(4a-1)y^2 + 6y + 2$ の符号と一致する。

$j(y) = (4a-1)y^2 + 6y + 2$ とおく。$a > \dfrac{5}{4}$ より，$4a-1 > 4$ であり，yu 平面

上の放物線 $u = j(y)$ は下に凸で，軸の方程式は $y = -\dfrac{3}{4a-1}$ である。

また，$a > \dfrac{5}{4}$ から

$$-\frac{3}{4} < -\frac{3}{4a-1} < 0, \ j(-1) = 4a-5 > 0, \ j(0) = 2 > 0 \quad \cdots\cdots⑤$$

である。

$j(y) = 0$ の判別式を D_3 とおく。

$D_3 \le 0$ のとき，常に $j(y) \ge 0$ すなわち $h'(y) \ge 0$ となり，$h(y)$ は単調増

加である。このとき，④を満たす異なる y_1，y_2 は存在しないので不適。

よって，$D_3>0$ が必要である。このとき，⑤から

$$j(\gamma)=j(\delta)=0 \quad \text{すなわち} \quad h'(\gamma)=h'(\delta)=0$$

となる γ，δ（$-1<\gamma<\delta<0$）が存在する。

したがって，$h(y)$ の増減表と yv 平面での $v=h(y)$ の概形は次のように

なる。

y	(-1)	$\cdots$	γ	$\cdots$	δ	$\cdots$	(0)
$h'(y)$		$+$	0	$-$	0	$+$	
$h(y)$	$4(a-1)$	↗		↘		↗	(∞)

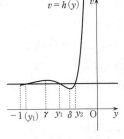

よって，④を満たす異なる y_1，y_2（$-1<y_1<0$，$-1<y_2<0$）が存在する。

以上から，求める a の範囲は $D_3>0$ となる a の範囲であり

$$\frac{D_3}{4}=9-2(4a-1)>0$$

から　　$a<\dfrac{11}{8}$

ゆえに，求める a の範囲は　　$\dfrac{5}{4}<a<\dfrac{11}{8}$　……（答）

◀解　説▶

≪放物線の弦の長さに関する存在条件と増減表≫

▶(1)　C 上の点を $(\cos\theta,\ a+\sin\theta)$ とおき，$a+\sin\theta>\cos^2\theta$ がすべての

θ で成り立つための a の条件を求めればよい。$t=\sin\theta$ とおくと，t^2+t

$>1-a$ となり考えやすい。いわゆる定数分離である。〔別解〕のように，

放物線上の点 $(x,\ x^2)$ と点 $(0,\ a)$ の距離が常に 1 より大となるための a

の条件だけで考えると，$a<0$ の場合の解も得られるので，C の中心が領

域 $y>x^2$ にあるための条件 $a>0$ も付して処理する。本問は確実に解かな

ければならない。

▶(2)　〔解答〕では全体を y 軸方向に $-a$ 平行移動して考え，式処理を少

し軽減しているが，もとのままで考えてもよい。解答は 3 つの段階からな

る。

　第1段階は，L_P を求めることである。このためには，接線の傾きから得られる直角三角形（図4）との相似比を利用するとよい。また，判別式 D, D_1, D_2 を用いると式が簡素化される。

　第2段階は，$L_Q{}^2 = L_R{}^2$ の式を眺めて〔解答〕の関数 $h(y)$ を考え，この増減を考えることである。これが本問のポイントである。

　第3段階は，$h'(y)$ の符号変化を調べ，$h(y)$ が $-1 < y < 0$ の範囲に極値をもつための a の条件を求めることである。ここもポイントとなる。ここは少し慎重に式処理を進めたい。なお，$h(y)$ の増減表があれば，$v = h(y)$ のグラフは必要ないが，分かりやすさを考慮して入れてある。

　本大問は，問題の意味を捉え，少し煩雑な式処理を短時間で正確に行うことが求められ，(2)がやや難の問題である。小さな工夫も効果的なので大切にしたい。

4

　◇発想◇　(1)　$P(x, y, z)$ とおき，内積計算から x, y, z の連立方程式を解く。

　(2)　$\overrightarrow{OH} = (1-t)\overrightarrow{OA} + t\overrightarrow{OB}$ とおき，$\overrightarrow{PH} \cdot \overrightarrow{AB} = 0$ から t の値を求める。

　(3)　$\overrightarrow{OJ} = \dfrac{3}{4}\overrightarrow{OA}$ となる点 J を考えると，$QJ \perp$（平面 OAB）である。三角形 OHB 上の点 R に対して，$r^2 = QR^2 = 2 + JR^2$ となることから，JR の長さのとり得る値の範囲を求め，これを利用する。J の位置を考え，必要な線分の長さを求める。

解答　(1)　$P(x, y, z)$ とおくと与えられた条件から

$$2x = 0 \quad かつ \quad x + y + z = 0 \quad かつ \quad x + 2y + 3z = 1$$

これより，$x = 0$, $y = -1$, $z = 1$ となり

$$P(0, -1, 1) \quad \cdots\cdots（答）$$

(2)　$\overrightarrow{OH} = (1-t)\overrightarrow{OA} + t\overrightarrow{OB}$　（t は実数）とおく。

$$\overrightarrow{OH} = (1-t)(2, 0, 0) + t(1, 1, 1)$$

$$= (2-t, t, t)$$

$$\overrightarrow{PH} = \overrightarrow{OH} - \overrightarrow{OP}$$

$$= (2-t, \ t, \ t) - (0, \ -1, \ 1)$$

$$= (2-t, \ t+1, \ t-1)$$

$$\overrightarrow{AB} = (1, \ 1, \ 1) - (2, \ 0, \ 0)$$

$$= (-1, \ 1, \ 1)$$

$\overrightarrow{PH} \cdot \overrightarrow{AB} = 0$ から

$$(2-t, \ t+1, \ t-1) \cdot (-1, \ 1, \ 1) = 0$$

$$3t - 2 = 0 \qquad t = \frac{2}{3}$$

ゆえに　　　$\overrightarrow{OH} = \dfrac{1}{3}\overrightarrow{OA} + \dfrac{2}{3}\overrightarrow{OB}$　……(答)

(3)　$\overrightarrow{OP} \perp (\text{平面 OAB})$ と $\overrightarrow{OQ} = \dfrac{3}{4}\overrightarrow{OA} + \overrightarrow{OP}$ から,

$\overrightarrow{OJ} = \dfrac{3}{4}\overrightarrow{OA}$ となる点 J を考えると

　　$QJ \perp (\text{平面 OAB})$

また

　　$OJ : OA = 3 : 4$

　　$QJ = OP = \sqrt{2}$

である（図 1）。

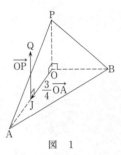

図　1

球面 S が三角形 OHB と共有点をもつとき，その共有点のうち 1 つを点 R とする。三角形 OHB 上の点 R に対して

　　$QR^2 = QJ^2 + JR^2$

　　$r^2 = 2 + JR^2$　……①

そこで，JR の長さのとり得る値の範囲を求める（図 2）。

以下，平面 OAB で考え，J と三角形 OHB 上の点との距離を考える。

各点の座標と $OJ : OA = 3 : 4$ から

　　$OA = 2$, $BO = AB = \sqrt{3}$, $OJ = BJ = \dfrac{3}{2}$　……②

である（図 3）。

J から線分 OH に垂線 JI を下ろすと，IJ∥AH である（図 4）。

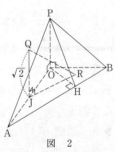

図　2

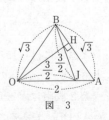

図　3

また, (2)から, H は線分 AB を 2:1 に内分するので

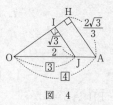

図 4

$$AH = \frac{2}{3}AB$$

$$= \frac{2\sqrt{3}}{3}$$

ここで, OJ:OA=3:4 から

$$IJ = \frac{3}{4}AH$$

$$= \frac{3}{4} \cdot \frac{2\sqrt{3}}{3}$$

$$= \frac{\sqrt{3}}{2} \quad\cdots\cdots③$$

②, ③と図3から, JR のとり得る値の範囲は IJ≦JR≦BJ となり

$$\frac{\sqrt{3}}{2} \leqq JR \leqq \frac{3}{2}$$

ゆえに, ①から

$$2+\frac{3}{4}\leqq r^2\leqq 2+\frac{9}{4} \qquad すなわち \qquad \frac{11}{4}\leqq r^2\leqq\frac{17}{4}$$

となり $\qquad \frac{\sqrt{11}}{2}\leqq r\leqq\frac{\sqrt{17}}{2} \quad\cdots\cdots(答)$

━━━━━━ ◀解　説▶ ━━━━━━

≪座標空間内で球と三角形の共有点が存在するための半径の範囲≫

▶(1)・(2)　基本的な問題であり難所もないが, ここでの間違いは(3)に大きな影響を与えるので計算に集中することが大切である。

▶(3)　本問の解答は3つの段階からなる。

　第1段階は, Qから平面 OAB に垂線 QJ を下ろし, J の位置を求めることである。これは, $\overrightarrow{OQ}=\frac{3}{4}\overrightarrow{OA}+\overrightarrow{OP}$ の図形的意味と $\overrightarrow{OP}/\!/\overrightarrow{QJ}$ を利用すると直ちに得られる。また, J は線分 OA を 3:1 に内分する点であることもわかり, 全体の点の位置関係が明確になる。

　第2段階は, 三角形 OHB 上の点 R に対して $QR^2=QJ^2+JR^2$ すなわち $r^2=2+JR^2$ であることから, r の範囲は JR の長さの値の範囲に帰着する

ことをつかむことである。この発想が本問のポイントである。

　第 3 段階は，平面 OAB でいくつかの線分の長さを求めることである。各点の座標からこの計算は易しいが正しく求めたい。特に J と線分 OH の距離 JI は平行線 JI と AH の比の関係を用いると計算が簡素化できる。

　本大問は多くの点で問題が構成されているので，各点の位置関係を把握する時間で差が出る問題である。$\overrightarrow{\mathrm{JQ}} = \overrightarrow{\mathrm{OP}}$ の利用，J が線分 OA 上にあること，J と三角形 OHB 上の点との距離に帰着させることなどを短時間で捉えることは難しくはないが，それほど易しくもない。また，いくつかの線分の長さを躊躇せず計算してみることも大切である。

5

◆**発想**◆ (1)　$g(x)^7 - r(x)^7$ が $f(x)$ で割り切れることを示す。

(2)　条件と(1)から $h(x)^{49} - h(x)$ が $f(x)$ で割り切れることを導く。一般に整式 $j(x)$ が $(x-1)^2(x-2)$ で割り切れるための条件は，$j(1) = j'(1) = j(2) = 0$ であることを用いる。

解答　(1)　$g(x)^7 - r(x)^7$ が $f(x)$ で割り切れることを示せばよい。

$$g(x)^7 - r(x)^7$$
$$= \{g(x) - r(x)\}\{g(x)^6 + g(x)^5 r(x) + \cdots + g(x) r(x)^5 + r(x)^6\}$$

ここで，$r(x)$ は $g(x)$ を $f(x)$ で割った余りであるから，$g(x) - r(x)$ は $f(x)$ で割り切れる。

ゆえに，$g(x)^7 - r(x)^7$ は $f(x)$ で割り切れる。よって，$g(x)^7$ を $f(x)$ で割った余りと $r(x)^7$ を $f(x)$ で割った余りが等しい。　　　　　　（証明終）

〔注〕　一般に整式の間の関係式

$$G_1(x) = Q_1(x) F(x) + R_1(x), \quad G_2(x) = Q_2(x) F(x) + R_2(x)$$

（ただし，$R_1(x)$，$R_2(x)$ の次数は $F(x)$ の次数より小さいものとする。すなわち，$R_1(x)$，$R_2(x)$ はそれぞれ $G_1(x)$，$G_2(x)$ を $F(x)$ で割った余り）であるとき

$$G_1(x) - G_2(x) = \{Q_1(x) - Q_2(x)\} F(x) + R_1(x) - R_2(x)$$

となるので，$R_1(x) = R_2(x)$ ならば，$G_1(x) - G_2(x)$ は $F(x)$ で割り切れる。逆に，$G_1(x) - G_2(x)$ が $F(x)$ で割り切れるならば，$R_1(x) - R_2(x)$ も $F(x)$ で割り切れるが，$R_1(x) - R_2(x)$ の次数が $F(x)$ の次数より低い

ことから，$R_1(x) - R_2(x) = 0$ すなわち $R_1(x) = R_2(x)$ となる。〔解答〕ではこのことを前提としている。余りの次数が割る整式の次数よりも小さいことが本質的であることに注意。

(2)　一般に整式 $P_1(x)$，$P_2(x)$ を $f(x)$ で割った余りが等しいとき

$$P_1(x) \equiv P_2(x)$$

と書くことにする。このとき，与えられた条件から

$$h(x)^7 \equiv h_1(x), \ h_1(x)^7 \equiv h_2(x)$$

よって，(1)から

$$h(x)^{49} \equiv h_1(x)^7 \equiv h_2(x)$$

したがって，$h_2(x) = h(x)$ となるとき

$$h(x)^{49} \equiv h(x)$$

となり，$h(x)^{49} - h(x)$ は $f(x)$ で割り切れる。

$j(x) = h(x)^{49} - h(x)$ とおくと，$j(x)$ が $(x-1)^2(x-2)(=f(x))$ で割り切れるための条件は

$$j(1) = j'(1) = j(2) = 0$$

である。

$j(1) = h(1)^{49} - h(1) = 0$ のとき，$h(1) = 0$ または $h(1)^{48} = 1$ であるが，$h(1)^{48} = 1$ を満たす実数 $h(1)$ は ±1 に限られる。よって，まず

$$h(1) = 0, \ \pm1 \quad \cdots\cdots①$$

である。同様に，$j(2) = 0$ から

$$h(2) = 0, \ \pm1 \quad \cdots\cdots②$$

である。
また

$$j'(x) = 49h(x)^{48}h'(x) - h'(x) = h'(x)\{49h(x)^{48} - 1\}$$

から，$j'(1) = 0$ は

$$h'(1)\{49h(1)^{48} - 1\} = 0 \quad \cdots\cdots③$$

となる。

①のいずれに対しても，$49h(1)^{48} - 1 \neq 0$ であるから，③は

$$h'(1) = 0 \quad \cdots\cdots③'$$

となる。

ここで，$h(x) = x^2 + ax + b$，$h'(x) = 2x + a$ より

$$h(1) = a+b+1, \ h(2) = 2a+b+4, \ h'(1) = a+2$$

なので，まず，③′から

$$a = -2$$

このとき，①より $b = 0$, 1, 2，②より $b = 0$, 1, -1 となり，①かつ②が成り立つ b の値は，$b = 0$, 1 である。

ゆえに　　　$(a, b) = (-2, 1)$, $(-2, 0)$　……(答)

◀解　説▶

≪整式の割り算における余りに関する係数の導出≫

▶(1)　特に難所はない。一般に整式 $F(x)$, $G(x)$ の差が $f(x)$ で割り切れることが，$F(x)$, $G(x)$ を $f(x)$ で割った余りが等しいことと同値であることは整数と同じ考え方である。厳密には，〔注〕にあるように余りの次数が $f(x)$ の次数より小であることが根拠となる。

▶(2)　本問の解答は 3 つの段階からなる。

第 1 段階は，(1)から $h(x)^{49} - h(x)$ が $f(x)$ で割り切れることを導くことである。〔解答〕では $h(x)^{49} \equiv h(x)$ のような合同式の記号を用いている。必ずしも用いる必要はないが，(1)の結果を用いる際に記述が簡潔で結果式を得る見通しがよくなる。

第 2 段階は，一般に整式 $j(x)$ が $(x-1)^2(x-2)$ で割り切れるための条件 $j(1) = j'(1) = j(2) = 0$ を用いることである。これは $(x-1)^2$ などの因数をもつ 3 次式で割るときの余りを考える際の基礎事項である。

第 3 段階は，a, b についての連立方程式①，②，③を正しく解くことである。まず，③から $a = -2$ となるので，このもとで①かつ②を考える。少し工夫して考えるとよいが，意外に時間をとるところである。

本大問は(2)がやや難の問題である。

6　◆発想◆　(1)　V のうち，立方体を除く部分の体積を立方体の上面の 4 辺に関する平等性（対称性）を利用し，分割の観点で求める。

(2)　W のうち，(1)の V を除く部分を立方体の 4 つの側面に関する平等性（対称性）を利用し，分割の観点で考える。

解答 (1) Oを中心とする半径 $\sqrt{3}$ の球（面および内部）を K とする。また、立方体の表面のうち、$z=1$ を満たす面を T とする。

条件から、以下の(ア)、(イ)が成り立つ。

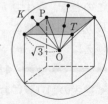

(ア) (i)から、V は球 K に含まれる。

(イ) (ii)から、立方体の面および内部の点はすべて V に含まれ、V のうち立方体以外の部分を V' とすると、V' は線分 OP が面 T と共有点をもつような点 P の集合となる。

球 K から立方体を除いた部分は、(イ)の V' と合同な 6 つの部分に分割され、どの 2 つも共通部分の体積は 0 である。

ゆえに、V の体積は

$$(V \text{の体積}) = (\text{立方体の体積}) + (V' \text{の体積})$$

$$= (\text{立方体の体積}) + \frac{1}{6}(\text{球 } K \text{の体積} - \text{立方体の体積})$$

$$= 2^3 + \frac{1}{6}\left\{\frac{4\pi(\sqrt{3})^3}{3} - 2^3\right\} = 8 + \frac{1}{6}(4\sqrt{3}\pi - 8)$$

$$= \frac{20 + 2\sqrt{3}\pi}{3} \quad \cdots\cdots(\text{答})$$

(2) 条件から、以下の(ウ)～(オ)が成り立つ。

(ウ) (iii)から $\mathrm{OP} \leq \mathrm{ON} + \mathrm{NP} \leq \sqrt{3}$ なので、W は球 K に含まれる。

(エ) (iii)から $\mathrm{ON} \leq \sqrt{3}$ であり、(iv)から N の存在範囲は(1)の V から S を除いた部分となる。

(オ) (v)で N が O に一致するときを考えて、V は W に含まれる。

以上のもとで W のうち V を除く部分を W' とし、W' がどのような図形となるかを考える。

立方体の表面のうち、$x = -1$ の部分を正方形 ABCD とする。

$z < -1$ の部分の点 P に対しては条件(v)を満たす N が存在しない。そこで球 K のうち $z \geq -1$ の部分で考える。

ここから V を除いた部分を平面 OAD と平面 OBC によって 4 つの合同な部分に分割し、そのうちの $x \leq -1$ の部分を W_1 とし、この中で条件を満たす P の存在範囲を考える。

球 K と平面 OAB の共通部分のうち、$x \leq -1$ $(z \geq 1)$ の部分（線分 AB を

弦とする月形部分で図 1 の網かけ部分）を L とする。

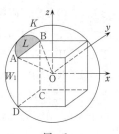

図　1

W_1 は球 K のうち，平面 $z = -1$ と平面 OAD と平面 OBC と月形 L と正方形 ABCD と球 K の表面で囲まれた部分である。

W_1 の任意の点 P に対して，条件を満たす点 N が存在するとき，(iv)と(v)から N は平面 OAB より上の部分（平面 OAB を含む）にあり，三角形 ONP は必ず線分 AB と共有点をもつ。それを N′ とする（N′ = N のときもある）と，N′ は三角形 ONP の内部または周上にあることと(iii)から

$$ON' + N'P \leqq ON + NP \leqq \sqrt{3} \quad \cdots\cdots ①$$

となる。

ここで，P を通り，線分 AB に垂直な平面と線分 AB の交点を N″ とし，線分 PN″ を線分 AB のまわりに回転して線分 PN″ が平面 OAB 上にくるようにしたときの P の位置を Q とする（図 2）。

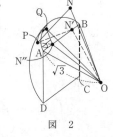

図　2

このとき

$$N'P = N'Q \quad (\triangle PN'N'' \equiv \triangle QN'N'' \text{ より})$$

なので

$$ON' + N'P = ON' + N'Q \quad \cdots\cdots ②$$

①，②と三角不等式から

$$OQ \leqq ON' + N'Q \leqq \sqrt{3}$$

でなければならない。したがって，Q は月形 L 上になければならない。

そこで，月形 L を線分 AB のまわりに $\dfrac{3}{4}\pi$ 回転して平面 $x = -1$ 上にくるようにしたときに，L が通過してできる立体 J を考えると，W_1 内の点 P で条件を満たすものはすべて J 内になければならない。

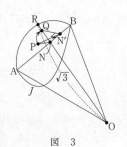

図　3

逆に，J 内の任意の点 P に対して P を通り，線分 AB に垂直な平面と線分 AB の交点を N′ とし，線分 PN′ を線分 AB のまわりに回転し，PN′ が月形 L 上にくるようにしたときの P の位置を Q とする（図

3）。このとき，直線 OQ と線分 AB，弧 AB との交点をそれぞれ N，R とすると，N と P は条件(iv)，(v)を満たす。

さらに NP＝NQ である（△PNN′≡△QNN′ より）から

$$ON + NP = ON + NQ = OQ \leqq OR = \sqrt{3}$$

となり，この N と P は条件(iii)も満たす。

以上から，W_1 のうち，条件を満たす点 P の存在範囲は J となる。

W' は J と合同な 4 つの部分からなり，このどの 2 つも共通部分の体積は 0 であるから

$$(W' \text{ の体積}) = 4 \times (J \text{ の体積})$$

である。以下，J の体積を求める。

平面 OAB に O を原点，$\mathrm{A}(-1,\ \sqrt{2})$，$\mathrm{B}(1,\ \sqrt{2})$ とする tu 座標平面を設定する（図 4）。

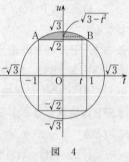

図　4

J は月形 L を直線 AB のまわりに $\dfrac{3}{4}\pi$ 回転したときに L が通過してできる立体であるから，J の体積は

$$2\int_0^1 \frac{1}{2}(\sqrt{3-t^2}-\sqrt{2})^2 \cdot \frac{3}{4}\pi dt$$

$$= \frac{3}{4}\pi\int_0^1 (5-t^2)\, dt - \frac{3\sqrt{2}}{2}\pi\int_0^1 \sqrt{3-t^2}\, dt \quad \cdots\cdots ③$$

ここで

$$\frac{3}{4}\pi\int_0^1 (5-t^2)\, dt = \frac{3}{4}\pi\left[5t-\frac{t^3}{3}\right]_0^1 = \frac{7}{2}\pi$$

また，$\displaystyle\int_0^1 \sqrt{3-t^2}\, dt$ は図 5 の網かけ部分の面積なので

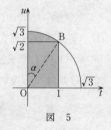

図　5

$$\frac{3\sqrt{2}}{2}\pi\int_0^1 \sqrt{3-t^2}\, dt = \frac{3\sqrt{2}}{2}\pi\left\{\frac{1}{2}\cdot 1\cdot\sqrt{2}+\frac{1}{2}\cdot(\sqrt{3})^2\alpha\right\}$$

$$= \frac{3\sqrt{2}}{2}\pi\left(\frac{\sqrt{2}}{2}+\frac{3}{2}\alpha\right)$$

$$= \frac{3}{2}\pi + \frac{9\sqrt{2}}{4}\alpha\pi$$

よって

$$（J の体積）=③=\frac{7}{2}\pi-\left(\frac{3}{2}\pi+\frac{9\sqrt{2}}{4}\alpha\pi\right)=2\pi-\frac{9\sqrt{2}}{4}\alpha\pi$$

となり

$$（W' の体積）=4\left(2\pi-\frac{9\sqrt{2}}{4}\alpha\pi\right)=8\pi-9\sqrt{2}\,\alpha\pi$$

ゆえに

$$（W の体積）=（V の体積）+（W' の体積）$$

$$=\frac{20+2\sqrt{3}\,\pi}{3}+8\pi-9\sqrt{2}\,\alpha\pi$$

$$=\frac{20}{3}+\frac{2(\sqrt{3}+12)}{3}\pi-9\sqrt{2}\,\alpha\pi\quad\cdots\cdots（答）$$

━━━━━◀ 解　説 ▶━━━━━

≪条件を満たす線分の存在範囲と体積≫

▶(1)　やや難の設問である。解答は 2 つの段階からなる。

　第 1 段階は〔解答〕の(ア)，(イ)を把握することである。始めに記さなくても必要なところで記してもよい。特に(イ)がポイントである。

　第 2 段階は，(イ)で述べた V' の体積を求めることである。これを単独に求めようとすると無理がある。立方体の 6 面に関する平等性（対称性）から，V' が球から立方体を除いたものの $\dfrac{1}{6}$ であるという発想がポイントである。気づけばそれまでのことだが，やや難である。これにより，V の体積の計算は易しいものとなる。

▶(2)　難のレベルの設問である。解答は 3 つの段階からなる。

　第 1 段階は，条件から〔解答〕の(ウ)，(エ)，(オ)を把握することである。最初に明示せずとも必要に応じて記されていればよいが，これらを明快に捉えることには時間を要する。

　第 2 段階は，W のうち V を除く部分（W'）がどのような図形かを考えることである。まず，〔解答〕中の W_1 に限定して考えて立体 J を得ることがポイントである。ここを厳密に記述すると〔解答〕のようになるがここは難しい。ポイントとなる発想は，点 P に対して条件を満たす点 N から線分 AB 上の点 N′ を考えることと，点 P を通り線分 AB に垂直な平面と線分 AB との交点 N″ を利用することである。線分 AB まわりの回転体 J

を考察するのだから，自然で本質的な発想であるが気づくのに時間を要する。線分の長さについての不等式も空間内での考察なので間違いやすい。

第 3 段階は，J の体積を求めることである。断面積は，扇形の面積 $\left(\pi\cdot\text{半径}^2\cdot\dfrac{\text{中心角}}{2\pi}=\dfrac{1}{2}\cdot\text{半径}^2\cdot\text{中心角}\right)$ を用いる。積分の部分は東大理科の立体に関する問題としては難しいものではない。最後に J の体積を用いて W の体積が得られる。

平面図形での面積と同様，立体図形の体積も分割は基本的な発想である。本大問は積分と根拠記述を除けば，中学あるいは高校入試の難問に通じるような出題である。本大問の根拠記述は採点では問われないかもしれないが，これを詰める考察は力が付くので大切にしたい。

❖講　評

2023 年度は 2022 年度に比べ問題文がすっきりしたが，レベルは同等のセットであった。明らかな易問が少なく，6 は 2022 年度同様難問である。他は東大理科としての標準〜やや難の問題であるが，2022 年度同様，解き切るのに時間を要する問題が多い。また，全問が小問に分かれていて，落とせない易問が 2(1)，3(1)，4(1)・(2)，5(1)である。どれも教科書の問いまたは練習問題レベルであり，これらで 1 題分程の得点となる。どの問題も素材自体はよくあるものである。複素数平面は出題されなかった。珍しく整数の問題がなかったが，類似問題として整式の余りに関する問題があった。また，図示の問題もなかったが，空間図形の捉え方に難しさがみられる傾向は例年通りである。文科との共通問題は 2（確率）である。

東大理科の入試としての難易度は，1(1)標準〜やや難，(2)標準，2(1)易，(2)難，3(1)易，(2)標準〜やや難，4(1)・(2)易，(3)標準，5(1)易，(2)やや難，6(1)やや難，(2)難であった。

1　(1)定積分の評価，(2)区分求積の問題。(1)が意外と戸惑うかもしれない。(2)は(1)ができなくても(1)の結果を利用するとよく，標準的な問題。

2　3 色の玉の並べ方に関する条件付き確率の問題。(1)はよくある易問。(2)は余事象の捉え方で難所が 1 カ所ある。

3　放物線の弦の長さに関する問題。(1)は易問。(2)は東大入試数学の

伝統である「存在」の観点からの発問となっている。分数関数の増減に帰着させる発想に至ればよい。

　　4　座標空間で中心が与えられた球と三角形が共有点をもつための半径のとり得る範囲の問題。ベクトルで条件を与えてある。(1)・(2)は易問。(3)は標準だが多くの点の位置関係を上手に捉えないと少し時間をとられる。

　　5　整式の余りに関する問題。(1)は易問。(2)は $(x-1)^2$ を因数にもつ 3 次式で割り切れるための条件など処理力が試される。

　　6　空間の点の存在範囲とその体積。(1)・(2)とも難しいが、特に(2)が難しい。求める立体を合同ないくつかの部分に分割して考え、さらに線分の長さの不等式を用いる根拠記述が難しい。東大入試数学の伝統である「存在範囲」の出題である。

■物理■

1 **解答** **I** (1) Xは，磁束密度 B の一様な磁場からローレンツ力を受けて半径 $\dfrac{a}{2}$ の等速円運動をする。中心方向の運動方程式より

$$4m\frac{v^2}{\dfrac{a}{2}}=2qvB \qquad \therefore \quad v=\frac{qBa}{4m}$$

よって，Xの運動エネルギーを K_1 とすると

$$K_1=\frac{1}{2}4mv^2=\frac{1}{2}4m\left(\frac{qBa}{4m}\right)^2=\frac{(qBa)^2}{8m} \quad \cdots\cdots(答)$$

(2) Xが原点から小窓まで進むのに要する時間を t_1 とすると

$$t_1=\frac{\pi\dfrac{a}{2}}{v}=\frac{\pi\dfrac{a}{2}}{\dfrac{qBa}{4m}}=\frac{2\pi m}{qB}$$

時刻 t_1 に，半減期 T のXが分裂しないで小窓を通過する割合が f 以上であるから

$$\left(\frac{1}{2}\right)^{\frac{t_1}{T}}\geqq f$$

両辺で，底が2の対数をとると

$$\frac{t_1}{T}\log_2\left(\frac{1}{2}\right)\geqq\log_2 f$$

$$-\frac{t_1}{T}\geqq\log_2 f$$

$$\therefore \quad t_1\leqq-T\log_2 f=T\log_2\frac{1}{f}$$

よって

$$\frac{2\pi m}{qB}\leqq T\log_2\frac{1}{f}$$

$$\therefore \quad B \geqq \frac{2\pi m}{qT\log_2 \dfrac{1}{f}} \quad \cdots\cdots (答)$$

(3)　Xが分裂してAとBになる過程において

運動量保存則より

$$0 = mv_A - 3mv_B$$

力学的エネルギー保存則より

$$\Delta mc^2 = \frac{1}{2}mv_A{}^2 + \frac{1}{2}3mv_B{}^2$$

これらを v_A，v_B について解くと

$$v_A = c\sqrt{\frac{3\Delta m}{2m}}, \quad v_B = c\sqrt{\frac{\Delta m}{6m}} \quad \cdots\cdots (答)$$

Ⅱ　(1)　ア．$\sqrt{\dfrac{2x_0}{L}}$　イ．$\dfrac{\alpha L}{v_A}$　ウ．$-\alpha$　エ．$\dfrac{L}{2}$　オ．$-(\sqrt{2}+1)\alpha$

カ．$\left(1 - \dfrac{1}{\sqrt{2}}\right)^2 L$

(2)　分裂直後のAの検出器に対する速度の x 成分を v とする。分裂時のXの検出器に対する速さは x 方向に αv_A，分裂直後のX静止系から見たAの速度の x 成分が $v_A\cos\theta_0$ であるから，相対速度の公式より

$$v_A\cos\theta_0 = v - \alpha v_A$$

$$\therefore \quad v = \alpha v_A + v_A\cos\theta_0 = (\alpha + \cos\theta_0)v_A \quad \cdots\cdots ①$$

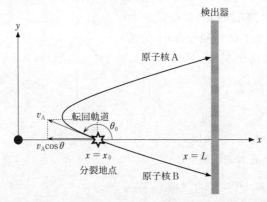

検出器の x 軸上の点だけで検出されるものとは，$\theta_0 = 0$ または $\theta_0 = \pi$ の方向に飛び出したものである。分裂直後のAの検出器に対する速さ v は，①

より

- $\theta_0 = 0$ で x 軸の正の向きに飛び出したAの速さは $\qquad v = (\alpha+1)\,v_A$
- $\theta_0 = \pi$ で x 軸の負の向きに飛び出したAの速さは $\qquad v = (\alpha-1)\,v_A$

である。分裂地点から検出器に到達するまでに，Aが電場から受けた仕事 W は，$\theta_0 = 0$ か $\theta_0 = \pi$ かによらない。II(1)アの答えより

$$x_0 = \frac{\alpha^2}{2}L \quad \cdots\cdots ②$$

であるから，これを用いると

$$W = qE \cdot (L - x_0)$$
$$= q \cdot \frac{2mv_A{}^2}{qL} \times \left(L - \frac{\alpha^2}{2}L\right) = mv_A{}^2(2 - \alpha^2) \quad \cdots\cdots ③$$

Aが検出器に到達したときにもつ運動エネルギーを K とすると，運動エネルギーと仕事の関係より

(i) $\theta_0 = 0$ の場合

$$K = \frac{1}{2}m\{(\alpha+1)\,v_A\}^2 + mv_A{}^2(2 - \alpha^2)$$
$$= \frac{1}{2}mv_A{}^2(-\alpha^2 + 2\alpha + 5)$$
$$= \frac{1}{2}mv_A{}^2\{-(\alpha-1)^2 + 6\} \quad \cdots\cdots ④$$

ゆえに，Aがもつ運動エネルギー K は α の関数として右図のようになる。ここで，$\theta_0 = 0$ では転回しないので，$0 < x_0 < L$ であるから，②より

$$0 < \frac{\alpha^2}{2}L < L$$

$\therefore \quad 0 < \alpha < \sqrt{2} \quad \cdots\cdots ⑤$

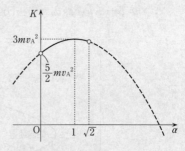

この条件⑤のもとで，④は，
$\alpha = 0$ のとき，K は最小値をとり

$$K = \frac{1}{2}mv_A{}^2\{-(0-1)^2 + 6\} = \frac{5}{2}mv_A{}^2$$

$\alpha = 1$ のとき，K は最大値をとり

$$K = \frac{1}{2}mv_A{}^2\{-(1-1)^2 + 6\} = 3mv_A{}^2$$

(ii)　$\theta_0 = \pi$ の場合

$$K = \frac{1}{2} m\{(\alpha - 1)v_A\}^2 + mv_A{}^2(2 - \alpha^2)$$

$$= \frac{1}{2} mv_A{}^2(-\alpha^2 - 2\alpha + 5)$$

$$= \frac{1}{2} mv_A{}^2\{-(\alpha + 1)^2 + 6\} \quad \cdots\cdots ⑥$$

ゆえに，A がもつ運動エネルギー K は
α の関数として右図のようになる。

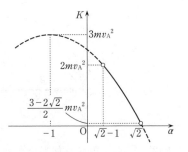

ここで，$\theta_0 = \pi$ では転回する必要があるので，II(1)オの答えと，⑤より

$$\cos\pi > -(\sqrt{2} + 1)\alpha \quad \text{かつ}$$
$$0 < \alpha < \sqrt{2}$$

$$\therefore \quad \sqrt{2} - 1 < \alpha < \sqrt{2} \quad \cdots\cdots ⑦$$

この条件⑦のもとで，⑥は

$\alpha = \sqrt{2} - 1$ のとき，K は最大値をとり

$$K = \frac{1}{2} mv_A{}^2[-\{(\sqrt{2} - 1) + 1\}^2 + 6] = 2mv_A{}^2$$

$\alpha = \sqrt{2}$ のとき，K は最小値をとり

$$K = \frac{1}{2} mv_A{}^2\{-(\sqrt{2} + 1)^2 + 6\} = \frac{3 - 2\sqrt{2}}{2} mv_A{}^2$$

よって，測定される運動エネルギーの取りうる範囲は

$$\frac{3 - 2\sqrt{2}}{2} mv_A{}^2 \leqq K \leqq 2mv_A{}^2, \quad \frac{5}{2} mv_A{}^2 \leqq K \leqq 3mv_A{}^2 \quad \cdots\cdots (\text{答})$$

(3)　X は，半減期 T が短いと原点に近い位置で分裂し，半減期 T が長いと検出器に近い位置で分裂して，A を生成する。

④，⑥より，運動エネルギー K が小さいものは，α が大きい。さらに，②より，α が大きいものは，x_0 が大きい，すなわち，X は検出器に近い位置で分裂したものである。

よって，運動エネルギーが $mv_A{}^2$ よりも小さい原子核の数の割合は，X の半減期 T が $\dfrac{L}{v_A}$ と比べてはるかに長い場合に，多くなると期待される。

━━━━◀解　説▶━━━━

≪核分裂した原子核の電磁場中での運動≫

◆I ▶(1)　原点から様々な方向に飛び出したＸのうち，小窓の壁に衝突することなく，壁面に垂直に小窓を通過するものは，直径 a の等速円運動を行ったものだけである。

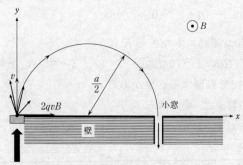

▶(2)　原点で生成されて小窓を通過する円軌道に入るＸの数を N_0，そのうち分裂しないで小窓を通過するＸの数を N とすると，$\dfrac{N}{N_0}=f$ である。

半減期の公式より

$$\frac{N}{N_0}=\left(\frac{1}{2}\right)^{\frac{t_1}{T}}$$

参考　$\left(\dfrac{1}{2}\right)^{\frac{t_1}{T}}\geqq f$ に常用対数を用いると

$$\frac{t_1}{T}(-\log_{10}2)\geqq\log_{10}f$$

$$\frac{2\pi m}{qB\cdot T}\log_{10}2\leqq(-\log_{10}f)$$

$$\therefore\quad B\geqq\frac{2\pi m\log_{10}2}{qT(-\log_{10}f)}$$

◆II ▶(1)　ア．Ｘが，原点に初速度 0 で注入されてから，x 軸上を動いて x_0 まで移動する間は，電場 $E=\dfrac{2mv_A{}^2}{qL}$ から力を受けて等加速度直線運動をする。その加速度を a_X とすると，運動方程式より

$$4ma_X=2q\cdot\frac{2mv_A{}^2}{qL}\qquad\therefore\quad a_X=\frac{v_A{}^2}{L}$$

等加速度直線運動の式より

$$(\alpha v_A)^2 - 0 = 2 \cdot \frac{v_A{}^2}{L} \cdot x_0$$

$$\therefore \quad \alpha = \sqrt{\frac{2x_0}{L}} \quad \cdots\cdots \text{⑧}$$

イ．注入されてから x_0 まで移動する時間を t_0 とすると，等加速度直線運動の式より

$$\alpha v_A = 0 + a_X t_0$$

$$\therefore \quad t_0 = \frac{\alpha v_A}{a_X} = \frac{\alpha v_A}{\dfrac{v_A{}^2}{L}} = \frac{\alpha L}{v_A}$$

ウ．Aが後方に飛んで，転回軌道に入るためには，v が負である必要があるので，〔解答〕の①より

$$(\alpha + \cos\theta_0)\,v_A < 0 \quad \cdots\cdots \text{⑨}$$

$$\therefore \quad \cos\theta_0 < -\alpha \quad \cdots\cdots \text{⑩}$$

エ．$\cos\theta_0$ の条件は，$-1 \leqq \cos\theta_0 \leqq 1$ であるので，⑩より，転回軌道に入るためには

$$-1 < -\alpha$$

⑧を代入して

$$-1 < -\sqrt{\frac{2x_0}{L}}$$

$$1 > \frac{2x_0}{L}$$

$$\therefore \quad x_0 < \frac{L}{2}$$

よって，転回軌道が実現しない条件は

$$x_0 > \frac{L}{2}$$

オ．$x < 0$ の領域では，電場 E が 0 であるからAは電場から力を受けることはない。よって，Aは $x = 0$ を通過したときの速さで等速直線運動をする。

Aが $x < 0$ の領域に入らない条件の下で，後方に飛んだAの加速度を a_A とすると，運動方程式より

$$ma_A = q \cdot \frac{2mv_A{}^2}{qL} \qquad \therefore \quad a_A = \frac{2v_A{}^2}{L}$$

Aが停止した位置を $x = x_A$ とすると，等加速度直線運動の式より

$$0 - v^2 = 2a_A(x_A - x_0)$$

$$0 - \{(\alpha + \cos\theta_0)\, v_A\}^2 = 2 \cdot \frac{2v_A{}^2}{L}\left(x_A - \frac{\alpha^2}{2}L\right)$$

$$x_A = \frac{\alpha^2}{2}L - \frac{L}{4}(\alpha + \cos\theta_0)^2$$

Aが $x < 0$ の領域に入らないとき，$x_A > 0$ であるから

$$\frac{\alpha^2}{2}L - \frac{L}{4}(\alpha + \cos\theta_0)^2 > 0$$

$$2\alpha^2 - (\alpha + \cos\theta_0)^2 > 0$$

$$(\alpha + \cos\theta_0)^2 < 2\alpha^2$$

⑨より，$x_A > 0$ のとき，$\alpha + \cos\theta_0 < 0$ であるから

$$\alpha + \cos\theta_0 > -\sqrt{2}\,\alpha$$

$$\therefore \quad \cos\theta_0 > -(\sqrt{2} + 1)\alpha$$

カ．この条件が θ_0 によらず成立するためには，$-1 \leqq \cos\theta_0 \leqq 1$ であるから

$$-1 > -(\sqrt{2} + 1)\alpha$$

$$\therefore \quad \alpha > \frac{1}{\sqrt{2} + 1} = \sqrt{2} - 1$$

⑧の α を代入して

$$\sqrt{\frac{2x_0}{L}} > \sqrt{2} - 1$$

$$\therefore \quad x_0 > \left(\frac{\sqrt{2} - 1}{\sqrt{2}}\right)^2 L = \left(1 - \frac{1}{\sqrt{2}}\right)^2 L$$

別解　ア・イ・オ．運動方程式，等加速度直線運動の式を用いるかわりに，運動エネルギーと仕事の関係の式，運動量と力積の関係の式を用いることもできる。このとき，物体に保存力以外の外力が加える仕事が 0 であれば力学的エネルギー保存則が成立し，物体系に外力が加える力積が 0 であれば物体系の運動量保存則が成立する。

ア．Xが電場から受ける力の大きさを f とすると

$$f = 2qE = 2q \cdot \frac{2mv_A{}^2}{qL} = \frac{4mv_A{}^2}{L}$$

この力の大きさ f は一定である。Xの運動エネルギーの変化は，Xが電場から受けた仕事 $f \cdot x_0$ に等しいので

$$\frac{1}{2} \cdot 4m \, (\alpha v_A)^2 - 0 = \frac{4mv_A^2}{L} \times x_0$$

$$\therefore \quad \alpha = \sqrt{\frac{2x_0}{L}}$$

イ．Xの運動量の変化は，Xが電場から受けた力積 $f \cdot t_0$ に等しいので

$$4m \cdot \alpha v_A - 0 = \frac{4mv_A^2}{L} \times t_0$$

$$\therefore \quad t_0 = \frac{\alpha L}{v_A}$$

オ．後方に飛んだAが，$x=0$ に到達したときの速度が0になるときが，$x<0$ の領域に入らない限界と考える。この間，Aの運動エネルギーの変化は，Aが電場から受けた仕事 $-qE \cdot x_0$ に等しいので

$$0 - \frac{1}{2} m \{(\alpha + \cos\theta_0) \, v_A\}^2 = -q \cdot \frac{2mv_A^2}{qL} \times \frac{\alpha^2}{2} L$$

$$(\alpha + \cos\theta_0)^2 = 2\alpha^2$$

⑨より，$\alpha + \cos\theta_0 < 0$ であるから

$$\alpha + \cos\theta_0 = -\sqrt{2}\,\alpha$$

$$\therefore \quad \cos\theta_0 = -(\sqrt{2}+1)\alpha$$

よって

$$\cos\theta_0 > -(\sqrt{2}+1)\alpha$$

▶(3)　任意の θ_0 の方向に飛び出したAが検出器に到達したときにもつ運動エネルギー K は，〔解答〕の①，③より

$$K = \frac{1}{2} mv^2 + W$$

$$= \frac{1}{2} m \{(\alpha + \cos\theta_0) \, v_A\}^2 + mv_A^2 (2 - \alpha^2)$$

$$= \frac{1}{2} mv_A^2 \{(\alpha + \cos\theta_0)^2 + 2 \, (2 - \alpha^2)\}$$

最小値は，Aが転回する場合の $\cos\theta_0 < 0$ で，$\alpha = \sqrt{2}$ のときであり，代入すると

$$K = mv_A^2 \left(1 + \sqrt{2} \cos\theta_0 + \frac{1}{2} \cos^2\theta_0\right)$$

$\cos\theta_0 < 0$ であるから

$$K < mv_A{}^2$$

すなわち，α が大きいほど，運動エネルギー K が $mv_A{}^2$ より小さいものの数が多いことになる。

2 解答

I (1) 導線の1周の長さ l は，$l = 2\pi r$ である。この導線が速さ v_0 で大きさ B_0 の永久磁石の磁場を横切るときに生じる誘導起電力の大きさを V_0 とすると

$$V_0 = v_0 B_0 l = v_0 B_0 \times 2\pi r$$

誘導起電力の向きは，上から見て時計回りの向きで，J_2 が高電位となる向きである。よって，導線は N 回巻きであるから，端子 J_1 を基準とした端子 J_2 の電位 V_1 は

$$V_1 = N \cdot V_0 = 2\pi N v_0 B_0 r \quad \cdots\cdots(答)$$

(2) 光検出器で検出した光の極大から極小までに着目する。円盤が移動した距離を Δz とすると，M_1 で反射した光と M_2 で反射した光の経路差は $2\Delta z$ で，これが半波長 $\dfrac{\lambda}{2}$ であるから

$$2\Delta z = \frac{\lambda}{2}$$

$$\therefore \quad \Delta z = \frac{\lambda}{4} = \frac{c}{4f} \quad (\because \quad c = f\lambda)$$

また，$V(z)$ が $\sin(kz)$ で周期的な変化をするときの極大から極小までの位相差は π であるから

$$k\Delta z = \pi$$

$$k\frac{c}{4f} = \pi$$

$$\therefore \quad k = \frac{4\pi f}{c} \quad \cdots\cdots(答)$$

(3) 可変電源の電圧 V_A は

$$V_A = A\{V(z) - V_L\} = A\{V_L + V_L\sin(kz) - V_L\} = AV_L\sin(kz)$$

可変電源と円盤に巻かれた導線，抵抗からなる回路を流れる電流を I とすると

$$I = \frac{1}{R}\{2\pi NvB_0r + AV_\text{L}\sin(kz)\}$$

円盤に巻かれた導線が磁場から受ける力の大きさを f とすると

$$f = IB_0 \times 2\pi r \cdot N = \frac{2\pi NB_0r}{R}\{2\pi NvB_0r + AV_\text{L}\sin(kz)\}$$

この力の向きはフレミングの左手の法則より，z 軸の負の向きである。

よって，物体と円盤にはたらく力の合力を F とすると，重力と張力も含めて

$$F = (M+m)g - T - \frac{2\pi NB_0r}{R}\{2\pi NvB_0r + AV_\text{L}\sin(kz)\} \quad \cdots\cdots(答)$$

(4)　物体と円盤が静止したときは $v=0$ で，円盤に巻かれた導線に生じる誘導起電力が 0 となり，これらにはたらく力の合力 $F=0$ である。

このとき，おもりにはたらく力のつりあいの式より

$$T = Mg$$

つりあいの位置は $z = z_1$ であり，$\sin(kz_1) \fallingdotseq kz_1$ とおくと

$$0 = (M+m)g - T - \frac{2\pi NB_0r}{R} \times AV_\text{L} \cdot kz_1$$

よって

$$z_1 = \frac{mgR}{2\pi NkAB_0rV_\text{L}} \quad \cdots\cdots(答)$$

このときに流れる電流を I_2 とすると

$$I_2 = \frac{1}{R} \cdot AV_\text{L}\sin(kz_1)$$

$$\fallingdotseq \frac{1}{R} \cdot AV_\text{L} \cdot kz_1 = \frac{1}{R} \cdot AV_\text{L}k \cdot \frac{mgR}{2\pi NkAB_0rV_\text{L}} = \frac{1}{R} \cdot \frac{mgR}{2\pi NB_0r}$$

よって，電圧計の測定値の絶対値 V_2 は

$$V_2 = RI_2 = \frac{mgR}{2\pi NB_0r} \quad \cdots\cdots(答)$$

(5)　(1)，(4)より，V_1 と V_2 の積を求めると

$$V_1 \times V_2 = 2\pi Nv_0B_0r \times \frac{mgR}{2\pi NB_0r}$$

$$= v_0 \times mgR$$

$$\therefore \quad m = \frac{V_1V_2}{gRv_0} \quad \cdots\cdots(答)$$

Ⅱ (1)　P_5 を基準とした P_4 の電位 V は，ホール素子と抵抗での電位差より

$$V = R_H I_1 - R I_2 \quad \cdots\cdots(答)$$

ソレノイド内部の磁場 H の大きさは

$$|H| = |n_1 I_1 - n_2 I_2 - n_3 I_3| \quad \cdots\cdots(答)$$

(2)　ア. $\dfrac{n_1 I_1 - n_3 I_3}{n_2 I_1}$ 　イ. $\dfrac{R' I_3}{R I_1}$

(3)　与えられた値を代入すると

$$R \fallingdotseq R_H \times \left(\frac{n_1 I_1 - n_3 I_3}{n_2 I_1}\right)^{-1} = R_H \times \frac{n_2 I_1}{n_1 I_1 - n_3 I_3}$$

$$= 12.9 \times 10^3 \times \frac{10 \times 540 \times 10^{-6}}{1290 \times 540 \times 10^{-6} - 129 \times 400 \times 10^{-6}}$$

$$= 12.9 \times 10^3 \times \frac{1 \times 54}{129 \times 50}$$

$$= 108 \,〔Ω〕 \quad \cdots\cdots(答)$$

真の値は $106\,Ω$ であるから，相対誤差を $\varDelta\,〔\%〕$ とすると

$$\varDelta = \frac{108 - 106}{106} \times 100 = 1.88 \fallingdotseq 2\,〔\%〕 \quad \cdots\cdots(答)$$

◀━━━ ◀解　説▶ ━━━▶

≪ワット天秤≫

　ワット天秤（またはキブル天秤）は，試料の重さを電流および電圧を用いて測定する装置である。電流および電圧の単位は，光速や電気素量，プランク定数などの定数を用いて定義できるので，質量もこれらの定数を用いて定義できることになる。このような定義は，劣化したり破損したりする可能性のある国際キログラム原器による定義よりも優れていると考えられ，国際キログラム原器による定義は廃止された。ワット天秤の名称は，試料の質量が電流と電圧の積，すなわちワット単位で測定できる量に比例することに由来し，キブル天秤の名称は，この天秤の発案者のブライアン=キブルに由来する。

◆**Ⅰ**　▶(1)　速さ v_0 で運動する導線中の電気量 $-e$ （$e > 0$）の自由電子が，大きさ B_0 の永久磁石の磁場から受けるローレンツ力の大きさ f_L は

$$f_L = e v_0 B_0$$

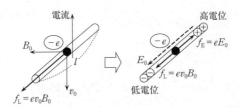

力の向きは，フレミングの左手の法則より，上から見て反時計回りの向き
で，J_2 から J_1 へ向かう向きである。この力は，自由電子が導線中に時計
回りの向きに生じた強さ E_0 の電場から受ける大きさ f_E の力とつりあうの
で，$f_E = eE_0$ より

$$eE_0 = ev_0B_0$$

∴ 　$E_0 = v_0B_0$

導線の 1 周の長さ $2\pi r$ に生じる電位差 V_0 は

$$V_0 = v_0B_0 \times 2\pi r$$

この電場の向きは上から見て時計回りで，J_1 から J_2 に向かう向きであり，
J_1 に対して J_2 が高電位である。よって，N 回巻きの導線の端子 J_1 を基準
とした端子 J_2 の電位 V_1 は，符号も含めて

$$V_1 = v_0B_0 \times 2\pi r \cdot N = 2\pi N v_0 B_0 r$$

▶(2)　光源から出た光のうち，ハーフミラーと鏡 M_1 で反射して光検出器
に入る光と，鏡 M_2 とハーフミラーで反射して光検出器に入る光とでは，
反射の回数が等しいから，反射による位相の変化の差は 0 である。

光検出器から検出した光の強さに比例した電圧 $V(z)$ は

$$V(z) = V_L + V_L \sin(kz)$$

$V(z)$ が極大となるのは，M_1 で反射した光と M_2 で反射した光が光検出
器に届いたときに同位相で強め合った結果である。逆に，$V(z)$ が極小と
なるのは，これらの光が逆位相で弱め合った結果である。

▶(4)　「A が十分大きい値であったため，物体と円盤は一体のまま非常に
小さな振幅で上下に運動し，時間とともにその振幅は減衰した。時間が経
過してほぼ静止したと見なせる」とある。これは，次のような減衰振動で
ある。

物体と円盤の加速度を a_z とすると，$\sin(kz) \fallingdotseq kz$ として，運動方程式より

$$(M+m)\,a_z = (M+m)\,g - T - \frac{2\pi NB_0r}{R}(2\pi Nv B_0 r + AV_L kz)$$

おもりについても

$$Ma_z = T - Mg$$

よって

$$(2M + m)\, a_z = mg - \frac{2\pi NB_0 r}{R}\, (2\pi NvB_0 r + AV_{\mathrm{L}} kz)$$

$$= mg - \frac{(2\pi NB_0 r)^2}{R} v - \frac{2\pi NB_0 r A V_{\mathrm{L}} k}{R} z$$

一般に，運動方程式が

$$ma_z = -kz \quad (k \text{ は定数})$$

$$\left(\text{微分形で } m\frac{d^2 z}{dt^2} = -kz, \text{ または } \frac{d^2 z}{dt^2} = -\omega^2 z \quad \text{ただし，} \omega = \sqrt{\frac{k}{m}}\right)$$

と書かれた場合，これは原点を振動中心とする単振動である。

$$ma_z = -cv - kz \quad (c \text{ は定数})$$

$$\left(\text{微分形で } m\frac{d^2 z}{dt^2} = -c\frac{dz}{dt} - kz, \text{ または } \frac{d^2 z}{dt^2} = -2\gamma\frac{dz}{dt} - \omega^2 z\right)$$

と書かれた場合，これは速度 v に比例する抵抗力 cv が存在するもので，減衰振動である。

c が大きい（$\gamma > \omega$）とき，下図(a)のような減衰振動をし，過減衰という。

c が小さい（$\gamma < \omega$）とき，下図(b)のような減衰振動をする。

本問では A が十分大きい値であるから，k が十分大きく，c が十分小さいので，上下に振動して振幅が減衰し，時間が経過して静止する。

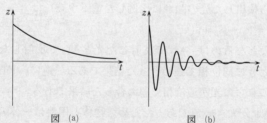

図 (a)　　　　　　　図 (b)

◆ II　▶(1)　P_3 を基準とした P_4 の電位は $R_{\mathrm{H}} I_1$，抵抗値 R での電圧降下は RI_2 である。ソレノイド内部の磁場の向きと大きさは，ソレノイド1では右向きに大きさが $n_1 I_1$，ソレノイド2，3ではともに左向きに大きさがそ

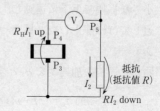

れぞれ n_2I_2, n_3I_3 である。

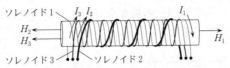

▶(2)　可変電源とソレノイド3を回る閉回路は，下図の通りである。

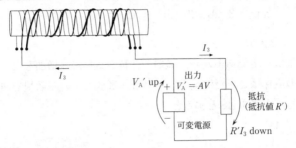

ソレノイド内部の磁場が $H=0$ となるとき

$$n_1I_1 - n_2I_2 - n_3I_3 = 0$$

$$\therefore\quad I_2 = \frac{n_1I_1 - n_3I_3}{n_2}$$

可変電源とソレノイド3を回る閉回路において，キルヒホッフの第二法則
より

$$V_{\mathrm{A}}' = R'I_3$$

ここで，可変電源が出力する電圧は

$$V_{\mathrm{A}}' = AV = A(R_{\mathrm{H}}I_1 - RI_2)$$

よって

$$R'I_3 = A(R_{\mathrm{H}}I_1 - RI_2)$$

$$\therefore\quad \frac{R_{\mathrm{H}}}{R} = \frac{I_2}{I_1} + \frac{1}{A} \times \frac{R'I_3}{RI_1} = \frac{n_1I_1 - n_3I_3}{n_2I_1} + \frac{1}{A} \times \frac{R'I_3}{RI_1} \quad \cdots\cdots(\text{※})$$

なお，(※)より，A が大きいとき，$\dfrac{1}{A} \doteqdot 0$ とおくと

$$\frac{R_{\mathrm{H}}}{R} \doteqdot \frac{n_1I_1 - n_3I_3}{n_2I_1}$$

$$\therefore\quad R \doteqdot R_{\mathrm{H}} \times \left(\frac{n_1I_1 - n_3I_3}{n_2I_1}\right)^{-1}$$

が得られる。

3 解答

I (1)　風船の半径を r から $r+\Delta r$ に変化させたとき，風船の体積の増加を ΔV とする。Δr は十分小さく，Δr の二次以上の項を無視すると

$$\Delta V = \frac{4}{3}\pi (r+\Delta r)^3 - \frac{4}{3}\pi r^3$$

$$= \frac{4}{3}\pi \{r^3 + 3r^2\Delta r + 3r(\Delta r)^2 + (\Delta r)^3 - r^3\}$$

$$\fallingdotseq 4\pi r^2 \Delta r$$

液体の体積は一定であるから，風船の体積が ΔV だけ増加したとき，シリンダー内の液体は ΔV だけ減少している。ピストンの断面積を A，ピストンを動かした距離を Δx とすると

$$\Delta x = \frac{\Delta V}{A}$$

ピストンを押す力の大きさを F とすると，ピストンにはたらく力のつりあいの式より

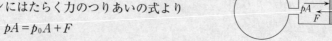

$$pA = p_0 A + F$$

$$\therefore \quad F = (p-p_0)A$$

よって，ピストンを動かすのに要した仕事を ΔW_{P} とすると

$$\Delta W_{\mathrm{P}} = F\Delta x$$

$$= (p-p_0)A \times \frac{\Delta V}{A}$$

$$= 4\pi r^2 (p-p_0)\Delta r \quad \cdots\cdots(\text{答})$$

(2)　風船の半径を r から $r+\Delta r$ に変化させたとき，風船の表面積の増加を ΔS とする。Δr の二次以上の項を無視すると

$$\Delta S = 4\pi (r+\Delta r)^2 - 4\pi r^2$$

$$= 4\pi \{r^2 + 2r\Delta r + (\Delta r)^2 - r^2\}$$

$$\fallingdotseq 8\pi r\Delta r$$

よって，風船の表面積を大きくするのに要した仕事 ΔW は

$$\Delta W = \sigma\Delta S$$

$$= 8\pi\sigma r\Delta r \quad \cdots\cdots(\text{答})$$

(3)　(1)と(2)の仕事が等しいから

$$4\pi r^2 (p-p_0)\Delta r = 8\pi\sigma r\Delta r$$

$$\therefore \quad p = p_0 + \frac{2\sigma}{r} \quad \cdots\cdots(答)$$

Ⅱ　(1)　ア―②　イ―④

理由：風船の半径が小さい方が内圧が大きく，内圧が小さい方に気体が移っていくから。

(2)　弁を開く前に，半径 r_A，r_B の風船に封入された気体の物質量をそれぞれ n_A，n_B，気体定数を R，気体の温度を T とする。それぞれの風船に封入された理想気体の状態方程式より

$$\left(p_0 + \frac{2\sigma}{r_A}\right) \times \frac{4}{3}\pi r_A{}^3 = n_A R T$$

$$\left(p_0 + \frac{2\sigma}{r_B}\right) \times \frac{4}{3}\pi r_B{}^3 = n_B R T$$

弁を開いた後，気体の温度 T は一定に保たれ，片方の風船がしぼみきり，気体がすべて半径 r_C の風船に移動したとき，気体の物質量の和は一定である。理想気体の状態方程式より

$$\left(p_0 + \frac{2\sigma}{r_C}\right) \times \frac{4}{3}\pi r_C{}^3 = (n_A + n_B) R T$$

よって

$$\left(p_0 + \frac{2\sigma}{r_C}\right) \times \frac{4}{3}\pi r_C{}^3 = \left(p_0 + \frac{2\sigma}{r_A}\right) \times \frac{4}{3}\pi r_A{}^3 + \left(p_0 + \frac{2\sigma}{r_B}\right) \times \frac{4}{3}\pi r_B{}^3$$

$$p_0 r_C{}^3 + 2\sigma r_C{}^2 = p_0 r_A{}^3 + 2\sigma r_A{}^2 + p_0 r_B{}^3 + 2\sigma r_B{}^2$$

$$\therefore \quad \sigma = \frac{p_0}{2} \times \frac{r_C{}^3 - r_A{}^3 - r_B{}^3}{r_A{}^2 + r_B{}^2 - r_C{}^2} \quad \cdots\cdots(答)$$

Ⅲ　(1)　設問Ⅰ(3)の σ を $\sigma(r)$ と書き換えると

$$p = p_0 + \frac{2\sigma(r)}{r} = p_0 + 2a\frac{r - r_0}{r^3}$$

内圧 p は半径 r の関数として変化するから，微分して p の増減を考えると

$$\frac{dp}{dr} = 2a\frac{r^3 - (r - r_0)\cdot 3r^2}{r^6}$$

$$= 2a\frac{-2r + 3r_0}{r^4}$$

よって，増減表は左下の通りで，p は，$r = \frac{3}{2}r_0$ で極大となる。グラフは

右下の通りである。

r	r_0	$\cdots$	$\dfrac{3}{2}r_0$	$\cdots$	$r \to \infty$
$\dfrac{dp}{dr}$		$+$	0	$-$	
p	p_0	↗	極大	↘	p_0に漸近

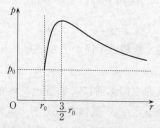

グラフより，片方の風船を手で押してわずかにしぼませたとき，半径が小さい風船から半径が大きい風船に気体が移動し，その後，半径が小さい風船も半径が大きい風船もともに内圧が等しくなったところで気体の移動が止まるような r_D は

$$r_D > \frac{3}{2}r_0 \quad \cdots\cdots（答）$$

(2)　外気圧 p_0 は一定なので，風船内の気体の温度を上げると，風船の体積と半径はともに大きくなる。

(1)の後，半径が小さい風船は，半径が $\dfrac{3}{2}r_0$ より小さいので，半径が大きくなると（図中点 E_3）内圧は大きくなり，半径が大きい風船は，半径が $\dfrac{3}{2}r_0$ より大きいので，半径が大きくなると（図中点 F_3）内圧は小さくなる。よって，気体

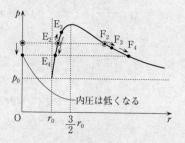

は半径が小さい風船から半径が大きい風船に移動する。

その後，気体の移動によって，半径が小さかった風船は半径がさらに小さくなって内圧が小さくなり，半径が大きかった風船はさらに半径が大きくなって内圧が小さくなる。

ついには内圧が等しくなったところ（図中点 E_4 と F_4）で気体の移動が止まる。よって，二つの風船の内圧は設問Ⅲ(1)に比べて低くなる。

(3)　⑥

━━━━━━ ◀解　説▶ ━━━━━━

≪二つの風船の実験≫

　異なる大きさの二つの風船をつないだとき，①二つの風船が等しい大きさになるように空気が移動するのか，②小さい方の風船がさらに小さくなり，大きい方の風船がさらに大きくなるように空気が移動するのか，を定量的，定性的に論じた問題である。

　日常生活の中で，しぼんだ風船に息を吹き込んでふくらませようとするとき，最初の半径が小さいときには大きな吹き込む力（風船内の空気による内圧に逆らう力）が必要であるが，ある半径を超えた後は，吹き込む力は小さくてよいことと関係している。

◆Ⅱ　気体は，半径が小さくて内圧が大きい風船から，半径が大きくて内圧が小さい風船へ移動する。気体の移動によって，半径が小さくなっていった風船はますます内圧が大きくなり，半径が大きくなっていった風船はますます内圧が小さくなるので，気体の移動が続き，十分時間が経ったとき，はじめに半径の小さかった風船はしぼみきる。

一定体積の気体を入れた二つの風船が安定な平衡状態であるためには，膜張力によるポテンシャルエネルギーの和が最小，すなわち表面積が最小であればよい。気体の体積を V，片方の風船の半径を r，他方の風船の半径を kr（二つの風船のうち半径が小さい方として，$0 \leq k \leq 1$），表面積の和を S とすると

$$V = \frac{4}{3}\pi r^3 + \frac{4}{3}\pi (kr)^3$$

$$= \frac{4}{3}\pi r^3(1+k^3)$$

$$S = 4\pi r^2 + 4\pi (kr)^2$$

$$= 4\pi r^2(1+k^2)$$

V が一定で，r を消去して S を k の関数として表すと

$$S = 4\pi \left\{ \frac{3V}{4\pi(1+k^3)} \right\}^{\frac{2}{3}} (1+k^2)$$

$$= (36\pi V^2)^{\frac{1}{3}} \left\{ \frac{(1+k^2)^3}{(1+k^3)^2} \right\}^{\frac{1}{3}}$$

S を最小にするためには，$0 \leq k \leq 1$ であるから，$k=0$ のとき，すなわち，

一方の風船の体積が 0 のときである。

◆**Ⅲ** ▶(1) 片方の風船をわずかにしぼませた後，さらに風船の大きさが
変化し，半径が異なる二つの風船となって保たれるためには，異なる二つ
の半径の風船で，内圧が等しい状態がつくられればよい。

(i) $r_D < \dfrac{3}{2} r_0$ であったとする（右図の点

A）と，片方の風船を手で押してわずか
にしぼませると，半径 r が小さくなって
（点B）内圧 p が小さくなり，他方の風
船は半径 r が大きくなって（点C）内圧
p が大きくなるので，気体は半径の大き

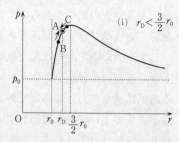

い風船から半径の小さい風船に移動し，十分時間が経つと，二つの風船の
半径は等しくなり，もとの半径 r_D に戻る。

(ii) $r_D = \dfrac{3}{2} r_0$ であったとすると，片方の風船を手で押してわずかにしぼま

せると，半径 r が小さくなって内圧 p が小さくなり，他方の風船は半径 r

が大きくなって内圧 p が小さくなるが，$r_D = \dfrac{3}{2} r_0$ 付近での p-r グラフの傾

きの絶対値が，$r_D < \dfrac{3}{2} r_0$ での傾きが $r_D > \dfrac{3}{2} r_0$ での傾きより大きいので，気

体は半径の大きい風船から半径の小さい風船に移動し，十分時間が経つと，
二つの風船の半径は等しくなり，もとの半径 r_D に戻る。

(iii) $r_D > \dfrac{3}{2} r_0$ であったとする（右図の点

D）と，片方の風船を手で押してわずか
にしぼませると，半径 r が小さくなって
（点 E_1）内圧 p が大きくなり，他方の
風船は半径 r が大きくなって（点 F_1）

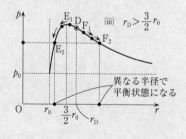

内圧 p が小さくなるので，気体は半径の
小さい風船から半径の大きい風船に移動する。その後，半径が小さくなっ
ていった風船の半径が $\dfrac{3}{2} r_0$ より小さくなると，内圧 p は小さくなりはじ

める。さらに，気体は半径の小さい風船から半径の大きい風船への移動が

続き，ともに内圧 p が小さくなり続けるが，ついには内圧 p が等しくなったところ（点 E_2 と F_2）で気体の移動が止まる。よって，r_D が満たすべき条件は

$$r_D > \frac{3}{2}r_0$$

▶(3)　風船内の気体の温度を下げると，風船の体積と半径は小さくなり，気体は半径が大きい風船から半径が小さい風船に移動する。ついには，二つの風船の半径が $\frac{3}{2}r_0$ になったとき，内圧も等しくなって気体の移動が止まる。さらに温度を下げると，二つの風船の半径は等しいまま小さくなっていき，ともに半径 r_0 になったとき膜張力が 0 となり，内圧は外気圧 p_0 に等しくなる。

半径が $\frac{3}{2}r_0$ 付近では，設問Ⅲ(1)の〔解答〕のグラフより，圧力はほぼ一定としてよいから，理想気体の状態方程式より，気体の体積と温度は比例する。よって⑥が適切。なお，二つの風船の半径が $\frac{3}{2}r_0$ で内圧も等しくなった後，さらに温度を下げる過程において，④は，設問Ⅲ(1)の〔解答〕のグラフより，半径が $\frac{3}{2}r_0$ 付近では，温度が変化しても体積がほとんど変化しないので，不適。

❖講　評

　例年通り，理科2科目で試験時間 150 分，大問3題の構成である。2022 年度と比較して問題量はやや増加，難易度は難化し，ここ数年では最も難しい部類に入る。ただし，難易度の傾斜がうまくつけられているので，各問前半の比較的解きやすい問題を確実に解くことで合格圏に到達できるだろう。

　空所補充問題は 2019 年度以降毎年出題されており，2023 年度も大問3題にわたって各1問ずつ出題された。しかし，空所補充といっても問題後半への誘導であったり，複雑な計算結果を与えられた式のルールに従って整理するスタイルがほとんどで，文字式の丁寧な計算力も必要である。数値計算問題は 2021 年度以降毎年1問ずつ，グラフを選択する

問題は，この 7 年間では 2019 年度を除き毎年 1 問ずつ出題されている。

　1　原子，力学，電磁気の様々な要素が組み合わされた問題であり，条件を正確に捉える力が必要である。Ⅱ(1)の「転回して検出器に入る」条件については，空所補充の誘導ではあるが状況把握も厄介で，静止座標系からの速度を間違えると雪崩式に失点する。(2)は α の範囲の設定を丁寧に考える必要がある。

　2　質量を測定する装置の見慣れない問題であるが，装置の複雑さに惑わされないことが必要である。問題の誘導に従い，問題を丁寧に読みこなすことができれば，大問 3 題のうちでは最も解きやすい問題である。Ⅰ(2)のマイケルソン干渉計は他の問題設定には関わらないし，Ⅱのホール素子もホール効果の知識を必要としない。Ⅱ(2)は，3 つのソレノイドを流れる電流を含む閉回路を見極めて，キルヒホッフの法則の式をつくりたい。

　3　Ⅰは題意にそって，風船を膨らませたときの体積の増加，表面積の増加と仕事の関係を考える。Ⅱは半径が小さい方が内圧が大きいので，気体は半径が小さい風船から半径が大きい風船に移動することがポイントである。Ⅲはかなり難しく，内圧 p が半径 r の関数として表されるので，このグラフを描いて気体の移動の向きを考える必要がある。

化学

1 解答

I　ア $C_{16}H_{16}O_4$

イ　B（無水フタル酸構造）　**C**（ベンゼン環に二つのカルボニルとCH=CHをもつ構造）

ウ $H_3C-\underset{\underset{O}{\|}}{C}-CH_3$

エ（ヒドロキシ基を二つもつ無水フタル酸類似構造）

オ（ベンゼン環にOHを二つ、カルボニル二つ、CH、$CH_2-CH_2-CH=C\overset{CH_3}{\underset{CH_3}{<}}$ をもつ構造）

II　カ $Br-CH_2-CH_2-CH_2-Br$

キ（3）

ク ゴーシュ形

ケ M（ニューマン投影図）または（ニューマン投影図）　**N**（ニューマン投影図）

コ　N

理由：メチル基と CH_2 の位置関係が，M では一方がゴーシュ形であるのに対し，N ではいずれもアンチ形であるから。

サ b・e

━━━━━●◀解　説▶●━━━━━

≪分子式 $C_{16}H_{16}O_4$ の芳香族化合物の構造決定，配座異性体≫

◆I　▶ア　実験1より，136mg の芳香族化合物Aに含まれるC，H，Oの質量はそれぞれ

$$C : 352 \times \frac{12.0}{44.0} = 96.0 \,(mg)$$

$$H : 72.0 \times \frac{2.0}{18.0} = 8.0 \,(mg)$$

$$O : 136 - (96.0 + 8.0) = 32.0 \,(mg)$$

よって，Aの分子式を $C_xH_yO_z$ とおくと

$$x : y : z = \frac{96.0}{12.0} : \frac{8.0}{1.0} : \frac{32.0}{16.0} = 4 : 4 : 1$$

となるから，Aの組成式は C_4H_4O（式量 68.0）である。

これより，n を正の整数として，分子式を $(C_4H_4O)_n$ とすると，分子量が 272 であることから

$$68.0n = 272 \quad \therefore \quad n = 4$$

したがって，Aの分子式は $C_{16}H_{16}O_4$ となる。

▶イ　B．V_2O_5 を触媒に用いてナフタレンを酸化して生成した化合物であり，分子式が $C_8H_4O_3$ であることから，無水フタル酸であるとわかる。

化合物B（無水フタル酸）

C．実験3の説明文の「Cの一部の水素原子を何らかの置換基にかえたものがAである」という記述から，化合物Aと化合物Cの主要炭素骨格は同じである。さらに，実験2と解説1より，Aの主要炭素骨格は，ナフタレンのように炭素の六員環が2つ並んだ形をしたものであるとわかる。

これらのことと

(1) 分子式が $C_{10}H_6O_2$ である。

(2) ベンゼン環を有する。

(3) 環境の異なる5種類の炭素原子をもつ。

の３点をあわせて考えると，Ｃの構造が右図のように決まる。右図の破線は対称面で，５種類の炭素原子に①～⑤を付して示している。

▶ウ   実験６より，化合物Ｅは化合物Ｄの酸化により得られた化合物なので，カルボニル化合物またはカルボン酸である。このことと，実験７でヨードホルム反応を示したことから，Ｅはカルボニル化合物とわかる。そこで，Ｅの構造を $CH_3\text{-}C\text{-}R$ と表すと，ヨードホルム反応の化学反応式は次のようになる。

$\qquad\qquad\quad \underset{O}{\overset{\|}{}}$

黄色固体Ｇはヨードホルム CHI_3 である。

$$CH_3\text{-}\underset{\underset{O}{\|}}{C}\text{-}R + 3I_2 + 4NaOH$$

化合物Ｅ

$$\longrightarrow \quad CHI_3 \;\; + R\text{-}\underset{\underset{O}{\|}}{C}\text{-}ONa + 3NaI + 3H_2O$$

黄色固体Ｇ

この反応で酢酸ナトリウム CH_3COONa が得られたことから，Ｒはメチル基 CH_3 とわかる。したがって，Ｅはアセトン CH_3COCH_3 と決まる。

▶エ   実験８より，化合物Ｆについて次の４つのことがわかっている。

(1) 分子式が $C_8H_6O_6$ である。

(2) 部分構造としてサリチル酸を含む。

(3) 環境の異なる４種類の炭素原子をもつ。

(4) 加熱すると分子内脱水反応が起こる。

(4)から，Ｆは２つのカルボキシ基がオルト位に位置していることがわかる。

(2)と(4)を考慮すると，Ｆの部分構造は次のようになる。

化合物Ｆの部分構造

さらに，(1)と(3)をあわせて考えると，Ｆの構造は次のように決まる。

化合物 F

これにより，Fを分子内脱水させて得られる化合物Hの構造もわかる。

化合物F　　　　　　　化合物H

▶オ　次の手順でAの構造を考える。

(1)　Aのヒドロキシ基について

実験4と実験5より，Aにはヒドロキシ基が2つあり，そのうちの少なくとも1つはフェノール性ヒドロキシ基である。ヒドロキシ基のアセチル化およびアセチル基の加水分解は次のように表せる。

これと，実験6でのDの酸化および加水分解でFが得られたことから，Aがもつ2つのヒドロキシ基は，ともにフェノール性ヒドロキシ基であり，それらがパラの位置にあることがわかる。

(2)　Aの置換基の数について

Aのヒドロキシ基をアセチル化したDから得られたFはベンゼンの四置換体であるから，Aもベンゼンの四置換体である。

(3)　Aの置換基の構造について

実験6で得られたアセトンは，図1－1(a)の酸化的処理により得られるので，Aには $\diagdown$C=C$\diagup$ $\dfrac{CH_3}{CH_3}$ の構造がある。

(1)～(3)でわかったことと，Aは部分構造としてCを含むことから，Aは次のような構造をしているとわかる。

実験5でアセチル化され，
実験6で加水分解されて
元に戻る

Aの炭素数は16であり，$R^1 \sim R^3$ を除いた部分の炭素数は14であるから，$R^1 \sim R^3$ に含まれる炭素数の合計は2である。このことと，実験6でコハク酸 $HOOC-CH_2-CH_2-COOH$ が得られたこと，および分子式が $C_{16}H_{16}O_4$ であることを考慮すると，$R^1 = CH_2-CH_2$, $R^2 = H$, $R^3 = H$ であり，Aの構造は次のようになると考えられる。

……（＊）

実験6で得られた酢酸は，Aのアセチル化によりつくられたエステル結合が加水分解されて生じたものであるから，アセチル化する前のAに実験6の酸化的処理を行うと，E（アセトン），F，コハク酸，CO_2 が生じることになる。

上で示した化合物（＊）に図1－1(a)の酸化的処理を行うと，C=C が開裂して，次のような反応が起こる。

オゾン　酸化的処理

化合物E（アセトン）

この反応で生じたアセトン以外の化合物は，図1－1(b)の酸化的分解を受けると，破線部分の結合が切断されて，次のように反応する。

$$\text{（構造式図：化合物（＊））}$$

$$\xrightarrow{\text{酸化的分解}} \text{化合物 F} + \text{コハク酸} + \text{炭酸}$$

化合物 F　　　　コハク酸　　　炭酸

炭酸 H_2CO_3 は不安定で，すぐに H_2O と CO_2 に分解する。

$$H_2CO_3 \longrightarrow H_2O + CO_2$$

以上から，先に示した化合物（＊）は，その酸化生成物が実験 6 の結果と整合するので，確かに化合物 A であると判断できる。

化合物 A

◆Ⅱ　▶カ　シクロプロパンが Br_2 と反応すると，開環して両端の C 原子に Br 原子が結合した鎖式化合物となる。

$$\text{シクロプロパン} + Br_2 \longrightarrow Br\text{-}CH_2\text{-}CH_2\text{-}CH_2\text{-}Br$$

1,3-ジブロモプロパン

▶キ　次の 3 点を考慮すると，正しい図が選べる。

(1)　エネルギーは低いほうが安定である。

(2)　$\theta = 0°$，$360°$ のときにメチル基どうしの反発が最も強くなるので，最も不安定になる。

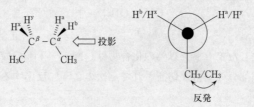

$\theta = 0°$，$360°$ のときのブタンの投影図

(3) $\theta=180°$（アンチ形）のときにメチル基どうしの反発が最も弱くなるので，最も安定になる。

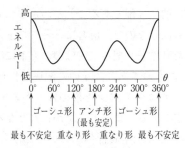

▶ク 図1−4のJの投影図より，★のCH₂と☆のCH₂は，なす角が60°または300°であり，ゴーシュ形になっている。

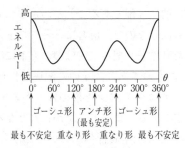

| J | Jの投影図 |

▶ケ 図1−4のシクロヘキサンのHᵃとHᵇのどちらか，HˣとHʸのどちらかの計2つのH原子をCH₃に置換した化合物が，1,2-ジメチルシクロヘキサンである。そこで，Jの投影図をもとに，CH₃に置換するH原子の組合せを考えると，次の表に示す①〜④の4種類の異性体が考えられる。

置換するH原子	Hᵃ, Hˣ	Hᵃ, Hʸ	Hᵇ, Hˣ	Hᵇ, Hʸ
上段：構造式 下段：投影図	①	②	③	④
CH₃どうしがなす角	60°	60°	60°	180°
CH₂とCH₃がなす角	180°, 180°	60°, 180°	60°, 180°	60°, 60°

②と③は，ともに環の上下に出たH原子と環の外側を向いたH原子を1個ずつ CH₃ に置換したものであり，互いに配座異性体である。角の大きさを見ると，エネルギー的に等価であることがわかるので，②と③がMである。安定性は②も③も同じなので，解答にはどちらを書いてもよい。

①は環の外側を向いたH原子2個を，④は環の上下に出たH原子2個をそれぞれ CH₃ に置換したものであり，互いに配座異性体である。これらがNであるが，ゴーシュ形よりもアンチ形のほうが安定なので，180° が2つある①のほうが安定である。よって，①が正答となる。

▶コ　最も安定ないす形の配座異性体において，MもNも CH₃ どうしはゴーシュ形となっているので，2組ある CH₃ と CH₂ の位置関係に言及すればよい。

▶サ　Nの最も安定ないす形の配座異性体はケの①なので，図1−6の構造式において，2つの CH₃ が占める位置はb，e である。

2　解答

I　ア　HF，HI，HBr，HCl

理由：構造が似ている分子では，分子量が大きくなるほどファンデルワールス力が強くなるため沸点が高くなるが，HF は分子間で水素結合を形成するので，分子量に比べて沸点は異常に高くなる。

イ　A. H_2SiF_6　B. SiF_4

ウ　小さくなる

理由：二量体を形成すると，溶液中の溶質粒子の数が減り，溶質粒子の質量モル濃度が小さくなるから。

エ　pH が 3.00 より

$$[H^+] = 1.00 \times 10^{-3} \text{〔mol·L}^{-1}\text{〕}$$

である。また，$[H^+] = [F^-]$ であるから

$$K_1 = \frac{[H^+][F^-]}{[HF]} = \frac{[H^+]^2}{[HF]}$$

よって，HF の濃度は

$$[HF] = \frac{[H^+]^2}{K_1} = \frac{(1.00 \times 10^{-3})^2}{7.00 \times 10^{-4}}$$

$$= 1.42 \times 10^{-3} \fallingdotseq 1.4 \times 10^{-3} \,[\text{mol} \cdot \text{L}^{-1}] \quad \cdots\cdots(\text{答})$$

オ　(a)—(3)　(b)—(2)

Ⅱ　カ　化合物：Al_2O_3

化学反応式：$Al_2O_3 + 2NaOH + 3H_2O \longrightarrow 2Na[Al(OH)_4]$

キ　7

ク　⑦　$TiO_2 + C + 2Cl_2 \longrightarrow TiCl_4 + CO_2$

⑧　$TiCl_4 + 2Mg \longrightarrow Ti + 2MgCl_2$

⑨　$MgCl_2 \longrightarrow Mg + Cl_2$

全体：$TiO_2 + C \longrightarrow Ti + CO_2$

ケ　Mg はイオン化傾向が大きいため，$MgCl_2$ 水溶液の電気分解では Mg^{2+} ではなく H_2O が還元されて H_2 が発生し，Mg は得られないから。

コ　最密充填面：(iii)　最密充填面の数：4

━━━━━◀解　説▶━━━━━

《HF の性質と反応，電離平衡，Al と Ti の工業的製法，金属の結晶格子》

◆Ⅰ　▶ア　F 原子の電気陰性度は H 原子に比べて非常に大きいため，共有電子対は F 原子のほうに強く引き付けられている。そのため，H 原子は正に，F 原子は負に帯電している。これにより，HF の分子間には水素結合が形成される。水素結合はファンデルワールス力よりも非常に強いので，HF の分子間にはたらく分子間力は，HCl，HBr，HI よりも強くなる。

▶イ　A．SiO_2 とフッ化水素酸の反応は次のようになり，2 価の酸であるヘキサフルオロケイ酸が生成する。

$$SiO_2 + 6HF \longrightarrow H_2SiF_6 + 2H_2O$$

B．SiO_2 と気体のフッ化水素の反応は次のようになり，正四面体形の分子である四フッ化ケイ素 SiF_4 が生成する。なお，SiF_4 は常温で気体である。

$$SiO_2 + 4HF \longrightarrow SiF_4 + 2H_2O$$

SiF_4 の構造

▶ウ　凝固点降下の大きさは，溶質粒子の質量モル濃度に比例するので，二量体の形成により溶質粒子の数が減ると，凝固点降下の大きさは小さくなる。

▶エ　式 1 より，HF の電離により生じる H^+ と F^- の物質量は等しいので，それらのモル濃度も等しくなる。

▶オ　(a)　式 1 の平衡のみを考える場合，エから

$$[HF] = \frac{[H^+]^2}{K_1}$$

であるから，この式でたとえば

$$[H^+] = 0.010 = 1.0 \times 10^{-2} \, [mol \cdot L^{-1}]$$

とすると

$$[HF] = \frac{(1.0 \times 10^{-2})^2}{7.00 \times 10^{-4}} = 0.142 \, [mol \cdot L^{-1}]$$

となる。よって，$[H^+] = 0.010 \, [mol \cdot L^{-1}]$ のときに，$[HF] = 0.142$ $[mol \cdot L^{-1}]$ となっているグラフを選べばよい。

(b)　水溶液の電気的中性条件を考慮すると，「陽イオンがもつ電気量の総和の大きさ＝陰イオンがもつ電気量の総和の大きさ」が成り立つので

$$[H^+] = [F^-] + [HF_2^-] \qquad \therefore \quad [HF_2^-] = [H^+] - [F^-] \quad \cdots\cdots①$$

となる。また，K_1 の式から

$$[F^-] = \frac{K_1[HF]}{[H^+]} \quad \cdots\cdots②$$

であるから，これを①に代入すると

$$[HF_2^-] = [H^+] - \frac{K_1[HF]}{[H^+]} \quad \cdots\cdots③$$

となる。よって，②，③を K_2 の式に代入すると，$[H^+]$ は次のように表せる。

$$K_2 = \frac{[H^+] - \dfrac{K_1[HF]}{[H^+]}}{[HF] \cdot \dfrac{K_1[HF]}{[H^+]}} \qquad \therefore \quad [H^+] = \sqrt{K_1[HF](1 + K_2[HF])}$$

この式でたとえば

$$[HF] = 0.10 \, [mol \cdot L^{-1}]$$

とすると

$$[H^+] = \sqrt{7.00 \times 10^{-4} \times 0.10 \times (1 + 5.00 \times 0.10)}$$
$$= \sqrt{1.05 \times 10^{-4}} \fallingdotseq 1.0 \times 10^{-2} \, [mol \cdot L^{-1}]$$

となるので，$[HF] = 0.10 \, [mol \cdot L^{-1}]$ のときに，$[H^+]$ がおよそ 0.010 $[mol \cdot L^{-1}]$ となっているグラフを選べばよい。

◆Ⅱ　▶カ　Al_2O_3 は両性酸化物であるから，酸とも塩基とも反応して塩を生じる。NaOH 水溶液と反応すると，テトラヒドロキシドアルミン酸

ナトリウム $Na[Al(OH)_4]$ となって溶解する。

SiO_2 は酸性酸化物であるが，$NaOH$ 水溶液とは反応しない。固体の $NaOH$ と混合して高温で融解させることで次の反応が起こり，ケイ酸ナトリウム Na_2SiO_3 を生じる。

$$SiO_2 + 2NaOH \longrightarrow Na_2SiO_3 + H_2O$$

Fe_2O_3 は塩基性酸化物であるから，$NaOH$ 水溶液とは反応しない。

▶キ　グラフの縦軸が対数目盛になっていることに注意する（1目盛分大きいと，濃度は10倍になる）と，錯イオンの濃度の合計が最も低くなる pH は，6，7，8 のいずれかである。$[Al(H_2O)_3(OH)_3]$ は pH によらず一定なので，これを除いた錯イオンの濃度の和を各 pH に対して求めると

$pH6 : 10^{-4} + 10^{-6} \times 2 + 10^{-7} = 1.021 \times 10^{-4} \fallingdotseq 1.0 \times 10^{-4}$ 〔$mol \cdot L^{-1}$〕

$pH7 : 10^{-5} \times 2 + 10^{-8} = 2.001 \times 10^{-5} \fallingdotseq 2.0 \times 10^{-5}$ 〔$mol \cdot L^{-1}$〕

$pH8 : 10^{-4} + 10^{-6} = 1.01 \times 10^{-4} \fallingdotseq 1.0 \times 10^{-4}$ 〔$mol \cdot L^{-1}$〕

よって，求める pH は 7 である。

▶ク　全体の化学反応式は，⑦＋⑧＋⑨×2 により得られる。全体としては，TiO_2 がCにより還元されて，単体の Ti が生成する反応となる。

▶ケ　$MgCl_2$ 水溶液の電気分解では，陰極において H_2O が還元されるため，Mg の単体は得られない。

$$2H_2O + 2e^- \longrightarrow H_2 + 2OH^-$$

溶融塩電解では，$MgCl_2$ の固体を高温で融解させた液体を電気分解するため，液体中に H_2O は存在せず，Mg^{2+} が還元される。

$$Mg^{2+} + 2e^- \longrightarrow Mg$$

解答のポイントは，「Mg はイオン化傾向が大きい」「H_2O が還元されて H_2 が発生する」の2点である。

▶コ　面心立方格子では，単位格子のそれぞれの面の対角線上で金属原子が接しており，辺上では接していない。よって，その対角線を1辺とする正三角形を含む面上で，金属原子が最も密に詰まることになる。次の図では，斜線をつけた6個の金属原子がすべて接しており，最密充填面上に存在する。

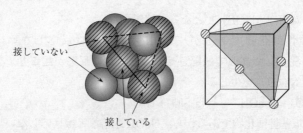

最密充填面は，互いに平行な面が等価であることに注意すると，下の図の
ように4つあることがわかる。

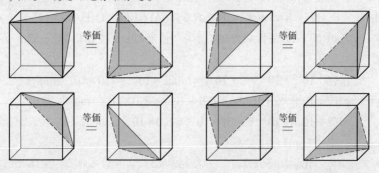

3　**解答**　**I** ア　a. ルシャトリエ　b. 高　c. 発　d. 低
　　　　　　　　　　e. 高

イ　図3－2より，1.00 g の触媒に吸着する N_2 の標準状態における体積
の最大値は 112 mL であるから，その分子数は

$$\frac{112}{22.4 \times 10^3} \times 6.02 \times 10^{23} = 3.01 \times 10^{21} \text{ 個}$$

よって，求める表面積は

$$0.160 \times 10^{-18} \times 3.01 \times 10^{21} = 4.81 \times 10^2 \fallingdotseq 4.8 \times 10^2 \,(m^2) \quad \cdots\cdots(\text{答})$$

ウ　(iii)

エ　図3－4の(iii)のグラフより，金属に吸着する H_2 の 300 K，1.01×10^5
Pa における体積は

$$200 - 20 = 180 \,(mL)$$

であるから，金属に吸着したH原子の物質量は

$$\frac{1.01 \times 10^5 \times 180 \times 10^{-3}}{8.31 \times 10^3 \times 300} \times 2 \,(mol)$$

これは，表面を構成している金属原子の物質量に等しいので，求める割合は

$$\frac{\dfrac{1.01\times10^5\times180\times10^{-3}}{8.31\times10^3\times300}\times2}{5.00\times10^{-2}}\times100=29.1\fallingdotseq29〔\%〕\quad\cdots\cdots(答)$$

オ　分子の共有結合を切断する（10 字程度）

Ⅱ　カ　陰

理由：pH＝3.0 の溶液中では，表面に $-OH_2^+$ をもつコロイド粒子の割合が多く，全体として正の電荷を帯びているから。

キ　表面に $-OH_2^+$ をもつコロイド粒子が減少し，$-OH$ をもつコロイド粒子が増加することにより，コロイド粒子どうしの反発力が弱くなるから。

ク　液面の高さの変化がなくなった後のコロイド溶液の浸透圧は

$$1.01\times10^5\times\frac{1.00\times1.36}{13.6\times76.0}=\frac{1.01}{76.0}\times10^4〔Pa〕$$

であるから，求めるモル濃度を c〔mol/L〕とおくと，ファントホッフの法則から

$$\frac{1.01}{76.0}\times10^4=c\times8.31\times10^3\times300$$

$$\therefore\quad c=5.33\times10^{-5}\fallingdotseq5.3\times10^{-5}〔mol/L〕\quad\cdots\cdots(答)$$

ケ　コロイド粒子 1 mol に含まれる Fe^{3+} の物質量は

$$4.00\times10^4\times\frac{4}{3}\pi\times(1.00\times10^{-8})^3\times6.02\times10^{23}$$

$$=\frac{16}{3}\pi\times6.02\times10^3〔mol〕$$

である。これは，コロイド粒子 1 mol あたりの $Fe(OH)_3$（式量 106.8）の物質量に等しいので，求める質量は

$$106.8\times\frac{16}{3}\pi\times6.02\times10^3=1.07\times10^7\fallingdotseq1.1\times10^7〔g〕\quad\cdots\cdots(答)$$

コ　小さい

理由：クの結果を用いてコロイド粒子 1 mol あたりの質量を求めると 1.0×10^6 g となり，ケで求めた質量よりも小さいから。

サ　(5)

理由：コロイド粒子 1 mol あたりの質量は，Δh にほぼ反比例し，r^3 に比

例するため，Δh は r^3 に反比例するから。

━━━━━━━━━━ ◀解　説▶ ━━━━━━━━━━

≪化学平衡，不均一触媒のはたらき，コロイド溶液，浸透圧≫

◆I ▶ア　a．可逆反応が平衡状態にあるとき，その平衡状態に温度，圧力，濃度などの変化を与えると，その変化の影響を打ち消す方向に平衡が移動（反応が進むということ）し，新たな平衡状態に到達する。これをルシャトリエの原理という。

b．高圧にすると，分子数が減少する方向，すなわち NH_3 が生成する方向へ平衡が移動する。

c・d．熱化学方程式より，NH_3 が生成する反応は発熱反応であるから，低温にすると，NH_3 が生成する方向へ平衡が移動する。

e．高温にすると，活性化エネルギー以上のエネルギーをもった分子の割合が増加するため，反応速度は大きくなる。

▶イ　$1\,nm = 10^{-9}\,m$ なので，$1\,nm^2 = 10^{-18}\,m^2$ である。圧力が低いときは，触媒の表面に N_2 が吸着していない部分があるため，表面積は求められない。問題文にあるように，N_2 の飽和吸着量を読み取ることで，触媒の表面全体に吸着したときの N_2 の分子数がわかり，表面積を求めることができる。

▶ウ　吸着1回目は，担体と表面金属原子の両方に H_2 が吸着するが，表面金属原子に吸着したH原子は脱離しないので，2回目以降は，担体の表面だけで H_2 が吸着と脱離を繰り返す。よって，2回目以降の吸着量は等しく，1回目より少なくなる。以上より，適切な図は(iii)である。

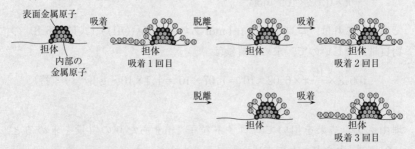

▶エ　1回目に吸着した H_2 の体積 200 mL は，担体と表面金属原子に吸着した H_2 の体積の合計であり，2回目以降に吸着した H_2 の体積 20 mL は，担体に吸着した H_2 の体積である。よって，これらを差し引いた体積

180 mL が，表面金属原子に吸着した H_2 の体積になる。このことと，「吸着した H 原子の物質量＝表面金属原子の物質量」の関係を用いて，割合を求める。この際，H 原子の物質量は，H_2 の物質量の 2 倍であることに注意すること。

▶オ　N_2 と H_2 から NH_3 が生成する化学反応が触媒上で起こるためには，H_2 だけでなく，N_2 も原子の状態まで解離していなければならないが，N_2 の結合エネルギーは非常に大きいため，共有結合を切断して原子の状態まで解離させるには，高温が必要となる。

◆II　▶カ　溶液を酸性にするほど，図3－5の平衡は右方向に偏り，表面に正の電荷を帯びたコロイド粒子が増加することがわかる。これは，ヒドロキシ基が酸の H^+ を受け取ることによる。

$$\boxed{粒子}-OH \ + \ H^+ \ \rightleftharpoons \ \boxed{粒子}-OH_2^+$$

▶キ　pH＝3.0 の酸性溶液中で正の電荷を帯びたコロイド粒子は，互いに反発し合い，溶液中に分散している。NaOH 水溶液を加えて pH を大きくしていくと，$-OH_2^+$ の H^+ と OH^- が反応することで，表面に電荷を帯びないコロイド粒子が増加する。これにより，コロイド粒子の反発力は弱くなり，凝集して沈殿する。この現象を凝析という。

$$\boxed{粒子}-OH_2^+ \ + \ OH^- \ \rightleftharpoons \ \boxed{粒子}-OH \ + \ H_2O$$

▶ク　液面の高さの変化がなくなった後のコロイド溶液の浸透圧は，1.36 cm の液柱による圧力に等しい。1.01×10^5 Pa に相当する水銀柱の高さが 76.0 cm より，これに相当する 1.00 g/cm^3 のコロイド溶液の高さは 13.6×76.0 cm のため，浸透圧 Π〔Pa〕は

$$1.01 \times 10^5 \,〔Pa〕 : 13.6 \,〔g/cm^3〕 \times 76.0 \,〔cm〕$$

$$= \Pi \,〔Pa〕 : 1.00 \,〔g/cm^3〕 \times 1.36 \,〔cm〕$$

$$\therefore \ \Pi = 1.01 \times 10^5 \times \frac{1.00 \times 1.36}{13.6 \times 76.0} = \frac{1.01}{76.0} \times 10^4 \,〔Pa〕$$

となる。

▶ケ　粒子 1mol あたりの $Fe(OH)_3$ の物質量を求めるときは，次の手順で考えるとよい。

① 粒子 1 個の体積 $= \dfrac{4}{3}\pi \times (1.00 \times 10^{-8})^3 \, [m^3]$

② 粒子 1 個あたりの Fe^{3+} の物質量

$$= 4.00 \times 10^4 \times \dfrac{4}{3}\pi \times (1.00 \times 10^{-8})^3 \, [mol]$$

③ 粒子 1mol あたりの Fe^{3+} の物質量（$Fe(OH)_3$ の物質量）

$$= 4.00 \times 10^4 \times \dfrac{4}{3}\pi \times (1.00 \times 10^{-8})^3 \times 6.02 \times 10^{23} \, [mol]$$

▶コ　$Fe(OH)_3$ 粒子の質量濃度は 53.4g/L で一定であるとする。クよりコロイド粒子のモル濃度は 5.33×10^{-5} mol/L なので，コロイド粒子のモル質量は

$$\dfrac{53.4 \, [g/L]}{5.33 \times 10^{-5} \, [mol/L]} = 1.00 \times 10^6 \fallingdotseq 1.0 \times 10^6 \, [g/mol]$$

となり，ケで求めたモル質量よりも小さい。コロイド粒子はその半径が大きいほど体積が大きく，粒子 1 個あたりの質量も大きくなるので，モル質量も大きくなる。よって，半径を 1.00×10^{-8}m と仮定したときのモル質量よりも小さいということは，実際の半径は 1.00×10^{-8}m よりも小さいということになる。

厳密には，溶液の体積が変化すると，$Fe(OH)_3$ 粒子の質量濃度は 53.4 g/L ではなくなる。液面の高さの変化がなくなった後のコロイド溶液の体積は

$$10.0 + \dfrac{1.00 \times 1.36}{2} = 10.68 \, [mL]$$

であるから，$Fe(OH)_3$ 粒子の質量濃度は

$$53.4 \, [g/L] \times \dfrac{10.0 \, [mL]}{10.68 \, [mL]} = 50.0 \, [g/L]$$

となり，濃度は小さくなる。この値とクの結果を用いて，コロイド粒子のモル質量を求めると

$$\dfrac{50.0 \, [g/L]}{5.33 \times 10^{-5} \, [mol/L]} = \dfrac{5.00}{5.33} \times 10^6 \, [g/mol] < 1.1 \times 10^7 \, [g/mol]$$

となり，同様の結論が得られる。

▶サ　コロイド粒子の半径が大きくなるほど，溶液中の粒子の数は少なくなるので，浸透圧が小さくなり，Δh は小さくなる。これにより，適切なものは(4)か(5)に絞られる。以下，コロイド粒子のモル質量を M〔g/mol〕として，M と Δh，M と r の関係について考える。

液面差が Δh〔cm〕になったときのコロイド溶液の浸透圧は

$$1.01 \times 10^5 \times \frac{1.00 \times \Delta h}{13.6 \times 76.0}〔\text{Pa}〕$$

であるから，コロイド溶液中の粒子のモル濃度を c〔mol/L〕とすると

$$1.01 \times 10^5 \times \frac{1.00 \times \Delta h}{13.6 \times 76.0} = c \times 8.31 \times 10^3 \times 300$$

が成り立つので，モル濃度 c は Δh に比例することがわかる。そこで，k を正の定数として

$$c = k\Delta h〔\text{mol/L}〕$$

と表し，コロイド粒子の質量濃度は 53.4 g/L で一定であるとすると，コロイド粒子のモル質量 M〔g/mol〕は

$$M = \frac{53.4〔\text{g/L}〕}{c〔\text{mol/L}〕} = \frac{53.4}{k\Delta h}〔\text{g/mol}〕$$

となり，Δh に反比例することがわかる。

次に，半径 r〔m〕のコロイド粒子のモル質量 M〔g/mol〕は

$$M = 4.00 \times 10^4 \times \frac{4}{3}\pi r^3 \times 6.02 \times 10^{23} \times 106.8〔\text{g/mol}〕$$

となり，r^3 に比例することがわかる。

以上から，a，b を正の定数として

$$M = \frac{a}{\Delta h}, \quad M = br^3$$

と表せるので

$$\frac{a}{\Delta h} = br^3 \quad \therefore \quad \Delta h = \frac{a}{b} \cdot \frac{1}{r^3}$$

となり，Δh は r^3 に反比例する。よって，(5)が正解となる。

❖講　評

　大問が 3 題で，それぞれが **I** と **II** の独立した問題に分かれており，実質 6 題の出題，設問数は 32 であった。試験時間は理科 2 科目で 150 分

であり例年通り。基本的な問題もあるが，計算に時間がかかる問題，思考力を要する問題も多く，時間内に解き切るのは難しいであろう。解きやすい問題を確実に解くという姿勢が大切である。全体的に，図やグラフから考察させる問題や，理由を説明させる問題が多かった。

1　I　シコニンと呼ばれる芳香族化合物に似た，分子式が$C_{16}H_{16}O_4$の化合物の構造決定に関する問題である。Aの構造の骨格となるCの構造を決めるのが難しく，オまで完答できた受験生は少なかったと思われる。アは元素分析の結果から分子式を求める定番の問題であり，落とせない。イはBについてはすぐにわかるが，Cが難しい。〔解説〕で示した手がかりのほかに，二重結合の数を決めるために不飽和度を利用するのもよいだろう（$C_{10}H_6O_2$の不飽和度は8）。ウはヨードホルム反応による生成物が与えられているので，Eがアセトンであることはすぐにわかるはずである。ここは正解したい。エはFがもつ2つのカルボキシ基がオルトの位置にあることに気づくことがポイント。オは，イでCの構造が決定できていることが前提となるが，Cの構造がわかっても，そこからどう考えてよいか迷ったかもしれない。ある程度構造を予想し，リード文の実験結果と整合するか確かめるという方法が現実的だろう。CO_2がH_2CO_3の分解により生じたということに気づけたであろうか。

II　炭化水素の配座異性体に関する問題。配座異性体については高校では学習しないので戸惑ったかもしれないが，リード文の説明をきちんと理解できれば，無理なく解答できる内容になっている。構造式から投影図をイメージすることが大切である。カは付加反応と同じ要領で考えればよい。Br原子の位置に注意すること。キは，$\theta = 0°$で最も不安定，$\theta = 180°$で最も安定であることがわかればよい。クはJの投影図が問題に示されているため，ゴーシュ形であることはすぐにわかる。ケは最も安定ないす形の配座異性体を答えることに注意。CH_3に置き換えるH原子の組合せが4つあることはわかるはずなので，投影図を4つ描いて，置換基のなす角の大きさを丁寧に見ていくこと。コとサはケができていれば容易である。なお，配座異性体とその投影図に関する出題は，2009年度にもなされているので，その問題を解いたことのある受験生には有利だったであろう。

2　**I**　HF の性質と反応，およびその水溶液中での電離平衡に関する問題。アは化学結合に関する典型問題であり，類題を一度は解いたことがあるはずである。イについては，SiO_2 の代表的な反応であり，A，Bともに知っていなければならない。ウは数式を用いて定量的に考えなくても，二量体の形成により粒子の数が減少することがわかれば正解できる。エは式 1 に数値を代入するだけであるが，$[H^+]=[F^-]$ であることに気づいたであろうか。オはグラフの選択問題ではあるが，計算が必要であり，解答に時間がかかったと思われる。いずれも $[H^+]$ と $[HF]$ の間の関係式を求める必要があるが，その式からグラフの形を考えるよりも，適当な数値を代入したほうが確実である。(a)については K_1 のみを考えればよいので難しくないが，(b)をどう考えればよいかがわからなかったかもしれない。水溶液の電気的中性条件を表す式 $[H^+]=[F^-]+[HF_2^-]$ がつくれたかどうかがポイント。

　II　Al と Ti の工業的製法，金属の結晶格子に関する問題。全体的に比較的穏やかな難易度の問題が多いので，ここで得点を稼いでおきたい。カは SiO_2 が反応するかどうかで迷った受験生が多かったであろう。SiO_2 は NaOH 水溶液とは反応しないので，Fe_2O_3 とともに不純物として取り除かれる。キは求める pH が整数とわかっているので，グラフからある程度見当をつけて効率よく考えたい。クは見慣れない反応式ではあるが，生成物と反応物が示されているので，特に迷うことなく書けたはずである。ケは Mg のイオン化傾向に着目すればよい。Al を得るために，Al_2O_3 を溶融塩電解するのと同じ理由である。コは面心立方格子における原子の積み重なり方を理解している必要がある。最密充塡面は，単位格子の体対角線に垂直であることがポイント。

　3　**I**　ハーバー・ボッシュ法を題材とした，不均一触媒のはたらきについて考える問題であり，リード文が会話形式であった。会話文の中に問題を解く上でのヒントがあるので，よく読んで解答したい。アは化学平衡に関する基本問題であり，完答が必要。イは考え方，計算ともに特に難しいところはないが，面積の単位には注意が必要。ウは，H_2 の吸着が担体に対しては可逆的，表面金属原子に対しては不可逆的であるということを押さえた上で，吸着と脱離の様子をイメージすると選びやすいだろう。エで正答を得るには，ウで正しい図が選べていることが前

提となる。これも考え方は難しくないが，金属に吸着した H_2 の体積が 180 mL であること，H_2 は原子の状態に解離して吸着することに注意が必要である。オはリード文に「吸着した窒素に対して触媒が果たすべき役割」とあることに注目したい。

Ⅱ　$Fe(OH)_3$ のコロイドと，そのコロイド溶液の浸透圧に関する問題。カは電気泳動に関する基本問題である。キは凝析について述べればよいが，「図 3 − 5 の反応にもとづいて」とあるので，NaOH 水溶液を加えることで平衡が左に移動することに着目して説明する。クは浸透圧に関する典型問題であるが，計算ミスには注意すること。ケも立式は易しいが，やはり計算ミスを起こしやすいので，落ち着いて慎重に計算すること。コは「粒子の半径が大きい→粒子 1 mol あたりの質量が大きい」と考え，ク，ケの結果を利用するという発想にたどり着きたい。サは(4)と(5)で迷ったかもしれない。粒子のモル質量を Δh と r で表して比較すればよいが，その発想にいたるまでが難しかっただろう。数学的思考力が求められる問題である。

■生物■

1 解答

Ⅰ A 1. 23　2. 46　3. 4　4. 2

B 生殖細胞の遺伝的多様性を増加させる。(20 字以内)

C G1 期に DNA の複製準備が行われ,次の S 期で DNA が複製されて DNA 量は倍加する。G2 期に複製された DNA がチェックされて分裂の準備が行われる。M期では染色体が凝縮し,中期に赤道面に並んだ後,後期に微小管からなる紡錘糸により娘細胞に均等に分配される。

D (2)・(4)

E G2 期

F DNA が損傷した細胞の細胞周期を G2 期で停止させる。

G DNA が損傷した細胞の S 期で DNA 合成を抑制する。

H 配列置換型 *GFP-a* 遺伝子では終止コドンにより翻訳が途中で停止し,正常なタンパク質が発現しない。欠失型 *GFP-b* 遺伝子はプロモーター領域が欠失しているので転写が起こらない。

I レポーター遺伝子を導入した細胞において制限酵素 N を発現させる。

J (6)

K レポーター遺伝子を導入した遺伝子 *Y* の欠損細胞で,遺伝子 *Y* の欠損部分に正常遺伝子 *Y* を導入した株とミスセンス変異のある遺伝子 *Y* を導入した株を準備し,両者の蛍光強度を測定し,組換え頻度を比較する。

L アポトーシス

M 紡錘体形成の起点となる中心体の数が増えると,分裂時に正常な紡錘体形成されず,娘細胞への正常な染色体分配が起こらなくなるから。

Ⅱ N 正常細胞では,相同染色体上の遺伝子 *Y* が片方だけが変異していて,もう片方の遺伝子 *Y* から正常なタンパク質Yが合成されるが,がん細胞では第 2 ヒットで両方の遺伝子 *Y* が変異していてタンパク質Yの機能が欠損している。

O 確率: 25 %

理由：②番の男性が母親から病的な遺伝子 Y を受け継ぐ確率は $\frac{1}{2}$ で，さらに病的な遺伝子 Y を子どもに伝える確率も $\frac{1}{2}$ であるから。

━━━━━━◆解　説▶━━━━━━

≪体細胞の組換え，DNA の修復，細胞周期，がん抑制遺伝子≫

◆I

［文1］

　減数分裂では2回の細胞分裂が連続して起こる。1回目の分裂の際，相同染色体の DNA の一部が置き換わる組換えが起こる。このときに対合した2本の相同染色体の間で DNA の一部が置き換わる乗換えが起こる。

　その後，染色体は両極に分離し，細胞質は二分され，続いて2回目の分裂が起こる。減数分裂では，1個の母細胞から4個の娘細胞ができる。娘細胞の染色体数は，母細胞の染色体数の2分の1となる。

［文2］

　体細胞分裂は細胞周期に沿って進行する。正常細胞では，放射線などによって DNA 損傷が生じた場合はそれに応答して細胞周期の進行が停止する。組換えという現象は，体細胞においても，放射線などによって DNA の二本鎖が切断された場合に起こり，DNA 修復に関与する。体細胞分裂における組換えでは減数分裂における組換えと異なり，乗換えは起こらない。二本鎖切断の入った染色体の切断部位周辺の DNA 配列は，鋳型となるもう一方の染色体の DNA 配列によって置き換えられるが，この時に鋳型となった染色体では DNA 配列の置き換えは起こらない。

▶A　ヒトの体細胞の染色体数は $2n=46$ なので，精子や卵にはそれぞれ23本ずつ含まれている。よって， 1 には23が入る。受精卵は46本の染色体をもつので， 2 には46が入る。減数分裂では1個の母細胞から4個の娘細胞が生じるので， 3 には4が入る。娘細胞の染色体数は母細胞の2分の1となるので， 4 には2が入る。

▶B　「減数分裂における組換えの生物学的意義」が問われているので，遺伝子の組み合わせが多様になることを述べる。染色体の乗換えが起こることで遺伝子の組換えが生じ，これにより配偶子の遺伝的多様性が増加する。

▶C　体細胞分裂の終了から次の分裂が終了するまでの過程を細胞周期という。細胞周期は G1 期→S 期→G2 期→M期と変化していく。G1 期では細胞成長と複製の準備そして DNA 損傷のチェックが行われる。ここで異常がなければ S 期へと進む。S 期では DNA の複製が行われる。ここで DNA 量は倍加する。次が G2 期で，きちんと DNA の複製が起きたかをチェックする。ここで異常がないときは次のM期に入る。M期では染色体が凝縮して太く短いひも状になり，中期には赤道面に並び，後期には微小管からなる紡錘糸によって娘細胞に均等に分配される。

▶D　体細胞における組換えを行うためには，鋳型となる姉妹染色分体が必要になる。そのため，解答としては，DNA が複製され，姉妹染色分体が形成されている S 期と，姉妹染色分体が完成している G2 期となる。M期も姉妹染色分体が存在していて組換えが起こりそうであるが，M期では染色体が凝縮していて組換えの際に DNA をほどくことができないので不適。よって(2)と(4)が正しい。

▶E　図 1 − 1 左上の放射線照射前の野生株のグラフにおいて細胞数が最も多くなっているところの DNA 量を 1 とすると，DNA 量が高い方の小さなピークの DNA 相対量は 2 程度である。これが放射線照射の 24 時間後には，相対量 2 の細胞数が多くなるようにシフトしている。DNA の相対量が 1 となるのは G1 期の細胞で，G2 期とM期では DNA の相対量が 2 となる。つまり，放射線照射により G2 期とM期の細胞数が増加している。問題文に「細胞分裂期にある細胞の割合は，野生株と遺伝子 *X* 欠損細胞との間で差が見られなかったものとする」とあることから，G2 期の段階の細胞が増加していると考えられる。

▶F　Eの設問で生じた細胞増加は何によるのかを遺伝子 *X* の機能から推定する問題である。図 1 − 1 において，野生株では，放射線照射後に G2 期の細胞が増加しているが，遺伝子 *X* 欠損細胞では放射線照射前と照射後で DNA 量の分布に違いがない。実験 1 のリード文に「タンパク質 X は，細胞周期の進行に関わるタンパク質と複合体を形成する」とあることから，放射線照射によって遺伝子が何らかの損傷を受けた場合，合成されたタンパク質Xが細胞周期の進行に関与するタンパク質と複合体を形成できなくなり，その結果，細胞周期を G2 期で停止させたと考えられる。

▶G　実験 2 の結果を示した図 1 − 2 から，放射線を照射すると野生株で

は DNA 合成量が大きく減少するが，遺伝子 *X* 欠損細胞では減少の幅が小さい。このことからタンパク質Xは，放射線照射で DNA 損傷が生じた細胞においてS期の進行を抑制するはたらきをしていると考えられる。

▶H 　本問では，配列置換型 *GFP-a* 遺伝子や欠失型 *GFP-b* 遺伝子がどのような理由から正常に機能する GFP タンパク質を合成できなくなっているかが問われている。

　配列置換型 *GFP-a* 遺伝子では，本来は存在しない位置に TAG や TAA といった終止コドンが導入されているので翻訳の際にそこでタンパク質合成が停止してしまう。その結果，正常なタンパク質と比べて短いポリペプチドが合成される。一方，欠失型 *GFP-b* 遺伝子は，プロモーター領域が欠失しているため RNA ポリメラーゼが結合できない。つまり，転写自体が起こらないことになる。

▶I 　配列置換型 *GFP-a* 遺伝子内の「ある1箇所」に DNA 二本鎖切断を誘発する。図1－4からこの「ある1箇所」とは制限酵素Nの認識配列と同じ位置であることがわかる。よって，レポーター遺伝子導入細胞内で制限酵素Nを発現させればよい。

▶J 　図1－4から，制限酵素Nで切断された DNA 領域は，欠失型 *GFP-b* 遺伝子を鋳型として組換えにより修復されることがわかる。

　配列置換型 *GFP-a* 遺伝子と欠失型 *GFP-b* 遺伝子は，二本鎖切断部位付近では，制限酵素の認識配列以外は相同である。よって，遺伝子修復の際には欠失型 *GFP-b* 遺伝子が鋳型として用いられる。この結果，配列置換型 *GFP-a* 遺伝子領域では，制限酵素Nの認識配列が制限酵素Mの認識配列に置き換わる。一方，欠失型 *GFP-b* 遺伝子の領域では制限酵素Nによる切断を受けず，また鋳型側では DNA 配列の置き換えは起こらないため，実験の前後で配列が変化することはない。これより，(6)が適切である。

▶K 　ミスセンス変異とは，DNA の塩基配列の1塩基対が変化することでアミノ酸の1つが別のアミノ酸に変異するもので，鎌状赤血球貧血症はこの変異による。

　ミスセンス変異が遺伝子 *Y* の機能に与える影響を解明するための実験計画問題である。このような実験計画問題では，遺伝子 *Y* の条件以外を同じものにした細胞を準備し比較検討する必要がある。

　つまり，遺伝子 Y を欠損した細胞を 2 群に分けて，一方には正常遺伝子 Y を導入し，他方にはミスセンス変異をもつ遺伝子 Y を導入する。この 2 群の細胞の GFP 蛍光強度を測定して組換え頻度を比較する。

▶L　DNA の修復に失敗し二本鎖切断が残存した場合，その細胞にはプログラムされた細胞死であるアポトーシスが誘導される。これにより，組織中に DNA 損傷のある細胞が増えるのを防ぐ。

▶M　中心体は，動物細胞において細胞分裂時の紡錘体形成に関与する。正常細胞では細胞の両極に中心体が位置し，そこから均等に紡錘糸が伸びることにより染色体が娘細胞に均等分配される。ところが，中心体の数が 3 つ以上になった異常細胞では，どちらか一方の極に中心体が偏って存在することとなり，染色体を引く力が均等にならない。これによって，娘細胞への染色体の均等な分配が起こらなくなってしまう可能性があることを述べればよい。

◆Ⅱ

［文 3］

　遺伝子 Y はがん抑制遺伝子で，一対の遺伝子の片方だけに病的な異常がある（第 1 ヒット）だけではがんは発症しない。もう一方の遺伝子にも病的な異常（第 2 ヒット）が起きて，タンパク質Ｙの機能が欠損したときに，初めてがんを発症する。

▶N　正常細胞とがん細胞の違いについて，(i)遺伝子 Y の状態，(ii)タンパク質Ｙの機能が保たれているかどうかという 2 つの観点から述べるという指示があるので，正常細胞とがん細胞の 2 つに分けて(i)と(ii)について次のような説明をすればよいだろう。

　正常細胞では，相同染色体上の遺伝子 Y が片方のみ変異（第 1 ヒット）していて，もう片方からは正常なタンパク質Ｙが合成されている。がん細胞では，もう一方の遺伝子にも異常が起きる（第 2 ヒット）ことにより両方の遺伝子 Y が変異して，タンパク質Ｙのもつがん抑制機能が失われる。

▶O　②の男性は，母親から病的な遺伝子 Y を $\frac{1}{2}$ の確率で受け継ぐ。そしてその病的な遺伝子 Y は $\frac{1}{2}$ の確率で将来の子どもに受け継がれるので，この男性の将来の子どもが生殖細胞に病的な遺伝子 Y の変異を受け継ぐ

確率は

$$\frac{1}{2}\times\frac{1}{2}\times100=25〔\%〕$$

2 解答

I A　(1)・(5)

B　1. 受動輸送　2. 師部の細胞　3. 葉肉細胞
4. 能動輸送　5. 師部の細胞　6. 葉肉細胞

C　オリゴ糖への変換によって，師部の細胞でのスクロース濃度が低下し，葉肉細胞とのスクロース濃度の<u>濃度勾配</u>が維持される。これにより，<u>拡散</u>による輸送が促進され，大量の糖を輸送できる。また，<u>原形質連絡の内径</u>が細いことにより分子量の大きなオリゴ糖の<u>逆流</u>が起こりにくくなる。

D　(4)

E　グラフ：右図

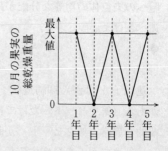

根拠：根のデンプン濃度が低い年には果実が多くついており，その翌年には着花数が0近くになる。よって1・3・5年目は果実の総乾燥重量が大きく，翌年は着花数が減少するため果実の総乾燥重量が小さくなる。

F　(3)・(4)

II G　7-2　8-6　9-グルタミン

H　光合成で生成した ATP や NADPH を窒素同化に利用するから。

I　(2)・(3)

J　無機窒素成分を地上部に送り<u>酵素</u>を合成し，<u>葉面積</u>を増大させ，<u>光合成速度</u>を高めることができ，植物の成長速度を高めることができる。

K　10. 地上部と地下部　11. 促進させる　12. 地下部　13. 地上部
14. 地上部　15. 地上部　16. 促進させる

━━━━━◀解　説▶━━━━━

≪ソースからシンクへのスクロースの輸送，窒素代謝≫

◆I

　植物体内で炭水化物を供給する器官をソース，炭水化物が受容される器官をシンクと呼ぶ。この輸送はスクロースが維管束の師部を移動すること

により行われる。ソースとシンクの間の移動の様子は，炭素の安定同位体を用いた実験から，複数の器官がソースからのスクロースを競合して獲得していることがわかっている。果樹 X でソースからシンクへのスクロースの移動の様子を明らかにするために実験 1 と実験 2 を行った。

▶A　(1)　正しい。師管および道管は，一般に，頂端分裂組織が分裂・分化することにより生じた一次組織と，形成層の細胞が分裂・分化することにより生じた二次組織から構成される。師管と道管どちらの成立にも形成層が関わっていることから，正しいと判断した。

(2)　誤り。通気組織は地上部から根端へ酸素を拡散供給する組織。トウモロコシのような畑作物のイネ科植物では，冠水などによって土壌中の酸素が不足すると，通気組織が発達する。一方イネは，周囲の環境に左右されず，恒常的に通気組織を発達させている。

(3)　誤り。木部における水の移動は被子植物では主に道管，裸子植物やシダ植物では仮道管を通して行われる。しかし，コケ植物には仮道管が存在しない。

(4)　誤り。オーキシンは道管を通って極性移動するのではなく PIN タンパク質という輸送体によって細胞から排出される。

(5)　正しい。茎では，双子葉植物は環状に配列した維管束を，単子葉植物は散在した維管束を形成しているが，どちらも木部は内側，師部は外側という配置をとる。一方，根における維管束の配置は，木部が中心に位置し，その外側に師部が位置する。単子葉植物では，根の中心部が木部ではなく，柔組織からなる髄で構成され，木部と師部が環状に配列していることがあるが，本問では維管束植物に共通する特徴として，正しいと判断した。

なお，この問題の解答については，大学から以下のように公表されている。

【補足】(5)の選択肢では，木化した茎や根について，木部が内側に師部が外側に発達するとした。大部分の植物ではこの配置があてはまるため，(5)は正解であると想定していた。しかし，茎の木部の内側にも師部が発達する植物種や，師部の外側に木部と師部を発達させるつる植物も存在する。こうした例外的な植物を考慮すると(5)の選択肢は正しくない。よって，(1)と(5)または(1)のみを選択した解答のいずれも正解とした。

▶B　図 2－4 を参考に考える。葉肉細胞でスクロースがつくられるので，葉肉細胞ではスクロース濃度が高い。よって，| 1 | には濃度勾配に従

った「受動輸送」が入る。スクロース濃度が低いのは師部の細胞で，高い
のが葉肉細胞なので， 2 は「師部の細胞」， 3 が「葉肉細胞」と
なる。原形質連絡の少ない種では，葉肉細胞でつくられたスクロースは細
胞質から細胞壁へ移動し， 4 によって師部の細胞へ運ばれる。スク
ロースの輸送は師部の伴細胞にあるスクロース輸送体により行われる。こ
の輸送体は H^+ の濃度勾配を利用して H^+ とともにスクロースを共輸送す
る。H^+ の濃度勾配のエネルギーを用いるので能動輸送となる。よって，
4 には「能動輸送」が入る。また，能動輸送なので濃度勾配に逆ら
ってスクロースが輸送されることから， 5 には「師部の細胞」，
6 には「葉肉細胞」が入る。

▶ C　ポイントとしては，スクロースだけを輸送するよりもオリゴ糖を合
成した方が大量の糖を輸送できる。また，その時に，原形質連絡の太さが
関係する。この2点を論理的に結び付けていけばよい。下の図を用いて考
える。

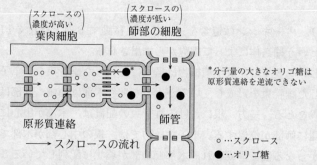

葉肉細胞ではスクロース濃度が高く，原形質連絡を通して師部の細胞へ
スクロースを受動輸送することが可能となっている。ところがこれが続く
と，師部の細胞のスクロース濃度が高くなって，濃度勾配を維持できなく
なる。

このとき師部の細胞へ拡散されたスクロースがオリゴ糖に変換されると，
師部の細胞におけるスクロース濃度が低下する。また，オリゴ糖はスクロ
ースより分子量の大きな糖であり，内径の細い原形質連絡を通して逆流し
にくくなる。

このような輸送方式ではスクロースの輸送方向が一方的に定まるため輸
送が効率化する。

▶D　(1)　誤り。光合成で吸収された ^{13}C のうち一部は呼吸によって放出されるので各器官で検出された ^{13}C の量の合計とはならない。

(2)　誤り。検出された ^{13}C は糖類だけではなく，測定した器官のタンパク質や脂質などの化合物にも由来する。

(3)　誤り。図2-2（左側）を見ると，果実を切除しない場合には，ソースに近い葉，茎よりもソースから遠い果実に優先的に ^{13}C が供給されている。また，果実を全切除した場合，根に最も ^{13}C が多くなっている。よって，ソースから近い距離にある器官へ優先して供給されることにはならない。

(4)　正しい。図2-2（中央）より果実の切除割合に関係なく，葉や茎のデンプン濃度が変わらないことがわかる。一方，根では，果実の切除割合が大きくなるほどデンプンの濃度が高くなっている。この実験は果実がさかんに成長する 10 月に行ったもので，秋には葉や茎よりも根での乾燥重量が増加すると考えられる。

(5)　誤り。図2-2（右側）のグラフで果実を切除する割合が大きいと翌年の個体あたりの着花数が多くなっている。つまり，着花数は秋の葉の増加ではなく，果実量によって決定されることが推測される。

▶E　図2-2より，根のデンプン濃度が低いときは果実を多くつけており，翌年の着花数は 0 近くになることがわかる。E のリード文に「果実の総乾燥重量は着花数に比例する」とあることから，翌年は果実が形成されないと考えられる。これは，果実がたわわに実るほど（切除割合が小さいほど）根に糖がいきわたらなくなり，翌年の着花数が減少するためと考えられる。よって，果実の総乾燥重量と根のデンプン濃度のグラフは逆の関係となる。図2-3では 1 年目の根のデンプン濃度はほぼ 0 となっているので，その年の果実の総乾燥重量は最大となる。2 年目は根のデンプン濃度が 20％と最大となるので果実の総乾燥重量は 0 に近い値となる。このような関係を繰り返したグラフを 5 年目まで描けばよい。

▶F　果実の総乾燥重量が問われているので着花数を定量化して考えてみよう。この設問にも「果実の総乾燥重量は着花数に比例する」ということ，「果樹 X につく果実の総乾燥重量の最大値は変化せず」「スクロースの分配と着花数は，図2-2の結果から読み取れる関係に従う」という 3 つの条件が課されていることに注意する。

　Eで得られたグラフの縦軸の果実の総乾燥重量は着花数と同値と考えられるので1年目の着花数を1000としておこう（これは図2-2（右側）で個体あたりの着花数の最大値が1000であることを利用するため）。果実を2/3切除した翌年の着花数が450ほど，果実を1/3切除した翌年の着花数が100程度であることから，切除割合と着花数のグラフを描いてみてあたりをつけると，着花数＝最大花数×（切除割合）^{2}の二次曲線で近似できると予想でき，果実を半分切除した翌年（2年目）の着花数は250程度である。これは，切除割合にすると3/4ほどとなり，3年目の着花数は1000×（3/4）×（3/4）＝562程度となり，切除割合にすると7/16，同様に計算すると4年目は191，5年目は653程度と予想できる。

◆II

　土壌中の硝酸塩（硝酸イオン）は植物に取り込まれた後，窒素同化によってアミノ酸に変換されてタンパク質合成の材料となる。このタンパク質の一部は酵素となり代謝反応を円滑に進行するのに寄与している。よって，植物の成長は硝酸塩の濃度に左右される。

　窒素を効率的に利用するために，植物は生育する窒素環境に応答して形態を変化させる。植物の葉や茎（地上部）と根（地下部）の乾燥重量の比は植物ホルモンAを介した仕組みにより変化する。植物ホルモンAを介した土壌の硝酸塩への応答を調べるために実験3を行った。

▶G　$NO_3^- + 2H^+ + \boxed{7}\,e^- \longrightarrow NO_2^- + H_2O$

　　$NO_2^- + 8H^+ + \boxed{8}\,e^- \longrightarrow NH_4^+ + 2H_2O$

　　$NH_4^+ + グルタミン酸 + ATP \longrightarrow \boxed{9} + ADP + Pi$

化学反応式なので左辺と右辺の電荷が同じになるよう計算を進めていけばよい。3番目の式ではATPのエネルギーを用い，グルタミン酸合成酵素によってアミノ基がグルタミン酸に転移してアミノ基2個をもつグルタミンができる。よって $\boxed{7}$ には2，$\boxed{8}$ には6，$\boxed{9}$ にはグルタミンが入る。

▶H　Gで求めたように窒素同化の反応には H^+，e^-，ATPが必要となる。H^+，e^- は光合成で生じた NADPH から供給され，ATP も光合成の光リン酸化で生じる。これらの物質が供給されて窒素同化が起こるわけなので，窒素同化の反応は光環境に大きく依存することになる。

▶I　(1)　誤り。クロロフィルは光合成色素で光合成に必要な波長の光を

吸収する。ポルフィリン環にマグネシウムが配位した有機窒素化合物であり，タンパク質ではない。

⑵　正しい。フォトトロピンは青色光を受容する色素タンパク質である。

⑶　正しい。フロリゲンは葉で日長を感知して合成されるホルモンで，イネでは Hd3a タンパク質，シロイヌナズナでは FT タンパク質であることが明らかにされた。

⑷　誤り。発芽の促進にはたらくジベレリンはタンパク質ではなく，水溶性の低分子化合物である。

⑸　誤り。NADPH は補酵素であり，タンパク質ではない。補酵素は一般に低分子の有機物からなる。

▶ J　硝酸塩濃度が高い環境では，多くの無機窒素成分を地上部に送って窒素同化を活発に行い，葉面積を増やし，カルビン・ベンソン回路で CO_2 の固定にはたらく酵素ルビスコなどを多量に合成して光合成速度を高めることで，植物個体は成長できる。

▶ K　実験 3 の結果から判断していく。　10　は植物ホルモン A の合成部位である。図 2 － 5 の下段のグラフから変異体 Y はホルモン A を合成できず，野生型が植物ホルモン A を合成できる。下段の左側から 3 番目のグラフでは地上部が野生型で地下部が変異体であるが，地上部で植物ホルモン A が確認できるので，植物ホルモン A は地上部で合成されることがわかる。また，左から 4 番目のグラフでは，地上部が変異体で地下部が野生型であるが，植物ホルモン A が地上部でも地下部でも検出されているため，植物ホルモン A は地下部で合成され，地上部に移動することがわかる。よって，　10　には「地上部と地下部」が入る。

　　　11　は低濃度と高濃度の硝酸塩施肥による影響なので，地上部と地下部とも野生型の条件で比較する。下段の左から 1 番目と 2 番目のグラフでは高濃度硝酸塩施肥のときに地上部でも地下部でも植物ホルモン A の濃度が高い。したがって植物ホルモン A の合成を「促進させる」が正解。

　　　12　と　13　はホルモンの移動についてである。これは，　10　の〔解説〕でも述べておいたが少し補足しておくと，下段の左から 4 番目のグラフにおいて地上部では植物ホルモン A が合成されないはずであるが，地上部の植物ホルモン A の濃度が野生型のときと同じ程度である。このことは，地下部で合成された植物ホルモン A が地上部へ移動したためと考え

られる。よって，	12	には「地下部」，	13	には「地上部」が入る。

	14	は，地上部と地下部の乾燥重量の比がどこの植物ホルモンＡの濃度とより強く相関するかという内容の問題。図２－５の左側から２～４番目のグラフをみる。左側から２番目と４番目の上段のグラフでは地上部の乾燥重量と地下部の乾燥重量の比が２と大きな値になっており，下段のグラフでは両方とも地上部の植物ホルモンＡの濃度が高くなっている。

また，左側から３番目のグラフでは地下部の植物ホルモンＡの濃度が０であっても乾燥重量の比は 1.5 と比較的高い値になっている。よって，乾燥重量の比は，地上部の植物ホルモンＡの濃度と強く相関をなしているといえる。よって，	14	には「地上部」が入る。

以上のことを踏まえると，植物ホルモンＡは，地上部における成長を促進させるという作用をもつことが推測される。

よって，	15	には「地上部」が，	16	には「促進させる」が入る。

3 解答
A 1－自然抗体 2－Ｂ細胞
3－免疫グロブリン

B (1)・(2)・(3)

C (3)

D A型－グリシン B型－アラニン

E (5)

F 1－開始コドン 2－アンチコドン 3－ペプチド 4－キャップ
5－ポリＡ鎖（ポリＡ尾部） 6－葉緑体 7－ミトコンドリア
8－共生（細胞内共生）

G (1)・(2)・(6)

H (3)

I ペプチド４－ｃ ペプチド５－ｈ

J ｂ

K (2)・(3)

━━━━◀解 説▶━━━━

≪ABO 式血液型の決定にはたらく酵素，アミノ酸配列の決定，新型コロナウイルスの表面タンパク質≫

［文１］

　ヒトの ABO 式血液型は赤血球膜上の糖タンパク質で決定され，A 型の
ヒトは H 型糖鎖に N-アセチルガラクトサミンが，B 型のヒトでは H 型糖
鎖にガラクトースが付加される。AB 型のヒトは N-アセチルガラクトサ
ミンとガラクトースの両方が付加される。この糖鎖の付加は 354 アミノ酸
残基からなる糖転移酵素のはたらきによる。O 型の糖転移酵素遺伝子から
は酵素活性をもたない糖転移酵素が産生される。

▶A　「新生児は，生まれつき ABO 血液型の抗原に対する」とあるので，
生まれつきということから「自然抗体」が入る。免疫でも生まれつきもっ
ているものは自然免疫と呼ばれることから，「自然抗体」が 1 に入る
ことがわかるだろう。抗体を産生するのは B 細胞であるから，2 に
は「B 細胞」が入る。自然抗体の産生は，T 細胞を必要とせず免疫グロブ
リン遺伝子の再構成は行われない。よって，3 には「免疫グロブリ
ン」が入る。

　新生児は，生まれつき ABO 式血液型の抗原に対する自然抗体を産生す
る能力を有しており，生後，食物や生活環境に含まれる細菌にさらされる
と，これら細菌表面に存在する A 抗原，B 抗原に類似の抗原に反応して
抗 A 抗体，抗 B 抗体を産生するようになると考えられている。

　このような抗体は自然抗体と呼ばれ，多くの場合は IgM 抗体であるこ
とが判明している。これに対して，ABO 式血液型以外の他の血液型では，
輸血や妊娠によって抗原にさらされてはじめて抗体が生じるが，こちらは
免疫抗体と呼ばれ，IgG 抗体である。

▶B　(1)　正しい。遺伝子の 266 番目のコドンが A 型であれば，A 型の糖
転移酵素活性が検出されている。なお，表 3-1 において，266 番目のコ
ドンが A であっても上から 5 番目や下から 2 番目では A（B）となってい
るが，これはリード文にあるように主に A 型糖鎖を産生するが B 型糖鎖も
わずかながら産生できるという意味なので，糖転移酵素活性としては A 型
が検出されると考えてよい。
(2)　正しい。遺伝子の 266 番目のコドンが B 型であれば，B 型の糖転移酵
素活性が検出されている。
(3)　正しい。遺伝子の 268 番目のコドンが A 型であるとき，A 型の糖転移
酵素活性が検出されている。
(4)　誤り。表 3-1 の AAAB というキメラ遺伝子では 268 番目のコドン

がB型であってもB型の糖転移酵素活性が検出されず，A型の糖転移酵素
活性がみられる。

▶C　表3−2でB型の酵素活性をもつ糖転移酵素のアミノ酸残基に共通
する性質とあるので，＋または＋＋＋となっているアミノ酸を見つける。
すると，グリシン，アラニン，セリンで酵素活性をもつことがわかる。こ
の3種類のアミノ酸の側鎖の性質を検討する。

⑴　誤り。上記の3つのアミノ酸とも側鎖は電荷をもたない。

⑵　誤り。グリシンとアラニンは疎水性であるが，セリンは親水性である。

⑶　正しい。グリシンの側鎖は $-H$，アラニンの側鎖は $-CH_3$，セリンの
側鎖は $-CH_2OH$ なので側鎖の分子量は小さい。よって側鎖の大きさが共
通する性質である。過年度の入試でもアミノ酸の構造式が問われたことが
あり，その性質まで知っておく必要がある。分子構造としては上記の3つ
のアミノ酸の他，バリン，トレオニン，システイン，ロイシン，アスパラ
ギン酸などは書けるようにしておきたい。

⑷　誤り。炭素骨格が枝分かれしているバリン，ロイシン，イソロイシン
を分岐鎖アミノ酸という。グリシン，アラニン，セリンの側鎖は分岐して
いない。

▶D　表3−2はB型遺伝子の268番目のアミノ酸残基を変化させたとき
の酵素活性を示している。表3−1を見るとBBBB（B型遺伝子）ではB
型の酵素活性を示すが，キメラ遺伝子のBBBAではB型とA型両方の酵
素活性を示すことがわかる。また，表3−2でA型とB型の両方の酵素活
性が＋になっているアミノ酸残基はグリシンである。よって，A型遺伝子
の268番目のアミノ酸残基はグリシンとわかる。一方，B型遺伝子の酵素
活性は，表3−2よりアラニンのときだけが＋＋＋と酵素活性が高くなっ
ていることがわかる。これよりB型遺伝子のアミノ酸残基はアラニンとわ
かる。

▶E　H遺伝子はH型糖鎖をつくる酵素を指定する遺伝子で，これが劣性
ホモとなるとH型糖鎖ができず，A型やB型の糖鎖転移酵素の有無に関係
なく表現型はO型となる。この血液型は「ボンベイ型」と呼ばれる。

　本問では，O型の父親からB型の子供が生まれたことから，父親の遺伝
子型は「ボンベイ型」のhhBBまたはhhBOであると考えられる。また，
A型の母親の遺伝子型にはHHAA，HHAO，HhAA，HhAOが考えられ

る。この中で父親が hhBB の場合，母親の遺伝子型が HHAA では AB 型の子供しか生まれないので不適。また HhAA でも B 型の子供は生まれないので不適。よって，父親は hhBB または hhBO，母親は，HHAO または HhAO なのでこれを満たすのは(5)である。

〔注〕 選択肢には HHOA，HhOB のように劣性（潜性）遺伝子の O を優性（顕性）遺伝子の A や B の前に記載した表記をとっている。しかし，通常の高校の範囲の遺伝学では優性遺伝子を先に記載するので，〔解説〕では HHAO や HhBO と表記した。

　各選択肢を検討してみよう。

(1)　誤り。父親は AB 型，母親は O 型となる。

(2)　誤り。父親は B 型となる。

(3)　誤り。hhOO の父親と HhAO の母親から B 型の子供は生まれない。

(4)　誤り。父親は B 型となる。

(5)　正しい。父親は O 型，母親は A 型となり，B 型の子供が生まれる可能性がある。

▶F　 1 を認識してタンパク質合成が始まるので， 1 は「開始コドン」である。tRNA は mRNA と相補的な配列をもっており，これをアンチコドンと呼ぶので， 2 には「アンチコドン」が入る。tRNA によって運ばれたアミノ酸はリボソーム上でペプチド結合により連結されるので， 3 には「ペプチド」が入る。mRNA は細胞内で分解されるのを防ぐために 5′ 側末端に「キャップ」とよばれる構造が，3′ 側の末端には「ポリ A 鎖」（ポリ A 尾部）とよばれる構造が付加される。よって， 4 には「キャップ」， 5 には「ポリ A 鎖」（ポリ A 尾部）が入る。

　 6 や 7 などの細胞小器官はシアノバクテリアと好気性の細菌に構造と機能の点でよく似ているとあるので，それぞれ「葉緑体」「ミトコンドリア」が入る。葉緑体やミトコンドリアなど細胞小器官の成立は細胞内共生説によって説明されるので， 8 には「共生」（細胞内共生）が入る。

▶G　リード文に「リボソームが結合する mRNA 量は，その mRNA から合成されるタンパク質量と比例する」とあることを念頭において考えていく。図 3 − 2 − a）から合成されるタンパク質合計量はウイルス感染前を 100（相対値）とすると，3 時間後，5 時間後，8 時間後はそれぞれ 20，

15, 10 程度と読みとれる。

また，図3－2－b）からウイルス mRNA の割合は感染前は0％，3時間後，5時間後，8時間後はそれぞれ5％，50％，40％程度と読みとれるので合成される各タンパク質量は次の表の通り。

	感染前	3時間後	5時間後	8時間後
ウイルス mRNA から合成されるタンパク質量	$100 \times \dfrac{0}{100} = 0$	$20 \times \dfrac{5}{100} = 1$	$15 \times \dfrac{50}{100} = 7.5$	$10 \times \dfrac{40}{100} = 4$
宿主 mRNA から合成されるタンパク質量	$100 \times \dfrac{100}{100} = 100$	$20 \times \dfrac{95}{100} = 19$	$15 \times \dfrac{50}{100} = 7.5$	$10 \times \dfrac{60}{100} = 6$

求めた値より，各選択肢を検討してみよう。

⑴ 正しい。ウイルス感染3時間後の時点では，ウイルス mRNA から合成されるタンパク質量は宿主 mRNA から合成されるタンパク質量よりも少ない。

⑵ 正しい。宿主 mRNA から合成されるタンパク質量はウイルス感染前より感染3時間後の方が少なくなっている。

⑶ 誤り。ウイルス mRNA から合成されるタンパク質量は感染5時間後の方が感染3時間後よりも多くなっている。

⑷ 誤り。宿主 mRNA から合成されるタンパク質量は感染5時間後より感染3時間後の方が多い。

⑸ 誤り。宿主 mRNA から合成されるタンパク質量は，感染8時間後より感染3時間後の方が多い。

⑹ 正しい。ウイルス mRNA から合成されるタンパク質量は，感染8時間後より感染3時間後の方が少ない。

［文3］

ヒト白血球型抗原（HLA）は，「自己」と「非自己」の識別に重要な役割を果たす。ウイルスが細胞に感染すると，ウイルス由来のペプチドが樹状細胞表面のクラスⅠの HLA（HLA-Ⅰ）表面に提示される。提示されたペプチドは，細胞障害性T細胞のT細胞受容体によって認識される。

ある型の HLA-Ⅰ を発現する細胞に SARS-CoV-2 を感染させた後，

HLA-Ⅰに結合したウイルス由来のペプチドを複数同定した。ペプチドとHLA-Ⅰとの親和性を測定する方法として，一定濃度の対照ペプチドに対して，様々な濃度の目的ペプチドを加えた後，HLA-Ⅰに結合している対照ペプチド量を測定し，対照ペプチドの結合を50％阻害するペプチド濃度を IC_{50} とする競合結合試験がある。

▶H　図3－4は一定濃度の対照ペプチドに対して様々な濃度の目的ペプチド（SARS-CoV-2 由来ペプチド）を加えた後の HLA-Ⅰに結合している対照ペプチド量を測定したものである。設問に出てくる IC_{50} は対照ペプチドの結合を50％阻害する目的ペプチドの濃度である。

　グラフの縦軸の値が大きいほど SARS-CoV-2 由来のペプチドが HLA-Ⅰに結合しやすい。すなわち，グラフの縦軸が大きいことは HLA-Ⅰへの親和性が高いことを表している。また，50％の点線と各ペプチドのグラフの交点における濃度が IC_{50} を表している。図3－4における IC_{50} を求めると次のようになる。

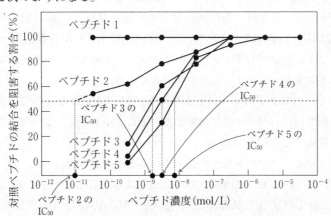

(1)　誤り。上の図よりペプチド3の IC_{50} は $1.0 \times 10^{-9} \sim 1.0 \times 10^{-8}$ mol/L である。

(2)　誤り。上の図よりペプチド4の IC_{50} は，$1.0 \times 10^{-9} \sim 1.0 \times 10^{-8}$ mol/L である。

(3)　正しい。ペプチド1の IC_{50} は上の図より非常に小さく 1.0×10^{-10} mol/L 以下と考えられる。

(4)　誤り。上の図よりペプチド5の IC_{50} は $1.0 \times 10^{-9} \sim 1.0 \times 10^{-8}$ mol/L

である。

(5)・(6)　いずれも誤り。親和性が高いのは IC_{50} の値が小さいペプチドである。

▶Ｉ　表 3 － 3 にはペプチドと HLA - Ⅰの親和性が記述されている。ペプチドの親和性は IC_{50} の値が小さいほど大きいことが設問Ｈから得られている。ペプチド 3 ～ 5 の IC_{50} の値は $1.0×10^{-9}$ ～ $1.0×10^{-8}$ mol/L の範囲にある。表 3 － 3 を見ると c・e・h がこの範囲にあることがわかる。小さいほうから並べると

$$e(1.2×10^{-9}mol/L) < c(3.8×10^{-9}mol/L) < h(7.8×10^{-9}mol/L)$$

となる。

さらに設問Ｈの解説にあるグラフから検討してみると，ペプチド 3 が e，ペプチド 4 が c，ペプチド 5 が h に対応することがわかる。

▶Ｊ　図 3 － 4 からペプチド 1 や 2 の親和性は極めて高く，IC_{50} は $1.0×10^{-10}$ mol/L 以下である。表 3 － 3 にある a または b がそれに相当する。与えられたペプチド 2 の翻訳領域 GGU/UUG/AUA/ACC/CUG/UCC/UAC/CAU/UUA から翻訳されるアミノ酸はグリシン―ロイシン―イソロイシン―トレオニン―ロイシン―セリン―チロシン―ヒスチジン―ロイシンである。

よって，ペプチドのアミノ酸配列は GLITLSYHL となるので記号 a のアミノ酸配列はペプチド 2 に対応していることがわかる。よって，ペプチド 1 に対応するのは b である。

▶Ｋ　スパイクタンパク質 S が翻訳されるときの読み枠は

61-AAU/GUU/ACU/UGG/UUC/CAU/GCU/AUA/CAU/GUC-70
71-UCU/GGG/ACC/AAU/GGU/ACU/AAG/AGG/UUU/GAU-80
81-AAC/CCU/GUC/CUA/CCA/UUU/AAU/GAU/GGU/GUU-90

一方，Ｊよりペプチド 2 の翻訳領域は，以下の実線部分である。

61-A/AUG/UUA/CUU/GGU/UCC/AUG/CUA/UAC/AUG/UC-70
71-U/CUG/GGA/CCA/AUG/GUA/CUA/AGA/GGU/UUG/AU-80
81-A/ACC/CUG/UCC/UAC/CAU/UUA/AUG/AUG/GUG/UU-90

破線を引いた下線部はペプチド 1 の翻訳領域（メチオニンから始まりメチオニンで終わっている 9 個のアミノ酸配列）である。すると，ペプチド 1 の読み枠とペプチド 2 の読み枠は共通していることがわかる。またスパイ

クタンパク質Sの読み枠とペプチド1とペプチド2の読み枠は異なっているので(2)と(3)が適当である。

❖講 評

2023 年度入試の全体的難易度は，2022 年度よりもやや難化している。知識問題と考察問題の割合は知識問題がやや増加したものの，考察問題の占める割合が大きいことに関して変わりはない。知識問題としては，生物用語の空所補充や文章選択のタイプも見られる。ただし，この選択問題が考察系の問題となっていることが多く，単純な知識というわけにはいかない。

問題は，設問・読解する文章量ともに多い。論述問題は行数で指定されることが多く，2023 年度は 24～28 行程度（加えて 20 字の指定字数の論述が1問）と，2022 年度の 26 行程度に比べやや増加している。問題文を正確に読んでいくには時間がかかり，選択問題も確かな裏づけを要するタイプで，考察を必要とするため確信をもった答案作成が難しかったと思われる。グラフや図の読解を要求する問題が中心で，多面的な情報処理能力が必要とされる。ハイレベルな考察問題を普段から演習していないと対応するのが困難であろう。

東大生物では，最近の過去5年間，総論述量は平均で 26～27 行程度を基本にしている。この点から言えば，2023 年度は，平均より若干多かったと言えるだろう。また，指定行数では最大で5行程度というのが2018・2019 年度で2年連続出題されていたが，2020 年度以降は多くが1～3行程度である。また，グラフ作成は 2019～2022 年度は出題されなかったが，2023 年度は出題されている。

東大生物の特徴は，「リード文の徹底理解」と「論理的思考力・分析力」そして「その表現能力を見る」というものである。2023 年度もその特徴は健在であり，情報を正確に分析して，まとめる能力を養うことが必要となる。論述対策としてはまず出題者の狙いは何か，解答のポイントは何か，どこを中心にするかを考えて的確に2行（70 字）～3行（105 字）程度でまとめる練習をしておくとよいだろう。目新しい題材や見慣れない図表が問題文に取り上げられることが多い。これらの図表を基にしたデータの分析，その結果から考察される内容，さらに仮説を

検証する実験の設定などが出題されていて，短時間に論点を把握した文章をまとめる練習を日ごろからこなしておきたい。なお，解答用紙は，1行35字で，〔1〕〔2〕は各25行，〔3〕は50行の罫線が入っている。

1　Ⅰ　細胞周期と相同組換えが出題されている。設問A～Cは高校の学習の範囲で十分正解に達するレベルでここではミスは許されない。体細胞における組換えという見慣れないテーマで戸惑った受験生も多かったのではないだろうか。DNAの修復などは素早く出題の意図を読み取る必要がある。E～Gは実験結果から読み取れるタンパク質Xの機能や影響を与える細胞周期の段階を推定する東大特有の問題で，柔軟な考察力が問われている。Hは配列置換型が合成するmRNAで終止コドンが早い段階で出現したことに気づいたかどうか，欠失型ではプロモーター領域が欠失しているので，翻訳以前に転写が起きていないことを見つけることができたかどうかがポイントである。Jでは修復が成功したときにできるレポーター遺伝子部分の構造を選ぶ。時間を必要とする難しい問題であった。

Ⅱ　がん抑制遺伝子の発現に関する内容でリード文の内容を理解できれば正解に達することができる。

2　Ⅰ　維管束に関する内容であるが，予想以上に紛らわしい。一次組織は頂端分裂組織由来，二次組織は形成層由来であるので，解釈が分かれるかもしれない。ソースからシンクへのスクロースの輸送では，シンクに相当する師部の細胞でスクロースがオリゴ糖となることの利点などを3行程度で述べる問題が出題されている。問われている状況のイメージを大切にし，正確に表現していきたい。

Ⅱ　窒素代謝に関する内容の問題G～Ⅰは知識に基づく設問なので短時間で乗り切りたい。Jはグラフの活用なので，丁寧に1つ1つ考えて論理を進めたい。Kは空所補充の問題であるが，これも問われているグラフの内容を検討して正解を導けばよい。

3　ABO式血液型の糖転移酵素の活性に関する問題。Bは設問のデータから正解が得られるだろう。Cはアミノ酸の側鎖に関する内容で，ある程度知識をもっていないと正解するのが難しい。グリシン・アラニン・セリンは分子量の小さな側鎖であることを知っている必要がある。グリシンとアラニンは有名なので知っていた受験生も多かったと思うが

セリンはどうだっただろうか？　Gの正誤問題は地道にデータを分析していくしか方法はない。これは少し困難な問題である。Hは図3－4のグラフでIC_{50}の値に注目して正解を導くことになる。J・Kは塩基配列とコドン表を参考にしてペプチドの対応するアミノ酸配列を見つけることになる。ペプチドbはアミノ酸配列がMから始まってMで終了しているのでAUGで挟まれたところを見つける。AUG………AUGとなるところに見当をつけて探せば，ペプチド1とペプチド2の読む枠が同じであることに気づくだろう。

■ 地学 ■

1 **解答** 問 1　(1)　恒星 A の表面温度を T_A，太陽の表面温度を 5800 K とすると，ウィーンの変位則より

$$0.50 \times 5800 = 0.15 \times T_A$$

$$T_A = \frac{0.50 \times 5800}{0.15} = 1.93 \times 10^4 \fallingdotseq 1.9 \times 10^4 (K) \quad \cdots\cdots(答)$$

(2)　$v = \dfrac{2\pi r}{P}$，$v_e = \dfrac{2\pi r_e}{P_e}$ より　　$\dfrac{v}{v_e} = \dfrac{r P_e}{r_e P}$　　$\cdots\cdots(答)$

(3)　(a)　$\dfrac{v}{v_e} = \dfrac{r P_e}{r_e P}$ より　　$\dfrac{r P_e}{r_e P} = 0.10$

$$r = \frac{r_e P}{P_e} \times 0.10 = \frac{1 \times 10 \times 0.10}{1} = 1.0 (天文単位) \quad \cdots\cdots(答)$$

(b)　公転周期を年，公転半径を天文単位で表すと

$$\frac{a^3}{P^2} = M + m (太陽質量)$$

が成り立つ。

$$M + m = \frac{10^3}{10^2} = 1.0 \times 10 倍 \quad \cdots\cdots(答)$$

(c)　恒星 B の公転半径を r_B とすると，(a)の結果より

$$r_B = 10 - 1.0 = 9.0 (天文単位)$$

また，$r : r_B = m : M$ が成り立つので

$$m = (M + m) \times \frac{r}{r_B + r} = 10 \times \frac{1.0}{9.0 + 1.0} = 1.0 倍 \quad \cdots\cdots(答)$$

(d)　主系列星である期間は 100 億年程度。その後巨星になり，やがてゆっくりとガスを放出する。放出されたガスは惑星状星雲となり，中心に白色矮星が残る。

問 2　(1)　シュテファン・ボルツマンの法則より

$$L_{SN} = \sigma T_{SN}{}^4 \times 4\pi R_{SN}{}^2, \quad L_0 = \sigma T_0{}^4 \times 4\pi R_0{}^2$$

$$4\pi\sigma = \frac{L_{SN}}{T_{SN}{}^4 \times R_{SN}{}^2} = \frac{L_0}{T_0{}^4 \times R_0{}^2}$$

$$R_{\text{SN}}=\sqrt{\frac{L_{\text{SN}}}{L_0}}\left(\frac{T_0}{T_{\text{SN}}}\right)^2 R_0 \quad \cdots\cdots(\text{答})$$

⑵　超新星は太陽より $4.8-(-20.2)=25$ 等級明るいので

$$\frac{L_{\text{SN}}}{L_0}=100^{\frac{25}{5}}=10^{10}$$

また　　$T_{\text{SN}}=T_0$

$$R_{\text{SN}}=\sqrt{\frac{L_{\text{SN}}}{L_0}}\left(\frac{T_0}{T_{\text{SN}}}\right)^2 R_0=\sqrt{10^{10}}\times1^2\times7\times10^8=7\times10^{13}\,(\text{m})$$

$$V=\frac{7\times10^{13}}{20\times9\times10^4}=3.9\times10^7\fallingdotseq4\times10^7\,(\text{m/s}) \quad \cdots\cdots(\text{答})$$

光速 $c=3.0\times10^8\,(\text{m/s})$ なので

$$\frac{V}{c}=\frac{3.9\times10^7}{3.0\times10^8}\times100=1.3\times10\fallingdotseq1\times10\,(\%) \quad \cdots\cdots(\text{答})$$

⑶　$R(t_{\text{d}})=Vt_{\text{d}}$ より　　$M_{\text{SN}}=\frac{4\pi\,(Vt_{\text{d}})^3}{3}\rho$

$$t_{\text{d}}=\frac{1}{V}\left(\frac{3M_{\text{SN}}}{4\pi\rho}\right)^{\frac{1}{3}} \quad \cdots\cdots(\text{答})$$

⑷　　$V=\frac{dR}{dt}=\frac{dCt^a}{dt}=Cat^{(a-1)}$

運動エネルギーを E とすると

$$E=\frac{1}{2}M_{\text{R}}V^2=\frac{1}{2}\times\frac{4\pi R(t)^3}{3}\rho\times(Cat^{(a-1)})^2$$

$$=\frac{1}{2}\times\frac{4\pi\rho}{3}(Ct^a)^3\times(Cat^{(a-1)})^2$$

$$=\frac{2\pi\rho a^2C^5}{3}t^{5a-2}$$

E は t によらずに一定なので，t の指数　　$5a-2=0$

よって　　$a=0.4$ 　$\cdots\cdots(\text{答})$

━━━━■ ◀解　説▶ ■━━━━

≪連星の質量，超新星の膨張≫

◆問 1　▶⑴　恒星の放射は黒体放射とみなせるので，エネルギー強度がピークとなる波長を λ_{m}，表面温度を T とすると　　$\lambda_{\text{m}}T=$ 一定という関係が成り立つ。これをウィーンの変位則という。太陽の表面温度

が5800Kであることは覚えておく必要がある。

▶(2)　公転速度vは，公転軌道の円周の長さ$2\pi r$を公転周期Pで割ることで求められる。

▶(3)　(a)　(2)で求めた式$\dfrac{v}{v_e}=\dfrac{rP_e}{r_eP}$に，$\dfrac{v}{v_e}=0.10$，$P=10$年，$P_e=1$年，$r_e=1$天文単位 を代入すればよい。

(b)　質量Mとmの2天体が万有引力と遠心力がつり合った状態で共通重心の周りを公転する場合，2天体間の平均距離をa，公転周期をPとすると，$\dfrac{a^3}{P^2}=\dfrac{G}{4\pi^2}(M+m)$ が成り立つ。Gは万有引力定数で，

$G=6.6743\times10^{-11}$〔m^3/kgs^2〕である。これはケプラーの第3法則の一般形であり，平均距離を天文単位，公転周期を年で表すと

$$\frac{a^3}{P^2}=M+m\,\text{〔太陽質量〕}　\cdots\cdots①$$

となる。この式は万有引力と遠心力のつり合いから求めることができるが，本問では式の導出自体が問われているわけではないので，①式が成り立つとして解答してよい。

(c)　共通重心からの距離の比は，2天体の質量の逆比となることを利用する。

(d)　恒星Bの質量が太陽質量と同じであることが，(c)で求められている。恒星の進化のしかたは質量によって決まるので，太陽の寿命，進化のしかたを答えればよいことになる。

◆問2　▶(1)　天体の放射が黒体放射とみなせる場合，シュテファン・ボルツマンの法則が成り立つ。この法則は単位表面積当たりの放射エネルギーEが，天体の表面温度Tの4乗に比例するというものである。

$$E=\sigma T^4　(\sigma=5.67\times10^{-8}\text{〔}J/K^4\text{〕})$$

天体の光度Lは，単位表面積当たりの放射エネルギーEと天体の表面積の積で表される。天体の半径をRとすると次式が成り立つ。

$$L=\sigma T^4\times4\pi R^2$$

太陽と，超新星についてそれぞれこの式を立てて，比較すればR_{SN}が求められる。

▶(2)　等級差から光度の比を求め，(1)で求めた式に代入すればR_{SN}が求

められる。「表面温度は太陽と同じであった」とあるので，表面温度の比は 1 であることに注意する。求めた R_{SN} を膨張に要した 20 日間で割れば膨張速度が求められる。光速（3.0×10^8 m/s）は覚えておく必要がある。

▶(3)　時刻 t_d までにかき集めたガスの質量 $M_R(t_d)$ は，半径 $R(t_d) = V t_d$ の球の体積と密度 ρ の積で与えられる。この質量が M_{SN} と等しいという条件から式を立て，t_d について解けばよい。

▶(4)　運動エネルギー E が一定に保たれるということを，どう使うかがポイントになる。$E = \dfrac{1}{2} M_R V^2$ の M_R と V を $R = C t^a$ を利用して t の関数として表したのが，〔解答〕の 3 行目の式である。5 行目の式が t の値によらず一定になる条件を考えればよい。

〔解答〕の 1 行目で R を t で微分することで V を求めているが，問題文で指示されているので，それに従って対応すればよい。

2 解答

問 1　(1)　(a)　季節：夏　特徴：夏は温まりやすい大陸で上昇気流が卓越して低圧部となり，海洋は下降気流が卓越して高圧部となる。冬は逆に大陸が高圧部になり，海洋が低圧部となる。

(b)　風向き：③　エクマン輸送の向き：④

(c)　点 A 表層の海水はエクマン輸送で沖に運ばれ，それを補うように湧昇した冷たい海水で大気は下層から冷やされ逆転層ができる。その上層では下降気流の断熱圧縮によって大気が温められ，逆転層が強化される。

(2)　(a)　ア．条件付き不安定　イ．潜熱　ウ．低

(b)　気圧が低い上空でも露点が変化しないものとする。

$$\text{X} : 31.7 \times 0.86 = 27.26 \fallingdotseq 27.3$$

表 2 − 1 より X の露点は 22.5℃

凝結高度を x とすると

$$22.5 = 25.0 - \frac{1.0}{100} \times x \quad \therefore \quad x = 250 \,(\text{m})$$

空気塊 X と周囲の温度が等しくなる高度を h_X とすると

$$25.0 - \frac{0.60}{100} h_X = 22.5 - \frac{0.50}{100} (h_X - 250)$$

$$\therefore \quad h_X = 1.25 \times 10^3 \,[\text{m}] \quad \cdots\cdots\text{①}$$

$$\text{Y}:33.6 \times 0.79 = 26.54 \fallingdotseq 26.5$$

表2-1より Yの露点は22.0℃

凝結高度を y とすると

$$22.0 = 26.0 - \frac{1.0}{100} \times y \qquad \therefore \quad y = 400\,[\text{m}]$$

空気塊Yと周囲の温度が等しくなる高度を h_Y とすると

$$25.0 - \frac{0.60}{100}h_Y = 22.0 - \frac{0.50}{100}(h_Y - 400)$$

$$h_Y = 1.0 \times 10^3 \,[\text{m}] \quad \cdots\cdots\text{②}$$

①,②より,Yの方が低い。 ……(答)

問2 (1) 12時間 (2) 圧力傾度力

(3) 地球は月との共通重心の周りを公転し,それによる遠心力はどこでも等しくはたらく。月に面した側では月による万有引力が遠心力より大きくなり,その裏側では遠心力が万有引力より大きくなるため。

(4) 太陽-月-地球が一直線になる満月,新月の時は月と太陽による起潮力が同じ方向になるので大潮となり,地球から見て月と太陽が90°離れる上弦,下弦の時は小潮となる。

(5) (a) 黒潮は東向きに流れる地衡流なので,圧力傾度力は北向きであり,南側の方が海面が高い。グラフは常に正なので,縦軸は串本から浦神を引いた値である。

(b) 黒潮の中心に近いほど流れが速く,水平方向の海面の高低差が大きい。2017年8月以降は高低差が小さいので,串本や浦神は黒潮の中心から離れていた,つまり大蛇行期に相当すると考えられる。

■■■■■ ◀解 説▶ ■■■■■

≪エクマン輸送,大気の状態,潮汐と海流≫

◆問1 ▶(1) (a) 海洋が高圧部,大陸が低圧部になっていることの理由を説明し,それを根拠に季節を判断する。

(b) 北半球の海面付近では,低圧部を左斜め前方に見て等圧線と斜交して風が吹く。点Aでは気圧傾度力の向き(等圧線と直交)が東北東なので,風は南東向きに吹く。一般に風向は風が吹いてくる方向で示すので「北西の風」と答えるべきかと迷うかもしれないが,本問では風の向きが「③南

東向き」と表現されており，これは「北西から南東に向かって吹く風」と
解釈すべきであろう。

エクマン輸送は，海面を吹く風に引きずられた海水にコリオリ力がはたら
くため，北半球では風が吹く向きからしだいに右にそれ，全体として海水
が直角右向きに輸送される現象である。点A付近では風は南東向きに海岸
線とほぼ平行に吹くので，エクマン輸送の向きは北米大陸から離れる向き
となる。

(c)　対流圏では通常下ほど気温が高い。大気が対流して上下に混ざるとき，
およそ断熱減率にしたがって空気塊の温度が変化するため，結果として，
下ほど高温になる分布が維持されている。これに対し，上ほど高温になっ
ている層を逆転層という。図2－2では高さ1kmより下で逆転層が見ら
れる。その要因の一つは，地表面（海面）の温度が低くなることであり，
これを接地逆転という。海面の温度が低下することはエクマン輸送に伴う
冷水の湧昇で説明できる。なお，海面付近に，下ほど高温になる層が見ら
れるのは，その層の大気がよく混ざっているためだと考えられる。

もう一つの要因は，上層の空気が高気圧に伴う下降気流により断熱圧縮さ
れて昇温することであり，これを沈降逆転という。上層の空気が昇温する
ことで，その層の下端付近が下層に比べて高温となるため，下層の逆転層
を強化することになる。

▶(2)　(a)　ア．気温減率が乾燥断熱減率（1.0℃/100m）と湿潤断熱減率
（0.5℃/100m）の間にあるときは，上昇空気塊が凝結をともなわない場
合は安定に，ともなう場合は不安定になる。このような状態を「条件付き
不安定」という。

イ．空気塊の上昇に伴う温度低下率は，凝結が起こる場合（湿潤断熱減
率）は潜熱が放出されて空気塊を温めるため，温度の低下が凝結をともな
わない場合（乾燥断熱減率）より小さくなる。

ウ．周囲の空気より空気塊の温度が高い場合は空気塊の方が密度が小さい
ため上昇する。

(b)　空気塊の露点を求め，次に凝結高度を求める。

凝結高度 h は，1気圧での気温を T，露点を t とすると，およそ

$$h = 125(T-t)$$

と表される。これは気圧の低い上空では露点が低くなることを考慮した式

であるが，本問では特に指定がないので，上空でも露点が変化しないものとして解答する。

空気塊 X の温度は高さ 250m で 22.5℃ である。これは周囲の気温

$$25.0 - \frac{0.60}{100} \times 250 = 23.5 〔℃〕$$ より低温である。250m より上空では凝結

が起こるため空気塊の温度は湿潤断熱減率（0.50℃/100m）で低下するが，周囲の温度は気温減率（0.60℃/100m）でより大きく低下するので，両者の温度が等しくなる高度 h_x を求めればよい。同様に空気塊 Y についても h_y を計算し，h_x と比較すればよい。

◆問 2 ▶(1)　起潮力により，海水は月に面した側とその裏側で高くなる。ある地点が自転にともない海水が高くなっているところに到ると満潮となるので，1 日（より正確には月の南中から次の南中までの約 24 時間 50 分）に 2 回満潮となる。

▶(2)　黒潮は圧力傾度力とコリオリ力の 2 力がつり合った状態で流れる地衡流である。圧力傾度力は海面の高い方から低い方に向かってはたらく力である。

▶(3)　起潮力の説明であるが，ポイントは次の 3 つである。

①　地球も月との共通重心の周りを公転している。

②　月との間にはたらく万有引力は月に近い側で大きく，遠い側で小さい。

③　共通重心の周りの公転による遠心力の向きと大きさは地球のどこでも同じである。

地球の重心 c では共通重心の周りの公転による遠心力 f_c と月による万有引力 F_c がつり合う。月に面した側 a では万有引力 $F_a > F_c$，遠心力 $f_a = f_c$ なので，遠心力と引力の合力である起潮力 $F_a - f_a$ は月に向かう向きとなる。一方，a の裏側 b では万有引力 $F_b < F_c$，遠心力 $f_b = f_c$ となるので，起潮力 $f_b - F_b$ は月から遠ざかる向きとなる。

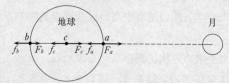

▶(4)　太陽と地球も共通重心の周りを公転しており起潮力がはたらく。太陽による起潮力は，月による起潮力の約 $\frac{1}{2.3}$ である。月と太陽による起

潮力が同じ向きになったときは海水の変形が大きくなり大潮となる。それに対し，両者が直交方向になった場合は海水の変形は小さくなり小潮となる。

▶(5)　(a)　流れの向きからコリオリ力の向きがわかり，その逆向きである圧力傾度力の向きから，どちら側の海面が高いかがわかる。

(b)　黒潮は中軸部で流速が大きく，中軸部から離れるほど流速が小さい。圧力傾度力は流速にほぼ比例するので，流速が大きい中軸部では海面の高低差が大きいと考えられる。2017 年 8 月以降は海面の高低差が小さく，黒潮の中軸部から離れていた，つまり大蛇行期であったと考えられる。

3 解答

問 1　(1)　(a) 20　(b)—⑤　(2)　(a) 5 月頃

(b)　降水による増加量が蒸発散と流出による減少量より大きい期間は盆地内総水量は増加し続ける。増加量の極大に遅れて，減少量が増加量と等しくなるときが総水量の極大となり，このときジオイド高も極大となるため。

(3)　(a) アイソスタシー　(b)—①

(c)　隆起する。

地殻の最終的な隆起量を h とすると　　$0.900 \times 1800 = 3.60 \times h$

$\qquad h = 4.5 \times 10^2$〔m〕　……(答)

問 2　(1)　(a)　A．中央海嶺　B．ホットスポット　C．弧―海溝系

(b)　ア．古く　イ．速さ　ウ．盾状　エ．火山前線（火山フロント）

オ．成層

(c)　ホットスポットの火山で噴出する玄武岩質マグマの粘性が小さいから。

(2)　(a)　溶岩流 K → 崩壊地形 → 溶岩流 L の順に形成された。

(b)　カ—⑦　キ—⑩

(c)　$\dfrac{1}{8} = \left(\dfrac{1}{2}\right)^3$ より　　$5700 \times 3 = 17100 \doteqdot 1.7 \times 10^4$ 年　……(答)

(d)　X．かんらん石　Y．斜長石

(e)　溶岩流 K に含まれていた SiO_2 は，鉱物 X，Y と溶岩流 L に分配されている。取り去られた斑晶鉱物の割合を r〔%〕とすると，仮定より X と Y は同量なので

$$50.0 \times 100 = 40.0 \times \frac{r}{2} + 48.0 \times \frac{r}{2} + 52.0(100 - r)$$

$$5000 = 20r + 24r + 5200 - 52r$$

$$8r = 200$$

$$\therefore \quad r = 25〔\%〕 \quad \cdots\cdots(答)$$

◆━━━━ ◀解　説▶ ━━━━◆

≪ジオイド，火山，結晶分化作用≫

◆問1　▶(1)　(a)　ジオイドの高さは，地球楕円体からジオイドまでの高さであるが，最大±100m程度である。0mの等高線を基準と考えると，H側にもL側にも最大5本程度の等高線が描かれていることから，等高線の間隔は20mであると考えられる。

(b)　平均海水面は水平面そのものであり，それを陸域にも延長したものがジオイドである。水平面であるということは，その面上ではどこでも重力の向きに直交しているということであり，海流や風の影響がない限り，横方向の力がはたらかないため，そこに浮かべられた浮きは動かない。

▶(2)　(a)　盆地内総水量が多くなると質量の増加によってジオイドも高くなるので，ジオイドが最も高くなる時期をグラフから読み取ればよい。

(b)　ある空間に「入ってくる量」と，そこから「出ていく量」の差が「総量」の増減となる，したがって両者が等しくなるときが増減が0になるときで，このとき内部の総量は極大となることを説明すればよい。

▶(3)　(a)　密度の小さい地殻がマントルにちょうど浮いた状態になっている場合をアイソスタシーが成り立っているという。

(b)　氷床がある状態では，地殻の上に氷床というおもりを乗せた状態でアイソスタシーが成り立っている。その状態で氷床が溶けてなくなると，質量が不足した状態になりジオイド高は低くなる。この状態ではアイソスタシーが成り立っていないが，地殻がゆっくり浮上していくことでやがてアイソスタシーが成り立つようになる。地殻が浮上する過程でマントル物質が流入して質量が補われていくため，ジオイド高は高くなっていく。

(c)　右図でAは氷床がある状態，Bは氷床が溶けた直後，Cは地殻がアイソスタシーが成り立つまで

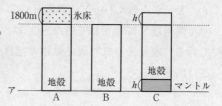

浮上した状態である。AとCではアイソスタシーが成り立っているので，面アにかかる圧力が等しい。柱の底面積は変わらないので

　　　Aの柱の重さ＝Cの柱の重さ

地殻の重さは変わらないので

　　　氷床の重さ＝マントルの重さ

氷床とマントルの重さは，それぞれ密度と厚さと底面積の積で表すことができるので，底面積で割れば解答に示した式が成り立つ。

◆問 2 ▶(1)　(a)　C.「プレートが…沈み込む場所」とあるので，「海溝」でもよさそうだが，海溝でマグマが発生しているわけではないので，「弧─海溝系」とすべきである。アンデスなどの陸弧もあるので「島弧─海溝系」ではなく「弧─海溝系」とした方がよい。

(b)　ウ.　ホットスポットの火山は玄武岩質マグマに限られ，火山の形は盾状火山となる。

(c)　マグマの粘性が小さいと火山の傾斜は緩やかになることと，ホットスポットで噴出するマグマは玄武岩質であることを盛り込む。

▶(2)　(a)　溶岩流Kの分布が崩壊地形により切られているので，崩壊地形の方が後に形成された。崩壊地形の中を溶岩流Lが流れているので，溶岩流Lの方が後に形成された。

(b)　残留磁気を持つ岩塊が爆発で飛散した場合を考えると，岩塊が着地する際に残留磁気は様々な方向を向くことになるはずである。残留磁気の方向が同じであるということは，その残留磁気が高温状態で着地してから冷却される間に獲得された熱残留磁気であると考えるのが妥当である。したがって，新しいマグマに由来するもの（キ）が，高温（カ）な状態で着地したとなる。

(c)　半減期から放射性年代を求める基本的な問題である。半減期の 5700 年ごとに ^{14}C の量が $\dfrac{1}{2}$ になるというペースで減少していくので，$5700N$ 年経つと ^{14}C の量は $\left(\dfrac{1}{2}\right)^{N}$ になる。

(d)　偏光顕微鏡で観察した特徴などから鉱物の種類を判定する問題である。鉱物 X：①有色鉱物，②開放ニコルで無色～淡黄色，多色性無し，③ SiO_4 四面体が独立

②で判断するのは難しいかもしれないが，③でかんらん石であることが確定できる。

鉱物 Y：①無色鉱物，②直交ニコルで白黒縞状の消光

②は斜長石を偏光顕微鏡で観察したときの大きな特徴であり，この特徴だけで斜長石と確定できる。

(e) 結晶分化作用でマグマの化学組成が変化することを定量的に扱った問題である。溶岩流 K に含まれていた SiO_2 が，鉱物 X，Y の沈積で一部取り去られ，残った SiO_2 が溶岩流 L に含まれていると考えればよい。溶岩流 K の質量を 100，鉱物 X の質量を $\dfrac{r}{2}$，鉱物 Y の質量を $\dfrac{r}{2}$，マグマ L の質量を $100-r$ として，SiO_2 の量が沈積分離する前と後で等しいという式を立てればよい。

❖講 評

出題傾向は例年通り。問題文が長く内容が複雑なものが多いが，しっかり読めば題意をつかむことができる。計算を含め問題量が多く，時間配分に気をつける必要がある。

1 問1 連星を題材にした出題。ケプラーの第3法則の理解がポイント。計算もそれほど複雑なものではないので，確実に得点したい問題である。

問2 超新星の膨張を題材にした出題。あまりなじみのない題材だったかもしれないが，問題文を丁寧に読んでいけば，方針が立てられるはずである。(4)で微分が求められたが，複雑なものではない。(3)・(4)は差がついた問題かもしれない。

2 問1 (1)は大気の運動と海水の運動を関連させた出題。エクマン輸送，表層の海水の動きを補うような海水の湧昇の理解がポイントであるが，これらは過去にも扱われている題材である。(c)は現象の関連付けと思考力が問われる興味深い問題である。(2)は大気の安定，不安定に関する比較的オーソドックスな出題。グラフを描くことは求められていないが，グラフを描いた方が計算の方針が立てやすいだろう。

問2 起潮力に関する出題は過去あまり多くなかったが，問題自体は基本的なことを理解していれば十分に対応できるだろう。(5)は地衡流の

考え方とグラフをどう関連付けるかがポイントで，差がついた問題かもしれない。

　3　問1　ジオイドに関する出題だが，あやふやな知識では対応できないかもしれない。(2)のジオイド高の変化と降水量などを関連付けた出題は興味深い。(b)の収支のバランスと全体量の変化に関する問題は，水に限らず熱などでも過去に何度か出題されている。必ず解けるようにしておきたい。(3)のアイソスタシーの計算は確実に得点したい。

　問2　(1)は火山に関する基本的な理解と知識があれば対応できるであろう。(2)の火山地質図での形成順序の判断は落ち着いて考えればわかるはずである。残留磁気がこのような形で出題されることはあまりなかったが，柔軟に考えれば対応できるはずである。(d)は偏光顕微鏡でどのように見えるかで鉱物の種類を判定する問題だが，実際に偏光顕微鏡で見たことがないと，多少厳しいかもしれない。(e)は結晶分化作用に関する計算問題である。過去にも同様の考え方をする問題が出題されているので，確実に解けるようにしておきたい。

いわゆる重要句法の暗記によるものではなく、話の内容に応じた語句の意味を考察する必要がある。㈡の「『爾』の指す対象を明らかにして」という条件付きの口語訳は、発言者の立場からの言葉遣いで条件に対応する。㈢の本文の趣旨を踏まえた内容説明は、発言や本文全体の肝心な内容を的確に要領よくまとめる力量を要する。

参考　②　「顛而不扶」に基づいた内容＝主君の過ちを諫めて国家の危機を救うために助力する態度である。『貞観政要』は、唐代の歴史家呉兢が唐の太宗の言行を諫めて国家の危機を救うために助力する態度である。太宗と臣下の問答の形をとり、政治のあり方や戒めについての話が全十巻四十篇にわたって記されている。

❖　講　評

一　現代文（評論）　吉田憲司の、仮面について考察した評論が出題された。広範な事例を挙げながら論が進められ、仮面の研究意義、一つ目の普遍的特性、憑依との異同までは、論理展開も明快で、内容も読み取りやすかったのではないだろうか。ただし、身体（顔）との関わりについての考察以降では、より慎重で深い読解が求められている。設問の難易度は㈠〜㈢が標準レベル、㈣はやや難で、㈤が基本となっている。解答にあたって本文中の用語を用いてよいが、文は抜き出しに頼らず、自分で組み立てることが必要である。また、㈣では「どのようなことを言っているのか」と問われており、解答の方向を考える必要がある設問となっている。どの記述問題についても、書く内容を吟味し、どう組み立てるかを明確にしてから、解答欄の大きさに合うよう文章化するという一連の作業を、高いレベルでこなせるように準備しておきたい。

二　古文（説話）　鎌倉時代の仏教説話『沙石集』から、福耳を売ったことによって運勢も心根も落ちぶれてしまった僧の話が出題された。話の展開は読みやすく、設問も決して難解なものではないので、それぞれの解答の精度が問われることになるだろう。㈠の口語訳はやや易しい感がある。㈡の内容説明（理由説明）は、自分の想像は排し、あくまでも本文の記事に基づいて解答するように注意が必要。㈢の内容説明は、主人公の僧がとらわれるようになった執着心についての理解が求められている。

三　漢文（思想）　愚かな主君を正面から諫めず陰口を言うばかりであった臣下について批判する見解が示された文章。全体の論旨を把握した上で、部分的な内容や趣旨の理解を求める問いに対応しなければならない。㈠の口語訳は、

る〟といった簡潔な表現で訳したい。

c、「辞を直くして」と読む。「直」は飾り気がなくありのままの様子を表す。「辞」は〝言葉〟の意。「直辞」でひとまとまりの表現として〝率直な言葉を用いて・ありのままのことを言って〟のようにわかりやすく訳すとよいだろう。

d、「時を佐く」と読む。「佐」は動詞として〝補佐する・補い助ける〟の意。「時」は、この文章の話題から、〝時の政治・その時の治世〟という意味でとらえる。

▼
(二)「爾が身は猶ほ以て免るべし」と読む。「爾」はここでは振り仮名の通り「なんぢ」と読み、第二人称として用いられている。傍線部は何曽が子の劭に語った言葉なので、〝おまえ〟は劭を指している。「爾身」の訳は〝おまえの身〟でよいわけだが、設問の「『爾』の指す対象を明らかにして」という指示に応じて、「劭」の名に呼び掛ける形を添え、「(諸)孫」と区別するために〝子・息子〟という立場を示しておくのが無難かと思われる。「猶」はここでは〝それでも〟の意の副詞で、後の「此等必遇乱死」＝〝この者（＝孫）たちはきっと乱世を迎えて死ぬだろう〟との対比が匂わされている。「以」は〝それで・そうして〟といった程度の意で、直接の訳出はしづらい。「可」はここでは可能を表している。

▼
(三)「顛れて扶けずんば、安くんぞ彼の相を用ゐんや」と読む。「安」は反語を表し、〝（補助する相手が）倒れて（それを）助けないならば、どうしてそのような補助者を用いるだろうか、いや、そのような補助者を用いる必要はない〟と述べることによって、補助する相手の危機を救うことこそが補助者の役割であるということを表している。本文に即して言えば、主君である武帝の愚かさゆえに国が滅びそうな危機にある中、最高位の臣下にあたる何曽がとるべきなのは、武帝の過ちを諫めて国家の危機を救おうと助力する態度だというのである。「臣下」の立場として「主君」や「国家」に対してどうあるべきかを示す形でまとめる。解答のポイントは次の二点である。

①「安用彼相」に基づいた内容＝忠義の臣下に求められるのは

どうしてそのような補助者を用いるだろうか。

【読み】

朕聞く晋の武帝呉を平げしより已後、務め驕奢に在り、復た心を治政に留めず。何曽朝より退き、其の子劭に謂ひ

て曰はく、「吾主上に見ゆる毎に、経国の遠図を論ぜず、但だ平生の常語を説く。此厥の子孫に貽す者に非ざるなり。爾

が身は猶ほ以て免るべし」と。諸孫を指さして曰はく、「此等必ず乱に遇ひて死せん」と。孫の綏に及び、果して淫刑の

戮す所と為る。前史之を美とし、以て先見に明かなりと為す。

朕が意は然らず。謂へらく曽の不忠は、其の罪大なり。夫れ人臣と為りては、当に進みては誠を竭くさんことを思ひ、

退きては過ちを補はんことを思ひ、其の美を将順し、其の悪を匡救すべし。共に治を為す所以なり。曽位台司を極め、

名器崇重なり。当に辞を直くして正諫し、道を論じて時を佐くべし。今乃ち退きては後言有り、進みては廷諍無し。以

て明智と為すは、亦た謬りならずや。顛れて扶けずんば、安くんぞ彼の相を用ゐんや。

▲解　説▼

本文のおおまかな内容は次の通りである。

第一段落　政治に無関心になった武帝について、何曽は子孫に対して、武帝は政治に不熱心で国の存続を考慮してい

ないため、孫の代には乱世を迎えて災禍が及ぶだろうと語ったところ、その通りになり、史書ではそれが

先見の明に富む美談とされている。

太宗の見解は史書に反し、何曽の忠義心のなさを断罪するものであった。臣下は常に君主を助けて国家に

尽くす必要があるのに、何曽は最高位の臣下であるにもかかわらず陰口を言うばかりで武帝を強く諫めも

せず、国政の危機に何の役にも立っていないからである。

第二段落

▼(一)　b、「前史之を美（なり）とし」（または「前史之を美め」）と読む。「前史」は〝以前の歴史書〟の意でよいであろ

う。「之」は何曽やその言動を指す。「美」は、「前史」を主語とする述語であることに注意し、〝賛美する・賞賛す

三

出典 呉兢（ごきょう）『貞観政要（じょうがんせいよう）』〈巻第一 君道第一〉

解答

(一) b、以前の歴史書は何曽を賛美し
　　 c、率直な言葉を用いて
　　 d、時の政治を補佐する

(二) 勧よ、子であるおまえの身はまだ災禍を免れることができるだろう

(三) 忠義の臣下に求められるのは、主君の過ちを諫めて国家の危機を救うために助力する態度であること。

◆**全　訳**◆

私が聞くところによると晋の武帝は呉を平定した時から後、おごってぜいたくであることを追い求めるばかりで、以前のようには政治に心を留めなくなった。何曽は朝廷から戻り、その子である劭に告げて言うことは、「私が主上（＝武帝）にお目にかかるたびに、（武帝は）国を治めていく遠大なはかりごとを論じず、ただ普段のありきたりな話を言って聞かせるだけだ。この者は子孫のために国を保ち残す者ではないのである。おまえの身はまだ（災禍を）免れることができるだろう」と。孫たちを指さして言うことは、「この者たちはきっと乱世を迎えて死ぬだろう」と。孫の綏の時になって、その通り（綏は）不当な刑罰によって殺された。以前の歴史書は何曽を賛美し、先見の明があったとしている。

私の見解はそうではない。考えるところ曽の忠義のなさは、その罪は重大だ。そもそも主君に仕える臣下となっては、（主君の）そばに仕えては誠実を尽くそうとすることを思い、そばを離れては（主君の）過ちを補おうということを思い、主君の長所を助け従い、主君の欠点を正し救わなければならない。（それが）共に政治をする手段である。曽は位を最高位の官職まで極め、爵位やその爵位にふさわしい車や衣服も崇高で重々しい。今それなのに（主君のもとを）離れては陰口を言い、そばに仕えては朝廷で強く意見を言うことがない。道義を論じて時の政治を補佐しなければならない。それを優れた智恵の者と見なすのは、間違いではないか。倒れて助けないならば、

命令形。「かし」は念押しの終助詞で〝よ〟または〝ね〟と訳す。

(二)

本来は相当な酒飲みである酒好きの僧が〝(酒は)一滴も飲まない〟と言った理由は、傍線部エの前の二つの心内文に求められる。「酒を愛すと云ふは、信仰薄からん」は、酒好きだと言うと施主はあまり自分を信じ敬いはしないだろうということ。「いかにも貴げなる体ならん」は、酒好きを隠すことによっていかにも貴い僧に見せかけようということ。〔解答〕のほかに、酒好きだと答えた場合の危惧を説明する形で、〝酒好きだと言うと貴い僧に見えず、信用を得られないと思ったから〟のようにまとめることもできるだろう。解答のポイントは次の二点である。

① 「酒を愛すと云ふは、信仰薄からん」＝酒好きだと言うと信用を得られない∴酒好きを隠して信用を得よう

② 「いかにも貴げなる体ならん」＝(酒好きを隠して)いかにも貴い僧らしく見せかけよう

(三)

この段落の傍線部オの前までの内容は、僧が神主の家を追い出された帰途に災難に遭ったり、布施が少なそうだと見込んで行かなかった先では多くの布施が出されたとのことであったりして何もかもうまくいかなかったのは、福耳を売ったせいであろうというもので、傍線部オは耳を売った僧の有様を言ったものであるという理解が大前提。その上で「心も卑しくなりにけり」とされているのは、耳を売った後の僧の一連の言動は、ひたすら布施を多く取ることを目論むものになっていたということである。「心も」の「も」は、不運に見舞われたことに加え、「心」のあり方までもが卑しくなったということを示している。傍線部の前に書かれている内容は具体的に盛り込めそうにないので、「も」による累加の意味を出すのは忘れずにまとめるのが妥当かと思われる。解答のポイントは次の二点である。

① 「耳売りたる僧」が

② 「心も卑しくなりにけり」＝金銭に執着する下品な人間にまでなった

参考　『沙石集』は、鎌倉時代に無住が著した仏教説話集。十巻から成り、各巻には、霊験譚や遁世譚などのテーマに応じた話が百五十話ほど収められている。無住は臨済宗の僧で、仏道を民衆に広く説くために著したものとされる。

▼

（一）

売った僧は、両方を勤めて多額の布施を得ようと目論み、どちらも得意だと答えて自分の祈禱の能力を誇示した。

第四段落（「さて、酒はきこしめすや」と…）

神主の家族に酒を飲むかと問われ、耳を売った僧は、酒飲みだと正直に答えたら貴く見えず信用を得られないと考え、まったく飲まないと偽ると、餅を勧められた。その餅を祈禱の一環だとして病人に食べさせると、病人はむせて亡くなってしまい、耳を売った僧は帰らされた。

第五段落（帰る路にて、…）

耳を売った僧は、帰途、海が荒れて命を落としかけるほどの災難に遭った。一方、今回行かなかった方の仏事では多額の布施が出されていた。耳を売った僧は、福耳をなくしたせいで万事がうまくいかなくなった上、心も、金銭に執着する卑しいものになってしまった。

ここでは第二人称として〝あなた〟や〝貴僧〟と訳す。

ア、「たべ」はバ行四段活用動詞「給ぶ」の命令形。「給ぶ」は、「給ふ」の音便縮約形とされるもので、ここでは〝与ふ〟の尊敬語として用いられており、〝お与えください〟や〝ください〟と訳す。「御坊」は僧に対する敬称で、

イ、副助詞「ばかり」はここでは限定の用法。係助詞「こそ」と「おはすれ」で係り結びが成立し、そこで文が終止せずに逆接で後へ続く形となっている。「福相」は〝吉相・幸運の兆し〟のこと。「おはすれ」はサ行変格活用動詞「おはす」の已然形で、〝あり〟の尊敬語として用いられている。「耳ばかりこそ福相おはすれ」から逆接で続く「その外は見えず」は、〝耳以外には吉相は見当たらない〟ということであるが、何かを補うようには指定されていない用法。

現代語訳の問いなので、「そ」の指示内容の具体化や〝吉相は〟の補いなどはないままでよいだろう。

ウ、「予」は第一人称。動詞「赴く」は〝出向く・行く〟ということ。「給へ」は尊敬語補助動詞の用法の「給ふ」の

▲解　　説▼

本文のおおまかな内容は次の通りである。

第一段落（南都に、ある寺の僧、…）

奈良の都にいた福耳の僧が貧乏な僧に請われて耳を売ったところ、人相見は、耳を買った僧には幸運が訪れ、売った僧はもともとあった福耳以外には吉相はないと占った。耳を売った僧は、耳と同様に貧乏を売ることもあるかもしれないと考えて奈良を去り、東国に住んだ。この僧は説法などもする者であった。

第二段落（ある上人の云はく、…）

ある高僧が、耳を売った僧に、自分の代わりにどちらかの仏事に出向いてほしいとして、遠路で布施が少なそうな所と、近くて布施が多そうな神主の所を示すと、耳を売った僧は布施が多い後者を選ぶと即答して出向いた。

第三段落（既に海を渡りて、…）

耳を売った僧が訪れた神主は老齢で病床に臥していた。息子が二種類の祈禱を望んでいると申し出ると、耳を

で、不死の薬でございます」と言って、病人に与えた。病人はありがたく思って、横になったままで合掌して、三宝諸天（＝仏と仏法と僧と、仏を守護する神々）の御恩恵と信じて、一口で食べたところ、何日も食事をしていないため、（餅を嚙むのに）疲れた様子で、うまく食べることができなくて、むせた。妻や、子供が、抱えて、あれこれしたけれども、その甲斐なく、死んでしまったので、かえってどうともこうとも申しますようなこともなくて、「亡き親の追善供養のときに、お知らせを申し上げよう」と言って（耳を売った僧を）帰らせた。

帰る道中で、風や波が荒くて、波をどうにか切り抜け、やっとのことで命が助かり、着物やその他の持ち物は損ない失った。またもう一方の所の（仏事の）営みは、布施が、非常に多いものであった。これも、耳の福を売ったことの結果が現れたものかと思われた。あらゆることが食い違ってうまくいかないのに加え、心も卑しくなってしまった。

ある高僧が（耳を売った僧に）言うことは、「老いた僧（＝私）を仏事に招くことがある。身が老いて道のりが遠い。私に代わって、出向いてくださいよ。ただし三日の道のりである。想像するところ、布施は十五貫文を超えるはずはない。またここから一日の道のりである所で、ある神主で裕福な者が、七日の逆修（＝生前に死後の冥福を祈る仏事を修することと）をすることがある。ここも私を招くとはいうものの（私は）行くようなことを望まない。ここは、一日に最悪ならば五貫、うまくすると十貫ずつは（布施を）しようとしているだろう。あなたは、どちらになるだろうか」と言う。あの（耳を売った）僧は、「（どちらに行くかなどと）おっしゃるまでもない。遠い道のりをどうにか我慢して、十五貫文などを受け取りますようなことより、一日の道のりを行って七十貫を受け取りましょう」と言う。「それならば」ということで、一方（＝遠路の方）へは別の人に行かせる。神主のもとへはこの僧が行った。

（耳を売った僧は）もはや海をわたって、その場所に到着した。神主は年齢が八十歳に及んで、病床に臥している。（神主の）子息が申しましたのは、「年老いた身に加え、病気が何日も長く続いて、無事は期待することが難しゅうございますけれども、ひょっとして（回復することもあるか）と、何はともあれ祈禱に、真読の大般若（＝『大般若経』六百巻を省略せずに読誦すること）を行うことを望みます」と申します。「また、（もともとお願いしていた）逆修は、どうあっても準備をいたしまして、そのまま引き続いていたしましょう」と言う。この僧が思うことは、「先に大般若の布施を受け取るのがよい。さらに逆修の布施は手に入ったも同然なことだ。どちらも得意としていることである。とりわけ祈禱は私の宗派の秘法である。参上しているからには、お言葉に従うつもりだ。「たやすいことでございます。きっと霊験があるにちがいない」と言う。

（神主の子息は）「ところで、酒はお飲みになるのか」と申します。（耳を売った僧は）普段は十分な酒飲みではあるけれども、「酒を好むと言うのは、（先方が私を）信じ敬う心が薄いだろう」と思って、「どう見ても貴そうな様子でいよう」と思って、「一滴も飲まない」と言う。「それならば」ということで、（神主の子息は）温かい餅を勧めた。したがって、『大般若経』の法会の趣旨や願意を仏に申し上げて、あの餅を（病人に）食わせて、「これは『大般若経』の仏法の妙味

見」──驚異の部屋からヴァーチャル・ミュージアムまで』（一九九九年）、『宗教の始原を求めて──南部アフリカ聖霊教会の人びと』（二〇一四年）などがある。なお、『仮面と身体』は二〇二一年に発表された。

二

解答

出典

無住『沙石集』〈巻第九　二十三　耳売りたる事〉

◆全　訳◆

（一）　ア、お与えください。あなたの耳を買おう

イ、耳にだけは吉相がおありだけれども、それ以外には見当たらない

ウ、私に代わって、出向いてくださいよ

（二）　酒好きを隠し、貴い僧らしく見せかけて信用を得ようと思ったから。

（三）　耳を売った僧は、金銭に執着する下品な人間にまでなったということ。

奈良の都に、ある寺の僧で、耳たぶが厚い僧に、ある貧乏な僧がいて、「お与えください。あなたの耳を買おう」と言う。（耳たぶが厚い僧は）「早くお買いになれ」と言う。（続けて）「どれほどでお買いになるだろうか」と言う。（貧乏な僧は）「五百文で買おう」と言う。「それでは」ということで、銭を受け取って売った。その後、京へ上って、人相見のもとに、耳を売った僧と一緒に行く。（人相見が耳を買った僧を）占って言うことは、「幸運はおありにならない」と言う。「そきに、耳を買った僧が言うことは、「あのお坊さんの耳を、その代金はこれこれのような額で買っています」と言う。「そとに、（その）御耳で、来年の春の頃から、御幸運が成って、御安心だろう」と占う。あの（耳を売った）僧は、現れでは、「耳にだけは幸運の相がおありになるけれども、それ以外には見当たらない」と言う。そうして、あ在まで暮らし向きがよくない人である。「このように耳を売ることもあるので、貧乏を売ることもきっとあるにちがいない」と思い、奈良の都を出て行って、東国の方に住みましたが、学僧であって、説法などもする僧である。

同レベルの言い換え（だけ）を求めているのではなく、文章全体における意味（筆者の問題意識においての意味・別のレベルの意味）を求めているのだと考えられる。したがって、第二段落に述べていた、仮面研究が明らかにするはずの「普遍的なもの、根源的なもの」（傍線部ア）にあたるものがここ（傍線部エ）にあることも読み取りたい。すなわち、仮面には〈異界の力や自己〉というともに不可視のものを認識したいという根源的な欲求）が関わっているということである。では、解答に必要なポイントをまとめておこう。

① 仮面は異界の力を可視化する
② 仮面は変化し続け不可知だった自分のありようを、固定し可視化する
③ 不可視のものを認識したいという根源的な欲求

なお、【解答】では、設問に例年通り「本文全体の趣旨を踏まえて」とあるので、顔＝自己のありようを知ることがなぜ希求されるのかがわかる内容を補足した。それは、顔が「私を私として認知する要となる」（第十一段落二行目）だけでなく、「他者と私とのあいだの……境界」（傍線部ウ）として他者や「世界に対する関係」（第十四段落後ろから二行目）を規定するという重要性を持つためである。

▼(五)
a、拗音（小さい「ヤ」・「ユ」・「ヨ」）を含んでいるので、慌てて読み間違えないように注意する。b、「遂げて」（"ある結果に達して"という意味）は、字形の似ている「逐」と適切に使い分けられるようにしよう。熟語のときは、音読みで区別できるようにしておくとよい（「スイ」と読む場合→遂、「チク」と読む場合→逐）。c、「衝撃」も「衝」（音読み「ショウ」）と字形の似ている「衡」（音読み「コウ」）の使い分けができているか、この際に確認しておこう。

参考　吉田憲司（一九五五年〜）は文化人類学者。京都市生まれ。京都大学文学部哲学科卒業後、大阪大学大学院文学研究科博士課程修了。二〇〇〇年より国立民族学博物館教授、総合研究大学院大学教授を併任し、二〇一七年に同博物館長に就任。著書に『仮面の森——アフリカ、チェワ社会における仮面結社、憑霊、邪術』（一九九二年）、『文化の「発

▼㈣

② 仮面は私にも認識でき、形が固定化されている

ただし、これだけでは、「顔」と「仮面」の違いを説明したに過ぎず、「他者と私とのあいだ」の「境界」であること が説明できていない。そこで、顔や仮面が「私を私として認知する要となる」（＝「他者と私とのあいだ」（第十一段落二行目）の「境界」）であり、つまり、これ他者に私についての認識をもたらし、関わり方を決定するもの が変化することまでを解答に入れる必要がある。よって、もう一つのポイントは以下の内容である。

③ 他者が私を認識する対象が変化する

傍線部エは、「仮面」が〈異界〉を可視的に認識する装置であ る）ことを述べている。前者については第三・四段落で説明されている。その内容を第五段落の冒頭で、「仮面が……異界の力を可視化し、コントロールする装置である」と整理しているので、解答にはこの箇所を使いたい。ただし、傍線部エが「可視的なかたちでつかみ取る装置」という表現なので、単なる抜き出しでは言い換えとして説明の方向がズレてしまう。そこで、「コントロールする」ことは省き「可視化」することだけに絞る、あるいは、〈「コントロールする」ために「可視化」する〉と、順序を逆にすることで傍線部エとの整合性をより高めよう。

次に、後者の〈自分自身を可視的に認識する装置である〉ことについては、第九〜十五段落までのまとまりの中で読み取っていこう。㈢で見たように、自分の顔は〈変化し続ける〉〈私には不可知なもの〉であるが、仮面は「定まった形をもった」（第十四段落一行目）「自分の顔を目で見て確かめることができる」（同二行目）ものである。なお、〈不可視のものが可視化される〉だけでは不足である。というのも、たとえ可視化されても「常に揺れ動き定まることのない」ものは、対象化し把握することは極めて難しく、仮面により「固定された」とき「自身の可視的なありかた」が初めて対象化、把握可能なものとなるからである。

（以上同五行目）

さて、ここでさらに注意したいのは、㈠〜㈢までの「どういうことか」という問い方ではなく、この設問だけが「どのようなことを言っているのか」と問うていることである。この表現の意図するところは、傍線部の逐語的な、「どういうことか」という問いの設問だけが、この表現の意図するところは、傍線部の逐語的な、

▼（三）

① かつて憑依の道具としての仮面は憑依と切り離せなかった

二つの時代それぞれの仮面と憑依の関係を示せればよいだろう。よって、必要なのは以下の二点である。

〈新しい時代〉は現代に限定してはならないため、〈現代〉や〈最近〉などの表現を使うのは不適当である。解答は《面》の例にあたるのが、第三段落三行目の「能・狂言」で使われる仮面だからである。したがって、ここでのより面》の例にあたるのが、第三段落三行目の「能・狂言」で使われる仮面だからである。したがって、ここでのより《新しい時代》＝現代のことだと早合点しないようにしよう。というのも、「芸能化した仮面」の例は第三段落の「月光仮面」（段落三行目）や「ウルトラマン」（同四行目）などの仮面だと推測できるが、ここで〈新しい時代〉の仮面のありかたである。ちなみに、「子どもたちが好んでかぶる仮面」の例は第三段落のつきを失っていることを指摘している。これがより〈新しい時代〉の仮面のありかたである。ちなみに、「子どもたが好んでかぶる仮面に、憑依という宗教的な体験を想定することはできない」と、これらの仮面が「憑依」との結び

② その後、憑依を必要としない仮面が登場した

依現象は仮面の共通性ではないという内容を付け加えている。なお、〈解答〉には、空間的・歴史的に多様な仮面に共通する特性とは何かという筆者の問題意識を踏まえて、〈憑

まず、傍線部ウ中の「新たな境界」という表現に着目しよう。この表現には、それ以前の「境界」とはありかたが異なることが示唆されている。したがって、仮面をつける前＝顔が境界だった状態と仮面をつけた状態を対比的に整理してみよう。第十一段落では、顔を「私自身は見ることができない」（段落二行目）、すなわち「顔は私にとってもっとも不可知な部分」（同四行目）であることが示されている。続く第十二段落では、「顔はひとときとして同じ状態でそこにあることはない」（段落二行目）と、顔が終始変化し続けるものであることを述べている。一方、仮面は、第十四段落で「自分の目で見て確かめることができる」（段落二行目）ものであり、「固定し対象化したかたどりを与える」（同三行目）、つまり一定の形に固定化されているという特徴を持っている。以上を踏まえて、二組の対比のセットを盛り込んだ解答をめざす。ここまでで最低限必要な解答のポイントは以下の二点である。

① 顔は私にとって不可知なもので、豊かに変化し続ける

仮面は自己のありようを可視化するというもう一つの普遍的な性格を持つ

▼(一)　第一段落の冒頭および末尾で、〈仮面は人類にとって普遍的な文化ではない〉ことが述べられている。だが、傍線部アでは、「仮面の探求」が「普遍的なもの、根源的なものの探求につながる」と、第一段落の内容と一見矛盾する結論を導き出している。その根拠にあたる内容を受けているのが、傍線部アの「その意味で」という指示語である。指示内容は傍線部アの前文で、〈交流のない、遠隔地に仮面に関わる酷似した現象がみられるのは、人類の普遍的な思考や行動に基づくものだからだ〉という内容である。ここまでを押さえると、解答に必要なポイントは次の二点に整理できる。

① 交流がなくとも共通する現象が存在するのは、普遍的思考や行動に基づくからである

② 仮面に共通した特性の探求は、普遍的・根源的なものを明らかにする

このうちより重要なのは、②の根拠となる①である。③〈交流がない〉にもかかわらず、⑥〈共通する現象〉が存在することが、人類にとっての普遍的な欲望や認識・思考・行動などに基づいていることの証拠となるのであるから、⑥だけでは不十分である。③・⑥両方を解答に入れるには、抜き出しではほぼ不可能で、短くまとめる工夫(自分の言葉を使って短く表現するなど)が必要である。なお、①から②という論理展開は演繹(普遍的法則から特殊命題へ)にあたることも理解しておこう。

▼(二)　傍線部イを含む文は、「仮面のありかたの歴史的変化」(傍線部イ直前)から〈傍線部イの内容〉が明らかになると述べている。ここで押さえておくべきは、この「仮面のありかたの歴史的変化」の中身である。第五段落で「神霊の憑依」のための道具として仮面が用いられていたことが示され、第六段落末尾で「仮面と憑依との結びつきは、動かしえない事実のようである」と主張している。仮面がこのような形で宗教的儀礼や神事に用いられていた状態を筆者は、〈古い時代〉の仮面のありかただと考えている。これに対して、第七段落冒頭で「芸能化した仮面や子どもたち

▲　解　　説　▼

本文は仮面の文化人類学的考察をテーマとしている。最初に仮面研究の意義・目的を述べ、その後、仮面に共通する特性から二つの結論を導き出している。一つ目は、仮面は異界の力を可視化、コントロールする装置であるという結論、二つ目は、自分のありようを把握させる装置であるという結論である。

本文の段落数は全部で十五。原文には、この本文の第一〜四段落に「仮面の普遍性」、第五〜八段落に「仮面と憑依」、第九〜最終十五段落に「仮面と身体」という見出しがそれぞれ付されている（なお、原文は、本文の前に「はじめに」という見出しを持つ二つの段落があり、全十七段落で構成されている。本文の第一段落は、原文では第三段落となっている）。筆者の分け方に従うと三部構成ということになるが、ここでは解説の都合上、第一部を第一・二段落と第三・四段落の二つに分け、四部構成として扱う。

1　第一・二段落　（いまさら…）
　仮面文化の研究は人間にとっての普遍的・根源的なものを解明する意義がある

2　第三・四段落　（地域と時代を…）
　仮面は異界の力を可視化、制御するという普遍的特性を持つ

3　第五〜八段落　（ここでは、…）
　仮面にとっての普遍的性格は、憑依ではなく、身体とのかかわりの中に存在する

4　第九〜十五段落　（仮面と身体との…）

できる固定された形を与え、そのことで他者や世界との関係を固定化する仮面は、自分のありようを把握可能にする装置でもある。こうした仮面の共通性から、不可知のものを可視的に認識したいという普遍的・根源的な願望を読み取ることができる。

一

出典　吉田憲司「仮面と身体」（『學鐙』第 118 巻第 4 号　丸善出版）

解答

（一）　交流のない土地に成立した共通の現象は普遍的なものの現れであるため、仮面の共通性が人類普遍の思考や行動の解明につながるということ。

（二）　かつて仮面は憑依と切り離せない道具であったが、その後憑依を必要としない仮面が登場したため、憑依現象は仮面の共通性たり得ないということ。

（三）　自分では見ることができず、豊かに変化する顔に代わり、自ら確認でき形が定まった仮面が、他者が私を認識し関係を築く土台になるということ。

（四）　仮面は、異界の力を可視化する一方で、他者が私を認識し関係を築く土台となる顔の変動性や不可視性を打ち消し、自分のありようを固定し視認可能にする。これらの仮面の共通性から不可視のものを把握したいという人間の根源的な願望が読み取れるということ。（一〇〇字以上一二〇字以内）

（五）　a―狩猟　　b―遂　　c―衝撃

◆　要　　旨　◆

交流のない地域同士にも共通の現象がみられる仮面文化についての研究は、人類の普遍的な思考や行動のありかたの解明をもたらす。仮面は異界の力を可視化し、制御する装置である。同様の装置に憑霊があるが、仮面は憑依を前提としない形態が成立するだけでなく、身体、特に顔とのかかわりにおいて固有性を有する。不可知で変転きわまりない顔に視認

//////////////////// · memo · ////////////////////

解答編

■英語■

1 (A) 解答

<解答1> 　食べ物を常に分け合うことは人類特有の行為で，食は人間の特徴と文明を生むもとである。また，食べることは生存に不可欠であるため，食べ物は単なる栄養以上の意味をもつ。(70～80 字)

<解答2> 　食物の積極的な分配という人類だけの行為が人間特有の営みを生み，食料の確保が文明を生んだ。また，生存に欠かせない食に，人間はただの栄養源という以上の意味を与えた。(70～80 字)

<解答3> 　人間らしい特徴の基礎は食料の継続的な分配という人類固有の行為であり，文明の根底には食の確保がある。また，生存に不可欠な食は，単なる栄養摂取を超えた意味をもつ。(70～80 字)

◆全　訳◆

≪人間にとって食べ物がもつ意味≫

　食事の作法は，人類の社会そのものが生まれたときからある。その理由は，それがなければどんな人間社会も存在できないからである。積極的に食べ物を分け合うこと，つまり食べ物を見つけてその場で食べるのではなく，持ち帰って計画的に分け与えることは，今日でさえも，私たちを動物とは違うものにしているものの根源にあると考えられている。鳥，犬，ハイエナはエサを子のために巣に持ち帰るが，それは子が自力でエサを見つけられるようになるまでであり，チンパンジーは群れの他の大人に肉を要求して受け取りさえするかもしれない。(チンパンジーは，肉を食べるときにだけこの行動を示すようである。彼らの主食である植物性の食物は，ほぼ必ず，分け与えずに見つけたその場で食べる。) 人間だけが積極的に，定期的に，継続的に，食べ物の分配を行うのだ。

　この行動は多くの基本的な人間の特徴に基づいており，おそらくそうした特徴をもたらすのに役立った。その特徴とは，家族や共同体（だれがだ

れと一緒にいるか，どの人たちが一緒に食事をするか），言語（過去，現在，未来の食べ物のことを話し合い，食べ物を手に入れる計画を立て，争いを防ぎながらそれをどのように分配するかを決めるため），技術（獲物をどのように仕留め，切り分け，保存し，運ぶか），道徳性（公平な分け前とはどれくらいか）といったものである。食べ物を欲しがる私たちの胃袋の基本的な欲求は，人間のあらゆる企ての背後にある原動力の多くを与え続ける。私たちは食料を狩り，それを求めて戦い，それを見つけなければならず，あるいは食料の種をまき，食べられるようになるまで待たなければならない。それから，食料を運び，腐る前に分配しなければならない。加えて，食べ物を刻んだり，挽いたり，加熱したり，柔らかくなるまで放置して食べるほうが楽である。文明自体，食料供給が確保されて初めて起こる。そして，食べ物のこととなると，私たちは決して止まることができない。食欲が私たちを止まらせないのである。

　自分が食べようとするものを積極的に分け与えることは，ほんの始まりにすぎない。私たちは食べ物について好みがうるさくならざるをえない。私たちが一口食べるたびに好みが入り込むのだ。私たちは食べ物をつつき回し，ひけらかし，讃えたり嫌ったりする。食べることに関する主な決まりは単純だ。食べなければ死ぬ。そして豪華な食事がどれほどたっぷりあっても，またすぐにお腹がすく。まさしく食べなければならないこと，食べ続けなければならないことの両方が理由で，人間は食べ物をそれ以上のものにすることに膨大な労力をつぎ込んできたのであり，その結果，食べ物は体の栄養というその主な目的を超えたさまざまな意味をもっているのである。

━━━━◀解　説▶━━━━

◆読解する

　全体の構成を意識しながら，各段を検討しよう。

〔第1段〕

　この段では，「人間だけが食べ物をいつも分け合う」ことが述べられており，「それこそが人間が人間たるゆえんである」としている。これが文章のおおよそのテーマである。

〔第2段〕

　この段では，「家族や共同体，言語といった人間の特徴をもたらすもと

になったのが食べ物を分け合うことだった」こと，「食べ物を得たり，よ
り食べやすくしたりする工夫が文明を起こす」ことが述べられており，こ
の文章の中心をなす。

〔第3段〕

　この段では，「食べなければ死ぬという当然の理由に加えて，人間は食
べ物については好みがうるさく，ただの栄養という以上の意味をもたせ
る」ことを述べて文章を締めくくっている。

　　各段と各文の内容をまとめると次表のようになる。

各段の要旨		各センテンスの内容
第1段	人間だけに見られる食事の作法	第1文：食事の作法は人間社会が存在するために欠かせない。 第2文：積極的に食べ物を分け合うことが，人間を他の動物と異なるものにしていると考えられる。 第3文：他の動物は，子が独り立ちするまでしかエサを運ばなかったり，特定のエサしか分け合わなかったりする。 第4文：(チンパンジーは肉だけは分け合うが，植物性のエサは分け合わない。) 第5文：人間だけが積極的に，定期的に，継続的に，食べ物を分け合う。
第2段	食べ物を分け合うことがもつ意味	第1文：食べ物を分け合うことは社会や言語などの人間の基本的な特徴に基づいており，それらが生じるもととなったと考えられる。 第2文：お腹を満たすという基本的な欲求が，人間が企てることすべての大きな原動力となっている。 第3文：食べ物は刻んだり，挽いたり，加熱したり，柔らかくなるまで放置したりすることで食べやすくなる。 第4文：文明は食料供給が確保されて初めて生じる。 第5文：食べ物に関しては，人間は止まることを知らない。
第3段	食べ物に対する人間の飽くなき欲求	第1文：食べ物を分け合うことは始まりにすぎない。 第2文：食べ物には好みがうるさくならざるをえない。 第3文：私たちは食べ物を自慢したり嫌ったりする。 第4文：食べ物に関するルールは単純で，食べなければ死ぬということである。 第5文：そのため，人間は食べ物に単なる栄養という以上の意味を与えている。

◆答案を作成する

　この文章は「積極的に食べ物を分け合うことが人間を他の動物と異なる
ものにしていること」，「食べ物を得ることが文明につながったこと」を述

べている。いずれも第2段に詳細が述べられており，上記の2点について
具体的な例を示しながら筆者の論点をわかりやすく伝えることが重要であ
る。第3段は，さらに人間は当然食べ続けなければならないから，「食べ
物に対して栄養という以上の意味をもたせてきたこと」が述べられており，
締めくくりとしてこの点にも言及したい。

━━◆●語句・構文●◆━━

(第1段)　●as old as human society itself「人間社会自体と同じくらい
　古い」が直訳。「人間社会ができたときからある」という意味。　●〜,
　the reason being that …（＝〜, and the reason is that …)「そして理
　由は…ことである」の意の独立分詞構文。　●on the spot「その場で」

(第2段)　●give rise to〜「〜を起こす，もたらす」　●the driving
　force「原動力，推進力」　●where A is concerned「A に関する限り，
　A のこととなると」

(第3段)　●choosy about〜「〜について好みがうるさい」　●play
　with〜「〜（食べ物）を食べずにつつき回す，いじり回す」

1 (B) 解答

(ア)(1)— e)　(2)— c)　(3)— d)　(4)— b)
(5)— f)

(イ) when they would have liked the conversation to have been over

━━◆全　訳◆━━

≪会話の引き際はいつなのか≫

　ある夕方，アダム=マストロヤンニはオックスフォード大学でまた開か
れる，行きたくもない格式ばったパーティーに行くためにしぶしぶと蝶ネ
クタイをつけていた。当時同大学の心理学の修士だったマストロヤンニは，
パーティーに行けば必ず，彼が望んでおらず，失礼にならないように辞す
る方法もない長々しい会話から抜け出せなくなることがわかっていた。さ
らに悪いことに，突如として気づいたのだが，彼自身が知らぬ間に，他の
人たちに望まぬ会話のわなをしかける張本人になっているかもしれなかっ
た。「両方とも全く同じことを考えているのに，どちらも本当に話が尽き
て先に進めないために行き詰まっているとしたらどうなるのだろう」と彼
は思った。

　マストロヤンニの考えは的を射ていたかもしれない。特定の会話がどれ

ほど続くべきかに関する話し手の気持ちを測るために，彼らの頭の中を研究者たちが探ったときに発見したことについて，最近の研究が報告している。[(1)] [e] 研究チームは，双方が望んだときに終わる会話はほとんどないことを発見した。] 実際，人々は相手がいつ会話をやめたいと思っているかに関しては，非常に判断が下手である。ただし，場合によっては，人々は会話があまりにも長く続くことではなく，短すぎることに不満を感じていた。

「相手が何を望んでいるとあなたが思うとしても，たぶんあなたは間違っているでしょう」と，現在はハーバード大学の心理学研究生であるマストロヤンニは言っている。「だから，最初に適切だと思えたときに辞するのがいいんです。もういいと思わせるよりもっと聞きたいと思わせるほうがいいですからね」

会話に関する過去の研究のほとんどは，言語学者か社会学者によって行われてきた。一方，会話を研究してきた心理学者たちはたいてい，人が説得するのに言葉をどのように使うかといった，他のことを調べる手段として自分たちの研究を活用してきた。個々の人が会話の終わりにどのような言い回しを口にするかを調査した研究は二，三あったが，その焦点は人がいつそれを言うことにするのかには当てられていなかった。「心理学は，これが本当に興味深く根本的な社会的行動なのだという事実に，今まさに気づきかけているんです」と，マストロヤンニは言う。

彼と彼の共同研究者たちは，会話の力学を調べるために 2 つの実験を行った。最初の実験では，彼らはオンラインの参加者 806 人に，最近の会話の持続時間を尋ねた。[(2)] [c] 会話のほとんどは，家族か友人と行ったものだった。] 実験に参加した人たちは，会話が終わってほしいと思った時点が会話の途中にあったかどうかを報告し，実際に会話が終わったときと比較して，それがいつだったかを見積もった。

2 つめの実験は研究室で行われ，研究者たちは 252 人の参加者を知らない者同士のペアに分け，1 分から 45 分までの間ならどれだけでもよいので，何でも好きなことを話すように指示した。その後，研究チームは被験者にいつ会話が終わってくれていたらよかったのにと思ったか尋ね，同じ質問に対する相手の答えについて推測するように言った。

マストロヤンニと共同研究者たちは，会話を交わした 2 人ともが望んだ

ときに終わった会話は 2 パーセントにすぎず，2 人のうちの一方が望んだときに終わった会話は 30 パーセントしかなかったことを発見した。会話のおよそ半分で，2 人のどちらも会話はもっと短いほうがよいと思っていたが，会話を終えたいと思った時点はたいてい異なっていた。[(3)[d]どちらの研究の参加者も，平均すると，会話の望ましい長さは実際の半分ほどだと報告した。] 研究者たちが驚いたことに，人がそんなにしゃべりたくないと常に思っているわけではないということもわかった。会話の 10 パーセントでは，双方の研究の参加者が，やりとりがもっと長く続けばよいのにと思っていたのだ。そして，見知らぬ者同士のやりとりの約 31 パーセントでは，少なくとも 2 人のうちの一方は話を続けたいと思っていた。

また，ほとんどの人が，相手の望みを正しく推測することができなかった。相手がいつしゃべるのをやめたいと思ったかを参加者が推測すると，そのずれは会話全体の長さの 64 パーセントほどだった。

会話の相手がいつ会話をやめたいと思うかを判断するのに人々がこれほど完全に失敗するということは「驚くべき，そして重要な発見である」と，同調査には加わっていないダートマス大学の社会心理学者セーリア=ホイートリーは言う。その他の点では，会話は「相互協調関係の非常に洗練された表現」だと彼女は言う。「それでも会話が結局失敗に終わるのは，いつやめるべきか私たちがまったく正しく判断できないからです」 この謎は，おそらく人々がコーヒーや酒を飲みながら，あるいは食事をしながらおしゃべりするのが好きな理由の一つだろうとホイートリーは付け加える。なぜなら，「空になったカップやお皿が，出口を与えてくれますからね。それらは会話を終える決定的な合図なんです」。

今回の調査チームに参加していない，シカゴ大学の行動科学者ニコラス=エプリーは，ほとんどの会話がまさに終わってほしいと思うときに終わるとしたらどうなるのだろうと考えている。[(4)[b]「私たちは相手ともてたかもしれないもっと長い，あるいは深い会話を避けたために，人生に関する新しい洞察や新奇な観点，興味深い事実をどれほど逸してきたでしょうか]」と彼は問う。

このことは日常生活の中の無数のやりとりでは判断しかねるが，科学者たちは，会話に参加している一人が最初にやめたいと思ったちょうどそのときに会話が終わるか，その時点を超えて会話が続く実験を設定すること

はできる。「会話をやめたいと思ったときにちょうど会話が終わる人たちは，実際のところ，もっと長く続く会話よりもよい会話をしていることになるのでしょうか」とエプリーは問う。「それはわかりませんが，その実験の結果はぜひ見てみたいです」

　こうした発見はまた，他の多くの疑問へとつながる。会話のルールは，他の文化ではもっとはっきりしているのだろうか。合図があるとしたら，話の上手な人はどれに気づくのだろうか。(5)［ f ）集団でのおしゃべりの力学についてはどうなのだろうか。］

　「会話に関する新しい科学は，このような厳密な記述的研究を必要としますが，会話に関わる重要で広く見られる課題をうまくくぐり抜ける手助けとなるかもしれない戦略を試すような，因果関係を説明する実験も必要です」と，この研究には参加していない，ハーバードビジネススクールの企業経営学教授アリソン＝ウッド＝ブルックスは言う。「それはかなりやっかいなものだと思いますが，それでも人々がどのように語り合うのか私たちは厳密に理解し始めたばかりです」

━━━━━━ ◀解　説▶ ━━━━━━

◆(ア)　▶(1)　空所の前に「特定の会話がどれほど続くべきかに関する話し手の気持ちを…探ったときに発見したことについて，最近の研究が報告している」とあり，空所の直後に「実際，人々は相手がいつ会話をやめたいと思っているかに関しては，非常に判断が下手である」とある。研究で，会話をいつやめるべきか人はうまく判断できないことがわかったことになる。e ）の「研究チームは，双方が望んだときに終わる会話はほとんどないことを発見した」が適切。

▶(2)　空所の前には「最初の実験では，彼らはオンラインの参加者 806 人に，最近の会話の持続時間を尋ねた」，直後には「実験に参加した人たちは，会話が終わってほしいと思った時点が会話の途中にあったかどうかを報告し，実際に会話が終わったときと比較して，それがいつだったかを見積もった」とあり，当該箇所は実験内容を説明していると考えらえる。選択肢中で展開が不自然ではないのは c ）の「会話のほとんどは，家族か友人と行ったものだった」である。

▶(3)　第 5・6 段で 2 つの実験の内容が説明され，空所を含む第 7 段ではその結果が示されている。1 つめの実験は第 5 段最終文（The

individuals involved …）で「実験に参加した人たちは，会話が終わって
ほしいと思った時点が会話の途中にあったかどうかを報告し，実際に会話
が終わったときと比較して，それがいつだったかを見積もった」と述べら
れているが，そこから空所までの間に結果への言及はない。一方，2つめ
の実験の結果は空所の前の2つの文（Mastroianni and his colleagues
found …）で「研究者たちは…2人のうちの一方が望んだときに終わった
会話は 30 パーセントしかなかったことを発見した。会話のおよそ半分で，
2人のどちらも会話はもっと短いほうがよいと思っていたが，会話を終え
たいと思った時点はたいてい異なっていた」と述べられている。そして空
所直後の文には both study participants「双方の研究の参加者」とある。
この展開から考えると，d）の「どちらの研究の参加者も，平均すると，
会話の望ましい長さは実際の半分ほどだと報告した」が適切。

▶(4)　空所直後に，he asks「…と彼は問う」とあるので，選択肢のうち
疑問文になっているものに絞れる。空所の前には「行動科学者ニコラス＝
エプリーは，ほとんどの会話がまさに終わってほしいと思うときに終わる
としたらどうなるのだろうと考えている」とある。次の第 11 段第 2 文
（"Do those whose …）に「『会話をやめたいと思ったときにちょうど会
話が終わる人たちは，実際のところ，もっと長く続く会話よりもよい会話
をしていることになるのでしょうか』とエプリーは問う」とあることから
考えると，b）の「私たちは相手ともてたかもしれないもっと長い，ある
いは深い会話を避けたために，人生に関する新しい洞察や新奇な観点，興
味深い事実をどれほど逸してきたでしょうか」が適切。

▶(5)　当該段第 1 文（The findings also open …）には「こうした発見は
また，他の多くの疑問へとつながる」とあり，続いて「会話のルールは，
他の文化ではもっとはっきりしているのだろうか。合図があるとしたら，
話の上手な人はどれに気づくのだろうか」と，疑問の具体例が挙がってい
る。ここまでの本文では「会話をしている人たちが，いつ会話が終わって
ほしいと思うか」「相手がいつ終えたいと思っているか判断できるか」が
述べられてきた。選択肢中で疑問文になっているもののうち，この内容と
関わる新しい問いとしては f）の「集団でのおしゃべりの力学について
はどうなのだろうか」が適切。使用しなかった選択肢 a）は「相手がいつ会
話を始めたいと思っているか正しく推測することがどうして可能だろう

か」となっている。会話を始めるタイミングは，本文での関心事とは合致しないと考えられるので不適。

◆(イ)　当該箇所は「その後，研究チームは被験者に（　　　）尋ねた」となっている。この実験の結果は第 7 段第 1 文（Mastroianni and his colleagues found …）に「研究者たちは，会話を交わした 2 人ともが望んだときに終わった会話は 2 パーセントにすぎず，2 人のうちの一方が望んだときに終わった会話は 30 パーセントしかなかったことを発見した」と述べられていることから，質問内容は「いつ会話を終えたいと思ったか」といったことだと考えられる。間接疑問文の書き出しは when they となる。与えられている語句から「A に〜してほしいと思う」would like A to *do* ができそうだが，実際には望んだときには終わらなかったことがわかっており，liked となってもいるので，would have liked「〜してほしかった（がそうならなかった）」となる。「〜が終わる」be over も be 動詞が been で与えられており，不定詞部分は to have been over となる。全体で when they would have liked the conversation to have been over「いつ会話が終わってくれていたらよかったのにと思ったか」となる。

●語句・構文●

（第 2 段）　●on the mark「的を射た，正しい」　●a poor judge of 〜「〜の判断が下手である」

（第 3 段）　●may well *do*「たぶん〜するだろう」　●might as well *do*「〜したほうがよい」　●leave A wanting more「A にもっとほしいと思わせて終わる」

（第 5 段）　●in relation to 〜「〜と比較して」

（第 7 段）　●it is not always the case that 〜「〜ことは常に事実〔正しい〕とは限らない」　be 動詞の補語になる the case は「事実，実情，真相」の意。

（第 8 段）　●they were off by 〜「それら（＝見積もった時間）は〜の差で外れていた」が直訳。by は〈差〉を表す。

（第 12 段）　●conversationalist「話の上手な人」　●pick up on 〜「〜を見抜く，〜に気づく」

（第 13 段）　●rigorous「厳密な」　●pervasive「浸透性のある，広がる」

2 (A) 解答例

＜解答例１＞ I agree with this opinion. It is true that works of art are products of people's free expression, but they are meaningful only when they encourage and inspire their audiences. Those who enjoy paintings, music, or plays probably cannot live without them, or at least their lives would be less vibrant. A society without artworks would surely be dull and boring. In this sense, art is and should be useful to society. (60～80 語)

＜解答例２＞ I do not think art should be created just to be useful to society. Definitely, art is useful. However, art, whether it is painting, music, or theater, is a product of free expression. People can express themselves artistically however they want. If artistic activities must always result in something useful, artists would lose the freedom to express themselves artistically. Moreover, there might be a risk of rendering artworks as propaganda, and those regarded as "useless" might be neglected. (60～80 語)

━━━━━━━━◀解　説▶━━━━━━━━

▶＜解答例＞の全訳は以下のとおり。

＜解答例１＞　私はこの主張に賛成だ。確かに，芸術作品は人々の自由な表現の産物ではあるが，鑑賞者を元気づけ，活気を与えて初めて，それは意味をもつ。絵画や音楽や演劇を楽しんでいる人たちは，おそらくそれなしではやっていけないし，少なくとも彼らの生活は活気がなくなることだろう。芸術のない社会はきっとつまらなくて退屈だろう。このような意味で，芸術は社会の役に立つべきであり，実際役に立っている。

＜解答例２＞　私は芸術が社会の役に立つためだけに生み出されるべきだとは思わない。間違いなく，芸術は役に立っている。しかし芸術は，それが絵画であれ，音楽であれ，演劇であれ，自由な表現の産物だ。人々は好きなように，自己を芸術的に表現することができる。もし芸術活動が役に立つものを必ずもたらさなければならないとしたら，芸術家は自己を芸術的に表現する自由を失うだろう。さらに，芸術作品がプロパガンダに利用されてしまう危険があり，「役に立たない」とされた作品が黙殺されるかもしれない。

▶「芸術は社会の役に立つべきだ」という主張について，理由も添えて自

分の考えを述べるもの。まず考えを表明し，その理由を続けるという展開になる。「役に立つ」とはどういうことか，「べき」と義務であることをどう考えるかが，解答をまとめるカギになるだろう。

2 (B)　解答

＜解答1＞ That in itself is fine, as there are (some) things we can see clearly because we are (standing) outside. As for me, I often wonder what the town would look like if I were not traveling but were instead living there.

＜解答2＞ It is not a problem. You can definitely see (some) things (precisely) because you are an outsider. However, I often wonder how the town would look if I were not a traveler but a local (resident).

━━━━━━ ◀解　説▶ ━━━━━━

「外部に立っているからこそ見えるものがあるのだから，それはそれでいい」

● 「それ」は下線部直前の「旅人はあくまで『よそ者』『お客様』だ」という内容を指す。内容を訳出する必要はないが，訳出しても問題はない。

● 文のバランスを考えると，「それはそれでいい」から文を書き出すのがよい。この場合の「いい」は積極的に評価するというより，「かまわない」「問題ない」のニュアンスなので，fine / all right / not a problem などが使える。「(それは) それで」は「それ自体は」in itself などを加えるとイメージが近くなるだろう。

● 「見えるものがある」は一般論なので you や we を使って，there are (some) things you〔we〕can see，あるいは you〔we〕can see (some) things などとできる。また，「見える」は「はっきりと見える」という意味合いだと考えて clearly や definitely をつけてもよいだろう。

● 「のだから」は，同じく理由を表す「からこそ」とは異なる語を当てるのが望ましい。because の他に，as / since / for が使える。「それはそれでいい」で文を切って，「外部に立っているからこそ見えるものがある」と続けるだけでもよいだろう。

● 「外部に立っている」は文字どおり you〔we〕are (standing) outside としてもよいし，「よそ者である」ことを表しているので you are an outsider としてもよい。

●「からこそ」は上記のとおり，「のだから」と異なる語を当てる。
because を用いる場合は precisely because とできる。

「…のだが，わたしなどは〜と考えることも多い」

●「のだが」は，前半とつないで…，but 〜 としてもよいが，文を切った
ほうがわかりやすくなる。その場合は However, 〜 を使うことができ
る。

●「わたしなどは」は単純に「わたしは」としてよいが，「わたしに関して
言えば」as for me を添えることも考えられる。これを添えた場合は，
上記の However, 〜 はなくてもよいだろう。

●「考える」は目的語が「どんな風に見えるのだろう」と疑問の内容なの
で，wonder を使う。「〜ことも多い」は often で表せる。

「もし自分が旅人ではなく現地人だったらこの町はどんな風に見えるのだ
ろう」

●「もし自分が〜だったら」は，現実ではないことを想定しているので，
仮定法過去を使って if I were〔was〕〜 とする。

●「旅人ではなく現地人」は not a traveler but a local (resident) が文字
どおり。「旅をしているのではなくそこに住んでいる」not traveling
but were instead living there などとすることもできる。

●「この町」は文字どおり this town でよいが，実際には具体的に示され
ている町はないので，ややあいまいに the town とすることも考えられ
る。

●「〜はどんな風に見えるか」は what 〜 looks like / how 〜 looks が使え
るが，前述のとおり仮定法過去なので，what 〜 would look like / how
〜 would look とする。間接疑問文なので語順に注意すること。

●なお，wonder に続く部分なので，if 節を前に置くとこれが目的語「〜
かどうか」に見えるので，配置に気をつけたい。

3 (A) 解答 (6)— c) (7)— a) (8)— b) (9)— b) (10)— e)

◆全　訳◆

≪ヒロベソオウム貝の探索≫

著作権の都合上，省略。

著作権の都合上，省略。

◀解　説▶

▶(6)　「話し手がヒロベソオウム貝に興味をもったのは…からだ」

　第1段最終文（As a marine biologist …）に「環境保護のために太平
洋で仕事をしている海洋生物学者として，私は長年，この種が今でもここ
で生きているのだろうかと思ってきた」とある。c）の「環境保護に対す
る関心から，彼らがまだ存在しているのか知りたかった」が正解。

a）「海洋生物学者として，その生物のライフサイクルに関心がある」

b）「海岸で見られる空の貝殻が，それが絶滅してしまったかもしれない
ことを示唆していた」

d）「海洋生物学者たちが，貝殻の表面の外殻は特定の地域だけで形成す
ると推測していた」

e）「その生物を覆っている外殻が環境保護の観点で重要である」

▶(7)　「話し手がすぐに旅を行うべきだと感じたのは…からだ」

　第3段（Our journey has taken …）に「私たちの旅はやや切迫感を帯

びている。というのも，パプアニューギニアは近年急速に深海採掘を拡大する方向に動いているからだ。産業によって変えられてしまう前に，ここの深海の生態系の一部に何が存在しているのか記録に収めることは，それらの保護のカギであるかもしれない」とある。a）の「深海の生態系は脅かされているかもしれず，情報を集めることがそれらを保護する助けになりうる」が適切。

b）「気候変動のせいで，深海の環境が急速に変わりつつある」

c）「生物たちが絶滅する前にビデオに収めることが重要だった」

d）「採掘会社がその地域の環境調査を妨げる方向に動いていた」

e）「パプアニューギニアの陸上の採鉱で出る廃棄物が，近海に悪影響を及ぼしていた」

▶(8)　「ブリスベンからパプアニューギニアに飛んだあと，チームは…移動した」

　　第 4 段第 1・2 文（From Brisbane, …）に「ブリスベンから…パプアニューギニア…に飛び，それから…1984 年に生きているヒロベソオウム貝が最後に目撃されたもっと小さな島へ，船で数時間南下する」とある。b）の「1980 年代にヒロベソオウム貝が生きたまま見つかった島へ」が適切。

a）「地元の共同体の人たちと会うために，最近保護地域と宣言された島へ」

c）「首長が海岸は保護されていると宣言した地元の共同体にあいさつするために」

d）「ヒロベソオウム貝を保護しようとしてきた小さな島の共同体にあいさつするために」

e）「マヌス島へ，それから地元民が捕らえたヒロベソオウム貝を見るためにもっと小さな島へ」

▶(9)　「その島からバナナボートで海へ出たあと，チームは…を沈めた」

　　第 5 段（Eager to get started …）に「わなを 2 つ沈める。ブイが水面に浮いてわなの位置を示している」，続く第 6 段（The next morning …）に「翌朝私たちは海に戻る。1 つめのわなは夜の間に強い潮流で流されており…それを引き上げるが，かごは空っぽだ。私たちは急いで 2 つめのわなへと移動する。これも空っぽだ。チームは全員，見るからに落胆してい

る」とある。2 つのわなに何もかかっていなかったことがわかる。b）の「一晩複数のわなを（沈めた）が，わなはまったくの空であることがわかって落胆した」が適切。

a）「300 メートルの深さに 1 つのわな（を沈めた）が，このわなには何もかからなかった」

c）「水面にブイを浮かべて複数のわな（を沈めた）が，ブイがわなから外れて流された」

d）「速い潮流ではわなは役に立たないと知らずに複数のわな（を沈めた）」

e）「同じ深さに 2 つのわな（を沈めた）が，どちらも夜の間に流された」

▶⑽　「最初の落胆のあと…」

　第 7 段（We gather together …）に「1984 年の探検を覚えている数人の年配の漁師たちが，彼らのチームが若干浅い海域で標本を見つけたことを思い出す。私たちは彼らの助言を採用することにする。私たちは再び出かけ，もっと浅い海域にわなを沈め（た）」とある。e）の「わなを最初の試みのときほど深くないところに設置した」が適切。

a）「年配の漁師たちの助言に基づいて，チームはわなをもっと長時間水中に放置した」

b）「わなを引き上げるのではなく，話し手はそれらを調べるために潜った」

c）「チームは年配の漁師たちが過去に使用してうまくいったわなを使うことにした」

d）「チームはその生物が 1984 年に最後に目撃されたところへわなを持っていった」

◆━◆━◆━◆　●語句・構文●　━◆━◆━◆━◆

（第 2 段）　●set out to *do*「〜し始める，〜しようと試みる」　●embark on 〜「〜に乗り出す」　●video footage「ビデオ映像」

（第 3 段）　●take on 〜「〜を帯びる，呈する」　●a sense of 〜「〜という感じ」

（第 5 段）　●lower「〜を下す，沈める」

（第 6 段）　●well over 〜「〜を優に超える」

（第 7 段）　●wait out 〜「〜（不利な状態）をしのぐ，好転するのを待

っ」

（第9段）　●so that S can V「SがVできるように」

3 (B) 解答 ⑾— a ）　⑿— c ）　⒀— b ）　⒁— a ）　⒂— c ）

◆全 訳◆

≪内的発話の研究≫

　1秒前，あなたは何を考えていただろうか。と言うより，それをどのようにして考えていただろうか。これは驚くほど答えるのがやっかいな問いである。

　自分自身の頭の中で何が起きているのか調べることは，難しい作業ではないように思える。しかし，そうした思考に光を当てようとすると，もともと測りたいと思っているまさにそのものを乱してしまう。それは，暗闇がどのように見えるのか確かめようとして素早く明かりをつけるのと似ている。

　ラスベガスにあるネバダ大学の心理学者ラッセル＝ハールバートは，私たちの内的経験について何らかのことを知るために，自分自身の頭の中をもっとはっきり見られるように人々を訓練することにこの数十年を費やしてきた。彼が明らかにしたことは，私たちの頭の中を駆け抜けていく思考は，私たちが思うよりもずっと多様であることを示唆している。

　ひとつには，日々の思考において言葉は，私たちの多くが考えるほど重要ではないらしいのである。「ほとんどの人は，自分が言葉で考えていると思っていますが，そのことに関して多くの人が間違っています」と，彼は言う。

　例えば，ある小規模な調査で，16 人の大学生が読むための短い話を渡された。読んでいる最中に，彼らは何を考えているか不定期に尋ねられた。サンプルとして採られた思考のうち，ともかく言葉を含んでいるものは4分の1しかなく，内的な発話を含んでいるものはわずか3パーセントだった。

　しかし，ハールバートのような心理学者にとって，内的発話を調べることは簡単な作業ではない。単純に人々に何を考えているか尋ねることは，必ずしも正確な答えを促すことにはならない，とハールバートは言う。そ

れは，一部には，私たちが自分の取りとめのない思考にしっかり注意を払うことに慣れていないからである。

　カナダのマウントロイヤル大学にある内的発話研究所の責任者ファミラ＝レイシーと彼女の共同研究者たちは，思考リスト作成と呼ばれる方法を最近使った。これは意外ではないだろうが，被験者にある特定の時点の自分の思考をリストにしてもらうことを含んでおり，人が頭の中で何を考えているかだけでなく，なぜ，いつ，人は内的発話を使うのかをもっと広く検討するのが目的である。研究者たちは，この研究の参加者たちが，歩いたりベッドに入ったり出たりといった日常的な作業をしながら，学校のことから，自分の感情，他の人たちのこと，自分のことまであらゆることについて，自分に語りかけていることを発見した。

　レイシーによると，研究は内的発話が自己規制行動，問題解決，批判的・論理的思考，未来思考で重要な役割を果たしていることを示している。

　また，内的発話が内省にとって重要である証拠も増えている。科学者のジル＝ボルト＝テイラーは，37歳のときに彼女を襲った脳卒中から回復したあと，何週間も内的発話のない「沈黙した頭」を経験するのはどういうことかについて記した。沈黙した頭の真ん中でただそこに座り，自分はだれなのか，何をしているのか思い出そうとするのは非常にたいへんな作業だったと彼女は書いている。

　しかし，現在の研究が私たちの頭の中の働きについて，こうしたより大きな真実にまだ光を当てることができていないとしても，自分の思考に注意を払う方法を学ぶことは，個人レベルでは助けになりうるだろう。

■━━━━━━━━◀解　説▶━━━━━━━━■

▶⑾　「話し手によると，自分自身の頭の中を調べるときの難しさは…ことだ」

　第2段第2・3文（But by trying to …）に「思考に光を当てようとすると，もともと測りたいと思っているまさにそのものを乱してしまう。それは，暗闇がどのように見えるのか確かめようとして素早く明かりをつけるのと似ている」とある。暗闇を見ようとして明かりをつければ，もう暗闇ではなくなるという比喩を考えると，a）「自分自身の思考を見ようとすることが，必ずそれを変えてしまう」が適切。
b）「自分自身の思考を明らかにすることは，明かりをつけることほど簡

単ではない」

c）「光自体に光を当てることができないのと同じように，頭はそれ自体について考えることはできない」

d）「自分の思考の中にある暗闇を見ることは心情的に難しいことがある」

e）「自分自身の思考を見ようとするとき，どのようにそれを評価すればよいかはっきりしない」

▶⑿　「心理学者ラッセル゠ハールバートによると…」

　第 4 段第 2 文（"Most people think …）に「『ほとんどの人は，自分が言葉で考えていると思っているが，そのことに関して多くの人が間違っている』と，彼は言う」とある。c）の「人々は自分が言葉で考えていると思っているが，これは多くの場合正しくない」が適切。

a）「日常生活で，私たちは言葉で考えているが，語彙は驚くほど限られている」

b）「ふつうの状況では，人々は思うほど多くの思考をしていない」

d）「私たちが思考の中で使っている言葉は，以前思われていたよりもはるかに多様である」

e）「私たちはさまざまな状況で考えるために言葉を使う」

▶⒀　「16 人の大学生が関わった小規模の研究では…」

　第 5 段最終文（Only a quarter of …）に「サンプルとして採られた思考のうち，ともかく言葉を含んでいるものは 4 分の 1 しかなく，内的な発話を含んでいるものはわずか 3 パーセントだった」とある。b）の「サンプルとして採られた思考のうち，内的発話を伴うものはほとんどなく，ほとんどは言葉にならないものだった」が適切。

a）「短い話を読んだあと，大学生たちは自分の意見を記録するように言われた」

c）「学生が本を読みながら抱いた思考の 3 分の 1 しか言葉を伴っていなかった」

d）「サンプルとして採られた思考の 25 パーセント以上が内的発話を伴っていた」

e）「短い話を聞きながら，大学生は自由に思考するように言われた」

▶⒁　「ファミラ゠レイシーの研究では，被験者は…自分に語りかけた」

　第 7 段第 2 文（They found that …）に「研究の参加者たちが…あらゆ

ることについて，自分に語りかけていることを発見した」とある。a）の
「幅広いテーマについて」が適切。

b）「とりわけ，歩いたりベッドに入ったりそこから出たりするときに」

c）「感情的な状況で」

d）「他の人に話しかけるのと同じように」

e）「主に他の人のことについて」

▶⒂　「ジル＝ボルト＝テイラーの事例は…ことの証拠として言及されてい
る」

　ジル＝ボルト＝テイラーのことは第９段で取り上げており，その第１文
（There's also growing …）に「内的発話が内省にとって重要である証拠
も増えている」とあり，このあとにテイラーのことが述べられている。
c）の「内的発話は，私たちの自己意識にとって重要である」が適切。

a）「年を取るにつれて，内的発話が私たちのアイデンティティにとって
より重要になる」

b）「脳の損傷は，内的発話に影響されることがある」

d）「内的発話が欠如すると，私たちは自分がだれなのかに関して熟考す
るようになることがある」

e）「内的発話がないと，短期的な記憶が消滅する」

●語句・構文●

（第１段）　●tricky「扱いにくい」

（第６段）　●wandering「取りとめのない」

（第７段）　●co-ordinator「責任者」

（第９段）　●self-reflection「内省」

3 (C) 解答 ⒃—e）　⒄—e）　⒅—a）　⒆—e）　⒇—a）

◆全　訳◆

≪科学捜査の実情≫

　こんにちは，私の名前はジェイン＝ケンタラです。この科学捜査の入門
コースの教官です。まず，科学捜査，あるいは法科学とは何でしょうか。
犯人に有罪判決を下すためには，私たちは被疑者が罪を犯した証拠が必要
です。法科学とは，犯罪を捜査するためにどのように科学的手法を適用す

るかに関するものです。犯人に有罪判決を下すために DNA が使われる映画を，きっとみんな見たことがあると思います。ですが，現実には DNA の証拠に基づいて有罪とされた被疑者もいるものの，その中には何年もあとになって，より信頼できる DNA 技術によって無罪とされた人もいました。ですから，私たちは今日でも DNA の証拠はまだ 100 パーセント信頼できるわけではないこと，そしてこれがとても重要なのですが，それがいつでも利用できるわけではないことを念頭においておかなくてはなりません。では，DNA の代わりに，あるいはそれに加えて，他にどんな種類の証拠が使えるのでしょうか。

　目撃者の証言でしょうか。事件に関する目撃者の記憶は信頼できるでしょうか。それは本当に当てにできるのでしょうか。彼らの記憶が彼らの期待に影響を受けたり，トラウマに左右されたりすることはないのでしょうか。もし目撃者が声を「聞いた」だけだとしたらどうでしょう。人はある声を別の声と間違いなく区別できるのでしょうか。こうした問題はすべてあとで議論します。ですが，今日は犯行現場や電話越しに行われた録音について話しましょう。

　多くの映画では，録音は記録された言葉のほとんどが理解できるくらい十分にクリアで，単に録音と被疑者の声が一致するかどうかの問題です。捜査官は通常こうしたことを，数秒以内に一致を確認できる見事な技術でやってのけます。ですが，残念ながら現実にはこのような驚くべき技術は存在していません。少なくとも今はありません。なぜでしょうか。

　ある人物の声と録音の声が一致する可能性を評価するために，話し声をコンピュータのソフトウェアで分析できます。音声科学者は話し声のさまざまな特徴を分析できますが，ある声と別の声を区別するのにどの特徴が使えるのかはまだ明らかではありません。それは，話し声は個人「間」で変わるだけでなく，同じ人物「の中」でも変わるからです。言うまでもなく，人の声は，病気，疲労によって影響を受けるかもしれません。それにお酒も忘れてはいけませんね。ですが，それに加えてその人物が話しかけている相手，社会的状況，周りの状態などによっても声は変わるかもしれません。

　さらなる問題は録音の質にあり，これはたいてい非常にひどいです。私が言っているのは，本当に本当にひどいということです。そうした録音は

たいていひそかに，あるいは偶然に行われているのですから，低品質のマイクが，ことによるとスーツケースの中に隠され，時には犯罪が行われている中心から遠く離れている状態で，また背景の騒音がかなりある状態で行われるのが普通なのです。このように質が欠如しているために，録音音声を適切に分析する能力がさらに影響を受けます。だれが話しているのか特定することが困難になりうるだけでなく，何が話されたり行われたりしたのかを探り出すことさえ難しいかもしれません。

　この問題を解決しようとして，録音は法廷で提出される前に「音質を高め」られることがあります。これは通常，音声信号の操作をすることで行われますが，そのため録音がよりよく理解できるという「印象」を与えます。そして私が「印象」と言ったのは，科学捜査員はそれが録音を理解しやすくするわけでは「ない」ことを示しているからです。そうではなく，それは人々が聞こえた「と思う」ものについて間違った自信を与えてしまうのです。さらに悪いことに，録音を文字に起こしたものが法廷で提出されることがあり，これはこの間違った自信をいっそう強めてしまいます。しかし，その文字起こしされたものの信頼性は疑わしいままなのです。

━━━━━━━ ◀解　説▶ ━━━━━━━

▶⒃　「講義によると，forensics とは何か」

　第1段第4文（Forensics is about …）に「forensics とは，犯罪を捜査するためにどのように科学的手法を適用するかに関するものだ」とある。e）の「犯罪を捜査するための科学的手法の使用」が正解。

a）「質を高めた音声録音の信頼性の分析」

b）「目撃者の話の分析」

c）「刑事裁判での先進技術の使用」

d）「被疑者に有罪判決を下すための DNA の証拠の使用」

▶⒄　「この講義で，教官は DNA の証拠が…ことを話している」

　第1段第7文（So, we must keep in mind …）に「DNA の証拠はまだ100 パーセント信頼できるわけではないこと，そしてこれがとても重要なのだが，それがいつでも利用できるわけではないことを念頭においておかなくてはならない」とある。e）の「いつも信頼できるとは限らない」が適切。

a）「場合によっては操作するのが簡単すぎることもある」

b)「法廷に間違った自信を与えることがある」

c)「間違いなく使える」

d)「不正確である可能性がたいへん高い」

▶⒅　「教官によると…」

　　第 3 段第 1 ・ 2 文（In many movies, …）で「映画では録音と被疑者の声が一致するかどうか，数秒以内に確認できる見事な技術でやってのける」ことを述べたあと，第 3 ・ 4 文（I'm afraid that …）で「残念ながら現実にはこのような驚くべき技術は，少なくとも今は存在していない」と述べている。 a)の「特定の声をだれのものか識別するのは難しい」が適切。

b)「録音からある人物が疲れているかどうか知るのは難しい」

c)「ある声を録音の音声と一致させるのは簡単だ」

d)「目撃者の証言を記録するのは重要だ」

e)「犯罪者を有罪にするのに録音を使うことは不可能だ」

▶⒆　「『音質を高められた音声録音』に関する次の文のうち，正しくないのはどれか」

a)「聞き手に間違った印象を与える可能性がある」　第 6 段第 2 文（This is usually …）の後半および第 3 文（And I say …）に「録音がよりよく理解できるという『印象』を与えるが…科学捜査員はそれが録音を理解しやすくするわけでは『ない』ことを示している」とあることと一致する。

b)「音声信号を操作することで作られる」　第 6 段第 2 文（This is usually …）の前半に「これは通常，音声信号の操作をすることで行われる」とあることと一致する。

c)「刑事裁判の法廷に提出されることがある」　第 6 段第 1 文（In an attempt to …）に「録音は法廷で提出される前に『音質を高め』られることがある」とあることと一致する。

d)「裁判官たちにいっそう自信をもたせる」　第 6 段第 4 文（Instead, it provides …）に「それは…（間違った）自信を与えてしまう」とあることと一致する。

e)「録音をより理解しやすいものにする」　第 6 段第 3 文（And I say …）に「科学捜査員はそれが録音を理解しやすくするわけでは『ない』こ

とを示している」とあることと一致しない。この選択肢が正解。

▶⑳ 「教官によると，音声録音を書き起こしたものは…」

　第6段最終文（To make matters worse,…）に「録音を文字に起こしたものが法廷で提出されることがあり，これはこの間違った自信をいっそう強めてしまう」とある。a）の「誤解を招く可能性がある」が適切。

b）「法廷では決して使えない」

c）「かなり信頼できる」

d）「たいてい非常に質が悪い」

e）「法廷に提出されなければならない」

◆━━◆━━━●語句・構文●━━◆━━━━━━━◆

（第1段）　●convict「～に有罪判決を下す」

（第2段）　●testimony「証言」　●What if ～?「もし～ならどうなるのだろう」

（第5段）　●more often than not「たいてい」

4 (A) 解答   ㉑—(c)　㉒—(e)　㉓—(b)　㉔—(d)　㉕—(a)

◆━━━━━◆全　訳◆━━━━━━━━━━━━━━◆

≪公開討論の重要性≫

　㉑　私はイアン=スティーブンズとの会話でいくつかのことを学んだが，最も深く学んだのは，なぜ公開討論の抑圧が，ある地域の全住民にとって損害の大きなものになり，飢饉を引き起こす一因にさえなりうるのかということだった。こうした災害を引き起こすような政府は，そのニュースがうまく抑え込めれば，大衆の怒りを免れる見込みがあるかもしれない。そうすれば，その政策の失敗に対する批判に直面しなくてもよくなる。それこそ，英国人がベンガル飢饉の事例である程度行ったことだ。スティーブンズが声を上げたあとになってやっと，英国議会が飢餓について議論し，英国の報道機関が飢饉を即刻止めるべきだと要求した。そのときになって初めて，植民地政府は対策を取らざるをえなくなったのである。

　㉒　公開討論は明らかに，ある社会がどのようにふるまうかを決定することに重要な役割をもっている。ジョン=メイナード=ケインズが説得を強調したことは，ジョン=スチュアート=ミルが健全な政策決定における公開

議論を唱道したことと非常にしっくりと合う。「討論による政治」という，ミルによる民主主義の特徴説明は同じ領域に属する。ついでながら，それは厳密にはミルの言葉ではなく，ウォルター＝バジョットの言葉だ。とは言え，その考えが理解されるように最も尽力したのはミルだが。

　⑵⒊　よりよい政策決定を追求するための公開議論は 18 世紀の啓蒙運動以降の西洋世界だけで使われてきたのではなく，他の社会，他の時代でも使われてきた。アテネに起源をもつ投票という手続きはよく思い出されるが，アテネの人たちは啓蒙の源として議論を行っていたことに注意を払うことも重要である。その考え方はインドでも，とりわけ仏教の伝統の中でも大いに注目を集めた。紀元前 3 世紀，インド亜大陸のほとんど（そして現在のアフガニスタンにも広く及んで）を統治していた仏教徒の皇帝，アショーカ王は，首都パトナ（当時はパータリプトラと呼ばれていた）の第三にして最大の仏教評議会を主催し，同じやり方で数々の紛争を解決した。彼は，社会が必要としているもののよりよい理解に対して公開討論が果たしうる貢献を強調した。彼はその考えを社会に広めようと，簡単に読める言葉を国中と国外の石柱に刻み，意見の相違を解決するための定期的で秩序の保たれた公開討論だけでなく，平和と寛容を唱道した。

　⑵⒋　同様に，7 世紀初期の日本でいわゆる「十七条憲法」を 604 年に作ったとき，仏教徒の聖徳太子は協議を通じてよりよく情報を得る必要性を擁護する論を張った。すなわち「重要事項に関する決定は，ただ一人の人によって行われるべきではない。多くの人によって議論されるべきである」ということである。民主主義は「討論による政治」である——そして，選挙だけが目的ではない——という考えは，今日でもきわめて重要である。近年の民主主義政府の大きな失敗の多くは，何らかの明らかな制度上の障害というより，まさしく公開討論が不十分であることから生じていると私は言いたい。

　⑵⒌　私は祖父のクシティ＝モハンが私の注意をアショーカ王の公開討論に基づいた決定に向けてくれた学生時代からこの問題に興味を抱いてきたが，社会的選択における公開討論の役割について私に新しい理解を与えてくれたのは，ミルとケインズだった。これは，このテーマに関するケネス＝アローの考えで，とりわけ目立つ社会的選択の一面ではなかったものの，他の点では私に大きな影響を与えたものだが，午後の散歩をしながらピエ

ロ=スラッファと私が議論できた社会的選択理論の多くの話題のうちの一つだったことは嬉しく思った。ピエロは（専門的すぎると思っていた）「社会的選択理論」という言葉をあまり使いたがらなかったが，議論と説得は，投票とちょうど同じように社会的選択の重要な一部だということを私に教えるという点で重要な役割を果たした。

━━━━━━━◀解　説▶━━━━━━━

▶(21)　(c)の it is to be effectively suppressed が誤り。当該箇所は条件を表す if 節中であり，be to *do* は「もし～したければ，～するつもりなら」と願望や意図を表す。主節が「災害を引き起こすような政府は大衆の怒りを免れる見込みがあるかもしれない」であり，to be を外して「そのニュースがうまく抑え込めれば」と単純な受動態にしなければ意味をなさない。

▶(22)　(e)の had made the most for が誤り。最後の for は続く the idea to be understood と合わせて「その考えが理解されるように」と目的を表す副詞用法の不定詞の意味上の主語である。had done the most for「（その考えが理解されるように）最も尽力した」とするのが適切。do much for ～「～のために大いに尽力する，貢献する」の much が最上級の the most に置き換わった形である。

▶(23)　(b)の in other societies and at other time, too が誤り。other は無冠詞であとに単数名詞を取ることができない。直前の in other societies「他の社会において」と同様に，at other times「他の時代に」と time を複数形にするのが適切。単数名詞で特定のものなら the other＋単数，不特定のものなら another＋単数とするのが正しい。another が an＋other だと考えるとわかりやすい。

▶(24)　(d)の remains as extremely relevant today が誤り。当該箇所は明らかな比較対象が省略された as ～ as …「…と同じくらい～」の同等比較の文にみえるかもしれないが，同等比較の as ～ as の間に使われる形容詞・副詞には extremely「きわめて」など強調の副詞をつけることはできない。remain が「相変わらず～である」の意味であり，過去と today を比較する必要がないので，as を外すのが正しい。

▶(25)　(a)の I was interested in this question が誤り。直後に since my schooldays があり，「学生時代以来（現在までずっと）」の意なので，現在完了にして，I have been interested … とするのが正しい。

（第 1 段）　●bring about ～「～を引き起こす」

（第 3 段）　●popularize「～を社会に広める」

（第 4 段）　●institutional「制度上の」

（第 5 段）　●prominence「目立つこと」

4 (B)　解答　全訳下線部㋐・㋑・㋒参照。

◆━━◆全　訳◆━━◆

≪子どもの読書のあり方≫

　ある年，学校の図書館司書として，私は学校初日に本の貸し出しを開始した小学校の図書館にいた。私は貸出受付のところで手伝いをしていた。一人の 4 年生の子が，ある本を貸してもらえるかと尋ねてきた。「もちろん！」と，私は言った。㋐彼は自分が借りたい本を借りられるとは思っていなかった。というのも，彼の先生が彼に黄色いラベルのついた本を借りるように言っていたからだ。それで私は自分の司書の名刺を取り出し，その裏に先生に向けてメモを書き，彼が借りたかった本にはさんで，その子に貸し出した。

　教育上の優先順位に基づく本と自分の楽しみのために読みたい本のどちらかを子どもたちが選ばなくてはならないというこうしたシナリオが，学校の図書館や教室で頻繁に起きていると私は想像する。㋑子どもに本の読み方を教えるという崇高な使命感と，子どもを読書好きにするという同じように崇高な使命感の間には隔たりがある。私たち学校司書は，毎日この隔たりをあっちへこっちへ踊らされている。

　本を読む動機は，おおむね自己決定によるもので，何を読むかという選択は強力な駆動力である。子どもも含めて，人は楽しいか，個人的にためになるか，簡単なものを読むのを選ぶ。ここが例のダンスが始まるところだ！　学習者が多様なフォーマットで広く深く読書をすることで個人的な好奇心を伸ばし，満たすのなら，私たちは学習者を機会で包み，彼らが図書館にある本と自分の関心を結びつける手助けをしなくてはならない。本を見つけて借りること（あるいは他の種類の文書を使うこと）は楽しくて，簡単に行えて，障害のないものであるべきだ。私たちは，自分たちの方針，

手続き，所定の手順がすべての学習者の知的自由の権利を保証する方法だけでなく，子どもたちを鼓舞し，文章に関わることを促す方法を考える必要がある。(ウ)ラベル貼り，年齢に関する規則，貸し出しに関する制限を設ける方針のいずれによってであろうと，選択肢を減らすことは，子どもが本や読書を大好きになるようにする戦略ではない。もし私たちの目標が，学習者が自分を読書家と思う手助けをすることなら，私たちは読書生活を賛美する実践によって，彼らが文章とつながる手助けをしなくてはならない。

━━━━━━◀解　説▶━━━━━━

▶(ア) He didn't think so, as his teacher had told him to check out a book with a yellow label.

●He didn't think so「彼はそう思っていなかった」の so「そう」が指す内容を明らかにして訳すという条件なので，前述の内容を検討する。

●下線部直前の第1段第3・4文（One fourth grader …）に「一人の4年生の子が，ある本を貸してもらえるかと尋ねてきた。『もちろん！』と，私は言った」とある。筆者からすると「もちろん借りられる」なのだが，少年は「借りられない」と思っていたという流れである。「何を」がわかるように補い，「自分が借りたい本が借りられるとは思っていなかった」などとする。

●〜, as his teacher had told him to …「彼の先生が彼に…するように言っていたから〜」が通常の訳し方だが，前にカンマがあるので訳し下して「〜というのも，彼の先生が彼に…するように言っていたからだ」と処理することもできるだろう。

●check out a book with a yellow label「黄色いラベルのついた本を借り出す」 check out 〜 は「（図書館などの施設から）〜を借り出す」の意。

▶(イ) There is a divide between the noble calling to teach children how to read and the equally noble calling to inspire a love of reading.

●There is a divide between 〜 and …「〜と…の間には，隔たり〔違い〕がある」が文の大きな枠である。

●the noble calling to teach children 〜「子どもに〜を教えるという立派な使命感」 noble は「立派な，崇高な」の意。calling は「職業，天職」

の訳もあるが，不定詞を伴っており，「〜することへの使命感」とする
のが妥当だろう。下線部直後の文に「私たち学校司書は，毎日この隔た
りを…」とあるように，ここは学校司書の葛藤を説明しているのであっ
て，2 つの職業を対比しているわけではないことに注意。

● how to read は「読み方」が文字どおりだが，文章の内容から，単に
「文字の読み方」というより，「本の読み方，読書の仕方」とするのが
適切。

● the equally noble calling to 〜「〜するという同じように崇高な使命
感」

● inspire a love of reading「読書を愛する気持ちを吹き込む」が直訳。
文脈上，「子どもに」吹き込むのが明らかなので，「子どもに読書を愛す
る気持ちを起こさせる」，「子どもを読書好きにする」などと言葉を補う
とわかりやすくなる。

▶ (ウ) Reducing choice, whether through labeling, age-related rules, or
restrictive policies, is not a strategy that makes children fall in love
with books and reading.

● Reducing choice … is not a strategy「選択肢を減らすことは戦略では
ない」が骨組み。

● whether は通常 whether *A* or *B*「*A* だろうと *B* だろうと」だが，ここ
は 3 つの項目が挙がっている。

● through 〜「〜を通じて，〜によって」は Reducing を修飾する。直訳
は「ラベル貼り（labeling）によってであろうと，年齢に関する規則
（age-related rules）によってであろうと，制限的な方針（restrictive
policies）によってであろうと」となる。やや冗長になるので，「ラベル
貼り，年齢に関する規則，制限的な方針のいずれによってであろうと」
などとまとめることも考えられる。また，最後の「制限的な方針」は，
「貸し出しに関する制限を設ける方針」などと言葉を補うとわかりやす
い。

● that makes children fall in love with books and reading「子どもを本
や読書と恋に落ちさせる」は strategy を先行詞とする関係代名詞節。
makes children fall in love with 〜「子どもを〜と恋に落ちさせる」は
「子どもが〜を大好きになるようにする」などとするとよい。

━━━━━━━ ●語句・構文● ━━━━━━━

（第1段）●circulate「～（本など）を貸し出す」

（第2段）●play out「起こる，続く」

5 解答

(A)ミュージカルで男の子の役を女の子に演じさせたことを指しており，1980 年代のアメリカでは，一般に男性と女性のふるまい方が明確に区別されていたため，これは「考えられない」ことだった。

(B) How had they known what they looked like

(C)男の子の姿をして舞台に立った筆者が，女の子であることへの違和感から解放され，自らが抱いている自己像としっくりくるものであったために気が楽になっていた。

(D)(ア)(26)— a) 　(27)— b) 　(28)— f) 　(29)— d) 　(30)— c) 　(31)— e)

(イ)— a)

(ウ)— c)

◆━━━━━━ ◆全　訳◆ ━━━━━━◆

≪ジェンダーに関する違和感≫

　私は8歳で，子ども時代のキッチンに座り，父が撮ったホームビデオの1つを見る準備ができている。そのビデオテープはまだどこかにあるのだから，彼女はまだどこかにいる。あの画面上の女の子。もつれた髪，いずれは額の片側に広がることになる，鼻をまたぐようなそばかすのあの女の子。父親が教えてくれたとおりに野球ボールを投げられる体。母親が与えた幅広の腰へと花開いていく準備をして待ち受けている骨やホルモンがその中にある体。いろんな傷のある体。赤ん坊のときに彼女の命を救った外科用メスによる肺と心臓の傷，彼女が幼いときに彼女に触れた男が残した見えない傷。体はひとつの記録だ。あるいは，体は自由である，または体は戦場だ。8歳にしてすでに，彼女は体がその3つのすべてであることを知っている。

　しかし，だれかが小さな間違いをした。学校がミュージカル『南太平洋』を上演しようとしており，女の子のための役が十分ない。そして，彼女は男の子と同じくらい，あるいは男の子たちより背が高い。だから学校は，この典型的な1980 年代のアメリカの町，男が車を運転し，女はバッ

クミラーをのぞきながら口を完全なＯの字の形にして口紅を塗るようなこの場所では考えられないことをした。ミュージカルのために，彼女を男の子にしたのだ。

　いや，と彼女は思う。学校は彼女が男の子になるのを「許した」のだ。

　私が覚えているのは，父がそのビデオテープをプレーヤーに入れるときに自分の顔が紅潮するのを感じたことである。ふだんは，私は自分の映ったビデオを見るのが嫌いである。たいていは，画面上にこの見知らぬ人，パステルカラーの服を着たこの女の子が映っており，私は彼女が自分であるふりをすることになっている。そして彼女は私であり，私は彼女が私だと知っているが，同時に，彼女は私ではない。３年生のとき，私は美術の授業で自画像を描きなさいと言われることになる。この先何年もの間，この感じ，つまり自分の体が何なのか，自分が何者なのかを説明できる言葉がないという感じがいつ始まったのか理解しようとするとき，私は自分の絵をクラスメートたちの絵の隣に置いたときのショックを思い出すことだろう。クラスメートたちは丸い頭にブロンドのカールした髪かクルーカットの髪をした棒人間を描いていた。彼らは自分の家族や飼い犬や太陽の明るい黄色の光を描いていた。ある子はロングヘアに三角の形をした服を，またある子はショートヘアにジーンズを描いていた。どうしてみんな自分がどう見えるかそんなに簡単にわかっていたのだろう？

　私が描いたのは渦巻きだった。

　今，私はキッチンにいて，気づくことは私の兄弟姉妹たちが椅子に座って居心地が悪そうにし，行ってもいいかと尋ね，私はどういうわけかどぎまぎはしていないということだ。私は完全に落ち着いて座っている。自分がこのビデオを見たがっているなんてありうるだろうか？　この気持ちは奇妙なものだ。私はまだ，何かを心の底から自分のものだとみなし，世間が反応するのを見る喜びを知らない。いつか，私は作家になるだろう。いつか，私はこの気持ちを愛するだろう。でも８歳では，私の個人的な世界は私を苦しめも支えもする。そして，それを人と分かち合うのは初めてのことだ。

　母は私の兄弟姉妹を静かにさせ，テーブル上でポップコーンを回す。父は上座にある自分の場所を占める。画面上には小学校の講堂が現れる。舞台の隅には，板に色を塗って作ったヤシの木々がある。

　そして幕が開き，そこに私がいる。髪はうしろになでつけられ，ポニーテールはピンで留めて隠され，白い水兵帽が頭に載っている。髪が隠れて見えないと，私の顔は違って見える。やせて骨細だ。私は無地の白いTシャツを着てブルージーンズの中にたくし込んでいる。ふだんの服についているフリルや飾りは全部はぎ取られている。そして，それと一緒に，どういうわけか，そのほかもろもろのしがらみも取り払われたのだ。生まれてこの方ずっと私はぎこちなく感じてきた。大きさが違うし形が変だ。

　でも，見よ。画面上を。安らぎしかない。

　私が覚えている沈黙がキッチン中に広がったのか，私の中だけに広がったのかわからない。最初に口を開いたのは母だ。「あなた，かっこいい男の子になるのね！」と母は言った。

　私は口に出す勇気のない言葉を感じる。「知ってる」

　その後すぐ，私は自分をしっかり女の子だと特徴づけるロングヘアを無視し始めた。髪は何日も続けて同じポニーテールにしたままで，とうとうもつれて固く黒い塊になった。私の友達はみんな男の子で，いちばん楽しい時間は，私の双子の弟と隣の家の男の子と一緒に芝生の上でティーンエイジ＝ミュータント＝ニンジャ＝タートルズごっこをして過ごす時間だった。私の部屋は青が基調だったし，テディベアも青色，私がなりたかった（ミュータント）タートルはレオナルドだったが，それは彼が頭がいいからというだけではなく，彼の色が青だったからだ。双子の弟が私の手に入らないものを手に入れ——例えば，私たちみんなファンだったのにもかかわらず野球の試合に行くとか，姉妹と私がバレエに連れて行かれているかたわらボーイスカウトでキャンプするとか，私が彼の寝室で見つけたような成人向け雑誌を持っておくとか——，聞かされた理由が「彼は男の子だから」だったとき，激しい怒りが涙で私ののどを詰まらせた。それは嘆きだった，と今は思う。正しく理解されていないという嘆きだ。

　ある日の午後，弟がキャッチボールをするのにまたシャツを着ないでいて，私はそれを許されなかったとき，私は父に女の子でいたくない，女の子でいることがシャツを着なくてはならないという意味なら女の子なんかいやだと宣言した。父は母を呼びに行った。2人はひそひそと言葉を交わし，それから母が私に，女の子でいるのは楽しいはずよ，女の子でいることにはいいことがたくさんあるんだから，と言った。いいことがあるのは

知っていた。それは問題ではない。問題は，人が私を女の子と呼び続けることだった。このことを母に説明することはできないと悟ったのを覚えている。

　1985 年当時，今私が自分はそうだと思っており，最終的に自分自身を理解する手助けになる，「ジェンダークイア」という言葉は，まだ生み出されていなかったのだ。

━━━━━ ◀解　説▶ ━━━━━

◆(A)　下線部は「この典型的な 1980 年代のアメリカの町では考えられないこと」となっている。直後に this typical 1980s American town を言い換えて，「男が車を運転し，女はバックミラーをのぞきながら口紅を塗るのに口を完全な O の字にするようなこの場所」と述べている。男性はこうあるべき，女性はこうすべきというふるまい方が性別で明確に分かれていたことがわかる。これが unthinkable の理由になる。続いて同段最終文（For the musical, …）に「ミュージカルのために，彼女を男の子にしたのだ」とあり，女の子に男の子の役を振ったことが述べられている。これが下線部の指している内容である。

◆(B)　当該箇所は，筆者が学校の美術の授業で自画像を描くように言われたときのことを述べている。下線部の 2 つ前の文（They'd drawn stick …）に「クラスメートたちは丸い頭にブロンドのカールした髪かクルーカットの髪をした棒人間を描いていた」，下線部の直前文（One had drawn …）には「ある子はロングヘアに三角の形をした服を，またある子はショートヘアにジーンズを描いていた」と，ごく一般的な人の絵が描かれていたことが述べられている。下線部直後の第 5 段には「私が描いたのは渦巻きだった」とあり，筆者は自分の姿をうまく人間の姿に描けなかったことがわかる。この文脈と与えられた語から，what they looked like「彼らがどのように見えるか」というまとまりが作れる。下線部の文は so easily?「そんなに簡単に」で終わっており，疑問文なので，残る語と文意から，how had they known「どのようにして彼らは知っていたのか」が作れるので，その目的語として上述の what 節を続けると，「どうして彼らは自分がどう見えるか（そんなに簡単に）わかっていたのだろう？」となり，文脈に合う。

◆(C)　下線部は「安らぎしかない」となっており，直前には「でも見よ。

画面上を」とある。これは筆者が父親の撮ったビデオを家族と一緒に見ている場面で，第 8 段第 2 〜 4 文（My hair brushed …）にあるように，当時の女の子の服には当たり前だったフリルなどの飾りがついていない白いTシャツとジーンズを身につけ，長い髪を水兵帽に隠して男の子の役を演じている筆者が画面に映し出されている。同段最終文（All my life, …）の「生まれてこの方ずっと私はぎこちなく感じてきた。大きさが違うし形が変だ」，第 13 段第 1 文（One afternoon, …）の「私は父に女の子でいたくないと宣言した」，第 14 段（Back then, …）の「ジェンダークイア」からわかるとおり，筆者は女の子として生まれたが，それに違和感を覚えている。ease はその違和感から解放されて気が楽になった状態を表しており，男の子の恰好をしている自分が筆者にとってしっくりくるものだったと考えられる。ease があるのは画面の中，つまり筆者が男の子を演じている時点なので，解答では「男の子を演じる自分を見ている筆者」ではなく「男の子を演じる筆者」を主体とし，「どのように感じたか」も過去のこととして表現する必要がある。なお，下線部が現在時制なのは，筆者が映像を見て説明しているのが「今」だからである。「誰がどのように感じたかを，その理由も含めて説明せよ」という問いに適したまとめ方を心がけること。

◆(D)　▶(ア)　(26)　当該箇所は「父がそのビデオテープをプレーヤーに入れるときに自分の顔が（　　　　）のを感じた」となっている。feel O C「OがCなのを感じる」の第 5 文型であり，選択肢中で意味をなすのは a ）のflush「紅潮する」である。同段第 3 文（Usually there is …）に「たいていは，画面上にこの見知らぬ人，パステルカラーの服を着たこの女の子が映っており，私は彼女が自分であるふりをすることになっている」とあり，ふだんは自分の映像を見て違和感を覚えていることが示されている。一方ここは第 6 〜 8 段で描写されているように，男の子の恰好をした自分が映っているビデオを家族と一緒に見ることに多少の緊張や興奮を感じたと考えられる。

(27)　当該箇所は「ふだんは，私は自分の映ったビデオを見るのが（　　　）」となっている。(26)でみたように，直後の文で「たいていは，画面上にこの見知らぬ人，パステルカラーの服を着たこの女の子が映っており，私は彼女が自分であるふりをすることになっている」と述べられて

おり，ふだんは自分の映ったビデオは見たくないと思っていることがわかる。ｂ）の hate「大嫌いである」が適切。

㉘　当該箇所は「私は自分の絵をクラスメートたちの絵の隣に置いたときの私の（　　　）を思い出す」となっている。直後の２つの文（They'd drawn stick …）では，クラスメートが自画像としてごく一般的な絵を描いたことが述べられており，第５段（I had drawn …）に「私が描いたのは渦巻きだった」とある。自分の絵が他の子どもたちとまったく違うことに気づいたことから，ｆ）の shock「ショック，動揺」が適切。

㉙　当該箇所は「私はまだ，何かを心の底から自分のものだとみなす（　　　）を知らない」となっている。第５段（I had drawn …）で述べられている，自画像を描く授業で渦巻きを描いたことに代表されるように，筆者は自分の身体と心の不一致による違和感を覚えており，「これが自分だ」という自信や満足感を感じていなかった。ｄ）の pleasure「喜び」が適切。

㉚　当該箇所は「いつか，私はこの気持ちを（　　　）だろう」となっている。直後で「でも８歳では，私の個人的な世界は私を苦しめも支えもする」と述べている。筆者が自分の性の違和感に悩まされていることはこれまでみてきたとおりであり，「この気持ち」とはこのことに関する８歳当時の違和感のことである。最終段（Back then, …）に「1985 年当時，今私が自分はそうだと思っており，最終的に自分自身を理解する手助けになる，『ジェンダークイア』という言葉は，まだ生み出されていなかった」とあることから，この違和感は「本当の自分」が感じているものであり，それを筆者が将来全面的に受け入れるようになることを述べていると考えられる。ｃ）の love「〜を愛する」が適切。

㉛　当該箇所は「聞かされた理由が『彼は男の子だから』だったとき，（　　　）が涙で私ののどを詰まらせた」となっている。「理由」とは，同文冒頭にあるように「双子の弟が私の手に入らないものを手に入れる」理由である。直後の文に「それは嘆きだった，と今は思う。正しく理解されていないという嘆きだ」とあることからも，双子なのに弟と同じに扱われないことで筆者が感じたのはｅ）の rage「激しい怒り」が適切。

▶(イ)　当該箇所は「姉妹と私が（　　　）に連れて行かれているかたわら（双子の弟は）ボーイスカウトでキャンプする」となっている。ここは

「双子の弟が，（女の子である）私の手には入らないものを手に入れる」
例のひとつ。選択肢中いわゆる「女の子らしい」イメージのものは a）の
ballet「バレエ」である。

▶㈦　a）「筆者は自分の体が嫌いだった」

身体に関しては第1段第3～6文（A body that can …）に言及があるが，
明快に自分の身体に対する嫌悪は述べられていない。

b）「筆者が男の子と遊ばなくてはならなかったのは，家族の中や近所に
男の子しかいなかったからだ」

第6段第1文（Now, in the kitchen, …）などに姉妹がいること，第12
段第2文（All my friends were …）には，男の子と一緒に遊ぶのがいち
ばん好きだったことが述べられており，仕方なく男の子と遊んだのではな
い。

c）「筆者は小学校のミュージカルで男性の役を演じた」

第2段最終文（For the musical, …）に「ミュージカルのために，彼女
（＝筆者）を男の子にした」とあることと一致する。この選択肢が正解。

d）「筆者は女の子でいることには何もいいことがないと思っていた」

第13段第3・4文（They whispered together, …）に「母が私に，女の
子でいるのは楽しいはずよ，女の子でいることにはいいことがたくさんあ
るんだから，と言った。いいことがあるのは知っていた」とあることと一
致しない。

e）「筆者は小学生のときは女の子でいることが幸せだった」

文章冒頭に I am eight years old「私は8歳だ」とあり，第3段第2文
（They have *allowed* …）の「彼女（＝筆者）が男の子になることを
『許した』」などにみられるとおり，文章全体で基本的に当時の筆者が女
の子として扱われることに違和感を抱いていたことが描写されている。

◆━◆━◆━◆　●語句・構文●　━◆━◆━◆━◆━◆━◆━◆━◆

（第2段）　●slip「（些細な）間違いをする」　●put on ～「～（劇など）
　を上演する」

（第10段）　●make a good-looking boy「格好のよい男の子になる」
　make は第2文型で「（主語）が（素養があって）～になる」の意を表す。

（第14段）　●genderqueer「ジェンダークイア」は性自認が既存の性別
　にあてはまらなかったり，流動的だったりする人を表す。

❖講 評

　大問数は 5 題で例年どおりである。選択問題での解答方式がマークシート法であることも 2015 年度以降同じである。例年，内容や出題形式に多少の変化がみられるが，2022 年度は 2021 年度と同様であった。

　1 ⑷英文の内容を日本語で要約するもの。字数は 70〜80 字。⑻文の空所補充と語句整序。

　2 ⑷意見論述。示された主張に対して，自分の考えを述べるもの。60〜80 語。⑻和文英訳。1 段落分の和文中の下線部を英訳するもの。

　3 リスニング。3 つのパートに分かれており，いずれも 2 回ずつ放送される。⑷はモノローグ，⑻・⑼は講義で，内容はそれぞれ独立している。リスニングは試験開始後 45 分経過した頃から約 30 分間行われる。

　4 ⑷文法・語彙，読解問題。各段落に 5 カ所ある下線部のうち，誤りを含む箇所を一つ指摘するもの。⑻英文和訳問題。一連の英文中の 3 カ所を和訳するもの。

　5 長文読解。今で言う性別違和に幼い頃に気づいた筆者が当時のことを独特な時制で語った随筆。

　以下，各問題の詳細をみる。

　1 ⑷ 英文量は約 410 語でやや長めである。「人間にとって食べ物がもつ意味」は，食べ物を分け合うという行為を取り上げ，食べ物が単に生きていくための必要物であることをはるかに超えて，人間を人間たらしめるものの基礎にあることを論じたもの。論旨は明快であるが，豊富に示された例が表すことを，定められた字数に収まるように表現することがポイントである。

　⑻ 英文量は約 880 語（空所を埋めると約 970 語）で，このタイプの問題ではやや長めである。5 カ所ある空所に合う文を選ぶ問題と，文意に合うように語を並べ替える問題の 2 種類。選択肢に紛らわしいものはなく，並べ替え箇所もどのような意味になるかは推測しやすい。

　2 ⑷ 意見論述。「芸術は社会の役に立つべきだ」という主張について，理由を添えて自分の考えを述べるもの。「役に立つか」ではなく「役に立つべきだ」となっていることで，どのような視点から述べるかにある種のひねりが生まれる。指定語数はあまり多くないので，妥当な理由を簡潔かつ説得力をもたせて述べることが求められる。

　(B)　和文英訳。一連の文章中の下線部 1 カ所（ 1 文）を英訳するもの。英訳箇所の長さは 2021 年度とほぼ同じである。 1 文ではあるが，内容上複数の文に分けることも可能。語句面でも構文面でも比較的解答しやすい問題であった。

　3　(A)　希少なオウム貝の探索についての記録を述べたもの。記録であるため，出来事の順序など事実関係を聞き取ることが中心である。

　(B)　頭の中に流れている考えがどのようなものかに関する研究を述べた講義。思考に関する一般のイメージを覆す調査結果がさまざまに示されており，しっかりと話についていく必要がある。

　(C)　科学捜査に関して，テレビ番組や映画でよく見るものが実際とは異なることを説明した講義。専門的な語句が使われており，それ自体が問いになっているものもあるので，説明をよく聞き取って対応したい。

　4　(A)　 5 段落構成の一連の文章で，各段落に 5 カ所ずつ下線が入っており，そのうち誤りを含むものを選ぶ問題。語句や文法事項の知識と文脈を把握する力が試されるが，いずれも比較的容易である。

　(B)　一連の文章中の 3 カ所の英文和訳。いずれの箇所も短く，語句，構文面で難解なものはないが， 1 カ所，指示内容を明らかにして訳すことが求められた。

　5　性別違和に幼くして気づいた筆者が当時を振り返って語る随筆。前半は子どもの頃のことを現在形で語るという独特な述べ方であるため，状況がつかみにくいかもしれないが，現在と過去が交錯するフラッシュバックのような効果を上げている。設問は，記述式の内容説明，語句整序，選択式の空所補充，内容真偽で，2019〜2021 年度と同様であった。

数学

1 **◇発想◇** (1) 増減表による。

(2) 最小値を与える x の値での $f(x)$ の値を計算する。積分は部分積分による。

解答 (1) $f(x) = (\cos x) \log (\cos x) - \cos x + \displaystyle\int_0^x (\cos t) \log (\cos t)\, dt$

$f'(x) = (-\sin x) \log (\cos x) - \sin x + \sin x + (\cos x) \log (\cos x)$

$\qquad = (\cos x - \sin x) \log (\cos x)$

よって，$f(x)$ の増減表は右のようになる。

ゆえに，$f(x)$ は $0 \leqq x < \dfrac{\pi}{2}$ において最小

値を持つ。　　　　　　　　　　（証明終）

x	0	$\cdots$	$\dfrac{\pi}{4}$	$\cdots$	$\left(\dfrac{\pi}{2}\right)$
$f'(x)$		$-$	0	$+$	
$f(x)$		$\searrow$	最小	$\nearrow$	

(2)　$f\left(\dfrac{\pi}{4}\right) = \dfrac{1}{\sqrt{2}} \log \dfrac{1}{\sqrt{2}} - \dfrac{1}{\sqrt{2}} + \displaystyle\int_0^{\frac{\pi}{4}} (\cos t) \log (\cos t)\, dt$

(i)　$\dfrac{1}{\sqrt{2}} \log \dfrac{1}{\sqrt{2}} - \dfrac{1}{\sqrt{2}} = \dfrac{\sqrt{2}}{2} \log 2^{-\frac{1}{2}} - \dfrac{\sqrt{2}}{2}$

$\qquad\qquad\qquad\qquad = -\dfrac{\sqrt{2}}{4} \log 2 - \dfrac{\sqrt{2}}{2}$　……①

(ii)　$\displaystyle\int_0^{\frac{\pi}{4}} (\cos t) \log (\cos t)\, dt = \int_0^{\frac{\pi}{4}} (\sin t)' \log (\cos t)\, dt$

$\qquad\qquad = \left[(\sin t) \log (\cos t) \right]_0^{\frac{\pi}{4}} + \int_0^{\frac{\pi}{4}} \dfrac{\sin^2 t}{\cos t}\, dt$

$\qquad\qquad = \dfrac{1}{\sqrt{2}} \log \dfrac{1}{\sqrt{2}} + \int_0^{\frac{\pi}{4}} \dfrac{1 - \cos^2 t}{\cos t}\, dt$

$\qquad\qquad = -\dfrac{\sqrt{2}}{4} \log 2 + \int_0^{\frac{\pi}{4}} \dfrac{dt}{\cos t} - \int_0^{\frac{\pi}{4}} \cos t\, dt$

$\qquad\qquad = -\dfrac{\sqrt{2}}{4} \log 2 + \int_0^{\frac{\pi}{4}} \dfrac{dt}{\cos t} - \left[\sin t \right]_0^{\frac{\pi}{4}}$

$$= -\frac{\sqrt{2}}{4}\log 2 - \frac{\sqrt{2}}{2} + \int_0^{\frac{\pi}{4}} \frac{dt}{\cos t} \quad \cdots\cdots ②$$

ここで

$$\int_0^{\frac{\pi}{4}} \frac{dt}{\cos t} = \int_0^{\frac{\pi}{4}} \frac{\cos t}{\cos^2 t} dt$$

$$= \int_0^{\frac{\pi}{4}} \frac{\cos t}{(1+\sin t)(1-\sin t)} dt$$

$$= \frac{1}{2} \int_0^{\frac{\pi}{4}} \left(\frac{\cos t}{1+\sin t} + \frac{\cos t}{1-\sin t} \right) dt$$

$$= \frac{1}{2} \Big[\log(1+\sin t) - \log(1-\sin t) \Big]_0^{\frac{\pi}{4}}$$

$$= \frac{1}{2} \left[\log \frac{1+\sin t}{1-\sin t} \right]_0^{\frac{\pi}{4}}$$

$$= \frac{1}{2} \log \frac{\sqrt{2}+1}{\sqrt{2}-1}$$

$$= \log(\sqrt{2}+1) \quad \cdots\cdots ③$$

②，③から

$$\int_0^{\frac{\pi}{4}} (\cos t)\log(\cos t)\, dt = -\frac{\sqrt{2}}{4}\log 2 - \frac{\sqrt{2}}{2} + \log(\sqrt{2}+1) \quad \cdots\cdots ④$$

①，④から，$f(x)$ の最小値は

$$f\left(\frac{\pi}{4}\right) = -\frac{\sqrt{2}}{4}\log 2 - \frac{\sqrt{2}}{2} - \frac{\sqrt{2}}{4}\log 2 - \frac{\sqrt{2}}{2} + \log(\sqrt{2}+1)$$

$$= \log(\sqrt{2}+1) - \frac{\sqrt{2}}{2}\log 2 - \sqrt{2} \quad \cdots\cdots (答)$$

━━━■ ◀解　説▶ ■━━━

≪三角関数と対数関数の合成関数の増減と最小値，定積分の値≫

▶(1)　$\dfrac{d}{dx}\log(\cos x) = \dfrac{-\sin x}{\cos x}$，$\dfrac{d}{dx}\displaystyle\int_0^x g(t)\,dt = g(x)$ な ど に 注 意 し て，

$f'(x)$ を計算し，増減表を作る。落とせない設問である。

▶(2)　$\displaystyle\int_0^{\frac{\pi}{4}} (\cos t)\log(\cos t)\, dt$ の計算が成否を分ける。部分積分により計

算を進めると，$\displaystyle\int_0^{\frac{\pi}{4}} \frac{dt}{\cos t} dt$ がポイントとなることがわかる。

$\displaystyle\int\frac{dt}{\cos t}=\frac{1}{2}\log\frac{1+\sin t}{1-\sin t}+C$（$C$ は積分定数）を公式として用いても許され

ると思われるが，〔解答〕ではこの導出過程も記しておいた。

2 ◇発想◇　(1)　a_n を mod 5 で考えて，周期性を見出す。

(2)　$a_{k+1},\ a_{k+2},\ a_{k+3},\ \cdots,\ a_{k+j}$ を考えて，$a_{k+j}=$（a_k の倍数）$+a_j$ であることを見出し，これを利用する。

(3)　まず，8088 が 2022 の倍数であることから(2)を利用する。次いで，$a_{8089},\ a_{8090},\ a_{8091}$ を $a_{n+1}=a_n{}^2+1$ にしたがって計算してみる。最後は，$\{a_n\}$ の mod 25 での周期性を用いる。

解答　(1)　$a_1=1,\ a_{n+1}=a_n{}^2+1$（$n$ は正の整数）から，a_n はすべて正の整数である。mod 5 で考えると

$$a_1\equiv1,\ a_2\equiv a_1{}^2+1\equiv2,\ a_3\equiv a_2{}^2+1\equiv0,\ a_4\equiv a_3{}^2+1\equiv1$$

となる。よって，$\{a_n\}$ は 1, 2, 0（mod 5）の繰り返しとなる。

ゆえに，n が 3 の倍数のとき，a_n は 5 の倍数となる。　　　　（証明終）

(2)　$a_1(=1)<a_2<a_3<\cdots$ であるから，$n<k$ のとき，a_n は a_k の倍数とならない。そこで，以下，$n\geqq k$ として考える。

まず，任意の正の整数 j に対して

$$a_{k+j}=（a_k \text{ の倍数}）+a_j \quad\cdots\cdots(*)$$

であることを j についての帰納法で示す。

(ⅰ)　$j=1$ のとき

$$a_{k+1}=a_k{}^2+1=（a_k \text{ の倍数}）+a_1$$

なので，（＊）は成り立つ。

(ⅱ)　ある正の整数 j で（＊）が成り立つとする。以下，（＊）の右辺の（a_k の倍数）を K と書く。このとき，$a_{k+j}=K+a_j$ である。

$$\begin{aligned}a_{k+j+1}&=(a_{k+j})^2+1=(K+a_j)^2+1\\&=K^2+2a_jK+a_j{}^2+1=（a_k \text{ の倍数}）+a_{j+1}\end{aligned}$$

よって，（＊）は j を $j+1$ としても成り立つ。

(ⅰ)，(ⅱ)から，任意の正の整数 j に対して，（＊）が成り立つ。

したがって

「a_{k+j} が a_k の倍数となるための条件は，a_j が a_k の倍数となること」

　　　　　　　　　　　　　　　　　　　　　　　　　　　　　$\cdots\cdots$①

となる。

a_k は a_k の倍数なので，$j=k$, $2k$, $3k$, $\cdots$ として①を順次用いると

「a_k, a_{2k}, a_{3k}, $\cdots$, は a_k の倍数」である。

よって，「n が k の倍数ならば，a_n は a_k の倍数」となる。

逆に，a_n が a_k の倍数ならば，n が k の倍数であることを示す。

n が k の倍数ではないとして矛盾を導く。

n を k で割ったときの商を q（$\geqq 1$）とすると

$$a_n = a_{k+(n-k)}, \quad a_{n-k} = a_{k+(n-2k)}, \quad a_{n-2k} = a_{k+(n-3k)}, \quad \cdots,$$

$$a_{n-(q-1)k} = a_{k+(n-qk)}$$

において，a_n が a_k の倍数であることから，①を順次用いて

$$a_{n-k}, \quad a_{n-2k}, \quad a_{n-3k}, \quad \cdots, \quad a_{n-(q-1)k}, \quad a_{n-qk} \text{ は } a_k \text{ の倍数} \quad \cdots\cdots ②$$

となる。

ここで，n が k の倍数ではないので，$1 \leqq n-qk < k$ であり，a_{n-qk} は a_k の倍数ではあり得ない。これは②と矛盾する。

したがって，「a_n が a_k の倍数ならば，n は k の倍数」でなければならない。

以上から，求める条件は

　　　n が k の倍数であること　　$\cdots\cdots$(答)

(3)　8088 は 2022 の倍数なので，(2)から，a_{8088} は a_{2022} の倍数である。

よって，順次

$$a_{8089} = (a_{8088})^2 + 1 = (a_{2022} \text{ の倍数}) + 1$$

$$a_{8090} = (a_{8089})^2 + 1 = \{(a_{2022} \text{ の倍数}) + 1\}^2 + 1 = (a_{2022} \text{ の倍数}) + 2$$

$$a_{8091} = (a_{8090})^2 + 1 = \{(a_{2022} \text{ の倍数}) + 2\}^2 + 1 = (a_{2022} \text{ の倍数}) + 5$$

したがって，a_{2022} と a_{8091} の最大公約数を g とすると，g は 5 の約数であることが必要。ここで，2022 も 8091 も 3 の倍数なので，(1)から，a_{2022} も a_{8091} も 5 の倍数である。よって，$g=5$ であり

　　　$a_{2022} = 5A$, $\quad a_{8091} = 5B$　　（A と B は互いに素な正の整数）

と書ける。$a_{2022} = 5A$ と $(a_{8091})^2 = 25B^2$ の最大公約数を G とおくと

$$G = \begin{cases} 5 & (a_{2022} \text{ が 25 の倍数ではないとき}) \\ 25 & (a_{2022} \text{ が 25 の倍数のとき}) \end{cases}$$

となる。

今，mod 25 で考えると，$a_1 \equiv 1$, $a_2 \equiv 2$, $a_3 \equiv 5$, $a_4 \equiv 1$ なので，$\{a_n\}$ は 1, 2, 5 の繰り返しとなる。よって，a_{2022} は 25 の倍数ではない。

ゆえに，a_{2022} と $(a_{8091})^2$ の最大公約数は　　　**5**　……(答)

━━━━◀解　説▶━━━━

≪整数からなる数列の mod 5，mod 25 での周期性，最大公約数≫

▶(1)　過去問でも出題されている類の設問で難しいところはない。

▶(2)　まず，$a_{k+j} = (a_k$ の倍数$) + a_j$ であることを見出す。これが，本問のポイントである。次いで，これを用いて，「a_{k+j} が a_k の倍数となるための条件は，a_j が a_k の倍数となること」を見出す。これにより，「n が k の倍数ならば，a_n は a_k の倍数である」ことを導くことができる。最後は，この逆を示す。このために，a_n が a_k の倍数であるのに，n が k の倍数ではないとして矛盾を導く。n を k で割ったときの商を q として，a_n が a_k の倍数であることから，a_{n-k}，a_{n-2k}，a_{n-3k}，…，$a_{n-(q-1)k}$，a_{n-qk} が順次 a_k の倍数であることを示し，$1 \le n - qk < k$ から矛盾を導く。本問は，結論を自ら見出さなければならないうえに，そこに至るまでの何段階かの命題を組み立てなければならないので，相応の時間と論証力を要する。試験時間と，多段階で正確に証明しなければならないことを考慮すると，試験場ではかなり手こずるものと思われる。

▶(3)　まず，(2)から，a_{8088} は a_{2022} の倍数であることと，$a_{n+1} = a_n{}^2 + 1$ を用いて，a_{2022} と a_{8091} の最大公約数は，5 の約数であることを導く。次いで，(1)から，a_{2022} も a_{8091} も 5 の倍数であるから，a_{2022} と $(a_{8091})^2$ の最大公約数は 25 の約数であることを導く。最後は，a_{2022} が 25 の倍数ではないことを，$\{a_n\}$ の mod 25 での周期性から示す。(2)ほどではないが，本問も結論に至る組み立ては易しいとはいえない。

━━━━━━━━━━━━━━━━━━━━━━━━

3　◆発想◆　(1)　領域 D 内の点で O または A または B から十分離れていない点の範囲を考え，それ以外の部分にある放物線上の点の x 座標を考える。

(2)　P を固定するごとに，P から十分離れていない点の範囲は，P を中心とする 1 辺の長さが 2 の正方形の内部で D 内の部分（K とする）である。K と J の共通部分の面積を J の面積から引く。

(3)　$f(a)$ の増減を考える。

解答 (1) 点 $S(x_1, y_1)$ が 点 $T(x_2, y_2)$ から十分離れていないための条件は

$$|x_1 - x_2| < 1 \quad かつ \quad |y_1 - y_2| < 1$$

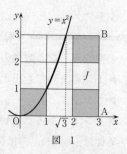

図 1

が成り立つことである。これは，S が T を中心とする1辺の長さが2の正方形の内部にあることである。よって，D 内の点で O または A または B から十分離れていない点の範囲は図1の網かけ部分（境界除く）である。したがって，D 内の放物線上の点 P が O，A，B のいずれからも十分離れているための条件は，P が図1の網かけ部分を除く領域（これを J とおく）内にあることである。図1の太線部分の x 座標を考えて

$$1 \leq a \leq \sqrt{3} \quad \cdots\cdots(答)$$

(2) P から十分離れていない点の範囲は，図2の斜線部分（P を中心とする1辺の長さが2の正方形の内部で D 内の部分）であり，これを K とする。K のうち網かけ部分と重ならない部分（太線で囲まれた図形）の面積を J の面積6から引いた値が $f(a)$ である。

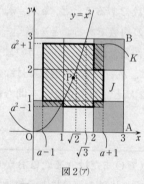

図2(ア)

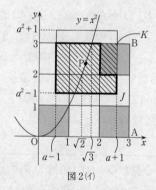

図2(イ)

(ア) $1 \leq a \leq \sqrt{2}$ のとき

$$f(a) = 6 - \{4 - (2-a)(2-a^2) - (a-1)(2-a^2) - (a-1)(a^2-1)\}$$
$$= a^3 - 2a^2 - a + 5$$

(イ) $\sqrt{2} < a \leq \sqrt{3}$ のとき

$$f(a) = 6 - \{4 - 2(a^2-2) - 1 \cdot (a-1)\}$$
$$= 2a^2 + a - 3$$

ゆえに

$$f(a) = \begin{cases} a^3 - 2a^2 - a + 5 & (1 \leqq a \leqq \sqrt{2}) \\ 2a^2 + a - 3 & (\sqrt{2} < a \leqq \sqrt{3}) \end{cases} \quad \cdots\cdots (答)$$

(3)　　$f'(a) = \begin{cases} 3a^2 - 4a - 1 & (1 < a < \sqrt{2}) \\ 4a + 1 > 0 & (\sqrt{2} < a < \sqrt{3}) \end{cases}$

$f'(a) = 3a^2 - 4a - 1 = 0$ の解は $a = \dfrac{2 \pm \sqrt{7}}{3}$ であるから

$f(a) = a^3 - 2a^2 - a + 5$ の $1 \leqq a \leqq \sqrt{2} \left(< \dfrac{2 + \sqrt{7}}{3} \right)$ での

a	1	$\cdots$	$\sqrt{2}$
$f'(a)$		$-$	
$f(a)$		$\searrow$	

増減表は右のようになる。

よって，$1 \leqq a \leqq \sqrt{2}$ では，$f(a)$ は単調減少。

また，$\sqrt{2} < a \leqq \sqrt{3}$ では，$f(a)$ は単調増加。

以上と，$f(a)$ が $1 \leqq a \leqq \sqrt{3}$ で連続であることか

ら，$f(a)$ を最小にする a の値は

　　　$a = \sqrt{2}$　　$\cdots\cdots$（答）

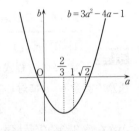

〔注〕　$1 < a < \sqrt{2}$ で，$f'(a) < 0$ となることは，ab

平面上で，$b = 3a^2 - 4a - 1$ のグラフを考えて得る

こともできる。

■■■■ ◀解　説▶ ■■■■

≪2 点の x, y 座標の差と点の存在範囲，関数の増減と最小値≫

　点 (x, y) が点 (a, b) から十分離れていないための条件は，

$|x - a| < 1$ かつ $|y - b| < 1$ が成り立つことである。これは，点 (x, y) が

点 (a, b) を中心とする 1 辺の長さが 2 の正方形の内部にあることである。

このように「十分離れていない」を考える方が，正方形と長方形の組み合

わせに帰着するので考えやすいと思われる。

▶(1)　まず，D 内の点で O または A または B から十分離れていない点の

範囲（図 1 の網かけ部分）を捉えて，それ以外の領域（J）にある放物線

上の x 座標を考えるとよい。ぜひ完答したい設問である。

▶(2)　放物線上の点 P を固定する（a を固定する）ごとに，P を中心とす

る 1 辺の長さが 2 の正方形を考える。a の値によって，これが D 内に収

まるときと，はみ出すときがあることに気づくことがポイントである。こ

のはみ出しは D の上側でしか起きないこともポイント。正方形の D 内の

部分と J の領域との共通部分の面積を J の面積から除くとよいのだが，間

違えやすい設問である。

▶(3) $f(a)$ の増減を考えるだけなのだが、(2)が正しくできていなければ、正答を得ることができない。

4　◇発想◇　(1)　$P(p, q)$ として、$l: y = a(x-p) + q$ と $y = x^3 - x$ から y を消去した x の3次方程式が、p, q によらず常に、異なる3つの実数解をもつような実数 a がとれることを示す。

(2)　l と C の3つの交点の x 座標を小さい方から順に α, β, γ とし、$f(x) = x^3 - (a+1)x + ap - q$ について、$\displaystyle\int_\alpha^\gamma f(x)\,dx = 0$ が成り立つような実数 α, γ が存在するときの l の条件を求める。このような l の通過範囲が、求める点 P のとりうる範囲となる。

解答　(1)　$P(p, q)$ とする。y 軸に平行な直線は条件を満たさないので、l の方程式を $y = a(x-p) + q$ とおくことができる。このとき、任意の実数 p, q に対して、x の3次方程式

$$x^3 - x - a(x-p) - q = 0 \quad \text{すなわち} \quad x^3 - (a+1)x + ap - q = 0$$

が異なる3つの実数解をもつような実数 a がとれることを示すとよい。このために、$f(x) = x^3 - (a+1)x + ap - q$ として、任意の実数 p, q に対して、$f(x)$ が異符号の極値をもつような実数 a がとれることを示す。まず

$$f'(x) = 0 \quad \text{すなわち} \quad 3x^2 - (a+1) = 0$$

が異なる2つの実数解をもつことが必要であるから、$a > -1$ でなければならない。

このもとで、2つの極値の積 $f\left(\sqrt{\dfrac{a+1}{3}}\right) f\left(-\sqrt{\dfrac{a+1}{3}}\right)$ が負となるような $a\,(>-1)$ が存在することを示す。

$$f\left(\sqrt{\frac{a+1}{3}}\right) = \frac{a+1}{3}\sqrt{\frac{a+1}{3}} - \sqrt{\frac{a+1}{3}}(a+1) + ap - q$$

$$= -\frac{2}{3}(a+1)\sqrt{\frac{a+1}{3}} + ap - q$$

$$f\left(-\sqrt{\frac{a+1}{3}}\right) = -\frac{a+1}{3}\sqrt{\frac{a+1}{3}} + \sqrt{\frac{a+1}{3}}(a+1) + ap - q$$

$$= \frac{2}{3}(a+1)\sqrt{\frac{a+1}{3}} + ap - q$$

より

$$f\left(\sqrt{\frac{a+1}{3}}\right)f\left(-\sqrt{\frac{a+1}{3}}\right) = (ap-q)^2 - \frac{4}{27}(a+1)^3$$

これは a についての 3 次関数で a^3 の係数が負であるから，任意の p，q に対して十分大きな a をとれば，確かに負となる。

以上から，座標平面上のすべての点 P は条件(i)を満たす。　　（証明終）

(2)　まず，P $(p,\ q)$ を通る直線 $l : y = a(x-p) + q$ で，条件(ii)で与えられた性質を満たすものは，原点を通るものに限ることを示す。

l と C が相異なる 3 つの点で交わるとき，3 交点の x 座標は，(1)の $f(x) = 0$ の 3 解である。これらを小さい方から順に α，β，γ とする。

このとき，l が条件(ii)で与えられた性質を満たすならば

$$\int_\alpha^\beta f(x)\,dx = -\int_\beta^\gamma f(x)\,dx \quad \text{すなわち} \quad \int_\alpha^\gamma f(x)\,dx = 0$$

が成り立つ。これより

$$\int_\alpha^\gamma \{x^3 - (a+1)x + ap - q\}\,dx = 0$$

$$\left[\frac{x^4}{4} - \frac{a+1}{2}x^2 + (ap-q)x\right]_\alpha^\gamma = 0$$

$$\frac{1}{4}(\gamma^4 - \alpha^4) - \frac{a+1}{2}(\gamma^2 - \alpha^2) + (ap-q)(\gamma - \alpha) = 0$$

$\alpha \neq \gamma$ なので，これを整理すると

$$(\alpha^2 + \gamma^2)(\alpha + \gamma) - 2(a+1)(\alpha + \gamma) + 4(ap-q) = 0 \quad \cdots\cdots\text{①}$$

ここで，α，β，γ は $x^3 - (a+1)x + ap - q = 0$ の 3 解なので

$$\alpha + \beta + \gamma = 0,\quad \alpha\beta + \beta\gamma + \gamma\alpha = -(a+1),\quad \alpha\beta\gamma = -(ap-q)$$

が成り立ち

$$\begin{aligned}
a+1 &= -(\alpha+\gamma)\beta - \gamma\alpha \\
&= (\alpha+\gamma)^2 - \gamma\alpha \\
&= \alpha^2 + \alpha\gamma + \gamma^2 \quad \cdots\cdots\text{②}
\end{aligned}$$

$$\begin{aligned}
ap - q &= -\alpha\beta\gamma \\
&= \alpha\gamma(\alpha+\gamma) \quad \cdots\cdots\text{③}
\end{aligned}$$

①，②，③から

$$(\alpha^2+\gamma^2)(\alpha+\gamma)-2(\alpha^2+\alpha\gamma+\gamma^2)(\alpha+\gamma)+4\alpha\gamma(\alpha+\gamma)=0$$
$$(\alpha+\gamma)(\alpha-\gamma)^2=0$$

これと，$\alpha \neq \gamma$ から，$\gamma=-\alpha$ となる。このとき，$\beta=0$ となり，C と l の交点の1つは原点となるので，l は原点を通る直線でなければならない。

逆に，l が原点を通り，C と異なる3点で交わるとき，C は原点に関して対称であるから，C と l で囲まれた2つの部分の面積は等しい。

以上から，条件(ⅱ)を満たす点Pの存在範囲は，原点を通り，C と異なる3点で交わるような直線の存在範囲となる。

原点を通る直線 $y=ax$ が C と異なる3点と交わ
るための条件は，$x^3-x=ax$ すなわち
$x\{x^2-(a+1)\}=0$ が異なる3つの実数解をもつ条
件から，$a>-1$ となる。

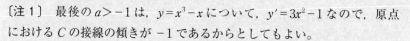

ゆえに，条件(ⅱ)を満たす点Pの存在範囲は，右図
の網かけ部分（境界は原点のみを含む）である。

〔注1〕 最後の $a>-1$ は，$y=x^3-x$ について，$y'=3x^2-1$ なので，原点における C の接線の傾きが -1 であるからとしてもよい。

〔注2〕 $a>-1$ は(1)ですでに，l と C が異なる3点で交わるための必要条件として現れているが，(1)は，P(p, q) ごとに，十分大きな a をとれば，l と C が異なる3点で交わるというだけなので，$a>-1$ が必要十分条件であるわけではない。したがって，$y=ax$ と C が異なる3点で交わるための a の条件は，改めて記しておく必要がある。

参考 〔解答〕にあるように，C は原点に関して対称であるから，l が原点を通り，C と異なる3点で交わる場合には，C と l で囲まれた2つの部分の面積は等しい。このとき，l 上の任意の点は条件(ⅱ)を満たす。このことから，このような直線 l の通過範囲が求めるものであることが容易に予想される。しかし，この予想を示すためには，これ以外の範囲の点が条件(ⅱ)を満たさないことを示さなければならない。図形的な直感でこれをきちんと示すことは易しくはないが，参考までに，以下にその一例を述べておく。

〔解答〕の網かけ部分以外に属する任意の点P(p, q) を考える。まず，Pが領域 $K(y>-x$ かつ $x<0)$ にある場合を考える（領域 $y<-x$ かつ $x>0$ にある場合も同様である）。このとき

$q > -p$　かつ　$p < 0$　……㋐

である。K 内の点 P を通り，C と異なる 3 点と交わる直線 l の方程式を(1)
と同様に，$y = a(x-p) + q$ とおく。

まず，(1)で示したように，$a > -1$ が必要である。

よって，㋐の $p < 0$ から，$ap < -p$ であり

$ap - q < -p - q < 0$　……㋑

が成り立つ。

次いで，C と l の 3 つの交点を A，B，D とし，それらの x 座標を α，β，
γ $(\alpha < \beta < \gamma)$ とする。α，β，γ は $x^3 - (a+1)x + ap - q = 0$ の 3 解なので，
解と係数の関係から，$\alpha + \beta + \gamma = 0$ となり，$\alpha < 0 < \gamma$ である。

さらに，㋑から，$\alpha\beta\gamma = -(ap-q) > 0$ なので，
$\alpha\beta > 0$ となり

$\alpha < \beta < 0 < \gamma$　……㋒

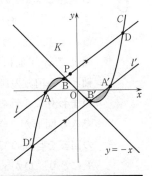

である。㋒から，l，A，B，D を O に関して
対称に移動したものをそれぞれ l'，A′，B′，D′
とすると，右図のようになる。よって，C と l
で囲まれた 2 つの部分の面積が等しくなること
はない。

◀解　説▶

≪原点対称な 3 次関数のグラフと直線で囲まれた部分の面積，条件を満た
す点の存在範囲≫

　素材は原点対称な 3 次関数のグラフと直線という馴染みのものだが，(1)，
(2)とも「存在」を条件とした設問であるから，論理を大切にした記述に注
意しなければならない。

▶(1)　まず，$f(x) = x^3 - (a+1)x + ap - q$ として，任意の実数 p，q に対し
て，$f(x)$ が異符号の極値をもつような実数 a が存在することを示せばよ
いという方向性を捉える。そのためには，$f'(x) = 0$ が異なる 2 つの実数解
をもつことが必要である。これは，$a > -1$ となる。このもとで，$f(x)$ の
2 つの極値の積が負となるような a (> -1) が存在することを示すことに
なる。計算を進めると，十分大きな a をとればよいということがわかる。
極限をとってきちんと示すこともできるが，ここは〔解答〕程度の記述で
十分である。

▶(2)　〔解答〕や〔参考〕に述べたように，C が原点対称であることから，原点を通り，C と異なる 3 点で交わるような直線の通過範囲内の点は条件(ii)を満たすこと（十分性）は明らかなのだが，この範囲外の点が条件(ii)を満たさないこと（必要性）を図形的な直感のもとできちんと示すのはかなり困難である。そこで，〔解答〕のように，素直に面積計算から，条件(ii)で与えられた性質をもつ直線 l は原点を通るものに限られるという l についての必要条件を導くのがよい。これは，面積計算と，解と係数の関係を用いて導くことができる。これが出題の意図に則した解法と思われる。

5　◇発想◇　S 上の点 P を固定するごとに，線分 PQ の全体は，P を通り，xy 平面に下ろした垂線 PH を軸とする円錐の側面である。まず，点 Q が底面の円周上を動くとき，点 M はこの円錐の側面上で xy 平面に平行な円（C とおく）を描く。S 自体も z 軸を軸とする円錐の側面であるから，次に，最初に固定した P を z 軸のまわりに 1 回転したとき，円 C が z 軸のまわりに 1 回転してできる図形が，立体 K の断面となる。最終的には，z 軸まわりの回転を行うので，最初の P はどこにとってもよいが，線分 AB 上にとり，Q が x 軸上にあるとして考えるとよい。M の z 座標を m として考えると，立体 K の平面 $z=m$ による断面が得られる。この断面積を m で表し，$\dfrac{1}{2} \leqq m \leqq 1$ で積分する。

解答　まず，P が線分 AB 上にあるときを考え，Q が x 軸上にあるようなときの M を考える。M の z 座標を $m \left(\dfrac{1}{2} \leqq m \leqq 1 \right)$ とすると

$$\mathrm{P}\,(2-2m,\ 0,\ 2m)$$

である。P から x 軸に下ろした垂線を PH とし，線分 PH の中点を N とすると

$$\mathrm{N}\,(2-2m,\ 0,\ m)$$

である。

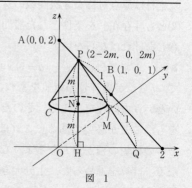

図　1

Pを固定し，Qを直線 PH のまわりに1回転させるとき，Mは平面 $z=m$ 上でNを中心とする半径 $\sqrt{1-m^2}$ の円を描く（図1）。これを C とする。

次いで，円 C を底面とし，Pを頂点とする円錐を z 軸のまわりに1回転させたときに，C が通過する範囲は，図2の原点Oを中心とする半径 $2-2m+\sqrt{1-m^2}$ の円と，Oを中心とする半径 $2-2m-\sqrt{1-m^2}$ の円で挟まれた円環（図2の網かけ部分（$m=1$ のときは点O））となる。

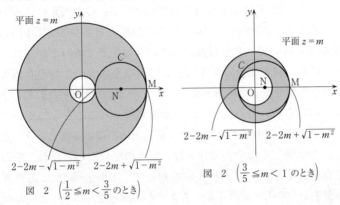

図 2 $\left(\dfrac{1}{2}\leqq m<\dfrac{3}{5}\text{ のとき}\right)$ 図 2 $\left(\dfrac{3}{5}\leqq m<1\text{ のとき}\right)$

これが，立体 K の平面 $z=m$ による断面であり，m が $\dfrac{1}{2}$ から1まで変化すると，Pの z 座標は1から2まで変化する。

この円環の面積は

$$\pi\{(2-2m+\sqrt{1-m^2}\,)^2-(2-2m-\sqrt{1-m^2}\,)^2\}$$
$$=8\pi(1-m)\sqrt{1-m^2}$$

よって，K の体積を V とすると

$$\frac{V}{8\pi}=\int_{\frac{1}{2}}^{1}(1-m)\sqrt{1-m^2}\,dm$$
$$=\int_{\frac{1}{2}}^{1}\sqrt{1-m^2}\,dm-\int_{\frac{1}{2}}^{1}m\sqrt{1-m^2}\,dm$$

ここで

$$\int_{\frac{1}{2}}^{1}\sqrt{1-m^2}\,dm=\frac{\pi}{6}-\frac{\sqrt{3}}{8}$$

（図3の網かけ部分の面積）

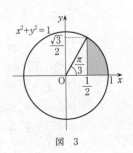

図 3

$$\int_{\frac{1}{2}}^{1}m\sqrt{1-m^2}\,dm=\left[-\frac{1}{3}(1-m^2)^{\frac{3}{2}}\right]_{\frac{1}{2}}^{1}=\frac{\sqrt{3}}{8}$$

ゆえに

$$V = 8\pi\left(\frac{\pi}{6} - \frac{\sqrt{3}}{8} - \frac{\sqrt{3}}{8}\right) = \frac{4}{3}\pi^2 - 2\sqrt{3}\,\pi \quad \cdots\cdots(答)$$

◆━━━━━━━◀解 説▶━━━━━━━◆

≪円錐上の点と xy 平面上の点を結ぶ線分の中点の回転，立体の体積≫

S は z 軸を軸とする円錐の側面で，S 上の点 P を固定するごとに，線分 PQ の全体も，PH を軸とする円錐の側面となる。Q が円錐の底面の円周を 1 周するとき，PQ の中点 M は，円錐の側面上で PH を軸に 1 回転して円 C を描く。次いで，P を最初の円錐の側面上で z 軸のまわりに 1 回転すると，C も z 軸のまわりに 1 回転して円環を成す。これが立体 K の z 軸に垂直な平面で切った断面となる。2 つの円錐のそれぞれの軸のまわりの 2 つの回転を組み合わせて，K の断面が得られることをつかむことがポイントである。これがつかめると，断面積は円環の面積となり，これを求めることは難しくない。積分も難しいものではない。なお，K の断面は，K を構成する点 M の z 座標 m を用いて，平面 $z = m$ による断面を考えるのがよい。P の z 座標を用いるよりも簡潔となる。

---

6 ◇発想◇ 表が出ることを A，裏が出ることを B として，A，B が起きた順に文字 A と B を並べる場合の数を考える。裏が出たときは，$\vec{0}$ を加えると考えると，$\overrightarrow{OX_N}$ は結局，$\vec{v_j}\,(j = 0,\ 1,\ 2)$ の和となる。B は，B が出た順に B_1, B_2, B_3, … と区別し，A の下に $\vec{v_j}$ を記して考える。

ただし，たとえば，B_4 と B_5 の間の A の下には，4 を 3 で割った余り 1 を j として，$\vec{v_1}$ を記す。

たとえば，$N = 8$ のとき，

B_1	B_2	A	B_3	A	B_4	A	B_5
$\vec{0}$	$\vec{0}$	$\vec{v_2}$	$\vec{0}$	$\vec{v_0}$	$\vec{0}$	$\vec{v_1}$	$\vec{0}$

なら，$\overrightarrow{OX_8} = \vec{v_0} + \vec{v_1} + \vec{v_2}(=\vec{0})$ となる。$\vec{v_0}$, $\vec{v_1}$, $\vec{v_2}$ が現れる回数を a, b, c として，$a = b = c$ となる $(a,\ b,\ c)$ の組を考える。

(1) $\vec{v_0} + \vec{v_1} + \vec{v_2} = \vec{0}$ から，$N = 8$ のとき，$\overrightarrow{OX_8} = \vec{0}$ となるのは，$0 \leq a + b + c \leq 8$ かつ $a = b = c$ のときなので

$$(a,\ b,\ c) = (0,\ 0,\ 0),\ (1,\ 1,\ 1),\ (2,\ 2,\ 2)$$

のときを考える。

(2)　$N=200$ のとき，表が r 回出て，X_{200} が O にあるのは，$a+b+c=r$ かつ $a=b=c$ のときなので，$r=3s$（s は 0 以上の整数）のときを考える。$3s$ 個の A と $200-3s$ 個の B を並べることを考える。

解答

$$\vec{v_k}=\begin{cases} \vec{v_0}=(1,\ 0) & (k\equiv 0\ (\mathrm{mod}\,3)\text{のとき}) \\ \vec{v_1}=\left(-\dfrac{1}{2},\ \dfrac{\sqrt{3}}{2}\right) & (k\equiv 1\ (\mathrm{mod}\,3)\text{のとき}) \\ \vec{v_2}=\left(-\dfrac{1}{2},\ -\dfrac{\sqrt{3}}{2}\right) & (k\equiv 2\ (\mathrm{mod}\,3)\text{のとき}) \end{cases}$$

であり，$\vec{v_0}+\vec{v_1}+\vec{v_2}=\vec{0}$ である。

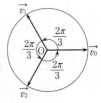

$\vec{v_0}$，$\vec{v_1}$，$\vec{v_2}$ のそれぞれの移動が生じる回数を a, b, c としたとき，$\overrightarrow{OX_N}=a\vec{v_0}+b\vec{v_1}+c\vec{v_2}$ となる。ここで，移動は表が出たときにのみ 1 回ずつ起きるので，$a+b+c$ は表が出た回数の和となる。このとき，$\overrightarrow{OX_N}=\vec{0}$ となるための条件は，$a=b=c$ のときである。コインの表，裏が出る事象をそれぞれ A, B として，A, B が起きた順に文字 A，B を横一列に並べ，B は B が出た順に B_1, B_2, B_3, … と区別する。次いで，B_m の下には $\vec{0}$ を記し，A の下には，それ以前に置かれている B の個数（$\vec{0}$ の個数）が k のとき，k を 3 で割った余りを j として，$\vec{v_j}(j=0,\ 1,\ 2)$ を記す。

$N=8$ のとき，たとえば，

B_1	B_2	A	B_3	A	B_4	A	B_5
$\vec{0}$	$\vec{0}$	$\vec{v_2}$	$\vec{0}$	$\vec{v_0}$	$\vec{0}$	$\vec{v_1}$	$\vec{0}$

なら

$$\overrightarrow{OX_8}=\vec{v_0}+\vec{v_1}+\vec{v_2}\ (=\vec{0})$$

となる。

(1)　$N=8$ のとき，X_8 が O にあるのは

$$0\leqq a+b+c\leqq 8\quad\text{かつ}\quad a=b=c$$

のときであるから

$$(a,\ b,\ c)=(0,\ 0,\ 0),\ (1,\ 1,\ 1),\ (2,\ 2,\ 2)$$

であることが必要。

㋐　(0, 0, 0) のとき，Bが8個並ぶ1通りがある。

㋑　(1, 1, 1) のとき

A を 3 個，B は 5 個置くことになる。

まず，B_1，B_2，B_3，B_4，B_5 を順に並べる。

- $\vec{v_0}$ は，B_1 の左または，B_3 と B_4 の間
- $\vec{v_1}$ は，B_1 と B_2 の間または，B_4 と B_5 の間
- $\vec{v_2}$ は，B_2 と B_3 の間または，B_5 の右

のそれぞれに1回ずつ現れるので，対応するAの置き方を考えて，$2^3 = 8$ 通りがある。

㋒　(2, 2, 2) のとき

A を 6 個（B は 2 個）置くことになり，AAB_1AAB_2AA の 1 通りがある。

㋐，㋑，㋒から，求める確率は

$$\frac{1+8+1}{2^8} = \frac{5}{128} \quad \cdots\cdots(\text{答})$$

(2)　$N=200$ のとき，表が r 回出て，X_{200} がOにあるのは

$$a+b+c=r \quad かつ \quad a=b=c$$

のときであるから，r が 3 の倍数であることが必要である。

よって，r が 3 の倍数ではないときには，$p_r=0$ である。

以下，$r \geqq 0$ として，$s = \dfrac{r}{3}$ とする。

このとき，X_{200} がOにあるのは，$\vec{v_0}$，$\vec{v_1}$，$\vec{v_2}$ が現れる個数がすべて s となるときである。

まず，$200-3s$ 個の B を並べ，次いで，これらの間または両端に $3s$ 個の A を置いていく。ここで，B_m と B_{m+1} ($1 \leqq m \leqq 199-3s$) の間に置く A の個数を x_m とおく。また，x_0 は一番左端に置く A の個数，x_{200-3s} は一番右端に置く A の個数とする。

すると，$j=0$, 1, 2, $0 \leqq m \leqq 200-3s$ として，A の下に現れる $\vec{v_j}$ の個数の和は

$$\vec{v_j}\text{の個数の和} = \begin{cases} m \equiv 0 \pmod 3 \text{ となる } x_m \text{ の和} & (j=0 \text{ のとき}) \\ m \equiv 1 \pmod 3 \text{ となる } x_m \text{ の和} & (j=1 \text{ のとき}) \\ m \equiv 2 \pmod 3 \text{ となる } x_m \text{ の和} & (j=2 \text{ のとき}) \end{cases}$$

となる。

よって，$N=200$ かつ X_{200} が O にあり，かつ表がちょうど $r\,(=3s)$ 回となるのは

$$\begin{cases} x_0+x_3+x_6+\cdots+x_{198-3s}=s \\ x_1+x_4+x_7+\cdots+x_{199-3s}=s \\ x_2+x_5+x_8+\cdots+x_{200-3s}=s \end{cases}$$

がすべて成り立つこととなる。

$(x_0,\ x_3,\ \cdots,\ x_{198-3s})$，$(x_1,\ x_4,\ \cdots,\ x_{199-3s})$，$(x_2,\ x_5,\ \cdots,\ x_{200-3s})$ はどれも，和が s となるような $67-s$ 個の 0 以上の整数の組なので，${}_{66}C_{66-s}={}_{66}C_s$ 通りある。なぜなら，$s+(66-s)\,(=66)$ 個の○を横一列に並べ，これらの 66 個から $66-s$ 個を選び，仕切り | に変え，各仕切りの左側の○の個数と最後の仕切りの右側の○の個数を順に，$x_0,\ x_3,\ \cdots,\ x_{198-3s}$ の値とすることで，第 1 式の解の組のすべてが得られるからである。第 2 式と第 3 式についても同様である。

以上から，r が 3 の倍数のときの p_r は $\dfrac{({}_{66}C_s)^3}{2^{200}}=\dfrac{({}_{66}C_{\frac{r}{3}})^3}{2^{200}}$ である。

ゆえに　　　$p_r=\begin{cases} 0 & (r\text{ が }3\text{ の倍数ではないとき}) \\ \dfrac{({}_{66}C_{\frac{r}{3}})^3}{2^{200}} & (r\text{ が }3\text{ の倍数のとき}) \end{cases}$　　……(答)

次いで

$$\frac{{}_{66}C_{s+1}}{{}_{66}C_s}=\frac{66!}{(s+1)!(65-s)!}\cdot\frac{s!(66-s)!}{66!}=\frac{66-s}{s+1}$$

ここで，$\dfrac{66-s}{s+1}>1$ となるのは $s\leqq32$ のときなので

$$0<p_0<p_3<p_6<\cdots<p_{99}>p_{102}>p_{105}>\cdots$$

となる。

ゆえに，p_r が最大となる r の値は　　99　……(答)

■━━━━　◀解　説▶　━━━━■

≪コインの裏表の出方と点の移動に関する確率≫

$\overrightarrow{OX_N}=\vec{0}$ となるための条件は，N 回目までの $\vec{v_0}$，$\vec{v_1}$，$\vec{v_2}$ の移動回数が等しいことである。これらの移動は，表が出たときのみ起きる。表が出る以前の裏の出た回数が等しいときは，同じ種類の移動が生じる。どの種類

の移動が起きるかは，それまでの裏の出た回数を 3 で割った余りによって定まる。以上の観点を明確にとらえることがポイントであるが，それだけでは，解答の道筋を端的にとらえることは難しい。

　以上の観点を〔解答〕のように，A，B の並びとその下の $\vec{v_j}$ の並びを同時に記した図でとらえてみると，解法のイメージがつかみやすいと思われる。A の下に $\vec{v_k}$ ではなく，k を 3 で割った余りを置き換えたものを用いるところがポイントである。

　さらに，B を B_1，B_2，B_3，… と区別すると，説明がしやすくなる。必ずしもこのような図が必要というわけではないが，B_m と B_{m+1} の間の A では同じ $\vec{v_j}$ が現れるという観点が重要である。

▶(1) $(a, b, c) = (0, 0, 0)$，$(1, 1, 1)$，$(2, 2, 2)$ の各場合で，A の置き方を考えていく。特に，$(1, 1, 1)$ の場合を考えるときの発想が，(2) の解法につながる。

▶(2) (1)の $(1, 1, 1)$ の場合を一般化することを考える。たとえば，$\vec{v_0}$ の個数は，$m \equiv 0 \pmod{3}$ となるような B_m と B_{m+1} の間に置く A の個数の和となり，$x_0 + x_3 + x_6 + \cdots + x_{198-3s}$ であることがポイントである。$\vec{v_1}$，$\vec{v_2}$ の個数は，それぞれ $m \equiv 1$，$2 \pmod{3}$ となるような B_m と B_{m+1} の間に置く A の個数の和となる。これにより本問は，たとえば 0 以上の $67-s$ 個の整数 x_0，x_3，…，x_{198-3s} の和が s となるような $(x_0, x_3, \cdots, x_{198-3s})$ の組の個数の問題となる。これは，たとえば，$s + (66-s) (=66)$ 個の○を横一列に並べ，これらの 66 個から $66-s$ 個を選び，仕切り | に変えるというよく見かける問題の考え方で解決する。

❖講　評

　2022 年度は 2021 年度に比べ難化した。解き切るのに時間を要する問題が並び，高得点をとるのは難しかっただろう。特に 6 は難問である。3 も混乱しそうで正答が得にくい。他は，素材はよくあるものだが，記述しにくい問題である。唯一，1 が微・積分法の標準レベルの計算問題であった。これを落ち着いて正答できないと苦しい。2021 年度は珍しく出題されなかった立体の体積の問題が 2022 年度は復活した。また，2018 年度以降出題がなかった確率・場合の数から出題されたが，難問であった。頻出の複素数平面の出題はなかった。文科との完全な共通問

題はなかったが，2・6が類題であった。当然，文科よりかなり難しい
設問になっている。

　東大理科の入試としての難易度は，1(1)易，(2)標準～やや易，2(1)
易，(2)やや難，(3)(2)ができたとしたら標準，3(1)標準，(2)やや難，(3)
(2)ができたとしたら易，4(1)易，(2)やや難，5標準～やや難，6(1)難，
(2)難，であった。

　1　数学Ⅲの微分（増減表）と定積分の問題。単純に，「$f(x)$ の最
小値を求めよ」という発問の方が，素直に解き進めていけるだろうが，
わざわざ(1)を入れているので，かえって迷ったかもしれない。$\int_0^{\frac{\pi}{4}} \dfrac{dt}{\cos t}$
を手際よく計算できるかどうかで差が出るが，あまり時間をかけずに解
きたい問題である。

　2　(1)は易しい。(2)は結論が明示されていないので，それを自ら見出
すために必要ないくつかの結果を発見しながら積み上げていく構想力と
論証力が必要。きちんとした記述に時間をとられる設問である。(3)は(2)
が解けなければ解答の糸口がつかめないが，(2)ができたなら標準レベル
の問題。

　3　(1)は正答したい。(2)は混乱しやすく，あまり正答は期待できない
だろう。(3)は(2)が解ければ易しいが，(2)を間違えると得点を期待できな
い設問。

　4　(1)は平易なので正答したい。(2)は原点に関する対称性から，直感
的には予想ができるが，面積計算に基づいた必要条件から求めていく発
想と，記述ができるかどうかで差が出る。

　5　東大の立体図形の体積の問題としては標準的だが，イメージを短
時間でつかめるかがポイントとなる。

　6　(1)・(2)とも難しい。結局はコインの表裏の出方の場合の数の問題
だが，ある本質的な構造をつかまないと解けない。

物理

1 **解答** **I** (1) 地球の自転の角速度を ω_1 とすると，$\omega_1 = \dfrac{2\pi}{T_1}$ である。

赤道上のある地点 E に置かれた質点は，半径 R，角速度 ω_1 の等速円運動をするので，質点に働く遠心力の大きさは

$$f_0 = mR\omega_1{}^2 = mR\left(\frac{2\pi}{T_1}\right)^2 = \frac{4\pi^2 mR}{T_1{}^2} \quad \cdots\cdots(\text{答})$$

北緯 $45°$ のある地点 F に置かれた質点は，半径 $R\cos45°$，角速度 ω_1 の等速円運動をするので

$$f_1 = m \cdot R\cos45° \cdot \omega_1{}^2$$

$$= m \cdot \frac{1}{\sqrt{2}} R\left(\frac{2\pi}{T_1}\right)^2 = \frac{2\sqrt{2}\,\pi^2 mR}{T_1{}^2} \quad \cdots\cdots(\text{答})$$

(2) 地点 E に置かれた質量 m の質点が受ける万有引力の大きさを F_1 とすると

$$F_1 = G\frac{mM_1}{R^2}$$

万有引力と遠心力の合力が重力 mg_0 であるから，地球の中心向きを正として

$$mg_0 = F_1 - f_0 = G\frac{mM_1}{R^2} - \frac{4\pi^2 mR}{T_1{}^2}$$

$$\therefore\quad g_0 = \frac{GM_1}{R^2} - \frac{4\pi^2 R}{T_1{}^2} \quad \cdots\cdots(\text{答})$$

II (1) 地球の中心の速さ：

地球は，地球と月との間に働く万有引力 $G\dfrac{M_1 M_2}{a^2}$ を向心力として，点 O を中心に半径 a_1 の等速円運動をしているから，中心方向の運動方程式より

$$M_1\frac{v_1{}^2}{a_1} = G\frac{M_1 M_2}{a^2}$$

点Oは，地球と月の重心であるから，地
球の中心を原点として，重心の公式より

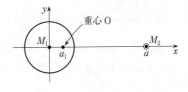

$$a_1 = \frac{M_1 \cdot 0 + M_2 \cdot a}{M_1 + M_2} = \frac{M_2}{M_1 + M_2}a$$

$$\cdots\cdots①$$

よって

$$M_1 \frac{v_1{}^2}{\dfrac{M_2}{M_1 + M_2}a} = G\frac{M_1 M_2}{a^2}$$

$$\therefore \ v_1 = \sqrt{\frac{GM_2{}^2}{a(M_1 + M_2)}} \quad \cdots\cdots(答)$$

月の速さ：

同様にして，中心方向の運動方程式より

$$M_2 \frac{v_2{}^2}{a_2} = G\frac{M_1 M_2}{a^2}$$

ここで，$a_1 + a_2 = a$ であるから，①より

$$\frac{M_2}{M_1 + M_2}a + a_2 = a$$

$$\therefore \ a_2 = \frac{M_1}{M_1 + M_2}a$$

よって

$$M_2 \frac{v_2{}^2}{\dfrac{M_1}{M_1 + M_2}a} = G\frac{M_1 M_2}{a^2}$$

$$\therefore \ v_2 = \sqrt{\frac{GM_1{}^2}{a(M_1 + M_2)}} \quad \cdots\cdots(答)$$

(2)　地球の中心をAとする。点Oは，地球の中心Aのまわりで月の公転周期と同じ周期で等速円運動をする。逆に見ると，地球の中心Aは，点Oのまわりで等速円運動をし，その半径は a_1，角速度は $\dfrac{2\pi}{T_2}$ である。

点Oを原点とした xy 座標系では，地球の中心Aの座標 $(x_A, \ y_A)$ は，$t=0$ で座標 $(x_A, \ y_A)=(-a_1, \ 0)$ にあり，ここから反時計回りに回転するから，時刻 t での座標は

$$(x_A, \ y_A) = \left(-a_1\cos\frac{2\pi}{T_2}t, \ -a_1\sin\frac{2\pi}{T_2}t\right)$$

また，点 X は点 A から見て常に x 軸方向で $-R$ の位置にある。よって，時刻 t における点 X の座標 $(x, \ y)$ は

$$(x, \ y) = \left(-a_1\cos\frac{2\pi}{T_2}t-R, \ -a_1\sin\frac{2\pi}{T_2}t\right) \quad \cdots\cdots(\text{答}) \quad \cdots\cdots②$$

(3) 設問Ⅱ(2)より，②は，点 X が $(x, \ y) = (-R, \ 0)$ を中心にして半径 a_1，角速度 $\dfrac{2\pi}{T_2}$ の等速円運動をすることを表しているから，点 X に置かれた質点に生じる遠心力の大きさ f_C は

$$f_C = ma_1\left(\frac{2\pi}{T_2}\right)^2$$

ここで，設問Ⅱ(1)の点 O を中心とする月の等速円運動の角速度を ω_2 とすると，$\omega_2 = \dfrac{2\pi}{T_2} = \dfrac{v_2}{a_2} \ (\cdots\cdots③)$ であるから

$$f_C = ma_1\left(\frac{v_2}{a_2}\right)^2$$

$$= m\cdot\frac{M_2}{M_1+M_2}a\cdot\frac{\dfrac{GM_1^2}{a(M_1+M_2)}}{\left(\dfrac{M_1}{M_1+M_2}a\right)^2} = \frac{GmM_2}{a^2} \quad \cdots\cdots(\text{答})$$

(4) 設問Ⅱ(3)より，点 X に置かれた質点に生じる遠心力の大きさが $f_C = \dfrac{GmM_2}{a^2}$ であることは，地球表面上の位置によらず質点に生じる遠心力の大きさが f_C で，月から遠ざかる方向であることを表している。ゆえに，点 P の質量 m の質点にも，点 Q の質量 m の質点にも，月から遠ざかる方向に大きさが $f_C = \dfrac{GmM_2}{a^2}$ の遠心力が働く。

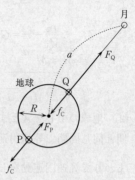

点 P の質量 m の質点に働く月からの万有引力は月に近づく方向に大きさが $F_P = G\dfrac{mM_2}{(a+R)^2}$ であるから，$f_C > F_P$ より，合力の大きさ f_P は

$$f_P = f_C - F_P = \frac{GmM_2}{a^2} - G\frac{mM_2}{(a+R)^2}$$

$$= GmM_2\left\{\frac{1}{a^2} - \frac{1}{(a+R)^2}\right\} \quad \cdots\cdots(答)$$

向きは　　　月から遠ざかる方向　　……(答)

点 Q の質量 m の質点に働く月からの万有引力は月に近づく方向に大きさ

が $F_Q = G\dfrac{mM_2}{(a-R)^2}$ であるから，$F_Q > f_C$ より，合力の大きさ f_Q は

$$f_Q = F_Q - f_C = G\frac{mM_2}{(a-R)^2} - \frac{GmM_2}{a^2} = GmM_2\left\{\frac{1}{(a-R)^2} - \frac{1}{a^2}\right\}$$

$$\cdots\cdots(答)$$

向きは　　　月に近づく方向　　……(答)

Ⅲ　設問Ⅱ(4)の点 P の場合と同様に，地球に生じる遠心力と太陽からの万有引力の合力の大きさ f_S は

$$f_S = \frac{GmM_3}{b^2} - G\frac{mM_3}{(b+R)^2} = GmM_3\left\{\frac{1}{b^2} - \frac{1}{(b+R)^2}\right\}$$

ここで，表1-1より，$R \ll b$ であるから

$$\frac{1}{(b+R)^2} = \frac{1}{b^2\left(1+\dfrac{R}{b}\right)^2} = \frac{1}{b^2}\left(1+\frac{R}{b}\right)^{-2} \fallingdotseq \frac{1}{b^2}\left(1-2\frac{R}{b}\right)$$

よって

$$f_S = GmM_3\left\{\frac{1}{b^2} - \frac{1}{(b+R)^2}\right\} \fallingdotseq GmM_3\left\{\frac{1}{b^2} - \frac{1}{b^2}\left(1-\frac{2R}{b}\right)\right\}$$

$$= GmM_3\frac{2R}{b^3}$$

f_P についても，表1-1より，$R \ll a$ であるから，同様の近似を行うと

$$f_P = GmM_2\left\{\frac{1}{a^2} - \frac{1}{(a+R)^2}\right\} \fallingdotseq GmM_2\frac{2R}{a^3}$$

したがって

$$\frac{f_S}{f_P} = \frac{GmM_3\dfrac{2R}{b^3}}{GmM_2\dfrac{2R}{a^3}} = \frac{M_3}{M_2}\left(\frac{a}{b}\right)^3 = \frac{2.0\times10^{30}}{7.3\times10^{22}}\left(\frac{3.8\times10^8}{1.5\times10^{11}}\right)^3$$

$$= \frac{2.0 \times 54.8}{7.3 \times 3.37} \times 10^{-1}$$

$$= 0.445 \doteqdot 0.45$$

ゆえに

$$0.4 < \frac{f_S}{f_P} < 0.5$$

と見積もることができるので，アに入る数字は　　4　……(答)

◀━━━━━━ ◀解　説▶ ━━━━━━▶

≪潮汐運動のモデル化≫

◆I　▶(2)　運動方程式より，質点が合力として $G\dfrac{mM_1}{R^2} - \dfrac{4\pi^2 mR}{T_1^2}$ を受

け，その結果，加速度 g_0 を得ると考えることもできる。

◆II　▶(1)　x 軸上で，質量 M_1，M_2 の物体がそれぞれ座標 x_1，x_2 にある

とき，重心の座標 x_G は

$$x_G = \frac{M_1 x_1 + M_2 x_2}{M_1 + M_2}$$

それぞれの物体が速度 v_1，v_2 で運動しているとき，重心の速度 v_G は

$$v_G = \frac{dx}{dt} = \frac{d}{dt}\left(\frac{M_1 x_1 + M_2 x_2}{M_1 + M_2}\right) = \frac{M_1 v_1 + M_2 v_2}{M_1 + M_2} = \frac{\text{全運動量}}{\text{全質量}}$$

である。

いま，地球と月は重心Oを中心に円運動しているから，重心は静止してい

るので $v_G = 0$ で，地球と月の運動量の総和は0となる。この式は，重心の

速度が0を含めて一定の場合，運動量の総和が一定となり運動量保存則が

成立することを表す。

参考　等速円運動の運動方程式に用いる円運動の半径 a_1，a_2 を，重心の

まわりの力のモーメントのつりあいの式を用いて解くと

$$M_1 a_1 = M_2 a_2$$

および

$$a_1 + a_2 = a$$

連立して解くと

$$a_1 = \frac{M_2}{M_1 + M_2}a, \quad a_2 = \frac{M_1}{M_1 + M_2}a$$

▶(2)　〔解答〕では各点の座標をもとに記述したが，位置ベクトルを用い

ると以下のようになる。

地球の中心を A とする。点 O に対する点 X の位置ベクトルを $(x_{O \to X},\ y_{O \to X})$，点 O に対する点 A の位置ベクトルを $(x_{O \to A},\ y_{O \to A})$，点 A に対する点 X の位置ベクトルを $(x_{A \to X},\ y_{A \to X})$ とすると

$$(x_{O \to X},\ y_{O \to X}) = (x_{O \to A},\ y_{O \to A}) + (x_{A \to X},\ y_{A \to X})$$

点 A に対する点 O の運動は，半径 a_1，角速度 $\dfrac{2\pi}{T_2}$ の等速円運動であるから，点 A に対する点 O の位置ベクトル $(x_{A \to O},\ y_{A \to O})$ は

$$(x_{A \to O},\ y_{A \to O}) = \left(a_1 \cos \frac{2\pi}{T_2} t,\ a_1 \sin \frac{2\pi}{T_2} t\right)$$

よって，点 O に対する点 A の位置ベクトル $(x_{O \to A},\ y_{O \to A})$ は

$$(x_{O \to A},\ y_{O \to A}) = \left(-a_1 \cos \frac{2\pi}{T_2} t,\ -a_1 \sin \frac{2\pi}{T_2} t\right)$$

点 A に対する点 X の位置ベクトル $(x_{A \to X},\ y_{A \to X})$ は

$$(x_{A \to X},\ y_{A \to X}) = (-R,\ 0)$$

したがって，点 O を原点とした xy 座標系で，点 X の位置ベクトルは

$$(x,\ y) = (x_{O \to X},\ y_{O \to X}) = (x_{O \to A},\ y_{O \to A}) + (x_{A \to X},\ y_{A \to X})$$

$$= \left(-a_1 \cos \frac{2\pi}{T_2} t - R,\ -a_1 \sin \frac{2\pi}{T_2} t\right)$$

▶(3)　時刻 t における点 X の座標 $(x,\ y)$ が②で与えられるから，点 X の速さ $(v_x,\ v_y)$ は

$$v_x = \frac{d}{dt}\left(-a_1 \cos \frac{2\pi}{T_2} t - R\right) = a_1 \frac{2\pi}{T_2} \sin \frac{2\pi}{T_2} t$$

$$v_y = \frac{d}{dt}\left(-a_1 \sin \frac{2\pi}{T_2} t\right) = -a_1 \frac{2\pi}{T_2} \cos \frac{2\pi}{T_2} t$$

これは，点 X が地球の中心に対して距離 R の点で静止しているが，点 X の速度は地球の中心からの距離に無関係であることを表している。よって，遠心力の大きさ f_C は

$$f_C = m \frac{v_x{}^2 + v_y{}^2}{a_1}$$

$$= \frac{m}{a_1}\left\{\left(a_1 \frac{2\pi}{T_2} \sin \frac{2\pi}{T_2} t\right)^2 + \left(-a_1 \frac{2\pi}{T_2} \cos \frac{2\pi}{T_2} t\right)^2\right\}$$

$$= \frac{m}{a_1}\left(a_1\frac{2\pi}{T_2}\right)^2 = ma_1\left(\frac{2\pi}{T_2}\right)^2$$

〔解答〕ではここで③を使ったが，その代わりに，月の等速円運動の運動方程式を T_2 を用いて解くと

$$M_2 a_2\left(\frac{2\pi}{T_2}\right)^2 = G\frac{M_1 M_2}{a^2}$$

遠心力の大きさ f_C は

$$f_C = ma_1\left(\frac{2\pi}{T_2}\right)^2 = ma_1\frac{GM_1}{a_2 a^2} = m\cdot\frac{M_2}{M_1+M_2}a\cdot\frac{GM_1}{\dfrac{M_1}{M_1+M_2}a\cdot a^2}$$

$$= \frac{GmM_2}{a^2}$$

なお，地球と月は，重心である点Oを中心に同一周期で円運動をするから，月の円運動の角速度と地球の円運動の角速度は等しく，$\dfrac{2\pi}{T_2} = \dfrac{v_2}{a_2} = \dfrac{v_1}{a_1}$ を用いることもできる。

▶(4)　点Qに置いた質点に働く力を求めるために，図1−2(a)で，地球の中心Aに対して点Xと反対側の点を X′ として，設問II(2)・(3)と同様に考える。

点 X′ は点Aから見て常に x 軸方向で R の位置にある。よって，時刻 t における点 X′ の座標 (x, y) は

$$(x, y) = \left(-a_1\cos\frac{2\pi}{T_2}t + R, \quad -a_1\sin\frac{2\pi}{T_2}t\right)$$

であり，これは，点 X′ が $(x, y) = (R, 0)$ を中心にして半径 a_1，角速度 $\dfrac{2\pi}{T_2}$ の等速円運動をすることを表しているから，点 X′ に置かれた質点に生じる遠心力の大きさ f_C は

$$f_C = ma_1\left(\frac{2\pi}{T_2}\right)^2 = \frac{GmM_2}{a^2}$$

ゆえに，この遠心力の大きさ f_C は地球の中心と月との距離 a で決まり，質点を置く地球表面上の位置によらず，月から遠ざかる方向であることがわかる。図1−2(a)では，点Pは点X，点Qは点 X′ に一致する。

◆III　太陽による潮汐力が月による潮汐力の約 0.45 倍になる結果が得ら

れ，潮の満ち引きが，月だけでなく太陽もほぼ同じオーダーで影響を及ぼ
していることがわかる。

問題に与えられていないが

$$|x| \ll 1 \text{ のときに成り立つ近似式 } (1+x)^n \fallingdotseq 1+nx$$

が必要である。ここでは，$\left| \dfrac{R}{b} \right| \ll 1$ として

$$\left(1 + \frac{R}{b}\right)^{-2} \fallingdotseq 1 - 2\frac{R}{b}$$

参考 f_S の{ 　 }内の計算の近似は次のように考えることもできる。

微小量 $\dfrac{R}{b}$ の扱いについて，分母では $\dfrac{R}{b} \fallingdotseq 0$ とできるが，分子で $\dfrac{R}{b} \fallingdotseq 0$ と

すると分子全体が 0 となって近似が無効となるので，分子の $\dfrac{R}{b}$ は有効と

して

$$\frac{1}{b^2} - \frac{1}{(b+R)^2} = \frac{(b+R)^2 - b^2}{b^2(b+R)^2} = \frac{b^2\left(1 + \dfrac{R}{b}\right)^2 - b^2}{b^2 \times b^2 \left(1 + \dfrac{R}{b}\right)^2}$$

$$= \frac{b^2\left\{1 + 2\dfrac{R}{b} + \left(\dfrac{R}{b}\right)^2\right\} - b^2}{b^2 \times b^2 \left\{1 + 2\dfrac{R}{b} + \left(\dfrac{R}{b}\right)^2\right\}} \fallingdotseq \frac{b^2\left(1 + 2\dfrac{R}{b}\right) - b^2}{b^2 \times b^2}$$

$$= \frac{2bR}{b^4} = \frac{2R}{b^3}$$

2 解答 I (1) ア．BLd 　イ．$\dfrac{v_a B^2 L^2 d}{R}$

(2) 運動エネルギーと仕事の関係より，台車の運動エネルギーの変化は，
抵抗を流れる電流がした仕事，すなわち抵抗で消費されたジュール熱の総
和に等しい。

$$\frac{1}{2}mv_1^2 - \frac{1}{2}mv_0^2 = -\frac{v_a B^2 L^2 d}{R}$$

$$\frac{1}{2}m(v_1 - v_0)(v_1 + v_0) = -\frac{v_0 + v_1}{2}\frac{B^2 L^2 d}{R}$$

$$\therefore\ v_1 = v_0 - \frac{B^2 L^2 d}{mR}\ \ \cdots\cdots(\text{答})$$

別解　台車の中心が $Q_1 Q_2$ 間を移動するとき，台車の加速度を a，コイル
を流れる電流を i とすると，コイルを流れる電流が磁場から受ける力（ロ
ーレンツ力）は運動方向と逆向きに iBL であるから，台車の運動方程式
より

$$ma = -iBL$$

$$a = -\frac{iBL}{m} = -\frac{\dfrac{|\overline{E}|}{R}BL}{m} = -\frac{v_a B^2 L^2}{mR}$$

等加速度直線運動の式より

$$v_1 = v_0 + a\Delta t = v_0 - \frac{v_a B^2 L^2}{mR}\frac{d}{v_a} = v_0 - \frac{B^2 L^2 d}{mR}$$

Ⅱ　(1)　台車の中心が Q_1 から Q_2 へ移動する間，
設問 Ⅰ と同様の近似で，コイルは速さ v_a で等速
直線運動をしているとする。このとき，磁場を横
切るコイルの右辺に生じる誘導起電力の大きさは
$v_a BL$ で，この向きはダイオードの順方向となる。
コイルに流れる電流の大きさを I とすると，キル
ヒホッフの第二法則より

$$v_a BL - V = RI$$

$$\therefore\ I = \frac{v_a BL - V}{R}\ \ \cdots\cdots(\text{答})$$

(2)　コイルの右辺だけが磁場からローレンツ力 F を受け，その向きは，
フレミングの左手の法則より，x 軸の負の向きであるから

$$F = -IBL = -\frac{(v_a BL - V)BL}{R}\ \ \cdots\cdots(\text{答})$$

(3)　コイルの左辺に生じる誘導起電力の向きは，ダイオードの逆方向であ
り，電流は流れない。

よってローレンツ力は　　0　……(答)

(4)　③

(5)　速さが v_∞ で一定になったときは，台車の加速度が 0 であるから，台
車（コイル）に働くローレンツ力は 0 である。設問 Ⅱ(2)より

$$F = -IBL = -\frac{(v_\infty BL - V)BL}{R} = 0$$

$$\therefore \quad v_\infty = \frac{V}{BL} \quad \cdots\cdots (答)$$

Ⅲ　(1)　A 点の電位：$2v_aBL$　　B 点の電位：v_aBL

(2)　台車の中心が Q_1Q_2 間を移動するとき，2つのコイルの右辺に生じる誘導起電力の向きはダイオードの順方向の電圧となる。

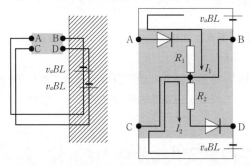

抵抗 R_1，R_2 を流れる電流をそれぞれ I_1，I_2 とすると，上図の閉回路において，キルヒホッフの第二法則より

$$v_aBL = R_1 I_1 \quad \therefore \quad I_1 = \frac{v_aBL}{R_1}$$

$$v_aBL = R_2 I_2 \quad \therefore \quad I_2 = \frac{v_aBL}{R_2}$$

このとき，台車の移動時間は $\Delta t = \dfrac{d}{v_a}$ であり，この間に2つの抵抗で発生したジュール熱の総和 W は

$$W = R_1 \left(\frac{v_aBL}{R_1}\right)^2 \frac{d}{v_a} + R_2 \left(\frac{v_aBL}{R_2}\right)^2 \frac{d}{v_a}$$

$$= v_a B^2 L^2 d \left(\frac{1}{R_1} + \frac{1}{R_2}\right)$$

台車の中心が Q_3Q_4 間を移動するとき，2つのコイルの左辺に生じる誘導起電力の向きはダイオードの逆方向の電圧となる。

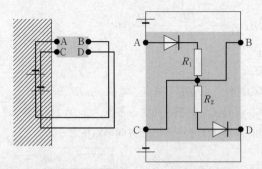

このとき，回路に電流は流れないので，2つの抵抗で発生したジュール熱の総和は 0 である。

よって，区間 P_0P_2 を通り過ぎた後の台車の運動エネルギーの変化は，区間 P_0P_1 間で発生したジュール熱の総和に等しく，運動エネルギーと仕事の関係より

$$\frac{1}{2}mv_2{}^2 - \frac{1}{2}mv_0{}^2 = -W$$

$$= -v_a B^2 L^2 d \left(\frac{1}{R_1} + \frac{1}{R_2} \right)$$

ここで，Q_3Q_4 間を移動するときの速さの変化はないので，$v_2 = v_1$ となり

$$v_a = \frac{v_0 + v_1}{2} = \frac{v_0 + v_2}{2}$$

を用いると

$$\frac{1}{2}m\,(v_2 - v_0)\,(v_2 + v_0) = -\frac{v_0 + v_2}{2} B^2 L^2 d \left(\frac{1}{R_1} + \frac{1}{R_2} \right)$$

$$v_2 - v_0 = -\frac{B^2 L^2 d}{m} \left(\frac{1}{R_1} + \frac{1}{R_2} \right)$$

$$\therefore \quad |v_2 - v_0| = \frac{B^2 L^2 d}{m} \left(\frac{1}{R_1} + \frac{1}{R_2} \right) \quad \cdots\cdots (答)$$

$R_1 + R_2 = 6R$ より，R_2 を消去して

$$|v_2 - v_0| = \frac{B^2 L^2 d}{m} \left(\frac{1}{R_1} + \frac{1}{6R - R_1} \right)$$

$$= \frac{B^2 L^2 d}{m} \cdot \frac{6R}{R_1(6R - R_1)}$$

$$= \frac{B^2 L^2 d}{m} \cdot \frac{6R}{-(R_1 - 3R)^2 + 9R^2}$$

よって，$|v_2-v_0|$ が最小となるためには

$R_1=3R$　……(答)

━━━━ ◀解　説▶ ━━━━

≪ダイオードの入ったコイルに生じる電磁誘導≫

◆I　▶(1)　ア．台車の中心が Q_1Q_2 間を移動するとき，図2－1のコイルを貫く磁場の面積の変化を ΔS とすると

$\Delta S=Ld$

よって

$\Delta\Phi=B\Delta S=BLd$

イ．この間の誘導起電力の平均値 $\overline{E}$ は

$$\overline{E}=-\frac{\Delta\Phi}{\Delta t}=-\frac{BLd}{\dfrac{d}{v_a}}=-v_aBL$$

この間に抵抗で発生するジュール熱の総和 Q は

$$Q=\frac{|\overline{E}|^2}{R}\Delta t=\frac{|-v_aBL|^2}{R}\frac{d}{v_a}=\frac{v_aB^2L^2d}{R}$$

◆II　▶(1)　リード文の「台車は磁場を通過することにより減速した」から，コイルが磁場から受けるローレンツ力の向きが，運動の向きと逆向きであることがわかる。そのためには，フレミングの左手の法則より，回路を流れる電流は右回り（時計回り）でなければならず，磁場を横切るコイルの右辺では〔解答〕の図の下向きの電流となり，コイルに生じる誘導起電力 v_aBL が電池の起電力 V より大きくなければならない。

電池の起電力 V がコイルに生じる誘導起電力 v_aBL よりも大きいとすると，台車の中心が Q_1 から Q_2 へ移動する間は，〔解答〕の図の回路に左回り（反時計回り）の起電力となるので，ダイオードの逆方向の電圧となり，回路に電流は流れない。また，台車の中心が Q_3 から Q_4 へ移動する間も，電池の起電力とコイルに生じる誘導起電力は，ダイオードの逆方向の電圧となり，回路に電流は流れない。

回路に電流が流れないと，ローレンツ力は生じないので，速さは減少せず，$v_0=v_1=v_2$ となり，題意に反する。

よって，コイルに生じる誘導起電力 v_aBL は電池の起電力 V より大きくなければならない。

▶(3)　コイルの左辺が磁場に進入する瞬間の速さは v_1，磁場から出る瞬間の速さは v_2 である。設問 I と同様の近似で，$|v_2-v_1|$ は十分小さいので，$v_b=\dfrac{v_1+v_2}{2}$ とする。

台車の中心が Q_3 から Q_4 へ移動する間，コイルは速さ v_b で等速直線運動をしているとする。このとき，磁場を横切るコイルの左辺に生じる誘導起電力の大きさは v_bBL で，この向きはダイオードの逆方向となり，電池の起電力の向きも合わせて，回路に電流は流れない。よって，コイルが磁場から受けるローレンツ力は 0 である。

▶(4)　台車が磁場を 1 回通過するとき，
Q_1Q_2 間ではコイルに電流が流れ，
$|F|\cdot d=\dfrac{(v_aBL-V)\,BLd}{R}$ だけ台車の
運動エネルギーが減少するが，Q_3Q_4
間ではコイルに電流が流れないのでロ
ーレンツ力は生じず台車の運動エネル
ギーは変化しない。

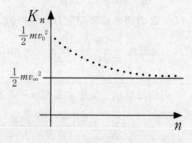

すなわち，台車が P_2 を 1 回通り抜けるごとに運動エネルギーが減少し，その運動エネルギーの減少分も 1 回ごとに小さくなり，最後は一定の運動エネルギー $\dfrac{1}{2}mv_\infty{}^2$ に漸近する。

▶(5)　$F=-IBL=-\dfrac{(v_\infty BL-V)\,BL}{R}=0$ は，コイルに生じる誘導起電力の大きさ $v_\infty BL$ と電池の起電力の大きさ V が等しく，逆向きで，コイルを流れる電流 I が 0 であることを表している。

◆Ⅲ　台車の中心が Q_1Q_2 間を移動するとき，図 2−5 の A，B を端子とするコイルと，C，D を端子とするコイルでは，ともに磁場を横切るコイルの右辺に下向きに大きさ v_aBL の誘導起電力が生じるので，図 2−6 から，〔解答〕の図のような等価回路を考える。

このとき，端子 D から左回りに端子 C を通って端子 B までは，起電力 v_aBL によって電位が上がる。さらに端子 B から端子 A までは，起電力 v_aBL によって電位が上がる。

台車の中心が Q_3Q_4 間を移動するとき，図2−5のA，Bを端子とするコイルと，C，Dを端子とするコイルでは，ともに磁場を横切るコイルの左辺に下向きに大きさ v_bBL の誘導起電力が生じるので，図2−6から，〔解答〕の図のような等価回路を考える。

▶(2)　$R_1 = 3R$ のとき

$$|v_2 - v_0| = \frac{2B^2L^2d}{3mR}$$

$$\therefore\ \ v_2 = v_0 - \frac{2B^2L^2d}{3mR}$$

これは，ダイオードの入っていない設問 I (2)の v_1 と比較することができる。

参考 $|v_2 - v_0|$ が最小となるような R_1 を求めるために微分を用いることもできる。$|v_2 - v_0|$ の式で

$$f(R_1) = \frac{1}{R_1} + \frac{1}{6R - R_1} = \frac{6R}{-R_1{}^2 + 6RR_1}$$

とすると，分母のグラフは上に凸であるから，$f(R_1)$ は最小値をもつ。

$$\frac{df(R_1)}{dR_1} = -\frac{6R \cdot (-2R_1 + 6R)}{(-R_1{}^2 + 6RR_1)^2} = 0$$

よって，$f(R_1)$ は，$R_1 = 3R$ で最小値をとるから，このとき $|v_2 - v_0|$ は最小となる。

3 　解答　

I　(1)　気体Xの分子1個の速度の z 成分を v_z，この分子がピストンと弾性衝突したときの運動量の z 成分の変化を ΔP_z とすると

$$\Delta P_z = -m_X v_z - m_X v_z = -2m_X v_z$$

ピストンはこの反作用として分子から力積 $2m_X v_z$ を受ける。この分子がピストンに衝突してからシリンダーの底面に衝突した後，再びピストンに衝突するまでの時間は，$2 \times \dfrac{\dfrac{V_1 + V_2}{S}}{v_z}$ であるから，時間 Δt あたりにこの分子がピストンと衝突する回数は，$\dfrac{v_z S}{2(V_1 + V_2)}\Delta t$ となる。

この分子が時間 Δt にわたって一定の大きさの力 f を加えていたとして，

時間 Δt あたりにピストンが受ける力積は $f \cdot \Delta t$ であるから

$$f \cdot \Delta t = 2m_X v_z \times \frac{v_z S}{2(V_1 + V_2)} \Delta t$$

$$\therefore \quad f = \frac{m_X v_z{}^2 S}{V_1 + V_2}$$

ピストンが気体Xのすべての分子 N_A 個から受ける力の大きさの平均 F_1 は，f の和であり，気体Xの分子の速度の z 成分の 2 乗の平均 $\overline{v_z{}^2}$ を用いて

$$F_1 = N_A \times \frac{m_X \overline{v_z{}^2} S}{V_1 + V_2} = \frac{N_A m_X \overline{v_z{}^2} S}{V_1 + V_2} \quad \cdots\cdots(\text{答}) \quad \cdots\cdots①$$

(2)　シリンダーの底面が気体Yのすべての分子 N_A 個から受ける力の大きさの平均を F_Y とすると，①と同様にして

$$F_Y = \frac{N_A m_Y \overline{w_z{}^2} S}{V_2}$$

シリンダーの底面は気体Xから大きさの平均 F_1 の力を受けるので，気体XとYから受ける合計の力の大きさの平均 F_2 は

$$F_2 = F_1 + F_Y = \frac{N_A m_X \overline{v_z{}^2} S}{V_1 + V_2} + \frac{N_A m_Y \overline{w_z{}^2} S}{V_2}$$

$$= N_A S \left(\frac{m_X \overline{v_z{}^2}}{V_1 + V_2} + \frac{m_Y \overline{w_z{}^2}}{V_2} \right) \quad \cdots\cdots(\text{答}) \quad \cdots\cdots②$$

(3)　題意より，気体Xの分子 1 個の速度の z 方向の運動エネルギーの平均が $\frac{1}{2} m_X \overline{v_z{}^2}$ であり，ボルツマン定数 k が $k = \frac{R}{N_A}$ であることを用いると

$$\frac{1}{2} m_X \overline{v_z{}^2} = \frac{1}{2} kT = \frac{1}{2} \frac{R}{N_A} T$$

$$\therefore \quad N_A m_X \overline{v_z{}^2} = RT \quad \cdots\cdots③$$

圧力 p_1 は，①，③より

$$p_1 = \frac{F_1}{S} = \frac{N_A m_X \overline{v_z{}^2}}{V_1 + V_2} = \frac{RT}{V_1 + V_2} \quad \cdots\cdots(\text{答}) \quad \cdots\cdots④$$

気体Yについて，③と同様に

$$N_A m_Y \overline{w_z{}^2} = RT \quad \cdots\cdots⑤$$

圧力 p_2 は，②，③，⑤より

$$p_2 = \frac{F_2}{S} = \frac{N_A m_X \overline{v_z{}^2}}{V_1 + V_2} + \frac{N_A m_Y \overline{w_z{}^2}}{V_2} = \frac{RT}{V_1 + V_2} + \frac{RT}{V_2}$$

$$= \left(\frac{1}{V_1 + V_2} + \frac{1}{V_2} \right) RT \quad \cdots\cdots(答)$$

(4)　分子数 N_A の気体 X と分子数 N_A の気体 Y の内部エネルギーの合計 U は

$$U = N_A \times \frac{1}{2} kT \times 3 + N_A \times \frac{1}{2} kT \times 3$$

$$= 3N_A kT = 3RT \quad \cdots\cdots(答) \quad \cdots\cdots ⑥$$

II　(1)　気体 X は，圧力 p_1，体積 $V_1 + V_2$，温度 T の状態から，圧力 $p_1 + \Delta p_1$，体積 $(V_1 - \Delta V_1) + V_2$，温度 $T + \Delta T$ の状態への変化である。

内部エネルギーの増加 ΔU は，⑥より，気体 X と Y の合計で

$$\Delta U = 3R(T + \Delta T) - 3RT = 3R\Delta T$$

気体 X が外部へした仕事 W_X は，この間，体積の減少とともに圧力が一定の割合で増加したとして，上図の圧力-体積グラフの面積で表されるから

$$W_X = -\frac{1}{2} \{ p_1 + (p_1 + \Delta p_1) \} \Delta V_1$$

$$= -p_1 \Delta V_1 - \frac{1}{2} \Delta p_1 \Delta V_1 \fallingdotseq -p_1 \Delta V_1$$

気体 Y は，体積変化がないので，外部へした仕事は 0 である。

この過程で，気体と外部の間で熱のやりとりはなかったので，気体が吸収した熱量 Q は 0。

よって，熱力学第一法則より

$$0 = 3R\Delta T - p_1 \Delta V_1$$

$$\therefore \quad \Delta T = \frac{p_1 \Delta V_1}{3R} \quad \cdots\cdots(答) \quad \cdots\cdots ⑦$$

(2)　気体 X の変化前では，④の $p_1 = \dfrac{RT}{V_1 + V_2}$ を書き換え，理想気体の状態方程式として表すと

$$p_1(V_1 + V_2) = RT$$

変化後の状態方程式は

$$(p_1 + \Delta p_1)\{(V_1 - \Delta V_1) + V_2\} = R(T + \Delta T)$$

この 2 式より，また，微小量どうしの積は無視できるので

$$-p_1 \Delta V_1 + \Delta p_1 (V_1 + V_2) \fallingdotseq R \Delta T$$

⑦を用いると

$$\Delta p_1 (V_1 + V_2) = p_1 \Delta V_1 + R \cdot \frac{p_1 \Delta V_1}{3R}$$

$$= \frac{4}{3} p_1 \Delta V_1$$

$$\therefore \quad \frac{\Delta p_1}{p_1} = \frac{4}{3} \frac{\Delta V_1}{V_1 + V_2}$$

よって，アに入る数は　　$\dfrac{4}{3}$　……(答)

Ⅲ　(1)　設問Ⅲの最後の状態での気体の温度を T' とする。

ピストンは，おもりが押す力と気体Xが押す力とが常につりあいを保ちながら押し上げられたので，この変化は圧力 p_1 の定圧変化である。

ボイル・シャルルの法則より

$$\frac{V_1 + V_2}{T} = \frac{2V_1 + V_2}{T'}$$

$$\therefore \quad T' = \frac{2V_1 + V_2}{V_1 + V_2} T \quad ……(答)$$

(2)　内部エネルギーの増加 ΔU は，⑥より，気体XとYの合計で

$$\Delta U = 3R(T' - T) = 3R\left(\frac{2V_1 + V_2}{V_1 + V_2} T - T\right) = \frac{3V_1}{V_1 + V_2} RT$$

気体が外部へした仕事 W は，④の p_1 を用いて

$$W = p_1(2V_1 - V_1) = \frac{RT}{V_1 + V_2} \cdot V_1 = \frac{V_1}{V_1 + V_2} RT$$

よって，気体XとYが吸収した熱量の合計 Q は，熱力学第一法則より

$$Q = \frac{3V_1}{V_1 + V_2} RT + \frac{V_1}{V_1 + V_2} RT = \frac{4V_1}{V_1 + V_2} RT \quad ……(答)$$

◀━━━━━━━ ◀解　説▶ ━━━━━━━━

≪半透膜を通した混合気体の状態変化≫

◆**Ⅰ**　▶(1)　(3)の条件「気体Xの分子 1 個の一方向あたりの運動エネルギーの平均 $\dfrac{1}{2} m_X \overline{v_z^2}$ が $\dfrac{1}{2} kT$ である」ことを先取りすると，ボルツマン定数

k が $k = \dfrac{R}{N_A}$ であることを用いて

$$\frac{1}{2} m_X \overline{v_z^2} = \frac{1}{2} kT = \frac{1}{2} \frac{R}{N_A} T$$

ピストンは気体 X から圧力 p_1 を受けるので，理想気体の状態方程式より

$$p_1(V_1 + V_2) = 1 \cdot RT$$

$$\therefore \quad F_1 = p_1 S = \frac{RT}{V_1 + V_2} \cdot S = \frac{N_A m_X \overline{v_z^2} S}{V_1 + V_2}$$

▶(4)　単原子分子理想気体の内部エネルギーとは，気体分子がもつ運動エネルギーの和である。理想気体では，分子間に働く分子間力の位置エネルギーは無視する。単原子分子では，分子 1 個は一方向あたり平均して $\dfrac{1}{2} kT$ の運動エネルギーをもつので，分子 1 個の運動エネルギーは空間の三方向の和として $\dfrac{3}{2} kT$ である。これを，エネルギー等分配則という。

気体 X と Y の分子の速度の 2 乗の平均をそれぞれ $\overline{v^2}$，$\overline{w^2}$ とすると，$\overline{v_z^2} = \dfrac{1}{3} \overline{v^2}$，$\overline{w_z^2} = \dfrac{1}{3} \overline{w^2}$ であるから

$$\frac{1}{2} m_X \overline{v_z^2} \times 3 = \frac{1}{2} m_X \overline{v^2}$$

$$\frac{1}{2} m_Y \overline{w_z^2} \times 3 = \frac{1}{2} m_Y \overline{w^2}$$

よって

$$U = N_A \times \frac{1}{2} m_X \overline{v^2} + N_A \times \frac{1}{2} m_Y \overline{w^2}$$

$$= N_A \times \left(\frac{3}{2} m_X \overline{v_z^2} + \frac{3}{2} m_Y \overline{w_z^2} \right)$$

$$= N_A \times \left(\frac{3}{2} kT + \frac{3}{2} kT \right)$$

$$= 3 N_A kT = 3RT$$

◆Ⅱ　熱力学第一法則は，気体が吸収した熱量を Q，気体の内部エネルギーの増加を ΔU，気体が外部へした仕事を W とすると

$$Q = \Delta U + W$$

または，気体が吸収した熱量を Q，気体が吸収した（外部からされた）

仕事を w, 気体の内部エネルギーの増加を ΔU とすると

$$\Delta U = Q + w$$

◆Ⅲ ▶(2)　定圧モル比熱, 定積モル比熱を用いて解くこともできる。
この過程で, 気体Xは定圧変化をする。単原子分子理想気体の定圧モル比熱は $\dfrac{5}{2}R$ であるから, 1モルの気体Xが吸収した熱量 Q_X は

$$Q_X = 1 \cdot \frac{5}{2} R (T' - T)$$

この過程で, 気体Yは定積変化をする。単原子分子理想気体の定積モル比熱は $\dfrac{3}{2}R$ であるから, 1モルの気体Yが吸収した熱量 Q_Y は

$$Q_Y = 1 \cdot \frac{3}{2} R (T' - T)$$

よって, 気体XとYが吸収した熱量の合計 Q は

$$Q = Q_X + Q_Y = \frac{5}{2} R (T' - T) + \frac{3}{2} R (T' - T)$$

$$= 4R \left(\frac{2V_1 + V_2}{V_1 + V_2} T - T \right) = \frac{4V_1}{V_1 + V_2} RT$$

❖講　評

　例年通り, 理科2科目で試験時間150分, 大問3題の構成であり, 3題とも設問Ⅰ, Ⅱ, Ⅲに分かれるスタイルであった。2021年度と比較して問題量は減少, 難易度はやや易化し, ここ数年では最も易しい部類に入る。ただし, 難易度の傾斜がうまくつけられているので, 各問前半の比較的解きやすい問題を確実に解かなければ合格には届かない。

　2019年度以降毎年, 空所補充問題が出題されている（2022年度は解答個数4個）。数値計算問題も2021年度と同様に1で1問出題された。

　1　地球表面の海水について, 潮の満ち引き（潮汐運動）のモデル化の問題である。Ⅰは, 万有引力と遠心力の問題, Ⅱ(1)・(2)は地球と月がそれらの重心を中心として円運動をする問題で, ここまでは比較的易しめであるので確実に解きたい。Ⅱ(3)は点Xの円運動の遠心力を求めるのが難しく, これができないとⅡ(4), Ⅲに進めない。Ⅲは太陽による潮汐力が月による潮汐力の約0.45倍になるという話題性のある問題であり,

問題文に与えられていないが微小量に関する近似式を使用する必要がある。

　　2　Ⅰの誘導起電力とジュール熱，エネルギーの保存は基本的である。Ⅱ，Ⅲはダイオードが理想的であるため，台車の中心が $Q_1 Q_2$ 間を移動するときは電流が流れてローレンツ力により台車が減速し，$Q_3 Q_4$ 間を移動するときは電流が流れないので台車は等速度運動することを丁寧に計算すればよい。

　　3　Ⅰ(1)は定番の気体の分子運動論，(2)〜(4)は混合気体から受ける力と圧力，内部エネルギーの問題で標準的である。Ⅱは混合気体全体が断熱変化でありながら気体Ⅹは体積が減少し気体Ｙは体積が一定の変化，Ⅲは気体Ⅹが定圧変化で気体Ｙが定積変化である。これらの内容を理想気体の状態方程式，ボイル・シャルルの法則，熱力学第一法則を用いて正確に表現できたかどうかで差がつく。

化学

1 解答

I ア 884

イ B：$C_{18}H_{36}O_2$　C：$C_{18}H_{30}O_2$

ウ C　理由：Cはシス形なので，分子が折れ曲がることで分子どうしの接する面積が小さくなり，分子間力がBよりもはたらきにくくなるため。

エ

$CH_3-CH_2-CH=CH-(CH_2)_7-CH=CH-CH_2-CH=CH-CH_2-COOH$

$CH_3-CH_2-CH=CH-CH_2-CH=CH-(CH_2)_7-CH=CH-CH_2-COOH$

$CH_3-CH_2-CH=CH-CH_2-CH=CH-CH_2-CH=CH-(CH_2)_7-COOH$

$CH_3-(CH_2)_{16}-COO-CH_2$
　　　　　　　　　　　　　　　　|
$CH_3-(CH_2)_{16}-COO-CH$
　　　　　　　　　　　　　　　　|
オ　$CH_3-CH_2-CH=CH-CH_2-CH=CH-CH_2-CH=CH-(CH_2)_7-COO-CH_2$

II カ I
$$CH_3\underset{\underset{CH_3}{|}}{\overset{\overset{CH_3}{|}}{CH}}CH_2\!-\!CH_3$$

J　$CH_3-CH_2-CH_2-CH_2-CH_3$

キ L
$$CH_3\overset{\overset{OH}{|}}{\underset{}{CH}}CH_2\!-\!CH_3$$

N
$$CH_3\overset{\overset{CH_3}{|}}{CH}\,CH\underset{\underset{OH}{|}}{CH_3}$$
　　CH_3

O　HO$-CH_2\overset{\overset{CH_3}{|}}{CH}CH_2-CH_3$

ク K

ケ E・H

━━━━◀解　説▶━━━━

≪油脂の構造決定，C_5H_{10} のアルケンの構造決定≫

◆**I** ▶**ア**　油脂のけん化においては，1 mol の油脂から 1 mol のグリセリン（分子量 92.0）が得られる。よって，油脂Aの分子量を M とおくと，実験1の結果から

$$92.0 \times \frac{2.21}{M} = \frac{230}{1000} \qquad \therefore \quad M = 884$$

▶**イ**　1つの炭素間二重結合に1分子の H_2 が付加するので，炭素間二重

結合の物質量と，付加する H_2 の物質量は等しい。よって A に含まれる炭素間二重結合の数を n とすると

$$\frac{2.21}{884} \times n = \frac{168}{22.4 \times 10^3} \qquad \therefore \quad n = 3$$

となる。A を構成する不飽和脂肪酸は C のみであることから，A は 2 分子の飽和脂肪酸 B と，炭素間二重結合を 3 個もつ 1 分子の不飽和脂肪酸 C からできていることがわかる。さらに，A は不斉炭素原子をもつが，H_2 を付加して得られた油脂 D は不斉炭素原子をもたないことから，B に H_2 を付加すると C になることがわかるので，B と C は炭素数が等しい。以上のことから，B の示性式を $C_nH_{2n+1}COOH$ と表すと，C の示性式は $C_nH_{2n-5}COOH$ と表すことができ，A から D が得られる反応は次のようになる（不斉炭素原子には＊を付している）。

$$
\begin{array}{l}
C_nH_{2n+1}\text{-COO-CH}_2 \\
C_nH_{2n+1}\text{-COO-}^*\text{CH} \quad + 3H_2 \\
C_nH_{2n-5}\text{-COO-CH}_2 \\
\qquad\text{油脂 A}
\end{array}
\longrightarrow
\begin{array}{l}
C_nH_{2n+1}\text{-COO-CH}_2 \\
C_nH_{2n+1}\text{-COO-CH} \\
C_nH_{2n+1}\text{-COO-CH}_2 \\
\qquad\text{油脂 D}
\end{array}
$$

よって，A の分子量が 884 であることから

$$42n + 170 = 884 \qquad \therefore \quad n = 17$$

となるので，B は $C_{17}H_{35}COOH$（ステアリン酸），C は $C_{17}H_{29}COOH$（リノレン酸）であることがわかる。

▶ウ　ステアリン酸のような飽和脂肪酸は，直鎖状の分子であるから，分子どうしが接することができる面積が大きく，分子が密に詰まりやすい。その結果，融点が高くなる。一方，シス形の不飽和脂肪酸は折れ曲がった構造をとるため，分子どうしが接近しにくくなり，分子間力が飽和脂肪酸に比べてはたらきにくくなる。そのため，融点は飽和脂肪酸よりも低くなる。

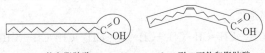

飽和脂肪酸　　　　シス形の不飽和脂肪酸

▶エ　C の構造を次のように表すことにする（$R^1 \sim R^4$ は炭化水素基）。

$$R^1\text{-CH=CH-}R^2\text{-CH=CH-}R^3\text{-CH=CH-}R^4\text{-COOH}$$

これにオゾンを作用させ，酸化的処理を行うと，次のように 1 つのモノカ

ルボン酸と 3 つのジカルボン酸が得られる。

R^1–COOH

HOOC–R^2–COOH HOOC–R^3–COOH HOOC–R^4–COOH

これらをジアゾメタンによりメチル化すると，次のような化合物が得られる。

$$CH_3-O-\overset{\displaystyle O}{\underset{\displaystyle}{C}}-R^1 \qquad CH_3-O-\overset{\displaystyle O}{\underset{\displaystyle}{C}}-R^2-C\overset{\displaystyle O}{\underset{\displaystyle O-CH_3}{}}$$

$$CH_3-O-\overset{\displaystyle O}{\underset{\displaystyle}{C}}-R^3-C\overset{\displaystyle O}{\underset{\displaystyle O-CH_3}{}} \qquad CH_3-O-\overset{\displaystyle O}{\underset{\displaystyle}{C}}-R^4-C\overset{\displaystyle O}{\underset{\displaystyle O-CH_3}{}}$$

これと実験 3 の結果を比較すると，R^1 は CH_3-CH_2- と決まる。$R^2 \sim R^4$ については，$-(CH_2)_7-$ か $-CH_2-$ のどちらかであるが，炭素数が 18 であることを考慮すると，$R^2 \sim R^4$ のうち 1 つが $-(CH_2)_7-$ で，2 つが $-CH_2-$ である。よって，C の構造は $R^2 \sim R^4$ のうちのどれが $-(CH_2)_7-$ であるかにより，次の 3 通りが考えられる。

• R^2 が $-(CH_2)_7-$

　　$CH_3-CH_2-CH=CH-(CH_2)_7-CH=CH-CH_2-CH=CH-CH_2-COOH$

• R^3 が $-(CH_2)_7-$

　　$CH_3-CH_2-CH=CH-CH_2-CH=CH-(CH_2)_7-CH=CH-CH_2-COOH$

• R^4 が $-(CH_2)_7-$

　　$CH_3-CH_2-CH=CH-CH_2-CH=CH-CH_2-CH=CH-(CH_2)_7-COOH$

▶オ C をジアゾメタンによりメチル化すると，末端の $-COOH$ が $-COO-CH_3$ になる。その後，オゾンを作用させ還元的処理を行ったときに得られる，R^4 を含む化合物は次のようになる。

$$HO-CH_2-R^4-C\overset{\displaystyle O}{\underset{\displaystyle O-CH_3}{}}$$

これと実験 4 の結果から，R^4 が $-(CH_2)_7-$ であることがわかる。これにより，C の構造は

　　$CH_3-CH_2-CH=CH-CH_2-CH=CH-CH_2-CH=CH-(CH_2)_7-COOH$

と決まるので，A の構造も次のように決まる。

$$CH_3-(CH_2)_{16}-COO-CH_2$$
$$CH_3-(CH_2)_{16}-COO-CH$$
$$CH_3-CH_2-CH=CH-CH_2-CH=CH-CH_2-CH=CH-(CH_2)_7-COO-CH_2$$

◆**Ⅱ**　▶**カ**　C_5H_{10} の構造をもつアルケンの構造異性体は，次の 5 種類ある。これらに①〜⑤の番号をつけて区別する。

①　$CH_2=CH-CH_2-CH_2-CH_3$　　　②　$CH_3-CH=CH-CH_2-CH_3$

③　$CH_2=C-CH_2-CH_3$　　④　$CH_3-C=CH-CH_3$
　　　　　　|　　　　　　　　　　　　|
　　　　　CH_3　　　　　　　　　　CH_3

⑤　$CH_3-CH-CH=CH_2$
　　　　　|
　　　　CH_3

実験 5 と実験 6 の結果をまとめると，次のようになる。

実験 5 ：
$$E \xrightarrow{+H_2} I \quad G \xrightarrow{+H_2} J$$
$$F \xrightarrow{+H_2} \quad H \xrightarrow{+H_2}$$

実験 6 ：$E \xrightarrow{+H_2O} K$，（N）　　$F \xrightarrow{+H_2O} K$，（O）

　　　　$G \xrightarrow{+H_2O} L$，（P）　　$H \xrightarrow{+H_2O} L$，M

　　　　（　）内は副生成物を表す。

実験 5 から，アルケンEとF，GとHはそれぞれ同じ炭素骨格をもつことがわかる。

アルケン①〜⑤に H_2O を付加すると，それぞれ次のような化合物が得られる。ⓐ〜ⓙはH原子が付加するC原子の位置およびそのときに生成するアルコールを表す（不斉炭素原子には＊を付している）。

　　　ⓐ　ⓑ
　　　↓　↓
①　$CH_2=CH-CH_2-CH_2-CH_3$

　　$\xrightarrow{+H_2O} CH_3-\overset{*}{C}H-CH_2-CH_2-CH_3$ と $HO-CH_2-CH_2-CH_2-CH_2-CH_3$
　　　　　　　　　　　|　　　　　　　　　　　　　　　　　　　　ⓑ
　　　　　　　　　　OH
　　　　　　　　　　ⓐ

　　　　　ⓒ　ⓓ
　　　　　↓　↓
②　$CH_3-CH=CH-CH_2-CH_3$

　　　　$\xrightarrow{+H_2O} CH_3-CH_2-CH-CH_2-CH_3$ と $CH_3-\overset{*}{C}H-CH_2-CH_2-CH_3$
　　　　　　　　　　　　　　　　|　　　　　　　　　　　　　　|
　　　　　　　　　　　　　　　OH　　　　　　　　　　　　OH
　　　　　　　　　　　　　　　ⓒ　　　　　　　　　　　ⓓ（ⓐと同一）

　　ⓔ　ⓕ
　　↓　↓
③　$CH_2=C-CH_2-CH_3$
　　　　　|
　　　　CH_3

$$\xrightarrow{+\text{H}_2\text{O}} \underset{\underset{\text{CH}_3}{|}}{\overset{\overset{\text{OH}}{|}}{\text{CH}_3\text{-C-CH}_2\text{-CH}_3}} \text{ と } \underset{\underset{\text{CH}_3}{|}}{\text{HO-CH}_2\text{-}\overset{*}{\text{CH}}\text{-CH}_2\text{-CH}_3}$$

ⓔ　　　　　　　　ⓕ

④ $\underset{\underset{\text{CH}_3}{|}}{\overset{\overset{ⓖ\ \ ⓗ}{|\ \ |}}{\text{CH}_3\text{-C=CH-CH}_3}} \xrightarrow{+\text{H}_2\text{O}} \underset{\underset{\text{CH}_3\ \text{OH}}{|\ \ \ |}}{\text{CH}_3\text{-}\overset{*}{\text{CH}}\text{-CH-CH}_3}$ と $\underset{\underset{\text{CH}_3}{|}}{\overset{\overset{\text{OH}}{|}}{\text{CH}_3\text{-C-CH}_2\text{-CH}_3}}$

ⓖ　　　　　　ⓗ（ⓔと同一）

⑤ $\underset{\underset{\text{CH}_3}{|}}{\overset{\overset{ⓘ\ \ ⓙ}{|\ \ |}}{\text{CH}_3\text{-CH-CH=CH}_2}}$

$$\xrightarrow{+\text{H}_2\text{O}} \underset{\underset{\text{CH}_3}{|}}{\text{CH}_3\text{-CH-CH}_2\text{-CH}_2\text{-OH}} \text{ と } \underset{\underset{\text{CH}_3\ \text{OH}}{|\ \ \ |}}{\text{CH}_3\text{-CH-}\overset{*}{\text{CH}}\text{-CH}_3}$$

ⓘ　　　　　　　　ⓙ（ⓖと同一）

解説1のマルコフニコフ則は，「H_2O が付加するとき，より多くのH原子と結合しているC原子にH原子が付加する」と読みかえることができるので，これを考慮すると，ⓐ～ⓙの主生成物，副生成物の分類は次のようにまとめられる。

①		②		③		④		⑤	
ⓐ	ⓑ	ⓒ	ⓓ	ⓔ	ⓕ	ⓖ	ⓗ	ⓘ	ⓙ
主	副	主	主	主	副	副	主	副	主

よって，実験6から，副生成物が生成しない②がH，Hと炭素骨格が同じ①がGと決まる。E，Fは③～⑤のいずれかとなる。これらのことから，化合物 I は枝分かれのある 2-メチルブタン，化合物 J は直鎖状のペンタンと決まる。

$\underset{\underset{\text{CH}_3}{|}}{\text{CH}_3\text{-CH-CH}_2\text{-CH}_3}$　　　$\text{CH}_3\text{-CH}_2\text{-CH}_2\text{-CH}_2\text{-CH}_3$

　　　　　　　　　　　　　　化合物 J

化合物 I

▶キ　カでGとHが決まったので，実験6から，アルコールK～Pのうち，ⓐ，ⓓがL，ⓑがP，ⓒがMとわかる。

実験7から，Kは第三級アルコールのⓔ，ⓗであるから，E，Fは③，④のいずれかとわかる。

実験 8 から，N は CH_3-CH- の構造をもつ⑧であるから，④が E となり，
                     |
                     OH

③が F とわかる。よって，⑴が O と決まる。

以上の結果をまとめると，次のようになる。

①(G)	②(H)	③(F)	④(E)

ⓐ	ⓑ	ⓒ	ⓓ	ⓔ	ⓕ	ⓖ	ⓗ
L	P	M	L	K	O	N	K

したがって，K～Pのうち，不斉炭素原子をもつものは，L，N，O である。

▶ク 解説１，解説２における安定な陽イオンは，イオン化した C 原子により多くの炭化水素基が結合したものであると考えられる。解説２の図から判断すると，アルコールから陽イオンが生成するとき，−OH が結合していた C 原子がイオン化する。よって，イオン化した C 原子に，３個の炭化水素基が結合した陽イオンが生成する K の脱水反応が最も速く進行すると考えられる。

$$CH_3-\underset{\underset{CH_3}{|}}{\overset{\overset{OH}{|}}{C}}-CH_2-CH_3 \xrightarrow[-H_2O]{+H^+} CH_3-\overset{+}{\underset{\underset{CH_3}{|}}{C}}-CH_2-CH_3$$

          アルコールK   陽イオン

▶ケ E～H に H_2O を付加したときに主生成物として得られるアルコールは K・L・M なので，これらのアルコールの脱水反応により主生成物として得られるアルケンをザイツェフ則に従って考える。

$$CH_3-\underset{\underset{CH_3}{|}}{\overset{\overset{OH}{|}}{C}}-CH_2-CH_3 \xrightarrow{-H_2O} CH_3-\underset{\underset{CH_3}{|}}{C}=CH-CH_3$$

          アルコールK   アルケンE

$$CH_3-\underset{\underset{OH}{|}}{CH}-CH_2-CH_2-CH_3 \xrightarrow{-H_2O} CH_3-CH=CH-CH_2-CH_3$$

                              アルケンH
        アルコールL

$$CH_3-CH_2-\underset{\underset{OH}{|}}{CH}-CH_2-CH_3 \xrightarrow{-H_2O} CH_3-CH=CH-CH_2-CH_3$$

                               アルケンH
        アルコールM

H_2O の付加反応において，KはEとFから，LはGとHから，MはHから得られるので，問題の条件を満たすアルケンはEとHである。

2　解答　I　ア　反応4：C（黒鉛）＋O_2（気）＝CO_2（気）＋394kJ

反応5：CH_4（気）＋$2O_2$（気）＝CO_2（気）＋$2H_2O$（液）＋891kJ

CO_2（気）の物質量：2.3倍

イ　NH_3（気）の燃焼熱を Q〔kJ/mol〕とおくと，反応6の熱化学方程式は

$$NH_3（気）+\frac{3}{4}O_2（気）=\frac{1}{2}N_2（気）+\frac{3}{2}H_2O（液）+Q\,kJ$$

「（反応熱）＝（生成物の生成熱の総和）－（反応物の生成熱の総和）」の関係より

$$Q=\frac{3}{2}\times286-\frac{1}{2}\times92=383〔kJ/mol〕$$

よって，必要な NH_3（気）の物質量を x〔mol〕とおくと

$$394+383x=891 \quad \therefore \quad x=1.29\fallingdotseq1.3〔mol〕 \quad \cdots\cdots（答）$$

ウ　（反応1）×3＋（反応2）×3＋（反応3）×4　より

$$3CH_4（気）+4N_2（気）+6H_2O（気）=8NH_3（気）+3CO_2（気）-127\,kJ$$

よって，エネルギーは吸収される。……（答）

また，1.0molの NH_3（気）を得る際に吸収されるエネルギーは

$$\frac{127}{8}=15.8\fallingdotseq16〔kJ〕 \quad \cdots\cdots（答）$$

エ　$(NH_2)_2CO$　（$CO(NH_2)_2$，NH_2CONH_2 も可）

オ　0.38mol，0.87倍

II　カ　(b)—(3)　(c)—(1)　(d)—(2)

キ　$Cu(OH)_2+4NH_3 \longrightarrow [Cu(NH_3)_4]^{2+}+2OH^-$

ク　K：Fe：C：N＝1：2：6：6

ケ　プルシアンブルーの組成式は $KFe_2C_6N_6$ であるから，式量は306.7である。単位格子中にFe原子は8個含まれるので，$KFe_2C_6N_6$ が4つ分含まれることになる。よって，単位格子の質量は

$$\frac{306.7}{6.02\times10^{23}}\times4=2.03\times10^{-21}〔g〕$$

単位格子の体積は

$$(0.50 \times 2 \times 10^{-7})^3 = 1.0 \times 10^{-21} \, (cm^3)$$

であるから，求める密度は

$$\frac{2.03 \times 10^{-21}}{1.0 \times 10^{-21}} = 2.03 \fallingdotseq 2.0 \, (g/cm^3) \quad \cdots\cdots (答)$$

コ　1.0 g のプルシアンブルーに吸着した N_2 の物質量は

$$\frac{1.0 \times 10^5 \times 60 \times 10^{-3}}{8.31 \times 10^3 \times 300} = \frac{2.0 \times 10^{-2}}{8.31} \, (mol)$$

単位格子の質量は $\dfrac{306.7}{6.02 \times 10^{23}} \times 4$ g なので，これに吸着した N_2 は

$$\frac{2.0 \times 10^{-2}}{8.31} \times \frac{\dfrac{306.7}{6.02 \times 10^{23}} \times 4}{1.0} \times 6.02 \times 10^{23} = 2.9 \fallingdotseq 3 \, 分子 \quad \cdots\cdots (答)$$

━━━━━◀解　説▶━━━━━

≪熱化学方程式，ヘスの法則，錯イオンの構造，プルシアンブルーの結晶格子≫

◆I　▶ア　反応 4：C (黒鉛) の燃焼熱は，CO_2 (気) の生成熱に等しい。反応 5：CH_4 (気) の燃焼熱を Q_1 (kJ/mol) とおくと，反応 5 の熱化学方程式は

$$CH_4 \, (気) + 2O_2 \, (気) = CO_2 \, (気) + 2H_2O \, (液) + Q_1 \, kJ$$

と表される。「(反応熱) = (生成物の生成熱の総和) − (反応物の生成熱の総和)」の関係より

$$Q_1 = 394 + 2 \times 286 - 75 = 891 \, (kJ/mol)$$

となる。
CO_2 (気) の物質量：反応 4 と反応 5 の熱化学方程式より，1.0 kJ のエネルギーを得る際に排出される CO_2 (気) の物質量は，反応 4 では $\dfrac{1.0}{394}$ mol，

反応 5 では $\dfrac{1.0}{891}$ mol であるから

$$\frac{1.0}{394} \div \frac{1.0}{891} = 2.26 \fallingdotseq 2.3 \, 倍$$

▶イ　NH_3 (気) の生成熱は反応 3 からわかるが，NH_3 (気) の係数が 2 になっているので，92 kJ/mol ではなく 46 kJ/mol である。

また，NH_3（気）の燃焼反応の熱化学方程式は，次のように作ってもよい。
H_2O（液）の生成熱が $286\,kJ/mol$ であるので

$$H_2（気）+\frac{1}{2}O_2（気）=H_2O（液）+286\,kJ$$

これを反応 7 とすると，（反応 7）$\times\frac{3}{2}$ −（反応 3）$\times\frac{1}{2}$ より

$$NH_3（気）+\frac{3}{4}O_2（気）=\frac{1}{2}N_2（気）+\frac{3}{2}H_2O（液）+383\,kJ$$

▶ウ　下線部③に「CH_4（気）と N_2（気）と H_2O（気）から，NH_3（気）
と CO_2（気）を生成する」とあるので，反応 1 〜反応 3 の熱化学方程式か
ら，CO（気）と H_2（気）を消去することを目標にすればよい。〔解答〕で
は一度に目的となる熱化学方程式を作っているが，順に考えてみよう。ま
ず，（反応 1）+（反応 2）により，CO（気）が消去できる。

$$CH_4（気）+H_2O（気）\ =CO（気）+3H_2（気）-206\,kJ$$
$$\underline{+\,)CO（気）+H_2O（気）\ =H_2（気）\ +CO_2（気）+41\,kJ}$$
$$CH_4（気）+2H_2O（気）=4H_2（気）+CO_2（気）-165\,kJ$$

これを反応 8 とすると，（反応 8）$\times3$+（反応 3）$\times4$ により，H_2（気）が
消去できる。

$$3CH_4（気）+6H_2O（気）\qquad\qquad =12H_2（気）+3CO_2（気）-495\,kJ$$
$$\underline{+\,)4N_2（気）\ \ +12H_2（気）\qquad =8NH_3（気）\qquad\qquad +368\,kJ}$$
$$3CH_4（気）+4N_2（気）+6H_2O（気）=8NH_3（気）+3CO_2（気）-127\,kJ$$

▶エ　CO_2 と NH_3 からつくられる，肥料や樹脂の原料に用いられる化合
物は，尿素である。

$$CO_2+2NH_3\longrightarrow (NH_2)_2CO+H_2O$$

1.00 トンの CO_2 から得られる尿素（分子量 60.0）の質量は

$$60.0\times\frac{1.00}{44.0}=1.363\fallingdotseq1.36\ \text{トン}$$

となり，問題文に合致する。

▶オ　ウで求めた熱化学方程式

$$3CH_4（気）+4N_2（気）+6H_2O（気）=8NH_3（気）+3CO_2（気）-127\,kJ$$

より，$1.0\,mol$ の NH_3（気）を得る際に排出される CO_2（気）の物質量は

$$1.0\times\frac{3}{8}=0.375\fallingdotseq0.38\,〔mol〕$$

反応 6 により 1.0kJ のエネルギーを得る際に必要な NH_3（気）の物質量は $\dfrac{1.0}{383}$ mol なので，このとき排出される CO_2（気）の物質量は

$$\frac{3}{8} \times \frac{1.0}{383} = \frac{3.0}{3064}〔mol〕$$

反応 5 により 1.0kJ のエネルギーを得る際に排出される CO_2（気）の物質量は $\dfrac{1.0}{891}$ mol である。よって

$$\frac{3.0}{3064} \div \frac{1.0}{891} = 0.872 \doteqdot 0.87 \text{ 倍}$$

◆II ▶カ 金属イオンごとに，配位数や錯イオンの形が決まっている。(b)はジアンミン銀（I）イオン $[Ag(NH_3)_2]^+$，(c)はヘキサアンミンコバルト（III）イオン $[Co(NH_3)_6]^{3+}$，(d)はテトラアンミン亜鉛（II）イオン $[Zn(NH_3)_4]^{2+}$ である。

▶キ Cu^{2+} を含む水溶液に，少量のアンモニア水を加えると，青白色の水酸化銅（II）が沈殿する。

$$Cu^{2+} + 2OH^- \longrightarrow Cu(OH)_2$$

この沈殿は，過剰のアンモニア水に溶けてテトラアンミン銅（II）イオン $[Cu(NH_3)_4]^{2+}$ となり，水溶液は深青色になる。

▶ク 0.50nm の辺に注目すると，右図のように結合している。1 個の Fe^{2+} は 6 個の C と結合しているので，C 1 個あたりの Fe^{2+} は $\dfrac{1}{6}$ 個である。

Fe²⁺ C N Fe³⁺

また，1 個の Fe^{3+} も 6 個の N と結合しているので，N 1 個あたりの Fe^{3+} は $\dfrac{1}{6}$ 個である。

よって，電気的な中性を保つために必要な K^+ の個数を x とおくと

$$(+2) \times \frac{1}{6} + (+3) \times \frac{1}{6} + (-1) \times 1 + (+1) \times x = 0 \quad \therefore \quad x = \frac{1}{6}$$

ゆえに

$$K : Fe : C : N = \frac{1}{6} : \left(\frac{1}{6} + \frac{1}{6}\right) : 1 : 1 = 1 : 2 : 6 : 6$$

▶ケ Fe^{2+} と Fe^{3+} に注目すると NaCl 型の結晶格子の配置になっている

から，単位格子中に Fe^{2+} と Fe^{3+} はともに 4 個ずつ含まれる。

▶コ　プルシアンブルー 1.0g の体積は，ケの結果から $\dfrac{1.0}{2.03}$ cm^3 であるから

$$\frac{2.0\times10^{-2}}{8.31}\times\frac{1.0\times10^{-21}}{\dfrac{1.0}{2.03}}\times6.02\times10^{23}=2.9\fallingdotseq3\ 分子$$

のように考えてもよい。

3 解答

I　ア　$3Fe_2O_3+CO\longrightarrow2Fe_3O_4+CO_2$

$Fe_3O_4+CO\longrightarrow3FeO+CO_2$

$FeO+CO\longrightarrow Fe+CO_2$

イ　アの反応式を 1 つにまとめると

$$Fe_2O_3+3CO\longrightarrow2Fe+3CO_2$$

となるから，求める CO_2 の質量は

$$44.0\times\frac{7.50\times10^7}{55.8}\times\frac{3}{2}=8.87\times10^7\fallingdotseq8.9\times10^7\ トン\quad\cdots\cdots(答)$$

ウ　水深 10.0m における圧力は

$$1.00\times10^5+1.00\times10^4\times10.0=2.00\times10^5\,〔Pa〕$$

よって，求める CO_2 の密度は

$$\rho=\frac{2.00\times10^5\times44.0}{8.31\times10^3\times(273+15)}=3.67\fallingdotseq3.7\,〔g/L〕\quad\cdots\cdots(答)$$

エ　5×10^2 m

オ　a．ファンデルワールス力　b．水素結合　c．分子量

カ　(4)

II　キ　d．$k_1([Ck]_0-[Ck\cdot Ab])[Ab]_0-k_2[Ck\cdot Ab]$

e．$k_1[Ab]_0+k_2$　f．$k_1[Ck]_0[Ab]_0$

ク　$k_1=5\times10^5\,〔Lmol^{-1}s^{-1}〕$，$k_2=1\times10^{-3}\,〔s^{-1}〕$

ケ　g．$\dfrac{[Ck\cdot Ab]}{([Ck]_0-[Ck\cdot Ab])[Ab]_0}$　h．$\dfrac{K[Ab]_0}{K[Ab]_0+1}$

コ　(I)

理由：$X=\dfrac{K[Ab]_0}{K[Ab]_0+1}$ において $[Ab]_0=\dfrac{1}{K}$ とすると $X=0.5$ となるから。

サ　Ab2：(iii)　Ab3：(iv)

シ　Ab1，$[Ab]_0 = 9 \times 10^{-9} \, [\mathrm{mol \, L^{-1}}]$

━━━━━━━━━━ ◀解　説▶ ━━━━━━━━━━

≪鉄の製錬，CO_2 の圧力と状態変化，サイトカインと抗体の結合反応の反応速度と化学平衡≫

◆Ⅰ▶ア　いずれの反応においても CO が還元剤となって酸化され，CO_2 が排出される。

▶イ　アの反応式を順に①，②，③とする。Fe_3O_4 と FeO を消去することを目標にして，(① + ② × 2 + ③ × 6) ÷ 3 により，1つにまとめた反応式が得られる。

▶ウ　理想気体の状態方程式 $PV = \dfrac{w}{M} RT$（M：分子量，w：質量）から，密度を表す式をつくると

$$\rho = \frac{w}{V} = \frac{PM}{RT}$$

となる。

▶エ　CO_2 が放出されたときの周囲の圧力が CO_2 の飽和蒸気圧以上であると，CO_2 は気体の状態では存在できないので，液体として放出される。図 3 - 2 より，15℃ における CO_2 の飽和蒸気圧は $50 \times 10^5 \mathrm{Pa}$ であるから，圧力がこの値になるときの水深を $h \, [\mathrm{m}]$ とおくと

$$1.00 \times 10^5 + 1.00 \times 10^4 \times h = 50 \times 10^5$$

∴　$h = 4.9 \times 10^2 \fallingdotseq 5 \times 10^2 \, [\mathrm{m}]$

これ以上の水深では，周囲の圧力が $50 \times 10^5 \mathrm{Pa}$ 以上となり，CO_2 は液体となる。

▶オ　CO_2 は無極性分子なので，分子間にはファンデルワールス力しか働かない。一方，H_2O は極性分子であることに加えて O−H 結合の極性が非常に大きいため，分子間にはファンデルワールス力に加えて，極性に基づく引力，水素結合が働く。

▶カ　水深が増して圧力が高くなると，CO_2 が気体として放出されている間は，$\rho = \dfrac{PM}{RT}$ より，密度は直線的に大きくなる。圧力が飽和蒸気圧に達して CO_2 が液体になると，体積が急激に減少し，密度は急激に大きく

なる。ただし，リード文に「液体 CO_2 は，浅い水深では上昇する」とあるので，液体になった段階ではまだ海水の密度よりは小さい。さらに水深が増して圧力が高くなっていくと，CO_2 の密度が海水の密度より大きくなり，海水中を下降していく。以上に合致するグラフは(4)である。

◆II ▶キ サイトカイン (Ck) は，Ab と結合せずに Ck のままか，Ab と結合して Ck·Ab になっているかのどちらかの状態で存在するので

$$[Ck]_0 = [Ck] + [Ck \cdot Ab] \quad \therefore \quad [Ck] = [Ck]_0 - [Ck \cdot Ab]$$

が成り立つ。また，$[Ab] = [Ab]_0$ なので，Ck·Ab の生成速度 v は

$$v = k_1[Ck][Ab] - k_2[Ck \cdot Ab]$$
$$= k_1([Ck]_0 - [Ck \cdot Ab])[Ab]_0 - k_2[Ck \cdot Ab]$$

と表される。この式を $[Ck \cdot Ab]$ について整理すると

$$v = -(k_1[Ab]_0 + k_2)[Ck \cdot Ab] + k_1[Ck]_0[Ab]_0$$

となるので，$\alpha = k_1[Ab]_0 + k_2$, $\beta = k_1[Ck]_0[Ab]_0$ とおくと

$$v = -\alpha[Ck \cdot Ab] + \beta$$

よって，v は $[Ck \cdot Ab]$ を変数とする 1 次関数になることがわかる。

▶ク $\alpha = k_1[Ab]_0 + k_2$ を，横軸に $[Ab]_0$，縦軸に α をとってグラフにしたときの直線の傾きが k_1, α 切片が k_2 である。図 3-5 から傾きを読み取ると

$$k_1 = \frac{1 \times 10^{-3}}{2 \times 10^{-9}}$$
$$= 5 \times 10^5 \, [\text{L mol}^{-1}\text{s}^{-1}]$$

α 切片は $k_2 = 1 \times 10^{-3} \, [\text{s}^{-1}]$

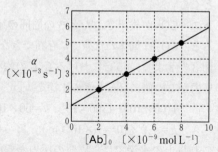

▶ケ g. 平衡状態では $v_1 = v_2$ より $v = 0$ なので

$$k_1([Ck]_0 - [Ck \cdot Ab])[Ab]_0 - k_2[Ck \cdot Ab] = 0$$

$$\therefore \quad K = \frac{k_1}{k_2} = \frac{[Ck \cdot Ab]}{([Ck]_0 - [Ck \cdot Ab])[Ab]_0}$$

h. $K = \dfrac{[Ck \cdot Ab]}{([Ck]_0 - [Ck \cdot Ab])[Ab]_0}$ より

$$K[Ab]_0[Ck]_0 = (K[Ab]_0 + 1)[Ck \cdot Ab]$$

$$\therefore \quad X = \frac{[Ck \cdot Ab]}{[Ck]_0} = \frac{K[Ab]_0}{K[Ab]_0 + 1}$$

▶コ $X = \dfrac{K[Ab]_0}{K[Ab]_0 + 1} = \dfrac{K}{K + \dfrac{1}{[Ab]_0}}$ であるから，$[Ab]_0 \to \infty$ とすると，

$X \to 1$ となる。

ここで，$X = 1$ を結合率の最大値と考えて $X_{max} = 1$ とおき，

$X = \dfrac{1}{2} X_{max} = 0.5$ になるときの $[Ab]_0$ を求めると

$$0.5 = \dfrac{K[Ab]_0}{K[Ab]_0 + 1} \qquad \therefore \quad [Ab]_0 = \dfrac{1}{K}$$

となる。つまり，$\dfrac{1}{K}$ は結合率 X がその最大値の $\dfrac{1}{2}$ になるときの $[Ab]_0$ を表す定数であると考えることができる。

▶サ k_1 の値は Ab2，Ab3 のいずれを用いた場合も Ab1 より小さいので，$Ck \cdot Ab$ が生成する速度は Ab1 を用いた場合よりも小さくなり，平衡状態に達するまでの時間は長くなる。

次に，$K = \dfrac{[Ck \cdot Ab]}{([Ck]_0 - [Ck \cdot Ab])[Ab]_0}$ より

$$[Ck \cdot Ab] = \dfrac{K[Ck]_0[Ab]_0}{K[Ab]_0 + 1} = \dfrac{[Ck]_0[Ab]_0}{[Ab]_0 + \dfrac{1}{K}}$$

であるから，$[Ab]_0$，$[Ck]_0$ が一定のとき，平衡状態での $[Ck \cdot Ab]$ は K が大きいほど大きく，K が小さいほど小さい。Ab1〜Ab3 を用いた場合の平衡定数はそれぞれ

$$Ab1 : K = \dfrac{1.0 \times 10^6}{1.0 \times 10^{-3}} = 1.0 \times 10^9 \,[\mathrm{L\,mol^{-1}}]$$

$$Ab2 : K = \dfrac{5.0 \times 10^5}{5.0 \times 10^{-4}} = 1.0 \times 10^9 \,[\mathrm{L\,mol^{-1}}]$$

$$Ab3 : K = \dfrac{1.0 \times 10^5}{1.0 \times 10^{-3}} = 1.0 \times 10^8 \,[\mathrm{L\,mol^{-1}}]$$

であるから，平衡状態での $[Ck \cdot Ab]$ は，Ab2 の場合は Ab1 の場合と等しく，Ab3 の場合は Ab1 の場合よりも小さくなる。

以上のことから，Ab2 の場合の曲線は(ⅲ)，Ab3 の場合の曲線は(ⅳ)となる。

▶シ $X = \dfrac{K[Ab]_0}{K[Ab]_0 + 1}$ において，$X = 0.9$ とすると

$$0.9 = \frac{K[\mathrm{Ab}]_0}{K[\mathrm{Ab}]_0 + 1} \qquad \therefore \quad [\mathrm{Ab}]_0 = \frac{9}{K}$$

よって，K が大きいほど，より低い $[\mathrm{Ab}]_0$ で平衡状態に達する。

さらに，より短時間で平衡状態に達するためには，Ck·Ab が生成する速度が大きければよいので，k_1 が大きければよい。

したがって，適切な Ab は K と k_1 がともに最も大きい Ab1 であり，このとき必要となる $[\mathrm{Ab}]_0$ は

$$[\mathrm{Ab}]_0 = \frac{9}{K} = \frac{9}{1.0 \times 10^9} = 9 \times 10^{-9} \,[\mathrm{mol\,L^{-1}}]$$

❖ 講　評

　大問が 3 題で，それぞれが Ⅰ と Ⅱ の独立した問題に分かれており，実質 6 題の出題であった。また，設問数は 31 であった。試験時間は理科 2 科目で 150 分であり例年通り。全体を通して，とりわけ難解で高度な思考力を要する問題はほとんど見られない。しかし，受験生にとって見慣れない題材が扱われているため，リード文をしっかり読んで典型問題に落とし込む必要があり，また計算に時間がかかる問題も多かったため，時間が足らず，難しく感じた受験生も多かったと思われる。

　1　Ⅰ 2 種類の高級脂肪酸からなる油脂の構造決定に関する問題。特に難解な箇所はなく，オゾン分解も受験生にとってはなじみのあるものであっただろうから，ここはできる限り完答を目指したいところである。アは基本的な mol 計算である。イでは，実験 2 の結果から炭素間二重結合の数を求めるのが一般的であるが，ステアリン酸のみからなる油脂の分子量が 890 であることを知っていれば，分子量が 884 であることからただちに炭素間二重結合の数が 3 とわかる。ウは炭素間二重結合により分子が折れ曲がることがポイントであるが，少し説明しづらかったかもしれない。エは $R^1 \sim R^4$ の記号を用いて C の構造を書いてみると考えやすくなる。オは，エができれば容易であるが，リノレン酸の位置には気をつけたい。

　Ⅱ 分子式 C_5H_{10} のアルケンの構造を，水の付加反応と脱水反応を通して決定していく問題。C_5H_{10} のアルケンの構造異性体は 5 つしかないので，リード文を読んで構造を決めていくよりも，まずすべて書き出し

てから考えたほうが楽である。マルコフニコフ則やザイツェフ則は知っ
ている受験生も多かったであろう。カ・キでは，あらかじめ書いておい
た5つのアルケンから生成するアルコールの構造式とリード文を照らし
合わせて，当てはまるものを選んでいくとよい。クはリード文をしっか
り読んで，陽イオンの安定性について考慮する必要があるので，少し難
しい。ケはザイツェフ則がわかっていれば容易に選べたはずである。

　　2　Ⅰ　CO_2 をテーマとした熱化学に関する問題。基本的な問題が
多く完答したいが，問題文がやや長いので，題意を把握するのに少し時
間がかかったかもしれない。また，計算が面倒なものが多いので，慌て
ず慎重に計算を行いたい。ア・イはともに基本的な問題で落とせない。
ウも難しくはないが，きちんとリード文を読み，CO（気）と H_2（気）
を消去すればよいことに気づけたか。エは化合物Aが尿素であることを
知っていないといけない。オは単純な mol 計算ではあるが，ウの熱化
学方程式ができていないと正答が得られない。

　　Ⅱ　錯イオンの構造と，プルシアンブルーの結晶格子に関する問題。
カ・キは基本的な問題で完答が必要。Co の配位数は知らなかった受験
生もいたかもしれないが，Zn が4配位で Ag が2配位であることは知
っているはずなので，消去法で選べる。クは単位格子に含まれる Fe^{2+}，
Fe^{3+} と CN^- の総数を数えるなどの方法もあるが，やや面倒である。ケ
は典型的な結晶の密度計算であり，しっかり得点しておきたい。ただし，
クの正答が前提となる。コでは，単位格子の質量に注目してもよいし，
1.0 g のプルシアンブルーの体積に注目してもよい。

　　3　Ⅰ　2のⅠと同じく CO_2 がテーマとなっており，鉄の製錬等で
発生した CO_2 を海水中に放出する際の圧力や状態変化について考える
問題。アの反応式は，すべての反応において CO が反応することに注意
すれば容易に書けるはずである。イでは，計算に必要となる，アの反応
式をまとめた反応式を覚えていた受験生も多かったであろう。計算の際
は，質量の単位は g に直さずトンのままにしておいたほうが楽である。
ウはリード文をしっかり読み，圧力が何 Pa 増加するのかをまずとらえ
ること。エでは，圧力が飽和蒸気圧に達すると液体になることをおさえ
た上で，状態図を正しく読み取ろう。オはいずれも基本事項なので完答
しなければならない。カは(2)・(3)・(4)のいずれかで迷ったかもしれない。

気体から液体になるときには急激に体積が減少することと，リード文の「液体 CO_2 は，浅い水深では上昇する」という記述がポイントとなる。

Ⅱ　サイトカイン（Ck）という分子と抗体が結合する反応の反応速度と化学平衡に関する問題。すべての設問で計算が必要であり，数学的な処理能力が求められる問題であった。とりわけ計算が煩雑というわけではないが，見慣れない題材ということもあり，試験時間内に完答できなかった受験生も多かったと思われる。キの d に関しては，v_1 と v_2 が与えられているので差を取るだけではあるが，Ck の濃度に関する関係式が立てられなければ手が止まってしまったかもしれない。d ができれば e と f は容易。クは $\alpha = k_1[Ab]_0 + k_2$ が $[Ab]_0$ の1次関数になっていることに気づければ，グラフを読み取るだけである。ケはキの d ができていれば，基本的な式変形で解ける。コは「$[Ab]_0$ が $\dfrac{1}{K}$ のときの X の値を求めればよい」という発想ができればよいのだが，それが意外と難しかったかもしれない。酵素反応におけるミカエリス・メンテンの式とその意味を知っていれば，X の式はそれによく似ているので，少し考えやすかったのではないだろうか。サについて，図3-7の生成率曲線は多くの受験生にとってなじみのあるものであったはずである。k_1 の値から Ck・Ab の生成速度を，K の値から Ck・Ab の生成量を比較すればよい。シは，$[Ab]_0$ が K に反比例することがポイントとなる。

■生物■

1 解答

I　A　1. 走光性　2. オプシン　3. レチナール　4. 桿体細胞　5. 濃度勾配　6. 受動輸送

B　<u>ATP</u> のエネルギーを用いて，<u>濃度勾配</u>に逆らって特定の物質を<u>能動</u>輸送する。

C　青色光を吸収するとチャネルロドプシンが開き，細胞外のナトリウムイオンが細胞内に流入し，その部位で脱分極が起こると活動電位が生じる。

D　行動現象：古典的条件づけ　条件刺激：部屋A
無条件刺激：電気ショック

E　(2)

F　薬剤Dの投与があるので，恐怖記憶形成時に強く興奮した神経細胞にチャネルロドプシンが発現していて，青色光照射によりこのチャネルが開口し神経細胞が興奮した結果，本来恐怖記憶が想起されない部屋Bでのすくみ行動を示した。

G　(3)

H　実験群2のマウスと同程度の時間のすくみ行動を起こす。

I　(4)

II　J　近いとき：円形ダンス　遠いとき：8の字ダンス

K　2→4→1→3

L　(3)・(4)・(8)

◀解　説▶

≪視物質，恐怖記憶の形成と想起，海馬における空間記憶，遺伝子の発現調節≫

◆I

[文1]

チャネルロドプシンは，脊椎動物の視覚において機能するロドプシンと同じく，生体において光情報の変換にはたらく光受容タンパク質である。このタンパク質は光駆動性のチャネルで，青色光を吸収するとチャネルが開き，陽イオン，特にナトリウムイオンを受動輸送によって細胞内へ通過

させるはたらきをもつ。

［文２］

　脳内では，記憶中枢である海馬領域の神経細胞が記憶の形成と想起に関わっていることがわかっている。人工遺伝子を海馬の神経細胞に導入した実験では，強く興奮した神経細胞内で転写・翻訳が誘導される遺伝子Ｘの転写調節領域のはたらきで発現したタンパク質Ｙは，薬剤Ｄの存在条件下でのみ調節タンパク質としてはたらき，チャネルロドプシン遺伝子の発現を誘導する。

▶Ａ　1は光に対する移動であるから「走光性」が入る。これは光走性とも呼ばれる。視物質であるロドプシンは，オプシンと呼ばれるタンパク質に，ビタミンＡからつくられるレチナール物質が結合したものである。2は「オプシン」が，3は「レチナール」が入る。4は網膜上の高い光感度を示す視細胞とあるところから，「桿体細胞」が入る。

　チャネルロドプシンは光駆動性のチャネルなので，物質を濃度勾配に従った拡散による受動輸送で通過させる。5は「濃度勾配」が，6は「受動輸送」が入る。

▶Ｂ　「ポンプの持つ機能」ということなので，能動輸送であることはわかる。問Ａの語群の語句3つを用いるので，エネルギーという観点からＡＴＰ，そして濃度勾配に逆らうことを入れて文章を完成させればよい。このレベルの問題は語群などの選択肢を必要とせずに記述できるようにしておきたい。

▶Ｃ　青色光を吸収するとチャネルロドプシンが開き，ナトリウムイオンが細胞内に入ってくる。すると，神経細胞のその部位で脱分極が起こって活動電位が発生する。

　チャネルロドプシンは緑藻類から発見された光駆動型陽イオンチャネルである。チャネルロドプシンは青色光が当たると陽イオンを細胞内に輸送するが，その機能はほ乳類の神経細胞に発現させた場合でも保持される。一般に神経細胞はナトリウムイオンが細胞内に流れ込み，脱分極することによって興奮する。そのため，このチャネルロドプシンを用いれば，光照射によって任意の神経細胞を任意のタイミングで活性化させることができ，非常に有用な実験手法として着目され，利用されている。この手法はオプトジェネティクス（光遺伝学）と呼ばれる。特定の神経細胞のはたらきを

電極の代わりに光によって制御することができ，より精密に神経細胞のはたらきを調べることができるようになった。

▶D　パブロフの行った実験は古典的条件づけと呼ばれる。危険を認識して反応することは動物の生存にとって必要である。マウスに電気ショックを与えると，生得的な反応として，心拍数の増加などの恐怖反応が生じる。

　部屋Aに入れただけでは恐怖反応は生じないが，部屋Aに入れて電気ショックを与えると，部屋Aに入れただけで恐怖反応が起きるようになる。生得的な反応を無条件で起こさせる刺激（無条件刺激）は電気ショックで，部屋Aは中立的な刺激（条件刺激）である。

▶E　チャネルロドプシン遺伝子の発現がいつ誘導されたのかが問われている。設問に「下線部(ウ)(エ)を考慮する」とあるので，(ウ)の「強く興奮した神経細胞内で転写・翻訳が誘導される」ことをまず考える。これにより，1日目に部屋Aで電気ショックを受けたという記憶形成時の刺激によって，チャネルロドプシン遺伝子の発現が起きたと考えられるので(2)が適切。

▶F　実験群1や実験群3で1日目に部屋Aで電気ショックを与えて恐怖記憶を形成させた後，2日目に部屋Bに入れたマウスは，すくみ行動をほとんど示さない。しかし，実験群2のマウスでは，1日目に薬剤D存在下で恐怖記憶を形成したため，興奮した海馬の神経細胞で遺伝子 Y が発現し，チャネルロドプシンがつくられたと考えられる。さらに，2日目に青色光を照射すると，その細胞でチャネルロドプシンが開き，神経細胞が興奮したため，本来すくみ行動が起こらない部屋Bにおいても恐怖記憶が想起され，すくみ行動を示したと考えられる。

▶G　少し整理しておこう。この遺伝子導入マウスでは，記憶形成時に海馬の強く興奮した神経細胞において，チャネルロドプシン遺伝子が発現してチャネルロドプシンがつくられる。この遺伝子が発現するためには，薬剤D存在下でタンパク質Yが調節タンパク質としてはたらくことが必要となる。記憶想起時にこのチャネルロドプシンに青色光が照射されると，ナトリウムイオンが細胞内へ輸送されることで興奮が生じ，記憶の想起が起こる。

　部屋Bにおいて遺伝子導入マウスで記憶の想起が起こるためには
　①記憶形成時に薬剤Dが存在する→②チャネルロドプシン遺伝子の発現
　→③チャネルロドプシンに青色光照射→④海馬の神経細胞の興奮→⑤す

くみ行動

このようなしくみが起きていることを把握しておく。

実験群4において，部屋Aでは実験群1の部屋Aと同様のすくみ行動がみられる。しかし，部屋Bでは，薬剤Dが存在しないので，上記の②が起こらない。つまり，タンパク質Yが調節タンパク質としてタンパク質Yの応答配列に結合できず，チャネルロドプシン遺伝子の発現が起こらないため，青色光を照射してもすくみ行動は起きず，実験群1の部屋Bと同様となると考えられるので，(3)が適切。

▶H　部屋Bであろうとまったく異なる部屋Cであろうと，実験群2において部屋Bに入れて青色光照射を行ったときと同程度のすくみ行動を示す。

▶I　「限られた数の細胞」で「膨大な数の記憶」を担うためには，複数の細胞の組み合わせを用いる必要がある。海馬が9つの神経細胞より構成されているという仮定なので，1個の神経細胞が1つの記憶形成にはたらくとすれば記憶の種類は9種類となる。よって，(2)や(6)は1つの神経細胞だけで行っているので不適。(3)は9個すべての神経細胞を用いており，記憶により差異がないので不適。(1)は3種類とも同じ神経細胞を用いているので膨大な数の記憶を担うには問題がある。また，(5)のように記憶A，記憶B，記憶Cが生じる神経細胞の組み合わせが重複することなく，まったく関連性がない神経細胞の組み合わせとすると記憶D，記憶E，…というようにどんどんその数が増加した場合，その組み合わせは，すぐに不足してなくなってしまう。「膨大な数の記憶」となれば，記憶に関与する神経細胞の一部が重なった(4)のようなものでないと，数を増やせないことになる。

◆II

[文3]

多くの動物は，自身のいる空間を認識し，空間記憶を形成・想起できる。空間認識の中心的役割を担うのは場所細胞という海馬の神経細胞である。それぞれの場所細胞は，空間記憶形成後には，マウスの滞在位置に応じて異なった活動頻度（活動電位の発生頻度）を示す。

▶J　餌場が巣から50～100mと距離が近い場合は円形に左右に回る円形ダンスを行い，他のハチに近くに餌場があることを伝える。餌場が遠い場合には，餌場の位置（方向と距離）を8の字ダンスにより伝える。

▶K　マウスが直線上のトラックを右端から左端まで歩行すると，各神経

細胞における活動電位の発生頻度が滞在位置に応じて高い状態になる。図
1―4を見ると，最も右端にピークがあるのは神経細胞2，次が神経細胞
4，次が神経細胞1，そして最も左端にピークがあるのは神経細胞3であ
る。よって，2→4→1→3という順序になる。

▶L　実験群2で，部屋Bで青色光照射を受けた際のすくみ行動の時間が，
実験群1の部屋Aで観察されたすくみ行動の時間よりも短くなっている。
つまり，電気ショックを受けた部屋と同じ部屋に入れたマウスより，違う
部屋でチャネルロドプシンを使って恐怖記憶を想起させたマウスのほうが，
すくみ行動の時間が短い理由が問われている。

　ここでリード文をしっかり読むと，「空間」という言葉がキーワードに
なる。「すくみ行動」の時間は少なくとも海馬領域全体に分布する神経細
胞の組み合わせと，場所細胞の活動頻度によって決定されることが推測さ
れる。ここで問Ⅰと問Kとが関連してくる。問Ⅰでは神経細胞の組み合わ
せが，問Kでは活動電位の発生頻度が関与している。

　2日目に部屋Aに入れたマウスの場合は，恐怖記憶を担う神経細胞は記
憶を想起するために適切な組み合わせと，適切な活動電位で興奮している。
この結果，「すくみ行動」の時間が長くなると考えられる。一方，実験群
2の2日目に部屋Bに入れたマウスの場合は，海馬全体に一定の頻度で与
えた青色光照射の刺激によって適切な組み合わせの恐怖記憶を担う神経細
胞が刺激されたが，活動頻度が適切でないためすくみ行動の時間が実験群
1に比べて短い状態となったと考えられる。つまり，実験群1と実験群2
の「すくみ行動」の違いは，場所細胞による空間記憶が想起の強さに関わ
っていることに着目すればよい。

2　解答

Ⅰ　A　(3)・(4)
　　B　(1)―(b)　(2)―(c)　(3)―(b)

C　•二酸化炭素に対する酸素濃度比の上昇（二酸化炭素濃度の低下）
理由：オキシゲナーゼ反応の速度が上昇して，カルボキシラーゼ反応の速
度が低下するから。
•温度の低下
理由：カルビン・ベンソン回路ではたらく酵素であるルビスコの反応速度
が低下するから。

D　(1)—×　(2)—×　(3)—○　(4)—×

E　光が照射された葉ではアブシシン酸濃度が低下し，気孔の開口が進む。このとき，葉1枚だけの照射では他の葉で合成されたアブシシン酸が全身に輸送されるため，気孔の開口が遅れる。植物体全体への照射では，アブシシン酸の濃度が全体で低下し，速やかに気孔の開口が生じる。

F　呼吸で産生した ATP を用いて mRNA を能動的に分解することで，夜間にタンパク質合成で消費されるエネルギーを抑制している。

Ⅱ　G　(3)

H　(c)

I　膜の主成分を糖脂質とすることで，貧リン環境下でも核酸や ATP など，生存に必須の生体物質の生合成に利用できる。

J　1．疎水性　2．親水性　3．体積　4．円筒形　5．親水性

━━━━━━━━━◀解　説▶━━━━━━━━━

≪光環境に対する生存戦略，植物ホルモン，シアノバクテリアの膜脂質≫

◆I

　光が当たらない夜間には光合成は行われず，光合成に関する多くの酵素が不活性化される。この酵素の不活性化には，酵素タンパク質の特定のアミノ酸残基が受ける化学修飾が関与している。

　タンパク質化学修飾は光合成で発生する還元力を利用して，酵素活性を直接的に調節する。実験1で，酵素Aタンパク質のシステイン残基 Cys ②を含む末端領域が欠失した変異型酵素を用いて酵素活性を調べた。その結果，暗期の時間の長さが，変異型の植物の生育に影響を与えることがわかった。

　実験2では，アブシシン酸輸送体欠損変異体を用いて，光合成速度と気孔開度を測定する実験を行った。この結果，光合成能力が最大化されるまでの時間は，植物体への光照射範囲に影響されることがわかった。

▶A　(1)　アンモニウムイオンを亜硝酸イオンにするのは酸化反応，亜硝酸イオンを硝酸イオンにするのも酸化反応で，化学合成に必要な化学エネルギーを取り出す反応で同化反応ではない。

(2)　1分子のグルコースから2分子のピルビン酸が生じるのは同化反応ではなく，異化反応である。

(3)　アミノ酸がペプチド結合によってつながれ，タンパク質が合成される

反応は同化反応である。

(4)　やや判断が難しい。同化反応は，分子量の小さい物質から大きい物質が合成される反応である。*O*-アセチルセリンと硫化物イオンが結合し，アミノ酸が合成されているので分子量が大きくなることから，同化反応と判断できる。

▶B　(1)　砂漠という環境を考えると，日中は極度に乾燥している。このとき気孔を開くと蒸散による水分の損失が大きくなる。そのため，相対湿度の高い夜間に気孔を開く。(b)を選択する。

(2)　一般に，水中環境の二酸化炭素濃度は低いと考えられる。そのため，他の生物が呼吸を行い，水中の二酸化炭素濃度が上昇する夜間を狙って水生植物は気孔を開くと考えられる。よって，(c)を選択する。CAM 植物は砂漠などの乾燥地に対して適応進化した結果と考えられてきた。しかし，水生植物にも CAM 型光合成を行うものが発見され，CAM 発現のトリガーは低二酸化炭素環境であり，CAM 型光合成は C_4 光合成と同様に光呼吸の抑制機構として機能していると考えられている。

(3)　熱帯雨林では，蒸散によって水分が失われるリスクは大きくないが，着生植物は樹上や岩場といったそもそも土壌がなく，水分を獲得しにくい環境で生育している。また，着生植物の中には，吸水機能をもつ通常の根を欠いたものがあることを考えると，着生植物は，CAM 型の光合成を行うことで水分損失を防ぐと考えることができる。このように考えて(b)を選択する。

▶C　ルビスコはリブロース 1,5-ビスリン酸カルボキシラーゼ／オキシゲナーゼという酵素で，リブロース 1,5-ビスリン酸（RuBP：C_5）に CO_2 を付加して 2 分子の 3-ホスホグリセリン酸（PGA：C_3）を生じる反応と，リブロース 1,5-ビスリン酸（RuBP：C_5）に O_2 を添加して 1 分子の 3-ホスホグリセリン酸（PGA：C_3）と 1 分子の 2-ホスホグリコール酸（C_2）を生じる反応の両方を行う。CO_2 濃度が O_2 濃度に比べて低いとオキシゲナーゼとしてはたらくため PGA の生成効率が低下する。

　また，温度が低い場合，酵素反応が抑制されることでカルビン・ベンソン回路の反応の進行が低下する。

▶D　図 2-1 には野生型酵素 A と変異型酵素 A'のジスルフィド結合を形成しうるシステイン残基の配置が記載されている。変異型では Cys ②

の部分が欠失している。ジスルフィド結合の誘導があると野生型では酵素活性がほぼ 0 にまで低下していることがわかる。変異型では Cys 残基の 1 つが欠失しているので，誘導があっても正常な反応が起こらず，酵素活性の低下が野生型に比べて小さくなっている。ここから，ジスルフィド結合を誘導すると酵素活性が低下することが判断できる。

　　また図 2 − 2 より，暗期の長さが 8 時間以内であれば野生型と変異型で生育に違いはないが，暗期の長さが 16 時間を超えると影響が出てくる。変異型では，24 時間周期のうち 16 時間暗期になると生重量が 30 ％程度減少し，20 時間暗期になると 70 ％程度減少していることがわかる。

(1)　酵素 A は光合成に必須であることから，酵素 A のジスルフィド結合は昼間ではなく夜間に形成されると考えられるので誤り。

(2)　Cys ②のない変異型酵素 A' であっても活性が下がっていることから，Cys ②を介したジスルフィド結合によってのみ制御されているわけではないとわかるので誤り。

(3)　明期の時間よりも暗期の時間が長くなるほど変異型の植物の生重量が減少しているので正しい。

(4)　24 時間明期や 16 時間明期では，野生型と変異型の生重量が同じであり，光合成活性が常に低下するとはいえないので誤り。

▶ E　図 2 − 4 の結果から考えるという条件がついているのを見逃さないこと。この実験はアブシシン酸輸送体欠損変異体を用いていることから，アブシシン酸の輸送と光照射の関係について述べることが要求されていることを瞬時につかむこと。

　　図 2 − 4 から読み取れることは，気孔開度と光合成速度がリンクしていること，つまり，気孔の開度が上昇すると光合成速度も上昇していることである。変異体 X の葉 1 枚に照射したときの気孔開度や光合成速度は，野生型の全体に照射したものと一致している。

　　植物体全体に光を照射すると，アブシシン酸の合成が抑制されるため気孔が開いた状態になる。ところが 1 枚の葉だけに光を照射すると，その葉ではアブシシン酸は合成されないが，周囲の光照射されない葉でアブシシン酸が合成される。それが輸送体を介して全身に輸送され，気孔の開口が抑制されるので，光合成速度が低下してしまう。

▶ F　夜間に呼吸によって産生した ATP により mRNA が能動的に分解

されることを述べる。下線部㈹に，夜間に呼吸を阻害すると mRNA の分解が誘導されないとあることから，mRNA の分解には ATP が関与していることを推測する。

　下線部㈹では，昼間に光合成を停止させても夜間の mRNA の分解は停止されないとあるので，光合成に由来するエネルギーが分解に利用されるのではないことがわかる。また，シネココッカスという植物において，昼間に転写阻害剤で処理すると死滅するが，夜間に転写阻害剤で処理しても生存に影響はないとあるので，転写は昼間に起こり，夜間には行われないことが推測される。

◆Ⅱ

　生体膜を形成している脂質には，リン脂質と糖脂質が存在し，植物の細胞膜とミトコンドリア膜はリン脂質を主成分にしている。これに対してシアノバクテリアと葉緑体の膜は糖脂質を主成分としている。

　シアノバクテリアが糖脂質を主成分とする膜を発達させた理由については，貧リン環境への適応であったとする説が有力視されている。植物では，リン酸欠乏条件下ではジガラクトシルジアシルグリセロール（DGDG）の合成が活発化され，ミトコンドリアや細胞膜のリン脂質が DGDG に置き換わる様子が観察された。

▶G　(1)　ミトコンドリアの起源は，古細菌ではなく細菌（真正細菌）の好気性細菌なので誤り。

(2)　葉緑体やミトコンドリアでは一部の遺伝子が核ゲノム中に移行しているが，独自の DNA も存在する。「そのすべてを失っている」が誤り。

(3)　「ミトコンドリアの共生」とあるが正確には，まず好気性細菌が取り込まれて共生し，ミトコンドリアとなる。この後にシアノバクテリアが取り込まれて共生したものが葉緑体で，植物細胞の由来となるのでこれは正しい。

(4)　シアノバクテリアの大繁殖により海水中に大量の酸素が放出された。この酸素は大気中にすぐに放出されず鉄イオンの酸化に用いられ，酸化鉄となって海底に沈殿し，縞状鉄鋼層を形成した。少なくとも酸素濃度の低下が起きたわけのではないので誤り。

▶H　「細胞内共生説から想定される系統関係」とあるので，まず最も類縁関係が高いのがシアノバクテリアと葉緑体であるから，(c)が正解である。

バクテリアＡとバクテリアＢは，葉緑体とは直接の関係がないのでより早い段階で分岐している。またバクテリアＡとバクテリアＢのどちらが葉緑体に近い存在かはわからない。

▶Ｉ 貧リン環境下では，リン脂質の構成成分となるリンが不足してしまう。これを糖脂質で代替するとリンを消費せず生体膜を合成することができる。リンは細胞膜をはじめとする生体膜以外でも DNA，RNA，ATP などの合成に利用されるので，生体膜合成で節約したリンを用いてそれ以外の生体物質を合成することが可能となる。

▶Ｊ 設問の条件に注意したい。５個の空欄に入れる語句の選択肢の個数が 10 個もあるにもかかわらず，「語句は複数回選んでもかまわない」という指示は，複数回選ぶ語句が存在することを暗示しているので，同じ語句を複数回用いる可能性を考えて取り組みたい。１と２は細胞膜の構造について述べた部分である。細胞膜は，リン脂質分子がそれぞれ疎水性の部分を内側に，親水性の部分を外側に向けて並んだ二層構造をとる。よって，１には「疎水性」，２には「親水性」が入る。

脂質が水溶液中でどのような集合体をとるかは，脂質分子の疎水性の部分と親水性の部分の分子内に占める体積の割合に依存する。よって３には「体積」が入る。疎水性部位と親水性部位の比が一定の範囲内にあるときは，分子の形状が円筒形をとるため安定的な二重層構造をとることが可能となる。一方，分子の形状が円錐形の場合には，単独で安定的な二重層構造をとることが難しい。よって４には「円筒形」が入る。

問題では，次にリン脂質の代替となる糖脂質（ガラクト脂質）が MGDG ではなく，DGDG である理由を尋ねている。

ジアシルグリセロールにガラクトースが１分子結合したものが MGDG，２分子結合したものが DGDG である。DGDG は，ガラクトース１個分親水性部位が大きくなることで，極性が大きくなり，また分子の形状が円筒形に近づくため安定的な二重層構造をとりやすく，リン脂質の代替となったと考えられる。よって，５には「親水性」が入る。

3 **解答** Ｉ Ａ 原腸陥入に伴い，内部にもぐりこんだ<u>原口背唇部</u>は脊索に分化するとともに，<u>形成体</u>としてはたらき，接する<u>外胚葉</u>を神経管へと<u>誘導</u>する。神経管の前端部は脳に，後端部は脊

髄に分化する。

B　細胞膜の一部が陥入して，細胞外の物質などを包むように膜の一部を細胞膜から分離させて，細胞内へ物質を取り込む現象。

C　(2)・(3)

D　(3)・(5)

Ⅱ　E　α—(3)　β—(4)　γ—(2)　δ—(5)

F　塩基対間の水素結合の数は，A－T間では2本であるのに対し，G－C間では3本であるため，GC 含量が多いほど張力限界値が大きくなる。

G　(3)

H　送り手細胞のデルタタンパク質が受け手細胞のノッチタンパク質と結合する。その後，送り手細胞のエンドサイトーシスによってノッチ－デルタタンパク質間で張力が生じ，張力が一定以上になると，切断酵素1，2による2段階の切断が行われ，ノッチタンパク質の細胞内領域が核内へ移行することでシグナル伝達が起こる。

■■■■■■■■■■　◀解　説▶　■■■■■■■■■■

≪ノッチシグナルの伝達，エンドサイトーシス，ノッチシグナルの張力依存性仮説≫

◆Ⅰ

　デルタタンパク質により活性化されたノッチタンパク質は，酵素による2段階の切断を経て細胞内へシグナルを伝達する。切り離されたノッチタンパク質の細胞内領域は核内へ輸送され，ゲノム DNA に結合することで標的遺伝子の転写を制御する。

　ノッチシグナルの伝達の活性化機構を明らかにするために一連の実験を行った。ノッチシグナルの送り手の細胞（デルタタンパク質を発現する細胞）と受け手の細胞（ノッチタンパク質を発現する細胞）のどちらにおいてエンドサイトーシスが必要であるかを調べた。

▶A　胞胚の予定内胚葉が予定外胚葉にはたらきかけ，予定中胚葉を誘導することで原口背唇部ができる。原口陥入により，形成体である原口背唇部は予定外胚葉を裏打ちし，神経管へと誘導する。この神経管の前端部は脳に，後端部は脊髄に分化する。また原口背唇部自体は脊索へと分化する。

　基本的な内容でしかも用いる用語まで指定されているので，難しくはないと思うが，ポイントとしては次のとおり。原口背唇部が形成体としては

たらき外胚葉から神経管が誘導されることを述べる。また,「中枢神経系が発生する過程」とあるので,脳と脊髄がどのようにして生じるかを述べる。さらに,誘導が完了した後に原口背唇部は脊索に分化することを述べればよい。

▶B　細胞膜の一部が陥入して,外液ごと物質を細胞内に取り込むはたらきをエンドサイトーシスという。

　細胞は,チャネルや輸送体などの膜タンパク質を介して選択的に物質を取り込んだり,排出したりしている。しかし,それらを通過できないような大きな分子は,細胞膜そのものが部分的に変形して小胞を形成し,直接中に取り込むという現象が起こる。

▶C　図3－3の条件1と条件2では,細胞株Aにおいて緑色蛍光強度の平均値が同程度になっている。条件1では,受け手細胞株Aも送り手細胞株Bもともに野生型を用いている。条件2では,遺伝子Xを除去した受け手細胞株Aと野生型の送り手細胞株Bを用いている。このことは,ノッチシグナルを受容する受け手細胞において遺伝子Xの機能は必要でないことを示す。よって(2)は適切。

　条件3と条件4では,細胞株Aにおける緑色蛍光強度の平均値が0に近い値となっている。条件3では,野生型の受け手細胞株Aと遺伝子Xを除去した送り手細胞株Bを,条件4では,受け手細胞株Aも送り手細胞株Bもともに遺伝子Xを除去している。このことは,遺伝子Xの機能はノッチシグナルを送る細胞において必要であることを示す。よって(3)は適切。次のように表を作成して考えるとよいだろう。

条件	受け手細胞	送り手細胞	光強度の値
1	○	○	1.0
2	×	○	1.0
3	○	×	0.05
4	×	×	0.05

○:遺伝子Xは正常　×:遺伝子Xを除去

▶D　(1)　実験1の細胞株Aではノッチタンパク質が常に一定量発現するように設計されているので,細胞株Bでノッチタンパク質の合成が促進されることはないので誤り。

(2)　細胞株Bではデルタタンパク質と赤色蛍光タンパク質の合成が行われ

ている。ここでノッチ抗体がつくられることはないので誤り。

(3)　実験 2 で使用したノッチ抗体はノッチタンパク質の細胞外領域に結合するものであり，ノッチ抗体の発する青色蛍光を指標にノッチタンパク質の分布を調べている。図 3 − 1 からわかるように，切断酵素 1 で切断されたノッチタンパク質の細胞外領域は，送り手細胞のもつデルタタンパク質に結合したままとなっている。ノッチタンパク質は細胞株 A で発現するが，細胞株 B の細胞内にみられたことから，細胞株 B がこのノッチタンパク質の細胞外領域を取り込んだと考えられるので(3)は適切である。

(4)　細胞株 A と細胞株 B が部分的に融合して細胞株 A の内容物が細胞株 B へと輸送されたのではなく，エンドサイトーシスによって細胞株 A のノッチタンパク質が細胞株 B に取り込まれたと考えるのが妥当。よって(4)は誤り。問 B の内容がここで用いられることになる。

(5)　デルタタンパク質とノッチタンパク質の結合が引き金になり，ノッチタンパク質の 2 段階の切断が起こる。切断酵素 1 によって，ノッチタンパク質は細胞内領域と細胞外領域に分かれ，細胞外領域は細胞株 A から離れるので(5)は適切である。

(6)　実験 1 の条件 2 より，細胞株 A では遺伝子 X が除去されていてもノッチシグナルの活性化が起きているので誤り。

(7)　図 3 − 5 で，送り手細胞株 B における細胞あたりの青色蛍光は，条件 1 と条件 2 で 1.0 と高いが，条件 3 と条件 4 で 0.05 程度に極端に低くなっている。これは，遺伝子 X が細胞株 B によるエンドサイトーシスの結果，細胞株 B におけるノッチタンパク質の細胞外領域の分布に影響を及ぼしていることになるので，(7)は誤り。

◆**II**

　エンドサイトーシスがノッチシグナルの伝達を制御するしくみは長年解明されず，様々な仮説が提唱されてきた。現在受け入れられている仮説の 1 つに「ノッチシグナルの張力依存性仮説」がある。この仮説では，エンドサイトーシスにより発生する張力が，ノッチシグナルの活性化に不可欠であると考えられている。そこでノッチシグナルの伝達における張力の重要性を検証するための実験を行った。

▶**E・F**　2 本鎖 DNA の解離は，相補的塩基対間で形成される水素結合の数によって決まる。A − T 間の 2 本と比べて G − C 間では 3 本となるの

で，GC含量が大きいDNAほど解離するには強い力を必要とする。さらにGC含量が同じであれば，その塩基対数（ヌクレオチド対数）が多いものほどより大きな張力に耐えることができる。

▶G　図3－9では，細胞株Aと固定されたデルタタンパク質との間に張力がかかるが，30pNまで耐えられるDNA「紐」を使用した条件1と12pNまで耐えられるDNA「紐」を用いた条件2では張力が一定以上となり，ノッチタンパク質を活性化できる。しかし，条件3の6pNまでしか耐性がない場合では活性化できないことがわかる。これは，ノッチタンパク質を活性化できる最小の張力が6pNより大きく12pN以下であることを表しているので(3)が適切である。

　また，条件4のように張力限界値が30pNと十分であるが，DNA切断酵素を培養液に添加するとノッチタンパク質の活性化が起きていない。これは，DNA「紐」を張力センサーとして活用しているため，張力が生じることが必要となるのに，DNA自体が分解されていれば張力が生じないことになる。また，条件5にみられるようにデルタタンパク質をDNA「紐」に結合していないと，ノッチ－デルタタンパク質間の張力が生じないためにノッチタンパク質の活性化が起こらない。このことからノッチタンパク質の活性化には張力が必要であることがわかるので(5)は誤り。

▶H　実験1～4の結果を整理して考えよう。まず送り手細胞のデルタタンパク質が受け手細胞の細胞膜上にあるノッチタンパク質に結合する。このとき，送り手細胞においてエンドサイトーシスが起こることで，ノッチ－デルタタンパク質間に張力が発生する。張力が一定以上（実験3・4ではDNA「紐」を介した実験を行い，この張力の限界値は6pNより大きく12pN以下となっている）になると，ノッチタンパク質は切断酵素によって2段階に切断される。切り離されたノッチタンパク質の細胞内領域は核内へと輸送されることでノッチシグナル伝達が生じる。これがノッチシグナルの張力依存性仮説である。

　ノッチシグナル伝達系は，細胞間のシグナル伝達を担う主要な伝達経路のひとつである。受容体としてはたらくノッチタンパク質はリガンドであるデルタタンパク質と結合し，さらに送り手細胞のエンドサイトーシスによる物理的な力（張力）が加わることによって構造変化が起こり，切断酵素の作用により活性化される。こうして活性化されたノッチタンパク質の

細胞内領域は核内へと移行し，転写因子や調節タンパク質とともに作用することにより標的遺伝子の転写を制御する。

❖講　評

2022 年度の全体的難易度は，2021 年度よりも難化している。知識問題と考察問題の割合は知識問題がやや増加したものの，考察問題の占める割合が多いことに変わりはない。知識問題としては，生物用語の空所補充や文章選択（内容真偽）のタイプもみられる。ただし，この選択問題が考察系の問題となっていることが多く，単純に知識を問われているわけではない。

大問数は 3 題と例年同様であるが，論述問題の指定行数は 2021 年度の 23 行程度から 26 行程度にやや増加している。問題文の分量が多く正確に読んでいくには時間がかかり，選択問題も考察を必要とするため，確信をもった答案作成が難しかったと思われる。グラフや図の読解を要求する問題も多く，多面的な情報処理能力が必要である。ハイレベルな考察問題を普段から演習していないと対応するのが困難であろう。

東大生物では，最近の過去 5 年間，総論述量は平均で 20～25 行程度を基本にしており，大問 1 題につき 7 ～ 8 行前後の解答を要求している。1 問あたりの行数は，まれに 5 行程度というものもあるが，おおむね 1 ～ 3 行程度で，2022 年度は最大で 4 行程度だった（1 行には 35 字分の目盛りが入っている）。また，グラフ作成が求められる描図問題は 2019～2022 年度において出題されていない。

東大生物の特徴は，「リード文の徹底理解」と「論理的思考力・分析力」，そして「その表現能力を見る」というものである。2022 年度もその特徴は健在であり，情報を正確に分析して，まとめる能力を養うことが必要となる。論述対策としてはまず出題者の狙いは何か，解答のポイントは何か，どこを中心にするかを考えて的確に指定の行数でまとめる練習をしておくとよいだろう。また，目新しい題材や見慣れない図表が問題文に取り上げられることが多い。これらの図表を基にしたデータの分析，その結果から考察される内容，さらに仮説を検証する実験の設定などが出題されているので，短時間に論点を把握した文章をまとめる練習を日ごろからこなしておきたい。

1 オプトジェネティクスという実験手法を用いたマウスの記憶に関する実験考察である。Ⅰは電気ショックを受けるという恐怖記憶形成と、青色光による特異的な神経細胞を興奮させるしくみにより、恐怖記憶を想起させる内容。チャネルロドプシン遺伝子の発現するタイミングとそのタンパク質の分布について、問A〜問Cを踏まえて問Eに取り組むと、実験結果を矛盾なく説明できる。問DとⅡの問Jの設問は教科書レベルの内容なので完答したい。Ⅱは、直線上のトラックを往復した際の神経細胞の活動頻度を調べることで、恐怖記憶が想起された場合の「すくみ行動」の長さの原因を分析する問題であった。

2 Ⅰは光合成生物の光環境の変化に対する生存戦略についての内容。問Aでは同化反応が「単純な物質が、エネルギーを吸収して複雑な物質を合成する反応」ということから考えればよい。問Bの(3)が少し悩む問題であるが、CAM植物が水分の少ない環境への適応と考えれば正解が得られる。問Eは、野生型では、植物全体に光照射した方が、気孔の開度が速いこと、気孔閉鎖にはたらくアブシシン酸の移動を阻害するとその効果が失われることから、アブシシン酸が他の葉から移動することを導き、考えていけばよい。設問に「アブシシン酸のはたらきに着目して」とあるので、それを活用する。一見すると、光照射によって光受容体フォトトロピンがはたらき、プロトンポンプの活性化→カリウムイオンチャネルが開口→孔辺細胞の浸透圧上昇→孔辺細胞の膨圧上昇→気孔の開口という考えもあるので、それは考えなくてもよいという東大側の配慮であろう。Ⅱは生体膜の成分に着目してシアノバクテリアと葉緑体が主成分にする糖脂質について問うものであった。問Ⅰでは、貧リン環境下では糖脂質とすることで、リンを含む他の核酸やATP合成にリン脂質を活用できる点を述べる。

3 リード文が非常に長く、説明の図も非常に複雑である。情報量が多いため一気に考えるのではなく、また、設問を解くのに必ずしもすべての情報が必要ではないので、設問に問われている部分を追いかけていく。各設問の選択肢が実験デザインの内容を端的に表している場合もあるのでそれを活用するのも有効。実験系の設問は時間をかけて解き切りたい。Ⅰはノッチシグナル伝達の活性化に関する内容で、Ⅱはノッチシグナルの張力依存性仮説に関しての内容であった。易しい問題ではない

が，問E～問Gは実験3・4の結果に基づいて考えていけば必ず解ける
問題でもある。問Hはノッチタンパク質とデルタタンパク質間の張力と
送り手細胞で起きるエンドサイトーシスを関連づけて考えていくとよい
だろう。

地学

1 解答

問 1 (1) $L = 4\pi R^2 \sigma T^4$ ……(答)

$$F = \frac{L}{4\pi D^2} = \frac{4\pi R^2 \sigma T^4}{4\pi D^2} = \frac{R^2 \sigma T^4}{D^2} \quad \cdots\cdots(答)$$

(2) $D\theta_S = R$ より $\theta_S = \dfrac{R}{D}$ ……(答)

$$\langle S \rangle = \frac{F}{\pi \theta_S{}^2} = \frac{R^2 \sigma T^4}{D^2 \pi \left(\dfrac{R}{D}\right)^2} = \frac{\sigma T^4}{\pi} \quad \cdots\cdots(答)$$

(3) (a) 右図。

(b) 伴星が隠れたときの方が減光量が大きくなるのは，伴星の方が高温で面輝度が大きい場合である。主星が主系列星，伴星が白色矮星の場合，主星が巨星，伴星が主系列星の場合，主星が巨星，伴星が白色矮星の場合などがそれに該当する。

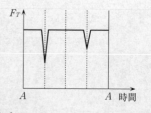

(4) (a) $R\sin\alpha = D\theta$ より $\sin\alpha = \dfrac{D\theta}{R} = \dfrac{D\theta}{D\theta_S} = \dfrac{\theta}{\theta_S}$

よって $\cos\alpha = \sqrt{1 - \left(\dfrac{\theta}{\theta_S}\right)^2}$ ……①

図 1−2 より $r = d\cos\alpha$

①を代入して

$$r = d\sqrt{1 - \left(\frac{\theta}{\theta_S}\right)^2} \quad \cdots\cdots(答)$$

(b) θ が θ_S に近い周辺部ほど r が小さくなり，表面に近いより低温な部分から放射される光を観測することになるから。

問 2 (1) (a) ケプラーの第三法則より $\dfrac{a_I{}^3}{P_I{}^2} = \dfrac{a_E{}^3}{P_E{}^2} = \dfrac{a_G{}^3}{P_G{}^2}$

$P_E = 2P_I$ であるから

$$a_E = \sqrt[3]{\frac{P_E{}^2}{P_I{}^2}} \, a_I = \sqrt[3]{2^2} \, a_I$$

$$= 1.26^2 \times 4.2 \times 10^5 = 6.66 \times 10^5 \fallingdotseq 6.7 \times 10^5 \, (\mathrm{km}) \quad \cdots\cdots(\text{答})$$

$P_G = 4P_I$ であるから

$$a_G = \sqrt[3]{\frac{P_G{}^2}{P_I{}^2}} \, a_I = \sqrt[3]{4^2} \, a_I$$

$$= 1.26^4 \times 4.2 \times 10^5 = 1.05 \times 10^6 \fallingdotseq 1.1 \times 10^6 \, (\mathrm{km}) \quad \cdots\cdots(\text{答})$$

(b)　木星の起潮力による変形。

(2)　(a)　内部において金属核の占める割合が大きいこと。

(b)　水星には大気や水が存在しないため，風化・侵食・堆積作用がほとんど起こらないから。

(c)　ケプラーの第二法則より，面積速度が一定なので

$$v_a(a + ea) = v_p(a - ea)$$

よって　　　$\dfrac{v_p}{v_a} = \dfrac{a + ea}{a - ea} = \dfrac{1 + e}{1 - e} \quad \cdots\cdots(\text{答})$

$e = 0.21$ とすると

$$\frac{v_p}{v_a} = \frac{1 + 0.21}{1 - 0.21} = 1.53 \fallingdotseq 1.5 \quad \cdots\cdots(\text{答})$$

(d)　受け取る太陽放射エネルギーは太陽からの距離の 2 乗に反比例するので，近日点と遠日点で受け取る太陽放射エネルギーをそれぞれ E_p，E_a とすると

$$\frac{E_p}{E_a} = \frac{(a + ea)^2}{(a - ea)^2} = \left(\frac{1 + e}{1 - e}\right)^2 \quad \cdots\cdots(\text{答})$$

━━━━━◀解　説▶━━━━━

≪連星の明るさ，惑星の運動と性質≫

◆問 1　▶(1)　光度 L は単位面積あたりの放射エネルギー（σT^4）と恒星の表面積（$4\pi R^2$）の積で表される。F は恒星からの単位時間あたりの放射エネルギー L を半径 D の球の表面積 $4\pi D^2$ で受け取ると考えればよい。

▶(2)　右図に示すように，θ_S は恒星の半径 R を距離 D から見込む角である。θ_S は微小角なので，$D\theta_S = R$ が成り立つ。

▶(3)　(a)　光度がより明るい主星を X，伴星を Y とした場合，と

もに主系列星の場合は光度の大きいXの方が高温で面輝度も大きい。したがって伴星が手前に来て主星Xが隠れる食の方が，伴星Yが隠れる食よりも，減光量が大きい。なお，伴星と主星が完全に重なる場合は，重なっている間最大減光の光度が続くが，本問の場合，完全には重ならないので，最大減光は一瞬である。

(b) 光度変化量の大小が逆になるということは，伴星が手前に来て主星Xが隠れる食の方が，伴星Yが隠れる食よりも，減光量が小さいということであり，これは主星Xの方が面輝度が小さい，つまり光度の大きい主星の方が低温であることを意味する。このような組み合わせは，〔解答〕に示した主星が主系列星，伴星が白色矮星の場合，主星が巨星，伴星が主系列星の場合，主星が巨星，伴星が白色矮星の場合などがある。

▶(4) (a)

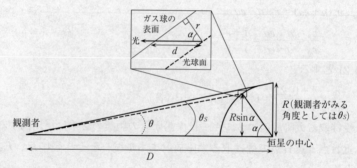

上図より $\quad R = D\theta_S$

また $\quad R\sin\alpha = D\theta$

よって，$\sin\alpha = \dfrac{D\theta}{R} = \dfrac{D\theta}{D\theta_S} = \dfrac{\theta}{\theta_S}$ となる。

図1-2の左上の図から $r = d\cos\alpha$ となるので，$\cos\alpha$ を θ，θ_S で表して代入すればよい。

(b) 周辺部は，温度の低い表面に近いところ（r の小さいところ）からの光を見ているために面輝度が小さく暗く見えるということを，(a)の式を使って示せばよい。

◆問2 ▶(1) (a) 同一の天体の周りを公転する天体の間には，ケプラーの第三法則より，$\dfrac{a^3}{p^2} = $ 一定 が成り立つ。$\sqrt[3]{2} = 1.26$ が与えられているので，

それをうまく利用する形で計算を進めればよい。

(b)　公転する天体には，万有引力と遠心力の合力である起潮力が働く。起潮力は中心天体に近い側では中心天体の方向に，遠い側では逆向きに働く。この力により天体は周期的に変形を繰り返す。起潮力は中心天体の質量に比例し，公転する天体と中心天体との距離の 3 乗に反比例するので，大質量の木星のすぐ近くを公転するイオには非常に大きな起潮力が働く。そのためイオは周期的に大きな変形を繰り返し，内部が高温になりマグマが発生すると考えられている。

▶(2)　(a)　木星型惑星は大部分が水素とヘリウムでできているのに対し，地球型惑星は岩石の表面と比較的大きな金属核をもつ。地球型惑星の方が有意に密度が大きいのは内部構造の違いによる。

(b)　水星には大気や水が存在しないため，風化・侵食作用で消滅したり，堆積作用で埋まってしまうことがない。

(c)　ケプラーの第二法則より，惑星と太陽を結ぶ線分が一定時間に通過する面積は一定であり，公転軌道上のある位置での太陽からの距離を x，その場所での公転速度（単位時間に惑星が移動する距離）を v とすると，$xv = $ 一定と表される。近日点距離は $a - ea$，遠日点距離は $a + ea$ と表せるので，〔解答〕の式が成り立つ。

(d)　太陽の放射エネルギーは太陽からの距離の 2 乗に反比例する。

2 解答

問 1　(1)　(a)　A の方が高温。領域 A，B ともに上端の気圧が P_3，下端の気圧が P_2 で等しいので，領域 A，B の気柱の重さは等しい。したがって体積の大きい A の方が高温である。

(b)　海面：表面 1　風の向き：左向き

(c)　奥向き

(d)　風速はコリオリの力の大きさに比例するので，コリオリの力の大きさの比を求めればよい。

コリオリの力 F_C と摩擦力 F_V の合力が気圧傾度力 F_P とつり合うので，右図より

$$F_C = \frac{\sqrt{3}}{2} F_P \quad \cdots\cdots ①$$

摩擦力が働かない場合のコリオリの力を F_C' とす

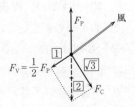

ると，コリオリの力と気圧傾度力がつり合うので

$$F_C{}' = F_P \quad \cdots\cdots ②$$

①，②より　　$\dfrac{F_C}{F_C{}'} = \dfrac{\sqrt{3}}{2}$

したがって風速は　　$\dfrac{\sqrt{3}}{2}$ 倍　……(答)

(2)　(a)　風向：線分H　低気圧：領域F　(b)—(c)

(c)　太陽放射から受け取る熱は高緯度より低緯度の方が多いが，偏西風波動により低温な空気が南下，高温な空気が北上することで低緯度から高緯度に熱が輸送される。この熱輸送により地球全体の熱収支の不均衡がならされ，緯度の違いによる温度差が小さくなっている。

問2　(1)　重力加速度を g〔m/s²〕，平均水深を h〔m〕，津波の伝播の速さを v〔m/s〕とすると

$$v = \sqrt{gh} \iff h = \dfrac{v^2}{g}$$

E1—S1 間の伝播の速さを v_1〔m/s〕，平均水深を h_1〔m〕とすると

$$v_1 = \dfrac{6800 \times 10^3}{8 \times 60 \times 60} = 236.1 \fallingdotseq 236 \,〔\text{m/s}〕$$

$$h_1 = \dfrac{236^2}{9.80} = 5.68 \times 10^3 \fallingdotseq 5.7 \times 10^3 \,〔\text{m}〕 \quad \cdots\cdots (答)$$

E2—S2 間の伝播の速さを v_2〔m/s〕，平均水深を h_2〔m〕とすると

$$v_2 = \dfrac{6100 \times 10^3}{(8 \times 60 + 40) \times 60} = 195.5 \fallingdotseq 196 \,〔\text{m/s}〕$$

$$h_2 = \dfrac{196^2}{9.80} = 3.92 \times 10^3 \fallingdotseq 3.9 \times 10^3 \,〔\text{m}〕 \quad \cdots\cdots (答)$$

(2)　東太平洋中央海嶺で生産されたプレートは，年代を経るにつれて冷却が進み，その結果密度の高いリソスフェアが厚くなり，アイソスタシーの成立により沈降する。したがって，海洋底年代が古いほど，水深は深くなる。E1—S1 間は，海嶺から離れた古い海洋底であり，E2—S2 間は，中央海嶺を挟む新しい海洋底からなるため，E1—S1 間は水深が深くなり，E2—S2 間は水深が浅くなる。

(3)　(a)　うねり

(b)　水深に比べて波長の短い表面波の伝わる速さを v〔m/s〕，重力加速度

を g〔m/s²〕，周期を T〔s〕とすると

$$v = \frac{gT}{2\pi} = \frac{9.80 \times 12}{2 \times 3.14} = 18.7 \fallingdotseq 1.9 \times 10 \text{〔m/s〕} \quad \cdots\cdots\text{(答)}$$

波長 L〔m〕は

$$L = vT = 18.7 \times 12 = 224 \fallingdotseq 2.2 \times 10^2 \text{〔m〕} \quad \cdots\cdots\text{(答)}$$

(c)　うねりは水深に対して波長の短い表面波であり，海水の運動は表面付近の海水の円運動に限られ，海底までは伝わらないから。

■━━━━━■ ◀解　説▶

≪気圧と風，海水の運動≫

◆問 1　▶(1)　(a)　$P_2 = P_3 +$「単位面積あたりの領域Ａ（Ｂ）の気柱の重さ」と表すことができるので，Ａの気柱の重さ＝Ｂの気柱の重さ，となる。同じ圧力 P_3 がかかった状態でＡの気柱の方が体積が大きいので，Ａの方が平均気温が高い。

(b)　夜間は熱容量の小さい陸の方がよく冷えて気温が低くなり，海の方が相対的に気温が高くなる。したがって気温の高い表面１（左）が海である。点Ｃにおいて P_1 の等圧面は左の方が低くなっている。点Ｃにおける水平方向の気圧の変化は，点Ｃの左側には P_1 より気圧の低い等圧面が，右側には P_1 より気圧の高い等圧面があるので，気圧傾度力は図２－１の左向きに働くことになる。したがって風向きは「左向き」となる。

(c)　点Ｄにおいて P_4 の等圧面は右の方が低くなっているので，気圧傾度力は図２－１の右向きである。地衡風なので，気圧傾度力とコリオリの力の２力がつり合った状態で風が吹いており，コリオリの力は図２－１の左向きであることがわかる。南半球ではコリオリの力は風向きに対して直角左向きに働くので，風向きは紙面「奥向き」である。

(d)　摩擦力が働かない場合は下の図１，働く場合は図２のような力のつり合いで風が吹く。

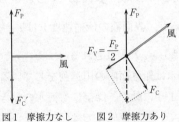

図１　摩擦力なし　　図２　摩擦力あり

なお，コリオリの力の大きさを f，質量を m，風速を v，緯度を φ，自転の角速度を ω とすると次の式が成り立つことは押さえておきたい。

$$f = 2mv\omega\sin\varphi$$

すなわち，コリオリの力は緯度が同じ場合，風速に比例する。

▶(2)　(a)　線分Hに沿っているとすると，領域Eからは風が吹き出し，領域Fには吹き込むことになり，領域Eが高気圧，領域Fが低気圧であるとすれば説明がつく。しかし，線分Gに沿っているとすると，領域Eから吹き出す風と領域Eに吹き込む風があることになり，風向きを説明することができない。

(b)　上空の気圧の谷の位置に対して，東側に地上の低気圧が発達する。

(c)　太陽放射から受け取る熱と，地球放射（赤外放射）で放出される熱は地球全体では均衡している。緯度ごとに見ると低緯度では受け取る熱が多く，高緯度では放出される熱が多いが，低緯度から高緯度への熱輸送を考慮に入れると，緯度ごとの熱収支は均衡している。低緯度の熱が高緯度に輸送されるために低緯度での地球放射は熱輸送がない場合に比べて少なくなっており，温度は低くなっている。逆に高緯度では熱輸送がない場合に比べて，温度が高くなっている。

◆問2　▶(1)　重力加速度を g〔m/s^2〕，平均水深を h〔m〕とすると，津波の伝播の速さ v〔m/s〕は，$v = \sqrt{gh}$ と表される。

▶(2)　海嶺で生産された海洋プレートは時間の経過とともに海嶺から離れ，そして冷えていく。冷却に伴いプレートは厚みを増し，アイソスタシーを保つように沈降するため，海嶺から離れるにつれて水深は増していく。

▶(3)　(a)　海上を強風が吹くことで先端のとがった波（風浪）が発生する。風浪が遠くに伝わる過程で形が整った波をうねりという。土用波と呼ばれる波は台風で発生したうねりである。

(b)　水深に比べて波長の短い波を表面波という。重力加速度を g〔m/s^2〕，周期を T〔s〕とすると，表面波の伝播速度 v は $v = \dfrac{gT}{2\pi}$ と表される。また，波長 L〔m〕は $L = vT$ と表される。

(c)　表面波では，海水は鉛直面内の円運動をしている。波高が2mの場合，直径2mの円を描くように動く。深部にも海水の動きは伝わるが，円運動の半径は小さくなっていき，海底までは伝わらない。

3　解答　問1　(1)　(a)　$x_s = x_o + Re_x,\ y_s = y_o + Re_y,\ z_s = Re_z$

(b)　$\dfrac{R}{V_p} > \dfrac{\sqrt{(x-x_s)^2 + (y-y_s)^2 + z_s^2}}{V_s}$

(c)　$x_s = y_s = y_o = 0$ より

$$R = \sqrt{(x_o - x_s)^2 + (y_o - y_s)^2 + z_s^2} = \sqrt{x_o^2 + z_s^2}$$

また　$\sqrt{(x-x_s)^2 + (y-y_s)^2 + z_s^2} = \sqrt{x^2 + y^2 + z_s^2}$

したがって(b)の式は

$$\frac{\sqrt{x_o^2 + z_s^2}}{V_p} > \frac{\sqrt{x^2 + y^2 + z_s^2}}{V_s}$$

となる。

$\dfrac{x_o^2 + z_s^2}{V_p^2} > \dfrac{x^2 + y^2 + z_s^2}{V_s^2}$ より

$$x^2 + y^2 < \frac{V_s^2}{V_p^2}(x_o^2 + z_s^2) - z_s^2$$

よって　$x^2 + y^2 < \dfrac{V_s^2}{V_p^2} x_o^2 - z_s^2\Big(1 - \dfrac{V_s^2}{V_p^2}\Big)$

これは，原点を中心とした半径 $\sqrt{\dfrac{V_s^2}{V_p^2} x_o^2 - z_s^2\Big(1 - \dfrac{V_s^2}{V_p^2}\Big)}$ の円の内部を表す。

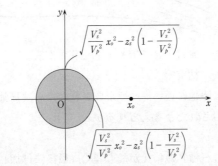

(d)　(c)で求めた領域を小さくすればよいため，x_o の値を小さくする，すなわち，観測点を密にすることが必要である。また，どこで地震が発生しても x_o が小さくなるように，等間隔で地震計を設置すればよい。

(2)　(a)　マグニチュードが大きいほど震源断層は長く，地表面で揺れが継続する時間は長い。

(b) A：引き波 B：押し波 C：引き波 D：押し波

(c) 右図。

(d) 観測点A，Bでの揺れの継続時間を T_A, T_B
とすると

$$T_A = \frac{L}{V_r} + \frac{r_1}{V_p} - \frac{r_2}{V_p} = \frac{L}{V_r} + \frac{(r_1 - r_2)}{V_p}$$

$$= \frac{L}{V_r} + \frac{L}{V_p} \quad \cdots\cdots(答)$$

$$T_B = \frac{L}{V_r} + \frac{r_2}{V_p} - \frac{r_1}{V_p} = \frac{L}{V_r} + \frac{(r_2 - r_1)}{V_p} = \frac{L}{V_r} - \frac{L}{V_p} \quad \cdots\cdots(答)$$

説明：震源の移動していく方向にある観測点では，逆側にある観測点に比べて揺れの継続時間が短い。

問2.(1) ア．付加体 イ．中央構造線 ウ．フィリピン海

(2) 形成された場所：低緯度にある海山上部の浅海域。(15字以内)
とりこまれるまでの過程：海洋プレートの沈み込みとともに，海溝から沈み込んだ海山が付加体にとりこまれた。

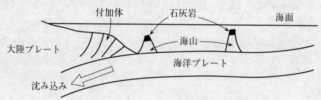

(3) (a) P：砂岩・泥岩 R：チャート S：玄武岩

(b) 起源：火山灰，粘土
理由：岩石種Qは陸地に近い海底で形成されたため，島弧の火山灰や陸地からの粘土が供給されたと考えられるから。

(c) 地点：D
理由：最上部の岩石種Pの年代が最も若く，最後に付加した地質体であると考えられるから。

(d) 海嶺と海溝の距離が短くなった，あるいはプレートの移動速度が速くなったと考えられる。

(e) 地点Aの岩石の年齢は $1.44 - 0.8 = 0.64$ 億年 $= 64 \times 10^6$ 年であるから，地殻熱流量は

$$\frac{0.5}{\sqrt{64}}=\frac{1}{16}\,(\mathrm{W/m^2})$$

深さ d〔m〕で 150℃，0m で 0℃なので　　　$G=\dfrac{150}{d}$〔K/m〕

地点 A の岩石の沈み込んだ深さを d_A とすると

$$\frac{1}{16}=2.0\times\frac{150}{d_A}$$

$$d_A=2.0\times150\times16=4800\,(\mathrm{m})=4.8\,(\mathrm{km})\quad\cdots\cdots(答)$$

地点 D の岩石の年齢は $0.96-0.71=0.25$ 億年 $=25\times10^6$ 年であるから，地殻熱流量は

$$\frac{0.5}{\sqrt{25}}=\frac{1}{10}\,(\mathrm{W/m^2})$$

地点 D の岩石の沈み込んだ深さを d_D とすると

$$\frac{1}{10}=2.0\times\frac{150}{d_D}$$

$$d_D=2.0\times150\times10=3000\,(\mathrm{m})=3.0\,(\mathrm{km})\quad\cdots\cdots(答)$$

━━━━━◀解　説▶━━━━━

≪地震と断層，日本の地質，地殻熱流量≫

◆問1　▶(1)　(a)　観測点から震源へのベクトルは $R\vec{e}$ なので，震源の位置ベクトルは，観測点の位置ベクトル$+R\vec{e}$ となる。

(b)　震源からの距離 $\sqrt{(x-x_s)^2+(y-y_s)^2+z_s^2}$ を S 波が伝わるのにかかる時間 $\dfrac{\sqrt{(x-x_s)^2+(y-y_s)^2+z_s^2}}{V_s}$ に比べて，P 波が距離 R を伝わり観測点に到達する時間 $\dfrac{R}{V_p}$ が長いと緊急地震速報が間に合わない。

(c)　(b)の式に $x_s=y_s=y_o=0$ を代入して整理すればよい。震央（原点）を中心とする円となることは，緊急地震速報の原理を考えれば十分に予測することができるだろう。

(d)　(c)で求めた領域がいかなる地震に対しても 0 に近ければよい。そのためには x_o が小さい方がよく，極力短い間隔で観測点を設ける必要がある。また，いかなる地震に対しても(c)で求めた領域が小さくなるためには，観測点を等間隔に設置することが望ましいと考えられる。

▶(2)　(a)　地震のエネルギーはその地震を起こした断層の面積に比例する。

断層面の幅は無視できるほど小さいとされているので，ここでは断層の長さに比例すると考えてよい。したがって断層が長いほどマグニチュードは大きい。また，断層が長いほどずれの開始から停止までの時間が長くなるので，地震の継続時間は長くなる。

(b)　ずれの移動速度 V_r は S 波速度 V_s の数十％程度とのことなので，すべての地点でずれの開始点から出た P 波が最初に観測される。したがって断層面と，開始点で断層面と直交する線分で区切られる 4 象限で初動の押しと引きが区分されることになる。

(d)　ずれの開始点から出た P 波が最初に届き，ずれの停止点から出た P 波が最後に届く。リード文で P 波による揺れのみを考えるとあるので，最後に届く波が S 波であるとしないよう注意する。

◆問 2　▶(1)　日本列島の形成に関する用語で細かいものが問われる可能性は高くないが，ここで問われているのは覚えておくべき重要なものばかりである。

▶(2)　低緯度の島の周囲で形成されたサンゴ礁が，プレートの沈み込みに伴って付加体にとりこまれる。サンゴ礁は石灰岩となるが，その基底部には火山島を形成する玄武岩が見られることが多い。

▶(3)　(a)　四万十帯はリード文にあるように付加体であり，海洋底の層序が保存されていると考えてよい。最下部の岩石種 S は海嶺で形成された玄武岩であると考えられ，最上部の岩石種 P は付加される直前に海溝付近で陸から供給された砂泥が堆積してできた砂岩・泥岩であると考えられる。岩石種 R は深海底で玄武岩のすぐ上に堆積しているので，チャートと考えられる。

(b)　有孔虫の殻などが堆積してできる石灰質軟泥も考えられるが，炭酸カルシウムは CCD（炭酸塩補償深度）より深いところでは溶解してしまい，堆積しない。R のチャートが堆積しているところは CCD より深く，海洋底は海嶺から海溝までは徐々に深くなっていくので，海山など特殊な場所を除き，チャートの上に有孔虫などの石灰質の殻が堆積することはないと考えられる。

(c)　フィリピン海プレートは北北西に移動していくので，最も南に位置する付加体は最後に付加した最も若い付加体であると考えられる。したがって，最上部の岩石種 P の年代が最も若いものを選べばよい。

(d)　地点A～Dで厚さが異なるのは深海底で堆積するRだけである。海嶺で形成されてから海溝で沈み込むまでの時間がだんだん短くなっているということになるので，海嶺と海溝の距離が短くなっていったと考えられる。また，プレートの移動速度が速くなったとしても説明できる。

(e)　海洋プレートの年齢 t は，玄武岩である岩石種Sの上端と，堆積物の最上部である岩石種Pの上端の年齢差から求める。与えられた式に求めた t を代入して地殻熱流量 q を求める。その q から地温勾配 G を求める。その地温勾配をもとに150℃になる深さ d を計算すればよい。

❖講　評

　出題傾向は例年通り。問題文が長く内容が複雑なものが多いが，丁寧に読めば題意をつかむことができる。計算を含めて問題量が多く，時間配分に気をつける必要がある。

　1　問1　連星の光度変化を題材にした出題。問題文と図を丁寧に読み解いていけば，取り組めるはずである。差がついた問題かもしれない。

　問2　2021 年度に続きケプラーの法則に関する問題であった。計算もそれほど複雑ではなかったので，確実に得点したい。

　2　問1　気圧と風の吹き方に関する出題。図2－1の意味が理解できるかどうかがポイント。問題文中の(b)「夜間」，(c)「南半球」などの条件を見落としてはならない。基礎的な知識の理解があれば解答できる内容である。

　問2　海水の運動に関する出題。津波の速さを求める問題はよく出題されるが，水深の違いをプレートと関連させて説明させる複合的な問題もあった。表面波に関する出題は珍しいが，これを機会に押さえておきたい。

　3　問1　地震と断層に関する出題。(1)は緊急地震速報に関する計算と描図が求められた。(2)断層面上のずれの移動を扱った問題を見たことのある受験生はほとんどいなかったであろうが，問題文と図を丁寧に読み解けば，解答できたはずである。

　問2　日本列島の地質構造に関する問題。細かい事項を問われると対応できない受験生も多かったかと思うが，この問題文に出てくる用語は基本事項として押さえておきたいものばかりであった。海洋プレートの

層序，地殻熱流量などとも関連させた複合的な出題で複雑に感じたかもしれないが，個々の問題は十分取り組める内容なので，確実に得点したい。

きる。㈠の口語訳は、文意に応じた解釈と表現を示すにはかなり難しいものが含まれていた。㈡の内容説明（比喩の説明）はごく標準レベルで、確実に得点したい。㈢の内容説明（理由説明）も、本文全体の理解を前提に、傍線部の前に述べられている内容を素直にまとめることで対応できる。

ことがわかるようにまとめる。解答のポイントは次の三点である。

① 「主」が「民」に＝君主が民衆に

② 「託於愛利」に反して＝愛や利益をもたらさず

③ 「徒疾行威」＝権威ばかりをふるった

参考　『呂氏春秋』は、秦の呂不韋が中心となって編纂した書物で、二十六巻から成り、道家、儒家、墨家、兵家、農家等さまざまな思想にわたる幅広い論説がまとめられている。

❖ 講　評

一　現代文（評論）

ナショナリズムを論じた鵜飼哲の文章からの出題である。筆者の海外での経験から始まっているが、要は、日本への帰国を前にして愛する后との別れを悲しむ中納言の様子を中心に描いた部分である。負わされた感じで読み終えるだろう。その意味で入試現代文として適切な文章であるといえよう。設問は㈠〜㈢が標準、㈣がややるので、取り組みやすい印象を受けるだろう。しかし内容はかなり深刻で、同じ日本人として重い問題を背負わされた難、㈤が基本レベルである。㈠はある程度自分の言葉で説明する必要があって、ややまとめにくいだろう。㈣は本文全体を踏まえた内容説明を求めており、本文の語句を単につなぎ合わせただけでは高得点は得られないだろう。その言わんとするところをおさえ、しかも本文全体を視野に入れてまとめる必要がある。

二　古文（物語）

平安時代後期の物語『浜松中納言物語』からの出題。非常に複雑な事情がリード文で説明されているが、要は、日本への帰国を前にして愛する后との別れを悲しむ中納言の様子を中心に描いた部分である。㈠の口語訳は、基本古語の知識に加え、多義語について文脈に応じた解釈を示すことが求められていた。㈡の和歌の大意の説明は、中納言と后の贈答歌全体の内容を把握することが前提。㈢の内容説明（理由説明）は、中納言の心内文全体を正確に理解する必要がある。全体的に、やや難レベルの出題といえる。

三　漢文（思想）

君主のあり方について述べた文章。例と論の対応もわかりやすく、論旨は明確につかむことがで

置かれている。「用ゐられず」という仮名に従えば、〝民衆が（愚かな君主によって）活用されない〟という解釈になる。

▼㈡
c、「威は有ること無かるべからざるも」と読む。「威」は、君主が民衆にふりかざすものとして〝権威・威光〟といった解釈をするのがよい。「不可」は不可能や打消当然を表す。「無有」は〝あることがない〟、つまり〝ない〟ということ。傍線部c全体で、権威はないわけにはいかないということを言っている。後に「不足専恃」（＝〝それだけに頼るのは十分ではない〟）と続いているので、末尾は逆接表現とする。

①　「之」は「威」を指し、君主のふるう権威が「塩之於味」（＝〝調味においての塩〟にたとえられている。「威」については、傍線部dの前の文で、「不可無有、而不足専恃」（＝〝ないわけにはいかないけれども、それだけに頼るのは十分ではない〟）とされている。傍線部dの後の「凡塩之用、有所託也。不適則敗託而不可食」は、塩を用いるにも基準があり、適量を用いなければ味付けが悪くなって食べることができない料理になってしまうということ。塩によって料理の味が悪くなるということは、「威」に即していえば、君主が国を破滅に至らせるということになる。解答のポイントは次の二点である。

①　「塩」について＝調味に必要な塩も適量を誤ると味を損なうのか

②　「威」について＝為政に必要な権威も過度にふるうと破滅を招く

▼㈢
傍線部eは「此殷と夏の絶ゆる所以なり」と読み、〝これが殷と夏が滅亡した理由である〟の意。設問に「なぜなのか」とあるのは、殷と夏が滅亡した理由、すなわち「此」にあたる内容の説明を求めるものととらえてよいだろう。傍線部eまでに書かれている一連の内容は、権威は愛と利益を拠り所とするものであり、愛と利益が民衆に実感されないままに権威だけを激しくふるうと君主の身に必ず災いが起こるということ。「身必咎矣」が傍線部eの「殷夏」「絶」に該当するので、殷と夏が滅んだ理由としては、君主が愛と利益に依拠することなく権威をふるったからだということを説明する。「本文の趣旨を踏まえて」という指示に注意し、「主」が「民」に対して「威」をふるうという

主、多威を以て其の民を使ふこと多し。

故に威は有ること無かるべからざるも、専ら恃むに足らず。之を譬ふれば塩の味に於けるがごとし。凡そ塩の用は、託する所有り。適せざれば則ち託を敗りて食らふべからず。威も亦た然り。必ず託する所有りて、然る後に行ふべし。愛利の心息にか託する。愛と利に託す。愛利の心諭られて、威乃ち行ふべし。威太だ甚だしければ則ち愛利の心息む。愛利の心息みて、徒だ疾しく威を行へば、身必ず咎あり。此れ殷と夏の絶ゆる所以なり。

▲解　説▼

本文のおおまかな内容は次の通りである。

第一段落　言うことを聞かない馬を何度もすぐに殺す者がいたが、適切な方法を会得せずに脅して従わせようとしても、馬を操ることはできない。

第二段落　愚かな君主も同様に、適切な政策をとらずに権威のみをふりかざしても、民衆を活用することはできず、国の滅亡を招く。

第三段落　権威は必要ではあるが、民衆に愛と利益をもたらさずに権威ばかりをふるうと、国の滅亡を招くことになる。

▼(一)　a、「所以」はここでは"方法・手段"の意。「威馬」は、「造父」(="車馬を御する名人")の行動なので、"脅して従わせる・威圧して服従させる"という意味で解釈する。

b、「愈」は"ますます・よりいっそう"の意の副詞。「民」と「用」は、第一段落に挙げられている逸話の「馬」と「御」(="操る・制御する")にあたるものとみて、「御」は"活用する・役立てる・有効に働かせる"という意味で解釈する。「民」「不用」とは、宋人が馬を操ることができなかったのと同様に、「人主之不肖者」(="人民の君主で愚かな者")が民衆を活用することができないということ。「民」は「不用」の目的語にあたるが、強調のために前に

（二）　調味に有効な塩も適量を誤ると味を損なうように、為政に必要な権威も過度にふるうと破滅を招く。

（三）　君主が民衆に愛や利益をもたらさず、権威ばかりをふるったから。

◆全　訳◆

宋の人で道を行く者がいた。その者の（乗っている）馬が走らず、殺してその馬を瀦水に投げ捨てた。また再び道を行く際にも、彼の馬が走らず、また殺してその馬を瀦水に投げ捨てた。このようなことが三度あった。（昔の車馬を御する名人である）造父が馬を脅して従わせる方法といっても、これよりゆきすぎることはない。造父の（馬を操る）方法を会得せずにただその威嚇する行為だけを実行しても、（馬の）制御には役に立たない。

人民の君主で愚かな者はこれと同じようなところがある。その方法を会得せずにただその権威だけを大きくふるう。権威がますます大きくふるわれると、民衆はますます活用されない。国を滅ぼす君主は、大きな権威でその国の民衆を使役することが多い。

だから権威はないわけにはいかないけれども、それだけに頼るのは十分ではない。これをたとえるなら塩の調味においての（働きの）ようなものだ。だいたい塩の効用は、依拠するものがあってのものである。ちょうどよく用いなければ依拠するものを損なって食べることができない。権威もまた同様である。必ず依拠するものがあって、その後でふるわなければならない。何に依拠するか。愛と利に依拠する。愛と利の心が理解されて、初めて権威はふるわなければならない。権威が非常に大きいと愛と利の心はなくなる。愛と利の心がなくなって、ただ激しく権威だけをふるうと、（君主の）身には必ず災いがある。これが殷と夏が滅亡した理由である。

読み

宋人に道を取る者有り。其の馬進まず、剄して之を瀦水に投ず。又た復た道を取るも、其の馬進まず、又た剄して之を瀦水に投ず。此くのごとき者三たびあり。造父の馬を威する所以と雖も、此に過ぎず。造父の道を得ずして徒だ其の威を得るも、御に益無し。

人主の不肖なる者此に似たる有り。其の道を得ずして徒だ其の威を多くす。威愈々多くして、民愈用ゐられず。亡国の

文全体で、要するに、もし后が中納言に対して粗略な態度をとったならばしかたがないけれども、実際にはそうではなく、親しみ深い様子で接しているため、まだしも心強く思うという中納言の気持ちが述べられている。「いかがはせむ」の部分は、后の態度に望みが持てるということで、傍線部エと重なる内容にあたるので、その前の「いとせめては…もてなし給はば」を現実の側面から説明した内容が傍線部エの理由であるととらえることができる。「若君のかたざまにつけても」は、"后と中納言との間の子である若君についてのことにつけても"ということで、前文の内容に加え、若君という存在もあるため、中納言に対する后の気持ちが離れることはないだろうという推察につながっている。

解答のポイントは次の二点である。

① 「いとせめては…もてなし給はば」＝后は中納言に親しみ深い態度を見せている

② 「若君のかたざまにつけても」＝后と中納言との間には子の若君もいる

解答欄に収まるように表現を工夫して簡潔にまとめる必要がある。

語句
●未央宮＝唐の都長安にある宮殿の名。本文の場面から約一カ月半前の八月十五日に、未央宮で中納言の帰国を惜しむ宴が催され、中納言と后の関係を知らない御門が、后に女房の姿をさせて琴を弾かせたことがあった。作者は菅原孝標女とする説もあるが未詳。数奇な運命に翻弄される中納言の半生を、日本と中国を舞台に描いたもので、『源氏物語』の影響が色濃くみられながらも、輪廻

参考
『浜松中納言物語』は、平安時代後期に成立した作り物語で、転生や夢のお告げなどが取り入れられているところに特徴がある。

三

出典
呂不韋『呂氏春秋』〈巻第十九　離俗覧第七　用民〉

解答

(一)
a、馬を脅して従わせる方法
b、民衆はますます活用されない
c、権威はないわけにはいかないが

み取れる。「夢とだに…」の返歌は、まず、上の句で、中納言が逢瀬を「夢」だと詠んだことに対して、"夢とさえど
うしてあなたは思い出したりもしてしまっているのだろうか"と切り返している。それに続く下の句である傍線部イ
は、逐語訳すると "ただ幻として結ばれるのは結ばれるといえるか、いや、いえない"となる。ここでの「見る」は、
"結ばれる・契りを交わす・逢瀬を持つ"の意、「かは」は反語を表し、ただ幻のようにはかない逢瀬は逢瀬とはい
えないようなものだということを詠んでいる。かつて自分が中納言と結ばれた出来事が念頭に置かれているのは当
然だが、傍線部イの部分には過去の助動詞「き」などが用いられていないので、はかない逢瀬というものを一般化す
る形で詠まれていると考えられる。設問では「大意を示せ」と指示されているので、「まぼろし」の意味がわかるよ
うに配慮し、反語は打ち消しの部分のみを示してまとめる。解答のポイントは次の二点である。

① 「ただまぼろしに見るは」＝ただ幻のようにはかない逢瀬は
② 「見るかは」＝現実の逢瀬とはいえない

(三)
傍線部エは中納言の心内文で、逐語訳すると "私をすっかり思い捨てなさらないのであるようだ"となる。「われ」
は中納言自身を指す。「ひたぶるに」は、一途な様子を表す形容動詞「ひたぶるなり」の連用形で、ここでは後の動
詞「おぼし放つ」に係り、"思い捨てる・見限る"という意味の複合動詞「おもひ放つ」の尊敬語にあたる。「めり」は
「おぼし放つ」は、"すっかり・完全に"の意で用いられている。「おぼし」は「思ふ」の尊敬語「おぼす」で、「ぬ」は打消
の助動詞「ず」の連体形。「なん」は断定の助動詞「なり」の連体形「なる」の語尾が撥音便化したもの。「めり」は
推定の助動詞。「われをばひたぶるにおぼし放たぬなんめり」は、中納言が、后は自分を完全に思い捨てはしないよ
うだと推し量っているものである。その理由は、この心内文の前の部分に書かれている。「いとせめてはかけ離れ、
なさけなく、つらくもてなし給はばいかがはせむ」を逐語訳すると、"たいそう極端に関係を隔てて、思いやりがなく、
冷淡にあしらいなさったならばどうしようか、いや、どうしようもないだろう"となる。「いとせめてはかけ離れ、
なさけなく、つらくもてなし給はば」全体が仮定条件となっていることに注意しよう。「いかが」は反語の意。この

は、ひきもとどめたてまつるべけれど〉(=〝並一通りに人目を気にしないならば、〈中納言を〉引き止めもし申し上げるにちがいないけれども〟)と書かれていることとをふまえた中納言の様子として、〝身を慎んで〟とした。　甚だしい様子を表すものとみて〝しっかりと・しっかりわきまえて〟や、賢明な行動が良い結果につながったことを表すものとみて〝うまく・うまい具合に〟などと解釈することもできそうである。「思ひつつむ」は、気持ちが表に出ないように控えめにすること。　后が御簾の中に入るのを引き止めたい気持ちが態度に出ないようにするということで、〔解答〕のほかに、〝自制する・思いとどまる〟などの表現も考えられる。

オ、「なほ」は、物事をあらためて認識する様子を表す副詞で、〝やはり〟と訳す。「いと」は強調を表す副詞で〝たいそう〟など。「せちに」は、切迫した様子を表す形容動詞「せちなり」の連用形で、ここでは、間もなく后と別れて日本に帰らなければならない中納言の状況をふまえ、〝痛切で〟のように解釈するのがよい。「やるかたなし」は、気持ちを思い通りに進める方法もない様子を表す形容詞「やるかたなし」(〈遣る〉+「方」+「なし」という連語)で、〝心の晴らしようもない〟のように訳す。「ほど」は時や場所や様子などをおおまかに表す名詞で、ここでは「暮れゆく秋の別れ」について言っているので、〝時節・頃〟と訳すのが適切である。「なり」は断定の助動詞。なお、リード文などに直接書かれてはいないが、中納言は九月末に日本への帰国の途につくことになっており、本文はその三日前に催された別れの場面で、傍線部オの前の「暮れゆく秋の別れ」は、秋が終わるのとともに中納言が中国を去るということをふまえた表現となっている。

▼(二)

傍線部イを含む和歌は后が詠んだものので、中納言が詠み贈った「ふたたびと…」の和歌に対する返歌である。　贈答歌全体の内容をみていこう。　まず、「ふたたびと…」の和歌は、〝二度と〈あなたと逢瀬を持ったことを現実だと〉合点する手立てもない。　(あなたと逢瀬を持ったのは)どのように見た夜の夢であるのだろうか〟というもの。リード文に書かれていることと、本文冒頭から傍線部アまでの内容をふまえると、中納言は三年前に結ばれた后に未練があり、別れを深く悲しんでやりきれなく思う気持ちを、かつての逢瀬は夢であったのだろうかと詠んで訴えたものと読

第二段落（内裏より皇子出でさせ給ひて…）

(一)　ア、「さすがに」は、前述の内容や既存の様子とは逆の側面があることを示す副詞で、“そうはいってもやはり”と訳す。「あらず」は“そうではない・違う”という意味の連語で、ここでは、前に「忍びがたき心のうちをうち出でぬべきにも」（＝“隠しきれない内心を口に出してしまいそうなのにつけても”）と書かれていることから、“口に出さない・何も言わない”ということを意味していると判断する。「わりなく」は、道理に合わない様子や度合いを超えた様子などを表す形容詞「わりなし」の連用形で、ここでは、本文冒頭に「忍びがたき」とあるのに相当する中納言の気持ちを表すものとして、“どうしようもない・耐えがたい”といった表現で訳すのがよい。「かなしき」は、情感が胸に迫るような様子を表す形容詞「かなし」の連体形で、ここでは“悲しい”でよいだろう。「に」は、時や状況を表す格助詞、または単純接続を表す接続助詞のいずれとも取れそうである。

ウ、「かしこう」は、形容詞「かしこし」（＝畏し）や「賢し」）の連用形「かしこく」の語尾がウ音便化したもの。「かしこし」は、畏怖や畏敬の気持ちがもとで、高貴なものに対して恐縮したり、賢明さに敬服したり、甚だしい様子を表したりして広く用いられる。ここではどのような意味でとらえればよいか迷うところだが、后が中納言の和歌に形ばかりの返歌をして御簾の奥に入ってしまったという状況と、傍線部ウの前に「おぼろけに人目思はず

▼右段

第二段落（内裏より皇子出でさせ給ひて…）

管絃の遊びが始まり、中納言がどうにか思いをこらえて皇子からの贈り物の琵琶を貫い受けると、后も御簾の中で琴の琴を弾き、その琴を中納言への贈り物とした。中納言は、たいそう親しみ深く自分に接してくれた后の様子を身に染みて思い、日本への帰国を決心したことを後悔するほど気が動転した。日本で母や妻と別れたときの悲しみとは異なり、中国へは二度と戻って来ることができないと思うと悲しみが募り、后との間柄にあれこれと思いを致しては、どうしようもなく心が乱れるのであった。御門や東宮をはじめとする人々は、中納言の帰国を非常に惜しんで悲しんだ。

▲解　説▼

本文のおおまかな内容は次の通りである。

第一段落　〈忍びがたき心のうちを…〉

別れの宴席で、后へのこらえきれない思いを口にも出せないまま悲しんでいる中納言は、皇子も席を立って、女房たちも雑談などをしているのに紛れて、かつての逢瀬は夢であったのだろうかと訴える和歌をこっそりと詠み贈った。后は、あれは夢どころか幻のようなものだとさりげなく応じて御簾の中に入ってしまい、中納言はそれを引き止めることをかろうじて自制した。

持ちで心をなだめたことによっても、心が安まるときはあった。ここは、再び戻って来て見ることができる国か、いや、戻って来ることができる国ではない」と諦めるので、すべてが目に留まり、しみじみ悲しいのはもっともなことであって、后が、もう一度の出会いを、隔たった関係ながらも、普通の態度でたいそう親しみ深く振る舞ってお思いになっているのも、（中納言は）世間一般とは異なるさまざまな物思いがいっそう募っては、自分の身も后の御身も、あれこれとごたごたしたことが起こってしまうにちがいない仲への気が引ける思いを、（后が）胸の内に秘めていらっしゃる道理も、（中納言は）ひたすらに恨み申し上げるような筋合いはないので、どのようにすれば（よいのだろうか）、と思い乱れる心の中は、表現し尽くすすべもなかった。「（后が）たいそう極端に関係を隔て、思いやりがなく、冷淡にあしらいなさったならばどうしようか、いや、どうしようもないだろう。若君についてのことにつけても、私をすっかり思い捨てなさらないのであるようだ」と、推察せずにはいられない心がどきどきしても、（その一方で）すっかり正気を失ってしまいそうに気持ちが落ち込んで、暮れていく秋の別れは、やはりたいそう痛切で心の晴らしようもない時節である。御門や、東宮をはじめとし申し上げて、（中納言との別れを）惜しみ悲しみなさる様子は、日本を離れたときの（人々が別れを惜しんだ）様子をも、いくらか上回っている。

◆全　訳◆

（中納言は）隠しきれない内心を口に出してしまいそうなのにつけても、そうはいってもやはりそうはせず、どうしようもなく悲しいときに、皇子もちょっと退席なさるので、（后の）おそばにいる女房たちも、それぞれ何かお喋りをするのだろうかと（思われる声が）聞こえるのに紛れて、二度と（あなたと結ばれたことを現実だと）合点する手立てもない。（あなたと結ばれたのは）どのように見た夜の夢であるのだろうか。

（中納言は）非常に声をひそめて人にわからないようになさっている。夢とさえどうしてあなたは思い出したりもしてしまっているのだろうか。　　　　いや、いえない。

（后は）こらえきることができそうにもない御様子のつらさのために、（はっきりと）言うともなく、かすかな声で人にわからないように言って、そっと（御簾の中に）お入りになった。並一通りに人目を気にしないならば、（中納言は后を）引き止めもし申し上げるにちがいないけれども、身を慎んで気持ちを抑える。

宮中から皇子がお出ましになって、管絃の御遊びが始まる。（中納言は）何の音色もわからない思いがするけれども、今夜を最後だと思うので、気丈に思いこらえて、（皇子から）琵琶をいただきなさるのも、現実だという気はしない。御簾の中で、琴の琴を合奏なさっているのは、未央宮で聞いたもの（＝以前、未央宮で女房に身をやつして演奏したのと同じ后の演奏）であるにちがいない。（中納言への）中国からの御贈り物に加えなさる。（中納言は）「もうこれで（帰国しよう）」と無念なことにもすっかり決心してしまったのに、たいそう親しみ深くお話しになった。「日本で母上をはじめとして、大将殿の姫君と、親しく過ごしたという間もなく別れ去ってしまった悲しみなどは、比類ないだろうと自分でそうしたことだとはいえ思われたけれども、生き長らえたならば、三年の間にきっと戻って来ようと思う気

（后の）御物腰や、様子が、耳に留まり心に染みて、気が動転して心乱れ、まったく正気でもいらっしゃらない。

わけである。以上の事情を説明する。解答のポイントは次の三点である。ちなみに原文では傍線部に続けて、ある保守系の大物政治家がハト派的姿勢を示したために「国賊」というレッテルを貼られた例が挙げられている。

① 国籍は一つの制度であり、制度が変われば国籍を剝奪されることもありうる

② 日本のナショナリズムは異分子を集団から排除しようとする傾向が強い

③ 日本人としてのアイデンティティが脅かされる可能性は誰にもある

▼（五）　a、「緩む」は"ゆるくなる。緊張がほぐれる"の意。b、「滑稽」は"言動がおどけていて、おかしいこと"の意。c、「意味深長」は"意味に深みや含みがあるさま"の意。「慎重（＝"注意深く行動すること"）」ではない。

本文では筆者が「パラサイト」を非難されたときの自らの反応を回想して、このように述べていて、おかしいこと"の意。

参考　鵜飼哲（一九五五年〜）は哲学者。東京都生まれ。京都大学文学部卒業。同大学院文学研究科フランス語学フランス文学専攻博士課程退学。一橋大学経済学部助教授、同言語社会研究科助教授などを経て、二〇二二年現在、一橋大学名誉教授。著書に『償いのアルケオロジー』『抵抗への招待』『応答する力──来るべき言葉たちへ』『主権のかなたで』『ジャッキー・デリダの墓』などがある。『ナショナリズム論・入門』は二〇〇九年刊。

二

解答

出典　『浜松中納言物語』〈巻の一〉

（一）　ア、そうはいってもやはり口に出さず、どうしようもなく悲しいときに

ウ、身を慎んで気持ちを抑える

オ、やはりたいそう痛切で心の晴らしようもない時節である

（二）　ただ幻のようにはかない逢瀬は、現実の逢瀬とはいえない。

（三）　中納言との間の子も産んだ后が、親しみ深い態度を見せているから。

▼
㈣

② 国も自然に存在するものではない

① あらゆる物事には本来名前がなく、人為的に名づけられたものである

傍線部ウの時点では、まだ「生地」のみの説明に留まっているので、国籍の話は含めず、単に国が自然発生的なものではないという説明のみで十分である。以上より解答のポイントは次の二点となる。

自然本来のものではないと言いたいわけである（もちろん言語による自然の分節という言語哲学的視点もふまえているだろう）。ただし、を持ち出したわけである。要するに、生地や血統に基づくとされる国籍など人為的に定められたものにすぎず、そしてこのことを指摘するために、言語化される前の原初的な自然いことを指摘するためである。要するに、生地や血統に基づくとされる国籍など人為的に定められたものにすぎず、

第十一段落）、「操作」（第十一・十二段落）にすぎず、ナショナリズムが主張するような自然性、当然性に根拠がな自然本来のものではないと言いたいわけである。それは「自然的性格」が「仮構された」「制度」（以上、うな当然すぎることをわざわざ言わなければならないのも、当たり前のことを言っているようにみえる。ではなぜこのよで呼ばれるのは少しも「自然」ではないと述べるのも、「ある土地の広がり」（＝自然）が「フランス」とか「日本」という名とを述べているようにみえる。その前文でも、「ある土地の広がり」（＝自然）が「フランス」とか「日本」という名

②
　傍線部の直前に「だから」とあり、傍線部の理由づけがその前で行われている。すなわち、『非自然化』はいつでも起こりうる」からである。「自然化」とは何か。それは第十一段落で説明されるように、ナショナリズムが主張する生地や血統の同一性つまり国籍は、あたかも自然に由来するかのように仮構され、操作された一つの制度であるといういうことである。したがって「非自然化」とは、同段落の「その人に国籍が付与されるとき……『自然化』によってなされる」、また第十二段落の「昨日まで……突然自然でなくなる」をふまえれば、「自然化」が単なる制度であることを自ら暴露すること、さらには国籍を剝奪することまで含むだろう。そうなれば「その人」は「国民的同一性」すわなち国民としてのアイデンティティを奪われることになる。だから「誰も安心はできない」。これに加えて「日本人であること」ゆえの事情もある。それは㈡で検討したように、日本人は異質な人間を敵視して集団から排除しようとする傾向が強いことである。だから自分がいつ異分子として排除されるかわからないから「誰も安心はできない」

想定だった」と反省する。傍線部の「その『甘さ』」とはこの事情をいう。同じ日本人だからという馴れ合いの感情が自然と出てしまうのが日本人の国民的心性であるというのであり、筆者はこの心性をガイドによって手厳しく非難されたわけである。確かに外国の観光地で日本人のツアーに出会うと、安心感や親近感を覚える一方で疎外感を味わうものである。以上より解答のポイントは次の二点となる。

① 日本人は国内では集団の壁を築く

② 国外では馴れ合いの感情がつい出てしまった

▼(二) 傍線部の「その」は直前の「ナショナリズム」を指す。「残忍な顔」とは同段落の「『国民』の一部を『非国民』として、『獅子身中の虫（＝〝組織の中にいながら害をなす人間〟）』として、摘発し、切断し、除去する」および「『外国人』を排除する」ことについていう〈特に前者〉。〈外〉と〈内〉は外国人と日本国民。すなわち外国人を排除しようとするだけでなく、国民の一部を敵視し、「非国民」として除去しようとするのが日本のナショナリズムの性格であると筆者は指摘する。戦前・戦中に猛威を振るったナショナリズムが、「鬼畜米英」をスローガンに掲げて国威発揚をはかる一方で、国民総動員体制に従わない一部の国民を「非国民」として弾圧・排除した過去の歴史を思い浮かべるとよいだろう。筆者の力点はナショナリズムが内部にも向かう点にあり、「このガイドのようにきちんと振る舞える人々」（＝体制維持に積極的な人々）が「非国民」を作り出してナショナリズムの風潮を強める点を指摘する。以上より解答の「日本のナショナリズムはこの点で特異な道を歩んでもきた」「残忍な顔」と述べるゆえんである。以上より解答のポイントは次の二点となる。

① 外国人を排除する

② 国民の一部を敵視して除去する

▼(三) 第七段落以下、「あらゆるナショナリズムが主張する『生まれ』の『同一性』の自然的性格」（第十一段落）へと議論が展開している点に注意しよう。傍線部は一見、あらゆる事物や現象にはもともと名前がなかったという凡庸なこ

▲
解

説
▼

本文は筆者が自らの経験に基づいてナショナリズム（＝"国家主義・国粋主義・民族主義"）の本質を二点えぐり出したものである。一点は、ナショナリズムは外部に対して発動されるだけでなく、内部に対しても発動されるということであり、もう一点は、ナショナリズムが主張する同一性は自然化された制度であり、「自然」は〈非自然〉に逆転しうるということである。

本文は全十二段落から成る。第一〜第五段落には「1　あるパラサイトの経験」という標題が、第六〜第十二段落には「2　ナショナリズムとは何か」という標題が付してある。その区分に加え、後者をさらに二区分して全体の構成を確認しよう。なお原文は横書きである。また、本文には原文の語句が改められた箇所が数箇所ある。

1　第一〜第五段落（五年ほど前の…）
　ガイドによって排除された経験は、ナショナリズムが〈外〉と〈内〉に同時に働くことを示した

2　第六〜第九段落（もちろん私は…）
　ナショナリズムは「生まれ」が「同じ」という平等性と、「生まれ」が「違う」という排他性を不変の核にする

3　第十〜第十二段落（しかし、生地…）
　ナショナリズムが主張する「同一性」は自然化されたものであり、それゆえ非自然化も起こりうる

▼
（一）

傍線部は筆者の海外での経験から導かれている。その経験とは、カイロの博物館で日本のツアー団体客に交じってガイドの説明を聞いていたところ、このグループの人間ではないとガイドにとがめられたことである。これを筆者は『排外神経』の正確な標的になった」（第四段落）といい、自分の油断を反省する。そして傍線部の前で「日本のなかでは日本人同士種々の集団に分かれてたがいに壁を築く。しかし、ひとたび国外に出れば……」と述べ、国外では「壁」を壊して同じ日本人として仲間意識を持つという内容を示唆する。だがそれは日本人特有の「無意識の、甘い

国語

一

出典

　鵜飼哲「ナショナリズム、その〈彼方〉への隘路」〈1　あるパラサイトの経験　2　ナショナリズムとは何か▽〉（大澤真幸・姜尚中編『ナショナリズム論・入門』有斐閣）

解答

（一）いかにも日本人らしく、国内では集団の壁を築いても、国外では馴れ合いの感情がつい出てしまったということ。

（二）日本のナショナリズムは外国人を排除すると同時に、国民の一部を敵視して除去する動きを強めているということ。

（三）あらゆる物事には本来名前がなく、人為的に名づけられたのであって、国も自然に存在するものではないということ。

（四）生地か血統によって付与される国籍は一つの制度であり、制度が変われば国籍を剝奪されることもありうる上に、日本のナショナリズムは異分子を集団から排除しようとする傾向が強く、日本人としてのアイデンティティが脅かされる可能性は誰にもあるということ。（一〇〇字以上一二〇字以内）

（五）a—緩　b—滑稽　c—深長

◆要　旨◆

　ナショナリズムは「国民」の一部を「非国民」として摘発し除去する能力なくして「外国人」を排除する力を持てない。その不変の核としてあるのが、「生まれ」が「違う」者に対する排他性である。しかし、「生まれ」の「同一性」の自然的性格と、それと表裏一体をなす、「生まれ」が「同じ」者の間で「自然」だからこそ「当然」として主張される平等性と、それは自然ではなく一つの制度である。ただし強力に自然化された制度は仮構されたものであり、それは自然ではなく一つの制度である。この自然化はいつ逆流するかわからず、「非自然化」はいつでも起こりうる。だから日本人であることに誰も安心はできないのだ。

解答編

■英語■

1 (A) **解答** ＜解答１＞ 10 代で若者の気質が一時的に悪化することは親子とも認めているが，評価は親のほうが厳しい。この差の原因は，親子関係の変化や評価基準の違いにあるのかもしれない。(70〜80 字)

＜解答２＞ 10 代の気質の悪化は一般に認められるが，親子間では評価が異なり，親子関係の変化や評価基準の違いが原因と考えられる。また，悪化は一時的であることも明らかになった。(70〜80 字)

＜解答３＞ 10 代の若者の気質の一時的な悪化とその後の改善に関して，親のほうが子ども自身より悪化を深刻にとらえている。この差は親子関係の変化や評価基準の違いによると思われる。(70〜80 字)

◆全 訳◆

≪10 代の若者の気質の変化≫

2005 年に始まったオランダの 10 代数千人に関する研究を考えてみよう。彼らのうち開始時の最年少は 12 歳であり，彼らは 6 〜 7 年にわたって毎年性格テストを受けた。結果は，10 代の散らかった部屋や気分の揺れ動きに関して私たちが抱いている通念のいくつかを証拠立てているように思われた。ありがたいことに，気質におけるこうした好ましくない方向の変化は一時的なもので，オランダのデータは，10 代の人たちのそれ以前の好ましい特徴は思春期後期には元に戻ることを示している。

親もその 10 代の子どもたちも，さまざまな変化が起こることでは意見が一致しているが，驚くべきことに，2,700 人を超えるドイツの 10 代に関する 2017 年の調査によると，変化のとらえ方は誰がそれを評価しているかで変わる可能性があるのだ。その 10 代たちは 11 歳のときと 14 歳のときの 2 回，自分自身の気質を評価し，彼らの親たちも同じときに子どもの気質を評価した。いくつか意味深い違いが生じた。たとえば，10 代は

自分を大人とうまくやっていく能力が低下していると評価したが，彼らの親はこの低下がずっと大きいと見なしていた。また，10代はお互いに対してはどんどん友好的になっていると見なしていたが，親はますます内向的になっていると見なしていた。「親は全体として，自分の子どもをだんだんいい子ではなくなっていくと見なしている」というのが，研究者たちの解釈だった。もっと肯定的な話をすると，親は子どもたちの正直さの低下を，子どもが思うほど著しいとは思っていなかった。

　この食い違いは，初めは矛盾するように思えるかもしれないが，10代の自立やプライバシーへの欲求が増すことによってもたらされる，親子関係に起きている大きな諸変化でおそらく説明できるだろう。研究者たちは，親と10代の子どもたちは，使っている基準も違っているかもしれないと指摘する。親は10代の特徴を典型的な大人と比較して評価しているが，10代は自分自身の特徴を同年代の人が示している特徴に照らして評価している，ということだ。

　これはいくつかのさらなる調査と一致しており，その調査も思春期初期の，特に気立てのよさや自己修養といった，よい特徴の一時的な低下のパターンを明らかにしている。したがって，一時的な気質の葛藤という10代の全体的なイメージは，間違ったものではないようである。

■■■■■■■■ ◀解　説▶ ■■■■■■■■

◆読解する

　全体の構成を意識しながら，各段を検討しよう。

〔第1段〕

　この段は「10代の若者の気質に関する，一般的なマイナスのイメージ」がオランダの研究で裏付けられたが，そのような特徴は「一時的なものである」という，文章のテーマの要点を述べている。

〔第2段〕

　この段は，ドイツでの同様の調査の結果から「親と子の間で気質の変化に対する認識にずれがある」ことがわかったことを，いくつかの例を挙げて説明している。

〔第3段〕

　この段では，その「ずれ」が生じる原因として考えられることを述べている。

〔第 4 段〕

この段では，こうしたことが他の研究でも確かめられており，よい気質が低下するのは一時的であることもわかっていることを述べ，10 代に関する全体的なイメージは正しいと締めくくっている。

各段と各文の内容をまとめると次表のようになる。

各段の要旨		各センテンスの内容
第 1 段	10 代の性格テストの結果 1	第 1 文：オランダで数千人の 10 代の人たちが数年にわたって毎年性格テストを受けた。 第 2 文：結果は，10 代の生活や気分の乱れに対する通念を証拠立てているように思われた。 第 3 文：この乱れは長続きせず，思春期後期には元に戻ることもわかった。
第 2 段	10 代の性格テストの結果 2	第 1 文：ドイツの調査では，思春期の変化は親も子も認めるが，その評価は親と子で違う可能性があることがわかった。 第 2 文：子どもが 11 歳のときと 14 歳のときの 2 回，その気質を本人と親が評価した。 第 3 文：両者の評価の違いが明らかになり，その一例は大人とうまくやっていく能力の低下で，親のほうが子ども自身より低下が大きいと評価した。 第 4 文：もう一つの例としては，子ども同士は友好的になっていると感じている一方で，親は子どもが内向的になっていると評価した。 第 5 文：研究者の解釈は，親は全体として子どもがだんだんいい子ではなくなっていくと考えているというものだった。 第 6 文：子どもの正直さの低下を，親は子どもが思うほど著しいとは考えていなかった。
第 3 段	親と子での評価の違いの原因	第 1 文：こうした食い違いは，10 代が自立やプライバシーを求めることで，親子関係に起きる変化のせいだと考えられる。 第 2 文：親と子では，評価基準が違っていることも食い違いの原因かもしれない。
第 4 段	結　論	第 1 文：いくつかのさらなる調査でも同様に，思春期初期のよい特徴の一時的な低下のパターンが見られた。 第 2 文：10 代の一時的な気質の葛藤に関する全体像は間違っていないようだ。

◆答案を作成する

この文章は，「10 代の若者の気質」に関する子ども自身の評価と親の評価の調査結果から，10 代で気質が悪化することは親子とも認めていること，悪化の程度の評価では親子の間で違いがあること，食い違いの原因と

して親子関係の変化や評価基準の違いが考えられること，また，そうした
10 代の全体的なイメージは正しいが一時的なものであることを述べてい
る。筆者の主張という側面はほぼなく，調査結果の報告なので，明らかに
なったことをわかりやすくまとめるとよい。食い違いの原因については，
本文で「評価基準の違い」のほうが具体的に説明されているからといって，
「親子関係の変化」を抜かさないように注意。この 2 つは別個のものとし
て挙げられており，「どちらか一方だけで十分である」とは言えない。

◆━━◆━━◆━━●語句・構文●━━◆━━◆━━◆

(第 1 段)　●back up ～「～を証拠立てる」　●adolescence「思春期」
(第 2 段)　●on a＋比較級＋note「もっと～な話をすると」
(第 3 段)　●underway「進行中の」
(第 4 段)　●be in line with ～「～と一致している，～に沿っている」
　　　　　●general picture「全体像」

1 (B) 解答

(ア)(1)— g)　(2)— h)　(3)— c)　(4)— a)
(5)— d)

(イ) do little more than play with form

━━━◆全　訳◆━━━

≪人工知能と芸術≫

　多くの芸術家が人工知能にうんざりしている。彼らは，人工知能がその
効率のよさで人々の仕事を奪い去ってしまうのではないかという不安で希
望を失っているかもしれない。機械が創造的になれるのかと疑問に思って
いるかもしれない。あるいは，人工知能の用途を探求したいという気持ち
を持っているかもしれないが，その専門用語を理解できないでいるのだ。

　こうしたことはすべて，別の技術について人々が同様に疑念を抱いてい
た時代のことを私に思い出させる。カメラである。19 世紀，現代的写真
術の発明で，カメラは問題も恩恵ももたらした。(1)[g)芸術家の中には，
その技術を喜んで受け入れる人がいた一方で，扱うための専門知識を必要
とする異質な装置と見なす人もいた。]これが自分の仕事を脅かすと感じ
る人もいた。

　しかし，自分の仕事の道具としてカメラを進んで探求しようとした芸術
家たちにとっては，写真の可能性はひらめきを与えてくれるものだとわか

った。実際カメラは，技術の進歩で普通の人たちにも手に入れやすくなり，肖像画制作のような芸術上の試みにそれまでとは別の技巧と形式を与えた。

　芸術が重要なのは，人間として，私たちはみんな創造的になることができるからだ。(2)[h)時とともに，私たちが作る芸術は進化し，その過程で技術は重要な役割を果たす。]写真が新しい道具・媒体として，何が芸術と見なせるのかに関する考え方を拡大することによって，現代の芸術家たちの作品制作の仕方を革命的に変える一助になったことを，歴史は示している。写真は最終的に美術館に飾られるものとなった。カメラは芸術を殺したのではなく，ただ人々が視覚的に自分を表現する新たな手段を与えたのだと，今日ではわかっている。

　この比較は人工知能が今世紀の芸術に影響を及ぼす可能性を理解するのに非常に重要である。

　私たちがテキストメッセージを送る電話から運転する車まで，あらゆるものに機械学習が組み込まれ，それが私たちの日常生活に占める部分が増大するにつれて，(3)[c)そのような人工知能の支配する社会における芸術の未来はどのようなものになるのか問うのはもっともなことだ。]この問いは，機械が芸術の「制作者」として芸術の領域に踏み込むにつれてさらに重要になる。2019 年の夏，ロンドンのバービカンセンターは，「人工知能：人間を越えて」と題する展覧会で，人工知能が作った作品を展示した。その後同じ年の 11 月には，コンピュータプログラムを使って作られた多くの作品が展示された，中国国家博物館での芸術と科学を探求する展覧会に 100 万人を超える人たちが訪れた。

　私は，2012 年に芸術・人工知能研究所をラトガーズ大学に設立した。人工知能研究者である私の主な目標は，その技術を発展させることである。私にとっては，このことは視覚芸術，音楽，文学において人間が成し遂げてきたことを理解するだけでなく，その分野の作品を制作，あるいは共同制作するプログラムを開発するために，人間の創造性に目を向けることを要する。何といっても，私たちを人間として特有の形で区別するのは，創造的技能を，基本的な問題解決を越えて芸術的表現にまで広げられる私たちの能力なのである。

　人間の創造性は人工知能の発明につながり，今では機械自体が創造性の原動力になりうる。当然のことだが，私たちは人工知能にはどのようなこ

とができるのか，人工知能はどのように発達する可能性があるのかを見たいと思っている。過去 8 年の間に研究所では，研究者たちは人工知能が芸術における問題を解決する大きな可能性を秘めていることに気づいた。たとえば，道具としては，機械の知能は個々の筆づかいを分析することによって，本物の絵画と偽物とを識別する助けになる。

　人工知能はまた，異なる時代の芸術作品が類似の影響を受けている可能性を明らかにするのを助けることで，芸術を理解することもできる。ある試験では，機械学習は芸術史の流れを変えた作品を特定し，その歴史がどのように展開したかに関する新しい側面に光を当てることができた。

　(4)[a]情報を消化することを越えて，機械は新しい画像を作ることもできるようになっている。]それは，ほぼ完全に自力で，見る人が人間の芸術家の作った作品と区別できない。人工知能は，携帯電話で聞くことができる音楽を作曲することさえできる。

　芸術家は昔から，創作活動に新しい技術を取り入れてきた。人工知能も例外ではないが，根本的な違いもある。今回は，機械がそれ自身の創造性の源だということである。膨大な歴史的，社会的データを検索することができるので，人工知能は私たちの想像を越えたイメージを作り出すことができる。この驚きの要素は，芸術の媒体を新しい方向へと進めることができる力である。機械が芸術家のための道具としてだけでなく，芸術家のパートナーとしても機能するからである。

　しかし，人工知能の機械は自分だけで芸術家になりうるのだろうか。私の答えはノーだ。

　芸術の定義は常に変化するが，その核心では，人間同士の伝達の一形態である。機械の背後に人間の芸術家がいなければ，人工知能は形式をもてあそぶ以上のことはほとんどできない。それが画面上のピクセルを操作することを意味するのであれ，五線譜上の音符を操作することを意味するのであれ，そうである。こうした活動は人間の感覚には魅力的で興味深いことがあるが，芸術家とそれを鑑賞する人たちの間の相互作用がなければ，意味を欠く。

　私が気づいたことは，新しい技術は多くの場合，最終的に取り入れられる前に，まず疑念を向けられるということだ。人工知能にも同じ道が生じているのがわかる。カメラと同様に，人工知能は芸術家にも芸術家ではな

い人にも，自己表現する手段を与える。そのため，私は⁽⁵⁾［ d ）賢い機械は
人間の創造性を助けこそすれ損なうことはない］と確信している。芸術の
未来は明るいようだ。

━━━━━━━━━ ◀解　説▶ ━━━━━━━━━

◆(ア)　▶(1)　空所の前に「カメラは問題も恩恵ももたらした」，空所の直
後には「これが自分の仕事を脅かすと感じる人もいた」とあり，空所では
人によってカメラの受け止め方がどのように違ったかが具体的に示されて
いると考えられる。g ）の「芸術家の中には，その技術を喜んで受け入れ
る人がいた一方で，扱うための専門知識を必要とする異質な装置と見なす
人もいた」が適切。

▶(2)　空所のあとには「写真が新しい道具・媒体として…作品制作の仕方
を革命的に変える一助になったことを，歴史は示している」とある。芸術
の発展とそれにおける技術の役割について言及している h ）の「時ととも
に，私たちが作る芸術は進化し，その過程で技術は重要な役割を果たす」
が文脈にふさわしい。

▶(3)　空所の前には「機械学習が…私たちの日常生活に占める部分が増大
するにつれて」とあり，空所の直後に「この問いは」とあることから，空
所では機械学習・人工知能に関係する疑問が述べられていると考えられる。
c ）の「そのような人工知能の支配する社会における芸術の未来はどのよ
うなものになるのか問うのはもっともなことだ」が適切。

▶(4)　空所の直後のダッシュではさまれた挿入部分を除くと，そのあとの
that 以下は distinguish の目的語がなく，関係代名詞節と考えられる。そ
の内容は「見る人が人間の芸術家の作った作品と区別できない」とあり，
この先行詞となる名詞で終わる選択肢を選ぶことになる。また，同段第 2
文（A.I. is even …）で「人工知能は，携帯電話で聞くことができる音楽
を作曲することさえできる」とあることから，a ）の「情報を消化するこ
とを越えて，機械は新しい画像を作ることもできるようになっている」が
適切。

▶(5)　当該文は「このことは私に（　　　　）を確信させる」が直訳。「こ
のこと」とは，直前の文の「カメラと同様に，人工知能は芸術家にも芸術
家ではない人にも，自己表現する手段を与える」を指し，空所のあとには
「芸術の未来は明るいようだ」とあることから，筆者は技術が人間に自己

表現の手段を与えるものだと考え，それを肯定的にとらえていることがわかる。d）の「賢い機械は人間の創造性を助けこそすれ損なうことはない」が適切。

◆(イ)　当該箇所は「機械の背後に人間の芸術家がいなければ，人工知能は…できる」となっているが，直前の第12段（But can an artificially …）には「人工知能の機械は自分だけでは芸術家になりえない」と述べられている。よって当該箇所は「できない」の意にする必要があり，can に do little を続けて「ほとんど何もできない」とする。「ほとんどない」とは，できることもあることを意味しており，more than 〜「〜以上のことは（ほとんどできない）」を続け，残る語で play with form「形式をもてあそぶ」とすれば，全体で（A.I. can) do little more than play with form「形式をもてあそぶ以上のことはほとんど何もできない」となり，文脈に合う。

━━━━━●語句・構文●━━━━━

（第1段）●be turned off by 〜「〜にうんざりする」
（第2段）●pose a threat to 〜「〜を脅かす」
（第4段）●find *one's* way into 〜「〜に進出する，〜に取り入れられる」
（第11段）●integrate *A* into *B*「*A* を *B* に取り込む，統合する」
（第12段）●in *one's* own right「それだけで，他に頼らずに」

2 (A)　解答例

＜解答例1＞　I think what makes a city comfortable to live in is safety. If a city is not safe, you have no moment of ease. While walking on a street, you have to look out for pickpockets. Going out at night is too dangerous. Or you might not be able to have a good night's sleep as you are afraid of burglars. This is very stressful and lowers the quality of your life.（60〜80 語）

＜解答例2＞　When it comes to defining a comfortable city to live in, convenience is what I put first. I want stores and some kind of public transportation to be within walking distance. Buying food and commuting to my school or workplace are everyday matters, and I want to avoid spending a lot of time on them. I would rather use my time to do something more meaningful, such as enjoying hobbies or doing some exercise. (60〜80 語)

━━━━━━━━━━ ◀解　説▶ ━━━━━━━━━━

▶＜解答例＞の全訳は以下のとおり。

＜解答例 1 ＞　街を暮らしやすくするものは治安のよさだと思う。もし街が安全でなければ，気の休まるときがない。通りを歩きながら，スリに気をつけなければならない。夜出歩くのは危険すぎる。あるいは，泥棒を恐れて，夜ぐっすり眠ることもできないかもしれない。これは非常にストレスがかかり，生活の質を低下させる。

＜解答例 2 ＞　暮らしやすい街を定義するということになると，利便性が私の最優先するものだ。さまざまな種類の店や何らかの公共交通機関が歩いて行ける距離にあってほしいと思う。食料品を買ったり通学や通勤をしたりすることは毎日のことなので，それらに多くの時間を費やすのは避けたい。それより，私は趣味を楽しんだり運動したりといった，もっと意味のあることに自分の時間を使いたい。

▶暮らしやすい街の，最も重要な条件とその理由を述べるもの。まず条件を挙げ，理由を続けるという順で書けばよい。比較的内容を決めやすい問題なので，妥当な理由を手際よくまとめたい。

2 (B) 解答

＜解答 1 ＞　But learning a (foreign) language is (just) like practicing riding a bike. While practicing (it), you may find it difficult, but once you have learned to ride it, you can automatically do it. Then, all you have to do is (to) keep riding it.

＜解答 2 ＞　However, (foreign) language learning is (quite) similar to learning to ride a bicycle. You may have difficulty while practicing (it), but once you become able to ride it, you will find it quite easy. After that, you only have to ride it as often as you can.

━━━━━━━━━━ ◀解　説▶ ━━━━━━━━━━

（第 1 文：前半）

●やや長く，内容が展開しているので，「自転車に乗る練習のようなもの

だ」で一度文を切るとよい。

● 「だが，語学の習得は…のようなものだ」

「だが」は but あるいは however でよい。however は直後にカンマを打つこと。逆に but は打ってはならない。「語学の習得」は「言語を習得すること」learning a language,「語学学習」language learning とできる。前者の場合，「言語」の数は一般論として複数もありうるが，比喩に使われている「自転車」が単数（次の項目を参照）なので，それに合わせるほうがよいだろう。なお，「語学」は外国語のことと考えられるので，それぞれ learning a foreign language / foreign language learning としてもよい。「～のようなものだ」は「～と似ている」be (just) like ～ でよい。just は「ちょうど」と意味を強める。なくてもよいが，たとえ話として「ちょうどよい」と筆者が考えているのだから，ニュアンスとして入れておくのもよいだろう。be (quite) similar to ～ も使える。

● 「自転車に乗る練習」は，「自転車に乗る練習をすること」practicing riding a bicycle〔bike〕,「自転車に乗れるようになること」learning to ride a bicycle,「自転車の乗り方を学ぶこと」learning how to ride a bicycle などとできる。

（第1文：後半）

● 「練習しているあいだは大変（だ）」は，「大変」とは「何が」なのか，「大変」とはどういう意味かを考えて整え直す必要がある。「練習しているあいだは」を while practicing (it)（practice は他動詞でも自動詞でも使える）とそのまま訳すなら，「大変（だ）」は「それが難しいと思う」find it difficult などとできるだろう。この場合の「思う」は実行して気づくことなので，think や consider ではなく find が適している。あるいは「苦労する」have (great) difficulty などとすることも考えられる。なお，このあと「～でも」が続くので，may を補って「～かもしれないが」とすると英文として整う。また，一般論として主語は you がふさわしい。他の考え方としては，この部分全体の構造を変えて，「練習するのには困難が伴う」practicing (it) may involve difficulties,「それをすることを習得する〔それができるようにする〕のは辛い作業である」it may be a painstaking task to learn to do it などとしても

原文の内容を表せるだろう。

● 「…でも，一度乗れるようになってしまえばなんでもない」

　「…でも」は，上記のように may と呼応する but で表せばよい。「一度乗れるようになってしまえば」は接続詞 once を使い，「乗れるようになる」は once you have learned to do〔ride〕it 「一度それをすること〔自転車に乗ること〕を身につけてしまうと」とできる。「乗れるようになる」become able to ride it としてもよいだろう。「なんでもない」は，さまざまに言い換えられる。「自動的にそれができる」you can automatically do it，「それが簡単だとわかる」you will find it quite easy，「もう何も苦労しない」you will have no trouble などとできる。

（第 2 文）

● 「あとは」は「それから，すると」then や「そのあとは」after that などで表せる。

● 「…してさえいればいいのだ」は all you have to do is（to）*do* や you only〔just〕have to *do* / you have only to *do* が使える。

● 「いつも乗っている」は always ride it が直訳だが，「常時自転車に乗っている」という意味になり不自然。乗る習慣を途切れさせないという意味で「乗り続ける」keep riding it，「できるだけ頻繁に乗る」ride it as often as you can〔possible〕，「可能なときにはいつでも乗る」ride it whenever possible などとするとよい。

3 （A）　解答　(6)—b)　(7)—a)　(8)—e)　(9)—a)　(10)—e)

◆全　訳◆

≪贋作絵画の見破り方≫

デイブ=デイビーズ，聞き手：もしあなたが人に感銘を与える絵画を制作する芸術的才能を持っているとしたら，その才能を過去の芸術家の作品を模倣するのに使うことを想像できるでしょうか。今日のゲストは，美術研究者のノア=チャーニーさんです。チャーニーさんの新しい著書は，ルネサンス期にさかのぼる贋作の技術，興味深い特徴とその後の結果に注目しています。

　　ノア=チャーニーさん，番組へようこそ。さて，本物であると判断

する手がかりに，どんな物理的なものを絵画の中に探すのでしょうか。

ノア=チャーニー：そうですね，油絵の場合は，模写しなければならない
　　ものの一つはクラクルーアと呼ばれます。

デイビーズ：クラクルーアとはどのようなものか教えていただけますか。

チャーニー：クラクルーアは網目のようなひび割れで，時間の経過ととも
　　に，油絵の具が膨張したり収縮したりするのに伴い自然に生じます。
　　表面にクモの巣のような模様が出ます。人にできるのは，その模様を
　　調べ，手っ取り早く古く見せるために人工的に作られたのか，自然に
　　生じたのかを判断することです。

デイビーズ：クラクルーアをどうやって作るのでしょう。

チャーニー：私の著書に登場する人物の中には，有名になりたいがために，
　　自分のやり方を説明してくれた人もいて，そのうちの一人がエリック
　　=ヘボーンです。そしてもし，お気に入りの人物がいるのを許しても
　　らえるなら，それは彼ですね。

デイビーズ：それはなぜですか。

チャーニー：私に言わせれば，彼は自分が模倣した人たちと同じ芸術的水
　　準にあった唯一の人物なのです。彼は最近の自著で，油絵をバターの
　　ようなもので覆い，それから文字どおりクッキーのようにオーブンで
　　焼いて，クラクルーアのように見えるものを作り出す方法を説明して
　　います。これには時間と労力が必要ですが，彼はうまくそれをやり遂
　　げられました。

デイビーズ：他に重要なことは何でしょう。ラベルとか文字とか，絵が描
　　かれている画布とかでしょうか。

チャーニー：そうですね，絵画や版画の裏を見るのはとても重要です。そ
　　こには，オークションや以前の所有者の古いスタンプのように，人々
　　が見ない傾向のある情報がたくさんありますから。額縁自体に情報が
　　あることもあります。たとえば，キャンバスはどこで購入したとか。
　　そうした種類の細かいことはとても重要ですが，人々は絵画の表面を
　　見る傾向があり，絵をひっくり返してみることはしないです。

デイビーズ：そして，虫食い穴も何か語ってくれるのですよね。

チャーニー：そうです。それは再現するのが最も難しいものの一つです。
　　これは文字どおり小さな昆虫が作る穴です。虫は突き抜けるように絵

を食うのですが，小さなドリルやねじといった道具を使って人の手で再現しようとすると，生物由来で不規則に見える仕事をするのは，とてつもなく難しいのです。

　ですから，贋作を作る人が使う手段の一つ一つに対して，それを突き止めることができる方法があるわけです。ですが，問題はその贋作が深い分析という段階にはめったに至らないことです。芸術品取引の性質は，もし見た目が相当よいもので，その点で専門家の意見が一致すれば，そしてもし文書化された来歴が信用に足るように見えるなら，あえて科学的検査をする人はいない，というものです。たぶんそうあるべきではないのでしょうが，非常に長い間そのように行われてきたのです。

■━━━━━━ ◀解　説▶ ━━━━━━■

▶(6)　「『クラクルーア』とは何か」

　チャーニーの2番目の発言第1文（Craquelure is the web …）に「クラクルーアは網目のようなひび割れで，時間の経過とともに，油絵の具が膨張したり収縮したりするのに伴い自然に生じる」とある。b）の「絵の具が膨張したり収縮したりして生じる線」が正解。

a）「長年にわたって絵画を覆うことによって生じる傷」

c）「絵画の表面にクモが作る跡」

d）「絵画を食い荒らす虫によって作られる模様」

e）「芸術家によって作られる絵画上のシミ」

▶(7)　「チャーニーが書いたすべての人の中で，なぜエリック=ヘボーンが彼のお気に入りなのか」

　チャーニーの4番目の発言第1文（He's the only one …）に「彼は自分が模倣した人たちと同じ芸術的水準にあった唯一の人物だ」とある。a）の「彼は自分が模写した作品を描いた芸術家と同じ水準の技術を持っているから」が正解。

b）「彼が贋作のテーマに関する数冊の本を書いているから」

c）「彼が絵画を模倣する数多くのテクニックを発明したから」

d）「彼が最も有名だから」

e）「彼がクラクルーアをうまく再現する唯一の人物だから」

▶(8)　「虫食い穴に関する次の文のうち正しくないのはどれか」

ａ）「機械的に再現するのは難しい」 チャーニーの最後の発言第1段第3文（They eat their way …）の内容と一致する。

ｂ）「規則的な形をしていない」 チャーニーの最後の発言第1段第3文（They eat their way …）の内容と一致する。

ｃ）「模倣するのが最も難しい絵画の側面の一つである」 チャーニーの最後の発言第1段第1文（Yes, and that is …）の内容と一致する。

ｄ）「昆虫が絵画を食うことで作るものである」 チャーニーの最後の発言第1段第2文（These are literally holes …）の内容と一致する。

ｅ）「適切な道具を使うことで簡単に再現できる」 チャーニーの最後の発言第1段第3文（They eat their way …）の内容と一致しない。「道具を使って人の手で再現しようとすると，…とてつもなく難しい」とある。これが正解。

▶(9) 「チャーニーによると，多くの贋作の絵画がそれと認識されない理由は…ことだ」

　チャーニーの最後の発言第2段第2文（But the trick is that …）に「問題はその贋作が深い分析という段階にめったに至らないことだ」とある。ａ）の「綿密な検査を受ける芸術作品がほとんどない」が正解。

ｂ）「専門家が絵画の額縁を見ることはまれである」

ｃ）「贋作者が絵画を模倣する方法をあまりにも多く持っている」

ｄ）「贋作の絵画を特定する効果的な方法が十分にない」

ｅ）「時間の経過で絵画がどのように変化するかに関する知識があまりにも少ない」

▶(10) 「我々は…贋作を本物の作品と最もはっきりと識別できる」

　チャーニーの最後の発言第2段第1・2文（So for each means …）に「贋作…の手段の一つ一つに対して，それを突き止めることができる方法がある…が，問題は，その贋作が深い分析…にはめったに至らないことだ」，続く第3文に，作品自体がかなりよいもので来歴の文書が本物らしく見えれば「あえて科学的検査をする人はいない」とある。逆に言えば，科学的検査で分析すれば，贋作であることは突き止められるということ。ｅ）の「絵画を調べる最新の科学的な技法を使うことによって」が正解。

ａ）「様式がその芸術家の知られている他の作品と一致することを調べることによって」

b）「絵画で使われている正確な材料を特定することによって」

c）「絵画の裏にある文字や他の印を見ることによって」

d）「絵画に付された文書化された来歴を研究することによって」

◆━◆━◆━◆━◆━●語句・構文●━◆━◆━◆━◆━◆

（チャーニーの４番目の発言）　●He's the only one who I would argue was at the same artistic level as … 「彼は…と同じ芸術的水準にあると私が主張した唯一の人物だ」　関係詞節が複文であり，元の文は I would argue（that）he was at the same artistic level as … 「私は彼が…と同じ芸術的水準にあると主張した」である。

（チャーニーの最後の発言）　●bother with ～ 「～を気にかける」

3 (B) 解答　(11)— d ）　(12)— b ）　(13)— c ）　(14)— c ）　(15)— c ）

〰〰〰〰◆全　訳◆〰〰〰〰〰〰〰〰〰〰〰〰〰〰〰〰〰

≪贋作の価値≫

メアリー゠ルイーズ゠ケリー，司会者：マンハッタンの裁判所で，芸術界の注目を集めている裁判が行われています。その裁判は，有名な画家のマーク゠ロスコによるもので，800 万ドル以上の価値があると考えられていた絵画に関するものです。と言いますか，少なくとも，その絵がロスコのものではなく実は贋作で，まあ 800 万ドルよりはるかに価値が低いとわかる瞬間まではそうでした。もっと詳しく知るために，ノア゠チャーニーさんにお電話しました。芸術作品の贋作に関する新しい本の著者です。チャーニーさん，よろしければその絵画のことを説明してください。その絵画は実際にはマンハッタンの法廷にあり，証人席の横に置かれていると思いますが。

ノア゠チャーニー：そうですね。キャンバスに描かれた大きな作品です。赤色と黒色の。そしてロスコのほとんどの作品について私たちが思うとおり，抽象画です。たしかに，様式の観点では，ロスコによる本物の絵のように見えます。

ケリー：では，ものすごくよくできた贋作ということでしょうね。裁判に関する記事をいくつか読んでいると，あるコラムニストが，ロスコがその画家の手を導いているかのように見えるほどよくできていると書

いていました。どうやら買い手をだますのに十分なほど優れたものだったようです。その買い手は誰あろう，世界で最も有名な競売会社サザビーズの会長なんですから。

チャーニー：それは興味深い問題ですね。ある芸術作品が贋作かどうか知ることは，何世紀にもわたる問題ですからね。ときには贋作の画家が，自分が様式を模倣した元の芸術家よりも有名になることがあります。ですから，物としては，そうした贋作は極めて見事な物だということになります。

ケリー：贋作はだんだん巧妙になっているのですか。

チャーニー：贋作はよりうまくなっているかもしれませんが，そうである必要はないでしょうね。そしてここがちょっと複雑なところです。これまでずっと専門家の意見にあまりにも頼りすぎてきたのですが，それは主観的なものです。それではよくないのですが，まだ人々はそれに頼っているわけです。ですから専門家が本物だと言えば，人々はそれを信じがちです。

ケリー：この絵を売った画廊のオーナーのような専門家ということですか。

チャーニー：そのとおりです。ですから，芸術界の内部にはこれまで何世紀にもわたって存在してきた依存や一種の全般的な合意があります。おわかりでしょうが，その合意とは，私たちがこれは本物だと言えば，わかる限りでそれは本物であり，話はそれで終わりというものです。ですが，他にも考慮すべきことが2つあります。作品の表面に見られるものと一致しているかどうか確かめるために，作品の文書化された来歴を調べるという調査ができます。それから，科学的検査もあります。科学的検査に合格する贋作はほとんどないでしょう。とはいえ合格する必要はなく，贋作画家はこのことを知っているのです。もし贋作がとても素晴らしい見栄えで，芸術作品の来歴が十分もっともらしければ，科学的に検査されることはほぼないでしょう。

ケリー：最終的に裁判でこの絵はどうなると思いますか。

チャーニー：私はそれが保存されて，教育目的のために贋作として美術館に展示されることを望みますね。ですが，偽物の芸術作品は破棄することを求める国もあります。それは残念なことです。美しい物だし，何の害もなく，将来誰もだますことがない限り，そこから学ぶことが

できるものだからです。

ケリー：なるほど。美術史家のノア=チャーニーさんでした。どうもあり
　　がとうございました。

チャーニー：ありがとうございました。

━━━━━◀解　説▶━━━━━

▶⑾　「ロスコの贋作絵画の特徴として，チャーニーが言及していない*の*
は次のどれか」

a)「それは大きな絵である」　チャーニーの最初の発言第 2 文（It's a
large-scale work …）の内容と一致する。

b)「それは抽象画である」　チャーニーの最初の発言第 4 文（And it's
abstract …）の内容と一致する。

c)「それはロスコの様式で描かれている」　チャーニーの最初の発言第 5
文（Certainly, in terms …）の内容と一致する。

d)「それは一度ロスコが使ったキャンバスに描かれている」　チャーニー
の最初の発言第 2 文（It's a large-scale work …）に「キャンバスに描か
れた作品だ」とはあるが，ロスコが使ったキャンバスであるとは述べられ
ていない。これが正解。

e)「それは赤色と黒色を使っている」　チャーニーの最初の発言第 3 文
　（It's red …）の内容と一致する。

▶⑿　「会話によると，その絵画はロスコの作品にたいへんよく似ていた
ので…をだました」

　ケリーの 2 番目の発言最終文（Apparently it was …）に「買い手をだ
ますのに十分なほど優れたものだったようで，その買い手は…サザビーズ
の会長だ」とある。b)の「サザビーズの会長」が正解。

a)「ノア=チャーニー」

c)「最初にその絵画について書いたコラムニスト」

d)「マンハッタンの裁判所の判事」

e)「その裁判を取材している記者」

▶⒀　「その絵画は今どこにあるか」

　ケリーの最初の発言最終文（I gather …）に「その絵画…はマンハッタ
ンの法廷に…置かれていると思う」とあり，続くチャーニーの発言の冒頭
に It is.「そうです」とある。c)の「それは法廷にある」が正解。

ａ）「それは破棄された」

ｂ）「それは教育に使用されている」

ｄ）「それは美術館のコレクションになっている」

ｅ）「それはノア=チャーニーの所有物になっている」

▶⒁　「ある絵画が本物かどうか判断するために，芸術界が通常頼るのは次のどれか」

　チャーニーの３番目の発言第３文（There has always …）に「これまでずっと専門家の意見にあまりにも頼りすぎてきた」，続く第４文に「まだ人々はそれに頼っている」とある。ｃ）の「専門家の意見」が正解。

ａ）「様式の分析」　ｂ）「文書化された来歴」　ｄ）「所有者の記録」

ｅ）「厳密な検査」

▶⒂　「芸術の贋作に関してノア=チャーニーが同意する意見は次のどれか」

　チャーニーの５番目の発言第１文（I would like to …）に「私はそれが保存されて，教育目的のために贋作として美術館に展示されることを望む」とある。ｃ）の「それらは教育目的のために保存されるべきだ」が正解。

ａ）「それらは，それらにだまされる人たちの面目をつぶす」

ｂ）「それらは，誰かがそれらから利益を得ることを防ぐために破棄されるべきだ」

ｄ）「それらは，それらがどのようにして作られたか明らかにするために，科学的に検査されるべきだ」

ｅ）「それらは，他のどの芸術作品とも同じように扱われ，美術館に展示されるべきだ」

◆━◆━◆━◆━◆━◆ ●語句・構文● ◆━◆━◆━◆━◆━◆

（ケリーの最初の発言）　●gather「〜と推測する」　●prop up「（もたせかけるように）置く」

（ケリーの２番目の発言）　●none other than 〜「ほかならぬ〜」

（チャーニーの４番目の発言）　●that's that「それで話は決まった」「これで閉会にします」など，議論が決したときの決まり文句。

3 (C) 解答 (16)— e) (17)— a) (18)— d) (19)— d) (20)— c)

◆全 訳◆

≪文明の崩壊が持つ意味≫

　私たちの歴史においては，文明の終焉が突然で予想外なものであることはめったになかった。通常その過程は長期にわたるゆっくりとしたもので，社会や文化は何年も継続し続ける。たとえば，中央アメリカのマヤ文明の崩壊は，紀元 750 年から 1050 年までの 300 年にわたって進行した。その崩壊では 10 パーセントから 15 パーセントの死亡率の増加が目立ち，いくつかの都市は見捨てられたが，他の地域は繁栄しており，文筆，貿易，都市生活は，1500 年代にスペイン人がやって来るまで残っていた。

　文明の崩壊は一部の人たちに恩恵をもたらすこともある。ヨーロッパの民族国家の出現は，西ローマ帝国が何百年も前に終わっていなければ起こらなかっただろう。このことから，学者の中には崩壊は森林火災のようだと考える人もいる。つまり，進化の源と再建の余地を与える創造的破壊の行為というわけである。

　過去の崩壊に関する私たちの見解は，一般にその最も特権的な犠牲者，すなわち，貧しい人たちと違って，その生活が比較的よく記録されているエリートたちの目を通して見られたものである。しかし，たとえば，古代メソポタミアのシュメールの小作農たちにとっては，紀元前 2000 年の初めに起こった政治的崩壊は，起こりうる中では最高のことだった。しばらく前から，研究者たちは初期の国家がその住民の多くの自由を制限しなくてはならなかったことを知っている。シュメール文明が終わり残酷な支配者が都市から消えたことは，小作農が過酷な労働と重い課税から逃れられることを意味した。

　しかし，こうしたことはどれも，将来の崩壊の可能性について心配しなくてよいという意味ではない。私たちはこれまでになく国家のインフラストラクチャーに依存している。インフラがなければ大混乱が生じうる。1977 年にニューヨーク市を襲ったほぼ全面的な停電を例にとろう。犯罪と破壊行為が急増した。550 人の警官が負傷し，4,500 人が逮捕された。これは，単純な停電だけでなく 1970 年代の財政危機の結果だった。対照的に，1877 年のニューヨーク市の送電停止は，おそらく気づかれさえし

なかっただろう。

　現代文明は，以前の文明よりも深刻な崩壊から立ち直る力が弱いかもしれない。狩猟採集民の一人一人は，その土地で生きていく方法を知っていた。しかし，産業社会の人々は，基本的な生存技術を持っていない。知識はますます個人ではなく集団や組織に握られるようになっている。もし私たちの現在の社会が崩壊したら，私たちが回復できるかどうかはわからない。

　最後になるが，世界がいっそう相互に関連し合い複雑になっていることは重要である。このことは私たちのさまざまな能力を拡大してくれるが，互いに関連し合ったシステムは，孤立したものより偶発的な機能停止に陥りやすい。金融システムの相互関連性は，初めは保護を与えてくれるが，ある時点を越えると，実はすべてを崩壊させてしまう可能性がある。歴史的には，これが地中海の青銅器時代の社会に起きたことである。この地域の人たちの相互関連性は地域の繁栄を高めたが，地震，戦争，気候変動，反乱の強力な組み合わせによって打ち倒されるドミノの列を作っていたのだ。

　したがって，崩壊は諸刃の剣である。時には，腐敗した機構を回復する機会ではあるが，人口，文化，政治構造の喪失につながる可能性もある。過去において崩壊がよい結果も悪い結果ももたらしたとしても，現代においては崩壊はただ暗い未来につながるだけなのかもしれない。

◀解　説▶

▶⒃　「マヤ文明の崩壊と一致しないのは次の文のどれか」

ａ）「文明が衰退するにつれて，死亡する人の数が増した」　第1段最終文（It was marked …）前半の内容と一致する。

ｂ）「文明の没落にもかかわらず，繁栄し続けた地域もあった」　第1段最終文後半（but other areas flourished, …）の内容と一致する。

ｃ）「人口の低下で見捨てられた都市もあった」　第1段最終文（It was marked …）前半の内容と一致する。

ｄ）「スペイン人の到来まで文化的活動の一部は続いた」　第1段最終文後半（but other areas flourished, …）の内容と一致する。

ｅ）「マヤ文明は比較的急速に崩壊した」　第1段第3文（The collapse of …）の内容と一致しない。「マヤ文明の崩壊は…300 年にわたって進行し

た」とある。これが正解。

▶⒄　「文明の崩壊について，講義で言及されていないのは次の文のどれ
か」

ａ）「それは，生態系全体が永遠に失われる森林火災のようである」　第 2
段最終文（This has led …）の内容と一致しない。「崩壊は森林火災，つ
まり進化の源と再建の余地を与える創造的破壊の行為のようだ」とある。
これが正解。

ｂ）「それは，成長と没落の自然な過程の一部である」　第 2 段最終文
（This has led …）の内容と一致する。最後の部分に「崩壊は森林火災の
ようだと考える人もいる。つまり，進化の源と再建の余地を与える創造的
破壊の行為というわけだ」とある。文明の崩壊を，森林火災で一旦は焼け
野原になるが，そこにまた新たな草木が生えてくることに喩えており，崩
壊してもそのまま何もなくなるわけではなく，そこから新たな文明・文化
が当然生じると述べている。この選択肢は本文の内容と一致すると考えら
れる。

ｃ）「それは，民族国家がヨーロッパで出現することを可能にした」　第 2
段第 2 文（The emergence of …）の内容と一致する。

ｄ）「それは，私たちが通常歴史をエリートたちの観点から見るため，否
定的な見方をされる傾向がある」　第 3 段第 1・2 文（Our visions of
past …）の内容と一致する。「過去の崩壊に関する私たちの見解は，一般
に…エリートたちの目を通して見られたものである。しかし，たとえば，
シュメールの小作農たちにとっては…政治的崩壊は，起こりうる中では最
高のことだった」とある。「しかし」ということは，崩壊はエリートにと
っては悪いことであり，彼らの観点では否定的な見方をされるということ
になる。

ｅ）「社会の最貧者たちに起きたことの記録はほとんどない」　第 3 段第 1
文（Our visions of past …）の内容と一致する。

▶⒅　「講義によると，古代メソポタミアのシュメールの崩壊は…」

ａ）「都市だけに影響を及ぼした没落の例である」　シュメールの例は第 3
段第 2 文（But for the peasants …）に出てくるが，この前後で「都市だ
けに」と限定するようなことは述べられていない。また，「小作農にとっ
ては」とあることから，都市だけでなく農村部にも影響が及んだと考えら

れる。

b）「重い課税につながった」　第3段最終文（The end of …）の内容と一致しない。

c）「紀元前2000年の終わりに起こった」　第3段第2文（But for the peasants …）には「紀元前2000年の初めに」とあり一致しない。

d）「シュメール社会の下層階級の人たちには安堵をもたらすものだった」第3段最終文（The end of …）の内容と一致する。「シュメール文明が終わり残酷な支配者が都市から消えたことは，小作農が過酷な労働と重い課税から逃れられることを意味した」とある。これが正解。

e）「土地の所有者にとっては，起こりうる最高のことだった」　第3段第2文（But for the peasants …）の内容と一致しない。小作農にとって最高のことだったのである。

▶⒆　「1970年代のニューヨーク市の停電に関する講演者の意見に最もよく一致する文を選べ」

　　第4段第2文（We are more …）に「私たちはこれまでになく国家のインフラストラクチャーに依存している。インフラがなければ大混乱が生じうる」とあり，直後の第3文に「1977年にニューヨーク市を襲った…停電を例にとろう」とあることから，ニューヨーク市の停電は，今がこれまでになくインフラに依存した時代であることの一例だとわかる。d）の「科学技術への私たちの依存は今，他のどの時代よりも大きい」が正解。

a）「多くの人が地下鉄の事故で負傷した」

b）「文明の崩壊は，どこでもいつでも起こりうる」

c）「ニューヨーク市は，犯罪を減らすためにもっと対策をとるべきだった」

e）「停電のせいで，犯罪者が刑務所から逃げられた」

▶⒇　「講義によると，現代社会が以前の社会と比べて崩壊する可能性が高いのは…からである」

　　第6段第1・2文（Finally, it's significant …）に「世界がいっそう相互に関連し合い複雑になっている…が，互いに関連し合ったシステムは，孤立したものより偶発的な機能停止に陥りやすい」とある。c）の「世界がかつてないほど相互に関連している」が正解。

a）「気候変動が緊急の脅威になる」

b）「人々が暗い未来の可能性を案じている」

d）「現代社会の政治構造がより脆弱である」

e）「今では戦争がずっと大きな破壊力を持っている」

◆━◆━◆━◆━◆●語句・構文●◆━◆━◆━◆━◆

（第1段）　●CE「西暦紀元」Common Era の頭文字で，イエスの誕生をもとにした AD（Anno Domini キリスト紀元（後）「主の年」の意）の代わりに用いられる。「紀元前」も同様に，BC（before Christ「キリスト以前」）の代わりに BCE（before Common Era）を用いる。BCEは第3段第2文（But for the peasants …）で使われている。

（第2段）　●nation-state「民族国家，国民国家」

（第5段）　●live off ～「～で生計を立てる，～を食べて生きる」live off the land で「（狩猟採集や農業によって）その土地で得られるものを食べる」の意。

4 (A) 解答　⑵1—(e)　⑵2—(d)　⑵3—(c)　⑵4—(c)　⑵5—(d)

◆━◆━◆━◆━◆━◆全　訳◆━◆━◆━◆━◆━◆

≪人類と家畜化された動物の共通点≫

⑵1　まずイヌがやって来て，そのあとにヒツジとヤギが続いた。それから水門が開いた。ブタ，ウシ，ネコ，ウマ，鳥類が飛び込んできた。過去およそ3万年にわたって，人類は食料や狩猟，輸送，さまざまな素材のために，野獣を操ったりペットとして飼ったりしようと，あらゆる種類の種を家畜化してきた。しかし，どの種であれそれを飼い慣らす以前に，私たちはまず自分自身を飼い慣らさなくてはならなかった，と言う人もいる。

⑵2　ダーウィンによって，そしてアリストテレスによって始まったとさえ言ってよいのだが，人類の飼い慣らしという考えは，ずっとそれだけのもの，つまりただの考えだった。現在，これまでで初めて，私たちとネアンデルタール人の遺伝子的な比較が，私たちが実は，野生のオオカミに対する子犬なのかもしれないことを示唆している。これは，なぜ私たちの脳が石器時代の祖先の脳と比べて奇妙にも小さいのかを含む積年の謎をいくつか説明してくれるだけでなく，人類の進化に見られるある意外な展開を理解する唯一の方法だと言う人もいる。

⑳　野生の動物が飼い慣らされるとき何が起こるのかに対する主な洞察の一つは，1959 年にソビエト時代のシベリアで始まった注目すべき実験から得られる。その実験で，ドミトリー=ベリャエフは，エストニアの毛皮農場から比較的野生に近いキツネを連れてきて繁殖させた。新しい世代のそれぞれで，彼は最も協調的なものを選んでつがいになるようにした。徐々に，キツネたちはますますペットのようにふるまい始めた。だが変化したのは行動だけではなかった。より穏やかなキツネは見た目も違っていた。10 世代とたたないうちに，毛に白い斑点が現れ始めた。数世代あとには，耳がより折れた形になった。ついには，頭蓋骨が小さなサイズに縮み始めたのだ。

⑳　これらはまさしくベリャエフが求めている特徴だった。飼い慣らされた哺乳類は，そのほとんどが入念に選んで繁殖させたものではなく，徐々に人間のそばで暮らすように変えられてきたのだが，その多くが類似点を持っていることに彼は気づいていた。たとえば，ウサギ，イヌ，ブタは多くの場合白い毛の斑点や折れ耳を持っており，彼らの脳は概して野生の仲間の脳より小さい。年月を経ると，野性を失うことと関連づけられる身体的特徴の集積は，より小さな歯や短い鼻にまで及んだ。全部を合わせて，それらは家畜化症候群として知られている。

⑳　家畜化症候群の側面を持っている動物は多いが，それには注目すべき種が一つ含まれている。私たち自身である。私たちも比較的顔が短く歯が小さい。私たちの比較的大きな脳は，親戚筋のネアンデルタール人の脳と比べれば小さい。これは多くの進化生物学者を悩ませてきたことだ。そして多くの飼い慣らされた種と同様に，幼い人間は非常に長い期間，自分の仲間から学ぶようにプログラムされてもいる。人間と飼い慣らされた動物とのこうした類似点の一部は，20 世紀初期には指摘されていたが，追跡調査はまったくなかった。ベリャエフが自身の実験を公にしてからやっと，数人の進化生物学者が，現生人類は私たちの絶滅した親類や祖先の家畜化版かもしれないという可能性を再び検討し始めたのである。

■■■■■■■■◀解　説▶■■■■■■■■

▶⑳　(e)の had little to domesticate ourselves が誤り。同文下線部までの部分が「どの種であれそれを飼い慣らす以前に，私たちはまず」とあるので，「自分自身を飼い慣らさなくてはならなかった」の意になるはずで

ある。「ほとんどない」の意を持つ little を外し，(we first) had to domesticate ourselves として上記の意味にする。

▶⑵　(d)の but also including why our brains are strangely smaller が誤り。この部分はダッシュではさまれた挿入で，直前の some long-standing mysteries の一例を示している。but also を外し，some long-standing mysteries—including why …「なぜ…なのかを含むいくつかの積年の謎」とする。(c)の Not only could this explain の語順は，否定の副詞（ここでは Not only）が文頭に出ると，疑問文と同じ語順の倒置になるため，正しい。

▶⑵　(c)の encouraged them to mating が誤り。encourage *A* to *do* で「*A* に～するように促す」であり，mating ではなく mate が正しい。

▶⑵　(c)の are generally smaller like が誤り。下線部直後の those of their wild relatives「彼らの野生の仲間のそれ（＝脳）」と比較して小さいとしなければ意味をなさない。like ではなく than が正しい。(b)の最終部分 adapted to live は adapted to living（adapt to ～「～に適応する」：to は前置詞）が正しいように思えるかもしれないが，(b)の最初にある weren't と合わせて，adapt *A* to *do*「*A* を～するように変える」の受動態である。

▶⑵　(d)の are also programmed to learn their peers が誤り。「仲間を学ぶ」では意味をなさない。learn from their peers「仲間から学ぶ」が正しい。(c)の many an evolutionary biologist は正しい表現。many a＋単数名詞＝many＋複数名詞である。

◆━◆━◆━◆　●語句・構文●　━◆━◆━◆━◆━◆━◆

（第2段）　●twist「急変，意外な進展」
（第5段）　●follow-up「追跡調査」　●modern humans「現生人類」　ホモ・サピエンスのこと。

4 (B)　解答　全訳下線部(ア)・(イ)・(ウ)参照。

◆━◆全　訳◆━◆━◆

≪伝達以外の言語の機能≫

　私たちは自分が考えていることをすべて人に言うわけではない。少なく

とも，このことはほとんどの人に（おそらく）ほとんどの社会的な状況で当てはまる。ある学者は，「私たちはうそをつく，ゆえに私たちは考える」とさえ結論づける。たぶん，この言い方を逆にしたいとも思うだろう（「私たちは考える，ゆえに私たちは時々うそをつく」）。いずれにせよ，伝達には，明かすことと隠すこと，暴露と隠蔽の間の葛藤が絶えずある。私たちは程度の差こそあれ，あらゆる反応を表現したいという衝動を抑えるのに長けている。(ア)仮に自分が考えていることをすべて声に出して言うことで公にするとしたら，それは話し手にとってだけでなく，話し手と聞き手の双方（あるいは居合わせているすべての人）にとって，かなり困惑させるもの，あるいは面子をつぶすものになることがあるだろう。先ほどとは別の研究者は，社会的な状況における語りは，沈黙の抗議や秘密の同盟といった，隠蔽を促す状況を伴うことが多いと指摘する。(イ)したがって，口に出される事柄もあれば，そうではない事柄もあるのだ。

　暴露と隠蔽の葛藤を説明するためには，内的対話の対話理論が必要だと人は主張するかもしれない。たしかに，生態心理学者のエドワード=リードは，「(ウ)言語の第一の機能は，自分が何を考えているのかを知ることから他者の注意をそらし，考えを隠すことだと言えるだろう」と示唆している。聞き手を前提としない個人発話に基づく伝達理論は，外的対話を個人が生み出したメッセージの機械的な転送と解釈しており，この点を発展させることができるようには思えない。

■━━━━━━◀解　説▶━━━━━━■

▶(ア) If we were to make everything we think public by saying it aloud, it would sometimes be quite embarrassing, or face-threatening, not only for the speaker, but for both (or all) parties.

●If … were to *do* は起こる可能性がないことを想定する仮定法。

●make everything we think public は，we think が everything を修飾する関係詞節で，public は make O C「O を C にする」の C で，everything we think が O である。したがって，「私たちが考えていることを公にする」となる。

●by *doing* は「～することによって」と手段を表す。

●say it aloud の it は everything we think を指す。aloud は「声に出して」の意。loudly「大声で」と同じ意味で使うこともあるが，ここでは

内容上, 大声である必要はない。

●it would sometimes be … の it は if 節の内容を受ける。would は仮定
法であるために使われている。sometimes は「〜することもある」な
どと訳せば日本語が滑らかになる。

●quite embarrassing, or face-threatening は be の補語で「非常に人を困
惑させる, あるいは面子をつぶす」の意。face-threatening は見慣れぬ
語だろうが, face「顔」と threatening「脅かす」から推測したい。日
本語で「顔に泥を塗る」などと「顔」が「面子」の意で使われるように,
face にも「面子, 体面」の意がある。

●not only for the speaker「話し手にとってだけでなく」は文字どおり
の訳でよい。

●but for both … parties の party は「当事者, 関係者」の意。「両方の当
事者」とは, 会話の場面であることから, 話し手と聞き手のこと。

●(or all) は or all parties のこと。「話し手」と「聞き手」以外の関係者
は, 会話が聞こえている第三者であり,「その場に居合わせているすべ
ての人」などと説明的に訳す必要がある。

▶(イ)　Accordingly, some things get said, others not.

●accordingly は接続詞的な副詞で「したがって, それゆえ」の意。「それ
に応じて」の意味もあるが, その場合, 動詞を後ろから修飾する形で使
われる。

●some things get said の some は, あとの others と呼応して「〜するも
のもあれば (…するものもある)」と訳すのが定番。get said は一種の
受動態で, be *done* の「〜されている」状態に対して,「〜される」と
いう動作を明確にするのに使われることがある。したがって「言われる,
口に出される」などとなる。なお get と be で変化と状態を区別して表
現するのは, get angry「腹を立てる」と be angry「腹を立てている」
などでも見られる。

●others not は others do not get said から前半の反復となる(do) … get
said が省略され, not だけに述語部分を代表させたもの。「言われない
ものもある」となる。

▶(ウ)　the primary function of language is for concealing thoughts,
diverting others' attention from knowing what one is thinking

- the primary function of language is は「言語の第一の〔主な〕機能は」とそのままの訳でよい。
- for concealing thoughts は「考えを隠すことのために」が直訳。for が不要に思えるだろうし，実際日本語では「考えを隠すことだ」が自然。英語では *A* is *B*.「*A* は *B* だ」の文の *B* の部分に，主語から連想される前置詞が入ることがある。この場合，function「機能」は「何かのためのもの」であるから，for が入っている。同種の例として，So your real interest is in people's tendency to help others?「では，あなたの本当の関心は，他人を助けようという人々の傾向（にあるの）ですね」という文が，2018 年度大問 3 (A)のスクリプトに使われていた。The way … is by *doing*「…の方法は〜することである」などもよく見られる。
- …, diverting others' attention from knowing … の divert *A* from *B* は「*A* を *B* からそらす」の意。concealing と diverting をつなぐ接続詞 and がないので，diverting は分詞構文と考えられる。「そらして，隠す」とするのが内容上適切と思われるが，「人の注意を…を知ることからそらす」ということは，「…を知られないようにする」ことである。よって「隠して…を知られないようにする」とすることも考えられる。
- what one is thinking「人が何を考えているか」「人が考えていること」のいずれの方向でもよいが，一般の人を表す one は「自分」などとしたほうが日本語としては自然である。

◆◆◆◆◆ ●語句・構文● ◆◆◆◆◆

（第 2 段）　●account for 〜「〜（の理由・原因）を説明する」

5 解答 (A)レストランのテーブルにある塩の詰め替え，売り場の服の積み直し，ATM のお金の補充，ホテルのタオルの取り替えといった，利用者が来るたびに生じて，利用者が気づかないうちに繰り返し行われている仕事のこと。

(B)筆者の誕生日にボーイフレンドがくれたレインコートと帽子のセットは，東京の特別な店で買ったもののはずが，梅田のごく普通の店でも売っていたので，店員がボーイフレンドに一点ものだとうそをついて売った可能性があるということ。

(C) whose task it is to sort the pieces

(D) (ア) (26)— h) 　(27)— g) 　(28)— a) 　(29)— e) 　(30)— c) 　(31)— d)

(イ)— d)

(ウ)— b)

◆全　訳◆

≪目に見えない仕事≫

　ウェイトレスの忙しい行き来，会話のざわめき，グリルで調理される肉のにおいに囲まれて，レストランというか，ごく普通の喫茶店や食堂でよいのだが，そういうところで食事をしていて，卵に振りかけようと塩を手に取ったとき，目に見えない手でいっぱいにされ，準備ができた状態になって，あなたに所望されるのを待ち受けている振り出し器という，単純な驚きに心を打たれたことはあるだろうか。あなたにとっては，その振り出し器はその日のためだけに存在する。しかし実際には，それは何度も詰め直されて，何時間も延々と同じテーブルの上にあるのだ。その証拠は，繰り返しひねられて摩耗したキャップの下にあるいくつもの筋に見て取れる。誰か他の人，おそらくペンとメモを手に，あなたがアイスクリームを選ぶのを辛抱強く待っている女の子，汚れたスニーカーをはいたエプロン姿の男の子，たぶん今後の人生で二度と会わない誰かの骨折りだ。この振り出し器は，物として具現化した労力である。そして，そこにあなたが来て，その労力をまた無にする。

　あるいは，デパートをぶらぶらと歩いていて，ボタンの留めてあるシャツがきちんと積まれた山に目を向けたことがあるかもしれない。あなたの好みのサイズや色のシャツは山のいちばん下にあり，シャツを持ち上げるのをできる限りそっとやって，選んだシャツだけ取り出しても，あなたがあとに残して行く山は，まったく元のようにきちんと整っておらず，目に見えない人物が戻って来て直すまで，元のようにきちんと整うことはない。

　ATM の中のお金。ホテルの床の上のタオル。世界はこの種の仕事で満ちており，きちんと整えられては，また乱されて再び整えられるように，常に用意されている。

　今朝，私はアパートの部屋にボーイフレンドが散らかした空き缶や空き瓶を全部集めて袋に入れ，アパートのゴミ置き場へと持って降りた。彼は1週間ここには泊まっていないが，私は大学の図書館に遅くまでいて，秘

書の仕事に間に合うように，何とかベッドから起き出してお風呂に入り，神戸の中心部にあるオフィスまで走って行った。オフィスでは，毎日繰り返される退屈な仕事をする。だが，私はそれがかなりうまい。完璧に真ん中に，完璧にまっすぐになるように，注意深くファイルホルダーにラベルを貼るし，すべてがきちんと組織立っているようにするために，インクと付箋の色の使い分けをしている。ペンやクリップを切らすようなことは決してしない。誰かがアスピリンとかガムとか咳止めを必要とするとき，引き出しにそれがある人物は私だ。常に。魔法のように。

　今日は日曜日で，オフィスも大学の図書館も閉まっている。私のボーイフレンドが 1 時に着くとメールしてきたので，私は午前中いっぱい，部屋を片付けて買い物をする時間がある。昨夜 11 時頃，私は年度末のレポートを仕上げ，2，3 週間後に授業がまた始まるまではもうレポートはない。いい気分だ。

　缶と瓶の他に，お持ち帰りの焼きそばの容器がある。先週末に晩ごはんに一緒に食べたときのもので，乾燥したネギが張りついている。それに，三宮にあるパン屋で閉店前に半額で買うペストリーが入っていた油のしみた紙袋がある。これは平日の夜に，一人で，ベッドで食べる。朝起きると，ペストリーのくずやクリームのシミが枕にあることもある。ボーイフレンドはぞっとすることだろう。

　その容器と紙袋を，溢れかえったくず入れに放り込むと，ベッドシーツをはがしてベッドの横の山の隣に置く。他にもしなければならないことはたくさんあるが，空模様が怪しいので，激しく降り出す前に買い物をすることにする。

　出かけるために，私は彼が誕生日にくれたサーモンピンクのレインコートと帽子を身に着ける。彼は控えめに，それは東京の特別な店で買ったものだと言った。それからあまり経たないうちに，私は同じセットを梅田のごく普通の衣料品店で見つけた。東京の店員が彼をだました可能性がある。その店員はおそらく，どの客にも買った品物が一点ものだと思わせるのだろう。そして，客が帰ったら，しれっと奥からもう一つ出してくるのだ。

　私は同じコートを見つけたことを彼には言わなかった。そのピンクの色合いが，道をちょっと行ったところにある保育所の幼い男の子，女の子が着るスモックとまったく同じだということも言わなかった。初めてそれを

着たとき，私は狭い路地で保育所の付き添いの人たちと，グロテスクなピンクの芋虫のように動く小さな子どもたちの長い列に行き合わせた。付き添いの人たちは，私が姿を消そうと壁に背中を押しつけ，それから反対方向に急いで立ち去ったのを見て，にやっとした。

だが，日曜日は子どもたちはみんな家にいるはずだ。

財布，買い物袋，集めた空き缶と空き瓶を持ち，私は部屋を出て重い金属のドアにカギをかけ，そこを後にする。部屋は最上階にあるので，駐車場階まで一続きの階段が3つある。昇り降りする人を見かけることはめったにない。数年前から，この建物には外国人が住んでいる。近所の会話学校の英語の教師たち，韓国人の牧師たち，時折，アミューズメントパークの芸人といった人たちだ。誰もそれほど長期間ここにはいない。私の部屋は，私が働くオフィスの，前の秘書が住んでいて，彼女が結婚して職場を離れるときに自分の賃貸契約を私にどうか，と言ってくれたのだ。それが5年前だ。今では私は，この建物の最も忠実な入居者である。

ゴミ置き場は残念な状態だ。異なる種類のガラスやプラスチックごとにはっきりと印のついた箱があり，収集日のカレンダーが貼ってあるのに，他の入居者は自分の選んだ場所に，いつでも選んだときにゴミを放置する。私は適切な箱に自分の缶と瓶を入れ，足で他のゴミの包みをそれぞれの場所に動かそうとする。入居者の中には，違った種類のものを一つの袋にまとめて入れてしまう人もいるので，この私の小さな努力さえ，乱雑な状態を片付けることにはならない。ゴミ収集作業員を気の毒に思う。彼らはゴミを一つ一つ分別するのが仕事の人たちなのだ。

■■■■ ◀解　説▶ ■■■■

◆(A) 下線部は「この種の仕事」の意。第1段でレストランの塩の振り出し器，第2段でデパートの積み上げられたシャツ，第3段でATMの中のお金とホテルの使用済みのタオルといった例を挙げ，下線部のあとに「きちんと整えられては，また乱されるために用意されている」とある。第2段第2文（The size or color …）の最終部分に「目に見えない人物が戻って来て直すまで，元のようにきちんと整うことはない」とあるように，人が気づかないところで整え直すという地味だが欠かせない仕事ということになる。また，これらは一度整え直せば終わるものではなく，利用者がいる限り何度も行われる仕事だという点も解答に含める必要がある。

解答欄は約 17 cm × 3 行。列挙した具体的な仕事をまとめて「この種の仕事」と言っているのだから，例に言及しながらまとめることが望ましい。

◆(B)　下線部は「東京の店員が彼をだました可能性がある」の意。同段第 2・3 文（He mentioned, modestly, …）に「彼は…それ（＝レインコートと帽子のセット）は東京の特別な店で買ったものだと言った。それからあまり経たないうちに，私は同じセットを梅田のごく普通の衣料品店で見つけた」とあり，下線部の直後には「その店員はおそらく，どの客にも買った品物が一点ものだと思わせるのだろう」とある。筆者のボーイフレンドは，店員に量産品を一点ものだと思い込まされた可能性があるということである。解答欄は約 17 cm × 3 行。「具体的に説明せよ」とあるので，筆者がその可能性を考えるようになった経緯や，品物がレインコートと帽子のセットであること，買った場所が東京であることなどを示してまとめる。

◆(C)　当該箇所は，the garbage collectors「ゴミ収集作業員」を同格的に言い換えた箇所である。与えられた語の中に関係代名詞 whose があるので，空所の前の the people を先行詞とする関係代名詞節を作ればよい。whose には無冠詞の名詞が続くので，内容上 task「仕事，任務」が適切。直前の文に「違った種類のものを一つの袋にまとめて入れてしまう人もいる」ことが述べられていることから，その「仕事」は to sort the pieces「そのゴミを分類すること」とできる。元になる文が their task is to sort … だとすると，(the people) whose task is to sort the pieces (one by one) となり英文としては正しいが，これでは it が残る。it is their task to sort the pieces「ゴミを分別することが彼らの仕事である」と，to sort … は補語ではなく主語で，形式主語の文が元になっていると考えられる。したがって，whose task it is to sort the pieces が正解。

◆(D)　▶(ア)　(26)　当該箇所は「ウェイトレスの忙しい行き来，会話のざわめき，グリルで調理される肉のにおいに（　　　）レストランで食事をしている」となっている。レストラン内の様子が空所のあとに続いていることから，h）の surrounded「囲まれて」が適切。

(27)　当該箇所は「（　　　）ひねりによって摩耗したキャップの下にあるいくつもの筋」となっている。「ひねって筋がいくつもできる」のだから，何度もひねったということである。g）の repeated「繰り返された」が正

解。

⒇　当該箇所は「あなたの好みのサイズや色のシャツは，山のいちばん下にあり，シャツを持ち上げるのをできる限りそっとやって，（　　　）シャツだけ取り出しても」となっている。自分の好みのシャツを取り出している状況である。a）の chosen「選ばれた」（日本語では「（あなたが）選んだ」が自然）が文意に合う。

⒇　当該箇所は「すべてを（　　　）ようにする，インクと付箋の色の使い分けをしている」となっている。同文前半には「完璧に真ん中に，完璧にまっすぐになるように，注意深くファイルホルダーにラベルを貼る」とあり，筆者が几帳面に仕事をしていることが述べられている。c）の organized「組織立てられた」を補うと文意に合う。

⒇　当該文は「ボーイフレンドは（　　　）だろう」となっている。直前の文には「（夜，ベッドでペストリーを食べるので）朝起きると，ペストリーのくずやクリームのシミが枕にあることもある」とある。これから訪ねてくるボーイフレンドがそんなものを見たらどうするかを考えると，c）の horrified「ぞっとする」が適切。

⒈　当該箇所は「数年前から，この建物は外国人によって（　　　）されている」となっており，続いて「近所の会話学校の英語の教師たち，韓国人の牧師たち，時折，アミューズメントパークの芸人」と，外国人の例が挙がっている。その直後には「誰もそれほど長期間ここにはいない」とあり，このアパートに外国人が住んでいることを述べた箇所であると考えられる。d）の occupied が適切。occupy で「（部屋・家など）に居住する」の意。

▶⑷　当該文は「今では私は，この建物の最も（　　　）入居者である」となっている。直前の文の「それが 5 年前だ」とは，今の部屋に暮らし始めた時期のことである。同段第 5 文（None of them …）に「誰もそれほど長期間ここにはいない」とあり，今いる中では筆者が最も長い期間暮らしている入居者だと考えられる。d）の faithful「忠実な」を補えば，アパートを「見捨てず」ずっといることをユーモラスに表現していると考えられる。

a）boring「人を退屈させる」　b）difficult「気難しい」　c）egocentric「自己中心的な」　e）popular「人気のある」

▶(ウ)　a）「筆者は，服の趣味がよくないボーイフレンドが好きではない」
ボーイフレンドがプレゼントしてくれたレインコートと帽子のことは，第
8段第1文（To go out, I put …）から述べられている。同段第2・3文
（He mentioned, modestly, …）で，彼は特別なものだと言っていたのに，
普通の店で同じものを筆者が見つけたこと，第9段第1文（I didn't tell
my boyfriend …）後半に，その色合いが近所の保育所の子どもたちのス
モックとまったく同じだということは述べられているが，筆者はこのレイ
ンコートを着て出かけており，「服の趣味がよくない」とまでは述べられ
ていない。筆者がボーイフレンドを嫌っていることも読み取れず，これは
本文の内容と合致しない。

b）「筆者は，気づかれずに行われている必要な労働に注目している」
第1段ではレストランの塩の振り出し器に常に塩が入っていること，第2
段ではデパートで客が崩してもまたきれいに整え直される積み重なったシ
ャツのことを述べ，第3段では，さらにATMの中のお金（引き出す人
が困らないように常に補充されている），ホテルの（使用済みで）床に置
かれたタオル（次の客のために常に新しい清潔なものに取り替えられる）
のことを挙げたあと，同段第3文（The world is full …）で「世界はこの
種の仕事で満ちており，きちんと整えられては，また乱されて再び整えら
れるように，常に用意されている」と述べている。第4段では，筆者自身
も秘書の仕事で人知れずオフィス内を整え，必要なものが必要なときに使
えるようにしていること，最終段では，乱雑なゴミ置き場に言及し，ゴミ
収集作業員が混在するゴミを一つ一つ分別する手間をかけることを述べて
いる。第6・7段で筆者の部屋の乱雑さに言及しているのも，何もしなけ
れば乱雑は乱雑のままであることを印象づけるためのものと考えられる。
これが正解。

c）「筆者は，魔法使いのように常に彼女を助けてくれるよい友達がオフ
ィスにいる」
本文にこのような記述はない。

d）「筆者は，地元の地域社会と公共福祉を改善しようという野望を抱い
ている」
本文にこのような記述はない。

e）「筆者は，家回りの決まりきった仕事や秘書としての自分の仕事にう

んざりしている」

第 4 段第 2 文（He hasn't slept …）の最終部分に「オフィスでは，毎日繰り返される退屈な仕事をする」とはあるが，直後の文に「だが，私はそれがかなりうまい」とある。boring「退屈な」とは，それにうんざりしているというより，変化のない決まりきった仕事であることを表していると考えられる。家回りの仕事については特にどう思っているかの言及はない。

◆◆◆◆◆◆　　●語句・構文●　◆◆◆◆◆◆◆◆◆◆◆◆◆◆◆◆◆◆

（第 1 段）　●thread「筋，線」

（第 2 段）　●the pile as you leave it「あなたがそのままにする（ような）山」 as はもともと様態を表す接続詞だが，このように直前の名詞を限定する用法もある。

（第 4 段）　●round「繰り返し」　●run out of ～「～を切らす，～がなくなる」

（第 8 段）　●one-of-a-kind「唯一の，特別な」

（第 9 段）　●shade「色合い」　●grin「にやっとする」

（第 11 段）　●flight「階と階，階と踊り場の間の一続きの階段」

（最終段）　●unlike「異なる」

❖講　評

　大問数は 5 題で例年どおりである。選択問題での解答方式がマークシート法であることも 2015〜2020 年度と同じである。例年，内容や出題形式に多少の変化がみられるが，2021 年度は 2020 年度と同様であった。

　1　(A)英文の内容を日本語で要約するもの。字数は 70〜80 字。(B)文の空所補充と語句整序。

　2　(A)テーマ英作文。与えられたテーマに沿って，自分の考えを述べるもの。60〜80 語。(B)和文英訳。短めの 2 段落構成の和文中の下線部（連続する 2 文）を英訳するもの。

　3　リスニング。3 つのパートに分かれており，いずれも 2 回ずつ放送される。(A)会話，(B)会話，(C)講義という構成で，(A)と(B)は関連する内容になっている。リスニングは試験開始後 45 分経過した頃から約 30 分間行われる。

　4　(A)文法・語彙，読解問題。各段落に 5 カ所ある下線部のうち，誤

りを含む箇所を一つ指摘するもの。(B)英文和訳問題。一連の英文中の3
カ所を和訳するもの。

　5　長文読解。世の中にあふれている，誰かが気づかれずに行ってい
る地道な作業に関するエッセー。

　以下，各問題の詳細をみる。

　1　(A)　英文量は約320語でやや短めである。「10代の若者の気質の
変化」に関する調査結果を中心に述べたもので，内容は理解しやすいが，
定められた字数に収まるようにまとめるためには，言葉の選び方や述べ
る順序を工夫する必要がある。

　(B)　英文量は約760語（空所を埋めると約840語）で比較的短い。5
カ所ある空所に合う文を選ぶ問題と，文意に合うように語を並べ替える
問題の2種類。選択肢に紛らわしいものはなく，素早く解答したい。

　2　(A)　テーマ英作文。暮らしやすい街の最も重要な条件を，理由を
添えて述べるもの。2019・2020年度に続いて，古典的な設問である。
条件自体は思いつきやすいので，理由を限られた語数で要領よくまとめ
ることが重要である。

　(B)　和文英訳。一連の文章中の下線部1カ所（連続する2文）を英訳
するもの。英訳箇所の長さは2020年度と比べるとやや短い。2文に分
かれているが，第1文が長く，2つに分けたほうが書きやすい。日本語
がこなれており，英語として成立するように構造を整え直したり，言葉
を補ったりする必要がある。

　3　(A)　絵画の贋作について，その技術や見破り方を研究者に聞くと
いうインタビュー。専門的な語句が使われており，それ自体が問いにな
っているものもあるが，会話中で行われている説明をよく聞き取ってい
れば十分に対応できる。

　(B)　(A)のインタビューに登場した研究者に，別の司会者が実際の贋作
を話題として話を聞く会話。取り上げられた贋作に関する事実と贋作に
対する研究者の考え方を正確に聞き取りたい。

　(C)　「文明の崩壊が持つ意味」に関する講義。文明が終わることには
肯定的・建設的な側面もあるが，さまざまな要素が複雑に関係する現代
においては，一度崩壊が起きると回復できない可能性があることを論じ
ている。独特な視点からの内容であり，話し手の主張がどのようなこと

なのか，注意して聞き取りたい。

　　4　(A)　5 段落構成の一連の文章で，各段落に 5 カ所ずつ下線が入っており，そのうち誤りを含むものを選ぶ問題。語句や文法事項の知識と文脈を把握する力が試されたが，いずれも比較的容易である。

　　(B)　一連の文章中の 3 カ所の英文和訳。いずれの箇所も短く，語句・構文面で難解なものはないが，ある程度推測を要する語や，日本語として自然な文になるように訳し方を工夫する必要のある箇所も含まれる。

　　5　身の回りで絶えず行われているが，人が気づかない仕事に目を向けた随筆。文章冒頭は何の話が始まったのかわかりづらいかもしれないが，読み進むうちに誰でも思い当たる事実であり，筆者の視点が味わい深い。設問は，記述式の内容説明，語句整序，選択式の空所補充，内容真偽で，2019・2020 年度と同様であった。

──────「英語」の記述式問題の出題の意図（東京大学　発表）──────

　本学の学生に期待される外国語力とは，知的活動の一環として，外国語で円滑に意思疎通を図る能力を意味しています。相手が発信した内容を正しく理解し，自分が相手に伝えたい事柄を適切に表現する能力がその根幹をなしていることは言うまでもありませんが，そのような理解力や表現力を十分に発揮するためには，その言語についての正確な知識を土台として培われた論理的な思考力と，場面や状況に応じた的確な判断力も必要になります。これらの能力が現時点でどの程度身についているかを測るために，外国語科目の記述式問題には以下のような設問が含まれています。

1．要約問題【1 (A)】

　　各段落の構成と段落間のつながりに注意を払いながら，文章全体の論理的な展開を正確にたどり，主要な論点を把捉する力が試されています。

2．作文問題【2 (A)・2 (B)】

　　和文の外国語訳においては，日本語で与えられた情報を外国語で過不足なく，正確に読み手に伝える能力が試されています。自分の考えを外国語で表現する問題においては，自らの意見が読み手に明確に伝わるよう，適切な語句や表現を用いて，論理的で説得力のある文章を作成する能力が試されています。

3．外国語文の和訳問題【4 (B)】

　　文中に含まれる語句の意味とその使い方，文構造，文法事項についての基本的な知識が問われています。和訳の対象となる文が長い文章の一部となっている場合には，前後の文脈を踏まえて該当箇所の意味を解釈する能力も問われています。

4．長文読解問題【5 (A)〜(C)】

　　文章全体の流れを大局的に把握しながら，文章の細部に含まれる表現のニュアンスをも同時に読み取れるような総合的な理解力が求められています。より具体的には，文章に書かれた出来事や事象がどのような経緯をたどって生起しているのかを正確に把握しつつ，細部の表現に込められた書き手や登場人物の心情や価値観，ものの見方などを的確に理解することが重要です。

数学

1 ◆発想◆ (1) $f(x)=2x^2+ax+b$ として，$y=f(x)$ のグラフから，$f(-1)$, $f(0)$, $f(1)$ の符号を考える。

(2) xy 平面上の任意の点 (X, Y) に対して，ab 平面で，直線 $b=-Xa+Y-X^2$ と(1)の範囲が共有点をもつための X, Y の条件に帰着させる。傾き $-X$ の値での場合分けを考える。b 切片 $Y-X^2$ の値での場合分けでもよい。

解答 (1) $x^2+ax+b=-x^2$ すなわち $2x^2+ax+b=0$ が $-1<x<0$ と $0<x<1$ の範囲に 1 つずつ解をもつための条件を求める。

この条件は，$f(x)=2x^2+ax+b$ として

$$\begin{cases} f(-1)>0 \\ f(0)<0 \\ f(1)>0 \end{cases} \quad \text{すなわち} \quad \begin{cases} 2-a+b>0 \\ b<0 \\ 2+a+b>0 \end{cases}$$

これより

$$\begin{cases} b>a-2 \\ b<0 \\ b>-a-2 \end{cases}$$

となり，これを ab 平面に図示すると，下図の網かけ部分（境界は含まない）となる。

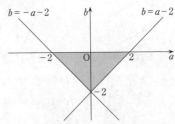

(2) 求める範囲を S，(1)の範囲を T とする。xy 平面上の任意の点 (X, Y) に対して

$(X, Y)\in S \iff (a, b)\in T$ かつ $Y=X^2+aX+b$ を満たす a, b が存在する

$\Longleftrightarrow$ ab 平面で，T と直線 $b = -Xa + Y - X^2$ が共有点をもつ

このための X, Y の条件を求める。

$g(a) = -Xa + Y - X^2$ とおき，直線 $b = g(a)$ の傾き $-X$ の値で場合分けを行う。(1)の領域の境界の端点での $g(a)$ の値を考えて，条件は次のようになる。

(i) $-X \geqq 1$ つまり，$X \leqq -1$ のとき

$g(-2) < 0$ かつ $g(2) > 0$ から $\quad X^2 + 2X < Y < X^2 - 2X$

(ii) $0 \leqq -X \leqq 1$ つまり，$-1 \leqq X \leqq 0$ のとき

$g(-2) < 0$ かつ $g(0) > -2$ から $\quad X^2 - 2 < Y < X^2 - 2X$

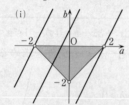 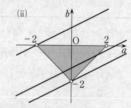

(iii) $-1 \leqq -X \leqq 0$ つまり，$0 \leqq X \leqq 1$ のとき

$g(2) < 0$ かつ $g(0) > -2$ から $\quad X^2 - 2 < Y < X^2 + 2X$

(iv) $-X \leqq -1$ つまり，$X \geqq 1$ のとき

$g(-2) > 0$ かつ $g(2) < 0$ から $\quad X^2 - 2X < Y < X^2 + 2X$

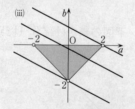 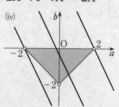

以上から，求める範囲は下図の網かけ部分（境界は含まない）となる。

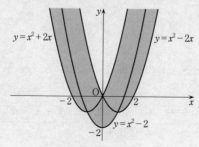

〔注〕〔解答〕は傾き $-X$ で場合を分けているが，b 切片 $Y-X^2$ の位置で場合を分けてもよい。

以下にその例の概略を述べておく。

（その1）　直線 $b=g(a)$ の b 切片の値で場合分けを考える。

(i) $-2<Y-X^2<0$ つまり，$X^2-2<Y<X^2$ のとき，すべて条件を満たす。

(ii) $Y-X^2 \geqq 0$ のとき，条件は $g(-2)<0$ または $g(2)<0$ である。

これより $\quad \begin{cases} Y \geqq X^2 \\ Y<X^2-2X \end{cases}$ または $\begin{cases} Y \geqq X^2 \\ Y<X^2+2X \end{cases}$

(iii) $Y-X^2 \leqq -2$ のとき，条件は $g(-2)>0$ または $g(2)>0$ である。

これより $\quad \begin{cases} Y \leqq X^2-2 \\ Y>X^2-2X \end{cases}$ または $\begin{cases} Y \leqq X^2-2 \\ Y>X^2+2X \end{cases}$

この場合，放物線 $y=x^2$ は図示の過程で補助的に用いられるが，最終結果には不要で，境界線には現れないことに注意する。

（その2）　直線 $b=g(a)$ の傾き $-X$ と b 切片 $Y-X^2$ に注目する。

(i) $-X \geqq 1$ つまり，$X \leqq -1$ のとき

$2X<Y-X^2<-2X$ から $\quad X^2+2X<Y<X^2-2X$

(ii) $0 \leqq -X \leqq 1$ つまり，$-1 \leqq X \leqq 0$ のとき

$-2<Y-X^2<-2X$ から $\quad X^2-2<Y<X^2-2X$

(iii) $-1 \leqq -X \leqq 0$ つまり，$0 \leqq X \leqq 1$ のとき

$-2<Y-X^2<2X$ から $\quad X^2-2<Y<X^2+2X$

(iv) $-X \leqq -1$ つまり，$X \geqq 1$ のとき

$-2X<Y-X^2<2X$ から $\quad X^2-2X<Y<X^2+2X$

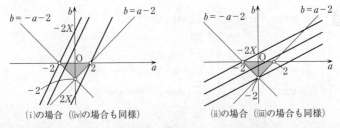

(i)の場合（(iv)の場合も同様）　　　(ii)の場合（(iii)の場合も同様）

◀解　説▶

≪2つの放物線の共有点の x 座標，放物線の通過範囲≫

▶(1)　判別式や解の公式を用いると，無理不等式を解くことになり，煩雑

である。$y=f(x)$ のグラフを利用して x の範囲の端の値で考えるとよい。

▶(2)　東大入試で頻出の曲線の通過範囲の問題である。平面上の任意の点 (X, Y) が通過範囲にあるための条件を「存在」という言葉を用いて書き直すと，ab 平面上で(1)の領域と，直線 $b=g(a)$ が共有点をもつための X, Y の条件に帰着する。このように，簡単な図形の共有点の存在条件となることは類題でよく経験することである。この条件は(1)の領域の境界の端点での $g(a)$ の値に注目し，領域の境界の直線の傾きも考慮して，直線 $b=g(a)$ の傾き $-X$ の場合分けで考える。ただし，〔注〕のように直線 $b=g(a)$ の b 切片 $Y-X^2$ を利用した考え方もできるので，参考にするとよい。

2

◆発想◆　(1)　複素数を係数とする a, b, c についての連立方程式を解く。

(2)　$f(2)=x+yi$（x, y は実数）として，x, y を α, β, γ で表すと，xy 平面で，$\mathrm{P}(x, y)$，$\mathrm{O}(0, 0)$，$\mathrm{A}(-1, -2)$，$\mathrm{B}(3, 1)$，$\mathrm{C}(-1, 1)$ として，$\overrightarrow{\mathrm{OP}}=\alpha\overrightarrow{\mathrm{OA}}+\beta\overrightarrow{\mathrm{OB}}+\gamma\overrightarrow{\mathrm{OC}}$ となる。$\alpha-1=\alpha'$，$\beta-1=\beta'$，$\gamma-1=\gamma'$ とおくと，$\overrightarrow{\mathrm{OP}}=\alpha'\overrightarrow{\mathrm{OA}}+\beta'\overrightarrow{\mathrm{OB}}+\gamma'\overrightarrow{\mathrm{OC}}+\overrightarrow{\mathrm{OD}}$ （$\overrightarrow{\mathrm{OD}}=(1, 0)$）（$0\leqq\alpha'\leqq1$，$0\leqq\beta'\leqq1$，$0\leqq\gamma'\leqq1$）となる。まず，$\overrightarrow{\mathrm{OQ}}=\alpha'\overrightarrow{\mathrm{OA}}+\beta'\overrightarrow{\mathrm{OB}}$ となる点 Q の存在範囲を求め，次いで，これが $\overrightarrow{\mathrm{OC}}$ 方向への γ' 倍の平行移動で通過する範囲を求める。さらに，$\overrightarrow{\mathrm{OD}}$ だけ平行移動した後の範囲を求める。α, β, γ のままで考えてもよい。

解答　(1)　$f(z)=az^2+bz+c$ について

$$\begin{cases} f(0)=\alpha \\ f(1)=\beta \\ f(i)=\gamma \end{cases} から \qquad \begin{cases} c=\alpha & \cdots\cdots① \\ a+b+c=\beta & \cdots\cdots② \\ -a+bi+c=\gamma & \cdots\cdots③ \end{cases}$$

②＋③から

$$(1+i)b+2c=\beta+\gamma$$

これと①から

$$b=\frac{1}{1+i}(-2\alpha+\beta+\gamma)$$

$$= (-1+i)\,\alpha + \frac{1-i}{2}\beta + \frac{1-i}{2}\gamma$$

②×i−③ から

$$(1+i)\,a + (-1+i)\,c = i\beta - \gamma$$

これと①から

$$a = \frac{1}{1+i}\{(1-i)\,\alpha + i\beta - \gamma\}$$

$$= -i\alpha + \frac{1+i}{2}\beta - \frac{1-i}{2}\gamma$$

ゆえに

$$\begin{cases} a = -i\alpha + \dfrac{1+i}{2}\beta - \dfrac{1-i}{2}\gamma \\[2mm] b = (-1+i)\,\alpha + \dfrac{1-i}{2}\beta + \dfrac{1-i}{2}\gamma \quad \cdots\cdots(\text{答}) \\[2mm] c = \alpha \end{cases}$$

(2)　(1)の結果から

$$f(2) = 4a + 2b + c$$

$$= 4\left(-i\alpha + \frac{1+i}{2}\beta - \frac{1-i}{2}\gamma\right) + 2\left\{(-1+i)\,\alpha + \frac{1-i}{2}\beta + \frac{1-i}{2}\gamma\right\} + \alpha$$

$$= -(1+2i)\,\alpha + (3+i)\,\beta - (1-i)\,\gamma$$

$$= (-\alpha + 3\beta - \gamma) + (-2\alpha + \beta + \gamma)\,i$$

$f(2) = x + yi$（x, y は実数）とおくと，α, β, γ は実数であるから

$$\begin{cases} x = -\alpha + 3\beta - \gamma \\ y = -2\alpha + \beta + \gamma \end{cases} \quad \cdots\cdots④$$

以下，複素数平面を xy 平面と同一視して考える。

　　P$(x,\ y)$, O$(0,\ 0)$, A$(-1,\ -2)$, B$(3,\ 1)$, C$(-1,\ 1)$

とおくと，④から

$$\overrightarrow{OP} = \alpha\overrightarrow{OA} + \beta\overrightarrow{OB} + \gamma\overrightarrow{OC} \quad (1 \leqq \alpha \leqq 2,\ 1 \leqq \beta \leqq 2,\ 1 \leqq \gamma \leqq 2)$$

ここで，$\alpha - 1 = \alpha'$, $\beta - 1 = \beta'$, $\gamma - 1 = \gamma'$ とおくと，$0 \leqq \alpha' \leqq 1$, $0 \leqq \beta' \leqq 1$, $0 \leqq \gamma' \leqq 1$ であり

$$\overrightarrow{OP} = \alpha\overrightarrow{OA} + \beta\overrightarrow{OB} + \gamma\overrightarrow{OC}$$

$$= \alpha'\overrightarrow{OA} + \beta'\overrightarrow{OB} + \gamma'\overrightarrow{OC} + (\overrightarrow{OA} + \overrightarrow{OB} + \overrightarrow{OC})$$

ここで，$\overrightarrow{OA} + \overrightarrow{OB} + \overrightarrow{OC} = (1,\ 0)$ であり，$\overrightarrow{OD} = (1,\ 0)$ とすると

$$\overrightarrow{\mathrm{OP}} = \alpha'\overrightarrow{\mathrm{OA}} + \beta'\overrightarrow{\mathrm{OB}} + \gamma'\overrightarrow{\mathrm{OC}} + \overrightarrow{\mathrm{OD}}$$

となる。

まず，$\overrightarrow{\mathrm{OQ}} = \alpha'\overrightarrow{\mathrm{OA}} + \beta'\overrightarrow{\mathrm{OB}}$ となるような点 Q の存在範囲は図 1 の網かけ部分（平行四辺形の周と内部）となる。

さらに，これを $\overrightarrow{\mathrm{OC}} = (-1,\ 1)$ 方向への γ' 倍（$0 \leqq \gamma' \leqq 1$）の平行移動を行うと，図 2 の網かけ部分（六角形の周と内部）となる。

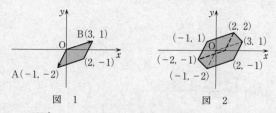

図 1 図 2

最後に，これを $\overrightarrow{\mathrm{OD}} = (1,\ 0)$ だけ平行移動した後の範囲を考え，複素数平面上で表すと，図 3 の六角形の周および内部の範囲となる。これが求める範囲である。

〔注〕 $\alpha',\ \beta',\ \gamma'$ を用いず，$\overrightarrow{\mathrm{OP}} = \alpha\overrightarrow{\mathrm{OA}} + \beta\overrightarrow{\mathrm{OB}}$

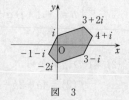

図 3

$+ \gamma\overrightarrow{\mathrm{OC}}$ のままで行うと次のようになる。

まず，$\overrightarrow{\mathrm{OQ}} = \alpha\overrightarrow{\mathrm{OA}} + \beta\overrightarrow{\mathrm{OB}}$（$1 \leqq \alpha \leqq 2,\ 1 \leqq \beta \leqq 2$）で定まる点 Q の存在範囲は，図 4 の網かけ部分（平行四辺形の周と内部）である。これを $\overrightarrow{\mathrm{OC}} = (-1,\ 1)$ 方向に γ 倍（$1 \leqq \gamma \leqq 2$）の平行移動を行うときに，この平行四辺形が通過する範囲が求めるもので，図 5 の網かけ部分（六角形の周と内部）となる。

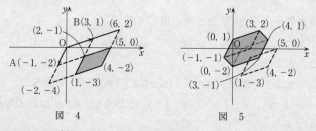

図 4 図 5

◀ 解　説 ▶

≪複素係数の連立方程式，複素数の存在範囲≫

▶(1) 複素数の連立方程式を計算に注意して解くだけなので，完答したい

設問である。

▶(2)　$f(2) = x + yi$ （x, y は実数）の形に表し，P (x, y)，O $(0, 0)$，A $(-1, -2)$，B $(3, 1)$，C $(-1, 1)$ として，$\overrightarrow{OP} = \alpha\overrightarrow{OA} + \beta\overrightarrow{OB} + \gamma\overrightarrow{OC}$ とすることがポイントである。その後，〔解答〕では，α', β', γ' を用いて，これを書き直しているが，これは $0 \leqq \alpha' \leqq 1$, $0 \leqq \beta' \leqq 1$, $0 \leqq \gamma' \leqq 1$ となることで，平行四辺形の図示や移動がしやすくなるからである。〔注〕のように，α, β, γ のままで処理してもよい。ベクトルを用いた図形の平行移動に帰着させる発想は，東大入試では既出であるから今一度確かなものとしておくとよい。

3

◆発想◆　(1)　$g(x)$ を求め，$f(x) - g(x)$ が $(x-1)^2$ を因数にもつことを念頭に因数分解する。

(2)　式変形によって，多項式と $\dfrac{x}{x^2+3}$, $\dfrac{1}{x^2+3}$, $\dfrac{1}{(x^2+3)^2}$ の定積分に帰着させる。$\dfrac{1}{x^2+3}$, $\dfrac{1}{(x^2+3)^2}$ では変数変換 $x = \sqrt{3}\tan\theta$ を用いる。

解答　(1)　$f(x) = \dfrac{x}{x^2+3}$ について

$$f(1) = \frac{1}{4}$$

$$f'(x) = \frac{x^2 + 3 - x \cdot 2x}{(x^2+3)^2} = \frac{3 - x^2}{(x^2+3)^2}$$

よって　$f'(1) = \dfrac{1}{8}$

以上より

$$g(x) = \frac{1}{8}(x-1) + \frac{1}{4}$$

$$= \frac{1}{8}x + \frac{1}{8}$$

C と l の共有点の x 座標は，方程式 $f(x) - g(x) = 0$ の実数解である。

$$f(x) - g(x) = \frac{x}{x^2+3} - \left(\frac{1}{8}x + \frac{1}{8}\right)$$

$$= \frac{8x - (x^2+3)(x+1)}{8(x^2+3)}$$

$$= -\frac{x^3 + x^2 - 5x + 3}{8(x^2+3)}$$

$$= -\frac{(x-1)^2(x+3)}{8(x^2+3)}$$

ゆえに, C と l の共有点で A と異なるものがただ 1 つ存在する。

(証明終)

その点の x 座標は　　$x = -3$ ……(答)

(2)　(1)より $\alpha = -3$ である。

$I = \int_{-3}^{1} \{f(x) - g(x)\}^2 dx$ とおく。

$f(x) - g(x) = \dfrac{x}{x^2+3} - \dfrac{1}{8}(x+1)$ から

$$I = \int_{-3}^{1} \left(\frac{x}{x^2+3}\right)^2 dx - \frac{1}{4}\int_{-3}^{1} \frac{x(x+1)}{x^2+3} dx + \frac{1}{64}\int_{-3}^{1} (x+1)^2 dx$$

ここで

$$\left(\frac{x}{x^2+3}\right)^2 = \frac{x^2+3-3}{(x^2+3)^2} = \frac{1}{x^2+3} - \frac{3}{(x^2+3)^2}$$

$$\frac{x(x+1)}{x^2+3} = \frac{x^2+x}{x^2+3} = 1 + \frac{x}{x^2+3} - \frac{3}{x^2+3}$$

より

$$I = -\frac{1}{4}\int_{-3}^{1} dx + \frac{1}{64}\int_{-3}^{1} (x+1)^2 dx - \frac{1}{4}\int_{-3}^{1} \frac{x}{x^2+3} dx$$

$$+ \frac{7}{4}\int_{-3}^{1} \frac{1}{x^2+3} dx - 3\int_{-3}^{1} \frac{1}{(x^2+3)^2} dx \quad \cdots\cdots①$$

となる。

$$\int_{-3}^{1} dx = \Big[x\Big]_{-3}^{1} = 4 \quad \cdots\cdots②$$

$$\int_{-3}^{1} (x+1)^2 dx = \left[\frac{1}{3}(x+1)^3\right]_{-3}^{1} = \frac{16}{3} \quad \cdots\cdots③$$

$$\int_{-3}^{1} \frac{x}{x^2+3} dx = \frac{1}{2}\Big[\log(x^2+3)\Big]_{-3}^{1} = -\frac{1}{2}\log 3 \quad \cdots\cdots④$$

以下, $x = \sqrt{3}\tan\theta$ とおくと

$$\frac{dx}{d\theta} = \frac{\sqrt{3}}{\cos^2\theta},$$

x	-3	$\rightarrow$	1
θ	$-\dfrac{\pi}{3}$	$\rightarrow$	$\dfrac{\pi}{6}$

から

$$\int_{-3}^{1} \frac{1}{x^2+3}\,dx = \int_{-\frac{\pi}{3}}^{\frac{\pi}{6}} \frac{1}{3(1+\tan^2\theta)} \cdot \frac{\sqrt{3}}{\cos^2\theta}\,d\theta$$

$$= \frac{\sqrt{3}}{3}\Big[\theta\Big]_{-\frac{\pi}{3}}^{\frac{\pi}{6}} = \frac{\sqrt{3}\,\pi}{6} \quad \cdots\cdots ⑤$$

$$\int_{-3}^{1} \frac{1}{(x^2+3)^2}\,dx = \int_{-\frac{\pi}{3}}^{\frac{\pi}{6}} \frac{1}{9(1+\tan^2\theta)^2} \cdot \frac{\sqrt{3}}{\cos^2\theta}\,d\theta$$

$$= \frac{\sqrt{3}}{9}\int_{-\frac{\pi}{3}}^{\frac{\pi}{6}} \cos^2\theta\,d\theta$$

$$= \frac{\sqrt{3}}{9}\int_{-\frac{\pi}{3}}^{\frac{\pi}{6}} \frac{1+\cos 2\theta}{2}\,d\theta$$

$$= \frac{\sqrt{3}}{18}\Big[\theta + \frac{\sin 2\theta}{2}\Big]_{-\frac{\pi}{3}}^{\frac{\pi}{6}}$$

$$= \frac{\sqrt{3}}{18}\Big(\frac{\pi}{2} + \frac{\sqrt{3}}{2}\Big) = \frac{\sqrt{3}\,\pi}{36} + \frac{1}{12} \quad \cdots\cdots ⑥$$

①〜⑥から

$$I = -\frac{1}{4}\cdot 4 + \frac{1}{64}\cdot\frac{16}{3} - \frac{1}{4}\Big(-\frac{\log 3}{2}\Big) + \frac{7}{4}\cdot\frac{\sqrt{3}\,\pi}{6} - 3\Big(\frac{\sqrt{3}\,\pi}{36} + \frac{1}{12}\Big)$$

$$= -\frac{7}{6} + \frac{\log 3}{8} + \frac{5\sqrt{3}\,\pi}{24} \quad \cdots\cdots（答）$$

███ ◀解　説▶ ███

≪分数関数のグラフの接線，分数関数の定積分≫

▶(1)　接線 l の方程式を立式し，連立方程式を解くだけなので完答したい設問である。接点の x 座標が 1 なので，$(x-1)^2$ が因数として現れることを念頭に進めるとよい。

▶(2)　積分がしやすくなるように，分数関数を分解することがポイントである。多項式，対数関数，$x = \sqrt{3}\tan\theta$ での変数変換が現れるように分子の形を工夫する。以降は計算に十分注意して積分を進める。この計算を正しく行うこともポイントである。各積分はすべて経験済みのタイプと思わ

れるので，計算の成否で差が出る問題である。

4　◇発想◇　(1)　$KA \equiv LB \pmod 4$ と $K \equiv L \pmod 4$ を用いる。

(2)　$_{4a+1}\mathrm{C}_{4b+1} = \dfrac{(4a+1) \cdot 4a \cdot \ \cdots \ \cdot (4a-4b+1)}{(4b+1) \cdot 4b \cdot \ \cdots \ \cdot 1}$ の分母・分子を 4

の倍数の項のみの積とそれ以外の項の積に分けて考える。さらに，後者の中の 4 で割って 2 余る数の項を約分してみる。

(3)　(2)で定めた K, L にはそれぞれ $4b+j$, $4a+j$ の形の項が同数ずつ現れ，$2b+k$, $2a+k$ の形の項が同数ずつ現れることを利用する。

(4)　(3)の利用を考える。

解答　(1)　$KA \equiv LB \pmod 4$ （$KA = LB$ より）

　　　　　 $\equiv KB \pmod 4$ （$K \equiv L \pmod 4$ より）

ここで，K は正の奇数なので 4 と互いに素であるから

　　　$A \equiv B \pmod 4$

すなわち A を 4 で割った余りは B を 4 で割った余りと等しい。

（証明終）

(2)　$_{4a+1}\mathrm{C}_{4b+1}$

$$= \frac{(4a+1) \cdot 4a \cdot (4a-1)(4a-2) \cdot \ \cdots \ \cdot (4a-4b+2)(4a-4b+1)}{(4b+1) \cdot 4b \cdot (4b-1)(4b-2) \cdot \ \cdots \ \cdot 2 \cdot 1}$$

右辺の分母・分子において，4 の倍数の項のみの積は

$$\frac{4a(4a-4)(4a-8) \cdot \ \cdots \ \cdot (4a-4b+8)(4a-4b+4)}{4b(4b-4)(4b-8) \cdot \ \cdots \ \cdot 8 \cdot 4}$$

$$= \frac{a(a-1)(a-2) \cdot \ \cdots \ \cdot (a-b+2)(a-b+1)}{b(b-1)(b-2) \cdot \ \cdots \ \cdot 2 \cdot 1}$$

$$= {}_a\mathrm{C}_b$$

となる。分母・分子の残りの項の積のうち，4 で割って 2 余る数の項を 2 で約分すると

$$\frac{(4a+1)(4a-1)(4a-2) \cdot \ \cdots \ \cdot (4a-4b+2)(4a-4b+1)}{(4b+1)(4b-1)(4b-2) \cdot \ \cdots \ \cdot 2 \cdot 1}$$

$$= \frac{(4a+1)(4a-1)(2a-1) \cdot \ \cdots \ \cdot (2a-2b+1)(4a-4b+1)}{(4b+1)(4b-1)(2b-1) \cdot \ \cdots \ \cdot 1 \cdot 1} \quad \cdots\cdots ①$$

この分母・分子はどちらも奇数のみの項の積であり，それぞれを K, L とおくと，K, L は正の奇数で

$$_{4a+1}C_{4b+1} = {}_aC_b \cdot \frac{L}{K}$$

すなわち　　$KA = LB$

よって，$A = {}_{4a+1}C_{4b+1}$，$B = {}_aC_b$ に対して $KA = LB$ となるような正の奇数 K, L が存在する。　　　　　　　　　　　　　　　　　　（証明終）

(3)　①から，(2)の K, L にはそれぞれ $4b+j$, $4a+j$（j は 1 以下で $-4b+1$ 以上の奇数）の形の項が同数ずつあり，$2b+k$, $2a+k$（k は -1 以下で $-2b+1$ 以上の奇数）の形の項が同数ずつある。

　　　$4b+j$ の形の項の積を K_1，$2b+k$ の形の項の積を K_2

　　　$4a+j$ の形の項の積を L_1，$2a+k$ の形の項の積を L_2

とおくと，$K = K_1K_2$，$L = L_1L_2$ である。

ここで，$4b+j \equiv 4a+j \pmod{4}$ から

$$K_1 \equiv L_1 \pmod{4} \quad \cdots\cdots ②$$

また，$(2a+k)-(2b+k) = 2(a-b)$ において，$a-b$ は 2 で割り切れるので，$2(a-b)$ は 4 で割り切れ，$2a+k \equiv 2b+k \pmod{4}$ となり

$$K_2 \equiv L_2 \pmod{4} \quad \cdots\cdots ③$$

②，③から

$$K_1K_2 \equiv L_1L_2 \pmod{4}$$

すなわち　　$K \equiv L \pmod{4} \quad \cdots\cdots ④$

である。

いま，$K \cdot {}_{4a+1}C_{4b+1} \equiv L \cdot {}_aC_b$ なので，④と(1)から

$$_{4a+1}C_{4b+1} \equiv {}_aC_b \pmod{4}$$

すなわち，$_{4a+1}C_{4b+1}$ を 4 で割った余りは $_aC_b$ を 4 で割った余りと等しい。

　　　　　　　　　　　　　　　　　　　　　　　　　　　　（証明終）

(4)　以下，合同式は 4 を法として考える。

(3)により

$$_{2021}C_{37} \equiv {}_{505}C_9 \quad (2021 = 4\cdot505+1,\ 37 = 4\cdot9+1,\ 505-9 \text{ は偶数から})$$

$$\equiv {}_{126}C_2 \quad (505 = 4\cdot126+1,\ 9 = 4\cdot2+1,\ 126-2 \text{ は偶数から})$$

$$= \frac{126\cdot125}{2\cdot1} = 63\cdot125$$

$$\equiv 3 \cdot 1 \equiv 3$$

ゆえに, $_{2021}C_{37}$ を 4 で割った余りは　　　3　……(答)

別解 (1)　いま, $KA = LB$ より

$$KA - KB = LB - KB = (L-K)B$$

であり, ここで, K を 4 で割った余りと L を 4 で割った余りが等しいとき, $L-K$ は 4 の倍数となるので, $KA - KB = K(A-B)$ も 4 の倍数となる。

K は正の奇数であるため, $A-B$ も 4 の倍数となる。

以上より, A を 4 で割った余りは B を 4 で割った余りと等しい。

━━━━━━━━◀解　説▶━━━━━━━━

≪4 で割った余りと二項係数≫

▶(1)　$KA = LB$ と $K \equiv L \pmod 4$ を組み合わせて, $KA \equiv KB \pmod 4$ を導く。最後は一般に, $ab \equiv ac \pmod m$ で a と m が互いに素ならば, $b \equiv c \pmod m$ であることを用いる。

▶(2)　$_{4a+1}C_{4b+1}$ を分数で表現すると, 分母・分子とも連続する同じ項数の積となる。この中の 4 の倍数の項のみの積を取り出して考えることがポイントである。これに気づくことが難しい。次いで分母・分子のそれぞれで残りの項の積を考えて, 4 で割って 2 余る項を 2 で割ると, 奇数のみの項の積が残る。最後は設問の式の形に向けた記述を行う。

▶(3)　(2)の K, L を〔解答〕にあるように, $K = K_1 K_2$, $L = L_1 L_2$ と表し, $K_1 \equiv L_1 \pmod 4$ かつ $K_2 \equiv L_2 \pmod 4$ を示すと, $K \equiv L \pmod 4$ となる。最後は(1)を用いるとよい。

▶(4)　(3)を用いる。

5　◇**発想**◇　(1)　$f'(\theta)$, $f''(\theta)$, $f'''(\theta)$ を求め, $f''(\theta)$, $f'(\theta)$ の順に増減表を考える。〔別解〕のように, $f'(\theta) = 0$ を $\alpha = g(\theta)$ の形にして, $y = g(\theta)$ のグラフを考える解法もある。

(2)　$f(\theta)$ の増減表と, $y = f'(\theta)$ のグラフを考える。

解答　(1)　$A(-\alpha, -3)$, $P(\theta + \sin\theta, \cos\theta)$ に対し, $f(\theta) = AP^2$ より

$$f(\theta) = (\theta + \sin\theta + \alpha)^2 + (\cos\theta + 3)^2$$

$$f'(\theta) = 2(\theta + \sin\theta + \alpha)(1 + \cos\theta) + 2(\cos\theta + 3)(-\sin\theta)$$

$$\frac{f'(\theta)}{2} = \theta - 2\sin\theta + (\theta + \alpha)\cos\theta + \alpha$$

$$\frac{f''(\theta)}{2} = 1 - 2\cos\theta + \cos\theta - (\theta + \alpha)\sin\theta$$

$$= 1 - \cos\theta - (\theta + \alpha)\sin\theta$$

$$\frac{f'''(\theta)}{2} = \sin\theta - \sin\theta - (\theta + \alpha)\cos\theta$$

$$= -(\theta + \alpha)\cos\theta$$

まず，$0 < \theta < \pi$ より，$f''(\theta)$ の増減表は右のようになる。

θ	0	$\cdots$	$\dfrac{\pi}{2}$	$\cdots$	π
$f'''(\theta)$		$-$	0	$+$	
$f''(\theta)$	0	$\searrow$	$(-)$	$\nearrow$	4

よって，$\dfrac{\pi}{2} < \theta < \pi$ の範囲に $f''(\theta) = 0$ となる θ がただ1つある。それを θ_0 とすると，$f'(\theta)$ の増減表は右のようになる。

θ	0	$\cdots$	θ_0	$\cdots$	π
$f''(\theta)$		$-$	0	$+$	
$f'(\theta)$	4α	$\searrow$		$\nearrow$	0

したがって，$f'(\theta_0) < 0$ であり，また $4\alpha > 0$ なので，$0 < \theta < \pi$（$0 < \theta < \theta_0$）の範囲に $f'(\theta) = 0$ となる θ がただ1つ存在する。　　　　　　（証明終）

(2)　$f'(\theta) = 0$ となる θ を θ_1 とすると，$f(\theta)$ の増減表は右のようになる。

θ	0	$\cdots$	θ_1	$\cdots$	π
$f'(\theta)$		$+$	0	$-$	
$f(\theta)$		$\nearrow$		$\searrow$	

よって，$f(\theta)$ の $0 \leqq \theta \leqq \pi$ における最大値は $f(\theta_1)$ である。

したがって，関数 $f(\theta)$ が $0 < \theta < \dfrac{\pi}{2}$ のある点において最大になる条件は，$0 < \theta_1 < \dfrac{\pi}{2}$ となる。

$y = f'(\theta)$ のグラフから，このための条件は，$f'\left(\dfrac{\pi}{2}\right) < 0$ である。

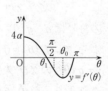

$f'\left(\dfrac{\pi}{2}\right) = \pi + 2\alpha - 4 < 0$ と $\alpha > 0$ から，条件を満たす α の範囲は

$$0 < \alpha < 2 - \frac{\pi}{2} \quad \cdots\cdots\text{（答）}$$

別解　(1)　$f(\theta) = (\theta + \sin\theta + \alpha)^2 + (\cos\theta + 3)^2$ から

$$f'(\theta) = 2(\theta + \sin\theta + \alpha)(1 + \cos\theta) + 2(\cos\theta + 3)(-\sin\theta)$$

$$\frac{f'(\theta)}{2} = \theta(1 + \cos\theta) - 2\sin\theta + \alpha(1 + \cos\theta)$$

$0 < \theta < \pi$ から，$1 + \cos\theta \neq 0$ であり

$$\frac{f'(\theta)}{2(1 + \cos\theta)} = \alpha - \left(\frac{2\sin\theta}{1 + \cos\theta} - \theta\right) \quad \cdots\cdots①$$

したがって，$f'(\theta) = 0$ となる θ は

$$\alpha = \frac{2\sin\theta}{1 + \cos\theta} - \theta \quad (0 < \theta < \pi)$$

を満たす θ に一致する。この右辺を $g(\theta)$ とおくと

$$g(\theta) = \frac{2\sin\dfrac{\theta}{2}\cos\dfrac{\theta}{2}}{\cos^2\dfrac{\theta}{2}} - \theta = 2\tan\frac{\theta}{2} - \theta$$

$$g'(\theta) = \frac{1}{\cos^2\dfrac{\theta}{2}} - 1 = \tan^2\frac{\theta}{2} > 0 \quad \cdots\cdots②$$

$$\lim_{\theta \to +0} g(\theta) = 0 \quad \cdots\cdots③$$

$$\lim_{\theta \to \pi-0} g(\theta) = \lim_{\theta \to \pi-0}\left(2\tan\frac{\theta}{2} - \theta\right) = \infty \quad \cdots\cdots④$$

②，③，④と $\alpha > 0$ から，$y = g(\theta)$ のグラフは右のようになり，$\alpha = g(\theta)$ すなわち $f'(\theta) = 0$ となる θ が $0 < \theta < \pi$ の範囲にただ 1 つ存在する。

(2)　①から，$\dfrac{f'(\theta)}{2(1 + \cos\theta)} = \alpha - g(\theta)$ であり，$f'(\theta)$ の符号は $\alpha - g(\theta)$ の符号に一致する。

よって，$f'(\theta) = 0$ となる θ を θ_1 として，$y = g(\theta)$ のグラフから右の増減表を得る。これより，$f(\theta)$ の $0 \leqq \theta \leqq \pi$ における最大値は $f(\theta_1)$ である。

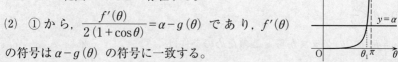

θ	0	$\cdots$	θ_1	$\cdots$	π
$f'(\theta)$		$+$	0	$-$	
$f(\theta)$		$\nearrow$		$\searrow$	

したがって，関数 $f(\theta)$ が $0 < \theta < \dfrac{\pi}{2}$ のある点において最大になる条件は

$0<\theta_1<\dfrac{\pi}{2}$ となり，$y=g(\theta)$ のグラフから，$g\left(\dfrac{\pi}{2}\right)>\alpha$ となる。$g\left(\dfrac{\pi}{2}\right)=2-\dfrac{\pi}{2}$ と $\alpha>0$ より，条件を満たす α の範囲は

$$0<\alpha<2-\dfrac{\pi}{2}$$

━━━━━━━━━━◀解　説▶━━━━━━━━━━

≪三角関数の微分法，$f'(\theta)=0$ となる θ の値の評価≫

▶(1)　$f'''(\theta)$ を考えて，$f''(\theta)$ の増減表を考え，$f''(\theta)$ の符号変化をみて，$f'(\theta)$ の増減表を考える。区間の端点での値も求めて解決する。〔別解〕は，$f'(\theta)=0$ を定数分離の方針で，$\alpha=g(\theta)$ の形に変形し，$y=g(\theta)$ のグラフを考える解法である。この場合は，$\displaystyle\lim_{\theta\to\pi-0}g(\theta)$ も求める必要がある。

▶(2)　$f(\theta)$ の増減表から解決するが，$y=f'(\theta)$ のグラフ（〔別解〕では(1)の $y=g(\theta)$ のグラフ）も用いると，わかりやすい。

─────────────────────────────

6　◆発想◆　(1)　右辺を展開，整理し，係数を比較する。

(2)　(1)の係数比較からの $qr=c$ を p と a で表した式にする。これと，設問で与えられた整式を展開，整理した式を見比べて，適切な $f(t)$ と $g(t)$ を 1 組定める。

(3)　設問で与えられた整式を $(x^2+px+q)(x^2-px+r)$ とできることを述べ，まず，$p\neq0$ の理由を考える。次いで，(2)で与えられた式を利用して，$p^2=a^2+1$ を導く。ここで，p が有理数，a が整数であることから p が整数であることを示し，a の値を絞り込む。最後に，得られた a の値に対して，設問で与えられた整式が有理係数の 2 次式に因数分解できることを確認する。

解答

(1)　$x^4+bx+c=\{(x^2+px)+q\}\{(x^2-px)+r\}$

$\qquad\qquad\qquad=x^4-p^2x^2+r(x^2+px)+q(x^2-px)+qr$

$\qquad\qquad\qquad=x^4+(-p^2+q+r)x^2+p(r-q)x+qr$

これが x についての恒等式であることから

$$\begin{cases} -p^2+q+r=0 & \cdots\cdots① \\ p(r-q)=b & \cdots\cdots② \\ qr=c & \cdots\cdots③ \end{cases}$$

①, ②と $p \neq 0$ から, $\begin{cases} r + q = p^2 \\ r - q = \dfrac{b}{p} \end{cases}$ となり, これより

$$\begin{cases} q = \dfrac{1}{2}\left(p^2 - \dfrac{b}{p}\right) \\ r = \dfrac{1}{2}\left(p^2 + \dfrac{b}{p}\right) \end{cases} \quad \cdots\cdots (答)$$

(2)　$b = (a^2+1)(a+2)$, $c = -\left(a + \dfrac{3}{4}\right)(a^2+1)$, ③および(1)の結果から

$$\frac{1}{4}\left(p^2 - \frac{b}{p}\right)\left(p^2 + \frac{b}{p}\right) = c$$

$$p^6 - 4cp^2 - b^2 = 0$$

$$p^6 + 4\left(a + \frac{3}{4}\right)(a^2+1)\,p^2 - (a^2+1)^2(a+2)^2 = 0 \quad \cdots\cdots ④$$

が成り立つ。

一方

$$\{p^2 - (a^2+1)\}\{p^4 + f(a)\,p^2 + g(a)\}$$
$$= p^6 + \{f(a) - (a^2+1)\}p^4 + \{g(a) - f(a)(a^2+1)\}p^2 - (a^2+1)\,g(a)$$

ここで, $f(t) = t^2 + 1$, $g(t) = (t^2+1)(t+2)^2$ とすると

$$f(a) - (a^2+1) = 0$$

$$g(a) - f(a)(a^2+1) = (a^2+1)(a+2)^2 - (a^2+1)^2$$
$$= (a^2+1)\{(a+2)^2 - (a^2+1)\}$$
$$= (a^2+1)(4a+3)$$
$$= 4\left(a + \frac{3}{4}\right)(a^2+1)$$

$$(a^2+1)\,g(a) = (a^2+1)^2(a+2)^2$$

となり, ④により, 確かに $\{p^2 - (a^2+1)\}\{p^4 + f(a)\,p^2 + g(a)\} = 0$ となる。

ゆえに, 求める 1 組として

$$f(t) = t^2 + 1, \quad g(t) = (t^2+1)(t+2)^2 \quad \cdots\cdots (答)$$

がある。

〔注〕　④の左辺を変形すると

$$\{p^2 - (a^2+1)\}\{p^4 + (a^2+1)\,p^2 + (a^2+1)(a+2)^2\}$$

となることから, $f(t) = t^2 + 1$, $g(t) = (t^2+1)(t+2)^2$ とすることもできる。

(3)　x の 4 次式

$$x^4 + (a^2+1)(a+2)x - \left(a+\frac{3}{4}\right)(a^2+1) \quad \cdots\cdots ⑤$$

が有理係数の 2 次式に因数分解できるとすると，⑤の x^3 の係数が 0 であることから，p, q, r を有理数として

$$(x^2+px+q)(x^2-px+r) \quad \cdots\cdots ⑥$$

の形となることが必要。

$p=0$ とすると

$$⑥ = x^4 + (q+r)x^2 + qr$$

となり，⑤と係数を比較して

$$\begin{cases} q+r=0 \\ (a^2+1)(a+2)=0 \\ qr = -\left(a+\dfrac{3}{4}\right)(a^2+1) \end{cases}$$

a は実数なので，$a=-2$ でなければならない。このとき

$$q+r=0, \quad qr=\frac{25}{4}$$

から，$q^2 = -\dfrac{25}{4}$ となるが，これは q が実数であることと矛盾。

よって，$p \neq 0$ でなければならない。

このとき，(2)から，定数 p, a について

$$\{p^2 - (a^2+1)\}\{p^4 + (a^2+1)p^2 + (a^2+1)(a+2)^2\} = 0$$

が成り立つ。$p \neq 0$ と a が実数であることから，左辺の第 2 項は正となり

$$p^2 = a^2+1$$

でなければならない。ここで，a は整数なので p^2 も整数である。

p は有理数なので，$p=\dfrac{s}{t}$（s, t は互いに素な整数で，$t \geqq 1$）とおくことができて

$$s^2 = t^2(a^2+1)$$

$t \geqq 2$ とすると，t は素因数をもつ。その 1 つを d とすると，素因数 d は s^2 の素因数となるので，s の約数となる。これは s, t が互いに素な整数であることに反する。よって，$t=1$ でなければならず，p は整数である。

このとき

$$(p+a)(p-a)=1 \text{ から } \begin{cases} p+a=1 \\ p-a=1 \end{cases} \text{ または } \begin{cases} p+a=-1 \\ p-a=-1 \end{cases}$$

となり，$(a, p)=(0, \pm 1)$ でなければならない。

$a=0$ のとき

$$⑤=x^4+2x-\frac{3}{4}=\left(x^2+x-\frac{1}{2}\right)\left(x^2-x+\frac{3}{2}\right)$$

となり，確かに，⑤は有理係数の 2 次式に因数分解できる。

以上から，条件を満たす a は

$$a=0 \quad \cdots\cdots(\text{答})$$

■━━━━━　◆解　説▶　━━━━━

≪有理係数の整式の因数分解，式処理≫

▶(1)　右辺を展開，整理して係数を比較する。

▶(2)　3 つの係数比較のうちで，(1)で用いなかった $c=qr$ を用いることが最初のポイントである。次いで，式を展開，通分して得られる p の 6 次式の形の式の係数に設問で与えられた b, c の値を代入し，整理する。これと与えられた等式を展開，整理した式を見比べると，$f(t), g(t)$ としてふさわしい形が見えてくる。a, b, c, p はすべて定数なので，これらの関係式は整式ではなく，整式の形で与えられた値であるが，形式として p の整式のように扱って整理していくと解決する。整式 $f(t), g(t)$ は，$f(a)=a^2+1,\ g(a)=(a^2+1)(a+2)^2$ を満たす整式であれば何でもよく，〔解答〕の 1 組に限られるわけではないが，解答の式処理から自然に得られるもので答えるとよい。

▶(3)　本問で与えられた x の整式は，問題の最初に与えられた x の整式 x^4+bx+c において，係数 b, c が(2)で与えられたものになっている。x^3 の係数が 0 であることから，2 次式に因数分解できるとすると，$(x^2+px+q)(x^2-px+r)$ の形になることが必要である。これは本問全体で前提とすることになっているので，$p \neq 0$ のときは，(1)，(2)の結果が利用できる。特に，p, a について(2)の式が成り立たなければならない。すなわち p, a は $\{p^2-(a^2+1)\}\{p^4+(a^2+1)p^2+(a^2+1)(a+2)^2\}=0$ を満たす数であることが必要となる。これが本問を考える際の論理であり，単に式を羅列するのではなく，この理解のもとでの記述が望ましい。この左辺の

第 2 項は正なので，$p^2 = a^2 + 1$ が得られる。p が有理数，a が整数であることから p は整数となる。これについて，〔解答〕では念のためその根拠も記しておいた。全体の配点を考慮すると，なくてもほとんど減点はないと思われるが，それ自体が問われた際の参考とするとよい。p, a が整数のとき，$p^2 = a^2 + 1$ から，$(a, \ p) = (0, \ \pm 1)$ を得ることは易しい。ただし，ここまでは，与式が有理係数の 2 次式の積に因数分解されるとしたときの p, a の値の必要条件としての記述になっているので，最後は十分性にも言及しておくとよい。また，以上の結果は $p \neq 0$ のもとで得られるものなので，$p = 0$ のときの検討も忘れてはならない。

❖講　評

　発想力が問われる問題が多く，難化した 2020 年度に比べ，2021 年度は発想において迷うことのない問題が 4 題（1・2・3・5）あった。ただし，これらすべてについて計算や図示を正しく行い，最後まで詰め切れるほど易しいセットでもない。また，発想が難の問題（4）とやや難の問題（6）もあったので，完答は難しい。確率・場合の数は 2018年度以降出題がなく，2021 年度は頻出の立体の体積の出題もなかった。すべての大問が小問（計 15 の設問）に分けられていて，平易な小問もあるので，完答は難しくとも，できるだけ得点の積み上げをはかりたい。文科との共通は 1 と 4 であった。

　東大理科入試としての難易度は，1(1)易，(2)標準，2(1)易，(2)標準，3(1)標準，(2)やや難，4(1)易，(2)難，(3)やや難，(4)易，5(1)標準，(2)易，6(1)易，(2)やや難，(3)やや難であった。

　1　放物線の通過範囲の問題。(1)は易しい。(2)は直線と(1)の領域が共有点をもつ条件に帰着する問題で，境界の端点での直線の上下関係で端的にとらえることができるかどうかで差が出る。東大頻出の類型の問題なので，完答してほしい問題だが，図示問題は時間を取られることが多い。過去問等で訓練しておくことが重要。

　2　(1)は易しい。(2)はベクトルを利用して平行四辺形が通過する範囲として求めるとよい。過去問に類似の発想の問題がある。

　3　(1)は落とせない。(2)は現れる積分はすべて通常の学習で経験するものだが，それらに帰着させる過程と全体の計算で間違いも出やすい問

題。

　4　(1)は易しい。(2)は二項係数の計算式の分母・分子に現れる数を眺めて，4で割り切れる項，4で割って2余る項に着目する発想が試験場では難しいだろう。(3)・(4)は(2)が突破できると解答できるが，解けた受験生は多くはないと思われ，あまり得点差が出なかったものと思われる。

　5　微分法のとても標準的で落とせない問題。

　6　(1)は易しい。(2)はあまり経験のない設問で戸惑うかもしれない。解答の方向性を明確にとらえた式処理がやや難，(3)は(1)・(2)をどう利用するかという問題の構造をつかむのがやや難の設問。x以外の文字は数であり，それらの関係式をそれらの数が満たすべき関係式として扱う。

───────── 「数学」の出題の意図（東京大学 発表）─────────

　数学は自然科学の基底的分野として，自然科学に留まらず人間文化の様々な領域で活用される学問であり，科学技術だけでなく社会現象を表現し予測などを行なうために必須です。

　そのため，本学を受験しようとする皆さんには，高等学校学習指導要領に基づく基本的な数学の知識と技法について習得しておくことはもちろんのこと，将来，数学を十分に活用できる能力を身につけるために，以下に掲げる総合的な数学力を養うための学習をこころがけて欲しいと考えています。

1）　数学的に思考する力

　　問題の本質を数学的な考え方で把握・整理し，それらを数学の概念を用いて定式化する力

2）　数学的に表現する力

　　自分の考えた道筋を他者が明確に理解できるよう，解答に至る道筋を論理的かつ簡潔に表現する力

3）　総合的な数学力

　　数学を用いて様々な課題を解決するために，数学を自在に活用できると同時に，幅広い分野の知識・技術を統合して総合的に問題を捉える力

　これらの能力の習得度を判定することを意図して「数学」の問題は出題されます。

物理

1 解答

I ア. $-mgl\cos\theta_0$ イ. $\dfrac{1}{2}mu^2 - mgl\cos\theta$

ウ. $\sqrt{2gl(\cos\theta - \cos\theta_0)}$

II (1) Aがブランコから飛び降りる直前直後において，運動量保存則より

$$(m_A + m_B)v_0 = m_A v_A$$

$$\therefore\quad v_A = \frac{m_A + m_B}{m_A}v_0 \quad\cdots\cdots(答)\quad\cdots\cdots①$$

(2) ブランコの振れ角が $\theta=\theta_0$ のときと $\theta=0$ のときとで，力学的エネルギー保存則より

$$-mgl\cos\theta_0 = \frac{1}{2}mv_0{}^2 - mgl$$

$$\therefore\quad v_0 = \sqrt{2gl(1-\cos\theta_0)} \quad\cdots\cdots②$$

Aが飛び降りてから着地するまでの時間を t，距離 $GG' = d$ とする。Aは，飛び降りた後，水平投射運動をするから，鉛直方向の等加速度直線運動の式より

$$h = \frac{1}{2}gt^2$$

$$\therefore\quad t = \sqrt{\frac{2h}{g}}$$

①，②を用いて

$$d = v_A t = \frac{m_A + m_B}{m_A}\sqrt{2gl(1-\cos\theta_0)}\cdot\sqrt{\frac{2h}{g}}$$

$$= \frac{2(m_A + m_B)}{m_A}\sqrt{hl(1-\cos\theta_0)} \quad\cdots\cdots(答)$$

$m_A = m_B$ の場合，l，h，$\cos\theta_0$ に問題文の数値を代入すると

$$d = \frac{2(m_A + m_A)}{m_A}\sqrt{0.30\times2.0\times(1-0.85)}$$

$$= 4\times0.30 = 1.2\,(m) \quad\cdots\cdots(答)$$

Ⅲ (1)　ブランコの振れ角が $\theta = \theta'$ のときと $\theta = \theta''$ のときとで，力学的エネルギー保存則より

$$\frac{1}{2} m \, (v')^2 - mg \, (l - \Delta l) \cos \theta' = - mg \, (l - \Delta l) \cos \theta''$$

問題文の $\cos \theta$ の近似式 $\cos \theta \doteqdot 1 - \dfrac{\theta^2}{2}$ を用いると

$$\frac{1}{2} m \, (v')^2 - mg \, (l - \Delta l) \left\{ 1 - \frac{(\theta')^2}{2} \right\} = - mg \, (l - \Delta l) \left\{ 1 - \frac{(\theta'')^2}{2} \right\}$$

$\therefore \quad (\theta'')^2 = (\theta')^2 + \dfrac{(v')^2}{g \, (l - \Delta l)} \quad \cdots\cdots (答) \quad \cdots\cdots ③$

(2)　問題文の面積速度が一定の式より

$$\frac{1}{2} (l - \Delta l) \, v' = \frac{1}{2} l v$$

$\therefore \quad v' = \dfrac{l}{l - \Delta l} v \quad \cdots\cdots ④$

ブランコの振れ角が $\theta = \theta_0$ のときと $\theta = \theta'$ のときとで，力学的エネルギー保存則と，問題文の $\cos \theta$ の近似式を用いると

$$- mgl \cos \theta_0 = \frac{1}{2} m v^2 - mgl \cos \theta'$$

$$- mgl \left\{ 1 - \frac{(\theta_0)^2}{2} \right\} = \frac{1}{2} m v^2 - mgl \left\{ 1 - \frac{(\theta')^2}{2} \right\}$$

$\therefore \quad v^2 = gl \{ \theta_0{}^2 - (\theta')^2 \} \quad \cdots\cdots ⑤$

③に，④，⑤を順に代入して

$$
\begin{aligned}
(\theta'')^2 &= (\theta')^2 + \frac{(v')^2}{g \, (l - \Delta l)} \\
&= (\theta')^2 + \frac{1}{g \, (l - \Delta l)} \cdot \left(\frac{l}{l - \Delta l} v \right)^2 \\
&= (\theta')^2 + \frac{1}{g \, (l - \Delta l)} \cdot \left(\frac{l}{l - \Delta l} \right)^2 \cdot gl \{ \theta_0{}^2 - (\theta')^2 \} \\
&= (\theta')^2 + \left(\frac{l}{l - \Delta l} \right)^3 \{ \theta_0{}^2 - (\theta')^2 \} \\
&= \left(\frac{l}{l - \Delta l} \right)^3 \theta_0{}^2 - \left\{ \left(\frac{l}{l - \Delta l} \right)^3 - 1 \right\} (\theta')^2 \quad \cdots\cdots (答) \quad \cdots\cdots ⑥
\end{aligned}
$$

(3)　⑥より，$(\theta')^2$ の係数は，$- \left\{ \left(\dfrac{l}{l - \Delta l} \right)^3 - 1 \right\} < 0$ であるから，θ'' を最大

にする θ' は $\theta'=0$ ……(答)

このとき，$(\theta'')^2$ は最大値 $\left(\dfrac{l}{l-\Delta l}\right)^3 {\theta_0}^2$ をとる。

よって，θ'' の最大値は $\left(\dfrac{l}{l-\Delta l}\right)^{\frac{3}{2}}\theta_0$ ……(答)

(4) 人は $\theta=0$ で立ち上がるから，(3)より，n 回目のサイクルの後のブランコの角度 θ_n は

$$\theta_n=\left(\frac{l}{l-\Delta l}\right)^{\frac{3}{2}}\theta_{n-1}$$

よって，θ_n は初項 θ_0，公比 $\left(\dfrac{l}{l-\Delta l}\right)^{\frac{3}{2}}$ の等比数列となり，その一般項は

$$\theta_n=\left(\frac{l}{l-\Delta l}\right)^{\frac{3n}{2}}\theta_0 \quad ……(答) \quad ……⑦$$

(5) ⑦より，$n=N$ のとき，$\theta_N\geqq 2\theta_0$ となる N を求める。問題文の条件 $\dfrac{\Delta l}{l}=0.1$ を代入すると

$$\theta_N=\left(\frac{1}{1-\dfrac{\Delta l}{l}}\right)^{\frac{3N}{2}}\theta_0=\left(1-\frac{\Delta l}{l}\right)^{-\frac{3N}{2}}\theta_0=\left(1-\frac{0.1}{1}\right)^{-\frac{3N}{2}}\theta_0$$

$$=0.9^{-\frac{3N}{2}}\theta_0\geqq 2\theta_0$$

$$\therefore \quad 0.9^{-\frac{3N}{2}}\geqq 2$$

対数をとり，問題文の数値を代入すると

$$-\frac{3N}{2}\log_{10}0.9\geqq \log_{10}2$$

$$-\frac{3N}{2}\times(-0.046)\geqq 0.30$$

$$\therefore \quad N\geqq \frac{2\times 0.30}{3\times 0.046}≒4.34$$

N は自然数であるから，初めて $\theta_N\geqq 2\theta_0$ となるのは $N=5$ ……(答)

━━━━━◀解 説▶━━━━━

≪ブランコの運動≫

◆I ウ．運動を開始した角度 θ_0 の点と角度 θ の点とで，質点Pの力学

的エネルギー保存則より

$$-mgl\cos\theta_0 = \frac{1}{2}mu^2 - mgl\cos\theta$$

$$\therefore \quad u = \sqrt{2gl(\cos\theta - \cos\theta_0)} \quad \cdots\cdots ⑧$$

◆Ⅱ　▶(2)　ウを上のように求めると，⑧の式を利用して v_0 を次のように求めることもできる。

⑧において，$\theta = 0$ のときの u が v_0 であるから

$$v_0 = \sqrt{2gl(1 - \cos\theta_0)}$$

◆Ⅲ　▶(1)　問題文の $\cos\theta$ の近似式は，$x = 0$ のとき，関数 $f(x)$ が無限回微分可能であれば

$$f(x) = \sum_{n=0}^{\infty} \frac{f^{(n)}(0)}{n!}x^n = f(0) + \frac{f'(0)}{1!}x + \frac{f''(0)}{2!}x^2 + \cdots$$

というマクローリン展開による。

$\cos x$ の場合は

$$\cos x = 1 - \frac{x^2}{2!} + \frac{x^4}{4!} - \cdots = 1 - \frac{x^2}{2} + \frac{x^4}{24} - \cdots$$

である。$|x|$ が 1 に比べて十分小さいとき，$n = 2$ のときの近似式は $\cos x \fallingdotseq 1 - \dfrac{x^2}{2}$ であり，$n = 1$ のときの近似式 $\cos x \fallingdotseq 1$ に比べて近似の精度が高くなる。

その他の近似式として次のようなものがあるが，通常 $n = 1$ や $n = 2$ のときの近似式が用いられる。

$$\sin x = x - \frac{x^3}{3!} + \frac{x^5}{5!} - \cdots = x - \frac{x^3}{6} + \frac{x^5}{120} - \cdots$$

$$(1+x)^n = 1 + nx + \frac{n(n-1)}{2!}x^2 + \cdots$$

▶(2)　問題文に示されたように，ブランコでは，OP の長さが変化する前後で瞬間的に OP 方向にはたらく力は中心力であるから，ここで面積速度が一定の式 $\dfrac{1}{2}(l - \Delta l)v' = \dfrac{1}{2}lv$ が成り立つ。

中心力とは，質点にはたらく力が常に中心 O の方向を向き，中心 O のまわりの力のモーメントが 0 であるような力である。代表的な力は，天体の楕円運動や双曲線運動のもとになる万有引力であるが，本問のように，瞬間

的に OP 方向にはたらく力も中心力である。

右図のように，質点が中心 O のまわりを回転し
ているとき，OP $= r$ である点 P で質点に大き
さ F の力が Δt の間はたらいたとき，質点が受
けた力積は $F\Delta t$，点 O から力積 $F\Delta t$ の作用線
までの距離を h とすると，力積のモーメント
M は

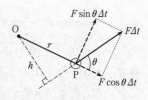

$$M = F\Delta t \cdot h = F\sin\theta\Delta t \cdot r$$

である。また，点 P での運動量を mv とすると，
運動量のモーメント L は

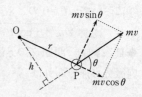

$$L = mv \cdot h = mv\sin\theta \cdot r$$

であり，これを角運動量という。このとき，質点の角運動量は，質点が受
けた力積のモーメントの量だけ変化する。

ここで，質点が中心力のみを受けて運動しているとき，すなわち，力積
$F\Delta t$ の OP 方向の成分 $F\cos\theta\Delta t$ だけが存在し，OP に垂直な方向の成分
$F\sin\theta\Delta t$ が 0 のとき，力積のモーメントは 0 である。よって，角運動量の
変化が 0 となり，角運動量は一定に保たれる。これを角運動量保存則とい
う。角運動量保存則を

$$L = mv \cdot h = mv\sin\theta \cdot r = 2m \times \frac{1}{2}rv\sin\theta = 一定$$

と書き換えると，面積速度 $\frac{1}{2}rv\sin\theta = 一定$（ケプラーの第二法則）が導

かれる。

2 解答 I (1) $C_0 = \dfrac{\varepsilon S}{d}$

(2) 板 A と板 C を導線 a で接続すると，板 C と板 B で形成されるコンデン
サーとなる。これを C_{CB} として，その電気容量を C とすると

$$C = \frac{\varepsilon S}{d-x}$$

よって，コンデンサー C_{CB} に蓄えられた静電エネルギー U は

$$U = \frac{1}{2}CV^2 = \frac{\varepsilon SV^2}{2(d-x)} \quad \cdots\cdots(\text{答})$$

(3)　板 C と板 A の距離が，x から $\dfrac{d}{4}$ になるまでの間で，コンデンサー C_{CB} に蓄えられた静電エネルギーの変化 ΔU は，板 C に外力がした仕事 W と電源がした仕事 W_0 の和である。よって

$$\Delta U = W + W_0$$

板 C と板 A の距離が $\dfrac{d}{4}$ であるときのコンデンサー C_{CB} の電気容量を C' とすると

$$C' = \frac{\varepsilon S}{d - \dfrac{d}{4}} = \frac{4\varepsilon S}{3d}$$

静電エネルギーの変化 ΔU は，$x > \dfrac{d}{4}$ すなわち $4x > d$ に注意すると

$$\Delta U = \frac{1}{2}C'V^2 - U = \frac{1}{2} \cdot \frac{4\varepsilon S}{3d}V^2 - \frac{\varepsilon SV^2}{2(d-x)} = -\frac{(4x-d)\varepsilon SV^2}{6d(d-x)}$$

この間，電源が流した電気量を ΔQ とすると

$$\Delta Q = C'V - CV$$

電源がした仕事 W_0 は，この間，直流電圧 V が一定であるから

$$W_0 = \Delta Q \cdot V = (C' - C)V^2$$
$$= \left(\frac{4\varepsilon S}{3d} - \frac{\varepsilon S}{d-x}\right)V^2 = -\frac{(4x-d)\varepsilon SV^2}{3d(d-x)}$$

よって

$$W = \Delta U - W_0$$
$$= -\frac{(4x-d)\varepsilon SV^2}{6d(d-x)} - \left\{-\frac{(4x-d)\varepsilon SV^2}{3d(d-x)}\right\}$$
$$= \frac{(4x-d)\varepsilon SV^2}{6d(d-x)} \quad \cdots\cdots(\text{答})$$

$$\therefore \quad \frac{W}{W_0} = \frac{\dfrac{(4x-d)\varepsilon SV^2}{6d(d-x)}}{-\dfrac{(4x-d)\varepsilon SV^2}{3d(d-x)}} = -\frac{1}{2} \text{ 倍} \quad \cdots\cdots(\text{答})$$

Ⅱ　(1)　板 A と板 C からなるコンデンサーを C_{AC} としてその電気容量を

C_1，板 D と板 B からなるコンデンサーを C_{DB} としてその電気容量を C_2 とすると

$$C_1 = \frac{\varepsilon S}{\dfrac{d}{4}} = 4C_0$$

$$C_2 = \frac{\varepsilon S}{d - \dfrac{d}{4} - \dfrac{d}{4}} = 2C_0$$

導線 a を外す直前は，板 A と板 C には電荷はなく，板 D と板 B からなるコンデンサー C_{DB} にのみ電荷が蓄えられる。その電荷の大きさを Q' とすると

$$Q' = C_2 V = 2C_0 V$$

すなわち，板 D には $2C_0V$，板 B には $-2C_0V$ の電荷が蓄えられている。
導線 a を外した後，板 C と板 D における電気量保存則より

$$2C_0 V = -Q_1 + Q_2$$

板 A の板 C に対する電位は $\dfrac{Q_1}{4C_0}$，板 D の板 B に対する電位は $\dfrac{Q_2}{2C_0}$ である。

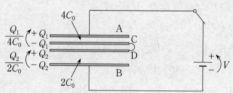

板 A，B 間の電圧は電源電圧に等しいから

$$V = \frac{Q_1}{4C_0} + \frac{Q_2}{2C_0}$$

連立して，Q_1，Q_2 について解くと

$$Q_1 = 0$$
$$Q_2 = 2C_0 V$$

よって　　ア．0　イ．2　……(答)

(2)　コンデンサー C_{AC} に蓄えられる電荷は $4C_0V_1$，コンデンサー C_{DB} に蓄えられる電荷は $2C_0V_2$ であるから，板 C と板 D における電気量保存則より

$$2C_0 V = -4C_0 V_1 + 2C_0 V_2$$

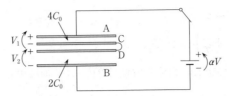

板A，B間の電圧は電源電圧に等しいから

$$\alpha V = V_1 + V_2$$

連立して，V_1, V_2 について解くと

$$V_1 = \frac{\alpha - 1}{3} V$$
　　　　　　　……(答)
$$V_2 = \frac{2\alpha + 1}{3} V$$

Ⅲ　(1)　2つのコンデンサー C_{AC}, C_{DB} の直列接続の合成容量を C_S とすると

$$\frac{1}{C_S} = \frac{1}{4C_0} + \frac{1}{2C_0}$$

$$\therefore \quad C_S = \frac{4}{3} C_0$$

電気容量 C_S のコンデンサーと自己インダクタンス L のコイルによる電気振動の周期 T は

$$T = 2\pi\sqrt{LC_S} = 2\pi\sqrt{L \cdot \frac{4}{3} C_0} = 4\pi\sqrt{\frac{LC_0}{3}} \quad ……(答)$$

〔注〕　電荷をもった直列接続された2つのコンデンサーとコイルとの間でおこる電気振動に，直列接続の合成容量を用いてもよい理由は，〔解説〕を参照のこと。

(2)　コイルの両端にかかる電圧は，常に板Aと板Bの間の電圧に等しい。スイッチを1から2につなぎかえた直後の $t=0$ でのコイルの両端にかかる電圧は，その直前の状態である設問Ⅱ(2)での板Aと板Bの間の電圧に等しい。ここでは，直流電源の電圧は $2V$ であるから，求める電圧は

$$2V \quad ……(答)$$

I_0 は，問題文の式　$\Delta I = I_0 \Delta t \left(\frac{2\pi}{T}\right)\cos\left(\frac{2\pi t}{T}\right)$ より

$$\frac{\Delta I}{\Delta t} = I_0\left(\frac{2\pi}{T}\right)\cos\left(\frac{2\pi t}{T}\right)$$

両辺に L を掛けると

$$L\frac{\Delta I}{\Delta t} = LI_0\left(\frac{2\pi}{T}\right)\cos\left(\frac{2\pi t}{T}\right)$$

$t=0$ では，板Dの板Bに対する電位は $2V$，コイルに生じる誘導起電力は図2−4の電流 I の向きを正として $-L\frac{\Delta I}{\Delta t}$ である。2つのコンデンサー C_{AC}，C_{DB} とコイルからなる閉回路におけるキルヒホッフの第二法則より

$$-L\frac{\Delta I}{\Delta t} = -2V$$

よって，$t=0$ で

$$2V = LI_0\left(\frac{2\pi}{T}\right)\cos\left(\frac{2\pi\times 0}{T}\right) = LI_0\frac{2\pi}{T}$$

$$\therefore\ I_0 = \frac{VT}{\pi L}\ \ \cdots\cdots(答)$$

⑶　コイルに生じる起電力を V_L とすると，図2−4の電流 I の向きを正として

$$V_L = -L\frac{\Delta I}{\Delta t} = -LI_0\left(\frac{2\pi}{T}\right)\cos\left(\frac{2\pi t}{T}\right)$$

$t=\dfrac{T}{4}$ のとき

$$V_L = -LI_0\left(\frac{2\pi}{T}\right)\cos\left(\frac{2\pi\times\frac{T}{4}}{T}\right) = 0$$

よって，2つのコンデンサー C_{AC}，C_{DB} とコイルからなる閉回路におけるキルヒホッフの第二法則より

$$0 = -\frac{Q_3}{4C_0} - \frac{Q_4}{2C_0}$$

$$\therefore\ Q_3 = -2Q_4$$

よって　　ウ．−2　……(答)

直流電源の電圧が $2V$ のとき，時刻 $t=0$ のときに板Cと板Dに蓄えられている電荷の和は $2C_0V$ である。板A，板Bに蓄えられた電荷がそれぞれ Q_3，$-Q_4$ のとき，板Aの板Cに対する電位，板Dの板Bに対する電位をそれぞれ V_3，V_4 とする。

時刻 t' で $Q_3=0$，$Q_4=2C_0V_4$ であるから，$V_3=0$ である。また，設問Ⅱ⑵

と同様に，$t=0$ と時刻 t' のときとで，板 C と板 D における電気量保存則より

$$2C_0V = 0 + 2C_0V_4$$

$\therefore \quad V_4 = V$

このとき，2 つのコンデンサー C_{AC}，C_{DB} とコイルからなる閉回路におけるキルヒホッフの第二法則より

$$V_L = -V$$

よって

$$V = LI_0\left(\frac{2\pi}{T}\right)\cos\left(\frac{2\pi t'}{T}\right)$$

設問 III(2)より，$I_0 = \dfrac{VT}{\pi L}$ であるから

$$V = 2V\cos\left(\frac{2\pi t'}{T}\right)$$

$$\cos\left(\frac{2\pi t'}{T}\right) = \frac{1}{2}$$

$t' < T$ であるから

$$t' = \frac{1}{6}T \quad \text{および} \quad \frac{5}{6}T \quad \cdots\cdots\text{(答)}$$

(4) $t=0$ のとき，設問 II(2)の結果において $\alpha = 2$ とおくと

$$V_1 = \frac{2-1}{3}V = \frac{1}{3}V$$

$$V_2 = \frac{2\times 2+1}{3}V = \frac{5}{3}V$$

よって，コンデンサーに蓄えられるエネルギー E_1 は

$$E_1 = \frac{1}{2}\cdot 4C_0\left(\frac{1}{3}V\right)^2 + \frac{1}{2}\cdot 2C_0\left(\frac{5}{3}V\right)^2 = 3C_0V^2 \quad \cdots\cdots\text{(答)}$$

$t = \dfrac{T}{4}$ のとき，板 C と板 D における電気量保存則より

$$2C_0V = -Q_3 + Q_4$$

設問 III(3)より，$Q_3 = -2Q_4$ であるから，代入して解くと

$$Q_3 = -\frac{4}{3}C_0V$$

$$Q_4 = \frac{2}{3}C_0V$$

よって，コンデンサーに蓄えられるエネルギー E_2 は

$$E_2 = \frac{1}{2} \cdot \frac{\left(\frac{4}{3}C_0V\right)^2}{4C_0} + \frac{1}{2} \cdot \frac{\left(\frac{2}{3}C_0V\right)^2}{2C_0} = \frac{1}{3}C_0V^2 \quad \cdots\cdots(\text{答})$$

コイルに蓄えられるエネルギーを，$t=0$ のとき U_1，$t=\dfrac{T}{4}$ のとき U_2 とすると

$t=0$ のとき，$I=0$ より

$\qquad U_1 = 0$

$t=\dfrac{T}{4}$ のとき，問題文の式より

$$I = I_0 \sin\left(\frac{2\pi t}{T}\right) = I_0 \sin\left(\frac{2\pi \frac{T}{4}}{T}\right) = I_0$$

よって

$$U_2 = \frac{1}{2}LI_0^2$$

2 つのコンデンサーとコイルによる電気振動では，$t=0$ と $t=\dfrac{T}{4}$ のときとで，エネルギーは保存されるから

$$E_1 + 0 = E_2 + \frac{1}{2}LI_0^2$$

よって

$$\Delta E = E_2 - E_1 = -\frac{1}{2}LI_0^2 \quad \cdots\cdots(\text{答})$$

別解　$\Delta E = E_2 - E_1 = \dfrac{1}{3}C_0V^2 - 3C_0V^2 = -\dfrac{8}{3}C_0V^2$

設問Ⅲ(2)より $I_0 = \dfrac{VT}{\pi L}$，(1)より $T = 4\pi\sqrt{\dfrac{LC_0}{3}}$ であるから

$$\Delta E = -\frac{8}{3}C_0\left(\frac{\pi LI_0}{T}\right)^2 = -\frac{8}{3}C_0\left(\frac{\pi LI_0}{4\pi\sqrt{\dfrac{LC_0}{3}}}\right)^2 = -\frac{1}{2}LI_0^2$$

(5)　導線 a を外す直前に，板 C と板 D に蓄えられる電荷は $2C_0V$ であるから，直流電源の電圧が αV のとき，板 C と板 D における電気量保存則より

$$2C_0V = -4C_0 \cdot \frac{\alpha - 1}{3} V + 2C_0 \cdot \frac{2\alpha + 1}{3} V$$

この右辺の値は $2C_0V$ であるから，この式は α によらず成立する。

よって，$t=0$ のとき，設問Ⅲ(4)より

$$Q_3 = 4C_0V_1 = 4C_0 \times \frac{1}{3} V = \frac{4}{3} C_0V$$

$$-Q_4 = -2C_0V_2 = -2C_0 \times \frac{5}{3} V = -\frac{10}{3} C_0V$$

$t = \dfrac{T}{4}$ のとき，設問Ⅲ(4)より

$$Q_3 = -\frac{4}{3} C_0V$$

$$-Q_4 = -\frac{2}{3} C_0V$$

$t' = \dfrac{1}{6} T$　および　$\dfrac{5}{6} T$ のとき，設問Ⅲ(3)より

$$Q_3 = 0$$

電荷量が振動する周期は T であるから，これらの条件を満たす図を選ぶ。

よって　　④　……(答)

◀解　説▶

≪多重極板コンデンサー，電気振動≫

◆Ⅰ　▶(1)　板Aと板Bの間に直流電圧 V を加えて，板A，板Bにそれぞれ電荷 Q，$-Q$ が蓄えられたから，AB 間の電場の強さを E とすると

$$E = \frac{V}{d}$$

一方，ガウスの法則より

$$E = \frac{Q}{\varepsilon S}$$

よって

$$\frac{V}{d} = \frac{Q}{\varepsilon S} \quad \therefore \quad Q = \frac{\varepsilon S}{d} \cdot V$$

与えられた式 $Q = C_0V$ と比較すると，$C_0 = \dfrac{\varepsilon S}{d}$ となり，これは板Aと板Bで形成されるコンデンサーの電気容量である。

▶(2) 本問以降，設問Ⅰ，Ⅱでは，スイッチを1につなぎ，板Aと板Bの間に直流電圧 V を加えたままであることに注意が必要である。

▶(3) コンデンサーに直流電源が接続された場合の，エネルギーと仕事の関係である。

電荷が蓄えられていない電気容量 C のコンデンサーを電圧 V の直流電源で充電する場合，電源がした仕事は CV^2，コンデンサーに蓄えられた静電エネルギーは $\frac{1}{2}CV^2$ である。この差は，コンデンサーに電荷が蓄えられるまでに回路を流れた電荷すなわち電流によって失われたジュール熱である。

この場合と同様に，板Cを動かすことによるコンデンサーに蓄えられた電荷の変化は

$$\Delta Q = C'V - CV = \left(\frac{4\varepsilon S}{3d} - \frac{\varepsilon S}{d-x}\right)V = -\frac{(4x-d)\varepsilon SV}{3d(d-x)}$$

この電荷の移動によってジュール熱が発生するが，板Cを「ゆっくり」動かすとき，電荷の移動の速さは0と考えられるので，発生するジュール熱も0としてよい。

電源がした仕事は，$W_0 = \Delta Q \cdot V = -\frac{(4x-d)\varepsilon SV^2}{3d(d-x)} < 0$ である。W_0 が負であることは，電源の起電力の向きと電荷の移動の向きが逆向きであることを表している。

外力がした仕事は，$W = \frac{(4x-d)\varepsilon SV^2}{6d(d-x)} > 0$ である。W が正であることは，板Cに蓄えられた正電荷と板Bに蓄えられた負電荷が引き合うので，板Cをゆっくり動かすために加える外力は，静電気力と同じ大きさで逆向きであり，外力の向きと動かした向きは同じであることを表している。これとは逆に，極板間隔が狭くなるように動かした場合は，外力の向きと動かした向きが逆であるので，外力がした仕事は負である。

◆Ⅲ ▶(1) 次図の閉回路におけるキルヒホッフの第二法則より

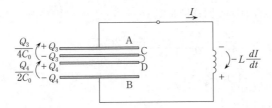

$$-L\frac{dI}{dt} = -\frac{Q_3}{4C_0} - \frac{Q_4}{2C_0}$$

板Cと板Dにおける電気量保存則より

$$2C_0V = -Q_3 + Q_4$$

回路を流れる電流 I と板Aの電荷 Q_3 の関係は，Q_3 が減少するとき I が増加するから

$$I = -\frac{dQ_3}{dt}$$

よって

$$-L\frac{d}{dt}\left(-\frac{dQ_3}{dt}\right) = -\frac{Q_3}{4C_0} - \frac{Q_3 + 2C_0V}{2C_0}$$

$$\therefore \quad \frac{d^2Q_3}{dt^2} = -\frac{3}{4LC_0}\left(Q_3 + \frac{4}{3}C_0V\right)$$

これは，電荷 Q_3 が単振動をし，その角振動数が $\omega = \sqrt{\dfrac{3}{4LC_0}}$，振動中心が $Q_3 = -\dfrac{4}{3}C_0V$ であることを表す。

単振動の周期 T は

$$T = \frac{2\pi}{\omega} = \frac{2\pi}{\sqrt{\dfrac{3}{4LC_0}}} = 4\pi\sqrt{\frac{LC_0}{3}}$$

この ω や T は，2つのコンデンサーの電荷の和が 0 である場合での値と一致する。これは，直列に接続された2つのコンデンサー C_{AC}，C_{DB} が電荷をもった状態から始めて，自己インダクタンス L のコイルとの間で電気振動がおこっても，2つのコンデンサーは直列接続の合成容量 $C_S = \dfrac{4}{3}C_0$ のコンデンサーとして扱ってよいことを示している。

▶(2)　電気振動は，電荷 Q_3 の単振動のかわりに，電流 I の単振動を考え

てもよい。設問**III**(1)と同様にして

$$-L\frac{dI}{dt} = -\frac{Q_3}{4C_0} - \frac{Q_4}{2C_0}, \quad Q_4 = Q_3 + 2C_0V$$

$$\therefore \quad \frac{dI}{dt} = \frac{3}{4LC_0}\left(Q_3 + \frac{4}{3}C_0V\right)$$

両辺を t で微分すると

$$\frac{d^2I}{dt^2} = \frac{3}{4LC_0}\frac{dQ_3}{dt}, \quad I = -\frac{dQ_3}{dt}$$

$$\therefore \quad \frac{d^2I}{dt^2} = -\frac{3}{4LC_0}I$$

これは、電流 I が単振動をし、その角振動数が $\omega = \sqrt{\dfrac{3}{4LC_0}}$，振動中心が $I=0$ であることを表す。電流 I の時間変化は，$t=0$ のとき $I=0$ で，時間の経過とともに図2−4の正の向きに増加するので，振幅を I_0 とすると，I は sin 形の時間変化をして，問題文の通り

$$I = I_0\sin(\omega t) = I_0\sin\left(\frac{2\pi t}{T}\right)$$

である。

▶(3)〜(5)　Q_3，Q_4 の時間変化について

$t=0$ で $Q_3 = \dfrac{4}{3}C_0V$ であったから，Q_3 の単振動の振幅は $\dfrac{8}{3}C_0V$ であり，

$t=\dfrac{1}{2}T$ で $Q_3 = -4C_0V$ である。よって，Q_3 は cos 形の時間変化をして

$$Q_3 = \frac{8}{3}C_0V\cos(\omega t) - \frac{4}{3}C_0V$$

また

$$Q_4 = Q_3 + 2C_0V = \frac{8}{3}C_0V\cos(\omega t) + \frac{2}{3}C_0V$$

よって，$-Q_4$ は $-\cos$ 形の時間変化をして

$$-Q_4 = -\frac{8}{3}C_0V\cos(\omega t) - \frac{2}{3}C_0V$$

これより，Q_3，$-Q_4$ のグラフは，次図のようになり，図2−5の④である。

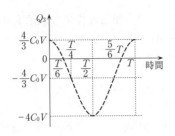
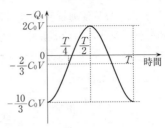

3　解答

I　(1)　光が真空中から微粒子中に入射するときの屈折の法則より

$$n = \frac{\sin\theta}{\sin\phi}$$

∴　$\sin\theta = n \cdot \sin\phi$　……(答)　……①

(2)　光子の集まりがもつエネルギーの総量は，$E = Q \cdot \varDelta t$ であるから，問題文の関係式より

$$p = \frac{E}{c} = \frac{Q\varDelta t}{c}\quad ……(答)$$

(3)　下図のように，入射する光の運動量ベクトル $\vec{p}$ と射出する光の運動量ベクトル $\vec{p'}$ があり，その変化 $\overrightarrow{\varDelta p}$ をこれらのベクトルの作用線の交点Cで考えると

$$\overrightarrow{\varDelta p} = \vec{p'} - \vec{p}$$

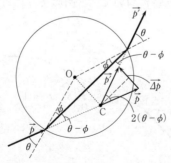

$\vec{p}$ と $\vec{p'}$ のなす角は $2(\theta - \phi)$ であるから

$$\varDelta p = |\overrightarrow{\varDelta p}| = 2p\sin(\theta - \phi)\quad ……(答)$$

向きは　　C→O の向き　……(答)

(4)　光が微粒子から受ける力を $\vec{F}$ とするとき，時間 $\varDelta t$ の間に光が受ける

力積 $\vec{F}\Delta t$ は，光の運動量変化 $\vec{\Delta p}$ に等しい。作用反作用の法則より，微粒子が光から受ける力積 $\vec{f}\Delta t$ は，光が微粒子から受ける力積 $\vec{F}\Delta t$ と，大きさが等しく向きが逆である。よって

$$|\vec{f}\Delta t| = |\vec{F}\Delta t| = |\vec{\Delta p}|$$

$$\therefore \quad f = \frac{\Delta p}{\Delta t} = \frac{\dfrac{2Q\Delta t}{c}\sin(\theta-\phi)}{\Delta t} = \frac{2Q}{c}\sin(\theta-\phi) \quad \cdots\cdots(\text{答}) \quad \cdots\cdots ②$$

向きは　　$O \rightarrow C$ の向き　……(答)

(5)　問題文の小さな角度に対して成り立つ近似式を用いると，①より

$$\theta \fallingdotseq n\phi$$

図 3−2 より

$$\sin\phi = \frac{d}{r} \quad \therefore \quad \phi = \frac{d}{r}$$

②より

$$f \fallingdotseq \frac{2Q}{c}(\theta-\phi) = \frac{2Q}{c}(n\phi-\phi) = \frac{2Q}{c}(n-1)\frac{d}{r}$$

$$= \frac{2(n-1)Qd}{cr} \quad \cdots\cdots(\text{答}) \quad \cdots\cdots ③$$

Ⅱ　(1)　力は働かない

(2)　上

(3)　図 3−4 の光の経路について，下図のように点 I，D，H をとり，∠OFI $=\beta$ とすると

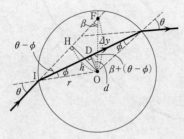

△IOD について

$$d = r\sin\phi \quad \therefore \quad d \fallingdotseq r\phi$$

△IOH について

$$h = r\sin\theta \quad \therefore \quad h \fallingdotseq r\theta \fallingdotseq r\cdot n\phi$$

△FOH について

$$h = \Delta y \sin \beta \quad \cdots\cdots④$$

よって

$$\frac{d}{h} = \frac{r\phi}{r \cdot n\phi} = \frac{1}{n}$$

$$\therefore \quad d = \frac{h}{n} = \frac{\sin \beta}{n} \Delta y \quad \cdots\cdots⑤$$

1 本の光が微粒子から受ける力の大きさを F,
2 本の光が微粒子から受ける合力の大きさを
F' とする。θ と ϕ は十分小さいため無視す
ることができるので、③で $f = F$ として

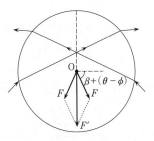

$$F' = 2 \times F \sin\{\beta + (\theta - \phi)\}$$

$$\doteqdot 2 \times F \sin \beta$$

$$= 2 \times \frac{2(n-1)Qd}{cr} \sin \beta$$

$$= 2 \times \frac{2(n-1)Q}{cr} \cdot \frac{\sin \beta}{n} \Delta y \times \sin \beta$$

$$= \frac{4(n-1)Q\sin^2\beta}{ncr} \cdot \Delta y$$

微粒子が 2 本の光から受ける合力の大きさ f' は、作用反作用の法則より

$$f' = F' = \frac{4(n-1)Q\sin^2\beta}{ncr} \cdot \Delta y$$

よって、f' は Δy に比例するので　　イ　……(答)

Ⅲ　(1)　④と同様に、図 3—5、図 3—6 より

$$h = \Delta x \cos \alpha \quad \cdots\cdots(答)$$

⑤と同様に

$$d = \frac{h}{n} = \frac{\Delta x}{n} \cos \alpha \quad \cdots\cdots(答)$$

(2)　問題文の近似式 $\alpha \pm (\theta - \phi) \doteqdot \alpha$ は、光が屈折せずに直進することを表
している。

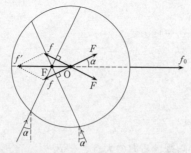

1 本の光線が微粒子に及ぼす力の大きさ f は，③より

$$f = \frac{2(n-1)Qd}{cr}$$

その合力の大きさ f' は，設問Ⅱ(3)と同様に

$$f' = 2 \times f \cos\alpha$$

$$= 2 \times \frac{2(n-1)Qd}{cr} \cdot \cos\alpha$$

$$= \frac{4(n-1)Q\Delta x}{ncr} \cos^2\alpha \quad \cdots\cdots(答)$$

(3)　2 本の光線は微粒子から F→O の向きに力を受け，その反作用として，微粒子は 2 本の光線から O→F の向きに力 f' を受ける。よって，力のつり合いより，外部から微粒子に加えている力は F→O の向きであり，その大きさ f_0 は

$$f_0 = f' = \frac{4(n-1)Q\Delta x}{ncr} \cos^2\alpha$$

$$= \frac{4(1.5-1) \times 5 \times 10^{-3} \times 1 \times 10^{-6}}{1.5 \times 3 \times 10^8 \times 1 \times 10^{-5}} \times (\cos 45°)^2$$

$$= 1.1 \times 10^{-12}$$

$$\fallingdotseq 1 \times 10^{-12} \,[\text{N}] \quad \cdots\cdots(答)$$

◀━━━━━ ◀解　説▶ ━━━━━▶

≪光ピンセット≫

　2018 年のノーベル物理学賞は「レーザー物理の分野における革新的な発明」という功績で，アーサー=アシュキン氏，ジェラール=ムールー氏，ドナ=ストリックランド氏が共同受賞した。光ピンセットは，アシュキン氏が 1970〜80 年代に発明した。

　レーザー光が物体に当たる際に生じる力（光は質量をもたないが運動量をもつので，微粒子によって光が屈折した場合に光の運動量が変化し，微粒子に反作用として力積がはたらく）を利用して，微粒子や細胞などを捉えて動かすことができる技術を，光ピンセットという。光でできたピンセットという意味から命名された。

　非接触で，数ナノメートルから数マイクロメートル程度の粒子を捉え，生きたままの細胞を傷つけずに観察することができるので，タンパク質・酵素・ウイルスなどの生物学・医学の研究分野に応用されている。光ピンセットの実験で，タンパク質の一種である「キネシン」は，7 ピコニュートン程度の力を発生させることがわかっている。また，心臓病である心筋症には「ミオシン」が大きくかかわっていることが知られ，心筋症の原因を分子レベルで捉える実験が行われている。

◆Ⅱ　▶(1)　中心 O が点 F と一致しているとき，微粒子に入射する光線は屈折せずに射出する。すなわち，入射する前の光子と，微粒子から射出した光子は，運動量の大きさも向きも変わらない。よって，設問Ⅰ(3)より，光子の集まりが微粒子を通過することにより受ける運動量の変化が 0 であるから，光子が微粒子に及ぼす力積も 0 であり，微粒子が 2 本の光から受ける合力は 0 である。

▶(2)　問題文より，光子の運動量の変化の大きさは，その光子が微粒子に及ぼす力積の大きさに等しいとするから，作用反作用の法則より，光子の運動量の変化の向きと，微粒子が光子から受ける力積の向きは逆である。設問Ⅰ(3)と同様に，図 3-4 の 2 本の光が微粒子を通過することにより受ける合力の向きは F→O の向きで「下」であるから，微粒子が 2 本の光から受ける合力の向きは O→F の向きで「上」である。

❖講　評

　例年通り，理科 2 科目で試験時間 150 分，大問 3 題の構成であり，3 題とも設問Ⅰ，Ⅱ，Ⅲに分かれている。問題量および難易度は，2020 年度より上昇，2019 年度と同程度で，75 分の解答時間で全問を解答するのは難しい。難易度の傾斜がうまくつけられ，各問前半の比較的解きやすい問題から確実に解いて全体の 7 割を目標に考えるのが適当と思われる。

　2021 年度は，2019・2020 年度に引き続き，1，2 で空所補充問題が計 6 問出題された。また，2，3 で選択問題が計 2 問（うち 1 問はグラフの選択）出題された。

　1　ブランコに乗った人が運動の途中で立ち上がったりしゃがみこんだりして，振れ角を大きくする方法を考察する問題である。Ⅰ，Ⅱは力学的エネルギー保存則，運動量保存則と水平投射の問題で，ミスをしてはならない。Ⅲもエネルギー保存則と面積速度一定の式（角運動量保存則は東大物理では定番である）を用いて，題意に従って丁寧に解いていけばよい。3 題の中では最も易しい。

　2　Ⅰはコンデンサーに直流電源を接続したまま極板間隔を変化させる典型的な問題。(3)の答えを覚えている人も多いだろう。Ⅱも直流電源を接続したまま導線 b で接続した後，導線 a を外す。この順序やそれぞれの場合での電荷分布を把握して丁寧に解かなければ雪崩式失点につながる。Ⅲは直列接続された 2 つのコンデンサーとコイルからなる回路に生じる電気振動の問題である。コンデンサーは初めに電荷をもっているので，電荷の振動中心は 0 ではない。回路の方程式と電気量保存則を解けば，電気振動の角振動数や振動中心を求めることができる，過去に類題を解いていたかどうかで差がつく。

　3　光ピンセットの問題である。多くの受験生が初見だと思うが，問題文には，光子が微粒子を通過するときに運動量が変化してそれが微粒子に力を与えることの説明がある。問題文の指示に従って，屈折の法則，入射角や屈折角，光の方向と微粒子の中心とのずれの角や微粒子の半径などの幾何光学の問題を順序よく処理していけばよい。与えられた近似式をうまく使えたかどうかでも差がつく。

────────「物理」の出題の意図（東京大学　発表）────────

　物理学は，素粒子（極微）領域から宇宙スケールに至るまでの森羅万象を，簡潔な基本法則で統一的に記述する学問です。また近年は，物理学の基本法則に基づいた新しい技術も数多く開発され，私たちの日常生活をより豊かなものとしています。

　本試験では，初等・中等教育課程の範囲にとどめつつも物理学の真髄に

触れる主題を選択し，また本学で研鑽を積むことにより人類の未来を切り拓く人材となりうる者を選抜すべく，科学的分析力，情報処理能力，および柔軟な思考力などを問えるよう作題しました。

各問題の出題意図は以下の通りです。なお，初等・中等教育課程では必ずしも学ぶことのない概念であっても，平易な解説を問題文中に盛り込むことで受験生間の公平性を確保するよう配慮しました。

第1問【物体の運動】

物体の運動に関する基本的な理解，さまざまな保存則の理解を問うています。ブランコの運動を題材にとり，物理法則を適切に用いる柔軟な思考力を求めています。また身近な現象に物理法則を適用し定量的に理解する力も問いました。

第2問【電荷分布と電気振動】

静電気の基本的な性質の理解と，状況変化に応じた電荷移動やエネルギー収支について全体を俯瞰して把握する応用力を問うています。電気振動については電荷の振動の中心がゼロではないため，特徴的な時刻における電荷分布を注意深く考察する必要があります。

第3問【光の性質と光が及ぼす力】

光による微粒子の捕捉という一見非自明な物理現象に対しても，その全体像を把握し，光の屈折，光子のエネルギーと運動量，運動量変化と力積の関係など，さまざまな法則を適切に組み合わせることで，現象を正確に理解する能力を問うています。本問を通して，こうした現象が実在すること，科学技術の基盤に物理学の基本原理があることを実感してもらうことで，基礎物理学と科学技術の両面に関心を深めてもらうことも願っています。

なお，設問Ⅱ(3)については，正確な導出には設問Ⅲと類似の計算が必要ですが，点Oと点Fの上下の関係に応じて f' がどう変わるべきかを考察すれば正答でき，数式と現象を結び付けて考える力を試しています。

化学

1 解答 I

ア

$$H_2C \overset{\displaystyle O}{\underset{\displaystyle H_2C-CH_2}{\diagup \overset{*}{C}H-CH_2-CH_3}}$$

$$H_2C \overset{\displaystyle O}{\underset{\displaystyle H_2C-\overset{*}{C}H-CH_2-CH_3}{\diagup CH_2}}$$

イ

$$H_2C \overset{\displaystyle CH_2}{\underset{\displaystyle CH_2}{\diagup} } CH-\overset{*}{C}H-CH_3 \\ \qquad\qquad\quad OH$$

ウ

$$\overset{\displaystyle CH_3}{H_2C=CH-\overset{*}{C}-CH_2-CH_3} \\ \qquad\qquad\quad OH$$

エ

$$H_2C=CH-\overset{*}{C}H-CH_2-CH_3 \\ \qquad\qquad\quad O-CH_3$$

オ G

$$H-\overset{\displaystyle }{\underset{\displaystyle O\ CH_3}{C}}-\overset{*}{C}H-CH_2-OH$$

H

$$H_2C \overset{\displaystyle O}{\underset{\displaystyle H\overset{*}{C}-CH_2}{\diagup \overset{*}{C}H-OH}} \\ \quad H_3C$$

カ a．ヒドロキシ　b．水素　c．減少して

II

キ　同位体

ク 2〈C₆H₅〉–NO₂ + 3Sn + 14HCl ⟶ 2〈C₆H₅〉–NH₃Cl + 3SnCl₄ + 4H₂O

ケ L 〈C₆H₅〉–N=Ⓝ–〈C₆H₄〉–OH　M 〈C₆H₅〉–Cl

コ $^{15}N : {}^{14}N = 12 : 13$

サ　下線部⑦の化合物 J は，$^{14}N_2$ の存在下で可逆反応である加水分解を受けており，その逆反応によって ^{14}N が取り込まれているが，下線部⑥で用いた J には新たな ^{14}N は取り込まれていないため。

■■■■■■■■ ◀解　説▶

≪分子式 $C_6H_{12}O$ をもつ化合物の構造決定，窒素原子を含む芳香族化合物
の反応≫

◆Ⅰ　与えられた分子式 $C_6H_{12}O$ より，化合物A～Fは不飽和度が1であ
るから，炭素間二重結合（C=C）が1つ，あるいは環構造を1つ含む，
アルコール，エーテル，または $\diagdown$C=O をもつケトン，アルデヒドである
ことがわかる。

次に，それぞれの実験から次のように推測できる。

実験5：A～Fはケトンやアルデヒドではない。すなわち，A～Fがもち
得る二重結合は C=C のみである。

実験1：AとDはエーテル，B，C，E，Fはアルコールである。

実験2：AとBは水素付加が起きないことから，C=Cではなくそれぞれ
環構造をもつエーテルとアルコールである。一方，C，E，Fは C=C を
1つもつ鎖状のアルコールであり，DはC=Cを1つもつ鎖状のエーテル
である。また，CとDは，水素付加によって不斉炭素原子 *C をもたない
分子に変化したから，この2つの水素付加物は，いずれもCまたはDに由
来する *C について対称性をもっている。さらに，EとFは分子内での炭
素原子の配列および OH 基の位置が同じで，C=Cの位置のみが異なる分
子であることがわかる。

実験3：Cは鎖状の第三級アルコール，Bは環構造をもつ第二級アルコー
ル，EとFは鎖状の第一級アルコールである。

実験4：Bのみが，$CH_3-CH(OH)-$ の構造をもつ。

実験6および注1：Eは，オゾン分解によってアセトアルデヒド
CH_3CHO が生じたことから，分子の末端に $CH_3-CH=C$ の構造をもって
おり，さらにこの構造の右端のC原子には OH 基は結合していない。ま
た，化合物Gは炭素原子数が4で，カルボニル基とヒドロキシ基をもつ化
合物である。

実験7：GはE由来の *C をもっていたが，$\diagdown$C=O の還元によって
$\diagdown\!\!\!\underset{H}{\overset{|}{C}}\!-OH$ が生じたことで，この *C について対称な分子となり *C をもた
ないようになった。すなわち，Gのもとの OH 基と新たに生じた OH 基

とはE由来の $^*C$ について対称の位置関係にある。したがって，Gの構造式およびその $\diagdown C=O$ の還元反応は次のようになる。

$$H-\overset{\underset{\|}{O}}{C}-\overset{\underset{|}{CH_3}}{\overset{*}{C}H}-CH_2-OH \xrightarrow{H_2} HO-CH_2-\overset{\underset{|}{CH_3}}{C}H-CH_2-OH$$

$$G$$

よって，Eの構造式は次のとおりである。

$$CH_3-\overset{\underset{|}{H}}{C}=\overset{\underset{|}{H}}{C}-\overset{\underset{|}{CH_3}}{\overset{*}{C}H}-CH_2-OH$$

$^*C$ について対称な分子構造となるためには，主鎖の炭素数は奇数であることが必要で，Gの場合は $^*C$ に側鎖として $-CH_3$ が結合していることで主鎖の炭素数は3となる。

実験8：オゾン分解により生じた物質の分子式から，Fの末端には $H_2C=C\diagdown$ の構造がある。さらに，実験2の結果（EとFは水素付加により同一の分子となる）より，Fの構造式は次のように推測される。

$$\overset{H}{\underset{H}{\diagup}}C=\overset{\underset{|}{H}}{C}-CH_2-\overset{\underset{|}{CH_3}}{\overset{*}{C}H}-CH_2-OH$$

したがって，オゾン分解で生じた分子（分子式 $C_5H_{10}O_2$）の構造は次のようになる。

$$H-\overset{\underset{\|}{O}}{C}-CH_2-\overset{\underset{|}{CH_3}}{\overset{*}{C}H}-CH_2-OH$$

しかし，化合物Hはカルボニル化合物ではなかったことから，このオゾン分解で生じた分子には，鎖状のグルコースが環状構造をつくるときと同じ反応が起こりHとなったと考えられる。

$$HO-CH_2-\overset{\underset{|}{CH_3}}{\overset{*}{C}H}-CH_2-\overset{\underset{\|}{O}}{C}-H \longrightarrow$$

このような反応をヘミアセタール化という。

以上の実験結果と推測をもとに，各設問で与えられた条件に対応してA～Dの構造を考える。

▶ア　Aは五員環構造をもつエーテルで，*C が 1 個存在することから，この五員環構造には O 原子が含まれる（環状エーテル）。したがって，その構造式には次の 2 通りの異性体が存在する。

$$
\begin{array}{cc}
\mathrm{H_2C}\underset{\mathrm{H_2C-CH_2}}{\overset{\mathrm{O}}{\diagdown}}\overset{\mathrm{CH_2-CH_3}}{\underset{}{^*\mathrm{CH}}}
&
\mathrm{H_2C}\underset{\mathrm{H_2C-CH-CH_2-CH_3}}{\overset{\mathrm{O}}{\diagdown}}\mathrm{CH_2}
\end{array}
$$

環構造の側鎖が 2 つの CH_3 になると，2 つの *C が生じる（側鎖の CH_3 が結合した 2 つの C 原子が *C となる）。また，五員環に O 原子が含まれないエーテル（側鎖にエーテル構造がある）には *C が存在しない。

▶イ　Bは四員環構造および $\mathrm{CH_3\!-\!\underset{OH}{CH}\!-}$ をもつ（実験 4）アルコールであることから，側鎖構造 $-\overset{*}{\underset{OH}{CH}}\!-\!\mathrm{CH_3}$ に *C をもつ，次のような構造をしている。

$$
\mathrm{H_2C}\underset{\mathrm{CH_2}}{\overset{\mathrm{CH_2}}{\diagup\diagdown}}\mathrm{CH}\!-\!\overset{*}{\underset{OH}{CH}}\!-\!\mathrm{CH_3}
$$

四員環構造に OH 基が直接結合すると，$\mathrm{CH_3\!-\!\underset{OH}{CH}\!-}$ 構造をもつことができない。

▶ウ　Cは，C=C を 1 つもつ鎖状の第三級アルコールで，C=C への水素付加によって *C がなくなることから，次のような構造をしている。

$$
\overset{\mathrm{H}}{\underset{\mathrm{H}}{>}}\mathrm{C}\!=\!\mathrm{C}\!-\!\overset{\mathrm{CH_3}}{\underset{\mathrm{OH}}{^*\mathrm{C}}}\!-\!\mathrm{CH_2}\!-\!\mathrm{CH_3}
$$

水素付加によって *C について対称性をもち *C がなくなっている。

▶エ　Dは，C=C を 1 つもつ鎖状のエーテルで，C=C への水素付加によって *C がなくなることから，Cの構造と同様に考えると，次のような構造式となる。

$$
\overset{\mathrm{H}}{\underset{\mathrm{H}}{>}}\mathrm{C}\!=\!\mathrm{C}\!-\!\overset{}{\underset{\mathrm{O-CH_3}}{^*\mathrm{CH}}}\!-\!\mathrm{CH_2}\!-\!\mathrm{CH_3}
$$

▶オ　実験 7・8 の結果と推測で示したとおりである。

▶カ　C はアルコール，D はエーテルであるから，C のヒドロキシ基による分子間の水素結合によって，C の沸点は D の沸点よりも高い。また，C は第三級アルコール，E は第一級アルコールであるから，立体的な障害がより大きい第三級アルコールの方が水素結合の形成が減少する。

◆Ⅱ　▶キ　リード文は同位体の意味と原子量決定に与える影響についての記述から始まっている。

▶ク　ニトロベンゼンの N 原子と Sn 原子の酸化数変化に着目して反応式の係数を考えるとよい。N 原子の酸化数は，反応前後でベンゼン環は変化しないことから，$-NO_2$ では $+4$，$-NH_3^+$ では -2 と考えてよく，変化量は -6 である。一方，Sn 原子の変化量は $+4$ である。したがって，過不足なく反応するニトロベンゼンと Sn の物質量の比は，$4:6=2:3$ である。

▶ケ　銅線を用いた化合物 M の炎色反応（バイルシュタイン反応という）によって，M は Cl を含んでいることがわかる。

一方，化合物 I はアニリン塩酸塩であるから，下線部④の反応はジアゾ化であり，生成物の J は塩化ベンゼンジアゾニウムである。

$$\text{〈}\rangle\text{—}NH_3Cl + Na^{15}NO_2 + HCl \longrightarrow \text{〈}\rangle\text{—}N\equiv^{15}NCl + NaCl + 2H_2O$$
$$\quad\;\; I \qquad\qquad\qquad\qquad\qquad\qquad\qquad J$$

よって，下線部⑤の反応は，塩化ベンゼンジアゾニウムの加水分解であり，化合物 K はフェノールである。

$$\text{〈}\rangle\text{—}N\equiv^{15}NCl + H_2O \longrightarrow \text{〈}\rangle\text{—}OH + N_2 + HCl$$
$$\quad\;\; J \qquad\qquad\qquad\qquad\qquad\quad K$$

また，反応溶液中には未反応の塩化ベンゼンジアゾニウム（J）が存在するから，生成物のフェノール（K）と反応（カップリング）して，p-ヒドロキシアゾベンゼンが生じる。これが化合物 L か M のいずれかであるが，p-ヒドロキシアゾベンゼンは Cl を含まないから，L が p-ヒドロキシアゾベンゼンである。

$$\text{〈}\rangle\text{—}N\equiv^{15}NCl + \text{〈}\rangle\text{—}OH \longrightarrow \text{〈}\rangle\text{—}N=^{15}N\text{—〈}\rangle\text{—}OH + HCl$$
$$\quad\;\; J \qquad\qquad\qquad K \qquad\qquad\qquad\qquad L$$

なお，^{15}N は亜硝酸ナトリウム $NaNO_2$ 由来であるから，J の右側の N 原子が ^{15}N となり，L の右側の N 原子が ^{15}N となる。

次に，Mを水酸化ナトリウム水溶液と高温・高圧下で反応させ，反応後中和するとK（フェノール）が得られたことから，Mはクロロベンゼン C_6H_5-Cl である。この反応は，クメン法以外のフェノールの製造方法の1つと同じである。

▶コ　塩化ベンゼンジアゾニウム（J）と2-ナフトールとの反応は次のとおりであり，1-フェニルアゾ-2-ナフトール（N）が得られる。

2-ナフトール

1-フェニルアゾ-2-ナフトール（N）

また，化合物N（分子式 $C_{16}H_{12}N_2O$）はN原子を2個含むので，^{15}N の数を x，^{14}N の数を $2-x$ とすると，Nの分子量は，$C_{16}H_{12}O=220.00$ だから

$$220.00+15.00x+14.00(2-x)=248.96　　∴　x=0.96$$

よって，^{15}N と ^{14}N の比は

$$^{15}N：^{14}N=0.96：1.04=96：104=12：13$$

▶サ　下線部⑤の反応は可逆反応であり，$^{14}N_2$ ガスが逆反応に寄与してJに取り込まれることにより，J中の ^{15}N の比率が低下する。

2 解答
I ア　$6.6×10L$

イ　$3.6×10^5 Pa$

ウ　(4)

エ　$p_{H_2}=K_p^{(1)}=2.00×10^5 [Pa]$ であるから，アルゴンの分圧は

$$2.20×10^6-2.00×10^5=2.00×10^6 [Pa]$$

分圧は物質量に比例するから，混合気体中の水素の物質量は

$$1.20×\frac{2.00×10^5}{2.00×10^6}=0.120 [mol]$$

よって，吸蔵された水素は 1.50−0.120＝1.38≒1.4〔mol〕 ……(答)

オ 4.0×10

カ 温度が一定であるから平衡定数は変化しない。また，この平衡定数は無次元であるので，各成分の物質量のみを用いてその値を計算することができる。そのため，水素の吸蔵が始まったときの HI，H_2，I_2 の物質量は圧縮前と変化がなく，それぞれ 2.00 mol，0.50 mol，0.20 mol である。この状態で，水素の分圧が $K_p^{(1)} = 2.00 \times 10^5$〔Pa〕に達したときに吸蔵が始まるので，求める混合気体の全圧を P〔Pa〕とすると

$$P = 2.00 \times 10^5 \times \frac{2.00 + 0.50 + 0.20}{0.50}$$

$$= 1.08 \times 10^6 \doteqdot 1.1 \times 10^6 \text{〔Pa〕} \quad \cdots\cdots (答)$$

キ 下線部⑤のとき，水素の分圧 $p_{H_2} = 2.00 \times 10^5$〔Pa〕だから，ヨウ素とヨウ化水素の分圧の合計は

$$2.20 \times 10^6 - 2.00 \times 10^5 = 2.00 \times 10^6 \text{〔Pa〕}$$

である。ヨウ化水素の分圧を p_{HI}〔Pa〕とすると

$$K_p = \frac{(p_{HI})^2}{2.00 \times 10^5 \times (2.00 \times 10^6 - p_{HI})} = 4.0 \times 10$$

$$(p_{HI})^2 + 8.00 \times 10^6 \times p_{HI} - 16.0 \times 10^{12} = 0$$

$p_{HI} > 0$ だから

$$p_{HI} = 1.64 \times 10^6 \doteqdot 1.6 \times 10^6 \text{〔Pa〕} \quad \cdots\cdots (答)$$

Ⅱ **ク** (a)—(6) (b)—(7) (c)—(5)

ケ 反応式：$(NH_2)_2CO + H_2O \longrightarrow 2NH_3 + CO_2$

反応速度の比：2 倍

コ 熱化学方程式：H_2(気)$+ O_2$(気)$= H_2O_2$(液)$+ 187.8$ kJ

$$H_2(気) + \frac{1}{2}O_2(気) = H_2O(液) + 285.8 \text{ kJ}$$

反応熱：9.8×10 kJ/mol

サ カタラーゼを加えないときの反応速度定数を k_1，加えたときの反応速度定数および活性化エネルギーをそれぞれ k_2，E_a〔kJ/mol〕とすると

$$\log_{10}k_1 = -\frac{75.3 \times 10^3}{2.30 \times 8.31 \times 300} + A \quad \cdots\cdots①$$

$$\log_{10}k_2 = -\frac{E_a \times 10^3}{2.30 \times 8.31 \times 300} + A \quad \cdots\cdots②$$

②−①より

$$\log_{10}\frac{k_2}{k_1}=-\frac{(E_a-75.3)\times 10^3}{2.30\times 8.31\times 300}=\log_{10}10^{12}=12$$

$$E_a=(75.3-68.8)\times 10^3$$

$$=6.5\times 10^3\,\text{[J/mol]}=6.5\,\text{[kJ/mol]}\quad\cdots\cdots\text{(答)}$$

シ　d．指数　e．減少

■━━━━━━━━◀解　説▶━━━━━━━━━━■

≪水素吸蔵物質を含む気体の平衡，アミノ酸・酵素の反応≫

◆I　▶ア　水素とアルゴンは全量気体であるので，混合気体の体積を V〔L〕とすると，気体の状態方程式より

$$2.70\times 10^5\times V=(1.50+1.20)\times 8.31\times 10^3\times 800$$

$$V=66.4\fallingdotseq 6.6\times 10\,\text{[L]}$$

▶イ　このときの水素の分圧 p_{H_2} は圧平衡定数 $K_p{}^{(1)}=2.00\times 10^5$〔Pa〕に等しい。また，圧力は物質量に比例するから，混合気体の全圧 P〔Pa〕は

$$P=2.00\times 10^5\times\frac{2.70}{1.50}=3.60\times 10^5\fallingdotseq 3.6\times 10^5\,\text{[Pa]}$$

▶ウ　水素の吸蔵が生じていないときの混合気体の全圧を P とすると，そのときの水素の分圧 p_{H_2} と水素の物質量比（モル分率）x は $p_{H_2}=xP<K_p{}^{(1)}$ の関係にあり，容器の体積および混合気体の全物質量は一定であるから P は変化しない。しかし，x が増加（P は一定）して $xP=K_p{}^{(1)}$ になると水素の吸蔵が始まり，$xP>K_p{}^{(1)}$ の場合には，平衡状態の水素の分圧 p_{H_2} が $p_{H_2}=K_p{}^{(1)}$（$<xP$）を満たすまで水素は吸蔵される。そのため混合気体の全物質量は吸蔵された水素の分だけ減少する。しかし，混合気体の体積は変わらないので，全圧は吸蔵された水素の分だけ P より小さくなる。この全圧の低下量は x が大きいほど大きいから，(4)が適切である。

▶エ　分圧は物質量に比例するところがポイントである。

▶オ　HI が 2.00 mol 存在するときには水素の吸蔵がないので，このときの平衡に至る各成分の物質量の変化を示すと次のようになる。

$$\text{H}_2\ +\ \text{I}_2\ \xrightleftharpoons{\quad}\ 2\text{HI}$$

反応前　1.50　1.20　　　0　　〔mol〕
平衡後　0.50　0.20　　2.00　〔mol〕

混合気体の体積を V〔L〕，各成分の物質量を n〔mol〕とすると，各成分の分圧 p〔Pa〕は，気体の状態方程式より

$$p = \frac{n}{V} \times RT = cRT$$

（c：成分の濃度，R：気体定数，T：気体の温度）

よって，圧平衡定数 K_p は

$$K_p = \frac{\left(\dfrac{2.00}{V} \times RT\right)^2}{\left(\dfrac{0.50}{V} \times RT\right)\left(\dfrac{0.20}{V} \times RT\right)}$$

$$= \frac{\left(\dfrac{2.00}{V}\right)^2}{\left(\dfrac{0.50}{V}\right)\left(\dfrac{0.20}{V}\right)} \quad (= K_c：濃度平衡定数)$$

$$= \frac{2.00^2}{0.50 \times 0.20} = 40 \fallingdotseq 4.0 \times 10$$

濃度平衡定数 K_c に基づいて考えると，上記のような平衡反応では K_c の分母と分子の次数が等しい（このとき K_c は無次元であるという）が，そのことは K_p についてもいえる。そのため，K_c と K_p の値は等しく，さらに計算に当たっては体積を考える必要がなくなるので，物質量のみを用いることができる。このことは，本平衡反応のみについて成り立つことではなく，平衡定数が無次元であるすべての平衡反応において成り立つ。

▶カ 水素の分圧が $K_p^{(1)}$ に等しくなると吸蔵が始まる。

▶キ 下線部⑤のとき，水素の吸蔵が起こっていることから，水素の分圧が 2.00×10^5 Pa とわかる。混合気体に含まれる気体は H_2, I_2, HI の3種であるから，I_2 と HI の分圧の合計が求められ，I_2 の分圧を HI の分圧 p_{HI} で表すことができる。これを圧平衡定数の式に代入すると，p_{HI} についての2次方程式が得られる。

◆Ⅱ ▶ク 塩酸酸性状態のアミノ酸を NaOH 水溶液で滴定すると，次の2通りの中和反応が生じる。

$$-COOH + NaOH \longrightarrow -COONa + H_2O \quad \cdots\cdots①$$

$$-NH_3^+ + NaOH \longrightarrow -NH_2 + Na^+ + H_2O \quad \cdots\cdots②$$

式①の方が式②より低い pH で起きるので，$-COOH$ を1つもつアラニン

とリシンの中和点は 2 mL, −COOH を 2 つもつアスパラギン酸の中和点は 4 mL となる。次に, −NH$_3^+$ を 1 つもつアラニンとアスパラギン酸はさらに NaOH 水溶液を 2 mL 加えたところで式②の中和点となる。よって, NaOH 水溶液の合計滴下量は, アラニンが 4 mL, アスパラギン酸が 6 mL となる。一方, リシンは −NH$_3^+$ を 2 つもつので, NaOH 水溶液をさらに 4 mL 加えた点が中和点となる。よって, 滴下する NaOH 水溶液の合計は 6 mL となる。したがって, 対応するグラフは, アラニンは(6), アスパラギン酸は(7), リシンは(5)となる。

▶ケ 反応式における各成分の反応速度の比は, その係数の比に等しい。1 mol の尿素が加水分解すると 2 mol の NH$_3$ が生じるので, NH$_3$ の生成速度は, 尿素の減少速度の 2 倍である。

▶コ
$$H_2(気) + O_2(気) = H_2O_2(液) + 187.8 \text{ kJ} \quad \cdots\cdots①$$
$$H_2(気) + \frac{1}{2}O_2(気) = H_2O(液) + 285.8 \text{ kJ} \quad \cdots\cdots②$$

とし, ②−①より
$$H_2O_2(液) = H_2O(液) + \frac{1}{2}O_2(気) + (285.8 - 187.8)\text{ kJ}$$

よって, 1 mol の H$_2$O$_2$(液)を分解する際の反応熱は
$$285.8 - 187.8 = 98.0 \text{ [kJ/mol]}$$

▶サ 計算に際して, 活性化エネルギーと気体定数の単位をそろえる必要がある。

▶シ Y に H$^+$ が供給される反応速度は, (式3)より [Y] と [H$^+$] の積に比例すると思われる。よって, [Y] が一定の場合には, 反応速度は [H$^+$] に比例する。一方, H$^+$ は水溶液から供給され, pH $= -\log_{10}$[H$^+$] だから, [H$^+$] $= 10^{-\text{pH}}$ であり, 反応速度は $10^{-\text{pH}}$ に比例する。また, −pH は負の値だから, 反応速度は pH の指数関数にしたがって減少する。

3 解答

I ア $2Ag^+ + 2OH^- \longrightarrow Ag_2O + H_2O$

イ   (3)・(4)

ウ   当量点において
$$[CrO_4^{2-}] = 1.0 \times 10^{-4} \times \frac{20.0}{20.0 + 16.0} = \frac{5}{9} \times 10^{-4} \text{ [mol/L]}$$

$$K_{sp2} = [Ag^+]^2[CrO_4{}^{2-}] = [Ag^+]^2 \times \frac{5}{9} \times 10^{-4} = 1.2 \times 10^{-12}$$

$$[Ag^+]^2 = \frac{9}{5} \times \frac{6}{5} \times 10^{-8}$$

$$[Ag^+] = \frac{3}{5} \times \sqrt{6} \times 10^{-4} = 1.47 \times 10^{-4} \, [\text{mol/L}]$$

よって，当量点における水溶液中の Ag^+ の物質量は

$$1.47 \times 10^{-4} \times \frac{36.0}{1000} = 5.29 \times 10^{-6} \fallingdotseq 5.3 \times 10^{-6} \, [\text{mol}] \quad \cdots\cdots(\text{答})$$

エ　試料水溶液中の Cl^- の物質量は，当量点までに滴下された $AgNO_3$ の物質量から当量点時に水溶液中に残っている Ag^+ の物質量を引いた値に等しい。よって

$$\frac{x \times 20.0}{1000} = \frac{1.0 \times 10^{-3} \times 16.0}{1000} - 5.29 \times 10^{-6}$$

$$x = 5.35 \times 10^{-4} \fallingdotseq 5.4 \times 10^{-4} \, [\text{mol/L}] \quad \cdots\cdots(\text{答})$$

オ　当量点では $[Ag^+] = 1.47 \times 10^{-4} \, [\text{mol/L}]$ であるから

$$K_{sp1} = [Ag^+][Cl^-] = 1.47 \times 10^{-4} \times [Cl^-] = 1.6 \times 10^{-10}$$

$$[Cl^-] = 1.08 \times 10^{-6} \, [\text{mol/L}]$$

よって，求める Cl^- の物質量は

$$\frac{1.08 \times 10^{-6} \times 36.0}{1000} = 3.88 \times 10^{-8} \fallingdotseq 3.9 \times 10^{-8} \, [\text{mol}] \quad \cdots\cdots(\text{答})$$

Ⅱ　カ　21 L

キ　$d_{AA} = \sqrt{2}\,l - 2r_A$, $d_{BB} = l - 2r_B$　　d_{BB} の方が小さい

ク　2 通りの組み合わせについて，d_{AA} と d_{BB} を求めてみると

	$d_{AA}(\sqrt{2}\,l - 2r_A)$	$d_{BB}(l - 2r_B)$
A：Ti，B：Fe	$\sqrt{2} \times 0.30 - 2 \times 0.14 \fallingdotseq 0.14 \, [\text{nm}]$	$0.30 - 2 \times 0.12 = 0.06 \, [\text{nm}]$
A：Fe，B：Ti	$\sqrt{2} \times 0.30 - 2 \times 0.12 \fallingdotseq 0.18 \, [\text{nm}]$	$0.30 - 2 \times 0.14 = 0.02 \, [\text{nm}]$

ここで水素原子の直径は $0.06 \, \text{nm}$（$> 0.02 \, \text{nm}$）であるから，A が Fe，B が Ti の場合は $d_{BB} = 0.02 \, [\text{nm}]$ で，水素原子は八面体のすき間に安定的に入れない。

ケ　3 倍

コ　水素原子の数：18　合金の体積：8.7 L

━━━━━━ ◀解 説▶ ━━━━━━

≪滴定による Cl^- の定量，水素吸蔵合金の結晶格子≫

◆ **I** ▶**ア** pH が大きくなって OH^- が増加すると，Ag^+ と OH^- の反応が生じる。

▶**イ** (1) 正文。滴定の場合と同程度に白濁した $CaCO_3$ を含む水溶液に，赤褐色の Ag_2CrO_4 による呈色が目視できるまで滴下した $AgNO_3$ 水溶液の量は，当量点を過ぎた過剰分の $AgNO_3$ 水溶液だと認められる。よって，終点からこの過剰分を差し引いた量が当量点までの滴下量だとみなしてよい。

(2) 正文。AgF の溶解度は $AgCl$ に比べてはるかに大きい。

(3) 誤文。Ag と Cl の電気陰性度の差は Na と Cl の電気陰性度の差より小さいので，$AgCl$ のイオン結合性は弱く，水への溶解度が小さい。

(4) 誤文。Ag^+ は OH^- と錯イオンを形成することはない。

(5) 正文。pH が 7 より小さくなると，次の反応が生じ $CrO_4{}^{2-}$ の濃度が変化する。

$$2CrO_4{}^{2-} + 2H^+ \longrightarrow Cr_2O_7{}^{2-} + H_2O$$

▶**ウ** $K_{sp2} = [Ag^+]^2[CrO_4{}^{2-}]$ において，$[Ag^+]^2$ であることに注意する。

▶**エ** 滴定に関する Cl^- と Ag^+ の量的な関係を用いる。

▶**オ** 当量点における水溶液中の $[Ag^+]$ の値と K_{sp1} を用いて Cl^- の量を計算する。

◆ **II** ▶**カ** $C_6H_5{-}CH_3 + 3H_2 \longrightarrow C_6H_{11}CH_3$（分子量 98.0）だから，生成したメチルシクロヘキサンの体積〔L〕は

$$\frac{1.0}{2.0} \times \frac{1}{3} \times 98.0 \times \frac{1}{0.77} = 21.2 \fallingdotseq 21 \,〔L〕$$

▶**キ** 図 3－2 の原子Aによる正方形は，図 3－1 の単位格子の 1 つの面に等しく，正方形の中心が八面体の中心である。よって，d_{AA} は，正方形の対角線の長さから r_A の 2 倍の長さを引いた値に等しいから

$$d_{AA} = \sqrt{2}\,l - 2r_A$$

一方，図 3－1 において，原子Bは単位格子の中心にあるから，図 3－2 における原子B間の距離は l に等しい。よって，d_{BB} は l から $2r_B$ を引いた値に等しい。

$$d_{BB} = l - 2r_B$$

また，隣り合う原子Aと原子Bは接するから，単位格子の対角線の長さは
原子Aと原子Bの直径の和に等しい。

$$\sqrt{3}\,l = 2\,(r_A + r_B) \qquad 2r_B = \sqrt{3}\,l - 2r_A$$

したがって

$$d_{AA} - d_{BB} = (\sqrt{2} - 1)\,l + 2\,(r_B - r_A) = (\sqrt{2} - 1)\,l + (\sqrt{3}\,l - 4r_A)$$

ここで，隣り合う原子Aどうしは接していないから，単位格子の1辺の長
さについて $l > 2r_A$ が成り立つ。

$$d_{AA} - d_{BB} = (\sqrt{2} - 1)\,l + (\sqrt{3}\,l - 4r_A) > (\sqrt{2} - 1)\,l + (\sqrt{3}\,l - 2l)$$
$$= (\sqrt{3} + \sqrt{2} - 3)\,l \fallingdotseq (3.14 - 3)\,l = 0.14 \times l > 0$$

ゆえに，$d_{AA} > d_{BB}$ である。

図3－1の単位格子の1辺の長さは，Fe と Ti が入れ替わっても変化しな
い。

▶ク　キで $d_{BB} < d_{AA}$ であることが示されたから，2通りの組み合わせに
おいて d_{BB} のみを比較して説明してもよい。

▶ケ　図3－1の単位格子の各面の中心が八面体の中心である。よって，

八面体の中心の数は，単位格子当たり $\dfrac{1}{2} \times 6 = 3$ 個である。一方，単位格

子は Fe，Ti を各1個含んでいるから，吸蔵される水素原子の数は Ti 原
子の数の3倍である。

▶コ　図3－4左の単位構造の体積は

$$\left(0.50 \times \frac{\sqrt{3}}{2} \times 0.50\right) \times \frac{1}{2} \times 6 \times 0.40 \fallingdotseq 0.259 \,(nm^3) = 0.259 \times 10^{-24}\,(L)$$

一方，この単位構造の面 α および面 β に含まれる La，Ni 原子の数は

	La	Ni
面 α	$\dfrac{1}{6} \times 6 + \dfrac{1}{2} \times 6 = \dfrac{3}{2}$ 個	$\dfrac{1}{2} \times 6 = 3$ 個
面 β	0	$6 + \dfrac{1}{2} \times 6 = 9$ 個

面 α は2つあるので，この単位構造が含む La 原子は $\dfrac{3}{2} \times 2 = 3$ 個，Ni 原

子は $3 \times 2 + 9 = 15$ 個となり合計 18 個である。よって，この単位構造が吸
蔵する水素原子の数は 18 個である。

したがって，1.0kg の H_2 を吸蔵したこの合金の体積は

$$\dfrac{\dfrac{1.0 \times 10^3}{2.0} \times 2 \times 6.02 \times 10^{23}}{18} \times 0.259 \times 10^{-24} = 8.66 \fallingdotseq 8.7 \text{〔L〕}$$

❖講　評

大問 3 題でそれぞれが I，II の中間に分かれており，実質 6 題の出題である。年度により中間に分かれていないこともあるが，おおむね例年このスタイルである。試験時間は理科 2 科目で 150 分と，こちらも例年どおり。

1　I　分子式が $C_6H_{12}O$ である未知物質の実験（反応）結果を通して構造を決定する問題。まず，実験結果を正確に理解する必要があり，それ自体のレベルが高い内容であった。異性体の数が多くあり，不斉炭素原子を考慮しなければならず，長い論理的な考察とその結果を総合する思考力が求められた。ア・イは環構造をもつ物質の不斉炭素原子の考え方が理解できていないと難しかっただろう。ウ・エは水素付加によって不斉炭素原子がなくなる分子の構造の特徴を考察する必要があった。オは，オゾン分解での生成物の推測およびその生成物が単糖類で学んだ反応と関連していることに気づく必要があり，難しかったのではないか。カは得点したい設問ではあるが，ウ・エの正解が前提となるため決して簡単ではなかった。

II　窒素を含む芳香族化合物の反応・誘導体に関する問題。教科書で扱う反応が中心ではあったが，目新しい設定が含まれており，その意味を読み取るのには苦労しただろう。キ・クは得点したい設問であるが，クの反応式は意外と完全に覚えていなかったのではないか。ケ以降では塩化ベンゼンジアゾニウムの加水分解反応は理解していても，逆反応や副反応，さらには加水分解後に進む誘導体の生成などについては，学んだことはなかったのではないだろうか。ケでは，クメン法以外のフェノールの合成方法に気づく必要があった。コでは計算処理能力も求められた。

2　I　水素吸蔵物質を含む気体反応の平衡に関する問題。問題文の気体反応の平衡定数の定義とその意味を理解しなければならず，そのことで戸惑ったかもしれない。気体平衡反応において，特定の成分だけが

一定の分圧以上には大きくならず，過剰な分圧に対応する物質量は平衡系の外へ取り出されるようなイメージをもつことができるとよかったかもしれない。後半は，水素とヨウ素からヨウ化水素が生成する平衡反応に，水素吸蔵物質が関係する問題であった。オはこの反応の平衡定数を計算する基本的な問題であるが，計算には体積が必要ないことを知らないと時間を要したかもしれず，個別に覚えるというより平衡定数の性質を理解している必要があった。カ・キは上記のことが理解できていると解答可能であったが，キの計算は手間取っただろう。

　II　アミノ酸，酵素反応に関する問題。クは，アミノ酸の滴定曲線の理解を問うもので，アミノ基とカルボキシ基の反応が理解できていれば解答できただろう。コも標準的な問題であった。サはアレニウスの反応速度定数と活性化エネルギーの関係を示す式が与えられ，酵素反応の活性化エネルギーを計算する問題であったが，目新しい式であっても与えられた条件と対数の性質を活用できれば解答可能であった。シは，基質へ水素イオンを付加する酵素の反応速度と pH との関係を考察する問題であるが，設定が理解できていれば容易であった。指数関数の意味を理解していただろうか。

　3　I　モール法による Cl^- を定量する実験に関する問題。教科書や授業で扱う場合には，一定度の近似計算を行うのが普通であるが，本問では当量点の補正や各成分の濃度を溶解度積などの活用で可能な限り正確に求める内容になっていた。そのときの操作や考え方を理解できないと計算の方法がわからなくなったかもしれない。ただ，ア・イは平易であるので得点しておきたい。ウは平方根の計算があり，手間取ったかもしれないが，溶解度積が関係する計算の練習をしていると対応できたであろう。エでは滴下した Ag^+ の量に基づいてもとの Cl^- の量を定量し，オではさらに終点で溶液中に残る Cl^- の物質量を計算する問題であった。

　II　水素吸蔵合金の結晶構造と吸蔵される水素との量的関係を考察する問題。カは，物質の質量と体積との関係から考察する問題で得点しておきたい。キ〜ケは水素吸蔵合金の単位格子と与えられた八面体構造との関係が理解できたかどうかがポイント。図は相互に関連付けやすいように与えられているので，しっかり理解したい。特に 2 種類のすき間の

大小関係を考察する問題は，与えられた粒子間の関係や単位格子の大きさなどの値を活用しなければならず難しかったのではないか。ただ，ク においては実際に計算することで解答することは可能であった。ケでは，八面体のすき間の中心が単位格子のどのような位置に存在するかを空間的に考察し把握しなければならなかったので，難しかったかもしれない。コは目新しい結晶構造であるが，粒子数を丁寧に数え上げることと六角柱の体積計算ができれば解答できただろう。

——————————「化学」の出題の意図（東京大学 発表）——————————

　化学は，私たちの身の回りに存在する様々な物質を理解するための基礎をなす学問です。物質を理解することが，科学分野全般の基盤となることから，化学はときに「セントラルサイエンス」と呼ばれます。物質を理解するためには，化学に関する基本的知識を身につけるとともに，それらを論理的に組み合わせて総合的に理解し，表現することが重要です。本年度の化学の出題では，以下に示す3つの大問を通して1）物質の性質，化学結合や化学反応の本質を見抜く能力（第1問，第2問，第3問），2）化学結合から構成される構造の本質を見抜く能力（第1問，第2問，第3問），3）化学の諸原理に基づいて論理的かつ柔軟に思考し，物質の本質を包括的かつ発展的に捉える能力（第2問，第3問），4）化学現象の総合的理解力と表現力（第1問，第2問）を問うことを意図しています。

第1問

　有機分子の構造と性質を論理的に考える力，および，化学変換の過程を論理的に考察する力を問うことを意図しています。

第2問

　化学における4つのテーマ（気体の混合，化学平衡，反応速度と反応熱）を論理的かつ総合的に考察する力を問うことを意図しています。

第3問

　無機化学に関する様々な項目（無機物質の性質，化学反応，溶解度，結晶の構造）に関する基礎的な理解力と，これらの現象の本質を見抜き論理的かつ総合的に考察する力を問うことを意図しています。

生物

1 **解答**　I　A　生体膜の主要な構成成分はリン脂質で，リン脂質分子には疎水部と親水部があり，水中では親水部を外側に，疎水部を内側に向け集合し，閉鎖した脂質二重層の小胞構造が維持されて安定化した構造をとる。

B　ヨコヅナクマムシ―⑶　ヤマクマムシ―⑸

C　初期遺伝子：遺伝子B

理由：事前曝露でmRNA量が増加する遺伝子A，Bのうち，翻訳を阻害しても遺伝子Bは転写されmRNA量の増加が見られるから。

D　ヨコヅナクマムシ―⑴　種S―⑷

E　薬剤Y―⑴,⑵,⑶　薬剤Z―⑷,⑸

II　F　1．解糖系　2．クエン酸回路　3．電子伝達系

G　酸化的リン酸化

H　⑶

I　遺伝子Xの産物は<u>トリグリセリド</u>からのグルコース合成経路に関与し，変異体Xではグルコースから合成される<u>基質G1</u>の量が減少し，<u>酵素P</u>による<u>トレハロース</u>合成量が低下した。

◀解　説▶

≪乾燥耐性，遺伝子発現，代謝経路≫

◆I

[文1]　乾燥ストレスに高い耐性を示すヨコヅナクマムシと近縁種のヤマクマムシを用いて乾燥曝露した後，給水後の生存率を調べると，事前曝露をほどこすことでヤマクマムシの生存率が上昇した。次に，ヨコヅナクマムシとヤマクマムシに転写阻害剤を投与した後，事前曝露と乾燥曝露を行い，給水後の生存率を測定した。この結果はヨコヅナクマムシでは事前曝露の有無に関係なく，また乾燥曝露の有無にも，転写阻害剤処理の有無にも関係なく生存率は100％であった。一方，ヤマクマムシでは転写阻害剤処理を行った場合，事前曝露と乾燥曝露を行うと生存率はほぼ0％であった。ただ転写阻害剤処理をしても事前曝露があって乾燥曝露がない場合の

生存率は 100％であった。

▶A 生体膜はリン脂質二重層からできており，さまざまなタンパク質が配置されている。リン脂質分子には親水性の部分と疎水性の部分がある。これだけでは，問われている内容の一部（生体膜の主要な構成成分の特徴という内容）にしか答えていないことになる。設問を十分注意深く読んで，それを真正面から記述していくことを心がけてほしい。問われているもう1つの内容は，「水が生体膜の構造維持および安定化に果たす役割」である。生体膜は親水性の部分を外側に，疎水性の部分を内側に向けることで，親水性の部分が内外で水と接し，小胞状の閉鎖構造が維持され，各分子の反転が起こりにくく安定化した構造をとれるようになる。

▶B ヨコヅナクマムシは，弱い乾燥条件の事前曝露がなく乾燥曝露の条件にさらしても生存率は 100％である。このことは，ヨコヅナクマムシは乾燥耐性に必要なタンパク質を事前曝露と関係なく常に保持していることが想定される（選択肢(3)）。一方，ヤマクマムシは実験1で事前曝露の後に乾燥曝露というプロセスを踏めば乾燥耐性を獲得して生存できるが，事前曝露なしに乾燥曝露にさらされると生存できないことが図1－2からわかる。これを転写阻害剤で処理すると，たとえ事前曝露があった後に乾燥曝露にさらしても，生存できないことが図1－3の右側のヤマクマムシの実験結果からわかる。このことから，ヤマクマムシは乾燥耐性に必要なタンパク質を普段は保持しておらず，事前曝露という条件に遭遇することで乾燥耐性に必要な遺伝子発現が起こり，乾燥耐性を獲得している（選択肢(5)）ということが推定される。

［文2］ クマムシの乾燥ストレスに関与する3つの遺伝子A，B，Cのいずれかを欠損させたヤマクマムシについて事前曝露と乾燥曝露を行った。その結果，野生型に比べて生存率が大きく低下した。

▶C 実験3の結果を示した図1－4を見ると，遺伝子Aの mRNA 量は転写阻害剤や翻訳阻害剤を投与すると0となっている。遺伝子Bの mRNA 量は転写阻害剤を投与したときに限って0となっており，翻訳阻害剤を投与しても阻害剤がない場合と同様な変化を示している。遺伝子Cの mRNA 量は転写阻害剤や翻訳阻害剤を投与しても阻害剤がないときと同様な変化を示している。

初期遺伝子から転写されて生じた mRNA はタンパク質に翻訳されるが，

翻訳されたタンパク質に転写を調節する調節タンパク質が含まれている場合，その調節タンパク質により後期遺伝子の転写が開始する。よって，初期遺伝子の場合，転写阻害を受けることはあっても翻訳阻害を受けない。

　遺伝子Aと遺伝子Bは事前曝露によって転写が促進されているが，遺伝子Aは新たなタンパク質合成を阻害する翻訳阻害剤が存在する条件下でmRNA量が0となっている。このことから，遺伝子Aは事前曝露により発現する調節タンパク質が必要な後期遺伝子である。一方，遺伝子Bは，新たなタンパク質合成が起こらない条件下（翻訳阻害剤がある場合）でもmRNA量が増加しているので初期遺伝子と考えることができる。

▶D　ヨコヅナクマムシは設問Bの解答のように，乾燥耐性に必要なタンパク質を事前曝露と関係なく常時保持していることから，タンパク質Aは(1)のように推移している。一方，種Sは，事前曝露の有無に関係なく乾燥曝露後の生存率が0％であることから，遺伝子Aの発現が起こっていないためタンパク質Aが0（または非常に少ない状態）になっていると考えられる。これは(2)や(3)のようにタンパク質Aが時間の経過とともに増減しているのではなく，常に0の状態が継続している(4)のように推移していると考えることができる。

▶E　「初期遺伝子である遺伝子Bが発現してタンパク質Bが合成される。タンパク質Bは調節タンパク質としてはたらき後期遺伝子Aの発現を促進する」という流れである。薬剤Zで処理すると，遺伝子AのmRNA量の増加のみが阻害されたのであるから，(4)「初期遺伝子群（B）の翻訳」が阻害されたか，(5)「後期遺伝子群（A）の転写」が阻害されたと考えられる。薬剤Yで処理すると事前曝露時の遺伝子A，BのmRNA量の増加がともに阻害されたことから，薬剤Yはヤマクマムシの(1)「ストレスの感知」機能に影響を与えている可能性がある。また，それを(2)「シグナル伝達」する経路に影響を与えている可能性もある。さらにシグナル伝達を受け取って遺伝子Bのような(3)「初期遺伝子群の転写」を始めるときの転写阻害にはたらいている可能性が考えられる。(1)〜(3)を阻害することで，調節タンパク質が作られず，遺伝子Aの転写も行われない。

◆Ⅱ

　ある種の線虫は事前曝露時にトレハロースを蓄積し，これが耐性に必須である。トレハロースはグルコースからつくられる G1 と G2 を基質にし

て酵素Pにより合成される。トレハロースを蓄積しない線虫は乾燥耐性を示さない。実験4では線虫を用いて，乾燥耐性が低下した変異体Xを単離した。この変異体Xから酵素Pの機能を失った二重変異体P：Xをつくり，野生型，変異体P，変異体X，二重変異体P：Xについて，事前曝露によるトレハロースの蓄積量を解析した。実験5では，生体内における物質代謝の挙動を知るために，炭素の放射性同位体である ^{14}C で標識した酢酸を餌に混ぜて線虫に摂取させて標識物質を解析した。

▶F 「 1 ， 2 によって生じた NADH や FADH$_2$」とあるので，この空欄には解糖系かクエン酸回路が入る。その続きに「内膜ではたらく 3 に渡され」るとあることから， 3 は電子伝達系が入る。その後に「グルコース分解の第1段階である 1 は」とあることから， 1 は解糖系が入る。よって， 2 はクエン酸回路に決まる。

▶G ATP合成には，解糖系やクエン酸回路で見られる基質レベルのリン酸化，呼吸の電子伝達系で見られる酸化的リン酸化，光合成で見られる光リン酸化がある。NADH や FADH$_2$ から得られた電子が最終的に酸素分子に渡される過程でエネルギーが蓄積されて，そのエネルギーをもとにATPを合成する反応を酸化的リン酸化と呼ぶ。つまり，物質が酸化される過程で放出されるエネルギーを用いてATPを合成する反応を酸化的リン酸化という。

　一方，基質のもつ高エネルギーリン酸結合を解いて，リン酸基を ADP に移し，ADP をリン酸化する反応を基質レベルのリン酸化という。

▶H （1）　誤文。図1−7から変異体Xで酵素Pの活性は野生型と同じであり，活性低下は起きていない。

（2）　誤文。変異体Xでの酵素Pの活性は正常であるので，この状態でトレハロースの合成経路が酵素Pを介さない代替経路に切り替わることは考えられない。酵素Pの機能が失われてしまった場合ならば，そのようなことも考えることができるが，あえて正常なトレハロース合成経路を見限る必然性はない。

（4）　誤文。酵素Pの活性を強化する遺伝子が破壊されたならば，酵素Pの活性が低下することも考えられるが，活性は低下していない。

（5）　誤文。変異体Xで基質 G1 や G2 を産生する酵素量が増加したならば，G1 や G2 から酵素Pによって合成されるトレハロース量も増加するはず

で，蓄積量が野生型よりも低くなることはない。

▶I　実験から，変異体Xではどのようなことが起きているのかを推測する，東大生物の典型的な問題である。実験結果を踏まえて，何が起きているのか，流れをつかんでストーリーを論理的に考える必要がある。与えられている語句もヒントになりうるので，考えを組み立てる場合には参考にしていきたい。

　問われている点は2点。1つは，変異体Xは遺伝子Xの機能を失っているが遺伝子Xの役割としてどのようなことが考えられるか。もう1つは，それがトレハロース産生に及ぼす影響である。

　本問は実験5の結果から考察することになる。そこには，放射性同位体の ^{14}C を用いた標識では，トリグリセリドが標識されていたとあるので，遺伝子Xの産物はトリグリセリドからグルコース合成に関与している可能性が高い。野生型では放射標識されたトリグリセリドがほぼ完全に消失し，代わりに放射標識されたトレハロースが増加しているが，変異体Xではトレハロースの蓄積は野生型に比べて少なくなっているとあるので，トリグリセリドからのトレハロースの合成が少なくなっていることが考えられる。

　図1−5を見ると，グルコースから G1 が生じ，それから G2 が生じ，G1 と G2 を基質として酵素Pによるトレハロースの合成が行われる。変異体Xではトリグリセリドからグルコースを合成する経路に異常があるため基質 G1 の存在量が少なくなる。この結果，酵素Pによるトレハロースの合成量が減少している。次の図を見るとわかるだろう。

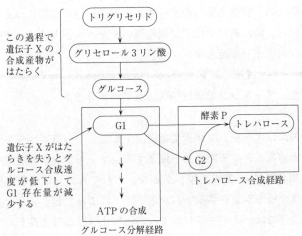

　設問Hでは変異体Xのトレハロース蓄積量が野生型より低くなるのは，基質 G1 もしくは G2 の産生量が低下していることを選択させ，設問 I で変異体Xのはたらきを推理させ，それがトリグリセリドからグルコース合成の経路に関与していることを推測させる。その結果，遺伝子Xの機能を失うことにより，基質 G1 の存在量が低下することに結びつかせる。あくまでも遺伝子Xの産物が関与するのは，基質 G1 であって基質 G2 ではない。設問Hの(3)には「G1 もしくは G2」とあるが，これは G1 であることがわかる。そのため用いる語句に「基質 G1」はあるが基質 G2 はない。

2 [解答]

I　A　茎は上方に伸長することで光合成に必要な光を効率的に得られ，根は下方に伸長することで土壌中の水や無機塩類を吸収し，植物体を支持できるから。

B　(1)—×—g，h，i　(2)—×—e，f　(3)—×—c　(4)—×—h
(5)—○

C　オーキシンは弱酸性の細胞壁液相ではイオン化していないため，取りこみ輸送体を介さずに細胞膜を透過できるが，細胞内ではイオン化しているため，排出輸送体を介さないと細胞膜を透過できないから。

D　能動輸送

II　E　ジャスモン酸

F　(1)，(2)，(4)

G　(1)

H　風刺激では，細胞小器官のチャネルが開き細胞質基質にカルシウムイオンが流出し，低温刺激では主に細胞膜のチャネルが開くことで細胞外からカルシウムイオンが流入する。

━━━━━◀解　説▶━━━━━

≪根の屈性，オーキシンの極性輸送，シグナル分子≫

◆I

　屈性制御にはオーキシンが重要な役割を果たしている。オーキシンは細胞壁をゆるめることで細胞成長を促進する。オーキシンが細胞壁をゆるめる機構に関しては，「酸成長説」がとなえられてきた。細胞壁液相の酸性化は古くはオーキシンが供給する水素イオンによって起こると考えられていたが，現在では，オーキシンによって活性化される細胞膜上のポンプが

エネルギーを消費して細胞外に排出する水素イオンによって起こるとする考えが有力になっている。実験1ではシロイヌナズナの根の重力屈性を調べるために芽生えを 90°回転させて根の屈曲を調べた。実験2では，シロイヌナズナの根の光屈性を調べるために，芽生えの根に重力方向に対し 90°の角度から青色光を照射して屈曲を調べた。実験3では根の水分屈性を調べた。

▶A　「重力屈性の性質が，陸上植物の生存戦略上有利である理由」なので，光を十分得て光合成に不利益にならない状況をつくることと，水分が少なく乾燥条件にある陸上で間違いなく水分や養分を土中から陸上の葉に供給できるようにしていることについて述べる。つまり，茎は上方へ伸びることで，光合成に用いる光を効率的に獲得できる。一方根は，地中に深く伸長することで水や無機塩類を獲得できるばかりでなく，植物体をしっかり支持することが可能になる。

▶B　(1)　誤文。根での屈曲の起こる順序は g，h，i のグラフを比較すると明白である。青色光に対する屈性は刺激開始後1時間までは出現しない。一方，重力や水分に対する屈性は1時間後には出現している。青色光に対する屈性は3つの刺激の中で最も遅く観察できる。

(2)　誤文。刺激の方向に依存したオーキシン分布の偏りがシロイヌナズナの根の屈曲に必須であるということが正しいならば，オーキシン分布に偏りが生じないときには，根の屈曲が起こらないことになる。e と f でオーキシン極性輸送阻害剤を含んだ寒天培地でも青色光屈性と水分屈性は起きていて，しかもオーキシン極性輸送阻害剤を含まないときよりも大きな変化が生じている。このことはオーキシン分布に偏りがない条件であっても青色光屈性や水分屈性が起きていることを表している。

(3)　誤文。c の水分屈性を見ると，刺激源から遠い下側のオーキシン濃度が高くなっている。よって，オーキシンが常に刺激源の近い側に分布するということはない。

(4)　誤文。変異体Aで起こっている遺伝子発現調節異常は根の青色光屈性を促進する効果をもつというところが誤り。h のグラフでは野生型に比べて変異体Aの青色光に対する屈曲角度が小さく，促進する効果は認められない。一方，水分屈性に関しては，変異体Aの屈曲角度が野生型に比べて2倍程度（刺激開始後8時間で）になっていることから，遺伝子発現調節

異常は屈曲促進の意味合いが高い。

(5)　正文。

▶C　本問のポイントは，取りこみ輸送体よりも排出輸送体の偏在制御が重要となる理由である。細胞内に取り込まれたオーキシンは細胞外に排出される。取り込まれるときのオーキシンはイオン化していないため，そのまま細胞膜を透過するが，排出されるときはイオン化してしまう。その結果，リン脂質二重層からなる細胞膜を透過できず輸送体による排出が行われるのである。これを論理的に述べることになる。

　細胞膜の性質として，イオンを通しにくい性質があげられる。これは，親水性の物質は細胞膜を透過しにくいからである。イオンなどはチャネルや輸送体を介して移動する。酸素や二酸化炭素などの低分子物質は膜タンパク質を介さずに細胞膜を透過できる。オーキシンも低分子物質であるのでイオン化していないときは輸送体を介さずに細胞内に入ることができる。弱酸性の細胞壁液相ではインドール酢酸（IAA）はイオン化しにくいので，細胞膜を透過して細胞内に移動する。しかし，細胞内では IAA の大半はイオン化しているため，取り込まれた IAA はこのままでは排出できず，排出輸送体から細胞外に排出される。このため，排出には排出輸送体の関与が大きく，輸送体は細胞膜上の必要部位に偏在している。

▶D　ポンプのようにエネルギーを消費して行う輸送を能動輸送という。

◆Ⅱ

　植物は環境ストレスから身を守るために防御反応を行う。害を受けた部位からシグナル伝達物質が出され，他の部位に伝わることによる防御反応の1つに昆虫による食害への防御反応がある。食害のシグナルはカルシウムイオンシグナルであることが示され，師管を通り植物体全身へと広がる。カルシウムイオンは食害以外にも刺激を細胞に伝達するシグナル分子としてはたらいている。その例として，タバコの芽生えに風刺激，接触刺激や低温刺激を与えたときの細胞質基質のカルシウムイオン濃度の変化を図2－5と図2－6に示した。

▶E　食害刺激を受けると，ジャスモン酸の生合成が活性化し，ジャスモン酸による遺伝子発現誘導により，昆虫の消化酵素を阻害する物質がつくられる。つまり，昆虫の消化液に含まれるタンパク質分解酵素の阻害物質を合成する。この阻害物質を多く含む植物の葉を食べた昆虫は，タンパク

質を消化しにくくなり摂食障害を起こす。その結果，昆虫はこの植物を摂
食しなくなるので食害を防ぐことができる。

▶F　葉で合成された同化デンプンは GAP などに分解されて細胞質基質
に運ばれ，いくつかの反応を経てスクロース（ショ糖）が合成される。こ
のスクロースが師管を通り植物体の各組織に転流される。また，葉で合成
されたタンパク質はアミノ酸となって師管を通り各部位に転流する。さら
にフロリゲンも葉で合成された後，師管を通り茎頂に運ばれて，茎頂分裂
組織から花芽が分化する。フロリゲンに関しては，オナモミの花芽形成の
実験で環状除皮した場合に短日処理しなかった枝には花芽が形成されない
ことから，フロリゲンが師管を移動することが示された。クロロフィルは
葉の中でグルタミン酸から，およそ 20 ステップの反応によって合成され
る。また分解も葉の中で起こるので，師管の中を移動することはない。

▶G　(1)　正文。実験 4 の組み合わせ処理①で風刺激処理後に接触刺激を
繰り返し与え，再度風刺激処理を行うと，風刺激単独の場合と同様に，風
刺激に対する反応性が低下している。実験 4 のリード文に，カルシウムイ
オン濃度依存的に発光するタンパク質イクオリンを細胞質基質に発現させ
た遺伝子を組み込んでいるとあるので，図 2 − 5 の発光シグナル強度が変
化しているのは，細胞質基質のカルシウムイオン濃度が何らかのしくみで
変化したことを反映していることになる。つまり，風刺激と接触刺激とい
う 2 つの刺激が同様の機構でカルシウムイオン濃度の変化をもたらしてい
ると考えることができる。

(2)　誤文。図 2 − 5 より，低温刺激処理のみを行った場合と風刺激処理の
みを行った場合を比較すると，両者とも刺激を与えるとすぐに反応してい
るため，低温刺激よりも風刺激により速く反応するわけではないことがわ
かる。

(3)　誤文。図 2 − 5 より，連続した風刺激処理の後に低温刺激処理を行っ
た場合と，風刺激処理を行わず低温刺激処理のみを行った場合とでは発光
シグナル強度に違いがない。風刺激処理をしてもその後の低温刺激処理で
は，細胞質基質のカルシウムイオン濃度の上昇が起こらないことがわかる。

▶H　設問文に重要なことが多く記述されているのでそれを活用するとよ
い。まず，カルシウムチャネル阻害剤 X と阻害剤 Y で阻害した結果を分析
すると，図 2 − 6 より，風刺激の場合，阻害剤 X で処理しても変化はない

が，阻害剤Yで処理すると発光シグナルが検出されない。阻害剤Xは細胞膜に局在するチャネルを，阻害剤Yは細胞小器官に存在するカルシウムチャネルを強く阻害することから，風刺激では細胞小器官のカルシウムチャネルが開いて細胞質基質にカルシウムイオンが流出し，細胞質基質のカルシウムイオン濃度が上昇する。一方，低温刺激では，阻害剤Xのはたらきによって発光が抑制されることから，細胞膜のチャネルが開いて細胞外からカルシウムイオンが流入することで細胞質基質のカルシウムイオン濃度が上昇することがわかる。

3 解答

I A (2)

B ホルモンは血液によって運搬され，全身の標的細胞で受容されて作用する。性特異的な表現型が性ホルモンの作用のみで決まるとすると，左右で異なる表現型という現象を説明できないため。

C (5)

D F1：25％ F2：38％ F3：44％

E (1)

F 雌の誘引に雄の体の大きさが影響しないならば，体の小さな個体であっても精子はつくられる数が多く，雌が産む卵に対して十分である。大きな個体が雌となって多く卵をつくるほうが，小さな個体が雌となって卵をつくるより多くの子孫を残すことが期待できる。

G 体の大きさが異なる2匹の雄を透明なガラス板で仕切った水槽にそれぞれ1匹ずつ入れる。2つの空間に分けられた水槽では相手の姿を視認できるが，体の接触や嗅覚情報を得られない。この条件で，体の大きいほうの雄が雌に性転換することを確かめる。

II H (3)

I (2)

J (4)

━━━━ ◀解 説▶ ━━━━

≪脊椎動物の性，性転換のしくみ，男女の性差と脳≫

◆**I**

脊椎動物の性は雄か雌かといった単純なものではないことが明らかになってきた。キンカチョウのように半身が雄型，もう一方の半身が雌型の個

体も存在する。魚類や鳥類の中には，ブルーギルやエリマキシギのように雌のような外見をもつ雄がある程度の割合で出現する種が存在する。また，精巣と卵巣を同時にもつ種や，性成熟後に雌から雄に，あるいは雄から雌に性転換する種も存在する。

▶A　雄型の表現型を示す右半身はZ染色体を2本もつ。雌型の左半身はZ染色体とW染色体を1本ずつもっているとあるので，1個体の中で異なる染色体構成をもつキメラで，この結果により雌雄モザイクを形成する。原因としては減数分裂の際に卵母細胞から極体の放出が生じなかったためと考えられる。次の図に示すような現象を考えればよい。

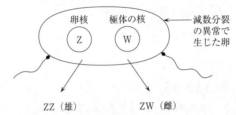

多精受精により卵核以外に極体も受精し，個体内で2つの異なる染色体構成（ZZとZW）が生じて雌雄モザイク体が形成される。

　なお設問の文末に，「鳥類では，一度に複数の精子が受精する多精受精という現象がしばしばみられる」という表記がある。出題者からの，これをヒントにしてこの問題を考えよというメッセージが込められていることに気がつかなければいけない。

▶B　ホルモンは血液によって運ばれて全身にいきわたるので，性ホルモンだけでは，右半身を雄らしく，左半身を雌らしくするという形質の違いが現れることはない。

▶C　(1)　誤文。一般に雌よりも雄のほうが外見が派手である。雄でありながら外見を雌型にしたら目立たなくなってしまう。

(2)　誤文。種にもよるが，見た目が地味なものより派手な雄のほうが雌をひきつけやすい。

(3)　誤文。外見が雌型の個体が通常の雄より攻撃性が高いことはない。

(4)　誤文。他の雄個体が接近してくる可能性はあるが，求愛されることで，この雄個体が繁殖戦略上，有利になることはない。

(5)　正文。

▶D　受精卵で遺伝子Aの片側に突然変異が生じたとあるので，この変異個体の遺伝子型を Aa とする。Aa の交配で生じたのが F1 である。

F1：Aa×Aa→AA：Aa：aa＝1：2：1

両アレルに変異をもつのは aa なのでその割合は

$$\frac{1}{4}\times100=25〔\%〕$$

F2： i)　　AA×AA→4AA

　　 ii)　　2（Aa×Aa）→2AA，4Aa，2aa

　　 iii)　　aa×aa→4aa

よって F2 は　　AA：Aa：aa＝3：2：3

aa 個体の割合は　　$\frac{3}{8}\times100=37.5〔\%〕$

整数値で求めるので　　38％

F3： i)　　3（AA×AA）→12AA

　　 ii)　　2（Aa×Aa）→2AA，4Aa，2aa

　　 iii)　　3（aa×aa）→12aa

よって F3 は　　AA：Aa：aa＝7：2：7

aa 個体の割合は，　　$\frac{7}{16}\times100=43.75〔\%〕$

整数値で求めるので　　44％

▶E　雌から雄に性転換する繁殖戦略上の利点は，多くの子孫を残せることにある。魚類は体が大きいほど多くの配偶子をつくることができるので，小さいときは雌として卵を産み，大きな雄に受精させておく。大きくなってからは雄に性転換して一夫多妻のハレムを形成することで，多くの雌を従え，自分の精子を受精することができる。ハレムの雌がつくる卵と自分の遺伝子をもつ精子とが受精できるように多くの精子をつくるために雄の体が大きくなると考えられる。選択肢(1)〜(4)の中で，体の大きさがある点を超えると雄の個体当たりの期待される子の数が急激に増加する(1)のグラフを選べばよい。注意したいのは，雄も雌も体が大きくなると多くの配偶子をつくることができるので，個体当たりの期待される子の数は増加する。よってグラフは右肩上がりになる。

▶F　ここではハレムを形成しないでパートナーを変えながら一夫一妻で

の繁殖をする場合を考える点に注意する。卵に比べて雄のつくる小さな精子は，体の大小に関係なく十分な量をつくることができるので，多くの場合，つくられた精子は受精に関与しないで無駄になってしまう。ハレムでなく一夫一妻の場合，精子の数はあまり重要ではなく，つくられる卵の数が生まれる個体の数を決定する要因となる。

　また，雄の体の大きさが雌を誘引するのに影響を与えないので，体の大きい個体が雄である必要はない。むしろ大きな個体が雌となって卵をつくるほうが，小さな個体が雌となって卵をつくるよりも多数の卵をつくれるので，子孫をより多く増やすことができる。

▶G　大きさの異なる 2 匹の雄のカクレクマノミが出会うと，視覚情報によって大きいほうが雌に性転換するとある。このときに接触や嗅覚情報を必要としないことを確かめるので，2 匹のカクレクマノミを相手の姿が確認できる透明な水層に入れる。その際，ガラス板などの透明な仕切り板を用いて 2 つの空間に隔てておく。このような条件にしておけば，体の接触や嗅覚情報は得られない。これで体の大きいほうが雌に性転換することを確かめればよい。

◆Ⅱ

　ヒトの脳機能についても男性脳や女性脳といった二者択一的な分類がされてきたが，実際にはそうではなく，男女間でオーバーラップする連続的な違いであることが明らかになっている。個々の部位の大きさを男女間の平均値で比較すると，男性で大きいとされる全ての脳部位が女性よりも大きい男性はほとんどおらず，女性で大きいとされる全ての脳部位が男性よりも大きい女性もほとんどいないことが明らかになった。

▶H　言語能力に関わる部位は大脳新皮質であり，大脳の表層に位置する。大脳の外側は大脳皮質（灰白質）と呼ばれ細胞体が集まっている。内側は大脳髄質（白質）と呼ばれ，神経繊維が集まっている。ヒトの大脳皮質は新皮質と，古皮質と原皮質などを含む辺縁皮質からなる。新皮質には，視覚・聴覚などの感覚中枢，各種の随意運動の中枢，記憶・思考・理解・言語などの精神活動の中枢がある。辺縁皮質には欲求や感情に基づく行動の中枢があり，記憶に関わる海馬もこの部位に含まれる。

▶I　物体の回転像をイメージする能力に男女差が生じるしくみが，Y 染色体上の遺伝子のみ，あるいは，精巣から放出される性ホルモンのみによ

るものだと仮定する。

　「性染色体構成が男性型である人」なので，Y染色体上の遺伝子が原因であれば，男性型のスコアをとると考えられる。また，性ホルモンは女性と同じ卵巣をもつので女性型のスコアをとると考えられる。

▶ J　海馬の灰白質の発達が胎児期の性ホルモンの影響を強く受けていると考えられていることを念頭においておく。海馬の灰白質の体積の平均値が女性よりも男性のほうが大きいという報告がある。この件に関して空欄1を考える。体積は海馬の灰白質をつくる細胞体の量と考えることができる。男性の胎児では，海馬に神経細胞が生じる過程で精巣から放出される男性ホルモンによって，女性の胎児よりも細胞増殖（神経細胞の増殖）を起こしやすくなっていると推測される。

　しかし，海馬の灰白質が女性の平均より小さな男性も少なくない。男性のほうが女性より海馬の灰白質の体積が大きいというのは，あくまでも平均であって，このような逆の現象が生じることもある。これをどのように考えるかが次の問題である。胎児期に男性ホルモンによる細胞増殖がそれほど起こらなかったためと考えられている。

❖ 講　評

　2021 年度の難易度は，2020 年度よりも少しやさしめであった。知識問題と考察問題の割合は知識問題がやや増加したものの，考察問題の占める割合が大きいことに変わりはない。知識問題としては，生物用語の空所補充や文章選択（内容真偽）も見られる。ただし，この選択問題が考察系の問題となっていることが多く，単純な知識で解答できるというわけではない。

　論述問題は 2020 年度の 12 問から 9 問に減少し，論述量も 34 行程度から 23 行程度に大きく減少している。問題解読には時間を必要とするが，表現する内容は減少していて，その分選択問題が増加している。

　東大生物では，最近の過去 5 年間の総論述量は平均で 22 行程度で，大問 1 題につき 7 〜 8 行前後の解答を要求している。この点から言えば，2021 年度は，平均程度に戻ったと言えるだろう。また，最大で 5 行程度という設問が 2018・2019 年度と 2 年連続出題されていたが，2020・2021 年度は出題されておらず，1 〜 3 行程度というものが多数出題さ

れている。なお，解答用紙には 1 行に 35 字分の目盛りがある。また，グラフ作成が求められる描図問題は 2019〜2021 年度は出題されていない。

　東大生物の特徴は，「リード文の徹底理解」と「論理的思考力・分析力」，そして「その表現能力を見る」というものである。2021 年度もその特徴は健在であり，情報を正確に分析して，まとめる能力を養うことが必要となる。論述対策としては，まず出題者の狙いは何か，解答のポイントは何か，どこを中心に述べるかを考えて的確に 2 〜 3 行（70〜105 字）程度でまとめる練習をしておくとよいだろう。

　また，目新しい題材や見慣れない図表が問題文に取り上げられることが多い。これらの図表を基にしたデータの分析，その結果から考察される内容，さらに仮説を検証する実験の設定などが出題されているので，短時間に論点を把握した文章をまとめる練習を日ごろからこなしておきたい。

　1　Ⅰではクマムシ，Ⅱでは線虫の乾燥耐性についての実験考察問題が出題された。ⅠのCは初期遺伝子と考えられるものを選ぶもので，内容を理解するのに少し時間がかかるかもしれない。初期遺伝子は最初から細胞内に存在するタンパク質によって転写が進行するので，翻訳阻害剤を添加しても mRNA 量の増加が阻害されず，転写阻害剤によって mRNA 量の増加が阻害されるものを選べたかどうかがポイント。ⅡのⅠの，野生型，変異体Ｐ，変異体Ｘ，二重変異体Ｐ：Ｘの 2 つの実験結果から変異体Ｘで機能を失った遺伝子Ｘの役割とそれがトレハロース産生にどう影響するかという問題では，処理するデータの分量が多く，それを理解するのに時間が必要である。しかも問われている 2 点について 2 行程度で述べるのは少し短すぎて困難であったかもしれない。2021 年度の「生物」で最も東大らしい設問で，個々のデータ断片から，論理的に矛盾しない全体的なモデル構造を構築する力が問われている。

　2　ⅠのＢは，光，重力，水分に対する根の屈性について，3 つの結果から支持されるか否定されるかの判定を根拠とともに選ぶ問題であった。しかも，根拠が複数存在する場合はすべて選ぶので慎重に考えないとミスしやすい。ここでは，重力屈性の影響が常にあることを理解していないとわからなくなってしまう。本問は，実験結果を比較して選択す

る問題で，知識の豊富さを問う問題ではなく，考察問題である。Cでは，なぜ取りこみ輸送体よりも排出輸送体の偏在制御が重要となるかという根本的な内容が問われている。あくまでもここは，設問に記載されているヒントとなるべき文を見つけ出し，それをどのように用いるかを考えていけばよい。細胞膜の性質として疎水性の物質は透過させやすく，電荷をもつイオンは透過させにくいことを述べて，細胞外ではIAAはイオン化していないので細胞外から細胞内に輸送体を経ずに透過できるが，細胞内ではイオン化しているので輸送体を経ないと細胞外に出ていくことができないことを述べる。ⅡのGはグラフからどのように判断できるか考えてみるとよいだろう。Hでは細胞質基質のカルシウムイオン濃度の上昇がどのようにして起こるかを述べておけばよい。

　3　ⅠのAでは，右半身が雄型，左半身が雌型の表現型を示すキンカチョウの雌雄モザイクの発生が減数分裂の際の，卵母細胞からの極体放出に原因があることが問われ，Bでは，これが性ホルモンの作用だけでは説明されないことが問われた。E・Fでは，一夫多妻のハレムを形成する魚類と，ハレムを形成せずパートナーを変えながら一夫一妻を繰り返すカクレクマノミを取り上げ，前者は体が大きくなると雌から雄に性転換するのに対し，後者は体が大きくなると雄から雌に性転換する繁殖戦略上の利点を述べる問題が出された。ハレムを形成する場合，自分の遺伝子をなるべく多くの子孫形成につなげるために，卵をつくるよりも精子を多くつくる雄に性転換するほうが利点がある。一方，一夫一妻では相手となる雌個体が1匹であるので多数の精子をつくる必要がない。それよりも確実に多くの卵を産んで子孫に遺伝子を残すほうが大きな利益を得られると考えられる。Ⅱはヒトの男女の性差と脳に関する，常識的な問題が多かったため短時間で解答できたであろう。

──────── 「生物」の出題の意図（東京大学 発表）────────

　「生物」は，自然界における生命の本質とそのあり方を対象とし，微細な分子レベルから地球規模の生態レベルまで多岐にわたる観点からの理解が求められる科目です。生命現象には，ウイルスや細菌から植物やヒトまでの，すべてを貫く普遍的な原理がある一方，生物種により異なる多種多様な性質も数多くみられます。これらの普遍性と多様性がどのように生み出され，機能しているのかという疑問に答えることが求められます。このためには，生物体の構造と機能に関する一般的な基礎知識とともに，観察と実験に基づいて考察し本質を見抜く能力，さらにはこれらの過程を論理的に論述する能力が必要になります。本年度の「生物」では，下記の 3 つの大問を通じて生物学に関する基礎能力を判断することをめざしました。

第 1 問

　　動物の乾燥耐性を題材に，細胞機能の基盤となる遺伝子発現制御と代謝調節の正確な理解を問う。本文と複数の図から読み取れる情報を有機的に結合させることで，環境ストレスに応答するためのしくみを理解し考察する。

第 2 問

　　植物が外界刺激に対して細胞・器官レベルでどのように応答するのか，その分子メカニズムを実験データから正しく読み取って考察する。とくに，こうした分子メカニズムの基盤となっている生物普遍的な原理の理解度に重点を置いた。

第 3 問

　　動物の性の多様性を理解し，その多様性を生み出している生理学的な仕組み，生態学的な仕組みを考察する。また，誤解されることの多い男女の脳の違いを，データをもとに正しく理解，考察する。

地学

1 **解答** 問1 (1) (a) $\dfrac{D}{d} = \dfrac{0.72}{1-0.72} = 2.57 \fallingdotseq 2.6$ 倍 ……(答)

(b) $D = L\tan\theta$

よって $L = \dfrac{D}{\tan\theta}$

(a)より $D = 2.6d$ なので $L = \dfrac{2.6d}{\tan\theta}$ ……(答)

(c) $L \fallingdotseq \dfrac{2.6d}{\theta} = \dfrac{2.6 \times 3000}{11 \times 4.8 \times 10^{-6}} = 1.47 \times 10^8 \fallingdotseq 1.5 \times 10^8 \,(\text{km})$ ……(答)

(2) (a) 求める距離を d〔パーセク〕とすると

$-19.5 = 15.5 + 5 - 5\log_{10}d$

$5\log_{10}d = 40$

$d = 1.0 \times 10^8$〔パーセク〕 ……(答)

(b) Ia 型超新星：絶対等級が明るいため，遠方の銀河の距離まで測定できる。

脈動型変光星：数が多く識別もしやすいため，比較的近い距離ならすべての銀河の距離が測定できる。

問2 (1) ケプラーの第三法則より，$K = \dfrac{a^3}{P^2}$ が成り立つから

$P = \sqrt{\dfrac{a^3}{K}}$ ……(答)

(2) 面積速度が一定なので

$\dfrac{S}{\tau} = \dfrac{\pi\sqrt{(1-e^2)}\,a^2}{P}$

$\quad = \pi\sqrt{(1-e^2)} \cdot a^2\sqrt{\dfrac{K}{a^3}} = \pi\sqrt{aK(1-e^2)}$ ……(答)

(3) (a) $Q\varDelta t = \dfrac{A}{r^2}\varDelta t$ に $r^2 = \dfrac{2\varDelta S}{\varDelta\theta}$ を代入すると

$$Q \Delta t = \frac{A \Delta t \Delta \theta}{2 \Delta S} \quad \cdots\cdots (答)$$

(b)　(2)より　　$\dfrac{\Delta S}{\Delta t} = \pi \sqrt{aK(1-e^2)}$

(a)の結果の式に代入して

$$Q \Delta t = \frac{A \Delta t \Delta \theta}{2 \Delta S} = \frac{A \Delta \theta}{2\pi \sqrt{aK(1-e^2)}}$$

θ が 0 から $\dfrac{2\pi}{3}$ まで変化する間に放出される H_2O 分子の総数を N とする

と

$$N = \int_0^{\frac{2\pi}{3}} \frac{A}{2\pi \sqrt{aK(1-e^2)}} d\theta = \frac{A}{2\pi \sqrt{aK(1-e^2)}} \times \frac{2\pi}{3} = \frac{A}{3\sqrt{aK(1-e^2)}}$$

$$\cdots\cdots ①$$

ここで，Q を 1 年間あたりの個数に換算すると

$$Q = 2.0 \times 10^{27} 〔個/秒〕 = 2.0 \times 10^{27} \times 3.15 \times 10^7 〔個/年〕$$

$$= 6.3 \times 10^{34} 〔個/年〕$$

$Q = \dfrac{A}{r^2}$ より，$A = Q r^2$ に $r = 2.0$〔AU〕を代入すると

$$A = 6.3 \times 10^{34} \times 2.0^2 = 2.5 \times 10^{35} 〔個 AU^2/年〕$$

また，時間の単位を年，距離の単位を AU で表すと，$K = 1$ となるから，

以上の値と $a = 9.0$〔AU〕，$e = 0.80$ を①に代入すると

$$N = \frac{2.5 \times 10^{35}}{3\sqrt{9.0 \times 1 (1 - 0.80^2)}} = \frac{2.5 \times 10^{35}}{3 \times 3 \times 0.6} 〔個〕$$

放出される総質量を M とすると

$$M = N \times 3.0 \times 10^{-26}$$

$$= \frac{2.5 \times 10^{35}}{3 \times 3 \times 0.6} \times 3.0 \times 10^{-26}$$

$$= 1.38 \times 10^9 ≒ 1.4 \times 10^9 〔kg〕 \quad \cdots\cdots (答)$$

(4)　彗星が太陽に接近するたびに氷主体の核が気化により小さくなってい

き，表面積が減少していくため。

━━━━━━　◀解　説▶　━━━━━━

≪天体の距離，彗星の運動と性質≫

◆問 1　▶(1)　(a)　下図で△ABP と△QRP は相似なので

$$d : D = \mathrm{AP} : \mathrm{QP}$$

$$\therefore \quad \frac{D}{d} = \frac{\mathrm{QP}}{\mathrm{AP}} = \frac{0.72}{0.28} = 2.57 \fallingdotseq 2.6 \text{ 倍}$$

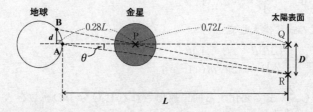

(b) 三角形 AQR において $D = L \tan\theta$

この式に(a)で求めた $D = 2.6d$ を代入すればよい。

(c) (b)の結果の式に,設問文で指示されているように $\tan\theta \fallingdotseq \theta$ と近似して $d = 3000$ 〔km〕,$\theta = 11 \times 4.8 \times 10^{-6}$ ラジアンを代入すればよい。

▶(2) (a) $M = m + 5 - 5\log_{10}d$ の公式に,絶対等級 $M = -19.5$,見かけの等級 $m = 15.5$ を代入すればよい。

(b) 測定限界より暗い天体は観測することができず,距離を測定することができない。したがって絶対等級が明るい天体ほど遠くにあっても観測が可能である。このため Ia 型超新星を利用すれば遠くの銀河の距離測定が可能になる。ただし,超新星爆発は頻繁に起こるわけではなく,また明るくなる期間も短いので,観測されることはまれであり,この方法で銀河までの距離が測定できることは多くない。それに対して脈動型変光星は Ia 型超新星に比べれば数多く存在する。またほとんどの銀河で観測することができ,その距離を決定することができる。ただし,絶対等級は Ia 型超新星に比べるとはるかに暗いので,近距離にある銀河の距離の測定にしか利用することができない。

◆問 2 ▶(1) ある中心天体の周りを公転する天体の公転周期を P,軌道長半径を a とすると,$\dfrac{a^3}{P^2}$ は同じ値となる(ケプラーの第三法則)。彗星と地球はともに太陽の周りを公転しているので,$\dfrac{a^3}{P^2} = \dfrac{a_E{}^3}{P_E{}^2} = K$ となる。なお,中心天体が太陽と同質量で,a の単位を〔AU〕,P の単位を〔年〕で表すと,$K = 1$ となる。

▶(2) ケプラーの第二法則より,彗星と太陽を結ぶ線分が単位時間に通過

する面積は常に一定である。したがって彗星が公転周期 P で太陽の周り
を一周すると，線分が通過した面積は軌道の楕円の面積に等しくなる。こ
のことから〔解答〕の式の 1 行目が成り立つ。この式に(1)の結果を代入し
て P を消去すればよい。

▶(3) (a) 彗星が下図の X にあるときの時刻を 0，角度を 0，Y にあると
きの時刻を T，角度を $\dfrac{2\pi}{3}$ とする。

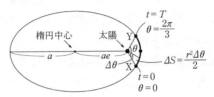

(b) (2)の結果で $S = \Delta S$，$\tau = \Delta t$ とおいて，$\dfrac{\Delta S}{\Delta t} = \pi\sqrt{aK(1-e^2)}$ とし，(a)で
求めた式に代入すると

$$Q\Delta t = \frac{A\Delta t\Delta\theta}{2\Delta S} = \frac{A\Delta\theta}{2\pi\sqrt{aK(1-e^2)}}$$

となる。

左辺は微小時間 Δt あたりに放出される分子の数，右辺は微小角度 $\Delta\theta$ あ
たりに放出される分子の数を表している。したがって，彗星が X から Y ま
で移動する間に放出される分子の総数 $N = \dfrac{A\Delta\theta}{2\pi\sqrt{aK(1-e^2)}}$ を $\theta = 0$ から

$\dfrac{2\pi}{3}$ まで積分することにより求めることができる。

計算に際して A の値が必要になるが，問題に与えられている r と Q の値
より計算すればよい。このとき，時間の単位を年，距離の単位を AU に
することで，ケプラーの第三法則の定数 K の値が 1 になることを利用す
る。総質量 M は，分子の総数 N と分子 1 個あたりの質量の積で求めるこ
とができる。

▶(4) ガスの放出は太陽から受ける熱で起こるので，ガスの放出→核の半
径が減少→表面積が減少し，受熱量が減少→ガスの放出量が減少，という
流れで理由を説明する。

2 解答

問 1 (1) (ア)凝結高度 (イ)絶対不安定 (ウ)絶対安定 (エ)逆転層

(2) 上昇空気塊の温度が露点以下になって凝結が起こり，湿潤断熱減率にしたがって温度が低下する場合。

(3) (a)

理由：上昇する空気塊の温度は，破線，鎖線に沿って ADBC と変化するが，気温より高温になる BC 間では，浮力によって自発的に上昇する。そのため，B 点の高度が低く C 点までの高度差が大きい(a)の方が，積乱雲が発生・発達しやすいと考えられる。

(4) • 夜間に地面が放射冷却によって冷えることにより，地面に接する大気が冷やされて上空の方が高温になる。

• 前線面を境に，寒気の上に暖気がある場合，上空の方が高温になる。

(5) $h = 125 (26 - 18) = 1000 〔m〕$

凝結高度での温度を T_1 とすると

$$T_1 = 26 - \frac{1.0}{100} \times 1000 = 16 〔℃〕$$

山頂での温度を T_2 とすると

$$T_2 = 16 - \frac{0.50}{100} \times (3000 - 1000) = 6 〔℃〕$$

風下側山麓での温度を T_3 とすると

$$T_3 = 6 + \frac{1.0}{100} \times 3000 = 36 〔℃〕 \quad \cdots\cdots(答)$$

問 2 (1) 大規模な海流は圧力傾度力と転向力がつり合って流れる地衡流とみなしてよく，等高線と平行に流れるから。

(2) 名称：南極環流（南極周極流）

理由：海面高度の等高線の間隔が狭く，圧力傾度力が大きい。圧力傾度力とつり合う転向力の大きさと流速は比例するから。

(3) 偏西風によるエクマン輸送で，高緯度側から低緯度側へと海水が運ばれるが，低緯度側ほど偏西風の風速が小さくなるため輸送量が減少し，海水が収束するから。

(4) (ア)小さく (イ)東 (ウ)弱く

━━━━━━ ◀解　説▶ ━━━━━━

≪大気の状態，海水の運動≫

◆問 1　▶(1)・(2)　空気塊が周囲と熱のやり取りなく上昇すると，断熱膨張により温度が下がる。このときの温度変化率（1.0℃/100m）が乾燥断熱減率である。上昇が凝結を伴う場合は，放出される潜熱により温度の低下率が小さくなる。このときの温度変化率（ほぼ 0.5℃/100m）が湿潤断熱減率である。厳密には図 2 － 1 の鎖線のように，高度により温度変化率は変化する。

　上昇した空気塊は断熱膨張により温度が下がるが，その結果周囲の空気より温度が高ければ浮力によりさらに上昇が続く。このような状態を不安定という。また上昇した空気塊の温度が周囲より低い場合はもとに戻るような力がはたらく。このような状態を安定という。安定不安定は周囲の空気の気温減率で決まる。

　気温減率が乾燥断熱減率より大きい場合は，凝結の有無によらず空気塊の温度の方が高くなるので絶対不安定と呼ばれる。逆に，気温減率が湿潤断熱減率より小さい場合は，凝結の有無によらず空気塊の温度の方が低くなるので，絶対安定と呼ばれる。

　気温減率が湿潤断熱減率と乾燥断熱減率の間の場合は，凝結が起こると不安定に，起こらないと安定になるので，条件つき不安定と呼ばれる。

　上空の方が高温になっている逆転層は絶対安定な状態である。

▶(3)　上昇気流の中で積乱雲は発生し成長する。浮力による上昇気流は空気塊の温度が周囲より高い場合に発生するので，グラフの B と C の間で上昇気流が発生し，積乱雲が発達する。凝結の始まる D と上昇気流が始まる B の高度差が小さい(a)の方が(b)と比べて積乱雲が発生しやすく，B と C の高度差が大きい(a)の方が発達しやすい。

▶(4)　〔解答〕の 1 つ目にあげた放射冷却による逆転層は接地逆転層とも呼ばれる。雲があると，地面が放射した赤外線を雲が吸収して再放射するので，放射冷却が進みにくくなる。また風があると地表付近の冷気が運び去られるので，放射冷却が進みにくくなる。したがって放射冷却により接地逆転層が生じやすいのはよく晴れた風のない夜間である。

　〔解答〕の 2 つ目にあげた前線面に伴って形成される上空の逆転層は前線性逆転層とも呼ばれる。

逆転層は大気の状態が非常に安定で対流活動は起こりにくい。

　他にも，高気圧の中心付近の下降気流により，断熱圧縮されて高温になった空気塊が地上付近の低温の空気塊の上にくる場合にも逆転層が形成されることがある。

▶(5)　〔解答〕のような手順で計算すればよい。凝結高度を求める式 $h = 125(T - T_d)$ を使い，凝結の始まる温度 T_1 を求めると 16℃となり，$T_d = 18℃$と一致しないが，これは上空は気圧が低く水蒸気圧も小さくなるためである。山頂（温度 T_2）から風下側の山麓（温度 T_3）に吹き下りるときは断熱圧縮により気塊の温度が上昇するが，その上昇率は乾燥断熱減率と同じ $\dfrac{1.0}{100}$℃/m である。

◆問 2　▶(1)　北半球では右の平面図のように圧力傾度力と転向力の 2 力がつり合った状態で海流が流れる場合が多い。このような状態で流れる海流を地衡流という。南半球では転向力が逆向きにはたらくので，地衡流の向きも逆になる。

▶(2)　海面高度の等高線は南米の南を通り南極大陸を周回しているので，南極環流（南極周極流）と判断できる。2 行程度という指定なので，圧力傾度力と転向力がつり合い，転向力は流速に比例することにも言及する。

▶(3)　北半球において海面上を一定方向に風が吹く場合，表層のある程度の厚さの海水をトータルで見ると，風が吹いていく向きから直角右向きに海水は移動する。これをエクマン輸送という。

　本問では偏西風により高緯度側から低緯度側に向かうエクマン輸送の輸送量が，低緯度側になるほど小さくなることから海水が収束し，行き場を失った海水が沈降すると考えればよい。

▶(4)　北緯約 35〜45 度の間では，どの深さでも北の方が海水温が低く密度が大きい。そのため深さ方向の水圧の増加率は，どの深さでも北の方が大きい。したがって海面付近の海水圧力は，海面の高度が低い北の方が低いが，深さによる水圧の増加率は北の方が大きいので，海水圧力の南北勾配は深くなるにつれて小さくなる。それでも南の方が海水圧力が高いため，圧力傾度力は北向きとなり，地衡流は東に向かって流れるが，深くなるにつれて圧力傾度力は小さくなるので，海流は弱くなる。

3 **解答**

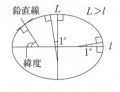

問 1　(1)　緯度はその地点の鉛直線が赤道面となす角である。緯度差 1° あたりの子午線の長さが高緯度ほど長いことから，図のように赤道半径が長いことが確かめられた。

(2)　(a)　北極と赤道における振り子の周期を T_{90}〔1/s〕，T_0〔1/s〕とし，北極と赤道における重力加速度の大きさを g_{90}〔m/s²〕，g_0〔m/s²〕とする。$g_{90} = 10$〔m/s²〕であり，g_0 は

$$g_0 = 10 - 6 \times 10^6 \times \left(\frac{2 \times 3}{24 \times 60 \times 60}\right)^2$$

と表せる。振り子の周期は重力加速度の平方根に反比例するので，求める減少率は

$$1 - \frac{T_{90}}{T_0} = 1 - \sqrt{\frac{g_0}{g_{90}}} = 1 - \sqrt{\frac{10 - 6 \times 10^6 \times \left(\dfrac{2 \times 3}{24 \times 60 \times 60}\right)^2}{10}}$$

$$= 1 - \sqrt{1 - \frac{10}{24^2 \times 6}} \fallingdotseq 1 - \left(1 - \frac{10}{2 \times 24^2 \times 6}\right)$$

$$= \frac{10}{2 \times 24^2 \times 6} = 1.4 \times 10^{-3}$$

$$\fallingdotseq 1 \times 10^{-1}〔\%〕$$

よって，北極における周期の方が 1×10^{-1} % 短くなる。　……(答)

(b)　地球の偏平率を f とすると　　$f = \dfrac{6378 - 6357}{6378} \fallingdotseq \dfrac{1}{300}$

地球はその内部全体に質量が分布しているが，外核のみが流体であるため，f はニュートンとホイヘンスの間の値となる。

(3)　1 万年前から現在まで隆起が継続していることがわかる。最終氷期には地殻の上に氷床が乗った状態でアセノスフェアにリソスフェアが浮いているアイソスタシーの状態が保たれていた。最終氷期が終わり氷床の急速な融解が起こると，アイソスタシーを回復するため隆起が起こった。アセノスフェアは岩石であるため隆起速度は非常に遅く，現在も隆起が継続している。

問 2　(1)　X．（正）断層（面）　Y．（傾斜）不整合（面）

Z．結晶質石灰岩

(2)　形成された年代を T，^{40}K の半減期を t とすると，^{40}K の量が 0.9 に
なっているので

$$\left(\frac{1}{2}\right)^{\frac{T}{t}} = 0.9$$

両辺の常用対数をとると

$$\log_{10}2^{-\frac{T}{t}} = \log_{10}\frac{3^2}{10}$$

$$-\frac{T}{t} \times 0.30 = 2 \times 0.48 - 1$$

$$\frac{T}{t} = \frac{0.04}{0.30}$$

$$T = \frac{0.04}{0.30} \times 1.3 \times 10^9 = 1.73 \times 10^8 \fallingdotseq 1.7 \times 10^8 \ 年 \quad \cdots\cdots(答)$$

(3)　(a)—④

(b)　•短期間で堆積したこと。

•広範囲に堆積していること。

•他の地層と識別しやすいこと。

以上から2つ。

(4)　古生代に石灰岩Eが堆積し，地殻変動によって褶曲したのち，花崗岩
Fが貫入した。その後隆起・陸化して侵食作用を受け，不整合面Yが形成
されたのち，海面下に沈降した。新生代にD〜A層が連続的に堆積したが，
C層が堆積した頃は比較的近くで火山活動が起こっていた。またA層堆積
途中に断層Xが活動した。

問3　(1)　$t_R - t_Q = \dfrac{\sqrt{z_0{}^2 + r^2} - z_0}{v}$　　$\cdots\cdots$(答)

(2)　グラフ：右図。

説明：$z_0 = 0$ では $t_R - t_Q = \dfrac{r}{v}$ であり，z_0 が大きくなる

と $t_R - t_Q$ は 0 に近づいていく。

(3)　P波は震源から同心円状に伝わっていく。このた
め，z_0 が大きくなっていくと，震源からQとRまで
の距離の差が相対的に小さくなり，到達時間の差である $t_R - t_Q$ も 0 に近
づく。

━━━━━━━━　◀解　説▶

≪地球の形，地質断面図，地震波≫

◆問 1　▶(1)　緯度は鉛直線（その地点の重力の方向）と赤道面のなす角として定義されるので，〔解答〕の図のように考える。地面の 2 地点から地球の中心を見込む角が緯度差であると考えるのは誤りである。

▶(2)　自転による遠心力 f は地軸と直交外向きにはたらき，大きさは地軸との距離に比例する。極では遠心力がはたらかないので，重力 g と万有引力 F が一致し，赤道では遠心力が外向き最大となるので，重力（万有引力と遠心力の合力）は最小となる。

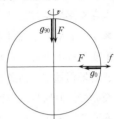

(b)　地球の偏平率を計算し，ニュートンの求めた 1/230 とホイヘンスが求めた 1/578 の間の値となることを示す。ニュートンの値より小さいことから，全体が一様な液体ではないことがわかり，ホイヘンスの値より大きいことからすべてが中心に集まっているとみなせるわけでもないことがわかる。このことを地球内部で液体であるのが外核だけであることと対応させて説明すればよい。

▶(3)　アイソスタシーは密度の小さい物体が密度が大きい物体の上に浮かんでいると考える。氷期に氷床という荷重を乗せた状態でアイソスタシーが成り立っていたものが，氷床が溶けることで荷重が取り除かれたことになり，重力と浮力のつり合いをとるために浮上する。グラフは現在も浮上が続いていることを示しており，この点に言及するのがポイントとなる。これはアセノスフェアが非常に粘性の大きい流体であり，リソスフェアが浮上する速度が非常に遅いと考えればよい。

◆問 2　▶(1)　X・Y.「境界」なので「面」を付けて解答してもよいだろう。また，それぞれ「正」，「傾斜」を付ければより詳しい。

Z.　石灰岩が接触変成作用を受けると結晶質石灰岩（大理石）となる。方解石が再結晶で粗粒になり，きらきら輝くのが特徴である。

▶(2)　半減期は放射性同位体の量が 2 分の 1 になるのにかかる時間である。「10％が壊変して」とあるので，放射性同位体の量が 90％になるまでの時間を求めればよい。

▶(3)　(a)　A～D 層は，花崗岩 F（1.7 億年前）の上に不整合に乗っているので，1.7 億年前（中生代ジュラ紀）より新しい。アノマロカリスは古

生代カンブリア紀，フズリナは古生代石炭紀〜ペルム紀，三葉虫は古生代，ヌンムリテスは新生代古第三紀のそれぞれ代表的な示準化石である。ジュラ紀より新しいのはヌンムリテスだけである。

(b)　火山灰層は鍵層の条件を満たすことが多い。砂岩などの砕屑岩は同時期に堆積しても，海岸に近いほど粗粒になるなど水平方向の岩相の変化が大きく鍵層には適さない場合が多い。

▶(4)　E層の褶曲は不整合面を曲げていないので，褶曲したのは不整合面形成の前である。断層Xは A 層の途中までずらしているので，B層堆積後，A層堆積途中に活動している。断層による地層や不整合面の変位量は同じなので，B層形成以前にはこの断層は活動していなかったと考えられる。

◆問3　▶(1)　伝わる距離を速さで割れば走時が求められる。

▶(2)　z_0 が 0 の場合の $t_R - t_Q$ の値 $\left(\dfrac{r}{v}\right)$ は記入する。z_0 が大きくなった場合は $t_R - t_Q$ の値は小さくなるので，横軸に漸近していくグラフを描けばよい。

▶(3)　「波の伝わる様子と関係付けて」と設問文にあり，何を書けばよいか迷うかもしれないが，同心円状に広がるということと関連付ければよいであろう。等発震時線（P波の到着時刻の等時線）は一般に震央を中心に同心円状になるが，震源が深くなると地表面との交点の間隔が広くなり，2 地点間の時間差は小さくなる。

❖講　評

　出題傾向は例年通り。問題文が長く内容が複雑なものが多いが，しっかり読めば題意をつかむことができる。計算量も多いので時間配分に気をつける必要がある。

　1　問1　天体までの距離の求め方に関する出題。図も示されているので確実に得点したい。

　問2　2020 年度に続きケプラーの法則を利用する計算問題であった。(3)は微小角度あたりの放出量の式を積分するという考え方，単位のそろえ方が難しく，差がついた問題ではないだろうか。

　2　問1　大気の安定不安定の条件と逆転層に関する出題だが，基礎的な知識と理解があれば解答できる内容である。フェーン現象の計算問

題は典型的なものであり，確実に得点したい。

　問2　海水の運動に関する出題で，(2)までは基本的な内容であり，確実に得点したい。(3)は2020年度に続きエクマン輸送の理解が前提となっていた。問題文中の「上空の風の向きと強さ」を関連付けて考えるのは簡単ではなかったかもしれない。(4)は選択式だったので，完全に理解できていなくても解答できたかもしれないが，図から深さによる海水圧力の増化率を読み取って考える問題で，深い考察が必要だった。

　3　問1　地球の形と重力に関する出題で基本事項の正確な理解があれば解答できただろう。(1)は図に示すという解答方法だが，必要な情報を確実に盛り込む必要がある。

　問2　地質断面図から地史を読み取る問題。確実に得点したい。放射年代の計算は典型的なもので，対数の計算を含めて普段から練習していれば問題ないだろう。

　問3　地震波の伝わり方に関する問題。複雑な内容ではないので，確実に得点したい。

──────── 「地学」の出題の意図（東京大学　発表）────────

　「地学」は，地球や惑星，宇宙まで幅広いフィールドを対象とする科目です。宇宙や惑星，地球の大気や海洋，そして地球内部に関するさまざまな現象を深く理解するには，正確な科学的知識を持つとともに，観察などを通してその本質を見抜く能力，原理に基づいて論理的にかつ柔軟に思考する能力が必要になります。また，幅広い分野の知識や技術を統合し総合的に理解する力や，得られた結論を客観的に説明する科学的な表現力などが必要になります。

　本年度の「地学」では，下記の3つの大問を通じて地学に関する学習能力を判断することにしました。

第1問

　　地球から天体までの距離の測定には，その距離に応じてさまざまな手法が用いられますが，問1では，それぞれの手法の特徴や利点の理解，および地球から題意の天体までの距離を定量的に推定する思考力を問うています。問2では，太陽系での天体の軌道運動に関する理解と，それを具体的な問題に適用する応用力を問うています。また，天体の（質点としてではない）性質に関する理解と，その長期進化を議論する思考力を問うています。

第2問

　　問1では，大気の鉛直方向の安定・不安定に関する気象学の基礎的な知識とそれを実際の大気現象に結びつけて考える応用力を問うています。問2では，地衡流に関する基礎的な理解とともに，海面高度の水平分布と水温の鉛直断面から大規模な海流の分布を見積もる手法についての理解を問うています。

第3問

　　問1では，地球の形状やアイソスタシーに関する基礎的理解や論理的に思考を表現する力を問うています。問2では，地質断面図についての基礎的理解，放射年代の測定，化石の産出状況，地層の対比などをもとに地史を推定する能力を問うています。問3では，地震波の走時に関する基礎的理解に加えて，地震波の伝わる様子についての考察力を問うています。

「国語」の出題の意図（東京大学　発表）

国語の問題は、高等学校までに培った国語の総合力を測ることを目的として、文科・理科を問わず、現代文・古文・漢文の三分野すべてから出題されます。選択式の設問では測りがたい国語の主体的な運用能力を測るため、解答はすべて記述式としています。なお、文科・理科それぞれの教育目標と、入学試験での配点・実施時間をふまえ、一部に文科のみを対象とした問いを設けています。

第一問は現代文の論理的文章についての問題で、医療における「ケア」の意義を論じた文章を題材としました。近代医療が患者の自己責任と国家の管理に支えられるのに対し、「ケア」は関係者すべての共同作業であり、公共的な営みなのだと明快に説かれています。論旨を正確にとらえる読解力と、それを簡潔に記述する表現力が試されます。また、ある程度の長文によって全体の論旨をふまえつつまとめる能力を問う問題を設けています。

第二問は古文についての問題で、『落窪物語』の車争いの場面を題材としました。古文の基礎的な語彙・文法の理解をふまえつつ、従者たちの言い争うありさまを正確に理解する力が試されています。文科ではさらに、話の鍵となる箇所を具体的に説明させる問題をも出題しました。

第三問は漢文についての問題で、江戸中期の儒者、井上金峨の『霞城講義』を題材にしました。漢文の基礎的な文法・文型をふまえることと、「君子」と「小人」との対比に表れた儒教的発想をつかむことが求められます。文科ではさらに、「聡明之主」に限って陥りやすい誤りとはどのようなことか、文脈を正確にふまえて答えさせる問題をも出題しました。

◆講　評

一　現代文（評論）　「ケア」という非常に今日的なテーマを文化人類学の視点から扱った文章である。論旨の展開が明快で、内容的にも説得力があり、文・理共通問題として最適なものと言えるだろう。設問は㈠〜㈢・㈤が標準、㈣がやや難レベルである。このうち㈢は「個人主義」についての基本的な説明も求められていると見るべきだろう。㈤は「本文全体の趣旨を踏まえて」とあるが、実質的には第八段落以降の内容をまとめることになる。それを前半の内容にも触れなければならないと思い込むと、解答の方向性を間違うことになる。

二　古文（作り物語）　平安時代の作り物語『落窪物語』からの出題。リード文で状況が丁寧に説明されているものの、人物の動向や発言を正確に読み取るのはやや難しい。㈠の口語訳は、「さうざうし」「御達」「もろともに」の語意や、反語や敬語など、基本的な古文学習の成果が問われている。㈡の主語を補っての口語訳は、主語を適切な理解と表現で示すことと、動詞「領ず」の意味の理解が問われている。㈢の内容説明は、「この殿」が道頼を指すという理解を前提に、源中納言の従者が道頼の権勢に恐れをなしたということを読み取る必要がある。

三　漢文（論説）　江戸時代中期の日本の儒学者、井上金峨が著した『霞城講義』からの出題。政治のありかたについて論じた抽象的な内容の文章で、全体の論旨を理解するのはやや難しい。㈠の口語訳は、受身・比較・願望などの基本句形の理解を問うもので、ごく標準的。㈡の口語訳は、比較の句形の理解を前提に、「一時」と「子孫」の対比を明確に示すことがポイント。㈢の内容説明は、「未信之民」が本文の冒頭部分に示された「上」「下」「信」を踏まえたものであると判断できるかが決め手となる。

害を受けている状況)を指しているが、〝現状・今の状況〟程度の表現でよいだろう。

d、「欲レ〜」は願望や意志を表す句法で、「〜んと欲す」と訓読し、〝たいと望む・〜ようとする〟の意。「矯」は〝正す・矯正する〟の意。「其」はその時に施行されている政策を指すが、「其弊」で〝政策の弊害〟としておけばよいだろう。「欲矯其弊」は「則」で後の「愚者狃其所習、而不肯之」につながっており、末尾は〝れば〟でもよいが、内容的には逆接にあたるので、〝〜ても〟等とする。

▼(二)「与〜、寧…」は比較を表す句法で、〝〜よりは、むしろ…のほうがよい〟の意。「其見効於一時」の逐語訳は〝その効果をすぐに見ること〟で、「其」は政策を行うことを指している。「取成於子孫」の逐語訳は〝成果を子孫に取れ」で、「子孫」は「一時」と対比されているので、〝子孫の代・後々の時代〟を意味している。

▼(三)傍線部eを逐語訳すると〝その政策に短期的な効果がないために、これをまだ信じていない人民に施行するにあたり、従わないからである〟となる。「其」は、前文の「維持数百世之後、置国家於泰山之安者」、すなわち、長期的に安定した世を保つ政治を指すが、解答でその内容を示す際には、〝善政〟といった簡潔な表現にすればよいだろう。「未信之民」は、本文の冒頭二文目の「為上者、為下所信、然後令有所下」を踏まえ、〝主君を信頼していない人民〟と解釈する。「所以〜」は〝だから・〜という理由〟の意。傍線部e自体の内容として、善政には即効性がないように見えるという前文の理由を述べたものであるが、傍線部eは、善政と人民の関係を説明する。解答のポイントは次の三点となる。

① 「以其無近効」＝善政には即効性がないため
② 「行之於未信之民」＝主君を信頼していない人民に施行しても
③ 「不服」＝人民は従わない

参考

『霞城講義』は、江戸時代中期の日本の儒学者、井上金峨が著した政治論。井上金峨は、特定の学説に縛られず、諸学派のすぐれた点を抽出する「折衷学」という学問方法を大成した。

民(たみ)に行(おこな)ふ、服(ふく)せざる所以(ゆゑん)なり。

下民(げみん)の愚(ぐ)、弊(へい)を承(う)くるの日久(ひさ)しければ、則(すなは)ち其(そ)の弊(へい)に安(やす)んじ、以(もっ)て此(これ)より便(たよ)りなるは無(な)しと為(な)す。加之(しかのみならずかういうわつ)狡猾(かうくわつ)なる者(もの)は心(こころ)其(そ)の弊(へい)を知(し)り、而(しか)れども口言(くげん)はず、因(よ)りて以(もっ)て自(みづか)ら之(これ)を恣(ほしいまま)にす。今(いま)其(そ)の弊(へい)を矯(た)めんと欲(ほっ)すれば、則(すなは)ち愚者(ぐしゃ)は其(そ)の習(なら)ふ所(ところ)に狃(な)れて、之(これ)を肯(がへん)ぜず。狡者(かうしゃ)は乃(すなは)ち其(そ)の機(き)に乗(じょう)じて、之(これ)に啗(くら)はすに利(り)あらざるを以(もっ)てす。是(ここ)に於(お)いて擾乱(ぜうらん)して成(な)らず。大抵(たいてい)数百世(すうひゃくせい)の後(のち)を維持(いぢ)し、国家(こくか)を泰山(たいさん)の安(やす)きに置(お)く者(もの)は、近効(きんかう)無(な)きがごとし。其(そ)の近効(きんかう)無(な)きを以(もっ)て、之(これ)を未(いま)だ信(しん)ぜざるの

▶解　説◀

本文(ほんぶん)のおおまかな内容(ないよう)は次(つぎ)の通(とお)りである。

第一段落　為政者(いせいしゃ)と民衆(みんしゅう)は互(たが)いの信頼関係(しんらいかんけい)が成立(せいりつ)してからでないと陳情(ちんじょう)や命令(めいれい)を行(おこな)うことができないので、事(こと)を急(いそ)いで進(すす)めようとしても成立(せいりつ)しない。聡明(そうめい)で自分(じぶん)の才能(さいのう)に自信(じしん)のある君主(くんしゅ)のみが、思(おも)い切(き)った政策(せいさく)をすぐに実行(じっこう)することができる。すぐに成果(せいか)を出(だ)そうとするのではなく、後々(のちのち)に成果(せいか)が出(で)ることを見越(みこ)して施策(しさく)を行(おこな)うのが、政治(せいじ)の大要(たいよう)である。

第二段落　下々(しもじも)の人民(じんみん)は、政治(せいじ)の弊害(へいがい)が長(なが)く続(つづ)くとそれに安住(あんじゅう)し、正(ただ)そうとしても従(したが)わないばかりか、狡猾(こうかつ)な者(もの)はその弊害(へいがい)を利用(りよう)し、弊害(へいがい)を正(ただ)しても利(り)がないと人民(じんみん)を誘導(ゆうどう)するため、政治(せいじ)が乱(みだ)れる。長期的(ちょうきてき)で安定(あんてい)した政治(せいじ)は即効性(そっこうせい)がないように見(み)えるが、それは、主君(しゅくん)を信頼(しんらい)していない人民(じんみん)が、即効性(そっこうせい)のない善政(ぜんせい)に従(したが)わないからである。

(一) a、「為(三)〜所(二)…」は受身(うけみ)を表(あらわ)す句法(くほう)で、「〜の…所(ところ)と為(な)る」と訓読(くんどく)し、〝〜に…される〟と訳(やく)す。「上(じょう)」は、〝目上(めうえ)の者(もの)・上位者(じょういしゃ)・主君(しゅくん)〟の意(い)。

c、「無(二)〜於(二)…」は比較(ひかく)(最上級(さいじょうきゅう))を表(あらわ)す句法(くほう)で、「…より〜は無(な)し」と訓読(くんどく)し、〝…より〜はない…が最(もっと)も〜だ〟と訳(やく)す。「便(べん)」は〝都合(つごう)がよい・便利(べんり)だ・よい〟の意(い)。「此(し)」(=〝これ〟)は、傍線部(ぼうせんぶ)の前(まえ)の「承弊(しょうへい)」「弊(へい)」(=弊

◆全　訳◆

総じて（立場が）下である者は、目上の者に信頼され、その後で言うことが聞き入れられるようになる。（立場が）上である者は、目下の者に信頼され、その後で命令が下々に及ぼされるようになる。凡庸で愚かな主君は決してこのような憂慮がない。事を早く進めようとしない。早く進めようとすると実行されないのである。自信を持っている者だけが、もしかするとただちに事を行い、後悔することがない境地に至るのかもしれない。そもそも善を知ってすぐに成果を出したがるのは、つまらない人間のすることである。君子はそうではない。一つ一つの言動は、それらが達するところは非常に遠い。これは政治の大要を知るということである。

下々の人民の愚かさは、弊害を受ける日が長いと、その弊害をよしとして、それによってこれよりよいものはないと考える。それだけではなく狡猾な者は心ではその弊害を知っていて、それでも口では言わず、そのことによって自分でその弊害を思い通りに利用する。今政策の弊害を正そうとしても、愚者は弊害に従うことに馴染んで、それを聞き入れない。狡猾な者はかえってその機会に乗じて、愚民を誘導するために（弊害を正しても人民には）利益がないことを利用する。だから秩序が乱れて（善政を）実行できない。だいたい数百代の後までそのままに保ち、国家を泰山のように安定したたまにする場合は、短期的な効果がないように見える。その政策に短期的な効果がないために、これ（＝政策）をまだ（主君を）信じていない人民に施行するにあたり、（人民が）従わないからである。

凡そ下たる者、上の信ずる所と為り、然る後言取る所有り。上たる者、下の信ずる所と為り、然る後令下る所有り。庸愚の主は必ず斯の憂ひ無し。唯だ聡明の主其れ事を速やかにせんと欲せず。速やかにせんと欲すれば則ち行はれざるなり。夫れ善を知りて速やかに成さんと欲するは、小人の材に恃む者のみ、或いは一旦之を行ひ、顧みる所有らざるに至る。是れ君子は則ち然らず。一言一行、其の及ぶ所大いに遠し。其の効を一時に見んよりは、寧ろ成を子孫に取れ。大体を知ると謂ふなり。

三

出典

井上金峨『霞城講義（かじょうこうぎ）』

解答

(一)　a、目上の者に信頼され

c、現状よりよい状況はないと

d、政策の弊害を正そうとしても

(二)　施政は効果をすぐに求めるよりも、子孫の代に成果を出すほうがよい

(三)　善政には即効性がないため、主君を信頼していない人民に施行しても、人民は従わないということ。

参考　『落窪物語』は、平安時代中期に成立した作者未詳の作り物語。継母に疎まれ虐待されていた主人公「落窪の君」が、貴公子の道頼によって救い出され、道頼は落窪の君の継母に手厳しい報復をするが、やがて和解して大団円を迎えるという筋で、継子いじめの物語としての典型をなしている。

③　権勢があると評価した

②　「この殿の牛飼ひに手触れてむや」＝その従者にさえ手出しできないほど

①　道頼を

できようか、いや、できないだろう"となる。「とも」は逆接仮定条件を表す接続助詞。「て」が助動詞「つ」の強意の用法、「む」は助動詞「む」の推量（可能推量）の用法、「や」は係助詞「や」が終助詞的な位置で用いられているもので、ここでは反語の用法。時の最高権力者である太政大臣に諍いをしかけるような無謀な行為を引き合いに出し、道頼の従者に手出しをするのはそれ以上に無謀なことだとして、道頼の権勢の強さを誇張的に表現したものである。　解答のポイントは次の三点となる。

動詞「む」の終止形で意志の用法。〔解答〕では、「さうざうし」がどのような状況かを示すために、〝家にいても〟を添えておいた。

イ、「誰ばかり」は〝どれほどの者・どのような人〟。「かは」は係助詞で、ここでは反語を表している。「取る」はここでは〝（前もって確保している）場所を横取りする〟ということ。「む」は助動詞「む」の連体形（係助詞「かは」の結び）で推量の用法。反語を忠実に〝～か、いや、～ない〟と訳すと解答欄に収まらないので、〔解答〕では最終的な打消表現のみを示している。「思す」は「思ふ」の尊敬語。

ウ、「もろともに」は〝一緒に・共に〟の意の副詞。「見る」はここでは〝（祭を）見物する〟ということ。「む」は助動詞「む」の終止形で意志の用法。「聞こゆ」は「言ふ」の謙譲語。「給ふ」は尊敬の補助動詞。「けれ」は過去の助動詞「けり」の已然形。順接の接続助詞「ば」は、ここでは已然形に接続しているので確定条件の用法。

▼
（二）傍線部エを含む発言は、源中納言の従者の言葉で、牛車を移動させようとして車に手を掛けた道頼の従者たちに向かって文句をつけているものである。傍線部エの主語は、前の文の「わが殿」（＝〝あなたたちの御主人〟）と同じ。

〔注〕を参照すること。「領じ」は、〝治める・土地を領有する・自分のものとする〟という意味のサ行変格活用動詞「領ず」。「給ふ」は尊敬の補助動詞で、源中納言の従者から「わが殿」（＝道頼）への敬意を示す慇懃な言葉遣いとして用いられている。「べき」は助動詞「べし」の連体形で、強い意向を表す用法。自分たちの牛車をどかせようとする道頼の従者たちに対して、あなたたちの主人は市中の道をも自分の領有地のように思って横暴に振る舞うつもりなのかと反発する気持ちを表明した言葉である。

▼
（三）傍線部オを含む発言は、源中納言の車の先払い役をする従者の言葉で、自分たちの主人の牛車を道頼の従者に引き入れられたため、牛車を近くの家の門に言ったものである。「この殿」は、自分たちの牛車をいとも簡単に追いやった者たちの主人である道頼を指している。

傍線部オを含む一文「ただ今の太政大臣の尻は蹴るとも、この殿の牛飼ひに手触れてむや」を逐語訳すると〝現在の太政大臣の尻は蹴っても、この殿の牛飼いに手を触れることが

めた。目をそっと外に向けて見ている。

（道頼は）少し短気で恐ろしい者に世間では思われなさっているけれども、実際の御心は、たいそう親しみやすく、穏やかでいらっしゃった。

▼　　　　▲
　説　解
▼　　　　▲

本文のおおまかな内容は次の通りである。

第一段落（かくて、「今年の賀茂の祭、…）
　道頼が、女房たちに賀茂の祭を見物させようと準備し、当日、車を停める場所を確保するための杭を打たせた上で出発した。

第二段落（御車五つばかり、…）
　道頼の一行が総勢二十台余りの牛車を連ねて賀茂の祭に出向くと、前もって杭を打って確保しておいた場所の向かいに、二台の牛車が停まっていた。

第三段落（御車立つるに、…）
　道頼は、一行の牛車を停めるために、向かい側に停めてあった源中納言の牛車を引きのかせようとするが、相手は抵抗し、言い争いになる。道頼が従者に命じて相手の牛車を強引に移動させ、源中納言の従者は道頼の権勢に恐れをなした。

第四段落（少し早う恐ろしきものに…）
　道頼は短気で恐ろしい人物のように世間では思われているが、実は親しみやすく穏やかな人物であった。

▼
（一）　ア、「さうざうし」は〝物足りない・物寂しい〟の意の形容詞。「に」はここでは接続助詞で順接を表している。「御達」は〝女房たち〟の意。「見せ」は〝見せる〟という意味のサ行下二段活用動詞「見す」の未然形。「む」は助

っているので、車列の先払いをする供の者は、四位と五位（の者）が、たいそう多くいる。弟で侍従であったお方は今は少将で、童殿上（＝元服前から見習いで昇殿を許される子供）でいらっしゃった方は兵衛佐で、（道頼が弟たちに）「一緒に見物しよう」と申し上げなさったので、皆がそれぞれいらっしゃった牛車までもが加わっているので、二十台余りが列をなして、皆が、身分の順に整然と並んだなあと（道頼が）見ていらっしゃると、自分が打杭をしている場所の向かいに、古めかしい檳榔毛の車が一台と、網代車が一台停まっている。

御車を停めると、（道頼が）「男車の配置も、疎遠な人ではないので、親しく向かい合わせに停めて、互いに見えるように（一条大路の）北側と南側に停めよ」とおっしゃるので、（供の者が）「この向こう側にある牛車を、少し引きのけさせよ。（私たちの）御車を停めさせよう」と言うのに、（相手側の従者が）意地を張って聞かないので、（道頼が）「誰の牛車か」と尋ねなさると、「源中納言殿」と申し上げるので、男君が、「中納言の牛車でも、大納言であっても、これほど（牛車を停める場所が）多くある所で、どうしてこの打杭があると見つつも停めたのか。「どうして、またあなたたちがこうするのか。一条大路もすべて自分のものとなさるつもりか。権門らしく振る舞うあなたたちの御主人も、中納言でいらっしゃるのか。少し引きのけさせよ」とおっしゃるので、雑色たちが近寄って牛車に手を掛けると、牛車の人が出てきて、「西も東も、斎院も恐れ多く思って、まわり道してお通りなどと、口の悪い男がまた言うと、「同じもの（＝中納言）と、殿を同列に言ってはならない」になるにちがいないそうだ」と、すぐに引きのけることができないので、男君たちの御車は、まだ停めることができない。男君は、先払いをする供の人や、左衛門の蔵人をお呼びになって、「あの牛車を、指図して、少し遠くに行かせよ」とおっしゃるので、ひたすら無理に引きのけさせる。（相手側の）先払いをする供の者は、三、四人いたけれども、（相手側の牛車の）男たちは少なくて、たやすく引き止めることができない。（相手側に）近く寄って、（抵抗しても）無駄だ。「（このままでは）喧嘩をしてしまうにちがいないようだ。（けれども）今の太政大臣の尻は蹴っても、この（衛門督の）殿の牛飼いに手を触れることができようか、いや、できないだろう」と言って、よその家の門に入って（牛車を）停

参考　松嶋健（一九六九年〜）は文化人類学者。大阪府生まれ。京都大学大学院人間・環境学研究科博士後期課程研究指導認定退学。二〇二一年現在、広島大学大学院社会科学研究科准教授。著書に『プシコ　ナウティカ——イタリア精神医療の人類学』、『トラウマを生きる——トラウマ研究1』（共著）、『トラウマを共有する——トラウマ研究2』（共著）などがある。

二

出典　『落窪物語』〈巻二〉

解答

（一）　ア、家にいても物足りないので
イ、どれほどの者も場所を横取りしたりしないだろうとお思いになって
ウ、「一緒に見物しよう」と申し上げなさったので

（二）　あなたたちの御主人は一条大路もすべて自分のものとなさるつもりか

（三）　道頼を、その従者にさえ手出しできないほど権勢があると評価した。

◆全訳◆

こうして、（人々が）「今年の賀茂の祭は、たいそう立派だろう」と言うので、衛門督の殿（＝道頼）が、「（家にいても）物足りないので、女房たちに（賀茂の祭を）見物させよう」ということで、前もって御車を新しくあつらえ、女房たちの装束などをお与えになって、「見苦しくないようにせよ」とおっしゃって、支度をして、その日になって、一条の大路の打杭（＝牛車を停める場所を確保するための杭）を打たせなさっているので、（供の者が）「もう（出かけましょう）」と言うけれども、どれほどの人が（その場所を）取るだろうか、いや、誰も取らないだろうとお思いになって、のんびりと出発なさる。

御車は五台ほどで、大人が二十人、二台には、童が四人、下仕えの者が四人乗っている。男君（＝道頼）がお連れにな

▼(四)

① 患者は自分の欲望に従い主体的に医療を選択できる

② 個人の権利と自由を尊重する

まず傍線部の「それ」は直前文の「家族、関係のある人びと……共同的で協働的な作業」を指す。ケアの論理は終わり二段落で説明されている。「状況を適切に判断する」「身体の世話をし調える」「身体の養生にかかわる……調整しつづける」などとあるように、ケアとは二者間の行為なのではなく、関係するあらゆるものが関わる共同的・協働的な行為である。次に傍線部では、「人間だけを行為主体と見る世界像（＝〝世界の捉え方〟）」と「関係するあらゆるものに行為の力能（＝〝能力〟）を見出す生きた世界像」とが対比されている。前者は「選択の論理」と結びつくもので、世界が人間の主体的な行為によってのみ成り立つという個人主義に通じる考え方である。これに対して後者は「ケアの論理」と結びつくもので、人間だけでなく、関わりのあるあらゆるものに世界を成り立たせる可能性を認めようとする考え方である。以上より解答のポイントは次の三点となる。

① ケアは身体の世話や養生に関わるすべての人や物事から成る、共同的で協働的な作業である

② 世界は人間の主体的な行為によってのみ成り立つ

③ 世界は関わりのあるすべてのものが働くことでのみ成り立っている

▼(五)

a、「診察」は〝医師が患者の病状を調べるために質問したり、身体を調べたりすること〟。b、「諦める」は〝断念すること〟。「諦念」「要諦」などの熟語がある。c、「羅針盤」は〝方位や進路を測るための器械〟。

● フェーズ＝物事の局面・段階。位相。

● 田辺繁治＝一九四三年～。文化人類学者。

● アネマリー・モル＝一九五八年～。文化人類学者・哲学者。

● インフォームド・コンセント＝医師が患者に治療方法を説明して同意を得ること。

● リソース＝資源。資産。

▼(二)
　傍線部は、イタリアにおける精神障害の治療法の変革を紹介する一節にある。それによると、精神障害者は「社会的に危険であるとみなされ」、治療とは名ばかりの、「隔離と収容の場」である精神病院に隔離されていたという（第五段落）。これが傍線部直後文にある「精神医療」の実態である。ところが状況が変わり、「精神医療」に取って代わって「精神保健サービス」が登場する。これが傍線部直後文の「精神保健」である。それは「苦しみを抱える人びとが地域で生きることを集合的に支えようとするものであり」（傍線部直前）、「苦しむ人びとの傍らに寄り添い……ケアの論理を最大化しようとする」（第七段落）ものであるという。〈精神障害者から社会を守る〉→〈精神障害者に寄り添う〉という転換が、傍線部に言う「社会」→「人間」への転換である。以上より解答のポイントは次の二点となる。

①　危険な精神障害者から社会を守るという論理
②　精神障害に苦しむ人びとを集合的に支えるケアの論理

▼(三)
　「選択の論理」は直前の段落で「ケアの論理」と対比されているが、すでに「近代医療全体は人間を徹底的に個人化する」（第四段落）、「私的自由の論理」「個人の自由の論理」（第七段落）と、その特徴が部分的に説明されている。それをより具体的に述べたのが傍線部以下である。それによると、患者は顧客として、自分の希望や欲望に従って主体的に医療を選択すること、一人の個人として自分だけの責任において選択することが説明される。要するに患者が自由に医療を選択できるという考え方が「選択の論理」である。これが「個人主義にもとづく」というのだから、個人主義、すなわち個人の自由と権利を尊重する思想・立場を前提にしていることを説明すればよい。よって解答のポイントは次の二点となる。

（左列つづき）
は〈強く結びつくさま〉などと無難に言い換えればよい。解答のポイントは次の二点である。

①　HIV感染者たちが相互的に無害なケアによって強く結びつく
②　医療機関や家族による一方的なケアではない

よってこのような二つのタイプのケアのあり方を対比しながら説明すればよいことになる。なお「親密性」について

本文は人類学の視点から、医療の場における「ケアの論理」に光を当てたもので、従来の「選択の論理」と対比しながらその特徴を論じている。全十一段落。原文には小見出しが掲げてあり、第一～第七段落が「福祉国家から排除された存在」、第八～第十一段落が「ケアの論理と選択の論理」となっている。これに基づいて全体を三つの部分に分けて内容をまとめよう。

めに、家族、関係者、同じ病気をもつ人、薬、食べ物などのすべてから成る共同的で協働的な作業を行うものである。

▲　解　説　▼

1　第一・第二段落〈近代化〉は、…
国家のなかにありながら国家の対象から排除された人びとが形づくる生のあり方がある

2　第三～第七段落（第一の例は、…）
タイではHIV感染者が自助グループを作り、イタリアでは精神障害者を支える精神保健サービスがある

3　第八～第十一段落（二つの人類学的研究から…）
「選択の論理」が個人主義にもとづくのに対して、「ケアの論理」は共同的で協働的である

▼（一）
傍線部は、タイにおけるHIV感染者たちの自助グループを紹介する一節にある。彼らは「医療機関から排除され、さらには家族や地域社会からも差別され排除される」（第三段落）なかで、感染者同士の「相互的なケア」によって「独自の知や実践を生み出していく」（いずれも第四段落）という。傍線部の「一元的」は〝ある一つの原理によって統一されているさま〟の意で、ここでは「ケア（＝〝世話、介護〟）」の原理に基づいてケアする者→ケアされる者という関係が成り立つことをいう。言い換えれば〈一方的〉あるいは〈一方向的〉〈非対称的〉な関係であるということ。具体的には前述の「医療機関」や「家族」と感染者の関係をいうと見ることができる。ではこれとは「異なったかたち」とは何かといえば、前述の「相互的なケア」にほかならない。「相互的」は〈双方向的〉と言ってもよい。

国語

解答

出典　松嶋健「ケアと共同性――個人主義を超えて」（松村圭一郎・中川理・石井美保編『文化人類学の思考法』世界思想社）

（一）　HIV感染者たちが医療機関や家族による一方的なケアではなく、相互的なケアによって強く結びつくさま。

（二）　危険な精神障害者から社会を守るという論理から、精神障害に苦しむ人びとを集合的に支えるケアの論理への転換。

（三）　患者が自分の欲望に従い主体的に医療を選択できるという考えは、個人の権利と自由を尊重する思想を前提とするということ。

（四）　患者の身体の世話や養生に関わるすべての人や物事から成る、共同的で協働的な作業であるケアによって、世界は人間の主体的な行為によってのみ成り立つのではなく、関わりのあるすべてのものが働くことで成り立つと考えるようになるということ。（一〇〇字以上一二〇字以内）

（五）　a―診察　　b―諦　　c―羅針

◆要　旨◆

　福祉国家の対象から排除された人びとが形づくる自助グループに見られるのは、個人を基盤にしたものとも社会全体を基盤におくものとも異なる共同性の論理である。この論理は「選択の論理」に対比される「ケアの論理」である。医療における「選択の論理」は個人主義にもとづき、患者は顧客として自由に選択できるように見えて、実は孤独に自分の責任での選択を強いられる。これに対して「ケアの論理」の出発点は人が何を必要としているかで、身体の世話をし調えるた

2020
年度

解 答 編

解答編

英語

1 (A) 解答

＜解答1＞ すべての年齢層を考慮することを目指す高齢者にやさしい町づくりは，実際には高齢者側のことしか考えていない。目標の実現には，幅広い世代からデータを取る必要がある。（70〜80 字）

＜解答2＞ 高齢者にやさしい町づくりが，実は高齢者とその関係者しか考慮していない原因は，高齢者に良ければ万人にも良いという前提にある。異なる年齢層の考えを取り入れるべきだ。（70〜80 字）

＜解答3＞ すべての年齢を考慮し，社会的絆の強化を図る町づくりが，実際には高齢者優先になっている。目標を達成するためには，考えの異なる世代の意見に耳を傾ける必要がある。（70〜80 字）

◆全　訳◆

≪高齢者にやさしい町づくり≫

　高齢者にやさしい町づくりの動きが，国民の急速な高齢化に対する説得力のある反応として生じている。「高齢者にやさしい町」の定義はさまざまに異なり，多様な取り組みや方法があることを表しているが，多くのモデルが，社会的な絆を強化することの重要性に注目し，あらゆる年齢層を考慮に入れる構想を推進している。たとえば，第 7 代国連事務総長を務めたコフィー=アナンは，1999 年の高齢化に関する国連国際会議の開会の辞で次のように言明した。「すべての年齢層のための社会は，あらゆる世代を包み込むものです。それは，若者，大人，高齢者がそれぞれの道を歩み，ばらばらになっているものではありません。そうではなく，異なる世代の人たちが共通の利害を認識し，それに基づいて行動する，すべての年齢層を含んだものです」

　世界保健機関（WHO）や他の国際組織はこの前提をさらに明確に表現するため，高齢化を生涯続く過程と定義し，次のように述べている。「私

たちはみんな，人生のどの瞬間にも年を重ねており，私たち全員に健康で活動的に年を重ねる機会があるべきだ。高齢期の生活の質を可能な限り高く保つために，WHO は一生を通じて健康に影響を与える要因に出資する取り組みを支持する」

しかし，実際には，高齢者にやさしい町づくりは，高齢者と彼らの世話をする人たちや彼らにサービスを提供する企業の必要や利害に主に焦点を当ててきた。その際に，何が町におけるよい生活条件を生み出すか，また高齢者とともに働く機会やそれを妨げる障害となるものについて，若者や家族から十分なデータを集めることをしてこなかった。

構想と実際のこうしたずれは何が原因なのだろうか。答えの一つは，高齢者によいことはすべての人によいという，高齢者にやさしい町づくりの一般的な前提にあるのかもしれない。言い換えると，もし高齢者にやさしい町づくりが高齢者に適した町を作るのに成功すれば，そうした町はすべての世代に適したものになるだろう，ということである。異なる世代間に共通の利害は数多くある一方で，合衆国とヨーロッパでの最近の研究は，成人のうち若い人たちと高齢の人たちでは，投票パターンや心構えの違いが 1970 年代以降最も大きくなっていることを示唆している。こうした研究が示すのは，高齢化の過程の異なる段階にある人たちにとって何をもってやさしい町と言うのかを十分に理解するためには，今成長しつつある人たちにも高齢化しつつある人たちにも何が町をよいものにするのかに関して，複数の世代からデータを集めることが非常に重要であるということだ。

━━━━━◀解　説▶━━━━━

◆読解する

全体の構成を意識しながら，各段を検討しよう。

〔第 1 段〕

この段は，「高齢者にやさしい町づくり」は何を目指しているのか，アナン元国連事務総長の言葉を引用して説明している。

〔第 2 段〕

この段は，さらに「高齢化」とは一生続く過程であるという世界保健機関などの国際組織の定義を紹介している。

〔第 3 段〕

この段では，実際には高齢者や高齢者に関わる人たちの必要や利害にだ

け焦点が当てられてきたという，理念とのずれを説明している。

〔第 4 段〕

　この段では，そのずれの原因と解決策を示している。

　各段と各文の内容をまとめると次表のようになる。

各段の要旨		各センテンスの内容
第1段	高齢者にや さしい町づ くりの理念 1	第1文：急速に進む高齢化に反応して，高齢者にやさしい町づくり の動きが起きている。 第2文：「高齢者にやさしい町」のモデルの多くは，社会的絆の強 化を重視し，あらゆる年齢層を考慮する構想を推進してい る。 第3文：アナン元国連事務総長の言葉の引用 ① 「すべての年齢層のための社会はあらゆる世代を包含す る。 第4文：②各年齢層が独自の道を歩み，ばらばらになっているもの ではない。 第5文：③異なる世代が共通の利害を認識しそれに基づいて行動す る，すべての年齢層を含んだものである」
第2段	高齢者にや さしい町づ くりの理念 2	第1文：世界保健機関などの「高齢化」の定義 「人はみなどの瞬間にも年を取っており，健康で活動的に そうなる機会をもつべきである」 第2文：そのための世界保健機関の決意 「高齢期の生活の質を可能な限り高く保つために，世界保 健機関は出資を支持する」
第3段	理念と現実 のずれ	第1文：しかし，実際には高齢者にやさしい町づくりは高齢者とそ の世話やサービスに関わる人たちの必要や利害に主に焦点 を当ててきた。 第2文：若者や家族からのデータは集めていない。
第4段	ずれの原因 と解決法	第1文：このずれの原因は何だろうか。 第2文：答えの一つは，高齢者によいことはすべての人によいとい う前提にあるのかもしれない。 第3文：換言すれば，高齢者に適した町づくりが成功すれば，それ はすべての世代に適した町になるということである。 第4文：若年層と高齢層の投票行動や心構えの違いは，1970 年代 以降で最も大きくなっていると研究が示唆している。 第5文：異なる年齢層の人たちにやさしい町とは何かを十分に理解 するためには，複数の世代からデータを取る必要がある。

◆答案を作成する

　この文章の主旨は，「高齢者にやさしい町づくり」の現実が理念とずれ
ていることを指摘し，その解決策を述べるところにある。したがって，第

１・２段で述べられている「高齢者にやさしい町づくり」の理念は，共通の要素を抜き出して，簡潔にまとめるのがよいだろう。第１段では第２文（Although definitions of …）の「あらゆる年齢層を考慮に入れる」，第３文（For example, …）の「すべての年齢層のための社会」に典型的に現れている。第２段第１文（The World Health Organization …）後半のコロン以下にある「私たちはみんな，人生のどの瞬間にも年を重ねている」は，aging とはすでに高齢である人たちだけのことではなく，すべての人に関係することだという意味であろう。第３段第１文（In practice, however, …）で，その理念に対して「現実には高齢者とその関係者しか考慮していない」ことを指摘し，第４段最終文（These studies suggest …）で解決策として「複数の世代からデータを取る必要がある」としている。概ねこれらで全体の要点を述べられるが，第４段第２・３文（One answer may …）にある「理念と現実のずれの原因」，すなわち「高齢者にやさしい＝すべての人にやさしい」という考え方を盛り込んでまとめるのもよいだろう。

◆━◆━◆━◆━◆ ●語句・構文● ◆━◆━◆━◆━◆

（第１段）●takes into account all ages「すべての年齢（の人）を考慮に入れる」 take *A* into account「*A* を考慮に入れる」の *A* がうしろに置かれている。この語順は通常 *A* が節（ＳＶを備えたまとまり）の場合に起こる。

（第２段）●premise「前提」　●endorse「～を支持する」

（第４段）●account for ～「～の原因となる」

1 (B) 解答

(ア) Thanks to mosquitoes that get trapped in cars

(イ)(1)— a)　(2)— d)　(3)— e)　(4)— c)　(5)— f)

━━━━◆全　訳◆━━━━

≪都市生態系における進化≫

　クレックス=モレストゥスは蚊の亜種でロンドン地下鉄蚊として知られている。この名前がついたのは，初めて報告されたのが，1940年のドイツによるロンドンの空襲の期間，地下鉄のトンネルが一時的な防空壕として使われていたときだったからである。クレックスは非常にありふれたタ

イプの蚊で，多くの種類がいる。モレストゥスは，地上で見られる近縁種クレックス=ピピエンスと見た目は同じだが，行動はかなり異なっている。地上のロンドンの通りでは，蚊は人間ではなく，鳥の血を吸う。地上の蚊は産卵する前にこうして血を摂取しなければならず，冬眠する。地下鉄では，蚊は乗客の血を吸い，摂餌の前に卵を産む。また1年中活動する。

　最近の研究が明らかにしたことだが，その名前にもかかわらず，地下鉄蚊はロンドンに特有のものではない。世界中の地下室や地下鉄に生息しており，人間が作った環境に自分の生き方を合わせてきたのだ。自動車や飛行機の中に閉じ込められる蚊のおかげで，その遺伝子が都市から都市へと広がるが，同時に現地の地上の蚊と異種交配し，その源からも遺伝子を取り入れる。[1][a] そして，こうしたことはすべてごく最近起こったということも明らかになっている。] おそらく人間が地下建築物を造り始めて初めてクレックス=モレストゥスは進化したのだろう。

　ロンドン地下鉄蚊の進化が私を魅了するのは，特にそれが進化の標準的な一覧表における非常に興味深い追加事項に思えるからだ。私たちはみんな，進化が遠く離れたジャングルにいるゴクラクチョウの羽や高い山の頂上に咲く珍しい花の形を完全なものにすることを知っている。しかし，どうやらその過程は文字どおり私たちの足の下，都市の地下鉄網の汚れた動力ケーブルの間で起きているほどふつうのことなのだ。それほど面白く，ユニークで，身近な例なのである！　生物学の教科書の中で見つかるような類のことなのだ。

　だが，それがもはや例外ではないとしたらどうだろう。地下鉄蚊が，人間や人間の作った環境と接触するあらゆる植物や動物の典型だとしたらどうなるのだろうか。地球の生態系に対する私たちの支配力がとても強くなっているために，地球上の生物が完全に都会的な惑星に適応する方法を発達させている最中だとしたらどうしよう。

　2007 年，史上初めて，都市部で暮らす人のほうが農村部で暮らす人より多くなった。[2][d] それ以降，その統計値は急速に増加している。] 21世紀半ばには，推定93 億人になる世界人口の3 分の2 が都市部にいることになる。念のために言っておくが，それは世界全体でということである。西ヨーロッパでは，田舎よりも都市で暮らしている人のほうが1870 年以降ずっと多く，合衆国では1915 年にその転換点に達した。ヨーロッパや

北米のような地域では，1世紀以上ずっと都市大陸になる道を確実に歩んできたのである。合衆国での最近の研究は，地図上のある地点からいちばん近い森林地までの平均距離は，毎年およそ1.5パーセント増加していることを明らかにした。

　生態学的には，私たちが今日置かれているような状況は世界にとって初めてのものだった。単一の大型動物種が，この惑星を完全に占領し，自分に都合のよいように変えているという状況である。目下，私たち人間は，世界の植物すべてが生み出す食物のまるまる4分の1，世界全体の真水の多くを自分たちのために使っている。これもまた，以前には一度も起きたことがないことである。進化が生み出した種の中で，これほどの地球規模でこのような中心的な生態的役割を果たせる種はこれまで他にない。

　[3][e) そのため，地球は完全に人間の支配するものになりつつある。]2030年には，地球上の土地の10パーセント近くが人口稠密になり，残りの多くは人間が形作った農場，畑，プランテーションで覆われることになる。要するに，まったく新しい一つの生息地で，これまで自然にはなかったようなものである。それでも，生態と進化，生態系と自然について語るとき，私たちは頑固に人間という要素を無視し，代わりに人間の影響がまだ非常に小さい，減少しつつある生息地のほんの一部分に注意を向けている。

　そのような態度はもはや維持できない。人間の活動が世界でまさに最も強い生態的影響力をもつものであるという事実を認める時期である。好むと好まざるとにかかわらず，私たちはこの惑星上で起こるすべてのことと完全に結びついているのである。[4][c) おそらく，私たちは想像の中では，まだ自然を人間の環境とは切り離しておけるのだろう。]しかし，外に広がる現実の世界では，人間の活動という糸は，自然の織物の中にしっかりと織り込まれている。私たちはガラスと鋼鉄でできた新しい種類の建造物に満ちた都市を造る。私たちは気候を変える温室効果ガスを大気中に出す。その土地のものではない植物や動物を放ち，他の種を獲り，自分自身の必要のためにさまざまな天然資源を使う。地球上の人間以外の生物はどれも，直接的，間接的に人間と遭遇することになるだろう。そして，ほとんどの場合，そのような遭遇は，当該の生物に何らかの影響を及ぼさずにはいない。それはその生物の生存や生き方を脅かすかもしれない。しか

し，そのような遭遇はまた，ちょうどクレックス=モレストゥスの祖先に対してそうしたように，新たな機会を生み出すのかもしれない。

　では，難題や機会に出会うとき，自然は何をするだろうか。自然は進化するのである。ともかくも可能であれば，自然は変化し適応する。圧力が大きければ大きいほど，この過程はより速くより広範囲になる。地下鉄の乗客が痛いほどわかっているように，都市には大いなる機会があるが，また大いなる競争もある。生き延びたければ，毎秒が重要であり，自然はまさにそれを行っている。⁽⁵⁾〔 f 〕私たちはみんな，手つかずの自然の量が減っていることに焦点を当ててきたが，都市生態系は私たちの背後で急速に進化しているのだ。〕

━━━━━━━━━━◀解　説▶━━━━━━━━━━

◆(ｱ)　空所を含む当該文前半は「その遺伝子が都市から都市へと広がる」となっている。空所の直後に and planes「そして飛行機」と続いており，与えられた語句の中に cars「自動車」があること，trapped「捕らえられる，閉じ込められる」から，蚊が自動車や飛行機に乗って遺伝子が広がるのだと考えられる。thanks to ～「～のおかげで」の目的語に mosquitoes「蚊」を続け，that を関係代名詞と考えれば，Thanks to mosquitoes that get trapped in cars (and planes)「自動車（や飛行機）の中に閉じ込められる蚊のおかげで」となり，文意に合う。

◆(ｲ)　▶(1)　空所に続いて「おそらく人間が地下建造物を造り始めて初めてクレックス=モレストゥスは進化したのだろう」とある。ダッシュで補足してモレストゥスの進化の時期を具体的に推測していることから，a)の「そして，こうしたことはすべてごく最近起こったということも明らかになっている」を補う。すると，「人間が地下建造物を造り始めてから」が「最近」を説明し直したものだと考えられる。また，「～ことも明らかになっている」と also「～も」があることが，同段第 1 文（Despite its name, …）に「最近の研究が明らかにしたことだが」とあることとうまく合う。

▶(2)　空所の前に「2007 年に都市人口が農村人口を史上初めて上回った」ことが述べられており，空所のあとには 21 世紀半ばという将来の予測が述べられている。d)の「それ以降，その統計値は急速に増加している」を補うと，前後とうまく合う。

▶(3) 直前の文にあたる第 6 段最終文（No other species …）に「これ（＝人類）ほど地球規模で中心的な生態的役割を果たせる種はこれまで他にない」とあり，空所のあとには 2030 年までには，人口稠密地が増え，地球上の土地の多くを人間が農地などに変えてしまうという予測が述べられている。e）の「そのため，地球は完全に人間の支配するものになりつつある」を補うと，前後とうまく合う。

▶(4) 空所直後の文（Out in the real world, …）は「しかし，外に広がる現実の世界では，人間の活動という糸は，自然の織物の中にしっかりと織り込まれている」となっている。however「しかし」とあるので，対照的な内容のものを補うことになる。c）の「おそらく，私たちは想像の中では，まだ自然を人間の環境とは切り離しておけるのだろう」を補えば，「想像の中」と「外の現実の世界」，「自然と人間の環境を切り離しておく」と「人間の活動が自然の中に織り込まれている」がちょうど対照的になり，適切。

▶(5) 第 9 段第 1・2 文（So what does nature …）に「難題や機会に出会うとき，自然は…進化する」，第 7 段最終文（And yet, when we …）・第 8 段第 1 文（Such an attitude …）に「生態系と自然について語るとき，私たちは…人間の影響がまだ非常に小さい，減少しつつある生息地のほんの一部に注意を向けている。そのような態度はもはや維持できない」とあるように，筆者は人間の作った環境の中でも進化が起こっていることを，ロンドン地下鉄蚊を引き合いに出して述べてきた。f）の「私たちはみんな，手つかずの自然の量が減っていることに焦点を当ててきたが，都市生態系は私たちの背後で急速に進化しているのだ」を補うと適切。

◆━◆━◆ ●語句・構文● ◆━◆━◆

（第 1 段） ●overnight「一晩の，一時的な」

（第 2 段） ●cross-breed「異種交配する」 ●only since humans began …, did *Culex molestus* evolve「人間が…して初めてクレックス＝モレストゥスは進化した」 only が副詞（句・節）を伴って文頭に置かれると，否定の副詞と同様に主節が疑問文と同じ語順の倒置になるため，did … evolve となっている。

（第 3 段） ●not least「特に」 ●portfolio「一覧表」 ●bird of paradise「ゴクラクチョウ」は，尾羽や飾り羽の美しい鳥の名。

（第 4 段）　●what if …？「…だとしたらどうだろうか」　●*one's* grip on ～「〜に対する…の支配力」

（第 5 段）　●Mind you「念のために言っておくが」　相手の注意を喚起するために用いる。

（第 6 段）　●appropriate「〜を（不法に）私用に供する」

（第 7 段）　●much of the rest covered by …「残りの多くは…に覆われることになる」　同文前半の nearly 10 per cent … will be densely populated と同じパターンになるので，rest のあとの will be が省略されている。　●altogether「（文頭で）全体的にみて，要するに」　●the like「似たもの，匹敵するもの」

（第 8 段）　●in question「当該の」

2 (A) 解答例

<解答例 1 ＞　I think we are under the control of language. Since we use language to think clearly, it is natural that speakers of different languages think differently. Vocabularies influence how we interpret things, and even one word evokes different images. For example, Japanese people generally associate "lemon" with freshness, while speakers of English connect the word with sourness and bitterness, or even with something unsatisfactory or a feeble person. We cannot think without being affected by such differences.（60〜80 語）

<解答例 2 ＞　In my opinion, we manipulate language. Imagine that your close friend is depressed and that you want to cheer her up. Probably you think hard about what to say and how to say it. Your good choice of words and effective use of language can give her encouragement. Language is a tool. Fiction writers create nonexistent worlds using words, and philosophers even coin new words and phrases to express the concepts of their thought. Thus, we handle language.（60〜80 語）

◀解　説▶

▶<解答例＞の全訳は以下のとおり。

<解答例 1 ＞　私たちは言葉に操られていると思う。明確に考えるために

言語を使うのだから，異なる言語の話し手が違ったふうに考えるのは当然
である。語彙は私たちが物事をどのように解釈するかに影響を及ぼすし，
ほんの一つの単語でさえ，異なるイメージを喚起する。たとえば，日本人
は一般に「レモン」で爽やかさを連想するが，英語の話し手はその単語で
酸っぱさや苦さ，あるいは満足のいかないものや弱々しい人のことさえ連
想する。私たちはそのような違いに影響を受けずに考えることはできない
のである。

＜解答例2＞　私の考えでは，私たちが言葉を操っている。親しい友達が
落ち込んでいて，その人を励ましたいと思っているとしよう。おそらく，
何をどのように言うか一生懸命考えるだろう。言葉をうまく選択し効果的
な言葉の使い方をすれば，その人を励ますことができる。言葉は道具なの
だ。小説家は言葉を使って実在しない世界を創り出し，哲学者は自分の思
想の概念を表現する単語や言い回しを新たに造りさえする。このように，
私たちは言葉を操っているのである。

▶私たちは言葉を操っているのか，言葉に操られているのかについて意見
を述べるもの。まず，どちらの立場かを表明し，その理由や具体例を挙げ
るという手順になるだろう。もちろん，どちらの立場に賛成か反対かを問
われているわけではないので，どちらの側面もあるという考え方もできる。
いずれにしても，説得力をもたせるためには，わかりやすい例を示すこと
が大切である。

2 (B) 解答

＜解答1＞ However, if we push (things) forward only based on self-confidence, we will someday find ourselves in a position that harms others. We should always be conscious that our beliefs are groundless to some degree, and only then can we develop a tolerant attitude.

＜解答2＞ But doing things just based on your understanding of what is right will someday put you in a position that hurts others. You cannot cultivate open-mindedness unless〔until〕you understand that your beliefs can be wrong to some extent.

━━━━━━　◀解　説▶　━━━━━━

（第 1 文）

●主語は，下線部第 2 文に「自分たち」と複数で述べていること，下線部に続く文章の最終部分に「われわれ」とあることから，we を使えばよい。ただし一般論なので，you を使っても不可とまでは言えない。

●「しかし自信ばかりで押し切っては」

「しかし」は however，but でよい。yet も使える。「〜しては」とあるので if 節にする。「押し切ることは…立場に置く」と全体を無生物主語で処理することも考えられる。「自信」は self-confidence が文字どおり。confidence だけでも意味は伝わる。また，文章の内容から，ここでの「自信」は自分の正しさに対するものと考えられるので，「何が正しいかという自分の解釈」your understanding of what is right などとすることもできる。「押し切る」は通常，「相手の意見や反対を聞き入れずに自分の考えを通す」ことだが，ここでは「何を」押し切るのかが述べられていない。「自信〔何が正しいかという自分の解釈〕だけに基づいて（物事を）押し進める〔行う〕」push (things) forward only based on self-confidence / do things just based on your understanding of what is right などとできる。

●「やがていつかは他人を害する立場に立つ」

「やがていつかは」は，ほぼ同じ意味の言葉の繰り返しなので「いつかは」someday / some day (or other) でよい。「（他人を害する）立場に立つ」を文字どおり訳すと，自ら進んでその立場を取ることともとれてしまうので，「気づいたら立場にいる」we〔you〕will find ourselves〔yourself〕in a position などとするとよい。「立場」にこだわらず，「気づいたら…（害）している」find *oneself doing* とすることもできる。無生物主語で書く場合は，「（他人を害する）立場に私たち〔あなた〕を置く」will put us〔you〕in a position とできる。「他人を害する」は harm others でよい。harm の代わりに hurt「傷つける」も使える。

（第 2 文）

●「自分たちは，いつも…悟り，かくて初めて〜できる」という文全体の運びをどうするかあらかじめ考える必要がある。①「自分たちは，いつも…を悟るべきであり，そして，そのとき初めて〜できる」が原文に近

い。「かくて初めて」に重点を置けば，②「悟らなければ〔悟るまで〕
〜できない」とすることもできる。

●「自分たちは，いつも自分たちの信念がある程度までまゆつばものだと
いうことを悟り」

「いつも … を悟り」は，「いつも … を意識し」always be aware
〔conscious〕that … などとできる。「悟る」を understand / realize な
どの動詞で表す場合は，always との相性がよくないので，「いつも」は
訳出しない。上記の②の考え方であれば，これらの動詞を使うのが適切。
「自分たちの信念」は文字どおりの our〔your〕beliefs でよい。「ある
程度まで」は to some degree〔extent〕が定番。「まゆつばもの」は
「真偽が確かではないもの」の意だが，ここでは「（自分たちの信念が）
間違っている可能性がある」can be wrong,「根拠がない」groundless
といった意味合いだと考えられる。call A into question「A を疑問視す
る」を受動態で用い，「自分たちの信念には疑問の余地がある」our
beliefs can be called into question とすることもできる。

●「かくて初めて寛容の態度を養うことができる」

「かくて初めて」は，上記の①の考え方なら only then などとなる。こ
れを文頭に置くと，続く節は疑問文の語順の倒置になることに注意。
「寛容の態度を養う」は develop a tolerant attitude が文字どおり。
「養う」には cultivate / nurture なども使える。また，「態度」にこだ
わらず，「寛容さ」tolerance / open-mindedness としてもよいだろう。

3 (A)　解答　(6)—e)　(7)—c)　(8)—d)　(9)—b)　(10)—b)

◆全　訳◆

≪子育ての庭師モデルと大工モデル≫

著作権の都合上，省略。

著作権の都合上，省略。

著作権の都合上，省略。

━━━━━ ◀解　説▶ ━━━━━

▶(6)　「子育ての大工型概念と合わないものは次のどれか」

　大工モデルはゴプニックの2番目の発言第1段（Well, if you look …）と5番目の発言（That's exactly right. …）で述べられている。

a）「子育ては，基本的な素材を特定の形に形成するようなものだと考える」　2番目の発言第1段第2文（The idea is that …）の内容と一致する。

b）「子育ての最終的な目標についてのはっきりとした考えを含んでいる」5番目の発言第2文（Imagine you could …）の内容と一致する。

c）「子どもを上手に育てるための特定の計画に従うことを伴う」　2番目の発言第1段第2文（The idea is that …）後半の内容と一致する。

d）「今日の先進国での優勢な子育てモデルである」　2番目の発言第1段第1文（Well, if you look …）の内容と一致する。

e ）「親と他の行為主体との協力を必要とする」　ゴプニックの 2 番目の発言第 2 段第 2 文（For one thing, …）で述べられている庭師モデルの内容と一致しており，大工モデルではない。これが正解。

▶(7)　「先進国で優勢な子育てモデルを生み出すのに比較的重要だった人間社会の変化は次のどれか」

　ゴプニックの 3 番目の発言第 2 段第 1 文（During the 20th century, …）に「20 世紀の間に，家族は規模が小さく流動的になり，夫婦が子どもをもつ年齢が高くなり，家族を営み始める多くの人が，子どもの世話をする経験はあまりない…ということが初めて起こった」とある。c ）の「自分の子どもをもつ前に子どもの世話をするという経験の減少」が正解。

a ）「産業経済の発達」　b ）「高等教育の出現」

d ）「大きな拡大家族の隆盛」

e ）「狩猟採集社会から定住農耕社会への移行」

▶(8)　「インタビューの中で言及されていない発言は次のどれか」

a ）「現代社会においては，人々はまず子どもの世話をする経験をすることなく，家族を営み始めることが多い」　ゴプニックの 3 番目の発言第 2 段第 1 文（During the 20th century, …）後半の内容と一致する。

b ）「子育ては 20 世紀に変わり始めた」　a ）と同様，ゴプニックの 3 番目の発言第 2 段第 1 文の内容と一致する。

c ）「子育ては学業や仕事と同じようなものだと見なされてきた」　ゴプニックの 3 番目の発言第 2 段第 2 文（So I think it was …）の内容と一致する。

d ）「子育ては，まず仕事で成功すればより順調にすすむ」　このように述べられている箇所はない。これが正解。

e ）「子どもを上手に育てるために適切な手引きを探す親もいる」　ゴプニックの 3 番目の発言第 2 段最終文（If I can just find …）の内容と一致する。

▶(9)　「人間の子ども時代が特に長い理由としてゴプニックが言及しているのは次のどれか」

　ゴプニックの 4 番目の発言第 4・5 文（One idea is …）に「長い子ども時代が，新しい状況にどのように適応すればよいか考えることができる…時期を与えてくれ…人間がこんなにも多くの異なる環境で生きることを

可能にしてくれる」とある。b）の「それは人間がより柔軟性と適応力を
もてるようにする」が正解。

a）「それは人間が言語を獲得できるようにする」

c）「それは人間がより大きな脳を発達させられるようにする」

d）「それは人間が人生をより十全に経験できるようにする」

e）「それは人間が自分を取り巻く環境を守れるようにする」

▶⑽　「この会話によると，ゴプニックと司会者ヴェダンタムの考えを最
もよく表しているのは次の文のどれか」

　ヴェダンタムの５番目の発言（It seems to me …）に「私には，庭師
モデルが，そういう長く続く人間の子ども時代という条件に完璧に合うも
のに思える」とあり，続いてゴプニックが「まさしくそのとおり」と言っ
ている。b）の「ゴプニックもヴェダンタムも庭師モデルのほうがよいと
考えている」が正解。

a）「ゴプニックもヴェダンタムも大工モデルのほうがよいと考えている」

c）「ゴプニックとヴェダンタムは両方のモデルに多くの評価すべき点を
見出している」

d）「ゴプニックは大工モデルのほうがよいと考えているが，ヴェダンタ
ムは庭師モデルのほうがよいと考えている」

e）「ゴプニックは庭師モデルのほうがよいと考えているが，ヴェダンタ
ムは大工モデルのほうがよいと考えている」

◆━◆━◆━◆━　●語句・構文●　━◆━◆━◆━◆━◆━◆

（ゴプニックの２番目の発言）　●culture「文化，（行動・考え方の）パタ
　ーン」

（ゴプニックの５番目の発言）　●turn out ～「～になる」

3 (B)　解答　⑾— c ）　⑿— a ）　⒀— a ）　⒁— b ）　⒂— e ）

━━◆全　訳◆━━━━━━━━━━━━━━━━━━━━

≪現代の子育ての問題≫

著作権の都合上，省略。

著作権の都合上，省略。

━━━━━━━━━━ ◀解　説▶ ━━━━━━━━━━

▶⑾ 「ゴプニックによると，大工モデルの子育てのありそうな結果は何か」

　ゴプニックの最初の発言第2文（They're achieving …）に「彼ら（＝現代の若者）は…危険を冒すことが以前より少ない」，同最終文（And I think, …）に「これは大工の筋立てからちょっと予測できることだ」とある。c）の「子どもたちは注意深くなる可能性が高まるだろう」が正解。

a）「子どもたちは危険を冒すことによってより多くのことを成し遂げるだろう」

b）「子どもたちは不確かなことによりうまく対処できるようになるだろう」

d）「子どもたちはのちの人生でよりバランスのとれた人になるだろう」

e）「子どもたちはより大きな自由から利益を得るだろう」

▶⑿　「ヴェダンタムによると，ゴプニックは何を主張しているか」

　ゴプニックの 2 番目の発言第 1 文（Well, in the carpenter …）の「大工の筋立てでは…子どもに危険を冒したり，探求したり，自律したりする自由を与えていない」という言葉を受けて，ヴェダンタムの 3 番目の発言第 1 文（So, Dr. Gopnik, …）に「ゴプニック博士，あなたの主張は，子どもたちが自由に学んだり探求したりできる環境を作り出すことによって…よりうまく対処できるようになる子どもを育てるということですね」とある。a）の「子どもたちは危険を冒すことによって価値ある教訓を学ぶ」が正解。

b）「子どもたちは幼いときから特殊な技能を伸ばす必要がある」

c）「親は自分の子どものための特定の目標をもつ必要がある」

d）「大工モデルは子どもたちの自由感を増すように考えられている」

e）「現在の子育ての考え方がうまくいくためにはほんのちょっとした調整が必要なだけである」

▶⒀　「ゴプニックの主張に対してウェブはどのような異議を唱えているか」

　ウェブの最初の発言第 1 ～ 3 文（Well, I think …）でオリンピック選手を例に挙げ，特定のことをうまくできる人が報われると主張したあと，第 4・5 文（And even though …）で「子どもに自分のしたいことを考えさせ…14 歳でアイススケーターに本当になりたいとわかったとしても，その時点では…おそらく遅すぎる。それが問題だ」と述べている。a）の「子どもに多くの自由を与えることは，彼らの将来の機会を制限しかねない」が正解。

b）「不安をなくそうとするなら，しっかりした人生が必要である」

c）「成功しようとするなら，一つを選ぶ前に多くのことを試してみる必要がある」

ｄ）「オリンピック選手になるためには，14 歳になる前にレッスンを受け始めなくてはならない」

ｅ）「人生における成功の基礎には，子どもの天性の能力がある」

▶⒁　「ウェブが説明する問題について，ゴプニックはどう思っているか」

　　ゴプニックの３番目の発言第２・３文（I mean, parents …）に「10 代の子どもたちが…毎晩２時まで寝ないで勉強している…そんなのはどうかしている」と述べている。ｂ）の「子どもたちは，成功するためにそんなに懸命に努力することを期待されるべきではない」が正解。

ａ）「子どもたちは，自分の親を信じるように奨励されるべきだ」

ｃ）「競争的な文化にいる親は，自分の子どもに多大な要求をするべきだ」

ｄ）「親は，子どもが成功するのを手助けするために，可能な限りあらゆる強みを与えるべきだ」

ｅ）「私たちはこのような状況にいる親に同情すべきだ」

▶⒂　「ウェブはこの議論から最終的にどのような結論を引き出しているか」

　　ウェブの３番目の発言第２文（But perhaps it isn't …）に「変わる必要があるのは子育てではなく，社会が学校での出来に対してどのように賞罰を与えるかである」とある。ｅ）の「本当の問題は社会にある」が正解。

ａ）「人生は不公平な競争のようだ」

ｂ）「子育てモデルのほとんどは，人生に対する十分な備えを子どもにさせていない」

ｃ）「子どもが人生で成功する手助けをどのようにしてやればよいのか理解している親は十分にはいない」

ｄ）「子育ては，非常に報われない活動であるかもしれない」

━◆━◆━◆━◆━◆━●語句・構文●━◆━◆━◆━◆━◆━◆━◆━◆━◆━

（ヴェダンタムの最初の発言）　●gifted「天賦の才能のある」

（ゴプニックの２番目の発言）　●come out 〜「〜という結果になる」

　　●autonomous「自律した」

3 (C) 解答 (16)—b)　(17)—e)　(18)—d)　(19)—d)　(20)—d)

◆全　訳◆

≪作物増産の新技術≫

　農家や植物育種家は時間と戦っている。オーストラリアの植物学者のリー=ヒッキーによると，「私たちは世界中の人を食べさせていくという点で重大な難題に直面している。2050 年には，地球上におよそ 100 億人が存在することになる。したがってすべての人を食べさせるためには，60 パーセントから 80 パーセント多くの食糧が必要だ」と，彼は言う。

　育種家たちは，より生産性がよく病気に抵抗性のある，新しい種類の作物を開発するが，それは従来の技術を使うと 10 年以上かかることもあるゆっくりとした過程である。したがって，そのペースを速めるために，オーストラリアのヒッキー博士のチームは，これまでよりも早く種を収穫し作物の次の世代を育て始められる「促成栽培」に取り組んできた。彼らの技術は，宇宙ステーションでの食物の育て方に関する NASA の研究に触発された。彼らは，1 日に 22 時間青と赤の LED 照明を照らし，温度を摂氏 17 度から 22 度に保つことで，作物をだまして早期に花を咲かせる。従来の方法だと年に 1，2 世代しか産出されないのに対して，彼らは 1 年でコムギを最高 6 世代まで育てることができるのだ。

　研究者が最初に人工照明で植物を育て始めたのはおよそ 150 年前のことだ。当時は，炭素アーク灯と呼ばれるもので生み出された光を使っていた。それ以降，LED 技術の進歩のおかげで，科学者が個々の作物種に合うように照明の設定を調節する際の正確性が大いに向上した。

　研究者たちはまた，植物の望ましい特徴の発生を早める新しい遺伝子技術を採用している。歴史的に，人類はこうした恩恵を得るために，自然な変異とそれに続く人工的な選別の組み合わせに頼ってきた。今では，育種家はたいへん速く正確に DNA を変更する遺伝子編集手段を使っている。2004 年，ヨーロッパで研究している科学者たちが，オオムギの一種を深刻な病気に対して抵抗性のあるものにしている単一遺伝子の変異を特定した。10 年後，中国の研究者たちが，世界で最も重要な作物の一つであるコムギの同じ遺伝子を編集し，それも抵抗性のあるものにした。

　遺伝子編集手段は，コメを病気から守り，トウモロコシやダイズに特定

の化学物質に対する抵抗性をつけ，アジアや南北アメリカで作物を台なし
にしたある種のバクテリアからオレンジを守るために使われてきた。韓国
では，バナナの絶滅危惧種を破壊的な土壌の病気から救うために，科学者
たちがこうした手段を使っている。

　比較的安価で効果的な技術のおかげで，世界中の作物を改良するための
さまざまな機会が開かれつつある。ヒッキー博士のチームは，次の数年に
わたってインド，ジンバブエ，マリの農家を手助けするために，こうした
発見を使うつもりである。その発見が発展途上国にも利益になってほしい
と考えているからである。

　ヒッキーによると，将来の食糧確保という難題に応えようというのであ
れば，促成栽培と遺伝子編集を，今ある他のあらゆる手段と組み合わせる
必要がある。「一つの技術だけでは，私たちが抱えている問題を解決する
ことにはなりません」と，彼は言う。

　しかし，基本的な促成栽培が一般に受け入れられている一方，多くの人
が遺伝子編集技術を採用するのには乗り気でない。彼らは，長期的な予想
外の結果を心配しているのである。この革命的な技術の恩恵は，その潜在
的な危険と天秤にかけてみなくてはならないと，彼らは感じているのだ。

■■■■■■◀解　説▶■■■■■■

▶⒃　「促成栽培の最近の発達を可能にした科学的進歩はどれか」
　第2段第4文（They trick crops …）に「1日に22時間青と赤のLED
照明を照らし…作物をだまして早期に花を咲かせる」，第3段第3文
（Since then, …）に「LED技術の進歩のおかげで，科学者が個々の作物
種に合うように照明の設定を調節する際の正確性が大いに向上した」とあ
る。b）の「LED技術の進歩」が正解。
a）「宇宙飛行技術の向上」　c）「気象制御技術の改善」
d）「収穫方法の効率化」　e）「炭素アーク灯の発明」
▶⒄　「中国の科学者たちが，世界できわめて重要な作物の一つを病気に
抵抗性のあるものにすることで突破口を開いたのはいつか」
　第4段最終文（Ten years later, …）に「10年後，中国の研究者たちが，
世界で最も重要な作物の一つであるコムギ…も抵抗性のあるものにした」
とある。直前の文に「2004年」とあり，その10年後なのでe）の「2014
年」が正解。

a）「2002 年」　b）「2004 年」　c）「2008 年」　d）「2012 年」

▶⒅　「下の作物リストのうち，遺伝子編集がどのように植物を病気から守ってきたかを示すために使われていないのはどれか」

　第 5 段第 1 文（Gene-editing tools …）に「遺伝子編集手段は…トウモロコシやダイズに特定の化学物質に対する抵抗性をつけ…ために使われてきた」とある。d）の「ダイズ」が正解。

a）「バナナ」　b）「オオムギ」　c）「コメ」　e）「コムギ」

▶⒆　「研究プロジェクトが現在行われている場所として言及されていないのは次のどれか」

　第 6 段第 2 文（Dr. Hickey's team plans …）に「ヒッキー博士のチームはこうした発見を，インド…の農家を次の数年にわたって手助けするために使うつもりである」とある。インドではまだ新しい技術が使われていないことがわかる。d）の「インド」が正解。

a）「オーストラリア」　b）「中国」　c）「ヨーロッパ」　e）「韓国」

▶⒇　「ヒッキーによると，食糧確保という将来の難題に応えることは…を必要とする」

　第 7 段第 1 文（According to Hickey, …）に「ヒッキーによると，将来の食糧確保という難題に応えようというのであれば，促成栽培と遺伝子編集を，今ある他のあらゆる手段と組み合わせる必要がある」とある。d）の「利用できるあらゆる技術の応用」が正解。

a）「促成栽培の継続的な進歩」

b）「人口増加を制御する努力」

c）「遺伝子編集の新しい突破口」

e）「新しい手段の開発」

◆◆◆◆◆◆◆◆　●語句・構文●　◆◆◆◆◆◆◆◆◆◆◆

（第 2 段）　●trick *A* into *doing*「*A* をだまして〜させる」

（第 4 段）　●the generation of desirable characteristics「望ましい特徴の発生」　第 2 段の generations は「世代」。　●gain「利益」

（第 7 段）　●if S is to *do*「もし S が〜するつもりなら，〜したいなら」
　　　　　●meet a challenge「難題に対応する，難局に立ち向かう」

（第 8 段）　●weigh *A* against *B*「*A* と *B* を比較検討する」

4 (A) 解答 ⑵⑴—(c)　⑵⑵—(c)　⑵⑶—(b)　⑵⑷—(e)　⑵⑸—(b)

◆全　訳◆

≪空想小説における木や森の意味≫

⑵⑴　空想小説の中で神秘的な力を付与される自然界のさまざまな要素のうち，木や森は，それらを自然界の領域から超自然の領域に高める変更を施されることが特に多い。その結果，それらが空想的な物語の中に生き生きとしたキャラクターや神秘的な森林地帯として登場すると，物語のもつ心をとらえる別世界のような魅力が強まる。それでも，空想小説の木や森を，面白いがその他の点ではほぼ重要ではないキャラクターにすぎないと見るのは考え違いである。

⑵⑵　世界中のさまざまな神話に，人間と神々をつなぐものという役割を果たす聖なる木が登場する。言い換えると，木はしばしば，特定の神と結びつけられたり，その構造が宇宙の本質を反映しているため「小宇宙」と呼ばれる礼拝の場所を，聖なる石とともに形成したりしたのである。根が空にあり，枝が地に達している聖なる「さかさまの木」のように，木はまた宇宙の象徴としても機能した。さらに，木の生えている場所は，現実世界の究極の中心とみなされることがよくあり，木自体が天と地をつなぐものとなった。木が葉を落として再生させるという循環が理由で，多くの文化は木を生命の象徴とみなし，数多くの神話が，人間の命は木や他の植物とつながっている，あるいはそれどころか，そこから生じたと主張した。

⑵⑶　空想の木や森を自分の世界構築の重要な要素としてしか使わない空想小説の作家もいるが，他の多くの作家たちは，神話やおとぎ話のイメージの中に込められている潜在力を認めてきた。その結果，現代の空想小説では，木や森は神々が宿るもの，苦難と試練の場，主人公の身体的精神的変化の触媒，紛争の解決における積極的主体にもなる。さらに，木や森は，現代世界における神話の最後の痕跡として描かれることがよくあり，その描写は，著者が人類と自然界の関係に関する重要なメッセージを伝えようとする比喩となることもある。

⑵⑷　今日，地球の生態系を商品のように扱い，その物質的実際的価値しか認めない人が多い。もちろん，森林は何世紀にもわたって人々に資源を供給してくれた。それでも現在，かつてないほど，環境は人間の進歩によ

って危機にさらされている。それは増え続ける私たち人間の人口がますます多くの空間と資源を必要とするからだけではなく，命ある世界の他のものたちと自分の関係について簡単に忘れてしまうサイバー空間に，私たちがゆっくりと「移住」しつつあるからでもある。

　(25)　さいわいにも，神話やおとぎ話の伝統を受け継ぐ空想小説は，まだ私たちに自然のもつ精神的な価値を思い出させてくれるかもしれない。空想小説では，木や森は不可欠の役割を果たし，空想世界とその住人の幸福にとって必須の実体として描かれている。自然界と調和し続けることは，非常に有益な経験として述べられているが，それは自然界が神的な特質に満たされているからである。マクドナルド，トールキン，ルイスなどの空想小説の作家たちは，自身の生活の中で自然を宗教的に受け止めており，自然に対するこの宗教的な感性を読者に伝えるために，神話を使ったのだ。

■━━━━■ ◀解　説▶ ■━━━━■

▶(21)　(c)の in fantastic stories lively characters が誤り。下線部(c)は主語 their appearance を修飾する部分だが，in fantastic stories「空想物語の中の」のあとが lively characters「生き生きとした登場人物」という名詞のまとまりしかなく，前とつながらない。lively の前に as を補い「生き生きとした登場人物としての（登場）」とする。

▶(22)　(c)の was functioned also as a representation が誤り。function「機能する」は自動詞。was を取り除くのが適切。

▶(23)　(b)の the potential locking in the image が誤り。lock A in B「A を B に閉じ込める」であり，lock の目的語がないこと，内容上も「イメージの中に閉じ込められた潜在力」とするのが妥当であることから，locking を locked とするのが正しい。

▶(24)　(e)の where we are easy to forget about が誤り。S is easy to *do*「Sは〜するのが簡単だ，〜しやすい」は，不定詞の意味上の目的語＝文の主語という関係になっていなくてはならない。(*ex.* This problem is easy to solve.≒It is easy to solve this problem.)「私たちは〜を忘れやすい」は，「私たちは〜を簡単に忘れる」we easily forget about とするのが適切。

▶(25)　(b)の remind us the spiritual value of nature が誤り。remind A of B で「A に B を思い出させる」である。us のあとに of を補うのが正し

い。

━━━━━━●語句・構文●━━━━━━━━━

（第1段）　●invest *A* with *B*「*A* に *B* を付与する」　●perceive *A* as *B*
「*A* を *B* であると理解する」（*B* は名詞・形容詞）

（第2段）　●shed「（木が葉など）を落とす」

（第3段）　●agent「行為主体」

（第5段）　●heir to〜「〜の継承者，後継者」　●entity「実体」

4 (B) 解答　全訳下線部(ｱ)・(ｲ)・(ｳ)参照。

━━━━◆全　訳◆━━━━━━━━━━━━━

≪「三つ子の魂百まで」は本当か≫

　社会心理学者で作家のダニエル=ギルバートは，人類は「完成したと誤解している制作途中の作品」であると示唆している。そして，「今の自分がそのままであり続けることはない。今の自分は，これまでのあらゆる自分と同様，一時的なものだ。私たちの人生で唯一不変なのは変化である」と主張している。(ｱ)時間は強烈な力であり，私たちの価値観，性格，そして音楽や行きたいと思う場所から友情に至るまであらゆるものにおける好みを絶え間なく変えていく力であると，彼は言う。

　エジンバラ大学の研究者たちは，人間の性格の安定性に関するこれまでで最長の研究を行い，10 代の私たちを特徴づけていると思われる性質がのちの人生にはほぼ消えてしまうことがあるということを発見して，同様の結論に至った。特性は短期間には不変であるように見えるかもしれないが，数十年の間には変わる。その研究者たちは，1947 年のスコットランド知能調査の一部から取られたデータを使った。この調査は 70,805 人の子どもたちの集団の成長を追跡したものである。研究者たちは 1,208 人の14 歳の子どもたちという，より小さな抽出標本を使い，10 代から成人に移行する際の，子どもたちの性格の安定性を調べた。調査では，自信，決断力，気分の安定性，誠実さ，独創性，学習意欲という 6 つの特定の特性を確認していた。(ｲ)2012 年に，1947 年の調査で当時 14 歳だった被験者1,208 人を見つけ出す試みがなされ，見つかった人たちのうち 174 人が継続調査に参加することに同意した。彼らは，前の調査と同じ 6 つの特性と，

それらが自分の行動においてどの程度優勢な要素のままであるかについて，自身を評価するように求められた。家族，パートナー，被験者と親しい友人も，以前の特性がどれほど継続的に存在しているか評価するように頼まれた。その結果，(ウ)こうした特性の中には被験者の人生の比較的短い期間では変わらないままだったものもあるが，気分の安定性を除くと，そのほとんどが著しく変化しており，時には完全に消えてしまっていたということがはっきりした。

━━━━◀解　説▶━━━━

▶ (ア)　Time is a powerful force, he says, and one that perpetually revises our values, personalities, and preferences in everything from music and the places we would like to go to friendship.

● …, he says, … は本来の主節の挿入であり，前後ともに彼の発言であることに注意。He says that time is … と同じように訳せばよい。

● Time is a powerful force「時間は強力な力だ」が直訳。「力」が重複しないように，powerful を「強烈な，強大な」などとしたい。単に「強い」でもよいだろう。

● and one that ～ の one は a force を受ける代名詞で Time is の 2 つめの補語，that はこれを先行詞とする関係代名詞である。

● perpetually revises our values, personalities, and preferences in everything「私たちの価値観，性格，あらゆるものにおける好みを絶え間なく変える（力）」が直訳で，そのままでよい。perpetually「永久に，絶え間なく」 revise「～を変える，改訂する」 values は複数形で「価値観」の意。preference はしばしば to や over といった前置詞を伴うが，これは「～よりも」と比較対象を表す。ここでは，何の好みかを問題にしているので，「～における」と分野を表す in が使われている。

● from music and the places we would like to go to friendship は everything を修飾する形容詞句。「音楽や行きたい場所から友情に至るまで」が直訳で，そのままでよい。from A to B「A から B まで」の A が music and the places，B が friendship である。最後の部分は go to friendship ではないので注意（「友情に行く」では意味をなさない）。we would like to go は the places を先行詞とする関係詞節。関係副詞 where が省略されている。

▶(イ) In 2012, an attempt was made to track down that same pool of participants and, of those found, 174 agreed to take part in the continued research.

● In 2012, an attempt was made to track down ～「2012 年に～を見つけ出す試みがなされた」が文字どおりで，ほぼそのままでよい。もとになっている make an attempt to *do* は「～する（という）試みを行う」が直訳。不定詞は attempt を修飾する形容詞用法（内容としては同格）であり，「～するために」と目的を表す副詞用法ではないことに注意。track down ～ は「～を（追跡して）見つけ出す」の意。track「～を突き止める」の訳でも許容範囲だろうが，あとに those found「見つけられた人たち」とあることもヒントにしたい。

● that same pool of participants「その同じ参加者〔被験者〕集団」が直訳。これが何を指しているかを明らかにするのが設問条件である。第 2 段第 3・4 文（The researchers used …）に「研究者たちは，1947 年のスコットランド知能調査の一部からデータを取り…1,208 人の 14 歳の子どもたちという，より小さな抽出標本を使った」とある。したがって，「その同じ参加者集団」とは，「1947 年の調査で当時 14 歳だった被験者 1,208 人」などとまとめられる。

● and, of those found, 174 agreed to ～「そして見つかった人たちのうちの 174 人が～することに同意した」が直訳で，ほぼそのままでよい。those found は those who were found の意。本来の語順なら 174 of those found である。

● take part in the continued research「継続される調査に参加する」が直訳。continued とは 1947 年の調査に続く調査ということである。「継続調査」とすれば訳文がすっきりする。

▶(ウ) while some of these characteristics remained steady over shorter periods of the participants' lives, most of them, with the exception of mood stability, had changed markedly, sometimes vanishing entirely

● while some of these characteristics remained steady「これらの特性のうちの一部は安定したままだったが」が直訳。while は対比を表す接続詞で「～するが，～する一方」などと訳せる。some は「～するもの

もある」と訳すこともできる。remained steady は「変わらないままだった」などとするとわかりやすい。

● over shorter periods of the participants' lives「参加者の人生の比較的短い期間にわたって」が直訳で，remained を修飾する副詞句。participants は調査・研究への参加者であり「被験者」とできる。shorter は比較の対象を明示しない絶対比較級で「比較的短い」などとする。

● most of them, with the exception of mood stability「気分の安定性という例外を伴って，そのほとんどが」が直訳。with the exception of ～ は「～を除いて，～以外は」と訳す定番の表現。「気分の安定性を除いて，そのほとんどが」となる。

● had changed markedly「著しく変わっていた」が直訳で，そのままでよい。markedly は「著しく，明らかに」の意。

● sometimes vanishing entirely「時には完全に消えていた」が直訳。vanishing は分詞構文で，and sometimes vanished entirely の意。

◆━◆━━●━◆━━●語句・構文●━◆━●━━◆━━◆━

（第1段）● The social psychologist and writer Daniel Gilbert「社会心理学者で作家のダニエル=ギルバート」　人名に伴う同格名詞には定冠詞をつけることがある。　● in progress「進行中の」　● constant「一定不変のもの」

（第2段）● the degree to which S V「S が V する程度」が文字どおり。「どの程度 S が V するか（ということ）」などと訳すとわかりやすくなる。

5　解答

(A)人が自ら日々を意識的に暮らして変化を生み出すのでなければ，毎日がほとんど代わり映えのしないものだったということ。

(B) she fooled me into thinking we were equal

(C)自分が泣いていることに気づかないほど感情が筆者を圧倒し，こみあげる不安でいっぱいになったということ。

(D) (ア) (26)— d)　(27)— a)　(28)— f)　(29)— b)　(30)— h)　(31)— e)

(イ)— d)

(ウ)—ｅ）

◆━━━━━━◆全　訳◆━━━━━━◆

≪家を出る日のこと≫

　「賭けをしよう」と，私の 15 歳の誕生日に父は言った。15 歳だったことをとてもはっきりと覚えている。というか，15 歳の人間にとって 15 歳がどのように感じられるかを覚えているのだ。その年齢は，飛び込み板か，半分開いた箱だ。

　私たちは芝生の上に置いた固い木の椅子に座って，夕暮れが町に訪れ，あの害のない薄れる光が世界を和らげていくのを見ていた。

　「私は，お前が 18 歳でここを離れて，二度と戻ってこないのに賭けるよ。一度たりとも帰ってこない」と，彼は言った。

　私たちはロサンゼルスから 2 時間の，他と連なる郊外の一群のひとつに暮らしており，そこでは自分が代わりにそうするのでないかぎり，日々はほとんど何の変化もなかった。

　「顔を見せに帰ってくるとさえ思わないの？」と，私は言った。

　「ああ」と，彼は言った。「思わないね」　父は道理をわきまえた人だった。一般化などしなかった。大袈裟であいまいな発言をする傾向はなく，賭け事はめったにしなかった。私はその提案に傷つきかつ興奮した。

　「母さんはどうなの？」と，私は尋ねた。

　「母さんはどうかって？」

　私は肩をすくめた。どうやら父の予言に母はほとんど関係なさそうだった。

　「それでジェームズは？」と，私は尋ねた。

　「ジェームズのことはわからない」と，彼は言った。「それについては賭けはできないな」

　ジェームズは私の弟だった，もちろん今も弟だ。私は彼に対する責任はほとんど感じなかった。彼は 10 歳で，知能が高かったが，落ち着きがなく，大いに両親の悩みの種だった。母は弟にめろめろだった。もっとも，私たちは平等だと私が考えるようにごまかせていると思っていたが。誤解してはいけない。私たちは等しく愛されていた。だが，どちらが好きかということでは平等ではなかったということだ。親というものはえこひいきしないとしても，間違いなく同盟者はもつ。

　家の中では，母が夕食の準備をしており，ジェームズは台所で母について回り，変わった形に折り畳んだ紙を母に手渡していた。そのときでさえ，彼には幾何学の才能があったのだ。

　「私はどこへ行くの？」　私は父に尋ねた。私の成績はほんの平均的なものだった。私は，15 歳のときには漠然と，地元の短期大学で数年過ごしたらどこかへ移るつもりだった。

　「どこかというのはどうでもいいことだよ」と，鼻先を飛び回るハエを追い払いながら，彼は言った。

　お隣の，物静かな子どものカールが，自分の家の芝生を行ったり来たりして，やはりカールという名前の飼い犬を散歩させていた。天気は心地よいものだった。

　「私が戻ってきたらどうなるの？」　私は尋ねた。

　「戻ってきたらお前の負けだ」と，彼は言った。

　私は負けるのが大嫌いだった。そして父はそれを知っていた。

　「また父さんに会うことはあるの？」と，私は聞いた。まるでその日が非現実的で遠く，もう記憶になってしまったかのように，私は 15 歳にして，今までにないような感傷的な気分になった。父が隣に座って自分の毛深い膝をなでているときでさえ，私は父や彼の一部薄くなった頭や，歯磨き粉のにおいのする息に涙が出そうな気持ちがした。

　「もちろん，母さんと私が会いに行くよ」と，彼は言った。

　母が弟と一緒に玄関のところに姿を現した。弟は母のジーンズの後ろポケットを握っていた。「晩ごはんよ」と，彼女は言った。私は父の頬にキスをした。まるで列車のプラットホームに立っているかのように。夕食の間もずっと同じように感じていた。テーブルの反対側から父を見つめ，さようならと声には出さずに言いながら。

　私の 18 回目の誕生日は，高校を卒業したあとの夏にやって来た。お祝いに，4 人の友達と一緒にロサンゼルスの劇場でミュージカル『ウィキッド』を観た。座席は深々としてすべすべしていた。両親が私たちを車で送ってくれ，劇場に入る前に駐車場で，父は私たち一人一人にシャンペンを 1 杯ふるまってくれた。私たちは，彼がこの機会のために特別に買ったに違いないプラスチックの小さなコップを使った。私は父がスーパーマーケ

ットを歩いてすべてのコップを見て回り，決めるのを思い描いた。

　私の誕生日の1週間後，父はいつもより静かに私を起こした。彼は厳粛な面持ちに見えた。私はまだ卒業式の記念の帽子を壁に鋲で留めていた。卒業の日に私が着たドレスを母がクリーニングに出してくれたが，それがまだカバーのかかったまま床に置いてあった。

　「行く準備はできているかい？」と，彼は聞いた。

　「どこへ連れて行くつもりなの？」 私は知りたかった。

　「駅だよ」と，父はゆっくりと言った。「行く時間だ」

　父は旅をすることを考えるのがずっと好きだった。空港を歩いて通るだけでも彼はわくわくした。世界を急いで通り抜けて他のどこかへ行く途中の人たちを見て陽気になった。父は歴史や自分がじかに見たことのない場所の建築物に深い関心を抱いていた。彼がなんとか旅行するということがまったくできなかったのは，彼の人生の大きな悲劇だった。母はというと，夫が不幸でそれを少しも隠そうとしなかったことが，彼女の人生の大きな悲劇だった。当時私にはそれがわからなかったとしても，今はわかる。

　「母さんはどこ？」と，私は尋ねた。「それとジェームズはどこ？」

　「スーパーマーケットだよ」と，父は言った。ジェームズはスーパーマーケットが大好きだった。すべてが列にきちんと並んで，ものが秩序立っているのが好きだったのだ。「泣くんじゃない」と，そのとき父が，まだ温かい私の枕を整えながら言った。彼は辛そうな表情をしていた。「泣くんじゃない」と，父はまた言った。私は自分が泣き出したことに気づいていなかった。あのとき，体中が感情に揺さぶられていた。スプーンの上でバランスを取られている卵みたいだった。

　「大丈夫だよ」と，父は言った。「お前はうまくやれる」

　「でも短大はどうなるの？」と，私は尋ねた。「いろんな計画はどうなるの？」 私はすでに，大量のきらきらした学校のパンフレットを郵便で受け取っていた。確かに，それをどうすればよいかまだわかっていなかったが，それでもやっぱり持っていた。

　「時間がないよ」と，父は言い，その声の緊迫感が私を急がせた。

◀解　説▶

◆(A) distinguish *oneself* は「自身を（他と）区別する」というところから，通常は「目立つ，有名である」の意で使われるが，ここでは主語が

the days「日々」であり，1 日 1 日が他の日と区別できる，つまり日々に変化があるということである。それが rarely で打ち消されて「日々はほぼ代わり映えがしなかった」となる。unless you did it for them は「あなたがそれらに代わってそれをしないかぎり」が直訳。them は days を受け，did it は「1 日 1 日を他の日と区別する」ことを表している。「人が自分で日々に変化をもたらすようなことをしないかぎり」あるいは「人が自ら 1 日 1 日を意識的に生きるのでなければ」ということである。「人が自ら日々を意識的に暮らして変化を生み出すのでなければ，毎日がほとんど代わり映えのしないものだったということ」などとまとめられる。

◆(B)　下線部の直後の文（Make no mistake：…）に「私たち（＝筆者と彼女の弟）は等しく愛されていたが，どちらが好きかということでは平等ではなかった」とある。下線部の前には「母は彼を溺愛していた」とあり，母親が弟のほうをよりかわいがっていたという状況がわかる。与えられた語で，動詞 fooled に注目すると，fool *A* into *doing*「*A* をだまして〜させる」という語法が使える。she fooled me into thinking「彼女は私をだまして考えさせた」となる。残る語で thinking の目的語に当たる we were equal「私たちは平等だ」が作れる。接続詞 that は省略されている。全体で，she fooled me into thinking we were equal「彼女は私をだまして私たちは平等だと思わせた」となる。この部分のニュアンスは，母親が弟により強い愛情を抱いていることを，筆者にはうまくごまかせていると思っていたということだと考えられる。

◆(C)　下線部は「私の全身が感情的であるような感じだった」が直訳。直後に「私はスプーンの上でバランスを取られている卵のようだった」という比喩がある。スプーンに生卵を載せて運ぶ競走があるが，その卵のイメージである。スプーンの上で卵は不安定であり，バランスを失うと落ちて割れてしまう。こみあげる不安の比喩だろうが，下線部直前の文（I hadn't noticed …）に「私は自分が泣き出したことに気づいていなかった」とあるように，その感情が筆者を圧倒していたことがわかる。「自分が泣いていることに気づかないほど感情が筆者を圧倒し，こみあげる不安でいっぱいになったということ」などとまとめられる。

◆(D)　▶(ア)　(26)　空所の直後に but「だが」があり，anxious, problem という否定的な語が続いているので，空所には否定的でなく，なおかつ

but 以下と矛盾しない語が入ると考えられる。空所の次の段落の最終文
（Even then, he …）に「そのときでさえ，彼には幾何学の才能があっ
た」とある。直前の文で，夕食の準備をする母親に，10 歳の弟のジェー
ムズが変わった形に折った紙を渡している様子が述べられている。d）の
intelligent「知能が高い」が適切。

⑵⑺　当該文は「私の成績はほんの…だった」となっている。成績に言及す
るのは，どの程度の成績かを述べるためだと予想できる。merely「ほん
の」とあることからも，a）の average「平均的な，並みの」が適切。⑵⑹
で見たように弟のジェームズの「知能が高かった」ことと対照をなしてい
る。

⑵⑻　筆者が家を出る日の朝，筆者を起こしにきた父親の様子を述べている
箇所。直前の文（A week after …）に「父はいつもより静かに私を起こ
した」，空所⑶⑴の 2 つ後の文（He had a pained look on his face.）に「彼
は辛そうな表情をしていた」とある。こうした状況から f）の solemn
「厳粛な，まじめな」が適切。

⑵⑼　当該箇所の直前に「空港を歩いて通るだけでも彼はわくわくした」と
ある。直前の文（My father had always …）に「父は旅をすることを考
えるのがずっと好きだった」ともあり，b）の cheerful「陽気な，快活
な」が適切。

⑶⓪　当該文は「母はというと，夫が…でそれを少しも隠そうとしなかった
ことが，彼女の人生の大きな悲劇だった」となっている。直前の文（It
was the great tragedy …）に「彼がなんとか旅行するということがまっ
たくできなかったのは，彼の人生の大きな悲劇だった」とあり，h）の
unhappy「不幸せな」を補えば文脈に合う。

⑶⑴　当該文は「ジェームズはスーパーマーケットが大好きだった。すべて
が列に…ものが秩序立っているのが好きだった」となっている。the
order of things は「体制，条理」などと訳されることが多いが，ここで
はスーパーマーケットで品物が並べられている様子を表しており，文字ど
おり「ものが秩序立っていること」だと考えられる。e）の neat「きち
んとした，こぎれいな」を補えば「すべてがきちんと並んで」となり，文
意に合う。all neat in their rows は all の後ろに being が省略された分詞
構文。

▶(イ)　最初の空所の部分は「私は 15 歳で，まるでその日が非現実的で遠く，もう記憶になってしまったかのように今までになく…感じた」となっている。父親から 3 年後に家を出ることを促された筆者の気持ちを考えたい。この段落の 2 つ後の段落第 2 文（"Dinnertime," she said,…）に「父の頬にキスをした。まるで列車のプラットホームに立っているかのように」，同段第 3 文（I spent all of dinner …）には「夕食の間もずっと同じように感じていた…さようならと声には出さずに言いながら」とある。永遠ではないものの，家族や慣れ親しんだ環境から離れることを突き付けられた気持ちとしては，d）の sentimental「感傷的な，涙もろい」が適切。

▶(ウ)　a）「筆者は，最終的には地元の短期大学に行くことにした」
最後から 5 行目（"But what about … I asked.）に「『でも短大はどうなるの？』と，私は尋ねた」とあり，同行から 3 行にわたって（I'd already received … just the same.）「私はすでに，大量のきらきらした学校のパンフレットを郵便で受け取っていた。確かに，それをどうすればよいかまだわかっていなかった」とある。短大に行くことにしたとは考えられない。

b）「筆者は 15 歳のときから家を出る計画を立てていた」
8 行目（"I bet you'll … he said.）に「私は，お前が 18 歳でここを離れて，二度と戻ってこないのに賭ける」とあるが，これは父親が言い出したことで，筆者自身が決めたことだとは述べられていない。

c）「筆者が家を出なければならなかったのは，両親の間に争いがあったからだ」
本文中に，筆者が家を出る理由として両親の不仲があったとは述べられていない。

d）「筆者の父親は，彼女が嫌いだったので彼女を追い払った」
本文中に，父親が彼女を嫌っていたという記述はなく，2 つめの空所イを含む文の次の 2 文（"Of course," … I will visit."）で，父親は筆者が家を出た後は「もちろん，母さんと私が会いに行く」と言っている。

e）「筆者の父親は，自分と母親が彼女を訪ねるが，彼女は家に戻ってこないだろうと予言した」
8 行目（"I bet you'll … he said.）および d）の〔解説〕でみた文（"Of course," … I will visit."）の内容と一致する。これが正解。

━━━━━━━━━━●語句・構文●━━━━━━━━━━━━━━━

（1行目）　●make a bet「賭けをする」

（11行目）　●a string of ～「一続きの～，～の一群」

（26行目）　●have favorites「えこひいきする」 favorite は「お気に入り」の意味の名詞。

（41行目）　●shadowy「非現実的な，架空の」

（57行目）　●picture *A doing*「*A* が～するのを心に描く」

（70行目）　●in person「自分で，自ら」

（72行目）　●don't take any pains to *do*「少しも～しようとしない」

（83行目）　●a stack of ～「大量の～，～の山」　●in the mail「郵送で」

❖講　評

　大問数は 5 題で例年どおりである。選択問題での解答方式がマークシート法であることも 2015～2019 年度と同じである。内容や出題形式に多少の変化があるのは例年のことだが，2020 年度は 1 (B)で語句整序が出題されるという小さな変化にとどまった。

　1　(A)英文の内容を日本語で要約するもの。字数は 70～80 字。(B)語句整序と文の空所補充。

　2　(A)意見論述。与えられたテーマに沿って，自分の考えを述べるもの。60～80 語。(B)和文英訳。1 段落程度の和文中の下線部（連続する 2 文）を英訳するもの。

　3　リスニング。3 つのパートに分かれており，いずれも 2 回ずつ放送される。(A)会話，(B)会話，(C)講義という構成で，(A)と(B)は関連する内容になっている。リスニングは試験開始後 45 分経過した頃から約 30 分間行われる。

　4　(A)文法・語彙，読解問題。各段落に 5 カ所ある下線部のうち，誤りを含む箇所を一つ指摘するもの。(B)英文和訳問題。一連の英文中の 3 カ所を和訳するもの。

　5　長文読解。筆者が生家を出る日のことを描いた物語。

　以下，各問題の詳細をみる。

　1　(A)　英文量は約 380 語で例年同様の長さである。「高齢者にやさしい町づくり」の理念と現実，そのずれの解決法を述べたもので，内容

は理解しやすい。定められた字数に収まるように，何を盛り込み，何を削るかの判断と，手際のよい日本語表現に工夫を要する。

　⒝　英文量は約 860 語（空所を埋めると約 930 語）で例年よりやや長い。文意に合うように語を並べ替える問題と，5 カ所ある空所に合う文を選ぶ問題の 2 種類。選択肢にやや紛らわしいものもあるが，空所の前後，全体の流れを丁寧に考慮すれば判断がつくだろう。

　2　⒜　意見論述。私たちは言葉を操っているのか，それとも言葉に操られているのかというテーマに対して自分の意見を述べるもの。2019 年度と同様，古典的な設問である。内容は比較的思いつきやすいだろうが，意見を支える理由や具体例を限られた語数で要領よくまとめるのに苦労するかもしれない。

　⒝　和文英訳。一連の文章中の下線部 1 カ所（連続する 2 文）を英訳するもの。英訳箇所の長さは 2018・2019 年度と同程度。2 文に分かれており，それぞれは短いが，日本語がこなれているので，英語でどのように表現するか，語句・文構造を整え直す必要がある。

　3　⒜　子育てに対する 2 つの考え方を対比して述べた本の著者へのインタビュー。「庭師」と「大工」の仕事ぶりに喩えられた子育ての姿勢をそれぞれしっかりつかむこと。

　⒝　⒜のインタビューに新たに 1 人の論者が加わった討論。意見の相違点・類似点を把握することが重要である。

　⒞　「作物増産の新技術」に関する講義。どのような技術か，いつ・どこで・どのような作物に対して用いられたか，といった事実を正確に聞き取りたい。

　4　⒜　5 段落構成の一連の文章で，各段落に 5 カ所ずつ下線が入っており，そのうち誤りを含むものを選ぶ問題。語句や文法事項の知識が問われた。

　⒝　一連の文章中の 3 カ所の英文和訳。いずれの箇所も比較的短く，語句・構文面でも難解なものはないが，挿入や分詞構文などを自然な日本語にすることが求められる。また，1 カ所は下線部中の語句が指しているものを明らかにして訳すという条件が付けられていた。

　5　筆者が，高校卒業後に家を出るように父親から言われる場面と，実際に家を出る日の朝のことを描いたもの。筆者自身の経験のようでは

あるが，全体的には小説・物語ととらえてよいだろう。何の話をしているのか，何が起きているのか，事情をつかむのに苦労した受験生もいたかもしれない。設問は，記述式の内容説明，語句整序，選択式の空所補充（共通語による空所補充を含む），内容真偽で，2019 年度と同じであった。

─────「英語」の記述式問題の出題の意図（東京大学　発表）─────

　本学の学生に期待される外国語力とは，知的活動の一環として，外国語で円滑に意思疎通を図る能力を意味しています。相手が発信した内容を正しく理解し，自分が相手に伝えたい事柄を適切に表現する能力がその根幹をなしていることは言うまでもありませんが，そうした理解力や表現力を十分に発揮するためには，その言語についての正確な知識を土台として培われた論理的な思考力と，場面や状況に応じた的確な判断力も必要になります。これらの能力が現時点でどの程度身についているかを測るために，外国語科目の記述式問題には以下のような設問が含まれています。

１．要約問題【1 (A)】

　　各段落の構成と段落間のつながりに注意を払いながら，文章全体の論理的な展開を正確にたどり，主要な論点を把捉する力が試されています。

２．作文問題【2 (A)・2 (B)】

　　和文の外国語訳においては，日本語で与えられた情報を外国語で過不足なく，正確に読み手に伝える能力が試されています。自分の考えを外国語で表現する問題においては，自らの意見が読み手に明確に伝わるよう，適切な語句や表現を用いて，論理的で説得力のある文章を作成する能力が試されています。

３．外国語文の和訳問題【4 (B)】

　　文中に含まれる語句の意味とその使い方，文構造，文法事項についての基本的な知識が問われています。和訳の対象となる文が長い文章の一部となっている場合には，前後の文脈を踏まえて該当箇所の意味を解釈する能力も問われています。

４．長文読解問題【5】

　　文章全体の流れを大局的に把握しながら，文章の細部に含まれる表現のニュアンスをも同時に読み取れるような総合的な理解力が求められています。より具体的には，文章に書かれた出来事や事象がどのような経緯をたどって生起しているのかを正確に把握しつつ，細部の表現に込められた書き手や登場人物の心情や価値観，ものの見方などを的確に理解することが重要です。

数学

1　◇発想◇　$f_1(x) = ax^2 + bx + c$, $f_2(x) = bx^2 + cx + a$,
$f_3(x) = cx^2 + ax + b$ とおく。

(1)　$a < 0$ とすると，十分大きな x に対して $f_1(x) < 0$ となることから矛盾が導かれる。

(2)　a, b, c すべてが正とすると，十分小さな x に対して $f_1(x) > 0$, $f_2(x) > 0$, $f_3(x) > 0$ となることから矛盾が導かれる。

(3)　$a = 0$ とすると，$f_1(x) = bx + c$, $f_2(x) = bx^2 + cx$, $f_3(x) = cx^2 + b$ となる。$b = c = 0$ はあり得ないので，$b > 0$ と $c > 0$ で場合を分けて考える。

解答　以下，a, b, c, p, x は実数である。

$$f_1(x) = ax^2 + bx + c, \ f_2(x) = bx^2 + cx + a, \ f_3(x) = cx^2 + ax + b$$

とおき

$$C_1 : y = f_1(x), \ C_2 : y = f_2(x), \ C_3 : y = f_3(x)$$

とする。

$$S = \{x \mid f_1(x) > 0, \ f_2(x) > 0, \ f_3(x) > 0\}, \ T = \{x \mid x > p\}$$

とおくと，問題の条件から，$S = T$ である。

(1)　$a < 0$ とする。

C_1 は上に凸な放物線なので，十分大きなすべての x に対して，$f_1(x) < 0$ となり，$x_0 \notin S$ かつ $x_0 \in T$ を満たす実数 x_0 が存在する。これは $S = T$ と矛盾する。

よって，$a \geq 0$ である。同様に，$b \geq 0$, $c \geq 0$ である。　　　（証明終）

(2)　$a > 0$, $b > 0$, $c > 0$ とする。

C_1, C_2, C_3 はすべて下に凸な放物線であり，十分小さなすべての x に対して

$$f_1(x) > 0, \ f_2(x) > 0, \ f_3(x) > 0$$

となり，$x_1 \notin T$ かつ $x_1 \in S$ を満たす実数 x_1 が存在する。

これは $S=T$ と矛盾する。

よって，a, b, c の少なくとも 1 個は 0 以下である。

このことと(1)から，a, b, c の少なくとも 1 個は 0 である。（証明終）

(3)　(2)から，a, b, c の少なくとも 1 個は 0 であり，$a=0$ としても一般性を失わない。このとき
$$f_1(x)=bx+c,\ f_2(x)=bx^2+cx,\ f_3(x)=cx^2+b$$
である。
$$A_1=\{x\,|\,f_1(x)>0\},\ A_2=\{x\,|\,f_2(x)>0\},\ A_3=\{x\,|\,f_3(x)>0\}$$
とおく。$S=A_1\cap A_2\cap A_3$ である。

いま，$b=c=0$ なら，$f_1(x)$, $f_2(x)$, $f_3(x)$ はすべての x に対して 0 となり，$S=\varnothing$ となる。一方，$T\neq\varnothing$ なので矛盾する。

よって，$b\neq 0$ または $c\neq 0$ であり，(1)から
$$b>0\ かつ\ c\geqq 0\ \cdots\cdots(\mathrm{i})\quad または\quad b\geqq 0\ かつ\ c>0\ \cdots\cdots(\mathrm{ii})$$
となる。さらに，$f_2(x)=xf_1(x)$ であるから，いずれの場合も，$f_1(x)>0$ かつ $f_2(x)>0$ ならば $x>0$ であり，逆に，$x>0$ ならば $f_1(x)>0$ かつ $f_2(x)>0$ が成り立つ。

したがって
$$A_1\cap A_2=\{x\,|\,x>0\}\ \cdots\cdots①$$
となる。

(i)のとき

　$c>0$, $c=0$ のいずれの場合も，すべての x に対して，$f_3(x)>0$ なので，A_3 は実数全体である。

　これと①から，$S=\{x\,|\,x>0\}$ となり，$S=T$ から，$p=0$ である。

(ii)のとき

　$b>0$ のときは(i)に帰着するので，$b=0$ としてよい。

　このとき，$A_3=\{x\,|\,x\neq 0\}$ となる。

　これと①から，$S=\{x\,|\,x>0\}$ となり，$S=T$ から，$p=0$ である。

(i), (ii)いずれの場合も，$p=0$ である。　　　　　　　　　　（証明終）

〔注〕　根拠記述はいろいろ考えられる。(1)・(2)は放物線の軸や $f_1(x)=0$ の解などを用いると煩雑になるので，「十分大きな（小さな）すべての x」という表現を用いている。また，(3)では，集合 A_1, A_2, A_3 を設定した記述としている。これも，必ずしも必要ではないが，これを用いない場合，

やはり記述がやや長くなる。

━━━◆解　説▶━━━

≪2次関数または1次関数の値と不等式，集合の一致≫

　本問では放物線の軸や x 軸との交点の座標などで考えていくと，明快さや簡潔性が失われる。十分大きな x，十分小さな x での関数値の正負を考え，集合の一致との関係をとらえる発想力と論理的な記述力で差が出る。難問ではないが，意外と時間を要するかもしれない。

▶(1)　背理法による。たとえば $a<0$ と仮定して矛盾を導く。上に凸な放物線をイメージし，十分大きな x での関数値を考え，$S=T$ との矛盾を導くことがポイントである。

▶(2)　背理法による。a, b, c がすべて正と仮定して矛盾を導く。下に凸な放物線をイメージし，十分小さな x での関数値を考え，$S=T$ との矛盾を導くことがポイントである。

▶(3)　$a=0$ として考えてよく，このとき，$f_1(x)=bx+c$, $f_2(x)=bx^2+cx=x(bx+c)$, $f_3(x)=cx^2+b$ となる。特に，$f_2(x)=xf_1(x)$ となることから，$f_1(x)>0$ かつ $f_2(x)>0$ は $x>0$ と同値となることがポイントである。また，$b>0$ と $c>0$ での場合分けで考えることもポイントである。いずれの場合も，$S=\{x|x>0\}$ を示すことで，$p=0$ が導かれる。

2　◆発想◆　三角形 ABC の外側を6個の領域に分けて，そのうちの2つの場合で考える。いずれも1つの三角形の面積に帰着させ，平行線と比の関係を用いる。

解答　Xが三角形 ABC の内部または周上にあるときは
$$\triangle ABX+\triangle BCX+\triangle CAX=\triangle ABC=1$$
となり，不適である。よって，Xが三角形 ABC の外側にあるときを考えればよい。

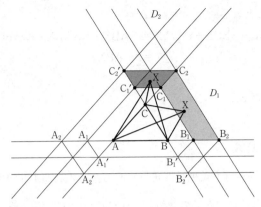

上図において

$$\overrightarrow{AA_1}=\frac{1}{2}\overrightarrow{BA},\quad \overrightarrow{AA_2}=\overrightarrow{BA},\quad \overrightarrow{AA_1'}=\frac{1}{2}\overrightarrow{CA},\quad \overrightarrow{AA_2'}=\overrightarrow{CA},$$

$$\overrightarrow{BB_1}=\frac{1}{2}\overrightarrow{AB},\quad \overrightarrow{BB_2}=\overrightarrow{AB},\quad \overrightarrow{BB_1'}=\frac{1}{2}\overrightarrow{CB},\quad \overrightarrow{BB_2'}=\overrightarrow{CB},$$

$$\overrightarrow{CC_1}=\frac{1}{2}\overrightarrow{AC},\quad \overrightarrow{CC_2}=\overrightarrow{AC},\quad \overrightarrow{CC_1'}=\frac{1}{2}\overrightarrow{BC},\quad \overrightarrow{CC_2'}=\overrightarrow{BC}$$

とする。このとき

$$A_1A_1' /\!/ A_2A_2',\quad B_1B_1' /\!/ B_2B_2',\quad C_1C_1' /\!/ C_2C_2'$$

である。

線分 BC と半直線 BB_1，CC_1 で囲まれた領域を D_1，半直線 CC_1，CC_1' で囲まれた領域を D_2 とする。

まず，D_1 または D_2 で条件を満たす X の存在範囲の面積を求める。

(i) $X\in D_1$ のとき

$$\triangle ABX + \triangle BCX + \triangle CAX = \triangle ABC + 2(\triangle BCX) = 1 + 2(\triangle BCX)$$

から

$$2 \leqq 1 + 2(\triangle BCX) \leqq 3$$

となり

$$\frac{1}{2} \leqq \triangle BCX \leqq 1$$

これを満たす X の存在範囲は四角形 $B_1B_2C_2C_1$ の周および内部である。

$$(\text{四角形 } B_1B_2C_2C_1 \text{ の面積}) = \triangle AB_2C_2 - \triangle AB_1C_1 = \frac{7}{4}$$

(ii) $X \in D_2$ のとき

$$\triangle ABX + \triangle BCX + \triangle CAX = \triangle ABX + (\triangle ABX - \triangle ABC)$$
$$= 2\triangle ABX - 1$$

から

$$2 \leqq 2\triangle ABX - 1 \leqq 3$$

となり

$$\frac{3}{2} \leqq \triangle ABX \leqq 2$$

これを満たす X の存在範囲は四角形 $C_1 C_2 C_2' C_1'$ の周および内部である。

$$(\text{四角形 } C_1 C_2 C_2' C_1' \text{ の面積}) = \triangle CC_2 C_2' - \triangle CC_1 C_1' = \frac{3}{4}$$

(i),(ii)から，D_1 または D_2 で条件を満たす X の存在範囲の面積は

$$\frac{7}{4} + \frac{3}{4} = \frac{5}{2}$$

である。

同様に考えて，残りの部分で条件を満たす X の存在範囲の面積は，四角形 $A_1 A_2 C_2' C_1'$，四角形 $A_1 A_2 A_2' A_1'$，四角形 $A_1' A_2' B_2' B_1'$，四角形 $B_1 B_2 B_2' B_1'$ の面積の和となり，$2 \times \dfrac{5}{2}$ である。

ゆえに，求める値は　　$3 \times \dfrac{5}{2} = \dfrac{15}{2}$　……(答)

━━━━━━◀解　説▶━━━━━━

≪平行線と三角形の面積，平行線と面積比，点の存在範囲≫

　三角形の外部を 6 つの領域に分け，それらを 2 つの類型に分け，2 つのそれぞれで考える。この場合分けに気づくことが第一のポイントである。安易に考えていずれか 1 つの図だけで考えると，誤った結果となるので，この場合分けは重要である。

　(i)の場合は，条件を $\dfrac{1}{2} \leqq \triangle BCX \leqq 1$ に帰着させるのは易しい。平行線と面積比を考えて，X の存在範囲を得ることも易しい。

　(ii)の場合は，条件を $\dfrac{3}{2} \leqq \triangle ABX \leqq 2$ に帰着させる発想と式変形が少し難しく，これが第二のポイントとなる。これに成功すると，やはり平行線

と面積比を考えて，Xの存在範囲を得る。

　本間で用いる面積計算や平行線と面積比は中学校で学ぶ内容で，そこに至るまでの過程も難しいものではないが，発想の段階で意外と時間をとられるかもしれない。

3　◆発想◆　(1)　$\sqrt{1+t}$ が増加関数，$\sqrt{1-t}$ が減少関数であることによる。

(2)　$f(t)$ と $\{f(t)\}^2$ の増減は一致するので，$\{f(t)\}^2$ の導関数と増減表を考える。

(3)　(1)，(2)を根拠に D の通過領域を考え，四分円と D の面積の和に帰着させる。

解答　(1)　$x(t)=(1+t)\sqrt{1+t}$，$y(t)=3(1+t)\sqrt{1-t}$ より

$$\frac{y(t)}{x(t)}=\frac{3\sqrt{1-t}}{\sqrt{1+t}}\quad(-1<t\leqq1)$$

この分母（>0）は t の増加関数，分子（$\geqq0$）は t の減少関数なので，$\dfrac{y(t)}{x(t)}$ は単調に減少する。　　　　　　　　　　　（証明終）

(2)　$\{f(t)\}^2=\{x(t)\}^2+\{y(t)\}^2=(1+t)^2\{(1+t)+9(1-t)\}$
　　　　　$=2(1+t)^2(5-4t)$

$f(t)>0$ より，$f(t)$ と $\{f(t)\}^2$ の増減は一致するので，$(1+t)^2(5-4t)$ の増減を調べる。

$\{(1+t)^2(5-4t)\}'$
$=2(1+t)(5-4t)-4(1+t)^2$
$=6(1+t)(1-2t)$

よって，$f(t)$ の増減表は右のようになる。

t	-1	$\cdots$	$\dfrac{1}{2}$	$\cdots$	1
$f'(t)$		$+$	0	$-$	
$f(t)$		↗	$\dfrac{3\sqrt{6}}{2}$	↘	

また，$f(t)$ の最大値は　　$\dfrac{3\sqrt{6}}{2}$　……(答)

(3)　$x(t)$ は t の増加関数である。

$$y'(t) = \frac{3(1-3t)}{2\sqrt{1-t}} \quad (-1 < t < 1)$$

なので，$y(t)$ の増減表は右のように
なる。

t	(-1)	$\cdots$	$\frac{1}{3}$	$\cdots$	(1)
$y'(t)$		$+$	0	$-$	
$y(t)$	(0)	$\nearrow$	$\frac{4\sqrt{6}}{3}$	$\searrow$	(0)

これから，C は図 1 の太線部，D は図
1 の網かけ部分となる。

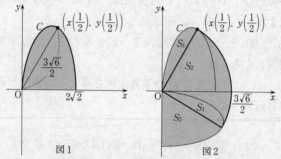

図1　　　　　　　　　図2

(1)，(2)から，D が通過する領域は図 2 の網かけ部分である。ここで，図

2 の太線部は半径 $\frac{3\sqrt{6}}{2}$ の四分円である。S_1，S_2 をそれぞれ D のうち，原

点と点 $\left(x\!\left(\frac{1}{2}\right),\ y\!\left(\frac{1}{2}\right)\right)$ を結ぶ直線の上側と下側の部分の面積として，求め

る面積は

$$\frac{\pi}{4}\left(\frac{3\sqrt{6}}{2}\right)^2 + S_1 + S_2 = \frac{27}{8}\pi + S_1 + S_2 \quad \cdots\cdots①$$

である。
ここで

$$S_1 + S_2 = \int_0^{2\sqrt{2}} y\,dx = \int_{-1}^{1} y(t)\,\frac{dx}{dt}\,dt$$

$$= \int_{-1}^{1} 3(1+t)\sqrt{1-t}\cdot\frac{3}{2}\sqrt{1+t}\,dt$$

$$= \frac{9}{2}\int_{-1}^{1} (1+t)\sqrt{1-t^2}\,dt$$

$$= \frac{9}{2}\int_{-1}^{1} \left(\sqrt{1-t^2} + t\sqrt{1-t^2}\right)dt$$

$$= 9\int_0^{1} \sqrt{1-t^2}\,dt \quad (\sqrt{1-t^2} \text{ は偶関数，} t\sqrt{1-t^2} \text{ は奇関数})$$

$$= \frac{9}{4}\pi \quad \cdots\cdots ② \quad \left(\int_0^1 \sqrt{1-t^2}\,dt \text{ は半径 1 の四分円の面積} \right)$$

①，②より，求める面積は

$$\frac{27}{8}\pi + \frac{9}{4}\pi = \frac{45}{8}\pi \quad \cdots\cdots (\text{答})$$

◀解　説▶

≪媒介変数表示の曲線と x 軸で囲まれた図形の回転と面積≫

本問は親切な誘導小問が付されていて，難しい発想や論証も煩雑な計算もないので，是非正答を得たい問題である。

▶(1)　$x(t)$ と $y(t)$ の式の形から直ちに得られる。微分を用いる必要はない。

▶(2)　$\{f(t)\}^2$ の増減を調べるとよい。特段の難所はない。

▶(3)　C, D の概形をつかみ，(1)，(2)の結果を根拠として D の通過範囲をとらえる。その面積は四分円と D の面積の和となる。D の面積は媒介変数で与えられた単純な曲線についての積分計算で，その立式は易しい。$\int_{-1}^{1} t\sqrt{1-t^2}\,dt$ は $\left[-\frac{1}{3}(1-t^2)^{\frac{3}{2}} \right]_{-1}^{1}$ として計算することもできるが，奇関数の積分から 0 とするほうが簡単である。

4　◇発想◇　(1)　$(2^0 + 2^1 + \cdots + 2^{n-1})^2$ の展開式を利用する。

(2)　例えば，$(1+2^0 x)(1+2^1 x)(1+2^2 x)$ の展開式は，

$1 + (2^0 + 2^1 + 2^2)x + (2^0 \cdot 2^1 + 2^1 \cdot 2^2 + 2^2 \cdot 2^0)x^2 + 2^0 \cdot 2^1 \cdot 2^2 x^3$ となり，

$(1+2^0 x)(1+2^1 x)(1+2^2 x) = f_3(x)$ である。

別解として，$a_{n,1} = 2^n - 1$, $a_{n+1,k} = a_{n,k} + 2^n a_{n,k-1}$, $a_{n,n} = 2^{\frac{n(n-1)}{2}}$ を導いておき，$f_{n+1}(x)$ を $f_n(x)$ を用いて表し，$\dfrac{f_{n+1}(x)}{f_n(x)}$ を得る解法もある。

$\dfrac{f_{n+1}(x)}{f_n(2x)}$ については，$\dfrac{f_{n+1}(x)}{f_n(2x)} = A_n x + B_n$ とおき，

$\dfrac{f_{n+1}(x)}{f_n(2x)} = \dfrac{f_{n+1}(x)}{f_n(x)} \cdot \dfrac{f_n(x)}{f_{n-1}(2x)} \cdot \dfrac{f_{n-1}(2x)}{f_n(2x)}$ と $\dfrac{f_{n+1}(x)}{f_n(x)}$ の結果を用いて，

$\{A_n\}$, $\{B_n\}$ の漸化式を見出す。

(3)　(2)の $\dfrac{f_{n+1}(x)}{f_n(2x)}$ についての結果を利用し，分母を払った式の両

辺の係数を比較して得られる関係式を利用する。

解答　(1)　$(2^0+2^1+\cdots+2^{n-1})^2=\sum_{k=0}^{n-1}(2^k)^2+2a_{n,2}$ より

$$a_{n,2}=\frac{1}{2}\left\{\left(\frac{2^n-1}{2-1}\right)^2-\sum_{k=0}^{n-1}(2^k)^2\right\}=\frac{1}{2}\left\{(2^n-1)^2-\sum_{k=0}^{n-1}4^k\right\}$$

$$=\frac{1}{2}\left\{(2^n)^2-2\cdot2^n+1-\frac{4^n-1}{4-1}\right\}=\frac{1}{2}\left(\frac{2\cdot4^n}{3}-2\cdot2^n+\frac{4}{3}\right)$$

$$=\frac{4^n}{3}-2^n+\frac{2}{3}\quad\cdots\cdots(答)$$

(2)　x の多項式 $(1+2^0x)(1+2^1x)(1+2^2x)\cdots(1+2^{n-2}x)(1+2^{n-1}x)$ の展開
式における x^k $(k=1,\ 2,\ \cdots,\ n)$ の係数は，2^m $(m=0,\ 1,\ 2,\ \cdots,\ n-1)$
から異なる k 個を選んでそれらの積をとって得られる ${}_nC_k$ 個の整数の和
$a_{n,k}$ となっている。また，定数項は 1 であるから

$$f_n(x)=(1+2^0x)(1+2^1x)(1+2^2x)\cdots(1+2^{n-2}x)(1+2^{n-1}x)$$

よって

$$f_{n+1}(x)=(1+2^0x)(1+2^1x)(1+2^2x)\cdots(1+2^{n-1}x)(1+2^nx)$$

$$f_n(2x)=(1+2^0\cdot2x)(1+2^1\cdot2x)(1+2^2\cdot2x)\cdots(1+2^{n-2}\cdot2x)(1+2^{n-1}\cdot2x)$$

$$=(1+2^1x)(1+2^2x)(1+2^3x)\cdots(1+2^{n-1}x)(1+2^nx)$$

ゆえに

$$\frac{f_{n+1}(x)}{f_n(x)}=1+2^nx\ ,\quad\frac{f_{n+1}(x)}{f_n(2x)}=1+x\quad\cdots\cdots(答)$$

(3)　(2)から，$f_{n+1}(x)=(1+x)f_n(2x)$ であり

$$f_{n+1}(x)=(1+x)(1+2a_{n,1}x+2^2a_{n,2}x^2+\cdots+2^{n-1}a_{n,n-1}x^{n-1}+2^na_{n,n}x^n)$$

両辺の x^{k+1} の項の係数を比較して

$$a_{n+1,k+1}=2^{k+1}a_{n,k+1}+2^ka_{n,k}\quad(1\leqq k\leqq n-1)\quad\cdots\cdots①$$

$$a_{n+1,n+1}=2^na_{n,n}\quad\cdots\cdots②$$

また

$$a_{n+1,k+1}=a_{n,k+1}+2^na_{n,k}\quad\cdots\cdots③$$

$$((2^n を含まない積の和)+(2^n を含む積の和))$$

③$\times2^{k+1}-①$ から

$$(2^{k+1}-1)\,a_{n+1,k+1}=(2^{n+k+1}-2^k)\,a_{n,k}$$

$$\frac{a_{n+1,k+1}}{a_{n,k}}=\frac{2^{n+k+1}-2^k}{2^{k+1}-1}\quad(1\le k\le n-1)$$

②より，これは $k=n$ でも有効であるから

$$\frac{a_{n+1,k+1}}{a_{n,k}}=\frac{2^{n+k+1}-2^k}{2^{k+1}-1}\quad\cdots\cdots\text{(答)}$$

別解 (2)　まず，$\dfrac{f_{n+1}(x)}{f_n(x)}$ を考える。

$n=1$ のとき

$$f_2(x)=1+a_{2,1}x+a_{2,2}x^2=1+(2^0+2^1)\,x+2^0\cdot2^1x^2=1+3x+2x^2$$

$$f_1(x)=1+a_{1,1}x=1+2^0x=1+x$$

から

$$\frac{f_2(x)}{f_1(x)}=\frac{1+3x+2x^2}{1+x}=\frac{(1+2x)(1+x)}{1+x}=1+2x$$

$n\ge2$ のとき，以下の④，⑤，⑥が成り立つ。ここで，$2\le k\le n$ である。

$$a_{n,1}=2^0+2^1+\cdots+2^{n-1}=2^n-1\quad\cdots\cdots④$$

$$a_{n+1,k}=a_{n,k}+2^na_{n,k-1}\quad\cdots\cdots⑤$$

$$((2^n\text{ を含まない積の和})+(2^n\text{ を含む積の和}))$$

$$a_{n,n}=2^0\cdot2^1\cdot\cdots\cdot2^{n-1}=2^{\frac{n(n-1)}{2}}\quad\cdots\cdots⑥$$

特に，④，⑥から

$$a_{n+1,1}=a_{n,1}+2^n\quad\cdots\cdots④',\quad a_{n+1,n+1}=2^{\frac{n(n+1)}{2}}\quad\cdots\cdots⑥'$$

である。

$$f_{n+1}(x)=1+a_{n+1,1}x+a_{n+1,2}x^2+\cdots+a_{n+1,n}x^n+a_{n+1,n+1}x^{n+1}$$

$$=1+(a_{n,1}+2^n)\,x+\sum_{k=2}^{n}(a_{n,k}+2^na_{n,k-1})\,x^k+2^{\frac{n(n+1)}{2}}x^{n+1}$$

$$(④',⑤,⑥'\text{ より})$$

$$=f_n(x)+2^nx\left\{1+a_{n,1}x+\cdots+a_{n,n-1}x^{n-1}+2^{\frac{n(n-1)}{2}}x^n\right\}$$

$$=f_n(x)+2^nxf_n(x)\quad(⑥\text{ より})$$

$$=(1+2^nx)f_n(x)$$

ゆえに，$\dfrac{f_{n+1}(x)}{f_n(x)}=1+2^nx$ となり，これは $n=1$ でも有効なので

$$\frac{f_{n+1}(x)}{f_n(x)} = 1 + 2^n x$$

次いで，$\dfrac{f_{n+1}(x)}{f_n(2x)}$ を考える。

$n=1$ のとき

$$\frac{f_2(x)}{f_1(2x)} = \frac{1+3x+2x^2}{1+2x} = \frac{(1+2x)(1+x)}{1+2x} = 1+x \quad \cdots\cdots ⑦$$

以下，$n \geqq 2$ とする。$f_{n+1}(x)$, $f_n(x)$ の次数はそれぞれ $n+1$, n であり，
$\dfrac{f_{n+1}(x)}{f_n(2x)}$ を x の整式で表すと

$$\frac{f_{n+1}(x)}{f_n(2x)} = A_n x + B_n \quad (A_n,\ B_n は n に依存する定数) \quad \cdots\cdots ⑧$$

でなければならない。これと $\dfrac{f_{n+1}(x)}{f_n(x)} = 1 + 2^n x$ から

$$A_n x + B_n = \frac{f_{n+1}(x)}{f_n(2x)}$$

$$= \frac{f_{n+1}(x)}{f_n(x)} \cdot \frac{f_n(x)}{f_{n-1}(2x)} \cdot \frac{f_{n-1}(2x)}{f_n(2x)}$$

$$= (1+2^n x)(A_{n-1}x + B_{n-1}) \cdot \frac{1}{1+2^{n-1}(2x)}$$

$$= A_{n-1}x + B_{n-1}$$

これより，$\begin{cases} A_n = A_{n-1} \\ B_n = B_{n-1} \end{cases}$ $(n \geqq 2)$ となり，$A_n = A_1$, $B_n = B_1$ となる。

ここで，⑦から，$A_1 = B_1 = 1$ であるから，$A_n = B_n = 1$ となる。

ゆえに，⑧より

$$\frac{f_{n+1}(x)}{f_n(2x)} = x + 1$$

〔注1〕〔別解〕の前半も後半と同様に，$f_{n+1}(x) = (C_n x + D_n)f_n(x)$ として求めることもできる。以下，その概略である。

$f_{n+1}(x) = (C_n x + D_n)f_n(x)$ の両辺で，$x=0$ とすると，$1 = D_n \cdot 1$ となり，$D_n = 1$ が必要。

$$f_{n+1}(x) = (C_n x + 1)f_n(x)$$

の両辺の係数を比べて

$$\begin{cases} a_{n+1,1} = C_n + a_{n,1} & \cdots\cdots(\mathcal{7}) \\ a_{n+1,k} = C_n a_{n,k-1} + a_{n,k} & (2 \le k \le n) \quad \cdots\cdots(\mathcal{1}) \\ a_{n+1,n+1} = C_n a_{n,n} & \cdots\cdots(\mathcal{7}) \end{cases}$$

ただし，$n=1$ のときは(ア)，(ウ)から，$\begin{cases} a_{2,1} = C_1 + a_{1,1} \\ a_{2,2} = C_1 a_{1,1} \end{cases}$ であり

$$\begin{cases} C_1 = a_{2,1} - a_{1,1} = 2 \\ C_1 = \dfrac{a_{2,2}}{a_{1,1}} = 2 \end{cases} \quad \text{より} \quad C_1 = 2 \quad \cdots\cdots(\mathcal{I})$$

〔別解〕の④〜⑥と(ア)〜(エ)から，$C_n = 2^n$ を得て，$\dfrac{f_{n+1}(x)}{f_n(x)} = 2^n x + 1$ となる。

〔注 2〕　〔別解〕の後半では，$n=1$ のときに $1+x$ となることから結果を予想して

$$\frac{f_{n+1}(x)}{f_n(2x)} = \frac{f_{n+1}(x)}{f_n(x)} \cdot \frac{f_n(x)}{f_{n-1}(2x)} \cdot \frac{f_{n-1}(2x)}{f_n(2x)}$$

を利用して帰納法で示す方法も可である。

■━━━━━━━━━　◀解　説▶

≪多項式の係数と数列≫

　文科との共通問題であるが，易しくはない。(2)の発想が難しい。

▶(1)　$(x_1 + x_2 + \cdots + x_n)^2$ の展開式を利用する発想は経験済みと思われる。この設問は確実に取っておきたい。

▶(2)　$(1+2^0 x)(1+2^1 x)(1+2^2 x) \cdots (1+2^{n-1} x)$ の展開式を利用する発想があると，簡潔な問題となる。この発想が難しく，これが浮かばないときは，〔別解〕となる。その場合，$\{a_n\}$ について必要な関係式を自ら準備すること，(2)の後半部分に発想力と式処理力を要するところが難しい。$f_{n+1}(x)$ と $f_n(x)$ の関係を調べていくと，$a_{n,1}$，$a_{n+1,k}$ と $a_{n,k}$ の関係，$a_{n,n}$ についての情報が必要となるので，それらを導いておく。これらを導くこと自体は難しくないが，誘導なしで自ら準備していくという経験が最近の東大入試ではあまりないので，関門となったかもしれない。これらを用いて，$f_{n+1}(x)$ の中に $f_n(x)$ を作り出す式変形から，$f_{n+1}(x) = (1+2^n x) f_n(x)$ が自然に得られる。後半は，前半の結果式 $\dfrac{f_{n+1}(x)}{f_n(x)} = 1 + 2^n x$ を利用するのではないかという発想から，$\dfrac{f_{n+1}(x)}{f_n(2x)} = \dfrac{f_{n+1}(x)}{f_n(x)} \cdot \dfrac{f_n(x)}{f_{n-1}(2x)} \cdot \dfrac{f_{n-1}(2x)}{f_n(2x)}$ という式変

形がポイントとなるが，ここが難しい。これに気づくと，〔別解〕のよう

に，$\dfrac{f_{n+1}(x)}{f_n(2x)}=A_nx+B_n$ とおいて，$\{A_n\}$，$\{B_n\}$ の漸化式を得て解決する。

A_nx+B_n とおく発想とは別に，〔注2〕のように帰納法によることもよい。

▶(3)　(2)の $f_{n+1}(x)=(1+x)f_n(2x)$ から，両辺の x^{k+1} の項の係数を比較し

て $a_{n+1,k+1}=2^{k+1}a_{n,k+1}+2^k a_{n,k}$ を得る。これと，$a_{n+1,k+1}=a_{n,k+1}+2^n a_{n,k}$ を

組み合わせて解決する。ただし，x^{k+1} の項の係数の比較で得られる

$a_{n+1,k+1}=2^{k+1}a_{n,k+1}+2^k a_{n,k}$ は，$k\leqq n-1$ で有効なので，$k=n$ のときの

$a_{n+1,n+1}=2^n a_{n,n}$ は別に用意しておく。いずれにしても，(2)ができないと(3)

は解決しないので，(3)までできた受験生は多くはないかもしれない。

5

◇発想◇　(1)　問われている切り口はどちらも S の底面と相似
な円である。

(2)　体積を求める立体の平面 $z=t$ $(0\leqq t\leqq2)$ による切り口の図
形を考える。そのために，S を平面 $z=u$ $(0\leqq u\leqq t)$ による切り
口（円板）に分け，この円板上を P が動くときの線分 AP が通過
する部分の平面 $z=t$ による切り口を求め，次いで，u を $0\leqq u\leqq t$
で動かすと得られる。最後に，その面積を求め，$0\leqq t\leqq2$ で積分
する。

解答　(1)　平面 $z=1$ による S の切り口は，平面 $z=1$ 上の点 $(0,\ 0,\ 1)$

を中心とする半径 $\dfrac{1}{2}$ の円の周と内部である。平面 $z=1$ による T の切り

口は，$\overrightarrow{AQ}=\dfrac{1}{2}\overrightarrow{AP}$ となる点Qの集合である。

ここで，P は xy 平面上の原点を中心と
する半径1の円の周と内部を動くので，
Qの全体からなる図形はこれと相似な円
の周と内部で，中心は $\left(\dfrac{1}{2},\ 0,\ 1\right)$，半径
は $\dfrac{1}{2}$ である。

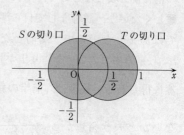

以上から，求める図形は，前ページの図の網かけ部分となる。

(2)　P が S を動くときの線分 AP が通過する部分を K，平面 $z=t$ $(0\leqq t<2)$ による K の切り口を K_t とする。

ここで，S の点 $P(x, y, z)$ は

$$x^2+y^2\leqq\left(\frac{2-z}{2}\right)^2 \quad \text{かつ} \quad 0\leqq z\leqq 2$$

を満たす点である。

いま，$0\leqq u\leqq t$ を満たす u を固定するごとに，平面 $z=u$ 上の円板

$$D_u : x^2+y^2\leqq\left(\frac{2-u}{2}\right)^2 \text{かつ} z=u$$

を考える。

さらに，D_u 上を P が動くときの線分 AP が通過する部分の平面 $z=t$ による切り口を E_u とする。

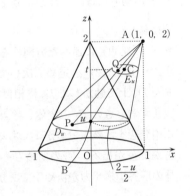

このとき，K_t は u が 0 から t まで変化するときの E_u の全体が成す図形である。

点 $(0, 0, u)$ を B として，

$$\overrightarrow{AC}=\frac{2-t}{2-u}\overrightarrow{AB} \text{ となる点 C をとると，} E_u$$

は D_u に相似な円板で，中心は C で，半

径は $\dfrac{2-t}{2-u}\cdot\dfrac{2-u}{2}=1-\dfrac{t}{2}$ である。ここで，$C(x, y, t)$ とおくと

$$\overrightarrow{AC}=(x-1, y, t-2)=\frac{2-t}{2-u}(-1, 0, u-2)$$

これより，$C\left(\dfrac{t-u}{2-u}, 0, t\right)$ となり，u が 0 から t まで変化すると，C の x

座標は $\dfrac{t}{2}$ から 0 まで変化する。

よって，K_t は右図の網かけ部分となり，その面積 $K(t)$ は

$$K(t)=\frac{t}{2}(2-t)+\left(1-\frac{t}{2}\right)^2\pi$$

である。

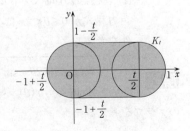

ゆえに，求める体積は

$$\int_0^2 K(t)\,dt = \int_0^2 \left\{ \frac{t}{2}(2-t) + \left(1-\frac{t}{2}\right)^2 \pi \right\} dt$$

$$= -\frac{1}{2}\left(-\frac{1}{6}\right)(2-0)^3 - \frac{2}{3}\pi \left[\left(1-\frac{t}{2}\right)^3\right]_0^2$$

$$= \frac{2}{3} + \frac{2}{3}\pi \quad \cdots\cdots(\text{答})$$

■━━━━━ ◆解　説▶ ━━━━━■

≪円錐の点と定点を結ぶ線分の通過領域と体積≫

▶(1)　S の底面は原点を中心とする半径 1 の円（板）で，平面 $z=1$ による T の切り口は，これと相似な円（板）で，相似比は $\frac{1}{2}$ である。この設問は易しい。

▶(2)　〔発想〕に述べた方向性をつかむことが重要なポイントである。まず，t（$0 \le t \le 2$）を定め，次いで，u を $0 \le u \le t$ の範囲で定め，u ごとに P を D_u 上で動かして D_u に相似な E_u を得てから，u が $0 \le u \le t$ の範囲で変化するときの E_u の全体を考えると，K_t が得られるという発想である。この発想を示唆するのが(1)であるが，落ち着いてとらえることができるか否かで差が出る。K_t の面積もその積分計算も，計算自体は易しいが，全体の解答の構想力が決め手であり，問題としては易しいわけではない。

6　◇発想◇　(1)　$f(\theta) = A\sin 2\theta$, $g(\theta) = \sin(\theta + \alpha)$ とおき，$y = f(\theta)$, $y = g(\theta)$ のグラフを考える。

$\dfrac{\pi}{4} \le \theta \le \dfrac{3}{4}\pi$, $\dfrac{3}{4}\pi \le \theta \le \dfrac{5}{4}\pi$, $\dfrac{5}{4}\pi \le \theta \le \dfrac{7}{4}\pi$, $\dfrac{7}{4}\pi \le \theta \le \dfrac{9}{4}\pi$ では，$-A \le f(\theta) \le A$ であることを利用する。

(2)　接線の方向ベクトルを $\vec{n}$ として，$\vec{n} \cdot \overrightarrow{PQ} = 0$ から得られる三角方程式が $0 \le \theta < 2\pi$ に少なくとも 4 つの解をもつための r の条件を考える。

解答　(1)　与式は $A\sin 2\theta = \sin(\theta + \alpha)$ となる。

$f(\theta) = A\sin 2\theta$, $g(\theta) = \sin(\theta + \alpha)$ と お き，$y = f(\theta)$, $y = g(\theta)$ のグラフを考える。

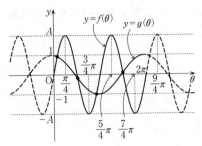 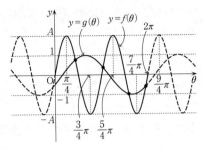

3つの区間 $\dfrac{\pi}{4} \leqq \theta \leqq \dfrac{3}{4}\pi$, $\dfrac{3}{4}\pi \leqq \theta \leqq \dfrac{5}{4}\pi$, $\dfrac{5}{4}\pi \leqq \theta \leqq \dfrac{7}{4}\pi$ での $f(\theta)$ の値域はいずれも， $-A \leqq f(\theta) \leqq A$ である。

また， $A > 1$ かつ $-1 \leqq g(\theta) \leqq 1$ と， $f(\theta)$, $g(\theta)$ が連続であることから，この 3 つの区間のそれぞれに， $f(\theta) = g(\theta)$ となる

$\theta \left(\theta \neq \dfrac{\pi}{4}, \dfrac{3}{4}\pi, \dfrac{5}{4}\pi, \dfrac{7}{4}\pi \right)$ が少なくとも 1 つある。

さらに，区間 $0 \leqq \theta \leqq \dfrac{\pi}{4}$ と $2\pi \leqq \theta \leqq \dfrac{9}{4}\pi$ では， $f(\theta)$ と $g(\theta)$ は同じ値をとり，区間 $\dfrac{7}{4}\pi \leqq \theta \leqq \dfrac{9}{4}\pi$ での $f(\theta)$ の値域は $-A \leqq f(\theta) \leqq A$ であるから，上と同様の理由により，区間 $0 \leqq \theta < \dfrac{\pi}{4}$ または $\dfrac{7}{4}\pi < \theta < 2\pi$ に $f(\theta) = g(\theta)$ となる θ が少なくとも 1 つある。

以上から， $A \sin 2\theta - \sin(\theta + \alpha) = 0$ は $0 \leqq \theta < 2\pi$ の範囲に少なくとも 4 個の解をもつ。　　　　　　　　　　　　　　　　　　　　　　　　　（証明終）

〔注1〕　$h(\theta) = A \sin 2\theta - \sin(\theta + \alpha)$ とおき

$$h\left(\dfrac{\pi}{4}\right) > 0, \quad h\left(\dfrac{3}{4}\pi\right) < 0, \quad h\left(\dfrac{5}{4}\pi\right) > 0, \quad h\left(\dfrac{7}{4}\pi\right) < 0$$

と $h(\theta)$ の連続性と中間値の定理から

$\dfrac{\pi}{4} < \theta < \dfrac{3}{4}\pi$, $\dfrac{3}{4}\pi < \theta < \dfrac{5}{4}\pi$, $\dfrac{5}{4}\pi < \theta < \dfrac{7}{4}\pi$ に少なくとも 3 個の解をもち，さらに， $h(0) = h(2\pi) = -\sin\alpha$ なので， $\sin\alpha \geqq 0$ なら $0 \leqq \theta < \dfrac{\pi}{4}$ に $h(\theta) = 0$ となる θ があり， $\sin\alpha < 0$ なら $\dfrac{7}{4}\pi < \theta < 2\pi$ に $h(\theta) = 0$ となる θ がある，という記述もできる。

(2)　$Q(\sqrt{2}\cos\theta,\ \sin\theta)\ (0\leqq\theta<2\pi)$ とおくことができ，異なる θ には異なる Q が対応する。また，$P(p,\ q)$ とすると

$$2p^2+q^2<r^2\ \ \cdots\cdots①$$

すなわち　$\dfrac{p^2}{\dfrac{r^2}{2}}+\dfrac{q^2}{r^2}<1$

が成り立つ。$0<r<1$ なので P は楕円 C の内部の点である。

Q における C の接線の方程式は，$\dfrac{\sqrt{2}\cos\theta}{2}x+(\sin\theta)y=1$ であり，この方向ベクトルの1つとして，$\vec{n}=(-\sqrt{2}\sin\theta,\ \cos\theta)$ をとれる。

このとき，$\vec{n}\neq\vec{0}$，$\overrightarrow{PQ}\neq\vec{0}$ なので，条件は

$$\vec{n}\cdot\overrightarrow{PQ}=0$$

となり

$$(-\sqrt{2}\sin\theta,\ \cos\theta)\cdot(\sqrt{2}\cos\theta-p,\ \sin\theta-q)=0$$
$$\sin\theta\cos\theta-\sqrt{2}\,p\sin\theta+q\cos\theta=0\ \ \cdots\cdots②$$

②かつ $0\leqq\theta<2\pi$ を満たす θ が少なくとも 4 つ存在するための r $(0<r<1)$ の条件を求める。

- $(p,\ q)=(0,\ 0)$ のとき，②は $\sin\theta\cos\theta=0$ なので，r によらず 4 つの解 $\theta=0,\ \dfrac{\pi}{2},\ \pi,\ \dfrac{3}{2}\pi$ がある。

- $(p,\ q)\neq(0,\ 0)$ のとき，②は

$$\sin\theta\cos\theta-\sqrt{2p^2+q^2}\sin(\theta-\beta)=0$$

$$\left(\cos\beta=\dfrac{\sqrt{2}\,p}{\sqrt{2p^2+q^2}},\ \sin\beta=\dfrac{q}{\sqrt{2p^2+q^2}}\right)$$

$$\dfrac{1}{2\sqrt{2p^2+q^2}}\sin2\theta-\sin(\theta-\beta)=0$$

となり，$A=\dfrac{1}{2\sqrt{2p^2+q^2}}$，$\alpha=-\beta$ とおくと

$$A\sin2\theta-\sin(\theta+\alpha)=0\ \ \cdots\cdots②'$$

となる。

ここで，①から，$A>\dfrac{1}{2r}$ である。

（ⅰ）　$0 < r \leqq \dfrac{1}{2}$ のとき

$A > 1$ となり，(1)から，②′（②）は少なくとも 4 つの解をもつ。

すなわち，この範囲の任意の r に対して，D 内のすべての点 P は与えられた条件を満たす。

（ⅱ）　$\dfrac{1}{2} < r < 1$ のとき

たとえば，D 内の点 $\left(\dfrac{1}{4},\ \dfrac{\sqrt{2}}{4}\right)$ を P とすると，この P に対して，②は

$$\sin\theta\cos\theta - \dfrac{\sqrt{2}}{4}\sin\theta + \dfrac{\sqrt{2}}{4}\cos\theta = 0$$

となり，これより

$$\sin 2\theta - \dfrac{\sqrt{2}}{2}(\sin\theta - \cos\theta) = 0$$

$$\sin 2\theta = \sin\left(\theta - \dfrac{\pi}{4}\right) \quad \cdots\cdots ③$$

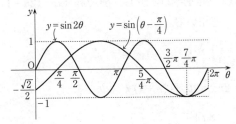

図より，③の解 θ は $0 \leqq \theta < 2\pi$ の範囲に 3 個しかないので，この P は与えられた条件を満たさない。

よって，D 内のすべての点 P に対して与えられた条件が成り立つような r は $\dfrac{1}{2} < r < 1$ にはない。

以上から，D 内のすべての点 P に対して与えられた条件が成り立つような r は存在し，そのような r の範囲は $0 < r \leqq \dfrac{1}{2}$ である。　　　（証明終）

ゆえに，r の最大値は　　$\dfrac{1}{2}$　$\cdots\cdots$（答）

〔注 2 〕　$\sin 2\theta = \sin\left(\theta - \dfrac{\pi}{4}\right)$ $(0 \leqq \theta < 2\pi)$ の解を，次のように具体的に求め

てもよい。

（その１） 和積の公式を用いる。

$\sin 2\theta - \sin\left(\theta - \dfrac{\pi}{4}\right) = 0$ から

$$2\cos\left(\dfrac{3}{2}\theta - \dfrac{\pi}{8}\right)\sin\left(\dfrac{\theta}{2} + \dfrac{\pi}{8}\right) = 0$$

よって $\cos\left(\dfrac{3}{2}\theta - \dfrac{\pi}{8}\right) = 0$ または $\sin\left(\dfrac{\theta}{2} + \dfrac{\pi}{8}\right) = 0$

$-\dfrac{\pi}{8} \le \dfrac{3}{2}\theta - \dfrac{\pi}{8} < 3\pi - \dfrac{\pi}{8}$ から, $\dfrac{3}{2}\theta - \dfrac{\pi}{8} = \dfrac{\pi}{2},\ \dfrac{3}{2}\pi,\ \dfrac{5}{2}\pi$ となり

$$\theta = \dfrac{5}{12}\pi,\ \dfrac{13}{12}\pi,\ \dfrac{7}{4}\pi$$

$\dfrac{\pi}{8} \le \dfrac{\theta}{2} + \dfrac{\pi}{8} < \pi + \dfrac{\pi}{8}$ から, $\dfrac{\theta}{2} + \dfrac{\pi}{8} = \pi$ となり $\theta = \dfrac{7}{4}\pi$

以上より $\theta = \dfrac{5}{12}\pi,\ \dfrac{13}{12}\pi,\ \dfrac{7}{4}\pi$

（その２） 一般に $\sin\alpha = \sin\beta$ から, $\beta = 2n\pi + \alpha,\ (2n+1)\pi - \alpha$ （n は整数）となることを用いる。

$\sin 2\theta = \sin\left(\theta - \dfrac{\pi}{4}\right)$ から

$$\theta - \dfrac{\pi}{4} = 2n\pi + 2\theta,\ (2n+1)\pi - 2\theta$$

となり $\theta = -\dfrac{8n+1}{4}\pi,\ \dfrac{8n+5}{12}\pi$

これと $0 \le \theta < 2\pi$ から $\theta = \dfrac{5}{12}\pi,\ \dfrac{13}{12}\pi,\ \dfrac{7}{4}\pi$

━━━━━ ◀解 説▶ ━━━━━

≪楕円の接線の条件，三角方程式の解の個数≫

▶(1) $f(\theta) = A\sin 2\theta$, $g(\theta) = \sin(\theta + \alpha)$ とおき, $y = f(\theta)$, $y = g(\theta)$ のグラフを考えると, $A > 1$ から, $0 \le \theta < 2\pi$ で少なくとも３つの解をもつことはすぐにわかる。残りの１つは, 範囲を少し広げると区間 $\dfrac{7}{4}\pi \le \theta \le \dfrac{9}{4}\pi$

にもあるので, 2π の周期性を考えると $0 \le \theta < \dfrac{\pi}{4}$ または $\dfrac{7}{4}\pi < \theta < 2\pi$ にも

ある。また，〔注1〕の方法も解の存在に対してよく用いられる考え方である。

▶(2)　Qの座標を $(\sqrt{2}\cos\theta,\ \sin\theta)$ とおき，$\vec{n}\cdot\overrightarrow{PQ}=0$ から得られる三角方程式の解の個数に帰着させる。三角関数の合成を考えるが，$p=q=0$ のときは合成ができないので別に考えておく。

$0<r\leqq\dfrac{1}{2}$ のときは，(1)の結果が利用できる。$\dfrac{1}{2}<r<1$ のときは，r をどうとっても，条件を満たさないPが D 内にあることを，具体的なPを与えることで示すことができる。このPは D の境界からとってくるとよい。

〔解答〕では，三角方程式②の解が見つけやすいように，$P\left(\dfrac{1}{4},\ \dfrac{\sqrt{2}}{4}\right)$ としているが，別な点でも可である。この最後のところの発想が少し難しい設問である。

❖講　評

　大変易しいセットであった2017年度から少しずつ難化してきたが，2020年度も難化した。少し発想力を要するために意外と時間をとられる問題が2題（1・2），発想が難しい問題が1題（4），解答の構想力を要する問題が2題（5・6）となっており，ほぼ順調に解き切れる問題が1題（3）のみというセットである。発想力と論理的な記述力が問われ，過去の東大入試と少し趣が異なり，完答があまり期待できないセットであった。とはいえ，計算量・処理量が多くない1・2・3および，4(1)・5(1)・6(1)は取りたい。なお，確率・場合の数は3年続いて出題がなく，2020年度は複素数平面からの出題もなかった。代わりに6で楕円が素材として用いられたが，内容は三角方程式と論証であった。文科との共通問題は1題（4）のみであったが，これは理系にとっても厳しい問題であった。

　東大理系入試としての難易度は，1(1)・(2)やや易，(3)標準，2標準，3(1)・(2)易，(3)標準，4(1)易，(2)難，(3)やや難，5(1)易，(2)標準〜やや難，6(1)やや易，(2)やや難であった。

　1　2次関数と不等式および集合に関する，少し発想力を要する問題で，明快な根拠記述と論理的な記述力も問われる。

　2　素材は高校入試レベルの平行線と面積比の問題だが，式変形に少し発想力と構想力が必要。正しい場合分けが必須。

　3　媒介変数で与えられた曲線に関する領域の面積と微・積分法の問題。(3)のための小問(1)・(2)が適切で，積分計算も易しいので落とせない。

　4　多項式の係数と数列の問題。文科との共通問題だが，やや解きにくい問題。(1)は確実に取りたい。(2)は発想が難しく，これができないと(3)もできない。(2)を〔別解〕のように考えると，全体の解答に必要ないくつかの事項を自ら見出して用意しておく必要がある。それらを小問で準備しておくのが例年の東大の小問構成であり，それがない問題構成は珍しいので，本解の発想を前提とした出題と思われる。

　5　立体図形の体積の問題。断面積のとらえ方に少し構想力が必要だが，積分はとても易しいので，できたら取っておきたい問題。

　6　三角方程式と存在に関する，論証力が問われる問題。(1)の三角方程式は難しくはないが，少し発想力を要する。(2)は(1)に帰着できる部分はできてほしいが，最後の詰めで発想力と論証力を要するところがあり，易しくはない。

───────── 「数学」の出題の意図（東京大学　発表）─────────

　数学は自然科学の基底的分野として，自然科学に留まらず人間文化の様々な領域で活用される学問であり，科学技術だけでなく社会現象を表現し予測などを行なうために必須です。

　そのため，本学を受験しようとする皆さんには，高等学校学習指導要領に基づく基本的な数学の知識と技法について習得しておくことはもちろんのこと，将来，数学を十分に活用できる能力を身につけるために，以下に掲げる総合的な数学力を養うための学習をこころがけて欲しいと考えています。

１）　数学的に思考する力

　　問題の本質を数学的な考え方で把握・整理し，それらを数学の概念を用いて定式化する力

２）　数学的に表現する力

　　自分の考えた道筋を他者が明確に理解できるよう，解答に至る道筋を論理的かつ簡潔に表現する力

３）　総合的な数学力

　　数学を用いて様々な課題を解決するために，数学を自在に活用できると同時に，幅広い分野の知識・技術を統合して総合的に問題を捉える力

　これらの数学的な思考力・表現力・総合力が身についているかどうかを評価するために，今年度は，高等学校学習指導要領の範囲のなかから，次のような題材を選び，問題を作成しました。

　　第 1 問：不等式，集合と命題

　　第 2 問：平面図形と面積

　　第 3 問：媒介変数表示された曲線，最大値，面積

　　第 4 問：数列，整式

　　第 5 問：空間図形と体積

　　第 6 問：三角関数，2 次曲線

物理

1 解答

I (1) ア. v_x イ. v_y ウ. a_x エ. a_y オ. a_y
カ. a_x

(2) 面積速度 A_v が時間変化しないので

$$\frac{\Delta A_v}{\Delta t} = \frac{1}{2}(xa_y - ya_x) = 0$$

$$\therefore \quad xa_y - ya_x = 0$$

運動方程式より

$$ma_x = F_x$$
$$ma_y = F_y$$

代入すると

$$x\frac{F_y}{m} - y\frac{F_x}{m} = 0$$

$$\therefore \quad \frac{F_x}{F_y} = \frac{x}{y} \quad \cdots\cdots(答) \quad \cdots\cdots①$$

(3) ①は，$\vec{F}$ の向きが $\vec{r}$ の向きと一致することを表している。すなわち，小球にはたらく力 $\vec{F}$ の向きは，円運動において小球の運動方向とは常に垂直になっているので，力 $\vec{F}$ は小球に仕事をしない。
したがって，力 $\vec{F}$ は点Aから点Bまでに小球に行う仕事も，点Aから点Cまでに小球に行う仕事も<u>ともに0</u>である。 ……(答)

II (1) 求める差を ΔK とすると

$$\Delta K = \frac{1}{2}mv^2 - \frac{1}{2}mv_r^2$$

$$= \frac{1}{2}m(v_x^2 + v_y^2) - \frac{1}{2}m\left(\frac{xv_x + yv_y}{r}\right)^2$$

$$= \frac{m}{2r^2}\{(v_x^2 + v_y^2)(x^2 + y^2) - (xv_x + yv_y)^2\} \quad (\because \quad r^2 = x^2 + y^2)$$

$$= \frac{m}{2r^2}(xv_y - yv_x)^2$$

$$= \frac{m}{2r^2}(2A_v)^2$$

$$= \frac{2mA_v{}^2}{r^2} \quad \cdots\cdots(\text{答}) \quad \cdots\cdots②$$

(2)　小球の力学的エネルギーを E とすると

$$E = \frac{1}{2}mv^2 - G\frac{mM}{r}$$

$A_v = A_0$（定数値）として，②を代入すると

$$E = \left(\frac{1}{2}mv_r{}^2 + \frac{2mA_0{}^2}{r^2}\right) - G\frac{mM}{r}$$

$$= \frac{1}{2}mv_r{}^2 + 2mA_0{}^2\left(\frac{1}{r} - \frac{GM}{4A_0{}^2}\right)^2 - \frac{G^2mM^2}{8A_0{}^2}$$

E が最小となるためには

$$\frac{1}{r} - \frac{GM}{4A_0{}^2} = 0 \quad \therefore \quad r = \frac{4A_0{}^2}{GM} \quad \cdots\cdots③$$

であればよく，r が一定値であるから

$$v_r = 0 \quad \cdots\cdots④$$

も満たす。

このとき，小球の運動は等速円運動になり，力学的エネルギーの値は，

$-\dfrac{G^2mM^2}{8A_0{}^2}$ である。　$\cdots\cdots$（答）

Ⅲ　(1)　小球にはたらく万有引力による円運動の動径方向の運動方程式より

$$m\frac{v^2}{r} = G\frac{mM}{r^2}$$

量子条件より

$$2\pi r = n\frac{h}{mv}$$

v を消去して，r を r_n とおくと

$$r_n = \frac{n^2h^2}{4\pi^2Gm^2M} = \left(\frac{h}{2\pi}\right)^2\frac{n^2}{Gm^2M} \quad \cdots\cdots(\text{答}) \quad \cdots\cdots⑤$$

(2)　⑤より，$n = 1$ のとき，$r_1 = R$ とおいて m を求めると

$$m = \frac{h}{2\pi} \cdot \frac{1}{\sqrt{GMR}} \fallingdotseq 10^{-34} \times \frac{1}{\sqrt{10^{-10} \times 10^{42} \times 10^{22}}}$$

$$= 10^{-61} \, [\text{kg}] \quad \cdots\cdots (\text{答})$$

別解　**Ⅱ**　(1)　小球の位置が $\vec{r} = (x, \ y)$

のとき，$\vec{r}$ の方向が x 軸となす角を θ とし，

速度の直交座標成分が $\vec{v} = (v_x, \ v_y)$ のとき，

$\vec{v}$ の方向が $\vec{r}$ の方向となす角を ϕ とする。

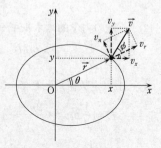

$\qquad\qquad\qquad\qquad\qquad\qquad \cdots\cdots(\text{あ})$

また，速度 $\vec{v}$ の動径方向の速度成分を v_r，

動径方向に垂直な方向の速度成分を v_n と

する。　$\cdots\cdots(\text{い})$

このとき

$$v_r = v_x \cos\theta + v_y \sin\theta$$

両辺に r を掛けると

$$v_r \cdot r = v_x \cdot r\cos\theta + v_y \cdot r\sin\theta = v_x \cdot x + v_y \cdot y$$

$$\therefore \quad v_r = \frac{xv_x + yv_y}{r}$$

(い) を用いて，速度 $\vec{v}$ を，$\vec{v} = (v_r, \ v_n)$，

$v = \sqrt{v_r{}^2 + v_n{}^2}$ と表す。

面積速度 A_v は

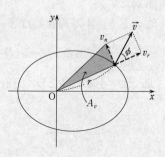

$$A_v = \frac{1}{2} r v_n \quad \cdots\cdots(\text{う})$$

であるから，運動エネルギーと K_r との差

ΔK は

$$\Delta K = \frac{1}{2} m v^2 - \frac{1}{2} m v_r{}^2$$

$$= \frac{1}{2} m (v_r{}^2 + v_n{}^2) - \frac{1}{2} m v_r{}^2$$

$$= \frac{1}{2} m v_n{}^2 = \frac{1}{2} m \left(\frac{2A_v}{r}\right)^2$$

$$= \frac{2m A_v{}^2}{r^2}$$

━━━━━ ◀解　説▶ ━━━━━

≪中心力を受けた小球の運動，万有引力，量子条件≫

◆ I ▶(1) 微小時間 Δt の後の位置 $\vec{r'}=(x',\ y')$，速度 $\vec{v'}=(v_x',\ v_y')$ は

$$\vec{r'}=\vec{r}+\vec{v}\Delta t=(x+v_x\Delta t,\ y+v_y\Delta t)\quad \cdots\cdots\text{(i)}\quad \rightarrow ア，イ$$

$$\vec{v'}=\vec{v}+\vec{a}\Delta t=(v_x+a_x\Delta t,\ v_y+a_y\Delta t)\quad \cdots\cdots\text{(ii)}\quad \rightarrow ウ，エ$$

微小時間 Δt の後の面積速度を A_v' とすると，(i)，(ii)，$(\Delta t)^2\fallingdotseq 0$ を用いて

$$A_v'=\frac{1}{2}(x'\cdot v_y'-y'\cdot v_x')$$

$$=\frac{1}{2}\{(x+v_x\Delta t)\cdot(v_y+a_y\Delta t)-(y+v_y\Delta t)\cdot(v_x+a_x\Delta t)\}$$

$$\fallingdotseq\frac{1}{2}\{(xv_y+xa_y\Delta t)-(yv_x+ya_x\Delta t)\}$$

よって

$$\Delta A_v=A_v'-A_v=\frac{1}{2}(xa_y-ya_x)\Delta t\quad \rightarrow オ，カ$$

▶(3) ①の $\dfrac{F_x}{F_y}=\dfrac{x}{y}$ は，右図のような関係を表す。このとき，$\vec{F}$ の向きが $\vec{r}$ の向きと一致し，小球にはたらく力 $\vec{F}$ の向きは円運動の動径方向である。

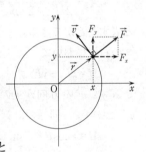

参考　小球の運動方程式は $m\vec{a}=\vec{F}$ であるから，

$\vec{a}=(a_x,\ a_y)=\left(\dfrac{dv_x}{dt},\ \dfrac{dv_y}{dt}\right)$，$\vec{F}=(F_x,\ F_y)$ とすると

$$m\frac{dv_x}{dt}=F_x\quad \cdots\cdots\text{(iii)}$$

$$m\frac{dv_y}{dt}=F_y\quad \cdots\cdots\text{(iv)}$$

$x\times\text{(iv)}-y\times\text{(iii)}$ を行うと

$$m\left(x\cdot\frac{dv_y}{dt}-y\cdot\frac{dv_x}{dt}\right)=x\cdot F_y-y\cdot F_x$$

$$\frac{d}{dt}\{m(xv_y-yv_x)\}=xF_y-yF_x\quad \cdots\cdots\text{(v)}$$

(v)の左辺において

$$L = m\,(xv_y - yv_x) \quad \cdots\cdots\text{(vi)}$$

と表す。この L を点 O のまわりの角運動量という。

㋐より

$$x = r\cos\theta,\quad y = r\sin\theta$$
$$v_x = v\cos(\theta + \phi),\quad v_y = v\sin(\theta + \phi)$$

(vi)に代入すると

$$L = m\,(xv_y - yv_x)$$
$$= m\{r\cos\theta \times v\sin(\theta + \phi) - r\sin\theta \times v\cos(\theta + \phi)\}$$
$$= mrv\sin\phi$$

㋑より

$$v_r = v\cos\phi,\quad v_n = v\sin\phi$$

したがって

$$L = mrv_n$$

このとき，㋒より，面積速度は

$$A_v = \frac{1}{2}rv_n = \frac{1}{2}\cdot\frac{L}{m} = \frac{1}{2}(xv_y - yv_x)$$

と表すことができる。

(v)の右辺において

$$M = xF_y - yF_x$$

と表す。$\vec{F}$ の方向が $\vec{r}$ の方向となす角を ϕ' とおいて，同様の計算を行うと

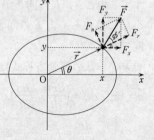

$$M = r\cos\theta \times F\sin(\theta + \phi')$$
$$\qquad - r\sin\theta \times F\cos(\theta + \phi')$$
$$= Fr\sin\phi'$$

となる。この M は点 O のまわりの力のモーメントである。

(v)より，点 O のまわりの力のモーメント M が 0 であれば，角運動量 L の時間変化 $\dfrac{dL}{dt}$ が 0 となる。これは，小球にはたらく力が動径方向だけの場合，すなわち小球が中心力だけを受けて運動する場合，小球の角運動量が保存され（角運動量保存則），面積速度は一定となることを表している。

◆Ⅱ　▶(1)　小球の運動エネルギー $K = \dfrac{1}{2}mv^2$ と，$K_r = \dfrac{1}{2}mv_r{}^2$ の差

$\Delta K = \dfrac{1}{2}mv^2 - \dfrac{1}{2}mv_r{}^2$ を計算するためには，$r = \sqrt{x^2 + y^2}$，$v = \sqrt{v_x{}^2 + v_y{}^2}$，

$A_v = \dfrac{1}{2}(xv_y - yv_x)$，$v_r = \dfrac{xv_x + yv_y}{r}$ を用いればよい。

▶(2)　④より，$v_r = \dfrac{\Delta r}{\Delta t} = 0$ であるから，これは動径方向の距離 r が変化し

ないことを表している。③，④より，小球の運動が半径 $\dfrac{4A_0{}^2}{GM}$ の等速円運

動になることを意味する。

◆Ⅲ　▶(1)　位置エネルギー U（ポテンシャルエネルギー）と力 F との
間には

$$F = -\dfrac{dU}{dr}$$

の関係がある。したがって，万有引力による位置エネルギー U が，

$U = -G\dfrac{mM}{r}$ であるとき，物体にはたらく万有引力の大きさ F は，

$F = G\dfrac{mM}{r^2}$ となる。

▶(2)　小球の質量を単位を含めて計算し，単位の整合性を考えると

$$m = \dfrac{h}{2\pi} \cdot \dfrac{1}{\sqrt{GMR}}$$

$$\fallingdotseq 10^{-34}\,[\mathrm{m^2 \cdot kg/s}] \times \dfrac{1}{\sqrt{10^{-10}\,[\mathrm{m^3/(kg \cdot s^2)}] \times 10^{42}\,[\mathrm{kg}] \times 10^{22}\,[\mathrm{m}]}}$$

$$= 10^{-61}\,[\mathrm{kg}]$$

2　解答

（注）　レールおよび導体棒の電気抵抗は無視できるもの
として解答した。

Ⅰ　(1)　ア．IBd　イ．下　ウ．X　エ．$V_0 = V$　オ．$\dfrac{V_0}{Bd}$

(2)　運動方程式より

$$m\dfrac{\Delta s}{\Delta t} = IBd$$

$$\therefore\quad \Delta s = \dfrac{IBd}{m}\Delta t \quad \cdots\cdots(\text{答})\quad \cdots\cdots①$$

ある時刻における導体棒の速さを s とすると，誘導起電力 V は

$$V = sBd$$

微小時間 Δt の間の変化量を考えると

$$\frac{\Delta V}{\Delta t} = \frac{\Delta s}{\Delta t} Bd = \frac{IBd}{m} Bd$$

$$\therefore \quad \Delta V = \frac{IB^2d^2}{m} \Delta t \quad \cdots\cdots(答) \quad \cdots\cdots②$$

(3)　導体棒に電流 I が流れているとき，微小時間 Δt の間の電気量の変化量を Δq とすると

$$I = \frac{\Delta q}{\Delta t} \quad \therefore \quad \Delta q = I\Delta t$$

①より

$$\Delta q = \frac{m}{Bd} \Delta s$$

よって，静止していた導体棒が到達速さ $s_0 \left(= \dfrac{V_0}{Bd} \quad \cdots\cdots③ \ \langle \mathbf{I} \ (1)オ \rangle \right)$

になるまでに導体棒を流れる電気量を Q とすると

$$Q - 0 = \frac{m}{Bd} (s_0 - 0)$$

$$\therefore \quad Q = \frac{m}{Bd} \times \frac{V_0}{Bd} = \frac{m}{B^2d^2} V_0 \quad \cdots\cdots(答) \quad \cdots\cdots④$$

(4)　コンデンサーの電気容量を C とすると，充電する際の電気量と電圧の関係が $Q = CV_0$ であるから，④と比較すると

$$C = \frac{m}{B^2d^2} \quad \cdots\cdots⑤$$

導体棒の起電力に逆らって電荷を運ぶ仕事が，コンデンサーを充電するために電荷を運ぶ仕事に対応するから，この仕事を W とすると，③を用いて

$$W = \frac{1}{2} CV_0{}^2 = \frac{1}{2} \frac{m}{B^2d^2} (s_0 Bd)^2$$

$$= \frac{1}{2} ms_0{}^2 \quad \cdots\cdots(答) \quad \cdots\cdots⑥$$

(5)　導体棒の運動エネルギー：$\dfrac{1}{2} QV_0$

抵抗で発生した熱量：$\dfrac{1}{2}QV_0$

II　カ. $\dfrac{1}{2}$　キ. 1　ク. 1　ケ. 2

III　⑤より，質量 m，長さ d の導体棒は，電気容量 $C=\dfrac{m}{B^2 d^2}$ のコンデンサーとみなすことができ，⑥より，導体棒の運動エネルギー $\dfrac{1}{2}ms_0{}^2$ は，導体棒をコンデンサーとみなしたときの静電エネルギー $\dfrac{1}{2}CV_0{}^2$ と考えることができる。

導体棒 2 をコンデンサーとみなしたときの電気容量を C' とすると，⑤より

$$C'=\frac{m}{B^2(2d)^2}=\frac{C}{4}$$

回路に電流が流れていないとき，導体棒 1，2 にかかる電圧は，電気容量 C，$\dfrac{C}{4}$ のコンデンサーにかかる電圧と考えることができ，直列であることからそれぞれ $\dfrac{1}{5}V_0$，$\dfrac{4}{5}V_0$ である。

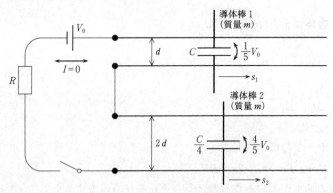

導体棒 1，2 がともに右向きに動いているときの速さをそれぞれ s_1，s_2 とすると，⑤，⑥より

$$\frac{1}{2}ms_1{}^2=\frac{1}{2}C\left(\frac{1}{5}V_0\right)^2=\frac{1}{2}\frac{m}{B^2 d^2}\left(\frac{1}{5}V_0\right)^2$$

$$\therefore \quad s_1 = \frac{V_0}{5Bd} \quad \cdots\cdots(答)$$

$$\frac{1}{2}m{s_2}^2 = \frac{1}{2}\frac{C}{4}\left(\frac{4}{5}V_0\right)^2 = \frac{1}{2}\frac{m}{4B^2d^2}\left(\frac{4}{5}V_0\right)^2$$

$$\therefore \quad s_2 = \frac{2V_0}{5Bd} \quad \cdots\cdots(答)$$

別解　Ⅲ　Ⅰ(1)，Ⅱと同様に運動方程式とキルヒホッフの第 2 法則を用いて導体棒の到達速さを求めることもできる。

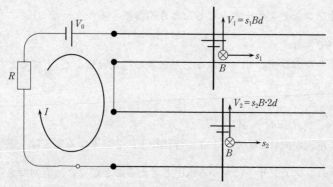

導体棒 1，2 を流れる電流の大きさが等しく I で，1，2 ともに右向きに動いているときの速さをそれぞれ s_1，s_2 とすると，運動方程式より

$$導体棒 1 : m\frac{\Delta s_1}{\Delta t} = IBd$$

$$導体棒 2 : m\frac{\Delta s_2}{\Delta t} = IB\cdot 2d$$

$$\frac{\Delta s_1}{\Delta t} : \frac{\Delta s_2}{\Delta t} = 1 : 2$$

$$\therefore \quad s_2 = 2s_1$$

キルヒホッフの第 2 法則より

$$V_0 - s_1 Bd - s_2 B\cdot 2d = RI$$

導体棒の速さが一定となったとき，それぞれの到達速さを $s_1{}'$，$s_2{}'$ とすると，$I=0$ であるから

$$V_0 - s_1{}'Bd - 2s_1{}'\cdot B\cdot 2d = 0 \qquad \therefore \quad s_1{}' = \frac{V_0}{5Bd}$$

$$s_2' = 2s_1' = \frac{2V_0}{5Bd}$$

◀ 解　説 ▶

≪平行レール上を運動する導体棒による電磁誘導≫

◆ **I**　▶(1)　ア．レール間隔 d の導体棒を流れる大きさ I の電流が，磁束密度の大きさ B の磁場から受ける力の大きさは IBd である。

イ．この力によって，静止していた導体棒が右向きに動きはじめたので，フレミングの左手の法則より，磁場の向きは鉛直下向きである。

ウ．導体棒が右向きに動くとき，導体棒に生じる誘導起電力の向きは，レンツの法則より X 側が高電位となる向きである。

エ．電流が流れなくなるとき，キルヒホッフの第 2 法則より

$$V_0 - V = R\cdot 0 \quad \therefore \quad V_0 = V$$

オ．到達速さを s_0 とすると，誘導起電力の大きさは $V = s_0 Bd$ であるから，$V_0 = V$ より

$$V_0 = s_0 Bd \qquad \therefore \quad s_0 = \frac{V_0}{Bd}$$

▶(2)　微小時間 Δt の間の速さの変化量が Δs であるから，加速度は $\dfrac{\Delta s}{\Delta t}$ である。

▶(3)　①ではなく②に着目すると，以下のような求め方になる。

②より

$$\Delta q = \frac{m}{B^2 d^2} \Delta V$$

$$Q - 0 = \frac{m}{B^2 d^2}(V_0 - 0) \quad \therefore \quad Q = \frac{m}{B^2 d^2} V_0$$

▶(4)　コンデンサーの電位差（起電力）に逆らって電荷を運ぶのに要する仕事 W は静電エネルギーを U としてコンデンサーに蓄えられる。

コンデンサーに蓄えられる静電エネルギー U は

$$U = \frac{1}{2}QV_0 = \frac{1}{2}CV_0{}^2 = \frac{1}{2}\frac{Q^2}{C}$$

で表され，電気量 Q と電圧 V_0 から求めると以下のようになる。

スイッチを閉じてから導体棒が到達速さ s_0 に達するまでに運ばれた電気量 Q は，③，④より

$$Q = \frac{m}{Bd}s_0$$

コンデンサーを充電する仕事を W とすると

$$W = \frac{1}{2}QV_0 = \frac{1}{2}\frac{m}{Bd}s_0 \times s_0Bd = \frac{1}{2}ms_0^2$$

▶(5)　(4)より，導体棒の運動エネルギーの増加を ΔK とすると，これはコンデンサーを充電する仕事に対応し，$\Delta K = W = \frac{1}{2}QV_0$ である。

抵抗で発生したジュール熱を H とすると

$$QV_0 = \Delta K + H$$

$$\therefore \quad H = QV_0 - \Delta K = QV_0 - \frac{1}{2}QV_0 = \frac{1}{2}QV_0$$

◆Ⅱ　カ．導体棒が到達速さになったとき，導体棒を流れる電流は 0 である。

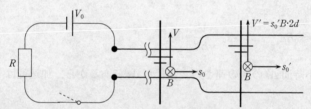

到達速さを s_0' とすると，キルヒホッフの第 2 法則より

$$V_0 - s_0'B\cdot 2d = R\cdot 0$$

$$\therefore \quad s_0' = \frac{V_0}{2Bd} = \frac{1}{2}s_0 \quad \left(\text{すなわち，}\frac{1}{2}\text{倍}\right)$$

キ．誘導起電力の大きさを V' とすると

$$V_0 - V' = R\cdot 0$$

$$\therefore \quad V' = V_0 = V \quad (\text{すなわち，1倍})$$

ク．導体棒が到達速さ s_0 で移動しているときにスイッチを切ると，導体棒を流れる電流は 0 となり，導体棒は磁場から力を受けないので，導体棒は速さ s_0 の等速度運動をする。この導体棒が，間隔 d のレール上から間隔 $2d$ のレール上に移動しても，その速さは変わらない。すなわち，1倍。

ケ．間隔 $2d$ のレール上で導体棒に生じる起電力は $s_0B\cdot 2d$ となる。よって，間隔 d のレール上での起電力の 2 倍である。

◆Ⅲ　Ⅰ，Ⅱでの考察をもとに，導体棒 2 本をコンデンサーの直列接続に置き換えて計算を進めればよい。

3　解答

Ⅰ　操作①は断熱変化であるから，容器 X 内の気体がされた仕事 W_1 は，気体の内部エネルギーの変化 ΔU_1 に等しい。

$$W_1 = \Delta U_1 = 1 \cdot \frac{3}{2} R \cdot \left(\frac{T_A}{a^2} - T_A \right) = -\frac{3}{2} \left(1 - \frac{1}{a^2} \right) R T_A \quad \cdots\cdots(答)$$

操作②は定圧変化 $\left(\dfrac{p_A}{a^5} = 一定 \right)$ であるから，容器 X 内の気体がされた仕事 W_2 は

$$W_2 = -\frac{p_A}{a^5} \times \left(\frac{4}{5} a^5 \frac{R T_A}{p_A} - a^3 \frac{R T_A}{p_A} \right) = -\left(\frac{4}{5} - \frac{1}{a^2} \right) R T_A \quad \cdots\cdots(答)$$

操作③は断熱変化であるから，容器 X 内の気体がされた仕事 W_3 は，気体の内部エネルギーの変化 ΔU_3 に等しい。

$$W_3 = \Delta U_3 = 1 \cdot \frac{3}{2} R \cdot \left(\frac{4}{5} a^2 T_A - \frac{4}{5} T_A \right) = \frac{6}{5} (a^2 - 1) R T_A \quad \cdots\cdots(答)$$

Ⅱ　(1)　容器 X 内の気体の内部エネルギーの変化 ΔU_4 は

$$\Delta U_4 = 1 \cdot \frac{3}{2} R \cdot (T_E - T_D) = \frac{3}{2} R (T_E - T_D) \quad \cdots\cdots(答)$$

(2)　操作④は定圧変化であるから状態 E の容器 X 内の気体の圧力は p_A である。状態 D，E の気体の体積をそれぞれ V_D，V_E とすると，理想気体の状態方程式より

$$p_A V_D = 1 \cdot R T_D \quad \therefore \quad V_D = \frac{R T_D}{p_A}$$

$$p_A V_E = 1 \cdot R T_E \quad \therefore \quad V_E = \frac{R T_E}{p_A}$$

よって，容器 X 内の気体がされた仕事 W_4 は

$$W_4 = -p_A \times \left(\frac{R T_E}{p_A} - \frac{R T_D}{p_A} \right) = -R (T_E - T_D) \quad \cdots\cdots(答) \quad \cdots\cdots(あ)$$

(3)　容器 X 内の気体について，操作④で気体が吸収した熱量 Q_4 は

$$Q_4 = \Delta U_4 - W_4 = \frac{3}{2} R (T_E - T_D) + R (T_E - T_D) = \frac{5}{2} R (T_E - T_D)$$

容器Y内の気体について，気体は体積変化をしないので，気体がされた仕事は 0 である。気体が吸収した熱量を Q_Y，気体の内部エネルギーの変化を ΔU_Y とすると

$$Q_Y = \Delta U_Y = \frac{3}{2} R (T_E - T_A)$$

容器X，Y内の気体全体では，吸収した熱量は 0 であるから

$$Q_4 + Q_Y = 0 \quad \cdots\cdots (\text{い})$$

$$\frac{5}{2} R (T_E - T_D) + \frac{3}{2} R (T_E - T_A) = 0$$

$$\therefore \quad T_E = \frac{3 T_A + 5 T_D}{8} \quad \cdots\cdots (\text{答}) \quad \cdots\cdots (\text{う})$$

Ⅲ　(1)—オ

(2)　$\Delta U_Y = \dfrac{3}{2} R (T_E - T_A) > 0$ となるための条件は

$$T_E - T_A = \frac{3 T_A + 5 T_D}{8} - T_A = \frac{5}{8} (T_D - T_A) = \frac{5}{8} \left(\frac{4}{5} a^2 T_A - T_A \right)$$

$$= \frac{5}{8} \left(\frac{4}{5} a^2 - 1 \right) T_A > 0$$

$$\therefore \quad a > \frac{\sqrt{5}}{2} \quad \cdots\cdots (\text{答})$$

(3)　操作①〜④のすべての間で，容器X内の気体について，内部エネルギーの変化を ΔU_X とすると

$$\Delta U_X = (Q_2 + Q_4) + W$$

容器Y内の気体について

$$\Delta U_Y = Q_Y$$

ここで

$$\Delta U_X = 1 \cdot \frac{3}{2} R \cdot (T_E - T_A)$$

$$\Delta U_Y = 1 \cdot \frac{3}{2} R \cdot (T_E - T_A) = \Delta U_X \quad \cdots\cdots (\text{え})$$

容器X，Y内の気体全体では

$$\Delta U_X + \Delta U_Y = (Q_2 + Q_4) + Q_Y + W$$

(い)，(え)より

$$\Delta U_Y + \Delta U_Y = Q_2 + W$$

$$\therefore \quad \Delta U_Y = \frac{W + Q_2}{2} \quad \cdots\cdots(\text{答})$$

(4)　容器X内の気体の温度は，状態Cで物体Zの温度と等しく $\frac{4}{5}T_A$ となり，状態Dで $\frac{4}{5}a^2 T_A$ となる。この操作を何度も繰り返してもこれらの温度は変わらず，漸近する温度 T_F は

$$T_F = \frac{4}{5}a^2 T_A \quad \cdots\cdots(\text{答})$$

別解　Ⅲ　(4)　操作①〜④を n 回繰り返した後の容器Y内の温度を T_n とする。
Ⅱの(う)を変形すると

$$T_E - T_D = \frac{3}{8}(T_A - T_D)$$

これは，1回の操作で状態Eと状態Dの温度差が，状態Aと状態Dの温度差の $\frac{3}{8}$ 倍になることを表している。この操作を $n+1$ 回繰り返した後の温度 T_{n+1} は

$$T_{n+1} - T_D = \frac{3}{8}(T_n - T_D)$$

$$\therefore \quad T_n = \left(\frac{3}{8}\right)^n (T_A - T_D) + T_D$$

よって，n を大きくすると，$\left(\frac{3}{8}\right)^n \to 0$ なので

$$T_F = T_D = \frac{4}{5}a^2 T_A$$

━━━━━━━━━ ◀解　説▶ ━━━━━━━━━

≪気体の断熱変化と定圧変化による熱の移動≫

◆Ⅰ　熱力学第1法則より，気体の内部エネルギーの変化 ΔU は，気体が吸収した熱量 Q と気体がされた仕事 W の和に等しい。すなわち

$$\Delta U = Q + W$$

ただし，気体がした仕事を w とすると，$w = -W$ であるから，熱力学第1法則は，$Q = \Delta U + w$ と表すこともできる。

気体の内部エネルギーの変化 ΔU は，気体の物質量を n，定積モル比熱を C_V，温度変化を ΔT とすると

$$\Delta U = n C_\mathrm{V} \Delta T$$

単原子分子理想気体の場合，$C_\mathrm{V} = \dfrac{3}{2} R$ であり，1 モルの単原子分子理想気体の内部エネルギーの変化は

$$\Delta U = 1 \cdot \frac{3}{2} R \Delta T$$

である。または，次のようにして求めることもできる。

操作①で，表 3-1 に与えられた内部エネルギーを用いてその差 ΔU_1 を求めると，$a > 1$ に注意して

$$\Delta U_1 = \frac{3}{2a^2} R T_\mathrm{A} - \frac{3}{2} R T_\mathrm{A} = -\frac{3}{2}\left(1 - \frac{1}{a^2}\right) R T_\mathrm{A}$$

◆Ⅱ　気体の状態変化における物理量の基本的な計算である。

▶(3)　容器 X，Y をあわせた熱量が保存することと，容器 Y 内の気体は定積変化となることに注意する。

◆Ⅲ　▶(1)　以下の(ⅰ)～(ⅲ)のポイントに注意して絞りこんでいく。

(ⅰ)　操作①と③が断熱変化，操作②と④が定圧変化であるから，図のアとエは誤りである。

(ⅱ)　残りのうち，題意の $\Delta U_\mathrm{Y} > 0$ より，$T_\mathrm{E} > T_\mathrm{A}$ の関係を表す図は，オとカである。これは，気体の温度を T とすると，状態方程式 $pV = RT$ より，圧力が等しい状態 A と状態 E では，温度 T が高い状態 E の方が，体積 V も大きいことからもわかる。

(ⅲ)　最後に，状態 D から状態 E へ変化する操作④において，気体が仕事をされて（$W_4 > 0$）体積が減少する変化（図オ）であるか，気体が仕事をして（$W_4 < 0$）体積が増加する変化（図カ）であるかの判断である。

(う)より

$$T_\mathrm{E} = \frac{3T_\mathrm{A} + 5T_\mathrm{D}}{8} \qquad \therefore\quad T_\mathrm{D} = \frac{8T_\mathrm{E} - 3T_\mathrm{A}}{5}$$

(あ)より

$$W_4 = -R(T_\mathrm{E} - T_\mathrm{D}) = -R\left(T_\mathrm{E} - \frac{8T_\mathrm{E} - 3T_\mathrm{A}}{5}\right) = \frac{3}{5}R(T_\mathrm{E} - T_\mathrm{A}) > 0$$

よって，状態 D から状態 E への変化では，気体は仕事をされているから体

積が減少する。したがって，p と V の関係を表す図として最も適当なものは，オである。

▶(4)　操作①～④の過程で，容器X内の気体の温度は，操作②終了後の状態Cで，物体Zに接触して必ず $\dfrac{4}{5}T_A$ となり，その後の操作③終了後の状態Dで，必ず $\dfrac{4}{5}a^2T_A$ となる。

一度目の操作④では $T_E > T_A$ であるから，容器Y内の気体に向かって容器X内の気体から熱が移動し，容器Y内の気体の温度が上昇する。この操作①～④を何度も繰り返すと，容器Y内の気体の温度が容器X内の気体の温度と等しくなり，さらに操作を繰り返しても容器Y内の気体の温度は上昇しなくなる。この温度とは，容器X内の気体の状態Dでの温度である。よって

$$T_F = T_D = \frac{4}{5}a^2T_A$$

参考　表3－1のそれぞれの状態の圧力，温度，体積を導出する。

(ⅰ)　状態Aで，容器X内の気体の体積を V_A とする。
ピストンの断面積を S，重力加速度の大きさを g とすると，ピストンにはたらく力のつりあいの式より

$$p_A S = a^5 mg$$

$$\therefore \quad p_A = \frac{a^5 mg}{S}$$

理想気体の状態方程式より

$$p_A V_A = RT_A$$

$$\therefore \quad V_A = \frac{RT_A}{p_A}$$

(ⅱ)　状態Bで，容器X内の気体の圧力，温度，体積をそれぞれ p_B，T_B，V_B とする。
ピストンにはたらく力のつりあいの式より

$$p_B S = mg$$

$$\therefore \quad p_B = \frac{mg}{S} = \frac{p_A}{a^5}$$

状態A→状態B（操作①）は断熱変化であるから，気体の圧力 p，温度 T，

体積 V の間に，比熱比を γ $\left(\text{単原子分子理想気体では } \gamma = \dfrac{5}{3}\right)$ として

$$p V^{\gamma} = \text{一定} \quad \text{または} \quad T V^{\gamma-1} = \text{一定}$$

というポアソンの式が成り立つ。よって

$$p_A \cdot V_A^{\frac{5}{3}} = \frac{p_A}{a^5} \cdot V_B^{\frac{5}{3}}$$

$$\therefore \quad V_B = a^3 \cdot V_A = a^3 \cdot \frac{R T_A}{p_A}$$

ボイル・シャルルの法則より

$$\frac{p_A V_A}{T_A} = \frac{\dfrac{p_A}{a^5} \cdot a^3 V_A}{T_B}$$

$$\therefore \quad T_B = \frac{T_A}{a^2}$$

(iii) 状態Cで，容器X内の気体の圧力，温度，体積をそれぞれ p_C, T_C, V_C とする。

状態B→状態C（操作②）は定圧変化であるから

$$p_C = p_B = \frac{p_A}{a^5}$$

$$T_C = \frac{4}{5} T_A$$

ボイル・シャルルの法則より

$$\frac{a^3 V_A}{\dfrac{1}{a^2} T_A} = \frac{V_C}{\dfrac{4}{5} T_A}$$

$$\therefore \quad V_C = \frac{4}{5} a^5 V_A = \frac{4}{5} a^5 \frac{R T_A}{p_A}$$

(iv) 状態D，状態Eは，状態C→状態Dに操作①と同様の断熱変化の式を，状態D→状態Eに操作②と同様の定圧変化の式を用いて求めることができる。

(v) 表3－1と同様に，操作①～④における容器X内の気体の内部エネルギーの変化 ΔU，吸収した熱量 Q，された仕事 W をまとめると次の表のようになる。気体の状態量の p, V, T や，エネルギー量の ΔU, Q, W をまとめることで，理想気体の状態方程式や熱力学第1法則 $\Delta U = Q + W$ が確認できる。

操作	内部エネルギーの変化 ΔU	吸収した熱量 Q	された仕事 W
①	$-\dfrac{3}{2}\left(1-\dfrac{1}{a^2}\right)RT_A$	0	$-\dfrac{3}{2}\left(1-\dfrac{1}{a^2}\right)RT_A$
②	$\dfrac{3}{2}\left(\dfrac{4}{5}-\dfrac{1}{a^2}\right)RT_A$	$\dfrac{5}{2}\left(\dfrac{4}{5}-\dfrac{1}{a^2}\right)RT_A$	$-\left(\dfrac{4}{5}-\dfrac{1}{a^2}\right)RT_A$
③	$\dfrac{6}{5}\left(a^2-1\right)RT_A$	0	$\dfrac{6}{5}\left(a^2-1\right)RT_A$
④	$\dfrac{3}{2}R\left(T_E-T_D\right)$	$\dfrac{5}{2}R\cdot\left(T_E-T_D\right)$	$-R\left(T_E-T_D\right)$

❖**講　評**

　例年通り，理科 2 科目で試験時間 150 分，大問 3 題の構成である。2020 年度は大問 1，2 で，2019 年度に引き続き，空所補充問題が出題された。2019 年度に比べて問題量が減少し，難易度もやや易化しており，以前のレベルに戻ったといえる。

　1　平面運動の位置，速度，加速度の定義から始まり，面積速度，中心力，万有引力，量子条件へとつながるが，誘導に従って答えていけばよい。Ⅱでは，速度を動径方向とそれに垂直な方向に分解して考えることがポイントである。Ⅲでは，暗黒物質の質量がテーマとなっているが，水素原子のボーアモデルと同様に導くことができる。なお，(2)では数値計算の問題が出題されたが，指数に注意すればよい。

　2　水平面上に置かれた平行なレール上を動く導体棒に生じる誘導起電力の典型問題である。ⅠとⅡの空所補充問題で失点しないこと，運動方程式とキルヒホッフの法則を丁寧に扱うことで高得点が期待できる。Ⅰ(2)〜(4)で，導体棒に電荷を運ぶ仕事や運動エネルギーの関係と，コンデンサーを充電するときの電荷やエネルギーの関係を対応させ，Ⅲにつなげることができたかどうかがポイントである。

　3　各状態での圧力，温度，体積が与えられているので，各操作が定圧，定積，等温，断熱のどの変化であるのかを把握しながら，熱力学第 1 法則を用いて，各操作における気体の内部エネルギーの変化，吸収した熱量，された仕事を丁寧に計算すればよい。Ⅲでは，操作③，④での熱の移動の判断がポイントである。

────────「物理」の出題の意図（東京大学 発表）────────

　物理学は，宇宙や素粒子から私たちの日常生活にいたるまで，森羅万象を司る基本法則に関わる学問です。本試験には，高等学校の教程の範囲にとどまるとはいえ，その真髄に触れる問題を出題し，また本学で研鑽を積むことにより世界の未来を拓く人材となる潜在性を持つ受験者を選抜すべく，科学的分析力・俯瞰力や柔軟な思考力などを問えるよう作題しました。各問題の出題意図は以下の通りです。なお，高等学校の教科書には必ずしも出てこない用語であっても，常用漢字の範囲で意味のとれるものについては，註を付すことなく用いました。

第1問【物体の運動及び量子性】

　物体の運動に関する基本的な理解，保存則と力の関係，量子力学における状態のあり方の理解を問うています。物理法則の普遍性を意識し，様々な物理現象に適用する柔軟な思考力を求めています。

　なおエネルギーの最小値を求める設問は平方完成を用いることで解答できますが，微分を用いた解答でも問題ありません。

第2問【電磁気学】

　受験生にとっては馴染みのある「磁場中でのレールを跨ぐ導体棒の運動」を題材として，電磁気学における基本法則を種々の状況に合わせて柔軟に適用する力を問うています。電磁気学の基本事項を正しく理解し，それを基にして論理的に思考する力を評価することをねらいとしています。

第3問【熱と仕事】

　複数の物質の間で熱や仕事がやりとりされる状況を正確に把握できるかを試問しています。個々の操作に対し熱力学に関する基礎的事項を適用できることに加えて，全体の状況を俯瞰して，対象を的確に理解し分析する能力が求められます。

────────────────────────────────

■化学■

1 解答

I　ア　$C_{13}H_{18}O_7$

　イ　B：グルコース　D：フルクトース

F：アセチルサリチル酸

ウ　鎖状構造：4 個　六員環構造：5 個

エ　セロビオース，マルトース

理由：これらの二糖類を構成するグルコースの 1 つが，開環することによってホルミル基を生成するから。

オ

カ

II　キ　CHI_3

ク　118

ケ

コ　K

　L

　N

サ $CH_3-\underset{O}{C}-CH_2-CH_2-\underset{O}{C}-OH$

━━━━◆解 説▶━━━━

≪糖類とその誘導体，セルロースの誘導体の性質と反応≫

◆ Ⅰ ▶ア 化合物 A の組成式を $C_xH_yO_z$ とすると，$CO_2=44.0$，$H_2O=18.0$ より

$$x:y:z=\frac{143}{44.0}:\frac{40.5}{18.0}\times 2:\frac{71.5-\left(143\times\dfrac{12.0}{44.0}+40.5\times\dfrac{2.0}{18.0}\right)}{16.0}$$

$$=3.25:4.5:1.75=13:18:7$$

したがって，組成式は $C_{13}H_{18}O_7$ であり，その式量が 286 であるため，分子式も $C_{13}H_{18}O_7$ となる。

▶イ B セルロースとデンプンは，ともにグルコースが縮合重合した多糖類である。また，グルコースには還元性があり，フェーリング液を還元して Cu_2O の赤色沈殿を生じる。

D スクロースを加水分解すると，グルコース（B）とフルクトース（D）各 1 分子が生成する。

F 化合物 C は，$FeCl_3$ 水溶液に対して特有の呈色反応を示すことから，フェノール性ヒドロキシ基をもつ。また，その酸化物である化合物 E は $NaHCO_3$ と反応して CO_2 を発生することからカルボン酸である。さらに，化合物 E は分子内で水素結合をすることから，ヒドロキシ基とカルボキシ基はオルト位にあることがわかる。以上のことから，化合物 E はサリチル酸であり，その無水酢酸との反応生成物である化合物 F は解熱鎮痛作用のあるアセチルサリチル酸である。

▶ウ グルコースは水溶液中で次のように六員環構造と鎖状構造の平衡状態にあり，六員環構造は 5 個，鎖状構造は 4 個の不斉炭素原子 C^* をもつ。

α−グルコース
（六員環）　　　　　　鎖状構造　　　　　　β−グルコース
　　　　　　　　　　　　　　　　　　　　（六員環）

▶エ　スクロースは，構成単糖であるグルコースおよびフルクトースが鎖状構造のときに還元性を示す基どうしで縮合しているため，開環によって還元性を示すホルミル（アルデヒド）基を生じることができず，還元性がない。

▶オ　グルコースの分子式は $C_6H_{12}O_6$ であるから，化合物 A の加水分解によって生じる化合物 C の分子式は

$$C_{13}H_{18}O_7 + H_2O - C_6H_{12}O_6 = C_7H_8O_2$$

また，化合物 C はフェノール性ヒドロキシ基をもち，その酸化物である化合物 E はサリチル酸と考えてよい。したがって，化合物 C の構造式は

　　　　　　　　　　　　OH
　　　　　　　　　　　　CH₂OH

▶カ　与えられた文章より，酵素 X はセロビオースを加水分解するが，マルトースやスクロースを加水分解しない。セロビオースは 2 分子のグルコースが β−グリコシド結合した二糖類であり，マルトースは 2 分子のグルコースが，スクロースはグルコースとフルクトースが，それぞれ α−グリコシド結合した二糖類である。以上のことから，酵素 X は，β−グリコシド結合を加水分解する酵素（β−グリコシダーゼ）である。また，酵素 Y は α−グリコシド結合を加水分解する酵素（α−グリコシダーゼ）である。したがって，酵素 X によって加水分解された化合物 A は，グルコース（B）が化合物 C と β−グリコシド結合した化合物であると考えられる。すなわち，グルコースの還元性の基と化合物 C のヒドロキシ基がグリコシド結合しているので，化合物 A には還元性がなく，$FeCl_3$ 水溶液にも呈色しない。

◆Ⅱ　▶キ　黄色の沈殿はヨードホルム CHI_3 である。アセトンのヨードホルム反応は次のとおりである。

$$CH_3COCH_3 + 3I_2 + 4NaOH \longrightarrow CHI_3 + CH_3COONa + 3NaI + 3H_2O$$

▶ク 実験2より，エチレングリコール $HO-CH_2-CH_2-OH$ と物質量
1：1の比でエステル結合を形成しながら縮合重合する化合物Jはジカル
ボン酸（$HOOC-R-COOH$ とする）であるから，重合体の構造は次のと
おりである。

$$\left[\begin{matrix} C-R-C-O-CH_2-CH_2-O \\ \underset{O}{\|} \quad\quad \underset{O}{\|} \end{matrix} \right]_n$$

Rの式量を m とすると，繰り返し構造の式量は $m+116$ であり，$n=100$
であるから

$$(m+116) \times 100 = 1.44 \times 10^4 \qquad m=28$$

したがって，化合物Jの分子量は，$COOH=45$ であるから

$$45 \times 2 + 28 = 118$$

▶ケ 問クの結果および化合物Gが炭素，水素，酸素のみで構成されてい
る直鎖状化合物であることから，Rは $-CH_2-CH_2-$ であり，Hの構造式
は次のように考えられる。

$$\left[\begin{matrix} C-CH_2-CH_2-C-O-CH_2-CH_2-O \\ \underset{O}{\|} \quad\quad\quad\quad \underset{O}{\|} \end{matrix} \right]_n$$

▶コ・サ 与えられた文章および実験1，実験3から得られる内容をもと
に考える。

① Gは，セルロースを濃硫酸で処理した生成物であるから，グルコース
の誘導体であるとみなせ，炭素，水素，酸素のみで構成されている。

② Gはヨードホルム反応を示すことから，構造 CH_3-CO- をもつ。

③ Gのヨードホルム反応によって，直鎖状のJとK（ともにGより炭素
原子が1つ少ない）が得られたことから，Gは分子末端に CH_3-CO-
構造をもつ直鎖状の化合物である。

④ JとKはヨードホルム反応による生成物であるから，分子末端にカル
ボキシ基をもつ。

⑤ Gは $NaHCO_3$ と反応することからカルボン酸であり，③より直鎖状
分子の一方の端は CH_3-CO- であるから，他方の端にカルボキシ基を
もつ1価のカルボン酸であることがわかる。カルボン酸 $RCOOH$ と
$NaHCO_3$ との反応式は次のとおりである。

$$RCOOH + NaHCO_3 \longrightarrow RCOONa + H_2O + CO_2$$

したがって，Gの分子量を M_G とすると

$$\frac{58.0 \times 10^{-3}}{M_G} = \frac{0.200 \times 2.50}{1000} \qquad M_G = 116$$

⑥　⑤より，Gのヨードホルム反応による生成物であるJとKは，2価の
カルボン酸と考えられるから，Kの分子量を M_K とすると

$$\frac{67.0 \times 10^{-3}}{M_K} \times 2 = \frac{0.200 \times 5.00}{1000} \qquad M_K = 134$$

問クの〔解説〕で示したように，Jの分子量は 118 であるから，
134 − 118 = 16 より，この分子量の増加分 16 は O 原子 1 個分と考えられ
る。したがって，不斉炭素原子 C* をもつKの構造式は次のように推測
される。

$$HO\!-\!\underset{O}{C}\!-\!\overset{*}{C}H\!-\!CH_2\!-\!\underset{O}{C}\!-\!OH$$
$$\qquad\quad OH$$

なお，Kにはエーテル構造も考えられるが，KにはC*があること，お
よび同じGから生成する化合物のJと比較すると，エーテル構造は除外
できる。

⑦　Kの分子内脱水反応は次のとおりである。

$$HO\!-\!\underset{O}{C}\!-\!\underset{OH}{CH}\!-\!CH_2\!-\!\underset{O}{C}\!-\!OH \longrightarrow HO\!-\!\underset{O}{C}\!-\!CH\!=\!CH\!-\!\underset{O}{C}\!-\!OH + H_2O$$

生成物には幾何異性体（マレイン酸とフマル酸）が存在するが，Mのみ
が分子内脱水反応により酸無水物を生成することから，Mがマレイン酸，
Lがフマル酸であり，Nは無水マレイン酸である。

L　　　　　　　　　　M　　　　　　　　　　N

$$\underset{HO-C}{\overset{H}{\underset{\parallel}{\overset{}{C}}}}\!=\!\underset{H}{\overset{C-OH}{C}}$$

⑧　以上の結果および実験 1 より，Gの構造については次のように考えら
れる。

・Gは，J，Kより炭素原子が 1 つ多いから，炭素原子は 5 個である。

・②，③，⑤より，Gは次のような構造をしており，1 価のカルボン酸
で，分子量は 116 である。

$$CH_3\!-\!\underset{O}{C}\!-\!CH_2\!-\!CH_2\!-\!\underset{O}{C}\!-\!OH$$

2 解答

I　ア　(2)・(3)

　イ　操作 1：CO_2　操作 2：O_2　操作 3：H_2O

ウ　問イの気体中：1.1%　空気中：0.88%

エ　次の反応により H_2O から密度の小さい H_2 が発生するから。

$$3Fe + 4H_2O \longrightarrow Fe_3O_4 + 4H_2$$

オ　反応式：$NH_4NO_2 \longrightarrow 2H_2O + N_2$

酸化数：（反応前）−3，+3　（反応後）0

カ　$CO_2 + 2H^+ + 2e^- \longrightarrow HCOOH$

　　$2H_2O \longrightarrow 4H^+ + O_2 + 4e^-$

II　キ　$H : C :: N :$　$\left[\ddot{\ddot{O}} : N :: \ddot{\ddot{O}} : \right]^-$

ク　HCN，$NO_2{}^+$，$N_3{}^-$

ケ　単位格子に含まれる CO_2 分子の数は，単位格子の頂点に C 原子があるものは $\dfrac{1}{8}$ 個，面の中心に C 原子があるものは $\dfrac{1}{2}$ 個と考えられるので，合計 4 個である。また，最も近くにある炭素原子間の距離は，単位格子の面の対角線の長さの $\dfrac{1}{2}$ 倍であるから，単位格子の一辺の長さは，$0.40 \times \sqrt{2}$〔nm〕である。したがって，CO_2 の結晶の密度は

$$\dfrac{\dfrac{44.0}{6.02 \times 10^{23}} \times 4}{(0.40 \times \sqrt{2} \times 10^{-7})^3} = 1.62 \fallingdotseq 1.6 \text{〔g/cm}^3\text{〕} \quad \cdots\cdots \text{(答)}$$

コ　電気陰性度は酸素原子の方が炭素原子より大きい。そのため，分子間において，わずかに負に帯電した酸素原子とわずかに正に帯電した炭素原子が引きつけ合うため。

━━━ ◀解　説▶ ━━━

≪空気の成分分析と人工光合成，分子・イオンの電子式と CO_2 結晶≫

◆I　▶ア　(1)　誤文。希ガス原子の価電子の数は 0 個である。

(2)　正文。ネオンサインに代表されるように，励起された希ガスの原子が基底状態に戻る際に，特有の色に発光する。

(3)　正文。周期表の右上にある He の第 1 イオン化エネルギーは最も大きい。

(4)　誤文。第 4 周期の希ガスである Kr 原子の電子数は，同じく第 4 周期

のハロゲン化物イオンである Br^- の電子数と等しい。

(5)　誤文。Ar（沸点 $-186℃$）は無極性の単原子分子，HCl（沸点 $-85℃$）は極性分子であるので，沸点は HCl の方が高い。

▶イ　操作 1：NaOH との中和反応によって CO_2 を除く。

$$2NaOH + CO_2 \longrightarrow Na_2CO_3 + H_2O$$

操作 2：酸化還元反応によって，O_2 を除く。

$$2Cu + O_2 \longrightarrow 2CuO$$

操作 3：濃硫酸の吸湿性によって H_2O を除く。

▶ウ　問イの実験で得た気体中の Ar の体積百分率を x〔%〕とすると，体積百分率は物質量の比に比例するので，Ar が混じった混合気体の平均分子量は

$$28.0 \times \frac{100-x}{100} + 39.9 \times \frac{x}{100}$$

平均分子量は密度に比例するので

$$\frac{28.0 \times \dfrac{100-x}{100} + 39.9 \times \dfrac{x}{100}}{28.0} = \frac{100.476}{100}$$

$$x = 1.12 \fallingdotseq 1.1 〔\%〕$$

空気中の Ar は，空気中の体積百分率が 78.0% である N_2 に対して 1.12% であるから，Ar の空気中の体積百分率を y〔%〕とすると

$$\frac{y}{78.0+y} \times 100 = 1.12 \qquad y = 0.883 \fallingdotseq 0.88 〔\%〕$$

▶エ　Fe は高温の水蒸気 H_2O と反応する。そのとき，分子量の小さい H_2 を発生するため，混合気体の密度が小さくなる。Fe は Fe_3O_4 になる。

▶オ　この反応は N_2 の実験室的製法である。NH_4NO_2 は，$NH_4{}^+$ と $NO_2{}^-$ からなるイオン結晶である。

▶カ　還元反応の $CO_2 + 2H^+ + 2e^- \longrightarrow HCOOH$ では，C の酸化数が $+4 \rightarrow +2$ に変化し，酸化反応の $2H_2O \longrightarrow 4H^+ + O_2 + 4e^-$ では，O の酸化数が $-2 \rightarrow 0$ に変化している。全体の反応は，$2CO_2 + 2H_2O \longrightarrow 2HCOOH + O_2$ である。

◆Ⅱ　▶キ　HCN，$NO_2{}^-$ の構造式は，それぞれ $H-C≡N$，$[O-N=O]^-$ と考えられるから，それに則した電子式を書けばよい。

▶ク HCN, NO_2^-, NO_2^+, O_3, N_3^- の電子式を下線部④の考え方に基づいて書くと次のようになる。

HCN NO_2^- NO_2^+ O_3 N_3^-

H:C⋮⋮N: （電子式図）

このとき，中心の原子が3組または4組の電子対をもっていると屈曲した結合状態になり，2組の電子対だと直線形になる。したがって，HCN，NO_2^+，N_3^- が直線形である。

▶ケ CO_2 の単位格子のC原子に着目すると，面心立方格子形に配置されていることがわかる。

▶コ 結晶構造のように，原子間の距離が小さいときには，電気陰性度の影響を受ける。

3 解答

I ア 第一反応：$Na_2CO_3 + HCl \longrightarrow NaHCO_3 + NaCl$

第二反応：$NaHCO_3 + HCl$
$$\longrightarrow NaCl + CO_2 + H_2O$$

イ a. $\dfrac{[H^+][HCO_3^-]}{[H_2CO_3]}$ b. $\dfrac{[H^+][CO_3^{2-}]}{[HCO_3^-]}$

c. $[H_2CO_3] + [HCO_3^-] + [CO_3^{2-}]$

d. $[Na^+] + [H^+] = [HCO_3^-] + 2[CO_3^{2-}] + [OH^-]$

e. $\sqrt{K_1 K_2}$ f. 8.34

ウ 炭酸ナトリウム：炭酸水素ナトリウム：水和水＝1：1：2

エ 10.33

オ 酸を微量加えた場合：次の反応により H^+ 濃度の増加が抑制されるから。

$$HCO_3^- + H^+ \longrightarrow H_2CO_3$$

塩基を微量加えた場合：次の反応により OH^- 濃度の増加が抑制されるから。

$$H_2CO_3 + OH^- \longrightarrow HCO_3^- + H_2O$$

II カ 1.00 L のマグマに含まれる 1.00 ％ の水が水蒸気に変化することから，生じた H_2O（気）の体積 V〔L〕は，理想気体の状態方程式および

$H_2O = 18.0$ より

$$8.00 \times 10^7 \times V = \frac{1.00 \times 2.40 \times 10^3 \times \dfrac{1.00}{100}}{18.0} \times 8.31 \times 10^3 \times (1047 + 273)$$

$$V = 0.182 \fallingdotseq 0.18 [\mathrm{L}] \quad \cdots\cdots (\text{答})$$

キ　0.85 倍

ク　式 1 の正反応の熱化学方程式を次のようにおく。

$$SO_2 (気) + 3H_2 (気) = H_2S (気) + 2H_2O (気) + Q \, kJ$$

各成分の生成熱を表す熱化学方程式は次のとおり。

$$S (固) + O_2 (気) = SO_2 (気) + 296.9 \, kJ \quad \cdots\cdots ①$$

$$H_2 (気) + S (固) = H_2S (気) + 20.2 \, kJ \quad \cdots\cdots ②$$

$$H_2 (気) + \frac{1}{2} O_2 (気) = H_2O (液) + 285.8 \, kJ \quad \cdots\cdots ③$$

$$H_2O (液) = H_2O (気) - 44.0 \, kJ \quad \cdots\cdots ④$$

$-① + ② + ③ \times 2 + ④ \times 2$ より

$$Q = -296.9 + 20.2 + 285.8 \times 2 - 44.0 \times 2 = 206.9 [kJ] \quad \cdots\cdots (\text{答})$$

ケ　g．発熱　h．正　i．増加　j．逆

コ　表 3 - 1 の値から，H_2S が少なく SO_2 が多いことがわかる。したがって，式 1 の正反応が進行しても SO_2 が残存しており，これが生成する H_2S と反応するため。

硫黄析出の反応式：$2H_2S + SO_2 \longrightarrow 3S + 2H_2O$

■━━━━━━　◀解　説▶　━━━━━━■

≪トロナ鉱石の分析と炭酸の電離平衡，火山ガスの反応とマグマの密度≫

◆I　▶ア　第一反応（$Na_2CO_3 + HCl \longrightarrow NaHCO_3 + NaCl$）の終点では，$NaHCO_3$ の加水分解（$HCO_3^- + H_2O \rightleftharpoons H_2CO_3 + OH^-$）により，水溶液は弱い塩基性を示す。このため塩基性側に変色域をもつフェノールフタレインが指示薬として用いられている。

第二反応（$NaHCO_3 + HCl \longrightarrow NaCl + CO_2 + H_2O$）の終点では，生成する CO_2 により，水溶液は弱い酸性を示す。このため酸性側に変色域をもつメチルオレンジが指示薬として用いられている。

▶イ　第一反応の終点時の pH は 0.10 mol/L の $NaHCO_3$ 水溶液の pH に等しいから，こちらの pH を計算すればよい。

a・b. H_2CO_3 の二段階電離平衡の平衡定数は，それぞれ次のようになる。

$$K_1 = \frac{[H^+][HCO_3^-]}{[H_2CO_3]} \quad \cdots\cdots ①$$

$$K_2 = \frac{[H^+][CO_3^{2-}]}{[HCO_3^-]} \quad \cdots\cdots ②$$

c. 0.10 mol/L の $NaHCO_3$ 水溶液では，まず次のように電離が生じる。

$$NaHCO_3 \longrightarrow Na^+ + HCO_3^-$$

このときの $[HCO_3^-]$ を $[HCO_3^-]_0$ と表すと，$[HCO_3^-]_0 = 0.10$ mol/L とみなせる。

その後，一部の HCO_3^- は加水分解および電離により，それぞれ H_2CO_3 および CO_3^{2-} に変化する。したがって，次の関係が成り立つ。

$$[Na^+] = [H_2CO_3] + [HCO_3^-] + [CO_3^{2-}] = [HCO_3^-]_0 = 0.10\,\text{mol/L}$$
$$\cdots\cdots ③$$

d. 次に，水溶液は電気的に中性であり，CO_3^{2-} が2価の陰イオンであることに注意すると，次の関係が成り立つことがわかる。

$$[Na^+] + [H^+] = [HCO_3^-] + 2[CO_3^{2-}] + [OH^-]$$

また，題意より，$[Na^+] \gg [H^+]$，$[OH^-]$ であるので，上記の式は次のように近似することができる。

$$[Na^+] = [HCO_3^-] + 2[CO_3^{2-}] \quad (= 0.10\,\text{mol/L}) \quad \cdots\cdots ④$$

e. 式③，④より

$$[H_2CO_3] = [CO_3^{2-}]$$

一方，式①，②より

$$[H_2CO_3] = \frac{[H^+][HCO_3^-]}{K_1}$$

$$[CO_3^{2-}] = \frac{K_2[HCO_3^-]}{[H^+]}$$

したがって

$$\frac{[H^+][HCO_3^-]}{K_1} = \frac{K_2[HCO_3^-]}{[H^+]}$$

$$[H^+]^2 = K_1 K_2$$

$$[H^+] = \sqrt{K_1 K_2}$$

f.　　$\mathrm{pH} = -\log_{10}[\mathrm{H}^+] = -\dfrac{1}{2}\log_{10}K_1K_2 = -\dfrac{1}{2}(\log_{10}K_1 + \log_{10}K_2)$

　　　　　$= -\dfrac{1}{2}(-6.35 - 10.33) = 8.34$

▶ウ　与えられたトロナ鉱石が含む $\mathrm{Na_2CO_3}$（式量 106）および $\mathrm{NaHCO_3}$（式量 84.0）の物質量を，それぞれ x〔mol〕，y〔mol〕とする。第一反応では，$\mathrm{Na_2CO_3}$ と HCl の物質量は等しいから

$$x = \frac{1.00 \times 20.0}{1000} = 2.00 \times 10^{-2}\,\text{〔mol〕}$$

第二反応では，第一反応で生じた $\mathrm{NaHCO_3}$ を中和するのに第一反応と同量の HCl が必要である。そのため，もともとトロナ鉱石に含まれていた $\mathrm{NaHCO_3}$ の中和に用いられた HCl は，40.0−20.0〔mL〕である。

$$y = \frac{1.00 \times 20.0}{1000} = 2.00 \times 10^{-2}\,\text{〔mol〕}$$

したがって，このトロナ鉱石が含む水和水（$\mathrm{H_2O} = 18.0$）の質量は

　　$4.52 - (106 \times 2.00 \times 10^{-2} + 84.0 \times 2.00 \times 10^{-2}) = 0.72\,\text{〔g〕}$

よって，求める物質量の比は

$$x : y : \mathrm{H_2O} = 2.00 \times 10^{-2} : 2.00 \times 10^{-2} : \frac{0.72}{18.0} = 1 : 1 : 2$$

▶エ　炭酸ナトリウムおよび炭酸水素ナトリウムは水溶液中で次のように電離する。

　　　　$\mathrm{Na_2CO_3} \longrightarrow 2\mathrm{Na}^+ + \mathrm{CO_3}^{2-}$　……①

　　　　$\mathrm{CO_3}^{2-} + \mathrm{H_2O} \rightleftharpoons \mathrm{HCO_3}^- + \mathrm{OH}^-$　……②

　　　　$\mathrm{NaHCO_3} \longrightarrow \mathrm{Na}^+ + \mathrm{HCO_3}^-$　……③

　　　　$\mathrm{HCO_3}^- \rightleftharpoons \mathrm{H}^+ + \mathrm{CO_3}^{2-}$　……④

問ウより，トロナ鉱石中の $\mathrm{Na_2CO_3}$，$\mathrm{NaHCO_3}$ の物質量は等しく，②，④の電離は無視できる。したがって

$$K_2 = \frac{[\mathrm{H}^+][\mathrm{CO_3}^{2-}]}{[\mathrm{HCO_3}^-]} \fallingdotseq [\mathrm{H}^+]$$

よって，水溶液の pH は

　　　　$\mathrm{pH} = -\log_{10}[\mathrm{H}^+] = -\log_{10}K_2$

　　　　　　　$= 10.33$

▶オ　$\mathrm{H_2CO_3}$，$\mathrm{HCO_3}^-$，$\mathrm{CO_3}^{2-}$ による緩衝作用を考えればよい。pH$=7$

付近では, K_1, K_2 の電離定数より

$$K_1 = \frac{10^{-7} \times [HCO_3{}^-]}{[H_2CO_3]} = 10^{-6.35} \qquad [HCO_3{}^-] \fallingdotseq [H_2CO_3]$$

$$K_2 = \frac{10^{-7} \times [CO_3{}^{2-}]}{[HCO_3{}^-]} = 10^{-10.33} \qquad [CO_3{}^{2-}] \ll [HCO_3{}^-]$$

よって, 比較的高濃度の $[HCO_3{}^-]$, $[H_2CO_3]$ をもとに, 緩衝作用を説明すればよい。

◆Ⅱ ▶カ 理想気体の状態方程式を用いる前に, 必要な量をそろえることが大事である。

▶キ 水蒸気が発生する前のマグマの体積は 1.00 L であり, 水蒸気が発生することでその体積は 1.00 + 0.18 = 1.18〔L〕になったとみなせる。水蒸気発生の前後でマグマ総体の質量は変化しないから, 求める値は

$$\frac{1.00}{1.18} = 0.847 \fallingdotseq 0.85 \text{ 倍}$$

▶ク 水の蒸発熱を考慮する必要がある。

▶ケ ルシャトリエの原理に基づいて考えればよい。

▶コ 圧力の低下によって火山ガスが発生する状況では, H_2O(気)が多くなるので平衡は左に移動し, SO_2 が H_2S より多くなると考えられる。しかし, 火山ガスが地表に噴出されると急激な温度低下が生じ, 今度は式1の平衡が右に移動することになり, H_2S の増加を招く。そのため SO_2 との反応により単体の硫黄が析出すると考えられる。

❖ 講 評

　大問3題でそれぞれがⅠ, Ⅱに分かれており, 実質6題の出題であった。試験時間は2科目で150分と変化がなかった。

　1 Ⅰ 未知物質として, グルコースとフェノール類がグリコシド結合した目新しい化合物が取り上げられた。そのことで戸惑った受験生がいたかもしれない。しかしながら, ア, イ, ウ, エは標準的な問題で, 未知物質の構造がわからなくとも解答可能であり, 普段の学習で十分に対応できただろう。オは, 化合物Cの酸化物が分子内で水素結合をすることから, ヒドロキシ基とカルボキシ基の位置関係を推測する必要があった。カはやや難で, 与えられた酵素XとYの特性(基質特異性)から,

化合物 B と C が *β*-グリコシド結合をしている点を読み取ることが求められており，その可否がポイントであった。

　Ⅱ　まず，ヨードホルム反応全体の理解が必要であった。CHI_3 の生成だけでなく，カルボン酸のナトリウム塩が生成するところまで求められた。クとケでは，実験 2 から，J がジカルボン酸であることを導き，そのことから分子量の関係を用いて J と高分子 H の構造式を推測する必要があった。また，実験 1 だけでは，G や K の構造式を得ることはできないことが，スムーズな解答を困難にしている。すなわち，$NaHCO_3$ を用いた中和反応から K の分子量を推測し，J の構造式と比較することで，矛盾のない推測の展開が可能になる。その結果から，実験 3 の一連の反応をたどることができる。そして，サはヨードホルム反応に戻ることで解答可能となる。Ⅱは全体としてやや難の問題であった。

　2　Ⅰ　レイリーとラムゼーによる Ar の発見に題材をとった問題であった。イは，標準的な問題であるが，化学に関する基礎的な力量が問われている。ウは，体積百分率と物質量比，平均分子量と密度の関係などがあやふやであると混乱したのではないだろうか。エでは，鉄と高温の水蒸気との反応で H_2 と Fe_3O_4 が生成することの知識が求められた。また，H_2 の発生が，気体の密度にどのように影響するかの理解も必要であった。カは，普段扱わない酸化還元反応であり，反応式の作り方についての丸暗記的対応では解答できなかった。ア，オは確実に得点しておきたい。

　Ⅱ　キは，オクテット則をもとに電子式を考えればよかった。クは，電子式によって分子やイオンの立体構造を推測する問題であった。鎖状の 3 原子分子やイオンでは，中心の原子の共有電子対と非共有電子対が合計何組であるかで，直線性についての判断が可能であることに気づくと比較的容易であった。目新しいイオンが扱われたが，配位結合も含めてオクテット則を満たすもののみを扱う配慮が見られた。ケ，コは CO_2 の分子結晶を扱う目新しい出題であったが，内容的には標準的であり困難はなかったものと思われる。ケでは，最も近くにある炭素原子の具体的な位置関係がわかればよい。コでは，電気陰性度が大きなヒントとなった。

　3　Ⅰ　トロナ鉱石という目新しい物質が扱われたが，与えられた文

章中の説明で十分に理解可能であり，問題はなかっただろう。炭酸の二段階電離のもと，各成分の量的関係，電気的中性をどのように表現するか，さらにそれらの関係を用いて水溶液の pH を求めるところが最大のポイントであった。また，イでは，考えている水溶液の pH を別な水溶液の pH で求めるものなど，問題文をしっかり読んでいないと解答方針を間違えそうな問題が見られた。近似計算も重要な要素であった。オの血液の緩衝作用については，聞いたことがあったのではないだろうか。ア，ウ，オは確実に得点したい。

　II　火山活動におけるマグマの上昇に伴う火山ガスの発生およびその噴出をテーマとした出題であった。カは，マグマから発生した水蒸気の体積を求める問題であったが，与えられた図をもとに具体的なイメージを描くことができると取り組みやすかっただろう。キは，普段なじみのない液体と気体の混合した状態へ密度という考えを当てはめるものであるが，これも体積増加という具体性をもとに取り組めばよかった。ク，ケは，熱化学に関する問題で比較的取り組みやすかったと思われる。コは，与えられた表のデータをもとに，平衡移動が生じたときに生じる現象をイメージすることが求められた。理論の具体的なものへの適応力が求められるということであろう。

──────── 「化学」の出題の意図（東京大学 発表）────────

　化学は，私たちの身の回りに存在する様々な物質を理解するための基礎をなす教科です。物質を理解することが，科学分野全般の基盤となることから，化学はときに「セントラルサイエンス」と呼ばれています。物質を理解するためには，化学に関する基本的知識を身につけるとともに，それらを論理的に組み合わせて総合的に理解し，表現することが重要です。本年度の化学の出題では，下記の様な三つの大問を通じて，化学に関する基礎能力と論理的思考力を評価することにしました。

第1問

　天然に存在する植物由来の配糖体や高分子化合物は，医薬品の原料や工業原材料として利用されています。これらの有機化合物の変換反応や化学量論に関する基礎的な理解力と論理的思考力を評価します。

第2問

　無機化学に関する様々な項目（無機物質の性質，化学結合，化学反応，分子や結晶の構造）の本質を見抜く力，および無機物質がかかわる化学現象を論理的かつ総合的に考察する力を問うことを意図しています。

第3問

　化学における2つの現象（溶液中の電離平衡，および，気体の性質と化学平衡）を論理的かつ総合的に考察する力を問うことを意図しています。

生物

1 解答

I A 1. フレーム（読み枠） 2. 同義置換

   B あ—き

C （1）・（2）・（4）

D 2・6

E 選択肢：1）

理由：b, c では 3 塩基の欠失なので，1 個のアミノ酸が欠失するだけで
それ以降は同じアミノ酸配列が継続するため，タンパク質の大きさに変化
はほぼない。一方，a ではフレームシフトにより，d では塩基の置換によ
って，終止コドンが出現するため，合成されるタンパク質は小さくなる。

II F （2）

G 基質特異性

H リガンド

I （1）・（3）

J アミノ酸の置換により，リン酸化活性部位の立体構造が変化し，リン
酸化活性は維持されたまま分子標的薬 Q が結合できなくなった。

K 4 個

L 3

━━━━━━◀解　説▶━━━━━━

**≪相互転座による融合遺伝子のはたらき，遺伝子発現，がん治療の分子標
的薬≫**

◆I

  染色体の数や構造に変化を与える一例として染色体相互転座がある。こ
れは 2 つの異なる染色体の一部が入れ替わることで，別々の染色体に存在
していた遺伝子 X と Y がつながり，融合遺伝子 X-Y ができるもので，こ
こから転写・翻訳されてできる X-Y タンパク質によって細胞のがん化が
生じる。

▶A 突然変異には，DNA の塩基配列に変異が生じる遺伝子突然変異と，
染色体の数や構造に変異が生じる染色体突然変異がある。遺伝子上で塩基

の挿入や欠失が起こると，フレーム（読み枠）がずれてアミノ酸配列が変化する。塩基の置換には，アミノ酸配列の変化を伴わない同義置換と，アミノ酸配列の変化を伴う非同義置換がある。

▶B　融合遺伝子 X–Y を検出するためには染色体の転座が起こっている部分を調べればよい。図 1 − 2 の X の 4 番目のエキソンと Y の 2 番目のエキソンが途中で切れた後に融合することで融合遺伝子 X–Y ができるので，この部分を狭むように設計されたプライマーの組み合わせが最も優れたものとなる。よって，プライマー「あ」とプライマー「き」の組み合わせとなる。

▶C　不適切なものを選択する点に注意する。

⑴　融合遺伝子 1 には遺伝子 X と遺伝子 Y に由来するエキソンがそれぞれ 1 個以上あって，かつ合計が 8 個以上あるが，がん化能力がないので，不適切である。

⑵　融合遺伝子 1 からは予想サイズのタンパク質が発現しているため，転写・翻訳が起きている。したがって，不適切である。

⑶　エキソン Y10 と Y11 のない融合遺伝子 2 はがん化能力があるので，この部位はがん化に必要はないと判断できる。したがって，適切である。

⑷　融合遺伝子 4 からは予想サイズのタンパク質が発現しているので，RNA ポリメラーゼによる転写は正常に起きている。したがって，「Y2 と Y7 の間で，RNA ポリメラーゼによる転写が停止する」という考えは不適切である。

⑸　リン酸化活性がないのは融合遺伝子 4 だけであるから，含まれるエキソンの違いを他の融合遺伝子と比較していけばよい。融合遺伝子 4 ではエキソン Y3 から Y6 が特異的に欠失しているので，この部位がリン酸化活性に必要な領域と判断できる。したがって，適切である。

▶D　問 B で選択したプライマーは，遺伝子 X のエキソン X4 と遺伝子 Y のエキソン Y3 に結合するものである。

　選択肢番号 1 ～ 3 について，融合遺伝子 1 ～ 3 はエキソン X4 と Y3 を含んでいるため，プライマー「あ」とプライマー「き」が結合して予想サイズの PCR 産物が得られる（陽性対照となる）。ところが，融合遺伝子 4 はエキソン Y3 がないため，予想サイズの PCR 産物が得られない（陰性対照となる）。よって，番号 2 が適切である。

選択肢番号 4 ～ 6 について，この問題は PCR の鋳型の組み合わせを選ぶ問題であるから，鋳型となるのは DNA であり，番号 4 のように RNA や，番号 5 のようにタンパク質を用いるのは不適切である。よって，番号 6 が適切である。番号 6 について，融合遺伝子 X‐Y の配列を持つ白血病細胞から抽出した DNA では，図 1 － 2 にあるようにプライマー「あ」とプライマー「き」が結合する箇所が存在するので予想サイズの PCR 産物が得られる（陽性対照となる）。逆に，融合遺伝子 X‐Y の配列を持たないものでは，プライマー「あ」と「き」では増幅できないので予想サイズの PCR 産物は得られない（陰性対照となる）。

▶ E 図 1 － 4 の塩基配列は DNA のセンス鎖のほうである。鋳型となる DNA（アンチセンス鎖）と記載されない限り，DNA の塩基配列はセンス鎖で示されることが多い。

それを確実に判断するためには代表的なコドンを知っておけばよい。AUG は開始コドンでありメチオニンを指定する。開始コドンの 3 番目の塩基が変化したものはすべてイソロイシンを指定する。また，終止コドンは UAA，UAG，UGA である。図 1 － 4 において，ATA や ATC がイソロイシンとあるので，この DNA はセンス鎖であることがわかる。コドンは本来 mRNA のトリプレットであるが，ここでは DNA のトリプレット（センス鎖）で表していくことにする。

融合遺伝子 5 から発現するタンパク質は，図 1 － 3 に示された融合遺伝子 3 から発現するタンパク質より小さいことから，X4 と Y2 のつなぎ目に起こった変異によって終止コドンが出現し，短いポリペプチド鎖が合成されたと考えられる。

a 1 塩基の欠失によりフレームシフトが起こり終止コドン TAA が出現する。

b・c 3 塩基の欠失なのでアミノ酸数 1 個が少なくなる。

d 1 塩基の置換により終止コドン TAG が出現する。

したがって，大きな変異が起こるのは a，d なので選択肢 1 ）が正解。

◆ II

融合遺伝子 X‐Y によって発症する白血病の治療には分子標的薬 Q が用いられる。分子標的薬 Q が X‐Y 融合タンパク質のチロシンリン酸化活性（リン酸化活性）部位に結合し，その機能を阻害する。正常な Y タンパク

質のリン酸化活性部位は全く異なる構造をしているので，分子標的薬 Q は X‐Y 融合タンパク質にのみ作用する。

　分子標的薬 Q は，消化管にできる S タイプのがん治療にも効果がある。がん S では R 遺伝子が変異し，R タンパク質が異常な構造に変化し，リガンド非依存的に活性化される。

▶F　分子標的薬とは，その病気の細胞に特異的に発現する特徴を分子や遺伝子レベルでとらえて特定の分子だけをターゲットとし，より効果的に治療することを目的とした治療薬である。

　これまでの抗がん剤は，がん細胞そのものを標的としたものではなく，がん細胞の特徴である，盛んに分裂をくり返して増殖している細胞を攻撃する薬であった。このため，正常な細胞であっても分裂が盛んな骨髄の細胞なども攻撃の対象となり，副作用も多く出てしまうというデメリットがあった。分子標的薬を用いると，がん細胞が持っている特定の分子（核酸やタンパク質）をターゲットとして，その部分だけに作用するので副作用が少なくなる。以上より，⑵が適切である。

⑴　RNA ポリメラーゼはがん細胞だけでなく，正常細胞においてもはたらいているので分子標的薬とはならず，不適切。

⑶　分子標的薬は核酸やタンパク質にはたらくもので，「表面を物理的に覆い固める」ものではないため，不適切。

⑷　がん細胞で変異しているものには細胞表面の受容体もあれば，細胞内に存在する受容体もあり，また核酸である可能性もあるので，不適切である。

⑸　分子標的薬が結合する際，標的分子の大きさは特に問題にならないので，不適切である。

▶G　酵素は特定の立体構造を持つ基質だけに作用する。この性質を酵素の基質特異性と呼ぶ。

▶H　受容体に特異的に結合する物質を一般にリガンドと呼ぶ。リガンドは比較的低分子の物質で，受容体に結合して影響を及ぼすことで生体内の情報伝達を担う。リガンドとなるのは，ホルモンや神経伝達物質などである。

▶I　不適切なものを 2 つ選ぶ点に注意する。

⑴　リード文に「がん S では，R という遺伝子に変異が見られる。……R

遺伝子に変異が起こった結果，がんSではRタンパク質が異常な構造に変化して……」とある。X-Y白血病細胞が消化管の細胞を誤って攻撃して遺伝子Rの変異が誘導されたのではなく，正常な遺伝子Rが突然変異を起こした結果と考えられるので，不適切。

(2) リード文に「分子標的薬QがX-Y融合タンパク質のチロシンリン酸化活性（……）部位に結合し，その機能を阻害する」とある。すなわち，リン酸化活性部位との結合力を高めると，より治療効果の高い分子標的薬をつくることができると考えられるので，適切。

(3) 遺伝子Rに変異がないとき，発生部位ががんSと同じく消化管であったとしても，例えばその病気の原因となるタンパク質がRタンパク質のリン酸化活性部位と類似の構造を有しているとは限らず，分子標的薬Qが効果を持つかどうかはわからないので，不適切。

(4) 分子標的薬Qがはたらくので，がんSで見られる変異Rタンパク質のリン酸化活性部位はX-Y融合タンパク質のリン酸化活性部位と類似した構造を持っていると考えられ，適切。

なお，消化管がんとは，食べ物を消化するための通り道である食道・胃・小腸・大腸の中にできる固形がんを指す。

▶J 分子標的薬Qが効かなくなったのは，アミノ酸の置換によって，チロシンリン酸化活性部位の立体構造が変化し，分子標的薬Qが結合できなくなったためである。ただし，リード文にあるように，がんSではRタンパク質が異常な構造に変化しているが，リガンド非依存的に活性化されることから，構造は変化してもリン酸化活性は保たれている。

▶K 最初にあった細胞数をa個とすると，4日毎に2倍になるので28日後には2^7倍になっている。

よって $a \times 2^7 = 500$ $a = \dfrac{500}{2^7} \fallingdotseq 3.90$

小数第一位を四捨五入した整数で答えるので 4個

▶L X-Y白血病細胞約100万個は，分子標的薬Qにより3日毎にその数が10分の1になる。この中でアミノ酸の置換を持つ，分子標的薬Qの影響を受けない細胞は0日目に4個存在し，4日毎に2倍になっていく。わかっているのは，0日目での細胞数は100万個，28日目には500個ということである。分子標的薬Qの影響を受けない細胞が当初4個あるので，

影響を受ける細胞は 999,996 個ということになるが，これは 100 万個として扱う。

　以下に，分子標的薬Qの影響を受ける細胞と，影響を受けない細胞，およびそれらをあわせたすべての細胞についてのおおよその数を示す。

日数	0	3	4	6	8	9	12	15	16
Qの影響を受ける細胞数	100 万	10 万	…	1 万	…	1000	100	10	…
Qの影響を受けない細胞数	4	…	8		16		32		64
総細胞数	100 万	10 万	…	1 万		…	132	…	…

総細胞数は 0 日目から 12 日目程度までは指数関数的に減少してきて，それ以降 15 日目にかけて最小となり，その後は再び増加に転じることになる。これを満たす図は 3 である。

2 解答

I　A　与える前─(2)　(6)　　与えた後─(4)

B　マメ科植物のアカツメクサは共生する根粒菌の窒素固定により窒素が供給されるので，リン酸が欠乏したときのみ菌根菌から得るが，ソルガムは，土壌中の無機塩類が不足した場合，リン酸も窒素も菌根菌から得るため。

C　ストライガの種子の近くに宿主の根があるときだけ種子が発芽する。

D　ストライガの発芽を誘導する活性：ストライガの発芽を誘導する活性を高めることで，宿主が存在しない環境でストライガを高い確率で発芽させることができれば，ストライガは宿主に寄生することができず，効率的にストライガを枯死させることができる。

菌根菌を誘引する活性：菌根菌を誘引する活性を低くすることで，土壌中に残っているこの類似化合物と宿主の根が分泌する化合物Sとの競合を弱め，菌根菌を効率よく根に定着させることができる。

II　E　アブシシン酸の作用で気孔が閉鎖し，葉からの蒸散量の減少に伴い気化熱が減少したため。

F　(6)

G　アブシシン酸濃度が高いと，タンパク質Yのアブシシン酸の作用を抑制する活性が低下するが，タンパク質Xはアブシシン酸濃度が高くても活性が高いまま維持される。

H　最も早く葉の光合成活性が低下したのは，タンパク質Yのはたらきを欠失させたシロイヌナズナ変異体である。この変異体では，気孔が早い段階で閉じ，二酸化炭素の取り込みが低下するため，光合成活性が低下する。最も早く萎れるものは，タンパク質Xを過剰発現させたシロイヌナズナの形質転換体である。この形質転換体は，水の供給を制限した後も葉の表面温度が上昇しないことから蒸散を継続的に続けていると考えられ，これにより水分不足で萎れる。

━━━━━━◀解　説▶━━━━━━

≪寄生植物ストライガの防除，菌根菌と植物の相互作用，気孔の開閉とアブシシン酸≫

◆I

　ソルガムやトウモロコシは土壌中の無機塩類が欠乏した環境において，菌根菌を根に定着させる。菌根菌は，吸収したリン酸や窒素の一部をソルガムやトウモロコシへ与える代わりに，光合成産物由来の糖や脂質を受け取る。ストライガは，自身でも光合成を行うが，成長のためには宿主への寄生が必要となる。宿主となるのはソルガムやトウモロコシであるが，この宿主の持つ特有の性質を巧みに利用してストライガは寄生する。

▶A　リン酸が欠乏している場合，ソルガムは菌根菌からリン酸の供給を受ける。一方，菌根菌はソルガムから光合成産物に由来する糖や脂質の供給を受ける。両者は互いに利益を受け取る相利共生の関係にある。

　リン酸が土壌中に十分に存在する場合は，ソルガムはリン酸を菌根菌に頼らず根から自身で獲得できる。一方，菌根菌に対して糖や脂質を与え続けるので，菌根菌だけが利益を受け，ソルガムは不利益を受ける寄生の関係となる。よって，リン酸を与える前は相利共生の関係，与えた後は寄生の関係となるものを選べばよい。

⑴　ゾウリムシとヒメゾウリムシを混合飼育した場合，食物となる細菌を奪い合う種間競争が起きる。

⑵　シロアリは，腸内に生息する微生物がセルロースやリグニンを分解した産物を栄養源として利用する。シロアリは微生物に生活空間を供給するので，相利共生の関係になる。

⑶　カクレウオはナマコの腸内を隠れ家として利用することで外敵から身を守るという利益を得る。一方，ナマコはカクレウオが入り込むことで利

益を受けるわけでもなく，不利益を受けるわけでもない。このような関係
を片利共生という。

⑷　イヌは吸血ダニが付着することで血を吸われるという不利益を受ける。
ダニの方はイヌの血を吸えるという利益を受けるので，寄生の関係になる。

⑸　ハダニは被食される側で，カブリダニは捕食する側なので，被食一捕
食関係になる。

⑹　アブラムシはアリによってテントウムシなどの天敵から守ってもらう。
一方，アブラムシの排泄物には多量の糖分が含まれていてそれをアリはも
らうという，互いに利益を受け合う相利共生の関係になっている。

▶B　ソルガムは，菌根菌を根に定着させる過程の初期において化合物S
を土壌中に分泌し，菌根菌の菌糸を根に誘引する。アカツメクサはマメ科
植物で，共生する根粒菌の窒素固定によって窒素を得ることができるので，
リン酸の欠乏時だけ菌根菌の誘引が必要である。ソルガムはリン酸と窒素
の供給を土壌に依存しているため，どちらが不足した場合でも菌根菌の誘
引が必要となる。

▶C　化合物Sは，不安定で壊れやすく，土壌中を数 mm 拡散する間に
短時間で消失するという性質がある。ストライガが宿主から遠くにあった
場合，宿主から分泌される化合物Sがストライガに達する前に分解される
ため誘引の効果はない。したがって，ストライガの種子は宿主となる植物
が近傍にあったときに発芽することで，枯死する前に寄生できるという点
で有利にはたらく。

▶D　ストライガの種子は土壌中に数十年休眠することが可能で，化合物
Sを感知して発芽する。問われているのは，作物を栽培していない時期に
ストライガを枯死させるために化合物Sではなく，類似化合物を用いてス
トライガを効率よく，より確実に枯死させるにはどうしたらよいかという
ことである。このとき，類似化合物の活性を化合物Sの持つ「ストライガ
の発芽を誘導する活性」と「菌根菌を誘引する活性」という側面からどの
ように改良するかを考える。

　ストライガは発芽しても寄生できないと枯死するので，宿主となる植物
が存在しない時期にストライガの発芽を誘導する活性を高めることで，確
実に枯死させることができる。

　改変した化合物Sの類似化合物は本来の化合物Sと比べて安定性が高く，

作物を栽培している時期にも残っている。このとき，菌根菌を誘引する活性が高いと，宿主の根が分泌する化合物 S と競合してしまい，根に菌根菌が効率的に定着できなくなる。これを回避するために菌根菌を誘引する活性は低くする必要がある。

◆Ⅱ

　ストライガは蒸散速度を宿主より高くすることで自身に向かう水分の流れをつくり，宿主から水分を奪う。多くの植物では，土壌が乾燥するとアブシシン酸が合成されて気孔が閉鎖される。しかし，ストライガではタンパク質 X により気孔が開いたまま維持される。タンパク質 X は，陸上植物に広く存在するタンパク質 Y のアミノ酸の変異で生じたものである。シロイヌナズナを用いて，タンパク質 X とタンパク質 Y の性質を調べた。

▶E　アブシシン酸を投与すると，その作用で気孔が閉じ蒸散速度が低下する。その結果，気化熱が奪われにくくなり葉の表面温度が上昇した。

▶F　実験 1 より野生型の個体ではアブシシン酸を投与すると葉の表面温度が上昇しているが，タンパク質 X を過剰発現させた形質転換体ではアブシシン酸を投与しても葉の表面温度が低いままである。このことから，タンパク質 X が過剰発現すると，アブシシン酸の作用が抑制され，気孔が閉鎖されなくなることが推測される。

　実験 2 の図 2 − 4 から野生型のシロイヌナズナでは，水の供給を制限した場合 2 日目の葉の表面温度は 18℃であったが，6 日目には 22℃まで上昇し，安定する。

　タンパク質 X を過剰発現させた形質転換体では，葉の表面温度は実験期間を通して 18℃で変化は見られない。タンパク質 Y を過剰発現させた形質転換体では，野生型のものより 1 日遅く葉の表面温度の上昇が見られ，タンパク質 Y のはたらきを欠失させた変異体では，野生型のものよりも 1 日早く葉の表面温度の上昇が起きている。

　このことから，タンパク質 Y は蒸散量低下までの日数を長くするように作用すると考えられる。つまり，タンパク質 X と同じようにアブシシン酸のはたらきを抑制することで，気孔閉鎖までの時間を長くし，葉の表面温度の上昇を抑制していると考えられる。これを満たす選択肢は(6)である。

▶G　リード文に「ストライガでは，タンパク質 X のはたらきにより，気孔が開いたまま維持される」とある。このことから，タンパク質 X は体内

のアブシシン酸濃度が上昇してもその活性が高いままに維持されることがわかる。一方，リード文には「タンパク質 Y は，体内のアブシシン酸濃度の上昇に応じ，その活性が変化する」ともある。このことは，タンパク質 Y はアブシシン酸濃度が上昇すると，アブシシン酸の作用を抑制する活性が低下することを示している。

▶H　最も早く葉の光合成活性が低下するのは，最も早く CO_2 の取り込みが低下する個体である。アブシシン酸の作用で気孔が最も先に閉鎖するものを考えればよい。つまり，葉の表面温度が早い段階で上昇した個体が，植物体内への CO_2 の取り込みが低下した個体である。よって，タンパク質 Y のはたらきを欠失させたシロイヌナズナの変異体である。

　最も早く萎れるのは，体内の水分が少ない状態でも気孔を閉じず蒸散を続けている個体である。タンパク質 X を過剰発現させた形質転換体は水分の供給を制限した場合でも葉の表面温度が上昇しないので，この個体が最も早く萎れると考えられる。

3　解答

Ⅰ　A　(2)
　B　(1)二胚葉性　(2)三胚葉性　(3)三胚葉性　(4)三胚葉性
(5)二胚葉性　(6)三胚葉性
C　旧口動物では原口がそのまま口になるのに対し，新口動物は原口またはその付近が肛門になり，反対側に口ができる。
D　棘皮動物の幼生段階では左右相称の体制であるが，成体になるときに変態して五放射相称となる。

Ⅱ　E　(ア)—2・3・4　(イ)—1　(ウ)—4　(エ)—1　(オ)—2
F　新口動物では原口が陥入して原腸の先端部に口が形成され，原口またはその付近が肛門となる。珍渦虫が他の新口動物と違って口を持ち肛門がないのは，原口が後に塞がれることになるからである。

Ⅲ　G　(1)

H　(4)

Ⅰ　動物門：刺胞動物門
理由：ガストレアは，図 3 — 3 から原腸胚のように外胚葉と内胚葉の分化は見られるが，中胚葉は未分化で，口と肛門の区別が見られず，放射相称の体制をもつ刺胞動物門が最も近いと考えられる。

━━━━━━━━━━◀解　説▶━━━━━━━━━━

≪動物の発生と系統，珍渦虫と無腸動物，生物の進化≫

◆I

　動物が進化して多様性を獲得した過程を理解する上では現生の動物の系統関係を明らかにすることは重要である。動物進化における重要な事象として，多細胞化，口（消化管）の獲得，神経系・体腔の獲得，左右相称性の進化，旧口／新口動物の分岐，脱皮の獲得，脊索の獲得などが挙げられる。

▶A　最も簡単にわかるのは，　4　と　5　である。節足動物と線形動物は脱皮を行う脱皮動物である。残りの旧口動物は冠輪動物である。よって，選択肢の(1)と(2)が残る。　2　と　3　を見ると，左右相称動物か体腔の獲得のいずれかが入ることがわかる。　2　ではあるが，　3　ではない動物に珍無腸動物がある。この動物についての手がかりはⅡのリード文の下線部㈏に「珍渦虫と無腸動物は近縁であり（珍無腸動物），これらは左右相称動物の最も初期に分岐したグループである」とあるので，　2　には左右相称動物が入り，　3　には体腔の獲得が入る。体腔は三胚葉性動物に見られる体内の腔所である。ただし，扁形動物では中胚葉によって体腔がすべて埋め尽くされているので無体腔となる。体腔は，中胚葉で囲まれた真体腔，中胚葉が発達しないため胞胚腔が残る偽体腔に分かれる。　1　には選択肢の組み合わせから放射相称動物が入る。

　放射相称と左右相称であるが，相称とは，動物をある面によって互いに鏡像的な等しい部分に分けられるものをいう。放射相称は，相称面が複数存在する体制をいう。一方，左右相称は，相称面が1つで，これによってからだが左右均等に分けられるものをいう。左右相称動物は，体軸において頭尾軸（前後軸），背腹軸，左右軸の3つの軸をもち，はう，穴を掘る，泳ぐなどの運動に適応している。また，放射相称動物の多くは，固着するのに適応している。

▶B　後生動物のうち，刺胞動物と有櫛動物だけが二胚葉性動物で，他の動物は三胚葉性動物である。(1)イソギンチャクは刺胞動物で二胚葉性動物，(5)クシクラゲは有櫛動物で二胚葉性動物である。他の動物はすべて三胚葉性動物である。

▶C　旧口動物では，原腸胚期に生じる原口が口になり，肛門は後で形成

される。神経系は腹側，消化系は背側にできる。新口動物では，原腸胚期に生じる原口またはその付近に肛門ができ，口は後から形成される。神経系は背側，消化系は腹側にできる。

▶D　棘皮動物のウニやヒトデの発生過程を見ると，胞胚期で孵化し，ウニではプルテウス幼生，ヒトデではビピンナリア幼生を経て成体になる。これらの幼生は左右相称であるが，成体になるときに変態し五放射相称へと変化する。棘皮動物の成体は，放射相称であるものが多い。たとえば，ヒトデは外観も内部構造も中心から放射している。成体とは対照的に，棘皮動物の幼生は左右相称である。このことが他の証拠とともに，棘皮動物が刺胞動物のような放射相称動物と近縁ではないことを示している。刺胞動物は左右相称を示すことはない。

　かなり未知なことが問われている感じがするが，設問にある「発生過程を見るとよくわかる」というところから，棘皮動物の幼生が左右相称であることを述べ，成体へと変化するときに五放射相称へと変化することを述べればよいだろう。

◆Ⅱ

　近年の動物の系統関係は DNA の塩基配列情報に基づいて推定する分子系統解析が主流となっている。珍渦虫がどの動物門に属するかは謎であり，最初は扁形動物の仲間と考えられていた。1997 年に DNA の塩基配列に基づく分子系統解析によって，珍渦虫は新口動物であるという知見が発表された。その後，扁形動物の一員とされていた無腸動物が珍渦虫に近縁であることが示され，珍無腸動物門が創設された。この動物門は旧口動物と新口動物が分岐するより前に出現した原始的な左右相称動物であるという新説が発表された。2016 年に珍渦虫と無腸動物は近縁で，これらは左右相称動物の最も初期に分岐したグループであることが報告された。さらに2019 年には珍無腸動物は水腔動物に最も近縁であるという分子系統解析の結果が公表された。

▶E　丁寧にリード文を読んでいけば正解に達する。問題の誘導にきちんと乗れるかどうかがポイントである。無腸動物と珍渦虫が別の動物門としてみなされる場合なのか，両者が統合されて珍無腸動物門としてみなされる場合なのかをきちんと区別して考える必要がある。

㋐　「珍渦虫は新口動物の一員である」という考えなので，旧口動物と新

口動物に分岐した後で,統合する前の無腸動物と珍渦虫が,または統合した後にできる珍無腸動物が分岐するものを考える。統合前のものでは4が,統合後のものでは2,3が適切である。

㈑ 「旧口動物と新口動物が分岐するよりも前に出現した」とあるので,最初に珍無腸動物が分岐した1が適切である。

㈮ 「珍渦虫と無腸動物は近縁でないとする」とあるので,両者が離れている4が適切である。

㈡ 「珍渦虫と無腸動物は近縁であり(珍無腸動物),これらは左右相称動物の最も初期に分岐した」とあるので,珍無腸動物をまず見つける。これが最も初期に分岐しているものとして1が適切である。

㈭ 「珍無腸動物は水腔動物(……)にもっとも近縁である」とあるので,珍無腸動物と水腔動物が最後に分かれている2が適切である。

▶F 新口動物では,発生過程で原口またはその付近が将来の肛門となり,その反対側に口が形成される。下線部㈰から珍渦虫は新口動物の一員であるならば,口と肛門を持つはずである。ところが,珍渦虫は,「口はあるが肛門はない」ため,消化管が形成された後に肛門が塞がってしまうことになる。この点が「不自然な発生過程をたどる」ということである。

◆Ⅲ

多細胞体が単細胞生物からどのような過程を経て進化してきたかに関する仮説として,ヘッケルの群体鞭毛虫仮説とハッジの多核体繊毛虫仮説が支持されている。ヘッケルの仮説では,単細胞の鞭毛虫類が集合して群体を形成し,多細胞の個体としてふるまうようになった。この仮想の祖先動物はガストレアと呼ばれる。ハッジの仮説では単細胞繊毛虫が多核化を経て多細胞化したとする。近年の分子系統学的解析から,後生動物が単系統であることなどから,ヘッケルの群体鞭毛虫仮説が有力と考えられている。

▶G ヘッケルの考えでは,祖先動物は原腸胚のように原腸を有するので,これによって上下の区別が生じるが,左右の区別が生じないので,放射相称動物がまず出現してから,左右相称の動物が誕生してきたことが推定される。このことはリード文Ⅰにある図3－1の関係と一致している。

一方,ハッジの唱えた単細胞繊毛虫が多核化を経て多細胞化したという考えでは,図3－3の(B)にあるようにこの過程で無腸類のような祖先動物が出現したことから,これらの動物は左右相称の動物が最初に出現したこ

とを表している。その後で，放射相称の動物が誕生してきたと考えられる。

▶H 「同種の血縁集団として生活し，その中に不妊個体を含む」と設問文にある。(1)〜(5)の中で血縁集団となるのは(4)の社会性昆虫のカーストだけで，他の選択肢は血縁集団とは全く関係ないものである。社会性昆虫にはミツバチなどがいるが，このメス個体には女王バチとワーカーが存在する。ワーカーは産卵を行わず不妊個体である。よって，正解は(4)である。

(1) アブラムシの翅多型は，翅の長さに違いが見られるものである。長さにはっきりとした違いがある場合，長い方を長翅型，短い方を短翅型という。

(2) ミジンコは捕食者が存在すると，捕食者が分泌する化学物質（カイロモン）を感受して後頭部にネックティースと呼ばれる防御形態を形成する。これを誘導防御という。

(3) 甲虫類にはオスにのみ角や発達した大顎といった武器形質を持つ種が多く見られる。クワガタムシは，幼虫期の栄養条件に依存してオスのみで大顎に際だったサイズ変異が見られる。これをクワガタムシの大顎多型という。

(5) ゾウアザラシのハーレムは一夫多妻の集団をいう。

▶I 図3−3の(A)を見ると，ガストレアは原腸を持つ原腸胚のような状態になっていて，外胚葉と内胚葉の分化はあるが，中胚葉は未分化である。また，原腸陥入して生じた消化管が貫通していない刺胞動物に近いと考えられる。

❖講 評

　2020 年度入試の全体的難易度は，2019 年度とほぼ同じレベルであった。知識問題と考察問題の占める割合は約 1：2 で考察問題の占める割合が多いことに関しても変わりはない。知識問題としては，生物用語の空所補充や文章選択（内容真偽）のタイプも見られる。ただし，この選択問題が考察問題となっていることも多く，単純な知識問題というわけではない。

　論述量は，2019 年度の合計 21〜23 行程度から 2020 年度は合計 34 行程度に増加した。しかし，極端に難しい問題は出題されていないので受験生の負担としては 2019 年度と同程度のものと思われる。また，制限

行数では最大で5行程度のものが2018年度と2019年度で2年連続出題されていたが，2020年度は出題されておらず，1〜3行程度のものが多数出題された。グラフ作成は2019年度と同様2020年度も出題されなかったが，適切なグラフを選ぶ問題やグラフや図表の解析が求められる問題は見られた。

　東大生物の特徴は，「リード文の徹底理解」と「論理的思考力・分析力」，そして「表現力」が必要な点にある。2020年度もその特徴は健在であり，情報を正確に分析して，まとめる能力を養うことが必要となる。論述対策としてはまず出題者の狙いは何か，解答のポイントは何か，どこを中心にするかを考えて的確に2行（70字）〜3行（105字）程度でまとめる練習をしておくとよいだろう。目新しいテーマや見慣れない図表が取り上げられることが多く，これらの図表を基にしたデータの分析，その結果からの考察，さらに仮説を検証する実験の設定などが出題されていて，考察問題に十分対応しておかないととても得点できない問題が中心であることは言うまでもない。

　1　Iでは，融合遺伝子X–Yによるがん化のメカニズムが問われた。人工的に作製した4種類の融合遺伝子の実験結果より，がん化に必要なエキソンを選択するものやタンパク質Yのリン酸化活性に必要なエキソン領域を推定していく学力が問われた。なお，コドン表が与えられていないので，Eは終止コドンを記憶しておかないと解けない問題内容となっている。東大では終止コドンや開始コドンといったレベルは受験生として当然記憶しているだろうと考えていることが推測される。IIでは，融合遺伝子X–Yによって発症する白血病の治療薬と用いられる分子標的薬Qに関する実験問題の分析が問われた。分子標的薬はがん細胞の増殖や転移などの症状に関与する特定の分子にのみ作用するように作られていることは知っておきたい。これによってがん治療は大幅に改善されたのである。Kはすぐに求められる。Lは，白血病細胞の数は3日毎に10分の1に減少し，アミノ酸置換を持つ細胞は4日毎に2倍に増殖していることを考えてグラフを選ぶことができたかがポイントである。

　2　Iでは，ソルガムに寄生して生存する一年生植物のストライガを枯死させるために，化合物Sの活性をどのように変化させるかが問われた。Dでは自殺発芽と呼ばれるものを引き起こすためには，ストライガ

の発芽を誘導する活性を高めることは容易に判断できるが，菌根菌を誘引する活性については考え方が少し難しいかもしれない。ここは記述しにくいところでもあったと思われる。Ⅱでは，シロイヌナズナの形質転換体と変異体を用いた実験からタンパク質Xとタンパク質Yのはたらきが問われた。実験2からタンパク質Yが欠損すると気孔を閉じるのが早くなり，タンパク質Yが過剰に発現すると気孔が閉じるのが遅くなることから，タンパク質YもXと同様にアブシシン酸の作用を抑制していることを素早く見抜けたかどうかがポイントであった。タンパク質Xとタンパク質Yのこのようなはたらきを活用して，問われている内容に取り組むとよいだろう。Hでは，最も早く光合成活性の低下を起こすのは，最も早く CO_2 の取り込みが減少した個体を選ぶ。また，水の供給を制限し続けたときに最も早く萎れるのは，気孔を閉じない状態が続いて植物体内の水分が減少した個体を考えればよい。

3　動物の系統関係についての最近の研究成果に関する内容からの出題で，珍無腸動物というあまり馴染みがない動物が取り上げられた。動物門間の系統関係を示す分子系統樹の理解が必要となる。ⅠのAはⅡの内容まで踏み込まないとヒントが得られず，悩ましい問題であった。Ⅱでは，Eの(ア)は複数の解答が存在しうると思われる。なぜならこの仮説の段階で珍渦虫と無腸動物が近縁であることはわかっておらず，2と3を除いて考えることもできるからである。ⅢのⅠは二胚葉性動物であることは予想がつくが有櫛動物と刺胞動物のところで悩むかもしれない。生物の形質が環境要因に左右されることは古くから知られていたが，それを発生学の土俵の上に乗せるという動きは最近の生物学で見られる。3は「環境による揺らぎまでを視野に入れた新しい発生学」と言うこともできるだろう。

―――――――「生物」の出題の意図（東京大学　発表）―――――――

　「生物」は，自然界における生命の本質とそのあり方を対象とし，微細な分子レベルから地球規模の生態レベルまで多岐にわたる観点からの理解が求められる科目です。生命現象には，大腸菌からヒトまで，すべてを貫く普遍的な原理がある一方，生物種により異なる多種多様な性質も数多くみられます。これらの普遍性と多様性がどのように生み出され，機能しているのかという疑問に答えることが求められます。このためには，生物体の構造と機能に関する一般的な基礎知識とともに，観察と実験に基づいて考察し本質を見抜く能力，さらにはこれらの過程を論理的に論述する能力が必要になります。

　本年度の「生物」では，下記のような三つの大問を通じて生物学に関する基礎能力を判断します。

第1問

　　突然変異によって形成された融合遺伝子によって，血液細胞が白血化（がん化）する機序を，問題と図（データ）から読み取って理解し，考察する。また最近の社会のトピックスを科学的な観点から捉える。

第2問

　　寄生植物が宿主植物に寄生する現象において，鍵となる化合物の性質や寄生植物の寄生戦略を理解し，それに基づいた防除法を考える。寄生植物が宿主から水分を奪うしくみを理解し，それに関わるタンパク質の働きを考察する。

第3問

　　動物界全体の系統，特に多細胞動物である後生動物の系統進化を考える。動物の系統と初期発生の様式についての理解をもとに，様々な動物分類群の進化過程を考察する。

地学

1 解答

問 1 (1) $c\Delta t = 2(a_2 - a_1)$

(2) $a_2 = a_1\left(\dfrac{P_2}{P_1}\right)^{\frac{2}{3}}$

(3) (2)の結果より　$a_1 = a_2\left(\dfrac{P_2}{P_1}\right)^{-\frac{2}{3}}$

これを(1)の式に代入すると

$$c\Delta t = 2\left\{a_2 - a_2\left(\dfrac{P_2}{P_1}\right)^{-\frac{2}{3}}\right\}$$

$$a_2 = \dfrac{c\Delta t}{2\left\{1 - \left(\dfrac{P_2}{P_1}\right)^{-\frac{2}{3}}\right\}} = \dfrac{3.0 \times 10^8 \times 330}{2\left\{1 - \left(\dfrac{1.5}{1.0}\right)^{-\frac{2}{3}}\right\}}$$

$$= \dfrac{3.0 \times 10^8 \times 330}{2(1 - 1.14^{-2})} = 2.147 \times 10^{11} \fallingdotseq 2.15 \times 10^{11}\,\text{〔m〕}$$

$$\dfrac{2.15 \times 10^{11}}{1.5 \times 10^{11}} = 1.43 \fallingdotseq 1.4\,\text{〔天文単位〕}　\cdots\cdots\text{(答)}$$

問 2 (1) $\sin\theta_{\max} = \dfrac{a_1}{a_2}$

(2) $2\pi\left(\dfrac{1}{P_1} - \dfrac{1}{P_2}\right)$

(3) 時刻 t_2 で惑星 X1 が惑星 X2 に近づいているので，t_1 と t_2 の間に惑星 X1 は外合の位置を通過している。

(2)の結果を α，時刻 t_1 から t_2 までの間に惑星 X1 と惑星 X2 が公転する角度の差を β とすると

$$\beta = 2\pi - 2\left(\dfrac{\pi}{2} - \theta_{\max}\right) = \pi + 2\theta_{\max}$$

$$t_2 - t_1 = \dfrac{\beta}{\alpha}$$

$$= \frac{\pi + 2\theta_{max}}{\dfrac{2\pi}{P_1} - \dfrac{2\pi}{P_2}}$$

$$= \frac{P_1 P_2 (\pi + 2\theta_{max})}{2\pi (P_2 - P_1)} \quad \cdots\cdots (答)$$

問 3 (1) $\left(\dfrac{a_2}{a_E}\right)^2$ 倍

(2) (1)の結果および $a_2 > a_E$ より恒星 S の光度は太陽より大きい。ともに主系列星なので，光度の大きい恒星 S は太陽より高温であり，波長の短い紫外線の放射エネルギーが大きいと考えられる。

━━━━━━━━ ◀解　説▶ ━━━━━━━━

≪惑星の運動，恒星の性質≫

◆問 1　▶(1)　最接近したときの惑星 X1 と惑星 X2 の距離が $a_2 - a_1$ である。この距離を光速で往復する時間が $\varDelta t$ なので

$$c\varDelta t = 2(a_2 - a_1)$$

▶(2)　惑星 X1 と惑星 X2 は同じ恒星 S のまわりを公転しているので，ケプラーの第 3 法則が成り立つ。

$$\frac{a_1{}^3}{P_1{}^2} = \frac{a_2{}^3}{P_2{}^2}$$

この関係式より a_2 を求めればよい。

▶(3)　(1)と(2)で求めた式から a_1 を消去すれば a_2 が求められる。

$1.5^{1/3} = 1.14$ が与えられているので，$1.5^{-2/3} = 1.14^{-2}$ と導ける。最後に天文単位に換算するのを忘れないこと。

◆問 2　▶(1)　惑星 X2 から見て惑星 X1 が最大離角の位置になったときの S，X1，X2 の位置関係は右図のようになる。したがって

$$\sin\theta_{max} = \frac{a_1}{a_2}$$

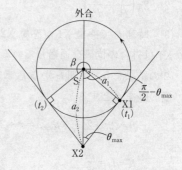

▶(2)　惑星 X1，X2 の公転周期はそれぞれ P_1，P_2 なので，単位時間あたりに公転する角度はそれぞれ $\dfrac{2\pi}{P_1}$，$\dfrac{2\pi}{P_2}$ となる。

よって，求める角度を α とすると

$$\alpha = \frac{2\pi}{P_1} - \frac{2\pi}{P_2} = 2\pi\left(\frac{1}{P_1} - \frac{1}{P_2}\right)$$

▶(3)　惑星 X1 が惑星 X2 から遠ざかっていく場合，ドップラー効果によりスペクトル線の波長は長くなる。逆に近づく場合は短くなる。時刻 t_2 での波長が t_1 での波長より短いことから，惑星 X1 は t_1 で遠ざかり，t_2 で近づく位置関係であることがわかる。したがって，t_1 から t_2 にかけて惑星 X1 は外合の位置を通過する。その間に惑星 X1 と惑星 X2 が公転する角度の差 β は以下のように表される。

$$\beta = 2\pi - 2\left(\frac{\pi}{2} - \theta_{\max}\right) = \pi + 2\theta_{\max}$$

したがって，その間に要する時間は

$$t_2 - t_1 = \frac{\beta}{\alpha}$$

これに β と(2)の結果 α を代入して計算すればよい。

◆問 3　▶(1)　恒星 S の光度を L_S，太陽の光度を $L_\odot$ とする。単位時間，単位面積当たりに惑星が中心天体から受ける放射エネルギーは，中心天体の光度 L に比例し，中心天体からの距離（公転半径）の 2 乗に反比例する。惑星 X2 での値が太陽定数と同じ値であることから以下の式が成り立つ。

$$\frac{L_\odot}{a_E{}^2} = \frac{L_S}{a_2{}^2}$$

これを変形して

$$\frac{L_S}{L_\odot} = \left(\frac{a_2}{a_E}\right)^2$$

▶(2)　$a_2 > a_E$ なので，(1)の結果より $L_S > L_\odot$ であることがわかる。主系列星は表面温度が高いものほど絶対等級が小さく光度が大きいので，恒星 S は太陽より表面温度が高い。ウィーンの変位則によれば，恒星が高温であるほど，放射エネルギーが最大となる波長は短くなる。したがって，高温の恒星 S の方が，太陽の可視光より波長の短い紫外線の放射エネルギーが強いと考えられる。

2 **解答** 問1 (1) メタン, 一酸化二窒素

(2) エアコンや自動車など人の活動による排熱

(3) 海氷は海面に比べ反射率が高いので, 海氷の面積が減少すると地球全体の反射率が低下し, 吸収する太陽の熱が多くなる。その結果, 気温が上昇すると海氷の融解が進むので, 温暖化はさらに進行してゆく。

(4) (a) 単位体積の大気中に含まれる水蒸気の量には限界がある。限界量は気温が高いほど多くなるが, それぞれの気温での限界の水蒸気量を分圧で表したものが飽和水蒸気圧である。

(b) <u>飽和水蒸気圧</u>は水滴より氷晶に対する方が小さいため, 大気中の水蒸気が氷晶に対しては過飽和で水滴に対しては不飽和となることがある。この場合, 水滴は蒸発するが, 氷晶は昇華により成長する。したがって, 氷晶の方が成長しやすい。

(5) 氷にはたらく重力と氷にはたらく浮力がつり合っているので, アルキメデスの原理より, 氷の重さと水面下で氷が排除している水の重さは等しい。したがって, 氷が融解してできる水の体積は排除していた水の体積と等しく, 水面の高さは変化しない。

問2 (1) 水温:水温が高いほど二酸化炭素の溶解度が小さくなるため, 海水からの放出が多くなる。

生物活動:生物は光合成や炭酸カルシウムの殻を作る際に海水中の二酸化炭素を使うので, 海水による吸収が多くなる。

(2) ①東 ②極 ③弱化

(3) (a)—(B)

(b) 夏には当該海域では海岸線に沿って北向きに風が吹き, <u>エクマン輸送</u>で表層の海水は海岸から離れる方向に移動する。その結果, 二酸化炭素を多く含む海水が深部から<u>湧昇</u>し, 海洋からの二酸化炭素放出が多くなる。

―――――◀解 説▶―――――

≪温暖化, 大気と海洋の相互作用≫

◆問1 ▶(1) 温室効果ガスには, 二酸化炭素のほか, メタン, 一酸化二窒素, フロン, 水蒸気などがある。

▶(2) 大都市域では, 〔解答〕に挙げた理由のほか, 以下のような理由で周囲より気温が高くなるヒートアイランド現象が起こりやすい。いずれを答えてもよいだろう。

• 植物の減少や，地表がアスファルトなどに覆われることで，水が蒸発することによる地面の冷却が起こりにくいこと

• 風通しの悪さや，コンクリートやアスファルトが熱を蓄えやすいこと

▶(3)　海氷のほかにも氷河や氷床などの雪氷は反射率が高い。気温上昇による雪氷の減少によりさらに気温が上昇するという，このような正のフィードバックをアイスアルベドフィードバックという。なお，寒冷化する場合も，アイスアルベドフィードバックは寒冷化をさらに進行させるような正のフィードバックとしてはたらく。

▶(4)　(a)　「飽和水蒸気圧とは何か」の説明としては，気温による変化は触れなくてもよいと考えられるが，「3 行程度」という指定があるので，「気温が高いほど飽和水蒸気圧は大きい」という要素を加えた解答とした。

(b)　0℃以下では，水滴に対する飽和水蒸気圧と氷晶に対する飽和水蒸気圧がそれぞれ定義され，氷晶に対する飽和水蒸気圧の方が低い。このため，氷晶と過冷却水滴が共存している雲の中では，実際の大気中の水蒸気圧が氷晶に対する飽和水蒸気圧より高く，水滴に対する飽和水蒸気圧より低い状態になることがある。このとき，水滴に対しては不飽和なので水滴は蒸発するが，氷晶に対しては過飽和なので水蒸気は氷晶の表面に昇華し，結果として氷晶が成長してゆく。大きく成長した氷晶が上昇気流で支えきれなくなると落下し，地表まで氷晶のまま落下すれば雪，途中でとければ雨となる。このようにして降る雨を氷晶雨（冷たい雨）という。

▶(5)　アルキメデスの原理は，「液体中の物体は，その物体が排除した液体の重さと等しい大きさの浮力を受ける」というものである。水が氷になると体積が増加し，その増加分を水面上に出した状態で水に浮く。海に浮いている海氷が融解しても体積が減少して，排除していた水の体積にちょうど戻るため，水面は上昇しない。一方，陸上の氷河や氷床が融解すると，水が海に流入し海面が上昇する。

◆問 2　▶(1)　二酸化炭素は海水に溶けるが，その溶解度は水温が高いほど小さくなる。海水が二酸化炭素で飽和すると，それ以上溶け込むことができないが，植物プランクトンによる光合成や，炭酸カルシウムの殻が作られることで，海水中の二酸化炭素が減少すれば，さらに大気から溶け込むことができるようになる。なお，海水中の生物の呼吸は二酸化炭素を放出するので，海水から二酸化炭素を放出する方向に影響するが，光合成や

殻形成の影響に比べれば小さい。

▶(2) ① 赤道域では貿易風が定常的に吹いている。北半球側では北東から、南半球側では南東から吹く風である。

② 海面を吹く風が海水を引きずることで流れが生じる場合、ある深さまで含めて考えると、転向力の影響で北半球では右向きに、南半球では左向きに風向きからずれた方向に流れが生じる。このような流れをエクマン輸送という。赤道付近を東風が吹いている場合、北半球側では北向き（極向き）、南半球側では南向き（極向き）の流れが生じる。いずれも赤道から離れる向きの流れなので、それを補うように赤道付近には湧昇が生じる。

③ エルニーニョが発生しているときは貿易風（東風）が弱っており、通常時は西に吹き寄せられていた暖水層が東に戻ってくるため、東太平洋赤道域の暖水層が厚くなり、②で述べた深部からの冷水の湧昇も弱くなっている。

▶(3) (a) 陸と海では水よりも岩石の方が比熱が小さいため、陸の方が熱しやすく冷めやすい。夏は陸の方が高温になり、陸に上昇気流が発生し、地上では陸に向かって風が吹く。したがって、(B)が夏である。

(b) エクマン輸送により、夏（(B)の図）は海水が沖に向かって流れ、冬（(A)の図）は逆方向に流れる。表層の海水が海岸から沖に向かって流れる夏には、それを補うように深部から海水が湧昇する。深部から湧昇してくる海水は低温で二酸化炭素を多く含むため、表層で温められると溶解度を上回った分の二酸化炭素を放出する。

3 解答

問 1 (1) (a) $v_1 = \dfrac{36-0}{6-0} = 6.0 \text{[km/s]}$ ……(答)

$v_2 = \dfrac{66-36}{10-6} = 7.5 \text{[km/s]}$ ……(答)

図 3 −1 より $x_l = 36 \text{[km]}$ だから、与式より

$d = \dfrac{x_l}{2} \sqrt{\dfrac{v_2-v_1}{v_2+v_1}} = \dfrac{36}{2} \sqrt{\dfrac{7.5-6.0}{7.5+6.0}} = 6.0 \text{[km]}$ ……(答)

(b) 図 3 −1 より

$T_H = \dfrac{x_l}{v_1} + \dfrac{x-x_l}{v_2}$

これに $x_l = 2d\sqrt{\dfrac{v_2+v_1}{v_2-v_1}}$ を代入して整理すると

$$T_H = \frac{x}{v_2} + \left(\frac{1}{v_1} - \frac{1}{v_2}\right) 2d\sqrt{\frac{v_2+v_1}{v_2-v_1}}$$

$$= \frac{x}{v_2} + \frac{v_2-v_1}{v_1 v_2} 2d\sqrt{\frac{v_2+v_1}{v_2-v_1}}$$

$$= \frac{x}{v_2} + \frac{2d}{v_1 v_2}\sqrt{(v_2-v_1)(v_2+v_1)}$$

$$= \frac{x}{v_2} + \frac{2d}{v_1 v_2}\sqrt{v_2{}^2 - v_1{}^2} \quad \cdots\cdots (答)$$

(c)　概念図：③

理由：震央での走時は $\dfrac{2d}{v_1}$ で 0 より大きい。反射波の経路長は直接波より

長いが，遠くなるにつれ差は相対的に減少し，直接波のグラフに漸近する。

(2)　(a)　断層運動：③正断層

説明：図のような西傾斜 45° の断層があ

り，初動の押し引き分布から，矢印のよ

うにずれた正断層であることがわかる。

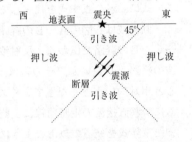

(b)　ア．引っ張る　イ．圧力　ウ．水

問 2　(1)　A—①　B—④　C—③

D—②

(2)　名前：シルト質粘土

理由：1/256 mm 未満の粘土の割合が半分以上を占め，次いでシルトが多

いから。

(3)　場所：②

理由：砕屑粒子を多く含むことから比較的陸地に近く，有孔虫の殻を含む

ことから，炭酸カルシウムが溶けてしまう炭酸塩補償深度より浅いと考え

られるから。

(4)　生息期間が限定されることで，時代の特定がより詳細になり，示準化

石としての有用性が高まる。しかし，大量絶滅により系統が途絶えると，

現生種との比較で生息環境を推定することが困難になり，示相化石として

の利用が難しくなる。

━━━━━◀解　説▶━━━━━

≪走時曲線，地震と断層，堆積物≫

◆問1 ▶(1) (a) 直接波のグラフ（$x < x_l$）の傾きの逆数から第1層（浅い層）のP波速度 v_1 が，屈折波のグラフ（$x \geqq x_l$）の傾きの逆数から第2層（深い層）のP波速度 v_2 が求められる。

(b) 走時曲線が折れ曲がる地点A（震央距離 $= x_l$）の走時は $\dfrac{x_l}{v_1}$ で表される。地点Aから震央距離 x の地点Bまでの $x - x_l$ の距離を屈折波が伝わるのにかかる時間は $\dfrac{x - x_l}{v_2}$ で表される。したがって，屈折波の走時 T_H は次のように表される。

$$T_H = \frac{x_l}{v_1} + \frac{x - x_l}{v_2}$$

この式に，x_l を表す式を代入して整理すればよい。

(c) 直接波は右図のA→Bの経路，反射波はA→C→Bの経路で伝わる。反射波の経路は直接波の経路より長いが，その差は，x が大きくな

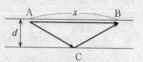

ると相対的に小さくなっていくので，反射波の走時曲線は，x が大きくなるにつれ直接波の走時曲線に上側からしだいに近づいていくことになる。また，与式を使って以下のように説明することもできる。

$$T_R = \frac{2}{v_1}\sqrt{d^2 + \frac{x^2}{4}} \quad \cdots\cdots①$$

$$= \frac{x}{v_1}\sqrt{\left(\frac{2d}{x}\right)^2 + 1} \quad \cdots\cdots②$$

①に $x = 0$ を代入すると　　$T_R = \dfrac{2d}{v_1}$

②で $x \to \infty$ とすると，$\dfrac{2d}{x} \to 0$ となり

$$T_R \to \frac{x}{v_1}$$

すなわち，反射波の走時曲線は，x が大きくなるにつれ，直接波の走時曲線に上側から漸近することになる。

▶(2) (a) 断層がずれて地震が発生したとき，初動の押し引きの領域は，

「断層面」と「震源を通り断層面と直交し，かつ，断層のずれの方向とも直交する平面」で区分される 4 つのエリアに交互に現れる。横ずれ断層の場合は地表面上で，直交する 2 直線で押し引きのエリアが 4 つに区分され，正断層，逆断層の場合は鉛直断面上で 4 つに区分される。このことから，〔解答〕のような断面図を描くことができる。なお，初動で引きのエリアから押しのエリアに向かって岩盤が動くので，図のように断層の上盤がずり落ちた正断層であることがわかる。

(b)　ア．海嶺はプレートが生産拡大する境界であり，水平方向に引っ張る力が岩盤にはたらいている。この場合，正断層が形成される。

イ・ウ．マグマはマントル上部のかんらん岩が部分溶融することで発生する。マントル上部の地下温度は一般にかんらん岩が融け始める温度より低く，以下のような場合にのみマグマが発生すると考えられている。

- 局所的な温度の上昇
- 圧力の低下による岩石の融点の低下（例：海嶺地下でのマントル物質の上昇）
- 水が加わり岩石の融点が低下（例：島弧－海溝系でのマグマの発生）

◆問 2　▶(1)　選択肢①～④については次の特徴は押さえておきたい。

①　放散虫：SiO_2 の殻をもつ微化石。チャートを構成する。

②　ケイ藻：SiO_2 の殻をもつ植物微化石。珪藻土を構成する。

③　軽石（火山ガラス）片：火山起源。発泡してできた空洞やくぼみが見られる。火山ガラスは非結晶質なので直交ニコルで常に暗い。

④　有孔虫：$CaCO_3$ の殻をもつ化石。石灰岩を構成する。

①～④に対応するものを A ～ D から探せばよい。

▶(2)　砕屑物は粒径によって右のように区分される。

当該堆積物に礫は含まれておらず，粘土が半分以上を占め，次いでシルトが多いのでシルト質粘土となる。

なお，軽石片が 2 ％含まれており，その大

粒径	砕屑物
1/256 mm 未満	粘土
1/256 mm ～1/16 mm	シルト
1/16 mm ～2 mm	砂
2 mm 以上	礫

きさには言及されていないが，仮に礫サイズのものが含まれていたとしても全体の 2 ％以下なので，火山礫という名前をつけることはない。

▶(3)　砕屑粒子の割合が 78 ％と高いが，砕屑物は陸上で岩石が風化侵食

されて生成されるので，陸から比較的近い場所であると推定される。また，炭酸カルシウムの殻をもつ有孔虫の化石が15％含まれている。炭酸カルシウムの溶解度は低温で高圧なほど大きくなるので，水深がある程度より深い所では炭酸カルシウムは溶けてしまう。この深さは場所により異なるが3000m〜4500m程度であり，炭酸塩補償深度（CCD）と呼ばれている。つまり，有孔虫の微化石が多く含まれているということは，CCDより浅い所であると推定される。以上2つの条件を満たすのは②である。

▶(4) 示準化石は時代が特定できる化石である。大量絶滅により生息時期がはっきり区切られることは，示準化石としての有用性が高まることになる。示相化石は環境が推定できる化石である。近縁の現生種の生息環境を手がかりに古環境を推定するので，大量絶滅が起こり系統が途絶えて近縁の現生種がいなくなってしまうと，示相化石としての利用が困難になる。

❖講　評

　出題傾向は例年通り。問題文が長く内容が複雑なものが多いが，しっかり読めば題意をつかむことができる。計算量も多く時間配分に気をつける必要がある。

　1　問1　系外惑星系を題材とし，ケプラーの第3法則を利用して軌道半径等を求める計算問題であった。計算問題だが，段階的にステップを刻んだ出題なので基本を理解していれば取り組めたと思われる。確実に得点したい問題である。

　問2　系外惑星系において，最大離角など内惑星の動きに関する出題であった。(3)は天体の位置関係を図に描いて整理していかないと，なかなか正解にたどり着けなかっただろう。

　問3　系外惑星系において，太陽定数に相当する概念を手がかりに中心天体の恒星としての性質を考えさせる出題であった。(2)は理由を説明する論述問題だが，2行程度という字数制限の中で，ポイントをしっかり押さえたい。

　2　問1　温室効果に関する出題で，ヒートアイランドやアイスアルベドフィードバックの説明が求められた。飽和水蒸気圧という基本概念を説明させるのは，これまであまりなかった出題かもしれない。正確でわかりやすい文章が書けるかどうかで差がついたと思われる。

問2 海洋と大気の二酸化炭素のやり取りを題材としての出題であった。(2)はエクマン輸送の意味がわかっていても差がついたと思われる。(3)は図を読み取って考えさせる東大らしい良問である。

3 問1 (1)は走時曲線に関する出題。(b)は計算が煩雑だが，確実に正答したい。(c)のグラフを選ぶ問題は理由の説明をわかりやすく書けるかどうかがポイント。(2)は海嶺での地震とマグマの発生に関する出題。正断層，逆断層での初動の押し引き分布が，横ずれ断層の応用で考えられるかがポイント。

問2 海洋の堆積物に関する出題は目新しいかもしれない。(3)はCCD という概念を知っているかどうかがポイントとなった。差がついた問題ではないだろうか。

──────────「地学」の出題の意図（東京大学 発表）──────────

　「地学」は，地球や惑星，宇宙まで幅広いフィールドを対象とする科目です。宇宙や惑星，地球の大気や海洋，そして地球内部に関するさまざまな現象を深く理解するには，正確な科学的知識を持つとともに，観察などを通してその本質を見抜く能力，原理に基づいて論理的にかつ柔軟に思考する能力が必要になります。また，幅広い分野の知識や技術を統合し総合的に理解する力や，得られた結論を客観的に説明する科学的な表現力などが必要になります。

　本年度の「地学」では，下記の 3 つの大問を通じて地学に関する学習能力を判断することにしました。

第 1 問

　　問 1 ～ 3 を通じて，太陽系での惑星の軌道運動に関する諸法則を深く理解し，系外惑星系も含む一般化された惑星系の軌道運動を定量的に考察する力を問うています。また，恒星のエネルギー放射および主系列星の性質を理解し，題意の恒星の放射について論理的に推定する能力を問うています。

第 2 問

　　大気中の二酸化炭素濃度の上昇は，地球規模の温暖化の一因となっています。問 1 では，気象に関する基礎知識を問うとともに，その知識を活用して気候変動の要因や仕組みを理解し，関連する諸過程を論述する能力を問うています。問 2 では，大気中の二酸化炭素濃度をコントロールする重要な要素である海洋による二酸化炭素の吸収や放出に関する理解を問うています。

第 3 問

　　問 1 では，地震波の伝わり方に関する定量的な理解，断層運動を表す発震機構についての知識，および海嶺にはたらく力とマグマの発生条件に関する基礎的理解を問うています。問 2 では海底堆積物についての基礎的理解や，その構成粒子を用いて考察される堆積環境や化石の有用性についての理解を問うています。

「国語」の出題の意図 （東京大学 発表）

国語の問題は、高等学校までに培った国語の総合力を測ることを目的とするもので、文科・理科を問わず、現代文・古文・漢文のすべてから出題されます。選択式の設問では測りがたい国語の主体的な運用能力を測るため、解答はすべて記述式としています。なお、文科・理科それぞれの教育目標と、入学試験での配点・実施時間をふまえ、一部に文科のみを対象とした問いを設けています。

第一問は現代文の論理的文章についての問題で、小坂井敏晶の文章を題材としました。平等な上昇の可能性を謳った近代が、実は個人の責任という建前のもとに階層構造を固定化していることを論じたものです。論旨を正確に捉える読解力と、簡潔に記述する表現力が試されています。また、ある程度の長さで文章を書く能力を測る問題も設けています。古文の基礎的な語彙・文法の理解

第二問は古文の問題で、中世の寺社縁起である『春日権現験記』を題材としました。古文の基礎的な語彙・文法をふまえ、自分の心の弱さに苦悩する僧の心情や、霊験が現れるまでの話の展開を、文章に沿って理解できたかを問いました。文科ではさらに、和歌についての説明を求める問題も出題しました。

第三問は漢文の問題で、中国の正史の一つである『漢書』を題材としました。漢文の基礎的な語彙・文法をふまえ、孝行者の嫁を無実の罪で処刑した後に起こった日照りが公正な官吏の進言で解消されるという展開を、文章に沿って理解できたかを問いました。文科ではさらに、より踏み込んだ文脈を理解する説明問題も出題しました。

読解問題はいずれも標準レベルである。ただし㈠は、傍線部自体が理由を述べた箇所であるうえに、さらにその理由を尋ねるという形になるため、戸惑うだろう。㈢は「そう」の指示内容まで説明する必要がある。㈣は全体の要約が必要な読解問題であり、レベル的にはやや難といえる。㈤の書き取りはミスが許されない。

二　古文（絵巻の詞書）　鎌倉時代の絵巻物『春日権現験記』の詞書からの出題。珍しい出典ではあるが、ある僧に神託が下されるという説話的な文章であり、内容を読み取るのは易しい。㈠の口語訳は、「けし」「習ひ」「恨み」「つらし」などの語意や、接続助詞「ば」の接続による意味の違いや反語表現など、基本事項をふまえた本文内容の理解を問うものであった。㈡の内容説明は、「思ひのどむ」の意味をつかむことがポイント。㈢の内容説明は、「ついで」と「次第」の語意がわかれば素直にまとめることができる。

三　漢文（史伝）　後漢時代の歴史書である『漢書』からの出題。公正な判決を下す裁判官の逸話を紹介したもので、具体的な出来事が順を追って記されている平易な文章といえる。㈠の口語訳はごく標準的。cの「事」とdの「聞」の解釈ができたかどうかで差がつくと思われる。㈡の人物関係を示しての口語訳は、「嫁」が他動詞であることの理解がポイント。㈢の内容説明は、本文の内容や問われている事柄は容易につかめるだろうが、解答欄に収まるように要領よくまとめる必要がある。

て解答するのがよい。

▼
(二)
「姑 之を嫁せんと欲すれども、終に肯ぜず」と訓読する。「欲」は願望や意志を表す。「嫁」はここでは “嫁にや る・嫁がせる” の意の他動詞で、「之」は「孝婦」を指す。「終」は “最後まで・とうとう・結局” の意の副詞。「肯」 は “承知する・聞き入れる” の意の動詞で、「終不肯」の主語は「孝婦」。夫を亡くした孝婦を、その姑が嫁がせよう としたが、孝婦は嫁ぐことを承知しなかったということなので、内容に応じた表現を用いてわかりやすく訳す。

▼
(三)
傍線部eは “郡の人々は皆このことによって非常に于公を敬い重んじた” の意。第二段落の孝婦の一件の後、第三 段落では、孝婦の住んでいた郡にひでりが起き、その原因は前任の太守が孝婦を無実の罪で処刑したことにあるとい う于公の進言に応じて後任の太守が孝婦の墓を作って供養したところ、雨が降って作物が実ったとして、傍線部eに 至っている。于公が郡の人々に尊敬された理由は、于公の進言によって孝婦の供養が行われ、ひでりの害を免れるこ とができたということ。解答欄に収まるように簡潔にまとめる必要がある。解答のポイントは次の三点となる。

① 無実の孝婦を処刑したことがひでりの原因だと説き
② 後任の太守に孝婦を供養させて
③ ひでりの害を免れた

参考　『漢書』は、後漢時代に成立した歴史書で、儒学者班固の撰による。『史記』に倣った紀伝体で、前漢一代の歴史が 百二十巻にわたって記録されている。

❖講　評

一　現代文 (評論)　今日問題となっている格差・不平等を近代の原理に遡及して論じた文章で、非常に示唆的かつ 説得的である。ただPR誌に掲載された文章ということもあってか、論旨の展開がやや急な箇所がある。しかし全体と して見れば筆者の主張は明快であり、読解につまずくことはないだろう。設問は例年通りの構成である。(一)～(三)の部分

ずと辞す。吏験治するに、孝婦自ら誣ひて服す。具獄府に上らる。于公以為へらく此の婦姑を養ふこと十余年、孝を以て

聞ゆ、必ず殺さざるなりと。太守聴かず、于公之を争ふも、得る能はず。乃ち其の具獄を抱き、府上に哭し、因りて疾

と辞して去る。太守竟に論じて孝婦を殺す。

郡中枯旱すること三年。後の太守至り、其の故を卜筮す。于公曰はく、「孝婦死に当たらざるに、前の太守疆ひて之を

断ず。咎党しくは是に在るか」と。是に於いて太守牛を殺し、自ら孝婦の家を祭り、因りて其の墓に表す。天立に大い

に雨ふり、歳孰す。郡中此を以て大いに于公を敬重す。

▲解　説▼

本文のおおまかな内容は次の通りである。

第一段落　于公は裁判をつかさどる役人として公平な判決を下し、人々の信頼も厚かった。

第二段落　夫の亡き後、姑に尽くす孝婦を姑が気の毒に思い、自ら命を絶つと、孝婦に姑殺しの疑いがかかった。于公は孝婦の無実を訴えたが聞き入れられず、郡の長官は孝婦を処刑した。

第三段落　郡にひでりが起き、于公は後任の長官に、前長官が無実の孝婦を処刑したことが原因ではないかと進言する。長官が孝婦を供養するとたちまち雨が降り、郡はひでりの害を免れ、人々は于公を尊敬した。

▼

（一）　a、「獄史」の注に「裁判をつかさどる役人」とあることから、「獄」は“裁判”。「平」は、後に挙げられる逸話も

ふまえて、“公平だ”の意と解釈する。

c、「事」はここでは「事ふ」を基本形とする動詞として用いられている。嫁が姑に「事ふ」ということなので、“世話をする・面倒をみる”といった表現がふさわしい。

d、「孝を以て聞ゆ」と訓読する。「孝」は“孝行”、「以～」は“～によって・～ということで”の意。「聞」はここでは“評判だ・有名だ”ということ。後の「必不殺也」へと文が続いているので、順接または単純接続の言葉を添え

◆全訳◆

于公は県の獄史（＝裁判をつかさどる役人）で、郡の決曹（＝裁判をつかさどる役人）であった。判決は公平で、法律の裁きを受ける者も、于公の判決には誰も不満を持たなかった。

東海に孝婦（＝孝行な女性）がいて、若くして夫を亡くし、子はいなかった。姑は孝婦を再婚させようとしたけれども、最後まで聞き入れなかった。姑が隣人に言うには、「孝行な嫁は私の世話を骨折って務めてくれている。彼女は子がいないのに再婚しないままでいるのは気の毒だ。私は年老いて、長い間若者につらい思いをさせているのを、どうしたらよいだろうか」と。その後姑は自ら首をくくって死んだ。姑の娘が役人に告げるには、「嫁が私の母を殺した」と。役人は孝婦を捕らえた。孝婦は姑を殺していないと否認した。役人が取り調べると、孝婦は自分から（姑を殺したと）偽りを言って罪に服した。裁判に関わる文書一式が郡の役所に提出された。于公は、この女性は姑を十年余りも世話し、孝行者として評判なので、決して殺していないと思った。太守（＝郡の長官）は聞き入れず、于公はそれを諫めたけれども、太守の考えを変えることはできなかった。そこで彼女の裁判に関わる文書一式を抱き、郡の役所の前で泣き叫び、病気だと偽って辞職して去った。太守は結局処罰を決めて孝婦を殺した。

郡全体に三年にもわたってひでりが起こった。後任の太守が着任し、その理由を占った。于公が言うには、「孝婦は死刑になるはずがないのに、前任の太守が強引に彼女を断罪した。（その）罪がひょっとしたらこの状況に及んでいるのではないでしょうか」と。そこで太守は牛を殺し、自分で孝婦の墓に供え、彼女の墓に墓標を立てた。天候はたちまち非常に雨が降り、作物が実った。郡の人々は皆このことによって非常に于公を尊敬した。

読み

于公は県の獄史、郡の決曹たり。獄を決すること平らかにして、文法に羅る者も、于公の決する所は皆恨みず。

東海に孝婦有り、少くして寡となり、子亡し。姑を養ふこと甚だ謹む。姑之を嫁せんと欲すれども、終に肯ぜず。姑隣人に謂ひて曰はく、「孝婦我に事へて勤苦す。其の子亡くして寡を守るを哀れむ。我老いて、久しく丁壮を累はす、奈何せん」と。其の後姑自ら経れて死す。姑の女吏に告ぐるに、「婦我が母を殺す」と。吏孝婦を捕らふ。孝婦姑を殺さ

▼(三)

③　静めた

「神託」は、和歌の後に巫女が告げた内容で、「四人の次第」については、「かの講匠と言ふはよな、帝釈宮の金札に記するなり。そのついで、すなはち祥延・壹和・喜操・観理とあるなり」とされている。「かの講匠」は、興福寺の維摩会で講義を行う高僧を指し、その「ついで」（＝順序）として、帝釈宮の金札に、四人の僧の名が「祥延・壹和・喜操・観理」と書かれているということ。この順によれば、祥延が一番、壹和は二番目に講師を務めることが神によって定められており、そのお告げの通りに、祥延の次には壹和が望み通り講師を務めることができたということである。

解答のポイントは次の二点となる。

① 維摩の講師は
祥延・壹和・喜操・観理の順である

② 維摩の講師は

参考　『春日権現験記』は、鎌倉時代の絵巻物で、藤原氏の氏社である春日大社の春日明神の霊験を描いたもの。春日明神の加護や霊験の様子が大和絵で描かれ、各絵には詞書が添えられている。

三

出典　班固『漢書』〈于定国伝〉

解答

(一)　a、裁判で公平な判決を下し
c、私の世話をして
d、孝行者として評判なので

(二)　姑は孝婦を再婚させようとしたが、孝婦は最後まで承知しなかった

(三)　無実の孝婦を処刑したことがひでりの原因だと説き、後任の太守に孝婦を供養させて害を免れたから。

消の助動詞「ず」の連体形。「なれ」は断定の助動詞「なり」の已然形。「ば」は、ここでは已然形に接続しているので順接確定条件を表す。

エ、「それ」は前の「陸奥国えびすが城」（＝陸奥国の異民族の城）を指し、はるかに遠い未知の場所を表している。「つらき人」は、自分をつらく思わせるような他者のことで、簡潔には〝恨めしい人〟とする。「ば」はここでは未然形に接続して順接仮定条件を表している。「さて」は前の内容を受けて話を進める副詞または接続詞として、〝それで・それなら・そのときは〟といった訳でよい。「いづち」は不定の方向や場所を表す名詞。「か」は係助詞で、ここでは、反語または相手に疑問を呈して翻意を促す意味で用いられている。「ん」（「む」）は、まだ実現していないことや不確定なことをいう助動詞で、ここでは、推量・可能推量・適当（相手の）意志のいずれの解釈でも通りそうだが、「いづちか」と併せて解答欄に収めるために、〝どこへも行けないだろう〟のように反語を打消表現のみで解釈してもよいだろう。一文全体で、興福寺で同僚の僧に先を越されて講師を務めることができなかった壹和僧都に対して、別の寺に行って望みをかなえようとしても、そこにもまた自分に先んじて重要な地位を得るような人がいたらもうどうしようもないということを示し、諸国をさまようことをやめるように促している。

▼㈡　「思ひのどむれ」は、〝心をのどかにする・気持ちを落ち着かせる〟の意のマ行下二段活用動詞「思ひのどむ」の已然形。壹和僧都が、維摩の講師になりたいと望んだけれども、別の僧に先を越されてしまったという内容と、傍線部アの後に「その恨みしのびがたくおぼえければ」とあることから、「何を」については、〈維摩の講師になれなかった不満を〉となる。「思ひのどむれ」自体は、傍線部アの前の心内文「なにごとも前世の宿業にこそ」にも言及しておくのがよいだろう。

解答のポイントは次の三点となる。

①　維摩の講師になれなかった不満を

②　前世の宿業だと考えて

に）戻って行った。その後、次の年の講師になることができて、四人の順番は、まさに神のお告げと異ならなかったといういうことだ。

▲ 解　説 ▼

本文のおおまかな内容は次の通りである。

第一段落（興福寺の壹和僧都は、…）

興福寺の壹和僧都は、務めたいと望んでいた維摩の講師に自分ではなく祥延という僧が選ばれた無念をこらえることができず、春日大社の神に最後の法施を捧げて放浪修行に出た。

第二段落（潮干のひまをうかがひて、…）

熱田神宮に参拝していると、異様な様子の巫女が現れ、壹和が不満を抱いて興福寺を去ったことを指摘し、興福寺に戻るように促した。不満を抱いてなどいないと壹和が反論すると、巫女は、本心は見抜いているという託宣を示し、維摩の講師を務める者の順は帝釈宮の札にすでに記されており、壹和は祥延の次に選ばれることになっていると告げ、興福寺に戻るように再度促した。巫女の言葉が春日大社の神の託宣だと知って感激した壹和が興福寺に戻ると、維摩の講師はお告げの通りの順に選ばれ、壹和も祥延の次に務めることができた。

（一）イ、「けしかる」は、異様な様子を表す形容詞「けし」の連体形。「～をさして」は、ここではその方向に動作することを表しているとみて "～に向かって" と訳すとよい。「言ふやう」は、後に発言が引用されることを示す表現で、"言うことは" と訳す。

ウ、「人の習ひ」は、人というものは皆同じような様子であるということを示すものとして、"人の習性として・人というものは皆" のように訳すとよい。「恨み」は、思い通りにならないことに対するいやな思いを表す名詞で、ここでは "不満" と言い換えることができる。「堪へ」は、"耐える・こらえる" の意の動詞「堪ふ」の未然形。「ぬ」は打

れまで住んでいた寺も離れるのがつらく、慣れ親しんだ友人も見捨てることができないけれども、決意したことであるので、行く先をどことさえも定めず、何となく東の方へ向かっているうちに、尾張の鳴海潟に着いた。

（干潟の）潮干の機会を待ち構えて、熱田神宮に参詣して、何度も法施を手向けるうちに、異様な巫女が来て、壹和に向かって言うことは、「おまえは、不満を持つことがあってもさまよっている。人の習性として、不満には耐えきれないものであるので、当然だけれども、思い通りにならないことはこの世の友のようなものである。陸奥国の異民族の城へ（行って思い通りの地位を得よう）と思っても、そこにもまた恨めしい人がいたら、そのときはどこへ行けばよいのか。急いでもといた寺に帰って、平生の望みを遂げるがよい」とおっしゃるので、壹和は頭を下げて、「思いも寄らないお言葉だなあ。このような乞食修行者に何の不満があるはずでしょうか。あるはずもないことである、どうしてこのようには（おっしゃるのか）」と申し上げるとき、巫女はひどくばかにして、

包んでも隠れないものは、蛍の身からあふれ出ている光のように、自分の中からあふれ出ている思いであるなあという歌の託宣を出して、「おまえは、愚かにも私に疑念を抱くのか。さあそれなら言って聞かせよう。おまえは、維摩の講師を祥延に先を越されて不満を持っているのではないのか。あの講師というのはな、帝釈宮の金札に書き付けてあるのである。その順序は、くわしく言うと祥延・壹和・喜操・観理とあるのである。帝釈宮の札に書いてあるのも、これは前世からの導きであるにちがいない。私がすること（は、早く早くつらい気持ちを納めてもといた寺に帰るのがよいのである。和光同塵（＝仏が衆生を救うために仮の姿となって俗世に現れること）は仏道へ入る機縁の初めで、八相成道（＝釈迦が衆生を救うためにその一生に起こした八つの大事）は衆生に恵みを与える最終のことであるので、神と言い仏と言うその名は異なるけれども、同じように衆生に慈悲の心をかけることは、慈悲深い母が子供を愛するようなものだ。おまえは無情にも私をないがしろにするといっても、私はおまえを見捨てずに、このように追って来て示現するのである。春日山の老人（＝春日大社の神である私）は、「もう疲れた」と言って、空にお昇りになってしまったので、壹和は、もったいなく思う気持ちや、敬う気持ちが、並一通りではなく、深い信仰心からあふれる涙をこらえて急いで（興福寺

二

解答

出典　鷹司基忠ら『春日権現験記』

(一)　イ、異様な巫女が来て、壹和に向かって言うことは

　ウ、人の習性として、不満には耐えきれないものであるので

　エ、そこにもまた恨めしい人がいたら、そのときはどこへ行けばよいのか

(二)　維摩の講師になれなかった不満を、前世の宿縁と考えて静めた。

(三)　維摩の講師は祥延・壹和・喜操・観理の順に務めるということ。

◆全　訳◆

　興福寺の壹和僧都は、学問を十分に修めて、才智が比類なかった。後には出家して、外山という山里に住んでいた。当時、維摩会の講師を望み申し上げたときに、予想外に祥延という人に先を越されてしまった。何事も前世の宿業である、とは思って気持ちを落ち着かせるけれども、その不満を抑えることができなく思われたので、長い間その寺（＝興福寺）での議論や談話の交際を辞退して、諸国を歩いて修行する身となろうと思って、弟子たちにもこっそりと（興福寺の）三面の僧坊を出て（春日大社の）四所の持経だけを竹の笈（＝法具などを背負う箱）に入れて、こっそりと（興福寺の）三面の僧坊を出て（春日大社の）四所の本尊・霊社に参詣して、泣きながらもう最後の法施を奉ったとかいう心の中は、ただ推察するがよい。そうはいってもやはりこ

参考　小坂井敏晶（一九五六年〜）は社会心理学者。愛知県生まれ。早稲田大学文学部中退。フランス国立社会科学高等研究院修了。現在、パリ第八大学心理学部准教授。著書に『異文化受容のパラドックス』『民族という虚構』『責任という虚構』『人が人を裁くということ』などがある。「神の亡霊」は東京大学出版会のPR雑誌『UP』に、二〇一四年六月から二〇一六年四月まで、隔月で十二回にわたって連載された。その後、二〇一八年、大幅に注を付けた形で単行本『神の亡霊——近代という物語』（東京大学出版会）として出版された。

▼(四)

② 能力主義は機会均等を見せかけにして人間を差異化し、格差を正当化する

傍線部は二文から成る。まず前文について。近代は人間に自由と平等をもたらさなかったという趣旨になる。これは「自由意志に導かれる主体」の否定(第六・第七段落)や、「民主主義社会では平等が建前だ」(第十段落)という言明などからもわかる。次に後文について。「不平等を隠蔽し、正当化する論理が変わった」という以上、変化の内容を説明する必要がある。すなわち近代以前と近代との違いである。まず近代以前については、第九段落が手がかりになる。封建制度やカースト制度などのもとでは、貧富や身分の区別の根拠が神や自然といった共同体の〈外部〉に求められたことが説明される。これに対して近代は機会均等によって平等が保障されたように見えながら、格差や不平等は依然として存在する。でもそれは自由と平等の建前に反するから、「格差を正当化する必要がある」(傍線部二文前)。そこで持ち出されるのが能力主義であり、不平等の根拠を個人に帰するわけである(第六段落)。そして「努力しない者の不幸は自業自得だ」(傍線部前文)と言い放つ。よって以上の事情をまとめることになり、解答のポイントとして次の三点が挙げられる。

① 近代以前は貧富や身分を区別する根拠を神や自然など共同体の〈外部〉に見出した

② 近代における自由と平等は建前にすぎない

③ 近代は能力主義を持ち出して、不平等の根拠を個人のせいにする

▼(五) 語句

● a、「培う」は "養い育てる"、b、「誕生」は "物事が新しくできること"、c、「欠陥」は "不備。欠点" の意。

● 出来レース=事前の話し合いで、やる前から結果がわかっている競争や勝負。

● 桎梏=自由を束縛するもの。手かせ足かせ。

● 「地獄への道は善意で敷き詰められている」=善意でなされた行為が悲劇的な結果を招く、あるいは善意を持っていても実行が伴わなければ地獄に落ちるという意味のヨーロッパのことわざ。

● 未曾有=今までに一度もなかったこと。

▼（二）

① 米国は機会均等が実現された社会である

② 不平等の責任が社会にではなく個人の才能と努力に帰せられる

傍線部の直前に「したがって」と理由づけされているので、その前の部分の内容をまとめることになるが、「自己責任」論は「近代の人間像」（第四段落最終文）と深く関わるので、第五段落以下の内容をまとめることになる。まず第五・第六段落で、自由意志をもった個人という近代の人間像は、才能や人格は遺伝形質に、家庭・学校・地域などの社会影響が作用して形成されると述べられ、さらに意志や意識さえも記憶と外来情報の相互作用によって生成されると述べられる。続く第七段落はこれに反論する形で、才能や人格という内部を根拠に自己責任を問うすなわち自己責任論が根拠とする個人の「内部」などというものは存在しないというわけである。以上の事情をまとめることになるが、枠内に収めるために要点を絞る必要がある。解答のポイントは次の二点である。もし余裕があれば、②の「外因」についてその具体例を挙げておくとよいだろう。

① 才能や人格、意志や意識は内因ではなく外因に由来する

② 自己責任論は個人の内部を根拠にしている

▼（三）

「詭弁」は〝間違っていることを正しいように見せかけようとする議論〟の意。「先に挙げたメリトクラシー」とは第四段落の内容を指す。この段落に「巧妙に仕組まれた罠」とあり、機会均等のもとで歓迎された能力主義が平等な社会を実現するどころか、既存の階層構造を正当化し固定するためのイデオロギーとして働いたと述べられる。しかしこの機会均等が見せかけだけのものであることは、同段落で学校が「平等」と「差異化」の二面性を持つと述べられていることからもわかる。次に傍線部に「そう」とあるのは、直前のマックス・ヴェーバーの議論を指す。すなわち支配者は支配を自然の摂理のごとく正しい状態として被支配者に思わせることで支配を長続きさせるというのがそれである。よってこの事情についても補足的に触れる必要がある。解答のポイントは次の二点。

① 支配者が支配を正当化する

▲　解　　説　▼

本文は、近代が格差を温存しながら機会均等や能力主義を掲げてそれを隠蔽しようとする欺瞞を告発した文章である。

全十四段落。これを三つの部分に分けて、内容をまとめよう。

1　第一〜第四段落（学校教育を媒介に…）
　　機会均等のパラドクス——機会均等と能力主義は階層構造を再生産している

2　第五〜第八段落（親から子を取り上げて…）
　　近代の人間像——近代は才能や人格を内因ととらえて自己責任の根拠にした

3　第九〜第十四段落（封建制度やカースト制度などでは、…）
　　不平等の隠蔽——近代は格差を正当化するために自由と平等を宣揚した

▼
（一）　傍線部の「そこ」は直前の三文の内容を指す。すなわち集団間の不平等を是正すれば、個人は才能と努力で社会上昇が可能であり、弱肉強食のルールは正当であるというものである。よって傍線部の趣旨は、米国で社会主義政党が育たなかった理由の一つは個人の才能と努力を何よりも重視したことにあるということになる。すると、なぜ個人の才能と努力を重視すると社会主義政党が育たないのかという疑問が続き、これが「なぜそういえるのか」という設問になる。そこで第二段落に戻ると、機会均等が保障されない社会では不平等な社会を変えようとする機運が高まるけれども、機会均等が実現された社会では不成功は自分に才能がないからだと思って変革運動に関心を示さないという趣旨のことが述べられる。すなわち機会均等を実現した社会では、不平等の責任が社会ではなく個人に向けられるというのである。以上より解答のポイントは次の二点となる。

い。にもかかわらず人間は自由だと社会は宣言し、努力しない者の不幸は自業自得だと宣告するのだ。したがって才能や人格を根拠に自己責任を問うことはできな

庭・学校・地域条件などの社会影響が作用して形成される。

国語

一

解答

出典　小坂井敏晶「神の亡霊」〈6　近代の原罪〉（『UP』二〇一五年四月号　東京大学出版会）

（一）　機会均等を実現した米国では、現に不平等が顕著であっても、その責任は社会にあるのではなく個人の才能と努力に帰せられるから。

（二）　自己責任論が根拠とする個人の才能や人格、意志や意識は内発的なものではなく、全て遺伝形質や外来情報などの外因に由来するから。

（三）　支配者が支配を正当化するように、能力主義は機会均等を見せかけにして人間を差異化し、格差を正当化するものだということ。

（四）　近代以前が貧富や身分を区別する根拠を神や自然など共同体の〈外部〉に見出したのに対して、近代は格差を正当化するために自由と平等の建前のもとで能力主義を持ち出して、不平等の根拠を個人に帰し、努力しない者の不幸は自業自得だと宣告するということ。（一〇〇字以上一二〇字以内）

（五）　a—培　b—誕生　c—欠陥

◆要　旨◆

近代になって身分制が打倒され、不平等が緩和された。教育機会も均等になった。だが現実にはヒエラルキーが必ず発生し、貧富の差が現れる。平等は実現不可能である。そこで格差を正当化するために、自分の力で未来を切り開く可能性として、能力主義（メリトクラシー）が持ち出される。しかし才能も人格も本を正せば、親から受けた遺伝形質と、家

2019
年度

解答編

解答編

■英語■

1 (A)　解答

＜解答1＞　産業化以前のヨーロッパでは，子どもは親の所有する労働力とみなされていたが，19世紀後半から，独自の権利を有し，国が保護し支援すべきものへと見方が変化した。（70〜80字）

＜解答2＞　19世紀になっても児童労働は当然で，子どもは親の私的所有物だった。19世紀後半から子どもの権利という概念が広まり，法で保護され，国が福祉を授ける対象となった。（70〜80字）

＜解答3＞　19世紀後半まで，子どもは経済的価値しかない親の所有物だったが，以後，独自の法的権利をもつ社会集団とみなされ，国が保護し教育や福祉を与えるべきものへと変わった。（70〜80字）

◆全　訳◆

≪子どもの権利という概念の誕生≫

　産業化以前のヨーロッパでは，児童労働は広くみられた事象であり，経済体制の重要な一部であった。19世紀まで，また19世紀の間も，6歳を超えた子どもは，その能力に応じて社会に貢献することが求められた。7歳くらいから，彼らは労働の世界へとゆっくり入って行き始めたが，それは大人も子どももいる世界であった。教育や学校，危険からの保護といった概念はまれであるか，まったく欠如していた。19世紀の初期，子どもはまた，親の個人的所有物とみなされることが大半で，法的権利はほとんどないか，あるいはまったくなかった。親，主に父親は，子どもに対する無制限の権力と支配力を与えられており，自分の望むとおりに子どもを扱うことが許されていた。体罰はほとんどどこでもみられ，社会的に受け入れられていたのである。

　この状況は，19世紀が進んでいくにつれて変わり始めた。特に1870年から1920年の50年の間に，親や雇用者や他の人たちに対する子どもの権

利が，法的保護という形で発展した。徐々に，子どもはひとつの独立した範疇であり，単なる大人の所有物ではないとみなされるようになった。子どもは経済的価値しかもたないという考え方は変わり始め，彼らは社会が支え，彼らの直面するさまざまな危険から守る責任のある，独特の集団だという認識に取って代わられだした。

この時期のもうひとつの変化は，親による虐待や放置からの子どもの保護であり，これらはだんだんと政府当局から厳しい調査を受け，異議を唱えられるようになった。1889 年に，フランス，英国の両国では，親によるものも含めて，子どもに対する虐待を禁止する法を可決した。国家は，子どもの権利の擁護者となったのである。保護を受ける子どもの権利はその後，さまざまなものを与えられる権利へとつながり，中央政府がサービスを提供する責任をもつこととなった。労働から解放されることや公教育を受けられることとともに，健康管理，問題のない住居，遊び場といったものが，子どもの権利の要素として現れた。

━━━━━━◀解　説▶━━━━━━

◆読解する

設問文に「ヨーロッパで生じたとされる変化の内容を…要約せよ」とあることに注意を払い，全体の構成を意識しながら，各段を検討しよう。

〔第 1 段〕

この段は，産業化以前のヨーロッパで，子どもがどのように扱われていたかを述べている。「変化」が起こる前の状態を説明していることになる。

〔第 2 段〕

この段では，変化のひとつめが述べられており，大人に対する子どもの権利という考え方が発展したことが述べられている。

〔第 3 段〕

この段では，もうひとつの変化として，子どもの保護と国家の責任という考え方が生まれたことを述べている。

各段と各文の内容をまとめると次表のようになる。

各段の要旨		各センテンスの内容
第1段	産業化以前のヨーロッパで子どもが置かれていた状況	第1文：産業化以前のヨーロッパでは，児童労働が広くみられ，経済体制の重要な一部だった。
		第2文：19世紀まで，また19世紀の間も，6歳を超える子どもは社会への貢献が求められた。
		第3文：子どもは7歳くらいから，大人も子どももいる労働の世界に入った。
		第4文：教育や危険からの保護という概念はほとんどないか，あるいはまったくなかった。
		第5文：また，19世紀の初期には，子どもは親の個人的所有物とみなされ，法的権利はほとんどないか，あるいはまったくなかった。
		第6文：とりわけ父親は，子どもを自分の思うままに扱うことが許され，体罰も認められていた。
第2段	子どもの権利という概念の発展	第1文：19世紀が進むと，この状況が変わり始めた。
		第2文：19世紀後半から20世紀の初期にかけて，子どもの権利が法的保護という形で発展した。
		第3文：子どもは大人の所有物ではなく，独立した範疇とみなされるようになり始めた。
		第4文：子どもは，社会が支え守る責任をもつ独特な集団であるという考えが広まり始めた。
第3段	子どもの保護と国家の責任	第1文：もうひとつの変化は，親の虐待や放置からの子どもの保護だった。
		第2文：1889年，フランスと英国で，児童虐待を禁止する法が可決された。
		第3文：国家が，子どもの権利の擁護者となった。
		第4文：その後，さまざまなものを与えられる権利へとつながり，サービスの提供は中央政府が責任をもつものとなった。
		第5文：労働からの解放，公教育をはじめ，健康管理，住居，遊び場が子どもの権利の項目となった。

◆答案を作成する

　第1段に述べられている変化前の状況は，第4文（The concepts of …）・第5文にある「子どもの教育や保護という概念がなかった」「親の所有物とみなされ，法的権利がなかった」という点に注目する。ただし，「教育や保護という概念」「法的権利」は，変化後に現れたものなので，第1段の内容としては「子どもは労働力で親の所有物とみなされていた」などと，当時の現状にとどめておくのがよいだろう。第2段の要点は，ひとつめの変化として，子どもは親の所有物ではなく，権利をもち，社会の

中で大人とは区別される独特な集団であるという考え方が発展したことである。第3段は，もうひとつの変化として述べられている，子どもの保護という考え方が要点。虐待や放置から守るというだけでなく，教育や健康管理，住居，遊び場など，子どもに必要なものを与えるという考え方も生まれたことを，含めておきたい。

●━◆━●━◆━●●語句・構文●●━◆━●━◆━●

(第1段)　●according to 〜「〜にしたがって，〜に応じて」
(第2段)　●no more than 〜「〜にすぎない」
(第3段)　●scrutiny「綿密な調査，監視」

1 (B) 解答

(ア) meaning
(イ)(1)— a) 　(2)— e) 　(3)— d) 　(4)— f)
(5)— h) 　(6)— c)

◆全　訳◆

≪音楽は世界共通言語か≫

　音楽は世界共通言語である。あるいは，音楽家はそう主張したがる。「音楽でなら，英語やフランス語といったふつうの言語ではできないような仕方で，文化や言語の壁を超えた伝達ができる」と，彼らは言うだろう。ある面では，この言い分は明らかに正しい。フランス人作曲家のクロード＝ドビュッシーの書いた曲を楽しむのに，フランス語を話す必要はない。(1)[a] しかし，音楽は本当に世界共通言語なのだろうか。] それは，「universal（世界共通の，普遍的な）」という言葉で何を意味するのか，そして「language（言語）」という言葉で何を意味するのかによる。

　人間の文化はどれも言語をもっているのとちょうど同じように，音楽をもっている。したがって，音楽が人間の経験の普遍的な特徴だというのは本当だ。同時に，音楽の体系も言語の体系も文化によってかなり異なる。それでも，外国の音楽体系がどれほどなじみのないものに思えても，人がなじみのない音楽形態で伝えられる感情，つまり，幸福と悲しみという少なくとも2つの基本的な感情を特定するのが非常に上手いことを，さまざまな研究が示している。(2)[e] 音楽の一定の特徴が，こうした感情の表現に寄与する。] たとえば，音が高く，高さとリズムの変化が多く，テンポが速いものは幸福を伝え，一方，その逆は悲しみを伝える。

　したがって，おそらく私たちは音楽的感覚をもって生まれるのだ。しかし，言語もまた，言語学者が韻律と呼ぶメロディーをもっている。高さ，リズム，テンポというまさにこうした同じ特徴が，言語を超えて普遍的だと思えるような仕方で，発話中の感情を伝えるのに使われている。フランス語か日本語か何か他の自分が話さない言語の会話を，ふと耳にするとしよう。内容はわからないだろうが，話し手の感情の状態の移り変わりはわかるだろう。女性は気持ちが乱れているし，男性は守りに入っている。今度は彼女は本当に怒り，彼は引き下がっている。彼は彼女に懇願するが，彼女は納得していない…。私たちが外国語のこのやりとりを理解できるのは，それが私たち自身の言語ならどのように聞こえるか知っているからである。同様に，私たちが自分の文化のものであれ他の文化のものであれ，ある音楽を聞くとき，普遍的な韻律の特徴を反映するメロディーの特徴に基づいて感情を認識する。(3)[d) この意味では，音楽は実際，感情を伝達する普遍的な仕組みである。]

　しかし，音楽は言語の一種なのだろうか。再び，用語の定義をしなくてはならない。(4)[f) 科学者も含めて，私たちは「伝達システム」という意味で「言語」という言葉を使うことが多い。]生物学者は，「ハチの言語」について語るが，これは仲間のハチたちに新しい食糧源の位置を伝える方法である。人々は「花言葉」を話題にする。それを使って自分の意図を表すことができるのである。「赤いバラは…を意味する。ピンクのカーネーションは…を意味する。白いユリは…を意味する」というわけだ。それから「身体言語」がある。これは，感情や社会的地位などを伝えるために使う仕草，身振り，顔の表情のことを意味する。私たちは話すときに身体言語をよく使うが，言語学者はそれを真の言語形態とはみなしていない。そうではなく，それはいわゆるハチの言語や花言葉とちょうど同じように，伝達システムなのである。

　定義上，言語とは，意味のある一組の記号（単語）とその記号を組み合わせてより大きな意味のある単位（文）にするための一連の規則（統語法）から成る伝達システムである。多くの種が伝達システムをもっているものの，これらのうちのどれも言語とみなされないのは，それらが何らかの要素を欠いているからである。多くの種の警告の声やエサがあることを知らせる声は，一連の意味のある記号から成ってはいるが，彼らは規則に

したがって生産的にそうした記号を組み合わせはしない。同様に，鳥のさ
えずりやクジラの歌は要素を組み合わせる規則はもっているが，これらの
要素は意味のある記号ではない。歌が全体として意味をもつだけである。

　言語と同じように，音楽にも統語法，つまり音，和音，音程といった要
素を配列して複雑な構造にする規則がある。(5)[h] それでも，これらの
要素のどれも，それだけでは意味をもたない。]むしろ，感情的な意味を
伝えるのは，もっと大きな構造，メロディーである。そして，それは言語
の韻律を反映することで，感情的な意味を伝えているのである。

　音楽と言語は特徴が共通しているので，言語を処理する脳の領域の多く
が音楽も処理していることは驚くにはあたらない。(6)[c] しかし，だか
らといって，音楽は言語だということではない。]私たちは，脳の特定の
領域が専門的に特定の機能と結びついていると考えがちだが，言語だろう
と音楽だろうと車の運転だろうと，複雑な行動は何でも，脳の多くの異な
る領域からの助力を呼び入れるのである。

　音楽は確かに，地球上のどんな人にどんな考えを伝えるのにも使えると
いう意味での世界共通言語ではない。しかし音楽は，人間に共通の経験の
核心にある基本的な感情を呼び起こす力は間違いなくもっている。それは
文化を超えるだけでなく，私たちが進化してきた過去に深く到達する。そ
してその意味では，音楽は実際に世界共通言語なのである。

━━━━━━━　◀解　説▶　━━━━━━━

◆(ア)　当該の第5段は第1文で「意味のある一組の記号（単語）とその記
号を組み合わせてより大きな意味のある単位（文）にするための一連の規
則（統語法）から成る伝達システム」という「言語」の定義を挙げ，他の
動物の種の伝達システムが言語とは言えないことを述べている。第4文
（Likewise, bird song …）に「鳥のさえずりやクジラの歌は要素を組み
合わせる規則はもっているが，これらの要素は意味のある記号ではない」
と，そこに人間の言語の「単語」にあたるものがない点を指摘している。
それでも，同じ種の個体間で情報伝達できるのは，「歌全体で何らかの意
味を表す」からだと考えられる。第6段第3文（Rather, it's the …）に
ある meaning「意味」を補うのが適切。

◆(イ)　▶(1)　空所の直後に「それは，universal という言葉で…そして
language という言葉で何を意味するのかによる」とある。空所には「そ

れ」が指すもので，universal と language という語を含む文が入ると判断
できる。同段冒頭で「音楽は世界共通言語（a universal language）であ
る」と述べられており，ａ）の「しかし，音楽は本当に世界共通言語なの
だろうか」が，段落の内容として適切。

▶(2)　空所のあとに「たとえば」として，幸福や悲しみを表す音楽の特徴
が述べられている。ｅ）の「音楽の一定の特徴が，こうした感情の表現に
寄与する」が適切。

▶(3)　同段第 2 文（But language also …）で，言語が音楽と同じ特徴を
もつと述べられ，第 3 ～ 9 文では，知らない言語でも，話し手の口調でそ
の感情を判断できることが説明されている。空所直前の第 10 文は「同様
に」で始まり，「私たちは…ある音楽を聞くとき，普遍的な韻律の特徴を
反映するメロディーの特徴に基づいて感情を認識する」と述べている。つ
まり，音楽は，言語と同じように音で感情を伝えることができると言って
いることになる。ｄ）の「この意味では，音楽は実際，感情を伝達する普
遍的な仕組みである」が適切。

▶(4)　空所の直前に「用語の定義をしなくてはならない」，直後に「生物
学者は，『ハチの言語』について語る」とあり，「言語」という言葉の定義
をしようとしていると考えられる。ｆ）の「科学者も含めて，私たちは
『伝達システム』という意味で『言語』という言葉を使うことが多い」が
適切。

▶(5)　空所の直前で「言語と同じように，音楽にも…要素を配列して複雑
な構造にする規則がある」と，言語と音楽の類似点を述べている。空所の
直後には「むしろ，感情的な意味を伝えるのは，もっと大きな構造，メロ
ディーである」とあり，音楽で意味をもつのは，言語で言えば「文」にあ
たり，「単語」に相当する要素には意味がないという内容が空所に入るの
がふさわしい。ｈ）の「それでも，これらの要素のどれも，それだけでは
意味をもたない」が適切。

▶(6)　空所の直前には，言語を処理する脳の領域が音楽も処理しているこ
とが述べられている。空所のあとでは「言語だろうと音楽だろうと…複雑
な行動は何でも，脳の多くの異なる領域からの助力を呼び入れる」とあり，
言語を処理する領域と音楽を処理する領域が重なっていても，それだけを
処理する専門的な領域があるわけではないことが示唆されている。ｃ）の

「しかし，だからといって，音楽は言語だということではない」が適切。

━━◆━━◆━━●語句・構文●━━◆━━◆━━◆━━◆━━

（第2段）●vary from culture to culture「文化によって変わる，さまざまである」

（第3段）●listen in on ～「～をふと耳にする，盗み聞きする」　●back off「退く」　●plead with ～「～に懇願する」

（第5段）●by definition「定義上」　●count as ～「～とみなされる」

2 (A) 解答例

＜解答例1＞ I would like to propose a worldwide holiday: Plastic Day. This is not to celebrate plastic but to enhance public awareness of plastic pollution as one of the most serious environmental issues. Since it is difficult to stop using plastic all at once, we should start with an awareness of how many plastic things we use in a single day and consider which ones we can do without or replace with eco-friendly alternatives. (60～80語)

＜解答例2＞ I would like to propose "Offline Day": a day we would turn off our smartphones. Many of us would be at a loss regarding what to do with the time. However, without the gadget, people could probably pay more attention to others around them—on the train, for example — and talk face-to-face with family members and friends. Additionally, they may rediscover the joy of spending time just relaxing. Offline Day would help people take their eyes off of their screens. (60～80語)

━━━━━━◀解　説▶━━━━━━

▶＜解答例＞の全訳は以下のとおり。

＜解答例1＞　私は世界的な祝日プラスチック・デーを提案したい。これはプラスチックを祝うのではなく，最も深刻な環境問題のひとつであるプラスチック汚染に対する人々の認識を高めるためのものだ。プラスチック製品を使うことを即座にやめるのは難しいので，1日のうちに私たちがどれほどたくさんのプラスチック製品を使っているかを認識することから始め，どれがなくても済ませられるか，あるいは環境に優しい代替品と取り

替えられるかを考えるべきである。

＜解答例2＞　私は「オフライン・デー」を提案したい。スマートフォンの電源を切る日だ。私たちの多くはこの時間に何をすればいいか途方に暮れるだろう。しかし，あの機器がなかったら，おそらく人々は——たとえば電車の中で——自分の周りの人にもっと注意を払えるだろうし，家族や友人と顔を突き合わせて話せるだろう。また，ただくつろいで時間を過ごすことの喜びを再発見するかもしれない。オフライン・デーは，人々が画面から目を離す手助けとなるだろう。

▶新たに設ける祝日とその意義や望ましい理由を述べるという問題。どこで行うものかに制限がないので，かなり自由に考えることができるだろう。ポイントは，その意義や望ましいと思う理由を読み手に納得させることである。何をどのような順序で述べるか，効果的な提示の仕方をあらかじめ考えてまとめたい。

2 (B) 解答

＜解答例1＞　(But) the most important thing is for each of us to realize in our daily lives that we are the ones polluting the indispensable natural environment with plastic waste.

＜解答例2＞　(However,) what matters most is that, in our daily lives, each of us should be aware that we are the ones contaminating the precious natural environment with plastic garbage.

◀解　説▶

上記の〔解答例〕には下線部直前の「しかし」にあたる But／However, を括弧書きで加えている。

●「もっとも重要なのは…ことである」

「もっとも重要なこと」は the most important thing／what matters 〔counts〕 most とできる。「…ことである」は is that … と補語に that 節を使う以外に，不定詞の名詞用法を使うこともできる。

●「…と，私たちひとりひとりが日々の暮らしのなかで自覚する（こと）」

「〜と自覚する」は realize that 〜／be aware that 〜 が使える。「（自覚する）こと」に that 節を用いるなら完全文を作ればよいので，文字どおりには each of us is aware that … となる。ただし，実際に自覚し

ているという事実を述べているのではなく，推奨や義務の内容なので，each of us should be のように助動詞 should を補うのが正しい。不定詞では文意上 should の含みは不定詞自体がもつので，for each of us to realize that … でよい。意味上の主語は通常どおり for を使って不定詞の前に置く。「日々の暮らしのなかで」in our daily〔everyday〕lives は「自覚する」にかかるので，自覚する内容にあたる that 節より前に置くこと。everyday は 1 語のつづり（形容詞）にすることに注意。every day と 2 語に分けると副詞になる。

● 「（汚染している）のは私たち自身である」

「私たちこそが〜している存在である」と考え the one(s) を使う。we are the ones 〜 となる。「〜している」なので現在分詞を続ける。

● 「プラスチックごみによってかけがえのない自然環境を汚染している」

「かけがえのない」は文字どおりには irreplaceable「取り換えられない」だが，indispensable「欠くことのできない」もよく使われる。「非常に大切な，大事な」precious / treasured などで表すこともできる。「自然環境」は通常 the environment で表せるが，「かけがえのない」が入るのでどの環境なのかを明確にするために，natural を添えておくとよい。「汚染している」は polluting / contaminating が適切。「〜によって」＝「〜で」は with を使う。contaminate は by の例もあるが，受動態の場合に限られる。「プラスチックごみ」は plastic waste や plastic garbage がよくみられる表現である。

3 (A) 解答 　(7)— b)　(8)— b)　(9)— b)　(10)— a) (11)— e)

━━━━━━━◆全　訳◆━━━━━━━

≪現代社会におけるスポーツの役割≫

司会者：みなさん，社会調査研究会の 2019 年度冬期連続講義へようこそ。今年は，私たちがスポーツや文化に注目しているオーストリアの美しい村ゼーフェルトでの開催です。高名な人類学者クリフォード＝ターナーさんに口火を切っていただくべく，ここにお越しいただき，嬉しく思います。お話に入る前に，スタッフのみなさんには，懸命に仕事をしていただいたことを感謝し，私どものライブ・ビデオストリーム

にご参加いただいているみなさんに心からの大きなごあいさつを申し
上げたいと思います。では，ターナー博士…。

ターナー博士：ありがとう，ハリー。みなさん，こんばんは。今日，多く
の方を山の斜面でお見かけしたと思います。新雪で見事な景色ですね。
スポーツについて語るにはうってつけの場所です。

　ご存知のように，私たちの分野における多くの研究が古代のスポー
ツに目を向けていますが，それは，そうしたスポーツが，たとえば精
神世界を扱ったり神を喜ばせたりするというような宗教的儀式か，あ
るいは，狩猟や戦闘といった生存の中心となる任務の訓練と密接に結
びついているという文脈においてのことです。それから，もちろん通
過儀礼，つまり人々を彼らの社会的役割にうまくなじませるというの
もあります。どれも興味深いものですが，今夜は現代社会における団
体競技に焦点を当てたいと思います。

　現代スポーツ，特に団体競技は，さまざまに異なる機能を果たして
いると，私は主張します。それらは，そうであればよいのにというも
のであれ，実際そうだと考えているものであれ，私たちの社会のモデ
ルを投影すること，その表現に，以前よりもずっと関わるものです。
そして，スポーツは今でも私たちを社会になじませるのに役立ってい
ますが，今日の目標は，何か特定の役割というものではなく，生活全
般に適応するというものです。

　では，私はここで何を訴えているのでしょう。一方では，スポーツ
は社会の理想のイメージ，私たちがそうあるべきだと考えている生活，
つまり競争は確かにありますが，明確で公正なルールのあるものを提
示しています。団体競技の基本的な要素を考えてみてください。技能，
戦略，運，そしてどのように競技を行うか，どのように勝者を決める
のかを規定するルールです。また，社会教育との密接なつながりもあ
ります。今日，学校制度は，チームワーク，フェアプレー，規律，権
威への敬意，対戦相手への敬意を教える方法として，こうしたスポー
ツを推奨しています。ここでのその主な目的は，学生たちを信頼でき
る社会の一員にすることです。

　したがって，今述べたのは，物事がどうあるべきだと私たちが考え
ているかを反映しているスポーツです。ですが，その機能は，常にも

うひとつの機能と一緒に存在しています。つまり，理想的ではない生
活，私たちが経験しているとおりの生活，いわゆる「実生活」を表す
というものです。この 2 番目の機能は，プロスポーツに向かうほど強
くなり始めます。ここでは，競争はいっそう激しくなります。道徳的
行動やフェアプレーよりも勝利が重視され，そのため失敗という惨め
な結果，「敗北の苦悩」により多くの注意が向けられます。人々が何
を言うか聞いたことがあるでしょう。「ずるをしていないというのな
ら，努力していないということだ」とか，「ともかく勝て，いいな」
とかいったことです。

　　しかし，ここが興味深いところです。それは矛盾です。そういう言
葉，そのような言い草は，儀式の目的の半分を隠し，否定さえしよう
としているわけですから！　実は，私たちが恐れる経験，つまり敗北
は，私たちが欲する勝利と同じくらい重要なのです。スポーツは，こ
の意味では，私たちに本当の「実生活」に対処する準備をさせている
のです。悪いことは起こるものです。物事はいつも私たちの道を切り
開いてくれるわけではありません。そして，私たちはしばしば負ける
のです。よく言うとおり，「それが人生だ」というわけです。

　　はい，では一歩もどって，話を先に進める前に，もとの要点に返り
たいと思います…

■■■■■　◀解　説▶　■■■■■

▶(7)「この講義が行われている場所を最もよく説明しているのは次のど
れか」

　司会者の発言の第 1 文（Welcome, everyone, …）に「冬期連続講義」，
ターナー博士の発言第 1 段第 3 文（I believe I saw …）に「山の斜面
〔ゲレンデ〕」，同段第 4 文に「新雪」とある。b）の「スキー・リゾー
ト」が正解。

a）「地方自治体の中央施設」　c）「大学町」　d）「古代史跡」
e）「運動訓練場」

▶(8)「古代スポーツが，社会における自分の居場所を人々が見つける手
助けをすることについて，講演者が挙げているのはどのような例か」

　ターナー博士の発言第 2 段第 2 文（Then, of course, there are …）に
「通過儀礼，つまり人々を彼らの社会的役割にうまくなじませるというの

もある」とある。b）の「通過儀礼として機能するスポーツ」が正解。

a）「戦闘の訓練としてのスポーツ」

c）「宗教儀式の中で行われるスポーツ」

d）「理想的な社会秩序を表しているスポーツ」

e）「教育の初期の形態として役立っているスポーツ」

▶(9)　「講演者が言及している団体競技の核となる要素のどれとも合わな<u>い</u>のは次のどれか」

　ターナー博士の発言第 4 段第 3 文（Think of the basic elements …）に「団体競技の基本的な要素…技能（skill），戦略（strategy），運（chance），そして…ルール（rules）」とある。b）の Discipline「鍛錬」に相当するものが含まれておらず，これが正解。

a）Ability「能力」は「技能」と一致する。

c）Luck「幸運」は「運」と一致する。

d）Rules「ルール」はそのまま挙げられている。

e）Tactics「戦術」は「戦略」と一致する。

▶(10)　「学校制度にとっての団体競技の主な目標を最もよく説明しているのは次のどれか」

　ターナー博士の発言第 4 段最終文（Today, school systems …）に「今日，学校制度は…こうしたスポーツを推奨し…ここでの主な目的は，学生たちを信頼できる社会の一員にすることだ」とある。a）の「それらは，学生によい市民になってもらいたいと思っている」が正解。

b）「それらは，学生に規則に従い，権威を尊重してもらいたいと思っている」

c）「それらは，学生にフェアプレーを実行してもらいたいと思っている」

d）「それらは，学生に他者に思いやりを示してもらいたいと思っている」

e）「それらは，学生にチームワークを尊重してもらいたいと思っている」

▶(11)　「ターナー博士は講義の終わりに近いところで，現代の団体競技は（　(ア)　）に至上の価値を置いているようだが，実際には，（　(イ)　）も同じくらい重要だと主張している」

（各選択肢は，文を完成するために空所を埋められる表現の組み合わせを含んでいる）

　ターナー博士の発言第 6 段第 3 文（In fact, the experience …）に「敗

北は…勝利と同じくらい重要だ」とある。e）の「㋐勝つこと　㋑負ける
こと」が正解。

a）「㋐努力　　　　　　　㋑ずるをすること」
b）「㋐フェアプレー　㋑勝利」
c）「㋐技能　　　　　　㋑運」
d）「㋐集団　　　　　　㋑個人」

━━◆━◆━◆━●語句・構文●━◆━◆━◆━━

（司会者の発言）　●renowned「有名な，高名な」
（ターナー博士の発言第2段）　●fit *A* into *B*「*A* を *B* にぴったりはめ込
む，なじませる」
（ターナー博士の発言第4段）　●～, sure, but …「確かに～だが，…」
（ターナー博士の発言第5段）　●how we think things ought to be「物
事がどうあるべきだと私たちが考えているか」　もとになる文は we
think（that）things ought to be …「私たちは物事が…であるべきだと
考えている」　●place emphasis on ～「～を重視する，強調する」
（ターナー博士の発言最終段）　●back up「もどる」

3 (B) 解答　(12)— a ）　(13)— d ）　(14)— d ）　(15)— c ）
(16)— a ）

━━◆━◆全　訳◆━◆━━

≪現代社会におけるスポーツの意義に関する議論≫

司会者：ターナー博士の発表をお聞きのみなさんからの質問を受ける前に，
　パネリストからお話を聞きましょう。スポーツ心理学者のリサ＝ドゥ
　ボア博士と文化人類学者のデール＝ヴァン＝クレイ博士です。ヴァン＝
　クレイ博士，まずお話しいただけますか。

ヴァン＝クレイ：そうですね，私はターナー博士の研究は好きですが，正
　直に言いますと，現代のグローバルな状況とかけ離れているように思
　います。スポーツが一種の社会教育，つまり，重要な社会的価値観を
　教える方法であるということには賛同しますが，彼のモデルは固定的
　です。今は，グローバルなスポーツ文化があります。ある特定のスポ
　ーツを，あたかも固定した価値観を伝えるかのように扱うことはでき
　ません。あるスポーツが別の社会に移ると，もともとの意味を失い，

新しい意味をもつようになります。

司会者：あなたのご意見はどうですか，ドゥボア博士。

ドゥボア：それはターナー博士に対して公正な見方ではないと思います。そのような見方に彼はきっと賛成するでしょうが，彼はある文化から別の文化へと広がっていくスポーツのことを話していたわけではありません。あるひとつの社会の内部で，スポーツがどのように機能するかを話していたのです。興味深い事例は，フランスの 2018 年のワールドカップのチームです。フランスのメディアがそのチームに大いに好意的だったのは，さまざまな民族的背景をもつ選手がいたことで多様なフランスのイメージを示していたからです。メディアは，そのような多様性が真にフランスの現実であってほしいと思っていました。この例はターナー博士が言及しなかったことも提起しています。つまり，社会的あるいは政治的変化の手段としてのスポーツです。アメリカ合衆国の昨年のことを考えてください。アフリカ系アメリカ人のフットボール選手たちが開会式に参加するのを拒否することで，警察の暴力に抗議しました…

ヴァン＝クレイ：そして，それが生み出した怒りの反応について考えてみてください！　私が言いたいのは，それはむしろスポーツの基本概念に反するのではないですか，ということです。人々は，スポーツが政治とは関係ないものであってほしいと思っています。

ドゥボア：私はそうは思いません。スポーツはこれまでずっと政治に関わるものでした。国粋主義や国旗を振る愛国心の誇示はどうですか？でも，スポーツは政治的な変化を起こすこともできます。女性や少数派が，社会的な権利を勝ち取る前でも，スポーツでは平等な扱いをされるという事例がたくさんありました。たとえば，最近自分がゲイであることを公言したイングランド・リーグのラグビー選手は，有名な模範になりました。

ヴァン＝クレイ：それは逆の例になるのではないかと言いたいですね。つまり，社会の変化のほうが，スポーツに携わる人たちが前進するのをいかに可能にするかという例です。

ドゥボア：そうですね，まさにそれですよ。スポーツと社会は強化し合っているんです。ラグビーのような，男らしさの文化が，少なくとも特

定の社会においてその競技の残念な要素であり続けているスポーツで
は，ゲイであることを表明するのはいっそう困難です。ですが，だれ
かが実行すれば，社会の他の領域の人たちがそうするのがもっと容易
になります。

ヴァン＝クレイ：私はスポーツが政治的意味をもちえないと言っているの
ではなく，ただ，スポーツは政治の外にあるものだと期待されている
と言っているだけです。

ドゥボア：でも，スポーツが変化を生み出す最大の可能性をもつのは，ま
さにそうした期待に異議を唱えるときではありませんか？　アメリカ
ンフットボールの選手たち，ラグビーの選手の例はどちらも，スポー
ツはどうあるべきかというこれまでの期待と決別することが，政治的
な意味にとって重要だということを示しています。そして，当然のこ
とですが，そうした期待が競技文化に影響を及ぼしてもいます。スポ
ーツはこうした期待に異議を唱えるとき，単なるフェアプレー以上の
ことを社会に教えることができます。それが，ターナー博士が一種の
社会教育としてのスポーツについて語ったときに何を意味していたの
かを理解する，もうひとつの方法だと思います。

■■■■■■　◀解　説▶　■■■■■■

▶⑿　「ヴァン＝クレイがターナーの分析に反対しているのはなぜか」

　ヴァン＝クレイの第 1 発言第 1 文（Well, I like Dr. Turner's work, …）
に「ターナー博士の研究は…現代のグローバルな状況とかけ離れているよ
うに思う」とある。a）の「彼は，ターナーの分析が現代の世界に合って
いないと考えている」が正解。

b）「彼は，ターナーの分析が社会化を十分重視していないと考えている」

c）「彼は，ターナーの分析が団体競技に焦点を当てすぎだと考えている」

d）「彼は，ターナーの分析があまりにも西洋志向だと考えている」

e）「彼は，ターナーの分析が政治を強調しすぎていると考えている」

▶⒀　「スポーツに関する議論にヴァン＝クレイがつけ加えている新しい論
点は何か」

　ヴァン＝クレイの第 1 発言最終文（Once a sport moves …）に「あるス
ポーツが別の社会に移ると，もともとの意味を失い，新しい意味をもつよ
うになる」とある。d）の「あるスポーツによって反映されている価値観

は，社会によって異なる」が正解。

a）「スポーツは，社会的，政治的改革で何らかの役割を果たすことはまったくできない」

b）「スポーツは，すべての社会において核となる価値観を反映しているわけではない」

c）「スポーツは，娯楽ではなく，実生活を反映している」

e）「スポーツがある社会から別の社会に移ると，もう核となる価値観を反映しなくなる」

▶⒁　「ドゥボアが，ヴァン=クレイはターナーに対して公正ではないと言っているのは…からだ」

　ドゥボアの第 1 発言第 2 文（I am sure he would …）・第 3 文に「彼はある文化から別の文化へと広がっていくスポーツのことを話していたわけではない。あるひとつの社会の内部で，スポーツがどのように機能するかを話していた」とある。d）の「ヴァン=クレイの論点は，ターナーが分析していた状況とは関係がない」が正解。

a）「ターナーは実際にはヴァン=クレイに賛成している」

b）「ターナーはヴァン=クレイの異議を聞く機会がなかった」

c）「ヴァン=クレイはターナーの主張を正確に説明していない」

e）「ヴァン=クレイの論点は証明されていない」

▶⒂　「ラグビー選手の事例からドゥボアが引き出した最終的な結論は何か」

　ラグビー選手については，ドゥボアの第 2 発言最終文（For example, the rugby player …）に「自分がゲイであることを公言した…ラグビー選手は，有名な模範になった」とあるが，これは同発言第 3 文（But sports are also …）の「スポーツは政治的変化を起こすこともできる」ことの例であり，模範だということ。これに対してヴァン=クレイは直後の第 3 発言で「それは逆の例…つまり，社会の変化のほうが，スポーツに携わる人たちが前進するのをいかに可能にするかという例だ」と述べている。続くドゥボアの第 3 発言第 1 文（Well, that's just it …）に「まさにそれだ。スポーツと社会は強化し合っている」とある。c）の「社会とスポーツは互いに影響し合うことがある」が正解。

a）「ラグビーのようなスポーツでゲイであることを公言するのは難しい」

b）「保守的な社会でゲイであることを公言するのは難しい」

d）「社会はスポーツをよい方に変えることがある」

e）「ラグビーのようなスポーツはあまりにも男性優位である」

▶⒃ 「ドゥボアは，スポーツがその最大の影響力をもてるのは…ときだと考えている」

　ドゥボアの最終発言第1文（But isn't it exactly when …）に「スポーツが変化を生み出す最大の可能性をもつのは，まさにそうした期待に異議を唱えるときではないか」とある。「そうした期待」とは，直前のヴァン=クレイの発言にある「スポーツは政治の外にあるものだと期待されている」ということを指す。a）の「スポーツが既成の考え方に異議を唱える」が正解。

b）「スポーツが政治的意味をほとんどあるいはまったくもたない」

c）「スポーツが進歩的な態度によって変わる」

d）「スポーツがきちんとしたフェアプレーの感覚を教える」

e）「スポーツが競技の規則にどのように従えばよいかを私たちに教える」

◆━◆━◆━◆━ ●語句・構文● ━◆━◆━◆━◆

（司会者の第1発言）　●open the floor to questions「聴衆から質問を受ける」

（ヴァン=クレイの第1発言）　●out of touch with 〜「〜とかけ離れている，〜についての理解がない」

（ドゥボアの第1発言）　●touch on 〜「〜に言及する」

（ドゥボアの最終発言）　●isn't it exactly when 〜 that sports have the greatest potential …?「スポーツが最大の可能性をもつのはまさに〜ときではないか」は強調構文。　●break with 〜「〜（考え・伝統など）を捨てる，〜と決別する」

3 (C) 解答　(17)— c) 　(18)— c) 　(19)— d) 　(20)— c)
(21)— a)

◆～～～～◆全　訳◆～～～～◆

≪幼児期の記憶がない理由≫

　5歳の誕生日以前の自分の人生を思い出そうとするとき，遊び場で石を集めている，自分の寝室で指を使って絵を描いている，海の生き物につい

ての映画を見ている，白い紙のシートの文字をなぞっているといった，とりとめもないイメージがいくつか浮かぶだけだ。それで終わりである。しかし，幼いあのころ，もっとずっと多くのことを経験したのは間違いない。そうした年月はどこへ行ってしまったのだろう。

　心理学者たちは，記憶のこの劇的な喪失に対する名前をもっている。「幼児期健忘」である。平均して，私たちの記憶は 3 歳より前にさかのぼることはない。それ以前のすべては闇なのだ。

　1900 年代初期，著名な心理学者であるジークムント＝フロイトは，幼児期健忘にその名前を与えた。彼は，人生の初期，4 歳までのことを大人が忘れるのは，心を乱すような記憶を締め出すためだと主張した。この主張を受け入れた心理学者もいたが，多くは幼児期健忘の別の説明を採った。子どもは 7 歳までは単に安定した記憶を形成することができないというものである。ゆえに，100 年近くの間一般に受け入れられていた考えは，幼い子ども時代の記憶が永続しないのは，そもそもそれらはまったく永続性がないからだというものだった。

　1980 年代になって，こうした理論を検証する現代的な科学的努力が初めて行われた。その 10 年に実験が次から次へと，3 歳以下の子どもの記憶は実は持続するが，限界があることを明らかにした。生後 6 カ月では，幼児の記憶は少なくとも 1 日続き，生後 9 カ月では 1 カ月続く。2 歳までには 1 年持続するようになる。のちの 1991 年の研究では，4 歳半の子どもは 18 カ月前に遊園地へ出かけたときの詳細な記憶を呼び起こせることが示された。

　それでも，6 歳くらいで子どもは初期の記憶の多くを忘れ始める。3 歳のときに形成された記憶に関する 2005 年のある研究では，7 歳半の子どもは，その記憶の 40 パーセントしか思い出せないが，5 歳半だとその 2 倍多くのことを思い出せることがわかった。この研究は衝撃的な事実を明らかにした。子どもは人生の最初の 2，3 年の記憶を作ったり思い出したりできるが，こうした記憶のほとんどはまもなく，私たちが大人になってから経験するのよりもはるかに速い速度で消えていくということだ。

　この突然の忘却の謎を何が説明してくれるだろうか。この 10 年で行われた研究は，その答えを明らかにし始めている。子ども時代を通じて，脳は信じられないほど急速に成長し，構造を建て増し，過剰な連結を作り出

す。実は，そうした初期の細胞間の連結は，最終的に大人になったときの
脳よりもはるかに多く作られるのである。そのような柔軟な脳がなければ，
幼い子どもはそんなにも多くのことをそんなにも素早く学ぶことは決して
できないだろう。しかし，過剰な連結のほとんどは，大人の頭の効率的な
構造と機能を獲得するために，最終的には切り離されなければならない。

　明らかになったのは，問題は，子ども時代の記憶が不安定だということ
よりむしろ，子ども時代の記憶は建設現場で，つまり急速な成長と変化を
受けている立て込んだ労働現場で築かれているということだ。結果的に，
そうした記憶の多くは効果的に取り除かれ，覆い隠されるものもあるが，
それでいてのちの記憶や印象と結びつくものもあるということだ。そして，
それはまさにそうあるべきなのだ。自然は，そうした初期の記憶よりも全
体的な発達の過程を重視する。幼児の精神の脆弱さの結果であるとか悪い
記憶の遮断の必要によるとかいうのとはまったく違って，幼児期健忘，あ
の最初期の忘却は，大人に向かう道筋における必要な一歩なのである。

◀解　説▶

▶⑰　「講演者の幼い子ども時代の記憶のひとつと最も一致するのは次の
どれか」

　第1段第1文に「遊び場で石を集めている，自分の寝室で指を使って絵
を描いている，海の生き物についての映画を見ている，白い紙のシートの
文字をなぞっている」とある。ｃ）の「海の生き物についての映画を見て
いる」が正解。

ａ）「海のそばで石を集めている」

ｂ）「遊び場で指を使って絵を描いている」

ｄ）「自分の寝室で文字をなぞっている」

ｅ）「上記のいずれでもない」

▶⑱　「1980 年代以前には，ほとんどの心理学者が幼い子ども時代の記憶
は…と考えていた」

　第3段最終文（So, for nearly 100 years, …）に「一般に受け入れられ
ていた考えは，幼い子ども時代の記憶が永続しないのは，そもそもそれら
はまったく永続性がないからだというものだった」とある。ｃ）の「もと
もと不安定である」が正解。

ａ）「自己防衛のために遮断されている」

b）「『建設現場』で築かれている」

d）「記憶される可能性が 40 パーセントしかない」

e）「ゆがんだ形で永続する」

▶⒆ 「1980 年代に行われたある研究でわかったことでは<u>ない</u>のは次のどれか」

　1980 年代に行われた実験については第 4 段第 2 文（One experiment after another …）・第 3 文に述べられており，「3 歳以下の子どもの記憶は…持続するが，限界がある…。生後 6 カ月では…少なくとも 1 日続き，生後 9 カ月では 1 カ月続く。2 歳までには 1 年持続するようになる」とある。d）の「4 歳半の子どもは，少なくとも 18 カ月の間の詳細な記憶を呼び起こすことができる」がここに含まれていない。これは同段最終文（And a later 1991 study …）にある 1991 年の研究結果である。これが正解。

a）「生後 6 カ月では，記憶は少なくとも 1 日持続する」

b）「生後 9 カ月では，記憶は 1 カ月持続する」

c）「2 歳では，記憶は 1 年持続する」

e）「3 歳以下の子どもの記憶は持続するが，限界がある」

▶⒇ 「2005 年の研究でわかったことは下の文のうちどれか」

　第 5 段第 2 文（A 2005 study of memories …）に「7 歳半の子どもは，その記憶（＝ 3 歳のときの記憶）の 40 パーセントしか思い出せないが，5 歳半だとその 2 倍多くのことを思い出せる」とある。c）の「5 歳半の子どもは，3 歳のときに形成された記憶の 80 パーセントを保持している」が正解。

a）「子どもは大人よりも速く記憶を作り上げるが，その後忘れるのも速い」

b）「子どもの記憶は，大人の経験を築くにつれて消えていく」

d）「7 歳半の子どもは，3 歳のときに形成された記憶の半分を保持している」

e）「3 歳の子どもは，自分の記憶の 14 パーセントしか保持していない」

▶(21) 「講演者が最も訴えたいのは…ということだ」

　この講演のテーマは，第 1 段最終文に Where did those years go?「あの（幼いころの）年月はどこへ行ってしまったのだろう」とあることから

わかるように，幼児期の記憶がないのはなぜかというものである。最終段第1文（The problem, it turns out, …）に「子ども時代の記憶は建設現場で，つまり急速な成長と変化を受けている立て込んだ労働現場で築かれている」，続く第2文には「結果的に，そうした記憶の多くは効果的に取り除かれ」とある。よって，a）の「子ども時代の記憶が失われるのは，それが急速に発達している脳で形成されるからだ」が正解。

b）「私たちの最も初期の記憶は，かつて思われていたよりもあてになる」

c）「幼児の脳はまだ発達途中で，そのおかげで非常に柔軟なのである」

d）「私たちは最も価値のある記憶を保持できるように，子ども時代の記憶のほとんどを忘れる」

e）「私たちは，大人になってからよりも幼い子ども時代のほうが脳細胞間の連結がたくさんある」

━━━◆━━━ ●語句・構文● ━━━◆━━━

（第1段）●finger-paint「指頭画法で描く」 指先を筆の代わりに使って描くことをいう。

（第3段）●in the first place「そもそも，まず第一に」

（第6段）●build out ～「～を建て増しする」

（最終段）●not so much *A* as *B*「*A* というよりむしろ *B*」

4 (A) 解答 (22)—(a)　(23)—(d)　(24)—(c)　(25)—(e)　(26)—(e)

◆全 訳◆

≪ある女性数学者の生涯≫

(22)　女性は生来数学研究に適していないという時代遅れの固定観念は，2014年に大打撃を被った。その年，マリアム＝ミルザハニが，数学の最も権威ある賞であるフィールズ賞を受賞する最初の女性となったのだ。同じくらい重要な打撃が，300年前に生まれたイタリア人数学者，マリア＝ガエターナ＝アニェージによって加えられていた。アニェージは，数学の教科書を書き，数学で大学教授の職に任命された最初の女性だったが，彼女の人生は矛盾が多かった。才気あふれ，裕福で，有名だったにもかかわらず，彼女は最終的には貧困生活と貧しい人たちへの奉仕を選んだのだ。

(23)　1718年5月16日にミラノで生まれたアニェージは，裕福な父親の

21 人の子どものうち最も年上だった。成長するにつれ，彼女の才能は，特に言語の勉強で異彩を放った。一部には彼女にできるかぎり良い教育を与えるために，彼女の父親は当時の一流の知識人を家族の家に招いた。アニェージは 9 歳のとき，おそらく彼女の家庭教師のひとりが書いたラテン語の演説を暗記して，父親の客たちの前で復唱した。その演説は，人文科学と自然科学において女性を教育するのに反対する，広く行き渡った偏見を非難するものであった。そうした偏見は，家庭を切り盛りする人生にそのような学問はまったく必要ないという考えに根差したものであった。アニェージは，男性が手に入れられるどんな種類の知識でも，女性は自由に追求できるべきだという明快で説得力のある主張を提示したのである。

　⑷　アニェージはやがて，人前で自分の知的能力を披露するのにうんざりしてしまい，隠遁して宗教的生活に身を捧げたいという願望を表明した。しかし，彼女の父親の 2 番目の妻が亡くなったとき，彼女は父親の所帯と多くの弟や妹の教育に対する責任を引き受けた。この役割を通じて，彼女はイタリア人の生徒たちを，最近の数学的発見を要約した基本的な手法に触れさせる，包括的な数学の教科書の必要性を認識した。

　⑸　アニェージは数学に特別の魅力を見出した。彼女の信じていたところでは，経験から得た知識のほとんどは誤りやすく，議論の余地がある。しかし，数学からは絶対に確実な真理が得られる。1748 年に 2 冊組で出版されたアニェージの著作は，『分析の基本原理』という名前であった。生徒たちが利用しやすいように，それはニュートンやオイラーのような偉大な数学者にとって習慣だったのとは違って，ラテン語ではなくイタリア語で書かれていた。アニェージの教科書は，1749 年にフランス学士院から，「互いに非常に異なる多くの数学者の著作の中に散らばっているさまざまな発見を，ほとんど統一的な手法へと集約するには，相当の技量と優れた判断が必要だった」と称賛された。

　⑹　女性と貧者の教育の熱心な支援者であったアニェージは，自然科学と数学は教育課程の中で重要な役割を果たすべきだと信じていた。しかし，深い信仰をもつ人として，彼女はまた，科学や数学の研究は神の創造の構想という，より大きな文脈で見なければならないと信じていた。彼女の父親が 1752 年に亡くなったとき，彼女は召命に応じ，自分が抱いていた他の大きな情熱，つまり貧しい人たちへの奉仕に，残りの人生を捧げる自由

を得た。今日，アニェージのことを覚えている人はほとんどいないが，数学史における彼女の先駆的役割は，性別の固定観念に対する勝利についての奮い立たせるような物語として生きている。彼女は，その後の何世代にもわたって数学における女性の道を切り開くのに貢献した。アニェージは数学に秀でていたが，数学を愛してもいた。数学に熟達することの中に，自分と同じ人間と，より高みにあるものの両方に奉仕する機会を認めていたのである。

■━━ ◀解　説▶ ━━■

▶(22) (a)の not suited by nature at が誤り。suited at ではなく suited for〔to〕〜 で「〜に適している」の意。

▶(23) (d)の which had either been grounded in the view が誤り。否定文でもなく，あとに or もないため，either が意味をなさない。よってこれを削除するのが適切。

▶(24) (c)の dedicate her to a religious life が誤り。同文の必要な部分だけを示すと，Agnesi expressed a desire to dedicate her to a religious life. となっている。her は主語の Agnesi のことであり，herself と再帰代名詞にする必要がある。

▶(25) (e)の reduce almost uniform methods to が誤り。直訳は「ほとんど統一的な手法を…（さまざまな発見）に集約する」となる。このままでは意味をなさないが，to を reduce の直後に移動すれば，「（さまざまな発見を）ほとんど統一的な手法に集約する」となり，内容的に正しくなる。reduce discoveries … each other to almost uniform methods の discoveries … each other が長いため methods の後ろに置かれた形である。

▶(26) (e)の in its mastery of an opportunity が誤り。下線部の直前に分詞構文の perceiving があるが，perceive「〜に気づく」は他動詞なので，目的語が必要。また its mastery の its は math「数学」を指しており，「数学が機会に熟達することにおいて」では意味をなさない。of を取り除き，(perceiving) in its mastery an opportunity (to …) とすれば，「数学の熟達の中に，（…する）機会を（見てとる）」となり，文法的にも内容的にも正しくなる。

◆━◆━◆━ ●語句・構文● ━◆━◆━◆

（第1段）　●strike a blow「打撃を加える，打つ」

（第2段）　●shine in 〜「〜で異彩を放つ，〜にすぐれる」

（第3段）　●retire from the world「隠遁する」

（第5段）　●a religious calling「神のお召し，召命」　●a higher order
　「より地位の高いもの」が文字どおりで，通常は「上流階級の人」を表
　すが，直前の her fellow human beings「彼女の仲間である人間」との
　関係から，ここでは「神」を指していると考えられる。

4 (B)　解答　全訳下線部(ア)・(イ)・(ウ)参照。

◆全　訳◆

≪両親の人生観≫

　この前の 7 月，私はフレッドに会うため，そして夏を両親と過ごすため
にホノルルへ行った。両親と私はいい関係にある。私がそれほど両親に話
をしたり，彼らの元を訪れたりしないにもかかわらず，あるいはおそらく
そうだから，いい関係にあるのだ。ホノルルを最後に訪れたこの前の 7 月
まで，私は 6 年も両親に会っていなかった。私はニューヨークに住み，彼
らはハワイで暮らしていて，(ア)ハワイ諸島まで行くのにはある程度の時間
を割く必要があるのは確かだが，私が訪ねないでいた本当の理由は，訪れ
たい場所が他にあったということだ。両親が私に与えてくれたあらゆる贈
り物や利点の中で，最も大きいもののひとつは，親元を離れ自分のしたい
ことをするのは子どもの義務であり，ただそれを受け入れるのではなく，
後押しすることが親の義務だという彼らの信念である。私が 14 歳で，当
時イーストテキサスで暮らしていたが，ホノルルの高校に行くために初め
て両親の元を離れるとき，父は私に，子どもに何かを期待する親はだれで
もきっと落胆することになるだろうと言った。なぜなら，(イ)子どもが生み
育ててもらった恩にいつか報いてくれるかもしれないと期待して子どもを
育てるのは愚かで身勝手だからである。父はそれ以後ずっとその考えを抱
いている。

　(ウ)この考え方で，私たちが一般にペットはこうあるべきだと思っている
ものと多くの点で食い違っているペットへの，両親の愛情が説明できる。
私たちのうち，生活の中に動物がいる人たちは，自分が動物に対して期待
を抱いていると考えるのを好まないが，実際には期待を抱いている。私た

ちは動物の忠誠や愛情を望んでいるし，こうしたものが私たちに理解できる形で表現されることを望んでいる。しかし，フレッドはこうしたものを何一つ与えてくれない。彼は彼なりに友好的だが，人に対して特別な愛情をもっていると感じるような生き物ではないのだ。

━━━━━━◀解 説▶━━━━━━

▶(ア) while it is true that traveling to the islands requires a certain commitment of time, the real reason I stayed away is that there were other places I wanted to visit

● while it is true that ～「～ことは確かだが」と譲歩を表している。

● traveling to the islands requires … 「その島々へ行くことは…を必要とする」が直訳。the islands とは両親が暮らすハワイのことを指しているので，「ハワイ（諸島）」としておくとわかりやすい。

● a certain commitment of time 「ある時間の投入」が直訳。a certain ～は「ある（特定の）～」の意だが，時間の話をしているので「ある程度の」と補うとよい。commitment of ～ は「（時間・お金・人など）を充てること」の意であり，ここでは「時間を割くこと」を表している。

● the real reason I stayed away is that … 「私が離れていた本当の理由は…である」が直訳。stay away「離れている，寄りつかない」は通常は「避ける」イメージだが，第1段第2文（My parents and …）に，著者と両親の関係は良好であると述べられているので，単に両親の元を長い間訪れていなかったことを表していると考えるのが妥当。あまりネガティブな意味合いが強くならないように工夫したい。

● there were other places I wanted to visit 「私が訪れたい他の場所があった」が直訳で，そのままでも問題はないが，日本語は数量やそれに類する語句が名詞よりも述語のほうに寄る傾向があるので，「訪れたい場所が他にあった」とすれば，より自然な日本語になる。

▶(イ) it was foolish and selfish to raise children in the hope that they might someday pay back the debt of their existence

● it was foolish and selfish to raise children 「子どもを育てるのは愚かで利己的である」が文字どおりの訳。to 以下を真主語とする形式主語の文である。ほぼ直訳でよいが，was は時制の一致で過去形になっているため，訳では現在形のようにしておくのが適切。

● in the hope that ～「～と期待して」の意の成句。

● they might someday pay back ～「彼らがいつか～を返してくれるか
もしれない」が文字どおりの訳。pay back ～ は「(借金) を返済する」
が基本の意味だが，次の debt との兼ね合いで訳語の選択を考えること
になる。

● the debt of their existence「彼らの存在という恩義」 debt には「借
金」だけでなく「恩義」の意味がある。「彼ら」は子どもを受けており，
「子どもの存在という恩義」とは，子どもは親がいなければ存在しない
ので，親に借りがあるということである。「その借りを pay back する」
のだから，訳は「恩返しする，恩に報いる」となる。their existence は
「彼らの存在」という直訳では意味がわからないので，「自分を生み育
ててくれたこと (への恩義)」などと内容を補う必要があるだろう。

▶ (ウ)　This philosophy explains their love for a pet that, in many
ways, contradicts what we generally believe a pet should be.

● This philosophy explains …「この哲学は…を説明する」が直訳。This
philosophy は第 1 段最終文 (When I was 14 …) に述べられている，
子どもに対する親の態度についての著者の父親の考え方のこと。「哲学」
より「考え (方)」や「方針」という訳語のほうがしっくりくる。ex-
plains は物事が主語の場合，「物事が (人に) …を説明してくれる」と
言葉を足したり，「その物事によって…が説明できる〔わかる〕」と主語
を副詞句のように訳したりするとよい。

● their love for a pet that, in many ways, contradicts …「…と矛盾する
ペットへの彼らの愛情」は that が pet を先行詞とする関係代名詞。in
many ways は「多くの点で」の意。contradict は他に「～と相反する，
食い違う」などの訳語も使える。what 以下 (次項参照) とは異なるペ
ットを愛している，ということ。

● what we generally believe a pet should be「私たちが一般にペットが
(こう) あるべきだと信じているもの」が直訳。ほぼ文字どおりでもわ
かるが，what ～ should be は「～のあるべき姿」といった訳し方もよ
くみられる。この部分のもとになるのは，we generally believe (that)
a pet should be ～「私たちは一般に，ペットは～であるべきだと信じ
ている」という複文。be の補語が関係代名詞 what になって前に出て

いる。このような構文では,「～ということ」の意の接続詞は必ず省略
される。

＊━◆━◆━◆━ ●語句・構文● ━◆━◆━◆━◆━◆━◆━◆━◆

(第1段)　●the duty of parents not just to ～「～するのは親の義務で
　　　ある」は, 直前の it is the duty of children to ～ と同じパターンであ
　　　るため, 冒頭の it is が省略されている。

(第2段)　●in *one's* way「それなりに」

5 **解答**　(A)彼が出していた雑誌は, 何もしないことを勧めること
　　　が主旨であったのに, 彼自身がその雑誌の運営で疲れ切
ってしまったということ。

(B)インターネット上に驚くべきこととされているものがあふれているため,
現代人は身の回りにあるものの中に驚きや喜びを感じられなくなってきて
いるということ。

(C) what is it that's so pleasing about this layer of

(D) (ア) (27)— h)　(28)— a)　(29)— e)　(30)— g)　(31)— i)　(32)— c)

(イ)— d)

(ウ)— a)

━◆━◆━◆━◆━◆ ◆全　訳◆ ◆━◆━◆━◆━◆━◆━◆━◆━◆

≪雲の魅力≫

　ギャビン＝プレイター＝ピニーは, 少し休憩することにした。それは
2003 年の夏のことで, 過去 10 年の間, ロンドンでのグラフィックデザイ
ンの仕事に加えて, 彼と友人のひとりは『アイドラー（無精者)』という
雑誌を出してきた。このタイトルは「怠け者のための文学」を示唆してい
る。それは, 忙しさや出世第一主義に反対し, 無目的, つまり想像力が静
かに自由に働くままにしておくことの価値に賛成する論を張っている。プ
レイター＝ピニーはあらゆる冗談を予期していた。それは, 何もしないこ
とをもっぱら勧める雑誌を出すことで燃え尽きたといったものだ。しかし,
それは本当だった。その雑誌を出すのは疲れるもので, 10 年経って, し
ばらく立ち止まって無計画な暮らしをすること, 彼自身がよい意味で怠け
者になって, 新しい着想が生まれる余地を作ることが正しいように思えた。
それで彼はロンドンから, すべてが新しく, 何でも起こりうるであろうロ

ーマに住む部屋を移した。

　プレイター＝ピニーは 47 歳で，背が高くて心優しく，白髪交じりのあご
ひげを生やし，淡い青色の目をしている。彼の顔は晴れやかであることが
多く，まるで話を聞かされていて，何かとんでもない驚きがやってくるの
を感じているかのようである。彼はローマに 7 カ月滞在し，そこを愛した
が，とりわけ宗教芸術が気に入った。彼はあることに気づいた。彼が出会
った絵画には雲がたくさん描かれていた。最近彼が私に話してくれた言葉
で言えば，「聖人たちのソファのような，柔らかい雲」が至るところにあ
ったのだ。しかし，屋外でプレイター＝ピニーが空を見上げてみると，実
際のローマの空はたいてい雲がなかった。彼は，そんな無限の青い空虚に
はなじみがなかった。彼はイングランド人だ。雲には慣れていた。彼は，
子どものとき雲に魅了され，人が長いはしごを上って行って，雲から綿を
収穫しているに違いないと思ったことを覚えていた。今度はローマで，彼
は雲のことを考えるのをやめられなくなった。「私は自分が雲を懐かしが
っているのに気づいたんです」と，彼は私に語った。

　雲。雲にとりつかれるなんて変だし，おそらくばかばかしくさえあるが，
彼はそれに逆らわなかった。彼がよくやることだが，頭に特定の目的もな
く，ざっくりとした方向さえないにもかかわらず，とりつかれるままにし
ていた。彼は物事がどこへ進むのかただ見ているのが好きなのだ。プレイ
ター＝ピニーはロンドンに戻ったとき，絶えず雲のことを話した。彼は雲
に見とれながら歩き回り，「層積雲」のような科学上の名前や雲を形作る
気象条件を知り，雲なんて憂鬱だとかつまらないとか文句を言う友人たち
と議論した。のちに彼が言ったように，彼は「雲は文句を言うようなもの
ではない。実際には，自然界の最も動的で詩的な側面だ」と気づき始めて
いた。

　生活のペースをゆるめて雲のよさを味わうことが彼の人生を豊かにし，
よく見えるところに隠れているその他のちょっとした美の価値を認める能
力を研ぎ澄ました。同時にプレイター＝ピニーは，私たちは驚きの感覚を
失っていく時代に入りつつあるのだと気づかずにいられなかった。新しい，
一般には驚くべきこととされているものがインターネット上であまりにも
素早く飛び交うため，彼曰く，私たちは今やみんな「ああ，パンダが何か
変わったことをしているのはちょうどネットで見たよ。今度は何が自分を

驚かせてくれるのかな」といった態度で歩き回ることがある。彼の雲に対する情熱は，彼に「自分の身の回りにあるものに驚いたり喜んだりできるということに気づくほうが，私たちの心にはずっと素晴らしい」ことだと教えてくれていた。

2004 年の終わり，ある友人が，サウス・ウェスト・イングランドで開かれる小規模な文学祭で，雲について話をしてくれないかとプレイター＝ピニーに求めてきた。その前年は演者のほうが聴衆よりも数が多かったので，プレイター＝ピニーは多くの人を呼び寄せるために，自分の講演に興味深いタイトルをつけたいと思った。「雲に対する悪評から雲を守る，雲のために立ち上がる団体があったらおもしろいんじゃないか」と彼は思った。それで彼は自分の講演を「雲評価協会の第 1 回年次講演」と呼んだ。そしてそれは効果を発揮した。立ち見席のみとなったのだ！ 講演のあと，人々は彼のところへやって来て，雲評価協会についてもっと情報がほしいと言ってきた。彼らは入会を希望していたのである。「だから彼らに言わなくてはなりませんでした。えーっと，実は協会はありません，とね」とプレイター＝ピニーは言った。そこで彼は協会を作り出すことにとりかかった。

彼は，雲の写真を掲載するギャラリー，入会申込フォーム，大胆な声明を載せた簡単なウェブサイトを作った。（それは「私たちは，雲が不当に侮辱されている，雲がなければ人生ははるかに貧しいものになるだろうと信じている」で始まっている。）彼はまた，会費をとり，会員証を郵便で発行することにした。彼がこういうことをしたのは，名前だけが存在するネット上の雲評価協会に入るなんて，ばかげているように見えるかもしれないと認識していたからであり，間違いなく無意味なものに見えないようにしたいと思ったからだった。

数カ月のうちに，同協会は会費を払う会員が 2,000 人になっていた。プレイター＝ピニーは驚き，そして喜んだ。その上，ヤフーが雲評価協会を，2005 年の英国における「どうかしている素晴らしいウェブサイト」のリストのトップに置いたのである。人々はそのリンクをクリックし続け，それは必ずしも驚くことではないのだが，そのうちの何千もの人たちがプレイター＝ピニー自身のウェブサイトにまでクリックしてきて，会費を払った。他のニュースサイトも注意を向けた。そうしたサイトはそれぞれ独自

に雲評価協会についての記事を載せ，人々はその記事のリンクもたどった。以前，プレイター=ピニーは雲に関する本を書くことを提案して，28 人の編集者から却下されていた。今では彼は，多数のフォロワーをもつインターネット上の話題の人だった。彼は雲についての本を書く契約を得た。

　執筆過程は骨の折れるものだった。以前に実際に本を書いたことがなかった上に，彼は自分に完璧を求めたので，作業は遅々としたものだった。しかし，2006 年に発行された『雲の楽しみ方』は楽しさと驚きに満ちている。プレイター=ピニーは芸術史，詩，現代の写真にある雲を考察している。本の中ほどに雲クイズがある。問題 5 はある写真について「一体この層積雲の層の何がそんなにも楽しいのか？」と尋ねている。プレイター=ピニーが与えている答えは，「それを楽しいとあなたが思う理由ならどんな理由でも楽しい」である。

　この本はベストセラーになった。

━━━━◀解　説▶━━━━

◆(A)　burn out は「燃え尽きる」で，ここでは比喩的に，人が精力を使い果たすことを表している。running a magazine「雑誌を出して」は分詞構文。「燃え尽きた」理由にあたる。devoted to doing nothing「何もしないことに捧げられた〔向けられた〕」は a magazine を修飾する形容詞用法の過去分詞の句。「何もしないことをもっぱら勧める」という意味である。全体で「彼は，何もしないことをもっぱら勧める雑誌を出すことで燃え尽きた」となる。これが冗談の例になるのは，何もしないことを勧める雑誌なのに，それを出している本人は，出版に一生懸命になって疲れ切ったという矛盾を起こしているからである。その点を解答欄に収まるようにまとめる。

◆(B)　下線部の訳は「私たちは驚きの感覚を失っていく時代に入りつつある」となる。直後の文に「新しい，一般には驚くべきこととされているものがインターネット上であまりにも素早く飛び交う」とあり，そのため人は「ネットで見た」ことで満足している様子が述べられている。同段最終文（His passion for …）には「自分の身の回りにあるものに驚いたり喜んだりできるということに気づくほうが，私たちの心にはずっと素晴らしい」とある。「驚きの感覚を失う」とは，現代人が新しい驚くべきこととされているものをインターネットで見て満足し，身の回りにあるものをじ

かに見て，その中に驚きや喜びを感じることができなくなっていることを
表していると考えられる。それを解答欄に収まるようにまとめる。

◆(C)　当該箇所はクイズの内容で，その答えは直後の文に It is pleasing
for whatever reason you find it to be.「それを楽しいとあなたが思う理
由ならどんな理由でも楽しい」とある。空所の直後にある stratocumulus
を楽しいと思う理由を尋ねる問題であることがわかる。stratocumulus は
「層積雲」で，与えられた語のうち layer「層」はこれを修飾する句を作
ると考えられる。冠詞類が this しかないので this layer of (stratocumulus)
「この層積雲の層」となる。「この層積雲の層の何がそんなに楽しいのか」
という問いの内容としてふさわしい文にするには what is so pleasing
about this layer of (stratocumulus ?) で十分だが，it と that's が残る。
文構造には不要な it, that が与えられていることから，強調構文だと考え
られる。疑問詞の強調は，疑問詞＋is it that＋平叙文の語順の文＋？とな
るので，単独の is は強調構文の一部, that's の is は元の文の述語動詞と考
えて，what is it that's so pleasing about this layer of (stratocumulus ?)
となる。

◆(D)　▶(ア)　(27)選択肢はすべて現在分詞形なので，当該文は「私は自分が
それら（＝雲）を…しているのに気づいた」となる。第2段第6文（But
outside, when …）～第8文に「ローマの空はたいてい雲がなかった。彼
は，そんな無限の青い空虚にはなじみがなかった。彼はイングランド人だ。
雲には慣れていた」とあり，第10文（Now, in Rome, …）には「彼は雲
のことを考えるのをやめられなくなった」とある。h）の missing を補え
ば「雲がなくて寂しいと思っている〔雲を懐かしがっている〕のに気づい
た」となり，文脈に合う。

(28)　直前の文に「彼は絶えず雲のことを話した」とあり，雲の魅力にとり
つかれていた様子が述べられている。a）の admiring を補えば，「彼は
雲に見とれながら〔感嘆しながら〕歩き回り」となり，文脈に合う。

(29)　当該文は「生活のペースをゆるめて雲のよさを味わうことが彼の人生
を豊かにし，よく見えるところに…その他のちょっとした美の価値を認め
る能力を研ぎ澄ました」となっている。in plain sight は「よく見えると
ころに」の意。雲はだれでも目にするものだが，多くの人にとっては関心
の対象とならない，つまりそのよさは「見えない」。同様に，どこにでも

見られる他の美も，ものは目に見えていてもその美しさは「見えていない」，つまり「隠れている」とするのが文意に合う。ｅ）の hiding「隠れている」が正解。

⑶⁰ set about *doing* は「～することにとりかかる」の意なので，当該文は「それで彼はひとつ（＝協会）を…（こと）にとりかかった」となる。プレイター=ピニーは「雲評価協会」なるものがあるかのように講演を行い，その協会に人々が関心を示したので，それなら実際に作ってしまおうと考えたということ。直後の第６段ではその様子が述べられている。ｇ）の inventing「作り出すこと，考案すること」が正解。

⑶¹ 当該文は「数カ月のうちに，同協会は 2,000 人の…会員をもっていた」が直訳。直前の段落である第６段第３文（He also decided …）に「彼はまた，会費をとり，会員証を郵便で発行することにした」とある。会員は会費を払っているので，ｉ）の paying「（会費を）払っている」が正解。

⑶² 当該文は「執筆過程は…だった」となっており，直後の文に「以前に実際に本を書いたことがなかった上に，彼は自分に完璧を求めたので，作業は遅々としたものだった」と，執筆に苦労したことが述べられている。ｃ）の exhausting「心身を疲れさせる，骨の折れる」が正解。

▶⑷ 同段では，「雲評価協会」のウェブサイトを作ったとき，プレイター=ピニーが会費をとって会員証を郵便で送ることにしたことが述べられている。その理由にあたるのが当該文であり，because 節の前半に「名前だけが存在するネット上の雲評価協会に入るのは，ばかげているように見えるかもしれないと認識していた」とある。当該箇所の「それが間違いなく（　　　）に見えないようにしたいと思った」も，「ばかげているものに見えないようにしたい」という内容になるはずである。ｄ）の pointless「無意味な，不毛な」が適切。

▶⑺ ａ）「ローマに行って初めて，プレイター=ピニーは雲が魅力的だと思った」

第２段第９文（He remembered, as …）に「彼は，子どものとき雲に魅了され」とある。この選択肢は本文の内容と一致しない。これが正解。

ｂ）「プレイター=ピニーは，ロンドンに戻ってきてから雲について多くのことを学び，それが『雲の楽しみ方』を執筆するのに役立った」

第 3 段第 4 文（When Pretor-Pinney returned …）・第 5 文に「ロンドン
に戻ったとき，彼は絶えず雲のことを話し…雲に見とれながら歩き回り…
雲の科学上の名前や雲を形作る気象条件を知り…友人たちと議論した」と
ある。それが雲に関する講演，彼の「協会」への関心の高まり，本の執筆
へとつながったと考えられる。この選択肢は本文の内容と一致する。

ｃ）「プレイター=ピニーの雲評価協会はすぐに人々の注意を引いた」
第 7 段第 1 文（Within a couple …）に「数カ月のうちに，同協会は…会
員が 2,000 人になっていた」とあることと一致する。

ｄ）「小規模な文学祭でのプレイター=ピニーの雲に関する講演は，結果
的に並外れた成功を収めた」
第 5 段第 2 文（The previous year, …）に「その前年は，演者のほうが聴
衆よりも数が多かった」とあるのに対して，プレイター=ピニーが講演を
した年は，同段第 6 文で Standing room only!「立ち見席のみ！」とある
ことと一致する。

ｅ）「プレイター=ピニーは，『アイドラー』の共編者だったときも，雲評
価協会の創立者になったときも忙しかった」
第 1 段最後から 2 つ目の文（Getting the magazine …）に「その雑誌を
出すのは疲れるもので」とあり，第 6 段第 1 文（He created a …）～第 3
文に，ウェブサイトを作り，会員証を作ったことが述べられている。この
選択肢は本文の内容と一致する。

━━━━━━━━ ●語句・構文● ━━━━━━━━━━━━

（第 1 段）　●argue against〔for〕～「～に反対の〔賛成の〕論を張る」

（第 2 段）　●He was an Englishman ; he was accustomed to clouds.
　　「彼はイングランド人で，雲には慣れていた」というのは，イギリスは
　　「1 日のうちに四季がある」と言われるほど天気が移ろいやすいという
　　事情が背景にある。

（第 3 段）　●as *A* put(s) it「*A*（人）が言う〔言った〕ように」　人の言
　　葉を引用するときの常套句。

（第 4 段）　●pockets of ～「～の小集団，ちょっとした～（の集まり）」

（第 5 段）　●defend *A* against *B*「*B* に対して *A* を擁護する」

（第 8 段）　●demand *A* of *B*「*B* に *A* を要求する」

❖講　評

　大問数は 5 題で例年どおりである。選択問題での解答方式がマークシート法であることも 2015〜2018 年度と同じである。内容や出題形式に多少の変化があるのは例年のことであり，2019 年度も 1 (B)や 4 (A)が 2018 年度とは異なっていた。

　1　(A)英文の内容を日本語で要約するもの。字数は 70〜80 字。(B)単語の空所補充と文の空所補充。

　2　(A)テーマ英作文。与えられたテーマに沿って，自分の考えを理由などとともに述べるもの。60〜80 語。(B)和文英訳。1 段落程度の和文中の 1 文を英訳するもの。

　3　リスニング。3 つのパートに分かれており，いずれも 2 回ずつ読まれる。(A)講義，(B)会話，(C)講義という構成で，(A)と(B)は関連する内容になっている。リスニングは試験開始後 45 分経過した頃から約 30 分間行われる。

　4　(A)文法・語彙・読解問題。各段落に 5 カ所ある下線部のうち，誤りを含む箇所を一つ指摘するもの。(B)英文和訳問題。一連の英文中の 3 カ所を和訳するもの。

　5　長文読解。ある人物を紹介した評伝。

　以下，各問題の詳細をみる。

　1　(A)　英文量は約 320 語で例年同様の長さである。子どもの権利を巡る論説文で，内容は理解しやすい。設問に「ヨーロッパで生じたとされる変化の内容を要約せよ」とあり，変化前と変化後を対比して述べるという要約文の方向性が定めやすい。

　(B)　英文量は約 760 語で例年同様の長さである。空所に合う単語を文中から抜き出す問題と，6 カ所ある空所に合う文を選ぶ問題の 2 種類。文脈がたどりやすく，選択肢には紛らわしいものはない。素早く解答したい。

　2　(A)　テーマ英作文。新たに祝日を設けるとしたらどのような祝日を提案したいか，その祝日の意義や望ましいと思う理由とともに述べるもの。近年ではあまりみられなかった古典的な設問である。内容は比較的考えつきやすいだろう。

　(B)　和文英訳。一連の文章中の 1 文を英訳するもの。英訳箇所の長さ

は 2018 年度と同程度。やや長めの 1 文だが，必要な語彙や構文は基本的なものであり，解答はしやすい。それだけに小さなミスのないように仕上げる必要がある。

　3　(A)　連続講義の基調講演にあたるもの。「現代社会におけるスポーツの役割」について述べており，スポーツは社会や生活の「理想と現実」の両方を表すものだという主旨をおさえること。

　(B)　(A)で述べられたことに関する，2 人の人物の討論。2 人の意見の相違点が何かを聞き取ることがポイントになる。

　(C)　「幼児期の記憶がない理由」を論じた講義。出てくる数値を正確に聞き取ることが重要である。

　4　(A)　5 段落構成の一連の文章で，各段落に 5 カ所ずつ下線が入っており，そのうち誤りを含むものを選ぶ問題。語句や文法事項の単純な知識に関するものから，文意上成立しないものまで，誤りの判断の根拠はさまざまである。

　(B)　一連の文章中の 3 カ所の英文和訳。いずれの箇所も比較的短く，語句・構文面も難解なものはないが，わかりやすい日本語を工夫する必要があるものも含まれている。

　5　雲の魅力にとりつかれた人物を紹介した評伝である。話題としては珍しいものかもしれないが，内容は理解しやすい。設問は，記述式の内容説明，語句整序，選択式の空所補充，内容真偽であった。

──────「英語」の記述式問題の出題の意図（東京大学　発表）──────

　本学の学生に期待される外国語力とは，知的活動の一環として，外国語で円滑に意思疎通を図る能力を意味しています。相手が発信した内容を正しく理解し，自分が相手に伝えたい事柄を適切に表現する能力がその根幹をなしていることは言うまでもありませんが，そうした理解力や表現力を十分に発揮するためには，その言語についての正確な知識を土台として培われた論理的な思考力と，場面や状況に応じた的確な判断力も必要になります。これらの能力が現時点でどの程度身についているかを測るために，外国語科目の記述式問題には以下のような設問が含まれています。

１．要約問題【1 (A)】

　　各段落の構成と段落間のつながりに注意を払いながら，文章全体の論理的な展開を正確にたどり，主要な論点を把捉する力が試されています。

２．作文問題【2 (A)・2 (B)】

　　和文の外国語訳においては，日本語で与えられた情報を外国語で過不足なく，正確に読み手に伝える能力が試されています。自分の考えを外国語で表現する問題においては，自らの意見が読み手に明確に伝わるよう，適切な語句や表現を用いて，論理的で説得力のある文章を作成する能力が試されています。

３．外国語文の和訳問題【4 (B)】

　　文中に含まれる語句の意味とその使い方，文構造，文法事項についての基本的な知識が問われています。和訳の対象となる文が長い文章の一部となっている場合には，前後の文脈を踏まえて該当箇所の意味を解釈する能力も問われています。

４．長文読解問題【5】

　　文章全体の流れを大局的に把握しながら，文章の細部に含まれる表現のニュアンスをも同時に読み取れるような総合的な理解力が求められています。より具体的には，文章に書かれた出来事や事象がどのような経緯をたどって生起しているのかを正確に把握しつつ，細部の表現に込められた書き手や登場人物の心情や価値観，ものの見方などを的確に理解することが重要です。

■数学■

1 ◇発想◇　$x = \tan t$ と置換し，被積分関数を三角関数で表し，展開整理し各項の積分を行う。別解として，被積分関数を展開整理し，各項の積分を $t = 1 + x^2$ や $x = \tan\theta$ の置換を用いて計算する方法も考えられる。

解答　与えられた定積分を I とおく。

$x = \tan t$ とおくと，$\begin{array}{c|c} x & 0 \longrightarrow 1 \\ \hline t & 0 \longrightarrow \dfrac{\pi}{4} \end{array}$ である。

このとき，$1 + x^2 = \dfrac{1}{\cos^2 t}$ と $\cos t > 0$ から

$$x^2 = \frac{1}{\cos^2 t} - 1, \quad \frac{x}{\sqrt{1+x^2}} = \tan t \cos t = \sin t, \quad \frac{dx}{dt} = \frac{1}{\cos^2 t}$$

よって

$$I = \int_0^{\frac{\pi}{4}} \left(\frac{1}{\cos^2 t} - 1 + \sin t \right)(1 + \sin t \cos^2 t) \cdot \frac{1}{\cos^2 t} dt$$

$$= \int_0^{\frac{\pi}{4}} \left(\frac{1}{\cos^4 t} - \frac{1}{\cos^2 t} + \frac{2\sin t}{\cos^2 t} - \sin t + \sin^2 t \right) dt \quad \cdots\cdots\text{①}$$

ここで

$$\int_0^{\frac{\pi}{4}} \frac{1}{\cos^4 t} dt = \int_0^{\frac{\pi}{4}} (1 + \tan^2 t)(\tan t)' dt = \left[\tan t + \frac{1}{3} \tan^3 t \right]_0^{\frac{\pi}{4}} = \frac{4}{3} \quad \cdots\cdots\text{②}$$

$$\int_0^{\frac{\pi}{4}} \frac{1}{\cos^2 t} dt = \left[\tan t \right]_0^{\frac{\pi}{4}} = 1 \quad \cdots\cdots\text{③}$$

$$\int_0^{\frac{\pi}{4}} \frac{2\sin t}{\cos^2 t} dt = \left[\frac{2}{\cos t} \right]_0^{\frac{\pi}{4}} = 2\sqrt{2} - 2 \quad \cdots\cdots\text{④}$$

$$\int_0^{\frac{\pi}{4}} \sin t\, dt = \left[-\cos t \right]_0^{\frac{\pi}{4}} = 1 - \frac{\sqrt{2}}{2} \quad \cdots\cdots\text{⑤}$$

$$\int_0^{\frac{\pi}{4}} \sin^2 t\, dt = \int_0^{\frac{\pi}{4}} \frac{1 - \cos 2t}{2}\, dt = \left[\frac{t}{2} - \frac{\sin 2t}{4}\right]_0^{\frac{\pi}{4}} = \frac{\pi}{8} - \frac{1}{4} \quad \cdots\cdots ⑥$$

①〜⑥から

$$I = \frac{4}{3} - 1 + 2\sqrt{2} - 2 - 1 + \frac{\sqrt{2}}{2} + \frac{\pi}{8} - \frac{1}{4}$$

$$= \frac{\pi}{8} + \frac{5\sqrt{2}}{2} - \frac{35}{12} \quad \cdots\cdots (答)$$

〔注〕　①式では，一部次のような処理もできる。

$$\int_0^{\frac{\pi}{4}} \left(\frac{1}{\cos^4 t} - \frac{1}{\cos^2 t}\right) dt = \int_0^{\frac{\pi}{4}} \left\{ (1 + \tan^2 t) \frac{1}{\cos^2 t} - \frac{1}{\cos^2 t}\right\} dt$$

$$= \int_0^{\frac{\pi}{4}} \frac{\tan^2 t}{\cos^2 t}\, dt = \frac{1}{3}\left[\tan^3 t\right]_0^{\frac{\pi}{4}} = \frac{1}{3}$$

別解　$I = \displaystyle\int_0^1 \left\{ x^2 + \frac{x}{\sqrt{1+x^2}} + \frac{x^3}{(1+x^2)\sqrt{1+x^2}} + \frac{x^2}{(1+x^2)^2}\right\} dx \quad \cdots\cdots ①$

$$\int_0^1 x^2\, dx = \left[\frac{x^3}{3}\right]_0^1 = \frac{1}{3} \quad \cdots\cdots ②$$

$$\int_0^1 \frac{x}{\sqrt{1+x^2}}\, dx = \left[\sqrt{1+x^2}\right]_0^1 = \sqrt{2} - 1 \quad \cdots\cdots ③$$

また，$t = 1 + x^2$ とおくと　　$\dfrac{dt}{dx} = 2x,$　$\begin{array}{c|ccc} x & 0 & \longrightarrow & 1 \\ \hline t & 1 & \longrightarrow & 2 \end{array}$

よって

$$\int_0^1 \frac{x^3}{(1+x^2)\sqrt{1+x^2}}\, dx = \frac{1}{2}\int_1^2 \frac{t-1}{t\sqrt{t}}\, dt = \frac{1}{2}\int_1^2 \left(t^{-\frac{1}{2}} - t^{-\frac{3}{2}}\right) dt$$

$$= \left[t^{\frac{1}{2}} + t^{-\frac{1}{2}}\right]_1^2 = \left(\sqrt{2} + \frac{1}{\sqrt{2}}\right) - 2$$

$$= \frac{3}{2}\sqrt{2} - 2 \quad \cdots\cdots ④$$

次いで，$x = \tan\theta$ とおくと

$$\frac{dx}{d\theta} = \frac{1}{\cos^2\theta}, \quad x^2 = \tan^2\theta, \quad 1 + x^2 = \frac{1}{\cos^2\theta}, \quad \begin{array}{c|ccc} x & 0 & \longrightarrow & 1 \\ \hline \theta & 0 & \longrightarrow & \frac{\pi}{4} \end{array}$$

よって

$$\int_0^1 \frac{x^2}{(1+x^2)^2}\,dx = \int_0^{\frac{\pi}{4}} \tan^2\theta \cdot \cos^4\theta \cdot \frac{1}{\cos^2\theta}\,d\theta$$

$$= \int_0^{\frac{\pi}{4}} \sin^2\theta\,d\theta = \int_0^{\frac{\pi}{4}} \frac{1-\cos 2\theta}{2}\,d\theta$$

$$= \frac{1}{2}\Big[\theta - \frac{\sin 2\theta}{2}\Big]_0^{\frac{\pi}{4}} = \frac{1}{2}\Big(\frac{\pi}{4} - \frac{1}{2}\Big)$$

$$= \frac{\pi}{8} - \frac{1}{4} \quad \cdots\cdots ⑤$$

①〜⑤から

$$I = \frac{1}{3} + \sqrt{2} - 1 + \frac{3}{2}\sqrt{2} - 2 + \frac{\pi}{8} - \frac{1}{4}$$

$$= \frac{\pi}{8} + \frac{5\sqrt{2}}{2} - \frac{35}{12}$$

◀ 解　説 ▶

≪無理関数を含む定積分，置換積分≫

　$x=\tan t$ とおき，被積分関数を三角関数で表現する発想と計算力が成否を分ける。これは与式中の $\dfrac{x}{\sqrt{1+x^2}}$ をどう扱うかがポイントであることによる。そのために，$1+\tan^2 t = \dfrac{1}{\cos^2 t}$ を利用する発想は自然である。これにより，$x=\tan t$ とおくと，$\sqrt{1+x^2}=\dfrac{1}{\sqrt{\cos^2 t}}$ が得られ，積分区間から $\cos t>0$ であることより，$\sqrt{1+x^2}=\dfrac{1}{\cos t}$ となり，$\dfrac{x}{\sqrt{1+x^2}}=\tan t\cos t=\sin t$ を得る。被積分関数を三角関数で展開整理した後のポイントは，

$\displaystyle\int_0^{\frac{\pi}{4}} \frac{1}{\cos^4 t}\,dt = \int_0^{\frac{\pi}{4}} (1+\tan^2 t)(\tan t)'\,dt$ であるが，〔注〕のような処理もある。他の項の積分は易しい。〔別解〕のように最初から被積分関数を展開整理したのち，各項の積分を行うこともできる。この場合は，$\dfrac{x}{\sqrt{1+x^2}}$ の扱いは $\displaystyle\int \frac{x}{\sqrt{1+x^2}}\,dx = \sqrt{1+x^2} + C$ と易しいが，$\dfrac{x^3}{(1+x^2)\sqrt{1+x^2}}$ の扱いがポイントとなる。これは $t=1+x^2$ とおいて処理するとよい。

　本問は，標準レベルの積分であるが，積分処理や計算で十分に差が出る問題である。

2

◇発想◇　座標平面で考え，点 R と直線 PQ との距離を利用すると，$\triangle PQR = \dfrac{1}{3}$ から p, q, r の関係式を得る。p のとりうる値の範囲に気をつける。別解として，台形 APRD の面積を利用する方法も考えられる。

解答　xy 平面で A $(0,\ 0)$，B $(1,\ 0)$，C $(1,\ 1)$，D $(0,\ 1)$，P $(p,\ 0)$，Q $(0,\ q)$，R $(r,\ 1)$ とする。ただし，$0 < p \leqq 1$，$0 < q \leqq 1$，$0 \leqq r \leqq 1$ である。

$\triangle APQ = \dfrac{1}{3}$ から $\dfrac{1}{2}pq = \dfrac{1}{3}$ なので

$$pq = \frac{2}{3} \quad \cdots\cdots ①$$

直線 PQ の方程式は $\dfrac{x}{p} + \dfrac{y}{q} = 1$ であり

$$qx + py - pq = 0$$

$$qx + py - \frac{2}{3} = 0 \quad \cdots\cdots ② \quad (①より)$$

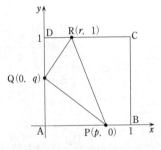

A $(0,\ 0)$ は領域 $qx + py - \dfrac{2}{3} < 0$ にあり，点 R $(r,\ 1)$ は直線②に関して A と反対側にあるので，点 R $(r,\ 1)$ は領域 $qx + py - \dfrac{2}{3} > 0$ にある。

よって，点 R と直線②との距離 d は

$$d = \frac{qr + p - \dfrac{2}{3}}{\sqrt{p^2 + q^2}} \quad \cdots\cdots ③$$

また　　$PQ = \sqrt{p^2 + q^2} \quad \cdots\cdots ④$

$\triangle PQR = \dfrac{1}{3}$ から $\dfrac{1}{2}PQ \cdot d = \dfrac{1}{3}$ であり，③，④より

$$qr + p - \frac{2}{3} = \frac{2}{3}$$

よって

$$r = \frac{1}{q}\left(\frac{4}{3} - p\right) = \frac{3}{2}p\left(\frac{4}{3} - p\right) \quad \left(① より \frac{1}{q} = \frac{3}{2}p\right)$$

したがって

$$\frac{DR}{AQ} = \frac{r}{q} = \frac{9}{4}p^2\left(\frac{4}{3} - p\right) = 3p^2 - \frac{9}{4}p^3$$

$f(p) = 3p^2 - \dfrac{9}{4}p^3$ とおくと

$$f'(p) = 6p - \frac{27}{4}p^2 = -\frac{27}{4}p\left(p - \frac{8}{9}\right)$$

ここで, $p = \dfrac{2}{3q}$ と $0 < p \leqq 1$, $0 < q \leqq 1$ から, $\dfrac{2}{3} \leqq p \leqq 1$ である。

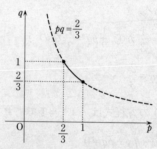

p	$\frac{2}{3}$	$\cdots$	$\frac{8}{9}$	$\cdots$	1
$f'(p)$		$+$	0	$-$	
$f(p)$	$\frac{2}{3}$	$\nearrow$	$\frac{64}{81}$	$\searrow$	$\frac{3}{4}$

増減表から, $\dfrac{DR}{AQ}$ の最大値は $\dfrac{64}{81}$, 最小値は $\dfrac{2}{3}$ ……(答)

別解 $\left(r = 2p - \dfrac{3}{2}p^2 を導く部分\right)$

$$\triangle PQR = (台形\ APRD) - \triangle APQ - \triangle DQR$$
$$= \frac{1}{2}(p + r) - \frac{1}{3} - \frac{1}{2}(1 - q)r = \frac{1}{2}(p + qr) - \frac{1}{3}$$

これと $\triangle PQR = \dfrac{1}{3}$ から, $p + qr = \dfrac{4}{3}$ となり

$$r = \frac{4}{3q} - \frac{p}{q} = 2p - \frac{3}{2}p^2 \quad \left(q = \frac{2}{3p} より\right)$$

〔注〕 $r = \dfrac{1}{q}\left(\dfrac{4}{3} - p\right) = \dfrac{1}{q}\left(\dfrac{4}{3} - \dfrac{2}{3q}\right)$ なので, $\dfrac{r}{q}$ を q を用いて表すと

$$\frac{r}{q} = \frac{1}{q^2}\left(\frac{4}{3} - \frac{2}{3q}\right) = \frac{4}{3q^2} - \frac{2}{3q^3}$$

となり，$t=\dfrac{1}{q}$ とおくと

$$\dfrac{DR}{AQ}=\dfrac{4}{3}t^2-\dfrac{2}{3}t^3$$

ここで，$p=\dfrac{2}{3q}$ と $0<p\leqq1$ から，$0<\dfrac{2}{3q}\leqq1$ であり，これと $0<q\leqq1$ から，

$1\leqq\dfrac{1}{q}\leqq\dfrac{3}{2}$ となり，$1\leqq t\leqq\dfrac{3}{2}$ である。

以上と $g(t)=\dfrac{4}{3}t^2-\dfrac{2}{3}t^3$ の増減表から，同じ

結果を得る。

t	1	$\cdots$	$\dfrac{4}{3}$	$\cdots$	$\dfrac{3}{2}$
$g'(t)$		+	0	−	
$g(t)$	$\dfrac{2}{3}$	↗	$\dfrac{64}{81}$	↘	$\dfrac{3}{4}$

■■■■■■ ◀解　説▶ ■■■■■■

≪三角形の面積，3 文字の関係式から 1 変数関数への帰着≫

　$q=\dfrac{2}{3p}$ を得るのは易しい。r を p で表すためには 2 通りの方法が考えら

れる。〔解答〕は点 R と直線 PQ との距離を用いる方法であり，〔別解〕は

台形 APRD の面積を利用する方法である。どちらも発想としては自然だ

が，前者の場合，はじめから $q=\dfrac{2}{3p}$ を用いてすべて p で表して進めると

計算が煩雑になる。PQ の方程式の定数項 pq を $\dfrac{2}{3}$ で置き換えた後は p，q

を用いて計算を進め，最後のところで再度 $q=\dfrac{2}{3p}$ を用いるとよい。以上

より，$\dfrac{DR}{AQ}$ は p または q で表現できる。p で表現すると p の 3 次関数とな

る。q で表現すると，〔注〕のように q の分数関数となるので，$\dfrac{1}{q}=t$ の変

換で t の 3 次関数に帰着させるとよいが少し煩雑である。最後のポイント

は，p または q のとりうる値の範囲を求めることである。これは $q=\dfrac{2}{3p}$ か

ら双曲線のグラフを用いると簡明である。

　本問は素材の図形が明確で，現れる関数も 3 次関数なので，やや易〜標

準レベルの問題である。

3 ◇**発想**◇ (1) 頂点 A，C，E，P が平面 $y=0$ (xz 平面) 上に
あることおよび，平面 $y=0$ と平面 α の交線は AE と平行である
ことを利用する。

(2) 平面 α が八面体の 8 面すべてと交わって計 8 つの線分が切
り取られる条件を考える。平面 α の方程式を求めて，これを利
用すると根拠記述が簡明である。

(3) 平面 α の方程式を利用して，必要な点の座標を求める。

解答 (1) 八面体の頂点のうち，A，C，E，P が平面 $y=0$ (xz 平面)
上にあるので，八面体の平面 $y=0$ による切り口は四角形 APCE
の周および内部である。

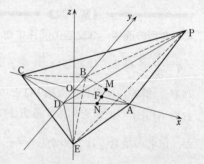

次に，平面 α の平面 $y=0$ による切
り口とは，平面 α と平面 $y=0$ の交
線のことである。

線分 MN が平面 α 上にあるので，
その中点 F も平面 α 上にある。F
の座標は $(1, 0, 0)$ であるから，
F は平面 $y=0$ 上にもある。したが

って，F は平面 $y=0$ と平面 α の交線上にある。また，この交線は直線
AE と平行でなければならない。なぜなら，平行でなければ，その交点は
平面 α と直線 AE の両方の上にあり，平面 α が直線 AE に平行であると
いう条件に反するからである。

AE も平面 $y=0$ 上の直線で傾きは 1 であるから，平面 α と平面 $y=0$ の交
線は，F を通り AE に平行な直線 $z=x-1$ である。

以上から，求める図は次図の網かけ部分（境界を含む）と直線 $z=x-1$ で
ある。

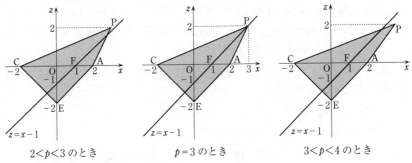

2＜*p*＜3 のとき　　　　　　　*p*＝3 のとき　　　　　　　3＜*p*＜4 のとき

(2)　八面体の平面 α による切り口が八角形となるのは，平面 α が八面体の 8 面すべてと交わって，計 8 つの線分が切り取られる場合である。

平面 α はM，N を含み，$\overrightarrow{\mathrm{AE}}$ と平行な平面であり，$\overrightarrow{\mathrm{MN}} \not\parallel \overrightarrow{\mathrm{AE}}$ であることから

$$\overrightarrow{\mathrm{OR}} = \overrightarrow{\mathrm{OM}} + s\overrightarrow{\mathrm{MN}} + t\overrightarrow{\mathrm{AE}} \quad （\text{O は原点，} s, \ t \text{ は実数}） \quad \cdots\cdots\text{①}$$

となる点Rの全体と一致する。

ここで，$\overrightarrow{\mathrm{MN}} = (0, \ -2, \ 0) \ /\!/ \ (0, \ 1, \ 0)$，$\overrightarrow{\mathrm{AE}} = (-2, \ 0, \ -2) \ /\!/ \ (1, \ 0, \ 1)$ なので，①となる点Rの全体は R $(x, \ y, \ z)$ として

$$(x, \ y, \ z) = (1, \ 1, \ 0) + s(0, \ 1, \ 0) + t(1, \ 0, \ 1) = (1+t, \ 1+s, \ t)$$

と表される点 $(x, \ y, \ z)$ の全体と一致する。よって，平面 α の方程式は

$$\begin{cases} x = 1 + t \\ y = 1 + s \\ z = t \end{cases} \text{から} \quad x - z = 1 \quad （y \text{ は任意}）$$

となる。平面 α 以外の空間の点は領域 $S : x - z - 1 > 0$ または領域 $T : x - z - 1 < 0$ のいずれかに属し，S に属する点と T に属する点を結ぶ線分は平面 α と 1 点で交わる。また，同じ領域に属する 2 点を結ぶ線分は平面 α と共有点をもたない。

　まず，平面 α は p によらず，4 面 EAB，EBC，ECD，EDA すべてから線分を切り取ることを示す。

A，E は S に属し，B，C，D は T に属するので，線分 AB，AD，EB，EC，ED は平面 α と交わる。

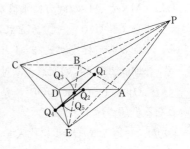

それぞれの交点を $Q_1 (= M)$，$Q_2 (= N)$，

Q_3, Q_4, Q_5 とすると, 4面EAB, EBC, ECD, EDAの平面αによる切り口はそれぞれ線分Q_1Q_3, Q_3Q_4, Q_4Q_5, Q_5Q_2 となり, 平面αはこれら4面すべてから線分を切り取る。

　次いで, 平面αが4面PAB, PBC, PCD, PDAのすべてと交線をもつためのpの条件を求める。

(i)　$2<p<3$ のとき

　$p-2-1<0$ より, PはTに属する。

　C, DもTに属するので, 線分PC, PD, CDは平面αと交わらない。

　よって, 平面αは面PCDから線分を切り取ることはなく, 不適である。

(ii)　$p=3$ のとき

　Pは平面α上にあり, C, DはTに属するので, 面PCDの共有点はPのみとなり, 平面αは面PCDから線分を切り取ることはなく, 不適である。

(iii)　$3<p<4$ のとき

　$p-2-1>0$ より, PはSに属する。

　AはSに属し, B, C, DはTに属するので, 線分AB, AD, PB, PC, PDは平面αと交わる。

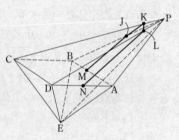

AB, ADとの交点はそれぞれM, Nである。

PB, PC, PDとの交点をそれぞれJ, K, Lとする。

平面αは4面PAB, PBC, PCD, PDAから, それぞれ線分JM, JK, KL, LNを切り取る。

以上から, 切り口が八角形となるpの値の範囲は

　　$3<p<4$　……(答)

〔注〕 $\overrightarrow{\mathrm{MN}}$ と $\overrightarrow{\mathrm{AE}}$ の両方に垂直なベクトル (平面αの法線ベクトル) の一つとして $(1,\ 0,\ -1)$ がとれることと, 点M$(1,\ 1,\ 0)$ を通ることから, 平面αの方程式は$x-z=1$となるとしてもよい。

(3)　平面αと辺PBの交点Jに対して

　　$\overrightarrow{\mathrm{OJ}}=(1-j)\overrightarrow{\mathrm{OB}}+j\overrightarrow{\mathrm{OP}}=(jp,\ 2-2j,\ 2j)$

となるj $(0<j<1)$ がある。

$x=jp$, $z=2j$ を $x-z=1$ に代入すると

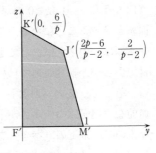

$$j(p-2)=1 \quad \text{から} \quad j=\frac{1}{p-2}$$

となり，J$\left(\dfrac{p}{p-2}, \dfrac{2p-6}{p-2}, \dfrac{2}{p-2}\right)$ である。

平面 α と辺 PC の交点 K に対して

$$\overrightarrow{OK} = (1-k)\,\overrightarrow{OC}+k\overrightarrow{OP}$$
$$= (2k-2+kp,\ 0,\ 2k)$$

となる k（$0<k<1$）がある。

$x=2k-2+kp$, $z=2k$ を $x-z=1$ に代入すると

$$kp=3 \quad \text{から} \quad k=\frac{3}{p}$$

となり，K$\left(1+\dfrac{6}{p},\ 0,\ \dfrac{6}{p}\right)$ である。

平面 α と辺 PD の交点 L の y 座標は 0 以下である（P，D の y 座標が 0 以下より）。また，線分 MN の中点 F の y 座標は 0 である。

以上と $3<p<4$ から，八面体 PABCDE の平面 α による切り口のうち，$y≧0$, $z≧0$ の部分にあるものは，四角形 FKJM の周および内部となる。

F，K，J，M を yz 平面上に正射影したものをそれぞれ F′，K′，J′，M′ とすると，四角形 F′K′J′M′ の面積が求める値であり，その値は

$$\triangle F'J'M' + \triangle F'J'K' = \frac{1}{p-2} + \frac{6(p-3)}{p(p-2)} = \frac{7p-18}{p(p-2)} \quad\cdots\cdots\text{(答)}$$

◀解　説▶

≪八面体の平面による切り口，平面の方程式≫

▶(1) 頂点 A，C，E，P が平面 $y=0$（xz 平面）上にあることから，八面体の平面 $y=0$ による断面（切り口）が四角形 APCE となることは易しい。平面 $y=0$ による平面 α の切り口とはこの 2 平面の交線のことである。この交線が線分 MN の中点 F を通り，AE に平行な直線であることの理由を〔解答〕では少し詳しく記述したが，F も AE も平面 $y=0$ 上にあることをつかむのがポイントである。

▶(2)　八面体の平面 α による切り口が八角形となるのは，平面 α が八面体の 8 面すべてと交わって，計 8 つの線分が切り取られる場合である。p によらず xy 平面の下（$z \leqq 0$）の 4 面と交わることを示し，次いで，xy 平面の上（$z \geqq 0$）の 4 面 PAB，PBC，PCD，PDA のすべてと交線をもつための p の条件を求める。どちらの場合も平面 α の方程式を利用すると明快な記述ができる。平面 α の方程式を求めるには，〔注〕のように，平面 α の法線ベクトルを用いるのが簡明であるが，現行課程を考慮して，〔解答〕では異なる理由付けを行った。実は平面 α の方程式を用いるなら，⑴の設問は⑵，⑶のためには不要である。なお，平面の方程式を利用しない初等幾何での丁寧な根拠記述を以下に〔参考〕として述べておく。実際にはここまでの記述は要求されないが，幾何的な根拠を深める一助としてほしい。

▶(3)　平面 α の方程式を利用し，線分の内分点を考えて，平面 α と辺 PB，PC との交点の座標を求めることがポイントである。これができると，切り口のうち $y \geqq 0$，$z \geqq 0$ の部分にあるものを yz 平面に正射影した四角形の面積を求めることになる。この計算は易しい。

▶本問は，中学入試などでも問われる八面体の平面による切り口という素材であるが，初等幾何では根拠記述をどの程度書くのかで迷う問題でもある。そこで，⑵の〔解答〕では平面 α の方程式を利用した。しかし，幾何的な根拠記述の確かさが本問のような問題を正しく突破する力の源泉となるので，以下の〔参考〕を通して力量の増進を図るとよい。

▶本問は⑴は易，⑵は幾何での根拠記述による場合は難の問題であるが，平面の方程式を用いる場合はやや難，⑶はやや難レベルの設問である。

参考　＜⑵の初等幾何による根拠記述＞

　　「平面 α と辺 CB，CD が交わることはない」……（＊）

なぜなら，平面 α と CB または CD が交わるとすると，平面 α は面 ABCD となり，AE と平行にならないからである。

また

　　「平面上で三角形の頂点を通らず，ひとつの辺の内部を通る直線は残
　　　りの 2 辺のうちの一方のみの辺の内部で交わる」……（＊＊）

これは前提とし，以下，（＊），（＊＊）のもとで考える。

　まず，p によらず，平面 α は 4 面 EAB，EBC，ECD，EDA すべてと交

わることを示す。

平面 α による面 EAD の切り口はNを通
り，AE に平行な線分でなければならな
いので，辺 DE の中点を L_1 として，線
分 NL_1 である。

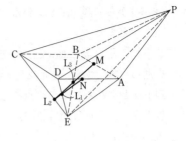

また，(1)から，平面 α と辺 CE はその内
部で交わるので，これを L_2 とすると，

平面 α による面 ECD の交線は線分 L_1L_2 である。

さらに，($*$)と($**$)から，平面 α による面 EBC の切り口は L_2 を通り，
辺 BE の内部の点（L_3 とする）を結ぶ線分 L_2L_3 である。

このとき，平面 α による面 EAB の切り口は線分 L_3M である。

以上から，平面 α は p によらず，4 面 EAB，EBC，ECD，EDA すべて
と交わる。

　次いで，4 面 PAB，PBC，PCD，PDA のすべてと交線をもつための p
の条件を求める。

(i)　$2 < p < 3$ のとき

　(1)から，平面 α と辺 PA（P は除く）は
　交わる。

　その交点をGとすると，面 PDA と平面
　α の交線は線分 NG であり，($**$)から，
　これは辺 PD と交わらないので，平面 α
　は辺 PD と交わらない。

　また，(1)から，平面 α は辺 PC とも交わらない。

　さらに，($*$)から，平面 α は辺 CD とも交わらない。

　ゆえに，平面 α は面 PCD から線分を切り取ることはなく，不適である。

(ii)　$p = 3$ のとき

　(1)から，平面 α と面 PCD の共有点はPのみとなり，平面 α は面 PCD
　から線分を切り取ることはなく，不適である。

(iii)　$3 < p < 4$ のとき

　(1)から，平面 α と辺 PC（P は除く）は交点をもつ。その交点をKとす
　る。

　このとき，平面 α と面 PBC の交線はKを通る直線であり，($*$)と

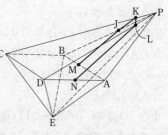

（＊＊）から，辺 PB と交わる。この交
点を J とする。

さらに，平面 α と面 PCD の交線は K
を通る直線であり，（＊）と（＊＊）から，
辺 PD と交わる。この交点を L とする。

以上から，平面 α は4面 PAB，PBC，
PCD，PDA すべてと交わり，切り口
はそれぞれ線分 MJ，JK，KL，LN となる。

(i)～(iii)から，切り口が八角形となる p の値の範囲は $3<p<4$ となる。

〔注〕 （＊＊）は，

　　　「平面上で三角形の頂点を通らず，ひとつの辺の内部を通る直線は残
　　　りの2辺の一方の内部と他方の辺の延長上で交わる」

という平面幾何の公理（パッシュの公理）である。当たり前にみえるこの
ことは，ユークリッドの公理からは導けないことを M. Pasch
（1843～1930）が見出し，20世紀になってユークリッド幾何に追加され
た公理である。当たり前としてあえて明記しなくてもよいが，記述の根拠
のひとつとして認識しておくのもよいことであろう。

4　◇発想◇　(1) 互除法を用いる。

　　(2) 一般に，互いに素な自然数 p，q について pq が平方数ならば，
p，q とも平方数であることを用いる。

解答　(1) 一般に，整数 a，b の最大公約数を $\gcd(a, b)$ と表す。

　　$(5n^2+9)-5(n^2+1)=4$ であるから，互除法により

　　　$d_n=\gcd(n^2+1, 4)$

(i) n が偶数のときは n^2+1 は奇数なので　　$\gcd(n^2+1, 4)=1$

(ii) n が奇数のとき，$n=2k-1$（k は自然数）と書けて

　　　$n^2+1=(2k-1)^2+1=4k(k-1)+2$

よって　　$\gcd(n^2+1, 4)=2$

(i)，(ii)から　　$d_n=\begin{cases}1 & (n \text{ が偶数}) \\ 2 & (n \text{ が奇数})\end{cases}$　　……(答)

(2) $(n^2+1)(5n^2+9)$ が平方数となる自然数 n が存在すると仮定して，矛

盾を導く。

（ⅰ）　n が偶数のとき

(1)から，n^2+1 と $5n^2+9$ は互いに素で，その積が平方数なので，この 2 数は互いに素な平方数である。

よって，$n^2+1=N^2$ となる自然数 N（$N>n$）が存在し

$$(N+n)(N-n)=1$$

これは，$N+n\geqq5$，$N-n\geqq1$ と矛盾する。

（ⅱ）　n が奇数のとき

(1)から

$$\begin{cases} n^2+1=2l \\ 5n^2+9=2m \end{cases} \quad (l,\ m\ \text{は互いに素な自然数})$$

と書けて

$$(n^2+1)(5n^2+9)=4lm$$

これが平方数で，4 も平方数であるから，lm も平方数である。

さらに，$l,\ m$ は互いに素なので $l,\ m$ も平方数であり

$$l=L^2,\ m=M^2 \quad (L,\ M\ \text{は互いに素な自然数})$$

と書けて

$$\begin{cases} n^2+1=2L^2 & \cdots\cdots① \\ 5n^2+9=2M^2 & \cdots\cdots② \end{cases}$$

②$-$①$\times5$ から

$$4=2(M^2-5L^2) \quad \text{となり} \quad M^2-5L^2=2 \quad \cdots\cdots③$$

以下，mod 5 で考えると

$$M^2\equiv\begin{cases} 0 & (M\equiv0\text{のとき}) \\ 1 & (M\equiv\pm1\text{のとき}) \\ -1 & (M\equiv2\text{のとき}) \end{cases}$$

なので，（③の左辺）$\equiv0$，±1 となるが，これは，（③の右辺）$\equiv2$ と矛盾する。

（ⅰ），（ⅱ）から，$(n^2+1)(5n^2+9)$ が平方数となることはない。（証明終）

━━━━━━◀解　説▶━━━━━━

≪互除法と最大公約数，互いに素と平方数≫

▶(1)　互除法と n の偶奇での場合分けで解決する易問である。一般に，整数 $a,\ b,\ c,\ d$ について，$a=bc+d$ のとき，$\gcd(a,\ b)=\gcd(b,\ d)$ が

成り立つというのが互除法である。特に，a を b で割ったときの商を q，余りを r としたときの $\gcd(a, b) = \gcd(b, r)$ をユークリッドの互除法という。一般には，$a = bc + d$ において c が商で d が余りでなくてもよい。

▶(2)　背理法による。ポイントは，互いに素な整数 x, y に対して，xy が平方数ならば，x, y も平方数であることを用いることである。最後の詰めは 5 で割った余りに注目するとよい。

▶本問は(1)は易，(2)はやや易の問題である。

5　◇発想◇　(1)　$|x| > 1$，$-1 \leqq x < 0$，$0 \leqq x \leqq 1$ の各場合での x^{2n-1} と $\cos x$ の増減や大小を考える。

(2)　$0 < a_n < 1$ から直ちに得られる。

(3)　a は(2)の結果とはさみうちの原理，b は $a_n{}^n = \sqrt{a_n \cos a_n}$，$c$ は関数 $\sqrt{x \cos x}$ の微分係数を利用する。

解答　(1)　$x^{2n-1} = \cos x$　……①

$f_n(x) = x^{2n-1}$ とおくと

$$f_n'(x) = (2n-1)x^{2(n-1)} \begin{cases} > 0 & (x \neq 0) \\ = 0 & (x = 0) \end{cases}$$

よって，$f_n(x)$ は単調増加である。

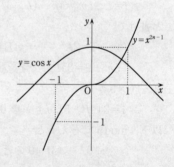

(ⅰ)　$f_n(1) = 1$，$f_n(-1) = -1$ から，$|x| > 1$ では　　$|f_n(x)| > 1$

一方，$|\cos x| \leqq 1$ なので，$|x| > 1$ では①の解はない。

以下，$\dfrac{\pi}{4} < 1 < \dfrac{\pi}{2}$ から，$0 < \cos 1 < \dfrac{\sqrt{2}}{2} < 1$ であることを前提とする。

(ⅱ)　$-1 \leqq x < 0$ では，$f_n(x) < 0 < \cos x$ なので，①の解はない。

(ⅲ)　$0 \leqq x \leqq 1$ では，$\cos x$ は単調減少，$f_n(x)$ は単調増加である。また

$$f_n(0) = 0 < 1 = \cos 0$$

$$f_n(1) = 1 > \frac{\sqrt{2}}{2} > \cos 1$$

さらに，$\cos x,\ f_n(x)$ は連続関数である。

ゆえに，①は $0<x<1$ でただ一つの実数解をもつ。

(ⅰ), (ⅱ), (ⅲ)から，①はただ一つの実数解をもつ。　　　　（証明終）

(2)　(1)により，①の実数解は $0<x<1$ の範囲にあり，$0<a_n<1$ である。

ゆえに，$\cos a_n>\cos 1$ である。　　　　　　　　　　　　　（証明終）

(3)　(2)から，$\cos 1<\cos a_n<1$ であり，また，$a_n{}^{2n-1}=\cos a_n$ であるから

$$\cos 1<a_n{}^{2n-1}<1$$

よって　　　$(\cos 1)^{\frac{1}{2n-1}}<a_n<1$

ここで，$\displaystyle\lim_{n\to\infty}\frac{1}{2n-1}=0$ から $\displaystyle\lim_{n\to\infty}(\cos 1)^{\frac{1}{2n-1}}=1$ なので，はさみうちの原理

により

$$\lim_{n\to\infty}a_n=1$$

すなわち　　　$a=1$　……（答）

次いで，$a_n{}^{2n-1}=\cos a_n$ から，$a_n{}^{2n}=a_n\cos a_n$ なので

$$a_n{}^{n}=\sqrt{a_n\cos a_n}\quad\cdots\cdots②$$

ここで，$\displaystyle\lim_{n\to\infty}a_n=1$ なので　　　$b=\sqrt{\cos 1}$　……（答）

さらに，$a=1,\ b=\sqrt{\cos 1}$ から

$$\frac{a_n{}^{n}-b}{a_n-a}=\frac{a_n{}^{n}-\sqrt{\cos 1}}{a_n-1}$$

$$=\frac{\sqrt{a_n\cos a_n}-\sqrt{\cos 1}}{a_n-1}\quad\text{(②から)}$$

よって，$h(x)=\sqrt{x\cos x}\ \left(0<x<\dfrac{\pi}{2}\right)$ とおくと，$a_n\to 1\ (n\to\infty)$ から

$$c=\lim_{n\to\infty}\frac{a_n{}^{n}-b}{a_n-a}=h'(1)$$

ここで，$h'(x)=\dfrac{\cos x-x\sin x}{2\sqrt{x\cos x}}$ なので

$$h'(1)=\frac{\cos 1-\sin 1}{2\sqrt{\cos 1}}$$

ゆえに　　　$c=\dfrac{\cos 1-\sin 1}{2\sqrt{\cos 1}}$　……（答）

〔注1〕 $y=x^{2n-1}$ と $y=x^{2n+1}$ のグラフの概形から，$a=\lim_{n\to\infty}a_n=1$ は視覚的に予想できる。

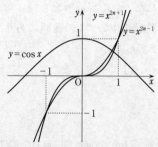

〔注2〕 b については次のように考えることもできる。

$$\log(a_n{}^n)=n\log a_n=\frac{n}{2n-1}\log a_n{}^{2n-1}=\frac{1}{2-\frac{1}{n}}\cdot\log(\cos a_n)$$

ここで，$\lim_{n\to\infty}\frac{1}{n}=0$ と $\lim_{n\to\infty}a_n=1$ から

$$\lim_{n\to\infty}\log(a_n{}^n)=\frac{1}{2}\log(\cos 1)=\log\sqrt{\cos 1}$$

ゆえに，$\log x$ の連続性から $b=\lim_{n\to\infty}a_n{}^n=\sqrt{\cos 1}$

■━━━ ◀解 説▶ ━━━■

≪方程式の解で定まる数列の極限≫

▶(1) $g_n(x)=x^{2n-1}-\cos x$ とおいて，$g_n(x)$ の増減等を調べる解答でもよいが，$|x|>1$ で $|x^{2n-1}|>1\geqq|\cos x|$ であること，$-1\leqq x<0$ で $x^{2n-1}<0<\cos x$ であること，$0\leqq x\leqq 1$ で x^{2n-1} が単調増加，$\cos x$ が単調減少であることと0，1での大小をみることで解決する。ただし，抜けのない記述が必要である。

▶(2) (1)の考察からほぼ明らかである。本問が(3)で a を求める際のよい誘導になっている。

▶(3) $a_n{}^{2n-1}=\cos a_n$ からの，各極限に応じた変形を思いつくかどうかで差が出る。a については(2)からの $\cos 1<\cos a_n<1$，b については $a_n{}^n=\sqrt{a_n\cos a_n}$，$c$ については $\dfrac{a_n{}^n-b}{a_n-a}=\dfrac{a_n{}^n-\sqrt{\cos 1}}{a_n-1}=\dfrac{\sqrt{a_n\cos a_n}-\sqrt{\cos 1}}{a_n-1}$ から関数 $\sqrt{x\cos x}$ の微分係数を利用することがポイントである。

▶本問は(1)・(2)は易だが，(3)はやや難の設問である。

6 ◆発想◆　(1)　実数係数の代数方程式はその任意の解と共役な複素数も解となることを用いる。

(2)　α, γ が異なる実数，β, δ が共役な虚数として考え，解と係数の関係を用いる。

(3)　$\alpha + \beta = x + yi$ (x, y は実数）として，$a > 0$ と $a < -1$ の場合分けで考える。x, y を a で表し，複素数平面を xy 平面と同一視して図示する。

解答　(1)　$z^4 - 2z^3 - 2az + b = 0$　……①

①は実数係数の代数方程式なので，任意の解についてその共役な複素数も解である。したがって，虚数解の個数は 0，2，4 のいずれかである。

条件3より，$\alpha\beta + \gamma\delta$ は純虚数であるから，α, β, γ, δ すべてが実数ということはなく，虚数解の個数は2または4である。

虚数解が4個あるとする。条件1，条件2は4解について対称であるから，条件3を考えて

$$\begin{cases} \beta = \overline{\alpha} \\ \delta = \overline{\gamma} \end{cases} \cdots\cdots(\mathcal{ア})\ \text{の場合と} \quad \begin{cases} \gamma = \overline{\alpha} \\ \delta = \overline{\beta} \end{cases} \cdots\cdots(\mathcal{イ})\ \text{の場合}$$

を考えれば十分である。

(ア)の場合は $\alpha\beta + \gamma\delta = \alpha\overline{\alpha} + \gamma\overline{\gamma} = |\alpha|^2 + |\gamma|^2$，(イ)の場合は $\alpha\beta + \gamma\delta = \alpha\beta + \overline{\alpha\beta}$ となり，いずれの場合も $\alpha\beta + \gamma\delta$ が実数となり，条件3に反する。

ゆえに，虚数解は2個あり，それらは互いに共役であり，残りの2つは条件1から異なる実数解である。　　　　　　　　　　　　　　（証明終）

(2)　α, β が実数のとき，γ, δ は共役な虚数であり，$\alpha\beta + \gamma\delta = \alpha\beta + \gamma\overline{\gamma} = \alpha\beta + |\gamma|^2$ が実数となり，条件3に反する。γ, δ が実数のときも同様である。

よって，α, γ が実数で β, δ が共役な虚数のときを考えれば十分である。このとき，$\delta = \overline{\beta}$ である。

$\beta = x + yi$ (x, y は実数，$y \neq 0$) とおくと，

$$\begin{aligned} \alpha\beta + \gamma\delta &= \alpha(x + yi) + \gamma(x - yi) \\ &= (\alpha + \gamma)x + (\alpha - \gamma)yi \end{aligned}$$

この実部が0であるから，$(\alpha + \gamma)x = 0$ となり，$\gamma = -\alpha$ または $x = 0$ である。

(ⅰ)　$\gamma = -\alpha$ のとき

①の解は $\alpha,\ -\alpha,\ \beta,\ \overline{\beta}$ であり，解と係数の関係から

$$\begin{cases} \alpha - \alpha + \beta + \overline{\beta} = 2 \\ -\alpha^2 + \alpha(\beta + \overline{\beta}) - \alpha(\beta + \overline{\beta}) + \beta\overline{\beta} = 0 \\ -\alpha^2(\beta + \overline{\beta}) + \alpha\beta\overline{\beta} - \alpha\beta\overline{\beta} = 2a \\ -\alpha^2\beta\overline{\beta} = b \end{cases}$$

これらを整理すると

$$\begin{cases} \beta + \overline{\beta} = 2 \\ \beta\overline{\beta} = \alpha^2 \\ a = -\alpha^2 \\ b = -\alpha^4 \end{cases}$$

となり，$b = -a^2$ である。

(ⅱ)　$x = 0$ のとき

①の解は $\alpha,\ \gamma,\ yi,\ -yi$ であり，解と係数の関係から

$$\begin{cases} \alpha + \gamma + yi - yi = 2 \\ \alpha\gamma + \alpha(yi - yi) + \gamma(yi - yi) + y^2 = 0 \\ \alpha\gamma(yi - yi) + (\alpha + \gamma)y^2 = 2a \\ \alpha\gamma y^2 = b \end{cases}$$

これらを整理すると

$$\begin{cases} \alpha + \gamma = 2 \\ \alpha\gamma = -y^2 \\ a = y^2 \\ b = -y^4 \end{cases}$$

となり，$b = -a^2$ である。

(ⅰ)，(ⅱ)より　　$b = -a^2$　……(答)

(3)　(2)の〔解答〕にあるように，$\alpha,\ \gamma$ が実数解，$\beta,\ \overline{\beta}$ が虚数解としてよい。

(2)の $b = -a^2$ から，①は $z^4 - 2z^3 - 2az - a^2 = 0$ となり，これより

$$(z^2 + a)(z^2 - a) - 2z(z^2 + a) = 0$$

$$(z^2 + a)(z^2 - 2z - a) = 0 \quad \cdots\cdots①'$$

4解が異なることから，$a \neq 0,\ a \neq -1$ である。

①' の解は $z = \pm\sqrt{-a},\ z = 1 \pm \sqrt{1+a}$ となり，$-1 < a < 0$ のときこれらは

すべて実数となり，不適である。よって，$a>0$ または $a<-1$ でなければ
ならない。

　以下，$\alpha+\beta=x+yi$（$x,\ y$ は実数）とおく。

(I)　$a>0$ のとき

$z=\pm\sqrt{a}\,i,\ z=1\pm\sqrt{1+a}$ となり，以下，複号の組み合わせは任意として

$$\begin{cases} \alpha=1\pm\sqrt{1+a} & \cdots\cdots② \\ \beta=\pm\sqrt{a}\,i \end{cases}$$

このとき，$\alpha+\beta=(1\pm\sqrt{1+a})\pm\sqrt{a}\,i$ であるから

$$\begin{cases} x=1\pm\sqrt{1+a} & \cdots\cdots③ \\ y=\pm\sqrt{a} \end{cases}$$

よって，$(x-1)^2=1+a$ かつ $y^2=a$ となり

$$(x-1)^2-y^2=1 \quad (y\neq 0) \quad \cdots\cdots④$$

でなければならない。逆に，④を満たす $x,\ y$ に対して $a=y^2$ で $a\ (>0)$
を与えると，③を得て，これより②で得られる $\alpha,\ \beta$ は①′の解で，条件
を満たす解となる。

(II)　$a<-1$ のとき

$z=\pm\sqrt{-a},\ z=1\pm\sqrt{-(1+a)}\,i$ となり

$$\begin{cases} \alpha=\pm\sqrt{-a} & \cdots\cdots②′ \\ \beta=1\pm\sqrt{-(1+a)}\,i \end{cases}$$

このとき，$\alpha+\beta=(1\pm\sqrt{-a})\pm\sqrt{-(1+a)}\,i$ であるから

$$\begin{cases} x=1\pm\sqrt{-a} & \cdots\cdots③′ \\ y=\pm\sqrt{-(1+a)} \end{cases}$$

よって，$(x-1)^2=-a$ かつ $y^2=-1-a$ となり

$$(x-1)^2-y^2=1 \quad (y\neq 0)$$

逆に，これを満たす $x,\ y$ に対して $a=-1-y^2$ で $a\ (<-1)$ を与えると，
③′を得て，これより②′で得られる $\alpha,\ \beta$ は①′の解で，条件を満たす解
となる。

(I)，(II)から，$a>0$ または $a<-1$ のもとで，$\alpha+\beta$ のとりうる値の範囲は
複素数平面を xy 平面と同一視して，$(x-1)^2-y^2=1$ $(y\neq 0)$ となり，図
示すると次図の実線部となる。

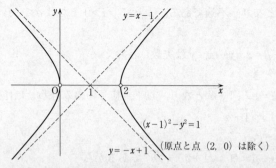

◀解　説▶

≪4次方程式の複素数解, 解と係数の関係≫

▶(1)　条件3からすべて実数解ということはないので, 虚数解が4個あるとして矛盾を導くことを思いつくのは難しくない。条件1, 条件2から, $\beta=\bar{\alpha}$ かつ $\delta=\bar{\gamma}$ の場合と $\gamma=\bar{\alpha}$ かつ $\delta=\bar{\beta}$ の場合を考えることがポイントである。

▶(2)　α, γ が実数解, β, $\bar{\beta}$ が虚数解として考えてよく, このとき, $\beta=x+yi$ (x, y は実数) とおくと, 条件3から, $\alpha+\gamma=0$ または $x=0$ の2通りの場合があることに気づくことがポイントである。あとはどちらの場合も解と係数の関係を整理するとよい。

▶(3)　(2)により, 与えられた4次方程式の解を a で表す。このとき, $a>0$ と $a<-1$ の場合分けで考えるのが最初のポイントである。次のポイントは $\alpha+\beta=x+yi$ (x, y は実数) とおき, x, y の関係式を見出すことである。ただし, これは a を消去して得られた x, y についての必要条件であるから, この関係式を満たす x, y に対して確かに①′ の解 α, β が得られて, $x+yi=\alpha+\beta$ となること (十分性) のコメントも必要である。最後は xy 平面での図示となる。

▶本問は(1)はやや易, (2)は標準, (3)はやや難の設問である。

❖講　評

　過去最も易しいと思われた 2017 年度から一転難化した 2018 年度に比して，2019 年度はさらに少し難化した。これは，2，4 以外，最後まで正しく詰め切るのに時間を要するセットであったことによる。ただし，1，2 以外は誘導小問があるので，例年通り，得点を積み上げていくことは可能である。

　2019 年度は，2018 年度に続き確率・場合の数の出題がなく，整数の問題は取り組みやすく，空間図形はやや難であった。平面図形と式の問題は易しく，複素数の問題は 2018 年度同様やや難であった。また，定積分単独の問題は初めての出題であった。図示の問題は，2019 年度は 2 題で見られた。文科で誘導小問を付して出題された平面図形と式の問題が，理科では 2 で誘導なしで出題された。文科との共通・類似問題はこの 1 題のみである。

　東大理系入試としての難易度は，1 標準，2 やや易〜標準，3 (1)易，(2)やや難，(3)やや難，4 (1)易，(2)やや易，5 (1)易，(2)易，(3)やや難，6 (1)やや易，(2)標準，(3)やや難であった。

　1　無理関数を含むやや煩雑な定積分の問題。適切な変数変換と三角関数の積分の処理力が試される。

　2　簡単な平面図形と式の問題で落とせない。

　3　空間座標と八面体の切り口の問題で，平面の方程式を用いると根拠記述が簡明となる問題。

　4　互除法と互いに素，2 数の積と平方数に関する標準レベルの論証問題で良問だが，東大の整数としては易しいのでこれも落とせない。

　5　2 曲線の交点の *x* 座標からなる数列の極限の問題。(3)で適切な式変形に気づきにくいかもしれない。

　6　4 次方程式の複素数解についての問題。こつこつと進めると必要な場合分けが見えてくるが，実際にやってみないと見えてこない難しさがあり，残り時間との戦いになる。

───────「数学」の出題の意図（東京大学　発表）───────

　数学は自然科学の基底的分野として，自然科学に留まらず人間文化の様々な領域で活用される学問であり，科学技術だけでなく社会現象を表現し予測などを行なうために必須である。

　そのため，本学を受験しようとする皆さんには，高等学校学習指導要領に基づく基本的な数学の知識と技法について習得しておくことはもちろんのこと，将来，数学を十分に活用できる能力を身につけるために，以下に掲げる総合的な数学力を養うための学習を心がけて欲しいと考えている。

1) 　数学的に思考する力

　　問題の本質を数学的な考え方で把握・整理し，それらを数学の概念を用いて定式化する力

2) 　数学的に表現する力

　　自分の考えた道筋を他者が明確に理解できるよう，解答に至る道筋を論理的かつ簡潔に表現する力

3) 　総合的な数学力

　　数学を用いて様々な課題を解決するために，数学を自在に活用できると同時に，幅広い分野の知識・技術を統合して総合的に問題を捉える力

　これらの数学的な思考力・表現力・総合力がバランスよく身についているかどうかを評価するために，高等学校学習指導要領の範囲のなかから多様な題材を今年度は次のように選択し問題を作成した。

　　第1問：定積分の計算

　　第2問：平面図形，最大・最小

　　第3問：空間図形

　　第4問：整数の性質

　　第5問：数列と極限，関数の性質

　　第6問：高次方程式，複素数

物理

1 解答

I (1) 時刻 $t=0\sim t_1$ の加速区間は，初速度 0，加速度 a_1 の等加速度直線運動であるから，時刻 $t=t_1$ における台車の速度を v_1 とすると

$$v_1 = a_1 t_1 \quad \cdots\cdots (答)$$

時刻 $t=t_2\sim(t_1+t_2)$ の間で，台車が減速している時間は t_1 である。時刻 $t=0\sim(t_1+t_2)$ の加速，等速，減速の各区間での移動距離の和を x_{12} とすると

$$x_{12} = \left(\frac{1}{2}a_1 t_1{}^2\right) + a_1 t_1 \times (t_2-t_1) + \left(a_1 t_1 \times t_1 - \frac{1}{2}a_1 t_1{}^2\right)$$

$$= a_1 t_1 t_2 \quad \cdots\cdots (答)$$

(2) 時刻 $t=0\sim\dfrac{T}{2}$ の加速区間では，物体の単振動の振動中心は，弾性力と慣性力のつりあいの位置であるから，その y 座標を y_{L} とすると

$$(-ky_{\text{L}}) + (-ma_1) = 0 \quad \therefore \quad y_{\text{L}} = -\frac{ma_1}{k}$$

よって，この区間では，物体は $y=0$ から振動をはじめ，$y=-\dfrac{ma_1}{k}$ を振動中心として，$y=-2\dfrac{ma_1}{k}$ の位置まで移動し，この位置で台車に対して静止する。

時刻 $t=\dfrac{T}{2}\sim nT$ の等速区間では，加速度が 0 であるから，物体は $y=0$ を振動中心として，$y=-2\dfrac{ma_1}{k}$ から振動をはじめ，$y=2\dfrac{ma_1}{k}$ との間を $\left(n-\dfrac{1}{2}\right)$ 回振動する。時刻 $t_2=nT$ では，$y=2\dfrac{ma_1}{k}$ の位置まで移動し，この位置で台車に対して静止する。

時刻 $t=nT\sim\left(\dfrac{T}{2}+nT\right)$ の減速区間では，物体は $y=2\dfrac{ma_1}{k}$ から振動をは

じめ，$y=\dfrac{ma_1}{k}$ を振動中心として，$y=0$ の位置まで移動し，この位置で台車に対して静止する。すなわち，時刻 $t=t_1+t_2$ における

　　物体の y 座標は 0，台車に対する相対速度は 0　……(答)

(3)　$t=\dfrac{T}{2}$ における物体の y 座標を y_2 とする。

時刻 $t=0\sim\dfrac{T}{2}$ の加速区間では，物体は $y=y_0$ から振動をはじめ，

$y=-\dfrac{ma_2}{k}$ を振動中心として，$y=y_2$ の位置まで移動し，この位置で台車に対して静止する。よって，振動中心に対して左右の振幅が等しいことを用いると

$$y_2-\left(-\dfrac{ma_2}{k}\right)=\left(-\dfrac{ma_2}{k}\right)-y_0 \quad\cdots\cdots\text{ⓐ}$$

時刻 $t=\dfrac{T}{2}\sim T$ の減速区間では，物体は $y=y_2$ から振動をはじめ，

$y=\dfrac{ma_2}{k}$ を振動中心として，$y=0$ の位置まで移動し，この位置で台車に対して静止する。よって，同様に

$$y_2-\dfrac{ma_2}{k}=\dfrac{ma_2}{k}-0 \quad\cdots\cdots\text{ⓑ}$$

ⓐ，ⓑより

$$y_0=-4\dfrac{ma_2}{k}\quad\therefore\quad a_2=-\dfrac{ky_0}{4m}\quad\cdots\cdots(\text{答})$$

$$y_2=2\dfrac{ma_2}{k}=2\dfrac{m}{k}\times\left(-\dfrac{ky_0}{4m}\right)=-\dfrac{1}{2}y_0\quad\cdots\cdots(\text{答})$$

Ⅱ　(1)　質点に働く重力と慣性力の棒に垂直な成分を求め，$\sin\theta\fallingdotseq\theta$，$\cos\theta\fallingdotseq1$ の近似式を用いると

$$f=mg\sin\theta-ma\cos\theta\fallingdotseq mg\theta-ma\quad\cdots\cdots(\text{答})\quad\cdots\cdots\text{ⓒ}$$

(2)　ア・イ．図１－３のグラフから，時刻 $t=0$ から $t=\dfrac{T}{2}$ の間の振動中心の角度 θ を θ_R とすると，単振動の周期が $T=2\pi\sqrt{\dfrac{l}{g}}$ であるから，角振動数は $\omega=\sqrt{\dfrac{g}{l}}$，振幅は $A=\dfrac{\theta_0-\theta_1}{2}$，$\theta_R=\theta_0-A=\dfrac{\theta_0+\theta_1}{2}$ となる。

よって，グラフの式は

$$\theta = A\cos\omega t + \theta_R$$

$$= \frac{\theta_0 - \theta_1}{2}\cos\sqrt{\frac{g}{l}}\,t + \frac{\theta_0 + \theta_1}{2} \quad\cdots\cdots ⓓ$$

（答）　ア─②，イ─①

ウ．この倒立振子の先端の質点の運動のように，z 軸上で，$z = z_0$ を振動中心として，角振動数 ω で単振動する質量 m の質点に働く復元力 F は

$$F = -m\omega^2(z - z_0) \quad\cdots\cdots ⓔ$$

で表される。変位を z とすると

$$z = l\sin\theta \fallingdotseq l\theta$$

振動中心の位置 z_0 は

$$z_0 = l\sin\theta_R \fallingdotseq l\theta_R = l\cdot\frac{\theta_0 + \theta_1}{2}$$

であるから，これらをⓔに代入すると

$$F = -m\frac{g}{l}\left(l\theta - l\cdot\frac{\theta_0 + \theta_1}{2}\right)$$

$$= -mg\left(\theta - \frac{\theta_0 + \theta_1}{2}\right) \quad\cdots\cdots ⓕ$$

（答）　ウ─⑩

エ・オ．f が F に等しければよいから，ⓒ，ⓕより

$$-mg\left(\theta - \frac{\theta_0 + \theta_1}{2}\right) = mg\theta - ma = -mg\left(-\theta + \frac{a}{g}\right)$$

よって

$$\theta - \frac{\theta_0 + \theta_1}{2} = -\theta + \frac{a}{g} \quad \therefore \quad a = \left(2\theta - \frac{\theta_0 + \theta_1}{2}\right)g$$

これにⓓを代入すると

$$a = \left\{2 \times \left(\frac{\theta_0 - \theta_1}{2}\cos\sqrt{\frac{g}{l}}\,t + \frac{\theta_0 + \theta_1}{2}\right) - \frac{\theta_0 + \theta_1}{2}\right\}g$$

$$= \left\{(\theta_0 - \theta_1)\cos\sqrt{\frac{g}{l}}\,t + \frac{\theta_0 + \theta_1}{2}\right\}g \quad\cdots\cdots ⓖ$$

（答）　エ─④，オ─①

ｉ．この加速度を

$$a = (\theta_0 - \theta_1)\cdot g\cos\sqrt{\frac{g}{l}}\,t + \frac{\theta_0 + \theta_1}{2}\cdot g$$

$$= a_1(t) + a_2$$

と書くと，第 1 項 $a_1(t)$ が cos の形（三角関数）で変化することは，第 1 項による質点の運動が単振動であることを表している。ここで，単振動における時刻 $t=0$ のときの速度は 0，$t=\dfrac{T}{2}$ のときの速度は 0 であるから，この間の第 1 項による速度変化は 0 である。

また，第 2 項 a_2 は，質点が一定の加速度をもつことを表しているから，時刻 $t=0$ から $t=\dfrac{T}{2}$ までの第 2 項による速度変化 v_1 は

$$v_1 = a_2 \times \left(\frac{T}{2} - 0 \right) = \frac{\theta_0 + \theta_1}{2} \cdot g \times \pi \sqrt{\frac{l}{g}}$$

$$= \frac{\theta_0 + \theta_1}{2} \pi \sqrt{gl} \quad \cdots\cdots \text{ⓗ}$$

（答）　ⅰ．$\dfrac{\theta_0 + \theta_1}{2} \pi \sqrt{gl}$

ⅱ．図 1－3 のグラフから，時刻 $t=\dfrac{T}{2}$ から $t=T$ の間では，ⓓで，

$\theta_0 \to \theta_1$，$\theta_1 \to 0$，$t \to t - \dfrac{T}{2}$ と置き換えたものに等しいから，グラフの式は

$$\theta = \frac{\theta_1}{2} \cos \sqrt{\frac{g}{l}} \left(t - \frac{T}{2} \right) + \frac{\theta_1}{2}$$

ⓖ，ⓗも同様にして

$$a = \left\{ \theta_1 \cos \sqrt{\frac{g}{l}} \left(t - \frac{T}{2} \right) + \frac{\theta_1}{2} \right\} g$$

$$v_2 = \frac{\theta_1}{2} \pi \sqrt{gl} \quad \cdots\cdots \text{ⓘ}$$

（答）　ⅱ．$\dfrac{\theta_1}{2} \pi \sqrt{gl}$

ⅲ．時刻 $t=T$ において $\theta=0$ に戻り静止するから

$$v_1 + v_2 = 0$$

ⓗ，ⓘより

$$\frac{\theta_0 + \theta_1}{2} \pi \sqrt{gl} + \frac{\theta_1}{2} \pi \sqrt{gl} = 0$$

$$\therefore \quad \theta_1 = -\frac{1}{2} \theta_0$$

（答）　ⅲ．$-\dfrac{1}{2}$

別解　Ⅱ　(2)　ⅰ．エ，オより，時刻 t の関数として加速度 a が

$$a = (\theta_0 - \theta_1) \cdot g \cos \sqrt{\frac{g}{l}} t + \frac{\theta_0 + \theta_1}{2} \cdot g$$

であるとき，$v\text{-}t$ グラフの傾きが加速度 a を表すこと，すなわち，$a = \dfrac{dv}{dt}$ であることから，速度 v は a を t で積分して，初期条件 $t=0$ のとき $v=0$ を用いると

$$v = (\theta_0 - \theta_1) \cdot \sqrt{gl} \sin \sqrt{\frac{g}{l}} t + \frac{\theta_0 + \theta_1}{2} \cdot gt$$

$$v_1 = v\left(\frac{T}{2}\right) - v(0)$$

$$= (\theta_0 - \theta_1) \cdot \sqrt{gl} \sin \left(\sqrt{\frac{g}{l}} \cdot \pi \sqrt{\frac{l}{g}}\right) + \frac{\theta_0 + \theta_1}{2} \cdot g \cdot \pi \sqrt{\frac{l}{g}}$$

$$= \frac{\theta_0 + \theta_1}{2} \pi \sqrt{gl}$$

━━━━━━ ◀解　説▶ ━━━━━━

≪動く台車上の物体の運動，倒立振子≫

◆Ⅰ　▶(1)　水平な床面上の台車の運動である。時刻 $t = 0 \sim (t_1 + t_2)$ の間の台車の速度 v と時刻 t の関係のグラフを描くとよい。移動距離 x_{12} はグラフで囲まれた面積であるから，$x_{12} = a_1 t_1 t_2$ が得られる。

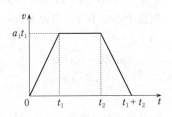

▶(2)　台車に対する物体の運動は単振動であり，周期は $T = 2\pi \sqrt{\dfrac{m}{k}}$ である。台車に固定された座標系での物体の運動であるから，慣性力を考え，時刻 $t = 0 \sim (t_1 + t_2)$ の間の物体の位置 y と時刻 t の関係の単振動のグラフを描くとよい。加速，等速，減速の各区間で，振動中心が異なることに注意する。

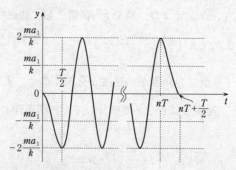

▶(3)　物体の位置 y と時刻 t の関係のグラフを描くとよい。(2)では，最初の位置 $y=0$ が振動の右端であるが，(3)では，最初の位置 $y=y_0$ が振動の左端である。

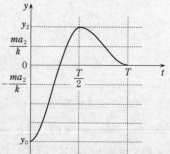

◆Ⅱ　▶(1)　変位角 θ の大きさが十分小さい振動では，質点に働く力 f が，θ の1次式になることがわかる。

▶(2)　質点に働く力のつりあいの位置が振動中心であり，このときの θ を θ_R とおくと

$$mg\theta_R - ma = 0$$

$$\therefore \quad \theta_R = \frac{a}{g}$$

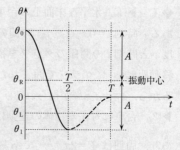

振動のグラフが図1-3で与えられているので，グラフを式で表すことを考える。単振動であることがわかっているから，

$0 \leq t \leq \dfrac{T}{2}$ でのグラフの式は，角度 θ の振幅を A とすると

$$\theta = A\cos\omega t + \theta_R$$

ⅰ. 題意の加速度 a の式の第1項

$$a_1(t) = (\theta_0 - \theta_1) \cdot g\cos\sqrt{\frac{g}{l}}\,t$$

は，加速度が時刻 t を変数とする三角関数の式で表されている。質点の運動が単振動

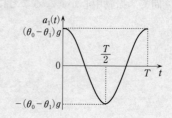

である場合は，加速度，速度，変位が時
刻 t を変数とする三角関数の式で表され
ることを利用する。

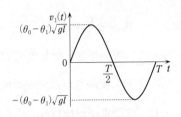

ⅱ・ⅲ. 時刻 $t=0$ から $t=\dfrac{T}{2}$ の間にお
いて，θ，a，v_1 を求めたのと同様に，

時刻 $t=\dfrac{T}{2}$ から $t=T$ の間において，θ，a，v_2 を求めればよい。

2　解答

I　抵抗の抵抗値 R は物質の抵抗率 ρ，長さ d，断面積 S で決まり，コンデンサーの電気容量 C は物質の誘電率 ε，極板面積 S，極板間距離 d で決まる。

$$R=\rho\frac{d}{S}, \quad C=\varepsilon\frac{S}{d} \quad\cdots\cdots(\text{答})$$

Ⅱ　(1)　素子 X は，抵抗値 R の抵抗と電気容量 C のコンデンサーそれぞれ N 個を直列にして，合成抵抗値 NR の抵抗と合成容量 $\dfrac{C}{N}$ のコンデンサーを並列にしたものと等価である。

スイッチを端子 T_1 に接続して十分に長い時間が経過すると，コンデンサーは充電され，コンデンサーには電流は流れない。

よって，素子 X に流れる電流の大きさは，抵抗部分に流れる電流の大きさと等しく

$$\frac{V_0}{NR} \quad\cdots\cdots(\text{答})$$

電極 E に蓄積される電気量は　　$\dfrac{CV_0}{N} \quad\cdots\cdots(\text{答})$

(2)　スイッチを T_1 から T_2 に切り替える直前の N 個のコンデンサーに蓄積された静電エネルギーの和 U は

$$U=\frac{1}{2}\frac{C}{N}V_0{}^2$$

このエネルギーがジュール熱となって，並列接続された抵抗値 R_0 の抵抗と抵抗値 NR の抵抗で消費されるとき，ジュール熱は抵抗値に反比例するから，抵抗値 R_0 の抵抗で生じたジュール熱 W_0 は

$$W_0 = \frac{1}{2}\frac{C}{N}V_0{}^2 \times \frac{NR}{R_0+NR} = \frac{RCV_0{}^2}{2(R_0+NR)} \quad \cdots\cdots(\text{答})$$

よって，N の増加に対して W_0 は単調に減少する。　　　　　　（答）　②

(3)　並列に接続された合成抵抗値 NR の抵抗と合成容量 $\dfrac{C}{N}$ のコンデンサーに，交流電圧が加わる。素子Xの抵抗部分を流れる電流を i_R とすると，抵抗に流れる電流の位相は電圧の位相に等しいから

$$i_R = \frac{V_1}{NR}\sin\omega t$$

コンデンサー部分を流れる電流を i_C とすると，コンデンサーに流れる電流の位相は電圧の位相より $\dfrac{\pi}{2}$ 進み，コンデンサーの容量リアクタンスは

$\dfrac{1}{\omega \dfrac{C}{N}}$ であるから

$$i_C = \frac{V_1}{\dfrac{1}{\omega\dfrac{C}{N}}}\sin\left(\omega t + \frac{\pi}{2}\right) = \frac{\omega C V_1}{N}\cos\omega t$$

よって，素子Xへ流れる電流 i は

$$i = i_R + i_C = \frac{V_1}{NR}\sin\omega t + \frac{\omega C V_1}{N}\cos\omega t$$

$$= \frac{V_1}{N}\left(\frac{1}{R}\sin\omega t + \omega C\cos\omega t\right) \quad \cdots\cdots(\text{答})$$

Ⅲ　ア．交流電流計に電流が流れないとき，J-K間とK-M間の電圧の比は抵抗値の比に等しく 1 : 2 である。また，K-M間とL-M間の電圧は等しく，それぞれ V_{KM}，V_{LM} とすると

$$V_{KM} = \frac{2}{3}V_1\sin\omega t$$
（答）　ア．$\dfrac{2}{3}V_1\sin\omega t$

イ・ウ．L-M間の電圧が $V_{LM} = \dfrac{2}{3}V_1\sin\omega t$ であるとき，抵抗 R_2 とコンデンサー C_0 の直列接続のインピーダンスを Z とし，L-M間を流れる電流 I_{LM} の位相が電圧 V_{LM} の位相から ϕ 進んでいるとすると

$$I_{\mathrm{LM}} = \frac{\dfrac{2}{3}V_1}{Z} \sin(\omega t + \phi)$$

ここで，抵抗 R_2 にかかる電圧 V_{R_2} の位相は電流 I_{LM} の位相と等しく，コンデンサー C_0 にかかる電圧 V_{C_0} の位相は電流 I_{LM} の位相より $\dfrac{\pi}{2}$ 遅れているので，$C_0 = \dfrac{1}{\omega R_2}$ より

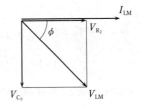

$$Z = \sqrt{R_2{}^2 + \left(\frac{1}{\omega C_0}\right)^2} = \sqrt{R_2{}^2 + R_2{}^2} = \sqrt{2}\,R_2$$

$$\tan\phi = \frac{\dfrac{1}{\omega C_0}}{R_2} = \frac{R_2}{R_2} = 1 \qquad \therefore \quad \phi = \frac{\pi}{4}$$

よって

$$I_{\mathrm{LM}} = \frac{\dfrac{2}{3}V_1}{\sqrt{2}\,R_2} \sin\left(\omega t + \frac{\pi}{4}\right) = \frac{V_1}{3R_2}\sin\omega t + \frac{V_1}{3R_2}\cos\omega t$$

（答）　イ．$\dfrac{V_1}{3R_2}$　ウ．$\dfrac{V_1}{3R_2}$

エ．J-K 間と J-L 間の電圧は等しく，それぞれ V_{JK}, V_{JL} とすると

$$V_{\mathrm{JK}} = \frac{1}{3}V_1\sin\omega t$$

（答）　エ．$\dfrac{1}{3}V_1\sin\omega t$

オ・カ．J-L 間の素子 X に流れる電流のうち，抵抗部分を流れる電流を I_{R} とすると

$$I_{\mathrm{R}} = \frac{\dfrac{1}{3}V_1}{NR}\sin\omega t$$

コンデンサー部分を流れる電流を I_{C} とすると

$$I_{\mathrm{C}} = \frac{\dfrac{1}{3}V_1}{\dfrac{1}{\omega \dfrac{C}{N}}}\sin\left(\omega t + \frac{\pi}{2}\right) = \frac{\omega C V_1}{3N}\cos\omega t$$

よって，J-L 間を流れる電流 I_{JL} は

$$I_{JL} = I_R + I_C = \frac{V_1}{3NR}\sin\omega t + \frac{\omega C V_1}{3N}\cos\omega t$$

（答）　オ．$\dfrac{V_1}{3NR}$　カ．$\dfrac{\omega C V_1}{3N}$

キ・ク．$I_{JL} = I_{LM}$ であるから

$$\frac{V_1}{3NR}\sin\omega t + \frac{\omega C V_1}{3N}\cos\omega t = \frac{V_1}{3R_2}\sin\omega t + \frac{V_1}{3R_2}\cos\omega t$$

$\cos\omega t$，$\sin\omega t$ の係数を比較して

$$\frac{\omega C V_1}{3N} = \frac{V_1}{3R_2} \quad \text{より} \quad C = \frac{N}{\omega R_2}$$

$C = \varepsilon\dfrac{S}{d}$ から　　$\varepsilon\dfrac{S}{d} = \dfrac{N}{\omega R_2}$　　$\therefore\ \ \varepsilon = \dfrac{Nd}{\omega S R_2}$　　　（答）　キ．$\dfrac{Nd}{\omega S R_2}$

$$\frac{V_1}{3NR} = \frac{V_1}{3R_2} \quad \text{より} \quad R = \frac{R_2}{N}$$

$R = \rho\dfrac{d}{S}$ から　　$\rho\dfrac{d}{S} = \dfrac{R_2}{N}$　　$\therefore\ \ \rho = \dfrac{S R_2}{Nd}$　　　（答）　ク．$\dfrac{S R_2}{Nd}$

別解 **Ⅲ**　イ・ウ．題意より，抵抗 R_2 に流れる電流を I_{LM} として

$$I_{LM} = I_1\sin\omega t + I_2\cos\omega t$$

とおく。抵抗 R_2 にかかる電圧を V_R とすると，抵抗にかかる電圧の位相は電流の位相に等しいから

$$V_R = R_2(I_1\sin\omega t + I_2\cos\omega t)$$

コンデンサー C_0 にかかる電圧を V_C とすると，コンデンサーにかかる電圧の位相は電流の位相より $\dfrac{\pi}{2}$ 遅れているから，$C_0 = \dfrac{1}{\omega R_2}$ を用いると

$$V_C = \frac{1}{\omega C_0}\left\{ I_1\sin\left(\omega t - \frac{\pi}{2}\right) + I_2\cos\left(\omega t - \frac{\pi}{2}\right) \right\}$$

$$= R_2(-I_1\cos\omega t + I_2\sin\omega t)$$

L–M間の電圧はこれらの和に等しいから

$$V_{LM} = V_{KM} = V_R + V_C$$

$$\frac{2}{3}V_1\sin\omega t = R_2(I_1\sin\omega t + I_2\cos\omega t) + R_2(-I_1\cos\omega t + I_2\sin\omega t)$$

$$= R_2\{(I_1 + I_2)\sin\omega t + (-I_1 + I_2)\cos\omega t\}$$

この恒等式が成り立つためには，$\sin\omega t$，$\cos\omega t$ の係数を比較して

$$\frac{2}{3}V_1 = R_2(I_1 + I_2)$$

$$0 = -I_1 + I_2$$

I_1, I_2 について解くと $\quad I_1 = \dfrac{V_1}{3R_2}, \quad I_2 = \dfrac{V_1}{3R_2}$

すなわち

$$I_{\mathrm{LM}} = \frac{V_1}{3R_2}\sin\omega t + \frac{V_1}{3R_2}\cos\omega t$$

━━━━◀解 説▶━━━━

≪抵抗とコンデンサーの回路,交流ブリッジ回路≫

◆I　抵抗,コンデンサーの形状と,抵抗率,誘電率の関係である。

◆II　▶(1)　素子Xは図aの回路で表されるが,
点 m, n, …, z に電流は流れないから,図bと
等価である。

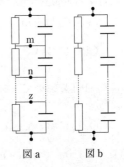

図a　　　図b

▶(2)　抵抗値 R の抵抗に大きさ I の電流が流れ
るとき,または大きさ V の電圧が加わるとき,
抵抗での消費電力 P は

$$P = RI^2 = \frac{V^2}{R}$$

2つの抵抗が直列の場合は電流 I が等しいから,P は R に比例し,2つ
の抵抗が並列の場合は電圧 V が等しいから,P は R に反比例する。

▶(3)　抵抗RとコンデンサーCを並列に接続して交流電圧を加える場合,
交流電源とR,Cに加わる電圧の最大値と位相は共通で,Rに流れる電流
の位相は電圧の位相と等しく,Cに流れる電流の位相は電圧の位相より
$\dfrac{\pi}{2}$ 進んでいる。R,Cそれぞれについて,(電圧の最大値)＝(電流の最大
値)×(リアクタンス) である。

◆III　抵抗RとコンデンサーCを直列に接続して交流電圧を加える場合,
交流電源とR,Cに流れる電流の最大値と位相は共通で,Rに加わる電圧
の位相は電流の位相と等しく,Cに加わる電圧の位相は電流の位相より
$\dfrac{\pi}{2}$ 遅れている。

3 　**解答**　I　(1)　屈折の法則より　　$\dfrac{\sin\theta_1}{\sin\theta_2}=\dfrac{n_2}{n_1}$

微小角度 θ_1, θ_2 に対する近似式 $\sin\theta_1 \fallingdotseq \theta_1$, $\sin\theta_2 \fallingdotseq \theta_2$ を用いると

$$\frac{\theta_1}{\theta_2}=\frac{n_2}{n_1} \quad \cdots\cdots(答) \quad \cdots\cdots①$$

(2)　△CPO において

$$\alpha_1+\phi=\theta_1 \quad \therefore \quad \theta_1=\phi+\alpha_1 \quad \cdots\cdots(答) \quad \cdots\cdots②$$

　　△APO において

$$\alpha_2+\phi=\theta_2 \quad \therefore \quad \theta_2=\phi+\alpha_2 \quad \cdots\cdots(答) \quad \cdots\cdots③$$

(3)　点 P から x 軸に下ろした垂線の足を点 H とする。微小角度 α_1, α_2, ϕ に対する近似式 $\sin\alpha_1 \fallingdotseq \alpha_1$, $\sin\alpha_2 \fallingdotseq \alpha_2$, $\sin\phi \fallingdotseq \phi$, および, $CP \fallingdotseq x_1$, $AP \fallingdotseq x_2$ の近似を用いると

　　△CPH において　　$\sin\alpha_1=\dfrac{h}{CP}$　$\therefore$　$\alpha_1=\dfrac{h}{x_1}$　$\cdots\cdots$(答)　$\cdots\cdots④$

　　△APH において　　$\sin\alpha_2=\dfrac{h}{AP}$　$\therefore$　$\alpha_2=\dfrac{h}{x_2}$　$\cdots\cdots$(答)　$\cdots\cdots⑤$

　　△OPH において　　$\sin\phi=\dfrac{h}{OP}$　　$\therefore$　$\phi=\dfrac{h}{r}$　$\cdots\cdots$(答)　$\cdots\cdots⑥$

(4)　①より　　$n_1\theta_1=n_2\theta_2$

②, ③を代入すると　　$n_1(\phi+\alpha_1)=n_2(\phi+\alpha_2)$

④～⑥を代入すると

$$n_1\left(\frac{h}{r}+\frac{h}{x_1}\right)=n_2\left(\frac{h}{r}+\frac{h}{x_2}\right)$$

$$\therefore \quad n_1\left(\frac{1}{r}+\frac{1}{x_1}\right)=n_2\left(\frac{1}{r}+\frac{1}{x_2}\right) \quad (式1)$$

$$(答)\quad ア.\ \frac{1}{x_1} \quad イ.\ \frac{1}{x_2}$$

(5)　図 3 － 2 (A)の場合, ②, ③と同様に

　　△CPO において　　$\alpha_1+\theta_1=\phi$　$\therefore$　$\theta_1=\phi-\alpha_1$

　　△APO において　　$\alpha_2+\theta_2=\phi$　$\therefore$　$\theta_2=\phi-\alpha_2$

④～⑥と同様に

$$\alpha_1=\frac{h}{x_1}, \ \alpha_2=\frac{h}{x_2}, \ \phi=\frac{h}{r}$$

よって

$$n_1\left(\frac{1}{r}-\frac{1}{x_1}\right)=n_2\left(\frac{1}{r}-\frac{1}{x_2}\right) \quad \cdots\cdots(答)\quad(式 2)$$

図 3 − 2(B)の場合，②，③と同様に

　　△CPO において　　　$\phi+\theta_1=\alpha_1$　　$\therefore$　$\theta_1=-\phi+\alpha_1$

　　△APO において　　　$\phi+\theta_2=\alpha_2$　　$\therefore$　$\theta_2=-\phi+\alpha_2$

④〜⑥と同様に

$$\alpha_1=\frac{h}{x_1},\ \ \alpha_2=\frac{h}{x_2},\ \ \phi=\frac{h}{r}$$

よって

$$n_1\left(-\frac{h}{r}+\frac{h}{x_1}\right)=n_2\left(-\frac{h}{r}+\frac{h}{x_2}\right)$$

$$\therefore\ \ n_1\left(\frac{1}{r}-\frac{1}{x_1}\right)=n_2\left(\frac{1}{r}-\frac{1}{x_2}\right)\quad\cdots\cdots(答)\quad(式 2)$$

Ⅱ　(1)　(式 1) で，$\dfrac{1}{r}\doteqdot 0$ とすると

$$n_1\frac{1}{x_1}\doteqdot n_2\frac{1}{x_2}$$

図 3 − 3 の場合，媒質の境界から「見かけ上の光源」までの距離を $L_1{}'$ とすると，上式で $x_1=L_1$，$x_2=L_1{}'$ として

$$n_1\frac{1}{L_1}=n_2\frac{1}{L_1{}'}\quad\ \ \therefore\ \ L_1{}'=\frac{n_2}{n_1}L_1$$

よって，観察者から「見かけ上の光源」までの距離は

$$\frac{n_2}{n_1}L_1+L_2\ \ \cdots\cdots(答)$$

(2)　図 3 − 4 の場合，透明な板の中から見ると，光源は板と媒質 1 の境界から距離 L_1 にあり，「見かけ上の光源」までの距離を $L_1{}''$ とすると

$$n_1\frac{1}{L_1}=n_f\frac{1}{L_1{}''}\quad\ \ \therefore\ \ L_1{}''=\frac{n_f}{n_1}L_1$$

次に，媒質 2 の中の観察者から見ると，光源は板と媒質 2 の境界から距離 $d+L_1{}''$ にあり，「見かけ上の光源」までの距離を L' とすると

$$n_f\frac{1}{d+L_1{}''}=n_2\frac{1}{L'}\quad\ \ \therefore\ \ L'=\frac{n_2}{n_f}(d+L_1{}'')$$

この L' が，板と媒質 2 の境界から $d+L_1$ であれば，観察者から「見かけ

上の光源」までの距離を L_1+L_2 にすることができる。よって

$$d+L_1=\frac{n_2}{n_f}\left(d+\frac{n_f}{n_1}L_1\right) \qquad \left(\frac{n_2}{n_f}-1\right)d=\left(1-\frac{n_2}{n_1}\right)L_1$$

$$\therefore \quad d=\frac{n_f(n_1-n_2)}{n_1(n_2-n_f)}L_1 \quad \cdots\cdots(答)$$

ここで，$d>0$ でなければならないから，その条件は

$$\left.\begin{array}{l} n_1-n_2>0 \text{ かつ } n_2-n_f>0 \quad \therefore \quad n_f<n_2<n_1 \\ \text{または} \\ n_1-n_2<0 \text{ かつ } n_2-n_f<0 \quad \therefore \quad n_1<n_2<n_f \end{array}\right\} \cdots\cdots(答)$$

(3) 図3−5(A)の場合は，図3−1に対応するから，（式1）に代入すると

$$1.5\times\left(\frac{1}{r}+\frac{1}{1}\right)=1\times\left(\frac{1}{r}+\frac{1}{2}\right) \quad \therefore \quad r=-0.5$$

この場合，r は負となり，不適。

図3−5(B)の場合は，図3−2に対応するから，（式2）に代入すると

$$1.5\times\left(\frac{1}{r}-\frac{1}{1}\right)=1\times\left(\frac{1}{r}-\frac{1}{2}\right) \quad \therefore \quad r=0.5$$

よって　　球面は(B)の場合で，半径 $r=0.5$〔m〕 $\cdots\cdots$(答)

(4) 観察者（レンズの位置）から4mの位置にある光源が，3mの位置に見えたのだから，焦点距離を f とすると，レンズの公式より

$$\frac{1}{4}+\frac{1}{-3}=\frac{1}{f} \quad \therefore \quad f=-12$$

よって　　凹レンズで，焦点距離は12m $\cdots\cdots$(答)

━━■◀解　説▶■━━

≪球面での光の屈折，見かけ上の光源までの距離≫

◆I　▶(1) 屈折の法則の式に，微小角度に対する近似式を用いる。

▶(2) △CPO と △APO に着目するとよい。

▶(3) 微小角度に対する近似式と，CP≒x_1，AP≒x_2 の近似を用いる。

▶(4) (1)〜(3)の式を順に用いて計算すれば，（式1）が得られる。

▶(5) 図3−2(A)の場合，図3−2(B)の場合，ともに同じ関係式が得られる。

◆II　▶(1) $n_1\dfrac{1}{x_1}≒n_2\dfrac{1}{x_2}$ とおくと，x_1 が光源の位置，x_2 が見かけ上の光源の位置である。

▶(2)　はじめに，透明な板の中から見た「見かけ上の光源」までの距離を求め，次に，媒質 2 の中の観察者から見た「見かけ上の光源」までの距離を求める。

▶(3)　図 3 − 5 (A)と(B)が，図 3 − 1 または図 3 − 2 のどちらに対応するかを考え，（式 1）または I (5)で求めた式（式 2）に代入する。

▶(4)　レンズの公式は，レンズから物体までの距離を a，レンズから像までの距離を b，レンズの焦点距離を f とすると，$\dfrac{1}{a}+\dfrac{1}{b}=\dfrac{1}{f}$ である。ここで，凹レンズでは $f<0$ であり，像がレンズに対して光源と同じ側につくられるときは $b<0$ で，虚像である。

❖講　評

　例年通り，理科 2 科目で試験時間 150 分，大問 3 題の構成である。2019 年度は，全大問に空所補充形式の問題が見られ，1 では選択肢も与えられた。ただし，2019 年度全体としては，2018 年度に比べて問題量が増加し，難易度もやや難化したので，時間内で解き終えるのは難しい。なお，空所補充形式の問題は，2018 年度は出題されていなかったが，2017 年度は 1 で出題されていた。

　　1　I　等加速度運動をする台車上のばね振り子の問題である。台とともに運動する観測者から見ると，弾性力と慣性力のつりあいの位置が振動中心であるから，加速度の符号によって振動中心の位置がずれる。単振動の問題は，振動中心と振動の両端の位置を把握し，グラフを描けば容易に処理できる。典型的な問題であるから完答したい。

　　　II　倒立振子の問題であり，誘導にしたがって解いていけばよい。質点の変位が角度 θ と時刻 t のグラフで与えられているので，振動中心と振動の両端の位置がわかる。単振動する質点では，復元力が $F=-m\omega^2(z-z_0)$ であることと，位置，速度，加速度が時刻 t の三角関数の形で表されることを利用すればよい。後者は，[i]で「加速度 a の式の第 1 項が単振動の加速度と同じ形であることを考慮する」という誘導が与えられているが，第 2 項をどう利用するかが難しい。

　　2　I・II　抵抗とコンデンサーの並列回路の過渡現象と，交流電源の接続の問題である。II(2)でコンデンサーに蓄えられた静電エネルギー

が，並列に接続された抵抗でジュール熱として消費されるとき，抵抗値に反比例して分配されるところでミスをしなかっただろうか。(3)は抵抗とコンデンサーの並列部分に交流電圧が加わる場合であり，電圧に対する電流の位相のずれと，コンデンサーのリアクタンスを考えて丁寧に計算するだけである。

　　Ⅲ　前半は抵抗とコンデンサーの直列部分に交流電圧が加わる場合であり，Ⅱと同様の計算であるが，抵抗 R_2 に流れる電流を題意の形の式で定義して，恒等式より係数を求める方針に気づいたかどうか。

　　3　Ⅰ　幾何光学の問題で，与えられた図の関係と近軸光線の近似を用いて丁寧に計算するだけで完答できる。

　　Ⅱ　いわゆる「見かけの深さ」の問題であり，Ⅰの結果を近似したものを用いて計算する。(2)の透明板の扱いが難しく，「見かけ上の光源」の位置を段階的に処理する必要がある。(4)はレンズの公式を用いるだけであるが，観察者の位置がレンズの位置であり，「見かけ上の光源」が虚像であることを判断できたかどうかがポイント。

────────　「物理」の出題の意図（東京大学　発表）　────────

第 1 問　【物体の運動】

　　時間変化する慣性力と復元力を分析し，運動の規則性を見抜くことができるかを問う。物体の運動に関する基本的な取り扱いに加え，状況に応じた論理的で柔軟な思考力を求めている。

第 2 問　【物質と電気】

　　交流回路の実験から物質固有の定数が決定できる例を通じて基本的な物理法則を柔軟に活用しつつ定量的な考察が行えるかを問う。電気に関する基本事項の理解とともに科学的に分析し，論理的に思考する力を評価するのをねらいとした。

第 3 問　【光の屈折】

　　異なる状況設定を通じて基本的な光の伝わり方に関する理解の質を問う。論理的で柔軟な思考力とともに物理的洞察力や発展的に対象を扱う力が求められる。

■■■化学■■■

1 解答

ア　（構造式：パラニトロフェノール）

$$\text{OH} / \text{NO}_2$$

イ　（構造式：2,4,6-トリニトロフェノール）

$$O_2N\text{—}\overset{OH}{\underset{NO_2}{\bigcirc}}\text{—}NO_2$$

ウ　（構造式）

$$O\text{—}\overset{O}{\overset{\|}{C}}\text{—}CH_3,\quad HN\text{—}\overset{O}{\overset{\|}{C}}\text{—}CH_3$$

エ　構造式：

$$\begin{array}{c} H \quad OH \\ C \\ H_2C \qquad CH_2 \\ H_2C \qquad CH_2 \\ C \\ H \quad NH\text{—}\underset{O}{\overset{\|}{C}}\text{—}CH_3 \end{array}$$

立体異性体の数：2

オ　X：無水酢酸　Y：水酸化ナトリウム　Z：水素

カ　化合物Cはフェノール性ヒドロキシ基をもつので，水酸化ナトリウム水溶液中で塩を生成し溶解するが，化合物Dは極性の弱い中性物質であるので水酸化ナトリウム水溶液には溶解しないため。

キ　（構造式：2,2′-メチレンビスフェノール，2,4′-メチレンビスフェノール，4,4′-メチレンビスフェノール）

ク　6.1

ケ　構造式：

理由：ホルムアルデヒドの付加反応は，フェノール性ヒドロキシ基から見てオルト位とパラ位に生じる。したがって，*m*-クレゾールでは 3 カ所に付加反応が可能であるため，立体網目構造を有する熱硬化性の高分子を得ることができるが，*o*-クレゾール，*p*-クレゾールでは，2 カ所のみで付加反応が可能であり，鎖状で熱可塑性の高分子しか得られないため。

◀━━━━━━━━━━━ ◆解　説▶ ━━━━━━━━━━━▶

≪フェノールの置換反応と誘導体，立体異性体，フェノール樹脂≫

　実験 1 ～ 8 で生じる反応等は次のとおりである。

〔実験 1〕　フェノールは置換反応において，*o*-, *p*- 配向性を示す。したがって，フェノールを希硝酸で穏やかにニトロ化すると，オルト位またはパラ位がニトロ化されると考えられる。また，化合物 E は，その構造から，フェノールのベンゼン環においてパラ位が反応して得られた生成物であると推測されるので，化合物 A はパラ位がニトロ化されたフェノールであり，化合物 F はオルト位がニトロ化された化合物であるとみなせる。

〔実験 2〕　フェノールに濃硝酸と濃硫酸の混合物（混酸）を作用させると，オルト位とパラ位のすべてがニトロ化されて，ピクリン酸（2,4,6-トリニトロフェノール）が生じる。したがって，化合物 G はピクリン酸である。

なお，A および F も混酸によってピクリン酸になる。

〔実験 3〕　A を濃塩酸中で鉄と処理すると，ニトロ基が還元されてアミノ基が生じ，そのアミノ基の塩酸塩が得られる。この化合物に炭酸水素ナト

リウム水溶液を加えるとアミノ基をもつ化合物Bが生成する。

上記の前半の反応は，ニトロベンゼンからアニリン塩酸塩を得る反応と同じ反応である。また，後半の反応は次のように考えるとよい。まず，フェノール性ヒドロキシ基 $-OH$ は炭酸よりも弱い酸であるので $NaHCO_3$ とは反応せず，$-OH$ のまま残る。次に，弱塩基と強酸の塩とみなせる $-NH_3Cl$ と弱酸と強塩基の塩とみなせる $NaHCO_3$ との反応で，強酸と強塩基の塩である $NaCl$ が生じ，弱塩基の $-NH_2$ と弱酸の CO_2 が遊離した。

$$-NH_3Cl + NaHCO_3 \longrightarrow NaCl + -NH_2 + CO_2 + H_2O$$

〔実験4〕　Eの構造や実験6で酢酸が生じたことから，Xは無水酢酸だと推測される。水溶液中で無水酢酸（X）を作用させると，フェノール性ヒドロキシ基はエステル化されることはない。したがって，化合物Cは，Bの $-NH_2$ がアセチル化されたアミド化合物だと考えられる。

〔実験5〕　Bに，希硫酸中で無水酢酸を作用させると，Bのフェノール性ヒドロキシ基およびアミノ基がアセチル化された化合物Hが得られる。Hが $FeCl_3$ 水溶液で呈色反応を示さなかったことから，フェノール性ヒドロキシ基がアセチル化（エステル化）されたことがわかる。

〔実験6〕 HにYを作用させ，希硫酸を加えると，物質量の比が1：1で
Cと酢酸が生じたことから，Hのエステル結合が加水分解されたと推測で
きる。したがって，Yはけん化に用いる強塩基（例えばNaOH）である。

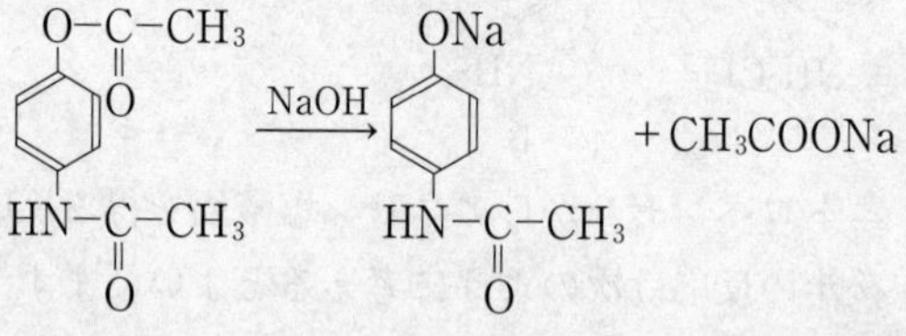

$$\xrightarrow{\text{NaOH}} \qquad + CH_3COONa$$

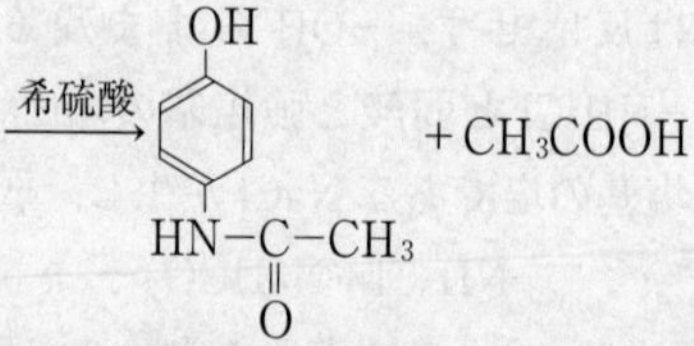

$$\xrightarrow{\text{希硫酸}} \qquad + CH_3COOH$$

なお，酢酸の生成は，希硫酸による弱酸の遊離作用である。

〔実験7〕 ニッケルを触媒として，ベンゼン環に水素を付加させることが
できる。したがって，Zは水素である。

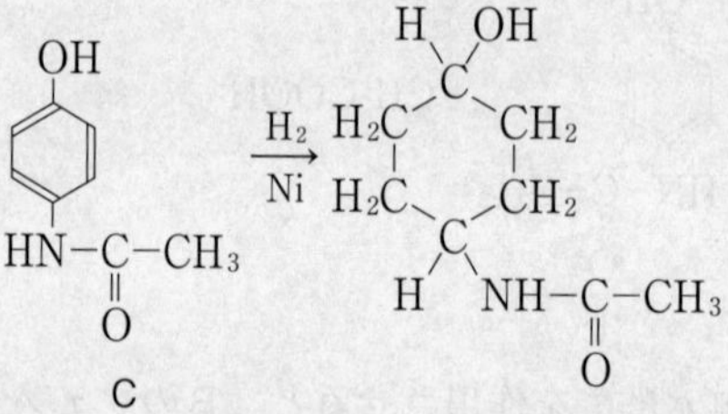

$$\xrightarrow[\text{Ni}]{\text{H}_2}$$

また，Cはフェノール性ヒドロキシ基をもっているので，NaOH水溶液
と反応して塩となり水層に移動するが，Dのヒドロキシ基はアルコールの
OHであるから，NaOH水溶液と反応せずエーテル層に残る。

次に，Dの立体異性体につ
いて考える。Dはシクロヘ
キサンの二置換体である。
Dにおいて，OHと
$NHCOCH_3$ が結合している

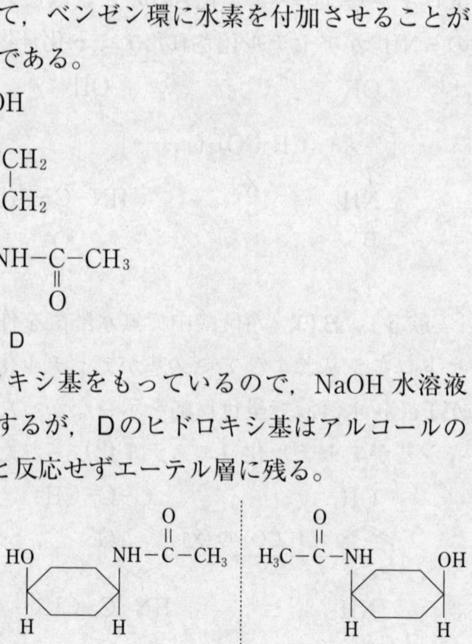

図(1)

２つの炭素原子は, 六員環
構造の対角に位置している
ため, 図(1)と図(2)のそれぞ
れ左の化合物とその鏡像体
は同じ化合物である。すな

図(2)

わち, Ｄには, 鏡像異性体は存在せず, OH と NHCOCH$_3$ が六員環の同
じ側にあるシス形と, 反対側にあるトランス形の２種類の立体異性体のみ
が存在する。

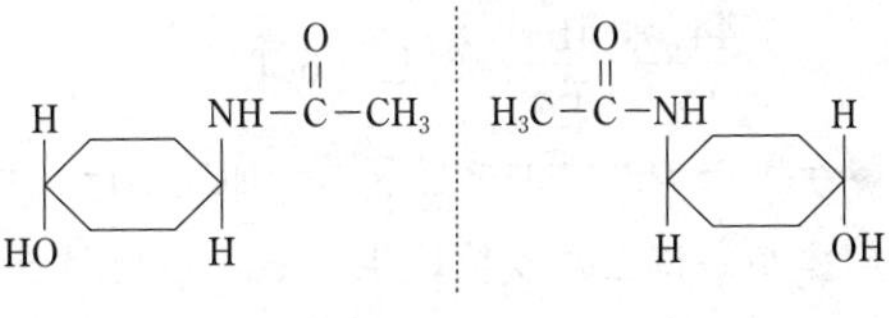

〔実験８〕　Ｄに硫酸酸性の二クロム酸カリウム水溶液を作用させると, そ
の酸化作用により, Ｄの第２級アルコールとしての OH はカルボニル基
になる。

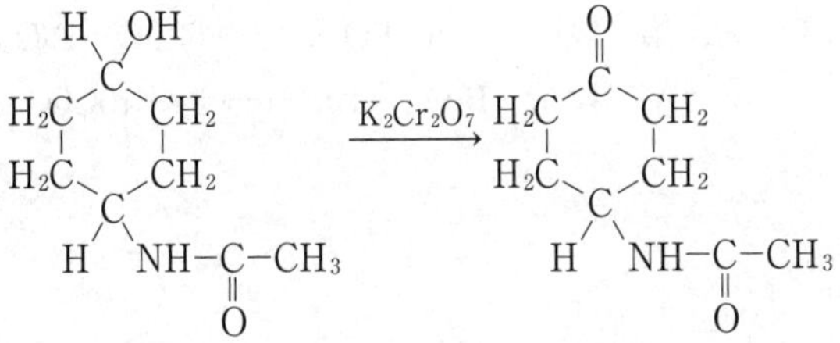

Ｄ

　実験９〜11は, フェノール樹脂の合成やクレゾールを用いる樹脂の合
成について述べている。

▶キ　フェノールへのホルムアルデヒドの付加反応は, オルト位とパラ位
で可能である。したがって, メチレン基（-CH$_2$-）によってつながった
ベンゼン環の構造 I には,（*o-, o-*）,（*o-, p-*）,（*p-, p-*）の３種類が考
えられる。

▶ク　実験９において, 2n 分子のフェノールと 3n 分子のホルムアルデヒ
ドが重合反応してフェノール樹脂が得られたとすると, ホルムアルデヒド
分子の数だけ H$_2$O が脱離したと考えられるから, 脱離した H$_2$O は 3n 分
子である。したがって, フェノール樹脂の生成反応は次のように表すこと
ができる。

$$2n\mathrm{C_6H_5OH} + 3n\mathrm{HCHO} \longrightarrow \mathrm{C_{15n}H_{12n}O_{2n}} + 3n\mathrm{H_2O}$$

このフェノール樹脂を完全燃焼すると, 15n 分子の CO$_2$ と 6n 分子の H$_2$O
が生じるから, 求める重量比は, CO$_2$＝44.0, H$_2$O＝18.0 より

$$\frac{44.0 \times 15n}{18.0 \times 6n} = 6.11 \fallingdotseq 6.1$$

▶ケ ホルムアルデヒドの付加反応は，フェノール性ヒドロキシ基から見てオルト位とパラ位に生じる。したがって，m-クレゾールでは3カ所に付加反応が可能であるが，o-クレゾール，p-クレゾールでは，2カ所のみで付加反応が可能となる。（＊が付加反応可能な箇所）

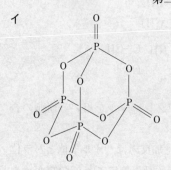

m-クレゾール 　　o-クレゾール 　　p-クレゾール

2 解答

I ア 第一段階：$2Ca_3(PO_4)_2 \longrightarrow 6CaO + P_4O_{10}$

第二段階：$P_4O_{10} + 10C \longrightarrow P_4 + 10CO$

イ

ウ 電極A：$O_2 + 4H^+ + 4e^- \longrightarrow 2H_2O$

電極B：$H_2 \longrightarrow 2H^+ + 2e^-$

正極：電極A

エ 1 mol の H_2O が生成すると 2 mol の電子 e^- が流れる。したがって，電池が作動した間に流れた電子 e^- の物質量は，$H_2O = 18.0$ より

$$\frac{90 \times 10^3}{18.0} \times 2 = 1.0 \times 10^4 \,[\text{mol}]$$

この電子の電気量は

$$1.0 \times 10^4 \times 9.65 \times 10^4 = 9.65 \times 10^8 \,[\text{C}]$$

よって，電池からこの電子に供給された電力量は

$$9.65 \times 10^8 \times 0.50 = 4.825 \times 10^8 \fallingdotseq 4.8 \times 10^8 \,[\text{J}] \quad \cdots\cdots(答)$$

オ　34 %

II　カ　SO_2

キ　カリウム

〔理由〕 •カリウムは水と激しく反応する。
　　　　•イオン化傾向が，銅，鉄のいずれよりも大きく，両方とも還元
　　　　してしまう。

ク　アンモニア水

ケ　$Fe(OH)_3$

コ　0.38 mol

サ　6.08 g/L

━━━━━━━━ ◀解　説▶ ━━━━━━━━

≪リンと燃料電池，$CuFeS_2$ の反応と製錬≫

◆**I**　▶ア　第一段階は，リン酸カルシウム $Ca_3(PO_4)_2$ の加熱分解反応
で，第二段階は，十酸化四リン P_4O_{10} の炭素による還元反応である。なお，
第一段階では，リン原子の酸化数は変化していない。

▶イ　P_4O_{10} の立体構造図では，4 つのリン原子はいずれも 5 個の価電子
をもつので，5 価の共有結合をしているように表されている。オクテット
で考えると，リン原子と酸素原子との二重結合は配位結合（リン原子が酸
素原子に非共有電子対を提供する）とみなせる。4 つのリン原子は，いず
れも同じ立体配置状況および結合状態にあり，P_4O_{10} 分子はきわめて対称
性の高い構造をしている。

▶ウ　燃料電池では，酸素が供給される電極Aは正極，水素が供給される
電極Bは負極である。電池の正極では還元反応，負極では酸化反応が生じ
る。

▶エ　電力量とは，流れた電気量に対して電池が加えた仕事量のことであ
り，仕事量〔J〕＝電気量〔C〕×電圧〔V〕の関係にある。この値と，その
間に電池内で消費された化学的エネルギー（燃料電池の場合は水素の燃焼
熱）とは必ずしも一致しない。このことが電池のエネルギー（発電）効率
に関係してくる。

▶オ　燃料電池内で燃焼した水素 H_2 の物質量は，この間に流れた電子 e^-
の物質量の半分であるから，5.0×10^3 mol である。

したがって，求める発電効率は

$$\frac{4.82 \times 10^8}{286 \times 10^3 \times 5.0 \times 10^3} \times 100 = 33.7 \fallingdotseq 34 \,〔\%〕$$

◆Ⅱ ▶カ 気体 D は水に溶けて亜硫酸 H_2SO_3 水溶液となることから,二酸化硫黄 SO_2 であることがわかる。

$$SO_2 + H_2O \longrightarrow H_2SO_3$$

▶キ 題意より,Cu^{2+} イオンのみを還元するのにふさわしい金属は,イオン化傾向が Cu より大きく,Fe より小さい金属である。したがって,ニッケル Ni,スズ Sn,鉛 Pb が該当するが,カリウム K は不適である。また,K は水溶液中では,水 H_2O とも激しく反応するのでふさわしくない。

なお,$Fe^{3+} \longrightarrow Fe^{2+}$ の反応は,$Cu^{2+} \longrightarrow Cu$ の反応よりも先に生じる(エネルギー的に小さい)ので,Fe^{3+} をそのままに保つことはできない。

▶ク・ケ Cu^{2+} は過剰のアンモニア水によって,錯イオン $[Cu(NH_3)_4]^{2+}$ (テトラアンミン銅(Ⅱ)イオン) を生じて再溶解するが,Fe^{3+} は赤褐色の沈殿 $Fe(OH)_3$ を生成する。

$$Cu^{2+} + 2NH_3 + 2H_2O \longrightarrow Cu(OH)_2 + 2NH_4^+$$
$$Cu(OH)_2 + 4NH_3 \longrightarrow [Cu(NH_3)_4]^{2+} + 2OH^-$$

▶コ Fe_2O_3 とメタン CH_4 の反応式は次のとおりである。

$$4Fe_2O_3 + 3CH_4 \longrightarrow 8Fe + 3CO_2 + 6H_2O$$

したがって,1.0 mol の Fe を得るのに必要な CH_4 の物質量は

$$1.0 \times \frac{3}{8} = 0.375 \fallingdotseq 0.38 \,〔mol〕$$

▶サ 電解前後で,固体 G 中の物質量の比が変わらなかったということは,電解によって,もとの組成比のまま各物質が固体 G から脱離したことを示している。

したがって,銅とニッケルは,それぞれ $Cu \longrightarrow Cu^{2+} + 2e^-$,$Ni \longrightarrow Ni^{2+} + 2e^-$ の反応で電解液中に溶解し,金 Au は陽極泥として沈殿したことになる。

すなわち,与えられた電気量は Au の陽極泥の生成には寄与していない。また,Cu^{2+} と Ni^{2+} は,ともに 2 価の陽イオンであるから,与えられた電気量は固体 G 中の Cu と Ni の組成比に等しく配分されたと考えられる。

よって,$Ni \longrightarrow Ni^{2+} + 2e^-$ の反応で流れた電気量は

$$3.96 \times 10^5 \times \frac{5.00}{94.0 + 5.00} \text{〔C〕}$$

ゆえに，電解液 1.00L 中のニッケルの濃度は

$$\frac{3.96 \times 10^5 \times \dfrac{5.00}{94.0 + 5.00}}{9.65 \times 10^4} \times \frac{1}{2} \times 58.7 \times \frac{1}{1.00}$$

$$= 6.082 \fallingdotseq 6.08 \text{〔g/L〕}$$

イオン化傾向が Cu＜Ni であるから，Cu が電解されるときには Ni も電解される。

3　**解答**　I　ア　$I_2 + 2Na_2S_2O_3 \longrightarrow 2NaI + Na_2S_4O_6$

イ　$H_2S + I_2 \longrightarrow 2HI + S$

〔酸化数が変化した元素〕　S：$-2 \to 0$　　I：$0 \to -1$

ウ　実験 1 の結果より，250 mL の溶液 B に含まれていた I_2 の物質量を x〔mol〕とすると

$$x \times \frac{100}{1000} \times 2 = \frac{0.100 \times 15.7}{1000} \qquad \therefore \quad x = 7.85 \times 10^{-3} \text{〔mol〕}$$

したがって，1.00 L の溶液 B を調製するときに用いられた I_2 の物質量は

$$7.85 \times 10^{-3} \times \frac{1000}{250} = 3.14 \times 10^{-2} \text{〔mol〕} \quad \cdots\cdots \text{(答)}$$

エ　H_2S および $Na_2S_2O_3$ と I_2 との反応式は，次のとおりである。

$$H_2S + I_2 \longrightarrow 2HI + S$$

$$I_2 + 2Na_2S_2O_3 \longrightarrow 2NaI + Na_2S_4O_6$$

したがって，実験 2 で反応した H_2S の物質量を x〔mol〕とすると

$$x + \frac{0.100 \times 10.2}{1000} \times \frac{1}{2} \times \frac{1000}{100} = 7.85 \times 10^{-3}$$

$$\therefore \quad x = 2.75 \times 10^{-3} \text{〔mol〕} \quad \cdots\cdots \text{(答)}$$

オ　(2)

理由：ビュレットに入れて滴定に用いるのはチオ硫酸ナトリウム水溶液のみであるから，ヨウ素の濃度は誤差に影響しない。また，チオ硫酸ナトリウム水溶液の濃度に関係なく，その体積の ±0.05 mL×2 中に含まれるチオ硫酸ナトリウムの物質量が誤差範囲を決める。したがって，チオ硫酸ナトリウム水溶液の濃度を低くする方が，誤差の範囲を狭くすることがで

きる。

II カ $M_A M_B X_3$

キ M_A の配位数：12 M_B の配位数：6

ク 面心立方格子

ケ 組成式：$M_B Z$ 物質例：塩化ナトリウム

コ Sr^{2+}：$0.136\,nm$ Ti^{4+}：$0.056\,nm$

サ Ca^{2+} と Zr^{4+}，Cs^+ と Ta^{5+}，La^{3+} と Fe^{3+}

シ La^{3+} と Fe^{3+}

理由：M_A と X および M_B と X が互いに接しているとき，$r_A + r_X$ は単位格子の面（正方形）の対角線の長さ（単位格子の一辺の長さの $\sqrt{2}$ 倍）の半分であり，$r_B + r_X$ は単位格子の一辺の長さの半分である。

したがって

$$u = \frac{r_A + r_X}{r_B + r_X} = \sqrt{2}$$

一方，3 つの組み合わせ $(Ca^{2+}$ と $Zr^{4+})$，$(Cs^+$ と $Ta^{5+})$，$(La^{3+}$ と $Fe^{3+})$ における u の値は，それぞれ 1.29，1.61，1.35 であるので，$\sqrt{2}$ に最も近い $(La^{3+}$ と $Fe^{3+})$ が最も安定だと予想されるから。

───────◀解 説▶───────

≪酸化還元滴定，$M_A M_B X_3$ 型結晶構造≫

◆**I** ▶**ア** 酸化還元反応であり，$Na_2S_2O_3$ 中の S 原子の酸化数は，$+2$ から $+2.5$ に変化したと考えることもできる。

▶**イ** 硫化鉄(II)と希硫酸の反応は

     $FeS + H_2SO_4 \longrightarrow FeSO_4 + H_2S\uparrow$ （気体**C**）

H_2S は強い還元剤である。

▶**ウ** $1.00\,L$ の溶液**B**を調製するときに用いた I_2 の物質量が解答である。

▶**エ** 〔解答〕の計算式の左辺は還元剤としての H_2S および $Na_2S_2O_3$ に関わる量，右辺は酸化剤としての I_2 に関わる量を表している。いわゆる逆滴定の際の計算式である。計算式が複雑になっているのは，実験 2 では，$250\,mL$ の溶液**B**に H_2S を吸収させたのち，過剰のため未反応として残った I_2 の $\dfrac{100}{1000} = \dfrac{1}{10}$ だけを溶液**A**の $Na_2S_2O_3$ と反応させているからである。

なお，実験 1，2 ともに $250\,mL$ の溶液**B**を用いている点を活用している。

▶オ ヨウ素の濃度を変えても，ヨウ素は反応式の量的関係にしたがって反応するから，滴定すべきヨウ素の物質量には変化はないので，滴定における誤差範囲には影響を与えない。

◆Ⅱ ▶カ 単位格子に含まれる各イオンの数は

$$M_A : 1 \qquad M_B : \frac{1}{8} \times 8 = 1 \qquad X : \frac{1}{4} \times 12 = 3$$

したがって，組成式は，$M_A M_B X_3$ となる。

▶キ M_A，M_B の配位数とは，それぞれのイオンに最も近い陰イオン X の個数のことである。したがって，M_A は明らかに 12 個である。M_B については，単位格子を 8 つ立方体になるように組み重ねると，M_B の上下，左右，前後に X があることがわかるので，6 個である。

▶ク Y のみになった図 3－1 の単位格子 2 つを接するようにして横並びにする。この 2 つの単位格子のうち，接した面に近い側の半分ずつをまとめて新たな単位格子と考えると，面心立方格子であることがわかる。

▶ケ 新たな単位格子において，M_B と Z の数は

$$M_B : \frac{1}{8} \times 8 + \frac{1}{2} \times 6 = 4 \qquad Z : 1 + 3 = 4$$

$M_B : Z = 1 : 1$ であるから，組成式は，$M_B Z$ である。また，このように陽イオンと陰イオンが，上下，左右，前後に交互に配列した物質の代表的な例は，塩化ナトリウム NaCl である。

▶コ Sr^{2+}，Ti^{4+} および O^{2-} の半径を，それぞれ r_A，r_B，r_X とする。O^{2-} と Sr^{2+} が接しているから

$$(r_A + r_X) \times 2 = (r_A + 0.140) \times 2 = \sqrt{2} \times 0.391$$

$$\therefore \quad r_A = 0.1356 \fallingdotseq 0.136 〔nm〕$$

O^{2-} と Ti^{4+} が接しているから

$$(r_B + r_X) \times 2 = (r_B + 0.140) \times 2 = 0.391$$

$$\therefore \quad r_B = 0.0555 \fallingdotseq 0.056 〔nm〕$$

▶サ 単位格子は電気的に中性である。単位格子には O^{2-} が 3 個含まれているから，それぞれ 1 個ずつである M_A と M_B は，その電荷の合計が +6 価でなければならない。したがって，Ca^{2+} と Zr^{4+}，Cs^+ と Ta^{5+}，La^{3+} と Fe^{3+} の 3 組の組み合わせが考えられる。

▶シ 2 種類の陽イオンがそれぞれ陰イオンと接していると，その結晶構

造はきわめて安定である。また，そのとき $u = \sqrt{2}$ となる。したがって，問サで得られた 3 種類の組み合わせについて u の値を計算し，その値が $\sqrt{2}$ に最も近い結晶構造が最も安定である。

$$(Ca^{2+} \text{ と } Zr^{4+}) : u = \frac{0.134 + 0.140}{0.072 + 0.140} = 1.292 \fallingdotseq 1.29$$

$$(Cs^{+} \text{ と } Ta^{5+}) : u = \frac{0.188 + 0.140}{0.064 + 0.140} = 1.607 \fallingdotseq 1.61$$

$$(La^{3+} \text{ と } Fe^{3+}) : u = \frac{0.136 + 0.140}{0.065 + 0.140} = 1.346 \fallingdotseq 1.35$$

なお，図 3 － 1 のような構造をペロブスカイト構造といい，高温超電導物質などにみられる。

❖ 講　評

　例年，大問 3 題でそれぞれが Ⅰ，Ⅱ に分かれており，実質 6 題の出題であることが多かったが，2019 年度は有機分野の大問 1 題が Ⅰ，Ⅱ に分かれておらず実質 5 題であった。試験時間は 2 科目で 150 分と変化がなかった。

　1　実験 1 ～ 8 と実験 9 ～ 11 の 2 つのテーマに分かれているが，いずれにおいてもその意味することを正確かつ簡潔に理解することが最大のポイントであった。教科書で学んだ物質の性質や反応を，少し異なる物質についてあてはめた場合に，どのような反応が生じ，どのような物質が得られるかを推測する力が試されている。フェノールの置換反応における配向性，ニトロ基の還元反応と生成物，無水酢酸によるアセチル化とその反応条件，エステル結合のけん化，Ni 触媒を用いたベンゼン環への水素付加，第 2 級アルコールの酸化反応，フェノールへのホルムアルデヒドの付加反応とクレゾールへの発展などが取り上げられた。ウ，エなどは少し迷ったかもしれないが，実験の流れを把握できていれば解答は可能であった。ただ，エの立体異性体の数は，頻出とはいえ迷ったのではないだろうか。カは，フェノール性ヒドロキシ基とアルコール性ヒドロキシ基の違いの理解が必要であった。クは，フェノール樹脂の元素組成を反応式から導く必要があった。ア，イ，オ，キ，ケで確実に得点しておきたい。

2 Ⅰ リン酸カルシウムから黄リンP_4を得る反応式，P_4O_{10}の構造，燃料電池の反応や発電効率などが問われた。前半と後半は直接には関係していないが，リンをテーマとするという共通点があった。アは，問題文にヒントがあった。それに気づきたい。イは，与えられた部分構造が大きなヒントであった。4つのリン原子が同等であろうと考えると，解答が浮かんでこないだろうか。エは，物理での電力量についての知識があると有利であった。オは，発電効率の定義が理解できれば問題なかったであろう。

Ⅱ $CuFeS_2$（黄銅鉱）の製錬に関する問題で，実験1〜6の理解が重要であった。カは，亜硫酸の生成がヒントであり，キは，イオン化傾向が理解できていれば解答可能であった。クは，錯イオン生成による再溶解の条件がわかっていればよかった。コは，酸化数の変化から反応式を導く必要があったが，結論的には反応物質の物質量の比は酸化数の変化の逆比である。サは，与えられた条件の正確な理解が必要なことと，金は陽極泥になることが重要であった。

Ⅰ，Ⅱとも全般にわたって得点が可能であった。

3 Ⅰ ア，イは，教科書で学ぶ内容であるから確実に得点しておきたい。ウは，滴定に用いた溶液は調製した溶液の一部であることに留意しておかないと，計算ミスをしやすいので，要注意。エは，さらに計算が複雑になった。逆滴定の問題であるが，途中で反応液の一部を用いて滴定しているので，その扱いを確実にしておかないと間違ってしまうことになる。オは，戸惑った受験生が多かったのではないだろうか。実際に実験を体験していても，測定誤差についてまで考えが及ぶことは難しかったと思われる。ただ，与えられた選択肢をよく検討すると，どのような溶液であれば誤差が小さくなるかは，推測できたのではないだろうか。

Ⅱ 目新しいイオン結晶構造についての問いであった。陽イオンが2種類あることに戸惑ったと思うが，説明文をしっかり読んで理解すると，解答は可能であった。カは，単位格子内の粒子数を数えればよかった。キは，やや混乱したかもしれないが，単位格子を積み上げて考察するなど，工夫がほしかった。ク，ケは，与えられた変更条件を視覚化してとらえることを求められたが，落ち着いて取り組めばできたのではないだ

ろうか。コは，教科書で扱われている結晶構造についての応用問題であった。どこまで食らいつけただろうか。サは，単位格子の組成は組成式に等しく，したがって，電気の総和はゼロであることに気づくことが大切であった。シは，コの説明文がヒントであり，u の値を計算して比較すればよかったが，結晶構造の安定性とは何かという根本がイメージできているとスムーズに解答できたかもしれない。カ，ク，ケは確実に得点しておきたい。

──────── 「化学」の出題の意図（東京大学　発表）────────

　化学は，私たちの身の回りに存在する，様々な物質を理解するための基礎をなす科目です。また，物質を理解することが，科学分野全般の基盤となることから，化学はときに「セントラルサイエンス」と呼ばれています。物質を理解するためには，化学に関する基本的知識を身につけるとともに，それらを論理的に組み合わせ，総合的に理解し，さらに表現することが重要です。「化学」に関する出題では，受験する皆さんの，化学に関する基礎的な能力を判断するための問題が設定されます。本年度の出題でとくに注目した点は以下のとおりです：

１）　物質の性質，化学結合や化学反応の本質を見抜く能力

（第１問，第２問，第３問）

２）　化学結合から構成される構造の本質を見抜く能力

（第１問，第２問，第３問）

３）　化学の諸原理に基づいて論理的かつ柔軟に思考し，物質の本質を包括的かつ発展的に捉える能力

（第２問，第３問）

４）　化学現象の総合的理解力と表現力

（第１問，第２問）

1

解答
I　A　誘導
B　(1)・(5)

C　1—⑤　2—⑩　3—⑨　4—⑩　5—③

D　残った細胞では，Yタンパク質が発現することで，Xタンパク質が減少し，C細胞に分化する。

II　E　P2，P3，P4

F　(2)

G　(1)

H　E細胞との距離が近いP3細胞は，Wタンパク質により，*Y*遺伝子が発現して穴細胞に分化する。穴細胞はYタンパク質を発現しているので，隣接するP2細胞，P4細胞ではXタンパク質の発現が増加して壁細胞に分化する。E細胞から遠い，P1細胞やP5細胞はZタンパク質の影響が少なく表皮細胞に分化する。

◀解　説▶

≪タンパク質，遺伝子発現，線虫の細胞分化≫

◆I

[文1]　線虫の場合，発生のある時期において，生殖腺原基の中の2つの細胞，A細胞とB細胞は，分裂を停止してC細胞やD細胞のいずれかに分化する。この場合，C細胞が2個またはD細胞が2個できるということはない。その分化のしくみを実験1と実験2を通して調べた。

▶A　発生の初期では，卵に蓄えられた体軸の情報にしたがって，遺伝子の発現が調節される。発生が進むと，細胞間の相互作用により細胞が分化するようになる。胚の特定部分の細胞が未分化な細胞にはたらきかけて，分化の方向を決める。この現象を誘導という。

▶B　実験1より，Xタンパク質が機能できない *X(-)* 変異体ではA細胞とB細胞がいずれもC細胞に分化し，常に機能する *X(++)* 変異体ではいずれもD細胞に分化している。

　実験2より，A細胞とB細胞のうち，一方の細胞を *X(-)* にし，他方

を正常細胞 *X(+)* にすると, *X(-)* 遺伝子をもつ細胞が必ずC細胞に, *X(+)* 遺伝子をもつ細胞が必ずD細胞に分化している。

　正常型線虫では, リード文及び図1-2の(a)より, A細胞もB細胞もどちらもC細胞とD細胞に分化できる。C細胞が2個できたり, D細胞が2個できることはない。A細胞とB細胞は相互に影響を及ぼしあいながら分化を決定していると考えられるので(1)が適切である。

　また図1-2の(b)より, *X(-)* 変異体ではA細胞でもB細胞でもC細胞に分化し, *X(++)* 変異体では, A細胞もB細胞もD細胞に分化することから, 図1-2(c)より, A細胞とB細胞のうち, 一方の細胞を *X(-)* にし, 他方を正常細胞 *X(+)* にすると, *X(-)* 遺伝子をもつ細胞が必ずC細胞に, *X(+)* 遺伝子をもつ細胞が必ずD細胞に分化している。このことから, AまたはB細胞がD細胞に分化するにはその細胞内でXタンパク質がはたらくことが必要であることがわかる。よって, (5)が適切である。

[文2]　C細胞とD細胞の分化に関係するタンパク質としてYタンパク質が見つかった。Yタンパク質はXタンパク質に結合して機能するタンパク質である。Yタンパク質の機能がなくなる *Y(-)* 変異体では, *X(-)* 変異体と同じようにA細胞もB細胞もC細胞に分化している。実験3では各細胞でのXタンパク質の量を, 実験4では各細胞でのYタンパク質の量を測定した。

▶C　図1-3の(a)・(b)を縦に見て比較すると, *X(-)* 変異体では, A細胞もB細胞もC細胞へ分化し, その細胞内のXタンパク質の量が少ないが, Yタンパク質の量が多くなっている。逆に, *X(++)* 変異体では, A細胞もB細胞もD細胞へ分化し, その細胞内のXタンパク質の量が多いが, Yタンパク質の量が少なくなっている。

　このことと, さらに図1-4の2種のタンパク質の相互関係から考えると, 細胞膜上のXタンパク質に隣接するYタンパク質が結合すると, この細胞ではY遺伝子の転写が抑制され, X遺伝子の転写が促進され, Yタンパク質は減少し, Xタンパク質は増加する。

　Yタンパク質が増加した細胞のXタンパク質は減少するので, *X(-)* を想定することになるので, C細胞に分化する。

▶D　A細胞とB細胞が生じた直後に一方の細胞を破壊すると, 残った細胞のXタンパク質は, Yタンパク質をもつ隣接細胞が存在しないため, Y

タンパク質と結合できなくなり X 遺伝子の転写促進と Y 遺伝子の転写抑制が起こらなくなる。この結果，Y タンパク質が増加し，X タンパク質が減少するので，C 細胞に分化する。

◆Ⅱ

［文 3 ］　線虫の発生過程では，腹側の表皮の前駆細胞 P1〜P5 が並び，P3 細胞のすぐ上側に E 細胞とよばれる細胞が位置する。発生が進むと，P3 細胞は卵を産む穴細胞に，その両脇の P2 と P4 細胞は壁細胞となる。さらに外側の P1 と P5 細胞は表皮細胞になる。この発生過程でも Y タンパク質が隣り合った細胞の X タンパク質を活性化する機構がはたらくが，これに加えて E 細胞から分泌される Z タンパク質による制御もはたらく。Z タンパク質は離れた細胞の W タンパク質の細胞外の部分に結合し，W タンパク質を活性化する。

▶E　表 1 － 1 の(a)と(b)を比較して検討する。E 細胞を破壊しても P1 と P5 細胞は破壊しない場合と同様に表皮に分化している。逆に，P2〜P4 の細胞は壁細胞や穴細胞にはならないことから，E 細胞からの影響を受けて分化が決まるのは，P2，P3，P4 の細胞である。

(c)で E 細胞を P4 細胞の上側に移動させると，真下の P4 細胞が穴細胞に，その両隣の P3 と P5 細胞が壁細胞に分化したことから，E 細胞からの影響を直接または間接的に受けて分化が決まるのは E 細胞の真下とその両隣の細胞であることがわかる。正常発生では，P2，P3，P4 の 3 個の細胞である。

▶F　表 1 － 1 の(a)と(d)を比較すると，正常型で壁細胞になるものが，X(−) 変異体では穴細胞に分化している。X タンパク質がはたらかないと壁細胞に分化できないことが推測される。それでは，X タンパク質が常にはたらいた場合を(g)の X(＋＋) 変異体で見ると P1〜P5 のすべての細胞が壁細胞になっている。このことから，X タンパク質がはたらいた表皮の前駆細胞は壁細胞に分化すると考えられる。なお，(f)で P3 細胞が穴細胞に分化しているから，E 細胞からの高濃度の Z タンパク質による誘導作用は，X，Y のタンパク質による相互作用よりも優越することがわかる。

▶G　設問文には，「文 3 と実験 5，6 の結果から考察し 1 つ選べ」とある。

「（E 細胞から分泌された Z タンパク質の）効果は相手の細胞との距離が

近いほど強い」と文 3 にあるので，P3 細胞がその影響を最も強く受ける。
Z タンパク質は P1，P5 両細胞には作用しないことが問 E からわかり，P2，
P4 の両細胞では X タンパク質が発現している。その発現を誘導したのは
P3 細胞かあるいは Z タンパク質である。しかし表 1 － 1 (g)より，Z タン
パク質がなくても壁細胞は生じる。

　よって，P3 細胞では，Z タンパク質は W タンパク質に結合してそれを
活性化するので，Y 遺伝子の発現が増加していると考えられる。

　実験 5，実験 6 の結果をまとめた表 1 － 1 (d)の結果から，Z タンパク質
が P2 細胞と P4 細胞にも作用していることが読み取れる。しかし，穴細
胞になるという異常な発生になるので，この設問ではこれは考えなくても
よい。

▶H　まず，E 細胞からは Z タンパク質が分泌される。その影響を受けて
E 細胞に最も近いところにある P3 細胞で，W タンパク質が活性化を起こ
す。これにより，P3 細胞は Y タンパク質が増加して穴細胞に分化してい
く。穴細胞は Y タンパク質を発現しているので，隣接する P2 細胞や P4
細胞の X タンパク質に結合して，X タンパク質の発現を増加させ，X タン
パク質が増加することで壁細胞へと分化する。E 細胞からの距離が遠い
P1，P5 細胞は Z タンパク質の影響がほとんどないので，表皮細胞に分化
する。

　これらの関係を図示すると次のようになる。

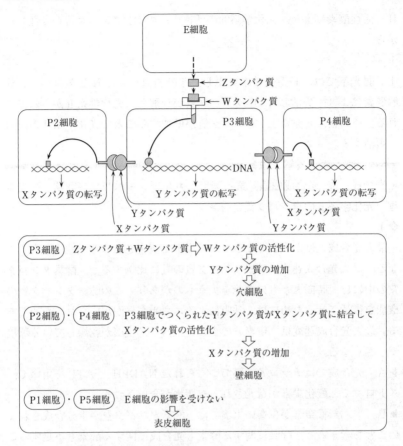

2　解答

I　A　1・2. ATP, NADPH（順不同）

　　B　アー(6)　イー(4)

C　ウー(6)　エー(7)

D　質量あたりの葉面積の大きい陰葉では陽葉より失う水分の量が多い。乾燥した環境では陰葉の気孔開度が陽葉より小さくなり，二酸化炭素の取り込みが低下し，質量あたりの最大光合成速度が低下すると考えられる。これより，光強度が高く乾燥した環境と考えられる。

II　E　(3)

F　(1)・(3)　〔別解〕(3)

G　3ークロロフィル　4ー水

H　活性酸素により，光化学系Ⅱの活性中心の D1 タンパク質が変性した
から。

I　(2)・(4)

J　弱光下では，*V* 遺伝子が発現し，その結果つくられたタンパク質分
解酵素により，失活した D1 タンパク質が分解され光化学系Ⅱから除去さ
れる。その後，正常な D1 タンパク質が増加することで光化学系Ⅱの能力
が復活する。

━━━━━■ ◀解　説▶ ■━━━━━

≪光合成，光-光合成曲線，気孔開度，カルビン・ベンソン回路，強光阻
害，光化学系Ⅱのタンパク質合成≫

◆Ⅰ

　最大光合成速度が大きくなると，暗黒下で測定される呼吸速度も大きく
なる。最大光合成速度は酵素タンパク質の量に比例するが，酵素タンパク
質の中には，時間とともに機能を失うものがあり，この酵素タンパク質の
機能を復活させるためには，呼吸によるエネルギーが用いられるためであ
る。最大光合成速度は，窒素分の少ない土壌や，土壌が乾燥している環境
で小さくなる。

▶A　光合成ではチラコイド膜でつくられた NADPH と ATP を用いて，
ストロマで二酸化炭素が還元され，有機物が合成される。

▶B　ア．無機窒素が少ない土壌では，酵素タンパク質が十分合成されな
いことを考えると，呼吸に関する酵素も光合成に関する酵素も不足するこ
とが予想される。呼吸速度，最大光合成速度が低下すると考えられるので
(6)のようなグラフになる。

イ．土壌が乾燥した環境では，アブシシン酸が合成されて気孔が閉鎖する
ため，葉内の二酸化炭素濃度が低くなるので最大光合成速度が小さくなる。
一方，気孔を閉じているときでも開いているときと変わらず酵素タンパク
質量は一定に保たれているので呼吸速度に変化はない。また，光が弱い範
囲では光合成速度は光の強さに依存するので，光飽和点に達するまで光合
成速度に差が見られない。このことを表しているグラフは(4)である。

▶C　ウ．面積あたりの光-光合成曲線は，陰葉は陽葉に比べて薄くなる
ため，同化組織（柵状組織や海綿状組織）の密度が低くなる。面積あたり
の葉緑体やミトコンドリアの量が少なくなるので，呼吸速度や最大光合成

速度は小さくなる。この場合，グラフは(6)のようになる。

エ．質量あたりの光合成や呼吸に関するタンパク質が陰葉と陽葉で変化しないので，呼吸速度は変わらない。陰葉の面積あたりの質量が $\frac{1}{2}$ になることから，最大光合成速度も陽葉の $\frac{1}{2}$ となるので，質量あたりの最大光合成速度は陽葉と同じになる。陰葉では陽葉に比べて光補償点が低くなることを考慮すると，グラフは(7)のようになる。

▶D　質量あたりの光合成速度が問われているので，陰葉と陽葉のその値を比較してみる。陰葉は陽葉と比べて質量あたりの葉面積が大きくなることから，表面積の大きさに比例して蒸散で失う水分量が多くなる。その結果，土壌が乾燥した環境では陰葉の気孔開度が小さくなり，葉内の二酸化炭素濃度が低くなって最大光合成速度が低下する。

　また，陰葉では陽葉と比べて光強度が低い段階で光飽和に達していることから，光強度が高い環境条件下では，陽葉は最大光合成速度を高めていけるが，陰葉は頭打ちの状態になる。

　よって，最大光合成速度が低下するのは強光で乾燥した環境条件であると考えられる。解答に際しては，乾燥した環境条件のほかに，光強度が高いということも入れておく必要がある。

◆Ⅱ

　葉緑体は，光が弱いときには光を最大限に利用できるように配置される。光が強い場合には光に対して平行に配置され，強い光を受けて酵素タンパク質が機能を失わないようにしている。

　葉緑体が強光を受けると，光化学系Ⅱが損傷を受ける。D1 タンパク質は光化学系Ⅱの反応中心にあるタンパク質で，強光により活性酸素が発生し，これによって D1 タンパク質に傷害が生じる。しかし，光が弱まると光化学系Ⅱの復活が起こる。

　正常型の V 遺伝子からは，損傷を受けた D1 タンパク質を分解する酵素が発現する。タンパク質合成阻害剤を加えて，強光を継続してあてると D1 タンパク質が正常型植物では減少するが，変異体 V では減少しない。タンパク質合成阻害剤を加えない状態で強光を照射した後の光化学系Ⅱの能力の復活を比較すると，変異体 V では復活が非常に起こりにくかった。

▶ E 下線部㈹は，葉緑体光定位運動（chloroplast photo-relocation movement）について述べたものである。葉緑体光定位運動とは，光の情報（強さ，入射方向，波長など）に従って葉緑体が細胞内での配置や存在場所を変える現象をいう。一般的には，青色光によって誘導され，それにはフォトトロピンが関与する。

ただし，本問は青色光を受容して起こる現象に関係する可能性を排除できるものを選ぶのであるから，(3)のフィトクロムということになる。フィトクロムは赤色光や遠赤色光を受容する光受容体であるから，これが関係ないことがわかるだろう。

弱光下では，葉緑体は葉の表面側に集合し，強光下では葉緑体は光を避けて光と平行な細胞壁面に逃避する。前者を集合反応，後者を逃避反応という。集合反応は光合成の効率を上げ，逃避反応は光傷害を避けるという生理学的意義がある。特に木漏れ日の多い林床の植物には重要な生理現象である。日当りの良い環境で育った葉では光の強弱にかかわらず，ほとんどの葉緑体が強光下の逃避反応型の分布をしており，葉緑体運動の効果は低いことが知られている。この葉緑体定位運動にはたらく光受容体はフォトトロピンである。

▶ F (1) 連続した暗期の途中で光中断の実験を行うときに有効な波長は赤色光である。花芽形成はフィトクロムによるので青色光は関与しないというのがこれまでの考えである。しかし，最近の研究では，シロイヌナズナでは，光を感じて花芽形成を早めているのは主にクリプトクロムと呼ばれる青色光の受容体であることがわかってきている。高校の教科書にはその記載がほとんどなく，解答では(1)は青色光が関与しないとして考えれば，これを選ぶことになる。関与すると考えると，答えは(3)のみとなる。

(2) 光屈性はフォトトロピンが青色光を受容すると，オーキシン輸送タンパク質の分布が変化することで起こる。よって青色光が関与する。

(3) 光発芽はフィトクロムが赤色の光を受容すると発芽を促進するようにはたらくので青色光は関与しない。

(4) 気孔の開口は孔辺細胞にあるフォトトロピンが青色光を感知することで起こる。フォトトロピンが青色光を感知すると，プロトンポンプを活性化して H^+ を細胞外に輸送する。これによって膜内外の電位差（外で正，中で負）が大きくなると K^+ チャネルが開き孔辺細胞内に大量の K^+ が流

入して浸透圧が大きくなり，水が細胞内に入り膨圧が大きくなることで気孔が開く。閉じる場合はアブシシン酸を介して行われる。アブシシン酸が孔辺細胞に作用して，浸透圧の低下，水の流出，膨圧の低下が起こることで気孔が閉じる。よって，青色光は，「気孔開閉」のうちの「気孔の開口」の促進に関与している。

▶G　チラコイド膜には光化学系Ⅰ，光化学系Ⅱという，2つのシステムがある。光合成色素が吸収して捉えた光エネルギーは，まずこれらの光化学系の中にあるクロロフィルに集まる。3は色素名なのでクロロフィルが入る。

　　光化学系Ⅱの反応中心のクロロフィルは電子を放出し酸化された状態になるが，これを還元してもとに戻すのは，H_2O から引き抜かれる電子である。つまり，光化学系Ⅱは，H_2O から電子を引き抜く役割をもつ。よって，4には水が入る。

▶H　強光を受けると，活性酸素が発生することがリード文にある。その活性酸素によって，D1 タンパク質などの酵素タンパク質に高温や極端なpH にさらされたのと同様の変化が起こることが述べられている。つまり，タンパク質の変性が起こるので，酵素タンパク質が失活する。この結果，光化学系Ⅱの能力が下がる。

▶I　図2－2からは，正常型植物の場合，強光を照射した後で弱光条件下でタンパク質合成阻害剤を加えると光化学系Ⅱの回復能力が非常に低く，タンパク質合成阻害剤が添加されていない条件下では回復能力が高いことがわかる。つまり光化学系Ⅱの能力を回復するためには新たなタンパク質が合成される必要がある。図2－4を見ると，弱光下で正常型植物では新たなタンパク質が合成されて機能を回復しているが，変異体 *V* では回復していないことがわかる。

　　図2－3から，強光を照射した後でのD1 タンパク質は正常型植物では時間とともに減少していくが，変異体 *V* 中ではD1 タンパク質はほとんど減少せず高い値を保っている。タンパク質合成阻害剤を加えているので，新しくタンパク質が合成されないから，D1 タンパク質の減少量はD1 タンパク質の分解量を反映している。

　　ここでは，図2－3の実験結果から推察できる適切なものを選ぶので，図2－2と図2－4は考えずに解答する。

(1)〜(3)では，変異体 *V* を用いた実験では，強光によって損傷を受けた D1 タンパク質の分解が抑制されたので，タンパク質合成が阻害されていても D1 タンパク質は減少しなかったと考えられる。よって，(2)が正しい。

(1)については，変異体 *V* と正常型植物の違いは遺伝子 *V* が正常かどうかだけであるので，もし正常型植物でタンパク質合成阻害剤が作用するならば，変異体 *V* でも同様に作用する。したがって，変異体 *V* にタンパク質合成阻害剤の効果がないというのは誤り。(3)は「D1 タンパク質の合成が起こった」という箇所が誤りである。

(4)と(5)では，正常型植物を用いた実験では，強光下で損傷を受けた D1 タンパク質が分解され，さらに D1 タンパク質の合成が抑制されたため，D1 タンパク質が減少したと考えられる。よって，(4)が正しい。

(5)については，正常型植物では D1 タンパク質の分解が抑制されることはないので，「分解が抑えられた」という箇所が誤り。

▶J　ここでは，正常型 *V* 遺伝子からつくられるタンパク質分解酵素の役割をふまえて解答することが要求されているので，この分解酵素が何を分解しているかを考え表現する必要がある。正常型植物では，正常型 *V* 遺伝子からつくられたタンパク質分解酵素は強光下で損傷した D1 タンパク質を分解することがわかる。

損傷した D1 タンパク質を分解し，新たな D1 タンパク質が合成されることで光化学系 II の能力が回復すると考えられる。変異体 *V* では，変性した D1 タンパク質を分解する酵素がつくられないため，D1 タンパク質の分解が行われず，さらに正常な D1 タンパク質の合成が進まないため，光化学系 II の能力の回復が進行しないと考えられる。

3 解答

I **A** 環境変異，遺伝的変異
B (2)

C (1)

D 温帯域では，季節変化が大きく，春型と夏型の表現型が決定される 2 つの時期では気温や日長条件という環境が大きく違ってくるため，不連続に表現型が変化する。

E 環境条件として，低温・短日から高温・長日に連続的に変化させていくと，それにともない表現型が連続的に変化し，春型と夏型の中間的な表

現型が出現する。

Ⅱ F （1）

G 黒色選択群では，熱処理を受けると表現型可塑性が小さくなり緑色化しない個体の割合が増加した。緑色選択群では，熱処理を受けると表現型可塑性が大きくなり緑色化の大きい個体の割合が増加し，不連続な可塑性に変化した。

H （2）

I （3）・（5）

━━━━━━ ◀解 説▶ ━━━━━━

≪表現型可塑性，遺伝的同化≫

◆I

　ダーウィンの進化説は現在でも多くの生物学者に支持されているが，ラマルクの進化説である「獲得形質の遺伝」は否定されている。しかし，獲得形質が遺伝や進化するように見える現象が見られる。環境条件に応答して表現型を変化させる性質を「表現型可塑性」という。表現型可塑性は常に変動する自然環境下で生物が繁栄する上で非常に重要な役割を果たすため，可塑性そのものが進化する。

▶A 個体間の形質のばらつきを変異というが，遺伝子の違いによる表現型の変異を遺伝的変異という。しかし，同一の遺伝子型をもつ個体の間にも表現型に多少の差が現れる。このような変異を環境変異という。遺伝的変異は遺伝するが，環境変異は遺伝しない。

▶B ダーウィンが唱えた進化論のうち，主として自然選択説・適者生存の考えで進化を説明する立場，およびそれに基づく思想をダーウィニズムという。

　つまり，集団内に生じた変異に自然選択がはたらくことで環境に適した個体が残り，それらの個体間で有性生殖を行うことが多くなり，変異が遺伝するものであればその形質は進化するというものである。（2）が適切である。（1）はラマルクの唱えた用不用説，（3）は木村資生が唱えた中立説である。木村は DNA の塩基配列やタンパク質のアミノ酸配列の変化（分子進化という）について突然変異と遺伝的浮動から説明した。その中に出現する変異は生存に有利でも不利でもなく中立的なものであると考えた。中立的な変異は自然選択がはたらかないので，このような遺伝子は遺伝的浮動によ

り集団全体に広がっていくという考えである。(4)はド・フリースの唱えた突然変異説である。ド・フリースがオオマツヨイグサで発見した突然変異は，染色体が基本数の3倍，4倍などになる倍数性とよばれる変異であった。このような個体を倍数体とよぶ。倍数体による進化は植物ではよく知られている。

▶C 　図3−1の縦軸は腹部長に対する頭部長の比であるから，この値が大きいことは頭部に角を生じさせて捕食者から飲み込まれにくくしていることを表す。横軸のカイロモンの濃度は捕食者の数を反映していると考えられる。

　湖A由来のミジンコ（ミジンコA）も湖B由来のミジンコ（ミジンコB）もカイロモン濃度が増加すると頭部長の比率が大きくなっている。つまり，捕食者の数に応じてミジンコA，Bとも角を生やすようになっている。よって，(1)が適切である。

(2)　湖AとBでは，そこに生息する捕食者の種類や数は違っているため，ミジンコの対応も湖ごとに違っているので誤り。

(3)　湖Cでミジンコが高濃度のカイロモンに応答する程度が湖AやBよりも小さいのは，捕食者の数が少ないので，環境応答が誘導され進化することがまれであったためと考えられるので誤り。

　問われてはいないが，湖Aと湖Bで同一のカイロモン濃度に対してミジンコの対応がなぜ異なっているのであろうか。データが1つしかないので詳しく論じることはできないが，湖Bではカイロモン濃度が上昇していても頭部長の比の値はある濃度まで緩やかに増加している。一定濃度以上になると急激に頭部長の比の値が高まっている。これは，カイロモンが一定数以上の受容体に結合することでミジンコBの，角形成遺伝子の発現が起こり，それにともない頭部長を大きくする遺伝子の発現も引き起こした。つまり，表現型可塑性を引き起こすカイロモン濃度の閾値が湖Aと湖Bに生息するミジンコ間で違っている可能性がある。あくまでも1つの仮説ではあるが，データから推測してみるのもよいだろう。

▶D 　同じ生物種の集団の中に，表現型が異なる複数の個体群が存在することを表現型多型という。「春型と夏型」があるのは蛹や幼虫で越冬するアゲハなどである。これらのチョウでは，春型は蛹で越冬する。夏型は幼虫で冬を越し，春に蛹となる。温帯地方では，気温の変動や日長の変動な

どが季節の変化とともに起こる。そのため生理機構に閾値はなくても春と夏では表現型が大きく違ってくる。

▶E　ある程度具体的に表現していく必要がある。「環境条件を変動させることで中間型形質が出現する」などとしては，環境条件の変動とはどのようなものかがはっきりせず，十分な解答にならない。それほど突っ込んだ内容でなくても構わないが，読み手を納得させるものでなければいけない。

　ここでは，春型と夏型が産んだ卵を多数採取して同じ条件下で孵化させた幼虫を，日長を短日にした場合，長日にした場合，温度を高く設定した場合，低く設定した場合などさまざまな環境条件で飼育したときに，段階的に表現型が変化していけば閾値が存在しないことになる。

　春型が育つのは低温で短日の条件であるから，ここから夏型が育つ高温で長日の条件まで連続的に変化させ，表現型に中間型が出現したならば閾値が存在しないといえる。

◆Ⅱ

　20 世紀の中ごろに，環境刺激によって引き起こされる形質変化について行われた実験を扱った文。ショウジョウバエの卵を物質Xに曝して発生させると翅が 4 枚ある表現型（バイソラックス突然変異体に似た形質）が生じる。発生途中の卵を毎世代物質Xに曝すことを繰り返すと「中胸が倍化したハエ」の出現率が上昇し，卵を物質Xに曝さなくても「中胸が倍化したハエ」が羽化することもあった。この現象を遺伝的同化という。

▶F　(1)　ウォディントンの行った物質Xに繰り返し曝し続ける実験では，ショウジョウバエの物質Xに応答して中胸を倍化させる形質が世代ごとに選択されていく。逆に言えば，中胸が倍化しない遺伝子をもつ個体が排除されていくことになる。結果として中胸の倍化を促進する遺伝子の遺伝子頻度が高くなっていったために 4 枚翅を生じやすい形質が進化したので，この(1)が正しい。

(2)　中胸が倍化しない個体が排除されているので誤り。

(3)　リード文に「物質Xに曝して……後胸が中胸に変化することにより……翅が 4 枚……」とあるので，物質Xは後胸を中胸に変化させるはたらきを担う物質であり，直接後胸に翅を生じさせるはたらきを行うことはないと考えられる。よって誤り。

(4) リード文に「物質Xは，遺伝情報を改変することなく発生過程に影響を与える物質である」ことが記されている。よって，「バイソラックス変異体の原因遺伝子に変異が生じ」とある部分が誤り。

▶G　図3−4(a)を見ると，熱処理を与えた後において，黒色選択群では10世代以降のカラースコアは0に収束している。図3−4(b)より，黒色選択群の13世代目におけるカラースコアは処理温度を変化させてもほとんど変化しない。このことから，黒色選択群では，熱処理を与えた場合，表現型可塑性は小さい方向に変化し，やがて表現型可塑性が失われ，熱処理に応答できず体色が変化しない形質に固定されていることがわかる。一方，緑色選択群では，表現型可塑性が大きい方向に変化し，連続的な可塑性から不連続な可塑性（ここで言う不連続な可塑性とは形態的にはっきりと区別できる違い）に変化している。緑色選択群では，熱処理に応答して体色が変化する形質に固定されるようになる。

▶H　体色変化がホルモンによって起こされるのか，ホルモンと熱処理の両方によって起こるのかという内容である。実験2のリード文に，体色変化には，「ホルモンαとホルモンβが関与すると予想された」とあるので，単純に熱処理だけの作用で体色変化が起こることはないと考える。

　実験の内容は，頭部と胸部の間を結紮する→ホルモンαは頭部のみに留まるので胸部や腹部には流れない。胸部・腹部にはホルモンβが流れる。腹部を結紮する→結紮部前側にはホルモンαとホルモンβの両方が流れるが，後側には両方のホルモンがないことになる。

　体色の判別は胸部と腹部で行うことから頭部は考えない。このような結紮処理を施して熱処理実験を行うと，緑色選択群では頸部結紮では黒色のまま，腹部結紮では結紮部の前側では緑色とあるので，ホルモンαとホルモンβの両方があるところでは緑色への体色変化をしている。これから(3)は否定されない。また，頸部を結紮した場合は胸部や腹部にはホルモンβが流れているにもかかわらず，緑色にはなっていないことから，ホルモンβだけでは体色変化が起こらないと考えられるので，(2)は否定される。(1)のホルモンαのみが存在する実験はここでは行われていないので否定することはできない。

　(1)〜(3)は熱処理をせずにホルモンのみで変化が引き起こされることを述べているため正確には判断できないのであるが，体色変化がホルモンα

とホルモン β の両方あるいはホルモン α のみによって引き起こされる可能性があるので否定できない。しかし，前述の理由で(2)については否定できる。

(4) 熱処理による場合でもホルモン α だけでは体色の変化が起こらない場合もありうるので否定できない。

(5) 熱処理による場合でもホルモン β だけでは体色の変化が引き起こされない可能性は否定できない。

▶Ⅰ (1) 熱処理を与えた場合，緑色選択群はホルモン α の濃度上昇が見られているので誤り。

(2) ホルモン β は熱処理の有無で濃度の差は認められないので誤り。

(3) 熱処理を加えたとき，ホルモン α の濃度が上昇すると緑色化が起こるので正しい。

(4) 後半の「黒色選択群では熱処理によりホルモン β の濃度上昇が起こっている」という箇所が誤り。ホルモン β は熱処理しても濃度差は認められない。

(5) 緑色選択群は熱処理してホルモン α の濃度が上昇することで緑色化を起こす形質へと進化した。一方，黒色選択群は，熱処理してもホルモンαの濃度が上昇しない個体が選択されて，体色が変化しない形質へと進化したので正しい。

❖講 評

　2019 年度入試の全体的難易度は，2018 年度とほぼ同じレベルであった。知識問題と考察問題の占める割合は約 1：2 で，考察問題の占める割合が多いことに関しても変わりはない。知識問題としては，生物用語の穴埋めや文章選択（内容真偽）のタイプも見られる。ただし，この選択問題が考察系の問題となっていることも多く，単純な知識問題とみなすわけにはいかない。

　問題文の分量は 2018 年度と同じく多めであった。論述量については，2018 年度は合計 19 行程度であったものから 2019 年度は合計 21〜23 行程度に増加している。東大生物では，最近の 5 年間，総論述量は平均で 22 行程度を基本にしていて，大問 1 題につき 7 〜 8 行前後の解答を要求している。この点から言えば，2019 年度が増加したと言っても，過

去の問題から考えればその水準とほぼ同一レベルである。また，1問当たりの論述量で見ると，2017年度以前は最大で3行程度ということが多かったが，2018・2019年度は最大で5行程度のものが出題されている。なお，2018年度はグラフ作成が出題されたが2019年度は出題されなかった。

　東大生物の特徴は，「リード文の徹底理解」と「論理的思考力・分析力」，そして「その表現能力」を見るというものである。2019年度もその特徴は健在であり，情報を正確に分析して，まとめる能力を養うことが必要となる。論述対策としてはまず出題者の狙いは何か，解答のポイントは何か，どこを中心にするかを考えて的確に2行（70字）〜3行（105字）程度でまとめる練習をしておくとよいだろう。目新しい題材や見慣れない図表が問題文に取り上げられることが多い。これらの図表を基にしたデータの分析，その結果から考察される内容，さらに仮説を検証する実験の設定などが出題されている。考察問題に十分対応しておかないと，とても得点できない問題が中心であることは言うまでもない。

　1　遺伝子の発現，発生，タンパク質の分野からの出題である。Ⅰは線虫の発生過程に関する細胞分化のしくみが問われた。Xタンパク質の機能する場合にA細胞とB細胞の分化がどのように決定するのかと，Yタンパク質が機能した場合の分化の方向性を問う問題で，図とリード文の内容を注意深く読んでいけば正解に達することのできる素直な問題であった。図1−4の受容体のXタンパク質にYタンパク質が結合することでXタンパク質が活性化し調節タンパク質となって X 遺伝子と Y 遺伝子の発現を制御することを理解しておけばよい。ⅡではE細胞とその腹側の表皮の前駆細胞 P1〜P5 の細胞分化の分化パターンを問う内容で，特にHの問題は，4種類のタンパク質（X，Y，Z，W）のはたらきを考察して実験結果を論理的まとめるもので，ここが面倒であった。

　2　代謝と遺伝子発現に関する分野からの出題で，光合成のしくみ，特に強光阻害への適応に関する内容である。Ⅰは光-光合成曲線に関する内容で，環境条件が違った場合の陰葉と陽葉に関する考察問題ではB，Cのグラフ選択にかなり悩むものも見られた。基本的なグラフから条件を変化させた場合にどのような形状のグラフになるかをさまざまな条件で推定する能力が問われている。Ⅱでは，強光を受けると光化学系Ⅱが

損傷を受けるが，弱光下で光化学系 II の回復が起こる。これには，反応中心にある D1 タンパク質の損傷が関与していることがわかっている。D1 タンパク質を分解して正常な D1 タンパク質を合成することで回復する。このしくみを *V* 遺伝子のはたらきから考察する問題で比較的考察しやすい問題であった。

　3　生物進化，表現型可塑性，個体群の分野からの出題である。I のB ではダーウィニズムが問われているが，これはチャールズ＝ダーウィンに始まる進化の研究に関わるさまざまな現象や概念に対して用いられる語で，用語の意味は時とともに変わり，また誰がどのような文脈で用いるかによっても変わる。ここでは自然選択がはたらくことを述べた文を選ぶ。表現型可塑性は常に変動する自然環境下で生物が繁栄する上で非常に重要な役割を果たす。II はこの分子機構に関する実験考察問題で，入試問題としてこれまであまり取り扱われなかった内容であるため，リード文や問題の設定を理解するのに少し時間がかかる。D，E は表現しにくいテーマと内容であった。特に E は春型と夏型の表現型多型に関する内容であるが，チョウの春型と夏型の説明がなく戸惑う問題であった。この表現型多型の生理機構に閾値がないことを示す実験設定などは柔軟な考え方が問われている。E の問題の正解は複数存在するはずで，設定した実験が論理的に適正で妥当なものであれば正解となるだろう。

────────「生物」の出題の意図（東京大学　発表）────────

　「生物」は，自然界における生命の本質とそのあり方を対象とし，微細な分子レベルから地球規模の生態レベルまで多岐にわたる観点からの理解が求められる科目です。そして生命現象には，大腸菌からヒトまで，すべてを貫く普遍的な原理がある一方，多種多様な性質も数多くあります。これらの普遍性と多様性がどのように生み出され機能しているのか。これらの疑問に答えるためには，一般的な基礎知識と共に，観察と実験に基づいた考察，そして新たな問題提起を繰り返し，それら各過程を論述する能力が必要になります。

　2019 年度の「生物」では，下記のような三つの大問を通じて生物学に関する基礎能力を判断することにしました。

第1問

　動物の発生過程において，細胞間相互作用により細胞の分化が決定される現象について，関わるタンパク質の働き方と役割を理解し，考察する。

第2問

　光合成に影響を与える要因についての理解をもとに，生育環境によって起こる限定要因による影響を考察する。強光を受ける際には損傷を回避，更新しながら，光合成能力を維持する事を柔軟に考える。

第3問

　進化に関する様々な現象（環境要因による表現型の可塑性と，選択による表現型の進化）に基づく進化の様式を考察する。

■■■■ 地学 ■■■■

1 解答

問1　(1)　$E = mc^2 = 1 \times 0.007 \times (3.0 \times 10^8)^2$
$= 6.3 \times 10^{14} \fallingdotseq 6 \times 10^{14}$〔J〕　……(答)

(2)　太陽で毎秒反応する水素の質量を m〔kg/s〕とする。

$m \times 0.007 \times (3.0 \times 10^8)^2 = 3.8 \times 10^{26}$

$m = \dfrac{3.8 \times 10^{26}}{0.007 \times (3.0 \times 10^8)^2} = 6.0 \times 10^{11} \fallingdotseq 6 \times 10^{11}$〔kg/s〕　……(答)

太陽の寿命を T 年とする。

$T = \dfrac{2.0 \times 10^{30} \times 0.74}{6.0 \times 10^{11} \times 3.2 \times 10^7}$

$= 7.7 \times 10^{10}$ 年 $\fallingdotseq 8 \times 10^2$ 億年　……(答)

理由：実際に核融合反応を起こす水素は，高温・高圧の中心部付近にあるものに限られるため。

(3)　恒星の質量を M〔$M_\odot$〕，寿命を T 年とする。

O5 型星　$\dfrac{M}{T} = \dfrac{40}{5 \times 10^6} = 8 \times 10^{-6}$

太陽　$\dfrac{M}{T} = \dfrac{1}{1 \times 10^{10}} = 1 \times 10^{-10}$

$\dfrac{M}{T}$ の値は，大質量の O5 型星は太陽に比べ 8×10^4 倍と大きい。

単位時間に核融合を起こす水素の量を m とすると，$T \propto \dfrac{M}{m}$ であるから

$m \propto \dfrac{M}{T}$ となる。上記の結果は大質量の恒星ほど m が大きいことを示している。これは恒星の質量が大きいほど中心部の温度・圧力が高く，核融合反応が激しく起こるためであると考えられる。

問2　(1)　会合周期を S 日とすると

$\dfrac{1}{S} = \dfrac{1}{365} - \dfrac{1}{687}$

$S = \dfrac{365 \times 687}{687 - 365} = 778 \fallingdotseq 7.8 \times 10^2$ 日　……(答)

(2) 太陽と火星の距離を D，地球と火星の距離を d とする。

地球から見た火星の見かけの明るさ l は，火星の単位面積当たりの明るさ L_M と地球から見た火星の面積 S_M の積に比例する。

L_M は D の 2 乗に反比例し，S_M は d の 2 乗に反比例する。

$$l \propto L_M \times S_M \propto \frac{1}{D^2} \times \frac{1}{d^2}$$

火星が遠日点にある時の l, D, d を l_A, D_A, d_A と表し，火星が近日点にある時の l, D, d を l_B, D_B, d_B と表すことにすると

$$D_A = a_M(1+e_M) = 1.65 \,[AU], \quad d_A = D_A - 1 = 0.65 \,[AU]$$
$$D_B = a_M(1-e_M) = 1.35 \,[AU], \quad d_B = D_B - 1 = 0.35 \,[AU]$$

$$\frac{l_B}{l_A} = \frac{1.65^2 \times 0.65^2}{1.35^2 \times 0.35^2} = 5.1 \fallingdotseq 5 \text{ 倍} \quad \cdots\cdots(\text{答})$$

(3) N 回目の衝は $778N$ 日後である。その日数が火星が近日点に来る周期 687 日の整数倍に最も近くなる N を探せばよい。

$N=7$ の場合 $\quad 778 \times 7 - 687 \times 8 = -50$ 日

$N=8$ の場合 $\quad 778 \times 8 - 687 \times 9 = 41$ 日

$N=8$ の場合が，687 日の整数倍からのずれが最も小さい。

$$\frac{778 \times 8}{365} = 17.0 \fallingdotseq 1.7 \times 10 \text{ 年後} \quad \cdots\cdots(\text{答})$$

◆◆◆ **◀解　説▶** ◆◆◆

≪恒星の寿命，惑星の運動と明るさ≫

◆問 1　▶(1)　$E=mc^2$ の式に値を代入して計算すればよい。質量 m の単位が $[kg]$，光速 c の単位が $[m/s]$ の場合，求められるエネルギー E の単位は $[J]$ となる。

▶(2)　1 秒間に核融合反応を起こす水素の質量を $m\,[kg]$ とすると，「質量 $m\,[kg]$ の核融合で発生するエネルギー＝太陽の全輻射量 $L_\circ$」より

$$m \fallingdotseq 6 \times 10^{11} \,[kg]$$

次に，太陽の寿命を T 年とすると

$$T = \frac{\text{太陽に含まれる水素の質量}}{\text{1 年間に反応する水素の質量}}$$

上で求めた m を 1 年当たりの値に換算することに注意すると

$$T = \frac{2.0 \times 10^{30} \times 0.74}{6.0 \times 10^{11} \times 3.2 \times 10^{7}}$$

$$= 7.7 \times 10^{10} \text{ 年} \fallingdotseq 8 \times 10^{2} \text{ 億年}$$

求めた寿命 T（800 億年）が推定されている太陽の寿命（100 億年）より長いのは，太陽に含まれる水素すべてが核融合反応を起こすと考えたからである。核融合反応は非常に高温・高圧な太陽の中心部付近でしか起こらないため，実際に核融合反応を起こす水素は全体の 10 ％程度である。設問では「物理的理由を述べよ」となっているので，「水素は全体の 10 ％程度しか反応しない」ということだけではなく，「高温・高圧な中心部でのみ反応が起こるため」という理由にも言及した方がよいであろう。

▶(3)　質量 M と寿命 T との比の値を計算して比べると，大質量の恒星ほど質量の大きさに対して寿命が短いことがわかる。核融合反応に使われる水素の質量は恒星の質量 M に比例するので，1 年間に反応する水素の質量が同じなら，寿命 T は恒星の質量 M に比例して長くなるはずである。しかし，上で求めたように寿命 T は質量 M が大きいほど短くなっている。これは，質量が大きい恒星ほど単位時間に反応する水素の質量が大きいということを意味している。このように単位時間に反応する水素の量が多くなるのは，大質量の恒星ほど中心部の温度・圧力が高くなるためである。

　その結果，大質量の恒星ほど単位時間に発生するエネルギーが多くなり，恒星全体の光度が大きくなる。恒星の光度 L と質量 M の関係は質量光度関係と呼ばれ，L は M の 3 〜 5 乗に比例することが明らかにされている。

◆問 2　▶(1)　地球の公転周期を E，惑星の公転周期を P，会合周期を S とすると，以下の式が成り立つ。本問では $P > E$ なので，①式に代入して計算する。

①　$\dfrac{1}{S} = \dfrac{1}{E} - \dfrac{1}{P}$　（$P > E$ の外惑星）

②　$\dfrac{1}{S} = \dfrac{1}{P} - \dfrac{1}{E}$　（$P < E$ の内惑星）

▶(2)　太陽と火星の距離が大きくなると火星は暗くなり，地球と火星の距離が大きくなると火星は暗く見える。火星の明るさ L_M は火星と太陽の距離 D の 2 乗に反比例する。また，地球から見た火星の大きさ S_M は地球と火星の距離 d の 2 乗に反比例する。以上のことから，火星の見かけの明

るさ l は次の式で表される。

$$l \propto L_M \times S_M \propto \frac{1}{D^2} \times \frac{1}{d^2}$$

遠日点距離を D_A，近日点距離を D_B とすると，問題の図1より

$$D_A = a + c = a + ae$$
$$D_B = a - c = a - ae$$

と表せる。

また，衝が起こっている時，太陽と地球と火星は一直線に並んでいるから，地球—火星間の距離は太陽からの距離の差として求まる。

▶(3) 地球と火星の距離が最短になるのは，火星が近日点で衝になる時である。火星の衝は(1)で求めたように778日ごとに起こる。近日点で衝が起こった時の火星の位置を M_0，その後1回目の衝が起

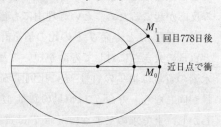

こった時の火星の位置を M_1 とすると，M_1 は M_0 より91日（=778−687）進んでいる。N 回目の衝では91N 日進んだ位置に火星があることになり，その位置が近日点の最も近くなるところを探せばよい。火星は M_0 の687日後に近日点に来るので

$$\frac{687}{91} \fallingdotseq 7.55$$

火星は7回目の衝と8回目の衝の時に近日点の近くに位置することになる。〔解答〕に示したように，$N=7$ の場合は近日点の位置からのずれは−50日，$N=8$ の場合は+41日であり，$N=8$ の場合が近日点に最も近い。それが何年後であるかを求めればよい。

なお，会合周期を778日でなく778.7日として計算すると，近日点の位置からのずれは $N=7$ の場合 −45.1日，$N=8$ の場合 +46.6日となり，$N=7$ の場合が近日点に最も近いという結果になる。このとき解答は 1.5×10 年後となる。

2 解答

問 1　(1)　$(P-E)\rho S = W_\text{in} - W_\text{out}$

(2)　(a)　$W_\text{in} = 45.0 \times D \times 10.0 = 450D$

$W_\text{out} = 30.0 \times D \times V = 30.0DV$

(b)　(1)で求めた式に値を代入すると

$$\frac{(16.6-8.0) \times 10^{-3}}{24 \times 60 \times 60} \times (1.0 \times 10^3) \times (1.2 \times 10^5 \times D) = 450D - 30.0DV$$

$$11.9 = 450 - 30.0V$$

$$V = 14.6 \fallingdotseq 1.5 \times 10 \,[\text{m/s}] \quad \cdots\cdots(答)$$

(3)　各領域に入るベクトルと出るベクトルを比較し，(1)で求めた式に当てはめると，領域 X では側面から流入する水蒸気量より流出の方が大きく，$W_\text{in} < W_\text{out}$ であるから，$P-E<0$ である。したがって，領域 X では，「降水の総量＜蒸発の総量」である。

一方，領域 Y では流入の方が大きく，$W_\text{in} > W_\text{out}$ であるから，$P-E>0$ である。したがって，領域 Y では，「降水の総量＞蒸発の総量」である。

(4)　ア．潜熱　イ．流出　ウ．流入

問 2　(1)

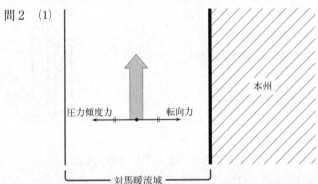

(2)　11 月の方が等温線の間隔が狭いので，海面高度の変化が大きく，圧力傾度力が強い。したがって圧力傾度力とつり合う転向力も強く，転向力は流速に比例することから，11 月の方が流速が大きいと考えられる。

(3)　北風が吹くとエクマン輸送により，表層の海水が西向きに運ばれる。これは海岸から離れる方向の流れであるため，移動した表層海水を補うように海水の湧き上がりが生じる。その結果，低温の海水が湧き上がると，表層の海水温が低下する。

(4)　津波の速度 v は重力加速度を g，水深を h とすると

$$v = \sqrt{gh} = \sqrt{9.8 \times 2300} \fallingdotseq \sqrt{22500} = 150 \ [\text{m/s}]$$

$$\frac{900 \times 10^3}{150 \times 60} = 100 = 1.0 \times 10^2 \ 分 \quad \cdots\cdots(答)$$

◀解 説▶

≪大気の水収支，海水の運動≫

◆問1 ▶(1) $S[\text{m}^2]$ の面積に $P[\text{m/s}]$ で雨が降った場合に，降水として単位時間にこの領域の大気中から除去される水の質量を $M_{\text{out}}[\text{kg/s}]$ とする。

$$M_{\text{out}} = S[\text{m}^2] \times P[\text{m/s}] \times \rho[\text{kg/m}^3] = SP\rho \ [\text{kg/s}]$$

また，蒸発によって単位時間にこの領域の大気中に供給される水の質量を $M_{\text{in}}[\text{kg/s}]$ とする。

$$M_{\text{in}} = S[\text{m}^2] \times E[\text{m/s}] \times \rho[\text{kg/m}^3] = SE\rho \ [\text{kg/s}]$$

あとは問題の文章にしたがって，これらの量のつり合いの式を立てればよい。大気中の領域を考えているので，降水が M_{out}，蒸発が M_{in} となる点に注意する。

▶(2) (a) 風速 V で面Bを通過して出ていく水蒸気量は，右図の斜線をつけた面を底面とする直方体に含まれる水蒸気の量であるから

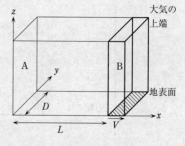

$$W_{\text{out}} = 30.0[\text{kg/m}^2] \times D[\text{m}]$$
$$\times V[\text{m/s}]$$
$$= 30.0DV[\text{kg/s}]$$

同様に，風速 10.0m/s で面Aを通過して流入する水蒸気量は

$$W_{\text{in}} = 45.0[\text{kg/m}^2] \times D[\text{m}] \times 10.0[\text{m/s}] = 450D[\text{kg/s}]$$

(b) (1)で求めた式に値を代入して V を求めればよい。なお，P と E は単位を [m/s] に換算することに注意する。また，$S = L \times D$ である。

▶(3) 領域Xでは水蒸気は西から流入して東へ流出しており，流入する矢印より流出する矢印の方が長いので，流出量の方が大きく，$W_{\text{in}} < W_{\text{out}}$ である。

領域Yでは水蒸気は北，東，西から流入して南へ流出しており，矢印の長さと数を比べると流出量の方が小さい。すなわち $W_{\text{in}} > W_{\text{out}}$ である。

あとは(1)で求めたつり合いの式に代入すれば P と E の大小関係がわかる。

▶(4)　ア．水は蒸発するときに周囲から気化熱を奪い，凝結するときに凝結熱を放出する。このように物質の状態変化に伴い出入りする熱を潜熱という。水蒸気が移動すると潜熱の形で熱を輸送することになる。

イ．領域 X では水蒸気の流出量の方が多いので，潜熱は流出している。

ウ．領域 Y では水蒸気の流入量の方が多いので，潜熱は流入している。

◆問 2　▶(1)　地衡流は転向力と圧力傾度力の 2 力がつり合った状態で流れている。転向力は北半球では流れの向きに対して直角右向きである。圧力傾度力は転向力と逆向きで，大きさが同じである。

▶(2)　問題文に「等温線は，地衡流に伴う海面高度の等高線に一致する」とあるので，当該海域で等温線の間隔が狭い 11 月の方が海面高度の傾斜が急であり，圧力傾度力が強いことがわかる。圧力傾度力と転向力がつり合っており，転向力の強さは流速に比例することから，11 月の方が地衡流の流速は大きいといえる。

▶(3)　海上で一定方向に風が吹き続けると，表層の海水がひきずられて流れが生じる。その際，転向力が働くため，北半球では表層の海水は風向きに対して直角右向きに運ばれる。このような流れをエクマン輸送という。本問の場合は北風によって西向きの流れが生じることになる。南北方向の海岸線があり東側が陸のため，西向きに移動した表層の海水を補うように海水の湧き上がりが生じる。なお，湧き上がる海水よりも表層の海水の方が低温の場合（冬季など）には，湧き上がりによって表層の海水温は上昇することになる。

▶(4)　津波は波長が数 100 km であり，波長が水深より十分に長い長波である。このような波の伝わる速さは水深を h〔m〕とすると次のように表される。

$$v〔\text{m/s}〕 = \sqrt{g〔\text{m/s}^2〕 \times h〔\text{m}〕}$$

到達までの時間は，距離を速さで割ればよいが，単位を分に換算するのを忘れてはならない。

3

解答 問1 (1) ア．南北 イ．南北 ウ．東西

(2)　$\tan\theta = \dfrac{100}{200} = 0.5 = 5 \times 10^{-1}$ ……(答)

　　層厚 $= 100\cos\theta = 100 \times \dfrac{2}{\sqrt{5}} = 40\sqrt{5} = 88 \fallingdotseq 9 \times 10$〔m〕 ……(答)

(3) 水平方向の圧縮により元の長さが $\cos\theta$ 倍になっている。

　　$1 - \dfrac{2\sqrt{5}}{5} = 0.12 \fallingdotseq 1 \times 10^{-1}$ ……(答)

(4) エ．日本海 オ．背斜

(5) プレートの沈み込みに伴って陸側プレートが水平方向に短縮するが，プレート境界型地震の発生に伴ってある程度伸長する。長期的なひずみ速度は地震の際の伸長も含めての平均となるので，地震のない短期間のひずみ速度より小さくなるから。

問2 (1) (a) ア．第四紀（更新世も可） イ．ミランコビッチ
ウ．酸素 エ．北アメリカ大陸 オ．モレーン

(b) ・自転軸の傾きの変化

　　・公転軌道の離心率の変化

　　・自転軸の歳差運動

(2) (a) 融解した氷床の厚さを x〔m〕とすると

　　$0.90 \times 10^3 \times x = 3.3 \times 10^3 \times 810$

　　$x = 2970 \fallingdotseq 3.0 \times 10^3$〔m〕 ……(答)

(b) 氷床の融解による海面の上昇量を h〔m〕とすると

　　$2.97 \times 10^3 \times 1.0 \times 10^7 \times (10^3)^2 \times 0.90 \times 10^3$

　　$= h \times 3.6 \times 10^8 \times (10^3)^2 \times 1.0 \times 10^3$

　　$h \fallingdotseq 74.3$〔m〕

海水の増加による荷重で地殻は沈降する。沈降量を y〔m〕とすると

　　$1.0 \times 10^3 \times 74.3 = 3.3 \times 10^3 \times y$

　　$y = 22.5 \fallingdotseq 2.3 \times 10$〔m〕

したがって，2.3×10 m 沈降した。 ……(答)

━━━━ ◀解　説▶ ━━━━

≪地質図と地殻変動，過去の気候とアイソスタシー≫

◆問 1　▶(1)　ア．砂岩と礫岩の境界線 DE と高さ 300 m の等高線の交点 de を結ぶことで，高さ 300 m の走向線あを引くことができる。同様にして走向線い，うを引く。全域で走向線の向きが南北なので，走向は南北方向である。

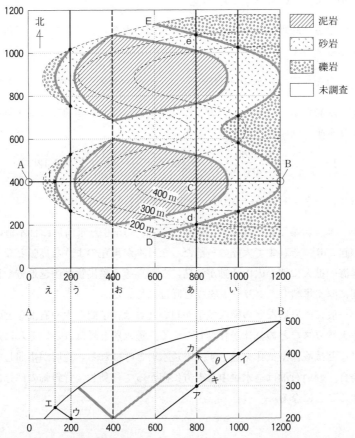

イ．高さ 300 m の走向線は断面図では高さ 300 m の点アとなる。同様にして点イ，ウをとる。また，図で断面線 A－B 上の点 f（砂岩と礫岩の境界が地表に現れる点）は断面図上の点エとなる。アとイ，ウとエを結び，上図のような断面図を描くことができる。この地域の東側の地層は南北走向で西傾斜，西側は南北走向で東傾斜なので，おの位置に南北走向の褶曲軸

（向斜軸）があることがわかる。

ウ．褶曲は水平方向の圧縮で地層が折れ曲がって短縮することで形成される場合が多い。この場合，圧縮方向と褶曲軸の方向は直交する。

▶(2) 断面図で三角形アイカを考える。

$$アイ = \sqrt{100^2 + 200^2} = 100\sqrt{5}$$

したがって $\quad \cos\theta = \dfrac{200}{100\sqrt{5}} = \dfrac{2}{\sqrt{5}}$

地層の厚さは層理面と直角に測るので，図のカキの長さとなる。三角形アカキを考えると

$$カキ = アカ \times \cos\theta = 100 \times \frac{2}{\sqrt{5}} = \frac{200\sqrt{5}}{5} = 40 \times 2.2 = 88$$

▶(3) 地層が水平だった時にアイの長さだった部分が褶曲で短縮することにより水平方向の長さがイカになっている。

$$1 - \frac{イカ}{アイ} = 1 - \frac{200}{100\sqrt{5}} = 1 - \frac{2}{\sqrt{5}} = 1 - \frac{2\sqrt{5}}{5} = 1 - \frac{4.4}{5} = 0.12$$

なお，$1 - \dfrac{2}{\sqrt{5}} = 1 - \dfrac{2}{2.2} \fallingdotseq 0.09 = 9 \times 10^{-2}$ と解答してもよい。

▶(4) エ．新第三紀の中ごろ（2000 万年前～1500 万年前）に日本海の拡大が起こり，それまで大陸の一部だった日本が現在のような島弧となった。日本海の拡大に伴い火山活動が活発になり，その噴出物が中越地方や日本海側に厚く堆積し，グリーンタフと呼ばれている。

オ．一般に砂岩層などの構成粒子が粗い地層は粒子間を水や石油などの液体や天然ガスなどの気体が移動しやすく，透水層と呼ばれる。それに対し，泥岩などは液体や気体を通さず，不透水層と呼ばれる。地層が褶曲していた場合，軽い石油は透水層中を上方に向かって移動し，背斜軸の部分に集積することになる。

▶(5)　海溝では海洋プレートの沈み込みに
伴い，大陸プレートのひきずり込みと，プ
レート境界型巨大地震を伴うはね上がりを
繰り返している。右図のように，地震がな
い通常の期間は水平方向に短縮し，地震を
伴うはね上がりの際には水平方向に伸長す

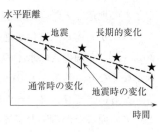

る。長期的なひずみ速度は地震時の伸長も含めての平均となるので，通常
時よりひずみ速度が小さくなる。

◆問 2　▶(1)　(a)　ア．260 万年前に始まり，氷期と間氷期を繰り返した
地質時代は第四紀（更新世）である。
イ．周期的な気候変動を天文学的な要因で説明する学説を，提唱者の名前
をとってミランコビッチサイクルという。
ウ．過去の気温を酸素同位体比で推定することができる。通常の酸素
（^{16}O）より重い酸素同位体（^{18}O）は相対的に蒸発しにくいため，気温が
低く陸上に氷床が発達して海水量が減少するときは，海水中の ^{18}O の比率
（^{18}O/^{16}O）が高くなることを利用する。
エ．約 2 万年前の最終氷期には北米や北欧のスカンジナビア半島などにも
氷床が発達していた。
オ．氷河に運搬された礫などが，氷河が融けたあとに取り残されたものが
モレーン（氷堆石）である。角礫が多く，淘汰が悪い（大小の礫が混在し
ている）のが特徴である。
(b)　セルビアの気象学者のミランコビッチは 1920〜30 年頃に，周期的な
気候変動の原因として以下の 3 つの天文学的要素を挙げた。
　　　①　自転軸の傾きの変化
　　　②　公転軌道の離心率の変化
　　　③　自転軸の歳差運動
1 年を通じての平均気温が同じでも，夏の気温が低いと氷床が発達する。
また，氷床が発達すると反射率が大きくなり，寒冷化が進む。ミランコビ
ッチは夏の気温が低くなる条件を上記の 3 つに求めた。
①に関して，自転軸の傾きが小さくなると，季節変動が小さくなって夏が
涼しくなり，氷床が発達し寒冷化が進む。
②・③に関して，自転軸の歳差運動により春分点の位置が変化し，夏にな

るときの地球と太陽の距離が変化する。距離が大きくなると夏が涼しくなり，氷床が発達し寒冷化が進む。

▶(2)　(a)　右図のAは氷床のある状態，Bは氷床がなくなり，地殻が810 m上昇した状態である。ともにアイソスタシーが成り立っているので，アの面にかかる圧力が等しい。氷床の厚さを x〔m〕とし，A，Bで底面が単位面積の柱を考えると，以下の式が成り立つ。

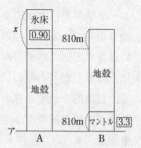

Aの柱の重さ＝Bの柱の重さ

地殻の重さ＋氷床の重さ＝地殻の重さ＋マントル810 mの重さ

氷床の重さ＝マントル810 mの重さ

$0.90 \times 10^3 \times x = 3.3 \times 10^3 \times 810$

$x = 2970 \fallingdotseq 3.0 \times 10^3$〔m〕

(b)　まず，海面の上昇量 h〔m〕を以下のつり合いの式より求める。

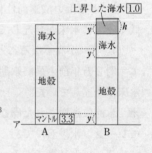

氷床の質量＝上昇した海水の質量

氷床の体積×氷の密度

＝上昇した海水の体積×海水の密度

$2.97 \times 10^3 \times 1.0 \times 10^7 \times (10^3)^2 \times 0.90 \times 10^3$

$= h \times 3.6 \times 10^8 \times (10^3)^2 \times 1.0 \times 10^3$

$h \fallingdotseq 74.3$〔m〕

地殻の沈降量 y〔m〕を，(a)の場合と同様に，以下のつり合いの式より求める。

上昇した海水の質量＝厚さ y〔m〕のマントルの質量

$74.3 \times 1.0 \times 10^3 = y \times 3.3 \times 10^3$

$y = 22.5 \fallingdotseq 2.3 \times 10$〔m〕

❖講　評

出題傾向は例年通り。問題文が長く内容が複雑なものが多いが，しっかり読めば題意をつかむことができる。計算量も多く時間配分に気をつける必要がある。

1　問1は恒星の寿命に関する問題であった。計算も論述も基本を理解していれば取り組める良問で，確実に得点したい問題である。問2は火星の会合周期と見かけの明るさに関する問題。太陽系の惑星に関する出題は久しぶりであった。計算問題は問1に比べると複雑で，差がついた問題ではないだろうか。

2　問1は大気の水収支に関する問題であった。複雑な内容だが，問題文を丁寧に読んでいけば式を立てられる出題となっている。(3)は観測データの図を読み取って考える問題で，東大らしい問題と言えるだろう。問2は海水の運動に関する問題であった。図から読み取った情報を圧力傾度力などの基本事項に関連させて考えられるかがポイントになる。

3　問1は地質図の読解に関する問題であった。走向傾斜や地層の厚さの読み取りはオーソドックスな内容なので確実に得点したい。(3)は「水平短縮ひずみ」の定義を問題文から正確に読み取ることがまず必要である。問2はミランコビッチサイクルに関する問題で，知識も求められた。アイソスタシーに関する計算問題は図を描いて考えれば対応できるだろう。

東大の問題は目新しい題材が取り上げられることも多く，計算，論述ともにレベルが高い。東大の過去問を数年分しっかり解いておくとよいだろう。

────────── 「地学」の出題の意図（東京大学 発表） ──────────

第1問

問1

　恒星のエネルギー源についての基本的な理解，特に，エネルギー放射量と寿命との関係，恒星の質量の違いによる核反応率の違いについての理解を問うています。

問2

　惑星の運動と天体の見かけの明るさについての基本的理解と実際の現象への応用力を問うています。

第2問

問1

　大気現象に関して，水蒸気の流入量・流出量，および，地表面の降水量・蒸発量を用いて，単位の換算を含めて大気中の水蒸気収支を考える力を問うています。

問2

　大気と海洋の動きのメカニズムに関する基本的概念のうち，地衡流，エクマン輸送についての理解度を問うとともに，災害をもたらす海洋現象のうち顕著なものとして現実に発生した津波を取り上げて，津波の伝搬速度に関する理解を問うています。

第3問

問1

　断層と地震のメカニズムに関する基礎的な力学的理解，および，地質構造を定量的に分析する力を問うています。

問2

　(1)では，過去数百万年間の地球の気候変動を特徴づける氷期-間氷期変動の基礎的知識と，その変動を起こす要因に関する理解を，(2)では，最終氷期以降の大陸氷床の融解を題材にし，アイソスタシーについての理解や応用力を問うています。

損なわれている現状について論じたもので、皇帝による専制的な政治を批判する内容となっている。抽象的でかなり高度な文章と言える。㈠の語意（口語訳）は、前後の文脈に基づき、本文中の意味を考える必要がある。㈡の口語訳は、「不敢」「為」を適切に解釈することがポイント。㈢の本文の趣旨を踏まえた内容説明は、設問の指示に応じて、「亦」に込められた意味の理解を明確に示すことができるかが決め手となる。

「国語」の出題の意図（東京大学　発表）

国語の問題は、高等学校までに培った国語の総合力を測ることを目的として、文科・理科を問わず、現代文・古文・漢文の三分野すべてから出題されます。選択式の設問では測りがたい国語の主体的な運用能力を測るため、解答はすべて記述式としています。なお、文科・理科それぞれの教育目標と、入学試験での配点・実施時間をふまえ、一部に文科のみを対象とした問いを設けています。

第一問は現代文の論理的文章についての問題で、中屋敷均の文章を題材としました。生命現象から世界に対する見方にまで展開してゆく論旨を正確に捉える読解力と、それを簡潔に記述する表現力が試されます。また、ある程度の長文によって全体の論旨をふまえつつまとめる能力を問う問題を設けています。

第二問は古文についての問題で、江戸時代の闌更（らんこう）の編んだ『誹諧世説（はいかいせせつ）』を題材としました。古文の基礎的な語彙・文法の理解をふまえ、猫をかわいがる妻をめぐる話の展開が文章に沿って理解できたかを問いました。文科ではさらに、話の鍵となる箇所を具体的に説明する問題をも出題しました。

第三問は漢文についての問題で、明末清初の黄宗羲（こうそうぎ）の『明夷待訪録（めいいたいほうろく）』を題材としました。漢文の基礎的な語彙・文法をふまえ、「学校」の現状に対する筆者の批判を文章に沿って理解できたかが問われます。文科ではさらに、筆者のとらえた現実について文脈をふまえて説明する問題をも出題しました。

手立てをすべて発することこそが学校の意義であり、学校において社会の是非が公的に定められるべきだと考えていた。ところが、第二段落では、後世になってその意義が失われ、さらには「養士」という役割も失われたという流れになっている。以上の内容をまとめれば十分かと思われるが、〔解答〕では、古代の聖王の考えを学校の本質ととらえ、「養士」についてはあくまでも「一事」としているという筆者の見解を踏まえ、前者には「本質的意義」、後者には「最低限の役割」という表現を用いてその理解を示した。

参考

黄宗羲は明代末から清代初めの学者・思想家。君主や役人の権勢を批判して民本主義を唱えた著である『明夷待訪録』によって「中国のルソー」とも称される。

❖講　評

一　現代文（評論）　「カオスの縁」をキーワードに、分子生物学の観点から、生命現象、人間の営み、科学の営為を論じた科学論である。一般向けに書かれた文章なので、受験生も抵抗なく読めるだろう。設問は例年通りの構成である。㈣は全体の要約が必要な読解問題で、傍線部およびその前後の解釈が難しいうえに、本文前半の内容と結びつけてまとめなければならず、その点でも難しい。やや難のレベルといえる。㈤は書き取りである。

二　古文（俳文）　江戸時代の俳人高桑闌更の俳文『誹諧世説』からの出題。猫を過度にかわいがる妻をだまして猫を引き離したが、計略が露見してけんかになり、結局は周囲の取りなしで事が収まったという話。ごく平易で読みやすい内容のものであった。㈠の口語訳は、「うるさし」「程あり」「あらはる」「是非なし」の本文中での意味をとらえることがポイント。㈡の言葉を補っての口語訳は、「行く」「尋ぬ」それぞれの主語と「尋ぬ」の対象を明示する。㈢の内容説明は、問われている内容は無理なく理解できるだろうが、適切な表現で簡明にまとめる答案の完成度が求められる。

三　漢文（思想）　清代初期の学者、黄宗羲が著した『明夷待訪録』からの出題。学校の持つ本来の意義と、それが

本文のおおまかな内容は次の通りである。

▲　解　説　▼

第一段落　学校は有能な人材を養う機関ではあるが、古代の聖王は、それだけではなく、世の中を治めるすべての手立てが学校から発せられることこそが学校の意義だと考え、是非の判断を学校に委ねていた。

第二段落　しかし後世、世の中の是非がすべて朝廷から発せられ、群衆が君主の意向に盲従するようになるにつれて、学校も名誉や利益を求める場となった。有能な人材も学校に行かなくなり、学校は、本来の意義ばかりか、有能な人材を養成する役割までも失うこととなった。

▼
㈠　a、「僅」は〝ほんの少し〟の意から、〝ただ〜（だけ）〟と限定を表す。「此」は「これ」と読む指示代名詞。

c、「草野之間」は〝民間・在野〟の意。「自抜於草野之間」は、公的な養成機関などを経て官職に就くのではなく、自分の力で民間から身を起こして頭角を現すことを言っている。

d、「与」は、ここでは「与る」を基本形とする動詞で、〝関係を持つ・関わる〟の意。「無与」は「与る（こと）」無し」と読み、〝関係を持つことがない・関わりを持たない〟という解釈になる。「不敢」は〝進んで〜しない〟の意。「自」は〝自分で・自分から〟という意味の副詞。「為」はここでは〝判断する・決める〟という意味の動詞。

▼
㈡　「敢へて自ら非是を為さず」と読む。設問では、なぜ「亦」と言っているのかを本文の趣旨を踏まえて説明することが求められているので、学校が「養士一事」以前に失ったものがあるということを明示する必要がある。古代の聖王は、第一段落の三文目に「必使治天下之具皆出於学校、而後設学校之意始備」とあり、傍線部bの後に「公其非是於学校」とあるように、社会全体を治めるための

▼
㈢　傍線部自体の読みは「亦之を失ふ」で、逐語訳は〝またこれも失った〟。「之」は直前の「養士一事」を指し、人材を養成するという学校の一つの役割を言っている。学校の役割はひとまずは「養士」であるとされているが、傍線部bの後に

◆全　訳◆

学校は有能な人材を養成するためのものである。けれども昔の聖王は、学校の意義はただそれだけとはしなかったのである。必ず世の中を治めるための手立てをすべて学校から発するようにさせ、その後に学校を設ける意義が初めて満たされる。君主が是とすることがこれまでに必ずしも是であったわけではない。君主もまた一貫して進んで自分からは是非を判断しようとせず、是非を学校において社会に共通のものとした。だから有能な人材を養成することは学校の一つの役割であるけれども、学校はただ有能な人材を養成するために設けられるだけのものではないのである。

夏・殷・周という理想の治世が終わった後の時代、世の中の是非はすべて朝廷から発せられてきた。君主がほめると群衆はこぞって進んでそれを是とし、君主がけなすと群衆はこぞって捨ててそれを非とする。そしていわゆる学校というものは、科挙のために騒ぎ争い、財産や高い地位のために心をこがす。同時に結局朝廷の権勢や利益によって学校本来のあり方を一変させた。そして有能な人材で才能や学術がある者も、またしばしば自力で民間から身を起こし、学校に対して初めから関係を持つことがないのである。つまり〈学校は〉有能な人材を養成するという一つの役割もまた失った。

読み
学校は士を養ふ所以なり。然れども古の聖王、其の意僅かに此のみならざるなり。必ず天下を治むるの具をして皆学校より出でしめ、而る後に学校を設くるの意始めて備はる。天子の是とする所未だ必ずしも是ならず、天子亦遂に敢へて自ら非是を為さず、而して其の非是を学校に公にす。是の故に士を養ふる所未だ必ずしも非ならず、学校の一事たるも、学校は僅かに士を養ふ為に設くるのみならざるなり。

三代以下、天下の是非一に朝廷より出づ。天子之を栄とすれば則ち群趨りて以て是と為し、天子之を辱とすれば則ち群摘ちて以て非と為す。而して其の所謂学校なる者は、科挙もて嚻争し、富貴もて薫心す。亦遂に朝廷の勢利を以て其の本領を一変す。而して士の才能学術有る者、且つ往往にして自ら草野の間より抜きんで、学校に於いて初めより与る無きなり。究竟士を養ふの一事も亦之を失ふ。

▼
⊜　第二段落の前半の内容に基づき、嵐雪が猫をどのようにして、妻にはどう言ったかをまとめる。妻が実家へ行っている間に、もともと話をつけておいた家に猫を連れて行かせ、帰宅した妻には、妻の後を追おうとして綱を緩めたところ、妻を探して外へ出たのか、姿が見えなくなったと嘘をついたという事情を、ごく簡潔にまとめる。

参考　高桑闌更は江戸時代の俳人で、松尾芭蕉に私淑し、蕉風復興に努めた。『誹諧世説』は五巻から成る俳文集で、芭蕉やその門弟らの逸話が集められている。

本文の発句について、「猫の妻いかなる君のうばひ行く」は、自分の飼っている猫をどこかの男性が妻とするために奪って行ったのではないかと詠み、猫がいなくなったことを嘆くとともに、雌猫と思われるその猫はこの上なくかわいらしいということをアピールしたものとなっている。「喜ぶを見よや初ねの玉ばは木」は、夫婦げんかをした際には振り上げたりもした箒も、正月の初子の日の行事では本来の役割で用いられることになって喜んでいると詠み、夫婦のいさかいが一件落着した安堵感をユーモラスに表現している。

三

出典　黄宗羲　『明夷待訪録』 ＜学校＞

解答

⊖　a、これだけではない
　　c、民間
　　d、関係を持つことがない

⊜　進んで自分からは物事の是非を判断しようとせず

⊝　学校は、社会の是非を定めるという本質的意義に加え、人材養成という最低限の役割まで失ったから。

第二段落前半（さてある日、…ここちあしくなり侍りければ）

ある日、妻が猫を大切につないで外出した際に、嵐雪は、前もって計画していた通り、猫を他所へやり、帰宅した妻には、おまえを探してどこかへ行ったと嘘をついた。いくら探し回っても猫は見つからず、妻は深く悲しんだ。

第二段落後半（妻の友とする隣家の内室、…）

隣家の奥様が嵐雪の計略を知り、猫を取り返すように嵐雪の妻に告げると、妻は自分をだました夫をなじり、嵐雪と言い争いになったが、周囲の人の取りなしによって、夫婦は仲直りして猫も連れ戻した。

▼（一） ア、「うるさし」は、煩わしく面倒に思う様子を表す形容詞。音声がやかましいという意味に限らないので注意しよう。

イ、「程」は、ここでは、「獣を愛する」場合の「程」を言っていて、後に、妻の過剰な愛し方をあげつらっていることから、"限度"という訳が最適。「べき」は強い当然性を表す助動詞「べし」で、"～はずだ・～に違いない・～なければならない・～て当然だ"といった訳がふさわしい。"～だろう"では助動詞「む」の訳にあたるので不十分。

「なり」は断定の助動詞。

オ、「あらはれたる上は」は、"（自分の企てが妻に）露見した以上は"ということ。「是非なく」は、あれこれ言い立てることもできない様子を表す表現で、"どうしようもなく・しかたがなく"といった訳がふさわしい。

▼（二） 「行くまじき方」は、"猫が普通なら行くはずがない辺り"の意。「まじ」の連体形で、"～はずがない・～ないに違いない・～そうにない"と訳す。動詞「尋ぬ」は、不明なものをはっきりさせようとする動作を表す。"質問する"の意に限らないことに注意しよう。ここでは、妻が猫を探したと

も抜け、首も絞まるほどであったので、あまりにも苦しいだろうと思い、綱を緩めて魚などを与えたけれども、食べ物も食べないで、ただうろうろと（あなたを）探す様子で、門口・裏口・二階などを行ったり戻ったりしたが、それから外へ出たのでしょうか、近隣を探すけれどもまだ見つからない」と言う。妻は、泣き叫んで、行くはずがない辺りまでも探したけれども、（猫は）戻って来ずに、三日、四日過ぎたので、妻は、涙を流しながら、

猫の妻を、どのようなお方が奪って行くのか　妻

このように言って、体調が悪くなりましたので、妻が友とする隣家の奥様が、この人も猫を好きだったが、嵐雪が企てて他所へ連れて行ったことを聞き出し、こっそりと妻に告げ、「（猫は）無事でおりますとのことです。決して心をお痛めになるな。私が知らせたとはわからないように、どこそこ町、だれそれの辺りへ（猫を）取り返しに人を行かせなさい」と語ったので、妻は、「このようなことがあってよいのか。私の夫は、猫をかわいがることを嫌っていらっしゃいましたが、それでは私をだましてのことであるのか」と、あれこれと非難して互いに言い争った。嵐雪も露見した以上はどうしようもなく、「たしかにあなたをだまして（猫を他所の家に）連れて行かせたのだ。いつも言うように、あまりにも他の人とは異なるかわいがりようだ。非常にいけないことである。これ以上私が言う通りにしないならば、取り返してはならない」と、あれこれと言い争ったけれども、隣家・門人たちがさまざまに言って、妻に謝らせて、嵐雪の心を静め、猫も取り返し、何事もなくなったので、

一月の初めの夫婦のもめ事を人々に笑われて
喜ぶのを見なさいよ、初子の日の玉のついた小さな帚（ほうき）は　　　嵐雪

▲　解　　説　▼

本文のおおまかな内容は次の通りである。

第一段落（嵐雪が妻、唐猫のかたちよきを愛して…）

いる』などがある。

二

出典　高桑闌更『誹諧世説』〈嵐雪が妻、猫を愛する説〉

解答

(一)　ア、煩わしく思う人もいるだろうと
　　イ、限度があるはずのことである
　　オ、露見した以上はどうしようもなく

(二)　妻が、猫が行くはずがない辺りまでも猫を探したけれども

(三)　妻の留守中に猫を他所へ預け、猫が妻を探して姿を消したと嘘をついた。

◆全　訳◆

　嵐雪の妻が、猫で姿がかわいらしいものを愛して、美しい布団を敷かせ、食べ物も並々ではない立派な器に入れて、いつも膝元を離さなかったので、門人・友人たちにも煩わしく思う人もいるだろうと、嵐雪は、折に触れては「獣を愛するにも、限度があるはずのことである。人間よりも上等な敷き物・器（を使って）、食べ物にしても、（肉食を）慎まなければならない日にも、猫には生魚を食べさせるなど、良くないこと」とつぶやいたけれども、妻はほんの少しもこれを改めなかった。

　そしてある日、妻が実家へ行った際に、留守の間、（猫が）外へ出ないように、例の猫をつないで、いつもの布団の上に寝させて、魚などを多く食べさせて、くれぐれも綱を緩めないようにあらかじめ頼んで出て行った。嵐雪は、例の猫をどこへでも行かせ、妻をだまして猫を飼うことをやめようと思い、前もって約束しておいた所があったので、遠い道を隔てて、人に連れて行かせた。妻が、日が暮れて帰り、真っ先に猫を探すけれども見つからない。「猫はどこへ行っていますか」と尋ねたので、（嵐雪は）「さては、あなたの後を追ったのだろうか、むやみに鳴き、綱を切るほどに激しく動き、毛

はどういうことかという観点から、科学が世界に秩序を与えることによって人類の不安や病気のような不幸が解消されることを説明すればよいことになる。以上より解答のポイントは次の三点となる。

① 科学が混沌とした世界の法則を解明する
② 科学が人類の不安や不幸を解消する
③ 福音＝喜びを与える・幸福をもたらす

▼(四)
第十三段落以下、直前の四段落の内容を否定的に受け継いで、新たな「形」を作る営みそのものが「人の"喜び"」であり、まだ「分からない」世界が存在することも人間にとって福音だと述べられる。そして最終段落で、世界が確定的でないからこそ人間が知的に生きていけるのであり、その世界は、解明された「科学」の世界と解明されていない「非科学」の世界とのはざまにあると結論づけられる。傍線部直前の『「アホな選択」も、また許される』は、科学を例にすれば、実験で失敗を繰り返したり予想外の収穫があったりするといった試行錯誤をいったものと理解できよう。「本文全体の趣旨を踏まえ」ることが求められており、冒頭で提示された「カオスの縁」という現象が、生命現象につながり、また科学の真理探究にも似た側面があり、さらに「知的な存在としての人間」の営みに当てはまることが指摘される。以上を踏まえると、次の三点を指摘できる。

① 秩序と無秩序の間に生命が「形あるもの」を生み出す複雑な現象が現れる
② 科学の営為は解明された世界と解明されていない世界とのはざまにある
③ 「分からない」世界でこそ試行錯誤を伴う知的活動が行われる

▼(五)
a、「貢献」は"社会やある物事のために尽力して、よい結果をもたらすこと"。b、「代替」は"他のもので代えること"。

参考　中屋敷均（一九六四年〜）は分子生物学者。福岡県生まれ。京都大学農学部農林生物学科卒業。同大学院農学研究科博士後期課程修了。二〇一九年現在、神戸大学大学院農学研究科教授。著書に『生命のからくり』『ウイルスは生きて

世界はカオスへ向かっていること、および形を保ち安定しているのは主に単調な物質であること、この二点によるといういうことになる。以上より解答のポイントは次の三点となる。なお「例外的」は「特殊」と置き換えるのが簡便である。

(二)
① 世界は無秩序へと向かう
② 形を保ち安定しているのは主に単調な物質である
③ 形を生み出す複雑な生命現象は極めて特殊である

▼
(二)
前間と関連する。第六段落で生命現象は特殊で複雑な現象だと述べられたのを受けて、第七・第八段落ではそれがさらに具体化される。まず第七段落で、生命は静的な自己複製と動的な変異という正反対のベクトルが絶妙なバランスで作用すると述べられる。まさに「動的な現象」であり、この絶妙なバランスの霊妙不思議さを傍線部では「何か」と表現すると述べられる。第八段落では、生命は秩序の世界と無秩序の世界のはざまの空間でしか生きていけないと述べられる。この「はざま」という空間の微妙さもまた「何か」という表現と結びつくだろう。以上のように傍線部前後の文脈をおさえると、解答の方向性が見えてくる。そのポイントは次の二点となる。

① 生命は秩序と無秩序のはざまの空間でこそ生きていける
② 生命は自己複製と変異の絶妙なバランスを保ち続ける

▼
(三)
第九段落以下、科学の営みがテーマとなる。第九・第十段落では日食・月食を例に、科学が世界の法則を解明して人類の不安を解消することが説明され、第十一・第十二段落ではガンの治療を例に、科学によってガンの特効薬が開発されれば人類にとって大きな救いとなることが説明される。傍線部はこの四段落の内容をまとめたものである。直前の「それ」は直前文の「人類が科学により……新たな『形』がどんどん生まれていく」ことを指す。この「形」が生まれるとは、混沌とした世界に秩序、法則が与えられることをいう。また傍線部の「福音」は〝喜ばしい知らせ〟の意で、人類にとって喜びとなること、あるいは人類を幸福にすることをいう。よって科学が人類に喜びを与えると

▲
解　説
▼

本文は「カオスの縁」という言葉をキーワードに、秩序と無秩序の間で生まれる生命現象、科学の営為、人間の営みについて論じた文章である。原文の最初と最後のいずれも短い箇所がカットされている。それに従い本文（十七段落から成る）の内容をまとめよう。また原文は小見出しによって四つの部分に分かれている（それぞれ次に《　》で示す）。

1　第一〜第三段落　《カオスの縁》　「カオスの縁」という言葉…

2　第四〜第八段落　《縁》にたたずむ生命　（この「カオスの縁」という現象…）

「カオスの縁」＝二つの大きく異なる相の中間に現れる、複雑性が非常に増大した特殊な状態

生命は、秩序に縛られた静的な世界と無秩序な世界との間で、すなわち「カオスの縁」に存在する

3　第九〜第十二段落　《世界を形作っていく科学》　「生きている」科学にも…

科学も、混沌とした世界に「形」を与えていく営為であり、それは人類にとって福音である

4　第十三〜第十七段落　《もう一つの「福音」》　（しかし、また一方…）

科学にはまだ「分からない」世界があるからこそ、いろんな「形」、多様性が花開く

▼
（一）

傍線部の主語である「こういった生物の営み」とは、直前の段落で具体例をあげて説明される「生命現象」をいう。

この「生命現象」は「カオスの縁」という現象に通じると指摘され、「カオスの縁」とは第一段落で「複雑性が非常に増大した（中間的な）特殊な状態」であると述べられている。続いて傍線部以下を見ると、カオス（無秩序）へと向かう法則に支配された世界にあって、「形あるもの」として安定しているのは「反応性に乏しい単調な物質」であると説明される。さらに第六段落で、ところが生命は「反応性に富んだ物質」を取り入れ、「複雑なパターンとして」「安定」と“無秩序”の間に存在する、極めて特殊で複雑性に富んだ現象である」とまとめられる。このように論旨をたどると、生命現象が「例外的」と言われるのは、

国語

一

解答

出典　中屋敷均「科学と非科学のはざまで」（『本』二〇一八年七月号　講談社）

（一）　無秩序へと向かう世界で形を保ち安定しているのは主に単調な物質であるのに、形を生み出す複雑な生命現象は極めて特殊だということ。

（二）　生命は秩序と無秩序のはざまの空間で、自己複製と変異の絶妙なバランスを保ちながら存在しているということ。

（三）　科学が混沌とした世界の法則を解明し、人類の不安や不幸が解消されるのは喜ばしいことだということ。

（四）　秩序と無秩序の間で生命が形を生み出すように、科学によって解明され秩序づけられた世界とまだ解明されていない無秩序の混沌とした世界とのはざまでこそ、試行錯誤を伴う人間の知的活動が意味を持ち、世界の新たな秩序が明らかにされ続けていくということ。（一〇〇字以上一二〇字以内）

（五）　a―貢献　　b―代替　　c―細菌

◆要　旨◆

　「カオスの縁」とは、二つの大きく異なった状態（相）の中間に、その両側の相のいずれとも異なった、複雑性が非常に増大した特殊な状態が現れることをいう。例えば、生命は秩序に縛られた静的な世界と、形を持たない無秩序な世界との間に存在する、複雑で動的な現象である。また科学は、混沌とした世界に法則のような「形」を与えていく営為である。それは人類にとって大きな福音だが、「分からないこと」が存在することも福音ではないだろうか。「分からない」世界こそが、人間の知性や決断に意味が生まれ、多様性が花開く場所となる。それは「科学」と「非科学」のはざまである。

2018
年度

解 答 編

解答編

■英語■

1 (A) 解答　＜解答1＞　噂はたとえ虚偽でも，多勢への追従や集団内での見解の激化で広まる。表現の自由を守り事実を伝えても，感情や情報摂取の偏りが妨げとなり，人の誤信を正すことは難しい。(70〜80字)

＜解答2＞　大勢への追随や集団内での意見の強化による誤った噂の拡散を防ぐ策として表現の自由が考えられるが，人は情報を公平に受け入れず感情も邪魔するため，完全には機能しない。(70〜80字)

＜解答3＞　虚報は周囲への同調や仲間内での先鋭化を経て広がる。表現の自由に基づく調整や訂正に接しても人は中立ではなく，感情に妨げられて，信じたことを容易に変えることはない。(70〜80字)

◆全　訳◆

≪噂の広まり方≫

　噂は，異なりはするが重なり合う2つの過程で広まる。大衆の承認と集団内のはずみである。1つめのものが起こるのは，私たちの一人一人が，他の人たちが考えたりしたりすることに依存する傾向があるからだ。いったん一定数の人たちがある噂を信じているようだということになると，それが虚偽であるという十分な理由がないかぎり，他の人たちもそれを信じるようになる。噂というものはたいてい，人々が直接あるいは個人的な知識がない事柄に関係しており，そのため私たちの大半は，単純に群衆を信用することがよくある。群衆の見解を受け入れる人が増えるにつれ，その群衆がますます大きくなり，噂が完全な虚偽であっても，多数の人から成る集団がそれを信じるようになるという現実的な危険を生み出す。

　集団内のはずみとは，同じ考え方の人たちが集まると，彼らが以前に思っていたことについて，より極端な解釈を信じる結果になることが多いという事実を表す。ある特定の集団に属する人たちが，たとえば，ある国の

悪意に関する噂を受け入れがちだとしよう。おそらく，お互いに言葉を交わしたあとには，彼らはその噂にもっとのめり込んでいるだろう。実際，彼らはためらいがちに信じている状態から，絶対的な確信を抱いている状態に移るかもしれない。たとえ，彼らの得た新しい証拠が，その集団内の他の人たちが信じている事柄だけだとしても，である。こうした場合のインターネットの役割を考えてみよう。似たような考えの人たちのツイートやメッセージをたくさん見ると，人々は噂を本当のこととして受け入れる傾向が強くなる。

　こうした 2 つの過程によってまちがった噂を受け入れることになる危険を減らすために，何ができるだろうか。最も明らかな答えであり通常の解決策は，表現の自由という仕組みを伴う。つまり，人々はバランスのとれた（＝公正な）情報や，真実を知っている人たちからの訂正に接することができる状態にあるべきだということだ。自由であることでたいていことはうまく運ぶが，状況によっては，それが十分な解決策ではないこともある。人は，情報を中立的に処理せず，多くの場合，感情が真実にたどり着くのを邪魔する。人は，新しい情報を非常にむらのあるやり方で取り入れ，まちがった噂を受け入れてしまった人たちは，容易に自分の考えを放棄しない。とりわけ，強い感情的な関わりを伴っているときはそうである。たとえ事実を提示しても，人の考えを変えるのは極めて困難なこともある。

━━━━━ ◀解　説▶ ━━━━━

◆読解する

　全体の構成を意識しながら，各段を検討しよう。

〔第 1 段〕

　この段は，噂の広まり方には「大衆の承認」と「集団内のはずみ」の 2 つがあると述べることから始まっており，第 2 文以下は前者「大衆の承認」がどのようなものか，どのようにして起こるのかを説明している。

〔第 2 段〕

　この段では，噂の 2 つの広まり方の後者「集団内のはずみ」について説明している。

〔第 3 段〕

　この段では，第 1・2 段で検討した噂の広まり方を踏まえて，まちがった噂を信じてしまう危険を減らす方法に話を転じている。同時に，一般的

に考えられる方法でも完全ではない場合があることに触れている。

　　各段と各文の内容をまとめると下表のようになる。

各段の要旨		各センテンスの内容
第1段	噂の2つの広まり方の1つ「大衆の承認」とは	第1文：噂の広まり方には「大衆の承認」と「集団内のはずみ」の2つがある。 第2文：「大衆の承認」は，私たちが他の人たちの考え・行動に依存する傾向があるせいで起こる。 第3文：一定数の人がある噂を信じると，他の人もそれを信じる。 第4文：たいていの噂は，人々が自分では直接知らないことに関するものであり，群衆を信用することが多い。 第5文：群衆の見解を受け入れる人が増えれば，群衆がさらに大きくなり，多くの人が誤った噂を信じる危険が生まれる。
第2段	もう1つの噂の広まり方「集団内のはずみ」とは	第1文：「集団内のはずみ」とは，同じ考え方の人たちが集まると，以前の考えがより極端なものになることをいう。 第2文：ある集団の人たちが何らかの噂を受け入れがちだとしよう。 第3文：そのことについて彼らが言葉を交わすと，その噂にいっそうのめり込む。 第4文：集団内の他の人が信じていることしか根拠がない場合でも，ためらいがちに信じていた人が，絶対的な確信を持つようになるかもしれない。 第5文：インターネットで同じ考え方の人たちから挙がる多くのツイートやメッセージを見ると，噂を真実だと思うようになりがちだ。
第3段	誤った噂を信じる危険性を低減する方法とその問題点	第1文：このような2つの過程によってまちがった噂を信じる危険を減らすのに何ができるか。 第2文：最も明らかで通常の解決策は表現の自由の確保で，これにより人々は公正な情報と真実に触れる。 第3文：それでも，場合によっては十分な解決策ではないこともある。 第4文：人は情報を処理するとき，中立的には行わず，多くの場合感情が真実に至るのを邪魔する。 第5文：新情報の受け入れ方にはむらがあり，いったんまちがった噂を受け入れると，特に感情的な関わり方をしていると，人はそれを簡単には放棄しない。 第6文：事実を示しても，人の考えを変えるのは極めて困難なこともある。

◆答案を作成する

　　第1・2段で述べられている噂の広まり方を簡潔にまとめることが第一要件である。本文にある popular confirmation「大衆の承認」，in-group momentum「集団内のはずみ」は，そのままの訳だと本文を読んでいない人には何を表すか伝わりにくい。それぞれの説明から前者は「多勢への追従」，「大勢への追随」，「周囲への同調」，後者は「集団内での見解の激化」，「集団内での意見の強化」，「仲間内での先鋭化」など，意味の伝わるまとめ方をしたい。それに続いて，まちがった噂を信じないための解決策として挙げられた「表現の自由」に言及する。字数に余裕があれば，その具体的効用である「公正な情報と真実に接すること」にも触れておきたい。最後に，それでもまちがった噂が広まったりそれを信じたりするのを防ぐのが簡単ではないことを述べる。このことの理由として，「人が情報の取り入れにおいて中立的でないこと」や「感情の介入があること」を添える。

◆━◆━◆━◆━◆ ●語句・構文● ◆━◆━◆━◆━◆

(第1段) ●in-group「内集団の，（排他的）小集団の」 ●momentum「勢い，はずみ」 この文章では，噂への確信度が高まったり，噂の内容が極端になったりすることを表す。

(第2段) ●like-minded「同じ考え〔趣味・目的〕を持った」 ●in all likelihood「おそらく，十中八九」

(第3段) ●get in the way of ～「～の邪魔をする，～の妨げとなる」

1 (B) 解答

(ア)(1)— b) (2)— d) (3)— c) (4)— f) (5)— h)

(イ)＜解答1＞ When we try to describe what we have experienced non-verbally, the original memory of it is distorted or even lost in part. (15〜20 語程度)

＜解答2＞ By putting what we perceived non-verbally into words, we make it harder to recall its details as they were. (15〜20 語程度)

◆全 訳◆

≪言語化による記憶の劣化≫

過去の情緒的な出来事を振り返るとき，私たちの記憶は心のうちで影響を及ぼすさまざまなものによってゆがめられがちである。これの起こり方の1つは，記憶を他の人と共有することによるものであり，たいていの人が重要なライフイベントのあとによく行うことである。それは家族に電話をかけて心躍るようなことを伝えることも，仕事上の大問題を上司に折り

返し報告することも，また警察に何らかの陳述をする場合さえもあてはまる。このような状況では，もともと視覚的に（あるいは実際には他の感覚を通じて）受け取った情報を言語情報へと移行させている。五感から得た情報を言葉に変換しているということだ。⁽¹⁾［ｂ）しかしこの過程は不完全なものだ。］視覚像や音やにおいを取り込み，それを言語化するたびに，情報を変化させたり喪失したりしている可能性がある。言語を通じて伝達できる細部の量には限界があるため，端折らざるをえないのだ。つまり簡略化するのである。これは「言語隠蔽効果」として知られている過程であり，この用語は心理学者のジョナサン=スクーラーが作り出したものである。

　スクーラーはピッツバーグ大学の研究者で，言語隠蔽効果に関する最初の一連の研究を，共同研究者のトーニャ=エングストラー=スクーラーとともに，1990 年に発表した。彼らの主たる研究には，実験参加者に銀行強盗のビデオを 30 秒間見てもらうというものが含まれていた。それから無関係な作業を 20 分間行い，さらにその後，参加者の半分は銀行強盗の顔の説明を 5 分間書きとめ，もう半分はさまざまな国とその首都の名前を挙げる作業をした。このあと，参加者全員が，研究者たちの言うところでは「言語的に類似した」8 つの顔の一覧を示された。「言語的に類似した」とは，「金髪，青い目，中くらいの鼻，小さな耳，薄い唇」といった，同じ種類の（言葉による）描写と一致する顔を意味する。これは，純粋に視覚的な類似性にもとづいて一致する写真を選ぶのとは違う。写真では顔の各部分の間の数理的距離といった，言葉で表すのはより困難なものに意識が向くかもしれないからである。

　ある顔を言語で表現してその外見を補強するほど，記憶の中の顔のイメージをいっそう忘れなくなるはずだと思うだろう。⁽²⁾［ｄ）ところが，その逆が正しいようだ。］実際には，強盗の顔の説明を書きとめた人たちはそうしなかった人たちと比べると，一覧から正しい人物を特定する成績がかなり悪いことを研究者たちは発見した。たとえば，ある実験では，犯人の説明を書きとめた人たちのうち，一覧から正しい人物を選んだのは 27 パーセントしかいなかったのに対し，説明を書きとめなかった人たちでは 61 パーセントが正しく選べた。この違いは極めて大きい。簡単に言葉にできる詳細だけを述べることによって，実験の参加者はもとの視覚的な記

憶の細部のいくつかを見落としてしまったのである。

⁽³⁾［c）この効果は信じがたいほど強い。］そのことは，一つの心理学の実験結果を再現しようとしたものの中では，おそらくこれまでで最大の取り組みであったものの結果にも示されているとおりである。これは，33の研究所と，ジョナサン゠スクーラーとダニエル゠サイモンズをはじめとする，100人近い学者による大規模なプロジェクトで，2014年に発表された。研究者全員が同じ方法に倣い，異なる研究者が，異なる国で，異なる実験参加者で実験を行ったときでも，言語隠蔽効果は変わらないということを発見した。画像を言葉で表すと，その画像に関する記憶は常に劣化するのである。

スクーラーとその他の研究者によるさらなる調査は，この効果が他の状況や感覚にも当てはまるかもしれないことを示唆している。何かが言葉にするのが難しいときには常に，それの言語化は概して記憶の呼び起こしを低下させるようなのだ。色や味や旋律を描写しようとすれば，その記憶を劣化させることになる。試しに地図や何らかの決意，あるいは感情のからむ判断を描写してみれば，もともとの状況の詳細のすべてを思い出すのはよけいに難しくなる。⁽⁴⁾［f）このことは，他の人が私たちの代わりに物事を言語化するときにもあてはまる。］私たちが見たことを他のだれかが描写するのを聞くと，その場合でもその事柄に関する私たちの記憶は弱まるのである。友人たちは，起こったことを口述するとき，私たちを手助けしようとしているかもしれないが，逆に私たち自身のもともとの記憶を陰らせているかもしれない。

スクーラーによれば，詳細を失うことに加えて，非言語的な事柄を言語化することで，私たちは相容れない記憶を生み出すことになる。私たちは，その出来事を描写したときの記憶と，実際にその出来事を経験したときの記憶の両方を持つという状況に置かれる。言語化したこの記憶は，もともとの記憶の断片を圧倒するらしく，その後は言語化したものの方を，起こったことの最善の説明として思い出すのかもしれない。写真の一覧のように，もともとの詳細のすべてを思い出す必要がある同一性確認の作業に直面すると，言語化した描写を無視して考えることが難しくなる。要するに，記憶をよりはっきりさせようとする私たち自身の試みによって，記憶は悪影響を受けるらしいということである。

(5) [ｈ] これは，言語化するのがいつも悪い考えだということではない。] スクーラーの調査は，記憶を言語化することで，もともと言葉の形で示された情報，たとえば，単語のリスト，口頭での陳述や申し立て，といったものに関しては，記憶の呼び起こしは低下しない，あるいは向上させさえするかもしれないということも示している。

━━━━━━◀解　説▶━━━━━━

◆(ア)　▶(1)　空所の直前には「(過去に起きたことを人に伝えるとき) 私たちは五感から得た情報を言葉に変換している」，直後には「視覚像や音やにおいを取り込み，それを言語化するたびに，情報を変化させたり喪失したりしている可能性がある」とある。自分の経験を人に伝えるのに私たちは言語を使うが，これは何の疑問も持たずに日常的に行っていることである。ところが，空所のあとには「それが情報を変化させたり喪失したりしている可能性がある」と，言語化の欠点が述べられている。よって b) の「しかしこの過程は不完全なものだ」が適切。

▶(2)　空所の直前には「ある顔を言語で表現してその外見を補強するほど，記憶の中の顔のイメージをいっそう忘れなくなるはずだと思う」とあり，直後には「実際には，強盗の顔の説明を書きとめた人たちはそうしなかった人たちと比べると，一覧から正しい人物を特定する成績がかなり悪かった」とある。一般的に想像されることと，実際の調査結果が逆だったことがわかる。よって d) の「ところが，その逆が正しいようなのである」が適切。

▶(3)　空所の直後に「心理学の実験結果を再現しようとする，おそらくこれまでで最大の取り組みの結果に示されているように」とあり，「取り組みの結果」は同段の第 3 文（All researchers followed …）に示されている。すなわち「(100 人近い) 研究者全員が同じ方法に倣い，異なる研究者が，異なる国で，異なる実験参加者で実験を行ったときでも，言語隠蔽効果は変わらないということを発見した」となっており，「言語隠蔽効果」が人間に広く見られる現象であることがわかる。よって c) の「この効果は信じがたいほど強い」が適切。

▶(4)　同段の第 1 文（Further research by …）には「さらなる調査は，この (言語隠蔽) 効果は他の状況や感覚にも当てはまるかもしれないことを示唆している」とあり，第 2 文（It seems that …）～第 4 文で「他の感

覚」，つまり視覚的記憶以外の記憶にもこの効果が及ぶことが述べられている。空所のあとには「私たちが見たことを他のだれかが描写するのを聞くと，その場合でもその事柄に関する私たちの記憶は弱まる」とあり，「他の状況」での言語隠蔽効果に話が転じたことがわかる。よって f) の「このことは，他の人が私たちの代わりに物事を言語化するときにもあてはまる」が適切。

▶(5) 空所で始まる最終段の前までは，記憶の言語化は記憶を劣化させるという言語隠蔽効果のことが述べられている。空所の直後には「スクーラーの調査は，記憶を言語化することで，もともと言葉の形で示された情報…に関しては，記憶の呼び起こしは低下しない，あるいは向上させさえするかもしれないということも示している」とあり，言語化のよい面が述べられている。よって h) の「これは，言語化するのがいつも悪い考えだということではない」が適切。

◆(イ) スクーラーの名前は第 1 段最終文で初めて登場し，「言語隠蔽効果」という言葉を作った人であると紹介されている。空所(1)で始まる第 1 段第 5 文で，すでにこの効果のことが「視覚像や音やにおいを取り込み，それを言語化するたびに，情報を変化させたり喪失したりしている可能性がある」と述べられている。第 2 ～ 6 段では，彼と共同研究者，その他の研究者が行った実験と実験結果，こうした効果が視覚以外の知覚記憶や他の人が言語化するのを聞いた場合でも現れるというさらなる調査の結果を示して，言語隠蔽効果がどのようなものかを詳しく伝えた上で，そのような現象が現れる理由がまとめられている。ただし，最終段には，もともとの情報が言葉によるものなら言語隠蔽効果は現れないことが付け加えられている。つまり，スクーラーらの発見は「非言語的に経験したことを言語で表現すると，もとの記憶（の詳細）がゆがめられたり，損なわれたりする」ということである。「文章から答えを抜き出すのではなく，できるだけ自分の英語で」という条件なので，単語レベルでの参照にとどめてまとめる。

━━━◆━◇━◆━ ●語句・構文● ━◆━◇━◆━━━

(第 1 段) ●cut corners「手抜きをする，端折る」

(第 2 段) ●as *A* put it「*A* が言うように，*A* が言うには」

(第 5 段) ●transfer to ～「～に転移する」 ●account of ～「～の記述，報告」

2 (A) 解答例

<解答例 1 > This conversation tells us that it is very difficult for us to judge ourselves objectively. It is not unusual that our friends know far better about our personal habits and shortcomings. And the converse is also true. We see their faults better than they do. So, when we notice others' defects, we should reflect on ourselves. (40〜60 語)

<解答例 2 > This dialogue reminds me of the proverb that he who touches pitch will be defiled. A newcomer to a group is surely affected by the other members and likely to become similar to them. Brutus is not yet aware that he and Cassius are already of a kind, and Cassius is trying to make Brutus realize the fact. (40〜60 語)

━━━━━━ ◀解　説▶ ━━━━━━

▶<解答例>の全訳は以下のとおり。

<解答例 1 >　この対話は，私たちが自分自身を客観的に判断するのは非常に難しいことを伝えている。自分の個人的な癖や欠点について，私たちよりも友人のほうがはるかによくわかっていることは珍しくない。そして，その逆もまた正しい。私たちは彼らの短所が彼らよりもよく見えるものだ。したがって，人の欠点に気づいたら，私たちは自分のことを省みるべきである。

<解答例 2 >　この対話は私に「朱に交われば赤くなる」ということわざを思い出させる。ある集団に新しく加わった人は，他のメンバーに必ず影響され，彼らと似てくる可能性が高い。ブルータスは自分とキャシアスがすでに同類であることにまだ気づいておらず，キャシアスはブルータスにその事実を気づかせようとしている。

▶シェイクスピア作『ジュリアス・シーザー』の一節であるキャシアスとブルータスの「対話の内容について思うことを」述べよという比較的緩やかな条件である。「自分の顔は自分では見ることができない，他のものを通してしか自分自身を見ることができない」というブルータスの言葉から考えられるのは「人は自分を客観的に見ることが難しい」といった解釈だろう。また，「私が，きみの鏡として，きみの姿を見せてやろう」というキャシアスの言葉から，二人が同類であり，それに気づいていないブルータスにキャシアスが事実をわからせようとしているという説明も成り立つ。

ちなみに，キャシアスもブルータスもシーザーの部下だが，共謀してシーザーを暗殺する人物である。

2 (B) 　解答

〈解答1〉 Probably he meant that your life will end before you know it if you are content just with doing what you assume you should do in your daily life.

〈解答2〉 His words might mean that if you are satisfied just to do what you believe you have to do in your everyday life, your life will come to an end all too soon.

━━━━━◀解　説▶━━━━━

●「それは恐らく…という意味であろう」

「それ」は前文にある小林秀雄の言葉を指しており，It〔This〕probably means that … と文字どおりに表現できる。また，その言葉を小林秀雄がどのようなつもりで言ったのかを筆者が推測している箇所でもあり，「たぶん彼は…ことを意味していたのだろう」Probably he meant that … や，「彼の言葉は…ことを意味しているのかもしれない」His words might mean that … などと表すこともできる。

●「自分が日常生活においてすべきだと思い込んでいること」

「自分」は一般論なので you を用いるのが妥当。「思い込んでいる」は assume / believe が考えられるが，単に「思う」think でも問題はない。

「～こと」は関係代名詞 what を使う。もとになる文は「あなたはあなたがそのことを日常生活においてすべきだと思い込んでいる」you assume (that) you should do it in your daily life であり，what you assume you should do in your daily life とできる。このような場合，「～ということ」の意の接続詞 that は必ず省く。「～すべきだ」は should 以外に，ought to ～ や「～しなくてはならない」have to ～ / must も使える。また，「～することになっている」be supposed〔expected〕to～ も考えられる。「日常生活」は everyday life ともできる。

●「…をやってそれでよしとしているようでは」

「～ようでは」は「もし～なら」と if で表せる。「～をやってそれでよしとする」は，「（ただ）～だけをして満足する」be content just with doing ～ / be satisfied just to do ～ とできる。あるいは「～しさえす

ればよいと思っている」think（that）you have only to do 〜 と読み換
えることもできるだろう。

●「人生などいつのまにか終わってしまう」

「など」と「しまう」は日本語では文のニュアンスを伝えるのに必要だ
ろうが，英語では不要。「人生は終わる」は life ends が文字どおりだが，
一般論とはいえ主語として you を想定しているので，your life ends と
するのが妥当。同様の観点から，「あなたの死」は未来のことなので
will end とする。「終わる」は他に come to an end / be over などが使
える。「いつのまにか」は before you know〔realize〕it がよく使われ
る表現。「あまりにもすぐに」all too soon といった表現もある。

なお，if 節は主節の前でも後でもよい。

3 (A) 解答　(6)— d)　(7)— e)　(8)— a)　(9)— b)
(10)— d)

━━━━━━◆全　訳◆━━━━━━

≪マサイ族の互恵制度≫

聞き手：今回も『世界への窓』にようこそ。今日のゲストはアビ＝ギセン
　　　バ博士です。博士は東アフリカのマサイ族の人たちと 2 年間暮らし，
　　　最近戻ってこられました。ギセンバ博士，調査についてお話しいただ
　　　けますか？

ギセンバ博士：ええ，いいですよ。テーマは協力ということだと思います。
　　　私の主張は，私たち人間は互いに助け合うという一種の本能を持って
　　　いるということです。

聞き手：それで，マサイ族との経験はその主張を裏づけると…？

ギセンバ博士：大いにそうです。伝統的なマサイの文化と社会は，牧畜に
　　　基礎を置いています。財産とは畜牛のことです。しかし，その財産は，
　　　どれほど注意していても，あるいは懸命に働いても，常に泥棒や雨不
　　　足などの脅威にさらされています。

聞き手：なるほど。

ギセンバ博士：ですが，マサイの文化はその危険を減らす仕組みを発展さ
　　　せてきました。相互義務という仕組みです。

聞き手：人々が互いに助け合わなくてはならない，ということですか？

ギセンバ博士：そのとおりです。彼らはそれを「オソトゥア」と呼んでいます。「オソトゥア」という言葉は，妊娠している女性が，生まれる前に不可欠な栄養を赤ん坊に与える管を意味します。

聞き手：ああ，へその緒のことですね。

ギセンバ博士：そうです，へその緒です。ですから，私はそれを「コード」システムと呼んでいます。

聞き手：それはどのように機能するんですか？

ギセンバ博士：だれもが，助けを求めることのできる相手に関する一種のネットワークを持っています。そのネットワークに属する人はだれでも，困ったときには助けを求めることができ，頼まれた人は助ける義務があります。

聞き手：私たちの間にある友情のネットワークのように…？

ギセンバ博士：いいえ，もっとずっと根本的なもので，はるかに重く受け取られているものです。親は自分のコードのネットワークを子どもたちに受け継がせます。そして，だれが依頼し，だれが手を貸すのかをたどれる人はいません。見返りの期待はまったくありません。

聞き手：驚きです…。

ギセンバ博士：これは極端な例ですが，実際，人間は他の動物よりも物惜しみしない，つまり，他者を助けたがるようなのです。そして，それは困惑するような事実です。人は，手を貸す個人にとって何の得もない場合でも手助けをします。こんな話を知っていますか？　幼い子どもが，おそらく生後 18 カ月という幼い子でも，大人が「誤って」何かを落とすのを見ると，その子はその大人の代わりにそれを拾い上げたり，その大人に注意を促そうとしたりするものなのです。進化の上で私たちの最も近い親戚にあたるチンパンジーでもそんなことはしません。

聞き手：では，あなたの本当の関心は，他者を助けるという人間の傾向にあるのですね？

ギセンバ博士：えー，実際には，私の主な関心は，そのような傾向がどのようにして進化した可能性があるか理解することにあります。そこで，マサイ族の登場，ということです。

聞き手：ああ，なるほど。たしか，コンピュータ・モデルをお持ちだった

　　かと…？

ギセンバ博士：私たちは３つの異なる種類の社会における寿命を計算する
　　　　コンピュータ・シミュレーションを行いました。与えることのまった
　　　　くない社会，見返りを求めて与える社会，そして最後に，見返りを期
　　　　待せずに無償で与える社会…。

聞き手：「コード」システムのように…。

ギセンバ博士：そうです。そして，シミュレーションした社会を比較した
　　　　とき，「コード」システムがある場合，一族が生き延びていく率が最
　　　　も高いことがわかりました。

聞き手：ということは，いずれにしても，進化という観点からすると理屈
　　　　に合いますね？

ギセンバ博士：唯一の例外は，集団全体が，たとえば，本当に深刻な伝染
　　　　病のように，彼ら全員を同じように脅かすような大規模な危険に直面
　　　　したときです。そのような状況では，見返りを期待せずに与えること
　　　　は，役に立ちません。しかし，そのような状況では，どうしようもあ
　　　　りませんから，気前よく与えることが状況を悪くすることはありませ
　　　　ん。

━━━━━━━━　◀解　説▶　━━━━━━━━

▶(6)　「ギセンバ博士によると，『コード』システムが伝統的にその害を防
いできた危険の１つは何か」

　　ギセンバ博士の２番目の発言第４文（But that wealth is …）に「その
財産（＝畜牛）は…常に泥棒や雨不足などの脅威にさらされている」とあ
る。この脅威を軽減する仕組みとして，博士の３・４番目の発言で「オソ
トゥア」のことが紹介されている。さらに５番目の発言で博士自身はこの
仕組みを「コード」システムと呼んでいることが述べられている。ｄ）の
「雨の降らない時期が長引いて畜牛を失う危険」が正解。

ａ）「窃盗のせいでお金を失う危険」

ｂ）「あまりにも多くの義務に巻き込まれる危険」

ｃ）「妊娠中の母子への害という危険」

ｅ）「共同体全体に広がる伝染病のせいで畜牛を大幅に失う危険」

▶(7)　「『コード』システムが実際にはどのように機能するのか，最もよく
説明しているのは次のどれか」

　ギセンバ博士の 6 番目の発言第 2 文（Anyone in the …）に「そのネットワークに属する人はだれでも，困ったときには助けを求めることができ，頼まれた人は助ける義務がある」，7 番目の発言第 3 文（And no one …）に「だれが依頼し，だれが手を貸すのかをたどれる人はいません」とある。これらの記述に当てはまるのは，e）の「手助けは，常に，ネットワークに属するだれであれ，必要なときにその人の求めに応じて与えられる」。

a）「それは，母親と胎児をつなぐへその緒のようである」

b）「友情で結ばれたグループと同じように，グループに属する人たちは，互いに自由に頼み事ができる」

c）「だれもが，困ったときに助けてくれる一人の他者とつながっている」

d）「困難な時期に，同じネットワークに属する人たちは，自ら進んで助け合うことを申し出なくてはならない」

▶⑻ 「ギセンバ博士が『困惑するような事実』と言っているのはどんなことか」

　"puzzling fact" は，ギセンバ博士の 8 番目の発言第 2 文 And that is a puzzling fact. にある。that が指すのは直前の文の内容と考えられる。そこには「人間は他の動物よりも物惜しみしない，つまり，他者を助けたがるようだ」とある。a）の「人間は最も物惜しみしない動物である」が正解。

b）「チンパンジーですら互いに対して気前がよくはない」

c）「幼い子どもは，大人が何か落としたとき，大人を助けようとする」

d）「人間は，自分にとって何も得になることがなければ他者を助けない傾向がある」

e）「幼い子どもは，大人が何かを落とすのを見ると，それは偶然だと知っている」

▶⑼ 「マサイ族の研究における，ギセンバ博士の『主な関心』とは何か」

　ギセンバ博士の 9 番目の発言（Well, actually, my main interest …）に「私の主な関心は，そのような傾向がどのようにして進化した可能性があるか理解することにある。そこで，マサイ族の登場，ということだ」とある。「そのような傾向」は，直前の聞き手の発言にある「人々が他者を助ける傾向にある」を受けている。よって b）の「マサイ族は，人間の気前のよさの発達を理解するのに役立つ」が正解。

ａ）「マサイ族は，牧畜文化がどのように危険を減らしているか理解するのに役立つ」

ｃ）「マサイ族は，現代社会が気前のよさを保ったり，増したりしうる方法を示している」

ｄ）「マサイ族は，気前のよさが根本的な特徴であるような文化の好例である」

ｅ）「マサイ族は，多くの異なる危険に対して，いかにひとつの仕組みが社会を守れるか示している」

▶⑽　「コンピュータ・シミュレーションでの主な発見に最もよく合致するのは次の文のどれか」

　ギセンバ博士の 11 番目の発言第 2 文（And when we compared …）に「『コード』システムがある場合，一族が生き延びていく率が最も高いことがわかった」とある。「コード」システムは博士の 6・7 番目の発言にあるように，「助けを求められたら，見返りを期待せずに与える仕組み」である。ｄ）の「見返りを期待せずに与えることが行われている場合，共同体はよりうまく生き延びる」が正解。

ａ）「気前のよい人は長生きする傾向がある」

ｂ）「気前のよい社会は，より利己的な社会と同じくらい成功している」

ｃ）「家族制度に属する個人は，そうではない人よりも長生きする」

ｅ）「ある非常に厳しい問題がある共同体全体に影響を及ぼす場合，気前よく与えることは，事態を悪くしかねない」

◆━◆━◆━◆　●語句・構文●　◆━◆━◆━◆━◆

（聞き手第 1 発言）　●edition「連続番組の 1 回分」

（ギセンバ博士第 2 発言）　●be under threat「脅かされている」

（ギセンバ博士第 7 発言）　●keep track of ～「～を見失わないようにする」

（ギセンバ博士第 9 発言）　●…, which is where *A* come in「そこで *A* が登場する，そこが *A* を取り上げるのに適切なところだ」

3 (B) 解答

(11)— c) (12)— e) (13)— c) (14)— c)

(15)— c)

◆全 訳◆

≪気前のよさの是非をめぐる議論≫

聞き手：ギセンバ博士，ありがとうございました。さて，もう一人のゲスト，ユージン=パークさんのお話を伺いたいと思います。パーク氏は「セルフ=リライアンス」という保守系政治団体の代表を務めていらっしゃいます。パークさん，こうした，気前よく与える，つまり見返りなく与えるという考え方について，どのようにお感じでしょうか？

パーク氏：そうですね，ギセンバ博士の調査は非常に興味深かったです。しかし，これにはまちがった一般化をしてしまう危険性があります。マサイ族が気前よく与えるということを実践しているからというだけでは，この仕組みが他の社会にも当てはまるということにはなりません。

聞き手：実のところ，あなたはギセンバ博士が説明したような種類の気前のよさにはさまざまな危険があるとお考えですよね？

パーク氏：そのとおりです。私たちは，他の人たちに頼るよりもむしろ，できるかぎり人は自活すべきだと考えています。もし無条件で，つまり彼らが働いていようといまいと，また成功しようと失敗しようと，気前よく人に物を与えるだけなら，まあ，それは怠惰を促し，依存を促します。天国のように聞こえますが，現実の世界では機能しません。

聞き手：ギセンバ博士，それについてはどうお考えでしょう？

ギセンバ博士：そうですね，私の研究での疑問は，なぜ人は気前よさの本能を持っているのだろうということでした。パークさんの疑問は，最善の結果のためには私たちはどのように社会を組織するべきか，ということです。これらは2つの異なる疑問で…。

パーク氏：問題は，「人間が気前よさの本能を持っているのであれば，それなら政府も気前がよくて当たり前だ」と考えるようになる人がいるということです。ギセンバ博士は，正しくも，これらの問題が別個のものだと理解しておられますが，中には，博士の論点から私の論点へ，まちがって飛躍してしまう人も出るでしょう。

聞き手：ですが，これらの疑問をどうして結び付けてはいけないのかと言

う人もいるかもしれませんね。もし人間が助け合う本能を持っているのなら，そして，ギセンバ博士が示したように，気前よく与える社会のほうが繁栄する可能性が高いのなら，なぜ政府も気前よくあるべきではないのでしょう？

パーク氏：そうですね，現代の都市社会は，マサイ族の社会とは組織のされ方が非常に異なっています。もし財産が主に畜牛という形なら，隣人が本当に困っているかどうか見てとるのはだれでも簡単にできるでしょう。私たちに関しては，財産は，たとえば銀行口座の中に隠されているというように，多くの場合目に見えません。したがって，実は困っているわけではない人間がその仕組みを悪用するのは簡単です。

ギセンバ博士：でも，気前のよさという仕組みは，他の社会にも見られます。例えばフィジーを取り上げましょう。フィジーの文化では，財産はもっと隠しやすいですが，それでも「コード」システムと非常に似た仕組みを持っています。それは「ケレケレ」と呼ばれており，「要請する」という意味です。ある実験では，フィジーの 50 人の男性が，1 日の労働に相当する額のお金を単に与えられました。彼らが自分のために取ったのは，平均して 12 パーセントにすぎず，半数近くはそのお金を全部，人に与えてしまいました。

パーク氏：もちろん，人がそれを選択するならお金を人に与えるのは素晴らしいことです。実際，私たちは政府が慈善事業や教会などへの寄付を奨励すべきだと思っています。しかし，求めている人ならだれにでもお金を手渡してしまうなら，当然受けるべき人たちだけではなく，受けるに値しない人たちにもいい思いをさせてしまいます。

ギセンバ博士：ですが，「ケレケレ」の仕組みを分析すれば，友人から最も多くのお金を受け取る人は，彼ら自身が物惜しみせず与えるというよい評判を持っている人たちだとわかります。ですから，気前のよさの仕組みは，人に「仕組みを悪用する」ように誘うというより，実際には正直な行動を促すと思われます。

パーク氏：えー，もう 1 つの重要な違いは，ギセンバ博士の調査は，人々が互いのことを知っている小さな共同体に基づいたものである点です。おそらく，気前のよさは，こうした状況ではうまく機能するでしょうが，これは，会ったこともない他人を助けるために人々に税金を払う

こと，いわゆる「セーフティー・ネット」ですが，それを強いる規模の大きな統治制度とは非常に異なります。これ（＝セーフティー・ネット）は，最低限度のものだけを与えてそれ以上は与えるべきではないと我々は考えます。

ギセンバ博士：「セーフティー・ネット」は，可能なかぎり気前のよいものにすべきだという正当な理由はたくさんあると思いますよ。まず，私たちは公正さを重視します。人生は非常に不公正なこともあり，可能ならこれを正したいと思います。次に，私たちは文明社会で暮らしたいと思っています。そして，数多くの人たちが貧困線以下の暮らしをしているのは文明的とは言えません。

パーク氏：もちろんそうです。私は本当に困っている人たちが飢えて死ぬのを政府が放っておくべきだと主張しているのではありません。ですが，政府が勤勉な納税者に，しようと思えば自活できる人を養うように強制するのも正しいわけがありません。

聞き手：えー，政治は常に，相容れない考え方の間にバランスを見出すことに関わるものだと思います。さて，ここで終わりにしなくてはなりませんが，お二人ともありがとうございました。

━━━━━━◀解　説▶━━━━━━

▶⑾「パーク氏によると，『気前よく与えること』の主な危険は何か」

　パーク氏の2番目の発言第3文（If you just give people …）の最終部分に「それは怠惰を促し，依存を促す」とある。c）の「無償で物を与えられる人々は，自力で何かをしたいと思わなくなる」が正解。

a）「もし人々が働かなければ，最終的には雇用に適さなくなる」

b）「それは，人々が何もお返しをせずに何かを受け取ることを促す」

d）「無償で与えることが全く当たり前の社会では，それは評価されなくなる」

e）「人々が無償で物を与えられると，彼らは達成感を全く得られない」

▶⑿「パーク氏によると，現代の都市社会がマサイの社会と異なる重要な点は何か」

　パーク氏の4番目の発言第2文（If wealth is mainly …）に「財産が主に畜牛という形なら，隣人が本当に困っているかどうか見てとるのはだれでも簡単にできる」とある。e）の「マサイ族のほうが，周りにいる人た

ちが困っているかどうか知るのは簡単である」が正解。

a）「マサイ族のほうが，物質的に必要とするものが少ない」

b）「マサイ族のほうが，気前のよさの本能が強い」

c）「マサイ族には，収入を再分配する税制がない」

d）「マサイ族のほうが，隣人たちの財産について嫉妬深い可能性が高い」

▶⒀　「ギセンバ博士によると，フィジーの『ケレケレ』の仕組みは，どのように気前のよい行動を促すか」

　ギセンバ博士の 3 番目の発言第 1 文（But if you analyze …）に「友人から最も多くのお金を受け取る人は，彼ら自身が物惜しみせず与えるというよい評判を持っている人たちだ」とある。c）の「気前がよいという評判を持つフィジー人は，報われる傾向にある」が正解。

a）「フィジー人は，忠実な友人に対して気前がよい傾向がある」

b）「フィジー人は，最もお金を必要としている人たちに対して気前がよい傾向がある」

d）「フィジー人は，自分のお金に関してより気前がよくなれるように，一生懸命働く」

e）「気前がよいという評判を持つフィジー人は，他の人たちよりも多くのお金を与える」

▶⒁　「この会話に基づくと，ギセンバ博士が最も同意しそうな意見は以下のどれか」

　ギセンバ博士の 3 番目の発言第 2 文（So it seems that systems …）に「気前のよさの仕組みは，人に『仕組みを悪用する』ように誘うというより，実際には正直な行動を促す」とある。c）の「気前のよさの仕組みの中では，人々がずるをしようとする可能性は低い」が正解。

a）「社会は貧しい人たちに対して親切ではなくなりつつある」

b）「財産が容易に隠せる社会は，気前がよくない」

d）「現代の財政制度は，裕福な人から貧しい人へのお金の再分配をより容易にしている」

e）「一部の人が異常に裕福であるかぎり，どんな社会も文明化しているとは見なせない」

▶⒂　「この会話に基づくと，パーク氏が同意する意見は次のどれか」

　パーク氏の 6 番目の発言第 1 文（Well, another important difference

…)・第 2 文に「ギセンバ博士の調査は，人々が互いのことを知っている小さな共同体に基づいたもので…気前のよさは，こうした状況ではうまく機能する」とある。 c ）の「無償で与えるという仕組みは，小さな共同体の内部では機能するかもしれない」が正解。

a ）「政府は貧しい人たちを助けるべきではない」

b ）「貧しい人たちが基本的に必要とするものは，寄付でまかなうべきである」

d ）「税金制度は，自発的な寄付に変えるべきである」

e ）「知らない人よりも友人のほうに気前よくするべきではない」

◆━━◆━━◆ ●語句・構文● ◆━━◆━━◆

（パーク氏第 2 発言）　●provide for *oneself*「自活する」　●without conditions「無条件で」

（ギセンバ博士第 1 発言）　●for the best「（結局は）いちばんよくなるように」

3 (C) 解答 (16)— a ）　(17)— c ）　(18)— b ）　(19)— b ）　(20)— d ）

━━━◆全　訳◆━━━

≪巨大波の実態≫

　何世紀にもわたって，船乗りたちは巨大波に関する話をしてきた。これは，全くどこからともなく，海の真っただ中で突然に盛り上がる，9 階建て，10 階建てのビルほどの高さの巨大な波のことである。そして，何世紀にもわたって，陸上で暮らしている人たちはこのような波を見たことがなかったため，人魚や竜に関する昔話のように，この波のことをおとぎ話，つまり誇張や全くの空想として片づけてきた。しかし，新しい証拠が，巨大波は現実のものであること，そして人が思うよりもずっと頻繁に発生することを裏づけている。

　1978 年，あるドイツの貨物船が大西洋の真ん中で姿を消し，27 人の乗組員の命が失われた。捜索隊は，極度の力が打ちつけた痕跡のある救命ボートを回収した。その船の救命ボートは，水面から 20 メートルの高さに備えられていたのである。

　そして 1995 年には，ハリケーンが発生しているときにノルウェー沖に

ある石油掘削施設を巨大な波が襲った。12 メートルの波が施設に打ちつ
けていた。全員が嵐を避けるために内部にいたため，巨大波を見た人はい
なかったが，レーザー機器はそれが 26 メートルの高さだったことを測定
していた。

　波の形成に関する標準的な理論によると，それほど巨大な波は，1 万年
に 1 回しか起こらないはずである。

　科学者たちはショックを受け，こうした巨大波の位置を突き止め，数を
数えるために人工衛星の画像を使い始めた。2003 年の 3 週間にわたるあ
る調査では 3 万枚の衛星画像を使い，25 メートル以上の高さの 10 個の波
が見つかった。

　この現象はどのように説明できるだろうか。標準的な理論では波を個別
のものとして扱い，1 つの波が別の波を追い越し，それと一緒になるとき
に波はより大きくなると考える。しかし，新しい説では，複数の波が集団
を形成し，長時間そのままの状態である傾向を持つことを示唆している。
その説によると，集団内の複数の波が互いにエネルギーを渡し合うことが
でき，1978 年と 1995 年に襲ったような恐ろしい波を形成する。もしこの
説が正しいとなれば，このような巨大波を予測することができ，したがっ
て，危険にさらされる船舶や石油掘削施設に早めの警告ができるかもしれ
ない。

　船乗りたちは以前からずっと知っていることだが，海は予測ができない。
それでも，我々は最も危険な海での出来事に備えようとしている。巨大波
は甚大な被害をもたらしうる。2015 年 10 月には，また別のそうした波が
アメリカの貨物船を沈め，33 人が犠牲となったのである。そして，地球
温暖化が地球の風と海洋のシステムにさらなるエネルギーを注入するため，
こうした途方もない出来事がもっと頻繁に起こる可能性がある。そのため，
船舶や石油掘削施設を安全に保つために，新しい取り組みが進展中であり，
それには巨大波の，かつては船乗りの空想の中にしか存在しないと思われ
ていた波の，破壊的な衝撃を切り抜けられる，新しい設計も含まれている。

◀━━━━━━◀解　説▶━━━━━━

▶⒃　「巨大波は以前に思われていたよりも…」

　第 1 段最終文（But new evidence confirms …）に「新しい証拠が，巨
大波は…人が思うよりもずっと頻繁に発生することを裏づけている」とあ

る。a）の「ありふれている」が正解。

b）「巨大である」　c）「激しい」　d）「予測可能である」

e）「突然である」

▶⑰　「証拠は，ドイツの貨物船を襲った巨大波は，少なくとも…メートルの高さだったことを示唆している」

　極度の力が打ちつけた跡のある，回収された救命ボートについて，第2段最終文（The lifeboats on …）に「救命ボートは，水面から 20 メートルの高さに備えられていた」とある。c）の「20」が正解。

▶⑱　「2003 年，人工衛星画像を使った調査で…の期間に 25 メートル以上の高さの 10 個の波が見つかった」

　第5段第2文（A study of one three-week period …）に「2003 年の3週間にわたるある調査では…25 メートル以上の高さの 10 個の波が見つかった」とある。b）の「3 週間」が正解。

a）「1 週間」　c）「10 週間」　d）「1 年」　e）「10 年」

▶⑲　「新説の主張の特別なところは…ということだ」

　第6段第3文（But a new theory suggests …）に「新しい説では，複数の波が集団を形成し，長時間そのままの状態である傾向を持つことを示唆している」とある。b）の「波は必ずしも個々のものとして扱うべきではない」が正解。

a）「波はそのエネルギーの観点で考えるほうがよい」

c）「波の形成は，思っていたよりもさらに予測しにくい」

d）「個々の波は，他の波を追い越したり，それと一緒になったりすることがある」

e）「巨大波を早めに警告するシステムは，開発するのが難しいだろう」

▶⑳　「語り手は，将来，…のような，巨大波の脅威から身を守る方法が見つかるかもしれないと示唆している」

　最終段最終文（That is why new approaches …）に「新しい取り組みが進展中であり，それには巨大波の…破壊的な衝撃を切り抜けられる，新しい設計も含まれている」とある。d）の「それらに襲われたときに耐えられる構造を設計すること」が正解。

a）「その形成を防ぐこと」

b）「それらに対する船乗りたちの認識を高めること」

c）「地球温暖化が海洋系に与える影響を減らすこと」

e）「それらによって船が沈没したときに失われる命を少なくすることを確実にすること」

━━━━━━━━ ●語句・構文● ━━━━━━━━

（第1段）●dismiss *A* as *B*「*A* を *B* として退ける，片づける」　●outright「全くの」

4 (A) 解答

(21)— g)　(22)— b)　(23)— d)　(24)— f)

(25)— d)　(26)— h)　(27)— c)　(28)— e)

━━━━━ ◆全　訳◆ ━━━━━

≪初期の推理小説が流行した理由≫

　推理小説の起源は，シェイクスピアにまでもさかのぼる。しかし，エドガー＝アラン＝ポーの論理的な犯罪解決の物語は，重要なジャンルを作り上げた。彼の物語は，だれが罪を犯したのかという謎をめぐって展開し，読者に謎を解くようにも誘う。

　そのような物語のカギとなる人物こそ探偵である。ポーの創造した探偵オーギュスト＝デュパンは，有閑階級の紳士である。彼に働く必要はないのだ。その代わりに，彼は実際の警察が犯罪を解決する手助けをするために「分析」を使うことに専念する。

　シャーロック＝ホームズを作り出したアーサー＝コナン＝ドイルでさえ，ポーの影響を認めざるをえなかった。デュパンはシャーロックのようにパイプをふかす。彼もまた異常に頭が切れて論理的，つまり犯罪解決という偉業を成すために思考力を使う，一種のスーパーヒーローである。そして，どちらの場合も，物語の語り手は，文字通りいつも探偵について回る人物で，彼の同居人である。

　ポーのやり方は，19 世紀の科学的精神に訴えた。それは推理小説が，どのような疑問であっても推論でその答えを得ることができると約束したからだ。推理小説が受け入れられたのは，知性がきっと勝利することを約束したからである。犯罪は，理知的な探偵によって必ず解決される。科学は厄介ごとを引き起こす者を追い詰めて捕らえ，正直な人たちが夜眠れるようにしてくれる。

━━━◀ 解　説 ▶━━━

▶(21-22)　完成する並びは次の通り。不要語：f）them

(…,) inviting readers to solve the puzzle (too.)

「（ポーの物語は）…読者に謎を解くようにも誘う」

空所の直前にも与えられた語の中にも and などの接続詞がないため，a）の inviting が分詞構文を作っていると考えられる。invite *A* to *do*「*A* を〜するように誘う」という語法に当てはめて a）inviting c）readers g）to d）solve と並べられる。solve の目的語として b）の puzzle があるが，可算名詞の単数形であり e）の the をつけて使うことになる。

▶(23-24)　完成する並びは次の通り。不要語：b）is

(a kind of superhero) who uses powers of thinking to accomplish (great feats of …)

「（…という偉業）を成すために思考力を使う（一種のスーパーヒーロー）」

空所の前に a kind of superhero「一種のスーパーヒーロー」と名詞があり，与えられた語の中に h）の who があることから，関係代名詞節になると考えられる。who に続く述語動詞に使えるものは b）の is と g）の uses があるが，is ではこのあとが続かない。uses の目的語には d）の powers「力」が使える。「〜する力」には to *do* も of *doing* も使えるが，空所後の great feats of crime-solving「犯罪解決という偉業」へ続けるために，ここで to を使って to accomplish とすると，of thinking が余るので，d）powers c）of e）thinking f）to a）accomplish (great feats …) と並べられる。

▶(25-26)　完成する並びは次の通り。不要語：e）in

reasoning could hold the answer to any (question)

「どのような（疑問）であっても推論でその答えを得ることができる」

空所は promised の目的語にあたる that 節の内部。空所直後の question と合わせて完全文を作る。当該文全体は，直前文「ポーのやり方は，19世紀の科学的精神に訴えた」ことの理由にあたる。推理小説の特性を描写すると考えられるため，f）の reasoning「推論」が主語と考えられる。c）の could に続く原形の動詞には a）の answer と d）の hold が考えられるが，g）の the と hold の目的語のことを考慮すると，answer を名

詞とするのが妥当。「〜の答え」は the answer to 〜 だから，残る any を空所直後の question と合わせて the answer to any question「どのような疑問にもその答え（を得る）」とすれば，文意が通る。

▶(27-28)　完成する並びは次の通り。不要語：d) nor

(track down the) troublemakers and let honest souls sleep

「厄介ごとを引き起こす者（を追い詰めて捕らえ），正直な人たちを眠れるようにしてくれる」

当該文は否定文ではなく，neither もみられないことから，あらかじめ不要語は nor だと判断できる。空所直前に the があるので，並べ替えの冒頭は名詞と考えられる。さらに，ここは track down 〜「〜を追い詰めて捕らえる」の目的語であることから，g) の troublemakers が適切。c) の let は let *A do*「*A* に〜させ（てや）る」が基本語法であり，目的語にあたる *A* には名詞である f) の souls，補語の原形動詞に e) の sleep が使える。souls は「魂」が基本義だが，形容詞を伴って「〜な人」の意になるので，b) の honest でこれを修飾する。残る a) の and は track down と let を結ぶ接続詞として使う。

◆━━━◆━━━●語句・構文●━━━◆━━━◆

(第1段)　●go as far back as 〜「〜にまでもさかのぼる」 as … as は far back を強調する。

(第2段)　●a gentleman of leisure「暇な紳士」 ●keep *oneself* occupied「自らを忙しくさせておく，忙しくしている，専念している」

(第3段)　●feat「偉業，功績」

(第4段)　●catch on「受け入れられる，流行する」

4 (B)　解答　全訳下線部(ア)・(イ)・(ウ)参照。

◆全　訳◆

≪鳥類の知的能力≫

（生物分類学上の）1つの綱として，鳥類は1億年以上前から存在している。鳥類は，自然の偉大な成功物語の1つであり，彼ら独自の知性を使って生き延びる新しい方法を編み出したが，少なくともいくつかの点でこの知性は，私たち人間の知性をはるかに凌駕しているようである。

　遠い昔という霧の中のどこかで，あらゆる鳥の共通の祖先が暮らしていた。現在，およそ 10,400 の異なる種の鳥がいる。これは哺乳動物の種の 2 倍以上の数である。1990 年代終わりごろに，科学者たちは地球上の野生の鳥の総数を推定した。鳥には 2000 億から 4000 億の個体がいるとわかった。(ア)それは，人間 1 人あたり，およそ 30 羽から 60 羽の生きた鳥がいるということである。人間のほうが成功しているとか進歩しているなどということは，実際には，これらの言葉をどのように定義するかによる。いずれにしても，進化とは進歩ということではない。それは，生き残りに関わることなのだ。進化とは，自分がいる環境が持つ問題を解決できるようになることであり，鳥類がはるか昔から驚くほどうまくこなしてきていることである。(イ)私の考えでは，このために，鳥は私たちが想像もできない点で賢いのかもしれないという考えを，私たちの多くが受け入れ難いと思ってきたことが，いっそう驚くべきものになる。

　鳥は学習する。彼らは新たに出合った問題を解決し，以前からある問題に対して新しい解決策を編み出す。彼らは道具を作り，使用する。彼らは数を数える。彼らは互いの行動を模倣する。彼らは自分がどこに物を置いたか記憶している。(ウ)鳥類の知的能力が，私たち自身の複雑な思考に完全には匹敵も類似もしていない場合でも，その中にはその萌芽が含まれていることが多い。たとえば，試行錯誤という学習なしに，完全な解決法が突然浮かぶことと定義されてきた，洞察がそれである。

■■■■■ ◀解　説▶ ■■■■■

▶(ア)　That's roughly 30 to 60 live birds per person.
「それは 1 人の人間につき約 30 から 60 の生きた鳥である」が直訳。That が指すのは直前の文にある，地球上には総数 2000 億羽から 4000 億羽の鳥がいるということを指している。その数を人間 1 人に対して何羽になるかを示して，鳥類の多さを伝えようとしているのが当該文である。したがって，単純な That's …「それは…である」という文だが，「それは人間 1 人あたり…ということになる〔ことである〕」などとするのがよい。また，「約 30 から 60 の生きた鳥」も，「約 30 羽から 60 羽の生きた鳥がいる」と言葉を補い，日本語としての自然さ，伝わりやすさを工夫したい。

▶(イ)　This, to my mind, makes it all the more surprising that many of us have found it hard to swallow the idea that birds may be bright in ways we can't imagine.

● This, to my mind, makes it all the more surprising「このことは，私の考えでは，それをいっそう驚くべきものにする」が直訳。to my mind は「私の考えでは」の意の成句。all the＋比較級は「(ある理由があって) その分いっそう…」の意。無生物主語なので，「私の考えでは，このためにそれがいっそう驚くべきものになる」などとするとよい。なお，it はこのあとにある that 節を受ける形式目的語。

● that many of us have found it hard「私たちの多くがそれを難しいと思ってきたこと」が直訳。it はこのあとに続く to swallow … を受ける形式目的語。

● to swallow the idea「その考えを飲み込むこと」が直訳。swallow「～を飲み込む」は，日本語でも「理解する，納得する」の意で使われるのと同様で，「受け入れる，信じる」の意。

● that birds may be bright in ways we can't imagine「鳥は私たちが想像できない仕方で賢いのかもしれないこと」が直訳。この that 節は直前の the idea と同格関係にある。in ways は「～の点で」とすると日本語が滑らかになる。

▶(ウ) Even when their mental powers don't quite match or mirror our own complex thinking, they often contain the seeds of it—insight, for instance, which has been defined as the sudden emergence of a complete solution without trial-and-error learning.

● Even when their mental powers don't quite match or mirror our own complex thinking「彼らの知的能力が私たちの複雑な思考に完全には匹敵せず，似てもいないときでも」が直訳。their は birds を受けており，「彼らの」より「鳥類の」と訳出しておくのがよいだろう。mental powers は「知的能力，知力」の意。not quite ～ は「完全には～ない，完全に～というわけではない」と部分否定を表す。また not *A* or *B* は「*A* も *B* も～ない」の意。match「～に匹敵する」，mirror「～に似ている」の共通の目的語が our own complex thinking「私たち自身の複雑な思考」である。なお，even when ～ は「～するときでも」と時間の意味を強く出すと，時によって鳥類の知的能力が変わるかのように聞こえるので，「～する場合でも」，あるいはほとんど if のように

「〜するとしても」などとしたほうがよいだろう。

●they often contain the seeds of it「それらはしばしばその種を含んでいる」が直訳。they は their mental powers を受け，it は complex thinking を受けることを把握しておきたい。the seeds「種（タネ）」は「もととなるもの」を表す比喩であり，日本語でもこの意味で使うのでそのままでもよいし，「もと（となるもの），萌芽」などとしてもよい。なお，*A* contain〔include〕*B*「*A* は *B* を含む」の文は，「*A* には *B* が含まれている」とすると，日本語として自然になることが多い。

●— insight, for instance, which has been defined as the sudden emergence of a complete solution without trial-and-error learning「たとえば，試行錯誤学習なしの，完全な解決の突然の出現と定義されてきた洞察」が直訳。「複雑な思考のタネ」の一例を挙げている。for instance が挿入されているが，which 以下は insight「洞察」を先行詞とする関係代名詞節。define *A* as *B*「*A* を *B* と定義する」が受動態になり現在完了で使われているので，「〜と定義されてきた洞察」となる。as 以下は名詞を中心とした英語らしい表現になっているので，動詞（述語）が入るのを好む日本語としてわかりやすいものにする。たとえば the sudden emergence of a complete solution「完全な解決策の突然の出現」は「完全な解決策が突然出現すること」などとできる。「洞察」の定義であることから，emergence は「（頭に）浮かぶこと，ひらめくこと」などとすることもできる。without trial-and-error learning「試行錯誤学習なしに」も言葉を補って，「試行錯誤という〔による〕学習なしに〔を伴わずに〕」などとするとよい。

◆━◆━◆━◆ ●語句・構文● ◆━◆━◆━◆━◆

(第1段) ●a class「（分類学上の）綱（こう）」 ●be around「存在する，いる」 ●*one's* own brand of 〜「…独自の（種類の）〜」

(第2段) ●Somewhere … lived the common ancestor of all birds.「…のどこかにすべての鳥の共通の祖先が暮らしていた」 ＳＶ＋副詞の第1文型が，副詞が前に置かれてＶＳに倒置された形。●deep time「はるか昔」 ●come up with 〜「〜を発見する，見つける」 ●S is about 〜「Ｓは〜に関わる，Ｓは〜ということである」

5　解答

(A)ジェイニーの耳が不自由であることを（クラーク氏に）言わなかったのは，いかにも彼女の母親らしいことであろう。

(B)(29)— e ）　(30)— d ）　(31)— a ）　(32)— f ）

(C)— d ）　(D)— d ）

(E)ジェイニーに手を上げてしまうといった，ジェイニーの母親の感情的な行動は，母親自身にも抑えられないということ。

(F) know something about the buildings, the ones I will photograph

(G)— d ）

◆全　訳◆

≪母と娘の確執≫

　「ジェイニー，こちらはクラークさんよ。階段下の部屋をご覧になるの」彼女の母親があまりにもゆっくりと注意深く話したため，ジェイニーは 1 語 1 語を読み取ることができた。彼女は何度もそんなことをする必要はないと言ってきたのだが，母親はほぼいつも，人前でも，そうした。それが彼女をどぎまぎさせた。

　クラーク氏はジェイニーを一心に見続けた。おそらく，母親の話し方のせいで，彼女は耳が不自由なのだろうかと思っているのだろう。そのことを言わなかったのは，いかにもお母さんらしいわ。たぶん，彼は自分の疑問を確かめられるように，彼女が話すかどうか見守っているのだろう。彼女は，ただ自分の沈黙を解釈されるに任せた。

　「お部屋を案内してくれる？」と母親は言った。

　彼女は再びうなずき，彼があとをついてくるように向きを変えた。すぐ先の階段の下の区割りに，シングルの部屋があった。彼女が扉を開けると，彼は彼女の横を通って部屋に入り，振り返って彼女を見た。彼女は見つめられて落ち着かない気持ちになった。もっとも彼が彼女を一人の女性として見ているようには，もしふさわしい男性なら以前はそうしてほしいと思ったかもしれないようには，感じなかった。彼女は自分が恋愛にふさわしい年齢を過ぎてしまったと思っていた。それは，彼女が嘆き，その後克服した時間の経過だった。

　「この部屋が気に入りました」と，彼は手話でつづった。「ここにします」

　それで終わりだった。会話もなく，彼女の耳が聞こえないことを彼がど
うして確信できたのかにも，どのようにして手話で話せるようになったの
かにも説明はなかった。

　ジェイニーは母親のところに戻り，1 つの質問を手話で示した。

　「彼は写真家よ」と，母親はまたあまりにもゆっくりと言った。「世界中
を旅して写真を撮っているんですって」

　「何の？」

　「建物よ」

　　　　　　　　　＊　　　　　　　　　　　　＊

　彼女の沈黙への入口は音楽だった。彼女はほんの 10 歳で，階段上のポ
ーチの端に座って教会の聖歌隊の歌を聞いていた。そのとき，めまいがし
始め，突然音楽の中にうしろ向きに落下した。

　その後，彼女は自分の部屋の，自分のベッドの中で，音のしない夜に目
覚めた。どんな子どもでもそうするだろうが，彼女は混乱して叫び声をあ
げ，すぐに母親が駆けつけた。しかし，何かがおかしく聞こえた，あるい
は，何も音は響かなかった。病と混乱が大きくなっている彼女の内部以外
では。彼女は自分の声も聞こえず，自分の出した叫び声——ママ——も
聞こえていなかった。そして，母親がもうしっかりと彼女を抱きしめてい
たのに，また叫び声をあげていた。だが，それも無音に向かってだった。
その世界は彼女が今暮らしているところであり，これまであまりにも長く
暮らしてきたので，人からは見て取れないその内側にいて居心地悪く感じ
てはいなかった。彼女は，それが彼女を救っている，どんなときでも必要
なだけ深く引きこもる隔絶した場所を与えてくれていると思うこともある。
そしてそのような（沈黙の中に逃れる必要のある）時が多々あった。

　床はこれまでいつも母親の怒りを彼女に伝えてきた。彼女がこのことを
知ったのは，彼女が幼いころに父と母が口論をしていたときのことだった。
彼女にとっては，彼らの言葉は音としては存在していなかったかもしれな
いが，怒りはいつもそれ独特の振動を起こした。

　何年も前のそのころは，なぜ両親が口論しているのかはっきりとはわか
らなかったが，子どもにはありがちなように，それがたいていは自分に関
することだと感じ取った。ある日，彼女が家の裏にある森の中で遊んでい
るのを母親が見つけ，母親について家に戻ろうとしなかったとき，母親は

彼女の腕をつかんで木々の間を引きずっていった。やっと身を引いて母親に向かって叫んだが，それは言葉ではなく，彼女が感じていることすべてを 1 つの大きな振動で表す金切り声だった。母親は彼女の顔を平手で強くひっぱたいた。彼女は母親が震えているのを見て，母親が自分を愛してくれているのがわかった。しかし，愛は時として，沈黙と同じように，美しいが耐え難いものだった。父親は彼女に「母さんは自分を抑えられないんだ」と言った。

＊　　　　　　　　　　＊

　数週間後，クラーク氏はジェイニーに言った。「手伝ってもらえるかな」
　「私でできるなら」と彼女は指でつづった。
　「建物のことを知る必要があってね。明日撮影する建物なんだけれど。その歴史を何か教えてもらえるかな」
　彼女はうなずいて，必要とされていること，ちょっとしたことで役に立つことを嬉しく思った。すると，クラーク氏はオークヒルの頂上にある古い家屋のところまで一緒に行ってくれないかと彼女に言った。「楽しいと思うよ。ここを少し離れるのもね」
　彼女は台所の扉のほうを見たが，初めはなぜ自分がそちらを向いたのか意識していなかった。たぶん，何か無意識のレベルで，一瞬前にはわかっていなかったことがわかったのだ。母親がそこに立っていた。母は彼の言っていることを聞いていたのである。
　彼のほうに向きなおったとき，ジェイニーは彼の唇を読んだ。「明日，僕と一緒に行かないか？」
　彼女は母親が近づいてくる素早い振動を感じた。彼女は母親のほうを向き，母親の怒りと恐れを見て取った。これまでいつも見てきたようにして。ジェイニーは息を吸い込み，よくはわからないが，病気の子どもか死にかけている人のように聞こえたかもしれない，呼気のほうが多い，ざらざらしたささやき声で 2 つの言葉を押し出した。彼女は「私，行くわ」と言った。
　母親は驚いて彼女を見つめ，ジェイニーは自分の声の残されているものを使ったことと，自分の言ったことのどちらに母親が驚いているのかよくわからなかった。
　「だめよ。だめでしょ」と母親は言った。「明日は家回りのことをするの

を手伝ってもらわなくちゃいけないわ」

　「いいえ」と彼女は手話で示し，頭を振った。「必要じゃないでしょ」

　「私がお前を必要としていることは重々わかっているでしょう。しなくちゃいけない掃除があるじゃないの」

　「明日でなくてもいいじゃない」と彼女は言い，母親が返事をする暇も与えずに出て行った。

◀ 解　説 ▶

◆(A)　It is like *A* to *do* は「〜するのは *A* らしい，〜するのは *A* の特徴を示している」の意。It は形式主語，不定詞が真主語である。当該文では不定詞が not を伴い，to have mentioned it と完了形になっているので，「それに言及しなかったのは」となる。述語動詞の would は断言を和らげる可能性・推量の would と考えられる。「それに言及しなかったのは，いかにも彼女の母親らしいことだろう」などとなる。直前の文で，「彼（＝クラーク）は，彼女は耳が聞こえないのではないかと思った」とあるので，it の指す内容は，「ジェイニーの耳が聞こえないこと」である。全体で，「ジェイニーの耳が不自由であることを（クラークに）言わなかったのは，いかにも彼女の母親らしいことであろう」などとなる。なお，この部分は，ジェイニーの思ったことを地の文に埋め込んだ描出話法とも考えられる。したがって〔全訳〕では「そのことを言わなかったのは，いかにもお母さんらしいわ」と，ジェイニーの（頭の中の）言葉として訳してある。この話法は通常，間接話法と同様に時制を一致させるが，文中のwould は時制の一致による will の活用形ではなく，仮定法由来の控えめな推量を表す would であるため時制の一致は起こっていない。

◆(B)　▶(29)　まず，空所がだれの発言かを確認する。一般に "……." *A* said. "……." という書き方なら，*A* said の前後ともに *A* の発言である。したがって，空所は彼＝クラークの発言。前の発言の「この部屋が気に入った」と内容がつながるのは e) の I'll take it.「この部屋にします」である。

▶(30)　空所の前で母親が，クラークは写真を撮りながら世界中を旅しているとジェイニーに話しており，空所のあとでは「建物よ」と述べている。d) の Of what?「何の（写真を撮っているの）？」を補えば流れが自然。

▶(31)　クラークに，翌日の撮影に同行してほしいと言われたジェイニーが，

それを聞いていた母親の存在に気づいて声を振り絞っている箇所。同文の前半に the two … words「2 つの…語」とあることも選択肢の絞り込みに使う。ジェイニーの発言を聞いた母親は "You can't. You just can't" と言っており，空所に補う発言には can't のあとに省かれている動詞が含まれていることになる。a）の I'll go. を補えば，直前段落のクラークの誘いの言葉 "Why don't you go with me tomorrow?" とも合う。

▶⑶²　母親が "I need you to help me …"「私はお前に手伝ってもらう必要がある」と言ったのに対して，ジェイニーが答えている箇所。一度 "No" と言ったあとに続く部分だが，直後で母親が "You know good and well I do."「私が（〜する）ことをお前は重々知っている」と言っており，この do は need の代用なので，ジェイニーの "No" に続く否定文は f）の You don't. がふさわしい。つまり You don't need me to help you. ということである。

◆(C)　3 カ所ある空所の最初は something（　　　）wrong で，過去のことを述べている述語動詞として過去形，2 番目は had not（　　　），3 番目は might have（　　　）と完了形なので，過去形と過去分詞形が同形のものでなくてはならない。b）の gone と e）の went は除外。最初の空所のあとには wrong がある。この語は形容詞にも副詞にもなるが，a）の ended と合わせて ended wrong としても意味をなさないので，a）は除外できる。2 番目の空所のあとには文型上の要素が何もなく，補語を必要とする c）の seemed も除外できる。残る d）の sounded なら，something sounded wrong「何かがおかしく聞こえた」，(something) had not sounded「何か響いてはいなかった」，… whisper that might have sounded, …, like a sick child …「病気の子ども…のように聞こえたかもしれないささやき声」となり，文構造・意味ともに成立する。

◆(D)　当該文は，ジェイニーが，「それ（＝耳が聞こえないこと）が自分を救っていると思うこともあった」と始まり，続く部分で「救い」の意味を「どんなときでも必要なだけ深く引きこもる隔絶した場所を与えてくれる」と説明している。下線部は at any given moment「どんなときでも」のあとにダーシで補足的に，and there were moments「そして時が（たくさん）あった」と続いている。d）の when she needed to retreat into silence「沈黙の中に逃れる必要のある（時）」を補えば，moments を

先行詞とする関係副詞節としてどのような時かを表し，当該文前半の内容
とうまくつながる。

a）「必要な時に彼女に与えられた（時）」

b）「彼女が居心地悪く感じない（時）」

c）「彼女の母親が彼女をどうしても自由にさせてくれない（時）」

◆(E)　下線部直前の her がジェイニーのことだから，She はジェイニーの
母親である。can't help 〜 は「〜を避けられない，どうしようもない」の
意。〜＝*oneself* の場合は「自分をどうしようもない」というところから，
「感情を抑えられない」の意になる。ここでは，同段第 4 文（Her
mother slapped her …）に「母親は彼女の顔を平手で強くひっぱたいた」
とある。そして父親がジェイニーに向かって "She can't help herself." と
言っているので，「ジェイニーに手を上げてしまうといった，ジェイニー
の母親の感情的な行動は，母親自身にも抑えられないということ」などと
まとめられる。

◆(F)　当該箇所は，クラークがジェイニーに手助けをしてほしいと言って
いる場面。空所のある文の直後に「そ（れら）の歴史を何か教えてもらえ
るかな」とあり，「それら」は写真家のクラークが関心を持つ被写体だと
考えられる。「その歴史を何か教えてほしい」と述べているところから，
I'll need to に続く原形の動詞に know，目的語に something を使い，そ
れに about the buildings と続けることで，意味を成すまとまりが作れる。
「どこか 1 か所にコンマを入れる」という条件があるので，ジェイニーに
とっては何のことか不明の the buildings「その建物」について「写真に
撮ろうと思っている建物だ」とクラークが補足していると考えられる。コ
ンマを置いて，the ones I will photograph (tomorrow) と続けることが
できる。the ones のあとには目的格の関係代名詞が省略されている。
photograph「〜を写真に撮る」

◆(G)　翌日クラークと出かけるというジェイニーを，母親は家回りのこと
で手伝ってもらう必要があると言って止めようとしている場面。直前で
「しなくてはいけない掃除がある」と母親が言っており，当該文の主語 It
は「掃除」を指すと考えられる。d）の wait は物事が主語の場合「物事
が待ってくれる」，つまり「すぐに取り組まなくてもよい」の意。「掃除なん
か，明日しなくてはならないことではない」というジェイニーの気持ち

を表す。 c ）の postpone は「～を延期する」という他動詞で，目的語が
ないため不可。

━◆━◆━◆━◆━ ●語句・構文● ◆━◆━◆━◆━◆━

(第 1 段)　●to her embarrassment「(前述のことで)彼女は当惑した，
どぎまぎした」 to *one's* ～(感情を表す名詞) は，通常文頭に置いて
「人が～したことには」と前置きの意に使うが，本来この to は「結果」
の意で，前述の出来事が人の感情という結果に至ることを表す。ここは
文末にあり，内容上も結果とするのがふさわしいと考え，全訳では訳し
下ろしてある。

(第 2 段)　●open to interpretation「いろいろな解釈ができる(状態
で)」

(下線部(E)を含む段落)　●slap *A* across the face「*A* の横面を張りとば
す」 the face と定冠詞がつくのがふつう。本文では her と所有格にな
っている。

(空所 (B31) を含む段落)　●draw in *one's* breath「息を吸い込む」
●breath-filled words「息が満ちた単語」が直訳。このあと「病気の子
どもか死にかけている人のように」とあるとおり，ぜいぜいした声では
っきり発音できていないことを表す。

❖講　評

　大問数は 5 題で変わりない。選択問題での解答方式がマークシート法
であることも 2015～2017 年度と同じである。内容や出題形式に多少の
変化があるのは例年のことであり，2018 年度も 2017 年度と異なる点が
あった。 1(B)は例年空所補充のみであったが，2018 年度は文中で述べ
られていることの内容を英語で簡単に要約する問題も出題された。 2 の
英作文問題は 2013 年度以降(A)・(B)とも自由英作文であったが，2018 年
度は(A)が自由英作文，(B)は和文英訳であった。また 4(A)は，2016・2017
年度は誤り指摘であったが，2018 年度は 2015 年度のように，一連の文
章中の空所を語句整序で埋める問題であった。

　1 　(A)英文の内容を日本語で要約するもの。字数は 70～80 字。(B)文
の空所補充および，文中で述べられていることの内容を 15～20 語程度
の英語で要約するもの。

　2　(A)自由英作文。戯曲の一場面から引用された対話の内容について思うことを述べるもの。40～60 語。(B)和文英訳。数行の和文中の 1 文を英訳するもの。

　3　リスニング。3 つのパートに分かれており，いずれも 2 回ずつ読まれる。(A)会話，(B)会話，(C)講義という構成で，(A)と(B)は関連する内容になっている。リスニングは試験開始後 45 分経過した頃から約 30 分間行われる。

　4　(A)文法・語彙，読解問題。文章中の 4 カ所の空所を語句整序で埋めるもの。(B)英文和訳問題。一連の英文中の 3 カ所を和訳するもの。

　5　長文読解。文章は小説で，耳の不自由な娘とその母親の確執を描いたもの。

　以下，各問題の詳細をみる。

　1　(A)　英文量は約 350 語で近年では標準的な長さである。聞き慣れない用語が使われているが，具体的な例を使って説明してあり，内容はわかりやすい。要約は説明されている事柄を簡潔な表現に収めることがポイントとなる。

　(B)　英文量は約 840 語と，例年よりやや多めである。5 カ所ある空所に合う文を選ぶ問題と，文章で取り上げられている発見の内容を15～20 語程度の英文で要約する問題。空所補充は紛らわしい選択肢はなく，解答しやすい。要約は文章中から抜き出すのではなく，できるだけ自分の英語で答えるという条件がついている。新傾向の問題である。

　2　(A)　自由英作文。シェイクスピアの戯曲『ジュリアス・シーザー』から引用された対話の内容について思うことを述べるもの。条件が緩やかなので自由に内容を考えられるが，逆に書きにくいと感じた受験生もいたかもしれない。対話から引き出せる一般則を考えればまとめやすいだろう。

　(B)　和文英訳。2 文からなる和文の 1 文が対象となった部分英訳。2 は長らく自由英作文 2 問が続いていたので，久々の出題である。やや長めの 1 文だが，文の構成をよく整理して考えれば，それほど困難ではない。

　3　(A)はラジオのインタビュー番組。「マサイ族の互恵制度」について述べられており，どのような制度なのか理解できるよう十分な情報を

聞き取りたい。

　(B)は(A)に続いて，(A)の論者と対照的な意見を持つ人物が加わった 3 人の会話。2 人の論者の考え方の違いを整理しながら聞き取る。

　(C)は「巨大波」に関する講義。述べられている事実・事件を正確に聞き取る必要がある。数値も問われるので注意したい。

　4　(A)　4 段落構成の一連の文章中の 4 カ所を語句整序で埋める問題。文章自体は比較的短い。与えられた語群にはそれぞれ 1 語不要なものが含まれている。並べ替える語は 6 語か 7 語。文脈をつかみ，動詞の語法や前置詞の知識を活用して考えれば，比較的容易。

　(B)　一連の文章中の 3 カ所の英文和訳。短い文も長い文もあり，文脈を考えて文意が伝わるように工夫する必要があった。

　5　耳の不自由な娘とその母親の確執を描いた小説。娘の心理を十分につかんで各場面の状況を思い描きたい。設問は，英文和訳，空所補充，内容説明，語句整序であった。

数学

1 ◇発想◇ 微分を行い，分子の式変形後，$\sin t < t$ $(t>0)$ を用いて，増減表を考える。

解答 $f(x) = \dfrac{x}{\sin x} + \cos x$ $(0<x<\pi)$ より

$$f'(x) = \frac{\sin x - x\cos x}{\sin^2 x} - \sin x = \frac{\sin x - x\cos x - \sin^3 x}{\sin^2 x} \quad \cdots\cdots①$$

（①の分母）>0

（①の分子）$= \sin x(1 - \sin^2 x) - x\cos x$

$= \sin x\cos^2 x - x\cos x$

$= \cos x(\sin x\cos x - x)$

$= \dfrac{1}{2}\cos x(2\sin x\cos x - 2x)$

$= \dfrac{1}{2}\cos x(\sin 2x - 2x)$

ここで，$g(t) = t - \sin t$ $(t\geqq 0)$ とおく。これについて

$g'(t) = 1 - \cos t > 0$ $(t>0,\ t\neq 2n\pi,\ n$ は整数$)$ と $g(0)=0$

から

$t>0$ では $g(t)>0$ すなわち $t>\sin t$

である。

よって，$x>0$ において $\sin 2x - 2x < 0$ であり，$f(x)$ の増減表は次のようになる。

x	(0)	$\cdots$	$\dfrac{\pi}{2}$	$\cdots$	(π)
$f'(x)$		$-$	0	$+$	
$f(x)$		$\searrow$	$\dfrac{\pi}{2}$	$\nearrow$	

また

$$\lim_{x \to +0} f(x) = \lim_{x \to +0} \frac{1}{\frac{\sin x}{x}} + \lim_{x \to +0} \cos x = 1 + 1 = 2 \quad \cdots\cdots (答)$$

さらに，$\displaystyle\lim_{x \to \pi-0} x = \pi$，$\displaystyle\lim_{x \to \pi-0} \sin x = +0$ からの $\displaystyle\lim_{x \to \pi-0} \frac{x}{\sin x} = \infty$ と，$\displaystyle\lim_{x \to \pi-0} \cos x$
$= -1$ から

$$\lim_{x \to \pi-0} f(x) = \infty \quad \cdots\cdots (答)$$

━━━━━ ◀解　説▶ ━━━━━

≪三角関数の分数式の増減表，極限≫

　$f'(x)$ を求め，分子の式変形によって因数 $\sin 2x - 2x$ を作り出すところ
が最初のポイントである。ついで，$f'(x)$ の符号を決定するために，$t>0$
のとき $\sin t < t$ であることを用いるのが第二のポイントである。これによ
り，増減表が完成する。最後の極限はほとんど明らかであるが，少し理由
を記すほうがよいだろう。

　本問は第1問ということもあり，難易度としては易の問題である。ポイ
ントとなることはどれも基本事項であり，確実に正答を得たい。

2

　◇発想◇　(1) $\dfrac{1}{2}n(n+1)$ は整数であること，$2n+1$ と n，
$2n+1$ と $n+1$ がいずれも互いに素であることを用いる。

　(2) $a_1 < a_2 < \cdots < a_m > a_{m+1} > a_{m+2} > \cdots$ となる m と $a_n < 1$ となる
m，n を見出す。

解答　(1)　$a_n = \dfrac{{}_{2n+1}\mathrm{C}_n}{n!}$ より

$$\frac{a_n}{a_{n-1}} = \frac{{}_{2n+1}\mathrm{C}_n}{n!} \cdot \frac{(n-1)!}{{}_{2n-1}\mathrm{C}_{n-1}}$$

$$= \frac{(2n+1)!}{n!\,n!\,(n+1)!} \cdot \frac{(n-1)!(n-1)!\,n!}{(2n-1)!}$$

$$= \frac{2(2n+1)}{n(n+1)} = \frac{2n+1}{\frac{1}{2}n(n+1)} \quad \cdots\cdots ①$$

ここで $n(n+1)$ は 2 以上の偶数であるから，$\frac{1}{2}n(n+1)$ は 1 以上の整数である。

$(2n+1)-2n=1$ から，$2n+1$ と n は互いに素である。

$2(n+1)-(2n+1)=1$ から，$2n+1$ と $n+1$ は互いに素である。

よって，$2n+1$ と $n(n+1)$ は互いに素であり，共通の素因数をもたない。

$\frac{1}{2}n(n+1)$ は $n(n+1)$ の素因数 2 が 1 つ除かれたものであることから，

$\frac{1}{2}n(n+1)$ と $2n+1$ は互いに素である。

ゆえに　　　$p_n=\dfrac{n}{2}(n+1),\ q_n=2n+1$　……(答)

〔注〕　煩雑にはなるが，次のように n の偶奇に分けて考えてもよい。

(i)　n が偶数のとき

　　$n=2m$（m は自然数）として　　①$=\dfrac{4m+1}{m(2m+1)}$

　　$(4m+1)-4m=1$ から，$4m+1$ と m は互いに素である。

　　$2(2m+1)-(4m+1)=1$ から，$4m+1$ と $2m+1$ は互いに素である。

　　よって，$4m+1$ と $m(2m+1)$ は互いに素である。

　　　ゆえに　　　$p_n=m(2m+1)=\dfrac{n}{2}(n+1),\ q_n=4m+1=2n+1$

(ii)　n が奇数のとき

　　$n=2m+1$（m は自然数）として　　①$=\dfrac{4m+3}{(2m+1)(m+1)}$

　　$(4m+3)-2(2m+1)=1$ から，$4m+3$ と $2m+1$ は互いに素である。

　　$4(m+1)-(4m+3)=1$ から，$4m+3$ と $m+1$ は互いに素である。

　　よって，$4m+3$ と $(2m+1)(m+1)$ は互いに素である。

　　　ゆえに　　　$p_n=(2m+1)(m+1)=\dfrac{n}{2}(n+1),\ q_n=4m+3=2n+1$

(i)，(ii)から　　　$p_n=\dfrac{n}{2}(n+1),\ q_n=2n+1$

(2)　$p_n-q_n=\dfrac{1}{2}n(n+1)-(2n+1)=\dfrac{1}{2}(n^2-3n-2)$

$$= \frac{1}{2}\{n(n-3)-2\}$$

よって, $n=2$, 3 では $p_n < q_n$, $n \geq 4$ では $p_n > q_n$ である。

したがって, $2 \leq n \leq 3$ では $\frac{a_n}{a_{n-1}} > 1$, $n \geq 4$ では $0 < \frac{a_n}{a_{n-1}} < 1$ となり

$a_1 < a_2 < a_3 > a_4 > a_5 > \cdots$

である。

$$a_1 = 3, \quad a_2 = \frac{q_2}{p_2} \cdot a_1 = \frac{5}{3} \cdot 3 = 5, \quad a_3 = \frac{q_3}{p_3} \cdot a_2 = \frac{7}{6} \cdot 5 = \frac{35}{6},$$

$$a_4 = \frac{q_4}{p_4} \cdot a_3 = \frac{9}{10} \cdot \frac{35}{6} = \frac{21}{4}, \quad a_5 = \frac{q_5}{p_5} \cdot a_4 = \frac{11}{15} \cdot \frac{21}{4} = \frac{77}{20},$$

$$a_6 = \frac{q_6}{p_6} \cdot a_5 = \frac{13}{21} \cdot \frac{77}{20} = \frac{143}{60}, \quad a_7 = \frac{q_7}{p_7} \cdot a_6 = \frac{15}{28} \cdot \frac{143}{60} = \frac{143}{112},$$

$$a_8 = \frac{q_8}{p_8} \cdot a_7 = \frac{17}{36} \cdot \frac{143}{112} = \frac{2431}{4032} \quad (<1)$$

よって, $n \geq 8$ では $0 < a_n < 1$ となり, a_n は整数ではない。

$1 \leq n \leq 7$ で a_n が整数となるものをみて

$n = 1$, 2 ……(答)

別解 (2) $a_n = \dfrac{q_n}{p_n} \cdot a_{n-1} = \dfrac{q_n}{p_n} \cdot \dfrac{q_{n-1}}{p_{n-1}} \cdot a_{n-2}$

$$= \cdots = \frac{q_n}{p_n} \cdot \frac{q_{n-1}}{p_{n-1}} \cdots \cdots \frac{q_2}{p_2} \cdot \frac{a_1}{1} \quad \cdots\cdots ②$$

$a_1 = 3$, $q_n = 2n+1$ $(n \geq 2)$ は奇数であり, ②の分子には素因数 2 は現れない。

一方, $p_3 = \dfrac{1}{2} \cdot 3 \cdot 4 = 6$ であり, $n \geq 3$ では②の分母に素因数 2 が現れる。

よって, $n \geq 3$ のとき, ②を既約分数で表すと, 分母に素因数 2 が含まれた有理数となり整数にならない。

$a_1 = 3$, $a_2 = \dfrac{{}_5C_2}{2} = \dfrac{10}{2} = 5$ であるから, a_n が整数となる n は

$n = 1$, 2

━━━━ ◀解 説▶ ━━━━

≪互いに素の論証，項の大小と不等式≫

▶(1) ポイントは $\dfrac{a_n}{a_{n-1}} = \dfrac{2n+1}{\frac{1}{2}n(n+1)}$ と変形した後，$2n+1$ と $\dfrac{1}{2}n(n+1)$

が互いに素であることを示すところである。このためには，$\dfrac{1}{2}n(n+1)$

が整数であること，$2n+1$ と n，$2n+1$ と $n+1$ がいずれも互いに素であることを用いる。2つの整数が互いに素であるということは共通の素因数をもたないことであるという理解のもとでの記述を行うことが大切である。

また，2つの整数 a, b が互いに素であることと，整数 l, m を用いて $la+mb=1$ となることは同値である。これも基礎事項である。

〔解答〕は $2n+1$ と $\dfrac{1}{2}n(n+1)$ が互いに素であることを見越して $\dfrac{a_n}{a_{n-1}}$

$= \dfrac{2n+1}{\frac{1}{2}n(n+1)}$ と変形する解法である。〔注〕は $\dfrac{a_n}{a_{n-1}} = \dfrac{2(2n+1)}{n(n+1)}$ のままで

既約分数の表現を探す解法である。〔注〕の記述は煩雑になるが，発想としては自然である。

▶(2) a_{n-1} と a_n の大小に注目する発想は自然であり，できてほしい。これにより，$a_1 < a_2 < a_3 > a_4 > a_5 > \cdots$ となるので，ポイントは $a_n < 1$ となる n があるのか，あるとすればその n の値は何かという発想である。これも自然な方向性であり，地道に計算を進めて $a_7 > 1$，$(0<)$ $a_8 < 1$ を得る。これにより，$n \geqq 8$ では a_n は整数にならないことになり，$1 \leqq n \leqq 7$ で確認すると正答に至る。

〔別解〕は数列の処理法の1つとして参考にしてほしい。ポイントは a_n

を $\dfrac{q_n}{p_n} \cdot \dfrac{q_{n-1}}{p_{n-1}} \cdots \cdots \dfrac{q_2}{p_2} \cdot \dfrac{a_1}{1}$ と表現したとき，分子の q_n と a_1（$=3$）はすべて奇

数であり，$n \geqq 3$ では分母に偶数 p_3 が現れて，全体を約分しても分母に素因数として2が残り，したがって，整数になり得ないという論理である。少し気づきにくい発想であるが，〔解答〕に比べ計算量がかなり軽減される解法となる。

▶(1)，(2)とも東大理科の整数の問題としては，やや易の問題である。

3　◇発想◇　点 P が C 上を動くとき，$\overrightarrow{OP_1}=\dfrac{1}{k}\overrightarrow{OP}$ で得られる点 P_1 の全体を C_1 とおく。C_1 の方程式を求め，C_1 を x 軸正方向に k 平行移動するとき，C_1 が通過する領域を考える。k の値での場合分けを行う。

解答　点 P が C 上を動くとき，$\overrightarrow{OP_1}=\dfrac{1}{k}\overrightarrow{OP}$ で得られる点 P_1 の全体を C_1 とおく。

P $(p,\ q)$，$P_1(x_1,\ y_1)$ とおくと，$\overrightarrow{OP}=k\overrightarrow{OP_1}$ から，$p=kx_1$，$q=ky_1$ である。

これと $q=p^2$ から

$$ky_1=k^2x_1{}^2 \quad すなわち \quad y_1=kx_1{}^2$$

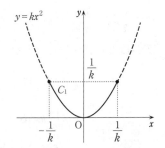

また，$-1\leqq p\leqq 1$ から，$-\dfrac{1}{k}\leqq x_1\leqq\dfrac{1}{k}$ である。

よって，C_1 は放物線 $y=kx^2$ の $-\dfrac{1}{k}\leqq x\leqq\dfrac{1}{k}$ の部分である。

また，点 Q が線分 OA 上を動くとき，$\overrightarrow{OQ_1}=k\overrightarrow{OQ}$ で与えられる点 Q_1 の全体は原点 O と点 $(k,\ 0)$ を結ぶ線分である。

$\overrightarrow{OR}=\overrightarrow{OP_1}+\overrightarrow{OQ_1}$ であるから，点 R が動く領域は C_1 を x 軸正方向に k 平行移動するときに C_1 が通過する図形（これを T とおく）となる。

C_1 を x 軸正方向に k 平行移動した曲線を C_2 とすると

$$C_1 : y=kx^2 \quad \left(-\dfrac{1}{k}\leqq x\leqq\dfrac{1}{k}\right)$$

$$C_2 : y=k(x-k)^2$$

$$\left(k-\dfrac{1}{k}\leqq x\leqq k+\dfrac{1}{k}\right)$$

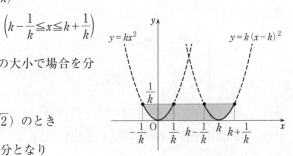

である。$\dfrac{1}{k}$ と $k-\dfrac{1}{k}$ の大小で場合を分けて考える。

(I)　$\dfrac{1}{k}\leqq k-\dfrac{1}{k}$ $(k\geqq\sqrt{2})$ のとき

T は図 1 の網かけ部分となり

図 1　$k\geqq\sqrt{2}$ のとき

$$S(k) = \frac{1}{k}\left\{\left(k+\frac{1}{k}\right)-\left(-\frac{1}{k}\right)\right\} - 2\int_0^{\frac{1}{k}} kx^2\,dx$$

$$= 1 + \frac{2}{k^2} - \frac{2}{3}k\left[x^3\right]_0^{\frac{1}{k}}$$

$$= 1 + \frac{2}{k^2} - \frac{2}{3}k\cdot\frac{1}{k^3}$$

$$= 1 + \frac{4}{3k^2}$$

(Ⅱ) $\dfrac{1}{k} > k - \dfrac{1}{k}$ $(0 < k < \sqrt{2})$ のとき

T は図 2 の網かけ部分となり

$$S(k) = \frac{1}{k}\left\{\left(k+\frac{1}{k}\right)-\left(-\frac{1}{k}\right)\right\}$$

$$- 2\int_0^{\frac{1}{k}} kx^2\,dx$$

$$- 2\int_{\frac{k}{2}}^{\frac{1}{k}}\left(\frac{1}{k} - kx^2\right)dx$$

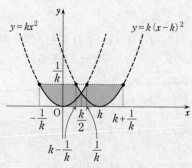

図 2　$0 < k < \sqrt{2}$ のとき

$$= ((Ⅰ)の計算結果) - 2\int_{\frac{k}{2}}^{\frac{1}{k}}\left(\frac{1}{k} - kx^2\right)dx$$

$$= 1 + \frac{4}{3k^2} - 2\left[\frac{x}{k} - \frac{kx^3}{3}\right]_{\frac{k}{2}}^{\frac{1}{k}}$$

$$= 1 + \frac{4}{3k^2} - 2\left\{\left(\frac{1}{k^2} - \frac{1}{2}\right) - \left(\frac{1}{3k^2} - \frac{k^4}{24}\right)\right\}$$

$$= 2 - \frac{k^4}{12}$$

以上より

$$S(k) = \begin{cases} 2 - \dfrac{k^4}{12} & (0 < k < \sqrt{2}) \\[2mm] & \qquad\qquad \cdots\cdots(答) \\[2mm] 1 + \dfrac{4}{3k^2} & (k \geq \sqrt{2}) \end{cases}$$

また　$\displaystyle\lim_{k\to+0} S(k) = 2,\ \lim_{k\to\infty} S(k) = 1$　……(答)

〔注〕　(Ⅱ)の計算では，右図の考え方を用いて

$$S(k) = 2 - 2\int_0^{\frac{k}{2}} kx^2 dx$$

と立式すると，計算が軽減される。

━━━━━━ ◀解　説▶ ━━━━━━

≪放物線の通過範囲と面積，極限≫

　点 P が C 上を動くとき，$\overrightarrow{OP_1} = \dfrac{1}{k}\overrightarrow{OP}$ で得られる点 P_1 の全体を C_1 とし

て，C_1 の方程式を求め，C_1 を x 軸正方向に k 平行移動するとき，C_1 が通

過する領域を考えるという構想が第一のポイントである。C_1 が放物線

$y = kx^2$ の $-\dfrac{1}{k} \leqq x \leqq \dfrac{1}{k}$ の部分となることに難所はない。k が具体的な数値で

はないので，C_1 を x 軸正方向に k 平行移動した曲線 C_2 の左端と C_1 の右

端の点の x 座標の大小で領域の形に違いが生じることに気づくことが第二

のポイントであり，本問の難所となる。ここがクリアできると，後は計算

に注意して $S(k)$ を求める。特に $0 < k < \sqrt{2}$ の場合の $S(k)$ の立式は複数

考えられ，この計算で最終的な差が出る。普通に立式しても (I) の結果が利

用できるし，〔注〕の考え方でもよい。極限はとても易しい。

　本問は標準〜やや難の問題である。

4　◇発想◇　$y = f(x)$ と $y = b$ のグラフの交点の x 座標を考える。

解答　$f(x) = x^3 - 3a^2x$ より

$$f'(x) = 3x^2 - 3a^2$$
$$= 3(x+a)(x-a)$$

x	$\cdots$	$-a$	$\cdots$	a	$\cdots$
$f'(x)$	$+$	0	$-$	0	$+$
$f(x)$	↗	$2a^3$	↘	$-2a^3$	↗

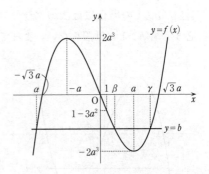

$y = f(x)$ と $y = b$ のグラフを考えて，
条件 1 が成り立つための a, b の条
件は

$$-2a^3 < b < 2a^3 \quad \cdots\cdots①$$

①のとき，$\alpha<-a<\beta<a<\gamma$ である。

$y=f(x)$ のグラフは $-a\leqq x\leqq a$ で単調減少であり，条件2が成り立つための a, b の条件はグラフから

$$a>1 \quad \text{かつ} \quad -2a^3<b<1-3a^2 \quad \cdots\cdots②$$

$a>1$ のときは $1-3a^2<0<2a^3$ が成り立つので，②のとき①は成り立つ。

ゆえに，a, b の満たすべき条件は

$$a>1 \quad \text{かつ} \quad -2a^3<b<1-3a^2 \quad \cdots\cdots\text{(答)}$$

これを図示すると，次図の網かけ部分（境界は含まない）となる。

ここで，$-2a^3=1-3a^2$ より

$$2a^3-3a^2+1=0 \qquad (a-1)^2(2a+1)=0$$

$$a=1 \text{（重解）}, \quad -\frac{1}{2}$$

よって，$b=-2a^3$ と $b=1-3a^2$ のグラフは点 $(1, -2)$ で接する。

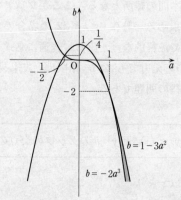

〔注〕 $a\leqq1$ の場合には次のグラフのように，$-2a^3<b<1-3a^2$ だけでは必ずしも $\beta>1$ とは限らない。よって，$a>1$ も必要である。

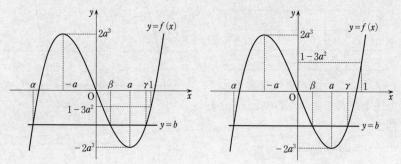

━━━━━◀解　説▶━━━━━

≪3次方程式の実数解の評価と3次関数のグラフ≫

$y=f(x)$ と $y=b$ のグラフを考えて解決する。グラフを用いた3次方程式の実数解の値の評価は類題の経験があると思われ，発想，式処理とも迷うところはないだろう。ただし，〔注〕で示したように，$f(a)<b<f(1)$ だけでは必ずしも $\beta>1$ とは限らず，$a>1$ も必要であるところを見逃さないことも大切である。1も β も $f(x)$ が単調に減少する x の範囲にあることが必要であり，その上で $f(a)<b<f(1)$ を考えることがポイントである。また，点 (a, b) の範囲の図示では，2つの境界線の接点の座標も明記することを忘れないこと。

本問はやや易の問題である。

5 ◇発想◇　(1)　$\arg z=\theta$ とすると，点Qは線分 PA を点Pを中心として θ 回転して得られる。

(2)　(1)の結果を用いると，w が満たすべき条件が得られる。

解答 (1)　$\arg z=\theta$ $(0<\theta<2\pi)$ とおくと，線分 AQ の中点をMとして

$$\angle QPM=\angle APM=\frac{\pi}{2}-\frac{1}{2}(\pi-\theta)=\frac{\theta}{2}$$

図1から，向きも含めて，$\angle APQ=\theta$ であり，点Qは点Pを中心に点Aを符号を含めて θ 回転したものである。

このことと，$\arg z=\theta$, $|z|=1$ より

$$u-z=z(1-z)$$

よって　　$u=2z-z^2$ ……(答)

また

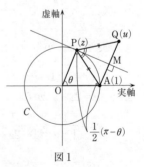

図1

$$\frac{\overline{w}}{w}=\frac{1-u}{1-\overline{u}}=\frac{1-2z+z^2}{1-2\overline{z}+\overline{z}^2}=\frac{z^2(1-2z+z^2)}{z^2-2z^2\overline{z}+z^2\overline{z}^2}$$

$$=\frac{z^2(1-2z+z^2)}{z^2-2z+1} \quad (z\overline{z}=1 \text{ より})$$

$$=z^2 \quad ……(答)$$

$$\frac{|w+\overline{w}-1|}{|w|}=\left|1+\frac{\overline{w}}{w}-\frac{1}{w}\right|=|1+z^2-1+u|$$

$$=|1+z^2-1+2z-z^2|$$

$$=|2z|=2\quad(|z|=1\text{ より})\quad\cdots\cdots\text{(答)}$$

〔注 1〕　$\angle\text{APM}=\dfrac{\theta}{2}$ は接弦定理を用いて

$$\angle\text{APM}=(\text{弧 AP に対する円周角})=\frac{1}{2}\times(\text{弧 AP に対する中心角})$$

$$=\frac{\theta}{2}$$

としてもよい。

(2)　$w=x+yi$（$x,\ y$ は実数，i は虚数単位）と
おくと

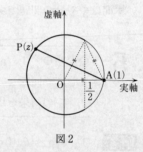

図 2

$\dfrac{|w+\overline{w}-1|}{|w|}=2$ と $w+\overline{w}=2x$，$|w|=\sqrt{x^2+y^2}$ か
ら

$$|2x-1|=2\sqrt{x^2+y^2}$$

$$(2x-1)^2=4(x^2+y^2)$$

よって　　$x=\dfrac{1}{4}-y^2\quad\cdots\cdots$①

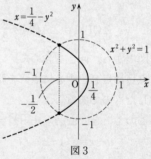

図 3

（z の実部）$\leqq\dfrac{1}{2}$ から AP$\geqq1$ となり（図 2）

$$|z-1|\geqq1\quad\cdots\cdots②$$

また，$u=2z-z^2$ から

$$w=\frac{1}{1-u}=\frac{1}{1-2z+z^2}=\frac{1}{(1-z)^2}$$

$$|w|=\frac{1}{|z-1|^2}\quad\cdots\cdots③$$

②，③から，$|w|\leqq1$ となり

$$x^2+y^2\leqq1\quad\cdots\cdots④$$

よって，点 R（w）は放物線①の④の部分 $\left(x\geqq-\dfrac{1}{2}\text{ の部分}\right)$ になければな
らない（図 3）。

逆に，この部分の (x, y) に対して，$z = \dfrac{-x + yi}{\sqrt{x^2 + y^2}}$ とおくと

$$|z|^2 = \left(\frac{-x}{\sqrt{x^2 + y^2}}\right)^2 + \left(\frac{y}{\sqrt{x^2 + y^2}}\right)^2$$

$$= \frac{x^2 + y^2}{x^2 + y^2} = 1$$

$$(z \text{ の実部}) = \frac{-x}{\sqrt{x^2 + y^2}} = \frac{y^2 - \dfrac{1}{4}}{\sqrt{\left(\dfrac{1}{4} - y^2\right)^2 + y^2}} = \frac{y^2 - \dfrac{1}{4}}{\sqrt{\left(\dfrac{1}{4} + y^2\right)^2}}$$

$$= \frac{4y^2 - 1}{4y^2 + 1} = 1 - \frac{2}{4y^2 + 1} \leqq \frac{1}{2} \quad \left(|y| \leqq \frac{\sqrt{3}}{2} \text{ より}\right)$$

$$z = \frac{y^2 - \dfrac{1}{4} + yi}{\sqrt{\left(\dfrac{1}{4} - y^2\right)^2 + y^2}} = \frac{y^2 - \dfrac{1}{4} + yi}{\sqrt{\left(\dfrac{1}{4} + y^2\right)^2}} = \frac{y^2 - \dfrac{1}{4} + yi}{\dfrac{1}{4} + y^2}$$

これより

$$1 - z = 1 - \frac{y^2 - \dfrac{1}{4} + yi}{\dfrac{1}{4} + y^2} = \frac{\dfrac{1}{2} - yi}{\dfrac{1}{4} + y^2} \quad \cdots\cdots \text{⑤}$$

$$w = x + yi = \frac{1}{4} - y^2 + yi = \left(\frac{1}{2} + yi\right)^2 = \left(\frac{\dfrac{1}{4} + y^2}{\dfrac{1}{2} - yi}\right)^2 = \frac{1}{(1 - z)^2} \quad (\text{⑤より})$$

$$= \frac{1}{1 - 2z + z^2}$$

ここで，$u = 2z - z^2$ とおくと，$w = \dfrac{1}{1 - u}$ であり，また $u = z + z(1 - z)$ である。

よって，(1)の〔解答〕にあるように，点 Q(u) は C' 上の点 P(z) における C' の接線に関して，点 A(1) と対称な点であり，この u から w は $w = \dfrac{1}{1 - u}$ で与えられる。ゆえに，①かつ④上の点 R(w) は確かに条件を満たす点となる。

以上から，点 R (w) の軌跡は

$$放物線\ x = \frac{1}{4} - y^2\ の\ x \geqq -\frac{1}{2}\ の部分\ \cdots\cdots(答)$$

〔注 2〕　(2)の軌跡の x 座標の範囲については次
のように偏角を用いてもよい。

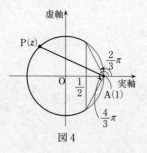

図 4

$$\arg w = \arg\left(\frac{1}{(z-1)^2}\right) = -2\arg(z-1)$$

ここで，$(z の実部) \leqq \frac{1}{2}$ から

$$\frac{2}{3}\pi \leqq \arg(z-1) \leqq \frac{4}{3}\pi \quad (図 4 より)$$

なので

$$-\frac{8}{3}\pi \leqq \arg w \leqq -\frac{4}{3}\pi$$

となる。これを $-\pi \leqq \arg w < \pi$ で表現すると，$-\frac{2}{3}\pi \leqq \arg w \leqq \frac{2}{3}\pi$ で，こ

れは曲線①上で $x \geqq -\frac{1}{2}$ と同値である。

〔注 3〕　図 5 を用いると

$$\arg w = \pi - \theta$$

なので，$\frac{\pi}{3} \leqq \theta \leqq \frac{5}{3}\pi$ から

$$-\frac{2}{3}\pi \leqq \arg w \leqq \frac{2}{3}\pi$$

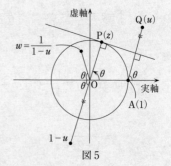

図 5

とすることもできる。

〔注 4〕　(2)の w が①かつ④を満たすとい

うのは，厳密には，w が満たすべき必要

条件なので，〔解答〕では，念のため，逆に①かつ④を満たす w が問題で

与えられた条件を満たすという十分性の説明を行ったが，記述スペースか

ら，採点上は問われないかもしれない。

別解 1　(1)　接線と点 A の距離を d とする。$z = p + qi\ (p^2 + q^2 = 1)$ とおく。

・$p = 0\ (z = \pm i)$ のとき，$u = 1 \pm 2i$ （複号同順）である。

・$p \neq 0$ のとき，(xy 平面での) 接線：$px + qy = 1$ と x 軸との交点を

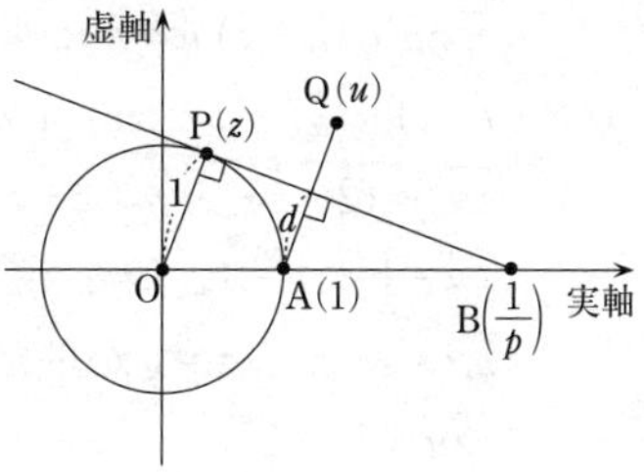

$B\left(\dfrac{1}{p},\ 0\right)$ とし，図 6 の平行線と比の関

係から

$$1:d=\frac{1}{p}:\left(\frac{1}{p}-1\right)$$

すなわち　　$d=1-p$

図 6 は $p>0$ の場合であるが，$p<0$ のと

きも同様にして $d=1-p$ となる。

図 6

$$2d=2-2p=2-(z+\overline{z})\quad\left(p=\frac{z+\overline{z}}{2}\ \text{より}\right)$$

$\overrightarrow{\mathrm{AQ}}=2d\overrightarrow{\mathrm{OP}}$ より

$$u-1=2dz=\{2-(z+\overline{z})\}z$$
$$=2z-z^2-z\overline{z}=2z-z^2-1\quad(z\overline{z}=1\ \text{より})$$

よって　　$u=2z-z^2$　（これは $p=0$ の場合も含む）

（以下，〔解答〕に同じ）

別解2　(1)　$\arg z=\theta\ (0\leqq\theta<2\pi)$ とおき，xy 平面で点 $\mathrm{P}(\cos\theta,\ \sin\theta)$

における接線 $(\cos\theta)x+(\sin\theta)y-1=0$ に関して，円 C は

　　　領域：$(\cos\theta)x+(\sin\theta)y-1\leqq0$

にあり，点 A と接線の距離 d は

$$d=\frac{1-\cos\theta}{\sqrt{\cos^2\theta+\sin^2\theta}}=1-\cos\theta=1-\frac{z+\overline{z}}{2}$$
$$2d=2-(z+\overline{z})$$

（以下，〔別解1〕に同じ）

別解3　(1)　$\overrightarrow{\mathrm{AQ}}/\!/\overrightarrow{\mathrm{OP}}$ かつ $\mathrm{PA}=\mathrm{PQ}$ から

$$\begin{cases}\dfrac{u-1}{z}-\dfrac{\overline{u}-1}{\overline{z}}=0 & \cdots\cdots① \\[2mm] |1-z|=|u-z| & \cdots\cdots②\end{cases}$$

①から

$$\overline{z}u-z\overline{u}-\overline{z}+z=0\quad\cdots\cdots①'$$

②から

$$(1-z)(1-\overline{z})=(u-z)(\overline{u}-\overline{z})$$
$$2-z-\overline{z}=u\overline{u}-z\overline{u}-\overline{z}u+1\quad(z\overline{z}=1\ \text{より})$$

$$-\bar{z}u+(u-z)\,\bar{u}+\bar{z}+z=1 \quad \cdots\cdots ②'$$

①′×$(u-z)$＋②′×z と $z\bar{z}=1$ から

$$\bar{z}u^2-(2+\bar{z}-z)u+2-z=0$$

$$(u-1)\{\bar{z}u-(2-z)\}=0$$

$$\bar{z}u=2-z \quad (z\neq1 \text{ から } u\neq1 \text{ なので})$$

$$z\bar{z}u=2z-z^2$$

よって $\quad u=2z-z^2 \quad (z\bar{z}=1 \text{ より})$

（以下，〔解答〕に同じ）

別解4 (2) $z=\cos\theta+i\sin\theta$ と $z\neq1$ から，$\cos\theta\neq1$ $(\theta\neq0)$ である。

以下，このもとで考える。

$$w=\frac{1}{1-u}=\frac{1}{1-2z+z^2} \quad (u=2z-z^2 \text{ より})$$

$$=\frac{1}{(1-z)^2}=\frac{1}{(1-\cos\theta-i\sin\theta)^2}$$

$$=\frac{1}{(1-\cos\theta)^2-\sin^2\theta-2i\sin\theta(1-\cos\theta)}$$

$$=\frac{1}{-2\cos\theta(1-\cos\theta)-2i\sin\theta(1-\cos\theta)}$$

$$=-\frac{1}{2}\cdot\frac{1}{1-\cos\theta}\cdot\frac{1}{\cos\theta+i\sin\theta}=-\frac{\cos\theta-i\sin\theta}{2(1-\cos\theta)}$$

$w=x+yi$ $(x,\ y$ は実数，i は虚数単位) とおくと

$$\begin{cases} x=-\dfrac{\cos\theta}{2(1-\cos\theta)} \\[2mm] y=\dfrac{\sin\theta}{2(1-\cos\theta)} \end{cases}$$

これは，$\begin{cases} \cos\theta=\dfrac{2x}{2x-1} \\[2mm] \sin\theta=\dfrac{-2y}{2x-1} \end{cases}$ と同値である。

これを満たす実数 θ が存在するための $x,\ y$ の条件は

$$\left(\frac{2x}{2x-1}\right)^2+\left(\frac{-2y}{2x-1}\right)^2=1$$

$$4x^2+4y^2=(2x-1)^2$$

よって　　　$x = -y^2 + \dfrac{1}{4}$　……①

さらに，$(z \text{ の実部}) \leqq \dfrac{1}{2}$ は

　　　$\cos\theta \leqq \dfrac{1}{2}$　すなわち　$\dfrac{2x}{2x-1} \leqq \dfrac{1}{2}$　……②

と同値である。

①を満たす実数 x について，$x \leqq \dfrac{1}{4}$ であるから，$2x-1 < 0$ となり，②は

　　　$2x \geqq \dfrac{1}{2}(2x-1)$　すなわち　$x \geqq -\dfrac{1}{2}$　……③

と同値である。ゆえに，$w = x + yi$ の軌跡は①かつ③となり

　　　放物線 $x = -y^2 + \dfrac{1}{4}$ の $x \geqq -\dfrac{1}{2}$ の部分

━━━━◀解　説▶━━━━

≪点の線対称移動と軌跡≫

　本問は実に多くの解法が考えられる。

▶(1)　xy 平面で考えて，P(x, y)，Q(s, t) として，$\overrightarrow{\mathrm{AQ}} /\!/ \overrightarrow{\mathrm{OP}}$，PQ=PA，OP=1 を用いて複素数によらず，$s$, t を x, y で表すことは難しくはないが，設問で複素数間の関係を問うているので，複素数のままで処理する解法がよい。

〔解答〕は $\overrightarrow{\mathrm{PA}}$ を点 P のまわりに $\arg z$ 回転すると $\overrightarrow{\mathrm{PQ}}$ が得られるという解法である。〔別解 1〕は xy 平面で，点 P における C の接線を立式し，これと点 A との距離 d を z, $\bar{z}$ で表現し，$\overrightarrow{\mathrm{AQ}} /\!/ \overrightarrow{\mathrm{OP}}$ と OP=1 から，$u-1 = 2dz$ とする解法である。ここでは P(p, q) $(p^2+q^2=1)$ とおいて xy 平面で接線を立式しているが，〔別解 2〕のように P$(\cos\theta, \sin\theta)$ とおいて立式しても同様である。〔解答〕は回転，〔別解 1〕，〔別解 2〕は平行移動によっているところの対比が面白い。〔別解 3〕は $\overrightarrow{\mathrm{AQ}} /\!/ \overrightarrow{\mathrm{OP}}$ かつ PA=PQ を複素数で表現し，機械的に計算を進めるもので，幾何の利用は少なくてすみ，計算で解き進めることができるが，計算は煩雑となる。

▶(2)　$w = x + yi$ とおいて，x, y が満たすべき必要条件としての $x = -y^2 + \dfrac{1}{4}$ を(1)の諸関係式から得るところは易しい。差が出るところは，

（z の実部）$\leqq \dfrac{1}{2}$ から，$x \geqq -\dfrac{1}{2}$ を導くところである。これには〔解答〕の考え方と〔注 2〕，〔注 3〕の考え方もある。また，〔解答〕のように，軌跡についての十分性の記述ができたら申し分ない。ここまでは問われないと思われるが，とても大切なことであり，軌跡を考える際の逆の記述（十分性の記述）とはどういうものかについての参考とし，理解を深めるとよい。この逆の記述では，$z = \dfrac{-x+yi}{\sqrt{x^2+y^2}}$ をどう見出すのかがポイントであるが，これは(1)の $\dfrac{\overline{w}}{w} = z^2$ によるとよい。これを $w = x+yi$ を用いて書き直すと，$z^2 = \dfrac{x-yi}{x+yi} = \dfrac{(x-yi)^2}{x^2+y^2} = \left(\dfrac{x-yi}{\sqrt{x^2+y^2}} \right)^2$ となるので，$z = \pm \dfrac{x-yi}{\sqrt{x^2+y^2}}$ でなければならない。$z = \dfrac{x-yi}{\sqrt{x^2+y^2}}$ で試すとうまくいかず，$z = -\dfrac{x-yi}{\sqrt{x^2+y^2}}$ $= \dfrac{-x+yi}{\sqrt{x^2+y^2}}$ とすると，〔解答〕のようにうまくいく。この作業は難しく，この十分性の記述も考慮すると，〔別解 4〕のように，(1)の $\dfrac{|w+\overline{w}-1|}{|w|}$ $= 2$ を用いずに，$z = \cos\theta + i\sin\theta$，$w = x+yi$ とおき，$w = \dfrac{1}{1-u}$ と同値な x，y と $\cos\theta$，$\sin\theta$ の関係式から，x，y の満たすべき条件を求める解法も大変よい方法である。(1)の発問が単に「u を z で表現せよ」のみであれば，〔別解 4〕の解法が自然であり，すっきりしたよい問題となる。

▶本問では，多くの〔別解〕や〔注〕にあるように，図形的な性質と点の複素数表示の間のいろいろな関係を見ることで，図形と複素数の相性のよさを味わうことができる。複素数平面を見る眼を養う機会とすることが望まれる。

　本問は(1)標準，(2)標準〜やや難の問題である。

6 ◆発想◆ (1) t の範囲は V_1 と V_3 を xy 平面に正射影した図を考える。平面 $y=t$ と V_1, V_3 の共通部分の図示では，$\sqrt{r^2-(1-t)^2}$ と $\sqrt{r^2-t^2}$ の大小を考えて，t の値での場合分けで答える。

(2) (1)の図における V_1 と V_3 の共通部分が半径 r の円に含まれるための条件を求め，これが $1-r\leqq t\leqq r$ を満たす任意の t で成り立つための r の範囲を求める。

(3) 立体（点の集合）の包含関係から，$V_1\cup V_2\cup V_3$ の体積を機械的に計算する。

(4) S は容易。T は V_1 と V_2 の共通部分の平面 $z=t$（$-r<t<r$）による断面積を $-r\leqq t\leqq r$ で積分する。

─────────────────────────────

解答 (1) V_1, V_3 は底面の半径が r で高さが 1 の円柱の 2 つの底面に半径 r の半球を付けた図形（図 1）である。それぞれの中心軸（対称軸）は直線 OA，BC である。V_1, V_3 を平面 $z=0$ で切断すると，図 2 の網かけ部分（境界を含む）となる。ゆえに，平面 $y=t$ が V_1, V_3 双方と共有点をもつような t の範囲は

$\qquad 1-r\leqq t\leqq r$ ……(答)

また，平面 $y=t$ と V_1 の共通部分は図 3 の網かけ部分（境界を含む）であり，平

図 1

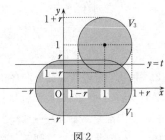

図 2

面 $y=t$ と V_3 の共通部分は図 4 の網かけ部分（境界を含む）である。

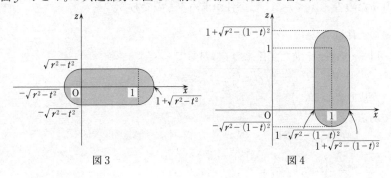

図 3　　　　　　　　　　　　　　図 4

ここで

$$\begin{cases} 1-r \leqq t \leqq \dfrac{1}{2} \text{ のとき} & \sqrt{r^2-(1-t)^2} \leqq \sqrt{r^2-t^2} \\[3mm] \dfrac{1}{2} \leqq t \leqq r \text{ のとき} & \sqrt{r^2-t^2} \leqq \sqrt{r^2-(1-t)^2} \end{cases}$$

であるから，平面 $y=t$ と V_1 の共通部分，および平面 $y=t$ と V_3 の共通部分を同一平面上に図示すると

- $1-r \leqq t \leqq \dfrac{1}{2}$ のとき，図 5 の網かけ部分（境界を含む）であり，

- $\dfrac{1}{2} \leqq t \leqq r$ のとき，図 6 の網かけ部分（境界を含む）である。

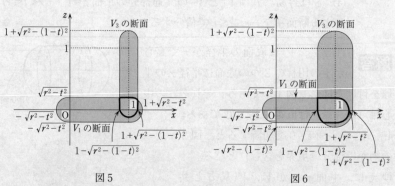

図 5　　　　　　　　　　　　　　　　図 6

(2)　V_1 と V_3 の共通部分が存在するための t の範囲 $1-r \leqq t \leqq r$ で考えて，平面 $y=t$ と V_2 の共通部分は点 $(1,\ t,\ 0)$ を中心とする半径 r の円の周および内部である。$1-r \leqq t \leqq r$ の範囲のすべての t に対して，(1)における V_1 と V_3 の共通部分（図 5 と図 6 の太線で囲まれた部分）がこの円に含まれるための r $\left(\dfrac{1}{2} < r < 1 \right)$ の条件が求めるものである。

この条件は

　「$1-r \leqq t \leqq r$ を満たす任意の t に対して

$$(\sqrt{r^2-t^2})^2 + (\sqrt{r^2-(1-t)^2})^2 \leqq r^2 \quad \cdots\cdots ①$$

　が成り立つこと」

である。①は

$$r^2 \leqq t^2 + (1-t)^2$$

$$r^2 \leqq 2\left(t-\dfrac{1}{2}\right)^2 + \dfrac{1}{2}$$

となる。ゆえに, tu 平面で放物線

$u=2\left(t-\dfrac{1}{2}\right)^2+\dfrac{1}{2}$ と 直 線 $u=r^2$ の グ ラ フ

（図 7）を考えて，r の条件は

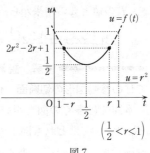

$$r^2\leqq\dfrac{1}{2}\quad かつ\quad\dfrac{1}{2}<r<1$$

となり

$$\dfrac{1}{2}<r\leqq\dfrac{\sqrt{2}}{2}\quad\cdots\cdots（答）$$

$\left(\dfrac{1}{2}<r<1\right)$

図 7

(3) 一般に立体 K の体積を $W(K)$ と表すと，立体（点の集合）の包含
関係から

$$\begin{aligned}
W(V)&=W(V_1\cup V_2\cup V_3)\\
&=W(V_1)+W(V_2)+W(V_3)\\
&\quad-W(V_1\cap V_2)-W(V_2\cap V_3)-W(V_3\cap V_1)+W(V_1\cap V_2\cap V_3)\\
&=W(V_1)+W(V_2)+W(V_3)-W(V_1\cap V_2)-W(V_2\cap V_3)\\
&\quad((V_1\cap V_3)\subset V_2\ から,\ W(V_3\cap V_1)=W(V_1\cap V_2\cap V_3)\ なので)\\
&=3S-2T\quad\cdots\cdots（答）
\end{aligned}$$

$\big(W(V_1)=W(V_2)=W(V_3)=S,\ W(V_1\cap V_2)=W(V_2\cap V_3)=T\ なので\big)$

(4) 図 1 から

$$S=\dfrac{4}{3}\pi r^3+\pi r^2\quad\cdots\cdots（答）$$

また，V_1 と V_2 の共通部分の平面 $z=t$
$(-r<t<r)$ による断面は図 8 の網かけ部
分となる（図の 3 つの円の半径は
$\sqrt{r^2-t^2}$）。

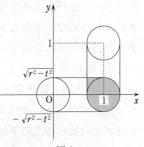

この面積は

$$(\sqrt{r^2-t^2})^2+\dfrac{3}{4}\cdot\pi\,(\sqrt{r^2-t^2})^2=\left(1+\dfrac{3}{4}\pi\right)(r^2-t^2)$$

よって

$$T=\left(1+\dfrac{3}{4}\pi\right)\int_{-r}^{r}(r^2-t^2)\,dt=2\left(1+\dfrac{3}{4}\pi\right)\left[r^2t-\dfrac{t^3}{3}\right]_0^r$$

$$=2\left(1+\dfrac{3}{4}\pi\right)\cdot\dfrac{2}{3}r^3=\left(\dfrac{4}{3}+\pi\right)r^3\quad\cdots\cdots（答）$$

図 8

S, T の値と(3)の結果から，V の体積は

$$3\left(\frac{4}{3}\pi r^3+\pi r^2\right)-2\left(\frac{4}{3}+\pi\right)r^3=3\pi r^2+\left(2\pi-\frac{8}{3}\right)r^3 \quad \cdots\cdots(\text{答})$$

◀解　説▶

≪球の移動図形の切断面，体積≫

　本問では多くの図を用いて必要な数値を計算することが求められる。V_1，V_2，V_3 はどれも図1の立体であり，それぞれの中心軸（対称軸）が直線 OA，AB，BC である。座標軸に垂直な平面でのそれぞれの切断面は考えやすいものであるが，これらが組み合わさると，複雑さが増し，確認するべき数値も多くなって時間を要するので，易しくはない。ただし，親切な誘導設問の構成になっているので，無理な問題でもない。

▶(1)　V_1，V_3 および平面 $y=t$ を平面 $z=0$ で切断すると，求める t の範囲を視覚的に捉えることができる。V_1，V_3 の平面 $y=t$ による切断面は，形は同じだが大きさと向きが異なる。$t=\frac{1}{2}$ を境にして $t<\frac{1}{2}$ なら V_1 の切断面が大きく，$t>\frac{1}{2}$ なら V_3 の切断面が大きくなる。向きは中心軸が直交する。これらは視覚的にも明らかであるが，図中の数値とも関連するので，半球部分の半径の大小で場合分けをしておいた。

▶(2)　$1-r\leqq t\leqq r$ を満たす任意の t に対して，(1)の図5，図6の太線で囲まれた部分が t によらず半径 r の円に含まれるための r の条件を求めるという理解がポイントである。図5，図6 における（xz 平面での）点 $(1, 0)$ と太線の境界線上の点の距離の最大値（左上の隅の点との距離）が r 以下になるという立式を行うと，①の式となる。①を整理し，図7の直線が放物線の頂点の下側にくるための r の条件を求めることになる。

▶(3)　立体を（点の）集合とみて，3つの集合の合併集合についての包含関係から体積の関係式を考える。類題の経験があると容易だが，その経験がなくても設問の表現がヒントになると思われる。

▶(4)　S は容易である。T は V_1 と V_2 の共通部分の平面 $z=t$（$-r<t<r$）による断面を考えて，後は積分による。この断面は単純な図形で積分も易しいので，この設問まで到達した場合はぜひ正答を得たい。

▶本問は東大の立体の体積の問題としては標準〜やや難だが，所要時間を

考慮すると，全体としてやや難〜難の問題である。

❖講　評

2017 年度は全問誘導の小問設定があり，とても簡単なセットであったが，2018 年度は誘導設問のあるものが 3 題で，易問からやや難までの問題がほぼ出題順に並んでいる。

整数と数列が 1 題，図形と方程式・点の存在範囲・曲線の通過範囲が 2 題，「数学Ⅲ」の微分が 1 題，複素数平面と軌跡が 1 題，立体図形の体積と積分が 1 題であった。図示の問題が 2 題で出題されるなど図形や領域に関する問題が多く，確率・場合の数の出題がなかったのが 2018 年度の特徴と言える。

東大理科入試としての難易度は，1 易，2(1)やや易，(2)やや易，3 標準〜やや難，4 やや易，5(1)標準，(2)標準〜やや難，6(1)やや難〜難，(2)標準〜やや難，(3)標準，(4)標準であった。ただし，6 は処理時間を考慮すると大問全体としてはやや難〜難である。

2017 年度は大変易しかったので，2018 年度はそれより難化したが，易〜標準レベルの問題もあり，誘導も多いので，それなりの得点が得られるであろう。一方で，差も出る良いセットであった。

1　三角関数と分数式のとても簡単な増減と極限の問題であり，落とせない。

2　数列と整数の問題。発想において難しいものではなく，互いに素などの基本を含む良い問題。(1)で互いに素についての根拠の記述を確実に行い，(2)で正しい計算を行いたい。文科に親切な誘導を付した類題がある。

3　曲線の通過範囲と面積という頻出分野の問題。場合分けがやや煩雑でここで差がつくであろう。極限は付け足し程度のもの。文科で $k=2$ とした易しい類題がある。

4　3 次方程式の解の配置として類題の経験があるであろう問題で，これも落とせないが，$1<a$ を忘れないか否かで差が出る。文科に小問付きの類題がある。

5　図形と複素数平面の問題。(2)は必ずしも(1)にこだわらずに解いてもよい。図形の性質を複素数でうまく表現できるかどうかで処理量が異

なり，差が出る問題。

6 (1)〜(4)と順次解答手順が誘導されている立体の体積の問題。いくつもの図示と合併集合の体積に関する包含・排除の形式計算が必要。場合分けと処理時間を要するので，残り時間との兼ね合いで完答は難しいかもしれない。

物理

1 **解答** I (1) 小球が最初に最下点を通過するときの，小球の速度の x 成分を v_0，台の速度の x 成分を V_0 とすると，運動量保存則より

$$mv_0 + MV_0 = 0$$

小球の最下点での位置を重力による位置エネルギーの基準とすると，力学的エネルギー保存則より

$$mgL\,(1 - \cos\theta_0) = \frac{1}{2}mv_0{}^2 + \frac{1}{2}MV_0{}^2$$

$$\therefore\quad v_0 = \sqrt{\frac{2M}{m+M}gL\,(1 - \cos\theta_0)} \quad \cdots\cdots(\text{答})$$

(2) 台とともに移動する点 P から見ると，点 P から距離 l だけ離れた糸上の点は，小球の方向にあり，距離は小球までの距離の $\dfrac{l}{L}$ 倍となるので，台に対する速度も台に対する小球の速度の $\dfrac{l}{L}$ 倍となる。台に対する小球の速度の x 成分は $v - V$ となるので，点 P から距離 l だけ離れた糸上の点の台に対する速度の x 成分は

$$\frac{l}{L}\,(v - V)$$

よって，この点の速度の x 成分は

$$\frac{l}{L}\,(v - V) + V \quad \cdots\cdots(\text{答})$$

(3) x 軸方向の運動量保存則より

$$mv + MV = 0$$

点 Q は x 軸方向には運動しないので，(2)より

$$\frac{l_0}{L}\,(v - V) + V = 0$$

2 式より

$$l_0 = \frac{V}{V-v} L$$

$$= \frac{V}{V + \dfrac{M}{m} V} L$$

$$= \frac{m}{m+M} L \quad \cdots\cdots (答)$$

(4)　点 Q から小球までの距離は $L - l_0$ なので，点 Q から見た小球の運動は長さ $L - l_0$ の糸に質量 m のおもりがつけられた振り子と考えられる。振れ角 θ_0 が十分小さいとき，おもりの振動は単振動となるので，その周期 T_1 は

$$T_1 = 2\pi \sqrt{\frac{L - l_0}{g}}$$

$$= 2\pi \sqrt{\frac{L - \dfrac{m}{m+M} L}{g}}$$

$$= 2\pi \sqrt{\frac{ML}{(m+M)\,g}} \quad \cdots\cdots (答)$$

Ⅱ　(1)　台とともに運動する観測者には，小球に対して x 軸の負の向きに慣性力が働くように見える。慣性力と重力の合力である見かけの重力の向きが，鉛直下向きから時計回りに ϕ の角度をなすとすると

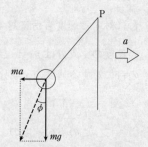

$$\tan\phi = \frac{ma}{mg} = \frac{a}{g}$$

小球の運動は，糸の向きが見かけの重力の向きと同じになるときを振動の中心としており，糸が鉛直下向きになるときに小球は台に対して静止するので，糸が鉛直下向きから時計回りに 2ϕ の角度をなすときも小球は台に対して静止し，そのとき，小球の高さが最大となる。よって，時刻 $t = t_0$ での小球の高さを H とすると

$$H = h + L\,(1 - \cos 2\phi)$$

$$= h + 2L \sin^2\phi$$

$$= h + 2L \frac{a^2}{a^2 + g^2} \quad \cdots\cdots (答)$$

(2)　時刻 $t=t_0$ における台の速度は at_0 となる。このとき，小球は台に対して静止しているので，小球の速度も at_0 となる。力学的エネルギーと仕事の関係から，力 $F(t)$ がした仕事は

$$\left\{ mgH + \frac{1}{2}(m+M)(at_0)^2 \right\} - mgh$$

$$= mg \cdot 2L \frac{a^2}{a^2+g^2} + \frac{1}{2}(m+M)(at_0)^2$$

$$= 2mgL \frac{a^2}{a^2+g^2} + \frac{1}{2}(m+M)(at_0)^2 \quad \cdots\cdots(答)$$

(3)　台が加速度 a で等加速度運動するためには，台に加えた力 $F(t)$ と台に働く糸の張力の x 軸方向の成分の合力が x 軸の正の向きに大きさ Ma とならなければならない。時刻 $t=0$ では，糸の張力の x 軸方向の成分は 0 なので $F(0)=Ma$ となる。また，時刻 $t=\dfrac{t_0}{2}$ で，小球が振動の中心にきたとき，台に働く糸の張力は見かけの重力と遠心力の合力に等しくなる。見かけの重力の x 軸方向の成分の大きさは ma となるので，糸の張力の x 軸方向の成分の大きさは ma よりも大きくなり

$$F\left(\frac{t_0}{2}\right) > (m+M)a$$

よって，適切なグラフは　　イ　　……(答)

(4)　時刻 $t=t_0$ での台の速度と等しく，x 軸方向の正の向きに速度 at_0 で移動する観測者には，Ⅰの θ_0 を 2ϕ に置き換えたのと同じような運動に見えるので，点Qは x 軸方向に運動しない。

よって，点Qの速度の x 成分は　　at_0　　……(答)

a が g に比べて十分小さいとき，ϕ も十分小さくなるので，Ⅰ(4)と同様に，点Qから見た小球の運動は長さ $L-l_0$ の糸に質量 m のおもりがつけられた振り子の単振動と考えられるので，周期 T_2 は

$$T_2 = 2\pi \sqrt{\frac{ML}{(m+M)g}} \quad \cdots\cdots(答)$$

◀━━━━━◀解　説▶━━━━━▶

≪振り子が取り付けられた台の運動≫

◆Ⅰ　▶(1)　小球が最下点を通過するとき，台に対する小球の速さが最大となる。小球と台の x 軸方向の運動量保存則と力学的エネルギー保存則か

ら，小球と台の速度が求まる。

▶(2)　点Pから距離 l だけ離れた糸上の点は，点Pと小球を結ぶ線分を $l:(L-l)$ に内分する点である。よって，台に対する移動距離・速度・加速度は小球に比べて $\dfrac{l}{L}$ 倍となる。

▶(3)　x 軸方向の運動量保存則を用いると，点Qの位置が求まる。点Qは糸を点Pの側から小球に向かって $m:M$ に内分する点となる。

▶(4)　点Qは移動しないので，点Qを支点とした小球の振り子と考えることができる。

◆Ⅱ　▶(1)　台とともに等加速度運動する観測者には，小球に見かけの力である慣性力が働くため，重力と慣性力の合力が見かけの重力として働く。振り子の振動の中心は，糸が見かけの重力と同じ向きになるときである。振動の一方の端は，振り子の糸が鉛直下向きとなるときなので，他方の端は，振動の中心における糸の角度 ϕ に対して，倍の角度の 2ϕ となるときである。

▶(2)　時刻 $t=0$ と $t=t_0$ では，小球は台に対して静止していることに注意する。力学的エネルギーと仕事の関係から計算する。

▶(3)　台には力 $F(t)$ と糸の張力，床からの垂直抗力が働く。台が x 軸方向に加速度 a で等加速度運動するためには，力 $F(t)$ と糸の張力の x 軸方向の成分の合力が x 軸の正の向きに大きさ Ma とならなければならない。時刻 $t=0$ において，糸は鉛直下向きなので，張力の x 軸方向の成分は 0 となり，$F(0)=Ma$ が求まる。時刻 $t=\dfrac{t_0}{2}$ で小球が振動の中心にきたとき，糸の張力と小球にかかる見かけの重力の合力が向心力となる。よって，糸の張力の大きさは小球にかかる見かけの重力の大きさよりも大きい。見かけの重力の x 軸方向の成分の大きさが ma なので，$F\left(\dfrac{t_0}{2}\right)>(m+M)a$ がわかる。

▶(4)　時刻 $t=t_0$ での台の速度と等しい速度で運動する観測者には，小球と台の運動を Ⅰ(4)と同様に考えることができるというのがポイントである。

2 解答 I

(1)　金属板間に生じる電場の大きさを E とすると $E = \dfrac{V}{d}$ となる。各金属板に蓄えられる電気量の大きさを Q とすると，ガウスの法則より

$$ES = \dfrac{Q}{\varepsilon_0}$$

$$\therefore\quad Q = \varepsilon_0 ES$$

ここで，上の金属板に蓄えられた電荷 Q は，金属板に垂直下向きに大きさ $\dfrac{E}{2}$ の電場を上下に生じさせていることに注意すると，下の金属板の電荷 $-Q$ に働く静電気力は上向きで，その大きさ F は

$$F = Q \cdot \dfrac{E}{2} = \dfrac{\varepsilon_0 SE^2}{2} = \dfrac{\varepsilon_0 SV^2}{2d^2} \quad \cdots\cdots(\text{答})$$

(2)　下の金属板間に働く静電気力は引力であることに注意し，ばねの自然長からの伸びを x_0 とすると，力のつり合いより

$$F + kx_0 = 0$$

$$\therefore\quad x_0 = -\dfrac{F}{k} = -\dfrac{\varepsilon_0 SV^2}{2kd^2}$$

よって，ばねに蓄えられている弾性エネルギーは

$$\dfrac{1}{2}kx_0{}^2 = \dfrac{\varepsilon_0{}^2 S^2 V^4}{8kd^4} \quad \cdots\cdots(\text{答})$$

(3)　金属板間の距離が $d+x$ となったときの静電気力の大きさを F' とすると，(1)より

$$F' = \dfrac{\varepsilon_0 SV^2}{2(d+x)^2}$$

$$= \dfrac{\varepsilon_0 SV^2}{2d^2} \cdot \left(1 + \dfrac{x}{d}\right)^{-2}$$

$$\fallingdotseq \dfrac{\varepsilon_0 SV^2}{2d^2} \cdot \left(1 - 2\dfrac{x}{d}\right)$$

$$= F \cdot \left(1 - 2\dfrac{x}{d}\right)$$

下向きを正として，下の金属板の加速度を a とすると，運動方程式より

$$ma = -F' - k(x_0 + x)$$

$$= -F \cdot \left(1 - 2\frac{x}{d}\right) - k(x_0 + x)$$

$$= kx_0 \cdot \left(1 - 2\frac{x}{d}\right) - k(x_0 + x)$$

$$= -k\left(\frac{2x_0}{d} + 1\right)x$$

$$= -\left(k - \frac{\varepsilon_0 S V^2}{d^3}\right)x$$

$$\therefore \quad a = -\left(\frac{kd^3 - \varepsilon_0 S V^2}{md^3}\right)x$$

金属板の単振動の角振動数を ω とすると $a = -\omega^2 x$ の関係があるので

$$\omega = \sqrt{\frac{kd^3 - \varepsilon_0 S V^2}{md^3}}$$

よって，単振動の周期は

$$\frac{2\pi}{\omega} = 2\pi\sqrt{\frac{md^3}{kd^3 - \varepsilon_0 S V^2}} \quad \cdots\cdots(答)$$

Ⅱ　(1)　右図のように，金属板 2 の上面には $-Q - q$，金属板 3 の下面には $+Q + q$ の電気量が蓄えられる。2 枚の金属板の間に生じる電場は，ガウスの法則より，下向きに

$$\frac{Q + q}{\varepsilon_0 S}$$

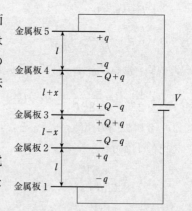

よって，金属板 2 の上面に蓄えられた電荷 $Q + q$ が金属板 3 の下面に蓄えられた電荷に及ぼす静電気力は，下向きに

$$(Q + q) \cdot \frac{1}{2}\frac{Q + q}{\varepsilon_0 S} = \frac{(Q + q)^2}{2\varepsilon_0 S}$$

同様に，金属板 3 の上面には $+Q - q$，金属板 4 の下面には $-Q + q$ の電気量が蓄えられるので，金属板 4 の下面に蓄えられた電荷が金属板 3 の上面に蓄えられた電荷 $Q - q$ に及ぼす静電気力は，上向きに

$$(Q-q) \cdot \frac{1}{2} \frac{Q-q}{\varepsilon_0 S} = \frac{(Q-q)^2}{2\varepsilon_0 S}$$

金属板3の力のつり合いの式より

$$\frac{(Q+q)^2}{2\varepsilon_0 S} = \frac{(Q-q)^2}{2\varepsilon_0 S} + kx$$

$$\therefore \quad x = \frac{2qQ}{\varepsilon_0 kS} \quad \cdots\cdots \text{(答)}$$

(2) 金属板1の上面には $-q$, 金属板2の下面には $+q$ の電気量が蓄えられる。2枚の金属板の間に生じる電場は, 下向きに

$$\frac{q}{\varepsilon_0 S}$$

よって, 金属板2の金属板1に対する電位差は

$$\frac{q}{\varepsilon_0 S} \cdot l$$

同様にして, 金属板3の金属板2に対する電位差, 金属板4の金属板3に対する電位差, 金属板5の金属板4に対する電位差は, それぞれ

$$\frac{Q+q}{\varepsilon_0 S} \cdot (l-x), \quad -\frac{Q-q}{\varepsilon_0 S} \cdot (l+x), \quad \frac{q}{\varepsilon_0 S} \cdot l$$

よって

$$V = \frac{q}{\varepsilon_0 S} \cdot l + \frac{Q+q}{\varepsilon_0 S} \cdot (l-x) - \frac{Q-q}{\varepsilon_0 S} \cdot (l+x) + \frac{q}{\varepsilon_0 S} \cdot l$$

$$= \frac{4ql - 2Qx}{\varepsilon_0 S} \quad \cdots\cdots (*)$$

(1)より

$$V = \frac{4ql - 2Q\dfrac{2qQ}{\varepsilon_0 kS}}{\varepsilon_0 S} = \frac{4ql\varepsilon_0 kS - 4qQ^2}{\varepsilon_0^2 kS^2}$$

$$\therefore \quad \frac{q}{V} = \frac{\varepsilon_0^2 kS^2}{4(\varepsilon_0 kSl - Q^2)} \quad \cdots\cdots \text{(答)}$$

(3) (2)の(*)において, $V=0$ を代入すればよいので

$$\frac{4ql - 2Qx}{\varepsilon_0 S} = 0$$

$$\therefore \quad q = \frac{Qx}{2l} \quad \cdots\cdots \text{(答)}$$

(4)　下向きを正として金属板 3 の加速度を a' とすると，運動方程式より

$$ma' = \frac{(Q+q)^2}{2\varepsilon_0 S} - \frac{(Q-q)^2}{2\varepsilon_0 S} - kx = \frac{2qQ}{\varepsilon_0 S} - kx$$

(3)より

$$ma' = \frac{2Q \cdot \dfrac{Qx}{2l}}{\varepsilon_0 S} - kx = \left(\frac{Q^2}{\varepsilon_0 lS} - k\right)x$$

$$\therefore \quad a' = -\frac{\varepsilon_0 lSk - Q^2}{\varepsilon_0 lSm}x$$

金属板の単振動の角振動数を ω' とすると $a' = -\omega'^2 x$ の関係があるので

$$\omega' = \sqrt{\frac{\varepsilon_0 lSk - Q^2}{\varepsilon_0 lSm}}$$

よって，単振動の周期は

$$\frac{2\pi}{\omega'} = 2\pi\sqrt{\frac{\varepsilon_0 lSm}{\varepsilon_0 lSk - Q^2}} \quad \cdots\cdots(答)$$

◀解　説▶

≪ばねでつながれた平行板コンデンサー≫

◆Ⅰ　▶(1)　2 枚の金属板間に大きさ E の電場が生じているとき，各金属板に蓄えられた正負の電荷は，金属板の上下に，金属板に対して垂直方向に大きさ $\dfrac{E}{2}$ の電場を，正の電荷は金属板から出る向きに，負の電荷は金属板に入る向きに生じさせている。これらの電場が合成されることで，金属板間のみに大きさ E の電場が生じることになる。

▶(2)　ばねの伸びから弾性エネルギーが求まる。

▶(3)　下の金属板を x だけ変位させたときの静電気力は(1)の d を $d+x$ に置き換えることで求められる。ばねの弾性力も変化することに注意して運動方程式を立てれば，単振動の式が導かれる。

◆Ⅱ　▶(1)　金属板 2 の上面と金属板 3 の下面の間に働く静電気力と，金属板 3 の上面と金属板 4 の下面の間に働く静電気力を分けて考える。Ⅰ(1)と同様に，各金属板に蓄えられた電荷が作る電場の大きさは，金属板間に生じる電場の大きさの半分になることに注意する。

▶(2)　4 つの金属板間の電位差を，それぞれ求める。

▶(3)　(1)で求めた x は金属板 3 に働く力がつり合うときなので，(2)におい

て x を代入する直前の（＊）に $V=0$ を代入すればよい。

▶(4)　(1)における静電気力を用いて運動方程式を立てれば，単振動の式が導かれる。

3 解答

I　液体の密度を ρ，重力加速度を g とする。容器Aと容器Bの液面の高さの差に注目すると

$$5h\cdot\rho g=p_1+2h\cdot\rho g$$

同様に，容器Aと容器Cの液面の高さの差に注目すると

$$5h\cdot\rho g=p_0$$

以上より

$$p_1=\frac{3}{5}p_0 \quad \cdots\cdots（答）$$

II　(1)　容器Aと容器Cの液面の高さの差は外気圧に対応するので変化しない。一方で，容器Bの液面は x だけ下がっているので，下図のように，容器Aと容器Cの液面はともに $\dfrac{x}{2}$ だけ上向きに移動する。　 $\cdots\cdots$（答）

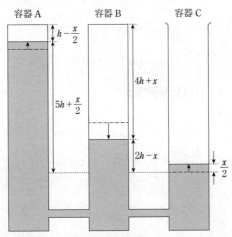

(2)　容器Bの気体の部分の長さは $4h$ から $4h+x$ となるので，容器Bの気体の体積を求めると

$$V_1+\Delta V=(4h+x)\cdot S=\left(1+\frac{x}{4h}\right)4hS=\left(1+\frac{x}{4h}\right)V_1$$

$$\therefore \quad \frac{\Delta V}{V_1} = \frac{x}{4h} \quad \cdots\cdots(答)$$

容器Aと容器Bの液面の高さの差は

$$(4h + x) - \left(h - \frac{x}{2}\right) = 3h + \frac{3}{2}x$$

容器Bの気体の圧力を求めると

$$p_1 + \Delta p = \left(3h + \frac{3}{2}x\right)\cdot\rho g = \left(1 + \frac{x}{2h}\right)3h\rho g$$

$$= \left(1 + \frac{x}{2h}\right)p_1$$

$$\therefore \quad \frac{\Delta p}{p_1} = \frac{x}{2h} \quad \cdots\cdots(答)$$

(3) 容器Bの気体の圧力は p_1 で一定であるから

$$W = p_1 Sx = \frac{3}{5}p_0 Sx \quad \cdots\cdots(答)$$

(4) 図3の状態の容器Cの液面を位置エネルギーの基準とすると，位置エネルギーの変化は

$$\Delta E = \rho S\frac{x}{2}g\cdot\left(5h + \frac{x}{4}\right) - \rho Sxg\cdot\left(2h - \frac{x}{2}\right) + \rho S\frac{x}{2}g\cdot\frac{x}{4}$$

$$= \rho Sxg\cdot\frac{2h + 3x}{4} \quad \cdots\cdots(*)$$

ここで，x^2 に比例する項を無視すると

$$\Delta E = \frac{\rho Sxgh}{2}$$

$$= \frac{1}{6}p_1 Sx = \frac{1}{10}p_0 Sx \quad \cdots\cdots(答)$$

(5) (3)，(4)より

$$W - \Delta E = \frac{3}{5}p_0 Sx - \frac{1}{10}p_0 Sx = \frac{1}{2}p_0 Sx$$

これは，容器Cの液面が大気に対してする仕事に対応している。

よって，W と ΔE は等しくない。 $\cdots\cdots(答)$

その原因は，容器Bの気体がした仕事は，液体の位置エネルギーを増加させるだけでなく，容器Cの液面が大気に対してする仕事にも使われるからである。

Ⅲ (1) Ⅱ(1)において $h = \dfrac{x}{2}$ とした状況なので，Ⅱ(2)より

$$\frac{V_2}{V_1} = \frac{V_1 + \Delta V}{V_1} = 1 + \frac{x}{4h}$$

$$= \frac{3}{2}$$

$$\frac{p_2}{p_1} = \frac{p_1 + \Delta p}{p_1} = 1 + \frac{x}{2h}$$

$$= 2$$

理想気体の状態方程式より

$$\frac{T_2}{T_1} = \frac{p_2 V_2}{p_1 V_1} = 3$$

よって，体積は $\dfrac{3}{2}$ 倍，圧力は 2 倍，温度は 3 倍になる。……(答)

(2) 容器Bの気体の内部エネルギーの増加量を ΔU とすると

$$\Delta U = \frac{3}{2} nR (T_2 - T_1)$$

図 3 の状態の容器Cの液面を位置エネルギーの基準として，液体の位置エネルギーの増加量を $\Delta E'$ とすると，Ⅱ(4)の($*$)において，x^2 の項を無視せずに計算すればよいので，$x = 2h$ より

$$\Delta E' = \rho S \cdot 2h \cdot g \frac{2h + 3 \cdot 2h}{4} = 4 \rho S h^2 g = \frac{4}{3} p_1 S h$$

容器Cの液面が大気に対してする仕事 w は

$$w = p_0 S h = \frac{5}{3} p_1 S h$$

容器Bの気体がする仕事を W' とすると，液体の位置エネルギーの増加量と容器Cの液面が大気に対してする仕事の和となるので

$$W' = \Delta E' + w$$

$$= \frac{4}{3} p_1 S h + \frac{5}{3} p_1 S h$$

$$= 3 p_1 S h$$

理想気体の状態方程式より

$$p_1 S \cdot 4h = nR T_1$$

よって

$$W' = \frac{3}{4} nRT_1$$

(1)より $T_2 = 3T_1$ なので

$$W' = \frac{3}{8} nR(T_2 - T_1)$$

熱力学第一法則より

$$Q = \Delta U + W'$$

$$= \frac{3}{2} nR(T_2 - T_1) + \frac{3}{8} nR(T_2 - T_1)$$

$$= \frac{15}{8} nR(T_2 - T_1)$$

よって

$$\frac{Q}{T_2 - T_1} = \frac{15}{8} nR \quad \cdots\cdots(答)$$

━━━━◀解　説▶━━━━

≪管でつながれた複数の液柱≫

◆Ⅰ　静止している液体内において，同じ高さでは圧力が等しくなることを用いる。

◆Ⅱ　▶(1)　液体の体積は変化しないので，容器Bの液面が x だけ下がるならば，残りの容器において液面が上がった距離の和は x に等しくなければならない。容器Aと容器Cの液面の高さの差は外気圧に対応して一定であるため，どちらも同じ距離 $\dfrac{x}{2}$ だけ液面が上昇する。

▶(3)　容器Bの気体の圧力は p_1 で一定で，体積が Sx だけ増加する。p_0 と p_1 のどちらを用いて解答してもよい。

▶(4)　移動した液体部分の位置エネルギーを計算する。〔解答〕では，移動した液体部分の重心を高さの中間にあるとして計算したが，その後の近似において x^2 に比例する項は無視するので，厳密に考えなくてもよい。また，p_0 と p_1 のどちらを用いて解答してもよい。

▶(5)　容器Bの気体がした仕事は，液体の位置エネルギーの増加と，容器Cの液面が大気に対してする仕事に使われる。

◆Ⅲ　▶(1)　Ⅱにおいて，容器Bの気体に与えた熱量が十分に小さいという近似は(3)以降で用いられるので，(1)，(2)の結果をⅢでも使うことができ

る。

▶(2)　容器Bの気体に与えられた熱量は，容器Bの気体の内部エネルギーの増加，液体の位置エネルギーの増加，容器Cの液面が大気に対してする仕事に使われる。

❖講　評

　例年通り，理科2科目で試験時間150分。大問3題の構成である。

　1　振り子が取り付けられた台の運動を考える力学の問題である。振り子の運動を考えるとき，静止した観測者の視点で考えるだけでなく，台とともに移動する観測者の視点で考える必要がある。Ⅰ(1)〜(3)は基本的な出題。(4)は点Qが移動しないことから，小球の運動は点Qを支点とする振り子の運動と考えられるかがポイント。Ⅱ(1)〜(3)では台が等加速度運動することから，台とともに移動する観測者には，小球に慣性力が働くように見え，重力と慣性力の合力が見かけの重力となる。(3)はやや難しい。台に加えた力の大きさについて，時刻 $t=0$ では簡単に求まるので，選択肢をアカイに絞るのは易しい。ここでは，振動の中心に対応する時刻 $t=\dfrac{t_0}{2}$ の状況を考え，向心力を計算せずに大小関係を議論すると楽に求まる。(4)はⅠ(4)と同じ状況であることに気づけば容易。

　2　ばねでつながれた平行板コンデンサーに関する電磁気と力学の問題である。計算が面倒なので，順序立てて丁寧に式変形をしていく必要がある。Ⅰ(1)・(2)は基本的な出題。(3)は式が複雑となるものの，設定自体は目新しくない。Ⅱでは金属板が2枚から5枚に増えるが，移動できる金属板は1枚だけなので，見かけほど難しくはない。図を見ながら，各金属板の上下の面に蓄えられる電気量を正しく求めれば，金属板間ごとに電場や静電気力を求めていくだけである。

　3　静止する流体の圧力を絡めた熱力学の問題である。比較的易しいので，ケアレスミスをしないように，図で確認しながら解答していきたい。Ⅰは基本的な静止流体の圧力の問題。Ⅱは出題の仕方が見慣れないかもしれないが，通常の熱力学の問題。(5)では容器Bの気体がした仕事と液体の位置エネルギーの変化の差を計算すれば，容器Cの液面が大気に対して仕事をしていることに気づけるだろう。この小問がⅢ(2)で容器

Bの気体に与えられた熱量を求める方法を誘導してくれている。

　全体的に，ほぼ例年通りの出題内容であったが，計算が面倒になったぶん，やや難化したように思われる。小問の配置の傾向として，前半に特殊な条件がついた基本的な出題がなされ，後半でより一般的な状況について複雑な式変形が必要になる出題がされている。まずは，前半の基本的な設問を確実に解き，後半に取り組む際には，前半の式変形や結果を上手に利用できないか考えるとよいだろう。

化学

1 解答

ア　$2C_2H_5OH + 2Na \longrightarrow 2C_2H_5ONa + H_2$

イ　①・⑥

ウ　④

エ　a．ジスルフィド　　b．還元

オ　Aの立体異性体の数：3　　Bの立体異性体の数：2

カ

$$H_2N-\underset{\underset{Br\quad Br}{\underset{OH}{\bigcirc}}}{\overset{CH_2}{CH}}-\underset{O}{C}-OH$$

キ　Cが含む炭素原子と水素原子の数の比は，$CO_2 = 44.0$, $H_2O = 18.0$ より

　　　炭素原子：水素原子$= \dfrac{66.0}{44.0} : \dfrac{24.3}{18.0} \times 2 = 1.5 : 2.7$

　　　　　　　　　　　　$= 5 : 9$ ……（答）

ク　⑥・⑦

ケ　組み合わせ：③・⑧

理由：Dを構成するアミノ酸の側鎖にはカルボキシ基とアミノ基が1つず
つ存在するので，中性状態でのDはほとんどが双性イオンであるから。

コ　$CH_3-\underset{O}{C}-NH-CH_2-CH_2-CH_2-CH_2-\underset{\underset{C-NH}{\overset{\overset{HN-C}{\quad}}{\quad O}}}{CH} CH-CH_2-\underset{O}{C}-OH$

━━━━━━━━━◀解　説▶━━━━━━━━━

≪未知ジケトピペラジンの構造決定と立体異性体，電気泳動≫

実験1～9によって次のことがわかる。

〔実験1〕　A，C，Dは2種類のアミノ酸からなり，Bは1種類のアミノ
酸からなる。

〔実験2〕　酢酸鉛(Ⅱ)水溶液によって生じる黒色沈殿は PbS であるから，

AとCは①，⑥の片方または両方を含む。BとDは①，⑥のどちらも含まない。

〔実験3〕　濃硝酸による黄色の呈色はキサントプロテイン反応であるから，AとBは④，⑤の片方または両方を含む。したがって，Aは①と⑥のいずれかと④と⑤のいずれかを成分とする。CとDは④，⑤のどちらも含まない。

〔実験4〕　塩化鉄(Ⅲ)水溶液による紫色の呈色反応は，フェノール性ヒドロキシ基の検出反応であるから，Bは④を含む。したがって，Bは④のみによるジケトピペラジンである。また，Aは④を含まないので，Aは①と⑥のいずれかと⑤を成分とする。

〔実験5〕　酸化剤である過酸化水素水の作用によって，$-SH$ は次のように酸化されてジスルフィド結合 $S-S$ を形成する。

$$-SH + HS- \longrightarrow -S-S- + 2H$$

このジスルフィド結合は還元剤の作用でもとの $-SH$ にもどる。

したがって，Aは①と⑤によるジケトピペラジンである。

〔実験6〕　④をもつアミノ酸はチロシン Tyr であるが，ベンゼン環に結合しているヒドロキシ基には o-, p-配向性があるので，化合物Eの2つの臭素原子はヒドロキシ基を基準にした2つの o-位に結合しているとみなせる。

〔実験7〕　有機化合物の元素分析の考え方により，Cを構成する炭素原子と水素原子の比は，完全燃焼によって生じる CO_2 の物質量と H_2O の物質量の2倍の比に等しい。

したがって，$CO_2 = 44.0$，$H_2O = 18.0$ より

$$炭素原子：水素原子 = \frac{66.0}{44.0} : \frac{24.3}{18.0} \times 2 = 1.5 : 2.7 = 5 : 9$$

〔実験8〕　Dは無水酢酸と反応することから，この反応によって生じる化合物Fはアセトアミド基 $CH_3-CO-NH-$ をもつと考えられる。

$$-NH_2 + (CH_3CO)_2O \longrightarrow -NH-CO-CH_3 + CH_3COOH$$

したがって，Dは⑧を成分とする。

〔実験9〕　Dが塩基性条件下で陽極側に大きく移動するということは，Dが負に帯電していることを示しており，側鎖の状態が $-COO^-$ であると考えられる。したがって，Dは③と⑧によるジケトピペラジンである。ま

た，中性条件下ではほぼ移動しないのは，③と⑧がそれぞれ次のように電
離して双性イオンを形成し，Dは全体として電気的中性となるからである。

③　$-CH_2-\overset{\underset{\|}{O}}{C}-O^-$

⑧　$-CH_2-CH_2-CH_2-CH_2-NH_3{}^+$

一方，Fは⑧が次のようにアセトアミド基をもつ構造に変化しているため，
電離できない。

$-CH_2-CH_2-CH_2-CH_2-NH-\overset{\underset{\|}{O}}{C}-CH_3$

したがって，塩基性条件下や中性条件下では，③のカルボキシ基のみが電
離して $-COO^-$ のように負電荷を帯びるため，陽極側に大きく移動する。

▶ア　ナトリウムエトキシド C_2H_5ONa と水素 H_2 が生成する。ナトリウ
ムエトキシドは強塩基である。

▶イ　①，⑥を側鎖にもつアミノ酸は，それぞれシステイン Cys，メチオ
ニン Met である。

▶ウ　④をもつアミノ酸はチロシン Tyr である。④のヒドロキシ基は，
フェノールのヒドロキシ基と同様，フェノール性ヒドロキシ基であり，弱
い酸性を示す。

▶エ　①をもつアミノ酸のシステイン Cys は，ジスルフィド結合によっ
てタンパク質の三次構造を形成するはたらきをしている。

▶オ　〔Aの立体異性体〕　Aは①のシステイン Cys と⑤のフェニルアラ
ニン Phe によるジケトピペラジンである。システイン Cys とフェニルア
ラニン Phe はそれぞれ不斉炭素原子 C^* を 1 個ずつ含むから，このジケト
ピペラジンは 2 個の不斉炭素原子 C^* をもつ。したがって，立体異性体の
数は全部で $2^2=4$ 種類である。これより A 自身を除くと 3 種類となる。

〔Bの立体異性体〕　Bは④のチロシン Tyr のみからなるジケトピペラジ
ンである。不斉炭素原子 C^* の数は 2 個であるから，$2^2=4$ 種類の立体異
性体が考えられるが，これらのうちの 2 つの立体構造が同じであるため，
立体異性体の数は 3 種類で，B 自身を除くと 2 種類となる。

参考　一般的なアミノ酸 $H_2N-\overset{\underset{R}{|}}{C^*}H-COOH$ の立体異性体を示すと次のよ

うになる。C^* の裏に H 原子が結合しており，他の 3 つの置換基が(ア)のよ

うに結合しているものをL体，(イ)のように結合しているものをD体という。

(ア) L体　　　　　　　　　　　(イ) D体

このアミノ酸のみからなるジケトピペラジンの立体異性体をL体とD体との組み合わせで示すと，(L, L)，(D, D)，(L, D)，(D, L) の4種類であり，図示すると次の(a)〜(d)となる。

(a) (L, L)　　　(b) (D, D)　　　(c) (L, D)　　　(d) (D, L)

これらのうち(c)と(d)について，(c)の構造の中心（六角形の中心）を回転の中心として紙面上で180度回転させると(d)と重ね合わせることができることから，(c)と(d)は同一の化合物であることがわかる。

したがって，Bの立体異性体の数は(a)，(b)，(c)の3種類であり，B自身を除くと2種類となる。

なお，(a)と(b)は互いに鏡像の関係にある立体異性体である。

▶カ　o-, p-配向性を示す置換基には，$-CH_3$，$-NH_2$，$-Cl$，$-O-CH_3$などがあり，m-配向性を示す置換基には，$-NO_2$，$-COOH$，$-CHO$，$-COCH_3$などがある。

▶キ・ク　実験7より，ジケトピペラジンCを構成するC原子とH原子の比は5:9であった。また，ジケトピペラジンCについて，側鎖以外のC原子の数は4個，同じくH原子の数は4個である。

そこで，①〜⑧の側鎖が含むC原子の数を考慮すると，ジケトピペラジンCが含むC原子の数は10個，H原子の数は18個と推定できる。すなわち，側鎖全体が含むC原子の数は $10-4=6$ 個，H原子の数は $18-4=14$ 個となる。一方，ジケトピペラジンCは，構成成分として①または⑥を含む。

①を含む場合：①のC原子，H原子の数はそれぞれ1個と3個であるから，もう片方の側鎖のC原子の数は $6-1=5$ 個，H原子の数は $14-3=11$ 個となるが，これを満たす側鎖は存在しない。

⑥を含む場合：⑥のC原子，H原子の数はそれぞれ 3 個と 7 個であるから，もう片方の側鎖のC原子の数は 6−3＝3 個，H原子の数は 14−7＝7 個となり，⑦がこれを満たす。

したがって，求める側鎖は⑥，⑦である。

▶ケ・コ　Dは −COOH と −NH₂ を 1 つずつもつため，中性アミノ酸のような電気泳動の傾向を示す。したがって，酸性条件下では −COOH と −NH₄⁺ の状態にあるので陰極の方へ移動する（塩基性条件下や中性条件下については既に述べた通り）。一方，Fは −NH₂ がアセトアミド基に変化して電離できなくなるので，−COOH の電離状況のみで電気泳動をする。したがって，塩基性条件下や中性条件下では −COO⁻ となるので陽極へ移動し，酸性条件下では −COOH となるので移動しない。

なお，Dの構造式は次のとおりである。

$$\mathrm{H_2N-CH_2-CH_2-CH_2-CH_2-\underset{\underset{\mathrm{C-NH}}{\|}{O}}{\overset{\overset{\mathrm{HN-C}}{\|}{O}}{CH}}\quad CH-CH_2-\underset{\|}{\overset{}{C}}-OH}$$

参考　上記で示していない側鎖とアミノ酸の名称は次のとおりである。①～⑧のアミノ酸はタンパク質を構成する 20 種類のアミノ酸に含まれている。

②　トレオニン Thr　　③　アスパラギン酸 Asp　　⑦　バリン Val

⑧　リシン Lys

2 解答

ア　$Ca(OH)_2 + CO_2 \longrightarrow CaCO_3 + H_2O$
　　$CaCO_3 \longrightarrow CaO + CO_2$

イ　$0.48\,\mathrm{nm}$

ウ　MgO
理由：与えられた結晶では，陰イオンは O^{2-} で共通であり，陽イオンはいずれも 2 価である。したがって，陽イオンの半径が小さいほどクーロン力が大きくイオン結合が強いと考えられる。

エ　1.3

オ　アルミニウムのイオン化傾向はきわめて大きいので，水溶液中では Al^{3+} の還元反応よりも H_2O の還元反応が優先的に生じるため。

カ　$Al_2O_3 \cdot 3H_2O + 2NaOH \longrightarrow 2Na[Al(OH)_4]$

キ

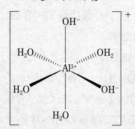

ク　$C + O^{2-} \longrightarrow CO + 2e^-$

$C + 2O^{2-} \longrightarrow CO_2 + 4e^-$

ケ　発生した CO と CO_2 の物質量をそれぞれ x〔mol〕, y〔mol〕 とすると

$$x + y = \frac{72.0 \times 10^3}{12.0}$$

また, 陽極と陰極を通過した電子の物質量は等しいから

$$2x + 4y = \frac{180 \times 10^3}{27.0} \times 3$$

この連立方程式を解くと

$$y = 4.00 \times 10^3 \text{〔mol〕}$$

したがって, 求める CO_2 の質量は, $CO_2 = 44.0$ より

$$4.00 \times 10^3 \times 44.0 \times 10^{-3} = 1.76 \times 10^2 \text{〔kg〕}　\cdots\cdots\text{(答)}$$

━━━━━◀解　説▶━━━━━

≪金属酸化物の結晶構造と融点, Al の電解精錬と錯イオンの構造≫

▶ア　白色沈殿は炭酸カルシウム $CaCO_3$ であり, その熱分解で酸化カルシウム (生石灰) CaO が生じる。アンモニアソーダ法で CO_2 を得るのに用いられる反応である。

▶イ　単位格子の一辺の長さは陽イオンと陰イオンの直径の和に等しい。したがって, 酸化物イオン O^{2-} の半径を r_0〔nm〕とし, 求める CaO の単位格子の一辺の長さを x〔nm〕とすると

MgO について　　$(0.086 + r_0) \times 2 = 0.42$　　$\cdots\cdots$①

CaO について　　$(0.114 + r_0) \times 2 = x$　　　$\cdots\cdots$②

②-① より

$$x = 0.476 \doteqdot 0.48 \text{〔nm〕}$$

▶ウ　化学結合 (イオン結合) が大きいほど融点が高いと考えてよい。陽

イオンのイオン半径が小さくても，結晶構造が異なると必ずしもイオン結合が大きいとはいえないが，MgO，CaO，BaO のいずれもが NaCl 型の結晶構造をもつことが示されているので，そのことを考慮する必要はない。

▶エ　2.70 g の単体の Al とその酸化生成物 Al_2O_3 の体積を比較する。

単体の体積は表 2 － 2 より 1.00 cm^3 である。一方，生成する Al_2O_3 の質量は，$Al_2O_3＝102.0$ より

$$\frac{2.70}{27.0} \times \frac{1}{2} \times 102.0 = 5.10 〔g〕$$

したがって，その体積は，表 2 － 1 より

$$\frac{5.10}{3.99} = 1.27 〔cm^3〕$$

よって，求める比は

$$\frac{1.27}{1.00} = 1.27 ≒ 1.3$$

▶オ　金属のイオン化列は次のとおりである。

Li＞K＞Ca＞Na＞Mg＞Al＞Zn＞Fe＞Ni＞Sn＞Pb
　　　　　　　　　（＞H_2）＞Cu＞Hg＞Ag＞Pt＞Au

▶カ　$Al_2O_3・3H_2O$ は $2Al(OH)_3$ と考えることも可能であり，その場合には，水酸化物の沈殿である $2Al(OH)_3$ が過剰の 2NaOH によって再溶解する実験室的反応と同様の反応式となる。

$$2Al(OH)_3 + 2NaOH \longrightarrow 2Na[Al(OH)_4]$$
$$(Al(OH)_3 + NaOH \longrightarrow Na[Al(OH)_4])$$

▶キ　問題文に示されている $m+n=6$ とは，この錯イオンは H_2O も含めて 6 配位であることを示している。また，その構造が正八面体であることは，同じく 6 配位の $[Fe(CN)_6]^{3-}$ などから推論したい。このような錯イオンには，2 つの OH^- が離れているトランス形と隣接しているシス形の 2 種類の幾何異性体が存在する。〔解答〕の左側がトランス形，右側がシス形である。

▶ク　陽極では酸化反応が起こっている。CO と CO_2 の発生は競争的に生じている。

▶ケ　炭素の消費量と Al の生成量の値から，消費された炭素の物質量と融解塩電解に用いられた電気量（電子の物質量）がわかる。これらから得

られる連立方程式を解けばよい。

3 解答

I ア もとの塩酸 HCl の物質量は，$9.0 \times 10^{-2} \times 2.0 = 1.8 \times 10^{-1}$〔mol〕であり，10 分間に溶け込んだ NH_3 の物質量は

$$\frac{1.0 \times 10^5 \times 0.20 \times 10}{8.3 \times 10^3 \times 300} = 8.03 \times 10^{-2} 〔mol〕$$

また，$HCl + NH_3 \longrightarrow NH_4Cl$ であり，$t = 10$ 分では HCl に NH_4Cl が溶け込んだ状態であるとみなせるので，水素イオン濃度 $[H^+]$ は未反応の HCl の電離によるものに等しいと近似できる。したがって

$$[H^+] = \frac{1.8 \times 10^{-1} - 8.03 \times 10^{-2}}{2.0}$$
$$= 4.98 \times 10^{-2} \fallingdotseq 5.0 \times 10^{-2} 〔mol/L〕 \quad \cdots\cdots(答)$$

イ 5.6×10^{-10} mol/L

ウ 40 分間に溶け込んだ NH_3 の物質量は

$$\frac{1.0 \times 10^5 \times 0.20 \times 40}{8.3 \times 10^3 \times 300} = 3.21 \times 10^{-1} 〔mol〕$$

この値はもとの HCl の物質量よりも多いので，この時点での溶液は NH_4Cl と NH_3 の混合溶液とみなせる。したがって，NH_4Cl と NH_3 の物質量 は，それぞれ 1.8×10^{-1} mol，$3.21 \times 10^{-1} - 1.8 \times 10^{-1} = 1.41 \times 10^{-1}$〔mol〕である。

よって

$$[H^+] = K_a \times \frac{[NH_4^+]}{[NH_3]}$$
$$= \frac{1.0 \times 10^{-14}}{1.8 \times 10^{-5}} \times \frac{\dfrac{1.8 \times 10^{-1}}{2.0}}{\dfrac{1.41 \times 10^{-1}}{2.0}}$$
$$= 7.09 \times 10^{-10} \fallingdotseq 7.1 \times 10^{-10} 〔mol/L〕 \quad \cdots\cdots(答)$$

エ (4)

オ 1.2

Ⅱ カ

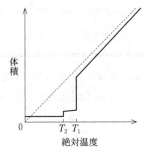

キ $CH_4 + H_2O \longrightarrow CO + 3H_2$

ク 高圧ほど反応物の分圧が大きいので反応速度が大きくなる。また，式1の正反応は総分子数が減少する反応であるから，高圧ほど平衡が右に偏るので，平衡状態でのメタノールの収率がよくなる。

ケ 一酸化炭素：0.32 mol メタノール：1.24 mol

コ 求める反応熱を Q〔kJ〕とし，式1に関する熱化学方程式を示すと次のようになる。

$$CO \,(\text{気}) + 2H_2 \,(\text{気}) = CH_3OH \,(\text{気}) + Q\,kJ \quad \cdots\cdots ①$$

$Q = (CH_3OH \,(\text{気}) \text{の生成熱}) - (CO \,(\text{気}) \text{の生成熱})$ である。ここで，$CH_3OH \,(\text{気})$ の生成熱 Q_1〔kJ/mol〕についての熱化学方程式を次のようにおく。

$$C \,(\text{黒鉛}) + 2H_2 \,(\text{気}) + \frac{1}{2}O_2 \,(\text{気}) = CH_3OH \,(\text{気}) + Q_1\,kJ \quad \cdots\cdots ②$$

また，$CH_3OH \,(\text{液})$ の燃焼および蒸発に関する熱化学方程式は，それぞれ次のようになる。

$$CH_3OH \,(\text{液}) + \frac{3}{2}O_2 \,(\text{気}) = CO_2 \,(\text{気}) + 2H_2O \,(\text{液}) + 726\,kJ \quad \cdots\cdots ③$$

$$CH_3OH \,(\text{気}) = CH_3OH \,(\text{液}) + 38\,kJ \quad \cdots\cdots ④$$

③+④ より

$$CH_3OH \,(\text{気}) + \frac{3}{2}O_2 \,(\text{気}) = CO_2 \,(\text{気}) + 2H_2O \,(\text{液}) + 764\,kJ \quad \cdots\cdots ⑤$$

$764 = (CO_2 \,(\text{気})$ と $2H_2O \,(\text{液})$ の生成熱の和$) - (CH_3OH \,(\text{気})$ の生成熱$)$ であるので

$$764 = (394 + 286 \times 2) - Q_1 \qquad Q_1 = 202 \,〔kJ〕$$

ゆえに

$$Q = Q_1 - 110 = 202 - 110 = 92 \text{〔kJ〕} \quad \cdots\cdots\text{(答)}$$

よって，式1のメタノール生成反応は 発熱反応 ……(答)

━━━━━◀解 説▶━━━━━

≪NH_4^+ の電離定数と緩衝作用，実在気体，メタノール合成の反応熱≫

◆Ⅰ ▶ア 強酸の塩酸 HCl に NH_4Cl が溶け込んだ状態では，NH_4Cl の加水分解反応

$$NH_4Cl + H_2O \rightleftharpoons NH_3 + H_3O^+(H^+) + Cl^-$$

の平衡は，HCl の電離による $[H^+]$ が大きいので左に偏っており，NH_4Cl の加水分解（すなわち H^+ の生成）はほとんど生じない。したがって，未反応の HCl による H^+ のみを考えればよい。

▶イ K_a, K_b, K_w を表す式はそれぞれ次のとおりである。

$$K_a = \frac{[NH_3][H^+]}{[NH_4^+]}, \quad K_b = \frac{[NH_4^+][OH^-]}{[NH_3]}, \quad K_w = [H^+][OH^-]$$

したがって

$$K_a = \frac{[NH_3][H^+]}{[NH_4^+]} = \frac{[NH_3]}{[NH_4^+][OH^-]} \times [H^+][OH^-] = \frac{K_w}{K_b}$$

$$= \frac{1.0 \times 10^{-14}}{1.8 \times 10^{-5}} = 5.55 \times 10^{-10} \fallingdotseq 5.6 \times 10^{-10} \text{〔mol/L〕}$$

▶ウ $t = 40$ 分での溶液は NH_4Cl と NH_3 による緩衝液となっている。したがって，$[H^+]$ を計算する際，NH_4Cl の加水分解と NH_3 の電離は無視してよい。このような近似計算を理解していることがきわめて重要である。なお，〔解答〕では，計算をより速くしかも正確に行うために，K_a の値をイで求めた近似値ではなく，その直前の $\dfrac{1.0 \times 10^{-14}}{1.8 \times 10^{-5}}$ mol/L をそのまま用いた。

▶エ ア，ウで求めた $[H^+]$ の値より，それぞれの pH はおよそ1.3と9.2である。したがって，(1)・(5)・(6)は不適である。

また，中和に達する時間を t 分とすると，このとき HCl と NH_3 の物質量は等しいから

$$1.8 \times 10^{-1} = \frac{1.0 \times 10^5 \times 0.20 \times t}{8.3 \times 10^3 \times 300} \qquad t = 22.4 \text{分}$$

これより，$t = 40$ 分あたりを中和点として pH が大きく変化している(2)は

不適である。

$t = 40$ 分では，水溶液は NH_4Cl と NH_3 による緩衝液であり，1.8×10^{-1} mol の NH_4Cl が存在している。この後 NaOH を加えることで緩衝作用としての次のような反応が生じる。

$$NH_4Cl + NaOH \longrightarrow NaCl + NH_3 + H_2O$$

この反応が完了するまでは pH は大きく上昇しないが，それに要する時間を x 分とすると

$$\frac{1.0 \times 10 \times x}{1000} = 1.8 \times 10^{-1} \qquad x = 18 \text{ 分}$$

したがって，$t = 40 + 18 = 58$ 分のとき NaOH の継続的な滴下による pH の大きな上昇が生じるので，(4)が最も適当である。

▶オ　$t = 80$ 分に至るまでに加えられた HCl，NH_3，NaOH の物質量は

　　　HCl：1.8×10^{-1} mol

　　　NH_3：3.21×10^{-1} mol

　　　NaOH：$\dfrac{1.0 \times 10 \times 40}{1000} = 4.0 \times 10^{-1}$〔mol〕

したがって，NaOH は HCl を中和したのちも

$$4.0 \times 10^{-1} - 1.8 \times 10^{-1} = 2.2 \times 10^{-1} \text{〔mol〕}$$

が未反応で残存しているとみなすことができる。

これに a〔mol〕の NH_4Cl を加えると，エで示した緩衝作用としての反応

$$NH_4Cl + NaOH \longrightarrow NaCl + NH_3 + H_2O$$

によって，NH_4Cl（NH_4^+）は $a - 2.2 \times 10^{-1}$ mol となり，

NH_3 は $3.21 \times 10^{-1} + 2.2 \times 10^{-1} = 5.41 \times 10^{-1}$〔mol〕となる。

ゆえに，このときの水溶液の体積が 2.4L であることを考慮して

$$[H^+] = K_a \times \frac{[NH_4^+]}{[NH_3]} = \frac{1.0 \times 10^{-14}}{1.8 \times 10^{-5}} \times \frac{\dfrac{a - 2.2 \times 10^{-1}}{2.4}}{\dfrac{5.41 \times 10^{-1}}{2.4}} = 1.0 \times 10^{-9}$$

$$a = 1.19 \fallingdotseq 1.2 \text{〔mol〕}$$

化合物がどのような順序で加えられようが，強酸と強塩基は優先的に中和反応し，過剰な方が未反応となって残存すると考えればよい。しかも，生成した塩 NaCl は加水分解を受けないから pH すなわち $[H^+]$ に影響を与えない。また，上記の場合のように，ともに塩基である NaOH と NH_3 が

残存する場合にはそれ以上の反応は生じないが，新たに NH_4Cl が加えられることによって，緩衝作用の反応が生じて，NH_4^+ と NH_3 がともに存在する状態になり，そのそれぞれの濃度によって $[H^+]$ が決まることになる。

◆Ⅱ ▶カ 実在気体の温度を下げていくと，沸点近くになるほど分子間力の影響が大きくなり，体積は理想気体の値よりも小さくなる。そして，沸点 T_1 に達すると凝縮が始まり，全量が液体になるまで温度は変化せず，体積は気体状態よりも極端に小さくなる。さらに温度を下げていくと，分子間力がより強く作用するので，わずかに体積が減少して融点 T_2 で凝固が始まり，全量が固体になるまで温度は変化せず，凝固が完了した時点で体積は液体状態よりもわずかに小さくなる。その後，温度を下げ続けるとわずかに体積を減少させ続けるが，絶対零度においても体積が 0 になることはない。

なお，〔解答〕は上記の説明に基づいて描いたものであるが，例えば 1 気圧下での水の場合，液体状態では 4℃で最も体積が小さくなり，固体になると液体状態よりも体積が大きくなる。したがって，すべての物質について〔解答〕のグラフが当てはまるわけではない。

▶キ メタンの水蒸気改質反応では，メタン CH_4 が還元剤，水 H_2O が酸化剤として作用している。H_2O の還元によって水素 H_2 が得られるので，きわめて有用な反応であり，燃料電池自動車などでの活用が期待されている。

▶ク 工業的な合成反応では，反応速度を大きくすることと平衡状態での収率を上げることが大切である。ハーバー・ボッシュ法によるアンモニア合成反応も次のとおりであり，やはり高圧で行う方が有利である。

$$N_2 + 3H_2 \rightleftharpoons 2NH_3$$

実際問題としては，さらに反応温度の問題があり，高温ほど反応速度ははるかに大きくなるが，求める反応（正反応）が発熱反応である場合には，高温にすると平衡状態での収率が低下するため，装置の耐圧性能なども含めた総合的な検討をしたうえで反応条件を決めている。

▶ケ 平衡状態で 0.24 mol の H_2 が残っていたから，反応した H_2 と CO および生成した CH_3OH は次のように計算できる。

反応した H_2：$2.72 - 0.24 = 2.48$〔mol〕

反応した CO : $\dfrac{2.48}{2} = 1.24$〔mol〕

生成した CH₃OH : $\dfrac{2.48}{2} = 1.24$〔mol〕

したがって，各成分の平衡前後での物質量の変化は次のとおりである。

$$\text{CO} + 2\text{H}_2 \rightleftharpoons \text{CH}_3\text{OH}$$

	CO	2H₂	CH₃OH	
平衡前	1.56	2.72	0	〔mol〕
変化量	−1.24	−2.48	+1.24	〔mol〕
平衡時	0.32	0.24	1.24	〔mol〕

▶コ　反応熱を求める場合，まず反応式上の反応物や生成物の生成熱との関係をどのように活用するかを考えるとよい。

　　　（反応熱）＝（生成物の生成熱の和）−（反応物の生成熱の和）

また，本問では炭素，水素やメタノールの燃焼に関する反応熱が与えられていることから，次の 2 通りの反応経路およびその反応熱を考えることが大きなヒントになる。

(i)　単体の炭素 C（黒鉛），水素 H₂（気）が酸素 O₂（気）によって直接完全燃焼して CO₂（気）や H₂O（液）を生成する反応経路。

(ii)　炭素 C（黒鉛），水素 H₂（気），酸素 O₂（気）によってメタノール CH₃OH（気）や一酸化炭素 CO（気）を生成する反応経路を経たのちに，さらに燃焼により CO₂（気）や H₂O（液）を生成する反応経路。

この(i)と(ii)の反応熱をヘスの法則を用いて考察することで，各反応熱（生成熱）の関係を理解することができる。

以上のことをエネルギー図で示すと次のようになる。

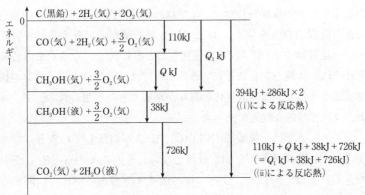

❖講　評

　2016 年度までは，大問 3 題でそれぞれが Ⅰ，Ⅱ に分かれており，実質 6 題の出題であったが，2018 年度は有機分野および無機分野の大問各 1 題が Ⅰ，Ⅱ に分かれておらず実質 4 題となった。ただし，設問数自体は実質 5 題であった 2017 年度や 2016 年度までと同程度である。試験時間は 2 科目で 150 分と変化がなかった。

　1　実験 1 〜 9 の意味することを正確かつ簡潔に理解することが最大のポイントである。オは，ジケトピペラジンが環状ジペプチドであるために，直鎖状ペプチドで見られるアミノ酸配列の違いによる立体異性体が生じないことに気づく必要がある。つまり，2 つのアミノ酸を A1，A2 とすると，環状ジペプチドにおいては A1−A2 と A2−A1 という結合順序の違いは存在せず，立体構造上の違いは生じないのである。クでは，炭素原子と水素原子の個数の比から，側鎖を推定することができるかどうかで大きな差がついた。片方の側鎖が 2 種類に限定されていることから，もう一方の側鎖を推定するのである。ケとコは，側鎖の酸性・塩基性の性質によって電気泳動の方向が異なることに気づけばよかった。酸性の基は −COOH，塩基性の基は −NH$_2$ である。なお，ア，イ，ウ，エは確実に得点しておきたい。

　2　与えられた 2 つの表から必要な情報を選び取る能力が求められた。これは大学入試改革で唱えられている「主体的で深い学び」を意識した出題だと考えられ，このような傾向の問題は今後も継続的に出題される可能性がある。イとウでは，結晶構造と O^{2-} イオンが共通であることの意味をしっかり理解したい。エでは，結晶構造の方向に思考が進むと，大きな時間的ロスを招く。Al と Al$_2$O$_3$ の密度が表に与えられているから，一定質量の Al が Al$_2$O$_3$ に変化したときに何 g になるかを求めると，それぞれの体積を知ることができる。キでは，6 配位の錯イオンの構造を推測できると，幾何異性体の意味が理解できたと思われる。ア，オ，カ，クは標準的な問題であった。

　3　**Ⅰ**　アでは，強酸の HCl 中に NH$_4$Cl が溶解しているとみなせるから，NH$_4$Cl はほとんど加水分解しない。そのことから [H$^+$] が計算できる。イは，NH$_3$ およびその塩の陽イオンである NH$_4^+$ に関する 2 つの電離定数の関係を問うもので，問題演習で接したことがあったので

はないだろうか。ウは，緩衝液の［H^+］を求める問題であった。エで
は，$t = 10$ 分，$t = 40$ 分および中和点での pH が推定できるとスムーズに
対応できる。さらに，$t = 40 \sim 80$ 分では緩衝液を強塩基の NaOH で滴定
しているとみなせる pH 変化が見られることに気づけるとよい。オは，
余剰の NaOH を過剰の NH_4Cl で中和した後の pH に関する問題であり，
電離定数を使いこなす必要があった。

　Ⅱ　カは，実在気体の状態変化を図示するという目新しい問いであっ
たが，素直に考えればすんなりできたのではないだろうか。クでは，ル
シャトリエの原理ばかりでなく，反応速度にも目を向ける必要があった。
コでは，多数の熱化学方程式を方針なく加えたり引いたりすると目途が
立たなくなる。生成熱は成分元素の単体が出発点（単体のエネルギーは
ゼロである）であること，最終的な燃焼生成物は CO_2 と H_2O であるこ
と，およびヘスの法則をどのように使いこなすことができるかが重要な
ポイントであった。エネルギー図を描いて見通しをつけてから取り組む
と，時間的に有利であったと思われる。

生物

1 **解答** Ⅰ　A　RNA ポリメラーゼは基本転写因子とともに複合体をつくり，その遺伝子のプロモーターに結合し，片方の DNA 鎖を鋳型にして RNA 鎖を 5′→3′ の方向へ合成していく。

B　16 種類

C　エキソン 9d の 81〜83 塩基目

D　a—③　b—⑤　c—⑥　d—⑧　e—⑩

Ⅱ　E　9

F　チミン

G　ACCTTAAGGT，AAACCGGTTT などから 1 つ（回文構造であればよい）

H　㈠g—6，h—4　㈡8：6：7　㈢—(1)・(5)

◀解　説▶

≪真核生物の転写，選択的スプライシング，ゲノムへのマッピング≫

◆Ⅰ

　真核細胞でのスプライシングの位置や組み合わせは細胞の種類や状態によって変化する（選択的スプライシング）。α-トロポミオシン遺伝子の場合も選択的スプライシングを受けて横紋筋・平滑筋・脳でポリペプチド鎖の長さが異なる。

　スプライシングを補正してヒトの遺伝病の治療につなげる研究がなされている。*SMN1* 遺伝子とその隣にある *SMN2* 遺伝子について，*SMN2* 遺伝子からつくられる mRNA ではその 9 割においてエキソン 7 がスキップされている。残りの 1 割はエキソン 7 が使用され，*SMN1* 遺伝子由来のタンパク質と同じアミノ酸配列をもつタンパク質がつくられる。脊髄性筋萎縮症の治療に，スプライシングを補正する作用をもつ核酸分子 X が有効であることが示されている。

▶A　真核生物における転写では，原核生物とは異なり，RNA ポリメラーゼが直接プロモーターに結合することはない。多くの基本転写因子とともに転写複合体をつくってプロモーターに結合する。RNA ポリメラーゼ

は DNA ポリメラーゼと同じように 5′ 末端から 3′ 末端の一方向にしかヌクレオチドをつなげられない。転写の場合，DNA の一方の鎖（アンチセンス鎖）を鋳型にして 3′→5′ の方向に読んでいき，mRNA を 5′→3′ の方向へ合成していく。

プロモーターや遺伝子から離れたところに転写調節領域があり，この領域に結合した調節タンパク質（アクチベーターやリプレッサー）が転写複合体に作用して転写を促進したり抑制したりするなどの調節を行う。

▶B　6 つのエキソンのうちエキソン 1 とエキソン 6 が必ず使用されるという条件，さらにスプライシングの際にエキソンの順番が入れ替わらないという条件があるので，残り 4 個のエキソンを何個使用するかを考えればよいことになる。よって，4 個のエキソンの取り出し方（組み合わせ）を求めればよい。

$$_4C_0 + _4C_1 + _4C_2 + _4C_3 + _4C_4 = 16 \text{ 種類}$$

▶C　平滑筋で発現している α-トロポミオシンの mRNA は，選択的スプライシングを受けてエキソン 1a，エキソン 2a，エキソン 3，エキソン 4，エキソン 5，エキソン 6b，エキソン 7，エキソン 8，エキソン 9d が用いられている。

表 1－1 より，平滑筋の α-トロポミオシンタンパク質を構成するアミノ酸数は 284 個であるので，用いられる塩基は 284×3＝852 個で，次の 853〜855 番目が終止コドンとなる。

エキソン 1a の 192〜194 塩基目の開始コドンからエキソン 1a 内にある塩基数は 305－191＝114 個。エキソン 1a の開始コドンからエキソン 8 までの塩基数を求めると，エキソン 2a で 126 個，エキソン 3 で 134 個，エキソン 4 で 118 個，エキソン 5 で 71 個，エキソン 6b で 76 個，エキソン 7 で 63 個，エキソン 8 で 70 個。ここまでの合計が 772 個となるので

$$853 - 772 = 81 \text{（←エキソン 9d 内の終止コドンの始まりの番号）}$$

$$855 - 772 = 83 \text{（←エキソン 9d 内の終止コドンの終わりの番号）}$$

よって，終止コドンはエキソン 9d の 81〜83 塩基目にある。

▶D　a．*SMN1* mRNA 前駆体では，エキソン 7 内部の 1 つの塩基が C であるのに対して，*SMN2* mRNA 前駆体では U に変化している。この部分の *SMN1* mRNA 前駆体の塩基配列が CAGACAA なので，1 つの塩基が C→U に変化しているものを考えればよい。よって，③の UAGACAA

が *SMN2* mRNA 前駆体の領域Aでの塩基配列である。

b．タンパク質Yはこのように塩基配列が変化すると結合できなくなり，エキソン7はスプライシングの際にスキップされてしまう。このことからタンパク質Yはスプライシングの際にエキソン7が使用されることを促進していると考えられる。

c．領域Bには，スプライシングの制御に関するタンパク質Zが認識して結合する塩基配列が存在する。脊髄性筋萎縮症の治療に有効な人工核酸分子Xは，領域Bの塩基配列と相補的に結合し，タンパク質Zの領域Bへの結合を阻害するとあるので，タンパク質Zには，スプライシングの際にエキソン7がスキップされることを促進するはたらきがある。これは，*SMN1* 遺伝子も *SMN2* 遺伝子も共通にタンパク質Zが認識する塩基配列をもっていても，*SMN1* 遺伝子の場合はエキソン7の使用を促進するタンパク質Yによりスキップが抑制されているのでタンパク質Zによるスキップ促進を受けないが，*SMN2* 遺伝子の場合，塩基配列の変化によりタンパク質Yが結合できない状態となっているので，タンパク質Zの影響を受けることになると考えられる。

d・e．人工核酸分子Xは，*SMN2* 遺伝子のスプライシングを補正して全長型 SMN タンパク質を増加させるはたらきをもつと考えられる。

◆Ⅱ

　生体内に存在する RNA を網羅的に明らかにする RNA-Seq と呼ばれる解析を行うことが可能になった。この方法では，RNA を切断することで得られる多数の短い RNA の塩基配列を一度に決定できる。このようにして決定される短い塩基配列をリード配列と呼ぶ。この配列は DNA の塩基で表すので，U は T として読まれる。リード配列の元となった短い RNA がゲノム中のどの位置から転写された RNA に由来するかを決めるためには，ヌクレオチド鎖の向きも含めてリード配列と一致する塩基配列がゲノム中に出現する位置を見つけるマッピングと呼ばれる解析を行う。

▶E　ヒトゲノムの塩基対数はおよそ 30 億であるから，3×10^9 である。よって，f=9 となる。これ以外にも，ヒトゲノムを構成する染色体数は 23 本，ヒトゲノム中の遺伝子数は 20000～23000 程度，ヒトゲノムの中でタンパク質をコードする領域は 1～1.5％程度などは記憶しておきたい。

▶F　アデニンが多数連なったポリA配列に相補的な塩基が連なった一本

鎖 DNA を考えればよい。アデニンと相補的な結合をするのはチミンであるから，チミンが多数連なった一本鎖 DNA を用いる。RNA ではないので，ウラシルとしないこと。

▶G　リード配列と一致する塩基配列がゲノムの 2 つのヌクレオチド鎖の全く同じ位置に出現する特徴について考えてみよう。

　リード配列 α が結合したゲノム DNA 鎖（①とする）と，①と相補的なゲノム DNA 鎖（②とする）について，この②のリード配列を β とするとき，リード配列 α と β が二本鎖をつくれるようになっているはずである。このような構造を回文構造という。

　「10 塩基の長さ」とあるので，回文構造として具体的に例を挙げるならば GTCAATTGAC，ACCTTAAGGT，AAACCGGTTT などのような塩基配列を記述すればよい。また，設問には「A，C，G，T のアルファベットを 5′→3′ の順に並べた文字列として表すものとする」とあるので，回文構造であっても CCCCCTTTTT などのように 2 種類の塩基だけの配列などは避けておいたほうがよい。〔解答〕に示した例のように，4 種類の塩基を少なくとも 1 回は用いた配列にしておきたい。

▶H　㋐　エキソン内にマッピングされたリード配列の数の合計はエキソンの長さを反映していると考えることができる。その理由としては，リード文に，RNA-Seq を行うと mRNA がランダムに切断されてマッピングされるとあるから，リード配列の数の合計はエキソンの長さに比例すると考えられる。

　つまり，さまざまな遺伝子の mRNA の分子数を比較するには，エキソン内にマッピングされたリード配列の数の合計をエキソンの塩基数の合計で割った値で比較すればよい。これによって，遺伝子 1 から遺伝子 6 までの遺伝子発現の頻度すなわち，「mRNA の出現頻度」の推定値が求まる。出現頻度の推定値が最も大きいものが，mRNA の分子数が最も多いものになる。

遺伝子 1 では　　　　$4500 \div 1000 = 4.5$

遺伝子 2 では　　　　$50 \div 800 = 0.0625$

遺伝子 3 では　　　　$10000 \div 3000 \fallingdotseq 3.3$

遺伝子 4 では　　　　$150 \div 2500 = 0.06$

遺伝子 5 では　　　　$7000 \div 1500 \fallingdotseq 4.7$

遺伝子 6 では　　　　$9000 \div 1800 = 5$

よって，mRNA の分子数が最も多かったものは遺伝子 6，最も少なかったものは遺伝子 4 である。

㈠　遺伝子 7 は 4 つのエキソンをもっていて，また遺伝子 7 は選択的スプライシングを受けてエキソン 2 またはエキソン 3 のいずれか，あるいは両方がスキップされることがあるとある。エキソン 1 とエキソン 4 はスキップされないので，まずこのエキソン 1 とエキソン 4 の mRNA の出現頻度を㈠と同様にして求める。

エキソン 1 では　　　$16800 \div 800 = 21$

エキソン 4 では　　　$21000 \div 1000 = 21$

となる。スプライシングを受けていないエキソンでの mRNA の出現頻度（＝21）は全体の mRNA の分子数とみなすことができる。つまり，4 種類の mRNA の合計 $x + y + z + w$ の分子数が 21 に相当し，この問いでは $x = 0$ という条件下にある。

同様にして，エキソン 2 とエキソン 3 の mRNA の出現頻度を求める。

エキソン 2 では　　　$3600 \div 600 = 6$

エキソン 3 では　　　$3200 \div 400 = 8$

この結果より，エキソン 2 を含む mRNA は z だけなので $z = 6$，エキソン 3 を含む mRNA は y だけなので $y = 8$ が求まる。

エキソン 2 とエキソン 3 の両方がスキップされたものは，$x = 0$ より

$$w = 21 - (6 + 8) = 7$$

よって　　　$y : z : w = 8 : 6 : 7$

㈢　x が 0 とは限らないとすると

エキソン 1，4 のリード配列の比から　　　$x + y + z + w = 21$　　……①

エキソン 2 のリード配列の比から　　　$x + z = 6$　　……②

エキソン 3 のリード配列の比から　　　$x + y = 8$　　……③

よって，w については ①－②－③ から　　　$w - x = 7$　　……④

(1)　③が成立すればよいので，$x = 5$，$y = 3$ とすると，$w = 12$，$z = 1$ で $x > y$ となり，式は成り立たない。

(2)　②より $x + z = 6$，③＋④ より $y + w = 15$ で，$x + z < y + w$ は常に成り立つ。

(3)　④より $w = 7 + x$ で，$x < w$ は常に成り立つ。

(4)　③－② より $y - z = 2$ で，$y = z + 2$ より，$y > z$ は常に成り立つ。

(5)　③+④ より $y+w=15$ が成立すればよいので，$y=7$，$w=8$ とすると，$x=1$，$z=5$ で $y<w$ となり，$y>w$ は成り立たない可能性がある。

(6)　② より $z<6$，④ より $w>7$ なので，$z<w$ は常に成り立つ。

以上より，成り立たない可能性がある関係式は(1)・(5)である。

2　解答

A　有袋類はオーストラリア大陸以外にも広く分布していたが，その後に出現した真獣類との競争に敗れて多くは絶滅した。この段階でオーストラリア大陸では他の大陸から分離していたため競争が起こらず，有袋類が生き残った。

B　イ―DNA ポリメラーゼ，好熱菌　ウ―逆転写酵素，レトロウイルス

C　1―オリゴデンドロサイト〔オリゴデンドログリア〕　2―軸索
3―髄鞘　4―有髄　5―ランビエ絞輪　6―跳躍伝導　7―無髄
8―大きい

D　個体2，個体4

E　(2)・(5)

F　ヒストンが遺伝子 X やその転写調節を含む部分に強く結合した結果，遺伝子 X の転写が抑制されている。

G　(1)・(5)

H　(3)・(4)

I　正常マウスの皮膚の細胞膜表面には MHC タンパク質が存在するので別系統のマウスに移植すると拒絶反応が起こるが，遺伝子 X ノックアウトマウスの細胞膜表面には MHC タンパク質がほとんど存在しないので拒絶されなかった。

J　(2)・(3)・(5)

━━━━━━━━━━◀解　説▶━━━━━━━━━━

≪悪性腫瘍，マイクロサテライトの電気泳動，シュワン細胞，MHC タンパク質≫

　オーストラリアのタスマニア島にはタスマニアデビルという有袋類が生息している。タスマニアデビルは，餌や繁殖相手をめぐって頻繁に争いを起こすために顔や首に傷を負うことがある。この顔や首の傷口の周囲には，大きな瘤ができていて，この瘤は悪性腫瘍であることがわかった。悪性腫瘍により，野生のタスマニアデビルの生息数が激減している。この悪性腫

瘍について実験 1 〜 3 を行った。

　実験 1 では悪性腫瘍をもつ個体ともたない個体で正常部位や悪性腫瘍部位の体組織を採取して，マイクロサテライトを含む領域をゲル電気泳動した。

　実験 2 では，DNA マイクロアレイ法により遺伝子発現パターンを網羅的に調べた。さらに，正常なシュワン細胞と悪性腫瘍細胞について薬剤 Y で処理した場合の遺伝子 X の mRNA 量も調べた。

　実験 3 では，遺伝子組み換え技術により，遺伝子 X を取り除いたノックアウトマウスを作製した。正常なマウスと遺伝子 X ノックアウトマウスのシュワン細胞について，MHC の mRNA 量と細胞膜上の MHC タンパク質の量を調べた。

▶A　有袋類は真獣類（有胎盤類）より先に出現し，その後に現れた真獣類により生態的地位（ニッチ）を奪われた。有袋類では，胎盤が発達せず，子を未熟な状態で出産し，その後母親の育児のう内で育てる。胎盤の発達した真獣類よりも原始的な存在で，かつてはヨーロッパやアジアなどにも分布していたが，真獣類との生存競争に負けてこれらの地域では絶滅した。しかし，オーストラリア大陸は他の大陸から遠く隔絶していたため，ユーラシア大陸の真獣類はオーストラリア大陸に侵入できず，また独自に進化することもなかったため，この地域では有袋類が生息し続けることができた。

▶B　(イ)　PCR 法で用いる酵素は DNA ポリメラーゼである。この酵素は 95℃という高温域でも酵素活性を失わない耐熱性をもっている。耐熱性の DNA ポリメラーゼの遺伝子は，好熱菌のもので，70〜73℃程度で最もよく機能する。この酵素は，海底火山などの熱水噴出孔に生息する好熱菌 Thermus aquaticus から分離精製されたので Taq ポリメラーゼとも呼ばれている。

(ウ)　cDNA をつくるのは逆転写酵素である。RNA を鋳型としてこれと相補的な配列をもつ DNA を合成するはたらきをする。逆転写酵素をもつ RNA ウイルスはレトロウイルスと呼ばれる。cDNA（complementary DNA）は，RNA を鋳型にして逆転写酵素でつくられた DNA のことを呼ぶが，一本鎖だけでなく，それをもとにして作成した二本鎖 DNA も cDNA という。

▶C　軸索を包んでいるグリア細胞には，シュワン細胞とオリゴデンドロサイト（オリゴデンドログリア）がある。シュワン細胞は，末梢神経において，軸索を包み込む髄鞘を形成する。一方，中枢神経においては，オリゴデンドロサイトが軸索を包み込む髄鞘を形成する。

　シュワン細胞やオリゴデンドロサイトの細胞膜が軸索に幾重にも巻き付いてできた構造を髄鞘（ミエリン鞘）という。有髄神経繊維では，髄鞘は電気絶縁体であるので，興奮は髄鞘がないランビエ絞輪においてのみ起こる（跳躍伝導）。そのため，髄鞘をもたない無髄神経繊維と比べて興奮の伝導速度が大きい。

　無髄神経繊維では，軸索のある部分に刺激を与えると，そこに興奮が生じる。興奮が生じた部位と隣接部の間で電位差が生じ，細胞の外側では静止している部位から活動部位に向かって活動電流が流れる。一方，細胞の内側では，活動部位から静止部位に活動電流が流れる。これが刺激となり隣接する部位が興奮し，次々に興奮が伝導していく。

▶D　個体7と8の子であれば，マイクロサテライトという反復配列の繰り返しの回数も同じものとなり，図2－2で個体7と8に見られる4本のバンドの中からどれか2つを受け継ぐことになる。個体1～6の正常細胞で両親のものと反復配列の繰り返しの回数が同じものをもつのは個体2と個体4である。

　リード文にマイクロサテライトは遺伝マーカーとして用いられるという記述がある。遺伝マーカーというのは生物個体それぞれの遺伝的性質や系統の目印となる DNA 配列のことで，特定の性質をもつ個体に特有の DNA 配列のことをいう。DNA には数塩基の繰り返し配列（反復配列ともいう）がある部分があり，その有無や反復の回数が異なる。こういった反復配列をマイクロサテライトといい，このマイクロサテライトを利用した遺伝マーカーをマイクロサテライトマーカーという。特定の反復配列を見つけたり，あるいはその反復配列を疾患などの有無を検査する目印として用いたりする。

▶E　ゲル電気泳動の結果から分析していく。

(1)　実験1のリード文に「正常細胞が悪性腫瘍化した場合にも，このマイクロサテライトの繰り返し回数は変化しない」とある。個体1～4の腫瘍細胞はすべて正常細胞とは異なるバンドをもっているので，正常細胞から

発生したものではない。よって，誤り。

(2) 個体1と2が兄弟姉妹とあるが，少なくとも個体1は，個体7と8の子ではない。この点から誤りともいえるが，図2－2に記載されていない両親（下図の個体9と10）の間の子とはいえるし，個体9（親）から感染した悪性腫瘍細胞の可能性は残るので正しい。

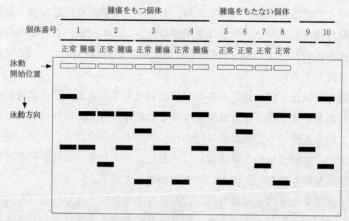

(3) 個体3と4が兄弟姉妹とあり，(2)と同様，個体4は個体7と8から生まれた可能性があるが，個体3は個体7と8の間から生まれた子ではない。これも(2)と同様に，図2－2に記載されていない親から生まれた可能性はある。しかし，個体3と4の腫瘍細胞のバンドは正常細胞のものと違っており，このバンドを形成するマイクロサテライトをもつ親の組み合わせは考えられない。よって，悪性腫瘍が親の正常細胞から発生したというのは誤り。

(4) 個体1～4の腫瘍細胞のバンドはすべて同じ位置に見られる。しかし，正常細胞のものとそれらのバンドは違っているので，1個体の正常細胞から発生したというのは誤り。

(5) 個体1～4の腫瘍細胞のバンドはすべて同じ位置だが，個体1～8のどの正常細胞のバンドとも一致しない。このことはすべての悪性腫瘍は個体1～8とは別の個体の正常細胞から発生した可能性が高いことを示す。よって，正しい。

▶F　ヒトをはじめ多くの動物や植物の全DNA配列が決定されている近年，その遺伝子の配列だけでなく，発現パターンを網羅的に解析する必要

が出てきたため，マイクロアレイ法を用いた DNA 発現解析は重要な技術
となっている。

　マイクロアレイ法で，遺伝子発現の有無を網羅的に調べる場合にプロー
ブ（同定や定量のために使う物質）は対象サンプルより抽出した RNA か
らつくられる。一般的には逆転写して一本鎖 cDNA とし，それをもとに
二本鎖 cDNA に変換する。本問は，この cDNA を用いて遺伝子の発現パ
ターンを調べたものである。

　図 2 － 3 より，タスマニアデビルの悪性腫瘍細胞は，ヒストンの DNA
への結合を阻害する薬剤 Y で処理した場合と処理しなかった場合で，遺伝
子 X の mRNA 量が大きく変化している。正常なシュワン細胞では薬剤 Y
の影響は全く受けていない。悪性腫瘍細胞では薬剤 Y がない場合には遺伝
子 X の発現が抑制されている。このことから，悪性腫瘍細胞では何らか
の修飾を受けたヒストンが，遺伝子 X を含む領域に強く結合して転写を
抑制していると考えられる。しかし，薬剤 Y で処理することで，ヒストン
の DNA への結合が阻害され遺伝子 X の発現が回復し mRNA 量が増加し
たと考えられる。

▶G　図 2 － 4 で，遺伝子 X ノックアウトマウスと正常マウスの MHC
の mRNA 量に差異はない。しかし，細胞膜上の MHC タンパク質の量は
ノックアウトマウスでは正常マウスに比べて非常に少なくなっている。こ
れが実験 3 からわかる内容である。本問は実験結果の解釈として不適切な
ものを選ぶものである。適切なものを選ぶのではない点に注意する。

⑴　遺伝子 X と MHC 遺伝子の染色体上での位置関係はこの実験からは
全くわからないので，「近い位置にある」というのは不適切である。

⑵　図 2 － 4 の左側のグラフを見ると，遺伝子 X があろうがなかろうが
MHC の mRNA 量に違いがないので，遺伝子 X は，MHC の転写に必要
ではないことがわかる。よって，適切である。

⑶・⑷　図 2 － 4 の右側のグラフで検討する。遺伝子 X がノックアウト
されたマウスでは，細胞膜上の MHC タンパク質の量が少なくなっている。
これには，遺伝子 X がノックアウトされたことで翻訳が制御されている
可能性と，翻訳された MHC タンパク質を細胞膜へ輸送するはたらきを制
御している可能性が考えられるので，⑶と⑷はいずれも適切である。

⑸　MHC 遺伝子は再編成をしないので遺伝子 X がその MHC の遺伝子再

編成を制御する可能性はあり得ない。よって，不適であることはすぐにわかる。もしこれを知らなくても，この実験で遺伝子再編成に関する実験結果が全く記述されていないので，遺伝子 X が MHC の遺伝子再編成に関与していることは不明である。よって，不適切である。

▶H （1） 遺伝子 X ノックアウトマウスのシュワン細胞を薬剤Yで処理しても，遺伝子 X 自体がないので，遺伝子 X の発現が回復することはない。よって，不適切。

（2） MHC の mRNA 量は遺伝子 X の有無に影響されないので，悪性腫瘍細胞で MHC の mRNA 量が減少しているというのは不適切。

（3）・（4） 実験2より，悪性腫瘍細胞では遺伝子 X の発現が抑制されていることがわかる。また，実験3より，遺伝子 X が欠損することで，MHCタンパク質の翻訳が制御されたり，細胞膜上への輸送が制御されたりすることがわかる。遺伝子 X の発現を薬剤Yで処理することで回復させると，MHC タンパク質の発現量の増加や細胞膜上での MHC タンパク質の量の回復が予想される。よって，（3）と（4）はいずれも適切である。

（5） 異なるマウスで拒絶されるかどうかは，細胞膜上に MHC タンパク質が発現しているかどうかによる。遺伝子 X ノックアウトマウスの細胞を薬剤Yで処理しても遺伝子 X 自体がないので，これが発現することはない。実験3で，遺伝子 X が発現しない場合には，MHC タンパク質が細胞膜上に配置されないので拒絶反応が起こることはないから不適切。

▶I 拒絶反応は移植する側，つまり提供する側（ドナー）がもつ MHCと移植を受ける側（レシピエント）のMHCの不一致が原因で起こる。正常マウスでは，細胞膜上に MHC タンパク質が存在するので，別系統どうしでは，レシピエントのキラーT細胞によって攻撃され脱落する拒絶反応が起こる。しかし，遺伝子 X ノックアウトマウスでは，実験3より，細胞膜上に MHC タンパク質がほとんどないために別系統のマウスに移植しても非自己として認識されないので，キラーT細胞による攻撃を受けない。つまり，拒絶反応が起こらなかったことになる。

　なお，移植医療では，ドナーからの組織や臓器がキラーT細胞による攻撃を受けるのを抑えるために薬剤を用いる。これを免疫抑制剤というが，よく用いられるものとしては，カビから抽出・精製したシクロスポリンがある。シクロスポリンはヘルパーT細胞がキラーT細胞を活性化するため

にはたらくサイトカインの分泌を抑制することで拒絶反応を抑制している。

▶J　「適切なものをすべて」と指示があるので，慎重に進めたい。

(1)・(2)・(3)　リード文にタスマニアデビルは気性が荒く，同種個体間で争い行動を頻繁に起こすことで顔や首などに傷を負うとあり，野生のタスマニアデビルの傷口の周囲に瘤ができ，悪性腫瘍へと変化することが述べてある。悪性腫瘍によって絶滅しないためには，やみくもに争うような行動を抑制して悪性腫瘍の原因につながる顔や首などの周辺の傷口をつくらないようにすることがまず考えられる。このことを前提に考えると，(1)の噛みつきや争いが増えるというのは全く逆で，そのような行動をなくすようにする(2)や(3)が適切である。(3)の「儀式化された示威行動」とは，個体どうしでは一応争い行動とはなるが，あくまでも相手に致命的な傷を与えることなく，途中で相手がギブアップするような儀式的な行動をした場合にはただちに攻撃行動を停止するようになるという一連の行動と考えればよいだろう。

(4)　マクロファージや樹状細胞の細胞膜には，TLR（トル様受容体）と呼ばれるタンパク質が存在し，これが異物を認識している。TLR は，細菌類の細胞壁・べん毛・タンパク質などを認識する。ところが，腫瘍細胞の認識で主にはたらいているのは MHC であるため，TLR の病原菌の認識能力が高まっても，直接的には悪性腫瘍による絶滅を防ぐためにはたらくとはいえない。

(5)　NK 細胞は，ウイルス感染した細胞やがん細胞を感知するとそれを攻撃して排除する。悪性腫瘍はがん細胞の一種であるから，NK 細胞による異物の排除能力が高まるのは，悪性腫瘍からタスマニアデビルを守るひとつの方法であると考えられる。

(6)　この悪性腫瘍はウイルスに起因するとはいえないので誤り。

3　**解答**　I　A　(1)—○　(2)—×　(3)—○　(4)—×　(5)—？
　　　　　　　　B　葉をつけたまま低温・短日処理した植物体Xに，葉を切り落とし適温・短日処理した植物体Yを接ぎ木し適温・長日条件において栽培する。植物体X・Yとも花芽が形成されていれば，春化は花成ホルモンの産生能力の獲得であり，植物体Xで花芽が形成され，植物体Yで花芽が形成されていないならば，春化は花成ホルモンを受容し応答する能

力の獲得であることがわかる。

C (5)

Ⅱ D (4)

E

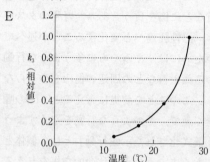

F (3)

G 高温条件下では一般に光合成速度が大きくなり, 成長に利用できる物質が多く得られる。これを茎や葉柄の伸長に利用する個体が存在した場合, 葉をより高い位置につけることができ, 光をめぐる生存競争で有利になったために自然選択によって進化した。

―――――◀解 説▶―――――

≪春化による花芽形成能力の獲得, フィトクロムの Pr と Pfr の変換≫

◆**Ⅰ**

温度と光で調節されるのが花芽形成である。花芽形成に春化を要求する植物は長日性で, 低温の経験の後に適温と長日条件の2つが揃ったときに花芽形成が促進される。

組織片からの植物体の再生を利用した実験や, 接ぎ木を利用した実験により, 春化における低温感知の特徴, 春化と花成ホルモン (フロリゲン) の関係などについて重要な知見が得られている。

シロイヌナズナでは, 低温期間中に *FLC* 領域のクロマチン構造が変化して, *FLC* 遺伝子の発現が低くなると花芽形成が可能となる。

▶A (1) 図3−1の2段目の実験で, 低温処理後に形成された葉を培養し, それを切り口で細胞増殖させて適温・短日処理して植物体再生を行うと花芽形成が起こっている。したがって, 春化が成立すると, その性質は細胞分裂を経ても継承される。よって, (1)は支持される。

(2) 図3−1の1段目の実験と2段目の実験で比較すると, 両者とも一度

低温処理を受けた植物体の一部から再生した植物体であるが，①（低温処理の前から展開していた葉から培養）は花芽形成が起こらず，②（低温処理後に形成された葉から培養）は花芽形成が起きているので，植物体の一部で春化が成立しても，その性質が植物体全体に伝播されていない。よって，(2)は否定される。

(3)　「曝露」という少し難解な用語があるが，これは（空気や風雨などに）直接「さらす」という意味である。図３−１の３段目の実験と４段目の実験を比較して考える。３段目の実験で低温処理を受ける前の葉を切り取り培養し，その葉を低温処理してから再生した植物体では花芽形成が起きている。切り取った葉の切り口で細胞増殖が起きているので，低温処理を施している段階で，分裂している細胞が存在していると考えられる。ところが，４段目の実験で葉柄の端を切除すると春化処理した効果が失われてしまうことがわかる。このことは，春化成立には分裂している細胞が低温に曝露されることが必要であることを示している。よって，(3)は支持される。

(4)　図３−１の２段目の実験で低温処理後に生じた葉から再生した植物体で花芽形成が起きている。春化は脱分化しても解消されていないので，(4)は否定される。

(5)　ここで行われた実験は日長変化と花芽形成の有無ということだけで，低温処理時の日長時間を変化させて，春化が成立するまでの時間を測定していない。そのため，「低温処理時の日長によって，春化が成立するまでにかかる時間が異なる」というのはこの実験だけからは判断できない。

▶B　春化による花成ホルモンを産生する能力の獲得と，花成ホルモンを受容し応答する能力の獲得という２点で検討することが問われている。

葉をつけたまま低温・短日処理した植物体Ｘと，葉を切り落とし適温・短日処理した植物体Ｙの２つを準備する。そこでＸにＹを接ぎ木し適温・長日条件において栽培する。

もし植物体Ｘ・Ｙとも花芽が形成されていれば，花成ホルモンは葉で合成され師管を移動して葉のない植物体Ｙに達したと考えられる。このことから，春化による花芽形成能力は花成ホルモンの産生能力の獲得であると判断することができる。

一方，植物体Ｘで花芽が形成され，植物体Ｙで花芽が形成されていないならば，低温処理を受けた組織や細胞が存在する植物体だけが，ホルモン

に対する応答能力を得たことになる。植物体Yは低温処理を受けていないので，Yではホルモンに対する応答能力が獲得されていないと考えられる。つまり，春化による花芽形成能力は，花成ホルモンを受容し応答する能力の獲得であることがわかる。

▶C　典型的な知識問題である。X染色体を2本もつ哺乳類の雌個体では，どちらかのX染色体が発生初期の段階でランダムに不活性化される。この現象はライオニゼーションと呼ばれている。この不活性化は，クロマチン構造の変化によるものであるので，(5)が適当である。雌個体では，2本のX染色体のうち1本がほぼ全領域にわたってヘテロクロマチン構造をとることで不活性化し，Barr body（バール小体）をつくる。これは2本のX染色体からの過剰な量の遺伝子発現を抑制するためと考えられている。

◆Ⅱ

　フィトクロムは光受容体として光応答にはたらく色素タンパク質で，赤色光吸収型の Pr と遠赤色光吸収型の Pfr という2つの型がある。Pr は赤色光を吸収すると Pfr に変換し，Pfr は遠赤色光を吸収すると Pr に変換する。Pfr から Pr への変換は光と無関係にも起こる。

　シロイヌナズナの胚軸の伸長は，明所で抑制され，暗所で促進される。ところが，フィトクロム完全欠損変異体の胚軸は明所でも伸長し，暗所と同じように長くなる。シロイヌナズナの胚軸の伸長は温度にも影響されるが，フィトクロム完全欠損変異体では温度の影響をほとんど受けず，どの温度でも胚軸がほぼ一様に長くなる。

　フィトクロムを用いた Pr・Pfr 間の変換に対する温度の影響を調べると，変換効率を表す係数 k_1～k_3 について，k_1 と k_2 は光に依存するが温度には依存しない。k_3 に関して温度に依存するかどうかを調べたところ，その結果はフィトクロムが温度センサーとしてはたらくことを示唆した。

▶D　リード文に「胚軸の伸長は，明所では抑制され，暗所で促進される」とある。さらに，フィトクロム完全欠損変異体では「胚軸は明所でも伸長し，暗所と同じように長くなる」とあるので，フィトクロムが欠如することで明所での胚軸が伸長することがわかる。つまり，明所ではフィトクロムが Pfr 型になっていて，これが胚軸の伸長成長を抑制していると考えられるので，(4)が適当である。

▶E　27℃のときの k_3 の値が1というのをどのように活用するかがポイ

ントである。また，k_1 は温度に依存しないという条件も忘れずに活用し
ないといけない。

まず，赤色光を照射して Pfr の割合が一定となる平衡状態では

$v_1 = v_3$

$\Longleftrightarrow k_1[\mathrm{Pr}] = k_3[\mathrm{Pfr}]$ ……①

①の式に図 3 − 4 のグラフから読み取れる数値を入れていく。

温度 27℃のとき　　$k_3 = 1$，$[\mathrm{Pfr}] = 0.2$，$[\mathrm{Pr}] = 1 - 0.2 = 0.8$

これらを①に代入すると　　$k_1 \times 0.8 = 1 \times 0.2$　　∴　$k_1 = \dfrac{1}{4}$

温度 22℃のとき，k_1 は温度に依存しないので　　$k_1 = \dfrac{1}{4}$

また　　$[\mathrm{Pfr}] = 0.4$，$[\mathrm{Pr}] = 1 - 0.4 = 0.6$

①を変形して　　$k_3 = \dfrac{k_1[\mathrm{Pr}]}{[\mathrm{Pfr}]}$　……②

②に代入すると　　$k_3 = \dfrac{3}{8}$

全く同様にして各温度における k_3 を求めていけばよい。

17℃では $k_3 = \dfrac{1}{6}$，12℃では $k_3 = \dfrac{1}{16}$ が得られるので，温度を横軸に，k_3 を
縦軸にとって各点をプロットしていく。グラフは滑らかに下に凸の形状に
作成する。ただし，凹凸が正しく判断できない場合は，プロットした点を
丁寧に直線で結んでおいても構わない。

▶F　赤色光だけを照射したときの全フィトクロムに占める Pfr の割合を
求める。

赤色光だけを照射したときの $[\mathrm{Pfr}]$ の値を k_1 と k_3 で表す。Pfr が一定の
平衡状態になっているので

$k_1[\mathrm{Pr}] = k_3[\mathrm{Pfr}]$　……①

①に $[\mathrm{Pr}] = 1 - [\mathrm{Pfr}]$　……② を代入する。

$k_1\{1 - [\mathrm{Pfr}]\} = k_3[\mathrm{Pfr}]$

$[\mathrm{Pfr}] = \dfrac{k_1}{k_1 + k_3}$　……(i)

次に，赤色光と遠赤色光を同時に照射した場合，$[\mathrm{Pfr}]$ が一定となる平衡
状態では

$$k_1[\text{Pr}] = (k_2 + k_3)[\text{Pfr}] \quad \cdots\cdots ③$$

③に②を代入して［Pfr］を k_1, k_2, k_3 で表すと

$$[\text{Pfr}] = \frac{k_1}{k_1 + k_2 + k_3} \quad \cdots\cdots(\text{ii})$$

ここで k_1 と k_2 は温度の影響を受けないので定数として扱えばよい。

(i), (ii)とも［Pfr］は k_3 に反比例している。また設問 E より，k_3 の値は温度が上昇すると大きくなっているので，温度が高くなるほど Pfr の割合が低下する傾向にある。(i)と(ii)を見ると，(ii)では分母に k_2 が入っている分だけ k_3 の変化の値が Pfr の割合に及ぼす影響は弱くなるので，(3)が適切である。このことは，下図のグラフで考えてみるとわかりやすいだろう。理解しやすいように変数の k_3 を x として扱う。ただし，温度が高くなると k_3 もこの実験の範囲（10℃〜30℃）では上昇しているので温度と考えることができる。よって，x は変数 k で表される温度ととらえておく。また，［Pfr］を y とおいて考える。

赤色光だけを照射したとき：$y = \dfrac{k_1}{x + k_1}$

赤色光と同時に遠赤色光を照射したとき：$y = \dfrac{k_1}{x + k_1 + k_2}$

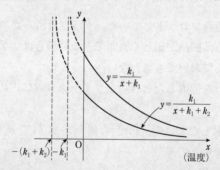

▶G　生育環境が高温状態であるとき，一定範囲なら光合成量は増加する。光合成産物を資源として，他の植物よりも丈が高く，葉を十分に展開させるような戦略をとれば強い光を受容できる可能性が高くなるので，光をめぐる生存競争に有利になる。これを実現するため，高温環境下で自然選択により，茎や葉柄を伸長するように進化してきたと考えられる。

❖講　評

2018 年度入試の全体的難易度は，実験設定などのより深い考察を要求する問題が出題されなかった分，2017 年度とほぼ同じレベルであった。ただし，知識問題と考察問題の占める割合は約 1：2 で考察問題の占める割合が多いことに変わりはない。知識問題としては，生物用語の穴埋めや文章選択（内容真偽）のタイプも見られる。

問題文の分量は 2017 年度と同程度で多めであった。論述量は 2017 年度は 14 行程度であったが，2018 年度は 19 行程度に増加している。東大生物では，最近の過去 5 年間，総論述量は平均で 23 行程度を基本にしていて，大問 1 題につき 8 行前後の論述を要求している。この点から言えば，2018 年度が増加したと言っても過去の問題から考えればそれほど多いとは言えない。また，1 問当たりの論述量で見ると，2017 年度までは最大で 3 行程度ということが多かったが，2018 年度は 5 行程度が 1 問出題された。

また，2018 年度はグラフ作成が出題された。2015 年度以来で，グラフの大きさの目安が文字数×行数で示された。

東大生物の特徴は，「リード文の徹底理解」と「論理的思考力・分析力」，そして「その表現能力を見る」というものである。2018 年度もその特徴は健在であり，情報を正確に分析して，まとめる能力を養うことが必要となる。論述対策としてはまず出題者の狙いは何か，解答のポイントは何か，どこを中心にするかを考えて的確に 2 行（70 字）程度〜3 行（105 字）程度でまとめる練習をしておくとよいだろう。図表や実験結果の分析，実験結果から考察される内容，さらに仮説を検証する実験の設定などが出題されていて，考察問題に十分対応しておかないととても得点できない問題が中心であることは言うまでもない。

1　遺伝子の発現調節，選択的スプライシングからの出題である。Ⅰは真核生物における転写のしくみといった基本的な内容と選択的スプライシングに関する問題で，Ⅱは次世代シークエンサー（シーケンサー）を用いた RNA マッピングの原理に基づいて，リード配列を考えるものであった。E は正解しておきたい知識問題。F は考えすぎないこと。G は回文構造の塩基配列であれば正解になる。H はやや難しい計算があるが，時間をかけすぎると失敗するので見切りをつけることも重要である。

　2　遺伝子発現，進化，興奮の伝導，生体防御の分野からの出題である。題材としては，タスマニアデビルの悪性腫瘍に関する実験考察問題である。Aは論述問題であるが基本的な内容なので短時間で解答をすませたい。B・Cは知識系の問題であり，さらに短時間で仕上げたい。Dではマイクロサテライトを遺伝マーカーとして利用したゲル電気泳動の結果を読み取り，考察する能力が問われた。E～Jでは，リード文や図2－2から悪性腫瘍が，傷口を通じて腫瘍細胞そのものが伝染して発症することに気づいたかどうかで大きく差がついたであろう。また，Ⅰの論述問題では，遺伝子 X ノックアウトマウスが皮膚の細胞膜上に MHC タンパク質をもたないということは必ず記述しないといけない。このあたりは論述問題で差がつくところでもある。

　3　植物の環境応答，遺伝子発現，進化の分野からの出題である。Ⅰは植物の成長を題材にして春化の制御について，Ⅱではフィトクロムによる胚軸伸長やフィトクロムの温度応答についての実験考察問題が出題された。Aは実験結果から「支持される内容か」，「否定される内容か」，「実験だけからは判断ができない内容か」という3択問題で，厳密に考えると瞬く間に時間が経過してしまう。結果のみを記述するのであるから，ある程度のスピードをもって対処したい。Bは実験と判定方法を想定して説明するやや難の問題であった。Cはリード文の下線部(ウ)をよく読めば理解できる。ⅡのEはグラフ作成の問題で，時間がかかりがちである。ここは後回しにして先にFやGを解答するのもひとつの方法だろう。

地学

1 解答

問 1 (1) (a) 大気の揺らぎによる恒星の見かけの位置測定の誤差を除外できるから。

(b) 恒星の距離 (d) は年周視差 (p) に反比例する。

$$d = \frac{1}{p} パーセク = \frac{3.3}{p} 光年 = \frac{3.3}{1.0 \times 10^{-4}}$$

$$= 3.3 \times 10^4 光年 \quad \cdots \cdots (答)$$

(2) (a) $P1 > P2 > P3$

理由：種族 I セファイドの周期・光度関係によると，変光周期の長いものほど明るい。したがって，明るい順に周期が長くなるので，$P1 > P2 > P3$ となる。

(b) 光度は最大 $10^{3.6}$，最小 $10^{3.4}$ になる。明るさは距離の 2 乗に反比例するので，距離の最小値を d，最大値を D とすると

$$\left(\frac{D}{d}\right)^2 = \frac{10^{3.6}}{10^{3.4}} \qquad \frac{D}{d} = \sqrt{10^{0.2}} = 10^{0.1}$$

$D = (1 + t)\, d$ とおくと

$$t = \frac{D}{d} - 1 = 10^{0.1} - 1$$

$$= (1 + 2.30 \times 0.1 + 2.65 \times 0.1^2) - 1$$

$$= 0.230 + 0.0265 = 0.2565 \fallingdotseq 0.26$$

よって，最大値は最小値に対して　　$2.6 \times 10 \%$　大きくなる　$\cdots \cdots (答)$

(3) I a 型超新星

問 2 (1) $10^{\frac{2}{5}\{4.8 - (-20.2)\}} = 10^{10}$

よって，求める銀河の光度は太陽の光度の　　1.0×10^{10} 倍　$\cdots \cdots (答)$

(2) (a) A

理由：中心より左側では波長が短くなっているので近づいている。

(b) 波長のずれを $\Delta\lambda$，本来の波長を λ，後退速度を v，光速を c とすると

$$\frac{\Delta\lambda}{\lambda} = \frac{v}{c}$$

$$\Delta\lambda = 671.5 - 656.4 = 15.1$$

$$\frac{15.1}{656.4} = \frac{v}{3.0 \times 10^5}$$

$$v = \frac{15.1 \times 3.0 \times 10^5}{656.4} = 6.90 \times 10^3 \fallingdotseq 6.9 \times 10^3 \,[\mathrm{km/s}] \quad \cdots\cdots(答)$$

(3) (a) 遠心力＝万有引力より

$$\frac{mV^2(R)}{R} = \frac{GmM(R)}{R^2} \qquad M(R) = \frac{RV^2(R)}{G}$$

$$\frac{M(2\,万光年)}{M(4\,万光年)} = \frac{2 \times 10^4 \times V^2(2\,万光年)}{4 \times 10^4 \times V^2(4\,万光年)}$$

図 1 － 3 より $\quad V(2\,万光年) = V(4\,万光年)$

$$\frac{M(2\,万光年)}{M(4\,万光年)} = \frac{1}{2} \quad \cdots\cdots(答)$$

(b) $M(R)$ は $V^2(R)$ に比例する。

ダークマターの質量を $xM(R)$, 恒星と星間物質の質量を $M'(R)$ とすると

$$M(R) = xM(R) + M'(R)$$

ここで $\quad M(R) \propto 200^2, \quad M'(R) \propto 150^2$

$$x = 1 - \frac{M'(R)}{M(R)} = 1 - \frac{150^2}{200^2} = 1 - 0.563 = 0.437 \fallingdotseq 0.44$$

$M(4\,万光年)$ に占めるダークマターの割合は $\quad 4.4 \times 10\,\% \quad \cdots\cdots(答)$

━━━━━━━━━ ◀解 説▶ ━━━━━━━━━

≪天体までの距離, 銀河回転と銀河の質量≫

◆問 1 ▶(1) (a) 年周視差は恒星の見かけの位置の変化から求める。

(b) 単位に注意する。

▶(2) (a) *P1, P2, P3* の明るさに注目する。また, 周期・光度関係によると変光星の周期が長いほど明るい。

(b) 距離の最大値は $D = (1+t)d$ で表される。求めた t を％に直す。

▶(3) 標準光源としてセファイド変光星を用いるのは 5000 万光年くらいまでである。これ以上遠い銀河は銀河全体の明るさを推測するか, 光度が一定である Ia 型超新星を標準光源として用いる。

◆問 2 ▶(1) m 等星の明るさ L_m と n 等星の明るさ L_n の比は, 次の式で表される。

$$\frac{L_m}{L_n} = 10^{\frac{2}{5}(n-m)}$$

▶(2)　(a)　左側では波長が短い方にずれているので，ドップラー効果から，天体は近づく方向に回転していることがわかる。

(b)　波長のずれを $\Delta\lambda$，本来の波長を λ，後退速度を v，光速を c とすると，$\dfrac{\Delta\lambda}{\lambda}$ の値が 1 より十分に小さいとき，ドップラー効果は次の式で求められる。

$$\frac{\Delta\lambda}{\lambda} = \frac{v}{c}$$

ここで，$\Delta\lambda = 671.5 - 656.4 = 15.1$ である。

▶(3)　(a)　遠心力＝万有引力とおくと，$M(R)$ は $V^2(R)$ に比例することがわかる。〔解答〕では割合は分数で表したが比の形でもよい。

(b)　図 1 － 3 の実線は，観測値なので，恒星と星間物質だけでなく，ダークマターの質量の影響を受けている値である。

2 解答

問 1　(1)　ア. 乾燥断熱　イ. 減少（低下）
　　　　　　ウ. 湿潤断熱

(2)　x〔km〕上昇したときの雲粒 1 個の質量の増加は

$$\frac{2.0 \times 10^{-6}}{200} x$$

で表される。また，降水粒子 1 個の質量は

$$\frac{4}{3} \times 3.0 \times (2.0 \times 10^{-3})^3 \times 1.0 \, \mathrm{g}$$

である。よって

$$\frac{2.0 \times 10^{-6}}{200} x = \frac{4}{3} \times 3.0 \times (2.0 \times 10^{-3})^3 \times 1.0$$

$$x = 3.2 \, \text{〔km〕} \quad \cdots\cdots\text{（答）}$$

(3)　$\Delta V = \dfrac{4}{3}\pi r^3 \times \pi R^2 \times n \times \Delta z = 4r^3 \times 3.0 R^2 n \times \Delta z$

$$= 12 r^3 R^2 n \Delta z \quad \cdots\cdots\text{（答）}$$

(4)　半径 1.0×10^{-3} cm の雲粒の質量は

$$\frac{4}{3} \times 3.0 \times (1.0 \times 10^{-3})^3 \times 1.0 = 4.0 \times 10^{-9} \,(\text{g})$$

雨粒 1 個の質量は

$$4.0 \times 10^{-9} \times 10^5 = 4.0 \times 10^{-4} \,(\text{g})$$

$1\,\text{cm}^3$ あたりの雨粒の質量は

$$2.0 \times 10^{-4} \times 4.0 \times 10^{-4}\,\text{g}$$

したがって，1 時間（3600 秒）あたり地表面 $1\,\text{cm}^2$ に落下する雨粒の質量は

$$3600 \times 5.0 \times 10^2 \times 2.0 \times 10^{-4} \times 4.0 \times 10^{-4} = 1.44 \times 10^{-1}$$
$$\fallingdotseq 1.4 \times 10^{-1} \,(\text{g})$$

これは $0.14\,\text{cm}$（$= 1.4\,\text{mm}$）の雨量に相当する。

よって　　$1.4\,\text{mm}$　……（答）

問 2　(1)　太平洋熱帯域では貿易風のために表面の暖水は西に運ばれて，太平洋熱帯域東部では水温躍層が浅くなり，深部の冷たい海水の湧昇が起こって海面水温が低くなっている。一方，太平洋熱帯域西部では，海面水温が高く，暖められた大気が上昇して活発な対流活動が起こって雨が多い。また，上昇気流の発生により，海面気圧が東部より低くなり，東部との気圧差が西向きの貿易風を維持している。

(2)　(a)　U は西向きなので　　$U = -10$

$$Q = -1.3 \times 10^{-6} \times \frac{10 \times (-10)}{0.13 \times 10^{-4}} \times 6000 \times 10^3 = 6.0 \times 10^7$$

よって　　流量：$6.0 \times 10^7\,\text{m}^3/\text{s}$　向き：北向き　……（答）

(b)　南半球では北半球とはコリオリ力の向きが逆なので，$f < 0$ になるから。

(c)　北側と南側の側面からの海水の流出量と下面からの流入量は等しい。

$$6.0 \times 10^7 \times 2 = 6000 \times 10^3 \times 10 \times 100 \times 10^3 \times w$$
$$w = 2 \times 10^{-5} \,(\text{m/s})\ \ ……（答）$$

(3)　$|Q|$ は $|U|$ の 2 乗に比例するので，$|U|$ が $\frac{1}{2}$ になると，$|Q|$ は $\frac{1}{4}$ になる。

$$\frac{6.0 \times 10^7 \times 2}{4} = 6.0 \times 10^{12} w$$
$$w = \frac{3.0 \times 10^7}{6.0 \times 10^{12}} = 0.5 \times 10^{-5}$$

　　　　$2 \times 10^{-5} - 0.5 \times 10^{-5} = 1.5 \times 10^{-5}$

よって　　1.5×10^{-5} m/s 減少する　……(答)

━━━━━━━━ ◀解　説▶ ━━━━━━━━

≪雲粒と雨粒の形成，エルニーニョ≫

◆問1　▶(1)　上昇する空気塊の温度は，未飽和で水蒸気の凝結が起こらないときは乾燥断熱減率，凝結が起こるときは湿潤断熱減率で低下する。気温が下がると飽和水蒸気圧は減少する。

▶(2)　x〔km〕上昇したときの雲粒1個の質量の増加が降水粒子1個の質量と等しくなればよい。半径 R の降水粒子の質量は

　　$\dfrac{4}{3}\pi R^3 \times$ 水の密度

で表される。

▶(3)　降水粒子1個がとらえる雲粒の数は，$\pi R^2 n \Delta z$ で表される。これに雲粒の体積を乗じたものが体積増加である。

▶(4)　雨量の単位は mm であるが，cm で考える。雨量1cm の降水質量は1cm^2 あたり1g である。

◆問2　▶(1)　貿易風によって，表面の暖水が西に運ばれる。そのため，太平洋熱帯域東部では暖水層が薄くなるため水温躍層が浅くなり，湧昇が起こり表面水温が低くなる。西部では，表面水温が高くなり，その上の空気が暖められ上昇気流が活発で対流活動が強くなり降水量が多い。また，気圧が低くなるため，比較的気温が低い東部との間に気圧差が生じて東から西向きの気圧傾度力がはたらく。

▶(2)　(a)　Q に東西幅（m単位）を乗じる。

(b)　南半球はコリオリ力が逆になり，f が負になる。したがって，Q も負になる。

(c)　北側と南側の側面からは海水が流出するので，その分下面から流入する。

▶(3)　$|Q|$ は $|U|^2$ に比例することに気がつけば易しい問題である。

3 　解答

問 1　(1)　$\sqrt{(x_0-x)^2+y_0{}^2+z_0{}^2}$

　　　(2)　x_0：(h)　y_0：(b)

(3)　2 地点の震源距離の差は

$$（2 時 5 分 43.6749 秒 - 2 時 5 分 43.5916 秒）\times 6.000$$
$$=0.0833\times 6.000$$
$$=0.4998 \doteqdot 0.500〔km〕$$

$$\sqrt{(9.0-6.0)^2+3.0^2+z_0{}^2}-\sqrt{(9.0-8.0)^2+3.0^2+z_0{}^2}=0.500$$
$$\sqrt{18+z_0{}^2}=\sqrt{10+z_0{}^2}+0.500$$

両辺を 2 乗すると

$$18+z_0{}^2=10+z_0{}^2+\sqrt{10+z_0{}^2}+0.250$$
$$\sqrt{10+z_0{}^2}=7.75 \qquad 10+z_0{}^2=60.06 \qquad z_0{}^2=50.06$$
$$z_0=\sqrt{50.06} \doteqdot \sqrt{50.0}=7.07 \doteqdot 7.1〔km〕 \quad \cdots\cdots（答）$$

(4)　(d)

理由：走向 N0°E，傾斜 60°E の断層面
は右図のようになる。断層の傾斜と，震
源 の 座 標 $x_0=9.0〔km〕$，$z_0=7.1〔km〕$
から，地表での断層の位置は $x=4.9$
〔km〕と求まるので，y 軸上の観測点は

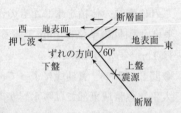

すべて断層線より西側にある。観測された P 波初動の東西成分が西向きで
あったことから，図のように断層面の下盤が上昇した正断層であることが
わかる。

問 2　(1)　ア．高温低圧　イ．低温高圧

類似する理由：ア型の変成帯は，高温の花こう岩質マグマの大規模な貫入
にともなって広範囲の地下の温度が高くなっている場所に形成される。一
方，ペグマタイト鉱床は花こう岩質マグマがゆっくり冷却する過程の最終
段階で形成される。そのため，両者の分布が類似する。

(2)　結晶が始まる初期の高温で結晶する長石は Ca 成分に富む斜長石であ
るが，分化が進み低温で結晶する長石は Na 成分に富む斜長石や K 成分の
多いカリ長石になる。

(3)　1500 万年前に日本海が形成されたころ，東北日本では海底火山活動
が活発で，このとき噴出した金属を含む熱水と海水が反応して銅や鉛，亜
鉛などを含む黒鉱鉱床が形成された。

(4)　浅海でできた岩石や深海でできた岩石は，プレートによって海溝まで運ばれ，海溝の内側の大陸プレート側に付加される。したがって，これらの岩石がほぼ同じ場所で見られるようになる。

(5)　溶脱する元素：Ca，Si，O

ボーキサイトを含む鉱床が形成されない理由：日本は熱帯地方ほど高温多湿ではないため，ボーキサイト形成に至るまで化学的風化が進まないから。

━━━━━━━ ◀解　説▶ ━━━━━━━

≪地震と断層，鉱床≫

◆問 1　▶(1)　立体座標での 2 点間の距離を考える。

▶(2)　図 3 − 2 の(a)，(b)ともに左右対称なので，到着時間が最も短い地点は，$x = 9.0$〔km〕，$y = 3.0$〔km〕である。

▶(3)　P 波の到達時刻の差から，A 地点と B 地点の震源距離の差を求める。また，(1)の式から，両地点の震源距離の差の式を求める。

▶(4)　断層近くの平面図は右図のように表

される。P 波の初動は断層より西側ではすべて西向きであるので，ずれの南北成分はなく，東西成分だけである。これは断層面の傾きの方向から断層より西側が持ち上がったときの状態である。したがって，〔解答〕に示したような図が考えられる。断層の傾斜と震源の位置から，地表面における断層線の位置を求め，観測点が下盤側にあることを確認しておく。

◆問 2　▶(1)　ア型の変成帯は領家変成帯と呼ばれる高温低圧型の変成帯で片麻岩や花こう岩の分布地域である。中生代ジュラ紀の付加体が，白亜紀に貫入した大規模な花こう岩によって高温低圧型の変成作用を受けた地帯である。中央構造線を挟んで南側のイ型の変成帯は三波川変成帯と呼ばれる低温高圧型の変成帯である。結晶片岩などが分布している。

▶(2)　岩石に含まれている長石類は Al，Si，O のほかに Ca，Na が含まれている斜長石と K が多いカリ長石がある。斜長石はすべての火成岩に含まれていて，結晶分化が始まる初期のマグマは高温で，その状態で結晶する斜長石は Ca に富んでいる。その後，次第に Na 成分が増加していく。結晶分化の後期ではカリ長石が結晶するようになる。

▶(3)　約 1500 万年前は日本海が拡大した時代で，各地で激しい火山活動

が起こった。この時期にできた火山岩類は変質して緑色を帯びていることが多く，これらの火山岩の分布地域をグリーンタフ地域と呼ぶ。グリーンタフ地域は日本海側に広く分布している。黒鉱鉱床はこのような地域に分布していることが多い。図3－3の秋田北部にある鉱床は小坂鉱山で，四国の鉱床はグリーンタフ地域ではないが別子鉱山であり，どちらも主に銅を産出している。

▶(4)　日本列島は付加体が隆起してできたところが多い。付加体は海洋プレートが沈み込むときに，海洋底の岩石や陸からの砕屑物などとともに大陸側のプレートに付加したもので，深海堆積物や浅海堆積物なども含まれる。

▶(5)　灰長石は $CaAl_2Si_2O_8$ という化学組成で表される。したがって，Al 以外の元素は Ca，Si，O である。これらがすべて溶脱するわけではないが，灰長石から Al が濃縮されるためには主に Ca，Si の溶脱が必要である。

ボーキサイトは Al 成分の多い花こう岩などが風化を受け，Al 成分が濃縮したものである。化学的風化が進んだ場合にできるため，高温多湿の地域にしか産出しない。

❖講　評

　出題傾向は例年通りで，時間配分を考えないと時間が不足するおそれがある。問題文が長いものが多く，しっかり読まないと題意が理解できない。

　1　宇宙の問題で，問1は天体の距離を求める総合的な問題，問2は銀河の距離や質量について考えさせる問題である。どちらも例年通りユニークな良問である。ほとんどが計算問題であるが，図を読み取る力も求められている。2018 年度は複雑な計算は出題されていない。問題文をよく読んで題意をしっかりつかむことが大切である。

　2　大気と海洋の問題で，2017 年度2と同様で計算問題はやや複雑で間違えやすい。問1は雲粒の成長についての計算問題で，他大学ではあまり見かけない独自の問題である。問2はエルニーニョについての問題で，題材は出題予想の範囲であるが，やはり計算問題がある。どちらの問題も問題文が長く理解するのが難しい。

　3　問1は震源の位置や断層運動を考えさせる問題で，計算問題が中心である。数学的な知識も必要である。1と同様，図を読み取る力が必要である。5行（約175字）程度の長い論述もある。図を用いると答えやすい。問2は鉱床についての出題で，計算問題はなく，各1〜3行程度の論述である。易しい問題もあるが，黒鉱鉱床やボーキサイトの成因などややレベルの高い問題もある。

　ほとんどが4単位地学の内容で，センター対策の勉強だけでは高得点は難しい。数年間の過去問をしっかり見ておくとよい。

❖ 講　評

一　現代文（評論）　入試現代文に頻出している野家啓一の最近の著作からの出題。歴史的事実とはどのような存在であるのかを論じた、いたって明快な文章である。設問は構成・解答欄ともに例年通りで、㈠〜㈢が部分読解問題、㈣が要約、㈤が書き取りとなっている。難易度は㈣がやや難、他は標準レベルといえる。ただ、㈠はポイントを絞りにくく、意外と書きにくいだろう。㈡は「理論的虚構」の意味を取り違えないようにしたい。㈢は比較的書きやすい。㈣は本文の語句をただ引用してまとめるだけでは十分な解答にならない。そのため最も難度が高い。

二　古文（軍記物語）　『太平記』からの出題。師直が女房に求愛する場面で、手紙の代筆や引き歌など、貴族の物語世界に典型的な内容が盛り込まれている。㈠の口語訳は、副助詞「だに」の用法や「なかなか」「たより」の語意などの知識項目に基づきつつ、文脈に応じた表現を熟考して訳す力量が試されている。㈡・㈢の内容説明は、傍線部自体の単なる口語訳ではなく、設問の意図や条件を踏まえた理解を示す必要がある。

三　漢文（上書）　人材登用などについて王安石（北宋の政治家・詩人・文章家）が皇帝に進言した上書で、古代の帝王の考え方を挙げ、皇帝の持つべき心構えを論じている。抽象的で高度な内容であるが、対比や因果関係などの論理は明確に示されている。㈠の語意（口語訳）は、本文に即した表現で訳す配慮が必要。㈡の口語訳は、「待」「尽」の文脈に応じた解釈ができるかどうかが決め手となる。㈢の内容説明は、主語を正しくつかむことを前提に、文をわかりやすく説明することが求められている。

（二）　c、この「已」は“終わる”という意味の動詞。「矣」は強調を表す置き字。“そのまま終わる・それまでだ”という語義を示すのみでよいかもしれないが、〈解答〉では、念のために、前文の「悉以其所願得者以与之」ということがないままで終わるという理解を簡潔にふまえたものを示した。

「人を待つ所以の者を尽くす」と訓読し、逐語訳は“人民を待遇する方法がすべてに行き渡っていた”。「待」はここでは“待遇する・扱う”の意。「所以〜者」は“〜ためのもの・〜の方法”、「尽」は“すべてに行き渡る・できる限りのことをする”といった意味で、「先王之法」について、人民を待遇するための制度が世の中全体に行き届いていたということを表している。さらに次の文「自非下愚不可移之才、未有不能赴者也」は、“きわめて愚かで賢明な者になることができない者でない限りは、これまでに（人材登用に）加わりたいと申し出ることができない者はいなかった”という意味で、「待」は、その人の能力に見合った正当な待遇をするという意味でとらえることができる。

▼（三）　傍線部eの逐語訳は“それを考慮するにあたって誠意とあわれみの心で努力してそれに先んじなければ、誠意とあわれみの心で努力してそれに応じることができる者がいたことはまだないのである”。この文章全体は、リード文にあるように、人材登用について皇帝に進言する上書で、傍線部eの前文の「赴者」および傍線部eの「応之者」は人材登用に応じる人民を指している。ということは、人材を登用する側の皇帝のありかたを述べたものであると判断できる。「至誠惻怛之心」は、「惻怛」の〔注〕からもわかるように、誠実で慈悲深い心のこと。皇帝が自ら人民よりも先に誠実で慈悲深い心で努力して人材登用に応じることができたためしはないということで、「誰がどうすべき」かという形で説明すると、皇帝が人民に先んじて自ら誠実で慈悲深い心を持つように努力すべきだということになる。

参考
大家の一人で詩人としても有名である。

王安石（一〇二一〜一〇八六年）は北宋の政治家。出身地にちなんで臨川先生と呼ばれる。「介甫」は字。唐宋八

得るを願ふ所の者を以て以て之に与ふ。士能はざれば則ち已む。苟しくも能くすれば、則ち孰か肯へて其の得るを願ふ所を舎すして自ら勉めて以て才と為らざらんや。故に曰はく、人の為さざるを患へず、人の能はざるを患ふと謂ふ。先王の法、人を待つ所以の者を尽くす。下愚にして移るべからざるの才に非ざるよりは、未だ赴く能はざる者有らざるなり。然り而して之を謀るに至誠惻怛の心を以て力行して之に応ずる者有らざるなり。故に曰はく、人の能はざるを患へずして己の勉めざるを患ふと。

何をか人の能はざるを患へずして己の勉めざるを患ふと。之に先んぜざれば、未だ能く至誠惻怛の心を以て力行して

■▲解　説▼■

各段落の中心的な内容は次の通りである。

第一段落　古代の帝王が治世の際に憂慮したことは、「人之不為」ではなく「人之不能」であり、「人之不能」ではなく「己之不勉」である

第二段落　「人之不為」ではなく「人之不能」を憂慮するとは、為政者が、人民が能力を発揮できるような政治をしなければならないということである

第三段落　「人之不能」ではなく「己之不勉」を憂慮するとは、為政者が、有能な人材を得るためには人民に先んじて努力しなければならないということである

(一)　a、「患」は心身に苦痛を感じることを表す。この文章では、書き手の王安石が、世を治める皇帝が気に病み避けるように努めなければならないことを挙げる際に「患」うという文脈に合うように、"憂慮する・心配する"といった表現で訳す。単に"苦しむ・つらく思う"等ではやや不足な感がある。

b、「尊」は"尊い・価値が高い"の意、「爵」は「爵位」「侯爵」等の「爵」で、"地位・身分"の意。人民が得たいと望むものとして、「善行」「美名」「厚利」と並んで挙げられていることも確認しよう。

◆全訳◆

古代の帝王が天下を治めるにあたっては、人民がしないことを憂慮せず人民ができないことを憂慮し、人民ができないことを憂慮せず自分が努力しないことを憂慮した。

何を人民がしないことを憂慮せず自分が努力しないことを憂慮すると言うのか。人民の気持ちが得たいと望むものは、善行・美名・尊爵（＝高い地位）・厚利（＝大きな利益）である。そういうわけで古代の帝王はそれらを掌握することができたことによって世の中の人々を治めた。世の中の人々で、それらに従って治めることができる者がいれば、（統治者は）その者が得たいと望むものをすべてその者に与える。人々がそうできなければ（＝望みに従って治めることができない人々ならば）そのままで終わる（＝その者が望むものを与えないまでだ）。もしできるなら、誰がわざわざ自分が得たいと望むものを捨てて自分から努力して有能な人材とならないだろうか。だから、人民がしないことを憂慮せず、人民ができないことを憂慮すると言う。

何を人民ができないことを憂慮せず自分が努力しないことを憂慮すると言うのか。古代の帝王の法は、人民を待遇する制度が行き届いていた。きわめて愚かで賢明な者になることができない者でない限りは、これまでに（人材登用に）加わりたいと申し出ることができない者はいなかった。そういうわけで（帝王が）それ（＝人材登用）を考慮するにあたって誠意とあわれみの心で努力して人民よりも優れていようとしなければ、誠意とあわれみの心で努力してそれに応じることができる者がいたことはまだないのである。だから、人民ができないことを憂慮せず自分が努力しないことを憂慮すると言うのである。

読み　先王の天下を為むるや、人の為さざるを患へずして人の能はざるを患ふ。人の能はざるを患へずして己の勉めざるを患ふ。

何をか人の為さざるを患へずして人の能はざるを患ふと謂ふ。人の情の得るを願ふ所の者は、善行・美名・尊爵・厚利なり。而して先王能く之を操り以て天下の士に臨む。天下の士、能く之に遵ひて以て治むる者有れば、則ち悉く其の

袖をととのへて送れ」という推察を指している。これは続く文の「装束」「仕立て」と同じ意味で、衣や小袖などの着物を仕立てるということ。「さやうの心」自体の解釈は「何を指しているか」と問うているので、それは師直が〝着物を仕立てて送れというような意味〟であるが、設問は「…とにや」（「と」は引用を表す格助詞、「に」は断定の助動詞「なり」の連用形、「や」は疑問の係助詞）と推察したことであるという客観的な説明も添えてまとめるのが適切だろう。

▼㈢　傍線部オの逐語訳は〝人目だけを気にしますもの〟。師直はそれを聞いて非常に喜んでいるので、公義のこの解釈は、師直にとって喜ばしいものであるとわかる。人目だけを憚るということは、人目以外には憚るものはないということで、女房が「さなきだに…」の歌を引いて「重きが上の小夜衣」と言ったのは、人目を避けることを条件に、師直の求愛に応じるという意向を示したものであるととらえているのである。

参考　『太平記』は室町時代に成立した軍記物語、全四十巻。後醍醐天皇の関東討伐計画から南北朝分裂、細川頼之の管領就任までの約五十年を描いたもの。本文は高師直が塩冶高貞の妻に恋文を送って拒絶される場面。これが原因で師直の讒言により、塩冶高貞と妻子は死に、高貞の一族は没落するという話が続く。

三

出典　王安石『新刻臨川王介甫先生文集』〈上仁宗皇帝言事書〉

解答

㈠　a、憂慮する
　　b、高い地位
　　c、与えないままで終わる

㈡　人民を正当に待遇するための制度が行き届いていた

㈢　皇帝が、良い人材を登用するためにはまず自ら誠実で慈悲深くあるように努力すべきだということ。

第二段落後半（暫くあれば、使ひ急ぎ帰つて…）

侍従から報告を受けた師直が、「重きが上の小夜衣」という言葉の意味を公義に尋ねると、公義は女房が師直の求愛に応じる意向であろうと答えたため、師直は喜んだ。

▼

(一)　ア、「だに」は、極端に程度の軽いことを挙げ、それ以上のものはまして当然だと類推させる用法の副助詞。ここでは、「御文をば手に取りながら、あけてだに見たまはず、庭に捨てられたる」という文脈なので、女房は手紙を開くことも見ることもなかったということが明確になるように、「あけて」「見る」動作をひとまとまりで示した上で、尊敬と類推と打消の要素を添えるという形で解答する。

イ、「なかなか」は、通常の認識やもともとの予想とは異なる側面があることを表す副詞で、〝かえって・むしろ・逆に〟という一般的な訳でもよいだろうが、ここでは、女房への手紙の代筆を引き受けた公義が、通常なら恋心を連綿と書き連ねそうなところを、思い切って一首の歌のみを記したという状況に応じて、〔解答〕では〝あえて〟とした。

ウ、「たより」（「便り」「頼り」）で、もとは「手寄り」とされる）は、都合のよいことや、うまくことが運ぶと期待できるものを広く表す。「あしからず」は、形容詞「あし」（「悪し」）の未然形に打消の助動詞「ず」の終止形が接続したもの。ここでは、師直からの手紙の和歌を見て顔を赤らめ袖に入れて立ち去ろうとした女房の様子について、仲立ちをした侍従が「さてはたよりあしからず」と思い、女房の袖を押さえて返事を催促したという文脈なので、「たより」は、女房に返事を求めるのに都合がよい機会・女房が返事を書いてくれることが期待できる様子といった意味でとらえることができる。〔解答〕は〝見込みは悪くない〟などとしてもよいだろう。

「言葉」は、ここでは「返すさへ…」の歌以外の散文の文章のことを指している。

▼

(二)　傍線部エは公義の言葉で、女房が言い残した「重きが上の小夜衣」という言葉について、師直が自分なりの考えを述べたことを受けたものである。ここでの「心」は〝意味・内容〟という意味で、「さ」は、師直が示した「衣・小

なくなった。しばらく経つと、使者（＝仲立ちの侍従）は急いで帰って、「このようでございました」と語ると、師直は嬉しそうにふと考えて、すぐに薬師寺（＝公義）を呼び寄せ、「この女房の返事に、『重きが上の小夜衣』とだけ言い残してお立ちになったと仲立ちが申すのは、衣・小袖を用意して送れということであろうか。そのことであったならば、どのような装束であっても仕立てるようなことについては、実にたやすいにちがいない。これはどういう意味か」とお尋ねになったところ、公義は「いやこれはそのような意味ではございませんで、『新古今和歌集』の十戒の歌に、

　　栄耀と衰廃がほんの短い間に入れ違いになった。

そうでなくてさえも重い小夜衣の上に、自分の衣の裾ではない裾を重ねてはならない（＝ただでさえ＜＝僧が自分の妻と関係を持つことでさえ）重い罪である上に、自分の妻ではない妻と重ねて関係を持ってはならない）

という歌の意味によって、人目だけを気にしますものと思い当たっております」と歌の意味を解釈したので、師直は非常に喜んで、「ああああなたは弓矢の道だけではなく、歌道にまでも並ぶ者のない達人であるなあ。さあ贈り物をしよう」と言って、黄金作りの丸鞘の太刀を一振り、自らの手で取り出して薬師寺にお与えになった。兼好の不幸と、公義の幸運は、

本文のおおまかな内容は次の通りである。

第一段落（侍従帰りて…）
　師直は兼好を呼び出して手紙を代筆させ、侍従を介して女房に届けるが、女房は開きさえせずに捨てたという報告とともに手紙は師直のもとに戻され、師直は兼好に立腹した。

第二段落前半（かかるところに…）
　師直は今度は公義に女房への手紙を代筆させ、「返すさへ…」の歌のみを記した手紙を再び侍従が女房に届けると、女房は読んで顔を赤らめ、「重きが上の小夜衣」という言葉を残して去った。

ウ、ことを運ぶ機会としては悪くない

（二）着物を仕立てて送れという意味であろうかと師直が推察したこと。

（三）人目さえ避ければ師直の求愛に応じる気があると解釈していた。

◆全　訳◆

侍従は帰って、「こう」と語ったところ、武蔵守はたいそう心を上の空にして、「何度も続いたならば情にほだされて（強硬な心が）やわらぐこともあるかもしれない、手紙を送ってみたい」と思って、兼好といった能書の遁世者を呼び寄せて、紅葉襲の薄様で、持つ手も香りが立つほどに香を焚きしめている紙に、（兼好が代筆して）言葉を尽くして申し上げた（＝手紙を送り申し上げた）。返事がなかなか来ないと（思いながら）待つところに、使者（＝仲立ちの侍従）が帰って来て、「（女房は）お手紙を手に取りながらも、開いて御覧になることさえなく、庭にお捨てになっているのを、人目にもつかないようにしようと、懐に入れ帰参いたしました」と語ったので、師直は非常に気分を損ねて、「いやいや何の役にも立たないものは能書家であるなあ。今日からその兼好法師は、こちらへ近付けてはならない」と怒った。

このようなところに薬師寺次郎左衛門公義が、所用の事があって、ふと現れた。師直は側へ招いて、「ここに、手紙を送っても手に取っても見ず、とんでもないほどに態度が冷たい女房がいたのを、どうするのがよいか」と微笑んだところ、公義は「人は誰でも岩や木（のような感情のないもの）ではないので、どのような女房も、（自分を）恋しく思う男になびかない者がいるはずがありましょうか。もう一度お手紙をお送りになって御覧になってくださいませ」と言って、師直に代わって手紙を書いたが、あえて文章は書かずに、

返すものでさえも手が触れただろうかと思うので、自分の手紙ながらも捨て置くこともできない

繰り返し、仲立ち（＝侍従）がこの手紙を持って行ったところ、女房はどのように思ったのだろうか、歌を見て顔を赤らめ、袖に入れて立ったのを、仲立ちはこれならば機会としては悪くないと、（女房の）袖を押さえて（引きとめて）、「そ
れではお返事はどのように」と申し上げたところ、「重きが上の小夜衣」とだけ言い残して、中へ入って居場所がわから

（傍線部の直前文）と述べる。また傍線部に「フィクションといった誤解をあらかじめ防止しておくならば」とあるのは、第四段落の「史料批判や年代測定など一連の理論的手続きが要求される」ことをふまえている。よって「歴史的出来事」がひとまとまりの物語として記述されることで初めて存在するというその存在性格を中心におき、「本文全体の論旨を踏まえた上で」という指示に従い、以上の事情を補足しながらまとめればよい。解答のポイントは次の三点である。

① 物理学や地理学の理論的存在と同じく知覚できる対象ではない
② 史料批判や年代測定などの一連の理論的手続きが要求される
③ 個々の事実を関係づけてひとまとまりの物語として記述される

▼ (五)　a の「身も蓋もない」は〝言葉が露骨すぎて、含みも潤いもない〟の意。b の「隣接」は〝隣り合わせになっていること〟の意。c の「呼称」は〝呼び名〟の意。

参考　野家啓一（一九四九～）は宮城県仙台市出身。東北大学理学部物理学科卒業。東京大学大学院理学系研究科科学史・科学基礎理論専門課程修士課程修了、同博士課程中退。南山大学文学部講師、東北大学文学部教授などを経て、現在、東北大学名誉教授。専攻は科学哲学。著書に『言語行為の現象学』『無根拠からの出発』『科学の解釈学』『物語の哲学』『科学の哲学』などがある。『歴史を哲学する——七日間の集中講義』は『双書　哲学塾　歴史を哲学する』（二〇〇七年刊）の増補版として二〇一六年に刊行された。

解答

二

(一)　出典　『太平記』〈巻第二十一〉

ア、開いて御覧になることさえなく

イ、あえて通常の文章は書かずに

▼（三）

① たんに理論を装っただけの作り物ではない

② 理論的探究の手続きと実験的証拠の裏づけに支えられている

傍線部は歴史的事実あるいは歴史的出来事の存在性格を述べたものである。すなわち歴史記述の対象は個々の事物のように知覚できるものではなく、「関係の糸で結ばれた『事件』や『出来事』として把握されるものであり、「理論的構成体」（いずれも同段落）なのであるといわれる。また直前の段落に「史料批判や年代測定など一連の理論的手続きが要求される」とあるのも、歴史的事実（出来事）がさまざまな考証を経て確定されることを指摘している。傍線部の「抽象的概念」および「『思考』の対象」とはこのような事情を表したものである。よってこれらの引用箇所を利用してまとめることになるが、『『フランス革命』や『明治維新』』をそのまま用いると長くなるうえ、これは歴史的事実（出来事）の一例であるから、「歴史的事実」あるいは「歴史的出来事」と一般化する。解答のポイントは次の二点。

① 歴史的出来事は知覚可能な事物ではない

② 過去の事実を関係づけ考証した理論的構成体である

▼（四）

② 「物語り」という語はすでに第一段落に見えるが（「物語り行為」）、第六段落末尾に「この『理論』を『物語り』と呼び換えるならば」とあり、そして最終段落で『物語り』のネットワーク」「一定の『物語り』のコンテクスト」などと使われる。これは「歴史的事実」が個々の事実を関係づけてひとまとまりの物語（ストーリー）に仕上げられたものであることをいう。そして「歴史的出来事」のこのような「存在性格」を「物語り的存在」と呼び、「素粒子や赤道などの『理論的存在』と異なるところはありません」

た「理論的虚構」にカギ括弧が付いているのも、理論を装った作り物というニュアンスを表現するためである。この「理論的」は〈観念的〉と置き換えることもできる。解答にあたってはこの「虚構」の意味を反映した「作り物」あるいは「フィクション」（最終段落）といった語句を用いる必要がある。ポイントは次の二点。

▲ 解　　説 ▼

本文は歴史的事実の実在性とはいかなるものであるかを、ミクロ物理学と地理学を例に引きながらわかりやすく説明したものである。全七段落から成り、その構成は次の通りである。

1	第一段落	歴史学――歴史的過去の「実在」は発掘や史料批判の手続きによって確証される
2	第二・第三段落	物理学――素粒子の「実在」は物理学理論のネットワークと不即不離である
3	第四・第五段落	歴史学――歴史的事実は一連の理論的手続きを経た、一種の「理論的存在」である
4	第六段落	地理学――赤道や日付変更線の「実在」は地理学の理論によって保証される
5	第七段落	歴史学――歴史的出来事の存在は「物語り内在的」であり、「物語り的存在」である

（一）傍線部は直後の文で「素粒子の『実在』の意味は……間接的証拠を支えている物理学理論によって与えられている」と言い換えられ、さらに続く文でも「物理学理論の支えと実験的証拠の裏づけ」と述べられる。すなわち傍線部の「保証している」とは「支えている」ということである。また「その痕跡」とは「間接的証拠」あるいは「実験的証拠」であり、具体的には傍線部前文の「荷電粒子が通過してできた水滴や泡」をいう。その前文にも「霧箱や泡箱によって捉えられた素粒子の飛跡」とある。以上より解答のポイントは次の二点となる。

①　素粒子の実在はその飛跡である水滴や泡によって示される

②　その間接的証拠は物理学理論によって支えられる

（二）傍線部は、「理論的存在」については前問でも引用したように「理論の支えと実験的証拠の裏づけ」があるものをいう。「理論的虚構」は「理論的存在」に対するものであるから、「理論の支え」（傍線部の段落にも「理論的『探究』の手続き」とある）と「実験的証拠の裏づけ」の両方を欠いたものをいう。前段落では「雷子」が例としてあげられている。ま

▼（二）

傍線部は、「理論的存在」は知覚できないものであるとはいえ、単なる「理論的虚構」ではないと断る文脈になる。「理論的虚構」は「理論的存在」に対するものであるから、「理論の支え」

一

出典　野家啓一『歴史を哲学する——七日間の集中講義』〈第7日　歴史記述の「論理」と「倫理」〉▽（岩波現代文庫）

解答

(一)　素粒子の実在は、その飛跡である水滴や泡という間接的証拠を支える物理学理論によって確証されるということ。

(二)　理論的探究の手続きと実験的証拠の裏づけに支えられており、理論を装っただけの作り物ではないということ。

(三)　歴史的出来事は知覚可能な事物ではなく、過去の事実を関係づけ考証した理論的構成体であるということ。

(四)　歴史的出来事は物理学や地理学や天文学の理論的存在と同じく、知覚できるような対象ではなく、史料批判や年代測定などの一連の理論的手続きを経ながら、個々の事実を関係づけてひとまとまりの物語として記述されることで初めて存在するものであるから。（一〇〇字以上一二〇字以内）

(五)　a—蓋　b—隣接　c—呼称

◆要　　旨◆

　素粒子は知覚できなくても、われわれはその実在を疑わない。それは素粒子が物理学理論のネットワークと不即不離だからであり、その意味で理論的存在としての実在性をもつ。同様に歴史的事実も、知覚できなくても、史料批判や年代測定など一連の理論的手続きを行えば、その実在を主張できる。逆にいえば、この理論、いい換えれば物語りのネットワークから独立して歴史的事実を主張することはできない。またそれゆえに歴史的事実はフィクションではない。要するに歴史的出来事の存在は「理論内在的」あるいは「物語り内在的」なのであり、「物語り的存在」と呼ぶこともできる。

//////////////////// · **memo** · ////////////////////

東京大学

理 科

理科一類・理科二類・理科三類

別冊問題編

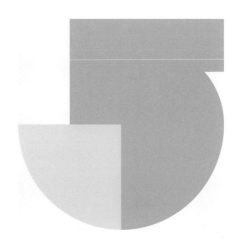

2025

矢印の方向に引くと
本体から取り外せます
→

K教学社

目　次

問題編

音声配信のご案内

英語リスニング問題の音声を，
専用サイトにて配信しています。

ストリーミング再生
&
ダウンロード対応(PC推奨)

▼ 以下からアクセス!

PCで開く

https://akahon.net/lstng/aktodai

ブラウザのアドレスバーにURLを入力してください。

スマートフォンで開く

本書利用者のみの特典となります。
それ以外のご利用はお控えください。
URLの共有は固く禁止いたします。

🔒 パスワード：ut1878

ウェブで再生する場合

● スマホやタブレットでもご利用いただけます。
● 音声の再生スピードを4段階で調整できます。

オフラインで再生する場合

● 各年度のページから音声ファイル（MP3形式・ZIP圧縮）をダウンロードしてご利用ください。

配信期間

2025年 3月末まで（予定）

※ダウンロードした音源は，上記期間を過ぎてもご利用いただけます。
※配信期間は，予告なく変更する場合がございます。

対応ブラウザ

▶ PC … Microsoft Edge※ ／ Google Chrome※ ／ Mozilla Firefox※ ／ Apple Safari※
▶ スマートフォン・タブレット … Android 4.4 以上 ／ iOS 9 以上　　※最新版（2024 年 5 月現在）

【利用上の注意】

● 本サービスの内容は，予告なしに変更・中断・中止される場合がございます。利用ができなかった場合に損害が生じたとしても，当社は一切の責任を負いかねます。
● 本サービスのコンテンツは著作権法によって保護されています。同法により認められた範囲を超えて利用することはできません。
● ご使用の機器や音声再生ソフト，インターネット環境などに関するご質問につきましては，当社では対応いたしかねます。各製品のメーカーにお尋ねください。

英語リスニング問題　専用サイトの配信内容

◆以下は 2024 年 5 月時点の配信内容です。

◆著作権等の理由により，予告なく変更される可能性がございます。
あらかじめご了承ください。

年度	問題番号
2024	〔3〕(A)
	〔3〕(B)
	〔3〕(C)
2023	〔3〕(A)
	〔3〕(B)
	〔3〕(C)は著作権の都合上省略
2022	〔3〕(A)は著作権の都合上省略
	〔3〕(B)
	〔3〕(C)
2021	〔3〕(A)
	〔3〕(B)
	〔3〕(C)

年度	問題番号
2020	〔3〕(A)は著作権の都合上省略
	〔3〕(B)は著作権の都合上省略
	〔3〕(C)
2019	〔3〕(A)
	〔3〕(B)
	〔3〕(C)
2018	〔3〕(A)
	〔3〕(B)
	〔3〕(C)

【ご使用にあたって】

●設問文は各年度の問題編に掲載されています。

●これらの音声ファイルは，大学から公表された資料をもとに当社が独自に録音して再現したものであり，実際の放送音源とは異なります。英文を読むスピードやリピート回数などは，編集部推定によるものです。

2024

年度

問

題

編

前 期 日 程

問 題 編

▶試験科目・配点

教　科	科　　　目	配　点
外国語	「コミュニケーション英語Ⅰ・Ⅱ・Ⅲ」，ドイツ語，フランス語，中国語から１外国語を出願時に選択。英語試験の一部分に聞き取り試験（30分程度）を行う。 　　ただし，英語の選択者に限り，英語の問題の一部分に代えて，ドイツ語，フランス語，中国語，韓国朝鮮語のうちから１つを試験場で選択することができる。	120点
数　学	数学Ⅰ・Ⅱ・Ⅲ・Ａ・Ｂ	120点
理　科	「物理基礎・物理」，「化学基礎・化学」，「生物基礎・生物」，「地学基礎・地学」から２科目を出願時に選択	120点
国　語	国語総合，国語表現	80点

▶備　考

- 英語以外の外国語は省略。
- 数学Ⅰ，数学Ⅱ，数学Ⅲ，数学Ａは全範囲から出題する。数学Ｂは「数列」，「ベクトル」から出題する。
- 「物理基礎・物理」は物理基礎，物理の全範囲から出題する。
- 「化学基礎・化学」は化学基礎，化学の全範囲から出題する。
- 「生物基礎・生物」は生物基礎，生物の全範囲から出題する。
- 「地学基礎・地学」は地学基礎，地学の全範囲から出題する。

※理科三類は，上記に加えて個人面接を課す（複数の面接員による10分間程度の面接を行い，その評価を参考にして，場合によっては，２次面接を行うことがある）。総合判定の判断資料とし，学力試験の得点にかかわらず不合格となることがある。なお，面接試験では，受験者の人間的成熟度，医学部への適性，コミュニケーション能力等を評価する。

英　語

（120分）

（注　意）
- **3**の聞き取り問題は試験開始後 45 分経過した頃から約 30 分間放送される。
- **4，5**の代わりに，他の外国語の**Ⅳ，Ⅴ**を選んでもよい。**Ⅳ**と**Ⅴ**とは必ず同じ外国語の問題でなければならない。また，解答は，5 題を越えてはならない。

（他の外国語の問題は省略─編集部）

1 **(A)** 以下の英文を読み，その内容を 70～80 字の日本語で要約せよ。句読点も字数に含める。

There is no doubt that one of the major issues of contemporary U.S. history is corporate propaganda. It extends over the commercial media, but includes the whole range of systems that reach the public: the entertainment industry, television, a good bit of what appears in schools, a lot of what appears in the newspapers, and so on. A huge amount of that comes straight out of the public relations industry, which was established in this country and developed mainly from the 1920s on. It is now spreading over the rest of the world.

Its goal from the very beginning, perfectly openly and consciously, was to "control the public mind," as they put it. The public mind was seen as the greatest threat to corporations. As it is a very free country, it is hard to call upon state violence to crush people's efforts to achieve freedom, rights, and justice. Therefore it was recognized early on that it is going to be necessary to control people's minds. All sorts of mechanisms of control are going to have to be devised which will replace the efficient use of force and violence. That use was available to a much greater extent early on, and has been, fortunately, declining — although not uniformly — through the years.

The leading figure of the public relations industry is a highly regarded liberal, Edward Bernays. He wrote the standard manual of the public relations industry back in the 1920s, which is very much worth reading. I'm not talking about the right wing here. This is way over at the left-liberal end of American politics. His book is called *Propaganda*.

Bernays's *Propaganda* opens by pointing out that the conscious manipulation of the organized habits and opinions of the masses is the central feature of a democratic society. He said: we have the means to carry this out, and we must do this. First of all, it's the essential feature of democracy. But also (as a footnote) it's the way to maintain power structures, and authority structures, and wealth, and so on, roughly the way it is.

I should mention that terminology changed during the Second World War. Prior to World War II, the term *propaganda* was used, quite openly and freely. Its image got pretty bad during the war because of Hitler, so the term was dropped. Now there are other terms used.

(B)　以下の英文を読み，(ア)，(イ)の問いに答えよ。

In the mid-1990s my wife served as the United Nations human rights officer in Liberia. At the time, I had just started writing for the magazine *New York*, and my editor did not have the Liberian civil war high on his list of most urgent topics. But I was lucky — my editor was understanding enough to let me write about the war for *The New York Times Magazine*, my first legitimate foreign assignment.

Everything about the Liberian civil war was unusual and terrible and fascinating. I was especially taken, though, by the Liberian press — a group of reporters, editors, and photographers who were aggressive, clever, and

出典追記：(A) Chomsky on Democracy and Education by Noam Chomsky, Routledge determined. There was not enough food in Monrovia, no clean water, barely any electricity, yet the press somehow found enough ink and paper to produce some astonishing journalism.

The strange thing is that, after all this time, it is an advertisement from these Liberian papers that I remember most clearly. It was an ad that helped me understand — in a real lightning strike of understanding — the best way to approach magazine writing and editing, which I was just then learning.

The ad was for a local butcher shop and read "All Parts of the Cow."

　(1)　. "All Parts of the Cow" has stayed with me for almost thirty years because it became the way I explain the difference between newspaper writing and magazine writing.

Like many magazine people, I started in newspapers, and I loved the work: the adrenaline, the urgency, the high-pressure collaboration. When I was a novice reporter on the night police beat at *The Washington Post*, I once left the newsroom at four a.m., wandered to the basement pressroom, and grabbed an actually hot-off-the-presses copy of the morning's paper, one with my signed article on the front page. At the bottom, but never mind. It still felt great.

　(2)　. What I'm about to say is not meant to be a criticism of newspapers or newspaper people. Obviously, newspapers, especially the big national papers, are stuffed with creative, brave, and talented people who are also, by the way, helping to save our democracy, which is no small thing.

The problem I had was twofold: First was the amount of clichés. On the police desk, we joked that the city had only two types of streets: "quiet, tree-lined streets" or "trash-scattered, drug-plagued streets." I once (イ), but he didn't have time to get the joke.

Cliché is everywhere, especially in writing. Clichés are one of the prices we pay in journalism for speed, but alertness and a brisk pre-edit scrub will eliminate most of them. 　(3)　.

The second problem: In newspaper editing it is common to remove wild feeling, weird detail, irregular observation, and the disturbing dynamics of writers interacting with their subjects and the world. A smart *New Yorker* editor, the late John Bennet, once told me that the real bias in journalism is toward consistency, and though there are other biases — of course — this seemed undoubtedly true. This unexamined bias causes us to think that stories have beginnings, middles and endings, that all questions must be answered, and that everything that happens in the universe happens for a reason.

Magazine people, generally speaking, have a different understanding: Not every story has an ending; not every story even has a beginning. Not everything has to make sense. Not everything is knowable. And most importantly, something that always and forever adds confusion and complexity to story making: The presence of writers (and their experiences, beliefs, personalities, histories, and dispositions) inevitably changes the reality of whatever the writers are observing and describing.　(4)　. "Put it in, put it all in," is an efficient way to describe this style of editing. Another way to describe it: "All parts of the cow."

Last year, when I asked Jennifer Senior, who had just joined the staff of *The Atlantic*, if she had anything original to say about the twentieth anniversary of the 9/11 terrorist attacks (originality traditionally being scarce on anniversaries of world-historical events), she thought for a minute and then said, "Maybe, but it's complicated." The story she sketched for me then was something more than complicated. It was exquisitely personal, and it featured — of all people — a 9/11 truther. "A good man," Jen said, something never previously said by sane people about 9/11 truthers. We talked and talked and talked. And then I thought, "All parts of the cow," and I said, "Let's try it." Just put it all in. And then Jen and her editor, Scott Stossel, made something magical happen, and we published her story and it won the National Magazine Award for Feature Writing and the Pulitzer Prize for Feature Writing.　(5)　. Jen, Scott, and I realized, late in the process, that the story didn't even have anything resembling a nut graf — a term, borrowed from newspapering, for the paragraph that explains why you, the reader, should continue reading this story. Sometimes a magazine piece is so magnetic that the entire thing is its own nut graf, and this was true in Jen's case.

注

Liberia　リベリア共和国

New York　アメリカ合衆国ニューヨークで創刊された雑誌

The New York Times Magazine　『ニューヨーク・タイムズ』紙の日曜版に挿入される冊子

Monrovia　モンロビア（リベリア共和国の首都）

adrenaline　アドレナリン

The Washington Post　アメリカ合衆国ワシントンD.C.で発行されている新聞

cliché　決まり文句，常套句

[*The*] *New Yorker*　アメリカ合衆国ニューヨークで創刊された雑誌

The Atlantic　アメリカ合衆国ボストンで創刊された雑誌

9/11 truther　2001年9月11日に起きた米国同時多発テロは米国政府の陰謀だという説を「真実」として主張する人

nut graf　要点をまとめたパラグラフ（ジャーナリズム用語）

(ア)　空所 (1) ～ (5) に入れるのに最も適切な文を以下の a) ～ f) より一つずつ選び，マークシートの (1) ～ (5) にその記号をマークせよ。ただし，同じ記号を複数回用いてはならない。また，文頭であっても小文字で表記してあるので注意せよ。

a)　by then, though, I had really started caring about my sentences, and I was worried about the limitations of newspapering

b)　I don't remember if this was the name of the butcher shop or its marketing slogan or simply a statement of fact, but it doesn't matter

c) I learned, over time, that the best magazine editors don't fear complication but run to it

d) I'm no great sentence maker, but I wanted — and still want — to try to be one, and I hoped to work for people who wanted me to try

e) it's impossible to describe, except to say that it contains all the mess of life and that it is written like poetry but in prose

f) self-distancing, of the sort we see to good effect in professional newspaper reporters, has its place

(イ) 下に与えられた語句を正しい順に並べ替え，空所(イ)を埋めるのに最も適切な表現を完成させ，記述解答用紙の 1 (B)に記入せよ。

a / an editor / as / asked / but trash-scattered / could / describe / I / if / particular / street / tree-lined

2 (A) 以下の主張のいずれかを選び，その主張に対するあなたの考えを，理由を添えて，60〜80 語の英語で述べよ。

「紙は人類の最も偉大な発明の一つである」
「自転車は人類の最も偉大な発明の一つである」

(B) 以下の下線部を英訳せよ。

　政治の世界でのクオータ制(quota system)は，議員の構成と，彼らが代表する集団全体の構成とが適切に対応することを目指す制度である。また企業などの民間の組織においても，例えば意思決定に関わる役員職に女性が一定の割合を占めることが求められている。そのような仕組みが本当に平等につながるのか賛否両論の声も聞かれるが，現状では多くの社会において，何かしらこのような制度により，不平等を是正する必要が生じている。

クオータ制は，それが一時的であろうがなかろうが一つの有効な手段であっ
て，長い時間の中で根付いてしまった不平等を迅速に解消することを目的とし
ている。それが達成されたあかつきには，クオータ制は，まさに平等の原理に
照らして廃止することもできる。

3　放送を聞いて問題(A)，(B)，(C)に答えよ。(A)，(B)，(C)のいずれも2回ずつ放
送される。

・聞き取り問題は**試験開始後 45 分経過した頃から約 30 分間**放送される。

・放送を聞きながらメモを取ってもよい。

・放送が終わったあとも，この問題の解答を続けてかまわない。

(A)　これから放送するのは，2021 年にスエズ運河で起きた出来事とその影響につ
いて解説した記事である。これを聞き，(6)～(10) の問いに対して，それぞれ最
も適切な答えを一つ選び，マークシートの (6)～(10) にその記号をマークせ
よ。

注

skyscraper　超高層ビル

(6)　The situation in March 2021 is described as "the perfect mix of absurd and frightening." What do you think the speaker meant by this?

a)　Although funny in a sense, the fragility of global trade was also revealed.

b)　It was ridiculous that a single ship could destroy one section of the canal.

c)　Modern container ships are so large they make everything else look tiny.

d)　Online comments were split between jokes and messages of distress.

e)　The incident reminds us of how things can go unexpectedly wrong.

(7) According to the speaker, how did the "Ever Given" become stuck?

a) Extremely strong winds blew the ship out of control.

b) There was a build-up of sand in that part of the canal.

c) The sand completely blocked up the ship's engine.

d) The ship became wedged when changing lanes during a storm.

e) The ship was travelling too fast, given the weather conditions.

(8) According to the speaker, the "Ever Given" was carrying

a) a model dinosaur and an entire adventure golf course.

b) goods worth 75 million dollars.

c) mainly fruits and vegetables.

d) over 20000 containers.

e) thirty replica Eiffel Towers.

(9) Why does the speaker describe the incident as "a disaster waiting to happen"?

a) Climate change has increased the water pressure in the canal.

b) Increasing global trade has put routes like this under stress.

c) It is not the first time that this sort of event has happened.

d) The canal was slowly damaged by excessive traffic.

e) Widened canals make ships hard to control.

(10) What does the speaker mention as one of the biggest problems arising from the blockage?

a) Although the blockage was fixed, sand in the canal remains a problem.

b) Attempts to solve the issue have caused delays in shipping worldwide.

c) Modern ships are so long that this kind of accident will occur regularly.

d) Shipping companies are now using smaller ships, reducing capacity.

e) The number of containers stuck on ships led to a shortage.

(B) これから放送するのは，架空のラジオ番組の一部である。これを聞き，(11) ～ (15) の問題に対して，それぞれ最も適切な答えを一つ選び，マークシートの (11) ～ (15) にその記号をマークせよ。

注
funnel 漏斗（口の小さい容器に液体等を注ぎ入れるための道具）

(11) According to Adisa, many things can cause a delivery to be missed, but what did she NOT mention?

a) It can take a long time to search for a parking spot.

b) The incorrect product might be picked for delivery.

c) There could be a mistake handling the order.

d) There might be too many cars on the route.

e) The vehicle used to deliver could have an accident.

(12) What is the point of the funnel metaphor?

a) A good funnel allows material to pass through slowly.

b) A lack of preparation can cause a system to fail.

c) A sudden increase in deliveries can have a big effect.

d) There are more steps in the delivery process than we think.

e) The road system encourages efficient deliveries.

(13) What does Patrick say about technology and transportation?

a) Discussions about transportation problems usually turn to technology.

b) Drones are often used to deliver goods.

c) It would be better if delivery could be autonomous.

d) Some people doubt that technology is the only solution.

e) Transportation problems can only be solved by a mixture of technologies.

(14)　What does Patrick warn about ordering a product on the internet?

a)　A site might offer quick delivery, but that cannot be guaranteed.

b)　It is easy to mistake "same day" and "next day" delivery.

c)　Sites that offer fast, free delivery usually have hidden costs.

d)　Some sites will offer free delivery but actually charge you.

e)　Websites often use visual tricks like flashing banners to lure you in.

(15)　What does Adisa mention as a cost of cheap, fast delivery?

a)　Delivery drivers are becoming over-worked.

b)　Goods made quickly also break easily.

c)　Products are often discarded soon after purchase.

d)　The price of deliveries will eventually rise.

e)　There is an extra burden on the planet.

(C)　これから放送するのは，パプア・ニューギニアにおける言語についての講義
である。これを聞き，(16) ～ (20) の問いに対して，それぞれ最も適切な答えを
一つ選び，マークシートの (16) ～ (20) にその記号をマークせよ。

(16)　How is Papua New Guinea linguistically diverse, according to the
speaker?

a)　Five percent of the world's 850 languages are spoken there.

b)　It has almost as many spoken languages as India.

c)　It has the most languages per person compared to any other country.

d)　It has the most languages relative to its small area.

e)　More languages are spoken there than the rest of the world combined.

(17)　For how many years have Papuan languages been spoken in Papua New
Guinea?

a)　850

b) 1800

c) 3500

d) 14000

e) 40000

(18) How did things change after independence from Australia in 1975?

a) English was declared one of the official languages.

b) German and English became more widespread.

c) New languages were discovered which are spoken by just a few dozen people.

d) The new independent government promoted linguistic variety.

e) The number of spoken languages dropped below 850.

(19) What helps explain linguistic diversity in Papua New Guinea, according to the speaker?

a) Frequent interactions between villages.

b) Rich biological diversity.

c) The arrival of new settlers every 1000 years.

d) The difficulty moving from place to place.

e) The influence of linguist William Foley.

(20) Which statement describes "Tok Pisin" in contemporary Papua New Guinea?

a) Because "Tok Pisin" is more expressive, other local languages are slowly disappearing.

b) Papuans have found "Tok Pisin" useful, but at the cost of linguistic diversity.

c) The spread of religion has recently boosted the popularity of "Tok Pisin."

d) "Tok Pisin" is easier to learn because it contains elements of several languages.

e)　Traders decided to create "Tok Pisin" to promote European languages.

4　(A)　以下の英文の段落 (21) ～ (25) にはそれぞれ文法上または内容上の誤りがある。修正が必要な下線部を各段落から一つずつ選び，<u>マークシートの (21) ～ (25)</u> にその記号をマークせよ。

(21) Our perception of time is (a)<u>anything but constant</u>. Two new studies suggest our heartbeat can cause passing moments (b)<u>to feel either slower and faster</u>. The experiments, led by separate research groups, have (c)<u>uncovered corresponding findings</u>. Together, their work confirms that the heart's activity influences our perception of time (d)<u>as it passes</u>. They show that we can't look at the experience of time (e)<u>in isolation from the body</u>.

(22) In April 2023, a group of neuroscientists led by Irena Arslanova of Royal Holloway, University of London, (a)<u>reported that time perception</u> changes (b)<u>with each heartbeat</u>. In their experiment, 28 people (c)<u>learned to</u> distinguish the duration of (d)<u>two visual or two auditory stimuli</u>. For example, the study participants looked at two shapes or heard two distinct tones. One item or sound from each pair (e)<u>presented for 200 milliseconds</u>, and the other lasted for 400 milliseconds.

(23) Next, people saw a new cue — another tone or shape — and had to estimate (a)<u>how the presentation felt shorter or longer</u>, using the previous pair for reference. But there was an added twist. These new sounds and shapes were (b)<u>matched with a particular moment</u> in the rhythm of someone's heart rate: when the heart either contracted (the systole) or relaxed (the diastole) (c)<u>during the heartbeat</u>. During systole, the volunteers (d)<u>perceived time</u> duration to be shorter than it actually was. During diastole, (e)<u>the exact</u> opposite was true.

(24) According to Arslanova and her colleagues, the phenomenon may

be (a)explained by the fact that pressure sensors in blood vessel walls send signals to the brain and affect (b)its capacity to process incoming information. (c)This increase in sensory impressions could make time feel longer. A similar finding was published in March 2023 by a group of researchers at Cornell University, who (d)focused on differences in time perception between single heartbeats. When that span is longer, they discovered, time feels slower. (e)When there is more time between two beats, time seems to move faster.

(25) Researchers from both groups caution that those experiences are influenced by many factors, (a)including our emotion and attention. They also happen (b)at a totally different scale. As Adam K. Anderson, one of the authors of the March study, explains, however, the new work illuminates how the heart influences the experience of time as it unfolds. He confirms that how the body and brain relate is (c)of growing interest in neuroscience. "People are (d)comfortable with the idea that the brain can influence what the heart does," he says. But reversing that relationship is novel and really fascinating. "Your brain," he adds, "might be listening to patterns in your heart to shape something (e)similarly fundamental as the passage of time."

注

neuroscientist　神経科学者

cue　心理学の実験などにおける解釈の手がかり

systole　心臓収縮（期）

diastole　心臓弛緩（期）

blood vessel walls　血管壁

出典追記：The Heart Can Sway Our Perception of Time, Scientific American on June 22, 2023 by Anton Benz and Daisy Yuhas

東京大-理科

問 題 17

(B) 以下の英文を読み，下線部 (ア)，(イ)，(ウ) を和訳せよ。

My mother had raised me vegetarian, and though I harbored no real desire to eat meat, sometimes, in summer, I would take a large piece of watermelon to a remote corner of our yard and pretend it was a fresh dead animal. On all fours, I would bury my face in the sweet red fruit-meat and bite into it. (ア)Sometimes, I'd rip handfuls out and stuff them in my mouth, which wasn't much like the way any animal I knew of ate. I was less playing a particular kind of animal than enacting a form of wildness that I recognized in myself.

I watched *Wild America*, a PBS show on which conservationist Marty Stouffer revealed the wildness of the animal world. (イ)Alone in the woods behind our house I had beaten my chest, acted out my own invented stories without a thought to how another's gaze might see me. I sympathized with the restless business of squirrels and wild obsessions of our golden retriever. I was embarrassed by forks and knives — why they should exist when we had such perfect instruments at the ends of our arms.

However often Stouffer imposed human narratives on the animals depicted (very often), it was still always clear that survival was the priority that assigned value to everything in the animal world. If the wild marten was overcome by her own feelings, she didn't let it stop her from getting dinner for her babies. (ウ)I learned in elementary school that we were animals, but unlike other animals we did not seem driven by the instinct for physical survival. My teachers emphasized the continuity, but we were so far up the food chain that survival was no longer even visible to us. We were beyond survival, in a dark and sky-high realm where our instincts had been twisted into atrocities like capitalism and hair removal. I might not have been able to name this, but I recognized it.

注

vegetarian ベジタリアン（菜食主義者）

2
0
2
4
年
度

前
期
日
程

英
語

PBS　アメリカ合衆国のテレビ局の一つ

squirrel　リス

golden retriever　ゴールデンレトリーバー(犬)

marten　テン(イタチ科の動物)

5 以下の英文を読み，(A) ～ (D) の問いに答えよ。

My love for walking started in childhood, out of necessity. I didn't want to stay at home. I found every reason to stay away from home and was usually out — at some friend's house or at a street party where no kids should be — until it was too late to get public transportation. So I walked.

The streets of Kingston, Jamaica, in the 1980s were often terrifying, but I 　ア(26)　 friends with strangers. The beggar, the vendor, the poor laborer — those were experienced wanderers, and they became my nighttime instructors; they knew the streets and delivered lessons on how to explore and enjoy them. The streets had their own safety: Unlike at home, there I could be myself without fear. Walking became so regular and familiar that (A)the way home became home.

The streets had their rules, and I loved the challenge of trying to master them. I learned how to be alert to surrounding dangers and nearby delights, and 　ア(27)　 myself on recognizing significant details that my peers missed. Kingston was a map of complex, and often bizarre, cultural and political and social activity, and I appointed myself its nighttime mapmaker.

I left Jamaica in 1996 to attend college in New Orleans, a city I'd heard called "the northernmost Caribbean city." I wanted to discover — on foot, of course — what was Caribbean and what was American about it.

On my first day in the city, I went walking for a few hours to get a feel for the place and to buy supplies to transform my dormitory room into a welcoming space. When some university staff members found out what I'd been up to, they ┌ ア(28) ┐ me to restrict my walking to the places recommended as safe to tourists and the parents of new students. They mentioned statistics about New Orleans's crime rate. But Kingston's crime rate far exceeded those numbers, and I decided to ignore these well-meant cautions. A city was waiting to be discovered, and I wouldn't let inconvenient facts get in the way. These American criminals are nothing compared to Kingston's, I thought. They're no real threat to me.

　　What no one (B)_____ who would be considered a threat.

　　Within days I noticed that many people on the street seemed afraid of me: Some gave me a glance as they approached, and then crossed the street; others, ahead, would glance behind, notice my presence, and then speed up; older white women clutched their bags; young white men nervously greeted me, as if exchanging a salutation for their safety: "What's up, bro?" On one occasion, less than a month after my arrival, I tried to help a man whose wheelchair was stuck in the middle of a street; he threatened to shoot me in the face, then asked a white person for help.

　　I wasn't prepared for any of this. I had come from a majority-black country in which no one was wary of me because of my skin color. Now I wasn't sure who was afraid of me. I was especially unprepared for the cops. They regularly stopped and ┌ ア(29) ┐ me, asking questions that took my guilt for granted. I'd never received what many of my African American friends call "The Talk": No parents had told me how to behave when I was stopped by the police, how to be as polite and cooperative as possible, no matter what they said or did to me.

　　My survival tactics began. In this city of energetic streets, walking became a complex and often oppressive negotiation. I would see a white woman walking toward me at night and cross the street to reassure her that she was safe. I would forget something at home but not immediately turn around if someone was behind me, because I discovered that a sudden turn could cause alarm. New Orleans suddenly felt more dangerous than Jamaica. Despite my best efforts, the streets never felt comfortably safe. Even a simple salutation was suspect.

After Hurricane Katrina hit the area, my aunt persuaded me to come to stay in New York City. I explored the city with friends, and then with a woman I'd begun dating. She walked around endlessly with me, taking in New York City's many pleasures. My impressions of the city took shape during my walks with her. But it wasn't long before reality reminded me I wasn't 　イ　 , especially when I walked alone.

One night in the East Village, I was running to dinner when a white man in front of me turned and suddenly punched me in the chest. I assumed he was drunk or had mistaken me for an old enemy, but found out soon enough that he'd merely assumed I was a criminal because of my race. When he discovered I wasn't what he 　ア(30)　 , he went on to tell me that his assault was my own fault for running up behind him. (C)I returned to the old rules I'd set for myself in New Orleans.

I'm still trying to arrive in a city that isn't quite mine. One definition of home is that it's somewhere we can most be ourselves. And when are we more ourselves but when walking, that natural state in which we repeat one of the first actions we learned? A foot leaves, a foot lands, and our longing gives it momentum from rest to rest. We long to look, to think, to talk, to get away. But more than anything else, we long to be free. We want the freedom and pleasure of walking without fear — without others' fear — wherever we choose. I've lived in New York City for almost a decade and have not 　ア(31)　 walking its fascinating streets. And I still long to find the comfort that I found as a kid on the streets of Kingston.

注

Kingston　キングストン（カリブ海の島国ジャマイカの首都）

beggar　物乞いをする人

出典追記：Walking While Black by Garnette Cadogan

vendor　街頭の物売り

New Orleans　ニューオーリンズ(アメリカ合衆国ルイジアナ州の都市)

dormitory　（大学などの）寮，寄宿舎

salutation　挨拶，挨拶のことば

oppressive　ふさぎこませるような，重苦しい

Hurricane Katrina　ハリケーン・カトリーナ(2005 年 8 月にアメリカ合衆国南東部に大きな被害をもたらした大型ハリケーン)

East Village　イースト・ヴィレッジ(ニューヨーク市マンハッタンにある地区の一つ)

(A)　下線部 (A) の内容を分かりやすく説明せよ。その際，2 回出てくる home という語がそれぞれどのような意味で使われているかを明らかにすること。

〔解答欄〕約 17 センチ×2 行

(B)　下に与えられた語を正しい順に並べ替え，下線部 (B) を埋めるのに最も適切な表現を完成させよ。

had / I / me / one / that / the / told / was / was

(C)　下線部 (C) の "the old rules" に則って著者が実際に取った行動の例を本文から探して二つあげよ。

〔解答欄〕約 17 センチ×3 行

(D)　以下の問いに解答し，その答えとなる記号をマークシートにマークせよ。

(ア)　空所　ア　の (26) ～ (31) には単語が 1 語ずつ入る。それぞれに文脈上最も適切な語を次のうちから一つずつ選び，マークシートの (26) ～ (31) にその記号をマークせよ。ただし，同じ記号を複数回用いてはならない。

a) advised　　　b) bullied　　　c) imagined　　　d) made

e) prided　　　f) stopped

(イ)　空所　| イ |　に入れるのに最も適切な語を次のうちから一つ選び，マークシートの (32) にその記号をマークせよ。

a) afraid　　　　　　　b) courageous　　　　　c) guilty

d) interested　　　　　e) invulnerable　　　　　f) unprepared

(ウ)　本文の内容と合致する文は次のうちどれか。最も適切なものを一つ選び，マークシートの (33) にその記号をマークせよ。

a)　After living in the United States for a while, the author realizes that Kingston, New Orleans, and New York City do not differ much in terms of safety.

b)　Being able to walk the streets of a city without fear or concern is a significant source of freedom for the author.

c)　For the author, walking is an act of rebellion against racism and the police.

d)　Walking in U.S. cities is not a stressful experience for the author because he is used to paying attention to every move he makes on the street.

e)　While living in Kingston, the author feels equally comfortable at his childhood home and on the city's various streets.

|||||||||||||||||||||||||| **3　聞 き 取 り 問 題 放 送 用 ス ク リ プ ト** ||||||||||||||||||||||||||

［問題(A)］

At first it seemed like a joke. A ship was blocking the Suez Canal? How could that even happen? But this was no joke, even though it rapidly became one online. Soon, a flood of comments were pointing out the obvious: a giant ship somehow stuck in a narrow canal was a too-perfect metaphor for all the problems that the world was facing in 2021. Even if you were having a bad day, at least you weren't a 50,000-ton container ship that was somehow blocking 10% of global trade. It was the perfect mix of absurd and frightening. How could one ship in one place bring global trade to a halt?

It all began on 23 of March 2021. While travelling along the Suez Canal, a container ship called *Ever Given* was hit by a seasonal sandstorm, with winds of up to 50 miles per hour. Blown off course, the crew struggled to keep control overnight in the face of violent winds. By morning, Egyptian officials announced the unthinkable; the massive ship was wedged diagonally across the Suez Canal. It wasn't going anywhere — and because it was blocking a single-lane section of the canal, neither was anyone else.

One of the world's largest container ships, the *Ever Given* is basically a floating skyscraper, a sea-going giant the size of the Empire State Building and heavier than 30 Eiffel Towers, capable of carrying 20,000 containers of cargo. When it got stuck, the estimated value of its cargo was 775 million, much of it fruit and vegetables which later had to be destroyed. It also held a 10-metre model of a dinosaur nicknamed Dino destined for an adventure golf course.

During the six days the canal was blocked, almost 400 cargo ships were held up at either end, bringing to a halt almost 10 billion dollars' worth of trade. Global oil prices rose and fell due to delays in supplies, markets for other commodities such as computer chips also took a hit and the effects on global supply chains were still being felt months later. All of which you'd think would have provided a lot of motivation to avoid this exact thing happening. What went wrong?

In many ways this was a disaster waiting to happen. Global trade has expanded enormously over the last 50 years, with the sheer volume of traffic putting global choke-points like the Suez Canal under increasing pressure, and while there are constant efforts to widen and deepen the canal, they're still behind.

The *Ever Given* is one of the first of a new generation of extra-large container ships, and its sheer size causes problems not faced by smaller ships. For one, when it's fully stacked it's 164 feet high — that's like a sail larger than two soccer fields. When faced with fierce side-on winds, keeping it on course is a major challenge.

The blockage was solved within a week, but the effects on deliveries took months to diminish. One of the biggest problems caused by the *Ever Given* was holding up supply of shipping containers, which were already scarce ; even now that's still a pressing issue. Today, with delays for almost everything lengthening and even regular post slowing down, we're living in the world this disaster warned us about. The Suez Canal might be flowing freely, but global trade is still stuck in the sand.

[問題(B)]

P : Hello. Welcome to Thinking Transportation with Patrick Smith — conversations about how we get ourselves and what we need from one place to another. Our guest, Adisa Ibrahim, is with the Transportation Institute and is here to help us understand more about that.

A : Thanks for having me, Patrick. Looking forward to it.

出典追記：(A) How did that happen: the real story of the ship 'Stuck in the Suez', SBS on November 16, 2021 by Anthony Morris
© SBS

P : To begin, I'd like to talk about an experience that many of us have had. Let's say we ordered a package early and it still got there late. Next-day delivery turns into next-week delivery. Is it fair for me to blame the delivery service or the shipper, or is it more complicated than that?

A : It's much more complicated than that. There're many moving parts that are involved with this delivery supply chain and really a breakdown anywhere can cause a missed delivery. If you think about it, there has to be a correct order processing, they have to select the right inventory, they have to select a carrier, they have to put that product on the right route and avoid traffic jams and they have to find a place to park. There're just so many places along that line where things can break down.

P : And that's why they call it a supply chain, right? Because it's only as strong as its weakest link?

A : Absolutely. That's a fantastic metaphor, and it really is a chain. And I think often we forget the length of that chain that leads up to that person who's standing at our front door. To take one aspect, if you think about the roadway system as a big funnel and think about pouring rice into that funnel, rather slowly, it flows through and there really isn't any problem. But if you pour it very quickly, it can lock up. The reality is, is suddenly we've got more trucks on more routes, perhaps routes we didn't anticipate, and our system really wasn't prepared for.

P : And anytime we talk about transportation challenges in most conversations, technology gets brought up as a potential area of solutions in the context of freight and delivery. And that would perhaps be autonomous deliveries, drone deliveries? To what extent do you think technology fits into the solution mix in the near term?

A : Technology certainly plays into the solution mix. And it always will. How near term it will be, is probably the better question.

Autonomous delivery is coming. I think it's probably a little bit of a ways off. There are drones. There are some immediate obstacles with drones related to air space regulations, noise, privacy, but there are big investments being made.

P : Whenever we have that website open and we're placing that order, there's a big flashing banner that says, "free next-day delivery" or "free same-day delivery," in reality, that free delivery isn't really free.

A : That's exactly right. It might feel free to you — next-day, free shipping. There's always a cost and we're all going to, as a society, pay for the impacts of that. It may be environmental impacts. It could be impacts in what we're producing with all this packaging and plastic and unnecessary things that are being produced.

P : Adisa Ibrahim, senior research engineer at the Transportation Institute. Thanks so much for sharing your insights, Adisa.

A : Thanks for the opportunity, Patrick.

[問題(C)]

India, with its 1.3 billion people, vast territory and twenty-two official languages (along with hundreds of unofficial ones), is well known as one of the most linguistically diverse countries in the world. Yet it is no match for a country of just 7.6 million inhabitants in the Pacific Ocean : Papua New Guinea. This country, which hosts the world's third largest rainforest and five percent of the world's biological diversity, is also home to an astonishing diversity of spoken languages. There are nearly 850 languages spoken in the country, making it the most linguistically diverse place on earth by far, both in total and per person.

Why does Papua New Guinea have so many languages, and how do locals cope? The oldest group of languages in Papua New Guinea are the so-called "Papuan" languages, introduced by the first human settlers 40,000 years ago. Despite falling under this category, these languages

出典追記 : (B) Episode 8. Hey, Where's My Amazon Order? Promises of super-fast delivery are straining our transportation system., Thinking Transportation on May 11, 2021 by Bernie Fette and Bill Eisele. Texas A&M Transportation Institute do not share a single root. Instead, they are dozens of unrelated families, with some "isolates", or languages with no relatives at all. This contrasts with Papua New Guinea's more modern languages, which arrived some 3,500 years ago, probably from a single Taiwanese source. Things were further complicated in the 1800s by the arrival of English- and German-speaking colonists. After achieving political independence from Australia in 1975, Papua New Guinea adopted only three official languages, including English. But the lack of state recognition for the rest did not reduce variety. Today, the country's 850 languages each have between a few dozen and 650,000 speakers. In some places, the people speaking just one language live in an area of less than 5 square kilometres.

In part, so many of these languages have survived thanks to Papua New Guinea's wild landscapes. Mountains, jungles and swamps keep villagers isolated, preserving their languages. A rural population helps too : only about 13 % of Papuans live in towns. Indeed, some Papuans have never had any contact with the outside world. Fierce tribal divisions also encourage people to be proud of their own languages. The passing of time is another important factor. It takes about a thousand years for a single language to split in two, according to linguist William Foley. With 40,000 years to evolve, Papuan languages have had plenty of time to change naturally.

In the face of this incredible linguistic variety, Papuans have embraced a language called "Tok Pisin", which is based on English, but with German, Portuguese and native Papuan languages mixed in. It was developed by traders in the 19th century, for ease of communication. But in recent decades, it has become the main language in Papua New Guinea. There is a Tok Pisin newspaper, and it is popular in church. Tok Pisin is now spoken by 4 million Papuans, a majority of the population. Its root as a trading language helps explain its success :

２０２４年度　前期日程

英語

simple vocabulary makes it easy to learn. Its mixed heritage also makes it amazingly expressive.

Yet Tok Pisin's success may also threaten Papua New Guinea's linguistic diversity : it is also slowly crowding out other languages. A dozen have already vanished. As a modern Papuan language flourishes, ancient ones risk falling away.

出典追記 : Papua New Guinea's incredible linguistic diversity, The Economist on July 20, 2017 by A. V.
© The Economist Group Limited, London

数　学

（150 分）

第　1　問

　座標空間内の点 A$(0, -1, 1)$ をとる。xy 平面上の点 P が次の条件 (i), (ii), (iii) を
すべて満たすとする。

　(i) P は 原点 O と異なる。

　(ii) $\angle \mathrm{AOP} \geqq \dfrac{2}{3}\pi$

　(iii) $\angle \mathrm{OAP} \leqq \dfrac{\pi}{6}$

P がとりうる範囲を xy 平面上に図示せよ。

第　2　問

　次の関数 $f(x)$ を考える。

$$f(x) = \int_0^1 \frac{|t-x|}{1+t^2}\,dt \qquad (0 \leqq x \leqq 1)$$

(1) $0 < \alpha < \dfrac{\pi}{4}$ を満たす実数 α で，$f'(\tan\alpha) = 0$ となるものを求めよ。

(2) (1) で求めた α に対し，$\tan\alpha$ の値を求めよ。

(3) 関数 $f(x)$ の区間 $0 \leqq x \leqq 1$ における最大値と最小値を求めよ。必要ならば，
　$0.69 < \log 2 < 0.7$ であることを用いてよい。

第　3　問

座標平面上を次の規則 (i), (ii) に従って 1 秒ごとに動く点 P を考える。

(i) 最初に，P は点 $(2, 1)$ にいる。

(ii) ある時刻で P が点 (a, b) にいるとき，その 1 秒後には P は

- 確率 $\dfrac{1}{3}$ で x 軸に関して (a, b) と対称な点

- 確率 $\dfrac{1}{3}$ で y 軸に関して (a, b) と対称な点

- 確率 $\dfrac{1}{6}$ で直線 $y = x$ に関して (a, b) と対称な点

- 確率 $\dfrac{1}{6}$ で直線 $y = -x$ に関して (a, b) と対称な点

にいる。

以下の問いに答えよ。ただし，(1) については，結論のみを書けばよい。

(1) P がとりうる点の座標をすべて求めよ。

(2) n を正の整数とする。最初から n 秒後に P が点 $(2, 1)$ にいる確率と，最初から n 秒後に P が点 $(-2, -1)$ にいる確率は等しいことを示せ。

(3) n を正の整数とする。最初から n 秒後に P が点 $(2, 1)$ にいる確率を求めよ。

第　4　問

$f(x) = -\dfrac{\sqrt{2}}{4}x^2 + 4\sqrt{2}$ とおく。$0 < t < 4$ を満たす実数 t に対し，座標平面上の点 $(t, f(t))$ を通り，この点において放物線 $y = f(x)$ と共通の接線を持ち，x 軸に中心を持つ円を C_t とする。

(1) 円 C_t の中心の座標を $(c(t), 0)$, 半径を $r(t)$ とおく。$c(t)$ と $\{r(t)\}^2$ を t の整式で表せ。

(2) 実数 a は $0 < a < f(3)$ を満たすとする。円 C_t が点 $(3, a)$ を通るような実数 t は $0 < t < 4$ の範囲にいくつあるか。

第　5　問

　座標空間内に 3 点 A $(1, 0, 0)$，B $(0, 1, 0)$，C $(0, 0, 1)$ をとり，D を線分 AC の中点とする。三角形 ABD の周および内部を x 軸のまわりに 1 回転させて得られる立体の体積を求めよ。

第　6　問

　2 以上の整数で，1 とそれ自身以外に正の約数を持たない数を素数という。以下の問いに答えよ。

(1) $f(x) = x^3 + 10x^2 + 20x$ とする。$f(n)$ が素数となるような整数 n をすべて求めよ。

(2) a, b を整数の定数とし，$g(x) = x^3 + ax^2 + bx$ とする。$g(n)$ が素数となるような整数 n の個数は 3 個以下であることを示せ。

物　理

（2科目150分）

（注） 解答用紙は，〈理科〉共通。1行：約 23.5 センチ，35 字分の区切りあり。

1・2は各25行，3は50行。

第1問 図1−1のように，十分に長いベルトをもつベルトコンベアをベルトと床と
のなす角が $\theta\left(0<\theta<\dfrac{\pi}{2}\right)$ となるように水平な床に固定する。ベルトのなす斜面
に沿った x 軸を斜面上向きが正になるようにとる。x 軸は常に床に対して静止して
いる。このベルト上の物体の運動を考える。物体Aの質量は m である。また，ベ
ルトと物体Aとの間の静止摩擦係数は μ，動摩擦係数は μ' である。物体は x 軸方
向にのみ運動し，回転しないものとする。特に断りの無い限り，物体の座標や速度
はこの x 軸に対して定義する。重力加速度を g とし，物体の大きさや空気抵抗は無
視してよい。

Ⅰ　はじめに図1−2のように，$\theta=\theta_1$ とし，ベルトが静止しているときの物体
　　Aの運動を考える。$x=0$ において物体Aに初速度 $v_0(v_0>0)$ を与えたとこ
　　ろ，物体Aは斜面に沿って上昇した後，再び $x=0$ に戻った。

　⑴　物体Aが最高点に到達したときの x 座標を求めよ。

　⑵　物体Aが $x=0$ に戻ったときの速度を μ'，v_0，θ_1，m，g のうち必要なもの
　　　を用いて表せ。

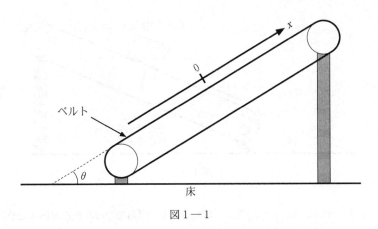

図 1 — 1

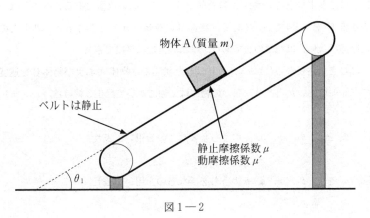

図 1 — 2

Ⅱ　次に，図 1 — 3 のように $\theta = \theta_2$ とし，一定の速度 $V(V > 0)$ でベルトが動いているときの物体 A の運動を考える。

(1)　時刻 $t = 0$ に物体 A を初速度 0 でベルトにおいたところ，物体 A は斜面上向きに移動し始めた。物体 A の速度を時刻 $t(t > 0)$ の関数として表せ。

(2)　$x = 0$ において物体 A に初速度 $-v_0(0 < v_0 < V)$ を与えたところ，物体 A は斜面に沿って下降した後，再び $x = 0$ に戻った。物体 A が $x = 0$ に戻ったときの速度を求めよ。

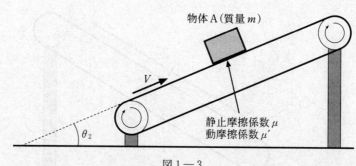

物体A（質量 m）

V

静止摩擦係数 μ
動摩擦係数 μ'

θ_2

図1—3

物
理

Ⅲ　図1—4のように $\theta = \theta_3$ とし，ばね定数 k のばねでつながれた物体Aと物体
　Bをベルト上におく。物体Aは物体Bより常に高い位置にある。ベルトは一定
　の速度 $V(V > 0)$ で動いている。物体Bの質量は m で，物体Bとベルトとの間
　に摩擦はない。ばねは均質であり，ばねの質量は無視できる。

　　ばねを自然長から長さ d_0 だけ伸ばした状態で，物体Aおよび物体Bを速度0
　でベルトにおいたところ，二つの物体は x 軸に対して静止し続けた。

（1）　d_0 を V, θ_3, m, g, k のうち必要なものを用いて表せ。

（2）　μ' を V, θ_3, m, g, k のうち必要なものを用いて表せ。

　　次に物体Bの速度を0から V に瞬間的に変えた。この時刻を $t = 0$ とする。
　物体Aは時刻 $t_1(t_1 > 0)$ にはじめてベルトと同じ速度になった。物体Aおよび
　物体Bの速度をそれぞれ v_A および v_B とする。

（3）　時刻 t $(0 < t < t_1)$ における物体Aと物体Bの重心Gの速度
　　$v_G = \dfrac{v_A + v_B}{2}$ を t, V, θ_3, m, g, k のうち必要なものを用いて表せ。

（4）　時刻 t $(0 < t < t_1)$ における物体Aおよび物体Bの運動は，重心Gから見
　　るとそれぞれ単振動とみなせる。このことを用いて $0 < t < t_1$ における v_B お
　　よび t_1 を，それぞれ t, V, θ_3, m, g, k のうち必要なものを用いて表せ。こ

こで，重心 G から物体 A および物体 B までの距離がともに d だけ減少すると，物体 A がばねから受ける力は $2kd$ 変化することを用いてもよい。

時刻 t_1 以降，物体 A はベルトに対して静止し続けた。

(5) 時刻 $t\,(t > t_1)$ における v_B を t, V, θ_3, m, g, k のうち必要なものを用いて表せ。

(6) 物体 A がベルトに対して静止し続けるために μ が満たすべき条件を，V, θ_3, m, g, k のうち必要なものを用いて表せ。

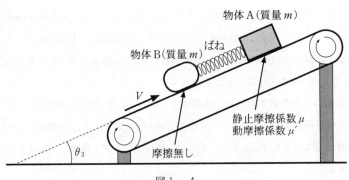

図 1 ― 4

第2問　固体中に電荷が固定された物体をエレクトレットと呼ぶ。エレクトレットは
振動のエネルギーを電気エネルギーとして取り出す振動発電などの分野で利用され
ている。以下では，電荷を帯びた金属板が誘電体中に固定された物体をエレクト
レットのモデルとする。

　図2-1のような装置を考える。水平な床の上に幅と奥行きが L で厚さの無視
できる正方形の金属板（下電極）を固定した。その上に幅と奥行きが L で厚さが $2d$
の直方体の形状で，中央に金属板が埋めこまれた誘電体を固定した。埋めこまれた
金属板は幅と奥行きが L で厚さが無視でき，一定の電荷 $-Q$ を帯びている。誘電
体の誘電率は ε である。上端を固定したばね定数 k の絶縁体のばねを用いて，幅と
奥行きが L で厚さの無視できる質量 m の金属板（上電極）を誘電体の直上に吊り下
げた。すべての金属板と誘電体は上方から見て重なっている。上電極は誘電体と平
行を保ちながら上下方向に動かすことができる。上電極と下電極は抵抗とスイッチ
を介して導線でつながれている。この装置は真空中に置かれている。真空の誘電率
は ε_0 である。重力加速度を g とする。

　上電極の位置を表すために，誘電体の上面からわずかに上の位置を $z=0$ にと
り，鉛直上向きに z 軸をとる。上電極の位置が $z=0$ のとき，上電極と誘電体上面
の距離は無視できるほど小さい。電荷は，導線を介して上電極と下電極の間でのみ
移動する。

　初期条件で，図2-1のようにスイッチは開いており，下電極は電荷 $+Q$ を帯
びていた。上電極は電荷を帯びておらず，つりあいの位置 $z=h_0$ で静止してい
た。

　これらの金属板で作られたコンデンサーを含む回路について，以下の設問に答え
よ。ただし，金属板の面積は十分に大きく，端の効果は無視できるものとする。上
電極につながれた導線は上電極の運動には影響しない。電荷の移動や金属板の振動
に伴う電磁波の発生は無視できる。

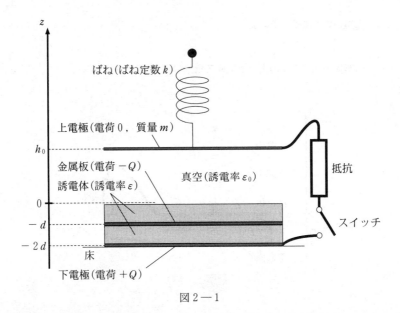

図 2 — 1

I　はじめ，図 2 — 1 に示したように下電極は $+Q$ の電荷を帯びており，スイッチは開いている。上電極はつりあいの位置 $z = h_0$ にあり，電荷を帯びていない。

(1)　誘電体に埋め込まれた金属板の電位を求めよ。下電極を電位の基準（電位 0）とする。

　　次に，図 2 — 2(ア)のように，上電極を $z = 0$ の位置に固定し，スイッチを閉じた。十分長い時間が経過すると，上電極の電荷は一定になった。

(2)　上電極の電荷を求めよ。

　　続いて図 2 — 2(イ)のように，スイッチを開いた後，上電極に外力を加え，ある位置までゆっくり移動させた。その位置で上電極を自由に動くようにしたところ，図 2 — 2(ウ)のように静止したままであった。

(3)　上電極の z 座標を求めよ。

(4)　上電極の電位を求めよ。下電極を電位の基準（電位 0 ）とする。

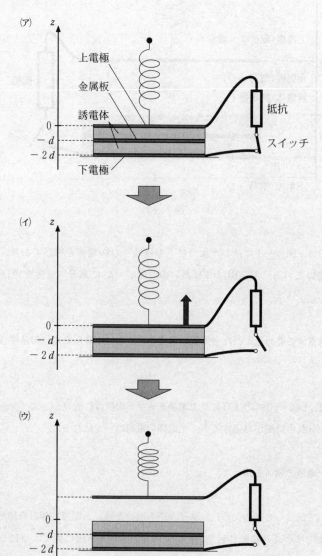

図 2 — 2

Ⅱ　次に，図２—３(ア)→(イ)→(ウ)→…→(キ)→(ア)で示される順に上電極を動かしながら
スイッチを開閉したときの電荷の移動や抵抗の発熱を調べよう。

　　図２—３(ア)のように上電極を $z = 0$ に移動し，スイッチを閉じた。十分に長い
時間が経過し，上電極の電荷は一定になった。次に，図２—３(イ)のようにスイッ
チを開き，上電極を自由に動くようにしたところ，上方向に加速度運動をはじめ
た。上電極は図２—３(ウ)のように $z = h_1$ まで上昇し速度が０になった。その位
置で上電極がそれ以上動かないように固定した。

(1)　h_1 を求めよ。

　　図２—３(エ)のようにスイッチを閉じたところ抵抗に電流が流れ発熱した。十分
長い時間ののち発熱はやみ，上電極の電荷量が一定の値 $\dfrac{Q}{10}$ となった。

(2)　スイッチを閉じている間の抵抗の発熱量の合計を，h_0，k を用いず h_1 を含
む式で答えよ。

　　図２—３(オ)のように上電極におもりをのせてスイッチを開き，上電極が自由に
動くようにしたところ，上電極は下降を始め，誘電体に衝突することなく速度が
０になった。図２—３(カ)のように，最低点は $z = 0$ であった。その位置で上電極
がそれ以上動かないように固定した。

(3)　おもりの質量を求めよ。

　　図２—３(キ)のようにおもりを取り除いてスイッチを閉じたところ抵抗に電流が
流れ発熱した。十分に長い時間の後に発熱はやみ，図２—３(ア)に示されるはじめ
の状態に戻った。

(4)　図２—３で示される１サイクルについて，抵抗の発熱量の合計を，h_0，k を
用いず h_1 を含む式で答えよ。

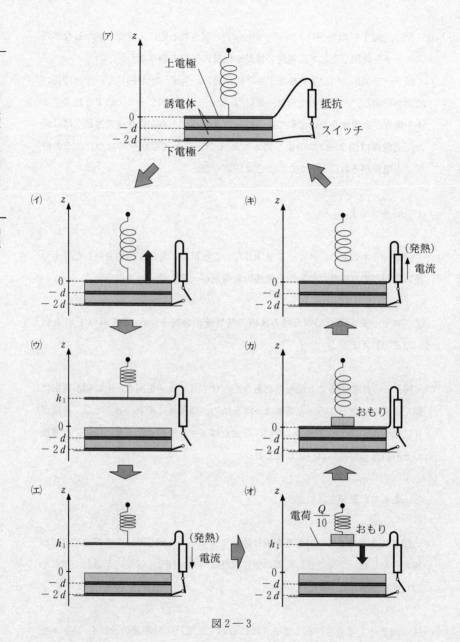

図 2 — 3

第3問 音波に関する以下の設問に答えよ。空気中の音速を V とし，風の影響は無視せよ。

I x 軸正負の方向に音波を発生する音源が，一定の速さ $v_s\,(v_s < V)$ で x 軸上を正の向きに運動している。音源の振動数は f_0 で一定である。時刻 $t = 0$ に音源は $x = 0$ の原点 O を通過した。音源の大きさは無視できる。

図 3 — 1 のように，$x = L$ の点を P とする。ただし，$L > 0$ とする。時刻 $t = 0$ に音源で発生した音波が点 P に到達する時刻を t_1 とする。

(1) 時刻 t_1 に音源で発生した音波が点 P に到達する時刻を f_0，v_s，V，L のうち必要なものを用いて表せ。

(2) 点 P での音波の位相が 2π だけ変化するために要する時間を f_0，v_s，V，L のうち必要なものを用いて表せ。

続いて，図 3 — 2 のように，反射板を点 P に置く。音源から直接届く音波と反射板で反射されて届く音波の干渉によりうなりが生じる。

(3) 観測者が音源とともに運動する場合を考える。観測者と音源の距離は小さく，観測者は音源と同じ位置にいるとしてよい。音源が反射板に到達するまでの間に観測されるうなりの振動数（うなりの周期の逆数）を f_0，v_s，V，L のうち必要なものを用いて表せ。

(4) 観測者が $x = \dfrac{L}{2}$ の点 Q に静止している場合を考える。ある時刻にうなりが観測され始めた。うなりが観測され始める時刻と，観測されるうなりの振動数をそれぞれ f_0，v_s，V，L のうち必要なものを用いて表せ。ただし，音源が原点 O を通過するとき，反射板で反射された音波は原点 O に到達しているものとする。また，音源の運動は観測者に影響されることはなく，音波は音源や観測者に遮られない。

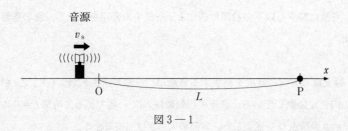

図 3 ― 1

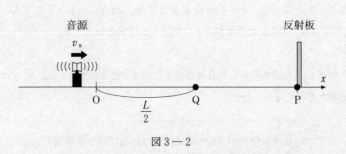

図 3 ― 2

Ⅱ　音源から出る音波の振動数が時刻 t によって変化する場合を考える。音源は原点 O に静止している。反射板は x 軸上を運動できる。音源の大きさは無視できる。

　　音源から，$0 < t < T$ の間だけ振動数が図 3 ― 3 (A)や図 3 ― 3 (B)のように時間変化する音波を発生させる。時刻 $t(0 < t < T)$ におけるそれぞれの振動数は，f_1 を正の定数として，$\left(2 - \dfrac{t}{T}\right)f_1$ と $\left(1 + \dfrac{t}{T}\right)f_1$ で与えられる。ただし，T は $\dfrac{1}{f_1}$ と比べて十分大きいとする。

　　音源から直接届く音波と反射されて届く音波の干渉によるうなりを，音源のすぐ近くで観測する。観測を行う位置と音源の距離は十分小さく，無視できる。このうなりの観測を用いて，反射板の位置や速度を計測することを考える。なお，音源で発生する音波は，反射板で反射された後，音波の周期より十分長く T よりも十分短い時間で，音源の位置に達するとする。

(1)　振動数が図 3 ― 3 (A)のように時間変化する音波を音源から発生させる。図 3 ― 4 のように反射板は位置 $x = L_0$ に静止している。ただし，$L_0 > 0$ である。このとき，うなりの振動数は f_h であった。L_0 を f_h, f_1, T, V のうち必要なものを用いて表せ。

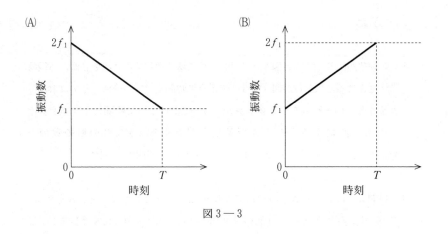

図 3 ― 3

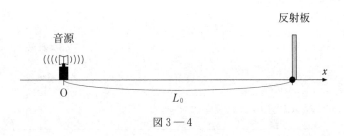

図 3 ― 4

次に，図 3 ― 5 のように反射板が音源に向かって一定の速さ v_r で近づく場合を考える。ただし，時刻 $t = 0$ での反射板の位置を $x = L_0$ とし，$v_r < \dfrac{L_0}{4T}$ とする。

(2) 振動数が図 3 ― 3 (A)のように時間変化する音波を音源から発生させる。時刻 $t = 0$ に音源で発生した音波は，ある位置 $x = L_A$ で反射板により反射され，時刻 $t = t_{A0}$ に原点 O に到達した。時刻 $t = t_{A0}$ に観測されるうなりの振動数を f_1，T，v_r，V，L_A のうち必要なものを用いて表せ。

(3) 振動数が図 3 ― 3 (B)のように時間変化する音波を音源から発生させる。時刻 $t = t_s$ に音源で発生した音波は，ある位置 $x = L_B$ で反射板により反射され，時刻 $t = t_B$ に原点 O に到達した。ただし，$0 < t_s < \dfrac{T}{2}$ とする。時刻 $t = t_B$ に観測されるうなりの振動数を f_1，t_s，T，v_r，V，L_B のうち必要なものを用

いて表せ。

⑷ 振動数が図3—3(A)と図3—3(B)のように時間変化する音波を音源から同時
  に発生させる。振動数が図3—3(A)のように時間変化する音波とその反射波に
  よるうなりの振動数を f_h^A, 振動数が図3—3(B)のように時間変化する音波と
  その反射波によるうなりの振動数を f_h^B とする。うなりの振動数の差
  $\Delta f_h = \left| f_h^A - f_h^B \right|$ を f_1, T, v_r, V のうち必要なものを用いて表せ。

⑸ 設問 II ⑷における Δf_h の測定により v_r を求めることができる。$\Delta f_h = 5.0$
  $\times 10^2$ Hz, $f_1 = 3.0 \times 10^4$ Hz, $T = 0.60$ s, $V = 3.4 \times 10^2$ m/s として, v_r を
  有効数字2桁で求めよ。

図3—5

化　学

（2科目150分）

（注）　解答用紙は，〈理科〉共通。1行：約23.5センチ，35字分の区切りあり。

　　　　1・**2**は各25行，**3**は50行。

第1問

次の I ，II の各問に答えよ。必要があれば以下の値を用いよ。

元　素	H	C	O	Na	S
原子量	1.0	12.0	16.0	23.0	32.1

液体の種類	水	エタノール	ベンゼン	シュウ酸ジエチル
沸　点	100 ℃	78 ℃	80 ℃	185 ℃

I　次の文章を読み，問**ア**〜**カ**に答えよ。

　<u>シュウ酸二水和物 HOOC–COOH・2 H$_2$O とエタノールからシュウ酸ジエチル
を得る</u>ために以下の実験を行った。フラスコにシュウ酸二水和物の固体 42.0 g
①
を入れ，エタノール 100 mL とベンゼン 140 mL を加えてシュウ酸溶液を調製し
た。次に濃硫酸 0.50 mL と沸騰石を加え，図1−1に示す実験装置で反応液が
沸騰し続けるように加熱し十分な時間反応させたところ，目的のシュウ酸ジエチ
ルを得ることはできたが，<u>エステル化を完全に進行させることはできなかった</u>。
②
　そこで，同じ量の試薬を用い，図1−2に示す改良した実験装置を用意して同
様の実験を行ったところ，エタノール，ベンゼンおよび水は蒸発し，生じた蒸気
は側管内を上昇し，冷却器において凝縮して液だめ（図1−2）にたまった。反応
時間の経過に伴い，液だめにたまる液体は<u>上層（ベンゼンとエタノールの混合物）
と下層（水とエタノールの混合物）の二層に分離した</u>。液だめの容積は反応液の体
③
積よりも小さく，あふれた上層の液体は側管を通ってフラスコに戻った。十分な

時間反応させると，エステル化はほぼ完全に進行した。その後，適切な分離操作
④　　　　　　　　　　　　　　　　　　　　　　　　　⑤
を行ったところ，シュウ酸ジエチルが液体として高い収率（理論上の最大生成量
に対して実際に得られた量のモル百分率）で得られた。

　このように，反応の仕組みに基づき実験装置や操作を工夫すると，目的物を効
　　　　　　　⑥
率よく得ることができる。

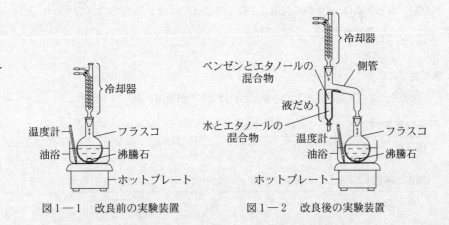

図1—1　改良前の実験装置　　　　図1—2　改良後の実験装置

〔問〕

ア　下線部①の化学反応式を記せ。水和水は含めなくてよい。

イ　下線部②の理由を2行以内で簡潔に説明せよ。

ウ　下線部④について述べた以下の文章について，空欄　　a　　にあてはまる語句を記せ。また，3つの化合物の構造式を全て記せ。

　　　反応の終了直後に，濃硫酸を中和する目的で水酸化ナトリウム水溶液を加えたところ，誤って過剰量を加えてしまい，　　a　　とよばれる反応が起きてシュウ酸ジエチルの収率が低下してしまった。これは，シュウ酸ジエチルから3つの化合物が生じたためであった。

エ　下線部⑤について，溶媒を用いた抽出以外の方法で，純粋なシュウ酸ジエチルを得るための方法を簡潔に述べよ。

オ 下線部③について，下層の溶液の体積を測れば反応の進行度合いを知ることができる。ある時点においては，水とエタノールの混合物が 52.0 mL 得られた。この混合物の組成は，水とエタノールを 1：1 の体積比で混合したものと同じであった。この時点では，全てのカルボキシ基のうち何％がエステル化されたと考えられるか。計算過程を示しつつ有効数字 2 桁で求めよ。

　　ただし，シュウ酸二水和物は溶媒に完全に溶解し，水和水は溶媒の一部として振る舞う。ここではエステル化のみが進行し，水の移動はエステル化の進行より十分速く，フラスコ内の水は全て液だめに移るものとする。水の密度は 1.00 g·cm^{-3} として計算せよ。実験に用いたエタノールの純度は 95.0 ％（体積百分率）で，残りの 5.0 ％ は水である。液体の混合による体積変化，およびベンゼンまたは濃硫酸に含まれる水は無視してよい。

カ 下線部⑥に関して，濃硫酸を用いた酢酸とエタノールのエステル化では，エタノール由来の酸素原子のみが酢酸エチルの炭素─酸素単結合を形成する。これを確認するには，安定に存在する同位体を用いた実験を行えばよいと考えられる。では，どのような化合物を用意して，どのような実験を行えば確認できるか。2 ～ 3 行程度で具体的な手順を説明せよ。

Ⅱ 次の文章を読み，問**キ**～**コ**に答えよ。

　　単糖は分子式 $C_nH_{2n}O_n (n \geqq 3)$ で表される化合物群であり，炭素原子数 n の直鎖状飽和炭化水素の全ての炭素原子に 1 つずつヒドロキシ基が結合した分子が，酸化された構造をもつ。多くの生物の体内には，グルコースなどの $C_6H_{12}O_6$ の分子式をもつ単糖が大量に存在する。しかし同じ $C_6H_{12}O_6$ の分子式をもち，生体内で重要な役割を果たす分子であるイノシトールは，シクロヘキサンの全ての炭素原子に 1 つずつヒドロキシ基が付いた分子であり，単糖ではない。

　　単糖は，アルデヒド構造（ホルミル基）をもつアルドースと，ケトン構造（カルボニル基）をもつケトースに分類され，いずれも塩基性水溶液中で加熱すると徐々に構造が変化する。例えばグルコースからは，化学的に不安定で酸化されやすい中間体 **A** を経由して，フルクトースとマンノースが徐々に生成する（図 1 ─ 3）。

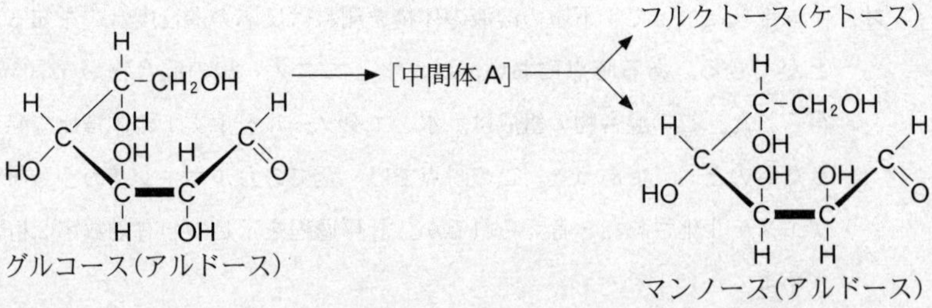

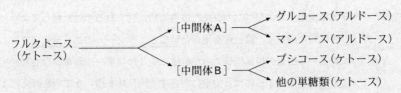

図1-3　グルコースの塩基性条件下での加熱による別の単糖の生成

一方，フルクトースの塩基性水溶液を加熱すると，上記の中間体Aを経由してグルコースとマンノースが，また化学的に不安定で酸化されやすい別の中間体Bを経由して，⑨ケトースであるプシコースなどが徐々に生成する（図1-4）。

フルクトース　　　　　　[中間体A]　　　　グルコース（アルドース）
（ケトース）　　　　　　　　　　　　　　マンノース（アルドース）

　　　　　　　　　　　　[中間体B]　　　　プシコース（ケトース）
　　　　　　　　　　　　　　　　　　　　他の単糖類（ケトース）

図1-4　フルクトースの塩基性条件下での加熱による別の単糖の生成

フルクトースはケトースであるが，フェーリング液と混合，加熱するとすぐに反応して赤褐色沈殿を生じる。また，以下の実験結果1，2が知られている。

実験結果1　フルクトースがフェーリング液と反応して赤褐色沈殿を生じる速さ
　　　　　　は，アルドースであるグルコースとほぼ変わらない。

実験結果2　以下の化合物C，D，Eそれぞれをフェーリング液と反応させる
　　　　　　と，C，Dからは赤褐色沈殿が生じるが，Eからは赤褐色沈殿はほ
　　　　　　とんど生じない。

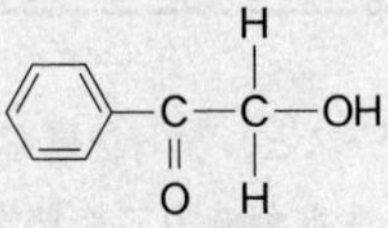

化合物C 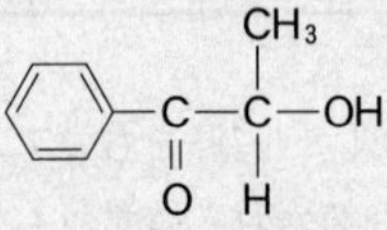　　　　　　　化合物D 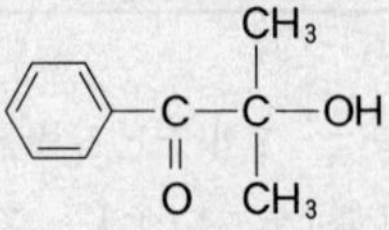　　　　　　　化合物E

〔問〕

キ 下線部⑦に関して，$C_3H_6O_3$ の分子式をもつ最小の単糖の構造式を，下の例にならって全て記せ。なお不斉炭素原子を含む場合には，その炭素原子に ＊を付けて示すこと。

$$
\begin{array}{c}
\text{COOH} \\
|\\
\text{C} = \text{O} \\
|\\
\text{H}-\overset{*}{\text{C}}-\text{CH}_3 \\
|\\
\text{CH}_2\text{OH}
\end{array}
$$

ク 下線部⑧に関して，イノシトールには | b | 種類の立体異性体が存在し，その中で鏡像の関係にある異性体は | c | 組存在する。| b |，| c | にあてはまる適切な数字をそれぞれ答えよ。なお，立体異性体の総数を数える際には，鏡像異性体はそれぞれ別の分子として数えよ。また，炭素—炭素単結合の回転により生じる異性体(配座異性体)については区別しないものとする。

ケ 中間体 A，B は化学的に不安定で酸化されやすいという事実，及び実験結果 1 と 2 から，フェーリング液と反応して赤褐色沈殿を生じるために重要と考えられる単糖の化学構造(部分構造のみでよい)を記せ。また実験結果 2 で，化合物 C，D からは赤褐色沈殿が生じるが，化合物 E からは赤褐色沈殿がほとんど生じない理由を 50 字程度で説明せよ。なお，$C_6H_{12}O_6$ の分子式で表される単糖は，水溶液中で直鎖状分子と環状分子の平衡混合物として存在していることが知られているが，本問ではどの単糖も直鎖状分子として存在する比率は同じであるとする。

コ 下線部⑨に関して，プシコースの構造式を，以下の図 1—5 (iii) に示した投影図にならって記せ。ただし，プシコースのカルボニル基の炭素原子の位置番号はフルクトースと同じである。

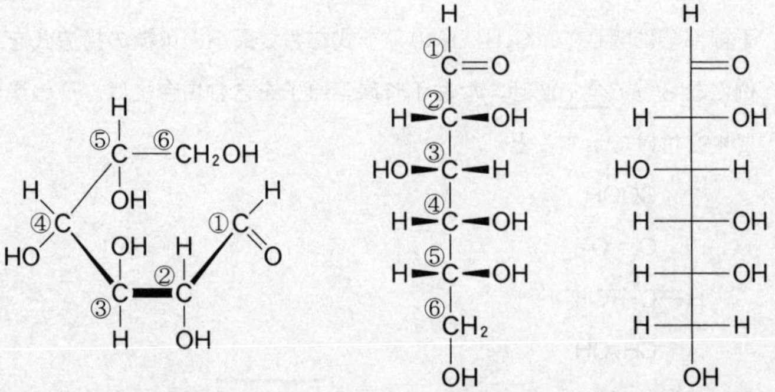

図中①～⑥は，グルコース中の炭素原子の位置番号を表している。

(i)　3次元構造が認識できるように，手前にある結合を太線で表した構造式

(ii)　直鎖状分子として，紙面手前側に向かう結合を ◀━ で表した構造式

(iii)　(ii)の構造式を紙面に投影した図（投影図）

図1－5　グルコースの構造を表す方法

第2問

次のⅠ，Ⅱの各問に答えよ。必要があれば以下の値を用いよ。

元 素	N	O	Cl	Ag	Au
原子量	14.0	16.0	35.5	107.9	197.0

ファラデー定数　$9.65 \times 10^4 \, \text{C} \cdot \text{mol}^{-1}$

Ⅰ　次の文章を読み，問**ア～キ**に答えよ。

　　両性金属（両性元素）である金属**A**と**B**は，酸および強塩基の水溶液のいずれに対しても反応し，気体を発生する。鉛も両性金属に分類されるが，他の両性金属に比べ酸および強塩基の水溶液に対する反応性が低い。鉛(Ⅱ)イオン，**A**の2価の陽イオンA^{2+}，**B**の2価の陽イオンB^{2+}のいずれかを含む中性から塩基性の水溶液に硫化水素を加えると，鉛(Ⅱ)イオンからは黒色沈殿が，A^{2+}からは白色沈殿が，B^{2+}からは灰黒色の沈殿がそれぞれ得られる。A^{2+}から得られ

る上記の白色沈殿を構成する物質の結晶構造中の原子 A と硫黄原子を全て炭素
原子に置き換えると，ダイヤモンドと同様の構造になる。鉛(Ⅱ)イオンと A^{2+}
のいずれかを含む水溶液に<u>ニクロム酸カリウム水溶液を加えると，それぞれ黄色</u>
<u>沈殿</u>が得られる。一方で，<u>B^{2+} を含む水溶液に硫酸酸性のニクロム酸カリウム水</u>
②   ③
<u>溶液を加えると，B の 4 価の陽イオン B^{4+} を生成し暗緑色の溶液が得られる。</u>
④

〔問〕

ア　金属 A の元素記号を記せ。

イ　金属 B の元素記号を記せ。

ウ　下線部①に関して，十分量の希硫酸に鉛を加えると，はじめ気体が発生し
　　たが，その後固体が残っているにもかかわらず気体の発生が止まった。そ
　　の理由を 20 字程度で説明せよ。

エ　下線部②に関して，赤橙色のニクロム酸イオンは水溶液中でクロムを含む
　　黄色のイオン X と化学平衡にあり，溶液の pH によって平衡が移動す
　　る。X の化学式を示し，この化学平衡を表すイオン反応式を記せ。

オ　下線部③に関して，十分量の鉛(Ⅱ)イオンを含む水溶液にニクロム酸カリ
　　ウム水溶液を加えると，<u>ニクロム酸鉛(Ⅱ)の沈殿ではなく，鉛(Ⅱ)イオン</u>
　　<u>とイオン X からなる物質の黄色沈殿が生成し，溶液部分はほぼ無色に</u>
　　<u>なった</u>。下線部の結果が得られた理由を以下の語句を全て用いて簡潔に説
　　明せよ。

　　〔語句〕　平衡，溶解度

カ　下線部④のイオン反応式を B^{2+} と B^{4+} を用いて記せ。

キ　一般に，酸化作用のある化合物の水溶液の濃度はヨウ素還元滴定によって
　　決定できる。この方法を用いて，ある過マンガン酸カリウム水溶液の正確
　　な濃度を以下の手順で決定した。

　　　過マンガン酸カリウム水溶液 3.00 mL に希硫酸を加え酸性にした後，
　　十分量のヨウ化カリウム水溶液を加えた。反応が完結した後，デンプン水
　　溶液を加えて濃青色の溶液を得た。この溶液に 2.00 mol·L^{-1} のチオ硫酸
　　ナトリウム水溶液を 3.40 mL 滴下した時点で，溶液の色が無色に変化し
　　た。過マンガン酸カリウム水溶液の濃度〔mol·L^{-1}〕を有効数字 2 桁で答え
　　よ。

Ⅱ　次の文章を読み，問ク〜シに答えよ。

　　金と銀は 11 族に属し，結晶の構造はいずれも 　　a　　 で，単位格子中に含まれる原子の数は 4 個である。金は銀よりも 　　b　　 が小さく，酸化されにくい性質をもつ。金は硝酸とは反応しないが，王水（注 1）やヨードチンキ（注 2）とは反応し溶解する。一方，銀は硝酸と反応し，銀イオンとなり溶解する。
　　金や銀などの貴金属は希少であるため，使用済みの電子機器などから溶解させて回収し再利用されている。金を主成分とする金と銀の合金を王水に加えると，反応が起こり沈殿が生成する。沈殿からは銀を，溶液からは金を回収できる。

（注 1）　濃塩酸と濃硝酸を 3：1 の体積比で混合した溶液

（注 2）　ヨウ素 I_2，ヨウ化カリウム KI，エタノールからなる溶液
　　　　　この溶液中におけるヨウ化物イオン I^- と三ヨウ化物イオン I_3^- の間の平衡と，I_3^- の還元の化学反応式はそれぞれ以下の式(1)，式(2)で与えられる。

$$I_2 + I^- \rightleftharpoons I_3^- \tag{1}$$

$$I_3^- + 2\,e^- \longrightarrow 3\,I^- \tag{2}$$

〔問〕

ク　　　a　　，　　b　　 に入る語句として最も適切なものを以下の語群から選べ。

　〔語群〕　体心立方格子，面心立方格子，六方最密構造，
　　　　　　イオン化傾向，電気陰性度，電子親和力

ケ　下線部⑤に関して，金はヨードチンキ中の I_3^- によって酸化され，金イオンと I^- からなる錯イオンを形成し溶解する。ここでは，主に直線形の Au^+ の錯イオン C と平面正方形の Au^{3+} の錯イオン D が存在する。金から錯イオン C および D を形成するそれぞれのイオン反応式を示せ。

コ　下線部⑥に関連して，銀イオンを含むアンモニア水溶液では，以下の二段階の平衡（式(3)，式(4)）が存在する。式(5)は，式(3)と式(4)をまとめたものである。

$$Ag^+ + NH_3 \rightleftarrows [Ag(NH_3)]^+ \qquad (\text{平衡定数 } K_1 (\text{mol}^{-1} \cdot L)) \qquad (3)$$

$$[Ag(NH_3)]^+ + NH_3 \rightleftarrows [Ag(NH_3)_2]^+ \qquad (\text{平衡定数 } K_2 (\text{mol}^{-1} \cdot L)) \qquad (4)$$

$$Ag^+ + 2NH_3 \rightleftarrows [Ag(NH_3)_2]^+ \quad (\text{平衡定数 } K = 1.11 \times 10^7 \, \text{mol}^{-2} \cdot L^2) \qquad (5)$$

　　銀を含む各イオンの存在割合とアンモニア濃度の関係が図2－1で与えられるとき，K_1，K_2 の値として最も適切なものを以下の(あ)～(お)の中からそれぞれ選べ。

(あ) 1.2×10^3, (い) 1.7×10^3, (う) 3.3×10^3, (え) 6.7×10^3, (お) 9.2×10^3

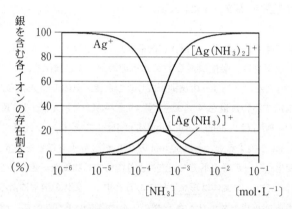

図2－1　アンモニア濃度 $[NH_3]$ と銀を含む各イオンの存在割合の関係

サ　下線部⑦に関して，銀を 7.00 mg 含む合金 100.0 mg を王水と反応させたところ，沈殿Eが 9.30 mg 生成した。溶液中の金を精製したところ 93.0 mg の純粋な金を回収できた。沈殿Eの質量から，Eの化学式を推定せよ。答えに至る計算過程も記せ。ただし，合金に含まれる金と銀は損失なく全て回収できたものとする。

シ　下線部⑧に関して，金は Au^{3+} を還元することで金属単体として回収される。ある水溶液に含まれる Au^{3+} を金の単体に還元するために必要な亜硫酸ナトリウムの物質量は 3.00×10^{-4} mol であった。一方，等量の Au^{3+} を含む水溶液から電気分解により金を全て析出させ回収するには，1.00 A の電流を少なくとも何秒流せばよいか，有効数字2桁で答えよ。ただし，

これらの還元反応では金イオンの還元のみが起こるものとする。なお，亜硫酸イオンが硫酸イオンに変化するイオン反応式は式(6)で与えられる。

$$SO_3{}^{2-} + H_2O \longrightarrow SO_4{}^{2-} + 2\,H^+ + 2\,e^- \tag{6}$$

第3問

次のⅠ，Ⅱの各問に答えよ。必要があれば以下の値を用いよ。

気体定数　$R = 8.31 \times 10^3\,\mathrm{Pa \cdot L \cdot K^{-1} \cdot mol^{-1}}$

Ⅰ　次の文章を読み，問**ア**〜**エ**に答えよ。

　　化学実験では，必要に応じて液体に溶解した気体を放出させる，脱気という操作を行う。以下では二酸化炭素 CO_2 の水への溶解および放出を，ヘンリーの法則をもとに考える。ヘンリーの法則が成り立つとき，気体 1 Pa あたり，液体 1 L あたりに溶解する物質量をヘンリー定数 k_H と呼ぶ。たとえば，280 K での水に対する CO_2 の k_H は $0.0600 \times 10^{-5}\,\mathrm{mol \cdot L^{-1} \cdot Pa^{-1}}$ であり，これは 1 L の水に $1.00 \times 10^5\,\mathrm{Pa}$ で接すると，$0.0600\,\mathrm{mol}$ の CO_2 が溶解することを表す。k_H は温度により変化し，一定圧力下でも温度により溶解する物質量が変化する。

　　ここでは，すべての気体は理想気体であるとする。気体の溶解による液体の体積変化，温度変化による液体の体積変化，水の蒸発および蒸気圧，CO_2 と水の反応は考えないものとする。

　　$6.00\,\mathrm{mol}$ の CO_2 を 100 L の水に溶解させた 280 K の水溶液を 3 つ用意した。これらは，水面と接するようにピストンを設置することで，容器内に密閉してある。このあと，それぞれの水溶液に対して脱気に相当する以下の 3 つの実験を行った（図 3 ― 1）。

実験 1 ：温度を 280 K に保ったまま，ピストンをゆっくりと動かし，気体部分の体積が 69.8 L となる位置で固定し，長時間静置した。

実験 2 ：温度を 280 K に保ったまま，ある物質量のアルゴン Ar の気体を容器内にすみやかに追加した。その後，ピストンをゆっくりと動かし，ある位置で固定して長時間静置したところ，気体の全圧が $1.00 \times 10^5\,\mathrm{Pa}$ となった。

実験 3 ：温度を 280 K に保ったまま，ピストンをゆっくりと動かし，気体部分
の体積が 69.8 L となる位置で固定した。その後，容器を加熱して温度
を 280 K からゆっくりと上昇させ，ある温度に保って長時間静置した
ところ，気体の圧力が 1.25×10^5 Pa となった。

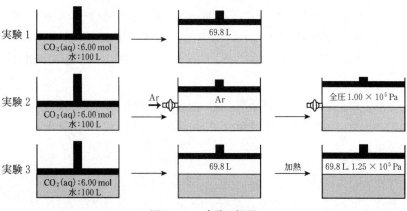

図 3 ― 1　　実験の概要

〔問〕

ア　下線部①に関する以下の説明文において，　　 a 　　〜　　 d 　　にあて
はまる最も適切な語句をそれぞれ答えよ。

理想気体の状態方程式では，標準状態における気体 1 mol の体積は
22.4 L であるが，実在気体ではこれとは異なる値になる。しかし，
　 a 　温・　 b 　圧の条件では，実在気体を理想気体とみなすこ
とができる。これは，　 a 　温では分子の熱運動が激しくなり，
　 c 　を無視でき，　 b 　圧では単位体積中の分子の数が減り，
　 d 　が無視できるようになるためである。

イ　実験 1 において，液体部分から気体部分に移動した CO_2 の物質量〔mol〕
を有効数字 2 桁で答えよ。答えに至る過程も記せ。必要があれば，
1.00×10^5 Pa および 280 K のとき，3.00 mol の理想気体の体積が 69.8 L
であることを用いよ。

ウ　実験 2 において，容器に追加した Ar の物質量が(A) 1.00 mol の場合およ
び(B) 3.00 mol の場合において，液体部分から気体部分に移動した CO_2 の

物質量〔mol〕として最も適切なものを，次の⑴~⑹から<u>それぞれ</u>選べ。ただし，Ar の水への溶解は考えないものとする。

⑴　1.0 mol　　　　　　⑵　2.0 mol　　　　　　⑶　3.0 mol

⑷　4.0 mol　　　　　　⑸　5.0 mol　　　　　　⑹　6.0 mol

エ　図3—2に絶対温度 T と水に対する CO_2 のヘンリー定数 k_H との関係を示す。ただし，図3—2（下）の横軸は $1/T$ である。図3—2を用い，実験3において気体の圧力が 1.25×10^5 Pa となる温度〔K〕が含まれる範囲として最も適切なものを，次の⑴~⑷から選べ。答えに至る過程も簡潔に記せ。

⑴　290 K 以上 310 K 未満　　　　⑵　310 K 以上 330 K 未満

⑶　330 K 以上 350 K 未満　　　　⑷　350 K 以上 370 K 未満

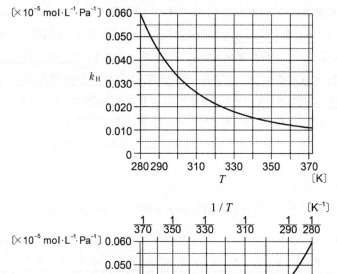

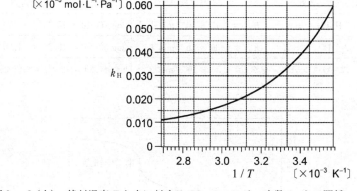

図3−2（上）　絶対温度 T と水に対する CO_2 のヘンリー定数 k_H との関係

（下）　絶対温度の逆数 $1/T$ と水に対する CO_2 のヘンリー定数 k_H との関係

Ⅱ　次の文章を読み，問**オ〜ケ**に答えよ。

　　酸塩基滴定における pH 変化に基づいて，リン酸緩衝液の緩衝作用を考える。25 ℃ に お い て，0.0100 mol・L^{-1} の リ ン 酸 H_3PO_4 水 溶 液 10.0 mL を，0.0100 mol・L^{-1} の水酸化ナトリウム NaOH 水溶液で滴定したところ，図3−3に示す滴定曲線が得られた。<u>中性付近では，pH の変化が緩やかであることから</u>②<u>緩衝作用が働いている</u>ことがわかる。一方，第一中和点と第二中和点付近では，③<u>pH の変化が大きいことから緩衝作用が働かないこともわかる</u>。④

25 ℃ において，0.0100 mol·L^{-1} の H$_3$PO$_4$ 水溶液 10.0 mL と 0.0100 mol·L^{-1} の NaOH 水溶液 $\boxed{\text{ e }}$ mL を混合すると，pH 7.0 のリン酸緩衝液が得られた。ここで，リン酸緩衝液への温度の影響を考える。⑤リン酸二水素イオン H$_2$PO$_4^-$ の電離は吸熱反応であるため，温度変化に伴いリン酸緩衝液の pH は変化する。このため，使用する温度を考慮した緩衝液の調製が必要である。

ここでは，中和により生成したナトリウム塩は完全に電離していると考えてよい。また，25 ℃ におけるリン酸の電離定数とその値の常用対数を表 3−1 に示す。

表 3−1　25 ℃ におけるリン酸の電離定数とその値の常用対数

リン酸水溶液中の電離平衡	電離定数	電離定数の値の常用対数
H$_3$PO$_4 \rightleftarrows$ H$_2$PO$_4^- +$ H$^+$	$K_{a1} = 7.10 \times 10^{-3}$ mol·L^{-1}	$\log_{10}(7.10 \times 10^{-3}) = -2.15$
H$_2$PO$_4^- \rightleftarrows$ HPO$_4^{2-} +$ H$^+$	$K_{a2} = 6.30 \times 10^{-8}$ mol·L^{-1}	$\log_{10}(6.30 \times 10^{-8}) = -7.20$
HPO$_4^{2-} \rightleftarrows$ PO$_4^{3-} +$ H$^+$	$K_{a3} = 4.50 \times 10^{-13}$ mol·L^{-1}	$\log_{10}(4.50 \times 10^{-13}) = -12.35$

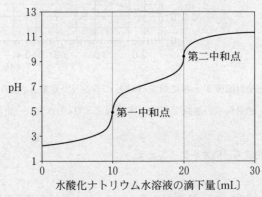

図 3−3　25 ℃ におけるリン酸水溶液の滴定曲線

〔問〕

オ　下線部②に関して，中性付近で緩衝作用が働いている理由を，H$_2$PO$_4^-$ とリン酸水素イオン HPO$_4^{2-}$ のイオン反応式を用いて説明せよ。

カ　下線部③に関して，第二中和点での pH を小数第 1 位まで計算せよ。答え

に至る過程も記せ。ただし，HPO_4^{2-} のリン酸イオン PO_4^{3-} への電離は
考えないものとする。なお，必要があれば，25 ℃ における水のイオン積
$K_w = 1.00 \times 10^{-14}\,mol^2 \cdot L^{-2}$，および $\log_{10} 2 = 0.301$，$\log_{10} 3 = 0.477$，
$\log_{10} 7 = 0.845$ を用いてよい。

キ 下線部④に関して，H_3PO_4 の第一中和点 pH 5.0 付近で緩衝作用を示す緩
衝液を調製するには，H_3PO_4 の代わりにどのような電離定数の値をもつ
酸を用いればよいか，理由とともに答えよ。

ク ┃　e　┃ にあてはまる数値を有効数字 2 桁で計算せよ。答えに至る過程
も記せ。

ケ 下線部⑤に関して，25 ℃ で pH が 6.7 であるリン酸緩衝液を冷やすと，
pH の値は大きくなるか小さくなるか理由とともに答えよ。ただし，水
のイオン積に対する温度の影響は考えないものとする。

生　物

（2科目 150分）

(注) 　解答用紙は，〈理科〉共通。1行：約 23.5 センチ，35 字分の区切りあり。
　　　　1・2 は各 25 行，**3** は 50 行。

第1問

次の I，II の各問に答えよ。

I 　次の文1を読み，問A〜Hに答えよ。

［文1］

　DNA を鋳型に RNA を合成する過程は転写と呼ばれ，RNA ポリメラーゼにより触媒される。ヒトの細胞核には3種類の RNA ポリメラーゼが存在し，それぞれ RNA ポリメラーゼ I，RNA ポリメラーゼ II，RNA ポリメラーゼ III と呼ばれる。RNA ポリメラーゼ I は主にリボソーム RNA（rRNA）の転写を，RNA ポリメラーゼ III はトランスファー RNA（tRNA）と一部の rRNA の転写を担う。rRNA の転写は 　　1　　 と呼ばれる核内に存在する構造体で行われる。タンパク質の設計図として働くメッセンジャー RNA（mRNA）は RNA ポリメラーゼ II によって転写される。転写された mRNA は，核内から細胞質に輸送され，タンパク質へと翻訳される。RNA ポリメラーゼ II による転写過程において，プロモーターやエンハンサーと呼ばれる DNA 領域が重要な役割を果たす。プロモーターは，　　2　　 との結合を介して，RNA ポリメラーゼ II を転写開始点へと呼び込む働きを持つ。エンハンサーは転写調節因子との結合を介して，RNA ポリメラーゼ II による転写を促進する役割を持つ。

　真核生物の RNA ポリメラーゼ II の C 末端領域（CTD：C-terminal domain）に

はチロシン・セリン・プロリン・スレオニン・セリン・プロリン・セリンという順番に並んだ７アミノ酸を基本単位とする特徴的な繰り返し構造が存在している。RNA ポリメラーゼⅡがプロモーター上に呼び込まれた後に，酵素 A と酵素 B がそれぞれ，繰り返し構造を構成する７アミノ酸のうちの２番目のセリン (Ser 2) と５番目のセリン (Ser 5) を特異的にリン酸化する。プロモーターに呼び込まれた RNA ポリメラーゼⅡは転写開始点から数十塩基対進んだ場所で一時停止した後に，遺伝子内部へと進行することで mRNA を合成する。この一連の過程は RNA ポリメラーゼⅡのリン酸化状態によって制御されている。リン酸化が起こらない場合，プロモーターに呼び込まれた RNA ポリメラーゼⅡは DNA から速やかに解離する。

実験1　遺伝子 X の転写は，エンハンサー Y が働くことで初めて活性化される。リン酸化の有無に関わらず RNA ポリメラーゼⅡを認識する抗体を用いて RNA ポリメラーゼⅡを核内から回収し，結合している DNA 配列を次世代シークエンサーによって検出した。この方法により，RNA ポリメラーゼⅡの DNA に対する結合量を調べることができる。遺伝子 X のプロモーターおよび遺伝子内部の各領域における RNA ポリメラーゼⅡの結合量を解析したところ，図1―1（左）上段に示す結果が得られた。最も左のピークはプロモーター近傍で一時停止している RNA ポリメラーゼⅡ，遺伝子 X 内部のシグナルは転写中の RNA ポリメラーゼⅡに対応する。次に Ser 2 がリン酸化された RNA ポリメラーゼⅡ，もしくは Ser 5 がリン酸化された RNA ポリメラーゼⅡを特異的に認識する抗体を用いて同様の実験を行ったところ，それぞれ図1―1（左）中・下段に示す結果が得られた。同様の実験を，エンハンサー Y が働いていない細胞で行ったところ，図1―1（右）に示す結果が得られた。なお，プロモーターに呼び込まれる前の RNA ポリメラーゼⅡはリン酸化修飾を持たないものとする。また，遺伝子 X のプロモーター中には転写開始点は一箇所しか存在しないものとする。

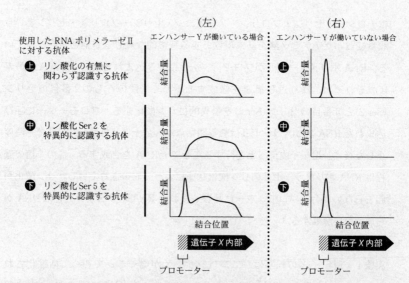

図1─1　RNA ポリメラーゼⅡのゲノム DNA に対する結合量の解析
(左)エンハンサー Y が働いている細胞における RNA ポリメラーゼⅡの結合量の分布。
(右)エンハンサー Y が働いていない細胞における RNA ポリメラーゼⅡの結合量の分布。全グラフの縦横軸の縮尺は同一である。

実験2　薬剤 A′ と薬剤 B′ はそれぞれ，酵素 A と酵素 B の活性を特異的に阻害する。遺伝子 X が転写されている細胞に対して，薬剤 A′ もしくは薬剤 B′ を個別に作用させたところ，いずれの場合においても遺伝子 X からの転写は完全に停止した。薬剤 B′ を作用させた細胞では，遺伝子 X のプロモーターおよび遺伝子内部の全領域において，RNA ポリメラーゼⅡとの安定的な結合が消失していた。

実験3　ヒトの非リン酸化状態の RNA ポリメラーゼⅡの CTD のみのタンパク質断片(CTD 断片)を調製し，顕微鏡下で試料溶液を観察したところ，図1─2(左)に示すようにタンパク質が局所的に濃縮された液滴が観察された。次に，CTD 断片に加えて酵素 B と ATP を混ぜ合わせたところ，図1─2(右)に示すように液滴は消失した。このときタンパク質の分解は一切起こっていないものとする。

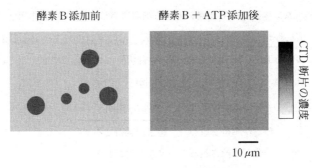

図１−２　CTD断片の顕微鏡観察

〔問〕

A　文１中の　　1　　および　　2　　に入る最も適当な用語を答えよ。

B　rRNA と tRNA の役割について，それぞれ１行以内で記述せよ。

C　実験１と実験２の結果を踏まえて，RNA ポリメラーゼⅡによる転写の過
程において，(1)〜(5)の反応はどのような順番で起きていると考えられるか。
最も適切な順番に並べよ。
(1)　RNA ポリメラーゼⅡのプロモーター近傍における一時停止
(2)　RNA ポリメラーゼⅡのプロモーターへの呼び込み
(3)　RNA ポリメラーゼⅡの遺伝子内部への進行
(4)　Ser 2 のリン酸化
(5)　Ser 5 のリン酸化

D　実験１と実験２の結果を踏まえて，エンハンサー Y が遺伝子 X からの転
写をどのように促進していると考えられるか。２行以内で記述せよ。

E　図１−１(左)上段に示すように，転写活性化状態にある遺伝子 X におい
ても，プロモーター近傍における RNA ポリメラーゼⅡのピークが見られ
た。その理由を以下の用語を全て用いて，２行以内で記述せよ。
【用語】　RNA ポリメラーゼⅡ，プロモーター，リン酸化，律速段階，
一時停止

F　エンハンサー Y が働いている細胞に対して薬剤 A′ を作用させ，転写が完全に停止した条件において，遺伝子 X のプロモーターおよび遺伝子内部における RNA ポリメラーゼⅡの結合状態はどのように変化していると考えられるか。最も適切なものを⑴〜⑷から１つ選べ。

	プロモーター	遺伝子内部
⑴	結合が維持される	結合が維持される
⑵	結合が維持される	結合が失われる
⑶	結合が失われる	結合が維持される
⑷	結合が失われる	結合が失われる

G　実験３において，CTD 断片と酵素 B を ATP 非存在下で混合した場合，CTD 断片はどのような存在様式を示すと考えられるか。その理由を含めて，２行以内で記述せよ。

H　実験３の結果を踏まえると，転写開始前の RNA ポリメラーゼⅡが遺伝子のプロモーターに呼び込まれ，転写開始点近傍における一時停止箇所まで進む際，RNA ポリメラーゼⅡの細胞核における存在様式はどのように変化すると考えられるか。２行以内で記述せよ。

Ⅱ　次の文２を読み，問Ⅰ〜Ｌに答えよ。

［文２］

　エンハンサーは転写調節因子との結合を介して，RNA ポリメラーゼⅡによる転写活性の空間的な特異性を緻密に制御している。マウス胚では，肢原基(将来の手や足が形成される場所)における特定の領域でのみ遺伝子 S の転写が活性化される。遺伝子 S の肢原基における転写活性化には，ゲノム上で遺伝子 S から離れた場所に存在するエンハンサー Z が必須である。エンハンサー Z を欠損したマウスでは，遺伝子 S の肢原基における発現が完全に消失し，結果として前後両足を持たないマウスが生まれる。

実験4　近年のゲノム編集技術の発展により，生物が持つDNA情報を自在に改変することが可能となった。エンハンサーZはマウス以外の脊椎動物にも保存されている。ゲノム編集技術を用いてマウスのエンハンサーZを，ヒト由来のエンハンサーZと入れ換えたゲノム編集マウスを作製したところ，図1−3に示す通り，マウス胚における遺伝子Sの肢原基特異的な発現が維持されていた。一方で，ニシキヘビ由来のエンハンサーZと入れ換えたゲノム編集マウスでは，肢原基における遺伝子Sの発現は消失していた。

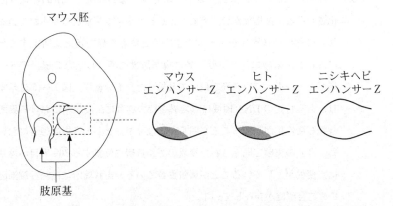

図1−3　ゲノム編集マウス胚の肢原基における遺伝子Sの発現様式
灰色で示す領域は遺伝子SのmRNA存在部位を示す。

　エンハンサーZの塩基配列の一部を生物種間で比較したところ，図1−4に示す通り，ニシキヘビでは一部の塩基配列が欠損していることが明らかとなった。この欠損箇所内には，転写調節因子Eの結合配列がニシキヘビ以外の生物種において高度に保存されていた。

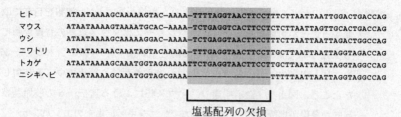

図1―4　エンハンサー Z の塩基配列の一部を生物種間で比較した結果

実験5　肢原基において，遺伝子 S が本来発現しない場所で異所的に転写活性
　　　化されると，多指症が発症することがヒトやマウスなどで知られている。
　　　ヒトにおいて多指症を引き起こす原因となる変異を新たに同定するため
　　　に，ヒト由来のエンハンサー Z に塩基置換を導入した際の遺伝子 S の発
　　　現パターンを，マウス胚を用いて解析した。その結果，図1―5に示す通
　　　り，ある特定の DNA 領域に点変異を持つ場合に，肢原基における異所的
　　　な転写活性化が起こることが明らかとなった。ヒトの多指症患者において
　　　も，今回の実験で同定された変異のごく近傍に位置する 769 番目の塩基対
　　　に点変異が生じていることが報告されている。当該箇所には転写調節因子
　　　F の結合部位が存在している。

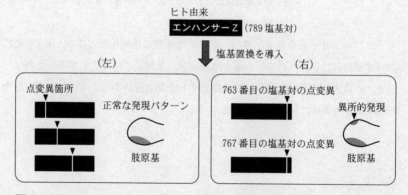

図1―5　エンハンサー Z に導入した点変異が遺伝子 S の肢原基における発現
　　　　に及ぼす影響

実験6　ヒトの無手足症は手足が欠損する遺伝性の疾患である。無手足症のある
　　　患者由来の細胞を解析したところ，遺伝子 S およびエンハンサー Z の配
　　　列には変異は認められなかった。一方で，エンハンサー Z の近傍に位置
　　　する DNA 領域が，患者由来の細胞において特異的に欠損していた。この
　　　DNA 領域にはタンパク質 G が結合することが知られている。患者由来の
　　　細胞と健常者由来の細胞を用いて，ゲノム DNA 上におけるエンハンサー
　　　Z と遺伝子 S の近接頻度を解析したところ（図1－6），患者由来のサンプ
　　　ルでは近接状態にある細胞の出現頻度が顕著に低下していた。なお，タン
　　　パク質 G 自身には RNA ポリメラーゼ II による転写を直接的に活性化する
　　　機能はない。

図1－6　エンハンサー Z と遺伝子 S が近接する様子

〔問〕

　I　実験4において，ニシキヘビ由来のエンハンサー Z を持つゲノム編集マ
　　　ウスはどのような表現型を示すと考えられるか。1行以内で記述せよ。

　J　遺伝子 S の発現制御と前後両足形成における転写調節因子 E 結合部位の
　　　機能を実験的に検証するために，ニシキヘビ由来のエンハンサー Z をもつ
　　　ゲノム編集マウスに対してどのような改変をゲノム DNA に導入すればよい
　　　か。1行以内で記述せよ。

　K　実験5において，異所的な転写活性化を引き起こすエンハンサー Z の点
　　　変異は，ある特定部位に集中して見られた。実験結果の解釈として妥当なも
　　　のを以下の(1)～(4)から全て選べ。

　(1)　エンハンサー Z 中の転写調節因子 F の結合部位に点変異をもつとき，

多指症を発症するリスクが生じる。

(2)　図1—5（右）で同定された点変異は，エンハンサー Z の転写活性化能
の異常亢進を引き起こしている。

(3)　本来発現していない肢原基領域で遺伝子 S が異所的に転写活性化され
ると，当該領域における発生の異常が生じる。

(4)　エンハンサー Z 中の転写調節因子 F の結合部位に点変異が生じると，
遺伝子 S から産生された mRNA の安定性が上昇する。

L　実験6の結果の解釈として妥当なものを以下の(1)〜(6)の中から2つ選べ。

(1)　無手足症の患者では，転写調節因子の結合が失われたことによるエンハ
ンサー Z の機能不全が起こっている。

(2)　無手足症の患者の発生過程では，肢原基における遺伝子 S の異所的な
転写活性化が起こっていたと考えられる。

(3)　タンパク質 G は，ゲノム DNA の立体構造を変化させることにより，エ
ンハンサー Z と遺伝子 S の近接を促進している。

(4)　タンパク質 G は，遺伝子 S の転写産物の適切なスプライシングに必要
不可欠である。

(5)　タンパク質 G は，エンハンサー Z による遺伝子 S の異所的な転写活性
化が起こらないよう，発現部位の特異性を担保する働きがある。

(6)　エンハンサー Z が転写調節因子との結合を保持した状態にあっても，
遺伝子 S との近接が起こらなければ，肢原基における遺伝子 S の転写は
活性化されない。

第2問

次のⅠ，Ⅱの各問に答えよ。

Ⅰ　次の文章を読み，問A～Ⅰに答えよ。

　　花芽形成は被子植物の成長相が　1　成長相から　2　成長相へと大きく転換する過程である。そのタイミングはどのように決定されるのだろうか。それぞれの植物種は，日長の変化への応答（光周性）の違いにより，短日植物や長日植物などに分けられる。短日植物と長日植物では，日長という環境の情報に応じて，花芽形成を促進するフロリゲンが合成される。日長は安定した情報のひとつであるが，植物は様々な情報を統合して花芽形成のタイミングを決定する。アブラナ科の一年生植物であるシロイヌナズナもしくは多年生植物であるハクサンハタザオを用いて，以下の実験1～3を行った。

実験1　シロイヌナズナの同一の系統を，実験室内で栽培した場合と北半球のある地域の野外で栽培した場合とで，フロリゲンの発現量の日周変動を調べた。実験室で栽培したところ，24時間周期のうち明期を8時間に設定した場合にはフロリゲンが発現せず，明期を16時間に設定した場合にはフロリゲンの発現がみられた（図2―1）。野外で明期が約16時間となる6月に栽培したところ，フロリゲンの発現はみられたものの，実験室で栽培した場合とは時間帯によるフロリゲンの発現量に違いがみられた（図2―2）。また，実験室（16時間明期）で栽培した場合よりも花芽形成のタイミングが早まった。フロリゲンの発現に違いを生じさせる主要な環境要因を探るため，野外環境を参考に，温度と光の条件を変更して実験室で栽培した（図2―3，図2―4）。このときの温度と光の条件を図2―5と図2―6にそれぞれ示す。実験の結果，実験室内でも温度と光の条件を同時に変更すると，時間帯によるフロリゲンの発現量が野外で栽培した場合と類似し，花芽形成のタイミングも早まった。

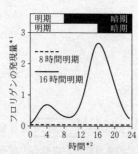

図２−１　実験室におけるフロリゲン
　　　　の発現

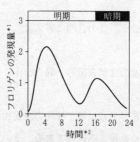

図２−２　野外におけるフロリゲンの
　　　　発現

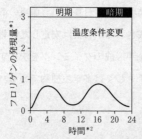

図２−３　温度条件を変更した実験室
　　　　におけるフロリゲンの発現

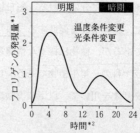

図２−４　温度条件と光条件を変更し
　　　　た実験室におけるフロリゲ
　　　　ンの発現

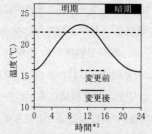

図２−５　野外を参考にした温度条件*³

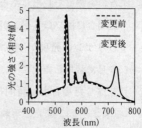

図２−６　野外を参考にした光条件*³

*¹ フロリゲンの発現量は mRNA 蓄積量（相対値）で示す。

*² 時間は明期開始を０とした 24 時間周期の時間である。明期と暗期の時間をグラフ上部
　に示す。

*³ 野外を参考にして変更した条件を実線で，変更前の実験室の条件を破線で示す。

実験２　明期の開始から４時間をピークとするフロリゲンの発現について解析を
　　　　進めた。野外環境を参考にした光条件（図２−６）の波長から，光受容体 X
　　　　の関与が考えられた。光受容体 X の遺伝子が機能を失った変異体を

図2—4と同じ条件で栽培したところ，明期開始から4時間をピークとするフロリゲンの発現が大きく減少した。一方で明期開始から16時間をピークとするフロリゲンの発現はわずかに減少した。光受容体Xの変異体を図2—2と同じ条件の野外で栽培したところ，野生型よりも花芽形成のタイミングが遅れた。

〔問〕

A　　1　　と　　2　　に入る語を，それぞれ漢字2文字で答えよ。

B　下線部(ア)について。以下に挙げた植物から，短日植物と長日植物をそれぞれ全て選べ。

アサガオ，アヤメ，キク，トマト

C　下線部(イ)について。フロリゲンの性質として正しいものを以下の選択肢(1)〜(5)から全て選べ。

(1)　葉で転写および翻訳されて合成される。

(2)　短日植物では短日条件で，長日植物では長日条件で，花芽形成に十分な量が合成される。

(3)　維管束の師部および木部で輸送されてはたらく。

(4)　茎頂分裂組織ではたらく。

(5)　花芽の分化に関連する様々な遺伝子群の発現を制御する。

D　野外でのフロリゲンの発現を再現するために，実験室における温度条件と光条件をどのように変えたのか，図2—5と図2—6のグラフから分かる条件の違いを，おおよその数値を読み取ってそれぞれ2行程度で説明せよ。

E　実験1に関して，野外ではたらいているフロリゲンの発現制御について，温度条件と光条件の両者に着目して3行程度で説明せよ。ただし，図2—1〜2—4のグラフのあいだで値を比較できるものとする。

F　光受容体 X は何であると考えられるか，名称を答えよ。また，その他に
　被子植物で知られる光受容体 2 種の名称を答えよ。
　　解答例：光受容体 X—○○○，その他—△△△，□□□

G　フロリゲンの発現制御に関して，実験 1 と実験 2 から言えることとして適
　切なものを以下の選択肢(1)～(5)から全て選べ。
　(1)　光受容体 X 以外の光受容体は関与しない。
　(2)　日長だけでなく光の波長も影響する。
　(3)　野外を参考にした温度条件と光条件では，明期の長さに関係なく同程度
　　のフロリゲンが発現する。
　(4)　温度条件とフロリゲンの発現量の関係に見られる通り，温度条件も光周
　　性による花芽形成を制御する環境要因である。
　(5)　野外では明期の開始から 16 時間をピークにフロリゲンが多く発現する
　　ほうが，明期の開始から 4 時間をピークにフロリゲンが多く発現するより
　　も花芽形成を促進する効果が強い。

実験 3　花芽形成の制御に関しては，冬季の低温を経験することによって花芽形
　　成が可能になる春化と呼ばれる現象も知られる。春化の仕組みを調べるた
　　めに，シロイヌナズナに近縁なハクサンハタザオを用いて，北半球のある
　　地域の野外で実験を行った。花芽形成は 2 月から 4 月にかけてみられた。
　　春化に応じてフロリゲンの発現を制御することが知られる遺伝子 Y の年
　　周期での発現量の変化を調べ，日長および気温（1 日の平均気温）の変化と
　　比較して図 2—7 の結果を得た。さらに，各時期の遺伝子 Y の発現量
　　と，その直近の一定期間における気温の平均値との相関性について調べ
　　て，図 2—8 の結果を得た。

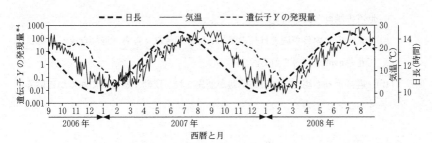

図2－7　多年生植物ハクサンハタザオにおける遺伝子 Y の発現
*4遺伝子 Y の発現量は mRNA 蓄積量(相対値)で示す。

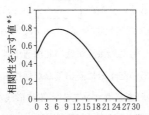

図2－8　直近の気温の平均値と遺伝子 Y の発現量との関係
*5相関性が最も高い場合の値を1，最も低い場合の値を0とする。

〔問〕

H　図2－7から遺伝子 Y の発現量が気温の変化とともに1年を通じてどのように変化し，それによってフロリゲンの発現をどう制御すると考えられるか，合わせて3行程度で述べよ。

I　図2－7と図2－8を踏まえて，春化とその特徴はどのようにハクサンハタザオの花芽形成に役立つと考えられるか，適切なものを以下の選択肢(1)～(5)から全て選べ。

(1)　気温が低下し続けているあいだに，確実に花芽形成が誘導される。

(2)　日長だけでは春と秋の区別が難しいが，春に確実に花芽形成が誘導される。

(3)　野外における日々の変動が激しい温度環境のなかでも，温度による花芽

　　　形成の制御が乱れにくい。

　⑷　天気の悪い日が続き日長の情報を感知できなくても，適切なタイミング
　　　で花芽形成が誘導される。

　⑸　過去よりも現在の気温の情報が優先され，変動する温度に速やかに応答
　　　することができる。

Ⅱ　次の文章を読み，問 J～N に答えよ。

　　異なる緯度で育種を行う際に，花芽形成のタイミングがしばしば問題となる。
例えば，北海道は本州よりも夏の日長が　　3　　いため，本州のイネ品種を北
海道で栽培すると花芽形成の開始のタイミングは本州で育てた場合よりも
　　4　　くなる。本州よりも夏の気温が低い北海道では，花芽形成が開始しコ
メが成熟（登熟）するまでのあいだ十分に高い気温が保たれる期間は短い。コメの
収穫には有性生殖が達成される必要があるが，花芽形成が早すぎても遅すぎて
も，減数分裂や登熟の時期などに低温の影響を受けやすくなり，冷害の危険が高
(ウ)
まる。北海道のイネ品種は短い期間におさまる適切なタイミングで花芽形成を行
うよう育種されている。

　　実際に光周性による花芽形成のタイミングの制御に関わる遺伝子の突然変異体
が品種として選抜された例が複数知られる。北海道のあるイネ品種 Z を調べた
ところ，光周性による花芽形成を制御する 2 つの遺伝子に，機能が失われる突然
変異がみられた。さらに品種 Z がどのように育種されたのかを明らかにするた
めに，品種 Z の祖先品種 W を調べた。その結果，これら 2 つの遺伝子にみられ
た突然変異に加えて，光周性による花芽形成を制御するもう 1 つの遺伝子に，機
能が失われる突然変異がみられた。以上より，祖先品種 W が生まれる過程で，
これら 3 つの遺伝子に自然に生じた突然変異が蓄積したと考えられた。さらに，
20 世紀に入り交配育種が盛んに行われるようになり，祖先品種 W を利用して品
種 Z が育種される過程で，1 つの遺伝子が突然変異を持たない野生型（機能型）
(エ)
の遺伝子に置き換えられたことで北海道での栽培により適したタイミングで開花
するようになったと考えられた。

〔問〕

J　　3　　と　　4　　に入る語の組み合わせとして正しいものを以下の
選択肢(1)〜(4)から選べ。

(1)　3：短，4：早

(2)　3：長，4：遅

(3)　3：短，4：遅

(4)　3：長，4：早

K　下線部(ウ)について。体細胞分裂ではみられない，減数分裂の第一分裂に特
有の過程を以下の選択肢(1)〜(5)から全て選べ。

(1)　紡錘体が形成される。

(2)　動原体が形成される。

(3)　二価染色体が形成される。

(4)　相同染色体が別々の極に移動する。

(5)　細胞質分裂が起こる。

L　祖先品種 W について。光周性による花芽形成を制御する複数の遺伝子の
機能が失われた突然変異体を選抜できた理由はどのように考えられるか，以
下の選択肢(1)〜(5)から適切なものを全て選べ。

(1)　イネは自家受粉を行うため，生じた機能喪失の突然変異が後代でホモ接
合型となり表現型が現れた。

(2)　種子を水田に直播きせずに苗を育ててから移植する栽培法が主流だった
ため，苗の段階で選抜することが可能だった。

(3)　イネは水田で大規模に栽培されることから，低い確率で生じる突然変異
体を見出しやすかった。

(4)　冷害の年に害虫が大発生することがあり，発生した害虫への対処法が向
上した。

(5)　光周性の変化による花芽形成の遅れは高緯度での栽培に不利な形質では
なかった。

M　下線部(エ)について。北海道のイネ品種Zで1つの遺伝子が変異を持たない野生型(機能型)の遺伝子に置き換えられる過程でどのような経過をたどったと考えられるか，「ホモ接合体」という用語を用いて2行程度で述べよ。

N　最近の育種ではゲノム情報なども用いられ，異なる遺伝子座の対立遺伝子の組み合わせをデザインすることが可能である。しかし組み合わせによっては，交配育種で自在に組み合わせることは難しい。難しくなる場合として適切なものを以下の選択肢(1)～(5)から全て選べ。

(1)　2つの遺伝子座が異なる染色体上にあり，どちらも動原体近くにある場合。

(2)　2つの遺伝子座が異なる染色体上にあり，どちらも染色体の末端近くにある場合。

(3)　2つの遺伝子座が同じ染色体上にあり，それらの間の染色体領域の配列が，相同染色体間で大きく異なる場合。

(4)　2つの遺伝子座が染色体上で近接している場合。

(5)　対立遺伝子の組み合わせが，生存にとって不利であった場合。

第3問

次のⅠ，Ⅱの各問に答えよ。

Ⅰ　次の文1と文2を読み，問A～Gに答えよ。

[文1]

　脊椎動物の胚発生では，原腸形成の過程で<u>3つの胚葉ができる</u>。それぞれの胚
　　　　　　　　　　　　　　　　　　　　　　(ア)
葉に含まれる細胞は，発生の進行にともなって<u>胚の体軸に沿って特徴的な性質を</u>
　　　　　　　　　　　　　　　　　　　　　　　　　(イ)
<u>持つ細胞へと分化し</u>，さまざまな組織をつくる。原腸の形成が終わると，

　　1　　のうち　　2　　に位置する細胞が肥厚し，平らな構造の神経板がつ

くられる。この神経板が将来，中枢神経系(脳および脊髄)になる。発生が進むと

神経板の両端の細胞が巻き上がるように移動することで中央に溝ができる。せり

出した両端は中央でつながって閉じることで神経管が形成される。のちに神経管

の頭側(前方)が膨らむことで脳となり，尾側(後方)が脊髄となる。神経管の腹側

には，　　3　　からできた棒状の脊索が神経管に沿って配置する。脊索の

　　4　　には，　　5　　からできた体節が配置する。

[文2]

　脊髄の発生において，神経管の細胞は背腹軸に沿った位置に対応して選択的な

遺伝子発現を示す細胞へと分化し，同じ種類の細胞は集合して配置する。これに

より，位置情報に応じた細胞の機能分化が引き起こされる。図3―1のように，

神経管に隣接する脊索からの距離に応じて，最も近くに位置する腹側の細胞から

順に調節遺伝子A，B，Cを選択的に発現する細胞が配置している(図3―1およ

びそれ以降の図において，遺伝子A，B，Cを選択的に発現する細胞をそれぞれ

模式的に異なる形で示している)。また，脊索には分泌型タンパク質Dが発現

し，拡散によって背腹軸に沿った濃度勾配がつくられる。

　神経管における遺伝子A，B，Cの空間的な発現パターン形成における脊索お

よびタンパク質Dのはたらきを調べるため，以下の実験を行った。

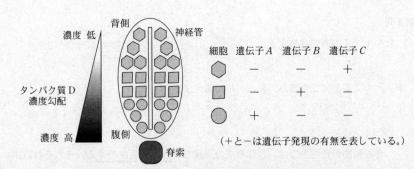

図3—1　脊髄の発生における神経管と脊索の模式図

実験1　ニワトリ胚において脊索を除去する，あるいはタンパク質Dに対する抗体によりタンパク質Dとその受容体の結合を阻害すると，将来脊髄になる神経管の細胞は遺伝子A，Bの発現を失い，図3—2(a)のように，遺伝子Cを発現する細胞のみに分化した。次に，脊索を除去した胚において，別の胚から切り出した脊索を本来とは異なる位置に移植した。すると，図3—2(b)のように，移植した脊索に最も近い位置から順に遺伝子A，B，Cを選択的に発現する細胞が配置した。また，脊索のかわりにタンパク質Dを染み込ませたビーズを神経管に直接触れないように置いた場合も，図3—2(c)のように，ビーズに最も近い位置から順に遺伝子A，B，Cを選択的に発現する細胞が配置した。この際，タンパク質Dはビーズから拡散できる。

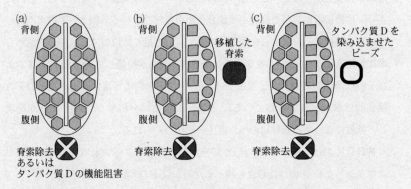

図3—2　脊索およびタンパク質Dの操作による細胞の変化を示した模式図

実験2 野生型のマウス胚においても，図3―3(a)のように，遺伝子Aを発現する細胞と遺伝子Bを発現する細胞が空間的にほとんど混じり合うことなく配置する。マウス胚において遺伝子Aを欠損させたところ，図3―3(b)のように，背腹軸に沿って配置する遺伝子Bを発現する細胞の割合が変化した。一方，野生型のマウス胚において，本来遺伝子Bを発現する細胞が占める領域の一部の領域の細胞に遺伝子Aを人為的に強制発現させると，図3―3(c)のように遺伝子A，Bを発現する細胞の割合が変化した。

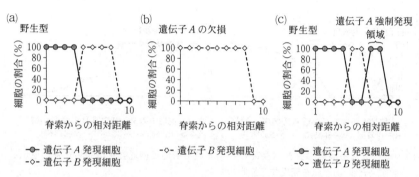

図3―3 神経管における遺伝子A，Bを発現する細胞の割合

脊索からの相対距離とは，脊索の中心から神経管の腹側の端までの距離を1とした時の相対値を表している。

実験3 ニワトリ胚において，将来脊髄になる神経管を切り出して培養皿に移し，異なる濃度のタンパク質Dが含まれる培地中で24時間培養した。その結果，図3―4(a)のように，タンパク質Dの濃度に応じて，神経管の細胞全体における遺伝子A，B，Cを発現する細胞の割合が変化した。また，培養を12時間，36時間，48時間行った場合には，遺伝子A，B，Cを発現する細胞の割合はそれぞれ図3―4(b)，(c)，(d)のような結果となった。

　遺伝子Eにコードされるタンパク質Eは細胞膜においてタンパク質Dと結合する受容体タンパク質である。遺伝子Eに対するRNA干渉によりタンパク質Eの発現量を減らした場合，異なる濃度のタンパク質Dが存在する培地中で神経管を24時間培養した際の遺伝子A，B，Cを発現する細胞の割合は，図3―5のような結果となった。

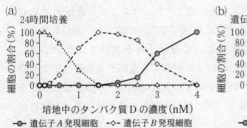

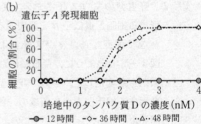

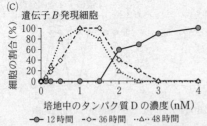

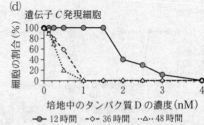

図3—4   異なる濃度のタンパク質Dが含まれる培地で神経管を培養した際の遺伝子A，B，Cを発現する細胞の割合

図中のnMはナノmol/Lを表す。以降の図についても同じものとする。

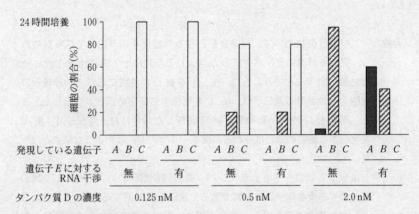

図3—5   RNA干渉によりタンパク質Eの発現を減少させた際の遺伝子A，B，Cを発現する細胞の割合

〔問〕

A　下線部(ア)について。生物学者のニューコープは両生類の胞胚を切り分けて培養する実験により，隣接する細胞間の相互作用により特定の胚葉が誘導されることを発見した。この実験の方法と結果を2行程度で説明せよ。ただし，「胞胚」，「動物極」，「植物極」，「内胚葉」，「中胚葉」，「外胚葉」の語句を必ず含めること。

B　下線部(イ)について。ショウジョウバエの発生では，前後軸に沿って14個の体節ができるが，この過程において，3つに分類される分節遺伝子が発生の進行に伴って順番に発現する。3つの分節遺伝子の名称と発現する順序を，発現タイミングが早いものから順に答えよ。

　　解答例：○○遺伝子→△△遺伝子→□□遺伝子

C　文中の空欄1～5に入る最も適切な語句を以下の語群から選択して記入せよ。ただし，語句は複数回選んでもかまわない。

　　解答例：1―○○，2―△△

　　[語群]　内胚葉，中胚葉，外胚葉，左右，背側，腹側，頭側，尾側

D　実験1の結果から推察できるタンパク質Dと遺伝子A，B，Cの関係についての記述として最も適切なものを，以下の選択肢(1)～(4)の中から1つ選べ。

　(1)　遺伝子A，B，Cはタンパク質Dを受容した細胞において発現が誘導される。タンパク質Dを高濃度で受容すると遺伝子Aが，中程度の濃度で受容すると遺伝子Bが，低濃度で受容すると遺伝子Cが誘導される。

　(2)　タンパク質Dを受容した細胞において遺伝子A，Bの発現が誘導され，遺伝子Cの発現が抑制される。発現誘導に必要なタンパク質Dの濃度は，遺伝子Bよりも遺伝子Aの方が高い。

　(3)　タンパク質Dを受容した細胞において遺伝子Cの発現が誘導される。遺伝子Cを発現する細胞は，隣接する細胞において遺伝子Bの発現を誘導する。遺伝子Bを発現する細胞は，隣接する細胞において遺伝子Aの発現を誘導する。

⑷　高濃度のタンパク質 D を受容した細胞において遺伝子 A の発現が誘導される。遺伝子 A を発現する細胞は，隣接する細胞において遺伝子 B の発現を誘導する。遺伝子 B を発現する細胞は，隣接する細胞において遺伝子 C の発現を誘導する。

E　実験 2 の結果から推察できる遺伝子 A，B の関係についての記述として適切なものを，以下の選択肢⑴～⑸から全て選べ。ただし，神経管におけるタンパク質 D の濃度分布は変わらないものとする。

⑴　遺伝子 A を発現する細胞は隣接する細胞の遺伝子 B の発現を誘導する。

⑵　遺伝子 A を発現する細胞において，遺伝子 A にコードされる調節タンパク質 A は遺伝子 B の発現を誘導する。

⑶　遺伝子 A を発現する細胞において，遺伝子 A にコードされる調節タンパク質 A は遺伝子 B の発現を抑制する。

⑷　遺伝子 A がない場合でも，遺伝子 B の発現に必要なタンパク質 D の濃度の下限は変わらない。

⑸　遺伝子 A がない場合，遺伝子 B の発現に必要なタンパク質 D の濃度の下限が下がる。

F　実験 3 の図 3－4 の結果から推察できる，遺伝子 A，B，C の遺伝子発現におけるタンパク質 D の濃度と培養時間の関係を表した図として最も適切なものを以下の選択肢⑴～⑹の中から 1 つ選べ。ただし，ある濃度と時間の条件において，遺伝子 A，B，C のうち，発現する細胞の割合が最も多い遺伝子を図に示している。

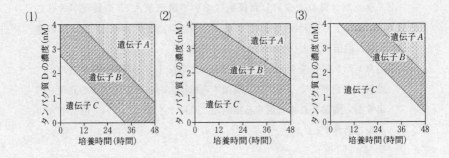

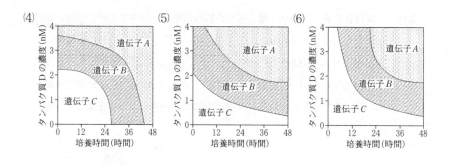

G　実験3の図3—5の結果をふまえると，遺伝子A，B，Cの発現における
タンパク質Dの濃度に応じた作用に対して，タンパク質Eはどのように
はたらくと推察できるか。図3—4(a)の結果も考慮し，2～3行程度で述べ
よ。

Ⅱ　次の文3を読み，問H～Kに答えよ。

［文3］

　モデル生物として用いられるゼブラフィッシュの胚は光学的にほぼ透明で，蛍
光タンパク質をコードする遺伝子を導入して細胞を標識することで，ひとつひと
つの細胞の発生中の運命を蛍光観察により追跡できる。ゼブラフィッシュの脊髄
の発生において，神経管の細胞は背腹軸に沿って腹側から順に調節遺伝子A，
B，Cを選択的に発現する。そこで，異なる色の蛍光タンパク質を利用して，遺
伝子A，B，Cを発現する細胞を時間を追って観察した。その結果，神経管形成
の初期段階では細胞の分裂や移動，あるいは組織の変形に伴って，遺伝子Aを
発現する細胞の一部が遺伝子Bを発現する細胞の集合の中に入り込むなど，異
なる種類の細胞(遺伝子A，B，Cのうち異なる遺伝子を発現する細胞)の混じり
合い現象が見られた。発生が進行すると，混じり合い現象は見られなくなり，最
終的には同じ種類の細胞(遺伝子A，B，Cのうち同じ遺伝子を発現する細胞)の
みから構成される集合が形成された。このような現象を細胞選別という。

　神経管における細胞選別に関与する分子メカニズムを調べるため，以下の実験
を行った。

実験4 神経管の発生において同じ種類の細胞が集合を形成する際に細胞と細胞
が接着する様子が見られた。そこで，同じ種類，あるいは異なる種類の細
胞が接着する力(接着力)を図3—6に示す方法により測定した。その結
果，野生型のゼブラフィッシュにおいて遺伝子 A, B, C を発現する細胞
の，組み合わせごとの細胞間の接着力は図3—7のような結果となった。

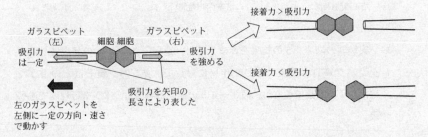

図3—6 細胞間の接着力の測定方法

神経管の細胞をひとつひとつに分離し，培養皿上で培養した2つの細胞を再び接着させる。
2つのガラスピペットを用いて，接着している細胞ペアの両側を吸引し，左のガラスピペット
を左側に一定の方向および速さで動かす(図左)。なお，左ガラスピペットの吸引力は，実験を
通して左の細胞が左ガラスピペットに常に吸着している強さで一定とする。細胞間の接着力が
右ガラスピペットの吸引力より強い場合，2つの細胞は接着を維持して右ガラスピペットから
離れる(図右上)。細胞間の接着力よりも右ガラスピペットの吸引力が強い場合，細胞間の接着
が引き離される(図右下)。右ガラスピペットの吸引力を接着力よりも弱い状態から徐々に強く
して，図右上の状態から図右下の状態に移行する際の右ガラスピペットの吸引力を細胞間の接
着力として算出した。

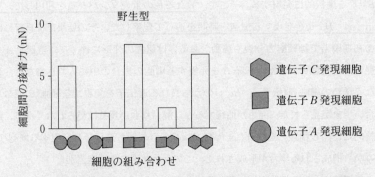

図3—7 野生型ゼブラフィッシュの神経管の細胞における細胞間の接着力

実験5　ゼブラフィッシュ胚の神経管において，細胞接着に関わるタンパク質
　　　F，Gが発現する。そこで，ゼブラフィッシュ胚においてタンパク質Fを
　　　コードする遺伝子F，あるいはタンパク質Gをコードする遺伝子Gを欠
　　　損させたところ，細胞間の接着力は，それぞれ図3―8(a)，(b)のような結
　　　果となった(なお，細胞間の接着力は図3―6と同様の方法を用いて測定
　　　した)。遺伝子FあるいはGを欠損させたゼブラフィッシュ胚の神経管で
　　　は，異なる種類の細胞の混じり合い現象が継続し，同じ種類の細胞ごとの
　　　集合の形成が阻害された。

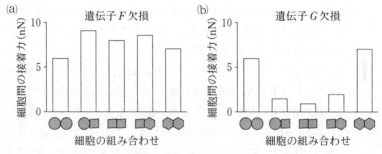

図3―8　遺伝子F，Gを欠損した神経管の細胞における細胞間の接着力

〔問〕

　H　下線部(ウ)について。調べたい遺伝子(目的遺伝子)の発現を蛍光タンパク質
　　　により観察する方法の1つとして，目的遺伝子の翻訳領域の下流側(転写の
　　　進む方向のことをいう)にGFP(green fluorescent protein)をコードする遺伝
　　　子(GFP遺伝子)をつなげた融合DNAを細胞に導入する方法が考えられる。
　　　蛍光を発する融合タンパク質が正しく翻訳されるためには，実験上，融合
　　　DNA配列を作製するときにどのような注意が必要か。必要な注意点を2行
　　　程度で述べよ。ただし，「終止コドン」「読み枠」の語句を必ず含めること。な
　　　お，融合DNA配列の作製には，目的遺伝子のプロモーターおよび開始コド
　　　ンから終止コドンまでの翻訳領域を含む配列，GFP遺伝子の開始コドンか
　　　ら終止コドンまでの配列，2つの遺伝子をつなげるリンカーの配列のみ用い
　　　るものとする。リンカーとは，遺伝子と遺伝子の連結部分に用いられる，目
　　　的遺伝子やGFP遺伝子とは関係のない配列のことを指す。

I　下線部㈘について。動物細胞の細胞間の接着様式の１つに接着結合がある。接着結合について説明した以下の文中の空欄６～８に入る最も適切な語句を記入せよ。

解答例：6─○○，7─△△

接着結合において中心的な役割を持つ接着分子である　6　は，　7　イオン依存的に細胞間の接着に関わる。細胞膜上にある　6　は，細胞外において隣の細胞の　6　と結合し，細胞質側では他のタンパク質を介して細胞骨格である　8　と主に結合する。

J　図３─６の実験方法を改変し，下図のように遺伝子Ｂを発現する細胞１つと遺伝子Ｃを発現する細胞２つを接着させてガラスピペットにより引っ張る実験を行った。野生型ゼブラフィッシュ胚あるいは遺伝子Ｇ欠損ゼブラフィッシュ胚の細胞を用いてこの実験を行った結果として最も適切だと考えられるものを，以下の選択肢⑴～⑷の中からそれぞれ１つ選べ。野生型胚，遺伝子Ｇ欠損胚について同じ選択肢を選んでもかまわない。ただし，図３─７，図３─８の結果を考慮せよ。なお，図３─６の左ガラスピペットと同様に，左右のガラスピペットの吸引力は一定とし，実験を通して細胞は左右のガラスピペットに常に吸着しているものとする。

解答例：野生型胚─⑴，遺伝子Ｇ欠損胚─⑵

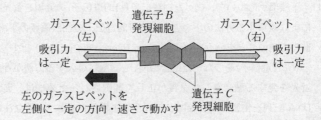

⑴　遺伝子Ｃを発現する２つの細胞の間の接着のみが引き離される。

⑵　遺伝子Ｂを発現する細胞と遺伝子Ｃを発現する細胞の間の接着のみが引き離される。

⑶　選択肢⑴と⑵の結果が同程度の確率で起こる。

⑷　３つの細胞の間の接着が全て引き離される。

K　実験 4 および実験 5 から推察される，細胞選別（遺伝子 A，B，C を発現する細胞がそれぞれ集合すること）におけるタンパク質 F，G のはたらきについて述べた文として適切なものを，それぞれ以下の選択肢(1)～(6)から全て選べ。タンパク質 F，G について同じ選択肢を選んでもかまわない。

　解答例：タンパク質 F—(1)(2)，タンパク質 G—(3)

(1)　遺伝子 A を発現する細胞同士の細胞間の接着力を強めることで，遺伝子 A を発現する細胞の集合から遺伝子 B および C を発現する細胞を空間的に分離させる。

(2)　遺伝子 B を発現する細胞同士の細胞間の接着力を強めることで，遺伝子 B を発現する細胞の集合から遺伝子 A および C を発現する細胞を空間的に分離させる。

(3)　遺伝子 B を発現する細胞同士の細胞間の接着力を弱めることで，遺伝子 B を発現する細胞の集合から遺伝子 A および C を発現する細胞を空間的に分離させる。

(4)　遺伝子 A を発現する細胞と遺伝子 B を発現する細胞の細胞間の接着力を強めることで，遺伝子 A を発現する細胞の集合と遺伝子 B を発現する細胞の集合を空間的に分離させる。

(5)　遺伝子 A を発現する細胞と遺伝子 B を発現する細胞の細胞間の接着力を弱めることで，遺伝子 A を発現する細胞の集合と遺伝子 B を発現する細胞の集合を空間的に分離させる。

(6)　遺伝子 B を発現する細胞と遺伝子 C を発現する細胞の細胞間の接着力を弱めることで，遺伝子 B を発現する細胞の集合と遺伝子 C を発現する細胞の集合を空間的に分離させる。

地 学

（2科目150分）

（注） 解答用紙は,〈理科〉共通。1行：約23.5センチ, 35字分の区切りあり。
1・2は各25行, 3は50行。

第1問 宇宙に関する次の問い（問1〜2）に答えよ。

問1 近年, 銀河系内にある星ならばその年周視差が測定できるようになってき
た。その結果によると, 星団Aにある星の年周視差は0.0025″, 星団Bにあ
る星の年周視差は0.00078″であった。図1—1に各星団の星のHR図を示
す。以下の問いに答えよ。数値での解答には計算の過程も示せ。なお, 太陽の
質量と光度はそれぞれ $M_s = 2 \times 10^{30}$ kg, $L_s = 4 \times 10^{26}$ W とし, 1パーセ
ク $= 3.1 \times 10^{16}$ m とする。また, 計算に必要なら $\log_{10} 2 = 0.30$ および
$\log_{10} 3 = 0.48$ を用いよ。

(1) 各星団の距離（単位：パーセク）をそれぞれ有効数字2桁で求めよ。

(2) 各星団で最も明るい主系列星の見かけの明るさ（単位：W/m²）はおよそい
くらか。以下のうちから一つずつ選び, それぞれ答えよ。
星団A：1×10^{-8}, 1×10^{-12}, 1×10^{-14}
星団B：2×10^{-12}, 2×10^{-14}, 2×10^{-17}

(3) 星団Bで最も明るい主系列星の光度（単位：W）を有効数字1桁で求め
よ。ただし, 星の見かけの明るさは視線に垂直な面が単位時間, 単位面積あ
たりに受けるエネルギーとし, その値には設問(2)で答えた値を用いよ。

(4) 主系列星の質量 M と光度 L の関係は

$$\frac{M}{M_s} = \begin{cases} \left(\dfrac{L}{L_s}\right)^{\frac{1}{4}} & (0.43\,M_s < M \leqq 2\,M_s) \\ 0.9\left(\dfrac{L}{L_s}\right)^{\frac{2}{7}} & (2\,M_s < M < 30\,M_s) \end{cases}$$

で表されるとする。これを用いて，星団Bの最も明るい主系列星の質量が太陽質量の何倍になるか，有効数字1桁で求めよ。

(5) 星団Bの年齢は最も明るい主系列星の寿命から推定できる。その理由を2行程度で答えよ。

(6) 星団A，Bのうちどちらかは散開星団である。どちらが散開星団か，理由とともに1～2行で答えよ。

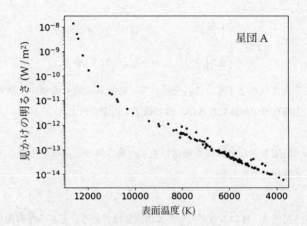

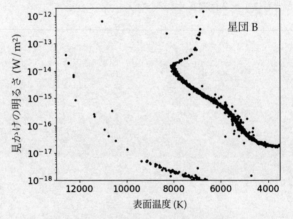

図1—1　二つの星団A，Bの星のHR図

問 2　次の文章を読んで以下の問いに答えよ。数値での解答には計算の過程も示
　　せ。

　太陽のエネルギー源は中心部で起こっている核融合反応である。核融合反応で発
生したエネルギーは太陽内部においては，中心側では放射によって，光球面側では
　　A　　によって，光球面まで運ばれる。光球面からは，エネルギーは放射に
よって宇宙空間に放出される。この放射エネルギーのピーク波長は5.0×10^{-7} m
であり，これは　　ア　　に対応する。光球面の平均温度は5.8×10^{3} K である

が，太陽内部で起こっている | A | の影響によって光球面の温度には非一様性がある。また，黒点では強い | B | の影響によって，周囲よりも温度が低くなっている。一方で，太陽の上層大気であるコロナは光球面よりも高温になっており，| イ | を放射している。また，コロナからは高速の太陽風が周囲に吹き出し，地球軌道よりも遥か遠方まで到達している。短時間のうちに様々な波長の光が急激に強くなるフレアや，より高密度・高速の太陽風が周囲に放出されるコロナ質量放出は，黒点数の多い太陽極大期に頻繁に発生する。このことは，太陽の活動現象に | B | が重要な役割を果たしていることを示唆する。

地球は光球面から放射される | ア | だけでなく，コロナから放射される | イ | や，太陽風の影響も受けている。地球の上層大気には，太陽放射によって一部の分子や原子が電離した電離層と呼ばれる層が形成されている。地球の高緯度地方で見られる | C | は，宇宙空間から高エネルギーの荷電粒子が高層大気に流入し，原子や分子と衝突することによって，大気が発光する現象である。太陽風はこのような | C | の活動に大きな影響を与えている。太陽におけるフレアやコロナ質量放出などの突発的な爆発現象は，地球ではデリンジャー現象や磁気嵐などを引き起こしたり，人工衛星や宇宙ステーションに影響を与えたりすることがある。

(1) 空欄 | A | ～ | C | に当てはまる適切な語句をそれぞれ答えよ。

(2) コロナの典型的な温度は 2.0×10^6 K であることが知られている。ウィーンの変位則が成り立つと仮定したとき，この温度に対応する放射エネルギーのピーク波長を有効数字2桁で求めよ。

(3) 空欄 | ア | および | イ | に当てはまる最も適切な語を以下の選択肢からそれぞれ一つ選び，その番号を答えよ。
① 電波　　　　　② 赤外線　　　　　③ 可視光線
④ 紫外線・X線　　⑤ ガンマ線

(4) 地球軌道(太陽からの距離が1天文単位の位置)における太陽風の質量密度 ρ および速度 V は，それぞれ $\rho = 1.6 \times 10^{-20}$ kg/m³，

$V = 4.0 \times 10^5$ m/s 程度である。以下では地球軌道での値としてこれらを用い，球対称かつ定常な太陽風を考える。なお，1年は 3.2×10^7 s，1天文単位は 1.5×10^{11} m とし，数値は有効数字1桁で求めよ。

(a) 太陽風によって，単位時間，単位面積あたりに外向きに運ばれる質量は，質量密度と速度の積で与えられる。これを用いて，太陽の寿命 1.0×10^{10} 年の間に太陽が失う質量は太陽質量 2.0×10^{30} kg の何 % にあたるか求めよ。

(b) 太陽風が持つ圧力は質量密度と速度の2乗との積で与えられる。また，太陽風の圧力は太陽からの距離の2乗に反比例して遠方に向かって減少する。太陽風は周囲の星間物質を押しのけ，太陽圏と呼ばれる太陽の勢力圏を形成している。太陽風の圧力と星間物質の圧力が等しくなる距離を太陽圏の大きさと定義するとき，太陽圏の大きさを天文単位で求めよ。ただし，星間物質の圧力として $P = 1.0 \times 10^{-13}$ Pa $= 1.0 \times 10^{-13}$ kg/(m·s²) を用いること。

(5) あるときフレアとコロナ質量放出がほぼ同時刻に太陽で発生した。これらによって，地球ではデリンジャー現象および磁気嵐が時間差をもって引き起こされた。デリンジャー現象と磁気嵐が発生した順番を答えよ。また，両者の時間差が生じた理由を1～2行程度で述べよ。

第2問　大気と海洋に関する次の問い(問1〜2)に答えよ。

問1　降雪や降雨について，以下の問いに答えよ。数値での解答には有効数字2桁で単位とともに答え，計算の過程も示せ。

(1)　以下の文章の空欄　$\boxed{\quad ア \quad}$ 〜 $\boxed{\quad ウ \quad}$ に入る適切な語句をそれぞれ答えよ。

　　　大気中の雲の水滴は，微粒子(エーロゾル)の一部が　$\boxed{\quad ア \quad}$ 核として働くことにより生成される。水滴は，周囲の気温が氷点下に下がっても容易には凍結しない。氷点下の状態にある水滴を　$\boxed{\quad イ \quad}$ 水滴と呼ぶ。やがてこれらの水滴のごく一部が，氷晶核と呼ばれる微粒子の作用により凍結して氷晶を形成すると，雲は水滴と氷晶とが共存した状態になる。降雪はこの氷晶が大きく成長し氷粒子のまま地表面まで落下することによりもたらされる。落下途中で，氷粒子が融解して生成する雨を　$\boxed{\quad ウ \quad}$ 雨という。

(2)　水滴と氷晶とが共存した雲内において，水蒸気が液体の水に対して常に飽和した状態を考える。氷の飽和水蒸気圧 p_i は水の飽和水蒸気圧 p_w よりも低いため，この雲内の水蒸気は氷に対しては過飽和となる。このため氷晶は昇華により成長する。氷晶はさまざまな形状をもつが，図2—1に模式的に示したように，その大きさ(長さ)を L としよう。また空気と水滴と氷晶の温度 T は260 K で一定とし，この温度において $p_w = 2.25\ \mathrm{hPa}$，$p_i = 1.99\ \mathrm{hPa}$ とする。なお，1 μm $= 10^{-6}$ m である。

(a)　単位時間あたりの L の変化量が，定数 a を用いて $a(p_w - p_i)/T$ と書けるものとする。$t = 0$ において $L = 0$ μm とみなせる小さな氷晶が，時刻 t においてもつ大きさ L を，p_w，p_i，a，T，t を用いた式で表せ。またこの式を用いて，$L = 800$ μm まで成長するのに要する時間を求めよ。ただし，$a = 400$ μm・K/(s・hPa) とする。

(b)　氷晶は成長しながら，その L に応じた空気の抵抗を受けつつ落下する。設問(a)の氷晶の落下速度 U が定数 k を用いて $U = k \cdot L$ と書けるとする。この氷晶が $t = 0$ から t_1 まで成長しながら落下するとき，この間の氷晶の平均の落下速度 $<U>$ を，p_w，p_i，k，a，T，t_1 を用いて表せ。またこの氷晶が $L = 800\ \mu m$ まで成長する間に落下する距離を求めよ。ただし，$k = 1.2 \times 10^3 /s$ とし，雲内での上昇流などの空気自体の運動は無視する。

(c)　設問(a)の氷晶の成長で使用される水蒸気は，周囲の複数の水滴の蒸発によりまかなわれているとする。これらの水滴は全て同じ半径 r をもつ球形とし，水の質量密度を ρ_w とする。また氷晶の質量 M は，定数 b を用いて $M = b \cdot L^2$ と書けるとする。この氷晶が $L = 0$ から 800 μm まで成長するのに水滴何個分の蒸発が必要か求めよ。ただし，$r = 4.0\ \mu m$，$b = 2.3 \times 10^{-14}\ kg/\mu m^2$，$\rho_w = 1.0 \times 10^3\ kg/m^3$ とする。

(3)　降雪や氷晶由来の降雨には，落下するのに十分な大きさの氷晶の形成が必要となる。通常，空気中の氷晶核の数は，水滴を形成する微粒子と比較して非常に少ない。このため一般に水滴と氷晶が共存した雲内では，水滴の数と比較して氷晶の数は非常に少ない。いま，空気中の氷晶核の数のみが増加して，水滴を形成する微粒子と同程度となった仮想的な状況を考えてみよう。この状況では，氷晶核が少ない通常の状況と比較して，氷晶の大きさにはどのような違いが生じるか，その理由とともに 2 行程度で答えよ。

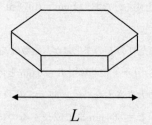

L

図2－1　氷晶の大きさ（長さ）L を示した模式図

問 2　次の文章を読み，以下の問いに答えよ。

　図 2 — 2 は北太平洋の海面ならびに深さ 300，600 m における水温の平均的な分布である。水温は海面では，太平洋西部の赤道付近で 29 ℃ 以上と最も高いが，深さ 300 m と 600 m では，北緯 15 度から北緯 35 度までの間で最も高い。このような，北緯 15 度から北緯 35 度までの間で水温が最も高いという構造は，深さ 200 m から 1 km まで見られる。深さ 1 km より下では，水温の水平方向の変化は小さい。

(1)　下線部に関連して，赤道付近の海面の水温分布について説明した次の文章の空欄　ア　～　エ　に入る適切な語句をそれぞれ答えよ。

　　　赤道上ではコリオリの力が働かないため，海上を吹く　ア　と呼ばれる東風により，海面付近の暖かい水が吹き寄せられ，太平洋西部の海面の水温は高くなる。一方，　ア　により，赤道より少し北では　イ　向き，少し南では　ウ　向きのエクマン輸送が生じるため，太平洋東部の赤道上ではそれを補うように下層から冷たい水が湧き上がり，海面の水温は低くなる。この湧き上がりによる水温低下が太平洋東部で生じやすいのは，　エ　が浅いためである。

(2)　深さ 200 m から 1 km では北緯 15 度と北緯 35 度の間で水温が高いという構造は，北太平洋を巡る海洋の大きな流れと対応している。どのように対応しているのかを 2 ～ 3 行程度で説明せよ。ただし，以下の語句をすべて用いること。なお，塩分の効果は無視してよい。

　　　語句群：海水密度，海面高度，コリオリの力

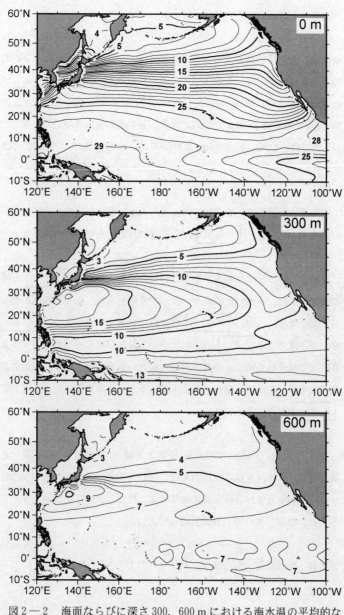

図2－2　海面ならびに深さ300，600 m における海水温の平均的な
　　　　分布（単位：℃）

(3)　海面の水温は北緯 15 度より北では北に行くほど低くなるが，同じ緯度の水温は必ずしも等しくはない。すなわち，水温の等値線は必ずしも東西方向に伸びてはいない。北緯 15 度と北緯 35 度の間では，水温の等値線が西北西—東南東方向に傾いている。設問(2)で述べた海洋の大きな流れが，どのようにしてこのような傾いた等値線分布をつくるのかを，1 ～ 2 行程度で説明せよ。

(4)　北緯 40 度より北では，海面の水温の等値線は，北緯 15 度から北緯 35 度までの海域とは反対に，西南西—東北東方向に傾いている。このことから，北緯 40 度より北の海面付近における海洋の大きな流れが，熱を正味で北向きと南向き，どちらに輸送していると考えられるのかを，理由とともに 2 ～ 3 行程度で説明せよ。

第3問　地震と地質に関する次の問い(問 1 ～ 2)に答えよ。

問 1　図 3 — 1 は，ある沈み込み帯でのプレートが沈み込む方向(東西方向)に沿った鉛直断面と，太黒線で示された幅 220 km の陸域下における P 波速度を表したものである。陸の東端を原点とし，水平西向きに x 軸，鉛直下向きに z 軸をとる。多数の灰色点および黒点 L～N は断面上にある地震の震源を，線影(A) ～ (C)は地震のグループを示す。陸上には，①～⑫で示された地震観測点が x 軸上に 20 km の等間隔で配置されている。陸域下における P 波速度は深さのみで決まり，$z < 40$ km で 6.0 km/s，$z \geqq 40$ km で 8.5 km/s とする。この断面に見られる地震について，以下の問いに答えよ。簡単のため，地球の曲率，断層の大きさ，および地震観測点の標高は無視できるものとする。なお，計算には以下の関係を使用してもよい。

$$\tan 15° = 0.27 \qquad \tan 30° = 0.58$$

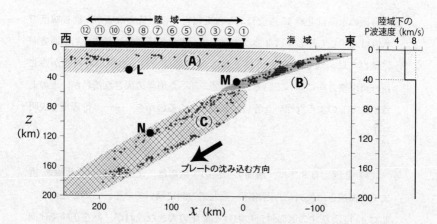

図3－1　左：沈み込み帯の断面における震源分布および地震のグループ。
　　　　右：陸域下のP波速度の鉛直分布（実線）。

(1) 以下の文の空欄　ア　～　エ　に入る適切な語句を，それぞれ答えよ。

　　沈み込み帯で発生する地震は，その発生する場所によって大きく3つのグループ(A)～(C)に分けることができる。グループ(A)は陸のプレート内で発生する浅い地震で，グループ(B)はプレート　ア　で発生する　イ　断層型の地震である。グループ(C)は沈み込むプレート内で発生し，その分布は深さ700 km程度の地下深部にまで及ぶ。このような深部で発生する地震は　ウ　と呼ばれ，これらの震源が分布する面は，その存在を明らかにした2人の地震学者の名前にちなんで　エ　と呼ばれる。

(2) 図3－1中のグループ(A)に属する点Lを震源とする地震は，$x = 160$ km，$z = 30$ kmの，紙面に垂直な傾斜60°Wの断層面で発生した正断層型の地震であった。図3－2の黒丸は，観測点①～⑫で観測された，この地震のP波初動の走時tを示す。走時曲線は，直接波の走時（曲線1）と，$z = 40$ kmのP波速度の境界に45°で入射する屈折波の走時（直線2）で表すことができる。以下の問いに答えよ。

(a)　曲線1および直線2で示された走時 t（単位：s）を x（単位：km）で表す式をそれぞれ答えよ。直線2については導出の過程を示すとともに，傾きと切片を有効数字2桁の値で表せ。

(b)　曲線1で示されるP波初動（観測点④～⑫）のうち，引き波が観測される観測点と，そのように考えられる根拠を説明せよ。図を用いて説明してもよい。

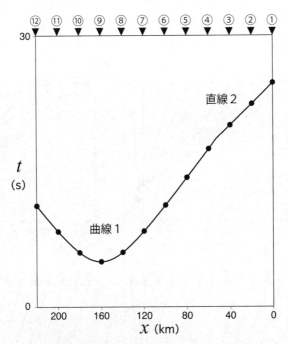

図3－2　点Lで発生した地震の，陸上地震観測点におけるP波初動の走時（黒丸）と計算された走時曲線

(3)　図3－1中の点Mおよび点Nを震源とする地震について，観測点①～⑫で観測されるP波初動の押し引き分布について考える。グループ(B)に属する点Mの地震は，震源が $x = 10$ km，$z = 45$ km，紙面に垂直な傾斜15°W の断層面で発生し，グループ(C)に属する点Nの地震は，$x = 130$ km，

$z = 115\,\text{km}$，紙面に垂直な傾斜 75°W の断層面で発生した。また点 M で示される地震の P 波初動は，観測点①と②～⑫とで押し引きが異なっていた。以下の問いに答えよ。

(a) 点 M の地震の P 波初動にあたる地震波は，観測点①～⑫までどのように伝わるか，その伝播経路について最も適切に示しているものを以下の図 ⑦～⊈ から選べ。また，観測点①では P 波初動が押し波か引き波のどちらであるか答えよ。なお，図⑦～⊈ は水平方向に対して深さ方向を 3 倍に拡大してあることに注意せよ。

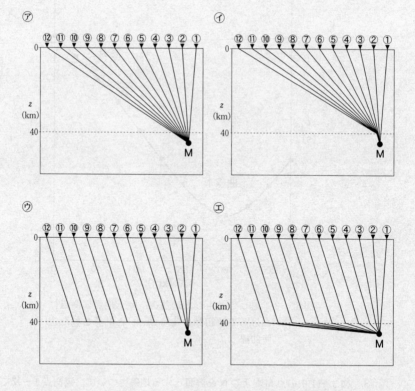

(b) 点 N の地震は，プレートの沈み込み方向に押される力により発生した。この地震の P 波初動が押し波である観測点を①～⑫から全て選んで答えよ。

問 2　図3―3は，ある地域の地質図である。破線は20mごとの等高線である。この地質図について，以下の問いに答えよ。なお，地層の逆転や褶曲はないものとする。

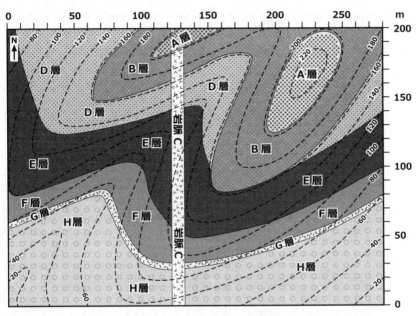

図3―3　ある地域の地質図

(1)　以下の文中の　　ア　　～　　エ　　について，それぞれ適切な語句や数字を選んで答えよ。

　　　F層は走向が　ア：東西・南北　で，傾斜が　イ：東・西・南・北　に約　ウ：15・30・45・60　度であり，厚さが約　エ：14・28・42・56・70・84　mである。

(2)　G層は凝灰岩であり，地域間の地層の対比に利用できることが判明した。このような対比に利用できる地層を何というか答えよ。また，そのような地層として望ましい条件を2つ挙げ，それぞれ1行程度で説明せよ。

(3) E層は，砕屑粒子からなる堆積岩である。その砕屑粒子の粒径を測定したところ，0.002〜0.05 mm であった。この堆積岩の名称を答えよ。

(4) 図3−3の地質図から，この地域の地史について考える。岩脈CとG層の年代測定を行ったところ，それぞれ260万年前，6600万年前の年代値を得た。

(a) F層に含まれる化石として，適当なものを以下の選択肢から選んで答えよ。

選択肢：アンモナイト，イノセラムス，コノドント，三葉虫，
　　　　トリゴニア，ヌンムリテス（カヘイ石），フズリナ（紡錘虫）

(b) 図3−3の地質図から読み取ることができるA〜Hの地層や岩脈の形成順序を，以下の語群に含まれる語を全て用いて3行程度で説明せよ。

語群：中生代，新生代，第四紀，傾斜，貫入

(5) H層に含まれる礫からある鉱物を取り出し，その鉱物について半減期 7.0×10^8 年の放射性同位体Xを用いて放射年代を測定した。分析の結果，この鉱物の形成時に含まれていた放射性同位体Xの 40 % が放射壊変して別の安定同位体に変わっていたことが判明した。この鉱物の形成年代を，有効数字1桁で答えよ。計算過程も示すこと。必要であれば $\log_{10} 2 = 0.30$，$\log_{10} 3 = 0.48$ を使用してよい。

㈡　「著レ書立レ論、必本ニ於不レ得レ已而有ㇾ言」（傍線部 a）とはどういうことか、簡潔に説明せよ。

㈢　「有レ識者恒病ニ書之多一也、豈不レ由レ此也哉」（傍線部 e）とあるが、「此」は何を指しているか、わかりやすく説明せよ。

〔解答欄〕㈡・㈢各約一三・五センチ×一・五行

古文章之士猶能及レ之。降而不レ能乃剽賊矣。夫剽賊以為レ文、

且不レ足レ以伝二於後一、而況剽賊以著レ書邪。然而有レ識者恒病二書之多一

也、豈不レ由レ此也哉。

（方東樹『書林揚觶』による）

〔注〕○敷衍流宕——節度なく述べ立てること。
　　　○布帛——ぬのときぬ。日常の衣服を指す。
　　　○菽粟——マメとアワ。日常の食物を指す。
　　　○鬻——売ること。
　　　○老荘申韓——老子・荘子（道家）、申不害・韓非子（法家）の略。
　　　○剽賊——剽窃。賊は、ぬすむ。

設問

(一)　傍線部b・c・dを平易な現代語に訳せ。

第三問

次の文章を読んで、後の設問に答えよ。

凡そ書を著し論を立つるは、必ず本づかざるに於いて得已むを得ずして言有るなり。而して後其の言当たり、其の言信にして、其の言用有り。故に君子の言、事理に達して止み、敷衍流宕を為さず、放言高論、快を一時に取らず。蓋し非ざれば則ち厭ふべく、要ならざれば則ち疑ふべし。既に厭ひ且つ疑へば、而も其の書信じ貴ぶべからず。君子の言は、寒暑昼夜の如く、布帛菽粟、疑ふべき無く、厭ふべき無し。天下万世信じて之を用ゐ、丘山の利有りて、毫末の損無し。此を以て観れば、古今の作者、昭然として白黒のごとし。若し書を著して身に本づかざれば、則ち只だ是れ其の言を鬻ぐ者のみ。老荘申韓の徒、学術偏なりと雖も、要は各能く自ら天下後世に見るる。斯の義や、

設問

○海人の刈る藻に──「みだれ」を引き出す序詞的表現。

○もの参らせぬことなり──天皇の食事の世話が出来ないことをいう。

○わたくしのもの思ひ──筆者の一身上の悩み。

(一)　傍線部ア・ウ・エを現代語訳せよ。

(二)　「いつしかといひ顔に参らんこと、あさましき」（傍線部イ）とはどういうことか、説明せよ。

(三)　「乾くまもなき墨染めの袂かなあはれ昔のかたみと思ふに」（傍線部オ）の和歌の大意を説明せよ。

〔解答欄〕 (二)・(三)各約一三・五センチ×一行

や」などこそいふめれ、わが心にも、げにさおぼゆることなれば、さすがにまめやかにも思ひ立たず。ェかやうにて心づから弱りゆ

けかし。さらば、ことつけても」と思ひつづけられて、日ごろ経るに、「御乳母たち、まだ六位にて、五位にならぬかぎりは、もの

参らせぬことなり。この二十三日、六日、八日ぞよき日。とく、とく」とある文、たびたび見ゆれど、思ひ立つべき心地もせず。

「過ぎにし年月だに、わたくしのもの思ひののちは、人などにたちまじるべき有様にもなく、見苦しくやせおとろへにしかば、

いかにせましとのみ思ひあつかはれしかど、御心のなつかしさに、人たちなどの御心も、三位のさてものしたまへば、その御心に

たがはじとかや、はかなきことにつけても、用意せられてのみ過ぎしに、いまさらに立ち出でて、見し世のやうにあらんこともか

たし。君はいはけなくおはします。さてならひにしものぞとおぼしめすこともあらじ。さらんままには、昔のみ恋しくて、うち見

ん人はよしとやはあらん」など思ひつづくるに、袖のひまなくぬるれば、
オ

乾くまもなき墨染めの袂かなあはれ昔のかたみと思ふに

〔注〕○弁の三位──鳥羽天皇の乳母、藤原光子。

○この内──鳥羽天皇の御所。

○登時──すぐに。

○周防の内侍──平仲子。仕えていた後冷泉天皇が崩御すると家に下がったが、後冷泉天皇の弟、後三条天皇の即位後、再び出仕した。

○故院──亡き堀河天皇。

○三位殿──「弁の三位殿」とは別人で、筆者の姉、藤原兼子。やはり宮中に出仕している。この下の「三位」も兼子を指す。

第 二 問

次の文章は『讃岐典侍日記』の一節である。堀河天皇は病のため崩御し、看病にあたった作者も家で喪に服している。そこへ、女官の弁の三位を通じて堀河天皇の父白河上皇（院）から仰せがあった。新天皇は、幼い鳥羽天皇（堀河天皇の子）である。これを読んで、後の設問に答えよ。

かくいふほどに、十月になりぬ。「弁の三位殿より御文」といへば、取り入れて見れば、「年ごろ、宮仕へせさせたまふ御心のありがたさなど、よく聞きおかせたまひたりしかばにや、院よりこそ、この内にさやうなる人の大切なり、登時参るべきよし、おほせごとあれば、さる心地せさせたまへ」とある、見るにぞ、あさましく、ひがめかと思ふまであきれられける。おはしまししをりより、かくは聞こえしかど、いかにも御いらへのなかりしには、さらでもとおぼしめすにや、それを、いつしかといひ顔に参らんこと、あさまし。周防の内侍、後冷泉院におくれまゐらせて、後三条院より、七月七日参るべきよし、おほせられたりけるに、

　天の川おなじ流れと聞きながらわたらんことはなほぞかなしき

とよみけんこそ、げにとおぼゆれ。

「故院の御かたみには、ゆかしく思ひまゐらすれど、さし出でんこと、なほあるべきことならず。そのかみ立ち出でにしだに、はればれしさは思ひあつかひしかど、親たち、三位殿などしてせられんことをとなん思ひて、いふべきことともならざりしかば、心のうちばかりにこそ、海人の刈る藻に思ひみだれしか。げに、これも、わが心にはまかせずともいひつべきことなれど、また、世を思ひ捨てつと聞かせたまはば、さまで大切にもおぼしめさじ」と思ひみだれて、いますこし月ごろよりももの思ひ添ひぬる心地して、「いかなるついでを取り出でん。さすがに、われと削ぎすてんも、昔物語にも、かやうにしたる人をば、人も『うとましの心

か、説明せよ。

（二）「まだ返してもらっていないだけだ」（傍線部イ）とあるが、なぜそう主張できるのか、説明せよ。

（三）「生活全般の上では帳尻があっている」（傍線部ウ）とはどういうことか、説明せよ。

（四）「この余韻が商交渉の帳尻をあわせる失敗を時間や機会の贈与交換に回収させるステップになる」（傍線部エ）とあるが、筆者はどのようなことを言っているのか、本文全体の趣旨を踏まえて一〇〇字以上一二〇字以内で説明せよ（句読点も一字と数える）。

（五）傍線部a・b・cのカタカナに相当する漢字を楷書で書け。

a　アイマイ　　b　イキドオり　　c　コウデイ

〔解答欄〕　㈠～㈢各約一三・五センチ×二行

日から何も食べていない」「取り締まりに遭って商品を失った」ので「高く買ってくれ」などと訴え、客は「滞納した家賃の支払いを迫られている」「息子が病気である」ので「安く売ってくれ」などと訴える。こうした値段交渉を「リジキ（*riziki*）（食い扶持。サブシステンス）を分けあう」という言葉で彼らは表現した。行商人は、交渉において客の表情や言葉尻などから相手のその時点での状況を察知し、多少の嘘や誇張はあってもおそらく生活が苦しいのだと判断すれば、価格を下げ、それなりに好調な生活をしていると判断すれば、価格を上げる。このときに行商人と客とのあいだには、「私は騙された（駆け引きに負けた）かもしれないが、それは相手を助けたのかもしれない」「私は騙した（駆け引きに勝った）かもしれないが、それは相手に助けてもらったのかもしれない」という余韻が残る。ツケの交渉も同様であり、行商人も客も互いに真実を話しているという確証はないが、それでもツケが成功裏に認められると、商売上では判断を誤った／うまくやったかもしれないが、「彼／彼女は事情を汲んでできる限りのことをした／して
　　　エ
くれた」という余韻が残る。この余韻が商交渉の帳尻をあわせる失敗を時間や機会の贈与交換に回収させるステップになるのだとすると、この交渉で実践されているのは、市場取引の体裁を維持しながら、二者間の基盤的コミュニズムを胚胎させることに他ならない。

（小川さやか「時間を与えあう──商業経済と人間経済の連環を築く「負債」をめぐって」による）

〔注〕　○貯蓄講──各人が一定金額を積み立て、その引き出しと活用を可能とする相互扶助団体。

設　問

（一）　「行商人たちにとって掛け売りを認めることは、商売戦略上の合理性とも合致していた」（傍線部ア）とあるが、それはなぜ

の困難を解決し、ツケを支払う余裕ができるようになるまでの時間や機会は「贈与」したものなので、ひとたび「あげた」時間／機会を取り上げるには特別な理由がいる、あるいはその機会をいつ返すかはプレゼントの返礼のように与えられた側が決めるのだと。

しかし支払い期限を決めるのが貸し手ではなく借り手であり、しかも「生活に余裕が生まれた」という借り手の主観に左右される期限であるならば、支払いは五〇年後になることも、結果として死ぬまで負債が支払われないことだってありうる。明らかに貸し手に不利な契約であるが、「支払い猶予を与える契約」を「代金支払いの契約」と「時間・機会の贈与交換」に分割して考えると、彼らの言動はつじつまがあい、商売の次元とは異なる次元で帳尻があっているようにも見えた。

まず掛け売りが支払いの遅延を伴う売買契約に過ぎない場合、ツケを支払った時点で客には負債がないことになる。しかし実際には、ツケを支払っても客は、行商人に「借り」をもつかのように語ったりふるまったりする。行商人たちは客との交渉で「君がピンチのときに、ツケにしてあげたじゃないか」と言うことで、高値で買ったり、在庫を引き取ったりするよう説得する。客も「いつものツケのお礼に、今日は二枚買うよ」などと応じることもある。より奇妙なことは、ツケが未払いな客が「ツケのお礼に」と食事を奢ってくれることだ。奢る余裕があるなら、なぜツケを払わないのかと疑問に思うが、行商人たちは喜んで応じる。さらに客は「ツケのお礼に」自身の商売で行商人に掛け売りしてくれたりもするが、行商人がしたツケと客が行商人にしたツケが相殺されることもない。行商人は自身の商売でしたツケが未払いな客に対し、儲かった日に掛け売りの代金を払うのだ。こうした事態を説明するには、一つひとつの掛け売りの中に商品代金支払いと別に贈与交換が含まれているのだと考えるしかない。そして仮に「商品代金の支払い」は遂行されなくても、「時間や機会の贈与」に何らかの返礼が遂行されるのだとしたら、商売の帳尻があわなくても、ウ生活全般の上では帳尻があっているような気もするのだ。

いまから振り返ると、掛け売りが代金支払いの契約と同時に「贈与交換」を含むという了解は、彼ら自身が交渉の過程において共同で生み出していることでもあった。行商人と客との値段交渉は、互いに私的な困難を訴えあうことを基本とする。行商人は「昨

仕入れた古着の売れ行きに響くことになる。結局、行商人たちは何度か通って相手に支払う気がないとわかると、しばらく放置し、機会があったときに訪ねていくようになる。ただ、数カ月、半年と時間が経つにつれ、訪問回数は減っていき、ついには訪問をやめてしまう。

こうした事態が生じる原因のひとつは、行商人が帳簿をつけないことにあった。「なぜ帳簿をつけないのか」と尋ねると、「払える人は払うし、払えない人からはどうしたって取り立てられないのだから、気がかりなことが増えるだけだ」などと返答された。たしかに毎日のように掛け売りをし、ツケの支払いは早くて数日、通常は数週間、時には何カ月も先になるので、ツケは雪だるま式に増えていく。そのすべてを回収しようとするよりも、焦げ付きを価格等に織り込んで商売をしたほうが合理的だろう。それでも私は、日々余裕がない中で、ツケを何カ月も放置する者に怒りもせず、不満も言わず、ただ許している彼らの態度が不思議であった。みな生活が苦しいのに支払う人と支払わない人がいるのは不平等ではないかと思ったのだ。私は時々、「あそこの家には未払いの代金があるから取り立てに行こう」と誘ったが、彼らは「まだ彼／彼女は困難のさなかにあり、いま取り立てにいっても交渉に負ける」と渋ることも多かった。

ただし、「このままツケが返ってこなくてもよいのか」と聞くと、「ツケは返してもらう」という答えが返ってくる。その上で彼らは、「いまはその時ではない」「カネを稼ぐまでは待つと言ったのに、相手の時間的な余地（ナフ_イナシ（nafasi）を奪うのは難しい」と主張するのだ。実際、数年が経って私が「信用の不履行が生じた」と認識した負債についても、彼らは「まだ返してもらっていないだけだ」と言い張り、「いつ返してもらうのか」としつこく聞くと、「そんなこと、俺にわかるわけがないだろう」と怒り出した。

これらの商人や客の言葉や態度から、私はしだいに、彼らは商品やサービスの支払いを先延ばしにする取引契約である掛け売りを「市場交換」と「贈与交換」のセットで捉えているのではないかと考えるようになった。つまり、ツケは商品やサービスの対価であり、支払うべき金銭的「負債」である。これは返してもらう必要がある。だが、ツケを支払うまでの時間的猶予、すなわち客が現在

と支払期限の[a]アイマイな口約束をした。実際、行商人の得意客の多くも給料日が決まっている労働者ではなく、浮き沈みの激しい零細自営業者や不安定な日雇い労働者であったので、客がその日の生活費を超える余剰の現金をいつ獲得できるかは客自身にも予想がつかないものだった。行商人たちは、「最近、羽振りがいい」などの噂を頼りに客の懐が温かくなる頃を見計らって訪ねて行ったが、居留守を使われたり、「子どもがマラリアになったので、まだ払えない」「貯蓄講で受け取った金は、他の借金の支払いに消えた」などと言われたりし、ツケの取り立てには非常に苦労していた。しつこく取り立てに通うと、得意客は[b]イキドオり、「待ってくれないなら、返品する」と古着を突き返したり、「洗濯したら色落ちしたので、ツケを負けろ」など過去にさかのぼって値段交渉に持ち込んできたりもした。

　[ア]もちろん行商人たちにとって掛け売りを認めることは、商売戦略上の合理性とも合致していた。貧しい消費者はツケを認めてくれる行商人を贔屓（ひいき）にするため、得意客の確保や維持につながる。ツケの支払いのついでに新たな商品を購入してくれる可能性もある。また行商人たち自身も、仕入れ先の仲卸商人から信用取引で商品を仕入れており、販売枚数を稼げば、仕入れ先の仲卸商人から仕入れの順番や価格交渉において優遇されることもあった。さらに銀行口座をもたない行商人たちの中には、ツケを緊急時に使用する「預金」のようにみなし、商売が不調の時に回収するべく、好調なときにはあえてツケを取り立てに行かないと語る者も多くいた。

　ただ、それはツケが返済されてこその戦略である。行商人たちは通常、他の行商人と競争しながら偶然に仕入れた古着の種類や品質に則してその日の行商ルートを選択していた。「高品質で高価なシャツを多く仕入れた場合には、高級住宅街カプリポイントを巡回する」「若者向けの派手なシャツがたくさん手に入った場合には、サッカースタジアム周辺を回る」といった選択である。また、仕入れた古着を見ながら「そういえば、薬局の店主がデニムシャツを欲しがっていた」と具体的な客を思い出し、その人物の職場や家がある地域を通るルートを選択することも多い。そのため、行商ルートから外れるツケの回収に[c]コウデイすると、その日に

国　語

（一〇〇分）

第　一　問

次の文章を読んで、後の設問に答えよ。

タンザニアの行商人の間では現在、SNSを通じて注文を集めたり配達したり、商品代金を電子マネーでやり取りすることが増えている。しかし少なくとも二〇〇〇年代末までの同国の行商人は、仕入れた商品を携えて客を探しながら練り歩き、遭遇した客と対面で値段交渉する業態が一般的であった。

当時、私がムワンザ市で調査していた古着の行商人たちにとって商売上の悩み事のひとつは、貧しい得意客から頻繁に掛け売りを求められることであった。たとえば、二〇〇二年から二〇〇三年に調査した行商人Aの八五日間の売り上げ記録では、一日に平均して三・六枚の掛け売りがなされていた。客の中には「今度の給料日に払う」「次の日曜に貯蓄講の順番が回ってくるので払う」などの支払計画を提示する者もいたが、多くは「カネが手に入ったら払う」「また行商に来たついでに〈支払えるかを〉聞いてくれ」など

（注）　解答は、一行の枠内に二行以上書いてはいけない。

//////////////// · **memo** · ////////////////

////////////////// · **memo** · //////////////////

■前期日程

問題編

▶試験科目・配点

教　科	科　　　　　目	配　点
外国語	「コミュニケーション英語Ⅰ・Ⅱ・Ⅲ」，ドイツ語，フランス語，中国語から1外国語を出願時に選択。英語試験の一部分に聞き取り試験（30分程度）を行う。 　ただし，英語の選択者に限り，英語の問題の一部分に代えて，ドイツ語，フランス語，中国語，韓国朝鮮語のうちから1つを試験場で選択することができる。	120 点
数　学	数学Ⅰ・Ⅱ・Ⅲ・Ａ・Ｂ	120 点
理　科	「物理基礎・物理」，「化学基礎・化学」，「生物基礎・生物」，「地学基礎・地学」から2科目を出願時に選択	120 点
国　語	国語総合，国語表現	80 点

▶備　考

• 英語以外の外国語は省略。

• 数学Ⅰ，数学Ⅱ，数学Ⅲ，数学Ａは全範囲から出題する。数学Ｂは「数列」，「ベクトル」から出題する。

•「物理基礎・物理」は物理基礎，物理の全範囲から出題する。

•「化学基礎・化学」は化学基礎，化学の全範囲から出題する。

•「生物基礎・生物」は生物基礎，生物の全範囲から出題する。

•「地学基礎・地学」は地学基礎，地学の全範囲から出題する。

※理科三類は，上記に加えて個人面接を課す（複数の面接員による10分間程度の面接を行い，その評価を参考にして，場合によっては，2次面接を行うことがある）。総合判定の判断資料とし，学力試験の得点にかかわらず不合格となることがある。なお，面接試験では，受験者の人間的成熟度，医学部への適性，コミュニケーション能力等を評価する。

■英語■

（120 分）

（注　意）

1．3 の聞き取り問題は試験開始後 45 分経過した頃から約 30 分間放送される。

2．4・5 の代わりに，他の外国語のⅣ・Ⅴを選んでもよい。ⅣとⅤとは必ず同じ外国語の問題でなければならない。また，解答は，5 題を越えてはならない。

（他の外国語の問題は省略—編集部）

1　(A)　以下の英文を読み，その内容を 70〜80 字の日本語で要約せよ。句読点も字数に含める。

In the 2010s, we worried about having too many things. A growing awareness of consumerism's effect on the environment and a desire to broadcast our lives on social media led us to value experience over things. Now we've started to worry about something new: too little time.

Psychologists have found that experiences are more likely than material goods to deliver happiness, but of course we must make choices about which experiences to pursue. The fear of making the wrong one, and therefore wasting valuable time, is something many of us feel deeply.

There is some irony to this problem: we have more free time now than we have had in decades. But for a number of reasons, it doesn't feel that way.

In his 2019 book *Spending Time*, Daniel S. Hamermesh explains that while our life spans have gotten a bit longer — 13% since 1960 — our spending power has surged by 198%. "It makes it difficult to stuff all the things that we want and can now afford into the growing, but increasingly relatively much more limited, time that we have available to purchase and to enjoy them over our lifetimes," he writes.

Next, there is our cellphone addiction. American adults spend around three and a half hours on their devices each day, trying to keep up with the volume of emails, texts, social media updates and 24/7 news. And much of our time is "contaminated time" — when we are doing one thing but thinking about something else. Trying to get more out of every minute — scanning Twitter while watching TV, for example — makes us think we are being productive, but really it just makes us feel more tired out.

Add to this the ever expanding options in today's experience economy. Think of all the plays, talks, and workshops you could go to tonight.

No wonder many of us suffer from what psychologists call "time famine." There have been calls to resist the attention economy, but the factors that make us feel time-poor aren't going away anytime soon. Tech companies, for instance, may have built apps to tell you how much time you spend on your device, but their business models rely on your continued use.

People who feel short of time are more likely to be anxious or depressed. They are less likely to exercise or eat healthy foods. And they are less productive at work. It makes sense then that there has been growing interest from psychologists in the best ways to spend our time.

注
consumerism　大量消費
cellphone　携帯電話
app　アプリ

出典追記：Why We're All So Worried About Having Too Little Time, TIME on January 30, 2020 by James Wallman

(B) 以下の英文を読み，(ア)，(イ)の問いに答えよ。

"While there is infection in disease and sorrow, there is nothing in the world so irresistibly contagious as laughter and good-humour." So wrote Charles Dickens in *A Christmas Carol*. He was in London in the 1840s, but these words ring true in any time or place. Laughter is one of humanity's few universal characteristics. Many people have found that a good chuckle has helped them cope with the stresses and uncertainties even in times of difficulties.

It is surprising, then, that psychologists were once reluctant to devote serious attention to laughter, with many believing it to be less important than unhappiness or despair. ☐ (1) ☐ .

This has been science's loss because recent studies reveal that there is far more to laughter than you might think. Beyond the obvious connection with humour, it offers some truly profound insights into the nature of our relationships and the state of our health. The study of infant giggles may even help us understand how we develop our sense of self and the ability to read the minds of others.

While laughter is surprisingly common in other species, human relationships are much more complicated than those of the average animals, and we have much more control over our voice. ☐ (2) ☐ . According to Adrienne Wood at the University of Virginia, it serves three main purposes. The first is reward: when we laugh together, it shows appreciation of a particular behaviour and reinforces the interaction, so that we are more likely to act in the same way in the future.

Laughter's second function is to signal connection. These affiliation laughs tend to be voluntary (or "fake") and help to smooth over tension and embarrassment rather than reinforcing a particular behaviour. If you have said something potentially hurtful, for example, a polite chuckle might help to reassure someone that it was just playful teasing.

The third purpose of laughter is to signal dominance — like when your boss laughs dismissively at your unorthodox idea. Whereas a direct challenge or criticism might trigger aggression, laughter indicates disapproval in a more subtle way. " (3) ," says Wood.

To provide evidence for this argument, Wood and her colleagues asked 762 people to rate various samples of laughter on whether they sounded rewarding, reassuring (a sign of affiliation) or mocking (a sign of dominance). Each type was found to have different acoustic properties. The reward laughs were louder and longer. The affiliation laughs were quieter, shorter and more delicate. The dominance laughs, meanwhile, lacked the pleasing melodic features of the others. "They were basically uglier and noisier and had all these acoustic markers of chaos," says Wood.

The conclusion that laughter is a powerful social signal fits in with findings by Gregory Bryant at the University of California, Los Angeles, and his colleagues that participants could predict the closeness of people's relationships based solely on the sound of their laughter. The laughers were all from the US, yet people from Europe, Asia and Africa were just (イ) were. People's capacity to tell whether a laugh is spontaneous or fake is also equally good across cultures. Other research has identified subtle differences in the ways that people laugh between cultures, but Bryant's results suggest that the core signals remain recognisable across the world.

Further evidence for laughter's universality comes from its early emergence in a child's emotional vocabulary. A baby's first laugh typically arrives by the age of four months — long before their first words. "It is the least complicated type of laughter because it is purely emotional," says Gina Mireault at Northern Vermont University.

As any caregiver knows, people will go to ridiculous lengths to make a baby giggle. In Wood's framework, these are reward laughs, reinforcing the loving interactions. Mireault makes a similar argument, and points out that laughter brings obvious evolutionary benefits. " (4) ," she says.

"The infant subsequently benefits from having an engaged caregiver, both in terms of its physical survival and in terms of developing those critical feelings of attachment toward the caregivers."

Because laughter is so intimately linked with social interactions, learning to laugh is a serious business. "If you can't join in with laughter, or you don't want to join in with laughter, or laughter straightforward irritates you, that will have a really big impact on the interactions that you have with people," says Sophie Scott at University College London.

Like many scientists studying laughter, Scott initially faced some resistance from colleagues who saw her research as unworthy of serious interest. She is now more convinced than ever of the profound insights it can offer for understanding the human condition. " (5) ," she says. We may think of laughter as just a simple expression of humour, but it really is no joke.

Given the importance of laughter in our social lives, you may also wonder whether you can use it strategically to boost your friendships or romantic relationships. A study across 21 societies revealed that, in general, people are able to tell the difference between fake and authentic laughs — but further experiments suggest that both kinds can increase someone's likeability.

As people's perceptions of your laughter will depend on their existing opinions of you, however, it will not be effective if they already find you irritating. Instead, you might do better to look for situations that will allow you and your acquaintance to laugh spontaneously. One study found that people who watched a funny film together tended to open up afterwards, disclosing more personal information to each other. So, if you want to get serious with someone, get funny first.

注

contagious　うつりやすい

出典追記 : The real reasons we laugh and what different types of laughter mean, New Scientist on December 15, 2021 by David Robson

Charles Dickens　チャールズ・ディケンズ(1812-1870; 英国の小説家)

chuckle　穏やかな笑い

affiliation　友好関係

(ア)　空所 (1) 〜 (5) に入れるのに最も適切な文を以下の a) 〜 g) より一つずつ
選び, マークシートの (1) 〜 (5) にその記号をマークせよ。ただし, 同じ記号
を複数回用いてはならない。また, 文頭であっても小文字で表記してあるので
注意せよ。

a)　a phenomenon once thought to be particularly human turns out to be
closely tied to behaviour shared with other species

b)　as a result, human laughter has evolved to be a potent and flexible social
tool

c)　it maintains the appearance of social harmony

d)　it may serve as a kind of "bonding agent" that keeps caregivers
connected to an infant

e)　it reveals that the infant understands that it can influence what someone
else is thinking

f)　psychology still has a lot of catching up to do to balance out what is
known about negative emotions with positive ones

g)　things that seem silly and insignificant may actually be the most
important elements of people's lives

(イ)　下に与えられた語句を正しい順に並べ替え, 空所(イ)を埋めるのに最
も適切な表現を完成させ, 記述解答用紙の 1 (B)に記入せよ。

able　/　Americans　/　as　/　as　/　fellow　/
identify　/　of　/　the laughs　/　the nature　/　to

2 (A)　今から 30 年後，移動(例えば，通勤や通学，旅行)の手段はどうなってい
　　　ると考えるか。理由を添えて，60〜80 語の英語で述べよ。

(B)　以下の下線部を英訳せよ。

　　なぜ歴史を学ぶようになったのか，理由はいろいろあるのだが，いまの自分
　たちの住む世界について，それがどのように出来上がってきたのか，なぜいま
　のような形になったのか，ということにぼんやりとした関心があったことは確
　かだろう。さらにもう少し掘り下げてみると，日本の近代化がヨーロッパの影
　響を受けながら辿ってきた道筋を考えるには，そのヨーロッパのことをもっと
　知らなければならない，といったことも感じていたのだった。高校時代はアメ
　リカにあこがれていた。当時流行っていたフォークソングに惹かれていたし，
　西部劇や東部の有名大学の学生たちのファッションにも夢中になっていた。そ
　れが大学に入ってからヨーロッパ，最初はドイツ，やがて英国に関心が移って
　いったのは自分でもはっきりと説明することは出来ない。

　　　　　　　　　　　　　　　　　　　　　　(草光俊雄『歴史の工房　英国で学んだこと』)

3 放送を聞いて問題(A)，(B)，(C)に答えよ。(A)，(B)，(C)のいずれも 2 回ずつ放送される。

　　・聞き取り問題は**試験開始後 45 分**経過した頃から約 30 分間放送される。

　　・放送を聞きながらメモを取ってもよい。

　　・放送が終わったあとも，この問題の解答を続けてかまわない。

(A)　これから放送するのは，伝書鳩が特定のルートを通って帰巣(homing)する特性についての研究の紹介である。これを聞き，(6) ～ (10) の問題に対して，それぞれ最も適切な答えを一つ選び，マークシートの (6) ～ (10) にその記号をマークせよ。

注

zoologist　動物学者

loft　ハト小屋

(6) How often are animals required to use the information stored several years before, according to Dora Biro?

a)　Almost every day.

b)　Hardly ever.

c)　Once a month.

d)　Once a year.

e)　Once in four years.

(7) The study by Biro and her colleagues examined if domestic homing pigeons would take the same route from

a)　a farm 8.6 kilometers away, after an interval of three or four years.

b)　a farm built in 2016, without GPS devices attached to the pigeons' backs.

c)　a hill located as far as 8.6 kilometers away, after a gap of ten years.

d)　a house three or four kilometers away, after several years.

e)　three or four different places, which are located 8.6 kilometers away from one another.

(8) The flight paths which a group of pigeons took in 2016

a) proved to be similar when they were escorted by the pigeons which knew the route.

b) varied as many pigeons lost their way.

c) were surprisingly similar to their routes in 2019 or 2020.

d) were never followed by the other pigeons which did not know their way.

e) were significantly different from those taken by pigeons flying in 2019 or 2020.

(9) The research confirms that homing pigeons depend on

a) the information which they memorize only when they fly alone.

b) the memory of landmarks which they store only while flying in company.

c) their internal compasses and sense of smell.

d) their memory of landmarks as well as their internal compasses.

e) visual signs as well as their peers.

(10) According to Vermer Bingman, the research shows that animals' capacity is

a) almost equal to humans', just as we tend to think it should be.

b) closer to what we thought of as humans' capacity.

c) equal to humans' in terms of memory capacity.

d) much more developed than humans' in comparing the lengths of different routes.

e) only slightly inferior to humans', just as we imagine it should be.

(B)　これから放送するのは，大気中の二酸化炭素を減らす取り組みについての説明である。これを聞き，(11) ～ (15) の問題に対して，最も適切な答えを一つ選び，マークシートの (11) ～ (15) にその記号をマークせよ。

注

buoy　ブイ（浮標）

kelp　昆布など大形で緑褐色の海藻

robotics　ロボット工学

limestone　石灰石

(11)　The "buoys" designed by Running Tide are intended to

   a)　be boiled in water and eaten.

   b)　float away into the atmosphere.

   c)　release carbon into the atmosphere.

   d)　sink to the bottom of the sea.

   e)　warn ships of shallow waters.

(12)　Which of the following is NOT a reason for Running Tide to use kelp as its material of choice?

   a)　It can be allowed to sink to the ocean floor.

   b)　It can be easily discarded.

   c)　It can be harvested.

   d)　It can be used as a building material.

   e)　It can grow fast and absorb a lot of carbon.

(13)　According to Marty Odlin, how much carbon produced by fossil fuels do we need to remove in order to effectively combat climate change?

   a)　Gigatons.

   b)　Hundreds of gigatons.

   c)　Hundreds of tons.

   d)　Megatons.

   e)　Thousands of tons.

(14)　What happens in the "fast cycle"?

a)　Carbon becomes neutral.

b)　Carbon is pumped deep into the ocean.

c)　Carbon is transferred to fossil fuels.

d)　Carbon moves from fossil fuels to the air to plant matter.

e)　Carbon remains locked away in the earth.

(15)　Which of the following statements about Odlin is NOT correct?

a)　He founded Running Tide in 2017.

b)　He is CEO of Running Tide.

c)　He lives in Maine.

d)　He taught robotics in college.

e)　He was born into a fishing family.

(C)　これから放送するのは，脱成長(degrowth)に関する本を書いた Jason Hickel をゲストに迎えたラジオ番組の一部である。これを聞き，(16) ～ (20) の問いに対して，それぞれ最も適切な答えを一つ選び，マークシートの (16) ～ (20) にその記号をマークせよ。

注

indigenous　先住民族の

(16)　According to Hickel, the aim of "degrowth" is

a)　combining traditional economics with indigenous philosophies.

b)　holding high-income countries accountable for environmental destruction.

c)　promoting capitalism at the expense of environmental protection.

d)　providing good lives for all through technological innovation.

e)　reducing inequality and resource use to stay within planetary boundaries.

(17)　According to Hickel, the idea of "growth"

　　a)　has been sold by countries in the Global South to high-income countries.

　　b)　is a fundamental concept in the emerging field of ecological economics.

　　c)　is a natural phenomenon in nature, but is unnatural in the discipline of economics.

　　d)　is essential for economists, but needs to be redefined.

　　e)　is generally accepted on both sides of the political spectrum.

(18)　Which of the following statements about "the steady-state" in ecological economics is NOT consistent with what Hickel says in the interview?

　　a)　It is important to maintain a balance with the ecosystem that you live with.

　　b)　It is similar to indigenous thoughts about economies and exchange.

　　c)　You should never extract more from the environment than can be replaced on a yearly basis.

　　d)　You should never extract natural resources from indigenous communities.

　　e)　You should never produce more waste than the environment can safely absorb.

(19)　The interviewer suggests that ecological economics

　　a)　has rebranded ideas from indigenous knowledge for the Global North.

　　b)　is fundamentally different from indigenous knowledge.

　　c)　is highly critical of ideas from indigenous knowledge.

　　d)　is just catching up with indigenous knowledge that has been around for thousands of years.

　　e)　is just copying ideas from indigenous knowledge that has been around for thousands of years.

(20) According to Hickel, people who live close to the land interact with the living world

a) in a variety of ways.

b) in similar ways.

c) in the same ways as rich economies do.

d) in ways which have remained the same for thousands of years.

e) with respect for their ancestors.

4 (A)　以下の英文の段落 (21) ～ (25) にはそれぞれ誤りがある。修正が必要な下線部を各段落から一つずつ選び，マークシートの (21) ～ (25) にその記号をマークせよ。

(21) Language is never neutral.　There is no language which unambiguously brings peace and well-being to humankind.　The choice of (a)one particular language over another might be considered more neutral (b)in a given context by certain speakers.　This one language, however, could be considered (c)a politically loaded and biased choice in another context and by other speakers.　(d)The English language has no exception to these social realities although (e)its often unquestioned status as a global lingua franca might make it seem to be such.

(22) English as a lingua franca (a)has often portrayed as a 'neutral' medium between people who speak a different first language.　In South Africa, (b)English is far from a generally 'neutral' medium and I examine precisely (c)the non-neutral and ambiguous nature of the way South Africans speak, hear, write, perceive, and (d)interpret English ways of speaking in a lingua franca context.　In fact, my major argument is that ambiguity is (e)the least disputed, most defining, and yet insufficiently acknowledged feature of English as a lingua franca in the South African context.

(23) Investigating ambivalence among English lingua franca users is an

opportunity (a)to reassess how they view their linguistic and social belongings as they (b)attempt to make sense of an ever-changing world. For linguistic anthropologists (c)there is a benefit in observing these ambivalent positions and ambiguous dimensions by paying more attention to (d)inconsistencies and seeming contradictory positions. Several languages have acquired lingua franca functions throughout human history and lingua francas are utilized not only in international and cross-cultural contexts (e)but within national boundaries, such as South Africa.

(24) There are many different English lingua franca contexts in the world, (a)but they are all marked by various levels of competencies in the language among speakers. Language ideological frameworks position one variety, most commonly the 'Standard', as superior and dominant. The coexistence of such a Standard English alongside non-Standard and lingua franca forms (b)create complex power dynamics which are often racialized. We would be ignoring reality if an analysis of English lingua franca contexts (c)were to exclude interactions where monolingual native speakers interact with bilinguals and poor English speakers. My own conceptualization of lingua franca interaction (d)is, to some extent, a type of communication characterized by much sociolinguistic variation (e)which serves as the platform of interaction by a group of English speakers with diverse levels of competencies.

(25) My argument is (a)essentially, but not only, about power and ideology because these concepts have (b)a fundamental impact to the politics of language. The various contexts in which I analyse the ambiguity of the lingua franca status of English are (c)fundamentally based on a dialogue of unequal power relations. Much of this unequal power and politics is due to the simple fact that African people (d)have been discriminated against throughout history. My argument is thus not only linguistic but also about (e)racial identity politics in its multiple forms, with a focus on English lingua franca communication.

出典追記：The Ambiguity of English as a Lingua Franca：Politics of Language and Race in South Africa by Stephanie Rudwick, Routledge

注

lingua franca　共通語

ambiguous　両義的な，曖昧な

ambivalent　両価的な，両面的な

linguistic　言語(学)の

anthropologist　人類学者

monolingual　一言語のみの

bilingual　二言語の(話者)

sociolinguistic　社会言語学の

(B)　コンフォート・フードについて説明した以下の英文を読み，下線部(ア)，(イ)，(ウ)を和訳せよ。

　　Food and feelings become mixed from early childhood, according to some theories of relationships based on food and feeding. (ア)Right from the start food becomes a way to satisfy our feelings, and throughout life feelings influence when, what and how much we eat. One of the most reliable, everyday examples is that many of us tend to be bad-tempered or irritated as a result of hunger — a feeling that has come to be known as 'hangry'. But sometimes the greatest insights into feelings occur when we eat but are not even hungry.

　　Sometimes the food itself allows us to work backwards to find the feelings and the context; opening a bottle of champagne tends to signal the celebration of success, whereas the food writer Nigella Lawson suggests her chocolate cake is 'the sort of cake you'd want to eat the whole of when you'd been chucked'. (イ)The power of sugar to soothe appears to be present from the very beginning, with effects demonstrated in those as young as one day old. Yet Lawson's philosophy takes us to an area of food research that still has many unresolved questions: emotional or comfort eating; the kind of eating where the body is in no real need of calories and feelings take over.

　　The research on comfort eating and emotional eating tends to produce conflicting results, which has led some to conclude that comfort food is a myth. For example, chicken soup is often a front-runner for comfort food, coming in first place for nearly half of the participants in one study.

However, another study found that chicken soup was comforting only for those who considered chicken soup to be a comfort food. This makes sense — (ウ)the choice of comfort food depends on unique memories of both good and bad times and the foods associated with them; what's comforting to me, might not be to you. Comfort foods have been shown to vary by age, sex, culture, the type of food itself and the feeling that brings out comfort eating — it is a big melting pot.

注
chucked　ふられた

5　以下の英文を読み，(A) ～ (D) の問いに答えよ。

　　　There's an episode that Ruth Wilson Gilmore likes to share about being at a conference on environmental justice in Fresno in 2003. People from all over California's Central Valley had gathered to talk about the serious environmental hazards their communities 　ア(26)　, mostly as a result of decades of industrial farming, conditions that still have not changed. There was a workshop for the youth at the conference, in which children were meant to talk about their 　ア(27)　 and then decide as a group what needed to be done most in the name of environmental justice. Gilmore, a renowned geography professor and an influential figure in the prison-abolition movement, was a guest speaker.

　　　She was preparing her talk when someone told her that the kids wanted to speak with her. She went into the room where they were gathered. The children were primarily Latinx, many of them the sons and daughters of farmworkers or other people in the agriculture industry. They were of different ages, but most were middle schoolers: old enough to have strong opinions and to distrust adults. They were frowning at her with their shoulders up and their arms 　ア(28)　. She didn't know these kids, but

出典追記：4 (B) Food and feelings by Andrea Oskis, Attachment, Relationships and Food: From Cradle to Kitchen edited by Linda Cundy, Routledge she understood that they were against her.

"What's going on?" she asked.

"We hear you're a prison abolitionist," one said. "You want to *close* prisons?"

Gilmore said that was right; she did want to close prisons.

But why? they asked. And before she could answer, one said, "But what about the people who do something seriously wrong?" Others agreed. "What about people who hurt other people?" "What about if someone kills someone?"

Whether from tiny farm towns or from public housing around cities like Fresno, these children, it was obvious to Gilmore, understood the 　イ　 of the world from their own experience. They were not going to be easily persuaded.

"I can understand why you want to ask those questions," she said. "But how about this: instead of asking whether anyone should be locked up or go free, why don't we think about why we solve (A)――――― the problem in the first place?" She was asking them to consider why, as a society, we would choose to allow cruelty and punishment.

As she spoke, she felt the kids trying to ignore her, as if she were a new teacher who had come to offer some false argument and tell them it was for their own good. But Gilmore pressed on, determined. She told them that in Spain, where it's quite rare for one person to kill another, the average time you might serve for murdering someone is seven years.

"What? Is that all? Seven years!" The kids were in such disbelief about a seven-year sentence for murder that (B)they relaxed a little bit. They could be outraged about that, instead of about Gilmore's ideas.

Gilmore told them that if someone in Spain thinks he is going to solve a problem by killing another person, the response is that the person loses seven years of his life, to think about what he has done and to figure out how to live when released.　"What this policy tells me," she said, "is that (ウ)where life is precious, life *is* precious."　Which is to say, she went on, in Spain people have decided that life has enough value that they are not going to behave in a violent and life-destroying way toward people who hurt people. "And what this demonstrates is that for people trying to solve their everyday problems, behaving in a violent and life-destroying way is not a solution."

The children showed Gilmore no emotion except 　ア(29)　.　She kept talking.　She believed her own arguments and had given them many years of ア(30) 　as an activist and a scholar, but it was difficult to persuade the kids.　They told Gilmore that they would think about what she said and dismissed her.　As she left the room, she felt totally 　ア(31)　.

At the end of the day, the kids made a presentation to the conference, announcing, to Gilmore's surprise, that in their workshop they had come to the conclusion that there were three environmental hazards that affected their lives as children growing up in the Central Valley.　Those hazards were pesticides, the police, and prisons.

"(C)Sitting there listening to the kids stopped my heart," Gilmore told me.　"Why?　When I gave the kids an example from a different place, I worried they might conclude that some people elsewhere were just better or kinder than people in the Central Valley — in other words, they'd decide what happened elsewhere was irrelevant to their lives.　But judging from their presentation, the kids understood the larger point of what I'd tried to share: where life is precious, life is precious.　They asked themselves, 'Why do we feel every day that life here is *not* precious?'　In trying to answer, they identified what makes them vulnerable."

注

　environmental justice　環境正義(環境問題が経済的格差や人種・民族差別
　　などの社会問題と密接に結びついていると捉え，両者をともに是正する必
　　要があると考える立場)

出典追記：© The New York Times

Fresno　フレズノ(アメリカ合衆国カリフォルニア州中部の市)

Central Valley　セントラル・ヴァレー(カリフォルニア州中央部に広がる谷，農業地帯)

Latinx　ラテンアメリカ系の

middle schoolers　中等学校生(日本の小学校高学年から中学校にほぼ相当する学年の生徒)

public housing　(低所得層向けの)公共住宅，公営住宅

pesticide　農薬

(A)　下に与えられた語句を正しい順に並べ替え，下線部 (A) を埋めるのに最も適切な表現を完成させよ。

behavior / brought / by / of / problems / repeating /

that / the kind / us

(B)　下線部 (B) について，子供たちの態度がなぜ，どのように変化したのかを説明せよ。

〔解答欄〕約 17 センチ×3 行

(C)　下線部 (C) について，Gilmore がこのように感じたのは子供たちのどのような反応を予想していたからなのかを説明せよ。

〔解答欄〕約 17 センチ×3 行

(D)　以下の問いに解答し，<u>その答えとなる記号をマークシートにマークせよ。</u>

(ア)　空所　　ア　　の (26) ～ (31) には単語が一語ずつ入る。それぞれに文脈上最も適切な語を次のうちから一つずつ選び，<u>マークシートの (26) ～ (31) に</u>その記号をマークせよ。ただし，同じ記号を複数回用いてはならない。

a) crossed　　　b) defeated　　　c) doubt　　　d) faced

e) thought　　　f) worries

(イ)　空所　［　イ　］　に入れるのに最も適切な語を次のうちから一つ選び，
マークシートの (32) にその記号をマークせよ。

a)　expensiveness　　　　b)　happiness　　　　c)　harshness

d)　mysteriousness　　　e)　richness　　　　f)　tiredness

(ウ)　下線部(ウ)の説明として最も適切なものを一つ選び，マークシートの (33)
にその記号をマークせよ。

a)　A society that understands the value of life would protect not only the
well-being of humans but also the lives of animals and plants.

b)　In a society where life is very precious, murderers would be made to
spend their lives making up for their crimes.

c)　People who are truly aware of the preciousness of life would not allow
any violent or life-destroying system in their society.

d)　The policies of the United States and Spain regarding the prison system
are similar in that they both take into consideration the preciousness of
life.

e)　Those who really appreciate the meaning of life would claim that their
own lives are more precious than those of prisoners.

######### 3　聞き取り問題放送用スクリプト #####################################

[問題(A)]

Domestic pigeons are known to take some specific routes on their way home. Can you guess what supports this homing instinct? I am going to talk about a new study which discovered that they can retrace the same path back home even four years after they made the first trip. Isn't it impressive?

It is actually very challenging to test animals' memory capacity. Dora Biro, a zoologist at the University of Oxford, admits that an animal is rarely required to retrieve the information it stored in its memory several years before. In a recent article, Biro and her colleagues compared domestic homing pigeons' routes three or four years after they established routes back to their loft from a farm 8.6 kilometers away. The study initially collected data from a 2016 experiment in which pigeons learned routes in different social contexts during several flights. They travelled sometimes on their own, and sometimes with peers that did or did not know the way.

Using data from GPS devices temporarily attached to the birds' backs, the researchers compared the flight paths a group of pigeons took in 2016 with many of the same birds' routes in 2019 or 2020. Some birds missed a handful of landmarks along the way, but many others took "strikingly similar" routes to those they used in 2016. Julien Collet, another Oxford zoologist and co-author of the study, says, "It was as if the last time they flew there was just the day before, not four years ago."

The team found that the pigeons remembered a route just as well if they first flew it alone or with others and performed much better than those that had not made the journey in 2016. Homing pigeons, like other migrating animals, have been known to use accurate internal compasses when they fly back home, but the research showed that they also memorize landmarks to retrace a route back to their lofts many years afterwards.

The result is not surprising, says Vermer Bingman, who studies animal behavior at Bowling Green State University and was not involved with the study. And he also points out that it provides new confirmation of homing pigeons' remarkable memory. "It closes the distance a little bit between our self-centered sense of human abilities and what animals can actually do."

[問題(B)]

Last month, off the coast of Maine in the eastern United States, a team of researchers and engineers released a series of tiny, floating objects into the water. The team called them "buoys," but they looked more like a packet of uncooked ramen noodles glued to green ribbons. They had only one role: to go away and never be seen again. With any luck, their successors would soon be released into the open ocean, where they would float away, absorb a small amount of carbon from the atmosphere, then sink to the bottom of the seafloor, where their remains would stay for thousands of years.

The team is trying to create a business model. They work for a company called Running Tide, which claims it can remove carbon dioxide from the ocean and atmosphere through the magic of kelp. Running Tide is one of a series of carbon-removal companies that have appeared over the past few years with the hope of taking heat-trapping pollution out of the atmosphere and locking it away for centuries. The most famous companies, such as Switzerland's Climeworks or Canada's Carbon Engineering, perform direct air capture, using common industrial processes to chemically clean the air of carbon.

出典追記：(A) Homing Pigeons Remember Routes for Years, Scientific American on March 1, 2022 by Robin Donovan

Running Tide's focus is kelp. Kelp grows as fast as two feet a day, which means it absorbs a huge amount of carbon. That kelp could then be harvested, disposed of, or allowed to naturally drift to the bottom of the ocean. It seemed like the perfect natural tool to absorb carbon from the ocean and atmosphere. But that made me suspicious. The idea that humanity could remove carbon dioxide from the atmosphere by growing kelp just sounded too good to be true.

So I was pleasantly surprised when I met the leaders of Running Tide earlier this month. At its core, carbon removal is about transferring a mass of carbon from one location to another, Marty Odlin, Running Tide's CEO, told me from his home in Maine. The key issue is how to transfer the hundreds of gigatons of carbon released by fossil fuels from the "fast cycle," where carbon moves from fossil fuels to the air to plant matter, back to the "slow cycle," where they remain locked away in the earth for thousands of years. "What's the most efficient way possible to accomplish that mass transfer?" This question is really, really important. The United Nations recently said that carbon removal is "essential" to remedying climate change, but so far, we don't have the technology to do it cheaply and on a large scale.

Odlin, who comes from a Maine fishing family and studied robotics at college, founded Running Tide in 2017 on the theory that the ocean, which covers two-thirds of the planet's surface, would be essential to carbon removal. At least for now, the key aspect of Running Tide's system is its buoys. Each buoy is made of waste wood, limestone, and kelp, materials that are meant to address the climate problem in some way: The wood represents forest carbon that would otherwise be thrown out, the limestone helps reverse ocean acidification, and, most importantly, the kelp grows rapidly, absorbing carbon from the land and sea. Eventually, the buoy is meant to break down, with the limestone dissolving and the wood and kelp drifting to the bottom of the seafloor.

出典追記：Kelp Is Weirdly Great at Sucking Carbon Out of the Sky, The Atlantic on May 25, 2022 by Robinson Meyer

［**問題**(C)］

著作権の都合上，省略。

出典追記：FreshEd #214 – Less is More (Jason Hickel), FreshEd with Will Brehm

著作権の都合上，省略。

著作権の都合上，省略。

数学

（150 分）

第 1 問

(1) 正の整数 k に対し，

$$A_k = \int_{\sqrt{k\pi}}^{\sqrt{(k+1)\pi}} \left| \sin(x^2) \right| dx$$

とおく。次の不等式が成り立つことを示せ。

$$\frac{1}{\sqrt{(k+1)\pi}} \leqq A_k \leqq \frac{1}{\sqrt{k\pi}}$$

(2) 正の整数 n に対し，

$$B_n = \frac{1}{\sqrt{n}} \int_{\sqrt{n\pi}}^{\sqrt{2n\pi}} \left| \sin(x^2) \right| dx$$

とおく。極限 $\lim_{n \to \infty} B_n$ を求めよ。

第 2 問

黒玉 3 個，赤玉 4 個，白玉 5 個が入っている袋から玉を 1 個ずつ取り出し，取り出した玉を順に横一列に 12 個すべて並べる。ただし，袋から個々の玉が取り出される確率は等しいものとする。

(1) どの赤玉も隣り合わない確率 p を求めよ。

(2) どの赤玉も隣り合わないとき，どの黒玉も隣り合わない条件付き確率 q を求めよ。

第 3 問

a を実数とし，座標平面上の点 $(0, a)$ を中心とする半径 1 の円の周を C とする。

(1) C が，不等式 $y > x^2$ の表す領域に含まれるような a の範囲を求めよ。

(2) a は (1) で求めた範囲にあるとする。C のうち $x \geqq 0$ かつ $y < a$ を満たす部分を S とする。S 上の点 P に対し，点 P での C の接線が放物線 $y = x^2$ によって切り取られてできる線分の長さを L_P とする。$L_Q = L_R$ となる S 上の相異なる 2 点 Q, R が存在するような a の範囲を求めよ。

第 4 問

座標空間内の 4 点 O $(0, 0, 0)$, A $(2, 0, 0)$, B $(1, 1, 1)$, C $(1, 2, 3)$ を考える。

(1) $\overrightarrow{\mathrm{OP}} \perp \overrightarrow{\mathrm{OA}}$, $\overrightarrow{\mathrm{OP}} \perp \overrightarrow{\mathrm{OB}}$, $\overrightarrow{\mathrm{OP}} \cdot \overrightarrow{\mathrm{OC}} = 1$ を満たす点 P の座標を求めよ。

(2) 点 P から直線 AB に垂線を下ろし，その垂線と直線 AB の交点を H とする。$\overrightarrow{\mathrm{OH}}$ を $\overrightarrow{\mathrm{OA}}$ と $\overrightarrow{\mathrm{OB}}$ を用いて表せ。

(3) 点 Q を $\overrightarrow{\mathrm{OQ}} = \dfrac{3}{4} \overrightarrow{\mathrm{OA}} + \overrightarrow{\mathrm{OP}}$ により定め，Q を中心とする半径 r の球面 S を考える。S が三角形 OHB と共有点を持つような r の範囲を求めよ。ただし，三角形 OHB は 3 点 O, H, B を含む平面内にあり，周とその内部からなるものとする。

第 5 問

整式 $f(x) = (x-1)^2(x-2)$ を考える。

(1) $g(x)$ を実数を係数とする整式とし，$g(x)$ を $f(x)$ で割った余りを $r(x)$ とおく。$g(x)^7$ を $f(x)$ で割った余りと $r(x)^7$ を $f(x)$ で割った余りが等しいことを示せ。

(2) a, b を実数とし，$h(x) = x^2 + ax + b$ とおく。$h(x)^7$ を $f(x)$ で割った余りを $h_1(x)$ とおき，$h_1(x)^7$ を $f(x)$ で割った余りを $h_2(x)$ とおく。$h_2(x)$ が $h(x)$ に等しくなるような a, b の組をすべて求めよ。

第　6　問

O を原点とする座標空間において，不等式 $|x| \leqq 1$, $|y| \leqq 1$, $|z| \leqq 1$ の表す立方体を考える。その立方体の表面のうち，$z < 1$ を満たす部分を S とする。

以下，座標空間内の 2 点 A, B が一致するとき，線分 AB は点 A を表すものとし，その長さを 0 と定める。

(1) 座標空間内の点 P が次の条件 (i), (ii) をともに満たすとき，点 P が動きうる範囲 V の体積を求めよ。

(i) $\mathrm{OP} \leqq \sqrt{3}$

(ii) 線分 OP と S は，共有点を持たないか，点 P のみを共有点に持つ。

(2) 座標空間内の点 N と点 P が次の条件 (iii), (iv), (v) をすべて満たすとき，点 P が動きうる範囲 W の体積を求めよ。必要ならば，$\sin \alpha = \dfrac{1}{\sqrt{3}}$ を満たす実数 α $\left(0 < \alpha < \dfrac{\pi}{2}\right)$ を用いてよい。

(iii) $\mathrm{ON} + \mathrm{NP} \leqq \sqrt{3}$

(iv) 線分 ON と S は共有点を持たない。

(v) 線分 NP と S は，共有点を持たないか，点 P のみを共有点に持つ。

物理

（2 科目 150 分）

（注）　解答用紙は，〈理科〉共通。1 行：約 23.5 センチ，35 字分の区切りあり。

　　　　1・2 は各 25 行，3 は 50 行。

第 1 問　以下のような仮想的な不安定原子核 X を考える。X の質量は $4\,m$，電気量は正の値 $2\,q$ である。X の半減期は T で，図 1 ー 1 に示すように自発的に二つの原子核 A と B に分裂する。A の質量は m，B の質量は $3\,m$ である。分裂の際の質量欠損は Δm であるが，これは m と比べて十分小さいので，X の質量は A と B の質量の和で近似されている。分裂後の電気量は A も B も共に q である。これらの原子核の運動について考えよう。

　　ただし，原子核は真空中を運動しており，重力は無視できる。原子核の速さは真空中の光速 c に比べて十分遅い。原子核は質点として扱い，量子的な波動性は無視できる。個々の原子核は以下の問題文で与えられる電場や磁場による力だけを受け，他の原子核が作る電場や電流に伴う力は無視できる。加速度運動に伴う電磁波放射も無視できる。

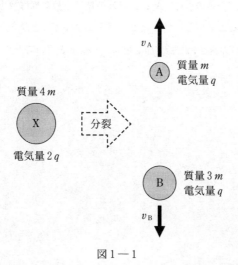

図 1 ー 1

I 多数の原子核 X を作り，それらが分裂する前に，特定の運動エネルギーをもつものだけを集めることを考える。図 1 — 2 のように，座標原点にある標的素材に中性子線ビームを照射し，核反応を起こすことで，多数の X が作られる。これらの X は $y > 0$ の領域に様々な速さで，様々な方向に飛び出す。$y > 0$ の領域に紙面に垂直に裏から表の向きに磁束密度 B の一様な磁場をかける。x 軸に沿って紙面に垂直な壁を設け，x 軸上に原点から距離 a だけ離れた位置に小窓を開ける。壁に衝突することなく，壁面に垂直に小窓を通過する原子核だけを集める。以下の設問に答えよ。ただし，標的素材や小窓の大きさは長さ a と比べて十分小さい。

(1) 小窓から集められる個々の X の運動エネルギーを m, q, B, a を用いて表せ。

(2) X が分裂する前に，なるべく効率よく X を集めたい。原点で生成され，小窓を通る軌道に入った X のうち，分裂前に小窓を通過する割合が f 以上になるために必要な磁束密度 B の下限値を f, m, q, a, T の中から必要なものを用いて表せ。ここで収集された X は十分多数で，$0 < f < 1$ とする。

(3) 集めた X を電場で減速させ，静止させた。図 1 — 1 のように，この後，X は分裂する。分裂の際に，A と B 以外の粒子や放射線は放出されず，質量欠損に対応するエネルギーが A と B の運動エネルギーとなる。このときの A と B のそれぞれの速さ v_A および v_B を m, Δm, c を用いて表せ。

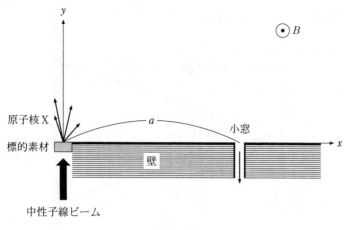

図 1 ― 2

Ⅱ　次に，図 1 ― 3 に示す実験を考える。原子核 X を座標原点に，初速 0 で次々
と注入する。ここでは $x \geqq 0$ の領域だけに，x 軸正の向きの一様な電場 E がか
けられており，X は x 軸に沿って加速していく。$x = L$ には検出器があり，原
子核の運動エネルギーと電気量，質量を測ることができる。電場 E は，
$E = \dfrac{2\,m v_{\mathrm{A}}^2}{qL}$ となるように調整されている。ここで v_{A} は，設問 I (3)における A
の速さ(図 1 ― 1 参照)であり，定数である。

　X の一部は検出器に入る前に様々な地点で分裂し，A と B を放つ。原子核の
運動する面を xy 平面にとり，以下では紙面垂直方向の速度は 0 とする。分裂時
の X と同じ速さで x 軸に沿って運動する観測者の系を X 静止系と呼ぶ。X 静止
系では，分裂直後に A は速さ v_{A} で全ての方向に等しい確率で飛び出す。X 静止
系での分裂直後の A の速度ベクトルが，x 軸となす角度を θ_0 とする。このと
き，分裂直後の X 静止系での A の x 方向の速度は $v_{\mathrm{A}} \cos \theta_0$ と表せる。以下の設
問に答えよ。

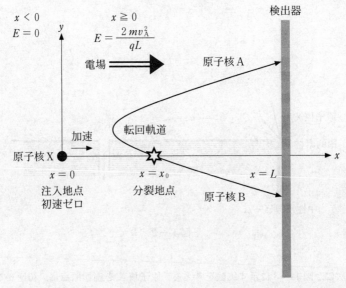

図1−3

(1) 図1−3にあるように，Xの分裂で生じたAの中には，一度検出器から遠ざかる方向に飛んだ後，転回して検出器に入るものがある。このような軌道を転回軌道と呼ぶ。Aが転回軌道をたどった上で，検出器に入射する条件を求めよう。以下の文の　ア　から　カ　に入る式を答えよ。以下の文中で指定された文字に加え，L, v_A の中から必要なものを用いよ。

　　分裂時のXの検出器に対する速さを αv_A と表すと，分裂地点 x_0 の関数として $\alpha =$ 　ア　と書ける。また，注入されてから x_0 まで移動する時間は，x_0 の代わりに α を用いて，　イ　と表せる。

　　転回軌道に入るためには，Aの初速度の x 成分は負である必要があるので，θ_0 に対して，α で表せる条件，$\cos\theta_0 <$ 　ウ　が得られる。この条件から，そもそも $x_0 >$ 　エ　では転回軌道が実現しないことがわかる。Aが後方に飛んだ場合，$x < 0$ の領域に入ると，検出器に到達することはない。これを避けるための条件は，α を用いて $\cos\theta_0 >$ 　オ　と表せる。$x_0 >$ 　カ　のときには，Aは θ_0 によらず $x < 0$ の領域に入ることはな

い。

⑵　検出器に入った A のうち，検出器の x 軸上の点で検出されたものだけに着目する。測定される運動エネルギーの取りうる範囲を m，v_A を用いて表せ。

⑶　X の注入を繰り返し，十分多数の A が検出された。検出された A のうち，運動エネルギーが mv_A^2 よりも小さい原子核の数の割合は，X の半減期 T が $\dfrac{L}{v_A}$ と比べてはるかに短い場合と，逆にはるかに長い場合で，どちらが多くなると期待されるか，理由と共に答えよ。

第 2 問　質量を精密に測定する装置について考えよう。

I　図 2 ―1 のように，滑らかに回転する軽い滑車に，半径 r，質量 M の円盤が，質量の無視できる糸と吊り具で水平につり下げられている。円盤の側面には導線が水平方向に N 回巻かれている。導線の巻き方向は，上から見たときに端子 J_1 を始点として時計回りである。滑車の反対側には質量 M のおもりがつり下げられている。円盤の厚さは十分に小さいものとする。

　円盤の上下には図 2 ―2 のように，二つの円形の永久磁石を N 極同士が向かい合うように壁に固定する。鉛直方向下向きに z 軸をとり，二つの磁石の中間点を $z = 0$ とする。円盤は，はじめ $z = 0$ に配置されており，水平を保ちながら z 方向にのみ運動する。円盤が動く範囲では，図 2 ―3 のように円盤の半径方向を向いた放射状の磁場が永久磁石により作られ，導線の位置での磁束密度の大きさは一定の値 B_0 である。この磁場は円盤に巻かれた導線のみに作用するものとする。

　この装置は真空中に置かれている。重力加速度は g，真空中の光速は c とする。円盤が動く速さは c よりも十分に小さい。糸の伸縮はない。導線の質量，太さ，抵抗，自己インダクタンスは無視する。また，円盤に巻かれていない部分の導線は，円盤の運動に影響しない。以下の設問に答えよ。

(1) おもりを鉛直方向に動かすことで，円盤を z 軸正の向きに一定の速さ v_0 で動かした。端子 J_1 を基準とした端子 J_2 の電位 V_1 を，v_0, r, N, B_0 を用いて表せ。

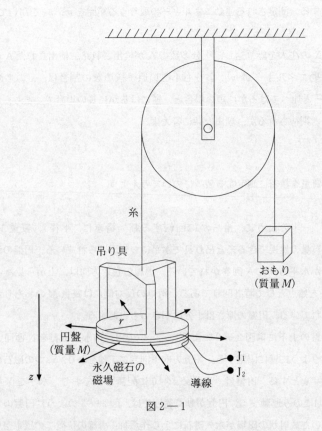

図 2 - 1

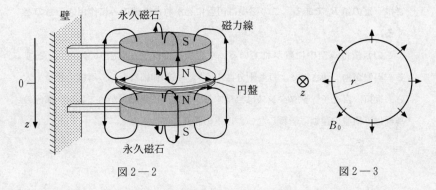

図 2 - 2   図 2 - 3

　図 2—4 のように，円盤の位置を精密に測定し電気信号に変換するため，この装置にはレーザー干渉計が組み込まれている。レーザー光源を出た周波数 f の光は，ハーフミラーで一部が反射し，一部は透過する。ハーフミラーで反射した光は円盤に取り付けた鏡 M_1 で反射し，ハーフミラーを透過した光は壁に固定された鏡 M_2 で反射する。M_1，M_2 で反射した光は，ハーフミラーで重ね合わされ光検出器に向かう。光の経路は真空中にある。このとき，円盤の位置 z が変化すると，検出される光の強さが干渉により変化する。光検出器からは，検出した光の強さに比例した電圧 $V(z)$ が出力される。この電圧は，V_L と k を正の定数として $V(z) = V_L + V_L \sin(kz)$ と表すことができる。鏡 M_1 の質量は無視できる。

⑵　f と c を用いて k を表せ。

　図 2—4 の回路に含まれる可変電源は，光検出器の出力電圧を入力すると，正の増幅率を A として $V_A = A\{V(z) - V_L\}$ なる電圧を出力する。抵抗値 R の抵抗に生じる電圧降下を，内部抵抗の十分大きな電圧計によって測定する。

　いま，円盤の位置を $z = 0$ に戻し，静止させた。スイッチを閉じると円盤は静止を続けた。次に，円盤の上に質量 m の物体を静かに置くと，物体と円盤は一体となって鉛直下向きに運動を始めた。

⑶　円盤をつり下げている糸の張力を T，物体の速度を v とする。一体となって運動する物体と円盤にはたらく力の合力を，k，m，M，T，A，r，N，g，B_0，R，V_L，v，z のうち必要なものを用いて表せ。

　A が十分大きい値であったため，物体と円盤は一体のまま非常に小さな振幅で上下に運動し，時間とともにその振幅は減衰した。時間が経過してほぼ静止したと見なせるときの円盤の位置を z_1，電圧計の測定値の絶対値を V_2 とする。

⑷　z_1 と V_2 を k，m，A，r，N，g，B_0，R，V_L のうち必要なものを用いて表せ。ただし，z_1 が十分に小さいため，近似式 $\sin(kz_1) ≒ kz_1$ を用いてもよい。

(5) 設問I(1)の結果とあわせて，物体の質量 m を V_1, V_2, R, g, v_0 を用いて表せ。

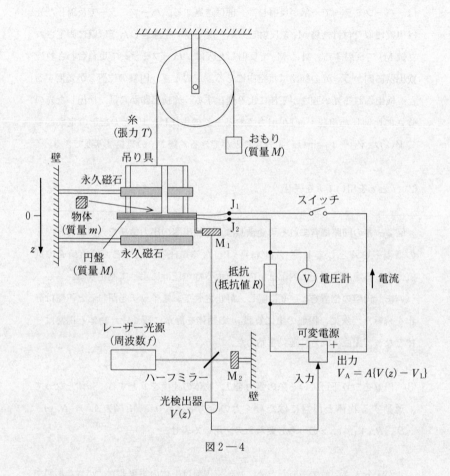

図 2—4

Ⅱ 質量 m の測定に用いた抵抗の抵抗値 R を精密に決めることを考えよう。

金属や半導体に電流を流し，その電流の向きと垂直に磁場をかけると，ホール効果によって電流と磁場に垂直な方向に電位差が生じる。このような電子部品をホール素子と呼ぶ。ホール効果のうち，量子ホール効果という特殊な場合には，生じた電位差と電流の比 R_H の値は厳密に決まっており，抵抗値の基準となる。

R_H を基準として未知の抵抗値 R を測定するため，図 2—5 に示す回路を用い

る。ホール素子には，紙面に垂直で裏から表に向かう磁場がかけられており，P_1 から P_2 の向きに電流 I_1 を流すと，P_3 を基準とした P_4 の電位は $R_H I_1$ となる。P_5 を基準とした P_4 の電位 V を内部抵抗の十分大きな電圧計で測定し，正の大きな増幅率 A をもつ可変電源に入力する。可変電源は電圧 $V_A = AV$ を出力し，抵抗値 R' の抵抗に接続されている。ホール素子は，P_1 と P_2 の間に有限の抵抗値をもつ。

　ソレノイド 1，2，3 は比透磁率 1 の一つの円筒に巻かれており，単位長さあたりの巻数はそれぞれ n_1, n_2, n_3 である。ソレノイド 2 と 3 は同じ向きに，ソレノイド 1 はそれらとは逆向きに巻かれている。電源 1，電源 2，可変電源から流れる電流をそれぞれ I_1, I_2, I_3 とし，それぞれがソレノイド 1，2，3 に流れている。I_1 と I_3 は電源に内蔵された電流計で測定している。ソレノイドの導線の抵抗は無視できる。以下の設問に答えよ。

⑴　P_5 を基準とした P_4 の電位 V とソレノイド内部の磁場 H の大きさを，n_1, n_2, n_3, I_1, I_2, I_3, R, R_H のうち必要なものを用いてそれぞれ表せ。

⑵　以下の記述について，$\boxed{\quad ア \quad}$ と $\boxed{\quad イ \quad}$ にあてはまる式を，n_1, n_2, n_3, I_1, I_3, R, R' のうち必要なものを用いて表せ。

　磁気センサーでソレノイド内部の磁場 H を測定し，$H = 0$ となるように電源 1 の電圧により I_1 を調整した。このとき，$\dfrac{R_H}{R} = \boxed{\quad ア \quad} + \dfrac{1}{A} \times \boxed{\quad イ \quad}$ と表すことができる。増幅率 A が大きいので，近似式 $R \fallingdotseq R_H \times \left(\boxed{\quad ア \quad} \right)^{-1}$ が得られる。

　ソレノイドの巻数をうまく選ぶことで，電流の測定誤差に比べて抵抗値 R の測定誤差を相対的に小さくすることができる。量子ホール効果での R_H は，物理定数であるプランク定数 h，電気素量 e と自然数 p を用いて $R_H = \dfrac{h}{pe^2}$ と表せる。ここでは，$p = 2$，$R_H = 12.9\ \mathrm{k\Omega}$ の素子を用いる。いま，測定したい抵抗値 R は $100\ \Omega$ 程度であることが測定前にわかっている。測定誤差を小さくするために，$\dfrac{n_2}{n_1}$ が $\dfrac{R}{R_H}$ と近い値となり，$\dfrac{n_3}{n_1}$ が小さくなるように巻数の比を選び，$n_1 : n_2 : n_3 = 1290 : 10 : 129$ とした。

(3) 電流 I_1 と I_3 の測定値と真の値，および抵抗値 R の真の値を表 2−1 に示す。電流の相対誤差は 10％程度である。I_1，I_3 の測定値と設問Ⅱ(2)で得た近似式から，抵抗値 R の測定値を有効数字 3 桁で求めよ。また，この抵抗測定の相対誤差は何％か，有効数字 1 桁で答えよ。

表 2−1

	I_1	I_3	R
測定値	540 μA	400 μA	
真の値	600 μA	350 μA	106 Ω

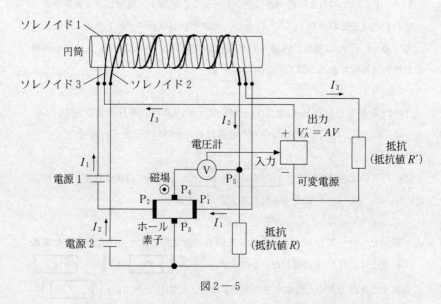

図 2−5

第3問　ゴムひもを伸ばすと，元の長さに戻ろうとする復元力がはたらく。一方でゴム膜を伸ばして広げると，その面積を小さくしようとする力がはたらく。この力を膜張力と呼ぶ。十分小さい面積 ΔS だけゴム膜を広げるのに必要な仕事 ΔW は

$$\Delta W = \sigma \Delta S$$

で与えられる。ここで σ は[力/長さ]の次元を持ち，膜張力の大きさを特徴づける正の係数である。ゴム膜でできた風船を膨らませると，膜張力により風船の内圧は外気圧よりも高くなる。外気圧は p_0 で常に一定とする。重力を無視し，風船は常に球形を保ち破裂しないものとして，以下の設問に答えよ。

Ⅰ　図3―1のように半径 r の風船とシリンダーが接続されている。シリンダーには滑らかに動くピストンがついており，はじめピストンはストッパーの位置で静止している。風船とシリンダー内は液体で満たされており，液体の圧力 p は一様で，液体の体積は一定とする。ゴム膜の厚みを無視し，係数 σ は一定とする。

⑴　ピストンをゆっくりと動かし風船を膨らませたところ，図3―1のように半径が長さ Δr だけ大きくなった。ピストンを動かすのに要した仕事を p_0，p，r，Δr を用いて表せ。ただし，Δr は十分小さく，Δr の二次以上の項は無視してよい。

⑵　設問Ⅰ⑴で風船を膨らませたときに，風船の表面積を大きくするのに要した仕事を r，Δr，σ を用いて表せ。ただし，Δr は十分小さく，Δr の二次以上の項は無視してよい。

⑶　p を p_0，r，σ を用いて表せ。ただし，ピストンを介してなされる仕事は，全て風船の表面積を大きくするのに要する仕事に変換されるものとする。

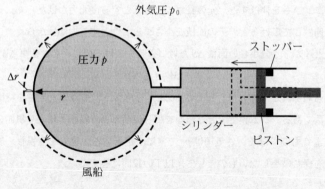

図3-1

Ⅱ 図3-2のように，小さな弁がついた細い管の両端に係数 σ の風船がついてお
り，中には同じ温度の理想気体が封入され，気体の温度は常に一定に保たれてい
る。最初，弁は閉じており，風船の半径はそれぞれ r_A，r_B である。管内と弁の
体積，ゴム膜の厚みを無視し，係数 σ は一定とする。また，風船がしぼみきった
場合，風船の半径は無視できるほど小さくなるものとする。

(1) $r_A < r_B$ の場合に弁を開いて起こる変化について，空欄 ［ ア ］ と
［ イ ］に入る最も適切な語句を選択肢①〜④から選べ。また，下線部につ
いての理由を簡潔に答えよ。

   弁を開くと気体は管を通り，半径の ［ ア ］ 風船からもう一方の風船に移
る。十分時間が経った後の風船は，片方が半径 r_C で，［ イ ］。

   ① 大きい   ② 小さい
   ③ 他方も半径 r_C になる   ④ 他方はしぼみきっている

(2) σ を p_0，r_A，r_B および，設問Ⅱ(1)で与えられた r_C を用いて表せ。

外気圧 p_0

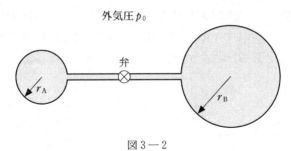

図 3 — 2

III　実際の風船では，膜張力の大きさを特徴づける係数 σ は一定ではなく，半径 r の関数として変化する。以下の設問では，風船の係数 σ は関係式

$$\sigma(r) = a\frac{r - r_0}{r^2} \qquad\qquad (r \geqq r_0 > 0)$$

に従うと仮定する。ここで a と r_0 は正の定数であり，温度によって変化しないものとする。風船の半径は常に r_0 より大きいものとする。

(1)　図 3 — 3 のように，理想気体が封入され，風船の半径がどちらも r_D の場合を考える。弁を開いて片方の風船を手でわずかにしぼませた後，手を放したところ，風船の大きさは変化し，半径が異なる二つの風船となった。r_D が満たすべき条件を答えよ。ただし，気体の温度は一定に保たれているとする。

(2)　設問III(1)で十分時間が経った後，弁を開いたまま，二つの風船内の気体の温度をゆっくりとわずかに上げた。風船の内圧は高くなったか，低くなったか，理由と共に答えよ。必要ならば，図を用いてよい。

外気圧 p_0

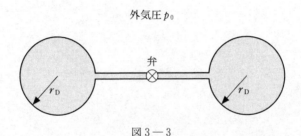

図 3 — 3

(3)　設問Ⅲ(2)で十分時間が経った後，今度は風船内の気体の温度をゆっくりと下げた。二つの風船の半径を温度の関数として図示するとき，最も適切なものを図 3 − 4 の①〜⑥から一つ選べ。

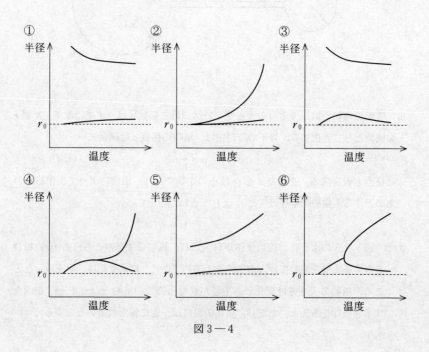

図 3 − 4

化学

（2 科目 150 分）

（注）　解答用紙は，〈理科〉共通。1 行：約 23.5 センチ，35 字分の区切りあり。

　　　　1・2 は各 25 行，3 は 50 行。

第 1 問

　次の I，II の各問に答えよ。必要があれば以下の値を用いよ。構造式は例にならって示し，鏡像異性体は区別しなくてよい。

元　素	H	C	O
原子量	1.0	12.0	16.0

［構造式の例］

I　次の文章を読み，問**ア**〜**オ**に答えよ。

　黒田チカ博士は日本の女性化学者のさきがけであり，天然色素の研究で顕著な業績を残した。以下では，黒田が化学構造を解明した色素成分に類似の芳香族化合物 A の構造を考える。A は分子量 272 で，炭素，水素，酸素の各元素のみからなる。次の実験 1 〜 8 を行い，A の構造を決定した。

実験 1：136 mg の A を完全燃焼させると，352 mg の二酸化炭素と 72.0 mg の水が生じた。

実験 2：A を亜鉛末蒸留（解説 1）すると，ナフタレンが生成した。

解説 1：試料を粉末状の金属亜鉛と混合して加熱・蒸留すると，主要炭素骨格に対応する芳香族炭化水素が得られる。例えば，下式に示すように，モルヒネを亜鉛末蒸留するとフェナントレンが生成する。

一部の炭素および水素原子の表記は省略した。太線で示した主要炭素骨格に対応する芳香族炭化水素フェナントレンが得られる。

モルヒネ　　　　　　　　　フェナントレン

実験 3：酸化バナジウム（V）を触媒に用いてナフタレンを酸化すると，分子式

$C_8H_4O_3$ の化合物 B と分子式 $C_{10}H_6O_2$ の化合物 C が生成した。C は平面分子でベンゼン環を有し，同じ化学的環境にあるために区別できない 5 種類の炭素原子をもつ（解説 2）。なお，A は部分構造として C を含む。すなわち，C の一部の水素原子を何らかの置換基にかえたものが A である。

解説 2 ：解説 1 に示したフェナントレン（分子式 $C_{14}H_{10}$）を例に考えると，分子の対称性から，同じ化学的環境にあり区別できない炭素原子が 7 種類ある。

実験 4 ：A に塩化鉄（Ⅲ）水溶液を作用させると呈色した。

実験 5 ：A に過剰量の無水酢酸を作用させると，アセチル基が 2 つ導入されたエステル D が得られた。

実験 6 ：D にオゾンを作用させたのちに適切な酸化的処理を行い（図 1 — 1 (a)），続いて実験 5 で生成したエステル結合を加水分解すると，化合物 E，化合物 F，コハク酸 $HOOC–CH_2–CH_2–COOH$，二酸化炭素および酢酸が生じた。この酢酸は，アセチル基に由来するものである。また，反応途中で生成する 1, 2-ジカルボニル化合物は，酸化的分解を受けてカルボン酸となった（図 1 — 1 (b)）。一連の反応でベンゼン環は反応しなかった。

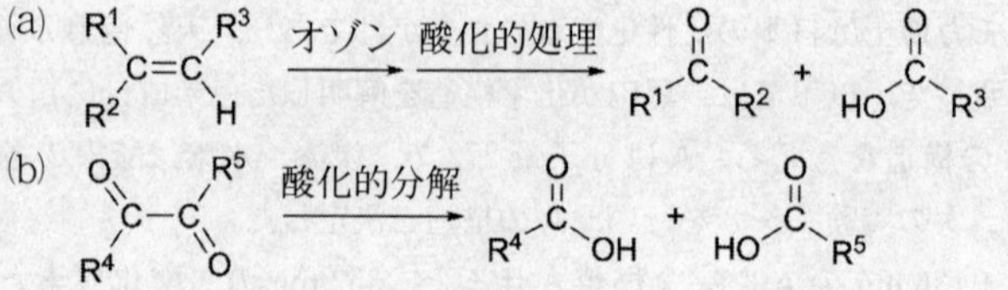

図 1 — 1 　実験 6 の反応の概要：(a)炭素間二重結合のオゾン分解（$R^{1\sim3}$：炭化水素基など），(b)1, 2-ジカルボニル化合物の酸化的分解（R^4, R^5：ヒドロキシ基や炭化水素基など）

実験 7 ：E にヨウ素と水酸化ナトリウム水溶液を作用させると，黄色固体 G と酢酸ナトリウムが得られた。

実験 8 ：F は分子式が $C_8H_6O_6$ であり，部分構造としてサリチル酸を含み，同じ化学的環境にあるために区別できない 4 種類の炭素原子をもつ。また，F を加熱すると分子内脱水反応が起こり，化合物 H が得られた。

〔問〕

ア　実験 1 より，化合物 A の分子式を示せ。

イ　実験 3 より，化合物 B および C の構造式をそれぞれ示せ。

　　ウ　化合物 E の構造式を示せ。

　　エ　化合物 H の構造式を示せ。

　　オ　化合物 A の構造式を示せ。

Ⅱ　次の文章を読み，問**カ**〜**サ**に答えよ。

　　三員環から七員環のシクロアルカンのひずみエネルギーを図1 — 2 ⒜に示す。
メタン分子の H–C–H がなす角は約 109° である（図1 — 2 ⒝）。シクロプロパン
の C–C–C がなす角は 109° より著しく小さく（図1 — 2 ⒞），ひずみエネルギーが
大きい。そのため，<u>シクロプロパンは臭素と容易に反応し，化合物 I を生じる。</u>
　①

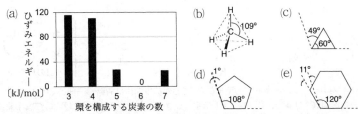

図1 — 2　⒜シクロアルカンの環構成炭素数と分子あたりのひずみエネルギー，⒝メタン
の立体構造，⒞〜⒠正多角形の内角と正四面体構造の炭素がなす理想的な角度とのずれ

　　シクロアルカンが平面構造であると仮定すると，内角が 109° からずれること
により，シクロヘキサンよりもシクロペンタンの方がひずみエネルギーが小さ
く，安定であると予想される（図1 — 2 ⒟，⒠）。しかし，実際にはシクロヘキサ
ンが最も安定である。これは分子構造を三次元的に捉えることで説明できる。

　　分子の立体構造を考える上で，図1 — 3 に示す投影図が有用である。ブタンを
例にすると，C^α と C^β の結合軸に沿って見たとき，投影した炭素と水素がなす角
はおよそ 120° である。<u>C^α，C^β 間の単結合が回転することで異性体の一種である
配座異性体を生じる。</u>ブタンのメチル基どうしがなす角 θ が 180° のときをアン
　②
チ形という。C^α と C^β の結合をアンチ形から 60° 回転すると置換基が重なった
不安定な重なり形の配座異性体となる。さらに 60° 回転した配座異性体を
ゴーシュ形という。ゴーシュ形はメチル基どうしの反発により，アンチ形より
約 4 kJ/mol 不安定である。

図1-3　ブタンの投影図と配座異性体(C^αは●で，C^βは○で示す。)

　シクロヘキサンのいす形の配座異性体J(図1-4)の各C-C結合の投影図を考えると，すべてにおいて CH_2 どうしが ┃ a ┃ となる。また，C-C-Cがなす角が109°に近づくため，ひずみエネルギーをもたない。Jには環の上下に出た水素(H^b，H^y)と環の外側を向いた水素(H^a，H^x)がある。不安定なKを経て配座異性体Lへと異性化することで，水素の向きが入れ替わる。

図1-4　シクロヘキサンの環反転(いくつかの中間体は省略。一部の CH_2 は略記。)と投影図(C^αは●で，C^βは○で示す。シクロヘキサンの残りの部分は⌒で略記。)

　③1,2-ジメチルシクロヘキサンには立体異性体MとNがある。立体異性体Mにはいす形の配座異性体としてエネルギー的に等価なもののみが存在する。④立体異性体Nにはエネルギーの異なる2つのいす形の配座異性体がある。

〔問〕

　カ　下線部①について，化合物Iの構造式を示せ。

　キ　下線部②について，ブタンの配座異性体のエネルギーと角θとの関係の模式図として相応しいものを図1-5の(1)~(4)の中から1つ選べ。なお，メチル基どうしの反発に比べ水素と水素，水素とメチル基の反発は小さい。

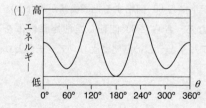

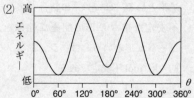

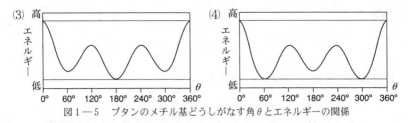

図1—5　ブタンのメチル基どうしがなす角 θ とエネルギーの関係

ク 空欄　　 a 　　に入る語句として適切なものを以下から選べ。

アンチ形　　　　重なり形　　　　ゴーシュ形

ケ 下線部③に関して，最も安定ないす形の配座異性体の投影図を立体異性体 M, N についてそれぞれ示せ。投影図はメチル基が結合した2つの炭素の結合軸に沿って見たものを J の投影図（図1—4）にならって図示すること。なお，CH_2 とメチル基がゴーシュ形を取るときの反発は，メチル基どうしのそれと同じとみなしてよい。

コ 最も安定ないす形の配座異性体において，立体異性体 M, N のどちらが安定か選び，理由とともに答えよ。

サ 下線部④に関して，N の最も安定ないす形の配座異性体において，2つのメチル基が占める位置を図1—6の構造式中の空欄　　 b 　　～　　 e 　　から選べ。

図1—6　1,2-ジメチルシクロヘキサンの構造式

第 2 問

次の I ，II の各問に答えよ。

I　次の文章を読み，問ア〜オに答えよ。

　　フッ化水素 HF は，他のハロゲン化水素とは異なる性質をもつ。また，フッ素
　　　　　　　　　　　　①
樹脂の原料として用いられるほか，ガラスの表面加工や半導体の製造過程におけ
　　　　　　　　　　　　　　　　②
る酸化被膜の処理においても重要な役割を果たす。

　　気体では HF 2 分子が会合し，1 分子のようにふるまう二量体を形成する。か
つては低濃度のフッ化水素酸(HF の水溶液)中においても，気体中と同様に二量
体を形成し得ると考えられていた。しかし，凝固点降下の実験で，低濃度のフッ
　　　　　　　　　　　　　　　　　　　　　　③
化水素酸中における二量体の形成を裏付ける結果は得られていない。現在では
フッ化水素酸中において，主に以下の二つの平衡が成り立つと考えられている。

$$\text{HF} \rightleftarrows \text{H}^+ + \text{F}^- \qquad K_1 = \frac{[\text{H}^+][\text{F}^-]}{[\text{HF}]} = 7.00 \times 10^{-4}\,\text{mol} \cdot \text{L}^{-1} \qquad (\text{式 1})$$

$$\text{HF} + \text{F}^- \rightleftarrows \text{HF}_2^- \qquad K_2 = \frac{[\text{HF}_2^-]}{[\text{HF}][\text{F}^-]} = 5.00\,\text{mol}^{-1} \cdot \text{L} \qquad (\text{式 2})$$

　　これらの平衡にもとづき，$[\text{H}^+]$ と $[\text{HF}]$ の関係を考えることができる。ここで
　④
K_1，K_2 は平衡定数であり，$[\text{H}^+]$，$[\text{F}^-]$，$[\text{HF}]$，$[\text{HF}_2^-]$ はそれぞれ H$^+$，F$^-$，
HF，HF$_2^-$ のモル濃度を表す。また，以下の問では水の電離は考えないものと
する。

〔問〕

　ア　下線部①について，HF，塩化水素 HCl，臭化水素 HBr，ヨウ化水素 HI
　　　を沸点の高いものから順に並べよ。また，沸点の順がそのようになる理由
　　　を，以下の語句を用いて簡潔に答えよ。
　　　〔語句〕　水素結合，ファンデルワールス力，分子量

　イ　下線部②について，二酸化ケイ素 SiO$_2$ とフッ化水素酸の反応では，2 価
　　　の酸である A が生成する。SiO$_2$ と気体のフッ化水素の反応では，正四面
　　　体形の分子 B が生成する。A と B の分子式をそれぞれ答えよ。

ウ　下線部③について，フッ化水素酸中の二量体の形成が凝固点降下に与える影響を考える。ある濃度のフッ化水素酸中において，二量体を形成すると仮定したときに，凝固点降下の大きさは二量体を形成しないときと比べてどうなると考えられるか，理由とともに簡潔に答えよ。ただし，ここではフッ化水素酸中の HF の電離は考えないものとする。

エ　下線部④について，十分に低濃度のフッ化水素酸は弱酸としてふるまうため，式 1 の平衡を考えるだけでよい。式 1 のみを考え，pH が 3.00 のフッ化水素酸における HF の濃度[HF]を有効数字 2 桁で求めよ。答えに至る過程も記せ。

オ　下線部④について，⒜ 式 1 の平衡のみを考える場合および⒝ 式 1 と式 2 の両方の平衡を考える場合における[HF]と[H^+]の関係として最も適切なものを，図 2 — 1 のグラフの⑴〜⑸からそれぞれ選べ。ただし二量体の形成は考えないものとする。

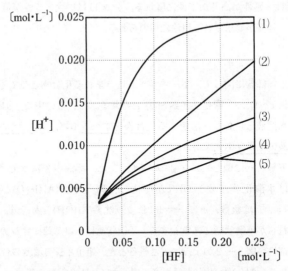

図 2 — 1　フッ化水素酸における[HF]と[H^+]の関係

Ⅱ　次の文章を読み，問カ〜コに答えよ。

金属アルミニウム Al および金属チタン Ti は，地殻に豊富に存在する元素から

なる軽金属で，様々な分野で用いられている。

　金属 Al の主な工業的製造プロセスでは，原料として酸化アルミニウム Al_2O_3 を主成分とするボーキサイトが用いられる。ボーキサイトに水酸化ナトリウム NaOH 水溶液を加えて高温・高圧とし，不溶物を除去する。不溶物を除去した溶液を冷却し，pH を調整して水酸化アルミニウム $Al(OH)_3$ を沈殿させ，これを 1300 ℃ 程度で熱処理することで高純度の Al_2O_3 を得る。最後に，Al_2O_3 の溶融塩（融解塩）電解により金属 Al を得る。

　金属 Ti の主な工業的製造プロセスでは，原料として酸化チタン TiO_2 を主成分とする鉱石などが用いられる。ここでは，TiO_2 を原料として考える。TiO_2 とコークスを 1000 ℃ 程度に加熱し，ここに塩素ガス Cl_2 を吹き込むことで，塩化チタン $TiCl_4$ を得る。蒸留精製した $TiCl_4$ を金属マグネシウム Mg を用いて還元することで，金属 Ti を得る。この過程で生成した塩化マグネシウム $MgCl_2$ は，溶融塩電解により，金属 Mg と Cl_2 としたのち，再利用される。

　金属 Al と金属 Ti の性質の違いとして，展性・延性の違いが挙げられる。金属 Al は展性・延性が高く加工性に優れる。金属 Ti は展性・延性が低く変形しにくいため，強度が要求される用途に用いられる。

〔問〕

カ 下線部⑤に関して，ボーキサイトに含まれる化合物として，Al_2O_3，酸化鉄 Fe_2O_3，二酸化ケイ素 SiO_2 を考える。これらの中で，加熱下で NaOH 水溶液と反応し，溶解する化合物をすべて挙げ，各化合物と NaOH 水溶液の化学反応式を書け。

キ 下線部⑥に関して，3 価の Al イオンは，溶液中では水分子 H_2O あるいは水酸化物イオン OH^- が配位した錯イオン $[Al(H_2O)_m(OH)_n]^{(3-n)+}$（$m$, n は整数，$m+n=6$）および沈殿 $Al(OH)_3$（固）として存在し，それらが平衡状態にあるとする。平衡状態における錯イオンの濃度の pH 依存性が図 2−2 のように表されるとき，錯イオンの濃度の合計が最も低くなり，$Al(OH)_3$（固）が最も多く得られる pH を整数で答えよ。

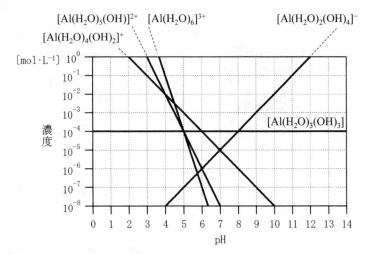

図 2 — 2　pH と錯イオンの濃度の関係

ク　下線部⑦，⑧，⑨に関して，<u>それぞれの化学反応式を書け</u>。また，<u>全体と</u>
<u>しての化学反応式を書け</u>。下線部⑦の反応では，コークスは C のみから
なるものとし，CO_2 まで完全に酸化されるものとする。下線部⑨の反応
に関しては，溶融塩電解全体としての化学反応式を書け。

ケ　下線部⑨に関して，2 価の Mg イオンの還元には，$MgCl_2$ 水溶液の電気
分解ではなく，溶融塩電解が用いられる理由を簡潔に述べよ。

コ　下線部⑩に関して，結晶構造から考察する。金属原子が最も密に詰まった
平面（ここでは最密充填面と呼ぶ）の数は結晶構造によって異なり，最密充
填面の数が多い金属結晶ほど変形しやすい傾向がある（注）。金属 Ti の結
晶構造は六方最密構造に分類されるが，理想的な六方最密構造からずれた
構造をとる。ここでは，図 2 — 3 に示すような図中の矢印方向に格子が伸
びた結晶構造を考える。このとき，最密充填面の数は 1 つとなる。一方，
金属 Al は面心立方格子の結晶構造をとる（図 2 — 4）。<u>図 2 — 5 の(ⅰ)〜(ⅲ)</u>
<u>の中から，面心立方格子の最密充填面として最も適切なものを答えよ。ま</u>
<u>た，面心立方格子における最密充填面の数を答えよ</u>。互いに平行な面は等
価であるとし，1 つと数えること。

（注）　金属に力が加わるとき，金属原子層が最密充填面に沿ってすべるよ
　　　　うに移動しやすいことが知られている。

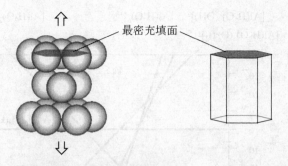

図 2 — 3　六方最密構造の模式図と最密充填面
　　　　　球は金属原子を示す。矢印は理想的な六方最密構造からのずれの方
　　　　　向を示している。

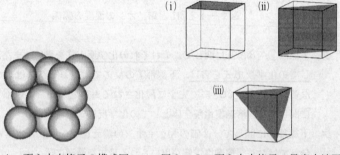

図 2 — 4　面心立方格子の模式図　　図 2 — 5　面心立方格子の最密充填面
　　　　　球は金属原子を示す。　　　　　　　　（網掛け部分）の候補

第3問

次のⅠ，Ⅱの各問に答えよ。必要があれば以下の値を用いよ。

元　素	H	N	O	Fe
原子量	1.0	14.0	16.0	55.8

気体定数 $R = 8.31 \times 10^3\,\mathrm{Pa \cdot L/(K \cdot mol)}$，アボガドロ定数 $N_A = 6.02 \times 10^{23}/\mathrm{mol}$，
円周率 $\pi = 3.14$，標準状態：273 K，$1.01 \times 10^5\,\mathrm{Pa}$
すべての気体は，理想気体としてふるまうものとする。

Ⅰ　次の先生と生徒の議論を読み，問**ア〜オ**に答えよ。

先生　アンモニア NH_3 は，空気中の窒素 N_2 と水素 H_2 から合成されているのを
　　　　知っているかい？

$$N_2(気) + 3\,H_2(気) = 2\,NH_3(気) + 92.0\,\mathrm{kJ}$$

　　　　最近では，二酸化炭素を排出しないエネルギー源として注目されているよ。

生徒　授業で習いました。　　a　　の原理と呼ばれる平衡移動の原理があっ
　　　　　　　　　　　　　　　　　　　　　　　　　　　①
　　　　て，この反応では　　b　　圧にするほど，また，　　c　　熱反応なので
　　　　　　d　　温にするほど，アンモニア生成の方向へ平衡が移動するのですよ
　　　　ね。でも，反応速度を増加させるためには　　e　　温にしなければなりま
　　　　せん。

先生　そうだ。産業上極めて重要な化学反応だけれど，とても困難な反応なん
　　　　だ。この反応を可能としているのが触媒だ。触媒は一般的に，図３−１のよ
　　　　うに，触媒反応を起こす金属と，それを支える担体とからなっているんだ。
　　　　触媒を用いたアンモニア合成法は，触媒を開発した人の名前から，ハー
　　　　バー・ボッシュ法とも呼ばれているんだ。ここでは，　　a　　の原理とと
　　　　もに，アンモニア合成法について考えてみよう。

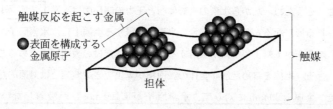

図３−１　触媒の構造

先生　ある触媒 1.00 g 上へ吸着した窒素の体積 V と圧力 p の関係を図 3 ― 2 に
　　　示しているよ。真空状態から大気の圧力 p_0 まで少しずつ窒素の圧力 p を大
　　　きくし，吸着した窒素量を標準状態における体積 V〔mL〕に換算して図に表
　　　しているんだ。窒素は触媒表面に可逆的に吸着する（図 3 ― 3 左）。<u>触媒上に
　　　窒素分子が一層で吸着すると考えると，一分子が占有する面積が分かれば，
　　　吸着量から触媒の表面積を求めることができるね。</u>この吸着した窒素は，圧
　　　力を下げることで完全に脱離するんだ。再度圧力を大きくして窒素を吸着さ
　　　せても，同じ量を吸着するんだ。

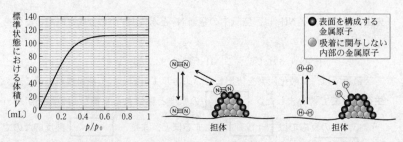

図 3 ― 2　触媒 1.00 g への窒　　図 3 ― 3　N₂（左）および H₂（右）の触媒表面への
　　　　　　素の吸着体積と圧　　　　　　　　吸着（断面図）
　　　　　　力の関係図

先生　水素の方はどうなるか，知っているかい？

生徒　窒素が担体と金属のいずれにも分子のまま吸着するのに対して，水素分子
　　　は表面金属原子に対しては原子状に解離して強く吸着する（図 3 ― 3 右）か
　　　ら，容易に脱離せず圧力に対して不可逆とみなせる吸着現象であると聞きま
　　　した。

先生　そうだね。だから水素の吸着体積と圧力の関係図は，図　　f　　で表さ
　　　れる形になるんだ。この場合，水素を解離する金属上に，水素原子と表面金
　　　属原子が 1 対 1 で水素が吸着するから，金属だけの表面積を求めることがで
　　　きる。担体を含めた触媒全体の表面積が算出できる窒素とは対照的だね。

生徒　<u>金属 1.00 mol に対して，水素原子が 0.100 mol しか吸着しないとする
　　　と，表面を構成している金属原子が 10 ％ しかないことを示すのですね。</u>

先生　そうだね。さて，吸着した窒素に対して触媒が果たすべき役割を考えてみ
　　　よう。ハーバー・ボッシュ法に　e　温が必要な理由が他に分かるか
　　　い？

生徒　触媒には　g　という能力が必要になり，そのために　e　温が
　　　必要になります。

先生　その通り。　a　の原理だけではなく，触媒についても勉強になった
　　　ね。

生徒　はい。私も大学で，アンモニア合成を簡単にする触媒研究に挑戦します！

〔問〕

ア　下線部①に関して，　a　～　e　にあてはまる語句を記せ。

イ　下線部②に関して，窒素一分子の占有面積を $0.160\,\mathrm{nm^2}$（$1\,\mathrm{nm} = 10^{-9}\,\mathrm{m}$）
　　として，触媒 $1.00\,\mathrm{g}$ に対する標準状態の窒素の飽和吸着量を図3—2から
　　読み取ると，触媒 $1.00\,\mathrm{g}$ の表面積は何 $\mathrm{m^2}$ か，有効数字2桁で答えよ。
　　答えに至る過程も記せ。

ウ　図　f　に相当する図で最も適切なものを図3—4の(i)～(iii)の中から
　　一つ選べ。なお，吸着3回目以降の結果は2回目と同じであった。

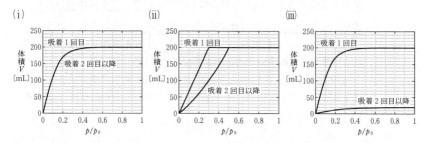

図3—4　触媒 $10.0\,\mathrm{g}$ への水素の吸着体積と圧力の関係図
　　　　体積 V は，$300\,\mathrm{K}$，$1.01 \times 10^5\,\mathrm{Pa}$ における換算
　　　　体積である。

エ　下線部③に関して，ある触媒 $10.0\,\mathrm{g}$ 上に $300\,\mathrm{K}$ で水素を吸着させた。こ
　　の触媒上の金属が $5.00 \times 10^{-2}\,\mathrm{mol}$ であったとして，ウで選んだ図から水
　　素の吸着量を読み取ると，表面を構成している金属原子は何％になるか，
　　有効数字2桁で答えよ。答えに至る過程も記せ。

オ　　g　にあてはまる語句を10文字程度で答えよ。

Ⅱ 次の文章を読み，問**カ〜サ**に答えよ。

　　コロイド溶液は，粒子の表面状態や大きさに依存したふるまいを示す。水酸化鉄(Ⅲ)粒子を 53.4 g/L の濃度で純水中に分散したコロイド溶液を用いて，以下の 2 つの実験を行った。なお，粒子は半径のそろった真球であり，実験の過程で溶解しないものとする。また，コロイド溶液の密度は粒子の濃度によらず一定で，純水の密度 1.00 g/cm³ と同じとしてよい。

実験 1：粒子表面の電荷は，粒子表面のヒドロキシ基と溶液中のイオンとの可逆反応(図 3 — 5)により，pH に応じて変化する。コロイド溶液の pH を 3.0 に調整した。このコロイド溶液を電気泳動した結果，粒子は　h　極側へ移動した。また，pH＝3.0 のコロイド溶液に水酸化ナトリウム水溶液を徐々に添加していったところ，ある時点で沈殿を生じた。④ なお，粒子表面の電荷が全体として 0 となる pH(等電点)は，7.0 だった。

実験 2：半透膜で仕切られた U 字管の左側にコロイド溶液，右側に純水をそれぞれ 10.0 mL ずつ入れた。液面の高さの変化がなくなるまで待った結果，左右の液面の高さの差 Δh〔cm〕は 1.36 cm となった(図 3 — 6)。粒⑤ 子の半径によらず，粒子の組成は $Fe(OH)_3$，粒子の単位体積当たりに⑥ 含まれる鉄(Ⅲ)イオンの数は 4.00×10^4 mol/m³ であるものとする。これらから，粒子の半径 r_1〔m〕は　i　m と算出される。なお，この実験では溶液中のイオンの影響は考えなくてよいものとし，コロイド溶液および純水の温度を 300 K，U 字管の断面積を 1.00 cm²，大気圧 1.01×10^5 Pa に相当する水銀柱の高さを 76.0 cm，水銀の密度を 13.6 g/cm³ とする。

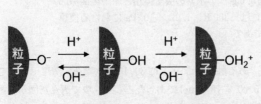

図 3 — 5　粒子表面のヒドロキシ基とコロイド溶液中の水素イオン，水酸化物イオンの可逆反応

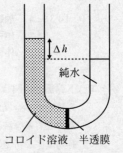

図 3 — 6　実験 2 の模式図

〔問〕

カ | h | にあてはまる語句を答えよ。また，その理由を図3－5の反応にもとづいて述べよ。

キ   下線部④に関して，その理由を図3－5の反応にもとづいて述べよ。

ク   下線部⑤に関して，この結果から推定される，液面の高さの変化がなくなった後のU字管左側のコロイド溶液中の粒子のモル濃度は何 mol/L か，有効数字2桁で答えよ。答えに至る過程も記せ。なお，コロイド溶液は希薄溶液であり，粒子 6.02×10^{23} 個を1モルとする。

ケ   下線部⑥に関して，粒子の半径を 1.00×10^{-8} m と仮定した場合の，粒子1モルあたりの質量は何 g か，有効数字2桁で答えよ。答えに至る過程も記せ。

コ | i | にあてはまる値は 1.00×10^{-8} よりも大きいか小さいか，理由とともに答えよ。

サ   実験2と同様の実験を，粒子の質量濃度が同じく 53.4 g/L，半径 r が r_1 よりも大きい水酸化鉄(Ⅲ)コロイド溶液を用いて行ったとする。得られる Δh と r の関係として最も適切なものを図3－7の(1)～(5)の中から一つ選べ。また，その理由を簡潔に述べよ。

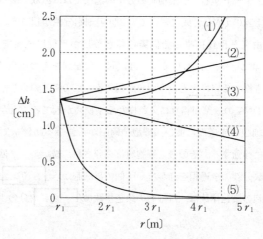

図3－7 　r と Δh の関係

生物

（2科目150分）

（注）　解答用紙は，〈理科〉共通。1行：約23.5センチ，35字分の区切りあり。

　　　　1・2は各25行，3は50行。

第1問

　次のI，IIの各問に答えよ。

I　次の文1と文2を読み，問A～Mに答えよ。

［文1］

　ヒトの生命は，生殖細胞である精子と卵子にそれぞれ　　1　　本ずつ含まれる父親由来と母親由来の染色体を受け継いで，　　2　　本の染色体をもつ受精卵としてスタートする。生殖細胞の分化の過程では，減数分裂が起こる。減数分裂では，1回のDNA合成に続いて，2回の細胞分裂が起こる。1回目の分裂では，父親由来と母親由来の相同染色体どうしが平行に並んで対合し，染色体DNAの一部が，同一，もしくは，ほぼ同一な配列をもつ染色体DNAの一部によって置き換わる組換えという現象が起こる。この時，対合した2本の相同染色体の間でDNAの一部が相互に入れ換わる乗換えが起こることが多い。その後，(ア)染色体は細胞の赤道面に並び，細胞の両端から伸びる紡錘糸によって引っぱられ，両極に移動する。その後，細胞質は二分され，続いて，2回目の分裂が行われる。減数分裂の全過程を通して，1個の母細胞から　　3　　個の娘細胞ができ，娘細胞の染色体数は，母細胞の染色体数の　　4　　分の1となる。

［文2］

　ヒトの体を構成する細胞のうち，生殖細胞以外の細胞のことを体細胞という。

体細胞分裂は，細胞周期に沿って進行する。細胞周期は，増殖細胞においては繰
(イ)
り返し進行する。ただし，正常細胞では，放射線などによって DNA 損傷が生じ
た場合には，それに応答して，細胞周期の進行が停止する。一方，組換えという
現象は，体細胞において，放射線などによって DNA の二本鎖が切断される場合
にも起こり，DNA 修復に関与する。体細胞における組換えでは，減数分裂にお
ける組換えとは異なる点も存在する。まず，鋳型となる染色体が両者で異なる。
(ウ)
また，減数分裂における組換えとは異なり，体細胞における組換えでは，乗換え
は起こらない。二本鎖切断の入った染色体の切断部位周辺の DNA 配列は，鋳型
となるもう一方の染色体の DNA 配列によって置き換えられるが，この時に鋳型
となった染色体では DNA 配列の置き換えは起こらない。

実験 1　タンパク質 X は，遺伝性乳がん・卵巣がんの原因遺伝子産物の 1 つと
　　　　して知られる。一方，タンパク質 X は，細胞周期の進行に関わるタンパ
　　　　ク質と複合体を形成する。そこで，タンパク質 X の細胞周期の制御にお
　　　　ける役割を調べることにした。タンパク質 X をコードする遺伝子 X を欠
　　　　損していないヒト細胞(野生株)と遺伝子 X を欠損したヒト細胞のそれぞ
　　　　れについて，放射線を照射する前の細胞と放射線を照射後 24 時間経過し
　　　　た細胞を多数採取した。DNA と結合すると蛍光を発する色素を用いて染
　　　　色することにより，一つ一つの細胞に含まれる DNA 量を計測した。その
　　　　結果，図 1 ― 1 のような分布となった。

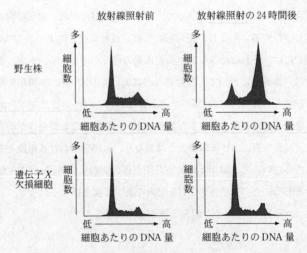

図1−1　野生株と遺伝子 *X* 欠損細胞における放射線照射前と放射線照射
24 時間後の細胞あたりの DNA 量の分布

　実験2　細胞周期の進行と DNA 複製は密接に関連している。タンパク質 *X* の
　　DNA 複製における機能を調べるために，遺伝子 *X* を欠損していないヒト
　　細胞(野生株)と遺伝子 *X* を欠損したヒト細胞を用いて，放射性同位元素
　　で標識した DNA 構成成分の細胞内への取り込みを測定することによって
　　放射線照射前後の DNA 合成量を調べた。その結果，図1−2のようなグ
　　ラフが得られた。

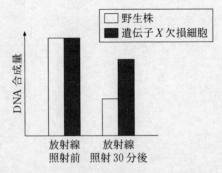

図1−2　野生株と遺伝子 *X* 欠損細胞の放射線照射前後の DNA 合成量

実験3　タンパク質 Y は，タンパク質 X と同様に，遺伝性乳がん・卵巣がんの原因遺伝子産物の1つとして知られる。一方，タンパク質 Y は，組換えの中心的酵素と直接結合することも分かっている。そこで，タンパク質 Y の組換えにおける役割を調べるために，ヒト細胞を用いて，DNA 二本鎖切断を導入したときの組換えによる修復の発生頻度を測定する実験系を構築した。

　　この実験系では，配列置換型と欠失型の緑色蛍光タンパク質（*Green Fluorescent Protein*（*GFP*））遺伝子を含むレポーター遺伝子を準備した（図1―3と図1―4を参照）。配列置換型 *GFP-a* 遺伝子では，正常 *GFP* 遺伝子の配列内に存在する制限酵素 M の認識配列内に，変異を複数導入することによって，新たに制限酵素 N の認識配列を生成し，その認識配列内に終止コドンを導入した。欠失型 *GFP-b* 遺伝子では，5′末端と3′末端の両方に欠失を入れた（図1―3）。なお，制限酵素 M も制限酵素 N も，ヒト細胞では通常発現しない。

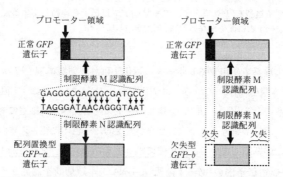

図1―3　配列置換型 *GFP-a* 遺伝子（左）と欠失型 *GFP-b* 遺伝子（右）の構造 制限酵素 N 認識配列内の下線部（TAG，TAA）は，いずれも終止コドンである。また，欠失型 *GFP-b* 遺伝子において，開始コドンは欠失していない。

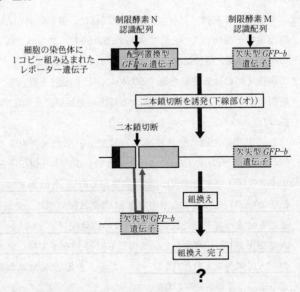

図 1 — 4　組換えの発生頻度を測定する実験系
　　配列置換型 *GFP-a* 遺伝子，欠失型 *GFP-b* 遺伝子を連結している黒い線は，これら
　の遺伝子とは関係がない DNA 配列を表している。

　この実験系で使用するレポーター遺伝子は，配列置換型 *GFP-a* 遺伝子と欠失
型 *GFP-b* 遺伝子が，これらとは関係のない DNA 配列によって直線状に連結さ
れた構造をとる（図 1 — 4）。組換えの発生頻度を調べたい細胞に対して，このレ
ポーター遺伝子を導入し，1 コピーが安定的に染色体に組み込まれた細胞を準備
する。この細胞において，<u>染色体に組み込まれたレポーター遺伝子上の配列置換</u>
<u>型 *GFP-a* 遺伝子内の「ある 1 箇所」に DNA 二本鎖切断を誘発する</u>。その後，姉
　　(オ)
妹染色分体（注：DNA の複製時に作られる同一の遺伝子配列を持つ染色体），あ
るいは，同じ染色体の中にある相同な配列を鋳型として，組換えによって二本鎖
切断が修復されると，細胞は正常な GFP タンパク質を発現し，緑色の蛍光を発
するようになる。緑色の蛍光を発する細胞の割合が，その細胞における組換え頻
度に相当する。
　遺伝子 *Y* を欠損していないヒト細胞（野生株）と遺伝子 *Y* を欠損したヒト細胞
を用いて，この実験系で，それぞれの細胞の組換え頻度を測定した結果，遺伝子
Y 欠損細胞では，野生株の 2 割程度まで組換え頻度が低下していた。

実験4　タンパク質 Y は，組換えによる DNA 二本鎖切断の修復以外に，別の機能も有することが明らかになってきた。遺伝子 Y を欠損していないヒト細胞(野生株)と遺伝子 Y を欠損したヒト細胞を用いて，3 つ以上の中心体を有する細胞の頻度を調べたところ，遺伝子 Y 欠損細胞では野生株と比べて，その頻度は明らかに上昇していた。また，遺伝子 Y 欠損細胞では野生株と比べて，染色体の数の異常(異数体)が多く見られた。

〔問〕

A　　1　　~　　4　　に入る適切な数字をそれぞれ答えよ。

B　下線部(ア)について，減数分裂における組換えの生物学的意義は何か。20字以内で述べよ。

C　下線部(イ)の細胞周期が進行する過程を，次の語群の語句を全て用いて，3 ～ 4 行で説明せよ。

　　［語群］　M 期，DNA 量，染色体，G1 期，複製，
　　　　　　微小管，G2 期，分裂，分配，S 期

D　下線部(ウ)について，減数分裂における組換えでは，父親由来と母親由来の相同染色体を鋳型に用いるのに対し，体細胞における組換えでは，DNA 損傷の入っていない姉妹染色分体を鋳型として用いる。体細胞における組換えは，細胞周期のどの段階で起こるか。以下の選択肢(1)~(4)の中から，正しいものを全て選べ。

　(1)　G1 期

　(2)　G2 期

　(3)　M 期

　(4)　S 期

E　実験1において，放射線照射後の野生株においては，細胞周期のどの段階の細胞が増加しているか。1 つ答えよ(例：○期)。なお，細胞分裂期にある細胞の割合は，野生株と遺伝子 X 欠損細胞との間で差が見られなかったものとする。

F　実験 1 の結果から読み取れるタンパク質 X の機能を，細胞周期の制御を踏まえ，影響を与える細胞周期の段階（例：◯期）を具体的に示しながら，1行で述べよ。

G　実験 2 の結果から読み取れるタンパク質 X の機能を，細胞周期の制御を踏まえ，影響を与える細胞周期の段階（例：◯期）を具体的に示しながら，1行で述べよ。ただし，この実験系では，使用した放射性同位元素による DNA の切断や分解は無視できるものとする。

H　実験 3 の下線部㈜において，配列置換型 *GFP-a* 遺伝子や欠失型 *GFP-b* 遺伝子からは，正常に機能する GFP タンパク質は産生されない。それぞれにおいて，正常なタンパク質が産生されない理由を，タンパク質の発現もしくは構造異常の観点から，合わせて 2 ～ 3 行で説明せよ。

I　実験 3 の下線部㈠を実施するためには，実験上，どのような方法をとれば良いか。1 行で簡潔に述べよ。なお，ここでの「ある 1 箇所」とは，図 1 — 4 に示した二本鎖切断の部位とする。

J　実験 3 の組換えの発生頻度を測定する実験系を示した図 1 — 4 の中で，組換えによる修復が成功したときに生成されるレポーター遺伝子部分は，どのような構造をとると考えられるか。次の選択肢(1)～(6)の中から，もっとも適切な図を 1 つ選べ。

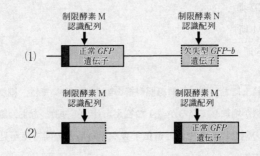

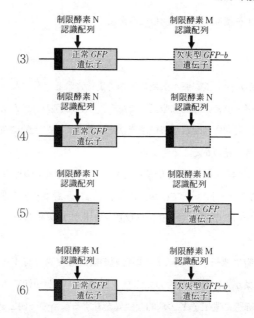

K　ある患者のがん組織の遺伝子解析を行ったところ，遺伝子 Y のミスセンス変異（＝遺伝子の DNA 配列の 1 塩基対が変化することによって，アミノ酸の 1 つが別のアミノ酸に置換される変異のこと）が見つかった。この変異については，これまでにヒトにおける病的意義が明らかにされていない。実験 3 で構築した実験系を用いて，このミスセンス変異が組換え修復に与える影響を調べるためには，どのような細胞を準備して，組換え頻度を比較すれば良いか。実験 3 で用いたレポーター遺伝子を導入した遺伝子 Y の欠損細胞を材料として用いることを前提として，2 ～ 3 行で答えよ。

L　放射線照射によって細胞内の DNA に二本鎖切断が生じ，その修復に失敗して二本鎖切断が残存した場合，その細胞ではどのような現象が起こるか。10 字以内で答えよ。

M　実験 4 において，細胞内の中心体の数が増えると，染色体の数の異常（異数体）が引き起こされる理由について，中心体の細胞内における役割を踏まえて，2 行以内で説明せよ。

Ⅱ 次の文3を読み，問Nと問Oに答えよ。

[文3]

　近年，がんゲノム医療が医療の現場で実践されるようになった。がんゲノム医療では，がん患者の腫瘍細胞だけでなく，正常細胞のゲノム情報も検査することにより，後天的に発生した遺伝子異常だけでなく，先天的に親から受け継がれた遺伝子異常が見つかることもある。

　遺伝子 Y は，がん抑制遺伝子であり，一対の遺伝子の片方だけに病的な異常がある（第1ヒット）だけではがんは発症しない。もう一方の遺伝子にも病的な異常（第2ヒット）が起きて，タンパク質 Y の機能が欠損したときに，初めてがんを発症する。

　生殖細胞に遺伝子 Y のヘテロ接合型の病的な変異を有する人は，遺伝性の乳がん，卵巣がん，膵臓がんの発症リスクが高いことが知られている。図1—5は，生殖細胞に遺伝子 Y の病的な変異を有する家系の一例である。

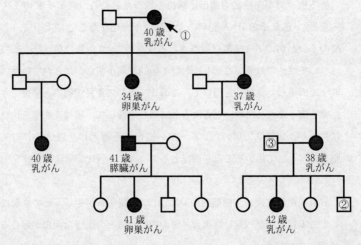

図1—5　生殖細胞に遺伝子 Y の病的な変異を有する遺伝性がん家系の一例
四角印は男性，丸印は女性を指す。黒塗りの四角や丸は，がんを発症した人を指し，それぞれの発症年齢と発症したがんの種類が記されている。

〔問〕

N　図1―5の家系において，①番の女性の2人の娘は，いずれも生殖細胞に遺伝子 Y のヘテロ接合型の病的な変異を受け継いでいたことが判明している。この2人における正常細胞とがん細胞の違いを，遺伝子 Y の状態とタンパク質 Y の機能が保たれているかどうか，という観点から，2～3行で説明せよ。

O　図1―5において，②番の男性は，遺伝子検査を受けたことがない。この男性の将来の子どもが生殖細胞の病的な遺伝子 Y の変異を受け継ぐ確率は，どれくらいか。次の選択肢の中から，もっとも適当なものを選び，その確率になる理由を2行以内で述べよ。ただし，②番の男性の(将来の)子どもの母親，および，②番の男性の父親(＝③番の男性)における生殖細胞の遺伝子 Y は正常であり，②番の男性の母親は，生殖細胞に遺伝子 Y のヘテロ接合型の病的な変異を有するものとする。

[選択肢]　0 %，1.25 %，2.5 %，5 %，7.5 %，10 %，
　　　　　12.5 %，25 %，50 %，75 %，100 %

第 2 問

次の I，II の各問に答えよ。

I　次の文章を読み，問A～Fに答えよ。

被子植物では，光合成によって葉でつくられた炭水化物が植物の体内を移動して，呼吸や器官の成長に使われたり貯蔵されたりする。植物体内での炭水化物の移動を考えるときには，炭水化物を供給する器官のことをソース，炭水化物が受容される器官のことをシンクと呼ぶ。ソースからシンクへの炭水化物の輸送は，多くの植物でスクロースが維管束の師部を移動することにより行われる。ソースとなる葉では，葉肉細胞でつくられたスクロースが，細胞間をつなぐ原形質連絡を通って葉脈へと運ばれる。葉脈の師部における師管へのスクロースの輸送は，積み込みと呼ばれ，植物種によって異なる方法で行われる。積み込まれたスクロースは，師管を通ってシンクとなる器官へと輸送される。

ソースとシンクの間の師部を介したスクロースの移動の様子は，炭素の安定同位体^{注1}(以下 ¹³C と表記する)を利用した実験によって明らかにできる。こうした実験の結果から，植物体内にあるシンクとなる複数の器官がソースからのスクロースを競合して獲得していることがわかっている。果樹 X で個体内のソースとなる葉からシンクとなる器官へのスクロースの移動の様子を明らかにするために，実験1と実験2を行った。

注1　質量数 13 の炭素で，自然界に一定の割合で安定して存在する。

実験1　常緑性の果樹 X では，図2－1に示すように初夏の5月に花が咲き，夏から果実が成長を始めて翌年の2月から3月に成熟する。8月に(1)果実をすべて切除した個体(全切除)，(2)全果実の2／3を切除した個体(2／3切除)，(3)全果実の1／3を切除した個体(1／3切除)，(4)果実をすべて残した個体(切除なし)をつくった。そして，果実がさかんに成長する10月に一部の葉から ¹³C を含む ¹³CO₂ を光合成によって多量に植物へ取り込ませ，その3日後に器官を採取し，根，茎，葉，果実の ¹³C 含量と，根，

茎，葉のデンプン濃度を測定した。さらに，⑴から⑷と同様の処理をした個体で，翌年の 5 月に花の数を調べた。この実験の結果を，図 2 — 2 に示す。

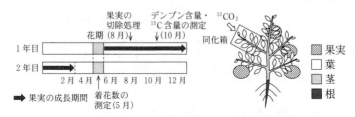

図 2 — 1　果樹 X を使った炭素安定同位体の取り込み実験
(左)開花と果実の成長の時期と測定を行った時期，(右)果実 X の一部の枝を透明な箱(同化箱)に密閉し，^{13}C を含む $^{13}CO_2$ を光合成により植物に取り込ませた。

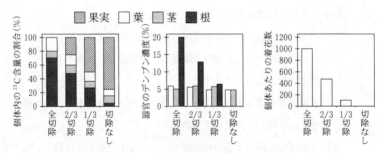

図 2 — 2　果樹 X における果実切除が個体の成長に及ぼす影響
果実の切除処理をした個体における(左)炭素安定同位体含量(^{13}C 含量)の個体内での割合，(中)器官のデンプン濃度，(右)翌年 5 月の個体あたりの着花数。左のグラフでは，$^{13}CO_2$ を取り込ませた枝での値は除いてある。

実験 2　果実をすべて残した果樹 X の個体で，毎年 10 月に根でのデンプン濃度を 5 年間，測定し続けた。この実験の結果は，図 2 — 3 のようになった。この測定の間，大きな災害や天候不順はなかったものとする。

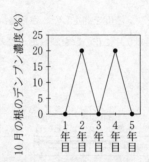

図2－3　果実をすべて残した果樹Xの個体における根のデンプン濃度
　　　　の年変動
　　グラフ中の1年目は，実験を開始した年とする。

〔問〕

A　下線部(ア)について。維管束を構成する師部と木部に関する記述のうち正し
　いものを以下の選択肢(1)～(5)から全て選べ。

⑴　師管と道管は，ともに形成層の細胞の分裂によって作られる。

⑵　冠水などによって土壌中の酸素が不足すると，イネやトウモロコシでは
　維管束に通気組織が発達する。

⑶　木部で水が通る細胞は，被子植物では道管が主であり，裸子植物とシダ
　植物，コケ植物では仮道管である。

⑷　茎の屈性に関与する植物ホルモンであるオーキシンは道管を通って極性
　移動をする。

⑸　木化した茎と根では木部は内側に師部は外側に発達する。

B　下線部(イ)について。炭水化物の積み込みについて，以下の文中の
　　　　1　　から　　6　　に最もよくあてはまる語句を以下の語群から選
　べ。ただし，語句は複数回選んでもかまわない。

　　多くの植物で葉脈を観察すると，師部の細胞と葉肉細胞とが接した部分の
　面積当たりの原形質連絡の個数が，多い植物の種と少ない植物の種に分けら
　れる。原形質連絡は細胞間の物質の移動を可能にしており，図2－4のよう
　に原形質連絡の多い種では，葉肉細胞でつくられたスクロースが原形質連絡

を経由して $\boxed{\text{1}}$ によって師部の細胞へ運ばれる。このとき，スクロース濃度は $\boxed{\text{2}}$ よりも $\boxed{\text{3}}$ で高い。一方で原形質連絡の少ない種では，葉肉細胞でつくられたスクロースは細胞の細胞質から細胞壁へ移動し，$\boxed{\text{4}}$ によって師部の細胞へ運ばれる。このとき，スクロース濃度は $\boxed{\text{5}}$ で $\boxed{\text{6}}$ よりも高くなることが多い。

〔語群〕　細胞質，細胞膜，細胞壁，葉肉細胞，師部の細胞，能動輸送，
　　　　　受動輸送，エンドサイトーシス，エキソサイトーシス，浸透圧，
　　　　　膨圧

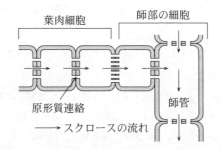

図2－4　葉肉細胞と師部の細胞の間に多くの原形質連絡をもつ種における
　　　　スクロースの積み込みの模式図

C　Bの文中にあるような葉脈で師部の細胞と葉肉細胞の間で多くの原形質連絡がみられる植物のなかには，スクロースにガラクトースが結合したラフィノースやスタキオースといったオリゴ糖を師管で輸送するものがある。これらの植物では，葉肉細胞から移動したスクロースが師部の細胞でオリゴ糖に変換される。また，葉肉細胞と師部の細胞とをつなぐ原形質連絡は，スクロースだけを輸送する植物のものよりも内径が細い。こうした植物はオリゴ糖を合成することで，スクロースだけを輸送するよりも大量の糖を輸送できる。それを可能にする機構について以下の語句を全て用いて3行程度で説明せよ。ただし，ガラクトースの供給は十分にあり，スクロースがオリゴ糖に変換される反応は十分に速く進むものとする。

拡散，原形質連絡，濃度勾配，逆流

D　下線部(ウ)について。実験1を行ったところ，図2−2のような結果を得た。この実験に関連して，以下の選択肢(1)〜(5)から正しいものを1つ選べ。

(1)　光合成で吸収された^{13}Cの総量は，各器官で検出された^{13}Cの量の合計とほぼ等しい。

(2)　検出された^{13}Cは，測定した器官に含まれる細胞壁やデンプン，糖だけに由来する。

(3)　光合成で吸収された^{13}Cは，ソースから近い距離にある器官へ優先して供給される。

(4)　果実の切除により，果樹Xでは秋に葉や茎よりも根で乾燥重量が増加する。

(5)　翌年の着花数は，光合成を行う葉が秋に増えることで増加する。

E　実験2を行ったところ，図2−3のような結果を得た。実験2で根のデンプン濃度を測定した10月に，個体についている果実の総乾燥重量の年変化のパターンを予想してグラフに図示せよ。同時に，果実の総乾燥重量を予想した根拠を2行程度で説明せよ。ただし，果実の総乾燥重量は着花数に比例するとする。また，測定を行った5年間で果樹Xにつく果実の総乾燥重量の最大値は変化せず，個体内のスクロースの分配と着花数は，図2−2の結果から読み取れる関係に従うものとする。さらに，グラフ中の1年目は実験を開始した年とする。

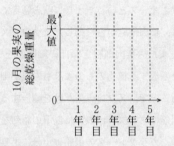

F　果樹Xで8月に果実の半分を切除した個体を複数つくり，10月の果実の

総乾燥重量を 5 年間にわたって測定した。果実の切除は実験を開始した 1 年目のみに行い，一度測定に用いた個体は実験から除外した。この実験の結果について推察されることで正しいものを以下の選択肢⑴〜⑹から全て選べ。ただし，果実の総乾燥重量は着花数に比例するとする。また，測定を行った 5 年間で果樹 X につく果実の総乾燥重量の最大値は変化せず，個体内のスクロースの分配と着花数は，図 2 — 2 の結果から読み取れる関係に従うものとする。

10 月の果実の総乾燥重量は，

⑴　2 年目より 4 年目で多い。

⑵　2 年目と 4 年目でほぼ等しい。

⑶　2 年目より 4 年目で少ない。

⑷　3 年目より 5 年目で多い。

⑸　3 年目と 5 年目でほぼ等しい。

⑹　3 年目より 5 年目で少ない。

Ⅱ　次の文章を読み，問 G〜K に答えよ。

　窒素は植物を構成する必須元素のひとつであり，土壌から根で吸収される。土壌中の主要な窒素源のひとつである硝酸塩（または硝酸イオン）は植物に取り込まれたあと，窒素同化によってアミノ酸に変換されてタンパク質合成の材料となる。タンパク質の一部は生体内で酵素として機能し，植物の様々な代謝反応を円滑に進行させている。植物の成長は，土壌中の利用できる硝酸塩の濃度に強く左右される。これは，光合成速度を高めるために，CO_2 を固定する酵素を多量に必要とするからである。

　植物は窒素を効率的に利用するために，生育する窒素環境に応答して形態を変える。例えば，土壌中の硝酸塩の濃度に対する応答では，植物ホルモン A を介した仕組みによって，植物の葉や茎（地上部）と根（地下部）の乾燥重量の比が変化する。植物ホルモン A を介した土壌の硝酸塩への応答を詳しく調べるために，実験 3 を行った。

実験3　モデル植物であるシロイヌナズナの野生型植物を低濃度と高濃度の硝酸
　　　塩を施肥した土壌で育てた。さらに，植物ホルモンAの生合成酵素の遺
　　　伝子が欠損した変異体Yを用意し，野生型植物と変異体Yとで地上部
　　　（葉，茎）と地下部（根）の接ぎ木実験を行い，それぞれを高濃度の硝酸塩を
　　　施肥した土壌で育てた。接ぎ木は複数の植物の器官をその切断面でつなぐ
　　　園芸の手法で，切断面の維管束がつながることにより接ぎ木した植物の器
　　　官は通常の植物と同様に成長できる。これらの植物で地上部と地下部の乾
　　　燥重量と植物ホルモンAの濃度を測定し，図2―5の結果を得た。

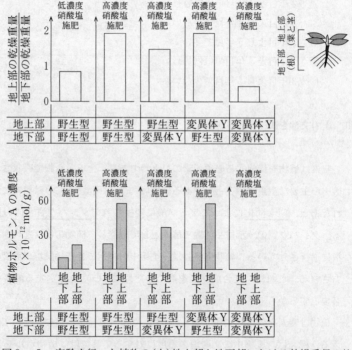

図2―5　実験を行った植物の（上）地上部と地下部における乾燥重量の比
　　　　と（下）植物ホルモンAの濃度
グラフ下部の表は，接ぎ木した地上部と地下部に使った植物の系統を示してい
る。

〔問〕

　G　下線部㈎について。窒素同化は，硝酸イオンから亜硝酸イオンになる反応
　　と，亜硝酸イオンがアンモニウムイオンになる反応，そしてアンモニウムイ
　　オンがアミノ酸に取り込まれる反応の 3 つからなる。e^- は電子，Pi は無機
　　リン酸であるとして，以下の化学式中の　7　から　9　にあては
　　まる数字もしくは物質名を答えよ。

$$NO_3^- + 2H^+ + \boxed{7}\ e^- \longrightarrow NO_2^- + H_2O$$

$$NO_2^- + 8H^+ + \boxed{8}\ e^- \longrightarrow NH_4^+ + 2H_2O$$

$$NH_4^+ + グルタミン酸 + ATP \longrightarrow \boxed{9} + ADP + Pi$$

　H　多くの草本植物では窒素同化の反応は主に葉で行われ，その反応速度は光
　　環境に強く依存する。これらの理由をあわせて 1 行程度で説明せよ。

　I　下線部㈠について。植物がもつタンパク質について，選択肢⑴〜⑸から正
　　しいものを全て選べ。

　　⑴　クロロフィルは光合成に必要な波長の光を吸収するタンパク質である。

　　⑵　フォトトロピンは青色光を受容するタンパク質である。

　　⑶　花成ホルモンであるフロリゲンはタンパク質である。

　　⑷　種子発芽に関与する植物ホルモンのジベレリンはタンパク質である。

　　⑸　電子の受け渡しに貢献する補酵素の NADPH はタンパク質である。

　J　下線部㈢について。図 2 − 5 のグラフから土壌中の硝酸塩濃度に応答して
　　地上部と地下部の乾燥重量の比が変化することが読みとれる。高い硝酸塩濃
　　度を施肥したときの地上部と地下部の乾燥重量の比の適応的な意義につい
　　て，個体の光合成量の観点から以下の語句を全て用いて 2 行程度で説明せ
　　よ。

　　　酵素，光合成速度，葉面積

　K　実験 3 の実験結果について図 2 — 5 のグラフをもとに，以下の文中の
　　　 10 　 から 　 16 　 に最もよくあてはまる語句を以下の語群から選
　　　べ。ただし，語句は複数回選んでもかまわない。

　　　シロイヌナズナでは，植物ホルモン A の生合成が 　 10 　 で行われ，
　高濃度の硝酸塩の施肥は植物ホルモン A の生合成を 　 11 　 。また，植
　物体内では植物ホルモン A は 　 12 　 から 　 13 　 の方向へ移動す
　る。さらに，地上部と地下部の乾燥重量の比が 　 14 　 の植物ホルモン A
　の濃度とより強く相関する。以上の結果から，植物ホルモン A は
　　 15 　 における成長を 　 16 　 という作用をもち，地上部と地下部の
　乾燥重量の比を変化させることが推測される。

　〔語群〕　地上部，地下部，地上部と地下部，促進させる，変化させない，
　　　　　　抑制させる

第 3 問

次の文 1 〜 3 を読み，問 A 〜 K に答えよ。

［文 1］

　ヒトの ABO 式血液型は，赤血球膜上にある糖タンパク質の糖鎖構造で決定さ
れる。A 型のヒトは A 型糖鎖を持ち，B 型のヒトは B 型糖鎖を持つ。また，AB
型のヒトは A 型糖鎖と B 型糖鎖の両方を持っている。図 3 — 1 に示すように，
A 型のヒトでは H 型糖鎖に N-アセチルガラクトサミンが付加されて A 型糖鎖
が形成され，B 型のヒトでは H 型糖鎖にガラクトースが付加されて B 型糖鎖が
形成される。A 型と B 型の糖鎖を形成する ABO 式血液型糖転移酵素（以下，糖
転移酵素）は，354 アミノ酸残基からなるタンパク質である。A 型のヒトは A 型
糖鎖を形成する A 型糖転移酵素（以下，A 型酵素）を，B 型のヒトは B 型糖鎖を
形成する B 型糖転移酵素（以下，B 型酵素）を持ち，AB 型のヒトは A 型糖転移酵
素と B 型糖転移酵素の両方を持っている。また O 型の糖転移酵素遺伝子から

は，活性を持たない糖転移酵素が産生される。

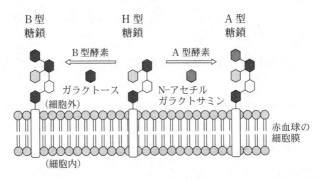

図3―1　ABO 式血液型を決める糖転移酵素による糖鎖付加反応の模式図

A　以下の文中の空欄に適切な語句を，以下の語群から選択して記入せよ。

解答例：1―○○，2―△△

新生児は，生まれつき ABO 血液型の抗原に対する　1　を産生する能力を持っている。　2　による　1　の産生は，T 細胞を必要とせず　3　遺伝子の再構成は行われない。

［語群］　免疫グロブリン，自然抗体，B 細胞，T 細胞，樹状細胞，食細胞

B　A 型のヒトは A 型酵素をコードする A 型遺伝子を持ち，B 型のヒトは B 型酵素をコードする B 型遺伝子を持つ。A 型酵素と B 型酵素を比較すると，176 番目と 235 番目と 266 番目と 268 番目のアミノ酸残基が異なっている。この 4 ヶ所について，A 型と B 型の，どちらかの遺伝子型を持つキメラ遺伝子を作製した。それぞれのキメラ遺伝子から産生される糖転移酵素の活性を測定した結果を表3―1に示す。例として，AABB と表記したキメラ遺伝子は，176 番目と 235 番目のコドンが A 型，266 番目と 268 番目のコドンが B 型の塩基配列である。表3―1の結果から，キメラ遺伝子の糖転移酵素活性についての記述として，適当なものを以下の選択肢(1)～(4)から全て選べ。ただし，酵素活性 A は A 型糖鎖を，酵素活性 B は B 型糖鎖を，酵素活性 AB は A 型糖鎖と B 型糖鎖の両方を産生できることを示す。また酵

素活性 A(B) は，主に A 型糖鎖を産生するが B 型糖鎖もわずかながら産生できることを示す。

(1)　266 番目が A 型遺伝子の塩基配列であれば，必ず A 型の酵素活性をもつ。

(2)　266 番目が B 型遺伝子の塩基配列であれば，必ず B 型の酵素活性をもつ。

(3)　268 番目が A 型遺伝子の塩基配列であれば，必ず A 型の酵素活性をもつ。

(4)　268 番目が B 型遺伝子の塩基配列であれば，必ず B 型の酵素活性をもつ。

表 3—1　各キメラ遺伝子を発現させたヒト培養細胞で検出された糖転移酵素活性

キメラ遺伝子 (176, 235, 266, 268 番目)	糖転移酵素活性
AAAB	A
AABA	AB
AABB	B
ABAA	A
ABAB	A(B)
ABBA	AB
ABBB	B
BAAA	A
BAAB	A
BABA	AB
BABB	B
BBAA	A
BBAB	A(B)
BBBA	AB
AAAA（A 型遺伝子）	A
BBBB（B 型遺伝子）	B

C　B 型遺伝子の 268 番目のアミノ酸残基について，野生型以外の 19 種類の置換変異体を作製した。これらの置換変異体と野生型遺伝子を含め 20 種類の B 型遺伝子のすべての場合について，糖転移活性を測定する実験を行った。表 3—2 に，作製した B 型遺伝子の持つ 268 番目のアミノ酸残基の種類と，産生された酵素活性を測定した結果を示す。B 型の酵素活性を持つ糖

転移酵素のアミノ酸残基に共通する性質について，最も適当なものを以下の選択肢(1)~(4)から 1 つ選べ。

(1) 側鎖が持つ正電荷

(2) 側鎖の疎水性

(3) 側鎖の大きさ

(4) 側鎖の分岐構造

D 表 3 ― 1 と表 3 ― 2 から考えられる A 型遺伝子と B 型遺伝子の 268 番目のアミノ酸残基として，最も適当なものをそれぞれ答えよ。

解答例：A 型―○○，B 型―△△

表 3 ― 2 作製した B 型遺伝子の 268 番目のアミノ酸残基と，産生された糖転移酵素の活性

アミノ酸残基			糖転移酵素活性	
日本語名	3 文字表記	1 文字表記	A 型	B 型
アラニン	Ala	A	−	＋＋＋
アルギニン	Arg	R	−	−
アスパラギン	Asn	N	−	−
アスパラギン酸	Asp	D	−	−
システイン	Cys	C	−	−
グルタミン	Gln	Q	−	−
グルタミン酸	Glu	E	−	−
グリシン	Gly	G	＋	＋
ヒスチジン	His	H	−	−
イソロイシン	Ile	I	−	−
ロイシン	Leu	L	−	−
リシン	Lys	K	−	−
メチオニン	Met	M	−	−
フェニルアラニン	Phe	F	−	−
プロリン	Pro	P	−	−
セリン	Ser	S	−	＋
トレオニン	Thr	T	−	−
トリプトファン	Trp	W	−	−
チロシン	Tyr	Y	−	−
バリン	Val	V	−	−

表中の ＋ は酵素活性の高さを示す。＋＋＋ は ＋ より高い酵素活性を持つ。

E 活性を持たない糖転移酵素を産生する O 型糖転移酵素遺伝子のホモ接合型のヒト(遺伝子型は OO)は，A 型糖鎖と B 型糖鎖のいずれも持たない。し

かしながら，A 型酵素もしくは B 型酵素を持っていても，H 型糖鎖を持たない場合は O 型となる。H 遺伝子は H 型糖鎖を産生する活性を持った酵素をコードし，h 遺伝子は活性を失った酵素をコードする。ある O 型の父親と A 型の母親から，B 型の子供が生まれた。以下の選択肢(1)～(5)から，両親の持つ H 型糖鎖産生酵素と糖転移酵素の遺伝子型として最も適切なものを 1 つ選べ。

(1) 父親は HhAB   母親は hhOA

(2) 父親は HHBB   母親は HhAA

(3) 父親は hhOO   母親は HhOA

(4) 父親は HhOB   母親は HHAA

(5) 父親は hhBB   母親は HHOA

［文 2］

タンパク質合成は，リボソームが mRNA に結合し，| 1 | を認識することによってはじまる。mRNA の連続した 3 つの塩基からなるコドンが，1 つのアミノ酸に対応している。各コドンと塩基対形成する | 2 | をもつ tRNA が mRNA に結合することで，塩基配列がアミノ酸に変換される。リボソームが 1 コドンずつずれるごとに，コドンに対応する | 2 | を持った tRNA が結合する。tRNA によって運搬されたアミノ酸どうしは，| 3 | 結合によって連結される。真核生物のほとんどの mRNA の 5′ 側の末端には | 4 | とよばれる構造が，3′ 側の末端には | 5 | とよばれる構造が付加されており，いずれの構造も翻訳を促進する。一方で，| 6 | や | 7 | などの細胞小器官では，細胞質のリボソームとは異なるリボソームを用いて翻訳反応を行っており，mRNA も | 4 | や | 5 | の構造を持っていない。| 6 | や | 7 | は，それぞれシアノバクテリアと好気性の細菌に構造と機能の点でよく似ており，これらの生物が別の宿主細胞に取り込まれて | 8 | するうちに，細胞小器官となった | 8 | 説が広く受け入れられている。

細胞内のリボソームは，核から合成された mRNA のみでなく，ウイルス由来の mRNA や mRNA ワクチンなどの外来の mRNA も翻訳する。SARS-CoV-2 は，新型コロナウイルス感染症（COVID-19）の原因となるウイルスである。SARS-CoV-2 ウイルス粒子が細胞に取り込まれた後，宿主細胞に導入されたウ

イルス RNA を鋳型にして，ウイルス由来の mRNA（ウイルス mRNA）が新たに合成される。その後，ウイルス mRNA を鋳型にしてリボソームが翻訳を行い，ウイルスタンパク質が合成される。

F　空欄に最も適切な語句を記入せよ。

解答例：1─複製，2─合成

G　SARS-CoV-2 を宿主細胞に感染させたのち，3，5，8時間経過した後に，宿主細胞内で新しく合成される宿主タンパク質とウイルスタンパク質の合計量を測定した結果を，図3─2─a に示す。また，リボソームが結合する宿主 mRNA とウイルス mRNA の割合を解析した結果を，図3─2─b に示す。ウイルス感染後の細胞に関する記述として，適当なものを以下の選択肢(1)～(6)から全て選べ。ただし，リボソームが結合する mRNA 量は，その mRNA から合成されるタンパク質量と比例するものと考えよ。

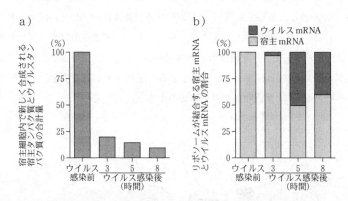

図3─2　宿主細胞内で合成されるタンパク質量とリボソームが結合する mRNA 量
a）宿主細胞内で新しく合成される宿主タンパク質とウイルスタンパク質の合計量を，ウイルス感染前を 100 ％ とした相対値で示す。b）リボソームが結合する宿主 mRNA とウイルス mRNA の割合を示す。

(1)　感染3時間後にウイルス mRNA から合成されるタンパク質量は，宿主 mRNA から合成されるタンパク質量より少ない。

(2)　感染3時間後に宿主 mRNA から合成されるタンパク質量は，ウイルス感染前と比較して低下する。

(3)　ウイルス mRNA から合成されるタンパク質量は，感染5時間後より感

染3時間後が多い。

(4) 宿主 mRNA から合成されるタンパク質量は，感染5時間後より感染3時間後が少ない。

(5) 宿主 mRNA から合成されるタンパク質量は，感染8時間後より感染3時間後が少ない。

(6) ウイルス mRNA から合成されるタンパク質量は，感染8時間後より感染3時間後が少ない。

[文3]

　ヒト白血球型抗原(HLA)は，主要な組織適合性遺伝子の産物であり，「自己」と「非自己」の識別などの免疫反応に重要な役割を果たす。図3―3に示すように，ウイルスが細胞に感染すると，ウイルス由来のペプチドが樹状細胞の膜にあるクラスⅠのヒト白血球型抗原(HLA-Ⅰ)の表面に提示される。HLA-Ⅰの表面に提示されたペプチドは，細胞障害性T細胞膜にあるT細胞受容体によって認識される。ある型のHLA-Ⅰを発現する細胞にSARS-CoV-2を感染させた後，HLA-Ⅰに結合したSARS-CoV-2由来のペプチドを複数同定した。同定したペプチドとHLA-Ⅰとの親和性を測定する方法として，一定濃度の対照ペプチドとの競合結合試験がある。一定濃度の対照ペプチドに対して，様々な濃度の目的のペプチドを加えた後，HLA-Ⅰに結合している対照ペプチド量を測定し，対照ペプチドの結合を50％阻害するペプチドの濃度をIC_{50}とする。

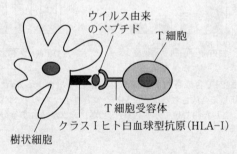

図3―3　T細胞受容体によるHLA-Ⅰに結合したペプチドの認識

H　図3―4はHLA-Ⅰに結合したSARS-CoV-2由来のペプチドについて，HLA-Ⅰとの親和性を測定した結果である。ペプチド1～5に関する記述として，最も適当なものを以下の選択肢(1)～(6)から1つ選べ。

⑴ ペプチド 3 の IC_{50} は，1.0×10^{-8} mol/L 以上である。

⑵ ペプチド 4 の IC_{50} は，1.0×10^{-8} mol/L 以上である。

⑶ ペプチド 1 の IC_{50} は，1.0×10^{-10} mol/L 以下である。

⑷ ペプチド 5 の IC_{50} は，1.0×10^{-10} mol/L 以下である。

⑸ HLA-I との親和性は，ペプチド 3 よりペプチド 1 の方が低い。

⑹ HLA-I との親和性は，ペプチド 2 よりペプチド 4 の方が高い。

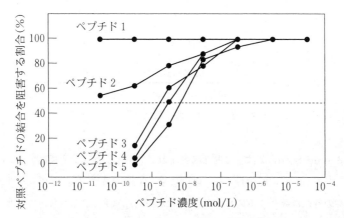

図 3 ― 4　SARS-CoV-2 由来のペプチドの HLA-I に対する親和性の測定結果
対照ペプチドの結合が阻害された割合と個々のペプチド濃度の関係を示す。

Ⅰ　図 3 ― 4 に示すペプチド 1 ～ 5 を含めて，HLA-I に結合した SARS-CoV-2 由来のペプチドと HLA-I との親和性を測定した結果を表 3 ― 3 に示す。ペプチド 4 とペプチド 5 に対応するペプチドを表 3 ― 3 の記号 a ～ k から選択し，その記号を記載せよ。

解答例：ペプチド 4 ― x，ペプチド 5 ― y

表3－3　同定されたペプチドの IC$_{50}$

記号	ペプチドの アミノ酸配列	IC$_{50}$（× 10^{-10} mol/L）
a	GLITLSYHL	< 1
b	MLLGSMLYM	< 1
c	FGDDTVIEV	38
d	STSAFVETV	260
e	ELPDEFVVVTV	12
f	YLNSTNVTI	120
g	SLEDKAFQL	200
h	KAFQLTPIAV	78
i	ELPDEFVVV	4600
j	FASEAARVV	4950
k	LEDKAFQL	38910

　ペプチドのアミノ酸配列を１文字表記で示す。アミノ酸の１文字表記については，表3－2と表3－4を参考にせよ。

J　SARS-CoV-2 は，宿主細胞表面のアンジオテンシン変換酵素２（ACE 2）タンパク質に結合してヒト細胞に侵入する。SARS-CoV-2 のウイルス粒子の外側に存在するスパイクタンパク質SがACE 2に結合し，ウイルス粒子は細胞に取り込まれる。以下は，スパイクタンパク質Sの翻訳領域のうち，開始コドンから数えて 61 番目のコドンから 90 番目までのコドンの塩基配列である。この領域は，ペプチド１とペプチド２を合成するためにリボソームが翻訳する領域を含んでおり，下線部はペプチド２の翻訳領域である。ペプチド１に対応するペプチドを表3－3の記号 a~k から選択し，その記号を記載せよ。

　　　61-AAUGUUACUUGGUUCCAUGCUAUACAUGUC-70

　　　71-UCUGGGACCAAUGGUACUAAGAGGUUUGAU-80

　　　81-AACCCUGUCCUACCAUUUAAUGAUGGUGUU-90

表3―4　コドン暗号表

UUU フェニルアラニン	UCU	UAU チロシン	UGU システイン
UUC Phe(F)	UCC セリン	UAC Tyr(Y)	UGC Cys(C)
UUA	UCA Ser(S)	UAA 終止コドン	UGA 終止コドン
UUG	UCG	UAG	UGG トリプトファン Trp(W)
CUU ロイシン	CCU	CAU ヒスチジン	CGU
CUC Leu(L)	CCC プロリン	CAC His(H)	CGC アルギニン
CUA	CCA Pro(P)	CAA グルタミン	CGA Arg(R)
CUG	CCG	CAG Gln(Q)	CGG
AUU イソロイシン	ACU	AAU アスパラギン	AGU セリン
AUC Ile(I)	ACC トレオニン	AAC Asn(N)	AGC Ser(S)
AUA	ACA Thr(T)	AAA リシン	AGA アルギニン
AUG メチオニン Met(M)	ACG	AAG Lys(K)	AGG Arg(R)
GUU	GCU	GAU アスパラギン酸	GGU
GUC バリン	GCC アラニン	GAC Asp(D)	GGC グリシン
GUA Val(V)	GCA Ala(A)	GAA グルタミン酸	GGA Gly(G)
GUG	GCG	GAG Glu(E)	GGG

　　K　ペプチド1とペプチド2に関する特徴として適当なものを，以下の選択肢
　　　(1)～(5)から全て選べ。表3―4にコドン暗号表を示す。

　　　(1)　ペプチド2は，スパイクタンパク質Sと同じ読み枠で翻訳される。

　　　(2)　ペプチド2は，スパイクタンパク質Sと異なる読み枠で翻訳される。

　　　(3)　ペプチド1は，スパイクタンパク質Sと異なる読み枠で翻訳される。

　　　(4)　ペプチド1は，スパイクタンパク質Sと同じ読み枠で翻訳される。

　　　(5)　ペプチド1とペプチド2は，異なる読み枠で翻訳される。

地学

（2 科目 150 分）

（注）　解答用紙は，〈理科〉共通。1 行：約 23.5 センチ，35 字分の区切りあり。

　　　　1・2 は各 25 行，3 は 50 行。

第 1 問　宇宙に関する次の問い（問 1 ～ 2）に答えよ。

問 1　恒星 A，B がそれらの共通重心の周りに円軌道で公転している連星系につい
て考える。恒星 A，B の質量をそれぞれ M, m $(M > m)$，二つの星の中心間
の距離を a，公転周期を P とする（図 1 － 1）。この連星系の軌道面上の遠方に
いる観測者が分光観測を行ったところ，恒星 A は B よりもはるかに明るく，
A に対してのスペクトルのみ得られた。以下の問いに答えよ。数値での解答に
は有効数字 2 桁で答え，計算の過程も示せ。なお，地球の質量は太陽の質量と
比べて無視できるほど小さいとする。

(1)　恒星 A の放射エネルギー分布において，最も強く放射される光の波長
（ピーク波長）は平均で 0.15 μm であった。太陽の放射エネルギー分布の
ピーク波長を 0.50 μm として，恒星 A の表面温度（単位：K）を求めよ。

(2)　恒星 A の公転速度 v と地球の太陽に対する公転速度 v_e の比 v/v_e を r,
P, r_e, P_e を用いて表せ。ここで，r は恒星 A の共通重心に対する公転円の
半径，r_e, P_e はそれぞれ地球の太陽に対する公転円の半径と公転周期であ
る。

(3)　恒星 A のスペクトルに見られる暗線（吸収線）に対するドップラー効果の
観測から v を求めたところ，$v/v_e = 0.10$ とわかった。この連星系では

$P = 10$ 年，$a = 10$ 天文単位として，以下に答えよ。

(a) 恒星 A の公転半径 r（単位：天文単位）を求めよ。

(b) 恒星 A，B の質量の和 $M + m$ は太陽質量の何倍であるか求めよ。

(c) 恒星 B の質量 m は太陽質量の何倍であるか求めよ。

(d) 恒星 B が主系列星である期間は何年程度であるか。またこの星は進化の末期にどのような経過をたどると考えられるか，あわせて 2 行程度で述べよ。

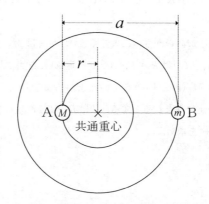

図 1－1　共通重心の周りに円軌道で公転運動する恒星 A，B

問 2　超新星は，一つの恒星が突然爆発し，銀河全体に匹敵する明るさで輝きはじめ，それが一月ほど続く現象である。以下の問いに答えよ。計算の過程も示せ。

(1) 超新星も通常の恒星と同じように球対称の光球面を持ち，シュテファン・ボルツマンの法則が成り立つとする。超新星の光度，表面温度，光球半径をそれぞれ L_{SN}，T_{SN}，R_{SN} とし，太陽のそれらを L_0，T_0，R_0 とする。R_{SN} をその他の五つの物理量を用いて表わせ。

⑵　ある超新星は，爆発から 20 日後に最大光度に達し，その時の絶対等級が −20.2 で，表面温度は太陽と同じであった。光球面は一定の速度で膨張しているとして，その膨張速度 V（単位：m/s）を有効数字 1 桁で求め，それが光速の何%か答えよ。爆発直後の光球の大きさはゼロとしてよい。太陽の絶対等級は 4.8，太陽半径は $R_0 = 7 \times 10^8$ m，1 日は 9×10^4 s とする。

⑶　この超新星の爆発で放出された物質の質量を M_{SN} とする。周囲には均一な質量密度 ρ のガスが存在し，放出された物質は周囲のガスをかき集めながら球対称に膨張する。爆発からの時刻 t までに，半径 $R(t)$ より内側のガスがかき集められるとする（時刻 $t = 0$ で $R = 0$）。かき集めたガス質量 $M_R(t)$ が時刻 t_d で M_{SN} に等しくなると，膨張は減速を始める。R は時刻 t_d までは一定の速度 V で膨張するとして，t_d を V，ρ，M_{SN} を用いて表わせ。

⑷　その後，$M_R(t)$ がさらに大きくなり，M_{SN} は M_R に比べて無視できる状態を考える。$R(t)$ は $R = Ct^a$（C，a は定数）と表せるとする。膨張の運動エネルギーは $M_R(t)$ と $V(t)$ を用いて $M_R V^2 / 2$ で与えられ，エネルギー保存則により一定に保たれるとする。V は R を t で微分したものであることに注意し，a の値を求めよ。

第 2 問 大気と海洋に関する次の問い(問 1 ～ 2)に答えよ。

問 1 以下の問いに答えよ。

(1) 図 2 ― 1 は海面気圧分布であり,北半球の夏か冬のいずれかの平均的なものを示している。この図を見て以下の問いに答えよ。

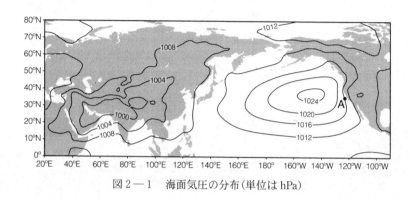

図 2 ― 1 海面気圧の分布(単位は hPa)

(a) 図 2 ― 1 がどちらの季節のものか答えよ。またその根拠となる,北半球の夏と冬それぞれの平均的な海面気圧分布に見られる特徴を,あわせて 2 ～ 3 行で述べよ。

(b) 図 2 ― 1 中の海上の点 A 付近での,この季節における海面付近の平均的な風向きに最も近いものを①～④の中から,また海水の平均的なエクマン輸送の向きを⑦,⑦から選べ。
  ① 北東向き   ⑦ 北米大陸に向かう向き
  ② 北西向き   ⑦ 北米大陸から離れる向き
  ③ 南東向き
  ④ 南西向き

(c) 図 2 ― 2 は,図 2 ― 1 に示した季節における点 A での平均的な気温の高度分布を模式的に示している。図 2 ― 2 に見られる逆転層を伴った気温

分布がどのようにして形成されるか，下記の語句をすべて用いて2〜3行で説明せよ。なお，雲が放射を通して与える影響については述べなくて良い。

語句群： エクマン輸送，下降気流

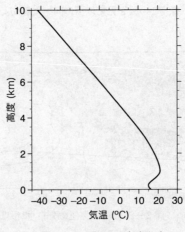

図2—2 気温の高度分布

(2) 次の文章を読んで以下の問いに答えよ。なお，過飽和は起こらないものとする。

　気温減率が乾燥断熱減率よりも大きい場合の大気の状態を絶対不安定，湿潤断熱減率よりも小さい場合を絶対安定，二つの断熱減率の間にある場合を（　ア　）という。地表面付近にある水蒸気を含んだ空気塊が断熱的に持ち上げられると，その空気塊の温度ははじめ乾燥断熱減率に従って低下する。やがて水蒸気が飽和すると，（　イ　）が放出されるため，空気塊の温度低下は湿潤断熱減率に従うようになる。周囲の気温減率が（　ア　）の状態にあり，周囲の気温が空気塊の温度よりも（　ウ　）くなる高度範囲に空気塊が達すると，空気塊は浮力を得て自然に上昇するようになる。

(a) 空欄（　ア　）〜（　ウ　）に入る適切な語句をそれぞれ答えよ。

(b)　地表気温 25.0 ℃ で，一定の気温減率 0.60 ℃/100 m をもつ気温分布の
もとで，はじめ地表にある二つの空気塊 X と Y を考える。X の地表での
温度は 25.0 ℃，相対湿度は 86 % である。Y は地表で暖められて，その
温度は 26.0 ℃，相対湿度は 79 % である。これらが断熱的に持ち上げら
れたとき，文中の下線部のような高度範囲の下限は，X と Y のどちらの
方が低いか答えよ。計算の過程も示せ。なお，簡単のため，ここでは乾燥
断熱減率は 1.0 ℃/100 m，湿潤断熱減率は 0.50 ℃/100 m とする。飽和
水蒸気圧は表 2 ― 1 のとおりとする。

表 2 ― 1　飽和水蒸気圧の値

温度(℃)	22.0	22.5	23.0	23.5	24.0	24.5	25.0	25.5	26.0
飽和水蒸気圧(hPa)	26.5	27.3	28.1	29.0	29.9	30.8	31.7	32.7	33.6

問 2　次の文章を読み，以下の問いに答えよ。

　月と太陽の影響によって生じる起潮力を受け，海面は規則的な昇降を繰り返す。
この現象を潮汐という。月による起潮力は，月に面した地球表面とその裏側で，海
面を上昇させる方向に働く。地球は自転しているため，約（　ア　）の周期で満潮が
繰り返し発生する。月と地球は，共通重心の周りを互いに公転している。太陽の影
響も加えて考えると，満潮と干潮の間の潮位差が最大になる大潮と，最小になる小
潮が発生する。
　海面の高さは潮汐以外の原因でも上下する。黒潮は，コリオリ力と（　イ　）がつ
り合うことで海面の高さが場所によって異なった状態を保ち流れている。黒潮は図
2 ― 3 のように，日本の南岸に沿って流れる非大蛇行期と，流路が 1 年以上にわた
り沖に蛇行する大蛇行期を繰り返しており，沿岸域の海面の高さも非大蛇行期と大
蛇行期とで変化する。

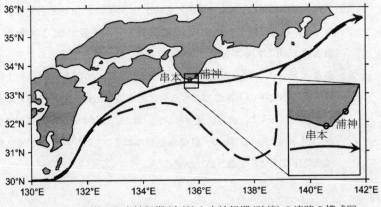

図 2 — 3　黒潮の非大蛇行期(実線)と大蛇行期(破線)の流路の模式図

(1) 空欄(ア)に入る適切な周期を以下から選べ。

　　12 時間,　24 時間,　15 日,　30 日

(2) 空欄(イ)に入る適切な語句を答えよ。

(3) 下線部で述べた現象が起こる仕組みを 2 ～ 3 行程度で説明せよ。

(4) 大潮と小潮それぞれが発生するときの太陽,月,地球の位置関係を,あわ
　　せて 2 行程度で説明せよ。

(5) 図 2 — 4 は串本と浦神の海面の高さの差の変動を示す。

　(a) 図 2 — 4 の縦軸の海面の高さの差は,串本と浦神のどちらからどちらの
　　　値を引いたものか,以下の語句をすべて用いて,その理由を含め 2 行以内
　　　で答えよ。

　　　語句群：黒潮,地衡流

(b) 図 2 — 4 が示す変動の様子が変化した 2017 年 8 月以降は，黒潮の非大
蛇行期，大蛇行期のいずれに相当するか，理由を含め 3 行以内で答えよ。

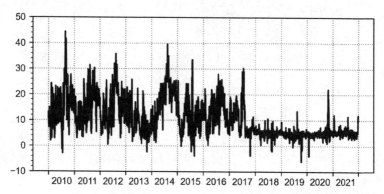

図 2 — 4　2010 年 1 月から 2021 年 12 月までの串本と浦神の海面の高さの
差。縦軸の単位は cm。

第 3 問　重力と火山に関する次の問い（問 1 〜 2）に答えよ。

問 1　ジオイドに関する以下の問いに答えよ。

⑴　ジオイドには起伏があり，図 3 — 1 はその高さ分布を示している。図中の
H は起伏の高所を，L は低所を示し，実線は高所，破線は低所の等高線を示
す。等高線は（　ア　）m 毎に描かれている。

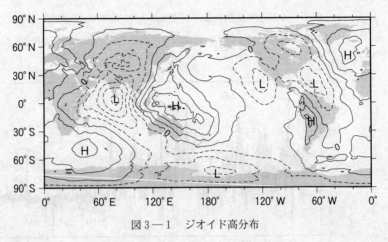

図3—1　ジオイド高分布

(a) 空欄（　ア　）に入る適切な数値を以下から選べ。

　　2，20，200，2000，20000

(b) 長期間の平均をとった海面（平均海水面）を考える。この海面上に数多く
　　の浮きを静かに置いて，浮きの動きを観察する。観察結果として適切な文
　　章を次の①～⑤から選べ。ジオイド高は時間変化しないとし，海流や風な
　　ど，地球の重力以外の影響はないものとする。
　① 浮きは次第に高所 H へ移動する。
　② 浮きは次第に低所 L へ移動する。
　③ 浮きはジオイド高がゼロの線へ移動する。
　④ 浮きはジオイド高の等高線に沿って移動する。
　⑤ 浮きは移動しない。

(2) 近年，ジオイド高は人工衛星により詳しく調べられ，時間変動することが
　　わかってきた。図3—2はアマゾン盆地の毎月のジオイド高と降水量を示し
　　ている。図3—3は簡略化したアマゾン盆地の水収支モデルである。

(a) 図3—2に基づいて，アマゾン盆地内総水量は何月頃に最大となるか答

えよ。

(b)　図 3 — 2 では，降水量が増加するとジオイド高が遅れて上昇し，その後
下降に転じている。図 3 — 3 の水収支モデルに基づいて，降水量の極大に
比べてジオイド高の極大が遅れる理由を以下の語句をすべて用いて 3 行程
度で答えよ。

語句群：盆地内総水量，降水による増加量，蒸発散と流出による減少量

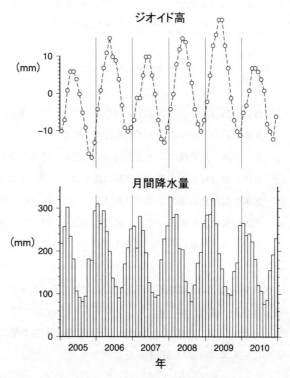

図 3 — 2　アマゾン盆地の毎月のジオイド高（時間平均からのずれ）と降水量

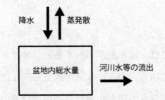

　　図3－3　アマゾン盆地の水収支モデル(矢印は水の輸送の向きを表している
　　　　　　る)

(3)　より長い時間では，地球温暖化が進みグリーンランドの氷床が急速にすべ
　　て溶けて海へ流出したとすると，(　イ　)が成立するように地殻は変動す
　　る。グリーンランドのジオイド高も氷床が溶ける前と比べると変動する。

　(a)　空欄(　イ　)に入る適切な語句を答えよ。

　(b)　下線部の振る舞いとして正しい文を次の①～⑥から選べ。
　　①　氷床が溶けた直後のジオイド高は低くなり，次第に上昇する。
　　②　氷床が溶けた直後のジオイド高は低くなり，さらに下降する。
　　③　氷床が溶けた直後のジオイド高は低くなり，そのままを保つ。
　　④　氷床が溶けた直後のジオイド高は高くなり，次第に下降する。
　　⑤　氷床が溶けた直後のジオイド高は高くなり，さらに上昇する。
　　⑥　氷床が溶けた直後のジオイド高は高くなり，そのままを保つ。

　(c)　氷床が溶けたあとに地殻は隆起するか沈降するか答えよ。グリーンラン
　　　ドの氷床の厚さを 1800 m，氷の密度を 0.900 g/cm^3，マントルの密度を
　　　3.60 g/cm^3 とし，最終的な地殻の上下変動量を有効数字2桁まで単位と
　　　ともに答えよ。計算の過程も示せ。

問 2　次の文章を読んで，問いに答えよ。

(1)　地球上の火山活動はプレートの動きと密接な関係をもっている。地球上
　　で，マグマの発生による火山活動や火成岩形成の主要な場として，三つのタ

イプがある。（　A　）はプレートが新たに生じる場所，（　B　）はプレート
境界とは関係なく，プレート内等に火山島や海山が形成される場所，
（　C　）はプレートが他のプレートの下に沈み込む場所である。

　（　B　）としてよく知られているのがハワイ島である。ハワイ諸島では，
ハワイ島から遠ざかるに従って，火山の年代が（　ア　）なる。これをもとに
プレート移動の方向と（　イ　）を推定することができる。<u>ハワイ島には大型
で緩やかな斜面をもつ（　ウ　）火山が分布している。</u>

　（　C　）の地域の火山は，海溝と平行して地球規模で帯状に連なり，分布
域の海溝側の端をつなぐ線は（　エ　）と呼ばれる。この地域は，結晶分化作
用等により，幅広い組成のマグマが形成され，多様な火山活動の場となって
いる。この地域では，溶岩と火山砕せつ物が重なってできた（　オ　）火山が
多く分布している。

⒜　空欄（　A　）〜（　C　）に当てはまる語句をそれぞれ答えよ。

⒝　空欄（　ア　）〜（　オ　）に当てはまる語句をそれぞれ答えよ。

⒞　上記下線部について，なぜ"緩やかな斜面をもつ"のか，１行で答えよ。

⑵　ある火山を調査し，図３—４の地質図を得た。ここでは，比較的新しい活
　動で形成された溶岩流ＫとＬおよび南西に開く崩壊地形が識別される。

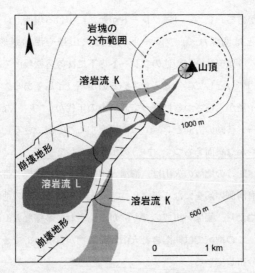

図 3 ― 4　ある火山の地質図

(a)　溶岩流 K と L および崩壊地形の形成順序はどのようになっているか，
　　地質図を判読し 1 行で答えよ。

(b)　山頂近傍の地表面に，同じ爆発的噴火によると思われる多数の岩塊が分
　　布していた。複数の岩塊で残留磁気を測定したところ，どれも磁化の方向
　　は同じであった。これは，着地時に岩塊が（　カ　）であったことにより同
　　方向に磁化されたためと考えられ，これらの岩塊が（　キ　）である可能性
　　を示す。空欄（　カ　），（　キ　）に当てはまる語句を以下から一つ選び，
　　その番号をそれぞれ答えよ。

カ：①　正四面体，②　低温，③　球状，④　灰色，⑤　白色，
　　⑥　六角柱状，⑦　高温，⑧　板状

キ：⑨　地表面の古い溶岩が吹き飛ばされたもの
　　⑩　この噴火を生じた新しいマグマに由来するもの
　　⑪　地表面の古い溶岩噴泉の堆積物が吹き飛ばされたもの

(c) 崩壊地形がつくる崖の露頭において，溶岩流 K の直下に炭化木片が見つかった。この炭化木片の ^{14}C を分析したところ，元の原子数の 1／8 が残っていたことがわかった。^{14}C の半減期を 5700 年として，この溶岩が噴出したのは何年前と推定されるか，計算過程も含めて答えよ。

(d) 溶岩流の試料から薄片をつくり，偏光顕微鏡で観察した。溶岩流 K（玄武岩）では，斑晶鉱物として鉱物 X と鉱物 Y が含まれていた。鉱物 X は有色鉱物で，開放ニコルで無色～淡黄色で多色性は示さなかった。また，鉱物 Y は無色鉱物で，直交ニコルで白黒縞状の消光がみられた。溶岩流 L の試料にも同様の斑晶鉱物が含まれていた。鉱物 X の結晶構造は，SiO_4 の四面体が独立しているタイプである。鉱物 X と鉱物 Y の鉱物名を答えよ。

(e) 化学組成の分析を行い，SiO_2 含有量について下記の値を得た。

溶岩流 K：50.0 質量%，溶岩流 L：52.0 質量%
鉱物 X：40.0 質量%，鉱物 Y：48.0 質量%

問(2)(a)で噴出順序について判読した溶岩流 K と L のうち，先に噴出した溶岩の活動後，図 3－5 左のように，マグマ溜りがこの溶岩流と同じマグマで満たされていたとする。その後，図の右のように，このマグマから斑晶鉱物 X と Y が同じ割合で晶出し，マグマ溜りの下方に沈み取り去られることで，後に噴出した溶岩流と同じマグマが生じたと仮定する。このとき，マグマ溜りを満たしていたマグマの何%（質量%）が斑晶鉱物（X と Y）として取り去られたことになるか，有効数字 2 桁で計算過程も含めて答えよ。

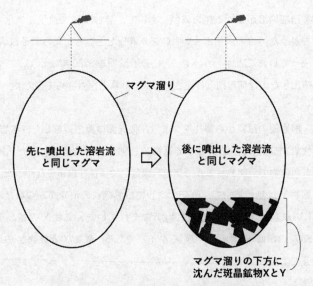

図3—5　マグマ溜り内でのマグマの変化

○台司——最高位の官職。　○名器——名は爵位、器は爵位にふさわしい車や衣服。

○廷諍——朝廷で強く意見を言うこと。　○相——補助する者。

設問

(一)　傍線部 b・c・d を平易な現代語に訳せ。

(二)　「爾身猶可以免」(傍線部 a)を、「爾」の指す対象を明らかにして、平易な現代語に訳せ。

(三)　「顧而不扶、安用彼相」(傍線部 e)とあるが、何を言おうとしているのか、本文の趣旨を踏まえてわかりやすく説明せよ。

〔解答欄〕　(三)約 一三・五センチ×一・五行

貽二厥子孫一者上也ニ。爾（なんぢ）身猶可二以免ニ。」指二諸孫ヲ一曰ハク、「此等必ズ遇レ乱ニ死セント。」及二

孫綏一、果為二淫刑ノ所レ戮ス。前史美レ之、以為レ明於先見ニ。夫為二人臣一、当下進ミテハ思レ

竭レ誠、退キテハ思レ補レ過、将下順コ其美ヲ一、匡中救其悪ヲ上。所コ以共ニ為レ治スルヲ也。

朕意不レ然。謂ヘラク曽之不忠、其ノ罪大ナリ矣。

曽位極二台司一、名器崇重ナリ。当ニ直レ辞シテ正諫、論レ道佐レ時ヲ。今乃退キテハ有二後

言、進ミテハ無二廷諍サウ一。以為二明智、不レ亦謬ナラ乎。顕タフレテンバ而不レ扶、安クンゾ用二彼ノ相ヲ一。

（『貞観政要』による）

〔注〕
○晋武帝――司馬炎（二三六〜二九〇）、魏から禅譲を受けて晋を建てた。
○驕奢――おごってぜいたくであること。
○何曽――魏と晋に仕えた人物（一九九〜二七八）。子に劭、孫に綏がいる。
○淫刑――不当な刑罰。　　○呉――国の名。
○将順――助け従う。
○匡救――正し救う。

設問

(一) 傍線部ア・イ・ウを現代語訳せよ。

(二) 僧が「一滴も飲まず」（傍線部エ）と言ったのはなぜか、説明せよ。

(三) 「心も卑しくなりにけり」（傍線部オ）とはどういうことか、具体的に説明せよ。

第 三 問

次の文章は唐の太宗、李世民（在位六二六～六四九）が語った言葉である。これを読んで、後の設問に答えよ。ただし、設問の都合で送り仮名を省いたところがある。

朕聞(クノ)晋武帝自(リ)平(ゲシ)呉(ヲ)已後、務在(メリケウニ)驕奢(しやニ)、不(タメ)[三]復留(メ)心治政(ニ)。何曽退(キ)朝(ヨリ)、謂(ヒテノ)其子劭(せうニ)曰、「吾毎(ニュル)見(三)主上(ニ)、不(ゼ)論(ニ)経国遠図(ヲ)、但説(ダク)[三]平生常語(ヲ)。此非(下)

「安きことにて候ふ。参るほどにては、仰せに従ふべし。何れも得たる事なり。殊に祈禱は吾が宗の秘法なり。必ず霊験あるべし」
と云ふ。

「さて、酒はきこしめすや」と申す。大方はよき上戸にてはあれども、「酒を愛すと云ふは、信仰薄からん」と思ひて、「いかにも貴げなる体ならん」と思ひて、エ「二滴も飲まず」と云ふ。「しからば」とて、温かなる餅を勧めけり。よりて、大般若経の啓白して、かの餅を食はしめて、「これは大般若の法味、不死の薬にて候ふ」とて、病者に与へけり。病者貴く思ひて、臥しながら合掌して、三宝諸天の御恵みと信じて、一口に食ひけるほどに、日ごろ不食の故、疲れたる気にて、食ひ損じて、むせけり。女房、子供、抱へて、かなはずして、息絶えにければ、中々とかく申すばかりなくして、「孝養の時こそ、案内を申さめ」とて返しけり。

帰る路にて、風波荒くして、浪を凌ぎ、やうやう命助かり、衣裳以下損失す。また今一所の経営は、布施、巨多なりける。これも、耳の福売りたる効かと覚えたり。万事齟齬する上、オ心も卑しくなりにけり。

〔注〕○耳のびく——耳たぶ。　○五百文——「文」は通貨単位。千文が銭一貫（一貫文）に相当する。
○相者——人相見。　○世間不階——暮らし向きがよくないこと。
○逆修——生前に死後の冥福を祈る仏事を修すること。　○無下——最悪。　○八旬——八十。
○不例——病気。　○真読の大般若——『大般若経』六百巻を省略せずに読誦すること。
○置き物——ここでは、手に入ったものも同然なことをいう。　○啓白——法会の趣旨や願意を仏に申し上げること。
○法味——仏法の妙味。　○孝養——亡き親の追善供養。

第　二　問

次の文章は『沙石集』の一話「耳売りたる事」である。これを読んで、後の設問に答えよ。

南都に、ある寺の僧、耳のびく厚きを、ある貧なる僧ありて、「たべ。御坊の耳買はん」と云ふ。「とく買ひ給へ」と云ふ。「いかほどに買ひ給はん」と云ふ。「五百文に買はん」と云ふ。「さらば」とて、銭を取りて売りつ。その後、京へ上りて、相者のもとに、耳売りたる僧と同じく行く。相して云はく、「福分おはしまさず」と云ふ時に、耳買ひたる僧の云はく、「あの御坊の耳、その代銭かくのごとき数にて買ひ候ふ」と云ふ。「さては御耳にして、明年の春のころより、御福分かなひて、御心安からん」と相す。さて、耳売りたる僧をば、「耳ばかりこそ福相おはすれ、その外は見えず」と云ふ。かの僧、当時まで世間不階の人なり。「かく耳売る事もあれば、貧窮を売ることもありぬべし」と思ひ、南都を立ち出でて、東の方に住み侍りけるが、学生にて、説法などもする僧なり。

ある上人の云はく、「老僧を仏事に請ずる事あり。身老いて道遠し。予に代はりて、赴き給へかし。ただし三日路なり。想像るに、施物十五貫文には過ぐべからず。またこれより一日路なる所に、ある神主の有徳なるが、七日逆修をする事あり。これも予を招請すといへども行かんことを欲せず。これは、一日に無下ならば五貫、ようせば十貫づつはせんずらん。公、いづれに行き給はん」と云ふ。かの僧、「仰すまでもなし。遠路を凌ぎて、十五貫文など取り候はんより、一日路行きて七十貫こそ取り候はめ」と云ふ。「しからば」とて、一所へは別人をして行かしむ。神主のもとへはこの僧行きけり。

既に海を渡りて、その処に至りぬ。神主は齢八旬に及びて、病床に臥したり。子息申しけるは、「老体の上、不例日久しくして、安泰頼み難く候へども、もしやと、先づ祈禱に、真読の大般若ありたく候ふ」と申す。「また、逆修は、いかさま用意、仕り候ひて、やがてひきつぎ仕り候はん」と云ふ。この僧思ふやう、「先づ大般若の布施取るべし。また逆修の布施は置き物」と思ひて、

（二）「仮面は憑依を前提としなくなっても存続しうる」（傍線部イ）とはどういうことか、説明せよ。

（三）「他者と私とのあいだの新たな境界となる」（傍線部ウ）とはどういうことか、説明せよ。

（四）「『異界』と自分自身とを、つかの間にせよ、可視的なかたちでつかみ取るための装置」（傍線部エ）とはどのようなことを言っているのか、本文全体の趣旨を踏まえて一〇〇字以上一二〇字以内で説明せよ（句読点も一字と数える）。

（五）傍線部a・b・cのカタカナに相当する漢字を楷書で書け。

a　シュリョウ　　b　トげて　　c　ショウゲキ

〔解答欄〕㈠〜㈢各約一三・五センチ×二行

りない私の顔に、固定し対象化したかたどりを与えるのである。したがって、「仮面をかぶると、それまでの自分とは違った自分になったような気がする」という、人びとが漏らす感想も、固定された素顔から別のかたちに固定された顔への変化にともなう感想なのではない。それはむしろ、常に揺れ動き定まることのなかった自身の可視的なありかたが、はじめて固定されたことにともなうショウゲキの表明としてうけとられるべきである。また、精霊の仮面をかぶった男が精霊に憑依されたと確信するのも、そしてウルトラマンの仮面をかぶった少年がウルトラマンに「なりきれる」のも、仮面によってかぶり手の世界に対する関係がそのかたちに固定されてしまうからにほかならない。

　仮面は、私たちにとって自分の目ではけっしてとらえられない二つの存在、すなわち「異界」と自分自身とを、つかの間にせよ、可視的なかたちでつかみ取るための装置なのである。

（吉田憲司「仮面と身体」による）

〔注〕　○ディオニソス――ギリシア神話の酒の神。
　　　○和辻哲郎――日本の倫理学者（一八八九～一九六〇）。

設　問

（一）　「その意味で、仮面の探求は、人間のなかにある普遍的なもの、根源的なものの探求につながる可能性をもっている」（傍線部ア）とはどういうことか、説明せよ。

ちろん、世界を広くみわたしたとき、顔の前につける仮面は、必ずしも一般的だとはいえない。むしろ、顔と体の全体を覆ってしまうかぶりもののほうが多数を占めるかもしれない。しかし、その場合でも、顔が隠されることが要件であることは間違いない。

変身にとって、顔を隠すこと、顔を変えることが核心的な意味をもつ理由をはじめて明確に示したのは、和辻哲郎であった。私たちは、たとえ未知の他人（ひと）であっても、その他人の顔を思い浮かべることなしに、その他人とかかわることはできない。また、肖像画や肖像彫刻にみるように、顔だけで人を表象することはできても、顔を除いて特定の人物を表象することはできない。このような経験をもとに、和辻は「人の存在にとっての顔の核心的意義」を指摘し、顔はたんに肉体の一部としてあるのでなく、「肉体を己れに従える主体的なるものの座、すなわち人格の座」を占めていると述べたのであった。

この和辻の指摘の通り、確かに私たちの他者の認識の方法は顔に集中している。逆にいえば、他者もまた私の顔から私についてのもっとも多くの情報を得ているということになる。しかし、他者が私を私として認知する要となるその顔を、私自身は見ることができない。自分の身体でも他の部分なら鏡を使わずになんとか見えるのに、顔だけは絶対に見ることができないのである。和辻の言葉を借りていえば、顔は私の人格の座であるはずなのに、その顔は私にとってもっとも不可知な部分として、終生、私につきまとうことになる。

顔は、しかも身体のなかでも、時々刻々ともっとも大きな変化を<u>b</u>トげている部分であろう。喜ぶとき、悲しむとき、笑うとき、苦しむとき、顔はひとときとして同じ状態でそこにあることはない。もっとも他者から注目され、もっとも豊かな変化を示すにもかかわらず、けして自分ではみることのできない顔。仮面は、まさにそのような顔につけられる。そして、<u>ウ他者と私とのあいだの新たな境界を、それぞれにほぼ定まった形をもったものだという点を忘れてはならない</u>。

ここで仮面が、木製のものと繊維製のものとを問わず、それぞれにほぼ定まった形をもったものだという点を忘れてはならない。そのうえ、私たちは、その仮面、自分と他者との新たな境界を、自分の目で見て確かめることができる。仮面は、変転きわま

ローたちの活躍もまた、それと同じ欲求に根ざしているのである。

ここでは、仮面が神や霊など、異界の力を可視化し、コントロールする装置であることを強調してきた。しかし、そのような装置は少なくとももうひとつある。神霊の憑依、つまり憑霊である。しかも、仮面は、これまで、憑依の道具として語られることが多かった。いちいち引用の出典を記すまでもない。仮面をかぶった踊り手には、霊が依り憑き、踊り手はその霊になりきるのだ。あるいは、仮面をかぶった踊り手はもはや仮面をかぶる前の彼ではない。それは神そのものだといった議論は、世界各地の仮面についての民族誌のなかに数多く見いだされる。

たしかに、神や精霊に扮した者は、少なくとも何がしか神や精霊の属性を帯びることになるという信念が維持されていなければ、彼らとかかわることで福や幸運が享受できるかもしれないという、かすかな期待を人びとが抱くことすら不可能になる。その意味で、儀礼における仮面と憑依との結びつきは、動かしえない事実のようである。

しかし、その一方で神事を脱し芸能化した仮面や子どもたちが好んでかぶる仮面に、憑依という宗教的な体験を想定することはできない。仮面のありかたの歴史的変化が語っているのは、イ仮面は憑依を前提としなくなっても存続しうるという事実である。そしてその点で、仮面は決定的に霊媒と異なる。霊媒は憑依という信念が失われた瞬間、存立しえなくなるからである。

仮面と憑依の相同性を強調した従来の議論に反して、民族誌的事実は、このように、ともに仮面と憑依との違いを主張している。仮面は憑依と重なりあいつつも、それとは異なる固有の場をもっているのである。では、その固有性とは何か。その固有性と憑依との違いを考えるには、顔をもうひとつの顔で覆うという、仮面の定義に戻る以外にないであろう。そして、その定義において、仮面が人間の顔ないし身体をその存立の与件としている以上、仮面の固有性の考察も、私たちの身体とのかかわりにおいて進められなければならない。以下では、仮面を私たちの身体的経験に照らして考察することにする。

仮面と身体とのかかわり。それはいうまでもなく、仮面が顔、素顔の上につけられるものだという単純な事実に求められる。も

様性がみられる一方で、随所に、地域や民族の違いを越えて、驚くほどよく似た慣習や信念がみとめられるという事実である。相互に民族移動や文化の交流がおこったとは考えられない、遠く隔たった場所で酷似した現象がみとめられるというのは、やはり一定の条件のもとでの人類に普遍的な思考や行動のありかたのあらわれだと考えてよい。ア その意味で、仮面の探求は、人間のなかにある普遍的なもの、根源的なものの探求につながる可能性をもっている。

地域と時代を問わず、仮面に共通した特性としてあげられるのは、それがいずれも、「異界」の存在を表現したものだという点である。ヨーロッパでいえば、ギリシアのディオニソスの祭典に用いられた仮面から、現代のカーニヴァルに登場する異形の仮面や魔女の仮面まで、日本でいえば、能・狂言や民俗行事のなかで用いられる神がみや死者の仮面から、現代の月光仮面（「月からの使者」といわれる）やウルトラマン（M78星雲からやって来た人類の味方）に至るまで、仮面はつねに、時間の変わり目や危機的な状況において、異界から一時的に来たり、人びとと交わって去っていく存在を可視化するために用いられてきた。それは、アフリカやメラネシアの葬儀や成人儀礼に登場する死者や精霊の仮面についてもあてはまる。そこにあるのは、異界を、山や森に設定するか、月に設定するか、あるいは宇宙の果てに設定するかの違いだけである。たしかに、知識の増大とともに、人間の知識の及ばぬ世界＝異界は、村をとりまく山や森から、月へ、そして宇宙へと、どんどん遠くへ退いていく。しかし、世界を改変するものとしての異界の力に対する人びとの憧憬、異界からの来訪者への期待が変わることはなかったのである。

ただ、忘れてならないのは、人びとはその仮面のかぶり手を、あるときは歓待し、あるときは慰撫し、またあるときは痛めつけてきたということである。仮面は異界からの来訪者を可視化するものだとはいっても、それはけっして視られるためだけのものではない。それは、あくまでもいったん可視化した対象に人間が積極的にはたらきかけるための装置であった。仮面は、大きな変化や危機に際して、人間がそうした異界の力を一時的に目にみえるかたちにし、それにはたらきかけることで、その力そのものをコントロールしようとして創りだしてきたもののように思われる。そして、テレビの画面のなかで繰り広げられる現代の仮面のヒー

第　一　問

（一〇〇分）

次の文章を読んで、後の設問に答えよ。

（注）　解答は、一行の枠内に二行以上書いてはいけない。

いまさらいうまでもなく、仮面はどこにでもあるというものではない。日本の祭に常に仮面が登場するわけではない。世界に視野を広げても、仮面を有する社会は、一部の地域にしか分布しない。オセアニアでは、メラネシアでしか、仮面はつくられていない。アフリカなら赤道をはさんで南北に広がる熱帯雨林やウッドランド、サヴァンナ地帯だけで仮面がつくられている。南北アメリカやユーラシアでは広い範囲で仮面の制作と使用が確認できるが、それでもすべての社会に仮面が存在するというわけではない。いまひとつ、仮面が農耕や シュリョウ・漁撈・採集を主たる生業とする社会にはみられても、牧畜社会にはみられないという点も忘れてはならない。いずれにせよ、仮面は、人類文化に普遍的にみられるものではけっしてない。

ただ、世界の仮面の文化を広くみわたして注目されるのは、仮面の造形や仮面の制作と使用を支える組織のありかたに大きな多

//////////////// · **memo** · ////////////////

■前期日程

▶試験科目・配点

教　科	科　　　　目	配　点
外国語	「コミュニケーション英語Ⅰ・Ⅱ・Ⅲ」，ドイツ語，フランス語，中国語から1外国語を出願時に選択。英語試験の一部分に聞き取り試験（30 分程度）を行う。 　　ただし，英語の選択者に限り，英語の問題の一部分に代えて，ドイツ語，フランス語，中国語，韓国朝鮮語のうちから1つを試験場で選択することができる。	120 点
数　学	数学Ⅰ・Ⅱ・Ⅲ・A・B	120 点
理　科	「物理基礎・物理」，「化学基礎・化学」，「生物基礎・生物」，「地学基礎・地学」から2科目を出願時に選択	120 点
国　語	国語総合，国語表現	80 点

▶備　考

- 英語以外の外国語は省略。
- 数学Ⅰ，数学Ⅱ，数学Ⅲ，数学Aは全範囲から出題する。数学Bは「数列」，「ベクトル」から出題する。
- 「物理基礎・物理」は物理基礎，物理の全範囲から出題する。
- 「化学基礎・化学」は化学基礎，化学の全範囲から出題する。
- 「生物基礎・生物」は生物基礎，生物の全範囲から出題する。
- 「地学基礎・地学」は地学基礎，地学の全範囲から出題する。

※理科三類は，上記に加えて個人面接を課す（複数の面接員による 10 分間程度の面接を行い，その評価を参考にして，場合によっては，2次面接を行うことがある）。総合判定の判断資料とし，学力試験の得点にかかわらず不合格となることがある。なお，面接試験では，受験者の人間的成熟度，医学部への適性，コミュニケーション能力等を評価する。

英語

（120分）

（注　意）

1．3は聞き取り問題である。問題は試験開始後45分経過した頃から約30
　分間放送される。

2．解答は，5題を越えてはならない。

3．5題全部英語の問題を解答してもよいし，また，4・5の代わりに他の
　外国語の問題Ⅳ・Ⅴを選んでもよい。ただし，ⅣとⅤとは必ず同じ外国語
　の問題でなければならない。

（他の外国語の問題は省略―編集部）

1　(A)　以下の英文を読み，その内容を70〜80字の日本語で要約せよ。句読点も
　字数に含める。

　　Table manners are as old as human society itself, the reason being that
no human society can exist without them. The active sharing of food — not
consuming all the food we find on the spot, but carrying some back home
and then giving it out systematically — is believed, even nowadays, to lie at
the root of what makes us different from animals. Birds, dogs, and hyenas
carry home food for their young until they are ready to find food for
themselves, and chimpanzees may even demand and receive pieces of meat
from other adults in their group. (Chimpanzees apparently exhibit this
behaviour only on the occasions when they consume meat; their main,
vegetable diet they almost invariably eat where they find it, without sharing.)
Only people actively, regularly, and continuously work on the distribution of
their food.

This activity is based on and probably helped give rise to many basic human characteristics, such as family and community (who belongs with whom; which people eat together), language (for discussing food past, present, and future, for planning the acquisition of food, and deciding how to divide it out while preventing fights), technology (how to kill, cut, keep, and carry), and morality (what is a fair portion?). The basic need of our stomachs for food continues to supply a good deal of the driving force behind all of human enterprise: we have to hunt for food, fight for it, find it, or sow it and wait for it to be ready; we then have to transport it, and distribute it before it goes rotten. It is in addition easier for us to consume food chopped, ground, cooked, or left to soften. Civilization itself cannot begin until a food supply is assured. And where food is concerned we can never stop; appetite keeps us at it.

The active sharing out of what we are going to eat is only the beginning. We cannot help being choosy about our food: preference enters into every mouthful we consume. We play with food, show off with it, honour and despise it. The main rules about eating are simple: if you do not eat you die; and no matter how large your dinner, you will soon be hungry again. Precisely because we must both eat and keep on eating, human beings have poured enormous effort into making food more than itself, so that it bears multiple meanings beyond its primary purpose of physical nutrition.

(B)　以下の英文を読み，(ア)，(イ)の問いに答えよ。

One evening Adam Mastroianni was reluctantly putting on his bow tie for yet another formal party at the University of Oxford that he had no interest in attending. Inevitably, Mastroianni, then a master's student in psychology at the university, knew that he would be stuck in some endless

---

出典追記：(A) The Rituals of Dinner by Margaret Visser, Penguin Books Ltd.

conversation that he did not want, with no way to politely excuse himself. Even worse, he suddenly realized, he might unknowingly be the one to set up unwanted conversation traps for others. "What if both people are thinking exactly the same thing, but we're both stuck because we can't move on when we're really done?" he wondered.

Mastroianni's idea may have been on the mark. A recent study reports on what researchers discovered when they climbed into the heads of speakers to gauge their feelings about how long a particular conversation should last.

(1) In fact, people are very poor judges of when their partner wishes to stop it. In some cases, however, people were dissatisfied not because the conversation went on for too long but because it was too short.

"Whatever you think the other person wants, you may well be wrong," says Mastroianni, who is now a psychology research student at Harvard University. "So you might as well leave at the first time it seems appropriate because it's better to be left wanting more than less."

Most past research about conversations has been conducted by linguists or sociologists. Psychologists who have studied conversations, on the other hand, have mostly used their research as a means of investigating other things, such as how people use words to persuade. A few studies have explored what phrases individuals say at the ends of conversations, but the focus has not been on when people choose to say them. "Psychology is just now waking up to the fact that this is a really interesting and fundamental social behavior," Mastroianni says.

He and his colleagues undertook two experiments to examine the dynamics of conversation. In the first, they quizzed 806 online participants about the duration of their most recent conversation. (2) The individuals involved reported whether there was a point in the conversation at which they wanted it to end and estimated when that was in relation to when the conversation actually ended.

In the second experiment, held in the lab, the researchers split 252 participants into pairs of strangers and instructed them to talk about whatever they liked for anywhere from one to 45 minutes. Afterward the team asked the subjects (　イ　) and to guess about their partner's answer to the same question.

Mastroianni and his colleagues found that only two percent of conversations ended at the time both parties desired, and only 30 percent of them finished when one of the pair wanted them to. In about half of the conversations, both people wanted to talk less, but the points they wanted it to end were usually different. ┃ (3) ┃ To the researchers' surprise, they also found that it was not always the case that people wanted to talk less: in 10 percent of conversations, both study participants wished their exchange had lasted longer. And in about 31 percent of the interactions between strangers, at least one of the two wanted to continue.

Most people also failed at guessing their partner's desires correctly. When participants guessed at when their partner had wanted to stop talking, they were off by about 64 percent of the total conversation length.

That people fail so completely in judging when a conversation partner wishes to end the conversation "is an astonishing and important finding," says Thalia Wheatley, a social psychologist at Dartmouth College, who was not involved in the research. Conversations are otherwise "such an elegant expression of mutual coordination," she says. "And yet it all falls apart at the end because we just can't figure out when to stop." This puzzle is probably one reason why people like to have talks over coffee, drinks or a meal, Wheatley adds, because "the empty cup or plate gives us a way out — a critical conversation-ending cue."

Nicholas Epley, a behavioral scientist at the University of Chicago, who was not on the research team, wonders what would happen if most conversations ended exactly when we wanted them to. " ┃ (4) ┃ " he asks.

　　While this cannot be determined in the countless exchanges of everyday life, scientists can design an experiment in which conversations either end at precisely the point when a participant first wants to stop or continue for some point beyond. "Do those whose conversations end just when they want them to actually end up with better conversations than those that last longer?" Epley asks. "I don't know, but I'd love to see the results of that experiment."

　　The findings also open up many other questions. Are the rules of conversation clearer in other cultures? Which cues, if any, do expert conversationalists pick up on? 　(5)　

　　"The new science of conversation needs rigorous descriptive studies like this one, but we also need causal experiments to test strategies that might help us navigate the important and pervasive challenges of conversation," says Alison Wood Brooks, a professor of business administration at Harvard Business School, who was not involved in the study. "I think it's pretty wild, and yet we're just beginning to rigorously understand how people talk to each other."

注

linguist　言語学者

(ア)　空所 (1) 〜 (5) に入れるのに最も適切な文を以下の a) 〜 f) より一つずつ選び，マークシートの (1) 〜 (5) にその記号をマークせよ。ただし，同じ記号を複数回用いてはならない。

a)　How is it possible for anybody to correctly guess when their partner wants to start the conversation?

b)　How many new insights, novel perspectives or interesting facts of life

出典追記：People Literally Don't Know When to Shut Up—or Keep Talking—Science Confirms, Scientific American on March 1, 2021 by Rachel Nuwer have we missed because we avoided a longer or deeper conversation that we might have had with another person?

c)　Most of them had taken place with a family member or friend.

d)　Participants in both studies reported, on average, that the desired length of their conversation was about half of its actual length.

e)　The team found that conversations almost never end when both parties want them to.

f)　What about the dynamics of group chats?

(イ)　下に与えられた語を正しい順に並べ替え，空所（　イ　）を埋めるのに最も適切な表現を完成させ，記述解答用紙の 1 (B)に記入せよ。

been	conversation	have	have	liked
over	the	they	to	when	would

2　(A)　「芸術は社会の役に立つべきだ」という主張について，あなたはどう考えるか。理由を添えて，60〜80 語の英語で述べよ。

(B)　以下の下線部を英訳せよ。

　　旅人は遠い町にたどりつき，街路樹や家並み，ショーウインドウの中の商品や市場に並べられた野菜や美術館に飾られた絵画を眺めて歩き，驚き，感心し，時には不安を覚える。旅人は，その町に長年住んでいる人たちよりもずっとたくさんのものを意識的に見るだろう。しかし，いくら大量の情報を目で吸収しても旅人はあくまで「よそ者」，あるいは「お客様」のままだ。外部に立っているからこそ見えるものがあるのだから，それはそれでいいのだが，わたしなどは，もし自分が旅人ではなく現地人だったらこの町はどんな風に見えるのだろう，と考えることも多い。

（多和田葉子『溶ける街　透ける路』）

3 放送を聞いて問題(A)，(B)，(C)に答えよ。(A)，(B)，(C)のいずれも 2 回ずつ放送される。

・聞き取り問題は**試験開始後 45 分**経過した頃から約 30 分間放送される。

・放送を聞きながらメモを取ってもよい。

・放送が終わったあとも，この問題の解答を続けてかまわない。

(A)　これから放送するのは，オウム貝の一種である crusty nautilus の生体を発見した記録である。これを聞き，(6) ～ (10) の問題に対して，最も適切な答えを一つ選び，マークシートの (6) ～ (10) にその記号をマークせよ。

注

crust	外殻	ecosystem	生態系
coral reef	サンゴ礁
buoy	ブイ (浮標)

注
crust　外殻　　　　ecosystem　生態系
buoy　ブイ (浮標)　　coral reef　サンゴ礁

(6)　The speaker became interested in the crusty nautilus because

　a)　as a marine biologist, she is interested in the life cycle of the creatures.

　b)　empty shells seen on the beach suggested that it may have died out.

　c)　from an interest in conservation, she wanted to know whether they still exist.

　d)　marine biologists have speculated that the crust on its shell only forms in certain areas.

　e)　the crust covering the creature is environmentally significant.

(7)　The speaker felt that the trip should be undertaken soon because

　a)　deep-sea ecosystems may be under threat, and gathering information could help preserve them.

　b)　due to climate change, deep-sea environments are changing rapidly.

　c)　it was important to capture the creatures on video before they died out.

　d)　mining companies were moving to prevent environmental research in the area.

　e)　waste from mining on the land in Papua New Guinea was affecting the nearby sea.

(8)　After flying to Papua New Guinea from Brisbane, the team travelled to

　a)　an island recently declared a protected area in order to meet local communities.

　b)　an island where the crusty nautilus was found alive in the 1980s.

　c)　greet a local community whose chief had declared the beach protected.

　d)　greet a small island community which had been trying to protect the crusty nautilus.

　e)　Manus Island, then to a smaller island to see some crusty nautiluses caught by locals.

(9)　From the island, after taking a banana boat out to sea, the team lowered

　a)　a trap 300 metres deep, though this trap did not return anything.

　b)　traps overnight, but were disappointed to find the traps completely empty.

　c)　traps with buoys on the surface, but the buoys drifted away from the traps.

　d)　traps without realising that traps would not be useful in the fast currents.

　e)　two traps at the same depth, which both drifted during the night.

(10)　After the initial disappointment,

　a)　based on advice from older fishermen, the team left the traps in the water longer.

　b)　rather than raising the traps, the speaker dived down to inspect them.

　c)　the team decided to use traps that the elder fishermen had successfully used in the past.

　d)　the team took the traps to where the creatures were last seen in 1984.

　e)　the traps were put in water not as deep as the first attempt.

(B) これから放送する講義を聞き，(11) 〜 (15) の問題に対して，それぞれ最も適
切な答えを一つ選び，<u>マークシートの (11) 〜 (15) に</u>その記号をマークせよ。

(11) According to the speaker, the difficulty in investigating our own minds is
that

a) attempting to look at one's own mind necessarily modifies it.

b) clarifying our own minds is not as simple as just turning on a light.

c) in the same way that we cannot shine a light on a light itself, the mind
cannot think of itself.

d) it can be emotionally difficult to see the darkness in our thoughts.

e) when we try to look at our own thoughts, it is unclear how to measure
them.

(12) According to psychologist Russell Hurlburt,

a) in daily life we think in words, but with a surprisingly limited
vocabulary.

b) in normal circumstances, people do not have as many thoughts as they
suppose.

c) people assume that they think in words, but this is often not true.

d) the words we use in our thoughts are a lot more varied than previously
assumed.

e) we use words to think in various situations.

(13) In the small study involving 16 college students,

a) after reading short stories, college students were asked to record their
opinions.

b) hardly any of the thoughts sampled involved inner speech and most were
wordless.

c) only a third of the thoughts students had while reading involved words.

d)　over 25 percent of thoughts sampled involved inner speech.

e)　while listening to short stories, college students were asked to think freely.

(14)　In Famira Racy's research, the participants talked to themselves

a)　about a wide variety of topics.

b)　especially when walking and getting in and out of bed.

c)　in emotional situations.

d)　in the same way as they talk to other people.

e)　mainly about other people.

(15)　Jill Bolte Taylor's case is referred to as evidence that

a)　as we get older, inner speech becomes more important to our identity.

b)　brain damage can be affected by inner speech.

c)　inner speech is important to our sense of self.

d)　the lack of inner speech can lead us to reflect on who we are.

e)　without inner speech, short-term memory disappears.

(C)　これから放送する講義を聞き, (16) ~ (20) の問題に対して, それぞれ最も適切な答えを一つ選び, マークシートの (16) ~ (20) にその記号をマークせよ。

(16)　According to the lecture, what is forensics?

a)　The analysis of the reliability of enhanced audio recordings.

b)　The analysis of witness accounts.

c)　The use of advanced technology in criminal courts.

d)　The use of DNA evidence to convict a suspect.

e)　The use of scientific methods to investigate a crime.

(17)　In this lecture, the instructor tells us that DNA evidence

a) can be too easy to manipulate in some cases.

b) can give a false sense of confidence to the court.

c) is certainly available.

d) is most likely inaccurate.

e) is not always reliable.

(18) According to the instructor, it is

a) challenging to identify specific voices.

b) difficult to know whether a person is tired from a recording.

c) easy to match a voice with a recording.

d) important to record witness statements.

e) impossible to use a recording to convict a criminal.

(19) Which of the following statements about "enhanced audio recordings" is NOT correct?

a) It can give the listeners a false impression.

b) It is produced by manipulating the speech signal.

c) It is sometimes presented to criminal courts.

d) It makes the court more confident.

e) It makes the recording easier to understand.

(20) According to the instructor, the transcript of the audio recording

a) can be misleading.

b) can never be used in court.

c) is fairly reliable.

d) is usually of very poor quality.

e) must be presented to the court.

4　(A)　以下の英文の段落 (21) ～ (25) にはそれぞれ誤りがある。修正が必要な下線部を各段落から一つずつ選び，マークシートの (21) ～ (25) にその記号をマークせよ。

　　　(21) I learnt several things from my conversations with Ian Stephens, (a)most profoundly why the suppression of public discussion can be disastrous for a population, even helping to bring about a famine.　A government that generates a disaster like this may have (b)some chance of escaping public anger if the news of (c)it is to be effectively suppressed, so that it doesn't have to face criticism of its policy failure.　That is what the British achieved, to some extent, (d)in the case of the Bengal famine.　It was only after Stephens spoke up that the British Parliament had to discuss the famine and the British press demanded (e)that it be stopped immediately.　It was only then that the colonial government had to take action.

　　　(22) Public discussion clearly has (a)an important role in determining how a society performs.　John Maynard Keynes's emphasis on persuasion (b)fits in very well with John Stuart Mill's advocacy of (c)public reasoning in good policy-making.　Mill's characterization of democracy as 'government by discussion' (d)belongs to the same territory.　Those, incidentally, are not Mill's exact words, but those of Walter Bagehot — though Mill (e)had made the most for the idea to be understood.

　　　(23) Public reasoning in pursuit of better decision-making (a)has been used not just in the post-Enlightenment Western world, but (b)in other societies and at other time, too.　While the Athenian origins of voting procedures are often remembered, it is important to note that the Athenians also engaged in discussion as a source of enlightenment.　The idea (c)received a good deal of attention in India, too, particularly in Buddhist traditions.　In the third century BC, Emperor Ashoka, the Buddhist emperor (d)who ruled over nearly all of the Indian subcontinent (and well into what is now Afghanistan), hosted the third — and largest — Buddhist Council in his capital city of Patna (then called Pataliputra) to settle disputes in the same

way. He emphasized the contribution that open discussions could make to a better understanding of what society needed. He tried to popularize the idea by carving easily readable words on stone pillars across the country and beyond, advocating peace and tolerance as well as _(e)regular and orderly public discussion to resolve differences.

(24) Similarly, when _(a)in early seventh-century Japan the Buddhist Prince Shotoku produced the so-called 'constitution of seventeen articles' in AD 604, _(b)he argued for the need to be better informed through consultation: 'Decisions on important matters should not be made by one person alone. They _(c)should be discussed with many.' The idea that democracy is 'government by discussion' — and not just about voting — _(d)remains as extremely relevant today. Many of the large failures of democratic governments in recent years have arisen, I would argue, _(e)precisely from inadequate public discussion, rather than from any obvious institutional barrier.

(25) _(a)I was interested in this question since my schooldays when my grandfather Kshiti Mohan drew my attention to Emperor Ashoka's rulings on public arguments, but Mill and Keynes offered me a new understanding about the role of public discussion in social choice. This was not an aspect of social choice that had particular prominence in Kenneth Arrow's thinking about the subject, _(b)which influenced me so much in other ways, but I was happy that it was _(c)another of the many topics in social choice theory that Piero Sraffa and I could discuss during our afternoon walks. Despite _(d)Piero's reluctance to use the term 'social choice theory' (which he found too technical), _(e)he was influential in teaching me that discussion and persuasion are just as much a part of social choice as voting.

注

post-Enlightenment　18 世紀の啓蒙運動以降の

Athenian　アテーナイ（アテネ）の

Buddhist　仏教（徒）の

出典追記：Home in the World : A Memoir by Amartya Sen, Liveright Publishing Corporation

(B)　以下の英文を読み，下線部 (ア)，(イ)，(ウ) を和訳せよ。(ア) については "so" が指す内容を明らかにして訳すこと。

One year, as the school library supervisor, I was in an elementary school library that had begun circulating books on the first day of school. I was helping at the circulation desk. One fourth grader asked if he could have a specific book. "Of course!" I said. (ア)He didn't think so, as his teacher had told him to check out a book with a yellow label. So, I took out my library supervisor's business card, wrote a note to the teacher on the back of it, stuck the note in the book, and checked it out to the child.

I imagine this scenario — in which children must choose between books based on instructional priorities and those they want to read for pleasure — plays out frequently in school libraries or classrooms. (イ)There is a divide between the noble calling to teach children how to read and the equally noble calling to inspire a love of reading. We school librarians dance across this divide daily.

The motivation to read is largely self-determined, and choice is a powerful driver. People, including children, choose to do that which is fun, personally rewarding, or easy. This is where the dance begins! If learners develop and satisfy personal curiosity by reading widely and deeply in multiple formats, then we must surround our learners with opportunity and help them make connections between the school library's resources and their interests. Finding and borrowing books (or using other kinds of texts) should be fun, accessible, and free of barriers. We need to consider how our policies, procedures, and routines inspire children and encourage their engagement with text, as well as how they guarantee all learners' rights to intellectual freedom. (ウ)Reducing choice, whether through labeling, age-related rules, or restrictive policies, is not a strategy that makes children fall in love with books and reading. If our goal is to help learners self-identify as readers, then we must help them make connections with text through practices that celebrate the reading life.

出典追記：Dancing across the Literacy Divide, Knowledge Quest Vol. 48, Issue 5 by Mary Keeling, American Library Association

5 以下の英文を読み，(A) ～ (D) の問いに答えよ。

　　I am eight years old, sitting in my childhood kitchen, ready to watch one of the home videos my father has made.　The videotape still exists somewhere, so somewhere she still is, that girl on the screen: hair that tangles, freckles across her nose that in time will spread across one side of her forehead.　A body that can throw a baseball the way her father has shown her.　A body in which bones and hormones lie in wait, ready to bloom into the wide hips her mother has given her.　A body that has scars: the scars over her lungs and heart from the scalpel that saved her when she was a baby, the invisible scars left by a man who touched her when she was young.　A body is a record or a body is freedom or a body is a battleground. Already, at eight, she knows it to be all three.

　　But somebody has slipped.　The school is putting on the musical *South Pacific*, and there are not enough roles for the girls, and she is as tall as or taller than the boys, and so they have done (A)what is unthinkable in this typical 1980s American town, in this place where the men do the driving and the women make their mouths into perfect Os to apply lipstick in the rearview mirror.　For the musical, they have made her a boy.

　　No, she thinks.　They have *allowed* her to be a boy.

　　What I remember is feeling my face ア(26) as my father loads the tape into the player.　Usually I ア(27) watching videos of myself. Usually there is this stranger on the screen, this girl with her pastel-colored clothing, and I am supposed to pretend that she is me.　And she is, I know she is, but also she isn't.　In the third grade I'll be asked to draw a self-portrait in art class, and for years into the future, when I try to understand when this feeling began — this feeling of not having words to explain what my body is, to explain who I am — I'll remember my ア(28) as I placed my drawing next to my classmates'.　They'd drawn stick figures with round heads and blond curls or crew cuts; they'd drawn their families and their dogs and the bright yellow spikes of a sun. One had drawn long hair and the triangle shape of a dress, and another short hair and jeans. (B)＿＿＿＿ so easily?

I had drawn a swirl.

Now, in the kitchen, what I notice is that my brothers and sisters are feeling embarrassed in their seats, asking if they can leave — and that I, somehow, am not. I am sitting perfectly still. Is it possible that I want to see this video? The feeling is peculiar. I have not yet known the 　ア(29)　 of taking something intimately mine and watching the world respond. Someday, I will be a writer. Someday, I will 　ア(30)　 this feeling. But at eight years old, my private world both pains and sustains me, and sharing it is new.

My mother makes my brothers and sisters quiet and passes popcorn around the table. My father takes his spot at the head. Onscreen, the auditorium of an elementary school appears. At the corner of the stage, there are painted palm trees on the board.

Then the curtains part, and there I am. My hair brushed back, my ponytail pinned away, a white sailor's cap perched on my head. Without the hair, my face looks different: angular, fine-boned. I am wearing a plain white T-shirt tucked into blue jeans, all the frill and fluff of my normal clothing stripped away — and with it, somehow, so much else. All my life, I have felt awkward — wrong-sized and wrong-shaped.

But look. On the screen. (C)There is only ease.

I don't know whether the silence I remember spread through the kitchen or only through me. My mother is the first to speak. "You make a good-looking boy!" she says.

I feel the words I'm not brave enough to say. *I know.*

Soon after, I began to ignore the long hair that marked me so firmly as a girl, leaving it in the same ponytail for days on end, until it knotted into a solid, dark mass. All my friends were boys, and my dearest hours were spent playing Teenage Mutant Ninja Turtles on the lawn with my twin brother and the neighbor boy. My room was blue, and my teddy bear was blue, and the turtle I wanted to be was Leonardo, not only because he was smart but because his color was blue. When my twin brother got something I didn't — to go to the baseball game, though we were all fans; to camp with the Boy Scouts while my sisters and I were taken to the 　　イ　　 ; to keep the adult magazines I discovered in his bedroom — and the reason given was that he was a boy, 　ア(31)　 choked me with tears. That was grief, I think now, the grief of being misunderstood.

One afternoon, when my brother yet again went shirtless for a game of catch and I wasn't allowed to, I announced to my father that I didn't want to be a girl, not if being a girl meant I had to wear a shirt. My father went to get my mother. They whispered together, then my mother explained that I should be happy to be a girl — there were so many good things about it. I knew there were; that wasn't the problem. The problem was that people kept calling me one. I remember realizing I couldn't explain this to her.

Back then, in 1985, the word *genderqueer* — how I now identify, the language that would eventually help me see myself — hadn't yet been invented.

注
freckles　そばかす
scalpel　（外科手術用の）メス
rearview mirror　車のバックミラー
stick figure　手足を線で描くなど，簡略化された人物画
crew cut　毛を短く刈る髪型
swirl　渦巻き
auditorium　講堂
angular　骨ばった，やせこけた
frill and fluff　フリルや飾り
Teenage Mutant Ninja Turtles　1980 年代から米国で人気のある同名のコミックやアニメ，映画に登場するスーパーヒーローの集団

出典追記：Body Language, Harper's Magazine December 2019 by Alex Marzano-Lesnevich

(A) 下線部 (A) が指している内容を示したうえで，それがなぜ "unthinkable" なのかを説明せよ。

（解答欄：約 17 センチ × 3 行）

(B) 下に与えられた語を正しい順に並べ替え，下線部 (B) を埋めるのに最も適切な表現を完成させよ。本文では大文字で始まる語も小文字にしている。

had   how   known   like   looked   they   they   what

(C) 下線部 (C) について，誰がどのように感じたかを，その理由も含めて説明せよ。

（解答欄：約 17 センチ × 2 行）

(D) 以下の問いに解答し，その答えとなる記号をマークシートにマークせよ。

(ア) 空所アの (26) ～ (31) には単語が一語ずつ入る。それぞれに文脈上最も適切な語を次のうちから一つずつ選び，マークシートの (26) ～ (31) にその記号をマークせよ。ただし，同じ記号を複数回用いてはならない。

a) flush   b) hate   c) love   d) pleasure

e) rage   f) shock

(イ) 空所 ┃ イ ┃ に入れるのに最も適切な語を次のうちから一つ選び，マークシートの (32) にその記号をマークせよ。

a) ballet   b) football game

c) hospital   d) shopping

(ウ) 本文の内容と合致するものはどれか。最も適切なものを一つ選び，マークシートの (33) にその記号をマークせよ。なお，以下の選択肢において they および their は三人称単数を示す代名詞である。

a) The author did not like their body.

b) The author had to play with boys because there were only boys in their family and neighborhood.

c) The author played a male role in the musical in elementary school.

d) The author thought there was nothing good about being a girl.

e) The author was happy to be a girl when they were in elementary school.

3　聞き取り問題放送用スクリプト

[**問題**(A)]

出典追記：Nautical Quest, The Nature Conservancy June/July 2016 by Richard Hamilton

著作権の都合上，省略。

[問題(B)]

What were you thinking about a second ago? Or, rather, how were you thinking about it? It's a surprisingly tricky question to answer.

Investigating what's going on inside our own minds doesn't seem to be a difficult task. But by trying to shine a light on those thoughts, we're disturbing the very thing we want to measure in the first place. It's like turning a light on quickly to see how the darkness looks.

Psychologist Russell Hurlburt at the University of Nevada, Las Vegas, has spent the last few decades training people to see inside their own minds more clearly in an attempt to learn something about our inner experiences. What he's found suggests that the thoughts running through our heads are a lot more varied than we might suppose.

For one thing, words don't seem to be as important in our day-to-day thoughts as many of us think they are. "Most people think that they think in words, but many people are mistaken about that," he says.

In one small study, for example, 16 college students were given short stories to read. While reading, they were asked at random times what they were thinking. Only a quarter of their sampled thoughts included words at all, and just 3 % involved inner speech.

But for psychologists like Hurlburt, researching inner speech is not an easy task. Simply asking people what they're thinking about won't necessarily prompt an accurate answer, says Hurlburt. That is partly because we're not used to paying close attention to our wandering minds.

Famira Racy, who is the co-ordinator of the Inner Speech Lab at Mount Royal University in Canada and her colleagues, recently used a method called thought listing—which, unsurprisingly, involves getting participants to list their thoughts at certain times—to take a broader look at why and when people use inner speech, as well as what they say to themselves. They found that the participants in the study were talking to themselves about everything from school to their emotions, other people, and themselves, while they were doing everyday tasks like walking and getting in and out of bed.

According to Racy, research shows that inner speech plays an important role in self-regulation behaviour, problem solving, critical and logical thinking and future thinking.

There's also growing evidence that inner speech is important for self-reflection. After scientist Jill Bolte Taylor recovered from a stroke she suffered when she was 37, she wrote about what it was like to experience a "silent mind" without inner speech for several weeks. It was such an overwhelming task, she wrote, to simply sit there in the centre of a silent mind, trying to remember who she was and what she was doing.

But even though current research can't yet shine a light on those bigger truths about the inner workings of our minds, learning how to pay attention to your thoughts could help you on an individual level.

出典追記：What the voice inside your head says about you, BBC Future on August 20, 2019 by Kelly Oakes

[問題(C)]

Hi, my name is Jane Kentala, the instructor for this introductory course in Forensic Science. First, what's forensic science, or forensics? In order to convict a criminal, we need evidence that the suspect has committed the crime. Forensics is about how to apply scientific methods to investigate a crime. I'm sure you've all seen movies in which they used DNA to convict the criminal. In real life, however, while some suspects have been found guilty based on DNA evidence, some of them were judged innocent many years later based on a more reliable DNA technique. So, we must keep in mind that, even today, DNA evidence is still not 100 % reliable *and*, very importantly, not always available. So what other types of evidence can be used instead of or in addition to DNA?

The testimony of a witness? Can we trust the witness' recall of the events, is it really reliable? Can their memory be influenced by their expectations or affected by trauma? What if a witness has only *heard* voices? Can a person reliably distinguish a voice from another? We will discuss all of these issues later. But for today let's talk about audio recordings made at the crime scene or over the phone.

In many movies, the audio recordings are clear enough to understand most of the words recorded, and it is just a question of matching the recording with the voice of the suspect. The investigators usually do this with fantastic technology that can produce a match within a few seconds. I'm afraid that in reality, however, this amazing technology doesn't exist. At least, not yet. Why?

To assess the possible match between a person's voice and the recording of a voice, the speech can be analyzed with computer software. Although speech scientists can analyze various features of speech, it is not yet clear which features can be used to distinguish one voice from another. That is because speech does not only vary *between* individuals, it also varies *within* the same person. Obviously, the voice of a person may be affected by sickness, tiredness and let's not forget alcohol, but it may also vary according to whom that person is speaking to, the social context, environmental conditions, and so on.

An additional problem lies in the quality of the recording, which is more often than not, very poor. And I mean, really, really poor. Since the recording has been done most likely in secret or by accident, it is usually done with a low quality microphone, possibly hidden in a suitcase, sometimes far from the center of the crime and with considerable background noises. This lack of quality interferes further with the ability to analyze the speech in the recording properly. Not only can it be difficult to identify who is speaking, but it may be difficult to even figure out what has been said or done.

In an attempt to solve this problem, a recording is sometimes "enhanced" before being presented in a court of law. This is usually done through manipulation of the speech signal, which gives the *impression* that we can understand the recording better. And I say *"impression"*, because forensic researchers have demonstrated that it does NOT make the recording easier to understand. Instead, it provides a false sense of confidence in what people *"think"* they heard. To make matters worse, a transcript of the recording is sometimes presented to the court of law, which further increases this false sense of confidence, while the reliability of the transcript remains questionable.

数学

（150分）

第　1　問

次の関数 $f(x)$ を考える。

$$f(x) = (\cos x)\log(\cos x) - \cos x + \int_0^x (\cos t)\log(\cos t)\,dt \quad \left(0 \leqq x < \frac{\pi}{2}\right)$$

(1) $f(x)$ は区間 $0 \leqq x < \dfrac{\pi}{2}$ において最小値を持つことを示せ。

(2) $f(x)$ の区間 $0 \leqq x < \dfrac{\pi}{2}$ における最小値を求めよ。

第　2　問

数列 $\{a_n\}$ を次のように定める。

$$a_1 = 1, \quad a_{n+1} = a_n^2 + 1 \quad (n = 1, 2, 3, \cdots\cdots)$$

(1) 正の整数 n が 3 の倍数のとき，a_n は 5 の倍数となることを示せ。

(2) k, n を正の整数とする。a_n が a_k の倍数となるための必要十分条件を k, n を用いて表せ。

(3) a_{2022} と $(a_{8091})^2$ の最大公約数を求めよ。

第 3 問

O を原点とする座標平面上で考える。座標平面上の 2 点 S(x_1, y_1), T(x_2, y_2) に対し，点 S が点 T から十分離れているとは，

$$|x_1 - x_2| \geqq 1 \quad \text{または} \quad |y_1 - y_2| \geqq 1$$

が成り立つことと定義する。

不等式

$$0 \leqq x \leqq 3, \quad 0 \leqq y \leqq 3$$

が表す正方形の領域を D とし，その 2 つの頂点 A(3, 0), B(3, 3) を考える。さらに，次の条件 (i), (ii) をともに満たす点 P をとる。

(i) 点 P は領域 D の点であり，かつ，放物線 $y = x^2$ 上にある。

(ii) 点 P は，3 点 O, A, B のいずれからも十分離れている。

点 P の x 座標を a とする。

(1) a のとりうる値の範囲を求めよ。

(2) 次の条件 (iii), (iv) をともに満たす点 Q が存在しうる範囲の面積 $f(a)$ を求めよ。

(iii) 点 Q は領域 D の点である。

(iv) 点 Q は，4 点 O, A, B, P のいずれからも十分離れている。

(3) a は (1) で求めた範囲を動くとする。(2) の $f(a)$ を最小にする a の値を求めよ。

第　　4　　問

座標平面上の曲線

$$C: \quad y = x^3 - x$$

を考える。

(1) 座標平面上のすべての点 P が次の条件 (i) を満たすことを示せ。

　(i) 点 P を通る直線 ℓ で，曲線 C と相異なる 3 点で交わるものが存在する。

(2) 次の条件 (ii) を満たす点 P のとりうる範囲を座標平面上に図示せよ。

　(ii) 点 P を通る直線 ℓ で，曲線 C と相異なる 3 点で交わり，かつ，直線 ℓ と
　　　曲線 C で囲まれた 2 つの部分の面積が等しくなるものが存在する。

第　　5　　問

座標空間内の点 A(0, 0, 2) と点 B(1, 0, 1) を結ぶ線分 AB を z 軸のまわりに 1 回転させて得られる曲面を S とする。S 上の点 P と xy 平面上の点 Q が PQ $= 2$ を満たしながら動くとき，線分 PQ の中点 M が通過しうる範囲を K とする。K の体積を求めよ。

第　6　問

O を原点とする座標平面上で考える。 0 以上の整数 k に対して，ベクトル $\overrightarrow{v_k}$ を

$$\overrightarrow{v_k} = \left(\cos \frac{2k\pi}{3}, \ \sin \frac{2k\pi}{3} \right)$$

と定める。 投げたとき表と裏がどちらも $\frac{1}{2}$ の確率で出るコインを N 回投げて，座標平面上に点 $X_0, X_1, X_2, \cdots\cdots, X_N$ を以下の規則 (i), (ii) に従って定める。

(i) X_0 は O にある。

(ii) n を 1 以上 N 以下の整数とする。 X_{n-1} が定まったとし，X_n を次のように定める。

- n 回目のコイン投げで表が出た場合，

$$\overrightarrow{OX_n} = \overrightarrow{OX_{n-1}} + \overrightarrow{v_k}$$

により X_n を定める。 ただし，k は 1 回目から n 回目までの
コイン投げで裏が出た回数とする。

- n 回目のコイン投げで裏が出た場合，X_n を X_{n-1} と定める。

(1) $N = 8$ とする。 X_8 が O にある確率を求めよ。

(2) $N = 200$ とする。X_{200} が O にあり，かつ，合計 200 回のコイン投げで表がちょうど r 回出る確率を p_r とおく。ただし $0 \leqq r \leqq 200$ である。p_r を求めよ。また p_r が最大となる r の値を求めよ。

■■■■■物理■■■■■

（2科目150分）

（注）　解答用紙は，〈理科〉共通。1行：約23.5センチ，35字分の区切りあり。
　　　　1・2は各25行，3は50行。

第1問　地球表面上の海水は，地球からの万有引力の他に，月や太陽からの引力，さらに地球や月の運動によって引き起こされる様々な力を受ける。これらの力の一部が時間とともに変化することで，潮の満ち干が起こる（潮汐運動）。ここでは，地球の表面に置かれた物体に働く力について，単純化したモデルで考察しよう。なお，万有引力定数を G とし，地球は質量 M_1 で密度が一様な半径 R の球体とみなせるとする。以下の設問Ⅰ，Ⅱ，Ⅲに答えよ。

Ⅰ　地球の表面に置かれた物体は地球の自転による遠心力を受ける。地球の自転周期を T_1 とするとき，以下の設問に答えよ。

(1)　質量 m の質点が赤道上のある地点Eに置かれたときに働く遠心力の大きさ f_0，および北緯 45° のある地点Fに置かれたときに働く遠心力の大きさ f_1 を求め，それぞれ m，R，T_1 を用いて表せ。

(2)　設問Ⅰ(1)の地点Eにおける，地球の自転による遠心力の効果を含めた重力加速度 g_0 を求め，G，M_1，R，T_1 を用いて表せ。

Ⅱ　次に，月からの引力と，月が地球の周りを公転運動することによって発生する力を考える。ここではこれらの力についてのみ考えるため，地球が自転しないという仮想的な場合について考察する。

　　月が地球の周りを公転するとき，地球と月は，地球と月の重心である点Oを

中心に同一周期で円運動をすると仮定する（図 1 — 1）。なお，図 1 — 1 におい
て，この円運動の回転軸は紙面に垂直である。月は質量 M_2 の質点とし，地球の
中心と月との距離を a とする。また，地球の中心および月から点 O までの距離
をそれぞれ a_1，a_2 とする。以下の設問に答えよ。

(1)　点 O から見た地球の中心および月の速さをそれぞれ v_1，v_2 とする。v_1 およ
び v_2 を a，G，M_1，M_2 を用いて表せ。

(2)　点 O を原点として固定した xy 座標系を，図 1 — 2 (a)のように紙面と同一平
面にとる。時刻 $t = 0$ において，座標が $(- a_1 - R, 0)$ である地球表面上の点
を点 X とする。月の公転周期を T_2 とするとき，時刻 t における点 X の座標
を，a_1，R，T_2，t を用いて表せ。ただし，地球の自転を無視しているため，
時刻 $t = 0$ 以降で図 1 — 2 (b)，(c)のように位置関係が変化することに注意せ
よ。

(3)　設問 II (2)の点 X に，M_1 および M_2 に比して十分に小さい質量 m の質点が置
かれているときを考える。この質点について，地球が点 O を中心とした円運
動をすることで生じる遠心力の大きさ f_C を求め，G，m，M_2，a を用いて表
せ。

(4)　ある時刻において，地球表面上で月から最も遠い点を P，月に最も近い点を
Q とする。質量 m の質点を点 P および点 Q に置いた場合に，質点に働く遠心
力と月からの万有引力の合力の大きさをそれぞれ f_P，f_Q とする。f_P，f_Q を
G，m，M_2，a，R を用いて表せ。また，点 P および点 Q における合力の向き
は月から遠ざかる方向か，近づく方向かをそれぞれ答えよ。

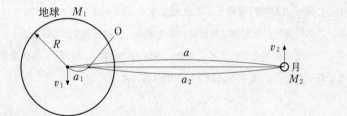

図 1 ― 1

(a) $t = 0$

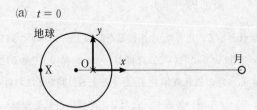

(b)

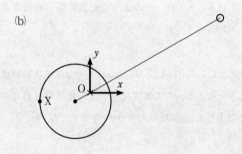

(c)

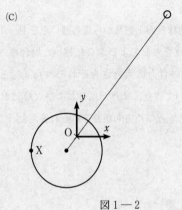

図 1 ― 2

Ⅲ　さらに，太陽からの引力と，地球の公転運動によって発生する力について考える。これらの力についても設問Ⅱと同様に考えられるものとする。なお，地球と太陽の重心を点 O′ とする。太陽は質量 M_3 の質点とし，地球の中心と太陽の距離を b とする。

　図 1 — 3 のように，ある時刻において地球表面上で太陽から最も遠い点を S とする。質量 m の質点が点 S に置かれたとき，地球が点 O′ を中心とした円運動をすることで生じる遠心力と太陽からの万有引力の合力の大きさを f_S とする。設問Ⅱ(4)で求めた f_P に対する f_S の比は以下のように見積もることができる。

$$0.\boxed{\text{ア}} < \frac{f_S}{f_P} < 0.\boxed{\text{イ}}$$

　$\boxed{\text{ア}}$ と $\boxed{\text{イ}}$ には連続する 1 桁の数字が入る。表 1 — 1 の中から必要な数値を用いて計算し，$\boxed{\text{ア}}$ に入る数字を答えよ。

表 1 — 1

地球の質量	M_1	6.0×10^{24} kg
月の質量	M_2	7.3×10^{22} kg
太陽の質量	M_3	2.0×10^{30} kg
地球の中心と月との距離	a	3.8×10^{8} m
地球の中心と太陽との距離	b	1.5×10^{11} m
地球の半径	R	6.4×10^{6} m
万有引力定数	G	6.7×10^{-11} m^3/(kg・s^2)

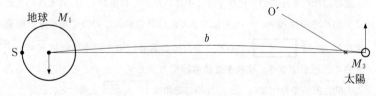

図 1 — 3

第2問 図2-1のように，水平な xy 平面上に原点 O を中心とした長円形のレール
があり，斜線で示された $-\dfrac{d}{2} < x < \dfrac{d}{2}$，$y < 0$ の領域には鉛直上向き方向に磁
束密度の大きさが B の一様な磁場が加えられている。レール上に木製の台車があ
り，コイルを含む回路が台車に固定されている。コイルは xy 平面に平行な正方形
で，一辺の長さは L，ただし，$L > d$ とする。コイルの四つの辺は台車の進行方向
に対して平行または垂直である。上から見たとき台車とコイルの中心は一致してお
り，回路を含む台車の質量は m である。レールの直線部 P_0P_2 は台車の大きさに比
べて十分長いものとし，区間 P_0P_2 上の $x = 0$ の点を P_1 とする。

　台車が点 P_0 を速さ v_0 で x 軸正の方向（図の右方向）に出発し，その後，台車の中
心が最初に P_1，P_2 を通過した瞬間の速さをそれぞれ v_1，v_2 とする。v_0 に比べて速
さの変化 $|v_1 - v_0|$ と $|v_2 - v_1|$ は十分に小さい。また，$v_a = \dfrac{v_0 + v_1}{2}$ とする。コ
イルの右辺が磁場に進入する瞬間と磁場から出る瞬間の台車の中心位置をそれぞれ
Q_1，Q_2 とする。同様に，左辺が磁場に進入する瞬間と出る瞬間の台車の中心位置
をそれぞれ Q_3，Q_4 とする。台車に働く摩擦力や空気抵抗，コイル自身の電気抵抗
は無視できる。

I　図2-2のように，回路が正方形の一巻きコイルと抵抗値 R の抵抗からなる
　場合に，台車が最初に区間 P_0P_2 を走る時の運動を考える。

(1)　台車の中心が Q_1 から Q_2 へ移動する運動について，以下の　ア　と
　　　イ　に入る式を v_a, L, d, B, m, R のうち必要なものを用いて表せ。
　磁束の符号は鉛直上向きを正とする。

　　　速さに比べて速さの変化が十分に小さいため，台車が Q_1Q_2 間を移動するの
　にかかる時間は $\Delta t = \dfrac{d}{v_a}$ と近似できる。移動の前後でのコイルを通る磁束の
　変化量 $\Delta\Phi$ は　ア　であり，この間の誘導起電力の平均値は $\overline{E} = -\dfrac{\Delta\Phi}{\Delta t}$
　と書くことができる。移動中に誘導起電力が $\overline{E}$ で一定であると近似すると，
　この間に抵抗で発生するジュール熱の総和は　イ　と書ける。

(2)　v_1 を v_0, L, d, B, m, R のうち必要なものを用いて表せ。

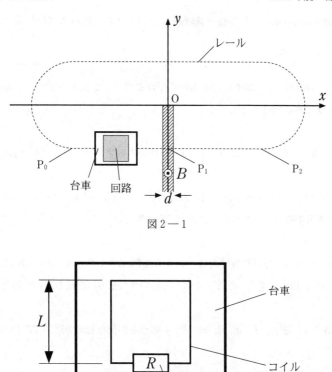

図 2 — 1

図 2 — 2

Ⅱ　正方形の一巻きコイルに，抵抗値 R の抵抗，起電力 V で内部抵抗の無視でき
る電池，理想的なダイオードが接続された回路を台車に載せて走らせる。理想的
なダイオードとは，順方向には抵抗なしに電流を通し，逆方向には電流を流さな
い素子である。図 2 — 3 は，区間 $P_0 P_2$ を走る台車を上から見たものである。P_0
を出発した台車は磁場を通過することにより減速した。

　台車が最初に区間 $P_0 P_2$ を走る時の運動について，v_a, L, d, B, m, R, V の
うち必要なものを用いて設問(1)〜(3)に答えよ。ただし，設問 Ⅰ と同様の近似を用
いることができるものとする。

⑴ 台車の中心が Q_1 から Q_2 へ移動する間にコイルに流れる電流の大きさを求めよ。

⑵ この電流によりコイルが磁場から受けるローレンツ力を求めよ。力の符号は，x 軸正の向きを正とする。

⑶ 同様に，台車の中心が Q_3 から Q_4 へ移動する間のローレンツ力を求めよ。

台車はレール上を繰り返し回りながら徐々に速度を下げ，やがて一定の速さ v_∞ で運動するようになった。設問⑷，⑸に答えよ。

⑷ n 回目に P_2 を通り抜けた時の台車の運動エネルギー K_n を n の関数としてグラフに描いた場合，図 2−4 の①〜④のうちどの形が最も適切か答えよ。

⑸ 速さ v_∞ を v_0, L, d, B, m, R, V のうち必要なものを用いて表せ。

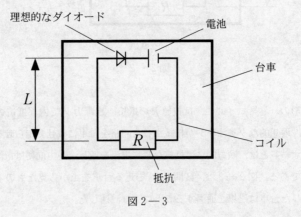

図 2−3

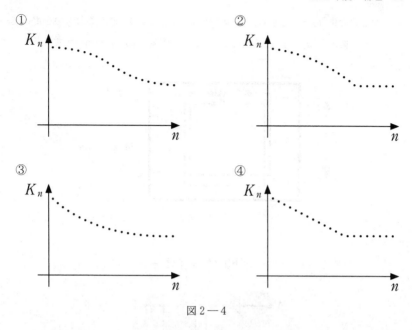

図 2 — 4

Ⅲ　2 本の正方形一巻きコイルと接続パネルからなる回路を台車に載せて走らせる。図 2 — 5 は区間 P_0P_2 を走る台車を上から見たものである。2 本のコイルの両端は接続パネルの端子 A，B，C，D に接続されている。接続パネルは図 2 — 6 に示すような抵抗と理想的なダイオードからなる回路である。設問Ⅰと同様の近似を用いることができるものとし，台車が最初に区間 P_0P_2 を走る時の運動について，以下の設問に答えよ。2 本のコイルは上から見たときに完全に重なっているとみなすことができ，接続パネル以外の部分では互いに絶縁されている。また，接続パネルの大きさは無視できるものとする。

⑴　端子 D の電位をゼロとする。台車の中心が Q_1Q_2 間を移動する間の端子 A，B の電位をそれぞれ求め，v_a, L, d, B, m のうち必要なものを用いて表せ。

⑵　抵抗 R_1 と R_2 の抵抗値 R_1, R_2 は $R_1 + R_2 = 6R$ を満たしながら $0 < R_1 <$ $6R$ の範囲で値を調節することができる。区間 P_0P_2 を通り過ぎた後の台車の

速さの変化 $|v_2 - v_0|$ を $v_0,\ L,\ d,\ B,\ m,\ R_1,\ R_2$ のうち必要なものを用いて表せ。また，$|v_2 - v_0|$ が最小となるような R_1 を求め，R を用いて表せ。

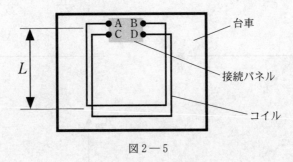

図 2 — 5

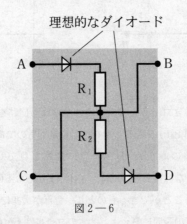

図 2 — 6

第3問 図3―1のようにピストンのついた断面積一定のシリンダーがある。ピストンには棒がついており，気密を保ちながら鉛直方向に滑らかに動かすことができる。シリンダーとピストンで囲まれた空間は，シリンダー内のある位置に水平に固定された特殊な膜によって領域1と領域2に仕切られている。領域1と領域2には合計1モルの単原子分子理想気体Xが，領域2には気体Xのほかに1モルの単原子分子理想気体Yが入っている。図3―2のように気体Xの分子は膜を衝突せず通過できるのに対し，気体Yの分子は膜を通過できない。シリンダーとピストンで囲まれた空間の外は真空であり，膜の厚さや，膜，シリンダー，ピストンの熱容量，気体分子に対する重力の影響は無視できる。ピストンは断熱材でできている。気体Xの分子1個の質量を m_X，気体Yの分子1個の質量を m_Y，シリンダーの内側の断面積を S，アボガドロ定数を N_A，気体定数を R とする。鉛直上向きに z 軸をとる。以下の各過程では気体の状態は十分ゆっくり変化するため，領域1の圧力と領域2の圧力はそれぞれ常に均一であり，気体XとYが熱のやりとりをすることでシリンダー内の温度は常に均一であるとみなせる。

以下の設問に答えよ。

I はじめにピストンは固定されており，領域1の体積は V_1，圧力は p_1，領域2の体積は V_2，圧力は p_2，シリンダー内の温度は T であった。気体分子の z 方向の運動に注目し，気体XとYの分子の速度の z 成分の2乗の平均をそれぞれ $\overline{v_z^2}$, $\overline{w_z^2}$ とする。気体Yの分子は，膜に当たると膜に平行な速度成分は一定のまま弾性衝突してはね返されるとする。同様に，気体XとYの分子はピストンおよびシリンダーの面に当たると面に平行な速度成分は一定のまま弾性衝突してはね返されるとする。分子間の衝突は考慮しなくてよいほど気体は希薄である。

(1) ピストンが気体Xから受ける力の大きさの平均を F_1 とする。F_1 を，m_X, $\overline{v_z^2}$, N_A, S, V_1, V_2 のうち必要なものを用いて表せ。

(2) シリンダーの底面が気体XとYから受ける合計の力の大きさの平均を F_2 とする。F_2 を，m_X, m_Y, $\overline{v_z^2}$, $\overline{w_z^2}$, N_A, S, V_1, V_2 のうち必要なものを用いて

表せ。

(3) ボルツマン定数を k として，各分子は一方向あたり平均して $\frac{1}{2}kT$ の運動エネルギーを持つ。p_1 と p_2 を，R, T, V_1, V_2 のうち必要なものを用いて表せ。

(4) 気体 X と Y の内部エネルギーの合計を，R, T を用いて表せ。

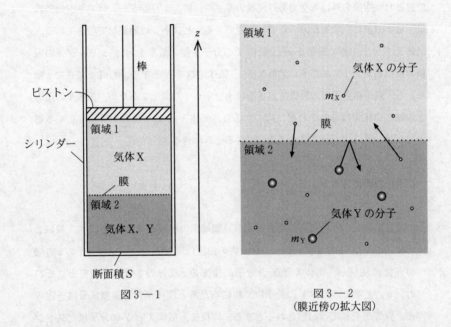

図3－1

図3－2
(膜近傍の拡大図)

II 次にピストンを設問Iの状態からゆっくりわずかに押し下げたところ，領域1の体積が V_1 から $V_1 - \Delta V_1$ に，領域1の圧力が p_1 から $p_1 + \Delta p_1$ に，領域2の圧力が p_2 から $p_2 + \Delta p_2$ に，シリンダー内の温度が T から $T + \Delta T$ に変化した。この過程で気体と外部の間で熱のやりとりはなかった。以下の設問では，Δp_1, Δp_2, ΔT, ΔV_1 はそれぞれ p_1, p_2, T, $V_1 + V_2$ より十分小さな正の微小量とし，微小量どうしの積は無視できるとする。

(1) 温度変化 ΔT を，p_1, R, ΔV_1 を用いて表せ。

(2)　$\dfrac{\Delta p_1}{p_1} =$ ア　$\dfrac{\Delta V_1}{V_1 + V_2}$ が成り立つ。　ア　に入る数を求めよ。

Ⅲ　設問Ⅰの状態からピストンについている棒を取り外し，おもりをシリンダーに
　接しないようにピストンの上に静かに乗せたところ，領域1と領域2の体積，圧
　力，温度に変化はなかった。さらに図3—3のようにヒーターをシリンダーに接
　触させ気体を温めたところ，ピストンがゆっくり押し上がった。領域1の体積が
　$2V_1$ になったところでヒーターをシリンダーから離した。

(1)　このときのシリンダー内の温度を，T，V_1，V_2 を用いて表せ。

(2)　気体 X と Y が吸収した熱量の合計を，R，T，V_1，V_2 を用いて表せ。

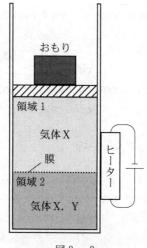

図3—3

■■■■化学■■■

（2科目 150 分）

（注）　解答用紙は，〈理科〉共通。1 行：約 23.5 センチ，35 字分の区切りあり。

　　　　1・2 は各 25 行，3 は 50 行。

第 1 問

　　次の I ，II の各問に答えよ。必要があれば以下の値を用いよ。構造式は，I では
［構造式の例 I ］に，II では［構造式の例 II ］にならって示せ。

元　素	H	C	O	Na	標準状態(273 K, 1.01×10^5 Pa)におけ
原子量	1.0	12.0	16.0	23.0	る水素 1 mol の体積：22.4 L

［構造式の例 I ］

$$CH_3 - (CH_2)_5 - CH = CH - (CH_2)_3 - COO - \underset{\underset{CH_2-COOH}{|}}{\overset{\overset{CH_3}{|}}{CH}}$$

［構造式の例 II ］

$$HO \underset{CH_2}{\diagdown} \underset{CH}{\overset{\overset{CH_3}{|}}{\diagup}} \underset{CH_2}{\diagdown} \underset{C}{\overset{\overset{O}{||}}{\diagup}} OH$$

I　　次の文章を読み，問ア～オに答えよ。

　　油脂 A はグリセリン（1,2,3-プロパントリオール）1 分子に対し，分岐のな
い高級脂肪酸 3 分子が縮合したエステル化合物である。A に含まれる炭素間二
重結合はすべてシス形であり，三重結合は含まれない。A の化学構造を決定す
るため，以下の実験を行った。

　　なお，図 1 − 1 に示すように，炭素間二重結合にオゾン O_3 を作用させると環
状化合物であるオゾニドが生成し，適切な酸化的処理を行うとカルボン酸にな
る。一方，適切な還元的処理を行うとアルコールになる。また，カルボン酸をジ
アゾメタン CH_2N_2 と反応させると，図 1 − 2 に示すようにカルボキシ基がメチ
ル化される。

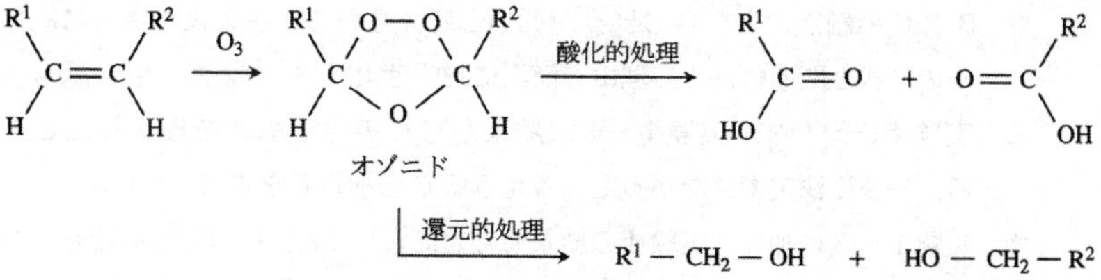

図 1 － 1　炭素間二重結合のオゾン分解（R^1, R^2：炭化水素基など）

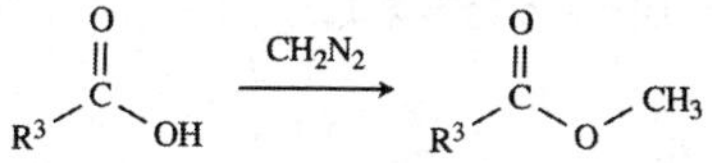

図 1 － 2　ジアゾメタンによるカルボン酸のメチル化（R^3：炭化水素基など）

実験 1：2.21 g の A を水酸化ナトリウムと反応させて完全に加水分解したところ，グリセリン 230 mg と 2 種類の脂肪酸（飽和脂肪酸 B と不飽和脂肪酸 C）のナトリウム塩が生成した。

実験 2：2.21 g の A を白金触媒存在下で水素と十分に反応させたところ，標準状態換算で 168 mL の水素を消費し，油脂 D が得られた。A は不斉炭素原子をもつが，D は不斉炭素原子をもたなかった。

実験 3：C にオゾンを作用させ，酸化的処理を行った。生じた各種カルボン酸をジアゾメタンと反応させたところ，次の 3 種類の化合物が得られた。

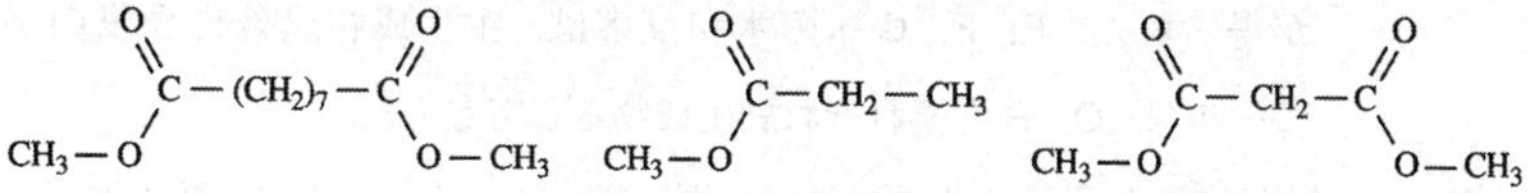

実験 4：C をジアゾメタンと反応させた後に，オゾンを作用させ還元的処理を行ったところ，次の 3 種類の化合物が得られた。

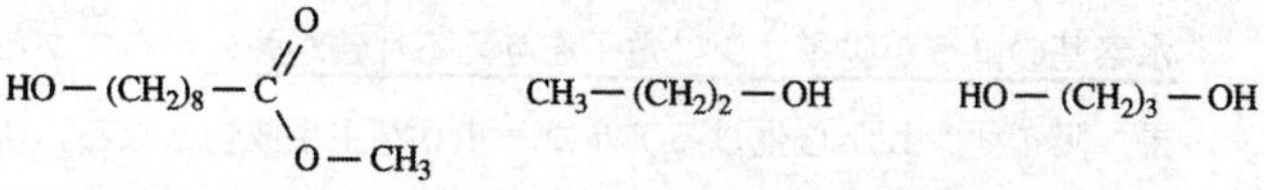

〔問〕

ア　油脂 A の分子量を有効数字 3 桁で答えよ。

イ　脂肪酸 B と C の分子式をそれぞれ示せ。

　ウ　BとCの融点はどちらのほうが低いと考えられるか答えよ。さらに，分
　　　子の形状と関連付けて，理由を簡潔に説明せよ。

　エ　実験4を行わず，実験1～3の結果からCの化学構造を推定したとこ
　　　ろ，一つに決定できなかった。考えうるCの構造式をすべて示せ。

　オ　実験1～3に加えて実験4の結果も考慮に入れると，Cの化学構造を一つ
　　　に決定できた。Aの構造式を示せ。

Ⅱ　次の文章を読み，問カ～ケに答えよ。

　　C_5H_{10} の分子式をもつ4種類のアルケンE～Hに対して実験5と6を行った。
また，実験6の生成物に対して実験7～9を行った。なお，それぞれの反応中に
二重結合の移動や炭素骨格の変化は起きないものとする。立体異性体は考慮しな
くてよい。

実験5：E～Hに対して白金触媒を用いた水素の付加反応を行うと，EとFから
　　　　は化合物Iが，GとHからは化合物Jが得られた。

実験6：E～Hに対して酸性条件下で水の付加反応（以下，水和反応）を行うと，
　　　　EとFからはアルコールKが，GからはアルコールLがそれぞれ主生
　　　　成物として得られた。HからはアルコールLとアルコールMの混合物
　　　　が得られた。E，F，Gへの水和反応は，主生成物以外に少量のアル
　　　　コールN，O，Pをそれぞれ副生成物として与えた。

解説1：実験6の結果はマルコフニコフ則に従っているが，この経験則は炭素陽
　　　　イオン（以下，陽イオン）の安定性によって説明できる（図1－3）。アル
　　　　ケン(a)への水素イオンの付加は2種類の陽イオン(b)と(c)を与える可能性
　　　　があるが，陽イオン(b)のほうがより安定である。これは，水素より炭化
　　　　水素基のほうが陽イオンに電子を与える性質が強いからである。その結
　　　　果，陽イオン(b)から生じるアルコール(d)が主生成物となる。

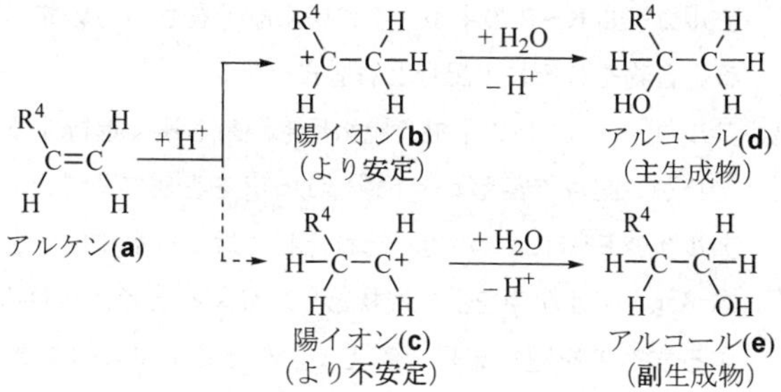

R⁴, H の構造式（アルケン(a)が +H⁺ を経て陽イオン(b)・(c)を生じ、+H₂O/−H⁺ でアルコール(d)・(e)になる反応図）

$$R^4\text{-CH=CH}_2 \xrightarrow{+H^+} $$

陽イオン(**b**)（より安定）→ +H₂O / −H⁺ → アルコール(**d**)（主生成物）

アルケン(**a**)

陽イオン(**c**)（より不安定）→ +H₂O / −H⁺ → アルコール(**e**)（副生成物）

図 1 ― 3　水和反応の例とマルコフニコフ則の概要（R⁴：炭化水素基）

実験 7 ：二クロム酸カリウム $K_2Cr_2O_7$ を用いて 6 種類のアルコール K～P の酸
　　　　化を試みたところ，K だけが酸化されなかった。

実験 8 ：K～P の中で，L と N だけがヨードホルム反応に陽性を示した。

実験 9 ：K～P を酸性条件下で加熱すると水の脱離反応(以下，脱水反応)が進行
　　　　し，いずれの化合物からも分子式 C_5H_{10} のアルケンが得られた。

解説 2 ：図 1 ― 4 に実験 9 の脱水反応の概要を示す。この反応はアルコール(**f**)か
　　　　ら生じる陽イオン(**g**)を経由するが，陽イオン(**g**)から速やかに水素イオン
　　　　が脱離することでアルケン(**h**)が生成する。すなわち，脱水反応の速度は
　　　　陽イオン(**g**)の生成速度によって決まる。なお，安定な陽イオン(**g**)ほど生
　　　　成しやすくその生成速度は速いと考えてよい。

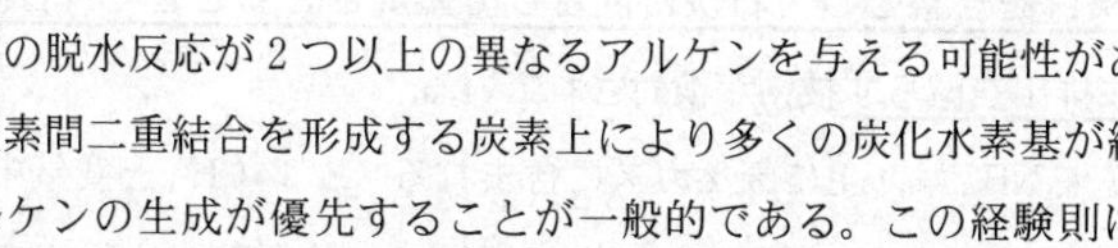

（アルコール(f)から +H⁺/−H₂O で陽イオン(g)を生じ、−H⁺ でアルケン(h)になる反応図、R⁵～R⁸）

アルコール(**f**)　→ +H⁺ / −H₂O →　陽イオン(**g**)　→ −H⁺ →　アルケン(**h**)

図 1 ― 4　脱水反応の概要（R⁵～⁸：水素か炭化水素基）

解説 3 ：実験 9 の脱水反応が 2 つ以上の異なるアルケンを与える可能性がある場
　　　　合，炭素間二重結合を形成する炭素上により多くの炭化水素基が結合し
　　　　たアルケンの生成が優先することが一般的である。この経験則はザイ
　　　　ツェフ則と呼ばれている。

〔問〕

　カ　化合物 I と J の構造式をそれぞれ示せ。

キ アルコール K〜P の中から不斉炭素原子をもつものすべてを選び，該当する化合物それぞれの記号と構造式を示せ。

ク アルコール K〜P の中で，脱水反応が最も速く進行すると考えられるのはどれか，記号で答えよ。下線部①〜③を考慮すること。

ケ アルケン E〜H のなかで，それぞれに対する水和反応とそれに続く脱水反応が元のアルケンを主生成物として与えると考えられるのはどれか，該当するすべてを選び記号で答えよ。ただし，マルコフニコフ則およびザイツェフ則が適用できる場合はそれらに従うものとする。

第 2 問

次の I，II の各問に答えよ。必要があれば以下の値を用いよ。

元　素	H	C	N	O	K	Fe
原子量	1.0	12.0	14.0	16.0	39.1	55.8

物質(状態)	CH_4(気)	CO_2(気)	H_2O(液)
生 成 熱 [kJ/mol]	75	394	286

アボガドロ定数 $N_A = 6.02 \times 10^{23}$/mol，気体定数 $R = 8.31 \times 10^3$ Pa·L/(K·mol)

I 次の文章を読み，問 **ア**〜**オ**に答えよ。

　火力発電の燃料として，天然ガスよりも石炭を用いる方が，一定の電力量を得①る際の二酸化炭素 CO_2 排出が多いことが問題視されている。そこで，アンモニ②ア NH_3 を燃料として石炭に混合して燃焼させることで，石炭火力発電からのCO_2 排出を減らす技術が検討されている。

　従来 NH_3 は，主に天然ガスに含まれるメタン CH_4 と空気中の窒素 N_2 から製造されてきた。その製造工程は，以下の 3 つの熱化学方程式で表される反応によ③り，CH_4(気)と N_2(気)と H_2O(気)から，NH_3(気)と CO_2(気)を生成するものである。

　（**反応 1**）　CH_4(気) + H_2O(気) = CO(気) + 3 H_2(気) − 206 kJ

（**反応2**）　$CO(気) + H_2O(気) = H_2(気) + CO_2(気) + 41\ kJ$

（**反応3**）　$N_2(気) + 3H_2(気) = 2NH_3(気) + 92\ kJ$

　このように得られる NH_3 は，<u>燃焼の際には CO_2 を生じないものの，製造工程④で CO_2 を排出している</u>。発電による CO_2 排出を減らすために石炭に混合して燃焼させる NH_3 は，CO_2 を排出せずに製造される必要がある。

　そこで，太陽光や風力から得た電力を使い，水の電気分解により得た水素を用いる NH_3 製造法が開発されている。

〔問〕

ア　下線部①に関して，石炭燃焼のモデルとして <u>C（黒鉛）の完全燃焼反応（**反応4**）</u>，天然ガス燃焼のモデルとして <u>CH_4（気）の完全燃焼反応（**反応5**）</u>を考える。C（黒鉛）$1.0\ mol$，CH_4（気）$1.0\ mol$ の完全燃焼の熱化学方程式をそれぞれ記せ。ただし，生成物に含まれる水は H_2O（液）とする。また，**反応4**により $1.0\ kJ$ のエネルギーを得る際に排出される CO_2（気）の物質量は，**反応5**により $1.0\ kJ$ のエネルギーを得る際に排出される CO_2（気）の物質量の何倍か，有効数字2桁で答えよ。

イ　下線部②に関して，<u>NH_3（気）の燃焼反応（**反応6**）</u>からは N_2（気）と H_2O（液）のみが生じるものとする。C（黒鉛）と NH_3（気）を混合した燃焼（**反応4**と**反応6**）により $1.0\ mol$ の CO_2（気）を排出して得られるエネルギーを，**反応5**により $1.0\ mol$ の CO_2（気）を排出して得られるエネルギーと等しくするためには，$1.0\ mol$ の C（黒鉛）に対して NH_3（気）を何 mol 混ぜればよいか，有効数字2桁で答えよ。答えに至る過程も示せ。

ウ　下線部③の製造工程により $1.0\ mol$ の NH_3（気）を得る際に，エネルギーは吸収されるか放出されるかを記せ。また，その絶対値は何 kJ か，有効数字2桁で答えよ。答えに至る過程も示せ。

エ　CO_2 と NH_3 を高温高圧で反応させることで，肥料や樹脂の原料に用いられる化合物 A が製造される。1.00 トンの CO_2 が NH_3 と完全に反応した際に，1.36 トンの化合物 A が H_2O とともに得られた。化合物 A の示性式を，下記の例にならって記せ。

　　示性式の例：$CH_3COOC_2H_5$

オ 下線部④に関して，下線部③の製造工程により 1.0 mol の NH_3（気）を得る際に排出される CO_2（気）の物質量を有効数字 2 桁で答えよ。また，この CO_2 排出を考えたとき，**反応 6** により 1.0 kJ のエネルギーを得る際に排出される CO_2（気）の物質量は，**反応 5** により 1.0 kJ のエネルギーを得る際に排出される CO_2（気）の物質量の何倍か，有効数字 2 桁で答えよ。

Ⅱ　次の文章を読み，問 **カ ～ コ** に答えよ。

　　金属イオン M^{n+} は，アンモニア NH_3 やシアン化物イオン CN^- などと配位結合し，錯イオンを形成する。金属イオンに配位結合する分子やイオンを配位子とよぶ。図 2—1 に NH_3 を配位子とするさまざまな錯イオンの構造を示す。銅イオン Cu^{2+} の錯イオン(a)は 4 配位で正方形をとる。錯イオン(b)は 2 配位で直線形，錯イオン(c)は 6 配位で正八面体形，錯イオン(d)は 4 配位で正四面体形をとる。
　　　　　　　　　　　⑤

　　正八面体形をとる錯イオンは最も多く存在し，図 2—2 に示すヘキサシアニド鉄(Ⅱ)酸イオン $[Fe(CN)_6]^{4-}$ はその一例である。鉄イオン Fe^{3+} を含む水溶液にヘキサシアニド鉄(Ⅱ)酸カリウム $K_4[Fe(CN)_6]$ を加えると，古来より顔料として使われるプルシアンブルーの濃青色沈殿が生じる。図 2—3 に，この反応で得られるプルシアンブルーの結晶構造を示す。Fe^{2+} と Fe^{3+} は 1：1 で存在し，
　　　　　　　　　　　　　　　　　　　　　　　⑥
CN^- の炭素原子，窒素原子とそれぞれ配位結合する。鉄イオンと CN^- により形成される立方体の格子は負電荷を帯びるが，格子のすき間にカリウムイオン K^+ が存在することで，結晶の電気的な中性が保たれている。しかし，K^+ の位置は一意に定まらないため，図 2—3 では省略している。格子のすき間は微細な空間
　　　　　　　　　　　　　　　　　　　　　　　　　　　⑦
となるため，プルシアンブルーは気体やイオンの吸着材料としても利用される。

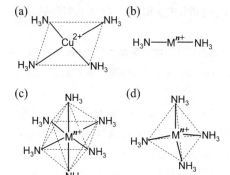

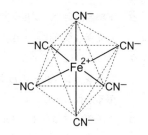

図 2 — 1 　NH$_3$ を配位子とする錯イオン

図 2 — 2 　ヘキサシアニド鉄（Ⅱ）酸イオン $[Fe(CN)_6]^{4-}$ 　Fe^{2+} に結合する 6 つの CN^- を示している。

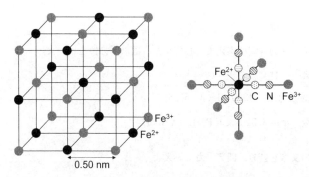

図 2 — 3 　プルシアンブルーの結晶構造

　周期的に配列する鉄イオンとシアン化物イオンの一部を取り出した構造である。Fe^{2+} と Fe^{3+} は CN^- を介して結合するが，左図では CN^- を省略し，Fe^{2+} と Fe^{3+} を実線で結んでいる。右図は，Fe^{2+} に結合する 6 つの CN^- と，これらの CN^- に結合する 6 つの Fe^{3+} を示している。

〔問〕

カ 　下線部⑤に示した錯イオン(b)，(c)，(d)について，中心の金属イオンとして最も適切なものを，以下の(1)～(3)の中から一つずつ選べ。

    (1) Co^{3+}, 　(2) Zn^{2+}, 　(3) Ag^+

キ 　Cu^{2+} を含む水溶液に，少量のアンモニア水を加えると，青白色沈殿が生じる。この青白色沈殿に過剰のアンモニア水を加えると，錯イオン(a)が生じる。下線部⑧に対応するイオン反応式を記せ。

ク　下線部⑥より，プルシアンブルーを構成する K, Fe, C, N の割合を，最も簡単な整数比で示せ。

ケ　図 2-3 に示すように，隣接する鉄イオン間の距離は 0.50 nm である。プルシアンブルーの密度は何 g/cm^3 か，有効数字 2 桁で答えよ。答えに至る過程も示せ。

コ　下線部⑦について，プルシアンブルー 1.0 g あたり，300 K, 1.0×10^5 Pa に換算して 60 mL の窒素 N_2 が吸着した。図 2-3 に示す一辺が 1.00 nm のプルシアンブルーの中に，N_2 が何分子吸着したか。小数点第 1 位を四捨五入して整数で答えよ。答えに至る過程も示せ。N_2 は理想気体とみなしてよいものとする。

第 3 問

次の I, II の各問に答えよ。必要があれば以下の値を用いよ。

元　素	H	C	O	Fe
原子量	1.0	12.0	16.0	55.8

気体定数　$R = 8.31 \times 10^3$ Pa·L/(K·mol)

I　次の文章を読み，問ア〜カに答えよ。

　　地球温暖化対策推進のため，二酸化炭素 CO_2 排出の抑制は重要な課題である。日本の主要産業の一つである製鉄では，溶鉱炉中でコークスを利用した酸化鉄 Fe_2O_3 の還元反応によって銑鉄を得る方法①が長年採用されているが，近年 CO_2 排出抑制に向けて，水素を利用した還元技術を取り入れるなど，さまざまな取り組みがなされている。

　　一方で，排出された CO_2 を分離回収，貯留・隔離するための技術開発も盛んにおこなわれている。回収した CO_2 を貯留する手段として海洋を用いる方法がある（図 3-1）。海水温は，大気と比較して狭い温度域（0 〜30 ℃ 程度）に維持されており，海洋は膨大な CO_2 貯蔵庫として機能しうる。CO_2 をパイプで海水中に送り込み，ある水深で海水に放出することを考える。CO_2 は 15 ℃，1.00×10^5 Pa では気体であり（図 3-2），水深の増加に伴って，放出時の CO_2 密度 ρ〔g/L〕は増加する②。ある水深以降では，CO_2 は液体として凝縮された状態で放出される③。液体 CO_2 は，浅い水深では上昇するが，深い水深では下降する④

ので，液体 CO_2 を深海底に隔離することができる。

　　海水面の圧力は $1.00 \times 10^5\,Pa$，海中では，水深の増加とともに 1 m あたり圧力が $1.00 \times 10^4\,Pa$ 増加するものとする。海水温は水深にかかわらず 15 ℃ で一定とする。また，放出時における CO_2 の温度，圧力は周囲の海水の温度，圧力と等しく，気体 CO_2 や液体 CO_2 の海水への溶解は無視するものとする。

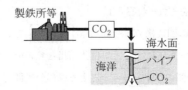

図 3 — 1　排出 CO_2 の海洋への貯留・隔離

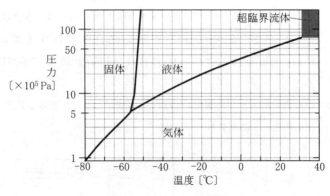

図 3 — 2　CO_2 の状態図

〔問〕

　　ア　下線部①に関して，高炉法はコークスと酸素の反応により得られる一酸化炭素 CO を用いた製鉄法であり，$\underset{⑤}{\underline{Fe_2O_3 を CO で段階的に還元し，Fe_3O_4，}}$
$\underline{FeO を経て最終的に鉄 Fe を得る}$。下線部⑤における反応の化学反応式をすべて記せ。

　　イ　下線部⑤の反応により，Fe_2O_3 から Fe を 7.50×10^7 トン（日本の 2019年銑鉄 (せんてつ) 生産量に相当）生成する際に排出される CO_2 は何トンか，有効数字 2 桁で答えよ。答えに至る過程も記せ。

　　ウ　下線部②に関して，水深 10.0 m で放出される CO_2 の密度 ρ は何 g/L か，

有効数字 2 桁で答えよ。ただし，CO_2 は理想気体としてふるまうものと
する。答えに至る過程も記せ。

エ 下線部③に関して，CO_2 が液体として放出される最も浅い水深は何 m
か，有効数字 1 桁で答えよ。

オ 下線部④に関する以下の説明文において，　a　～　c　にあて
はまる語句をそれぞれ答えよ。

　　CO_2 分子の間に働く分子間力は　a　であり，低圧では分子間の
距離が長く，高圧にすると単位体積当たりの分子数が増加する。一方，
H_2O 分子の間には　b　による強い分子間力が働くので，低圧にお
いても分子間の距離が短く，高圧にしても単位体積当たりの分子数があま
り変化しない。高圧となる深海では，CO_2 と H_2O で単位体積当たりの分
子数が近くなる。一方で，構成元素の観点から CO_2 のほうが H_2O より
　c　が大きい。よって，このような深海では CO_2 密度 ρ〔g/L〕は
H_2O の密度より高くなり，CO_2 は H_2O が主成分の海水中で自然に下降す
る。

カ CO_2 放出水深と CO_2 密度 ρ〔g/L〕の関係を示した最も適切なグラフを，以
下の図 3 — 3 に示す(1)～(5)の中から一つ選べ。

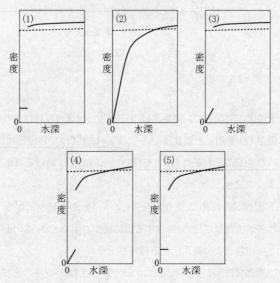

図 3 — 3 　CO_2 放出水深と CO_2 密度（実線 ——），海水密度（破線……）の関係

Ⅱ　次の文章を読み，問**キ～シ**に答えよ。

　抗体(**Ab**)はタンパク質であり，特定の分子に結合する性質をもつ。病気に関連した分子に対する **Ab** は，医薬品として用いられる。例えば炎症の原因となるサイトカイン(**Ck**)という分子に **Ab** が結合すると，**Ck** の作用が不活性化されるため，**Ck** に対する **Ab** は炎症にかかわる病気の治療薬として使用されている。

　Ck と **Ab** は式1の可逆反応で結合し，複合体 **Ck・Ab** を形成する(図3―4)。

$$\mathrm{Ck + Ab \ \rightleftharpoons \ Ck \cdot Ab} \qquad\qquad (式1)$$

　反応は水溶液中，温度一定で起こり，**Ck**，**Ab** 等の濃度は，$[\mathrm{Ck}]$，$[\mathrm{Ab}]$等と表すこととする。また，**Ab** の初期濃度$[\mathrm{Ab}]_0$は **Ck** の初期濃度$[\mathrm{Ck}]_0$に対して十分に大きく，反応による **Ab** の濃度変化は無視できる($[\mathrm{Ab}]=[\mathrm{Ab}]_0$)ものとする。

　式1の正反応と逆反応の反応速度定数をそれぞれk_1，k_2とすると，各反応の反応速度v_1，v_2はそれぞれ，$v_1 = k_1[\mathrm{Ck}][\mathrm{Ab}]$，$v_2 = k_2[\mathrm{Ck \cdot Ab}]$と表される。ここで，$[\mathrm{Ab}]=[\mathrm{Ab}]_0$であることに注意すると，**Ck・Ab** の生成速度vは，

$$v = v_1 - v_2 = \boxed{\mathrm{d}}$$

と表される。このとき，$\alpha = \boxed{\mathrm{e}}$，$\beta = \boxed{\mathrm{f}}$とおくと，

$$v = -\alpha[\mathrm{Ck \cdot Ab}] + \beta$$

と表され，vを$[\mathrm{Ck \cdot Ab}]$を変数とする一次関数として取り扱うことができる。これにより，$[\mathrm{Ck \cdot Ab}]$の時間変化の測定結果から，αを求めることができる。さらに，αは$[\mathrm{Ab}]_0$に依存するので，<u>さまざまな$[\mathrm{Ab}]_0$に対してαを求めることで，k_1，k_2を得ることができる</u>(図3―5)。
⑥

図3―4　**Ck** と **Ab** の反応の模式図　　　図3―5　$[\mathrm{Ab}]_0$とαの関係

反応が十分に進行すると，$v_1 = v_2$ の平衡状態に達する。ここで，$[\mathsf{Ab}] = [\mathsf{Ab}]_0$ であるので，平衡定数 K は，

$$K = \frac{k_1}{k_2} = \boxed{\text{g}}$$

と表される。このとき，Ck の Ab への結合率 X は，

$$X = \frac{[\mathsf{Ck \cdot Ab}]}{[\mathsf{Ck}]_0} = \boxed{\text{h}}$$

と表すことができ，どの程度の Ck を不活性化できたかを表す指標となる。X の値は $[\mathsf{Ab}]_0$ によって変化する（図3−6）。目標とする X の値を得るために必要な $[\mathsf{Ab}]_0$ の値を見積もるためには，⑦ K の逆数である $1/K$ がよく用いられる。

用いる Ab の種類によって k_1，k_2 は異なり，これにより⑧ 平衡状態での $[\mathsf{Ck \cdot Ab}]$ や平衡状態に達するまでの時間などが異なる（図3−7）。Ab を医薬品として用いる際には，⑨ これらの違いを考慮して，適切な種類の Ab を選択することが望ましい。

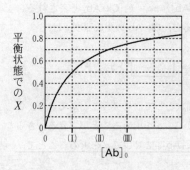

図3−6 $[\mathsf{Ab}]_0$ と平衡状態での X の関係

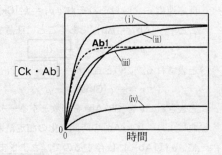

図3−7 Ck 水溶液にさまざまな Ab を加えた際の $[\mathsf{Ck \cdot Ab}]$ の時間変化

〔問〕

キ $\boxed{\text{d}}$ ～ $\boxed{\text{f}}$ にあてはまる式を，k_1，k_2，$[\mathsf{Ck \cdot Ab}]$，$[\mathsf{Ck}]_0$，$[\mathsf{Ab}]_0$ のうち必要なものを用いてそれぞれ表せ。

ク 下線部⑥に関して，図3−5に示す結果から，$k_1 [\mathrm{L\,mol^{-1}s^{-1}}]$，$k_2 [\mathrm{s^{-1}}]$ の値をそれぞれ有効数字1桁で答えよ。

ケ $\boxed{\text{g}}$ にあてはまる式を $[\mathsf{Ck \cdot Ab}]$，$[\mathsf{Ck}]_0$，$[\mathsf{Ab}]_0$，また，$\boxed{\text{h}}$ にあてはまる式を K，$[\mathsf{Ab}]_0$ を用いてそれぞれ表せ。

コ　下線部⑦に関して，$1/K$ は濃度の単位をもつ。図 3 ― 6 の横軸上で，$1/K$ に対応する濃度を，(I)～(III)の中から一つ選び，理由とともに答えよ。

サ　下線部⑧に関して，表 3 ― 1 に異なる 3 種類の Ab（**Ab1** ～ **Ab3**）の反応速度定数を示す。Ck 水溶液に **Ab1** を加えた際の［Ck・Ab］の時間変化を測定したところ，図 3 ― 7 の破線のようになった。この結果を参考に，同様の測定を **Ab2**，**Ab3** を用いて行った場合に対応する曲線を，図 3 ― 7 の(i)～(iv)の中からそれぞれ一つずつ選べ。なお，測定に使用した［Ck］$_0$，［Ab］$_0$ はそれぞれ，すべての測定で同一とする。

表 3 ― 1　　3 種類の Ab（**Ab1** ～ **Ab3**）の反応速度定数

	Ab1	**Ab2**	**Ab3**
k_1〔L mol^{-1}s^{-1}〕	1.0×10^6	5.0×10^5	1.0×10^5
k_2〔s^{-1}〕	1.0×10^{-3}	5.0×10^{-4}	1.0×10^{-3}

シ　下線部⑨に関して，Ck 水溶液に表 3 ― 1 の Ab を加える際，より低い［Ab］$_0$ で，かつ短時間に $X = 0.9$ の平衡状態を得るために適切なものを，**Ab1** ～ **Ab3** の中から一つ選べ。また，このとき必要となる［Ab］$_0$ は何 mol L^{-1} か，有効数字 1 桁で答えよ。

■生物■

（2科目150分）

（注）　解答用紙は，〈理科〉共通。1行：約23.5センチ，35字分の区切りあり。
　　　　1・2は各25行，3は50行。

第1問

　　次のⅠ，Ⅱの各問に答えよ。

Ⅰ　次の文1と文2を読み，問A～Ⅰに答えよ。

［文1］

　　光合成生物にとって，時々刻々と変化する光環境の中で，光の射す方向や強度に応じた適応的な行動をとることは，生存のために必須である。緑藻クラミドモナスは眼点と呼ばれる光受容器官によって光を認識し，光に対して接近や忌避をする　　1　　を示す。近年，この眼点の細胞膜で機能する「チャネルロドプシン」と呼ばれる膜タンパク質に注目が集まってきた。チャネルロドプシンは，脊椎動物の視覚において機能するロドプシンと同じく，生体において光情報の変換にはたらく光受容タンパク質である。ロドプシンは，　　2　　というタンパク質と　　3　　が結合した形で構成されており，光受容過程では網膜上の高い光感度を示す視細胞である　　4　　において主に機能する。光が受容されることにより，ビタミンAの一種である　　3　　が　　2　　から遊離し，そのシグナルが細胞内の他のタンパク質へと伝達された結果，　　4　　に電気的な変化が生じる。一方で，チャネルロドプシンは光駆動性のチャネルであり，青色光を吸収するとチャネルが開き，陽イオン，特にナトリウムイオンを　　5　　に従って細胞外から内へと　　6　　によって通過させる。このチャネルロドプシンを神経科学研究へと応用し，多様な行動を司る神経細胞の働きの解明が進んできた。

［文 2］

　図 1 ― 1 で示すように，実験動物であるマウスは，部屋 A で電気ショックを
受け，恐怖記憶を形成することにより，再度，部屋 A に入った際に過去の恐怖
記憶を想起し，「すくみ行動」という恐怖反応を示すようになる。一方で，部屋 A
とは異なる部屋 B に入った時には，すくみ行動は示さない。脳内では，記憶中
枢である海馬という領域の神経細胞が，記憶の形成と想起に関わっていることが
明らかになっており，「記憶形成時に強く興奮した一部の神経細胞が，再度，興
奮することにより，記憶の想起が引き起こされる」と考えられている。

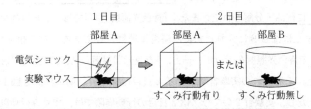

図 1 ― 1　恐怖記憶の形成とすくみ行動

　さらに，近年では遺伝子組換え技術を組み合わせ，海馬の神経細胞における記
憶の形成・想起のメカニズムが詳しく研究されている。例えば，特定の刺激に
よって興奮した神経細胞の機能を調べるための遺伝子導入マウスが作製された。
強く興奮した神経細胞内で転写・翻訳が誘導される遺伝子 X の転写調節領域を
利用して，図 1 ― 2 に示すような人工遺伝子を海馬の神経細胞に導入した。遺伝
子 X の転写調節領域の働きで発現したタンパク質 Y は，薬剤 D が存在する条件
下でのみ，調節タンパク質としてタンパク質 Y 応答配列に結合し，その下流に
位置するチャネルロドプシン遺伝子の発現を誘導することができる。

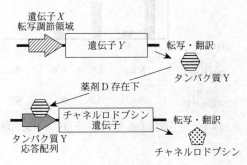

図 1 ― 2　海馬の神経細胞に導入した人工遺伝子

　図1－2の遺伝子導入を施したマウスを用いて，図1－1と同様の行動実験を行った。1日目に部屋Aで電気ショックを与え，恐怖記憶を形成させた後，2日目に部屋Aまたは部屋Bの中に入れ，その際のすくみ行動の時間を測定した。

　その際，薬剤Dと青色光照射の有無の組み合わせにより，図1－3に示す実験群1～実験群4を設定した。「薬剤D投与有り」では1日目の電気ショックを与える前にマウスに薬剤Dを投与した一方，「薬剤D投与無し」では薬剤Dを投与せずに電気ショックを与えた。<u>投与した薬剤Dは電気ショックを与えた後，速やかに代謝・分解された。</u>また，「青色光照射有り」では，2日目にマウスを部_(エ)屋Aまたは部屋Bに入れた際に，海馬領域に対してある一定の頻度（1秒間に20回）で青色光照射を行った。一方，「青色光照射無し」では青色光照射は行わなかった。それぞれの実験群における2日目のすくみ行動の時間を図1－3に示す。ただし，実験群2のマウスは2日目の行動実験では，すくみ行動以外の顕著な行動変化は現れず，恐怖記憶以外の記憶は想起されなかった。_(オ)

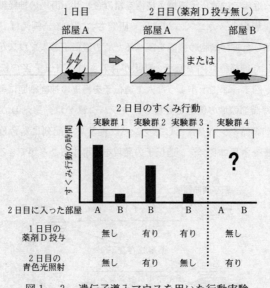

図1－3　遺伝子導入マウスを用いた行動実験

〔問〕

A 　　 1 　～ 　 6 　に入る最も適切な語句を，以下の語群の中から
1 つずつ選べ。

〔語群〕　錐体細胞，光屈性，フェロモン，レチナ，走化性，ペニシリン，
　　　　　ATP，桿体細胞，レチナール，能動輸送，形成体，走光性，
　　　　　オプシン，濃度勾配，受動輸送，吸光性，ミオグロビン，
　　　　　生殖細胞，競争阻害，グルコース

B　生体膜の選択的透過性においてポンプの持つ機能を，生体エネルギーとの
　関連に触れつつ，問 A の語群で挙げられた語句を 3 つ用いて 1 行程度で説明
　せよ。ただし解答文で，用いた語句 3 つには下線を引くこと。

C　人為的にチャネルロドプシンを発現させた哺乳類の神経細胞に青色光を照
　射すると，神経細胞において何が起こると予想されるか，イオンの流れも含
　めて 2 行程度で説明せよ。

D　パブロフの行った実験にも共通する，下線部㋐のような行動現象を何と言
　うか。また，図 1 — 1 に関して，マウスが部屋 A においてのみすくみ行動
　を示す学習課題での，条件刺激と無条件刺激は何かをそれぞれ単語で答え
　よ。

E　図 1 — 3 において，2 日目の行動実験後に海馬の神経細胞を調べたとこ
　ろ，実験群 2 と実験群 3 のマウスでは海馬領域の一部の神経細胞のみにチャ
　ネルロドプシン遺伝子が発現していることが確認された。下線部㋒㋓を考慮
　すると，どのような刺激に応じてチャネルロドプシン遺伝子の発現が誘導さ
　れたと考えられるか，最も適切なものを以下の⑴～⑷の中から 1 つ選べ。た
　だし，誘導開始後にチャネルロドプシンが神経細胞内で十分量発現するまで
　24 時間程度かかり，発現後は数日間分解されないものとする。

⑴　1 日目よりも前の何らかの記憶形成時の刺激

⑵　1 日目に部屋 A で電気ショックを受けたという記憶形成時の刺激

⑶　2 日目に部屋 B に入ったことによる記憶想起時の刺激

⑷　2 日目の青色光照射による刺激

F　図1－3に示される実験群2のマウスが，部屋Bですくみ行動を示した
のは何故か。実験群1と実験群3の部屋Bでの結果を考慮し，青色光照射
により何が起こったかに触れながら，理由を3行程度で述べよ。

G　図1－3に示される実験群4のマウスが，部屋A・部屋Bで示すすくみ
行動の時間について，最も適切なものを以下の(1)～(6)の中から1つ選べ。た
だし，光照射そのものはマウスの任意の行動に影響を与えないものとする。
また，すくみ行動の時間の絶対値については，併記した実験群1・実験群2
の結果を参考にせよ。

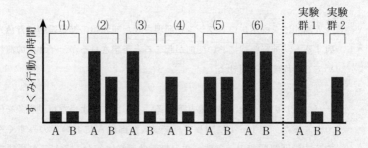

H　実験群2と同様の薬剤D投与有り・青色光照射有りという条件で，部屋
Aとも部屋Bとも全く異なる部屋Cにおいて2日目に青色光照射を行う
と，実験マウスはどのような行動をどの程度示すと予想されるか，1行程度
で述べよ。

I　海馬領域の神経細胞が，「限られた数の細胞」で「膨大な数の記憶」を担うた
めには，どのような神経細胞の「組み合わせ」でそれぞれの記憶に対応する戦
略が最適だと考えられるか。海馬が仮に1～9の異なる9つの神経細胞で構
成されていると仮定し，記憶A・記憶B・記憶C…という膨大な数の記憶を
担う際の，神経細胞と記憶の対応関係の例として最も適切なものを以下の
(1)～(6)の中から1つ選べ。ただし，文2と問Eの実験結果，および下線部(イ)
(オ)を考慮せよ。また，太黒字で示された番号が記憶形成時に興奮した神経細
胞とする。

(1) 記憶A 1 **2** 3 4 **5 6** 7 8 9
　　記憶B 1 2 3 4 5 6 7 8 9
　　記憶C 1 2 3 4 5 6 7 8 9
　　　　　⋮　　　　⋮

(2) 記憶A 1 **2** 3 4 5 6 7 8 9
　　記憶B 1 2 3 4 5 6 **7 8** 9
　　記憶C 1 2 3 **4** 5 6 7 8 9
　　　　　⋮　　　　⋮

(3) 記憶A **1 2 3 4 5 6 7 8 9**
　　記憶B **1 2 3 4 5 6 7 8 9**
　　記憶C **1 2 3 4 5 6 7 8 9**
　　　　　⋮　　　　⋮

(4) 記憶A **1** 2 3 4 5 **6 7** 8 **9**
　　記憶B **1** 2 3 4 5 6 7 8 9
　　記憶C 1 2 3 **4** 5 6 7 8 **9**
　　　　　⋮　　　　⋮

(5) 記憶A **1** 2 3 4 5 **6 7** 8 **9**
　　記憶B 1 2 **3** 4 5 6 7 8 9
　　記憶C 1 2 3 **4** 5 6 7 8 9
　　　　　⋮　　　　⋮

(6) 記憶A 1 2 3 4 5 6 7 8 9
　　記憶B 1 2 3 4 5 6 7 8 9
　　記憶C 1 2 3 4 5 6 7 8 9
　　　　　⋮　　　　⋮

Ⅱ　次の文 3 を読み，問 J ～ L に答えよ。

[文 3]

　マウスを含めた多くの動物は，自身のいる空間を認識し，空間記憶を形成・想起できることが知られている。これまでに空間認識の中心的役割を担う「場所細胞」という神経細胞が海馬領域で発見されてきた。それぞれの場所細胞は，空間記憶の形成後にはマウスの滞在位置に応じて異なった活動頻度(一定時間あたりの，活動電位の発生頻度)を示す。図 1 ― 4 に，マウスがある直線状のトラックを右から左，または左から右へと何往復も歩行し，この空間を認識した際の 5 つの異なる場所細胞の活動頻度を示した。

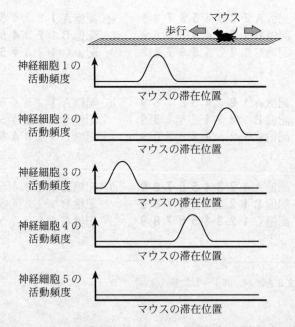

図1―4　マウスの滞在位置に応じた，場所細胞の活動頻度の変化

〔問〕

J　社会性昆虫であるミツバチは，餌場の位置などの空間を認識・記憶し，コ
　ロニー内の他個体に伝達する。餌場が近いときと遠いときに示す，特徴的な
　行動の名称をそれぞれ単語で答えよ。

K　図1―4について，マウスが直線状のトラックを右端から左端まで歩行す
　るのにしたがい，神経細胞1～神経細胞5は経時的にどのような順番で活動
　頻度の上昇が観察されると考えられるか。3→5→1という形式で順番を示
　せ。ただし，含まれない番号があってもよいものとする。

L　文2・文3のような実験から，記憶想起における神経細胞の働きの一端が
　明らかになってきた。図1―3の実験群2で，マウスが部屋Bで青色光照
　射を受けた際のすくみ行動の時間が，実験群1の部屋Aで観察されたすく
　み行動の時間よりも短かったのは何故か。文2では，海馬領域全体にある一

定の頻度で青色光を照射した点を考慮し，文 3 の実験結果をもとに，以下の
(1)〜(3)，(4)〜(6)，(7)〜(9)の中から最も適切と考えられるものをそれぞれ 1 つ
ずつ選べ。

海馬の神経細胞における記憶想起の過程では，

(1)　「神経細胞の組み合わせ」(以下，「組み合わせ」と表記)にのみ意味があ
る。

(2)　「神経細胞の活動頻度」(以下，「活動頻度」と表記)にのみ意味がある。

(3)　「組み合わせ」と「活動頻度」の両方に意味がある。

実験群 1 の 2 日目において，マウスが部屋 A に入れられた際，恐怖記憶
を担う細胞は記憶想起するために，

(4)　適切な「組み合わせ」と，適切な「活動頻度」で興奮した。

(5)　適切な「組み合わせ」と，適切でない「活動頻度」で興奮した。

(6)　適切でない「組み合わせ」と，適切な「活動頻度」で興奮した。

実験群 2 の 2 日目において，一定の頻度で与えた青色光照射の刺激によっ
て，恐怖記憶を担う細胞が刺激された。それらの細胞の興奮は，実験群 1 の
2 日目に部屋 A に入れられた時と比較して，記憶想起するために，

(7)　適切な「組み合わせ」と，適切な「活動頻度」で興奮した。

(8)　適切な「組み合わせ」と，適切でない「活動頻度」で興奮した。

(9)　適切でない「組み合わせ」と，適切な「活動頻度」で興奮した。

第2問

次のⅠ，Ⅱの各問に答えよ。

Ⅰ 次の文章を読み，問A～Fに答えよ。

　　光合成は生物が行う同化反応の一種である。光合成は，光エネルギーを化学エ
ネルギーに変換し，無機物から有機物を生み出す反応であり，十分な光が供給さ
れる昼間に行われる。これに対して，光が当たらない夜間には光合成は行われ
ず，光合成に関わる酵素の多くが不活性化される。植物では，この不活性化に
は，実験1で示すような光合成に関わる酵素タンパク質の特定のアミノ酸残基が
受ける化学修飾が関与することがわかっている。このタンパク質化学修飾は，光
合成で発生する還元力を利用して，酵素活性を直接的に調節する巧妙な仕掛けだ
と考えられている。朝が来て植物に光があたると，これらの酵素は再び活性化さ
れ，光合成が再開される。このとき，実験2に示すように，光合成能力が最大化
されるまでの時間は，植物体への光の照射範囲に影響される。

　　光合成を行う原核生物であるシネココッカスの一種では，夜間にメッセン
ジャーRNAのほとんどが消失する。このメッセンジャーRNAの消失は，薬剤
処理によって昼間に光合成を停止させても誘導される一方，夜間に呼吸を阻害す
ると誘導されない。また，この種のシネココッカスを昼間に転写阻害剤で処理す
ると死滅するが，夜間に転写阻害剤で処理しても，その生存にはほとんど影響が
ない。

　　このように，光合成生物は昼夜の切り替わりに応答して積極的に生理活性を調
節し，それぞれの環境に適した生存戦略を進化させている。

実験1　光合成に必須なシロイヌナズナ由来の酵素Aについて実験を行った。
　　　酵素Aタンパク質の末端領域には，周囲の酸化還元状態に依存してジス
　　　ルフィド結合を形成しうる側鎖をもつ2つのシステイン残基（Cys①およ
　　　びCys②）がある。酵素活性を調べるため，野生型酵素AおよびCys②を
　　　含むタンパク質末端領域を欠失した変異型酵素A'を作製した。作製した
　　　酵素にジスルフィド結合の形成を誘導し，活性を測定したところ，

　図2−1に示す結果を得た。さらに，野生型酵素 A あるいは変異型酵素
A'を発現するシロイヌナズナ植物体を作製し，異なる明暗期条件で 30 日
間生育させて生重量を測定した結果を，図2−2に示した。

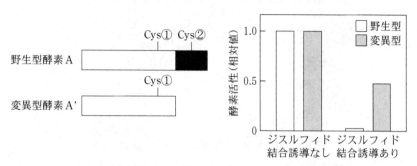

図2−1　光合成に関わる酵素 A のタンパク質の一次構造の模式図(左)と野生型酵
　　　　素 A および変異型酵素 A'の酵素活性(右)
変異型酵素 A'では，野生型酵素 A のうち，Cys②を含む黒塗りで示す部分が欠失している。
棒グラフは，野生型酵素 A のジスルフィド結合誘導なしの条件の値を 1.0 とした場合の相対
酵素活性を示している。

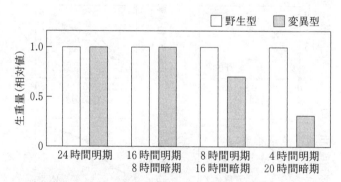

図2−2　野生型酵素 A あるいは変異型酵素 A'を発現するシロイヌナズナを異なる
　　　　明暗期条件で成長させたときの植物体生重量
各条件における野生型酵素を発現するシロイヌナズナの生重量を 1.0 とした場合の相対生重量
を示している。

　実験2　暗所に静置していたシロイヌナズナ野生型植物およびアブシシン酸輸送
　　　　　体欠損変異体 X に光を照射し，光合成速度と気孔開度を測定した。

図 2 — 3 のように光合成速度と気孔開度を測定する葉 1 枚にのみ，あるい
は植物体全体に光を照射したところ，図 2 — 4 に示す結果を得た。

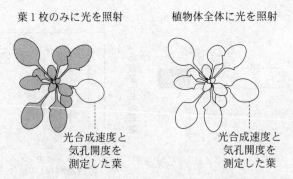

葉 1 枚のみに光を照射　　　　　植物体全体に光を照射

光合成速度と　　　　　　　　　　光合成速度と
気孔開度を　　　　　　　　　　　気孔開度を
測定した葉　　　　　　　　　　　測定した葉

図 2 — 3　シロイヌナズナ野生型植物およびアブシシン酸輸送体欠損変異体 X への
　　　　光照射方法
植物体の白く示した部分に光を照射して，光合成を活性化した。

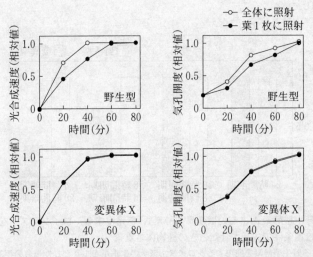

図 2 — 4　シロイヌナズナ野生型植物およびアブシシン酸輸送体欠損変異体 X の光
　　　　合成速度と気孔開度
野生型および変異体 X のそれぞれの最大値を 1.0 としたときの，相対光合成速度および相対気
孔開度を示している。

〔問〕

A　下線部(ア)について。以下の(1)～(4)の生物学的反応のうち，同化反応に含まれるものをすべて選べ。

(1)　土壌中のアンモニウムイオンが亜硝酸菌によって亜硝酸イオンに変換され，さらに硝酸菌によって亜硝酸イオンから硝酸イオンが生成される。

(2)　1分子のグルコースから2分子のグリセルアルデヒド3-リン酸が作られ，さらに2分子のピルビン酸が生成される。

(3)　多数のアミノ酸がペプチド結合によってつながれ，タンパク質が合成される。

(4)　細胞内に取り込まれた硫酸イオンが亜硫酸イオンに，さらに亜硫酸イオンが硫化物イオンに変換され，*O*-アセチルセリンと硫化物イオンが結合することでシステインが生成される。

B　下線部(イ)について。一般的な植物は，十分な光が当たっている昼間に二酸化炭素を取り込み，光合成を行う。一方，CAM 植物と呼ばれる植物は，二酸化炭素の取り込みを夜間に行うことが知られている。以下の(1)～(3)の CAM 植物について述べた文章として正しいものを，(a)～(d)から1つずつ選べ。ただし，(a)～(d)は複数回選んでもかまわない。

解答例：(1)—(a)，(2)—(b)，(3)—(c)

(1)　砂漠に生育するサボテン科の多肉植物

(2)　藻類が繁茂する湖沼に生育するミズニラ科の水生植物

(3)　熱帯雨林の樹上や岩場に生息するパイナップル科の着生植物

(a)　湿度や温度が最適条件に近く，光が十分強い場合には，葉内の二酸化炭素濃度が光合成の制限要因となりうるため，二酸化炭素を濃縮する機構を発達させている。

(b)　日中に気孔を開くと，体内水分が激しく奪われてしまうため，相対湿度が高い夜間に気孔を開いて二酸化炭素を吸収する。

(c)　周辺の二酸化炭素濃度が低いため，他の生物が呼吸を行い二酸化炭素濃

度が上昇する夜間に，積極的に二酸化炭素吸収を行う。

　(d)　共生している菌類が作り出す栄養分を共有することで発芽・成長し，あ
　　る程度育った段階から光合成を行うようになる。

C　下線部(ウ)について。こうした酵素の１つに，二酸化炭素の固定を行うリブ
　ロース 1,5-ビスリン酸カルボキシラーゼ/オキシゲナーゼ（略してルビスコ）
　がある。ルビスコが活性化されているときに光合成速度を低下させる要因を
　２つ挙げ，その理由をそれぞれ１行程度で述べよ。

D　下線部(エ)について。図２−１および図２−２に示された実験１の結果から
　推察されることについて述べた以下の(1)~(4)のそれぞれについて，正しいな
　ら「○」を，誤っているなら「×」を記せ。

　　解答例：(1)—○

　(1)　酵素 A のジスルフィド結合は，十分な光合成活性を得るため，昼間に
　　積極的に形成される必要がある。

　(2)　酵素 A の不活性化は，Cys②を介したジスルフィド結合によってのみ制
　　御されている。

　(3)　ジスルフィド結合による酵素 A の活性制御は，明期の時間よりも暗期
　　の時間が長くなるほど，植物の生育に影響を与える。

　(4)　変異型酵素 A' を発現する植物では，光合成活性が常に低下するため，
　　昼の時間が短くなると植物の生育が悪くなる。

E　下線部(オ)について。野生型において，葉１枚のみに光を照射するより植物
　体全体に光を照射した方が，光合成能力が最大化するまでの時間が短いの
　は，どういう機構によると考えられるか。図２−４で示した結果から考えら
　れることを，アブシシン酸のはたらきに着目して３行程度で説明せよ。

F　下線部(カ)について。この機構について考えられることを，エネルギーの供
　給と消費の観点から，以下の３つの語句をすべて使って２行程度で説明せ

よ。

　　呼吸，ATP，能動的

Ⅱ　次の文章を読み，問 G〜J に答えよ。

　葉緑体は植物に特有の細胞小器官であり，原始的な真核生物にシアノバクテリア（キ）が取り込まれ，共生することで細胞小器官化したと考えられている。この考えの根拠の 1 つが，シアノバクテリアと葉緑体との間で見られる，膜を構成する脂質分子種の類似性である。生体膜を形成する極性脂質には大きく分けてリン脂質と糖脂質が存在し，植物の細胞膜とミトコンドリア膜はリン脂質を主成分としている。これに対して，シアノバクテリアと葉緑体の膜の主成分は糖脂質であり，大部分が，図 2 — 5 に示すような糖の一種ガラクトースをもつガラクト脂質である（ク）。

　では，なぜそもそもシアノバクテリアは糖脂質を主成分とする膜を発達させたのだろうか。その理由については，貧リン環境への適応がその端緒であったという説が有力視されている。遺伝子操作によって図 2 — 5 に示すジガラクトシルジアシルグリセロール（DGDG）の合成活性を大きく低下させたシアノバクテリアでは，通常の培養条件では生育に影響はないが，リン酸欠乏条件下では生育が大きく阻害される。また，植物では，リン酸欠乏条件下では DGDG の合成が活性化（コ）され，ミトコンドリアや細胞膜のリン脂質が DGDG に置き換わる様子も観察される。糖脂質を主成分とする膜の進化は，光合成生物が，光合成産物である糖をいかに積極的に利用してさまざまな栄養環境に適応してきたのかを教えてくれる。

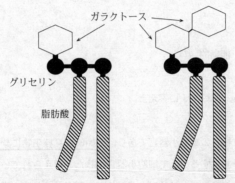

図 2 — 5　シアノバクテリアと葉緑体の膜に多く存在する糖脂質である，ガラクト脂質構造の模式図

黒で塗った領域はグリセリンに，斜線で示した領域は脂肪酸に，白い六角形はガラクトースに由来する部分を，それぞれ示している。

〔問〕

　G　下線部㈱の考えを細胞内共生説とよぶ。この考えに関連した以下の(1)～(4)の記述のうち，正しいものをすべて選べ。

　(1)　シアノバクテリアが葉緑体の起源であり，古細菌がミトコンドリアの起源であると考えられている。

　(2)　葉緑体やミトコンドリアは，共生初期には独自の DNA をもっていたが，現在ではそのすべてを失っている。

　(3)　真核生物の進化上，ミトコンドリアと葉緑体の共生のうち，ミトコンドリアの共生がより早い段階で確立したと考えられている。

　(4)　シアノバクテリアの大繁殖による環境中の酸素濃度の低下が，細胞内共生を促した一因であると考えられている。

　H　下線部㈯について。ガラクト脂質の生合成に関わる酵素について分子系統樹を作成した時，細胞内共生説から想定される系統関係を表した図として最も適したものを，以下の(a)～(e)から 1 つ選べ。ただし，バクテリア A およびB は，シアノバクテリア以外のバクテリアを示している。

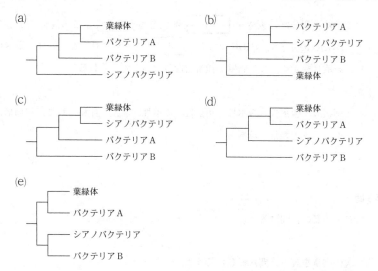

I　下線部(ケ)について。貧リン環境下で膜の主成分を糖脂質とすることの利点を，リンの生体内利用の観点から2行程度で説明せよ。

J　下線部(コ)について。以下の文章は，リン酸欠乏時にリン脂質と置き換わる糖脂質が，モノガラクトシルジアシルグリセロール(MGDG)ではなくジガラクトシルジアシルグリセロール(DGDG)である理由について考察している。文章の空欄を埋めるのに最も適した語句を下の選択肢から選び，解答例にならって答えよ。ただし，語句は複数回選んでもかまわない。

　解答例：1―親水性

　真核細胞がもつ生体膜は，脂質二重層からなっている。これは，リン脂質分子が　1　の部分を内側に，　2　の部分を外側に向けて二層にならんだ構造である。脂質が水溶液中でどういった集合体を形成するかは，脂質分子の　1　部位と　2　部位の分子内に占める　3　の割合に大きく依存し，この比が一定の範囲にあるとき，分子の形が　4　を取るため，安定的な二重層構造が可能となる。図2―5のMGDGとDGDGの模式図を見ると，DGDGはMGDGよりガラクトース分

子約 1 個分だけ大きい　　5　　部位をもっている。この違いによって，DGDG の分子は MGDG よりも　　4　　に近くなり，安定的な二重層構造を取りやすく，リン脂質の代替となりうると考えられる。

選択肢：親水性，疎水性，可溶性，不溶性，面積，体積，長さ，円筒形，
　　　　円錐形，球形

第 3 問

次の I, II の各問に答えよ。

I　次の文章を読み，問 A〜D に答えよ。

脊椎動物の中枢神経系が形成される過程において，神経幹細胞が多様なニューロンへと分化することが知られている。正常な個体発生では，全ての神経幹細胞が一度にニューロンへと分化してしまい神経幹細胞が予定よりも早く枯渇することがないように調節されている。ここではノッチシグナルと呼ばれる以下のシグナル伝達経路が重要なはたらきをしている。

リガンドである膜を貫通するタンパク質（デルタタンパク質）が，隣接する神経幹細胞の表面に存在する受容体（ノッチタンパク質）を活性化する。デルタタンパク質により活性化されたノッチタンパク質は，酵素による 2 段階の切断を経て，細胞内へとシグナルを伝達する（図 3 — 1）。最初に細胞外領域が膜貫通領域から切り離され，次に細胞内領域が膜貫通領域から分離する。切り離されたノッチタンパク質の細胞内領域は核内へと輸送され，それ自身がゲノム DNA に結合することにより標的遺伝子の転写を制御する。標的遺伝子の機能により，ノッチシグナルが入力された細胞は未分化な神経幹細胞として維持される。

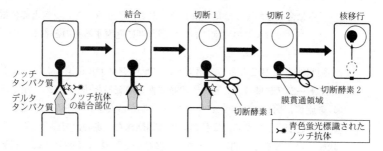

図3-1 ノッチタンパク質が活性化される過程

リガンドであるデルタタンパク質との結合が引き金となり，ノッチタンパク質の2段階の切断が起こる。最終的に細胞内領域が核内に輸送され，標的遺伝子の転写を制御する。ノッチタンパク質の細胞外領域にある星印は，実験2で使用するノッチ抗体（ノッチタンパク質を認識する抗体）の結合部位を示している。

ノッチシグナル伝達の活性化機構を明らかにするために，次の一連の実験を行った。

実験1 ショウジョウバエなどのモデル動物においては，エンドサイトーシスに関わる遺伝子の突然変異体が，ノッチシグナルの欠損と同様の発生異常を示す。このことから，エンドサイトーシスに関連する一連の遺伝子がノッチシグナルの伝達に必要であることが推測された。ノッチシグナルの送り手の細胞（デルタタンパク質を発現する細胞）と，受け手の細胞（ノッチタンパク質を発現する細胞）のどちらにおいてエンドサイトーシスが必要であるか調べるために以下の実験を行った。

初期条件ではノッチタンパク質とデルタタンパク質のどちらも発現しない培養細胞を用いて，次のような2種類の細胞株を作製した。

受け手細胞株A：改変したノッチタンパク質が常に一定量発現するように設計した。改変したノッチタンパク質の効果により，入力されたノッチシグナルの量に依存して，緑色蛍光タンパク質が合成される。緑色蛍光タンパク質は核に集積するように設計されているため，核における緑色蛍光強度を測定することにより，ひとつひとつの細胞に入力されたノッチシグナルの量を知ることができる。なお，全ての細胞は同様にふるまうものとする。

送り手細胞株B：デルタタンパク質とともに，赤色蛍光タンパク質が常に

一定量合成されるように設計した。なお，デルタタンパク質と赤色蛍光タンパク質は全ての細胞において同程度に発現するものとする。

　細胞株AとBを混合して培養し，ノッチシグナル伝達におけるエンドサイトーシスに関連する遺伝子の必要性を検証した(図3—2)。それぞれの細胞株において，エンドサイトーシスに必須な機能を有する遺伝子Xの有無を変更してから，2種類の培養細胞株を一定の比で混合した。混合状態での培養を2日間行った後に，多数の細胞株Aにおける緑色蛍光強度を測定した(図3—3)。なお，図3—3に示す結果は，4つの実験条件における多数の細胞の測定値の平均を，条件1の値が1.0になるように標準化したものである。培養容器中の細胞数は4つの実験条件間で同一であったものとする。

条件1：野生型(機能的な遺伝子Xが存在する状態)の受け手細胞株Aと，野生型の送り手細胞株Bを使用した。

条件2：遺伝子Xを除去した受け手細胞株Aと，野生型の送り手細胞株Bを使用した。

条件3：野生型の受け手細胞株Aと，遺伝子Xを除去した送り手細胞株Bを使用した。

条件4：遺伝子Xを除去した受け手細胞株Aと，遺伝子Xを除去した送り手細胞株Bを使用した。

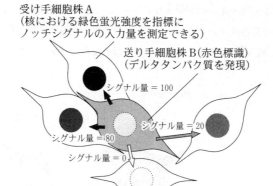

図3－2　ノッチシグナルの受け手細胞株 A と送り手細胞株 B の模式図
細胞株 A と B の 2 種類を混合して培養した。細胞株 B だけが赤色蛍光タンパク質
で標識されているため，2 種類の細胞株を識別することが可能である。細胞株 A
の核における緑色蛍光強度の測定値を指標にノッチシグナルが入力された量を評
価する。

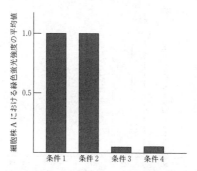

図3－3　ノッチシグナル伝達における遺伝子 X の必要性を調べた実験の結果

実験 2　実験 1 を行なった細胞について，緑色蛍光強度の測定後に固定し（生命
　　　活動を停止させ），青色蛍光分子で標識したノッチ抗体を用いて免疫染色
　　　実験を行った。使用した抗体はノッチタンパク質の細胞外領域に結合する
　　　（図3－1）。青色蛍光を指標にノッチタンパク質の分布を観察した。
　　　　その結果，ノッチタンパク質を発現している受け手細胞株 A の表面に
　　　おいて一様に青色蛍光が観察されるだけではなく，送り手細胞株 B の内
　　　部においてもドット状（点状）の青色蛍光が観察された（図3－4）。実験 1

と同様の４つの実験条件において，送り手細胞株Ｂにおける細胞あたり
の青色蛍光のドットを数え，多数の細胞での計測数の平均を得た。なお，
測定値は，条件１の値が1.0になるように標準化した（図３—５）。

図３—４　ノッチタンパク質を認識する抗体を用いた免疫染色像
青色蛍光分子で標識したノッチ抗体の分布を黒い色で表示している。

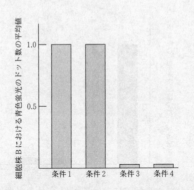

図３—５　ノッチ抗体を用いた免疫染色実験の結果

〔問〕

　A　下線部(ア)に関して，両生類の中枢神経系が発生する過程を２行程度で説明
　　せよ。ただし，「形成体」，「脊索」，「外胚葉」，「誘導」，「原口背唇部」の語句
　　を必ず含めること。また解答文で，用いた語句５つには下線を引くこと。

　B　下線部(イ)に関して，エンドサイトーシスとはどのような現象か，２行程度

で説明せよ。

C　ノッチシグナル伝達における遺伝子 X の必要性を調べた図 3—3 の実験
結果について，以下の⑴〜⑸の選択肢から適切な解釈をすべて選べ。

⑴　遺伝子 X の機能は，ノッチシグナルを受容する細胞において必要である。

⑵　遺伝子 X の機能は，ノッチシグナルを受容する細胞において必要でない。

⑶　遺伝子 X の機能は，ノッチシグナルを送る細胞において必要である。

⑷　遺伝子 X の機能は，ノッチシグナルを送る細胞において必要でない。

⑸　遺伝子 X の機能は，ノッチシグナル伝達には関係しない。

D　問題文と実験 1 と 2 の結果を元に，以下の⑴〜⑺の選択肢から適切な解釈
をすべて選べ。

⑴　細胞株 B においてノッチタンパク質の合成が促進された。

⑵　細胞株 B がノッチ抗体を合成した。

⑶　細胞株 B がノッチタンパク質の細胞外領域を取り込んだ。

⑷　細胞株 A と細胞株 B が部分的に融合し，細胞株 A の内容物が細胞株 B
へと輸送された。

⑸　細胞株 A においてノッチタンパク質が切断されたために，ノッチタン
パク質の細胞外領域が細胞株 A から離れた。

⑹　細胞株 A における遺伝子 X の機能により，ノッチシグナルが活性化
し，ノッチタンパク質を細胞外へと排出した。

⑺　遺伝子 X はノッチタンパク質の細胞外領域の分布に影響しない。

Ⅱ　次の文章を読み，問 E 〜 H に答えよ。

Ⅰの実験により，ノッチシグナルの伝達とエンドサイトーシスとの関係がわ
かった。しかし，エンドサイトーシスがノッチシグナルの伝達をどのように制御
するのかは長年解明されず，様々な仮説が提唱されてきた。現在受け入れられて

いる仮説のひとつが「ノッチシグナルの張力依存性仮説」である。この仮説では，
(ウ)
エンドサイトーシスにより発生する張力が，ノッチシグナルの活性化に不可欠で
あると考えられている。ノッチシグナル伝達における張力の重要性を検証するた
めに次の実験を行った。

実験3　DNA は 4 種類のヌクレオチドが鎖状に重合し，2 本の鎖が対合した二
　　　　重らせん構造をとる。望みの配列の DNA 鎖を容易に化学合成できる利点
　　　　により，DNA を「紐」あるいは「張力センサー」として活用することができ
　　　　る。例えば，図 3 — 6 のように，DNA の「紐」が耐えられる，張力限界値
　　　　(引っ張り強度)を測定することが可能である。ある値を超える力がかかる
　　　　と，DNA の「紐」の一方の端が基盤から離れる。上向きに引き上げる力の
　　　　大きさを少しずつ大きくし，DNA の「紐」の一端が基盤から離れる直前の
　　　　力の大きさ(pN：ピコニュートンを単位とする)を張力限界値と見なすこ
　　　　とができる。同一構造の多数の分子についての測定結果を統計的に処理す
　　　　ることにより，特定の構造の DNA 分子の張力限界値を求めることができ
　　　　る。

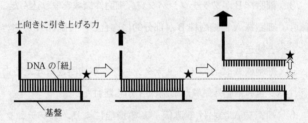

図 3 — 6　DNA「紐」の張力限界値の測定原理
DNA「紐」を上向きに引っ張り上げる力を徐々に大きくしていき，「紐」の端点(星
印)が基盤から大きく離れる直前の力の大きさをもとに張力限界値を求めた。

　同様の測定方法により，図 3 — 7 のような GC 含量(DNA を構成する塩基に占
めるグアニンとシトシンの割合。GC%)と塩基対の数が異なる様々な構造の
DNA「紐」について，張力限界値を測定したところ，値の大きさは次の順になっ
た。

　　　　　⑴ <｜　α　｜<｜　β　｜<｜　γ　｜<｜　δ　｜

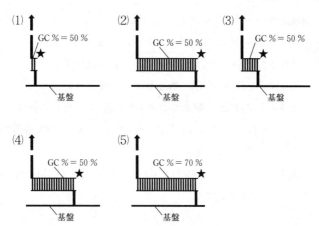

図 3 — 7　　DNA「紐」の張力限界値に対する塩基組成や塩基対の数の影響
それぞれの DNA「紐」の構造は等しい縮尺で描いてあり，DNA「紐」の中の縦線の本数は相対的な塩基対の数を示している。

実験 4　　実験 1 で作成した野生型の受け手細胞株 A を，張力限界値が異なる
　　　　DNA「紐」に結びつけたデルタタンパク質の上で培養した（図 3 — 8）。
　　　　DNA「紐」を介してデルタタンパク質を培養容器の底に固定し，その上で
　　　　細胞株 A を 2 日間培養した。培養中の細胞はたえず微小な運動を続けて
　　　　いるために，細胞株 A と固定されたデルタタンパク質との間に張力がか
　　　　かる。実験条件ごとに張力限界値が異なる DNA「紐」を使用し，ノッチシ
　　　　グナル伝達量を反映する緑色蛍光強度を測定した。5 つの実験条件におけ
　　　　る多数の細胞の測定値を平均し，条件 1 の値が 1.0 になるように標準化し
　　　　た（図 3 — 9）。

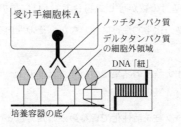

図 3 — 8　　ノッチ—デルタタンパク質間の張力が，ノッチシグナル伝達に与える影響
　　　　を評価する実験の原理

実験条件

　条件1：30 pN まで耐えられる DNA「紐」を使用する。

　条件2：12 pN まで耐えられる DNA「紐」を使用する。

　条件3：6 pN まで耐えられる DNA「紐」を使用する。

　条件4：30 pN まで耐えられる DNA「紐」を使用し，かつ，培養液に
　　　　DNA 切断酵素を添加する。ただし，DNA 切断酵素は細胞内に
　　　　は入らないものとする。

　条件5：デルタタンパク質を DNA「紐」に結合せず，培養液中に溶解し
　　　　た状態にする。

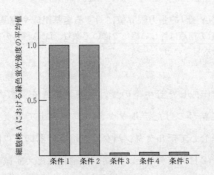

図3―9　ノッチ―デルタタンパク質間の張力が，ノッチシグナル伝達に与える影響
　を評価する実験の結果

〔問〕

E　$\alpha \sim \delta$ に当てはまる番号を図3―7の(2)～(5)からそれぞれ選べ。

F　DNA「紐」は塩基対の数が等しい場合でも GC 含量の違いにより張力限界
　値が異なる。塩基の化学的性質に触れながらその理由を2行程度で述べよ。

G　図3―9に示す実験4の結果について，以下の(1)～(5)の選択肢から正しい
　解釈をすべて選べ。

(1)　ノッチタンパク質を活性化できる最小の張力は 30 pN よりも大きい。

(2)　ノッチタンパク質を活性化できる最小の張力は 12 pN よりも大きく，

30 pN 以下である。

⑶　ノッチタンパク質を活性化できる最小の張力は 6 pN よりも大きく，12 pN 以下である。

⑷　ノッチタンパク質を活性化できる最小の張力は 6 pN 以下である。

⑸　細胞株 A において，ノッチシグナルが活性化するためには張力は必要でない。

H　図 3 ― 1 に示す一連の過程に着目し，実験 1 ～ 4 の結果を踏まえて下線部 ㈠「ノッチシグナルの張力依存性仮説」の内容を 4 行程度で説明せよ。ただし，「受け手細胞」「送り手細胞」「張力」「切断」の語句を必ず含めること。また解答文で，用いた語句 4 つには下線を引くこと。

■■地学■■

（2 科目 150 分）

（注）　解答用紙は，〈理科〉共通。1 行：約 23.5 センチ，35 字分の区切りあり。
　　　　1・2 は各 25 行，3 は 50 行。

第 1 問　宇宙に関する次の問い（問 1 ～ 2）に答えよ。

問 1　恒星の表面の明るさに関する以下の問いに答えよ。計算の過程も示せ。

⑴　半径 R，表面温度 T のある恒星の光度 L（単位時間あたりに放射されるエ
ネルギー）を求めよ。シュテファン・ボルツマン定数を σ とする。また，そ
の恒星までの距離が D であるとき，我々が観測するみかけの明るさ F（単位
時間あたりに，光線に垂直な面の単位面積を通過するエネルギー）を求め
よ。

⑵　その恒星は半径が角度 θ_s の円に見え，天球面上での面積は $\pi\theta_s{}^2$ となる。
ひろがって見える天体の面輝度 S を，天球面上の単位面積あたりの明るさ
と定義する。この恒星の平均の面輝度 $\langle S \rangle$ は，F を $\pi\theta_s{}^2$ で割ったものとな
る。θ_s を R と D で表した上で（単位はラジアンとする），$\langle S \rangle$ を求めよ。

⑶　以下では，面輝度は恒星のみかけの円内でどこでも一定で，前問で求めた
$\langle S \rangle$ であるとする。図 1 ― 1 のような食連星を考える。光度 L がより明るい
星を主星と呼ぶ。二つの食において，恒星が隠される部分の面積は同じであ
るとする。

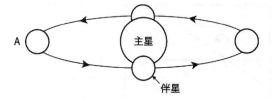

図 1 — 1　地球から見たある食連星の模式図。主星
を固定して描いてあり，矢印は公転方向を
表す。

⒜　連星の二つの星はともに主系列星であるとする。伴星が A の位置から
主星の周りを一周する間の，この食連星全体のみかけの明るさ F_T の時間
変化を，横軸に時間，縦軸に F_T をとって図示せよ。二つの食における光
度変化量の違いを明示すること。

⒝　二つの星が主系列星と限らない場合，どのような種類の恒星の連星なら
ば二つの食における光度変化量の大小が⒜の場合と逆になるか。理由も含
めて 3 行程度で述べよ。

⑷　観測者が恒星の中心から見込む角度を θ とする。現実の恒星の面輝度
S は中心（$\theta = 0$）から境界（$\theta = \theta_s$）にむかって暗くなる（周辺減光）。これを
以下のように単純化して考えよう。恒星を，半径 R の内側では密度が一
定，外側では密度ゼロのガス球とする。恒星からの光はガス球の表面ではな
く，それよりわずかに内側の光球面から放たれる。光球面は，それより外側
のガスによって光が吸収されるかどうかの境界であり，図 1 — 2 に示すよう
に，光球面からガス球表面まで光が観測者にむかって伝搬する距離 d は，
θ によらず一定であるとする。なお，d は R よりはるかに小さいとする。

⒜　ガス球表面から測った光球面の深さ r は θ によって異なる。r を d, θ,
θ_s を用いて表せ。図中に示された角度 α を途中で用いてもよい。

⒝　恒星の温度は，ガス球表面から恒星内部に向かって高くなる。⒜の結果
に基づいて，周辺部ほど面輝度が減少する理由を 3 行程度で説明せよ。

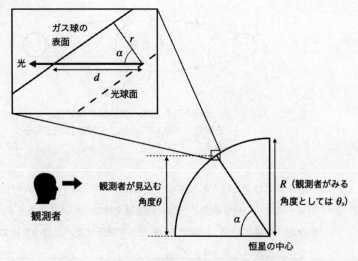

図1－2　恒星の表面付近の光の経路の模式図

問2　太陽系の惑星と衛星に関する以下の問いに答えよ。数値での解答には計算の過程も示せ。必要に応じて，$2^{1/3} = 1.26$ を用いてよい。

(1)　太陽の周りを公転する惑星と同様に，惑星の周りを公転する衛星の運動もケプラーの法則に従っている。木星にはガリレオ衛星と呼ばれる特に大きな4つの衛星イオ，エウロパ，ガニメデ，カリストがある。そのなかで，イオ，エウロパ，ガニメデのそれぞれの公転周期 P_I，P_E，P_G は1：2：4の整数比の関係が成り立つことが知られている。

(a)　イオの公転軌道の長半径(木星からの最大距離と最小距離の平均)を $a_I = 4.2 \times 10^5$ km として，エウロパとガニメデの軌道の長半径 a_E，a_G を有効数字2桁でそれぞれ求めよ。

(b)　イオでは活発な火山活動が起こっており，内部が高温になっていると考えられている。この高温の最も重要な原因と考えられるものを答えよ。

⑵　水星は惑星のなかで最も小さいが，平均密度は惑星の中で 2 番目に大きく，表面には地球の衛星である月と同様に，他の地球型惑星に比べて多くのクレーターを残している。また，水星の公転軌道は他の惑星と比較して特に大きな離心率を持っている。

⒜　水星が大きな平均密度を持つことは，水星の内部構造のどのような特徴を反映していると考えられるか，簡潔に答えよ。

⒝　水星表面に多くのクレーターが消えずに残されていることの主要な原因を 1 つ，1 ～ 2 行で答えよ。

⒞　水星の遠日点での公転速度 v_a に対する近日点での公転速度 v_p の比を，図 1 ― 3 を参考にして，軌道離心率 e を用いて表せ。また，$e = 0.21$ として公転速度の比を有効数字 2 桁で求めよ。

⒟　水星の近日点において太陽方向に直交した平面が受ける単位時間，単位面積あたりの太陽放射エネルギーは遠日点の何倍か，軌道離心率 e を用いて表せ。

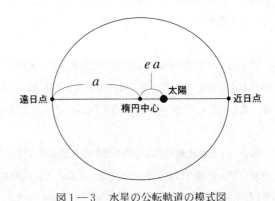

図 1 ― 3　水星の公転軌道の模式図

第2問 大気と海洋に関する次の問い(問1〜2)に答えよ。

問1 以下の問いに答えよ。

(1) 等圧面が水平方向と高度に対して図2−1のように分布している。ここで等圧面の圧力は $P_1 > P_2 > P_3 > P_4$ の関係を満たし，等圧面の間隔は左ほど大きい。大気組成は均一とする。

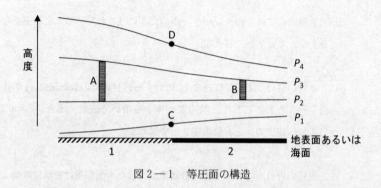

図2−1 等圧面の構造

(a) 圧力が P_2，P_3 の等圧面に挟まれた領域 A の平均気温と領域 B の平均気温のうちどちらが高いかを答え，その理由を，気圧はその高度より上にある単位面積あたりの大気の重さに等しいことを用いて2行程度で述べよ。

(b) 図2−1が夜間の海陸風の模式図であるとき，表面1(左)と表面2(右)のどちらが海面であるかを，海洋の熱容量が大きいことを考慮して答えよ。また，点Cにおける風の向きを「右向き」「左向き」から選べ。

(c) 図2−1を海陸風ではなく南半球の地衡風の模式図とする。紙面に垂直方向の気圧傾度力はないものとする。このとき，点Dにおける風の向きを「右向き」「左向き」「手前向き」「奥向き」の中から選べ。

(d) 点Cにおいて，気圧傾度力とコリオリの力(転向力)と摩擦力がつり

合っており，摩擦力の大きさは気圧傾度力の半分の大きさであるとする。このときの風速は，摩擦力が働かず気圧傾度力とコリオリの力がつり合っているときの風速の何倍であるかを，計算の過程も示して答えよ。計算の過程では気圧傾度力の大きさを F_P，コリオリの力の大きさを F_C，摩擦力の大きさを F_V とする。

⑵　北半球中緯度で発達しつつある偏西風波動を考える。図 2 — 2 は地表の気圧分布の模式図である。同心円に囲まれた領域 E と領域 F のうち，いずれかが低気圧で，いずれかが高気圧である。

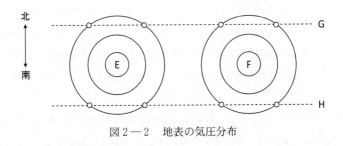

図 2 — 2　地表の気圧分布

⒜　線分 G と線分 H のいずれかに沿った白丸の地点における風向が図 2 — 3 の矢印のように表される。これらの風向は線分 G，H のいずれに沿ったものであるかを答えよ。また，領域 E，F のいずれが低気圧であるかを答えよ。

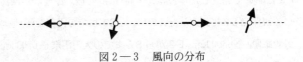

図 2 — 3　風向の分布

⒝　線分 G の上空の 500 hPa 等圧面における風向と，気圧の谷（「低」で表す），あるいは尾根（「高」で表す）の位置として，適切なものを次の⒜～⒟から選べ。

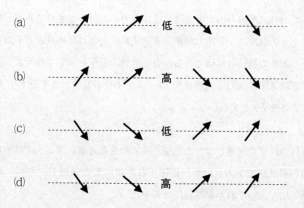

(c)　偏西風波動が発達するとき，上空の気圧の谷の東側で気温が高く，西側
　　で気温が低くなっている。このことと上記の風向を使って，偏西風波動が
　　地球全体のエネルギー収支においてどのような役割を果たしているかを，
　　「太陽放射」という語を用いて 2 〜 3 行で述べよ。

問 2　以下の問いに答えよ。数値による解答は有効数字 2 桁で答え，計算の過程も
　　示せ。なお，重力加速度は 9.80 m/s^2，円周率は 3.14 とする。

(1)　太平洋域には複数のプレート(図 2 − 4)が存在し，プレート境界で発生し
　　た巨大地震が引き起こす津波は遠洋に広がる。2011 年東北地方太平洋沖地
　　震により E 1 において発生した津波は，地震発生から 8 時間後，津波計が深
　　海に設置されている観測点 S 1 に到達した。同様に 2010 年チリ地震により
　　E 2 において発生した津波は，8 時間 40 分後，津波計が深海に設置されて
　　いる観測点 S 2 に到達した。E 1 から S 1 までの大円距離(地球表面に沿った
　　最短距離)を 6800 km，E 2 から S 2 までの大円距離を 6100 km とし，津波の
　　伝播の速さから，それぞれの津波伝播経路の平均水深を求めよ。簡単のた
　　め，それぞれの伝播経路の水深を平均水深で，伝播経路を大円で近似できる
　　ものとする。

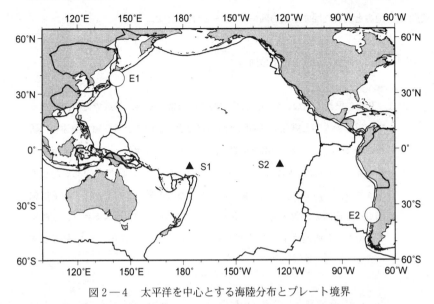

図2—4　太平洋を中心とする海陸分布とプレート境界

(2)　(1)で求めたE1-S1間とE2-S2間の平均水深が異なる理由を，以下の
　　語をすべて用いて4行程度で述べよ。

　　語群：東太平洋中央海嶺，プレート，海洋底年代，リソスフェア，冷却

(3)　海上の強風が生成する波浪は，強風域から遠く離れると，形の整った
　　（　ア　）と呼ばれる海洋波浪として観測される。いま，水深4000 mの平坦
　　な深海底に設置されている流速計の直上の海面を，波高が2 mで周期12秒
　　の（　ア　）が一方向に伝わっている。

　(a)　空欄（　ア　）に入る適切な語句を答えよ。

　(b)　下線部の波の波長と波の伝わる速さを答えよ。

　(c)　流速計は海水の流速を計る。例えば，この流速計の直上の海面を一方向
　　　に伝播する波高2 mの津波は，海底付近で最大10 cm/s程度の水平方向
　　　の流速を生じる。一方，下線部の波は海底付近で流れを伴わず，この流速
　　　計は（　ア　）を検知しない。下線部の波が海底付近で流れを伴わない理由
　　　を2行程度で述べよ。

第3問 地震と地質に関する次の問い(問1～2)に答えよ。

問1 地震と断層に関する以下の問いに答えよ。

(1) P波の振動方向などの地震波形の特徴を分析すると，1点での観測であっても震源の方向と震源までの距離が推定でき，このことは緊急地震速報で活用されている。いま，z軸を鉛直上向きにとった3次元 x-y-z 座標系上で位置 $(x_0, y_0, 0)$ に設置された観測点でP波が観測され，震源が観測点から方向 $\vec{e} = (e_x, e_y, e_z)$ および距離 R の位置にあると推定された。ここで $\vec{e}$ は観測点から震源の位置へ向いた単位ベクトルであり，地表面は $z = 0$ に位置する。また，P波速度 V_p，S波速度 V_s は場所によって変化しないものとする。

(a) x-y-z 座標系上での震源の位置 (x_s, y_s, z_s) を，それぞれの成分ごとに $R, e_x, e_y, e_z, x_0, y_0$ を用いて表せ。

(b) 観測点でP波が検知され瞬時に緊急地震速報が発令されたとしても，S波(主要動)の到達に緊急地震速報が間に合わない領域内の点 $(x, y, 0)$ が地表面上にある場合を考える。x, y が満たす不等式を $V_p, V_s, R,$ x_s, y_s, z_s を用いて記せ。

(c) (b)の結果をもとに，地表面における緊急地震速報が間に合わない領域と観測点のおよその位置を x-y 平面上に図示せよ。簡単のため $x_s = y_s = y_0 = 0$ とする。

(d) 陸側プレート内の浅部で発生する地震(直下型地震)に対して緊急地震速報を全ての地域で間に合わせるには難しさがある。(c)までの考察をもとに，多数の観測点からなる地表の観測ネットワークをどのように整備すれば間に合わない地域の範囲を狭められるか理由を含め2行程度で述べよ。

⑵　実際の断層は点ではなく，大きさのある面であり，断層のずれは，一定の
速度 V_r（マグニチュードによらず S 波速度の数十％程度）で断層面の上を移
動する震源として表される。各地点での揺れは，断層から放出された最初の
地震波が到達したら始まり，最後の地震波が到達するまで継続する。以下で
は，P 波による揺れのみを考え，S 波や屈折波，反射波の影響は考えないも
のとし，P 波速度 V_p は場所により変化しないものとする。断層面の幅（深さ
方向の長さ）は無視できるほど小さいものと考えよ。

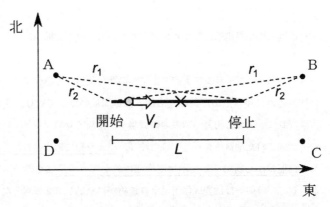

図 3 — 1　鉛直な断層面を上から見た平面図。太線は断層面であ
　　　　り，白矢印は白丸の位置にある震源が断層面上を移動す
　　　　る方向，点 A～D は観測点を示す。

⒜　一般に，地表面で揺れが継続する時間は，地震のマグニチュードとどの
ような関係にあるか，その理由を含めて 2 行程度で説明せよ。

⒝　まず簡単のため，図 3 — 1 の×の位置に移動しない右横ずれの震源を考
える。観測点 A～D での初動の向きをそれぞれ押し波か引き波で答え
よ。

⒞　つぎに，図 3 — 1 の白矢印のように断層の西端から移動を開始し東端で
停止する右横ずれの震源を考える。初動が押し波の領域と引き波の領域を
分ける境界線を，断層上の震源の移動開始点と停止点の位置とともに図示

せよ。

(d) (c)の場合で，観測点 A と B での揺れの継続時間を断層の長さ L，
V_r，V_p を用いて表し，震源の移動が各点での継続時間に与える影響を
2 行程度で説明せよ。ここでは，断層面の上端は地表面に位置し，観測
点 A と B は断層の端から等距離にあり図 3 — 1 での距離 r_1 と r_2 には，
$r_1 - r_2 = L$ の近似が成り立つとせよ。震源は，それぞれの位置で瞬間的
に地震波を放出しながら移動するものとする。

問 2　日本列島の地質構造に関する次の文章を読み，以下の問いに答えよ。

　　日本列島は，ユーラシア大陸と太平洋の間に位置する島弧であり，プレート
の沈み込みに伴う造山運動が過去約 5 億年間にわたって繰り返されてきた。
海洋プレート表面の物質や陸源の砕屑物が，海溝で陸のプレートに押し付けら
れて形成された地質体を（　ア　）と呼び，ジュラ紀に形成された美濃・丹波帯
や，白亜紀から新第三紀にかけて形成された四万十帯はその一例である。ま
た，（　ア　）の一部は変成作用により鉱物が再結晶して変成岩となっている。
西南日本の広域変成帯である領家帯と三波川帯の境界は（　イ　）と呼ばれる断
層である。新第三紀には日本海の拡大や，（　ウ　）プレートと呼ばれる海洋プ
レート上にある伊豆—小笠原弧の西南日本弧への衝突などが生じ，日本列島の
形が作られてきた。

(1)　空欄（　ア　）～（　ウ　）に入る適切な語句を答えよ。

(2)　下線部(I)に関して，美濃・丹波帯の中には石灰岩の採掘がおこなわれてい
　　る場所がある。美濃・丹波帯の中の石灰岩はどのような場所で形成されたか
　　15 字以内で述べよ。また，これらの石灰岩が美濃・丹波帯の中にとりこま
　　れるまでの過程について，プレートの運動と沈み込み帯を表す模式的な断面
　　図を描いて説明せよ。

⑶　下線部(Ⅱ)に関して，図3—2は四国における四万十帯の複数の地点(A〜D)において産出する岩石の種類と年代を示した模式柱状図である。

⒜　岩石種P, R, Sはそれぞれ何だと考えられるか。以下のうちから適切な語句を選択せよ。

　　流紋岩　　　玄武岩　　　花崗岩　　　砂岩・泥岩　　　チャート　　　岩塩

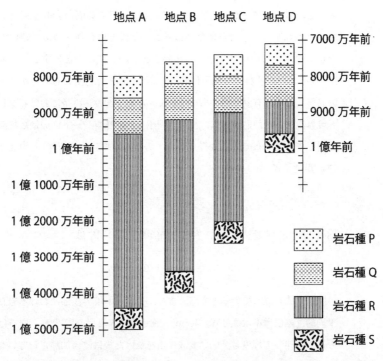

図3—2　四国における四万十帯の地点A〜Dに産出する岩石の種類と年代を示す模式柱状図。柱状図の縦軸は層厚と一致しないことに注意。

⒝　岩石種Qは異なる起源をもつ粒子から構成されている。岩石種Qを構成する粒子の起源を2つ挙げ，そう考えた理由を岩石種Qが形成された場所と関連付けて2行以内で答えよ。

(c) 地点A〜Dのうち，最も南側に位置すると考えられるのはどの地点
か。理由とともに2行以内で答えよ。

(d) 図3—2では，岩石種Rの形成が生じていた期間が地点により異な
る。この原因として，白亜紀後期に沈み込んでいた海洋プレートにどのよ
うな変化が生じたことが考えられるか。2行以内で答えよ。

(e) 地点Aと地点Dから採取された岩石の分析の結果，両地点の岩石はい
ずれも，岩石種にかかわらず150℃の温度に達する弱い変成作用を受け
たことが判明した。岩石種Pの最も若い年代と岩石種Sの最も若い年代
の差が沈み込む海洋プレートの年齢をあらわしていると仮定して，地点
A，Dの岩石はそれぞれ地下何kmまで沈み込んだと考えられるか，計算
の過程とともに有効数字2桁で求めよ。なお，沈み込み帯におけるプレー
ト境界浅部の地殻熱流量は，海溝に到達した海洋プレート内の地殻熱流量
と同じであると仮定し，海洋プレートの年齢t（単位：百万年）と地殻熱流
量q（単位：W/m^2）には，

$$q = 0.5/\sqrt{t}$$

地温勾配G，地殻熱流量q，岩石の熱伝導率kの間には

$$q = k \cdot G$$

の関係が成り立っているとする。また，プレート境界浅部における岩石の
平均的な熱伝導率は$2.0\,W/(K \cdot m)$，海底面の温度は0℃とし，岩石は沈
み込みに伴って埋没し，弱い変成作用を受けた後には再加熱されていない
ものとする。

悪乎託。託於愛利。愛利之心論、威乃可行。威太甚則愛利
之心息。愛利之心息、而徒疾行威、身必咎矣。此殷夏之所以
絶也。

（『呂氏春秋』による）

〔注〕　○瀷水──川の名。　○造父──人名、昔の車馬を御する名人。
　　　　○殷夏──ともに中国古代の王朝。

設問

(一)　傍線部a・b・cを現代語訳せよ。

(二)　「譬之若塩之於味」（傍線部d）とあるが、たとえの内容をわかりやすく説明せよ。

(三)　「此殷夏之所以絶也」（傍線部e）とあるが、なぜなのか、本文の趣旨を踏まえて簡潔に説明せよ。

（解答欄∶(二)約一三・五センチ×一・五行　(三)約一三・五センチ×一行）

第　三　問

次の文章を読んで、後の設問に答えよ。ただし、設問の都合で送り仮名を省いたところがある。

宋人有三取レ道者一。其ノ馬不レ進、捶而投三之瀴水一ニ。又タ復タ取ル道ヲ、其ノ馬不レ

進、又タ捶而投三之瀴水一ニ。如レ此クノこと者三タビアリ。雖三造父之所下以威ヲトスル

a
馬ヲ、不レ過二此一ニ。

不レ得三造父之道一ヲ而徒得二其ノ威一ヲ、無三益於御一ニ

矣。

人主之不レ肖ナル者有レ似タルニ於此一ニ。不レ得三其ノ道一ヲ而徒多三其ノ威一ヲ。威愈クシテ多、民

愈クシテ不レ用ヰラレ。亡国之主、多下以三多威一ヲ使中其ノ民上矣。

b

故ニ威不レ可レ無レ有、而不レ足二専恃一ムニ。譬レヘバ之ヲ若二塩之於一ケルガ味二。凡ソ塩之用ハ、

c　　　　　　　　　　　　　　　　　d
たとフレバ

有レ所レ託スル也。不レ適セ則チ敗レ託ヲ而不レ可レ食カラ。威亦タ然リ。必ズ有レ所レ託スル、然後可レ行フ。

○東宮——御門の第一皇子。

○わが世——ここでは日本を指す。

設　問

(一)　傍線部ア・ウ・オを現代語訳せよ。

(二)　「ただまぼろしに見るは見るかは」(傍線部イ)の大意を示せ。

(三)　「われをばひたぶるにおぼし放たぬなんめり」(傍線部エ)とあるが、なぜそう思うのか、説明せよ。

（解答欄：(二)・(三)各約一三・五センチ×一行）

は、ひきもとどめたてまつるべけれど、ウかしこう思ひつつむ。

忍びやるべうもあらぬ御けしきの苦しさに、言ふともなく、ほのかにまぎらはして、すべり入り給ひぬ。おぼろけに人目思はず

内裏より皇子出でさせ給ひて、御遊びはじまる。何のものの音もおぼえぬ心地すれど、今宵をかぎりと思へば、心強く思ひ念じ

て、琵琶賜はり給ふも、うつつの心地はせず。御簾のうちに、琴のことかき合はせられたるは、未央宮にて聞きしなるべし。やが

てその世の御おくりものに添へさせ給ふ。「今は」といふかひなく思ひ立ち果てぬるを、いとなつかしうのたまはせつる御けはひ、

ありさま、耳につき心にしみて、肝消えまどひ、さらにものおぼえ給はず。「日本に母上をはじめ、大将殿の君に、見馴れしほど

なく引き別れにしあはれなど、たぐひあらじと人やりならずおぼえしかど、ながらへば、三年がうちに行き帰りなむと思ふ思ひに

なぐさめしにも、胸のひまはありき。これは、またかへり見るべき世かは」と思ひぢむるに、よろづ目とまり、あはれなるをさ

ることにて、后の、今ひとたびの行き逢ひをば、かけ離れながら、おほかたにいとなつかしうもてなしおぼしたるも、さまことな

る心づくしいとどまさりつつ、わが身人の御身、さまざまに乱れがはしきこと出で来ぬべき世のつつましさを、おぼしつつめるこ

とわりも、ひたぶるに恨みたてまつらむかたなければ、いかさまにせば、と思ひ乱るる心のうちは、言ひやるかたもなかりけり。

エ「いとせめてはかけ離れ、なさけなく、つらくもてなし給はばいかがはせむ。若君のかたざまにつけても、われをばひたぶるにお

ぼし放たぬなんめり」と、推し量らるる心ときめきても、消え入りぬべく思ひ沈みて、暮れゆく秋の別れ、オなほいとせちにやるか

たなきほどなり。御門、東宮をはじめたてまつりて、惜しみかなしませ給ふさま、わが世を離れしにも、やや立ちまさりたり。

　〔注〕　○琴のこと──弦が七本の琴。

　　　　○未央宮にて聞きしなるべし──中納言は、以前、未央宮で女房に身をやつした后の琴のことの演奏を聞いた。

　　　　○その世──ここでは中国を指す。

第 二 問

次の文章は『浜松中納言物語』の一節である。中納言は亡き父が中国の御門（みかど）の第三皇子に転生したことを知り、契りを結んだ大将殿の姫君を残して、朝廷に三年間の暇（いとま）を請い、中国に渡った。そして、中納言は物忌（ものい）みで籠もる女性と結ばれたが、その女性は御門の后（きさき）であり、第三皇子の母であった。后は中納言との間の子（若君）を産んだ。三年後、中納言は日本に戻ることになる。以下は、人々が集まる別れの宴で、中納言が后に和歌を詠み贈る場面である。これを読んで、後の設問に答えよ。

夢とだに何か思ひも出でつらむ　<u>ただまぼろしに見るは見るかは</u>　イ

いみじう忍びてまぎらはかし給へり。

ふたたびと思ひ合はするかたもなしいかに見し夜の夢にかあるらむ

る人々も、おのおのものうち言ふにやと聞こゆるまぎれに、

忍びがたき心のうちをうち出でぬべきにも、<u>さすがにあらず、わりなくかなしきに、</u>ア 皇子（みこ）もすこし立ち出でさせ給ふに、御前な

（解答欄：㈠〜㈢各約　一三・五センチ×二行）

㈤　傍線部 a・b・c のカタカナに相当する漢字を楷書で書け。

　　　a　ユルんで　　b　コッケイ　　c　シンチョウ

ていたことが、突然自然でなくなることがある。だから、<u>日本人であることに、誰も安心はできない</u>。

（鵜飼哲「ナショナリズム、その〈彼方〉への隘路」による）

〔注〕　○パラサイト──寄生。

　　　○菊の紋章付きの旅券──日本国旅券（パスポート）のこと。表紙に菊の紋章が印刷されている。

　　　○甘えの構造──ここでは、精神分析学者の土居健郎が提唱した著名な日本人論を指す。日本人の心性の大きな特徴と
　　　　して「甘え」の心理を論じた。

設　問

（一）　「その『甘さ』において私はまぎれもなく『日本人』だった」（傍線部ア）とはどういうことか、説明せよ。

（二）　「その残忍な顔を、〈外〉と〈内〉とに同時に見せ始めている」（傍線部イ）とはどういうことか、説明せよ。

（三）　「文字通りの『自然』のなかには、もともとどんな名も存在しない」（傍線部ウ）とはどういうことか、説明せよ。

（四）　「日本人であることに、誰も安心はできない」（傍線部エ）とはどういうことか、本文全体の趣旨を踏まえて一〇〇字以上
　　　一二〇字以内で説明せよ（句読点も一字と数える）。

「出生」を意味する。そして英語で naturally と言えば、「自然に」から転じて「当然に」「自明に」「無論」という意味になる。

「生まれ」が「同じ」者の間で、「自然」だからこそ「当然」として主張される平等性。そして、それと表裏一体の、「生まれ」が「違う」者に対する排他性。歴史的状況や文化的文脈によってナショナリズムにもさまざまな異型があるが、この性格はこの政治現象の不変の核と言っていいだろう。だからいまも、世界のほとんどの国で、国籍は生地か血統にもとづいて付与されている。

しかし、生地にしても血統にしても、「生まれ」が「同じ」とはどういう意味だろう。ある土地の広がりが「フランス」とか「日本」という名で呼ばれるかどうかは少しも「自然」ではない。文字通りの「自然」のなかには、もともとどんな名も存在しないからだ。また両親が「同じ」でも、たとえ一卵性双生児でも、人は「ただひとり」生まれることにかわりはない。私たちは知らないうちに名を与えられ、ある家族の一員にされる。それがどのようになされたかは、言葉を身につけたのち、人づてに聞くことができるだけだ。親が本当に「生みの親」かどうか、自然に、感覚的確信に即して知っている人は誰もいない。苗字が同じであることも、母の言葉が母語になったことも、顔が似ていることも、何も私の血統を自然にはしない。

一言で言えば、あらゆるナショナリズムが主張する「生まれ」の「同一性」の自然的性格は仮構されたものなのだ。それは自然ではなく、ひとつの制度である。ただし、他のどんな制度よりも強力に自然化された制度である。日本語で「帰化」(もともとは天皇の権威に帰順するという意味)と呼ばれる外国人の国籍の取得は、フランス語や英語では naturalis (z) ation、「自然化」と呼ばれる。この言葉は意味シンチョウだ。なぜなら、外国人ばかりでなく、たとえ血統主義の国籍法を採用する日本で日本人の親から生まれた人でも、その人に国籍が付与されるとき、あるいはその人がなにがしかの国民的同一性を身につけるとき、それはいつでも、自然でないものを自然なものとする操作、つまり「自然化」によってなされるしかないからだ。

「自然化」とは、繰り返すが、自然でないものを自然なものとする操作のことである。言い換えれば、この操作はけっして完了することがない。そして、いつ逆流するか分からない。「非自然化」はいつでも起こりうる。昨日まで自然だったこと、自然だと信じ

人でも「よそ者」は目ざとく見つけ容赦なく切り捨てるガイドの方だろうか。確かだと思えるのは、私のような「日本人」ばかりではナショナリズムを「立ち上げる」のは容易ではないだろうということ、日本のナショナリズムは、かつても現在も、このガイドのようにきちんと振る舞える人々を欠かせない人材として要請し、養成してきたに違いないということである。少なくとも可能的に、「国民」の一部を「非国民」として、摘発し、切断し、除去する能力、それなくしてナショナリズムは「外国人」を排除する「力」をわがものにできない。それはどんなナショナリズムにも共通する一般的な構造だが、日本のナショナリズムはこの点で特異な道を歩んでもきた。この数十年のあいだ中流幻想に浸っていた日本人の社会は、いまふたたび、急速に階級に分断されつつある。それにつれてナショナリズムも、ふたたび、イその残忍な顔を、〈外〉と〈内〉とに同時に見せ始めている。

もちろん私は、この出来事の後、外国で日本人の団体ツアーにはけっして近づかないようにしている。「折り目正しい」日本人でないことが、いつ、なぜ、どうして「ばれる」か知れたものではないからだ。しかし、外国では贅沢にも、私は日本人の団体に近づかない「自由」がある。でも、日本ではどうだろう。日本人の団体の近くにいない「自由」があるだろうか。この「自由」がないかきわめて乏しいことこそは、近代的な意味で「ナショナルな空間」と呼ばれるものの本質ではないだろうか。

子供も、大人も、日本にいる人はみな、たとえ日本で生まれても、日本人の親から生まれても、ただひとり日本人に取り囲まれている。生まれてから死ぬまで。そして、おそらく、死んだあとも。「ただひとり」なのは、生地も血統も、その人の「生まれ」にまつわるどんな「自然」も、自然にその人を日本人にはしてくれないからだ。

ナショナリズム nationalism というヨーロッパ起源の現象を理解しようとするなら、nation という言葉の語源だけは知っておきたい。それはラテン語で「生まれる」という意味の nasci という動詞である。この動詞から派生した名詞 natio はまず「出生」「誕生」を意味するが、ラテン語のなかですでに「人種」「種族」「国民」へと意味の移動が生じていた。一方、「自然」を意味するラテン語、英語やフランス語の nature のもととなった natura も、実は同じ動詞から派生したもう一つの名詞なのだ。この言葉もやはりまず

そうに小さな笑みを浮かべていたか。少なくとも、とっさに日本人でないふりをすることはできなかった。

この状況は、ちょっと考えてみるとなかなか奇妙なものだ。というのも、私がこんな目に遭う危険は、日本以外の国のツアー客に「パラサイト」しているときにはまずありえないからだ。英語やフランス語のガイドたちは自分のグループのそばに「アジア人」が一人たたずんでいても気にも止めないだろう。それに、顧客以外の誰かが自分の説明に耳を傾けていたとして、それがガイドにどんな不都合になるというのか。博物館内の、障壁のない、公的な空間で、自分の言葉を対価を払った人々の耳だけに独占的に届けよう、どんなにおとなしくしていても「たかり」は「たかり」、「盗み聞き」は断固許すまじという使命感。それは空しい使命感にちがいない。日本語の分かる非日本人はいまではどこにでもいるし、私のような顔をしていないかもしれないし、まして私のような反応は、おそらく誰もしないだろうから。

しかし、その日ガイドの「排外神経」の正確な標的になったのは私だった。彼女は私が日本人であることを見切り、見とがめられたのちの私の反応も読んでいた。私は自分の油断を反省した。日本人がこのような状況でこのように振る舞いうることをうっかり忘れていたのである。日本にいるときはこちらもそれなりに張りつめている神経が、外国だからこそユルんでいたらしい。日本のなかでは日本人同士種々の集団に分かれてたがいに壁を築く。しかし、ひとたび国外に出れば……。だがそれは、菊の紋章付きの旅券を持つ者の、無意識の、甘い想定だったようだ。その ア 「甘さ」において私はまぎれもなく「日本人」だった。「日本人」だったからこそ日本人にパラサイトの現場を押さえられ、追い払われ、そして、逆説的にも、その排除を通じてある種の帰属を確認することを余儀なくされたのである。

この些細 b (さ い) でコッケイな場面が、このところ、「ナショナルな空間」というものの縮図のように思えることがある。ときどき考えるのだが、このときの私とガイドを較べた場合 (く ら)、どちらがより「ナショナリスト」と言えるだろう。「同じ日本人なんだからちょっと説明を聞くくらい……」と、「甘えの構造」の「日本人」よろしくどうやら思っていたらしい私の方だろうか。それとも、たとえ日本

国語

（一〇〇分）

（注）　解答は、一行の枠内に二行以上書いてはいけない。

第 一 問

次の文章を読んで、後の設問に答えよ。

五年ほど前の夏のことだ。カイロの考古学博物館で私はある小さな経験をした。一人で見学をしていたとき、ふと見ると日本のツアー団体客がガイドの説明に耳を傾けていた。私は足を止め、団体の後ろで何とはなしにその解説を聞いていた。その前にすでに、仕事柄多少は理解できる他の言葉、英語やフランス語で他の国々の団体客向けになされていた解説もそれとなく耳に入っていたから、私にはそれは、ごく自然な、行為ともいえないような行為だった。ところが、日本人のガイドはぴたりと説明を止め、私を指差してこう言ったのだ。「あなたこのグループの人じゃないでしょ。説明を聞く資格はありません！」要するに、あっちに行けということである。エジプトの博物館で、日本人が日本人に、お前はそこにいる権利はないと言われたのである。そのとき自分がどんな表情をしていたか、われながら見てみたいものだと思う。むっとしていたか、それともきまり悪

2021
年度

問題編

■前期日程

問題編

▶試験科目・配点

教　科	科　　　　目	配　点
外国語	「コミュニケーション英語Ⅰ・Ⅱ・Ⅲ」，ドイツ語，フランス語，中国語から1外国語を出願時に選択。英語試験の一部分に聞き取り試験（30分程度）を行う。 　ただし，英語の選択者に限り，英語の問題の一部分に代えて，ドイツ語，フランス語，中国語，韓国朝鮮語のうちから1つを試験場で選択することができる。	120 点
数　学	数学Ⅰ・Ⅱ・Ⅲ・Ａ・Ｂ	120 点
理　科	「物理基礎・物理」，「化学基礎・化学」，「生物基礎・生物」，「地学基礎・地学」から2科目を出願時に選択	120 点
国　語	国語総合，国語表現	80 点

▶備　考

- 英語以外の外国語は省略。
- 数学Ⅰ，数学Ⅱ，数学Ⅲ，数学Ａは全範囲から出題する。数学Ｂは「数列」，「ベクトル」から出題する。
- 「物理基礎・物理」は物理基礎，物理の全範囲から出題する。
- 「化学基礎・化学」は化学基礎，化学の全範囲から出題する。
- 「生物基礎・生物」は生物基礎，生物の全範囲から出題する。
- 「地学基礎・地学」は地学基礎，地学の全範囲から出題する。

※理科三類は，上記に加えて個人面接を課す（複数の面接員による10分間程度の面接を行い，その評価を参考にして，場合によっては，2次面接を行うことがある）。総合判定の判断資料とし，学力試験の得点にかかわらず不合格となることがある。なお，面接試験では，受験者の人間的成熟度，医学部への適性，コミュニケーション能力等を評価する。

■英語■

(120 分)

（注　意）

1．3 は聞き取り問題である。問題は試験開始後 45 分経過した頃から約 30 分間放送される。

2．解答は，5 題を越えてはならない。

3．5 題全部英語の問題を解答してもよいし，また，4・5 の代わりに他の外国語の問題Ⅳ・Ⅴを選んでもよい。ただし，ⅣとⅤとは必ず同じ外国語の問題でなければならない。

（他の外国語の問題は省略―編集部）

1 (A)　以下の英文を読み，10 代の若者の気質の変化について，70～80 字の日本語で要約せよ。句読点も字数に含める。

Consider a study of thousands of Dutch teenagers — the youngest were aged 12 at the start — who completed personality tests each year for six or seven years, beginning in 2005. The results seemed to back up some of the stereotypes we have of messy teen bedrooms and mood swings. Thankfully this negative change in personality is short-lived, with the Dutch data showing that the teenagers' previous positive features rebound in later adolescence.

Both parents and their teenage children agree that changes occur, but surprisingly, the perceived change can depend on who is measuring, according to a 2017 study of over 2,700 German teenagers. They rated their own personalities twice, at age 11 and age 14, and their parents also rated their personalities at these times. Some revealing differences emerged: for instance, while the teenagers rated themselves as declining in ability to get along with adults, their parents saw this decline as much sharper. Also, the teens saw themselves as increasingly friendly to each other, but their parents saw them as increasingly withdrawn. "Parents, as a whole, see their children as becoming less nice," was the researchers' interpretation. On a more positive note, the parents saw their children's declines in honesty as less striking than their children did.

This mismatch may seem contradictory at first, but can perhaps be explained by the big changes underway in the parent-child relationship brought on by teenagers' growing desire for autonomy and privacy. The researchers point out that parents and teens might also be using different reference points — parents are measuring their teenagers' features against a typical adult, while the teenagers are comparing their own features against those displayed by their peers.

This is in line with several further studies, which also reveal a pattern of a temporary reduction in advantageous features — especially niceness and self-discipline — in early adolescence. The general picture of the teenage years as a temporary personality conflict therefore seems accurate.

(B)　以下の英文を読み，(ア)，(イ) の問いに答えよ。

Many artists are turned off by artificial intelligence. They may be discouraged by fears that A.I., with its efficiency, will take away people's jobs. They may question the ability of machines to be creative. Or they may have a desire to explore A.I.'s uses — but aren't able to understand its technical terms.

This all reminds me of when people were similarly doubtful of another technology: the camera. In the 19th century, with the invention of modern photography, cameras introduced both challenges and benefits. 　(1)　 .

出典追記：(A) How our teenage years shape our personalities, BBC Future on June 11, 2018 by Christian Jarrett

Some felt this posed a threat to their jobs.

But for those artists willing to explore cameras as tools in their work, the possibilities of photography proved inspiring.　Indeed cameras, which became more accessible to the average user with advancements in technology, offered another technique and form for artistic endeavors like portrait-making.

Art matters because as humans, we all have the ability to be creative.
　(2)　.　History has shown that photography, as a novel tool and medium, helped revolutionize the way modern artists create works by expanding the idea of what could be considered art.　Photography eventually found its way into museums.　Today we know that cameras didn't kill art; they simply provided people with another way to express themselves visually.

This comparison is crucial to understanding the potential for artificial intelligence to influence art in this century.

As machine learning becomes an increasing part of our everyday lives — incorporated into everything from the phones we text with to the cars we drive —　(3)　.　This question becomes even more relevant as machines step into the artistic realm as *creators* of art.　In summer 2019, the Barbican Centre in London presented A.I.-produced pieces in a show called "A.I.: More Than Human."　And in November later that year, over one million people attended an exhibition exploring art and science at the National Museum of China in which many works were created using computer programs.

I founded the Art and Artificial Intelligence Laboratory at Rutgers University in 2012.　As an A.I. researcher, my main goal is to advance the technology.　For me, this requires looking at human creativity to develop programs that not only understand our achievements in visual art, music and literature, but also produce or co-produce works in those fields.　After all, it is our capacity to expand our creative skills beyond basic problem-solving into artistic expression that uniquely distinguishes us as humans.

Human creativity has led to the invention of artificial intelligence, and now machines themselves can be forces of creativity. Naturally we are curious to see what A.I. is capable of and how it can develop. During the past eight years at the lab, our researchers have realized that A.I. has great potential for solving problems in art. For example, as a tool, machine intelligence can help distinguish authentic paintings from fake ones by analyzing individual brush strokes.

A.I. can also make sense of art by helping uncover potentially similar influences among artworks from different periods. In one test, machine learning was able to identify works that changed the course of art history and highlight new aspects of how that history evolved.

⬛ (4) ⬛ — nearly entirely on their own — that viewers are unable to distinguish from works made by human artists. A.I. is even able to compose music that you can listen to on your mobile phone.

Artists have long integrated new technologies into their practices. A.I. is no exception, yet there is a fundamental difference. This time, the machine is its own source of creativity — with the ability to search through vast amounts of historical and social data, artificial intelligence can produce imagery that is beyond our imagination. This element of surprise is the force that can advance artistic mediums in new directions, with the machines functioning not only as tools for artists, but also as their partners.

But can an artificially intelligent machine be an artist in its own right? My answer is no.

While the definition of art is ever-evolving, at its core it is a form of communication among humans. Without a human artist behind the machine, A.I. can (イ), whether that means manipulating *pixels on a screen or notes on *a music ledger. These activities can be engaging and interesting for the human senses, but they lack meaning without interaction between artist and audience.

I've noticed that new technologies are often met first with doubt before eventually being adopted. I see the same path emerging for artificial intelligence. Like the camera, A.I. offers a means for artists and non-artists alike to express themselves. That makes me confident that ⟨ (5) ⟩. The future of art looks promising.

注

pixel　ピクセル，画素

a music ledger　五線譜

(ア)　空所 (1) ～ (5) に入れるのに最も適切な文を以下の a) ～ h) より一つずつ選び，マークシートの (1) ～ (5) にその記号をマークせよ。ただし，同じ記号を複数回用いてはならない。また，文頭であっても小文字で表記してあるので注意せよ。

a)　beyond digesting information, machines have also been able to create novel images

b)　but this is an age of harmony between humanities and technologies

c)　it's only natural to ask what the future of art in such an A.I.-dominated society will be

d)　smart machines can only help, not hurt, human creativity

e)　the machine would not contribute to human creativity

f)　the problem is whether art will overcome the limit of photography

g)　while some artists embraced the technology, others saw them as alien devices that required expertise to operate

h)　with time, the art we create evolves, and technology plays a crucial role in that process

(イ)　下に与えられた語を正しい順に並べ替え，空所 (イ) を埋めるのに最も適切
な表現を完成させ，記述解答用紙の 1 (B) に記入せよ。

do　　form　　little　　more　　play　　than　　with

2 (A)　あなたにとって暮らしやすい街の，最も重要な条件とは何か。理由を添え
て，60～80 語の英語で述べよ。

(B)　以下の下線部を英訳せよ。

　　私が遊び好きだと言うと，欺（だま）されたような気になる方がおられるかもしれな
い。たしかに，ギリシア語やラテン語をモノにするには，一日七，八時間，八
十日間一日も休まずやらなければならなかった。基本的テキストを読むとき
は，毎日四，五ページ，休まずに読みつづけなければならなかった。それでは
遊ぶ暇なんかないじゃないか。何が遊び好きだ，と。
　　いや，別に嘘をついているわけではない。たしかに，大学に入ってしばらく
のあいだ，語学を仕込む期間はこんなふうにやらなければならなかった。<u>だ
が，語学の習得は自転車に乗る練習のようなもので，練習しているあいだは大
変でも，一度乗れるようになってしまえばなんでもない。あとはいつも乗って
さえいればいいのだ。</u>

（木田元『新人生論ノート』を一部改変）

3 放送を聞いて問題 (A)，(B)，(C) に答えよ。(A) と (B) は内容的に関連している。(C) は独立した問題である。(A)，(B)，(C) のいずれも 2 回ずつ放送される。

- 聞き取り問題は**試験開始後 45 分**経過した頃から約 30 分間放送される。
- 放送を聞きながらメモを取ってもよい。
- 放送が終わったあとも，この問題の解答を続けてかまわない。

(A) これから放送するのは，絵画の贋作について，美術研究者 Noah Charney に行ったインタヴューである。これを聞き，(6) ～ (10) の問いに対して，それぞれ最も適切な答えを一つ選び，<u>マークシートの (6) ～ (10) にその記号をマークせ</u>よ。

(6) What is "craquelure"?

   a) Faults caused by covering a painting over time.

   b) Lines produced by paint expanding and contracting.

   c) Marks produced by spiders on the surface of a painting.

   d) Patterns produced by worms eating through a painting.

   e) Stains on a painting produced by artists.

(7) Of all the people Charney writes about, why is Eric Hebborn his favorite?

   a) Because he has the same level of skill as the artists whose work he copies.

   b) Because he has written several books on the subject of faking art.

   c) Because he invented numerous techniques for imitating paintings.

   d) Because he is the most famous.

   e) Because he is the only person to successfully reproduce craquelure.

(8) Which of the following statements about wormholes is NOT true?

   a) They are difficult to reproduce mechanically.

   b) They are not regularly shaped.

c)　They are one of the most difficult aspects of a painting to copy.

d)　They are produced by insects eating the painting.

e)　They can easily be reproduced by using the right kind of tools.

(9)　According to Charney, the reason many fake paintings are not recognized as such is that

a)　few works of art undergo close examination.

b)　specialists seldom look at the frame of a painting.

c)　the fakers have too many ways to imitate paintings.

d)　there are not enough effective ways to identify fake paintings.

e)　we have too little knowledge about how paintings change over time.

(10)　We can distinguish an imitation from an authentic work most clearly

a)　by checking that the style matches other known works by the artist.

b)　by identifying the precise material used in the painting.

c)　by looking at the writing and other marks on the back of the painting.

d)　by studying the documented history attached to the painting.

e)　by using the latest scientific techniques to test the painting.

(B)　これから放送するのは，司会者と Noah Charney による，(A) と内容的に関連した会話である。これを聞き，(11) ～ (15) の問いに対して，それぞれ最も適切な答えを一つ選び，マークシートの (11) ～ (15) にその記号をマークせよ。

(11)　Which of the following is NOT mentioned by Charney as a feature of the fake Rothko painting?

a)　It is a large painting.

b)　It is an abstract painting.

c)　It is painted in Rothko's style.

d) It is painted on a canvas once used by Rothko.

e) It uses red and black.

(12) According to the dialogue, the painting resembles a work of Rothko so much that it deceived

a) Noah Charney.

b) the chairman of Sotheby's.

c) the columnist who first wrote about it.

d) the judge in a Manhattan court.

e) the reporter covering the trial.

(13) Where is the painting now?

a) It has been destroyed.

b) It is being used for education.

c) It is in a courtroom.

d) It is in a museum collection.

e) It is in Noah Charney's possession.

(14) Which of the following does the art world usually rely on to decide whether a painting is authentic?

a) Analysis of style.

b) Documented history.

c) Expert opinion.

d) Record of ownership.

e) Rigorous testing.

(15) Which of the following statements is an opinion shared by Noah Charney about art fakes?

a) They bring shame on people who are tricked by them.

b) They should be destroyed to prevent anyone from making a profit from them.

c) They should be preserved for educational purposes.

d) They should be tested scientifically to reveal how they were produced.

e) They should be treated like any other work of art and displayed in a museum.

(C) これから放送する講義を聞き，(16) ～ (20) の問いに対して，それぞれ最も適切な答えを一つ選び，マークシートの (16) ～ (20) にその記号をマークせよ。

注
Mayan　マヤの
ecosystem　生態系
Sumer　シュメール

(16) Which of the following statements does NOT match the collapse of the Mayan civilization?

a) An increasing number of people died as the civilization declined.

b) Some areas continued to flourish in spite of the downfall of the civilization.

c) Some cities were deserted because of the drop in population.

d) Some cultural activities continued until the arrival of the Spanish.

e) The Mayan civilization was destroyed relatively quickly.

(17) Which of the following statements about civilizational collapse is NOT mentioned in the lecture?

a) It is like a forest fire in which an entire ecosystem is forever lost.

b) It is part of a natural process of growth and decline.

c) It made it possible for the nation-state to emerge in Europe.

   d) It tends to be seen in negative terms because we usually see history from the viewpoint of elites.

   e) We have few records of what happened to the poorest members of a society.

(18) According to the lecture, the collapse of Sumer in ancient Mesopotamia

   a) is an example of a decline that only affected cities.

   b) led to heavy taxation.

   c) took place at the end of the second millennium BCE.

   d) was a relief to the lower classes of Sumerian society.

   e) was the best thing that could have happened to land owners.

(19) Choose the statement that best matches the lecturer's observations on the blackout in New York in the 1970s.

   a) A lot of people were injured by accidents in the subways.

   b) Civilizational collapse can take place anywhere and at any time.

   c) New York City should have taken more action to reduce crimes.

   d) Our reliance on technology is now greater than at any other time.

   e) The loss of electricity allowed criminals to escape from prisons.

(20) According to the lecture, modern societies are more likely to collapse than earlier ones because

   a) climate change poses an urgent threat.

   b) people are anxious about the possibility of a dark future.

   c) the world is more interconnected than ever before.

   d) their political structures are more fragile.

   e) wars now have much greater destructive potential.

4 (A) 以下の英文の段落 (21) ～ (25) にはそれぞれ誤りがある。修正が必要な下線部を各段落から一つずつ選び，マークシートの (21) ～ (25) にその記号をマークせよ。

(21) First came the dog, (a)followed by sheep and goats. Then the floodgates opened: pigs, cows, cats, horses and birds (b)made the leap. Over the past 30,000 years or so, humans have *domesticated all manner of species for food, hunting, transport, materials, to (c)control savage beasts and to (d)keep as pets. But some say that before we domesticated any of them, we first (e)had little to domesticate ourselves.

(22) Started by Darwin and even Aristotle, the idea of human domestication (a)has since been just that: an idea. Now, for the first time, *genetic comparisons between us and *Neanderthals suggest that we really (b)may be the puppy dogs to their savage wolves. (c)Not only could this explain some long-standing mysteries — (d)but also including why our brains are strangely smaller than those of our Stone Age ancestors — (e)some say it is the only way to make sense of certain twists of human evolution.

(23) One major insight into what happens (a)when wild beasts are domesticated comes from a remarkable experiment that began in 1959, in Soviet Siberia. There, Dmitry Belyaev (b)took relatively wild foxes from an Estonian fur farm and bred them. In each new generation, he chose the most cooperative animals and (c)encouraged them to mating. Gradually, the foxes began to behave more and more like pets. But it (d)wasn't just their behaviour that changed. The gentler foxes also looked different. Within 10 generations, white patches started to appear on their fur. A few generations later, their ears became more folded. Eventually their skulls (e)began to shrink to a smaller size.

(24) These were precisely the features that Belyaev (a)was looking for. He had noticed that many domesticated mammals — most of which (b)weren't

selectively bred, but gradually adapted to live alongside humans — have similarities. Rabbits, dogs and pigs often have patches of white hair and folded ears, for instance, and their brains (c)are generally smaller like those of their wild relatives. Over the years, the collection of physical features associated with loss of wildness (d)has been extended to smaller teeth and shorter noses. Together, they (e)are known as the domestication syndrome.

(25) Many creatures carry aspects of the domestication syndrome, (a)including one notable species: our own. We too have relatively short faces and small teeth. Our relatively large brains (b)are smaller than those of our Neanderthal cousins — something that (c)has puzzled many an evolutionary biologist. And like many domesticated species, young humans (d)are also programmed to learn their peers for an unusually long time. Some of these similarities between humans and domesticated animals were noted early in the 20th century, but there was no follow-up. It was only after Belyaev made public his experiments (e)that a few evolutionary biologists once more began to consider the possibility that modern humans might be a domestic version of our *extinct relatives and ancestors.

注

domesticate　家畜化する（飼い慣らす）

genetic　遺伝子に基づく

Neanderthal　ネアンデルタール人

extinct　絶滅した

(B)　以下の英文を読み，下線部 (ア)，(イ)，(ウ) を和訳せよ。

We do not tell others everything we think. At least, this applies to most people in (perhaps) a majority of social situations. A scholar even concludes that "we lie — therefore we think." Perhaps, one would also want to reverse

出典追記：（A）The tamed ape : were humans the first animal to be domesticated?, New Scientist on February 21, 2018 by Colin Barras this saying ("we think, therefore we sometimes lie"). In any case, there is a constant struggle between revealing and hiding, between disclosure and non-disclosure in communication. We are more or less skilled in suppressing the impulses to express all kinds of responses. (ア)If we were to make everything we think public by saying it aloud, it would sometimes be quite embarrassing, or face-threatening, not only for the speaker, but for both (or all) parties. Another researcher points out that narration in social contexts often involves circumstances that promote non-disclosure such as silent resistance and secret alliances. (イ)Accordingly, some things get said, others not.

One may argue that we need a dialogical theory of inner dialogue to account for the struggle between disclosure and non-disclosure. Surely, ecological psychologist Edward Reed suggests that "one could argue that (ウ)the primary function of language is for concealing thoughts, diverting others' attention from knowing what one is thinking." *Monological theories of communication, with their conception of external dialogue as a mechanical transfer of messages produced by the individual, do not seem to be capable of developing the point.

注

monological theory　聞き手を前提としない monologue（個人発話）に基づく
　　　　　　　　　　 理論

出典追記：（B）Rethinking Language, Mind, and World Dialogically, Information Age Publishing

5 以下の英文を読み，(A)～(D)の問いに答えよ。

Have you ever been eating in a restaurant — just an ordinary café or dining room, ┌ ア(26) ┐ by the rush of waitresses, the buzz of conversation, and the smell of meat cooking on a grill — and when you take up the salt to sprinkle it over your eggs, you're struck by the simple wonder of the shaker, filled by unseen hands, ready and awaiting your pleasure? For you, the shaker exists only for today. But in reality it's there hour after hour, on the same table, refilled again and again. The evidence is visible in the threads beneath the cap, worn down by ┌ ア(27) ┐ twisting — someone else's labor, perhaps the girl with the pen and pad waiting patiently for you to choose an ice cream, the boy in an apron with dirty sneakers, perhaps someone you'll never in your life see. This shaker is work, materially realized. And there you are, undoing it.

Or you might have wandered through a department store, looking at neat stacks of buttoned shirts. The size or color you prefer is at the bottom of the stack, and though you're as gentle as can be lifting the shirts, extracting only the ┌ ア(28) ┐ one, the pile as you leave it is never quite as tidy, and it won't be again until the invisible person returns to set things right.

Cash in an ATM machine. Hotel towels on the floor. The world is full of (A)this kind of work, always waiting to be done and then undone, so it can be done again.

This morning, I gathered up all the cans and bottles thrown about the apartment by my boyfriend and put them in a bag to carry down to the building's rubbish area. He hasn't slept here in a week, but I'd been staying late at the university library and only managed to lift myself out of bed in time to bathe and run to my secretary job in an office in downtown Kobe, where every day I perform my own round of boring tasks. I'm fairly good at it, though. I'm careful to put the labels on file folders so they are perfectly centered, perfectly straight, and I have a system of the colors of ink and sticky notes that keeps everything ｱ(29) . I never run out of pens or paper clips. When anyone needs an aspirin or a piece of gum or a cough drop, I'm the one who has it in her desk drawer. Always. Like magic.

Today is Sunday and both the office and the university library are closed. My boyfriend texted he'd arrive at one o'clock, so I have all morning to straighten up the apartment and shop. Around eleven last night I finished my final paper of the year, and there won't be another until classes begin again in a few weeks. It's a comfortable feeling.

Besides the cans and bottles, there are the containers of takeout yakisoba, with dried spring onion stuck on them, from our dinner together last weekend. The oily paper bags that once held pastries I pick up half-price from the bakery in *Sannomiya before it closes. I eat these on weeknights, alone, in bed. Sometimes in the morning, I discover bits of pastries or spots of cream on my pillow. My boyfriend would be ｱ(30) .

After throwing away the containers and bags into the overflowing rubbish box, I strip the bed sheets and leave them in a pile beside the bed. There are many other things to do, but the sky is threatening rain and I decide to do the shopping before it starts to pour.

To go out, I put on a salmon-pink raincoat and hat my boyfriend gave me on my birthday. He mentioned, modestly, that it came from a special shop in Tokyo. Not long after, I spotted the same set in an ordinary clothing store in *Umeda. (B)It's possible the Tokyo salesgirl took advantage of him; she probably convinces every customer what he purchased was one-of-a-kind. Then, after he left, she simply brought out another from the back.

I didn't tell my boyfriend about the second coat, or that the shade of pink was exactly like the smocks worn by the small boys and girls in the daycare down the road. The first time I wore it, I found myself in a narrow alley with the daycare attendants and a long line of small children, moving like a grotesque pink worm. The attendants grinned at me as I pressed my back against the wall, trying to disappear, then hurried off the other way.

On a Sunday, though, the children should all be at home.

With my purse, shopping bag, and the collection of cans and bottles, I leave the apartment and lock the heavy metal door behind me. The apartment is on the top floor, so there are three flights of stairs before I reach the parking lot level. I rarely meet anyone going up or down. For several years, this building has been 　ア(31)　 by foreigners: English teachers from the neighborhood conversation schools, Korean preachers, now and then a performer from an amusement park. None of them stay very long. My apartment was the home of the former secretary in my office, and when she left to get married she offered her lease to me. That was five years ago. I am now the building's most 　イ　 tenant.

The rubbish area is in a sorry state. Despite the clearly marked containers for different types of glass and plastic, and the posted calendar of pick-up days, the other tenants leave their waste where and whenever they choose. I place my cans and bottles in the proper boxes, and with my foot attempt to move the other bundles toward their respective areas. Some of the tenants combine unlike items into a single bag, so even this small effort on my part doesn't clear up the mess. I feel sorry for the garbage collectors, the people (C)————— one by one.

注

Sannomiya（三宮）　神戸を代表する繁華街

Umeda（梅田）　大阪の二大繁華街の一つ

(A)　下線部 (A) の内容を説明せよ。

（解答欄：約 17 センチ × 3 行）

出典追記：This Will Only Take a Moment,　New England Review；Middlebury Volume 41, No. 1 by Elin Hawkinson

(B)　下線部 (B) の内容を具体的に説明せよ。

（解答欄：約 17 センチ × 3 行）

(C)　下に与えられた語を正しい順に並べ替え，下線部 (C) を埋めるのに最も適
　　切な表現を完成させよ。

　　　is　　　it　　　pieces　　　sort　　　task　　　the　　　to　　　whose

(D)　以下の問いに解答し，その答えとなる記号をマークシートにマークせよ。

(ア)　空所アの (26) ～ (31) には単語が一つずつ入る。それぞれに文脈上最も適
　　切な語を次のうちから一つずつ選び，マークシートの (26) ～ (31) にその記号
　　をマークせよ。ただし，同じ記号を複数回用いてはならない。

　　a)　chosen　　　　b)　encouraged　　c)　horrified　　　d)　occupied
　　e)　organized　　　f)　realized　　　　g)　repeated　　　h)　surrounded

(イ)　空所 　イ 　 に入れるのに最も適切な語を次のうちから一つ選び，
　　マークシートの (32) にその記号をマークせよ。

　　a)　boring　　　　　　　b)　difficult　　　　　　　c)　egocentric
　　d)　faithful　　　　　　　e)　popular

(ウ)　本文の内容と合致するものはどれか。最も適切なものを一つ選び，マーク
　　シートの (33) にその記号をマークせよ。

　　a)　The author does not like her boyfriend who has no taste in clothes.
　　b)　The author focuses on the necessary labor which is done unnoticed.
　　c)　The author has a good friend in her office who always helps her like a
　　　　magician.
　　d)　The author has an ambition to reform the local community and public
　　　　welfare.
　　e)　The author is fed up with her domestic household routine and her job as
　　　　a secretary.

〳〳〳〳〳〳〳〳〳〳〳〳〳 **3 聞き取り問題放送用スクリプト** 〳〳〳〳〳〳〳〳〳〳〳〳〳〳〳〳〳〳〳〳〳〳〳〳〳〳〳〳〳〳〳

[問題(A)]

DAVE DAVIES, HOST：If you had the artistic talent to create impressive paintings, could you imagine devoting that skill to copying the work of past artists? Our guest is art scholar Noah Charney, whose new book looks at the techniques, interesting characters and consequences of faking art, dating back to the Renaissance.

Noah Charney, welcome to the program. So what physical things would you look for in a painting to help determine its authenticity?

NOAH CHARNEY：Well, for an oil painting, one of the things that has to be copied is called craquelure.

DAVIES：Can you tell us what craquelure is?

CHARNEY：Craquelure is the web of cracks that appears naturally in oil paint over time as it expands and contracts, and it has a pattern on the surface like a spider web. What you can do is study that pattern and determine whether it was artificially produced to make it look old quickly or whether it appeared naturally.

DAVIES：How do you create craquelure?

CHARNEY：Some of the characters in my book gave accounts of their own recipes because they wanted to be famous, and one of them is Eric Hebborn—and if I'm allowed to have a favourite, it would be him.

DAVIES：Why is that?

CHARNEY：He's the only one who I would argue was at the same artistic level as the people he imitated. In his recent book, he explains how to cover an oil painting in something like butter, and then you literally bake the painting like cookies in an oven and it produces something that looks like craquelure. This takes time and effort but he was able to successfully achieve it.

DAVIES：What else matters ― labels, letters, the material that it's painted on?

CHARNEY：Well it's very important to look at the back of paintings and prints. There's a lot of information there that people tend not to look at, like old stamps from auctions or previous owners. There might be information on the frame itself―where the canvas was purchased, for instance. These sorts of details are very important, but people tend to look at the front of a painting and not turn it over.

DAVIES：And wormholes also tell a story, right?

CHARNEY：Yes, and that is one of the most difficult things to reproduce. These are literally holes that tiny insects make. They eat their way through paintings and it's incredibly difficult to do anything that looks organic and irregular if you're trying to reproduce it by hand using tools like small drills or screws.

So for each means used by someone faking art, there's a way we can spot it. But the trick is that it rarely gets to the point of deep analysis. The nature of the art trade is that, if it looks pretty good and experts agree on it and if the documented history looks credible, then nobody bothers with scientific testing. And it probably shouldn't be that way but it's been that way for a very long time.

[問題(B)]

MARY LOUISE KELLY, HOST：In a Manhattan court, a trial is taking place that has attracted the art world's attention. The trial is about a painting that was believed to be by the famous artist Mark Rothko and valued at more than eight million dollars. Or at least it was right up to the moment it was discovered that the painting is not by Rothko but is in fact a fake and worth, well, a lot less than eight million dollars. To learn more we called up Noah Charney. He's the author of a new book on art fakes. Mr.

Charney, describe the painting for us if you would. I gather it's actually in the court room there, propped up next to the witness stand?

NOAH CHARNEY : It is. It's a large-scale work on canvas. It's red and black. And it's abstract the way we think of most of the Rothko works. Certainly, in terms of style, it looks like an authentic painting by Rothko.

KELLY : Now, it must be an awfully good fake. I was reading through some of the reports of the trial, and one columnist wrote, it's so good it almost looks as though Rothko was guiding the painter's hand. Apparently it was good enough to fool the buyer, who is none other than the chairman of Sotheby's, the best-known art auction house in the world.

CHARNEY : It's an interesting question because knowing whether an artwork is fake is a centuries-old problem. Sometimes, painters of fakes become more famous than the original artists whose style they have copied. And so as an object, it's an absolutely beautiful one.

KELLY : Are fakes getting better?

CHARNEY : Fakes might be getting better, but they wouldn't have to be. And this is where it's a little bit complicated. There has always been too much dependence on expert opinion, which is subjective. It's not good, but that's what people still rely on. So when experts say that this is original, people are inclined to believe them.

KELLY : You mean an expert like the owner of the gallery that sold this painting?

CHARNEY : Exactly. And so there's a dependence and a sort of general agreement within the art world that has existed for centuries now that says, you know, if we say this is genuine, it is to the best of our knowledge, and that's that. There are two other things to consider, though. You can do research that looks at the documented history of the object to see if it matches what we see on the surface. And then there's scientific testing. And very few fakes would pass scientific tests. But they don't have to, and painters of fakes know this. If it looks pretty good, and if the history of the artwork appears convincing enough, then it will almost never be tested scientifically.

KELLY : Any idea what will happen to this painting at the end of the trial?

CHARNEY : I would like to see it survive and be put on display in a museum as a fake, for educational purposes. But some countries require that fake artworks be destroyed. And that's a shame because it's a beautiful object and it's something we can learn from as long as it does no harm and doesn't trick anyone in the future.

KELLY : All right. That's art historian Noah Charney. Thank you so much.

CHARNEY : Thanks for having me.

[問題(C)]

In our history, the end of a civilization has rarely been sudden and unexpected. Usually the process is long, slow and leaves society and culture continuing for many years. The collapse of the Mayan civilization in Central America, for example, took place over three centuries between 750 and 1050 CE. It was marked by a 10 to 15 per cent increase in death rate and some cities were abandoned, but other areas flourished, and writing, trade and urban living remained until the arrival of the Spanish in the 1500s.

The collapse of civilizations can also provide benefits for some. The emergence of the nation-state in Europe wouldn't have happened without the end of the Western Roman Empire many centuries before. This has led some scholars to speculate that collapse is like a forest fire — an act of creative destruction that provides resources for evolution and space for reorganization.

Our visions of past collapses are typically seen through the eyes of its most privileged victims: the elite, whose lives, unlike those of the poor, remain comparatively well documented. But for the peasants of Sumer in ancient Mesopotamia, for instance, the political collapse that took place at the beginning of the second millennium BCE was the best thing that could have happened. Researchers have known for some time that early states had to restrict the freedom of much of their population. The end of the Sumerian civilization and the disappearance of harsh rulers from cities meant that the peasants could escape from hard labor and heavy taxation.

None of this means, however, that we should not be concerned about the prospects for a future fall. We are more dependent than ever on state infrastructure; lack of this can cause chaos. Take the near-total loss of electricity that affected New York City in 1977. Crime and destruction surged; 550 police officers were injured, and 4,500 people were arrested. This was the outcome of the financial crises in the 1970s as well as a simple loss of electricity. By contrast, a power cut in 1877 in New York City probably wouldn't even have been noticed.

Modern civilizations might be less capable of recovering from deep collapse than earlier ones. Individual hunter-gatherers knew how to live off the land—yet people in industrial society lack basic survival skills. Knowledge is increasingly held not by individuals but by groups and institutions. It is not clear if we could recover if our present society collapsed.

Finally, it's significant that the world has become more interconnected and complex. This enhances our capabilities but interconnected systems are more prone to random failure than isolated ones. Interconnectedness in financial systems can initially provide protection, but after a certain point it can actually cause everything to collapse. Historically this is what happened to Bronze Age societies in the Mediterranean. The interconnectedness of these people increased the prosperity of the region, but also set up a row of dominoes that could be knocked down by a powerful combination of earthquakes, warfare, climate change and rebellions.

Collapse, then, is a double-edged sword. Sometimes it's a chance to revive decaying institutions, yet it can also lead to loss of population, culture and political structures. If in the past, collapse has had both positive and negative consequences, in the modern world it might only lead to a dark future.

出典追記
　問題(A)：Could The Masterpiece Be A Fake? Profit, Revenge And 'The Art Of Forgery', NPR on June 23, 2015
　問題(B)：Art World Captivated By 'Fake Rothko' Trial, NPR on February 3, 2016　改変あり
　問題(C)：Civilisational collapse has a bright past - but a dark future, Aeon on May 21, 2019 by Luke Kemp

数学

（150 分）

第　1　問

a, b を実数とする。座標平面上の放物線

$$C: \quad y = x^2 + ax + b$$

は放物線 $y = -x^2$ と 2 つの共有点を持ち，一方の共有点の x 座標は $-1 < x < 0$ を満たし，他方の共有点の x 座標は $0 < x < 1$ を満たす。

(1) 点 (a, b) のとりうる範囲を座標平面上に図示せよ。

(2) 放物線 C の通りうる範囲を座標平面上に図示せよ。

第　2　問

複素数 a, b, c に対して整式 $f(z) = az^2 + bz + c$ を考える。i を虚数単位とする。

(1) α, β, γ を複素数とする。$f(0) = \alpha$, $f(1) = \beta$, $f(i) = \gamma$ が成り立つとき，a, b, c をそれぞれ α, β, γ で表せ。

(2) $f(0), f(1), f(i)$ がいずれも 1 以上 2 以下の実数であるとき，$f(2)$ のとりうる範囲を複素数平面上に図示せよ。

第　3　問

関数

$$f(x) = \frac{x}{x^2 + 3}$$

に対して，$y = f(x)$ のグラフを C とする。点 A$(1,\, f(1))$ における C の接線を

$$\ell : \quad y = g(x)$$

とする。

(1) C と ℓ の共有点で A と異なるものがただ 1 つ存在することを示し，その点の x 座標を求めよ。

(2) (1) で求めた共有点の x 座標を α とする。定積分

$$\int_\alpha^1 \{f(x) - g(x)\}^2 dx$$

を計算せよ。

第　4　問

以下の問いに答えよ。

(1) 正の奇数 K, L と正の整数 A, B が $KA = LB$ を満たしているとする。K を 4 で割った余りが L を 4 で割った余りと等しいならば，A を 4 で割った余りは B を 4 で割った余りと等しいことを示せ。

(2) 正の整数 a, b が $a > b$ を満たしているとする。このとき，$A = {}_{4a+1}\mathrm{C}_{4b+1}$, $B = {}_a\mathrm{C}_b$ に対して $KA = LB$ となるような正の奇数 K, L が存在することを示せ。

(3) a, b は (2) の通りとし，さらに $a - b$ が 2 で割り切れるとする。${}_{4a+1}\mathrm{C}_{4b+1}$ を 4 で割った余りは ${}_a\mathrm{C}_b$ を 4 で割った余りと等しいことを示せ。

(4) ${}_{2021}\mathrm{C}_{37}$ を 4 で割った余りを求めよ。

第　5　問

α を正の実数とする。$0 \leqq \theta \leqq \pi$ における θ の関数 $f(\theta)$ を，座標平面上の 2 点 A$(-\alpha, -3)$, P$(\theta + \sin\theta, \cos\theta)$ 間の距離 AP の 2 乗として定める。

(1) $0 < \theta < \pi$ の範囲に $f'(\theta) = 0$ となる θ がただ 1 つ存在することを示せ。

(2) 以下が成り立つような α の範囲を求めよ。

$0 \leqq \theta \leqq \pi$ における θ の関数 $f(\theta)$ は，区間 $0 < \theta < \dfrac{\pi}{2}$ のある点において最大になる。

第　6　問

定数 b, c, p, q, r に対し，

$$x^4 + bx + c = (x^2 + px + q)(x^2 - px + r)$$

が x についての恒等式であるとする。

(1) $p \neq 0$ であるとき，q, r を p, b で表せ。

(2) $p \neq 0$ とする。b, c が定数 a を用いて

$$b = (a^2 + 1)(a + 2), \quad c = -\left(a + \frac{3}{4}\right)(a^2 + 1)$$

と表されているとき，有理数を係数とする t についての整式 $f(t)$ と $g(t)$ で

$$\{p^2 - (a^2 + 1)\}\{p^4 + f(a)p^2 + g(a)\} = 0$$

を満たすものを 1 組求めよ。

(3) a を整数とする。x の 4 次式

$$x^4 + (a^2 + 1)(a + 2)x - \left(a + \frac{3}{4}\right)(a^2 + 1)$$

が有理数を係数とする 2 次式の積に因数分解できるような a をすべて求めよ。

物理

（2科目150分）

（注）　解答用紙は，〈理科〉共通。1行：約23.5センチ，35字分の区切りあり。
　　　　1・2は各25行，3は50行。

第1問　図1―1に示すようなブランコの運動について考えてみよう。ブランコの支点を O とする。ブランコに乗っている人を質量 m の質点とみなし，質点 P と呼ぶことにする。支点 O から水平な地面におろした垂線の足を G とする。ブランコの長さ OP を ℓ，支点 O の高さ OG を $\ell + h$ とする。ブランコの振れ角 $\angle$GOP を θ とし，θ は OG を基準に反時計回りを正にとる。重力加速度の大きさを g とする。また，ブランコは紙面内のみでたわむことなく運動するものとし，ブランコの質量や摩擦，空気抵抗は無視する。

Ⅰ　以下の文章の　ア　～　ウ　にあてはまる式を，それぞれ直後の括弧内の文字を用いて表せ。

　　質点 P が $\theta = \theta_0$ から静かに運動を開始したとする。支点 O における位置エネルギーを 0 とすると，運動を開始した時点における質点 P の力学的エネルギーは　ア　（ℓ, θ_0, m, g）で与えられる。角度 θ における力学的エネルギーは，そのときの質点 P の速さを u として　イ　（u, ℓ, θ, m, g）で与えられる。力学的エネルギー保存則から，$u =$　ウ　（ℓ, θ_0, θ, g）となる。

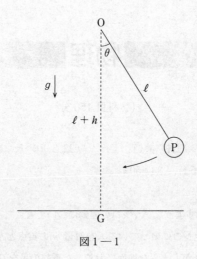

図 1 ― 1

Ⅱ　ブランコに二人が乗った場合を考えよう。質量 m_A の質点 A と，質量 m_B の質
　点 B を考える。図 1 ― 2 に示すように，初期状態では A と B が合わさって質点
　P をなしているとし，質点 P が $\theta = \theta_0$ から静かに運動を始めたとする。$\theta = 0$
　において A はブランコを飛び降り，速さ v_A で水平に運動を始めた。一方，A が
　飛び降りたことにより，B を乗せたブランコは $\theta = 0$ でそのまま静止した。その
　後 A は G′ に着地した。

(1)　A が飛び降りる直前の質点 P の速さを v_0 として，v_A を v_0，m_A，m_B を用い
　　て表せ。

(2)　距離 GG′ を ℓ，h，θ_0，m_A，m_B を用いて表せ。また，$\ell = 2.0\,\mathrm{m}$，$h = 0.30\,\mathrm{m}$，
　　$\cos\theta_0 = 0.85$，$m_A = m_B$ のとき，距離 GG′ を有効数字 2 桁で求めよ。

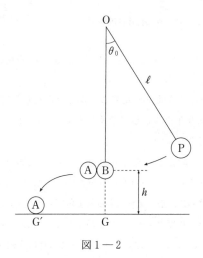

図 1 — 2

Ⅲ　ブランコをこぐことを考えよう。ブランコに乗った人が運動の途中で立ち上
がったりしゃがみこんだりすることで，ブランコの振れ幅が変化していく。

　まず図 1 — 3 に示すように，人がブランコで一度だけ立ち上がることを以下の
ように考える。質量 m の質点 P が $\theta = \theta_0 (\theta_0 > 0)$ から静かに運動を始めた。次
に角度 $\theta = \theta'$ において人が立ち上がったことにより，OP の長さが ℓ から
$\ell - \Delta\ell$ へと瞬時に変化したとする（$\Delta\ell > 0$）。OP の長さが変化する直前の P の
速さを v とし，直後の速さを v' とする。その後，OP の長さが $\ell - \Delta\ell$ のまま P
は運動を続け，角度 $\theta = -\theta'' (\theta'' > 0)$ で静止した。ただし以下では，ブランコ
の振れ角 θ は常に十分小さいとして，$\cos\theta \fallingdotseq 1 - \dfrac{\theta^2}{2}$ と近似できることを用い
よ。

(1)　$(\theta'')^2$ を v'，ℓ，$\Delta\ell$，θ'，g を用いて表せ。

　OP の長さが変化する前後に関して以下のように考えることができる。長さ
OP の変化が十分速ければ，瞬間的に OP 方向の強い力が働いたと考えられる。
O を中心とした座標系で考えると，この力は中心力なので，面積速度が長さ OP
の変化の前後で一定であるとしてよい。つまり，$\dfrac{1}{2}(\ell - \Delta\ell)v' = \dfrac{1}{2}\ell v$ が成
り立つ。

(2)　$(\theta'')^2$ を ℓ, $\Delta\ell$, θ_0, θ' を用いて表せ。

(3)　θ'' を最大にする θ' と，その時の θ'' を ℓ, $\Delta\ell$, θ_0 を用いて表せ。

　次に，人が何度も立ち上がったりしゃがみこんだりしてブランコをこぐことを，以下のようなサイクルとして考えてみよう。n 回目のサイクル $C_n (n \geqq 1)$ を次のように定義する。

　　「$\theta = \theta_{n-1}$ で静止した質点 P が OP の長さ ℓ で静かに運動を開始する。$\theta = 0$ において立ち上がり OP の長さが ℓ から $\ell - \Delta\ell$ へと瞬時に変化する。質点 P は OP の長さ $\ell - \Delta\ell$ のまま角度 $\theta = -\theta_n$ で静止した後，逆向きに運動を始め，角度 $\theta = \theta_n$ で再び静止する。このとき，$\theta = \theta_n$ でしゃがみこみ，OP の長さは $\ell - \Delta\ell$ から再び ℓ へと瞬時に変化する。」

　1 回目のサイクルを始める前，質点 P は $\theta = \theta_0 (\theta_0 > 0)$ にあり，OP の長さは ℓ だった。その後，サイクル C_1 を開始し，以下順次 C_2, C_3, …と運動を続けていくものとする。

(4)　n 回目のサイクルの後のブランコの角度 θ_n を，ℓ, $\Delta\ell$, θ_0, n を用いて表せ。

(5)　$\dfrac{\Delta\ell}{\ell} = 0.1$ のとき，N 回目のサイクルの後に，初めて $\theta_N \geqq 2\theta_0$ となった。N を求めよ。ただし $\log_{10} 0.9 \fallingdotseq -0.046$，および $\log_{10} 2 \fallingdotseq 0.30$ であることを用いてもよい。

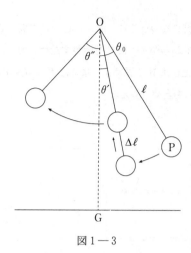

図 1 ― 3

第 2 問　面積 S の厚みの無視できる金属の板 A と板 B を空気中で距離 d だけ離して平行に配置した。d は十分小さく，板の端の効果は無視する。図 2 ― 1 のように，板，スイッチ，直流電源，コイルを導線でつないだ。直流電源の内部抵抗や導線の抵抗は無視できるほど小さい。空気の誘電率を ε とする。

I　図 2 ― 1 のように，スイッチを 1 につなぎ，板 A と板 B の間に直流電圧 $V(V > 0)$ を加えたところ，板 A，B にそれぞれ電荷 Q，$-Q$ が蓄えられ，$Q = C_0 V$ の関係があることが分かった。

(1)　C_0 を S，d，ε を用いて表せ。

(2)　板 A，B と同じ形状をもつ面積 S の厚みの無視できる金属の板 C を図2 ― 2 のように板 A と板 B の間に互いに平行になるように差し入れた。板 A と板 C の距離は $x\left(x > \dfrac{d}{4}\right)$ である。さらに，板 A と板 C を太さの無視できる導線 a で接続し，十分時間が経過したところ，板 A，C，B に蓄えられた電荷はそれぞれ一定となった。板 A，C，B からなるコンデンサーに蓄えられた静電エネルギーを求めよ。

⑶ 外力を加え，板 C をゆっくりと板 A に近づけて板 A と板 C の距離を $\dfrac{d}{4}$ にした。導線 a はやわらかく，板 C を動かすための力には影響がないとする。板 C に外力がした仕事 W を求めよ。また，W は電源がした仕事 W_0 の何倍であるか正負の符号も含めて答えよ。

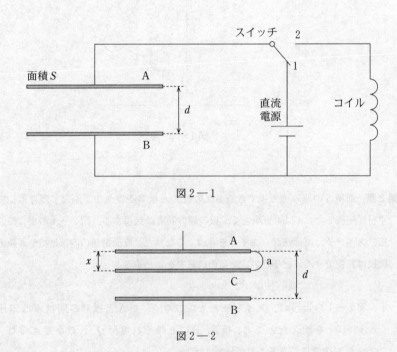

図 2 — 1

図 2 — 2

II 設問 I ⑶の状態から，板 A，B，C と同じ形状をもつ面積 S の厚みの無視できる金属の板 D を，板 C と板 B の間に互いに平行になるように差し入れた。板 C と板 D の距離は $\dfrac{d}{4}$ である。さらに，板 C と板 D を太さの無視できる導線 b で接続した。十分時間が経過して各板に蓄えられた電荷がそれぞれ一定となった後に，図 2 — 3 のように導線 a を外した。

⑴ 板 A に蓄えられた電荷は $Q_1 = \boxed{\quad ア \quad} C_0 V$，板 B に蓄えられた電荷は $-Q_2 = -\boxed{\quad イ \quad} C_0 V$ と表される。$\boxed{\ ア\ }$，$\boxed{\ イ\ }$ に入る数を答えよ。

(2) その後，直流電源の電圧を α 倍（$\alpha > 0$）して αV とし，十分時間が経過した
ところ，各板に蓄えられた電荷はそれぞれ一定になった。板 A の板 C に対す
る電位 V_1，板 D の板 B に対する電位 V_2 を求めよ。

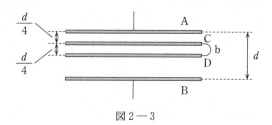

図 2 — 3

Ⅲ 設問Ⅱ(2)の状態から，時刻 $t = 0$ で図 2 — 4 のようにスイッチを 1 から 2 につ
なぎかえたところ，コイルには $I_0 \sin\left(\dfrac{2\pi t}{T}\right)$ と表される電流 I が流れることが分
かった。ただし，図中の矢印の向きを電流の正の向きにとる。コイルの抵抗は無
視でき，自己インダクタンスは L である。他に説明がない場合は，直流電源の
電圧は $2V$ とする。

(1) T を L と C_0 を用いて表せ。

(2) $t = 0$ でコイルの両端にかかる電圧を答えよ。また，I_0 を T，V，L を用い
て表せ。ただし，微小時間 Δt の間の電流変化は $\Delta I = I_0 \Delta t \left(\dfrac{2\pi}{T}\right) \cos\left(\dfrac{2\pi t}{T}\right)$ で
あることを用いてよい。

(3) 板 A，B の電荷をそれぞれ Q_3，$-Q_4$ とすると，$t = \dfrac{T}{4}$ のとき $Q_3 =$
　　ウ　　Q_4 の関係が成り立つ。　　ウ　　に入る数を答えよ。また，
$Q_3 = 0$ となる時刻 t' を T を用いて表せ。ただし $t' < T$ とする。

(4) 板 A，C，D，B からなるコンデンサーに蓄えられる静電エネルギーが，
$t = 0$ のときに E_1，$t = \dfrac{T}{4}$ のときに E_2 であった。E_1，E_2 をそれぞれ C_0，V
を用いて表せ。また，$\Delta E = E_2 - E_1$ として，ΔE を I_0 を含み，V および T を
含まない形で表せ。

直流電源の電圧が $\alpha V\,(\alpha > 0)$ であった場合を考える。

⑸　ある α に対して，Q_3 と $-Q_4$ の変化の様子を表す最も適切な図を図 2 ― 5 の①〜⑥から選び，番号で答えよ。図中で点線は Q_3 を表し，実線は $-Q_4$ を 表す。

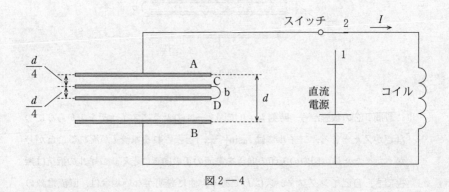

図 2 ― 4

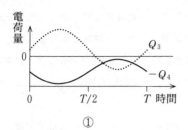

①

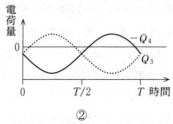

②

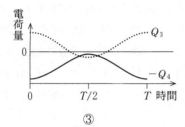

③

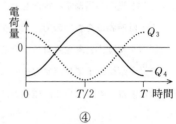

④

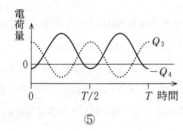

⑤

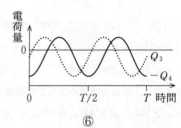

⑥

図 2 — 5

第 3 問　2018 年のノーベル物理学賞は，「レーザー物理学分野における画期的な発明」に対して授与され，そのうちの 1 つは光ピンセット技術に関するものであった。光ピンセットとは，レーザー光で微小な粒子等を捕捉する技術である。本問では，光が微粒子に及ぼす力を考察することで，光で微粒子が捕捉できることを確認してみよう。

　以下，図 3 — 1 に例を示すように，真空中に屈折率 $n(n > 1)$ の球形の微粒子があり，そこを光線が通過する状況を考える。光は光子という粒子の集まりの流れであり，光子は運動量をもつので，光の屈折に伴い光子の運動量が変化して，それが微粒子に力を及ぼすと考えられる。そこで以下では，光子の運動量の変化の大きさは，その光子が微粒子に及ぼす力積の大きさに等しいとする。また，光の吸収や反射の影響は無視する。さらに，微粒子に対して光線は十分に細く，光線の太さは考えない。

I　図 3 — 1 に示すように，真空中の微粒子を光線が通過している。微粒子の中心 O は光線と同一平面内にある。微粒子は固定されており，動かない。図 3 — 2 に示すように，光線が微粒子に入射する点を点 A，微粒子から射出する点を点 B とする。入射前の光線を延長した直線と，射出後の光線を延長した直線の交点を点 C とする。線分 AB と線分 OC の交点を点 D とする。以下の設問に答えよ。

(1)　光が微粒子に入射する際の入射角を θ，屈折角を ϕ とする。$\sin\theta$ を，n，$\sin\phi$ を用いて表せ。

(2)　光線中を同じ方向に流れる光子の集まりがもつ，エネルギーの総量 E と運動量の大きさの総量 p の間には，真空中では $p = \dfrac{E}{c}$ という関係が成り立つ。ここで，c は真空中の光の速さである。図 3 — 1 の光は，単位時間あたり Q のエネルギーをもって，光源から射出されている。このとき，時間 Δt の間に射出された光子の集まりが真空中でもつ運動量の大きさの総量 p を，Q，Δt，c，n のうち必要なものを用いて表せ。

(3)　図3—1に示すように，微粒子に入射する前の光子と，微粒子から射出した
光子は，運動量の大きさは変わらないが，向きは変化している。時間 Δt の間
に射出された光子の集まりが，微粒子を通過することにより受ける運動量の変
化の大きさの総量 Δp を，p，θ，ϕ を用いて表せ。また，その向きを，点 O，
A，B，C のうち必要なものを用いて表せ。

(4)　この微粒子が光から受ける力の大きさ f を，Q，c，θ，ϕ のうち必要なもの
を用いて表せ。また，その向きを，点 O，A，B，C のうち必要なものを用い
て表せ。

(5)　図3—2に示すように，OD 間の距離を d，微粒子の半径を r とする。角度
θ，ϕ が小さいとき，設問 I (4)で求めた力の大きさ f を，Q，c，n，r，d のう
ち必要なものを用いて表せ。小さな角度 δ に対して成り立つ近似式
$\sin\delta \fallingdotseq \tan\delta \fallingdotseq \delta$，$\cos\delta \fallingdotseq 1$ を使い，最終結果には三角関数を含めずに解答
すること。

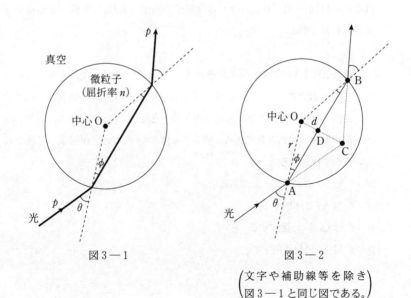

図3—1　　　　　　　　　　図3—2

（文字や補助線等を除き
図3—1と同じ図である。）

Ⅱ 図 3 — 3，図 3 — 4 に示すように，強度 (単位時間あたりのエネルギー) の等し
い 2 本の光線が点 F で交わるよう光路を調整したうえで，設問 Ⅰ と同じ微粒子
を，それぞれ異なる位置に置いた。いずれの図においても，入射光が鉛直線 (上
下方向) となす角度は 2 本の光線で等しく，2 本の光線と微粒子の中心 O は同一
平面内にある。微粒子は固定されており，動かない。以下の設問に答えよ。力の
向きについては，設問の指示に従って，力が働く場合は図 3 — 3 の左側に図示し
た上下左右のいずれかを解答し，力が働かない場合は「力は働かない」と答えるこ
と。

(1) 図 3 — 3 に示すように，微粒子の中心 O が点 F と一致しているとき，微粒
子が 2 本の光から受ける合力の向きとして最も適切なものを「上」「下」「左」「右」
「力は働かない」から選択せよ。

(2) 図 3 — 4 に示すように，微粒子の中心 O が点 F の下にあるとき，微粒子が
2 本の光から受ける合力の向きとして最も適切なものを「上」「下」「左」「右」「力
は働かない」から選択せよ。点 F は微粒子の内部にあり，OF 間の距離は十分
小さいものとする。

(3) 設問 Ⅱ(2) において，OF 間の距離を Δy とするとき，微粒子が 2 本の光から
受ける合力の大きさ f' と Δy の間の関係について，最も適切なものを以下の
ア〜エから選択せよ。なお，微粒子の半径 r と比べて Δy は小さく，設問 Ⅰ(5)
の近似が本設問でも有効である。図 3 — 4 は，Δy の大きさが誇張して描かれ
ているので注意すること。

ア：f' は Δy によらず一定である。

イ：f' は Δy に比例する。

ウ：f' は $(\Delta y)^2$ に比例する。

エ：f' は Δy に反比例する。

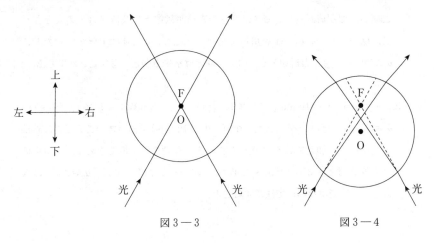

図 3 ― 3 　　　　　　　　　　図 3 ― 4

Ⅲ　図 3 ― 5 に示すように，水平に置かれた薄い透明な平板の上方，高さ r の位置
にある点 F で，強度の等しい 2 本の光線（光線 1，光線 2）が交わるよう光路を
調整したうえで，設問Ⅰ，Ⅱと同じ，半径 r の微粒子を置いた。微粒子は常に平
板と接触しており，微粒子と平板の間に摩擦はないものとする。微粒子には，外
部から右向きに大きさ f_0 の力が働いており，この力と，2 本の光線から受ける
力が釣り合う位置で微粒子は静止している。すなわち，この微粒子は，光によっ
て捕捉されている。OF 間の距離は Δx とし，点 F は，微粒子の内部，中心 O 付
近にある。また，入射光が鉛直線となす角度 α は 2 本の光線で等しく，2 本の
光線と点 O は同一平面内にある。平板は十分薄く，平板による光の屈折や反
射，吸収は考えない。光が微粒子に入射する際の入射角 θ は 2 本の光線で等し
く，それに対する屈折角を ϕ とする。微粒子や平板の変形は考えない。

⑴　図 3 ― 5 に示すように，光線 1 が微粒子に入射する点を点 A とし，微粒子
の中心 O から微粒子内の光線 1 の上に降ろした垂線の長さを d とする。ま
た，図 3 ― 6 に示すように，点 O から直線 AF に降ろした垂線の長さを h と
する。h および d を，Δx，n，α のうち必要なものを用いて表せ。

⑵　ここで用いた 2 本の光線は，それぞれ，単位時間あたり Q のエネルギーを
もって，光源から射出されていた。入射角 θ や屈折角 ϕ が小さく，設問Ⅰ⑸

と同じ近似が成り立つとして，2本の光線が微粒子に及ぼす合力の大きさf'を，Q，c，n，r，α，Δx を用いて表せ。ただし，θ と ϕ は十分小さいため，$\alpha \pm (\theta - \phi) \fallingdotseq \alpha$ と近似でき，合力の向きは水平方向とみなすことができる。

(3) $n = 1.5$，$r = 10\ \mu\text{m}\ (= 1 \times 10^{-5}\ \text{m})$，$Q = 5\ \text{mW}\ (= 5 \times 10^{-3}\ \text{J/s})$，$\alpha = 45°$ としたところ，$\Delta x = 1\ \mu\text{m}\ (= 1 \times 10^{-6}\ \text{m})$ であった。このとき，外部から微粒子に加えている力の大きさ f_0 を，有効数字1桁で求めよ。真空中の光の速さは $c = 3 \times 10^{8}\ \text{m/s}$ である。図3—5，図3—6は，α や Δx 等の大きさが正確ではないので注意すること。

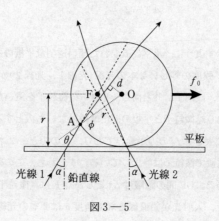

図3—5

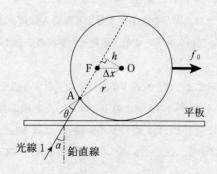

図3—6

$\begin{pmatrix}\text{文字や補助線等を除き}\\\text{図3—5と同じ図である。}\end{pmatrix}$

■化学■

（2 科目 150 分）

（注） 解答用紙は，〈理科〉共通。1 行：約 23.5 センチ，35 字分の区切りあり。
1・2 は各 25 行，3 は 50 行。

第 1 問

次の I，II の各問に答えよ。構造式は例にならって示せ。構造式を示す際には不斉炭素原子に＊を付けること。ただし，立体異性体を区別して考える必要はない。

（構造式の例）

I 次の文章を読み，問**ア～カ**に答えよ。

分子式 $C_6H_{12}O$ で表される化合物 **A~F** は，いずれも不斉炭素原子を一つだけもっている。それぞれの構造を決定するために，以下の実験を行った。

実験 1：金属ナトリウムを加えると，**A** と **D** からは水素が発生しなかったが，**B**，**C**，**E**，**F** からは発生した。

実験 2：白金触媒を用いた水素の付加を試みると，**A** と **B** への水素付加は起きなかったが，**C**，**D**，**E**，**F** からは分子式 $C_6H_{14}O$ の生成物が得られた。水素付加反応によって，**C** と **D** からは不斉炭素原子をもたない化合物①が得られ，**E** と **F** からは同一の化合物が得られた。②

実験 3：二クロム酸カリウムを用いて酸化を試みると，**A**，**C**，**D** は酸化されなかったが，**B** からはケトン，**E** と **F** からはカルボン酸が得られた。

実験 4：ヨードホルム反応を示したのは **B** のみであった。

実験 5：カルボニル基の有無を確認することができる赤外吸収スペクトルを測定

した結果，A~F にカルボニル基の存在は認められなかった。

実験 6 ：下線部②の結果を受け，図1―1 に示すオゾン分解実験を行った。E を
オゾン分解すると，化合物 G とアセトアルデヒドが得られた。

実験 7 ：G に存在するカルボニル基を還元すると，不斉炭素原子をもたない化合
物が得られた。

実験 8 ：F をオゾン分解すると化合物 H が得られた。H の分子式は $C_5H_{10}O_2$ で
あったが，図1―1 の例から予測されるカルボニル化合物ではなかっ
た。H は二つの不斉炭素原子をもっており，銀鏡反応を示した。

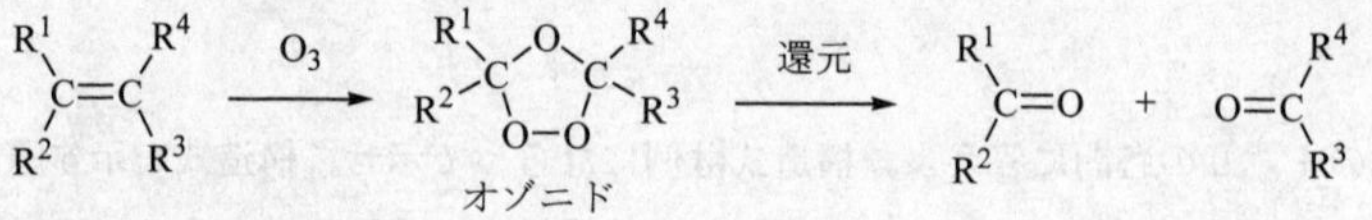

$$\underset{R^2}{\overset{R^1}{>}}C=C\underset{R^3}{\overset{R^4}{<}} \quad \xrightarrow{O_3} \quad \underset{R^2}{\overset{R^1}{>}}C\underset{\underset{O-O}{|}}{\overset{O}{\underset{|}{}}}C\underset{R^3}{\overset{R^4}{<}} \quad \xrightarrow{還元} \quad \underset{R^2}{\overset{R^1}{>}}C=O \;+\; O=C\underset{R^3}{\overset{R^4}{<}}$$

オゾニド

（$R^{1\text{-}4}$：水素もしくはアルキル基など）

図1―1　オゾン分解の例

注 1）炭素間二重結合を形成する炭素原子に酸素原子が直接結合した構造は考慮
しない。

注 2）反応中に二重結合の移動は起こらないものとする。

〔問〕

ア 化合物 A として考えられる構造異性体のうち，五員環をもつものすべて
の構造式を示せ。

イ 化合物 B として考えられる構造異性体のうち，四員環をもつものは一つ
である。その構造式を示せ。

ウ 化合物 C として考えられる構造異性体は一つである。その構造式を示
せ。

エ 下線部①を考慮すると，化合物 D として考えられる構造異性体は一つで
ある。その構造式を示せ。

オ 実験 6 と 8 において生成した化合物 G と H の構造式をそれぞれ示せ。

カ 以下の空欄　 a 　～　 c 　にあてはまる適切な語句を答えよ。
化合物 C の沸点は化合物 D の沸点より高い。その主な理由は，D には
存在しない　 a 　基が分子間の　 b 　結合を形成するからであ
る。一方，C の沸点は化合物 E の沸点より低いが，C と E はともに
a 　基をもっているので，この沸点差を説明するためには，分子間
の　 b 　結合の強さを比較する必要がある。そこで，　 a 　基周

辺の空間的な状況に着目する。すなわち，C は E と比較して $\boxed{\text{ a }}$ 基周辺が空間的にこみ合っているため，分子間の $\boxed{\text{ b }}$ 結合の形成が より $\boxed{\text{ c }}$ いると理解できる。これが，C の沸点が E の沸点より低 い主な理由の一つである。

Ⅱ　次の文章を読み，問**キ～サ**に答えよ。

　多くの元素には，中性子の数が異なる $\boxed{\text{ d }}$ が存在し，それらの相対質量 (^{12}C の質量を 12 とする質量)とその存在比から加重平均で算出される原子量 が，分子量計算に用いられる。たとえば大気中の窒素には，その 99.6 ％ を占め る相対質量 14.003 の窒素原子(^{14}N)の他に，中性子が一つ多い相対質量 15.000 の窒素原子(^{15}N)が 0.4 ％ 含まれているため，窒素の原子量は 14.007 となる。

　$\boxed{\text{ d }}$ どうしの化学的性質は，ほぼ同じであるため，これらを含む化合物の 反応性もほとんど変化しないことが知られている。したがって，分子内の特定の 位置にある元素の $\boxed{\text{ d }}$ の存在比を操作した化合物を用いて反応を行い，得 られた生成物の特定の位置にある元素の $\boxed{\text{ d }}$ の存在比の変化を調べると， 反応に伴う結合の形成や切断の過程を追跡することができる。たとえば，^{15}N を もつアニリン($C_6H_5{}^{15}NH_2$)と亜硝酸ナトリウム($NaNO_2$)を用いた以下に示す反 応においては，ジアゾニウム塩に含まれる二つの窒素は，それぞれ異なる起源を もつことが明らかにされている。

^{14}N より ^{15}N の比率が高いことを示す。

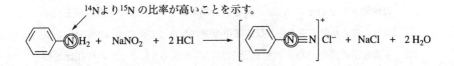

　今回，^{15}N の存在比を 100 ％ に高めた試薬 $Na^{15}NO_2$ を用いて，以下の実験を 行った。ニトロベンゼン($C_6H_5NO_2$)を塩酸中でスズ(Sn)と反応させて得られた ③ 化合物 I に対し，濃塩酸中で氷冷しながら $Na^{15}NO_2$ を加えたところ，化合物 J ④ の沈殿が生じた。続いてこの J の沈殿を回収し，これを水に溶かし，$^{14}N_2$ ガス ⑤ で満たした密閉容器内において，室温で分解させたところ，化合物 K が主とし

て得られ，それに伴い化合物 L および化合物 M がそれぞれ少量ずつ得られた。K，L および M はともにベンゼン環を有していた。<u>下線部④の操作で得られた J を 2-ナフトールと反応させたところ，橙赤色の化合物 N を含む試料が得られた。</u>この試料に含まれる化合物 N の分子量は 249.00 であった。

OH

2-ナフトール

一方，<u>下線部⑤と同じ反応を行い，J の分解反応が大部分進行したところで，残った J を回収し，2-ナフトールと反応させたところ，分子量 248.96 の化合物 N を含む試料が得られた。</u>

〔問〕

キ 　d　 にあてはまる適切な語句を答えよ。

ク 下線部③の操作で化合物 I が生成する反応の化学反応式を示せ。なお，スズはすべて塩化スズ($SnCl_4$)に変換されるものとする。

ケ 化合物 M を熱した銅線に触れさせて，その銅線を炎の中に入れたところ，青緑色の炎色反応がみられた。また，M を水酸化ナトリウム水溶液と高温高圧下で反応させ，反応後の溶液を中和したところ，化合物 K が得られた。一方，反応後の溶液を中和することなく，下線部④の操作で得られた化合物 J と 0 ℃で反応させたところ，化合物 L が得られた。L と M の構造式をそれぞれ示せ。^{15}N を含む場合には，^{14}N より ^{15}N の存在比が高いと考えられる窒素を，反応式中の例にならって◎で囲って示せ。

コ 下線部⑦の操作で得られた化合物 N に含まれる ^{15}N と ^{14}N の存在比を整数値で示せ。なお，ここでは原子量を H ＝ 1.00，C ＝ 12.00，O ＝ 16.00，^{14}N および ^{15}N の相対質量を ^{14}N ＝ 14.00，^{15}N ＝ 15.00 と仮定して計算せよ。

サ 下線部⑥，⑦それぞれの操作で得られた化合物 N に含まれる ^{15}N と ^{14}N の存在比が異なるのはなぜか，下線部⑤の条件で起こっている反応に含まれる過程の可逆性に着目して，理由を簡潔に説明せよ。

第 2 問

次の I，II の各問に答えよ。必要があれば以下の値を用いよ。

気体定数 $R = 8.31 \times 10^3$ Pa·L/(K·mol) $= 8.31$ J/(K·mol)

$\sqrt{2} = 1.41$, $\sqrt{3} = 1.73$, $\sqrt{5} = 2.24$

I 　次の文章を読み，問**ア～キ**に答えよ。

　　ある水素吸蔵物質(記号 X で表す)は式 1 の可逆反応により水素を取り込み(吸蔵し) X H$_2$ となる。

$$\text{X H}_2\text{(固)} \rightleftharpoons \text{X(固)} + \text{H}_2\text{(気)} \qquad\qquad (\text{式 1})$$

　　気体物質が平衡状態にある場合，各成分気体の濃度の代わりに分圧を用いて平衡定数を表すことができ，この平衡定数を圧平衡定数という。式 1 の反応が平衡状態にある場合，その圧平衡定数 $K_p^{(1)}$ は水素の分圧 p_{H_2} を用いて

$$K_p^{(1)} = p_{H_2}$$

と表すことができる。また，水素の分圧が $K_p^{(1)}$ より小さいとき，式 1 の反応は起こらない。

　　内部の体積を自由に変えることのできるピストン付きの密閉容器に，水素を含む混合気体と，その物質量よりも十分大きい物質量の X を入れ，以下の実験を行った。式 1 の反応は速やかに平衡状態に達するものとし，527 ℃において $K_p^{(1)} = 2.00 \times 10^5$ Pa とする。また，X への水素以外の成分気体の吸蔵は無視でき，X および X H$_2$ 以外の物質は常に気体として存在するものとする。気体はすべて理想気体とし，容器内の固体の体積は無視できるものとする。

実験 1 : 容器を水素 1.50 mol とアルゴン 1.20 mol で満たした。その後，<u>容器内の混合気体の圧力を 2.70×10^5 Pa，温度を 527 ℃ に保ったまま，長時間放置した</u>①。このとき，X に水素は吸蔵されていなかった。その後，温度を 527 ℃ に保ちながら徐々に圧縮すると，<u>ある体積になったとき，水素の吸蔵が始まった</u>②。その後，さらに圧縮すると，<u>混合気体の圧力は 2.20×10^6 Pa</u>③ となった。

実験 2： 容器を水素 1.50 mol とヨウ素 1.20 mol で満たした。その後，容器内の混合気体の圧力を 2.70×10^5 Pa，温度を 527 ℃ に保ったまま，式 2 の反応が平衡状態に達するまで放置した。

$$H_2(気) + I_2(気) \rightleftharpoons 2HI(気) \qquad (式2)$$

このとき，容器内にヨウ化水素は 2.00 mol 存在しており，また，X に水素は吸蔵されていなかった。その後，温度を 527 ℃ に保ちながら徐々に圧縮すると，<u>ある体積になったとき</u>，水素の吸蔵が始まった。
④
その後，さらに平衡状態を保ちながら圧縮すると，<u>混合気体の圧力は</u>
⑤
<u>2.20×10^6 Pa となった。</u>

〔問〕

ア 下線部①のときの混合気体の体積は何 L か，有効数字 2 桁で答えよ。

イ 下線部②のときの混合気体の圧力は何 Pa か，有効数字 2 桁で答えよ。

ウ 下線部②のときと同じ体積と温度で，容器に入れる水素とアルゴンの全物質量を一定としたまま，全物質量に対する水素の物質量比 x を変えて圧力を測定した。このとき，x と容器内の混合気体の圧力の関係として適切なグラフを，以下の図 2 ― 1 に示す(1)～(4)の中から一つ選べ。ただし，X は容器内にあり，混合気体を容器に入れる前に水素は吸蔵されていないものとする。

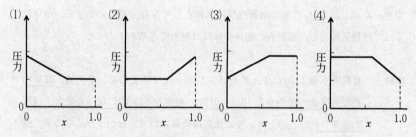

図 2 ― 1 水素の物質量比 x と容器内の混合気体の圧力の関係

エ 下線部③のとき，X は何 mol の水素を吸蔵したか，有効数字 2 桁で答えよ。答えに至る過程も記せ。

オ 式 2 の反応の圧平衡定数を有効数字 2 桁で答えよ。

カ 下線部④のときの混合気体の圧力は何 Pa か，有効数字 2 桁で答えよ。答えに至る過程も記せ。

キ 下線部⑤のときのヨウ化水素の分圧は何 Pa か，有効数字 2 桁で答えよ。答えに至る過程も記せ。

II　次の文章を読み，問**ク～シ**に答えよ。

　生物の体内では様々なタンパク質が化学反応に関わり，生命活動の維持に寄与している。タンパク質は，約 20 種類のアミノ酸がペプチド結合を介して直鎖状につながった高分子で，一般に図 2 ― 2 のヘモグロビンの様に複雑な立体構造をとる。

　タンパク質の中で酵素として働くものは，立体構造の決まった部位に特定の化合物を結合させ，生体内の化学反応の速度を大きくする役割を持つ。例えばカタラーゼと呼ばれる酵素は，生体反応で発生し毒性を持つ過酸化水素を速やかに分解する。

　また，酵素の中には，それ自身を構成するカルボキシ基など，酸塩基反応に関わる特定の官能基から，酵素に結合した基質 Y へ水素イオン H^+ を供給することで，式 3 で示される反応を促進するものがある。

$$Y + H^+ \longrightarrow YH^+ \qquad\qquad (式 3)$$

　反応後，酵素の官能基は水から十分大きい速度で H^+ を獲得し，反応前の状態に戻ることで新たな Y へ H^+ を供給する。酵素の周りにある水から Y への H^+ の供給よりも，酵素の官能基から Y への H^+ の供給が十分に速く起こる場合，Y に H^+ が供給される速度は溶液の pH によらず一定となる。

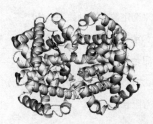

図2－2 ヘモグロビンの立体構造

〔問〕

ク 下線部⑥に関連して，図2－3の構造式で示される(a)アラニン，(b)アスパラギン酸，(c)リシン，それぞれの水溶液に塩酸を加えて酸性にし，さらにアミノ酸の濃度が同一となるよう水で希釈した。ここへ一定の濃度の水酸化ナトリウム水溶液を滴下したとき，滴下した水酸化ナトリウム水溶液の体積 V_{NaOH} に対する pH の変化について，(a)〜(c)の3種類のアミノ酸それぞれに対応するものを，図2－4に示した(5)〜(7)のグラフより選べ。

(a) アラニン　　(b) アスパラギン酸　　(c) リシン

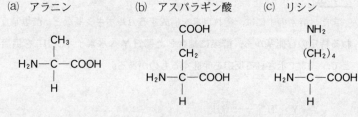

図2－3 アミノ酸の構造式

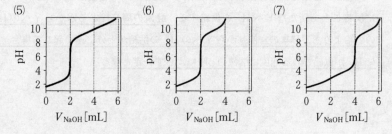

図2－4 アミノ酸の滴定曲線

ケ 下線部⑦について，ウレアーゼと呼ばれる酵素は，尿素$(NH_2)_2CO$ がアンモニアと二酸化炭素に加水分解する反応を促進する。この反応の化学反応式を示し，反応開始時のアンモニアの生成速度は尿素の減少速度の何倍か答えよ。

コ 下線部⑧について，H_2O_2(液)と H_2O(液)の生成反応の熱化学方程式をそれぞれ記せ。また，H_2O_2(液)から H_2O(液)と酸素への分解反応の反応熱を求め，有効数字 2 桁で答えよ。ただし，H_2O_2(液)と H_2O(液)の生成熱はそれぞれ 187.8 kJ/mol，285.8 kJ/mol とする。

サ 下線部⑧について，H_2O_2(液)が H_2O(液)と酸素に分解する反応の速度定数は，カタラーゼを加えることで 27 ℃ で 10^{12} 倍大きくなる。過酸化水素の分解反応の反応速度定数 k が，定数 A，分解反応の活性化エネルギーE_a，気体定数 R，絶対温度 T を用いて式 4 で表されるとき，カタラーゼの存在下における E_a を求め，有効数字 2 桁で答えよ。答えに至る過程も記せ。ただし，27 ℃ におけるカタラーゼを加えない場合の E_a は 75.3 kJ/mol とし，A はカタラーゼの有無によらず一定とする。

$$\log_{10} k = -\frac{E_a}{2.30\,RT} + A \qquad\qquad (式\,4)$$

シ 下線部⑨に関連して，H^+ の供給について説明した次の文章中の $\boxed{\text{d}}$ ，$\boxed{\text{e}}$ にあてはまる語句を，以下よりそれぞれ一つ選べ。ただし，酵素は高い pH 領域においても変性を起こさないものとする。

　高い pH 領域では，H^+ を供給する官能基から H^+ が失われ，H^+ が酵素の周りの水から Y に供給される。このとき，酵素と Y の濃度が一定とすると，溶液の pH の増加に伴い，式 3 の反応速度は pH の $\boxed{\text{d}}$ 関数に従って $\boxed{\text{e}}$ する。

$\boxed{\text{d}}$ … 1 次，2 次，指数，対数

$\boxed{\text{e}}$ … 増加，減少

第3問

次のⅠ，Ⅱの各問に答えよ。必要があれば以下の値を用いよ。

元　素	H	C	O
原子量	1.0	12.0	16.0

AgCl の溶解度積(25 ℃)　$K_{sp1} = 1.6 \times 10^{-10}\,\mathrm{mol}^2/\mathrm{L}^2$

Ag_2CrO_4 の溶解度積(25 ℃)　$K_{sp2} = 1.2 \times 10^{-12}\,\mathrm{mol}^3/\mathrm{L}^3$

アボガドロ定数　$N_A = 6.02 \times 10^{23}/\mathrm{mol}$

$\sqrt{2} = 1.41,\ \sqrt{3} = 1.73,\ \sqrt{5} = 2.24,\ \sqrt{6} = 2.45$

Ⅰ　次の文章を読み，問**ア**〜**オ**に答えよ。

　　試料水溶液中の塩化物イオン Cl^- の濃度は，塩化銀 AgCl とクロム酸銀 Ag_2CrO_4 の水への溶解度の差を利用した滴定実験により求めることができる。ここに $x\,\mathrm{mol/L}$ の Cl^- を含む試料水溶液が 20.0 mL ある。試料水溶液には，あらかじめ指示薬としてクロム酸カリウム K_2CrO_4 を加え，クロム酸イオン $CrO_4{}^{2-}$ の濃度を $1.0 \times 10^{-4}\,\mathrm{mol/L}$ とした。試料水溶液に $1.0 \times 10^{-3}\,\mathrm{mol/L}$ の硝酸銀 $AgNO_3$ 水溶液を滴下すると，すぐに白色沈殿(AgCl)が生じた。さらに $AgNO_3$ 水溶液を滴下すると白色沈殿の量が増加し，ある滴下量を超えると試料水溶液が赤褐色を呈した。この赤褐色は Ag_2CrO_4 の沈殿に由来する。

　　本滴定実験において，AgCl により濁った水溶液が赤褐色を呈したと目視で認められた終点は，Ag_2CrO_4 が沈殿し始める点(当量点)とは異なる。そこで，対照実験として，試料水溶液と同体積・同濃度の K_2CrO_4 水溶液に炭酸カルシウムを添加し，下線部②の赤褐色を呈する直前の試料水溶液と同程度に濁った水溶液を用意した。この濁った水溶液に，滴定に用いたものと同濃度の $AgNO_3$ 水溶液を滴下し，下線部②と同程度の呈色を認めるのに必要な $AgNO_3$ 水溶液の体積を求めた。対照実験により補正を行った結果，当量点までに滴下した $AgNO_3$ 水溶液は 16.0 mL であることがわかった。実験はすべて 25 ℃ で行った。

〔問〕

　ア　この滴定実験は，試料水溶液の pH が 7 から 10 の間で行う必要がある。

pH が 10 より大きいと，下線部③とは異なる褐色沈殿が生じる。この褐色沈殿が生じる反応のイオン反応式を答えよ。

イ 本滴定実験に関連した以下の⑴~⑸の文のなかで，誤りを含むものを二つ選べ。

⑴ 対照実験により得られた下線部④の値を，下線部②で赤褐色を呈するまでに滴下した $AgNO_3$ 水溶液の体積より差し引くことにより，当量点までの滴下量を求めることができる。

⑵ フッ化銀は水への溶解度が大きいため，本滴定実験は，フッ化物イオンの定量には適用できない。

⑶ $AgCl$ は，塩化ナトリウム $NaCl$ 型構造のイオン結晶であるが，$NaCl$ とは異なり水への溶解度は小さい。これは，Na と Cl の電気陰性度の差と比べて，Ag と Cl の電気陰性度の差が大きいためである。

⑷ 問**ア**の褐色沈殿に水酸化ナトリウム水溶液を加えると，錯イオンが生成することにより沈殿が溶解する。

⑸ 試料水溶液の pH が 7 より小さいと，$CrO_4{}^{2-}$ 以外に，クロムを含むイオンが生成するため，正確な定量が難しくなる。

ウ 当量点において，試料水溶液中に溶解している Ag^+ の物質量は何 mol か，有効数字 2 桁で答えよ。答えに至る過程も記せ。

エ 当量点において，試料水溶液中のすべての Cl^- が $AgCl$ として沈殿したと仮定し，下線部①の x を有効数字 2 桁で答えよ。答えに至る過程も記せ。

オ 実際には，当量点において，試料水溶液中に溶解したままの Cl^- がごく微量存在する。この Cl^- の物質量は何 mol か，有効数字 2 桁で答えよ。答えに至る過程も記せ。

Ⅱ 次の文章を読み，問**カ~コ**に答えよ。

水素 H_2 は，太陽光や風力等の再生可能エネルギーにより水から製造可能な燃料として注目されている。燃料電池自動車は，1.0 kg の H_2 で 100 km 以上走行できる。しかし，1.0 kg の H_2 は 1 気圧 25 ℃における体積が 1.2×10^4 L と大きいため，燃料として利用するには H_2 を圧縮して貯蔵する技術が必要となる。燃料電池自動車では，1.0 kg の H_2 を 7.0×10^7 Pa に加圧して 25 ℃における体

積を 18 L にしている。H_2 を輸送する際には，− 253 ℃ に冷却して液化し，
1.0 kg の H_2 を 14 L にしている。また，炭化水素への可逆的な水素付加反応を
用いて，H_2 を室温で液体の炭化水素として貯蔵する技術も開発されている。た
とえば，<u>トルエンに水素を付加し，トルエンと同じ物質量のメチルシクロヘキサ</u>
<u>ン</u>を得る反応が用いられる。
⑤

　1.0 kg の H_2 を適切な金属に吸蔵させると，液化した 1.0 kg の H_2 よりも小さ
な体積で貯蔵することができる。Ti-Fe 合金は，Fe 原子を頂点とする立方体の
中心に Ti 原子が位置する単位格子を持つ（図 3 − 1）。この合金中で H_2 は水素
原子に分解され，水素原子の直径以上の大きさを持つすき間に水素原子が安定に
存在できる。このとき，<u>6 個の金属原子からなる八面体の中心◎（図 3 − 2）に水</u>
<u>素原子が位置する。</u>
⑥

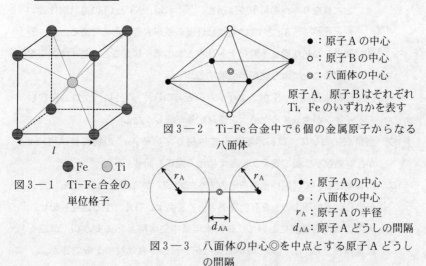

●：原子 A の中心
○：原子 B の中心
◎：八面体の中心

原子 A，原子 B はそれぞれ
Ti，Fe のいずれかを表す

図 3 − 2　Ti-Fe 合金中で 6 個の金属原子からなる
　　　　　八面体

● Fe　○ Ti

図 3 − 1　Ti-Fe 合金の
　　　　　単位格子

●：原子 A の中心
◎：八面体の中心
r_A：原子 A の半径
d_{AA}：原子 A どうしの間隔

図 3 − 3　八面体の中心◎を中点とする原子 A どうし
　　　　　の間隔

〔問〕

カ　下線部⑤に関して，1.0 kg の H_2 をトルエンとすべて反応させて得たメチ
　　ルシクロヘキサンの 25 ℃ における体積は何 L か，有効数字 2 桁で答え
　　よ。ただし，メチルシクロヘキサンの密度は 0.77 kg/L（25 ℃）である。

キ　下線部⑥に関して，Ti-Fe 合金の単位格子の一辺の長さ $l = 0.30$ nm，Ti
　　の原子半径 0.14 nm，Fe の原子半径 0.12 nm のとき，図 3 − 2 の八面体
　　において隣り合う原子 A と原子 B は接する。一方，図 3 − 3 に例を示
　　す，八面体の中心◎を中点とする原子どうしの間隔（原子 A どうしは

　　　d_{AA}，原子 B どうしは d_{BB}）は 0 より大きな値をとり，八面体の中心◎に

　　すき間ができる。このとき，d_{AA}，d_{BB} それぞれを l および原子 A，B の半

　　径 r_A，r_B を用いて表せ。さらに，d_{AA}，d_{BB} のどちらが小さいかを答え

　　よ。

ク　図 3 — 2 において，原子 A，B の組み合わせにより八面体は 2 種類存在

　　し，このうち原子 A が Ti で原子 B が Fe である八面体の中心◎にのみ水

　　素原子が安定に存在できる。この理由を，原子どうしの間隔と水素原子の

　　大きさを比較して述べよ。ただし，Ti-Fe 合金中の水素原子の半径は

　　0.03 nm とする。

ケ　原子 A が Ti である八面体の中心◎にのみ水素原子が 1 個ずつ吸蔵される

　　とき，Ti-Fe 合金中の水素原子の数は Ti 原子の数の何倍かを答えよ。

コ　La-Ni 合金（図 3 — 4）も H_2 を水素原子として吸蔵する。図中の面 α，β

　　は，ともに一辺 a の正六角形である。この合金は金属原子 1 個あたり

　　1 個の水素原子を吸蔵した結果，$a = 0.50$ nm，$c = 0.40$ nm となる。

　　図 3 — 4 の結晶格子中に吸蔵される水素原子の数を答えよ。さらに，この

　　ように 1.0 kg の H_2 を吸蔵した La-Ni 合金の体積は何 L か，有効数字

　　2 桁で答えよ。

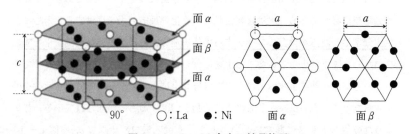

図 3 — 4　La-Ni 合金の結晶格子

■■生物■■

（2 科目 150 分）

（注）　解答用紙は，〈理科〉共通。1 行：約 23.5 センチ，35 字分の区切りあり。

　　　　1・2 は各 25 行，3 は 50 行。

第 1 問

　　次の I，II の各問に答えよ。

I　次の文 1 と文 2 を読み，問 A〜E に答えよ。

［文 1］

　　水は，ほとんどの生物の体内において最も豊富に存在する分子であり，生命活
動の維持に必須である。水は代謝活動を担う化学反応の場を提供するとともに，
生体分子やそれらが集合して形成する生体構造の維持にも重要な役割を果たす。
(ア)
このため，陸上に生息する多くの生物にとって水の確保は最優先課題の 1 つであ
る。一方で，一部の生物種には，水をほぼ完全に失っても一時的に生命活動を停
止するだけで，水の供給とともに生命活動を回復するものが知られている。この
ような乾燥ストレスに非常に高い耐性を示す動物ヨコヅナクマムシ（図 1−1）
と，その近縁種のヤマクマムシについて，以下の実験を行った。

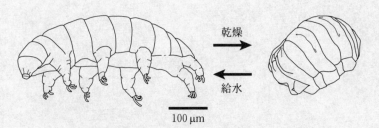

図 1−1　ヨコヅナクマムシの乾燥と給水
乾燥すると右のように体を縮めて丸まった状態になる。

実験1 通常条件下で飼育したヨコヅナクマムシとヤマクマムシとを，厳しい乾燥条件に曝露(以降，この操作を「乾燥曝露」と呼ぶ)した後，給水後の生存率を調べたところ，図1—2に示すように種間に大きな違いが観察された。次に，乾燥曝露の前に，ヤマクマムシが死なない程度に弱めた乾燥条件に1日曝露しておくと(以降，この操作を「事前曝露」と呼ぶ)，乾燥曝露後のヤマクマムシの生存率が大きく上昇し，ヨコヅナクマムシとほとんど同じになった。

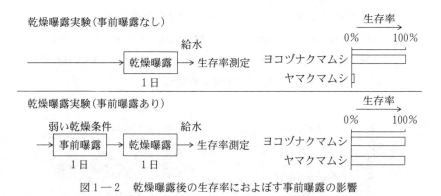

図1—2 乾燥曝露後の生存率におよぼす事前曝露の影響

実験2 ヨコヅナクマムシとヤマクマムシそれぞれに転写阻害剤を投与した後，事前曝露と乾燥曝露とを行い，給水後の生存率を測定した。対照として阻害剤で処理しない条件や，事前曝露のみで乾燥曝露を行わない条件も合わせて解析した。その結果は，図1—3のようになった。また，翻訳阻害剤を用いた場合にも転写阻害剤の場合と同様の結果が得られた。なお，転写阻害剤や翻訳阻害剤の投与によって，mRNA やタンパク質の新規合成は完全に抑制された。

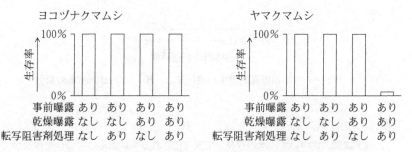

図1—3 生存率に与える乾燥曝露と転写阻害剤の影響

［文 2］

　3 つの遺伝子 A，B，C はクマムシの乾燥ストレス耐性に関わっている。これ
らの遺伝子のいずれかを欠損させたヤマクマムシについて，事前曝露と乾燥曝露
とを行ったところ，野生型に比べて生存率が大きく低下した。野生型ヤマクマム
シにおける遺伝子 A，B，C の mRNA 量について次のような実験を行った。

実験 3　ヤマクマムシを 3 群に分け，1 群はそのまま（阻害剤なし），次の 1 群に
　　　　は転写阻害剤を投与，最後の 1 群には翻訳阻害剤を投与した。その後，各
　　　　群を事前曝露条件に置き，個体中の遺伝子 A，B，C の mRNA 量を経時
　　　　的に測定したところ，図 1 ― 4 の結果を得た。

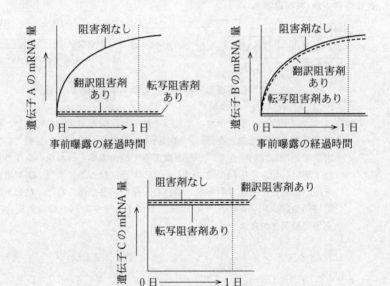

図 1 ― 4　事前曝露処理中の遺伝子 A，B，C の mRNA 量の変化

［問］

　A　下線部(ア)について，水の存在下で安定化される生体構造の 1 つに生体膜が
　　ある。生体膜の主要な構成成分の特徴に触れつつ，水が生体膜の構造維持お
　　よび安定化に果たす役割を 3 行程度で説明せよ。

B 実験 1 の結果から，ヨコヅナクマムシとヤマクマムシには乾燥ストレス耐性に違いがあると考えられる。実験 2 の結果と合わせて，ヨコヅナクマムシとヤマクマムシの乾燥ストレス耐性について最も適切に説明しているものを下記の選択肢(1)〜(6)から 1 つずつ選び，ヨコヅナクマムシ-(1)，ヤマクマムシ-(2)のように答えよ。なお，同じものを選んでもよい。

(1) 薬剤への感受性が強いため，転写阻害剤や翻訳阻害剤の投与によって生存率が低下する。

(2) 通常時は乾燥耐性に必要な遺伝子の mRNA とタンパク質を保持しているが，事前曝露時にタンパク質を選択的に分解する。

(3) 乾燥耐性に必要なタンパク質を事前曝露と関係なく常時保持している。

(4) 通常時も乾燥耐性に必要な遺伝子の mRNA を保持しているので，事前曝露時に転写を経ず，速やかに必要なタンパク質を合成する。

(5) 通常時は乾燥耐性に必要な遺伝子を転写しておらず，事前曝露時に転写・翻訳する。

(6) 乾燥耐性に必要な遺伝子が不足している。

C 生体の環境ストレス応答は，環境ストレスの感知から始まる。この情報が核内に届き，最初の標的遺伝子(初期遺伝子)が転写される。転写されたmRNA は，次にタンパク質に翻訳され様々な機能を発揮する。翻訳されたタンパク質の中に転写を調節する因子(調節タンパク質)が含まれている場合，それらによって新たな標的遺伝子(後期遺伝子)の転写が開始される。実験 3 の結果に基づき，遺伝子 A，B，C のうち，乾燥ストレスに対する初期遺伝子と考えられるものをすべて示し，その結論に至った理由を 2 行程度で説明せよ。

D 遺伝子 A がコードするタンパク質 A はヨコヅナクマムシの乾燥耐性にも必須であった。また，乾燥曝露後の生存率が事前曝露の有無によらず 0 ％ であるクマムシ種 S にも遺伝子 A が見いだされた。種 S にタンパク質 A を強制的に発現させると乾燥曝露後の生存率が上昇した。ヨコヅナクマムシと，タンパク質 A を強制発現していない野生型の種 S それぞれについて，事前曝露時のタンパク質 A の量の変化パターンとして最も適切と考えられるも

のを次の図中の(1)～(4)から選べ。解答例：ヨコヅナクマムシ-(1)，種 S-(1)。

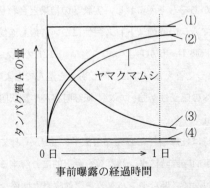

比較のためヤマクマムシにおける変化パターンを細線で示してある。

E　ヤマクマムシの乾燥ストレス耐性を阻害する 2 種の薬剤として Y と Z が
　　見いだされた。事前曝露の前にヤマクマムシを薬剤 Y もしくは薬剤 Z で処
　　理すると，事前曝露と乾燥曝露とを行った後の生存率が顕著に低下した。薬
　　剤 Y で処理した場合，事前曝露時の遺伝子 A，B の mRNA 量の増加はとも
　　に阻害されたが，薬剤 Z で処理した場合は遺伝子 A の mRNA 量の増加のみ
　　が阻害された。薬剤 Y と薬剤 Z それぞれについて，上記の結果を説明する
　　作用点として可能性のある過程を下記の経路からすべて挙げ，薬剤 Y-(1)，
　　(2)，薬剤 Z-(1)，(3)のように答えよ。

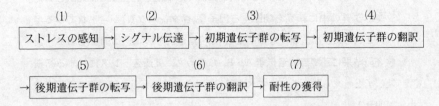

Ⅱ　次の文章を読み，問 F ～ I に答えよ。

　　ある種の線虫は 4 日間の事前曝露を行うと乾燥耐性を示すようになる。この線
虫では，事前曝露時に糖の一種であるトレハロースが大量に蓄積し，これが耐性
に必須である。トレハロースは，グルコースから作られる G 1 と G 2 を基質とし
て酵素 P によって合成される（図 1 — 5）。線虫の変異体 P は，酵素 P が機能を

失っておりトレハロースを蓄積しないため，乾燥耐性を示さない。

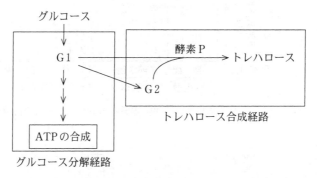

図1—5　グルコース分解経路とトレハロース合成経路

グルコースは，細胞の主要なエネルギー源として分解され，生体のエネルギー通貨とも呼ばれる ATP の産生に利用される。この反応は3つの過程， 1 ， 2 ， 3 に分けられる。 1 ， 2 によって生じた NADH や FADH₂ は，ミトコンドリアの内膜ではたらく（イ） 3 に渡されて ATP 合成に利用される。グルコース分解の第1段階である 1 は，多数の酵素によって触媒される多段階の反応である。その多くは可逆反応であり，一部の不可逆反応のステップについても逆反応を触媒する別の酵素が存在するため，反応を逆方向に進めてグルコースを合成することもできる。この仕組みは，糖が不足した時に他の栄養源からグルコースを合成する際に使用される。線虫はアミノ酸や脂質を原料としてグルコースを合成できることが分かっている。

実験4　この線虫において，乾燥耐性が低下した新たな変異体 X を単離した。さらに，変異体 X から酵素 P が機能を失った二重変異体 P：X も作出した。野生型，変異体 P，変異体 X，および二重変異体 P：X について，事前曝露によるトレハロースの蓄積量を解析したところ，図1—6のようになった。また，各変異体について，トレハロースを産生する酵素 P の個体あたりの活性を，基質である G1 および G2 が十分にある条件下で測定した結果，図1—7のようになった。

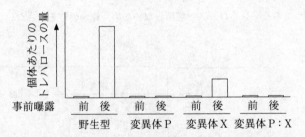

図1—6　各変異体における事前曝露時のトレハロースの蓄積量の変化

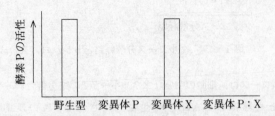

図1—7　各変異体における個体あたりの酵素Pの活性

実験5　生体内における物質代謝の挙動を知るためには，放射性同位体で標識した化合物を生物に取り込ませた後，その物質がどのような物質に変化するかを放射線を指標に調べるという方法がある。炭素の放射性同位体である ^{14}C で標識した酢酸を餌に混ぜて線虫に3日間摂取させた。その後，放射標識された物質を解析したところ，野生型でも変異体Xでも放射標識された酢酸は検出されず，エネルギー貯蔵物質として知られる脂質の一種トリグリセリドが顕著に放射標識されていた。その後，4日間の事前曝露を行ったところ，野生型では放射標識されたトリグリセリドがほぼ完全に消失し，代わりに放射標識されたトレハロースが顕著に増加した。一方，変異体Xでは事前曝露によるトレハロースの蓄積は野生型よりも少なく，事前曝露後も放射標識されたトリグリセリドが残存していた。

〔問〕

F　文中の空欄1〜3に当てはまる適切な語句を答えよ。

G　下線部(イ)のようにミトコンドリアでは，NADHやFADH₂から得られた

電子が最終的に酸素分子に渡される過程でエネルギーが蓄積され，そのエネルギーをもとに ATP が合成される。この反応を何と呼ぶか答えよ。

H　実験 4 の結果から，変異体 X のトレハロースの蓄積量が野生型より低くなる原因として考えられるものを，以下の選択肢(1)〜(5)からすべて選べ。

(1)　変異体 X では，酵素 P の発現を促進する遺伝子の機能が失われた結果，酵素 P の活性が低下したため。

(2)　変異体 X では，トレハロースの合成が酵素 P を介さない代替経路に切り替わり，その代替経路のトレハロース生産量が低いため。

(3)　変異体 X では，基質 G 1 もしくは G 2 の産生量が低下したため。

(4)　変異体 X では，酵素 P の活性を強化する遺伝子が破壊された結果，酵素 P の活性が低下したため。

(5)　変異体 X では，基質 G 1 もしくは G 2 を産生する酵素の量が増加したため。

I　変異体 X は遺伝子 X の機能を失った変異体であった。実験 5 の結果から，遺伝子 X の役割としてどのようなことが考えられるか，またそれがトレハロースの産生にどう影響するか，以下の語句をすべて用いて 2 行程度で述べよ。

トレハロース，基質 G 1，酵素 P，トリグリセリド，遺伝子 X

第 2 問

次の I，II の各問に答えよ。

I　次の文章を読み，問 A ～ D に答えよ。

　　生物は環境に応じてその発生や成長を調節する。植物もさまざまな刺激を受容
して反応し，ときに成長運動を伴う応答を見せる。成長運動の代表例が屈性であ
り，刺激の方向に依存して器官が屈曲する現象をいう。刺激に近づく場合が正の
屈性，遠ざかる場合が負の屈性であり，刺激源側とその反対側とで細胞の成長速
　(ア)
度が違うために器官の屈曲が生じる。植物が屈性を示す代表的な刺激源には，
光，重力，水分などがあり，実験 1 ～ 3 によって示されるように，根はこれら複
　　　　　　　　　　　(イ)
数の刺激に対して屈性を示す。

　　屈性制御にはさまざまな植物ホルモンが関わっており，中でも細胞成長を制御
するオーキシンが重要な役割を果たしている。植物細胞の形態と大きさとは，細
　　(ウ)
胞膜の外側に存在する細胞壁によって決められる。オーキシンは，細胞壁をゆる
めることで，細胞の吸水とそれに伴う膨潤とを容易にし，細胞成長を促進する。
オーキシンが細胞壁をゆるめる機構に関しては，組織片を純水に浸した状態で
オーキシンを与えると細胞壁の液相が酸性になること，組織片を酸性の緩衝液に
浸すとオーキシンを与えなくても組織片の伸長が起こること，などの観察にもと
づいて，「オーキシンによる細胞壁液相の酸性化が，細胞壁のゆるみをもたら
し，植物細胞の成長が促される」とする「酸成長説」が唱えられてきた。細胞壁液
相の酸性化は，古くは，弱酸であるオーキシンが供給する水素イオンによって起
こると考えられていたが，現在では，オーキシンによって活性化される細胞膜上
　　　　　　　　　　　　　　　　　　　　　　　　　　　　　　(エ)
のポンプが，エネルギーを消費して積極的に細胞外に排出する水素イオンによっ
て起こるとの見方が有力となっている。このような修正を受けながらも，「酸成
長説」は現在でも広く受け入れられている。

　実験 1　図 2 ― 1 に示すように，シロイヌナズナの根の重力屈性を調べるため
　　　　に，シロイヌナズナ芽生えを垂直に保った寒天培地で 2 日間育てた後，寒
　　　　天培地ごと芽生えを 90° 回転させて栽培を続けた。芽生えを 90° 回転させ

た直後から定期的に芽生えの写真を撮影し，最初の重力方向に対する根の
先端の屈曲角度を計測した。

実験 2　　図 2 ― 2 に示すように，シロイヌナズナの根の光屈性を調べるために，
シロイヌナズナ芽生えを垂直に保った寒天培地で，2 日間暗所で育てた
後，光を重力方向に対して 90° の角度で照射して栽培を続けた。光照射開
始直後から定期的に芽生えの写真を撮影し，重力方向に対する根の先端の
屈曲角度を計測した。光源には，根が屈性を示す青色光を用いた。

実験 3　　図 2 ― 3 に示すように，シロイヌナズナの根の水分屈性を調べるため
に，シロイヌナズナ芽生えを垂直に保った寒天培地で，2 日間暗所で育て
た。その後，根の先端 0.5 mm が気中に出るように寒天培地の一部を取り
除き，この芽生えを寒天培地ごと閉鎖箱に入れた。これによって，根の先
端近傍では，右の四角内に示すように，寒天培地から遠ざかるにつれて空
気湿度が低下した。閉鎖箱に移動させた直後から定期的に芽生えの写真を
撮影し，重力方向に対する根の先端の屈曲角度を計測した。

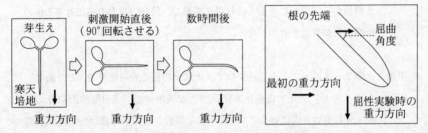

図 2 — 1　シロイヌナズナの根の重力屈性実験

シロイヌナズナ芽生えを 90° 回転させて根の屈曲を一定時間おきに観察した。右の四角内には，屈曲角度の測定法を示してある。

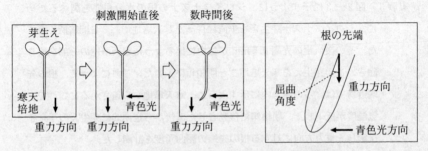

図 2 — 2　シロイヌナズナの根の青色光屈性実験

暗所で育てたシロイヌナズナ芽生えの根に重力方向と 90° の方向から青色光を照射し，根の屈曲を一定時間おきに観察した。右の四角内には，屈曲角度の測定法を示してある。

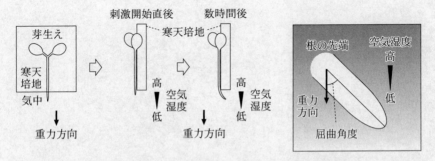

図 2 — 3　シロイヌナズナの根の水分屈性実験

暗所で育てたシロイヌナズナ芽生えの根の先端 0.5 mm が気中に出るように寒天培地の一部を切除した後，閉鎖箱に移し，根の屈曲を一定時間おきに観察した。図では閉鎖箱は省略してある。右の四角内には，屈曲角度の測定法を示してある。灰色が濃いほど空気湿度が高いことを示す。

〔問〕

　A　下線部(ア)について。重力に対して茎は負の屈性を，根は正の屈性を示す。
　　このような重力屈性の性質が，陸上植物の生存戦略上有利である理由を 2 行
　　以内で述べよ。

　B　下線部(イ)について。図 2 — 4 は，実験 1 ～ 3 を行った際の根の先端におけ
　　るオーキシン分布の様子(a ～ c)，実験 1 ～ 3 を，オーキシンの極性輸送を
　　阻害する化合物(オーキシン極性輸送阻害剤)を含んだ寒天培地で行った場合
　　の結果(d ～ f)，実験 1 ～ 3 を，オーキシンに応答して起こる遺伝子発現調
　　節が異常となった変異体 A で行った場合の結果(g ～ i)をまとめたもので
　　ある。以下の(1)～(5)の記述のそれぞれについて，図 2 — 4 の結果から支持さ
　　れるなら「○」，否定されるなら「×」を記せ。さらに否定される場合には，否
　　定の根拠となる実験結果のアルファベットを解答例のように示せ。ただし，
　　根拠が複数存在する場合にはそのすべてを記すこと。
　　　解答例：「(1)—×—a ，b」「(1)—○」

　(1)　シロイヌナズナの根では，重力，青色光，水分のうち，青色光に応答し
　　　た屈曲をもっとも早く観察することができる。

　(2)　重力屈性，青色光屈性，水分屈性のいずれにおいても，刺激の方向に依
　　　存したオーキシン分布の偏りが，シロイヌナズナの根の屈曲に必須であ
　　　る。

　(3)　シロイヌナズナの根の屈性においては，オーキシンは常に刺激源に近い
　　　側に分布する。

　(4)　変異体 A で起こっている遺伝子発現調節異常は，シロイヌナズナの根
　　　の青色光屈性と水分屈性において，屈曲を促進する効果をもつ。

　(5)　シロイヌナズナの根は，重力と水分には正の，青色光には負の屈性を示
　　　す。

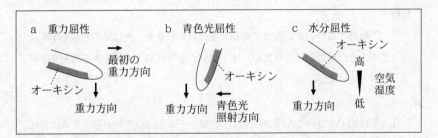

実験1～3における，刺激開始4時間後の根の先端付近のオーキシン分布の様子
■■■ はオーキシン濃度が高い部分を示す。

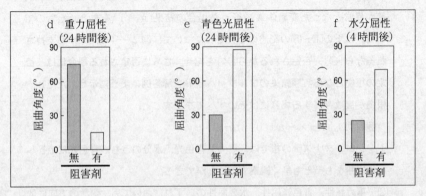

実験1～3をオーキシン極性輸送阻害剤を含んだ寒天培地で行った結果

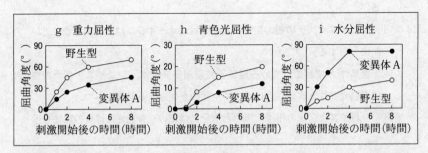

実験1～3をオーキシンに応答して起こる遺伝子発現調節が異常となった変異体A
で行った結果

図2－4　シロイヌナズナの根の屈性実験の結果

　　C　下線部㈡について。天然オーキシンであるインドール酢酸（IAA）は，細胞膜に存在する取りこみ輸送体および排出輸送体によって，極性をもって輸送される。重力屈性などで見られる器官内のオーキシン分布の偏りは，排出輸送体が細胞膜の特定の面に局在することによって形成されると考えられている。では，なぜ取りこみ輸送体よりも排出輸送体の偏在制御が重要となるのか。その理由について，IAA は，弱酸性の細胞壁液相ではイオン化しにくく，中性の細胞内ではイオン化しやすいことと，細胞膜の性質とに着目し，3 行以内で説明せよ。

　　D　下線部㈢について。このような輸送の仕組みを何とよぶか。

Ⅱ　次の文章を読み，問 E ～ H に答えよ。

　　植物は，劣悪な環境から逃避することはできないが，環境ストレスから身を守るためにさまざまな防御反応を行う。それらの中には，害を受けた部位からシグナル伝達物質が出され，他の部位に伝わることによって引き起こされる防御反応もある。そのひとつが，昆虫などによる食害への防御反応である。食害を受けると，　[1]　の生合成が活性化し，　[1]　による遺伝子発現誘導によって，昆虫の消化酵素を阻害する物質が作られる。このとき，食害を受けていない葉でも，他の葉が食害を受けてから数分以内に　[1]　の生合成が始まることから，食害のシグナルは非常に速い伝播速度をもつことが示唆されていた。最近，このシグナルはカルシウムイオンシグナルであることが示され，毎秒約 1 mm の速さで，篩(師)管を通って植物体全身へと広がることが明らかとなった。
（ｵ）

　　カルシウムイオンは生体内で多面的な役割を果たしており，植物では上記の食害に加えて，いろいろな刺激を細胞に伝達するシグナル分子としてはたらいている。図 2 ― 5 および図 2 ― 6 は，タバコの芽生えに風刺激，接触刺激や低温刺激を与えたときの，細胞質基質のカルシウムイオン濃度の変化を表している。これ
（ｶ）
らの結果は，植物が，環境から受ける刺激やストレスを化学的シグナルに変換し，成長や発生を調節していることを示唆している。

実験4 遺伝子工学の手法により，カルシウムイオン濃度依存的に発光するタンパク質イクオリン(エクオリンとも呼ぶ)を細胞質基質に発現させた遺伝子組換えタバコを作製した。このタバコの芽生えをプラスチック容器に入れて発光検出器に移し，発光シグナルを記録しながら，以下の処理を行った。

・風刺激処理：注射器を使って子葉に空気を吹きつけた。

・接触刺激処理：子葉を細いプラスチック棒で触った。

・低温刺激処理：芽生えの入った容器に5℃の水を満たした。なお，10℃〜40℃の水を満たした場合には，発光シグナルは検出されなかった。

・組み合わせ処理①：風刺激処理後に接触刺激を繰り返し与え，再度，風刺激処理を行った。

・組み合わせ処理②：低温刺激処理後に風刺激を繰り返し与え，再度，低温刺激処理を行った。

以上の結果を図2−5にまとめた。

実験5 イクオリンを細胞質基質に発現させた遺伝子組換えタバコの芽生えを，カルシウムチャネルの機能を阻害する化合物(カルシウムチャネル阻害剤XおよびY)で処理してから，実験4と同じ要領で風刺激および低温刺激で処理した際の発光シグナルを記録した。その結果を図2−6にまとめた。

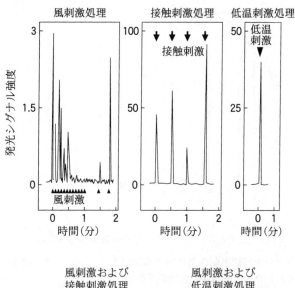

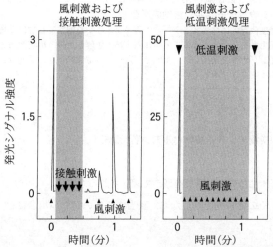

図2―5　遺伝子組換えタバコの芽生えを用いた風刺激，接触刺激，低温刺激処理実
　　　験の結果

カルシウムイオン濃度依存的に発光するタンパク質イクオリンを発現させた遺伝子組換えタバ
コの芽生えに，風刺激，接触刺激，低温刺激処理を行い，発光シグナルを検出した。上向き三
角形（▲）は風刺激を，黒矢印（↓）は接触刺激を，下向き三角形（▼）は低温刺激を与えたタイミ
ングを示している。なお，図中の▨▨部分では，発光シグナルを測定していない。

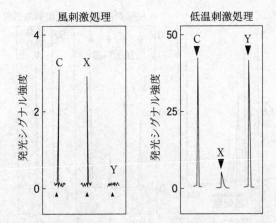

C：対照芽生え
XおよびY：カルシウムチャネル阻害剤処理芽生え

図2－6　風刺激および低温刺激処理時の細胞内カルシウムイオン濃度上昇に対す
　　　　る，カルシウムチャネル阻害剤の影響

カルシウムイオン濃度依存的に発光するタンパク質イクオリンを細胞質基質に発現させた遺伝
子組換えタバコの芽生えを，カルシウムチャネル阻害剤で処理した後，風刺激あるいは低温刺
激処理を行い，発光シグナルを検出した。上向き三角形（▲）は風刺激を，下向き三角形（▼）は
低温刺激を与えたタイミングを示している。

〔問〕

　E　文中の空欄1に入る植物ホルモン名を記せ。

　F　下線部(オ)について。篩管を通って輸送されるものを，以下の(1)～(4)から全
　　て選び，その番号を記せ。なお，該当するものがない場合には，なしと記
　　せ。

　　(1)　ショ糖　　　　　　　　　　　(2)　アミノ酸

　　(3)　クロロフィル　　　　　　　　(4)　花成ホルモン(フロリゲン)

　G　下線部(カ)について。図2－5で示した実験4の結果から推察できることと
　　して適切なものを，以下の選択肢(1)～(3)から1つ選び，その番号を記せ。

　　(1)　風刺激と接触刺激は，同様の機構で細胞質基質のカルシウムイオン濃度
　　　の変化をもたらす。

⑵ タバコは，低温刺激よりも風刺激により速く反応して，細胞質基質のカルシウムイオン濃度を上昇させる。

⑶ 連続した風刺激処理は，低温刺激による細胞質基質のカルシウムイオン濃度の上昇を促進する。

H 下線部㋕について。図2―6で使用したカルシウムチャネル阻害剤Xおよび Y は異なるタイプのカルシウムチャネルに作用し，阻害剤 X は細胞膜に局在するカルシウムチャネルを，阻害剤 Y は細胞小器官に存在するカルシウムチャネルを，それぞれ強く阻害する。図2―6の結果から，風刺激処理と低温刺激処理とで起こる，細胞質基質のカルシウムイオン濃度変化の仕組みの違いを推察し，2行程度で述べよ。

第3問

次のⅠ，Ⅱの各問に答えよ。

Ⅰ 次の文章を読み，問A～Gに答えよ。

脊椎動物の個体の性は，雄か雌かの二者択一の形質だと考えられがちであるが，実際には，そう単純なものではないことが明らかになってきた。たとえば鳥類では，図3―1に示したキンカチョウのように，左右どちらかの半身が雄型の表現型を示し，もう一方の半身が雌型の表現型を示す個体がまれに出現する。また魚類や鳥類の中には，ブルーギルやエリマキシギのように，雌のような外見をもつ雄がある頻度で現れる種が存在する。魚類の中にはさらに，精巣と卵巣を同時にもち，自家受精を行うマングローブキリフィッシュという種や，キンギョハナダイやカクレクマノミのように，性成熟後に雌から雄に，あるいは雄から雌に性転換する種も存在する。

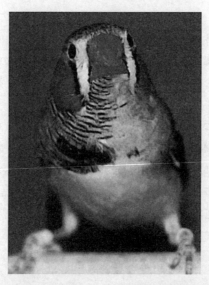

図3―1 右半身が雄型の表現型を示し，左半身が雌型の表現型を示すキンカチョウ

〔問〕

A　下線部(ア)のキンカチョウの体の様々な細胞で性染色体構成を調べてみたところ，雄型の表現型を示す右半身の細胞の大部分は，通常の雄と同様にZ染色体を2本有しており，雌型の表現型を示す左半身の細胞の大部分は，通常の雌と同様にZ染色体とW染色体を1本ずつ有していた。このようなキンカチョウが生まれた原因として，最も可能性が高いと考えられるものを以下の選択肢(1)～(6)の中から選べ。なお，鳥類では，一度に複数の精子が受精する多精受精という現象がしばしばみられる。

(1)　減数分裂中の精母細胞で，性染色体に乗換えが起きた。

(2)　減数分裂の際に，卵母細胞から極体が放出されなかった。

(3)　第一卵割に先だって，ゲノムDNAの倍化が起こらなかった。

(4)　第一卵割の際に，細胞質分裂が起こらなかった。

(5)　2細胞期に，いずれかの細胞で性染色体が1本抜け落ちた。

(6)　性成熟後に，左半身の大部分の細胞でZ染色体がW染色体に変化した。

B　従来，脊椎動物では，個体の発生・成長の過程で精巣あるいは卵巣から放出される性ホルモンによって，全身が雄らしく，あるいは雌らしく変化すると考えられてきたが，図3—1に示したキンカチョウの発見は，その考えに疑問を投げかけることになった。このキンカチョウの表現型が，なぜ性ホルモンの作用だけでは説明できないのかを3行程度で説明せよ。

C　下線部(イ)の雄個体は，外見は雌型でありながら，精子を作り，雌と交配して子孫を残す。このような雄個体の繁殖戦略上の利点として，最も適切なものを以下の選択肢(1)〜(5)の中から選べ。

(1)　通常の雄よりも見た目が派手なので，雌をより惹きつけやすい。

(2)　通常の雄よりも見た目が地味なので，雌をより惹きつけやすい。

(3)　通常の雄よりも攻撃性が高く，雄間競争に勝ちやすい。

(4)　他の雄個体から求愛されることがある。

(5)　他の雄個体から警戒や攻撃をされにくい。

D　下線部(ウ)について，マングローブキリフィッシュの受精卵(1細胞期)で，常染色体上の遺伝子 A の片側のアレル(対立遺伝子)に突然変異が生じたとする。この個体の子孫 F1 世代(子の世代)，F2 世代(孫の世代)，F3 世代(ひ孫の世代)では，それぞれ何％の個体が遺伝子 A の両アレルにこの変異をもつか。小数第1位を四捨五入して，整数で答えよ。ただし，マングローブキリフィッシュは自家受精のみによって繁殖し，生じた突然変異は，生存と繁殖に有利でも不利でもないものとする。

E　下線部(エ)について，キンギョハナダイのように一夫多妻のハレムを形成する魚類の中には，体が大きくなると雌から雄に性転換する種が存在する。ハレムを形成する種が性転換する意義を示したグラフとして，最も適当なものを以下の(1)〜(4)から選べ。ただし，魚類は体が大きいほどより多くの配偶子を作ることができるものとする。

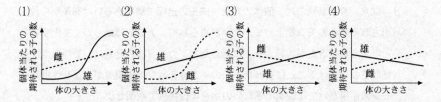

F　下線部(エ)について，ハレムを形成せず，パートナーを変えながら一夫一妻での繁殖を繰り返すカクレクマノミは，成長に伴って雄から雌に性転換することがある。カクレクマノミでは，雄の体の大きさは雌を惹きつける度合いには影響せず，体が大きいほどより多くの配偶子を作ることができるものとして，この種が成長に伴って雄から雌に性転換することの繁殖戦略上の利点を，3 行程度で説明せよ。

G　2 匹の雄のカクレクマノミが出会うと，体の大きい方が雌に性転換する。その際，体の接触や嗅覚情報は必要なく，視覚情報のみによって性転換が引き起こされることが知られている。そのことを確かめるためにはどのような実験を行えばよいか，3 行程度で説明せよ。

Ⅱ　次の文を読み，問 H～ J に答えよ。

　　ヒトの性についても，男性か女性かの二者択一で捉えられがちである。脳機能についても例外ではなく，男性は体系立てて物事を捉える能力や空間認知能力に長けた「男性脳」をもち，女性は共感性や言語能力に長けた「女性脳」をもつと言われることがある。しかし実際は，男女の脳機能の違いは二者択一的なものではなく，男女間でオーバーラップする連続的な違いであることが明らかになっている。たとえば，空間認知能力の中で，男女の違いが最も大きいと言われる「物体の回転像をイメージする能力」についてテストしたところ，図 3 ─ 2 に示すように，32 % の女性が男性の平均スコアを上回った。男女の違いを平均値だけで比べると，このような事実を見逃してしまいがちである。

　　また，男性の脳の中には女性よりも大きな部位がいくつかあり，逆に女性の脳の中にも男性より大きい部位がいくつかあると考えられてきた。個々の部位の大

きさを男女の平均値で比較すると，確かに差が認められるものの，男性で大きい
とされる全ての脳部位が女性よりも大きい男性はほとんどおらず，女性で大きい
とされる全ての脳部位が男性よりも大きい女性もほとんどいないことが，最近の
研究によって示された。このように，機能の面でも構造の面でも，脳の特徴を
「男性脳」か「女性脳」かの二者択一で捉えることはできないのである。

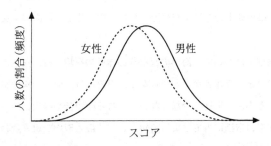

図 3 — 2　　物体の回転像をイメージする能力のスコア分布

〔問〕

　H　下線部(オ)の言語能力に深く関わる脳の部位に関する説明として，最も適切
　　なものを以下の選択肢(1)〜(4)の中から選べ。

　　(1)　言語能力に最も深く関わる部位は大脳辺縁系であり，大脳の表層に位置
　　　する。

　　(2)　言語能力に最も深く関わる部位は大脳辺縁系であり，大脳の深部に位置
　　　する。

　　(3)　言語能力に最も深く関わる部位は大脳新皮質であり，大脳の表層に位置
　　　する。

　　(4)　言語能力に最も深く関わる部位は大脳新皮質であり，大脳の深部に位置
　　　する。

　I　下線部(カ)の「物体の回転像をイメージする能力」に男女差が生じる仕組みは
　　まだ明らかとなっていない。仮に，脳内で恒常的に発現する Y 染色体上の
　　遺伝子のみ，あるいは，精巣から放出される性ホルモンのみにより，この男
　　女差が生じるとする。その場合，身体の表現型は典型的な女性と同じで卵巣

をもつ一方で，性染色体構成が男性型である人たちのスコア分布は，図3―2中の男性と女性のスコア分布のいずれに近くなると考えられるか。最も適切なものを以下の選択肢(1)～(4)の中から選べ。

(1)　Y染色体上の遺伝子が原因：男性，性ホルモンが原因：男性

(2)　Y染色体上の遺伝子が原因：男性，性ホルモンが原因：女性

(3)　Y染色体上の遺伝子が原因：女性，性ホルモンが原因：男性

(4)　Y染色体上の遺伝子が原因：女性，性ホルモンが原因：女性

J　下線部(キ)について，海馬の灰白質の体積の平均値は，女性よりも男性の方が大きいという報告がある。しかし，実際には，海馬の灰白質が女性の平均値よりも小さい男性も少なくない。これらの報告や事実について考察した以下の文中の空欄に当てはまる語句として，最も適切な組み合わせはどれか。

　海馬の灰白質の発達は，胎児の時期の性ホルモンの影響を強く受けると考えられている。男性の胎児では，海馬に神経細胞が生じる過程で，精巣から放出される男性ホルモンの影響によって女性の胎児よりも　1　を起こしやすいが，小さい海馬の灰白質をもつ男性では，胎児期に　1　が　2　と考えられる。

(1)　1：アポトーシス，　2：より促進された

(2)　1：アポトーシス，　2：それほど起こらなかった

(3)　1：細胞増殖，　　　2：より促進された

(4)　1：細胞増殖，　　　2：それほど起こらなかった

(5)　1：軸索の伸長，　　2：より促進された

(6)　1：軸索の伸長，　　2：それほど起こらなかった

(7)　1：軸索の分岐，　　2：より促進された

(8)　1：軸索の分岐，　　2：それほど起こらなかった

地学

（2 科目 150 分）

（注） 解答用紙は，〈理科〉共通。1 行：約 23.5 センチ，35 字分の区切りあり。
1・2 は各 25 行，3 は 50 行。

第 1 問 宇宙に関する次の問い（問 1 ～ 2）に答えよ。

問 1 地球から天体までの距離を求めるには様々な方法がある。天体までの距離を
求める方法について，以下の問いに答えよ。数値での解答には有効数字 2 桁で
単位とともに答え，計算の過程も示せ。

(1) 太陽，金星，地球がほぼ一直線上に並ぶ位置にあるとき，地球上からは，
太陽の表面に金星の影（太陽の光球を背景とした黒い円）を観測できる。ここ
では簡単のため，これら 3 天体の中心が完全に一直線上に並んでいるとしよ
う。太陽と金星の間の距離は，太陽と地球の間の距離の 0.72 倍である。
図 1 ― 1 のように観測者 A は太陽，金星，地球の中心を結ぶ線分上に，観
測者 B はその線分から垂直方向に直線距離 d 離れた場所にいるとする。観
測者 A と B は金星の影を同時に観測し撮影する。両者から見える太陽表面
での影の中心位置は距離 D ずれている。観測者 A から太陽表面までの距離
を L とする。ただし，天体間の距離は天体のサイズに比べて非常に大き
い。

(a) 距離 D は d の何倍か求めよ。

(b) 観測者 B から送られてきた写真を，観測者 A が自分で撮影した写真と
詳しく比較したところ，両者の観測した金星の影の中心位置は，図 1 ― 1
のように角度にして θ ずれていた。距離 L を d と θ を用いて表せ。

(c)　距離 d が 3000 km のとき，θ は 11″ であった。この観測結果から，距離 L を求めよ。ただし，1″ は 4.8×10^{-6} ラジアンとしてよい。また，必要であれば，θ が微小の時，$\tan\theta \fallingdotseq \theta$ と近似してよい。

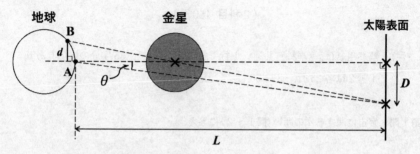

図 1 — 1　金星の影の観測を表す模式図。天体間の距離は，実際には天体のサイズに比べて非常に大きい。

(2)　地球からある銀河までの距離は，その銀河内にある Ia 型超新星や脈動型変光星を観測することで推定できる。

(a)　Ia 型超新星は，爆発に伴う急激な増光後，数十日かけて徐々に減光していくが，最も明るくなったときの絶対等級は － 19.5 等であることが知られている。ある遠方の銀河で Ia 型超新星が観測され，最も明るくなったときの見かけの等級は 15.5 等であった。地球からこの銀河までの距離は何パーセクか推定せよ。

(b)　距離測定のための観測対象として Ia 型超新星と脈動型変光星を比較したとき，それぞれの利点として考えられることを 1 ～ 2 行ずつ述べよ。

問 2　ケプラーの法則に従って，太陽を焦点の 1 つとする軌道長半径 a，離心率 e の楕円軌道を描く，公転周期 P の彗星があるとする。このとき，以下の問いに答えよ。なお，地球もケプラーの法則にしたがうものとし，その軌道長半径 a_E と公転周期 P_E に対して，$K = a_E^3/P_E^2$ とする。

⑴　彗星の公転周期 P を a, K を用いて表せ。

⑵　太陽と彗星を結ぶ線分がある時間 τ（ただし，$\tau < P$ とする）の間に通過する面積を S とするとき，S/τ を a, e, K を用いて表せ。なお楕円の面積が $\pi\sqrt{(1 - e^2)}\,a^2$ と書けることを用いてよい。

⑶　図 1 − 2 の太線部分のように，近日点をはさんで角度 θ にわたって，この彗星の核から H_2O の氷が気化（蒸発）し，H_2O ガスが放出されたとする。この過程で単位時間当たりに放出される H_2O 分子の個数 Q は，太陽に近いほど大きく，太陽と彗星の間の距離 r を用いて $Q = A/r^2$（A は定数）と表せるとする。以下では図 1 − 2 の角度 θ にわたるガスの総放出量を，順を追って考える。

　⒜　ある微小な時間 Δt の間に，彗星の公転運動により太陽と彗星を結ぶ線分が $\Delta\theta$ だけ回転したとする。この Δt の間に線分の通過する面積が ΔS であったとして，この間の H_2O ガス放出量 $Q\Delta t$ を A, $\Delta\theta$, Δt, ΔS を用いて表せ。ただし，ここでは Δt が十分小さいことを用いて $\Delta S = r^2\Delta\theta/2$ と近似すること。

　⒝　$r = 2.0$ 天文単位のときに $Q = 2.0 \times 10^{27}$ 個/秒 だったとする。$a = 9.0$ 天文単位，$e = 0.80$，$\theta = 2\pi/3$ ラジアンとして，角度 θ にわたる彗星の H_2O ガスの総放出質量を kg の単位で求めて有効数字 2 桁で答えよ。計算の過程も示すこと。ただし，H_2O 分子 1 個の質量を 3.0×10^{-26} kg とする。また，ガスの放出に伴う彗星の軌道の変化は無視できるものとする。

⑷　公転軌道を保って太陽に繰り返し接近する彗星では，近日点に近づくたびに H_2O の氷の気化（蒸発）によるガス放出が繰り返されるが，その放出量は長期的に減っていく傾向が想定される。そのように考えられる要因 1 つを 1 〜 2 行で答えよ。

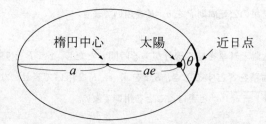

図1—2　彗星が描く楕円軌道と太陽の位置関係

第2問　大気と海洋に関する次の問い(問1〜2)に答えよ。

問 1　次の文章を読み，以下の問いに答えよ。

　　　地表付近の水蒸気を含む未飽和の空気塊が上昇し続け，その間，周囲と熱の
　　　やりとりがないとすると，空気塊の温度は乾燥断熱減率にしたがって低下す
　　　る。やがて空気塊の水蒸気が飽和に達すると，その後は高さとともに湿潤断熱
　　　減率にしたがって温度が低下する。最初に飽和に達する高さを（　ア　）とい
　　　い，これは雲底の目安になる。
　　　　気温減率が乾燥断熱減率よりも大きい場合の大気の状態を（　イ　）といい，
　　　湿潤断熱減率よりも小さい場合を（　ウ　）という。その中間にある場合には，
　　　条件つき不安定という。このように，対流圏においては高さとともに気温が低
　　　下しているのが一般的だが，（　エ　）と呼ばれる，高さとともに気温が上昇す
　　　る領域が形成されることもある。

　　(1)　空欄(ア)〜(エ)に入る適切な語句をそれぞれ答えよ。

　　(2)　下線部について，どのような条件が満たされると不安定になるか，1行程
　　　　度で説明せよ。

　　(3)　図2—1の(a)と(b)のうち，積乱雲がより発生・発達しやすいと考えられる
　　　　のはどちらか答えよ。また，その理由を3行程度で説明せよ。

(4) 対流圏において空欄(エ)が形成される仕組みを 2 つ挙げ，それぞれ 2 行程度で説明せよ。

(5) ある空気塊が，山頂の標高が 3000 m の山を越える場合を考える。標高 0 m の風上側山麓における空気塊の温度を $T = 26\,℃$，露点を $T_d = 18\,℃$ とし，空欄(ア)の高さ h（単位は m）は $h = 125(T - T_d)$ で与えられるとする。山頂を越えるときにちょうど雲が消失するとして，空気塊が標高 0 m の風下側山麓に達した時の温度を有効数字 2 桁で求めよ。ただし，乾燥断熱減率を $1.0\,℃/100\,\text{m}$，湿潤断熱減率を $0.50\,℃/100\,\text{m}$ で一定とし，計算の過程も示すこと。

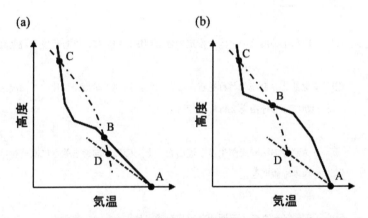

図 2 — 1　気温の高度分布の模式図。実線は観測された状態曲線（高度による気温変化），破線は乾燥断熱線（乾燥断熱減率にしたがう気温変化），鎖線は湿潤断熱線（湿潤断熱減率にしたがう気温変化）を表す。点 A, B, C, D はそれぞれ交点を表す。点 D は文中の空欄(ア)に相当し，点 A, C, D のそれぞれの高度および気温は(a)と(b)で等しい。

問 2　次の文章を読み，以下の問いに答えよ。

　　図 2 — 2 は長期平均した海面高度（ジオイド面からの海面高低差）分布である。海面高度の水平分布から，赤道付近を除き，大まかな海流の方向を推定す
①

ることができる。日付変更線（経度 180 度）に沿う海面高度の緯度変化から，<u>南緯 50～60 度に周囲の緯度帯に比べて速い海流が分布していることがわかる</u>。
②
図 2 ― 3 は，日付変更線付近の経度での水深 0 ～2000 m における，長期平均した水温の南北断面図である。<u>南北 30 度付近で 10 ℃ 前後の等温線が下に凸の形状をしている</u>。この構造は，<u>海面直上の風によって引き起こされる海洋表層の沈降流</u>と関係していると考えられている。北緯約 35 度から約 45 度にかけて，4 ℃ 以上の等温線が右上方向に傾いている。このことは，各水深で，北ほど冷たく高密度の海水が分布することを示している。この緯度帯での，各水深における海水圧力の南北勾配（絶対値）が，深くなるにつれて<u>（大きく，小さく）</u>なることを考慮すると，海面で<u>（東，西）</u>向きの海流は，深くなるにつれて<u>（強く，弱く）</u>なる，と推定できる。

(1) 下線部①の海流の方向を推定できる理由について，2 行程度で説明せよ。

(2) 下線部②の海流の名称を答えよ。また，周囲の緯度帯に比べて海流が速いと判断できる理由を 2 行程度で説明せよ。

(3) 下線部③の沈降流が生じる理由を，上空の風の向きと強さに関連付けて，2 行程度で説明せよ。

(4) 下線部(ア)～(ウ)に入る適切な語句を選択せよ。

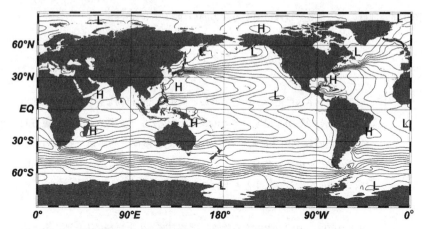

図2―2　長期平均した海面高度分布(等値線間隔 0.1 m, H：極大, L：極小)

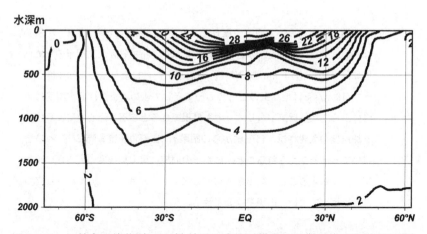

図2―3　日付変更線(経度180度)付近を南北に横切る長期平均水温断面図(単位 ℃, 等値線間隔 2 ℃)

第 3 問　地球の形・地質・地震に関する次の問い(問 1 ～ 3)に答えよ。

問 1　地球の形に関する以下の問いに答えよ。

(1)　エラトステネスは地球が球形であると仮定し，ほぼ同じ経度にある 2 地点間の緯度差と距離から地球の全周の長さを求めた。その後，地球が赤道方向に膨らんだ回転だ円体に近いことが 18 世紀の幾何学的測量で確かめられた。どのような根拠に基づいてそのことが確かめられたのか，地球の断面図を描いて緯度の定義を示すとともに 2 行程度で説明せよ。

(2)　地球の形は，地球を構成する物質による万有引力と自転による遠心力との合力である重力に垂直な地表面の形と考えることができる。

(a)　北極と赤道において同一の振り子で測定した周期はどちらが何 % 短くなるか，計算の過程を示すとともに有効数字 1 桁で答えよ。簡単のため，地球は半径 6×10^3 km の球体で，万有引力だけにより生じる加速度の大きさ(10 m/s^2)は地球上のどこでも一定としてよい。また，測定環境は緯度によらず空気抵抗やコリオリ力も無視できるとする。遠心力により生じる加速度の大きさは，自転軸からの距離 r，自転角速度 ω(ラジアン/s)を用いて $r\omega^2$ で与えられること，振り子の周期は重力加速度の大きさの平方根に反比例すること，微小量 Δ に対して $\sqrt{1-\Delta} \fallingdotseq 1 - \dfrac{1}{2}\Delta$ が成り立つことを用いてよい。円周率は 3 とせよ。

(b)　ニュートンは，地球を構成する物質が一様な密度をもった流体である場合に地球の形が回転だ円体になることを示し，その偏平率として $1/230$ を得た。一方，ホイヘンスは地球中心に地球の質量が集中していると仮定して地球の形を求め，その偏平率として $1/578$ を得た。現実の地球の赤道半径は約 6378 km，極半径は約 6357 km である。現実の地球の偏平率と，ニュートンとホイヘンスが求めた 2 つの偏平率の大小関係を，地球の内部構造と関係付けて 2 行程度で説明せよ。

⑶　近年の観測の結果，地球表層の質量分布の変化によって地球の形が時間的
　にも変動することがわかってきた。広域的な質量分布の変化を引き起こす現
　象の一つに氷床の変動がある。第四紀には，数万年〜10 万年程度の周期で
　氷期・間氷期が繰り返した。最終氷期に厚さ最大数 km の氷床で覆われてい
　た北極域周辺の陸域では，浅瀬に生息する貝類の化石に基づいて過去の海面
　の高さが復元されている。図 3 — 1 は，約 1 万年前から現在までのそれらの
　化石の年代と採取地の現在の標高を示す。図から読み取れることと，その原
　因として考えられることを，下記の語句をすべて用いてあわせて 5 行程度で
　説明せよ。ただし，グラフの傾きがしだいにゆるやかになっている点は考慮
　しなくてよい。

　　語群：最終氷期，急速な融解，アイソスタシー，アセノスフェア

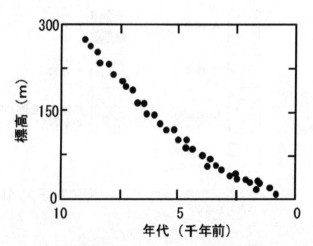

　　　　　　図 3 — 1　北極域周辺の陸域における貝類の化石の年代と採取
　　　　　　　　　　　地の現在の標高

問 2　地質に関する以下の問いに答えよ。

　　図 3 — 2 は，ある場所における露頭の地質スケッチである。ただし，**D** 層よ
　り上位の各堆積岩については，整合的に堆積したことが観察されている。

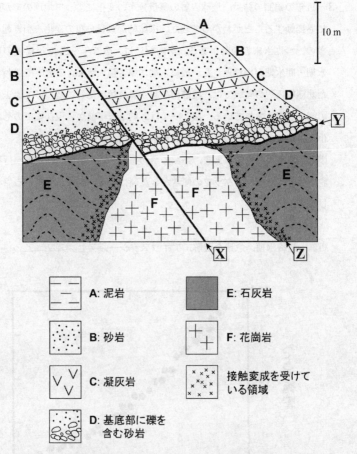

図 3 — 2　ある露頭の地質スケッチ。なお石灰岩中に見られる破線は，
　　　　　層理面を示す。

(1)　境界 $\boxed{\text{X}}$ と $\boxed{\text{Y}}$ をそれぞれ何と呼ぶか答えよ。また，$\boxed{\text{Z}}$ において形成され
　　た接触変成岩の名称を答えよ。

(2)　$\mathbf{F}$ の花崗岩から黒雲母を取り出し，K-Ar（カリウム-アルゴン）法によって
　　放射年代を測定した。分析の結果，$\mathbf{F}$ の形成時にあった ^{40}K の 10 ％ が壊変
　　（崩壊）して ^{40}Ar 等の安定な同位体に変わっていたことがわかった。^{40}K の
　　半減期を 13 億年とすると，$\mathbf{F}$ は何年前に形成されたものか，計算式を示

し，有効数字 2 桁で答えよ。必要であれば，$\log_{10} 2 = 0.30$, $\log_{10} 3 = 0.48$
を用いてよい。

⑶　**A，B，C，D**には化石が含まれていなかったため，どの地質年代に属す
　　るのかが不明であった。しかし，**C**は他の露頭でも認められ，その露頭では
　　化石を含む堆積岩層にはさまれていた。その化石によって，**C**の年代がわか
　　り，**B**と**D**のおおよその年代も推定することができた。

　⒜　下線部の化石として適当なものを 1 つ選べ。
　　　①　アノマロカリス　　　　　　②　フズリナ
　　　③　三葉虫　　　　　　　　　　④　ヌンムリテス（カヘイ石）

　⒝　**C**のように，地層の対比に重要な役割を果たす地層を鍵層と呼ぶ。鍵層
　　　として用いることができるために望ましい地層の特徴を 2 つ挙げよ。

⑷　設問⑴～⑶の情報をふまえ，図 3 ― 2 の露頭から読み取れる，過去から現
　　在に至る地層形成や地殻変動の歴史を，下記の語をすべて用いて 3 行程度で
　　述べよ。なお，石灰岩は古生代に形成されたものとする。

　　語群：貫入，新生代，褶曲

問 3　地震に関する以下の問いに答えよ。

　　地下のマグマの動きによって生じた地震活動を地表に置かれた 2 つの地震計
　で観測した。図 3 ― 3 に示すように，観測点 Q の直下で発生した地震から放
　射された P 波を観測点 Q と観測点 R で記録した。震源，観測点 Q，観測点 R
　を通る鉛直断面の 2 次元座標系を考え，x 軸を水平方向にとり，z 軸は地表を
　ゼロとし鉛直下向きを正として定義する。なお，地表面は水平であるとし，
　また，地下の P 波速度は一定とする。観測点 Q を原点 $(0, 0)$，観測点 R の
　位置を $(r, 0)$，震源の位置を $(0, z_0)$，P 波速度を v とする。

(1)　震源から観測点 Q までの P 波の走時を t_Q，震源から観測点 R までの P 波
の走時を t_R とおく。P 波の走時差 $(t_R - t_Q)$ を r，z_0，v を用いて式で表せ。

(2)　震源が z 軸に沿って浅い場所から深い場所へ移動すると，P 波の走時差
$(t_R - t_Q)$ はどのように変化するか。震源の深さを横軸に，P 波の走時差
$(t_R - t_Q)$ を縦軸にとってグラフを描いて 1 行程度で説明せよ。

(3)　P 波の走時差 $(t_R - t_Q)$ が設問(2)のような変化を示す理由を，波の伝わる
様子と関係付けて，3 行程度で述べよ。

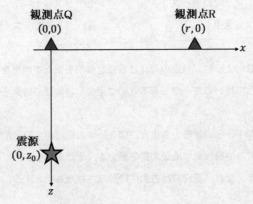

図 3 — 3　震源，観測点 Q，観測点 R を通る鉛直断面

則チ愚者ハ狃レテノ其ノ所レ習ニ、而不レ肯ガヘンゼ之ヲ。狡者ハ乃チ乗ジテ其ノ機ニ、喻くらハスニ之ニ以テ不レ利ヲアライテ。於レ

是ニ擾乱ぜうらんシテ不レ成ラ矣。大抵維レ持シ数百世之後ヲ、置ク国家ヲ於テ泰山之安キニ

者、如シキガ無二近効一。以テノ其ノ無二近効一キヲ、行 フ ヲ二之 ダゼ一 於ル二未レ信之 民 ニ一、所ヨ以 ルセ二不レ服一 也。

（井上金峨『霞城講義』による）

〔注〕　○大体──政治の大要。　　○喻──はたらきかけ、誘導する。

　　　○泰山之安──名山として有名な泰山のように安定していること。

設　問

(一)　傍線部ａ・ｃ・ｄを現代語訳せよ。

(二)　「与二其 見レ効 於 一時一、寧 取二成 於 子 孫一」（傍線部ｂ）を、平易な現代語に訳せ。

(三)　「以二其 無二近効一、行二之 於 未レ信 之 民一、所ヨ以 不レ服 也」（傍線部ｅ）とはどういうことか、わかりやすく説明せよ。

（解答欄：(三)約一三・五センチ×一・五行）

次の文章を読んで、後の設問に答えよ。ただし、設問の都合で送り仮名を省いたところがある。

第 三 問

凡為レ下者、為三上所レ信、然後言有レ所レ取。為レ上者、為三下所レ信、然後

令有レ所レ下。事不レ欲レ速。庸愚之主必無三斯

憂。唯聡明之主恃二其材一者、或至二一旦行レ之、不レ有所レ顧。夫知レ善而

欲二速成一者、小人之事也。君子則不レ然。一言一行、其所レ及大遠。

与三其見レ効於一時一、寧取二成於子孫一。是謂レ知三大体一也。

下民之愚、承レ弊之日久、則安二於其弊、以為レ無レ便二於此一。加之

狡猾者心知二其弊、而口不レ言、因以自恣レ之。今欲レ矯二其弊、

設　問

○雑色——雑役をする従者。

○真人たち——あなたたち。

○豪家だつるわが殿——権門らしく振舞う、あなたたちのご主人。

○強法——横暴なこと。

○左衛門の蔵人——落窪の君の侍女阿漕の夫、帯刀。道頼と落窪の君の結婚に尽力した。

○人の家の門に入りて——牛車から離れて、よその家の門に入って。

（一）　傍線部ア・イ・ウを現代語訳せよ。

（二）　「一条の大路も皆領じ給ふべきか」（傍線部エ）とはどういうことか、主語を補って現代語訳せよ。

（三）　「この殿の牛飼ひに手触れてむや」（傍線部オ）とは誰をどのように評価したものか、説明せよ。

（解答欄：：（三）約一三・五センチ×一行）

かひなる車、少し引き遣らせよ。御車立てさせむ」と言ふに、しふねがりて聞かぬに、「誰が車ぞ」と問はせ給ふに、「源中納言殿」と申せば、君、「中納言にもあれ、大納言にてもあれ、かばかり多かる所に、いかでこの打杭ありと見ながらは立てつるぞ。少し引き遣らせよ」とのたまはすれば、雑色ども寄りて車に手をかくれば、車の人出で来て、「など、また真人たちのかうする」と笑ふ。「西、東、斎院もおぢて、避け道しておはすべかなるは」と、口悪しき男また言へば、「同じものと、殿を一つ口にな言ひそ」などいさかひて、えとみに引き遣らねば、男君たちの御車ども、まだえ立てず。君、御前の人、左衛門の蔵人を召して、「かれ、行きて、少し遠くなせ」とのたまへば、近く寄りて、ただ引きに引き遣らす。男ども少なくて、えふと引きとどめず。御前、三四人ありけれど、「益なし。この度、いさかひしつべかめり。ただ今の太政大臣の尻は蹴るとも、この殿の牛飼ひに手触れてむや」と言ひて、人の家の門に入りて見立てり。目をはつかに見出して見る。

少し早う恐ろしきものに世に思はれ給へれど、実の御心は、いとなつかしう、のどかになむおはしける。

〔注〕　○賀茂の祭──陰暦四月に行われる賀茂神社の祭。斎院の御禊がある。葵祭。

　　　　○打杭──打ち込んで立てる杭。ここでは、車を停める場所を確保するための杭。

　　　　○御前──車列の先払いをする供の人。

　　　　○侍従なりしは今は少将、童におはせしは兵衛佐──それぞれ昇進したということ。

　　　　○次第どもに──身分の順に整然と。

　　　　○檳榔毛一つ、網代一つ──いずれも牛車の種類。「檳榔毛」は上流貴族の常用、「網代」は上流貴族の略式用。

　　　　○見渡しの北南に──互いに見えるように、一条大路の北側と南側に。

第 二 問

a シンサツ　b アキラめ　c ラシン

（解答欄：㈠〜㈢各約一三・五センチ×二行）

次の文章は『落窪物語』の一節である。落窪の君は源中納言の娘で、高貴な実母とは死別し、継母にいじめられて育ったが、ひそかに道頼と結婚して引き取られて、幸福に暮らしている。少将だった道頼は今では中納言に昇進し、衛門督を兼任している。以下は、道頼が継母たちに報復する場面である。これを読んで、後の設問に答えよ。

かくて、「今年の賀茂の祭、いとをかしからむ」と言へば、衛門督の殿、ア「さうざうしきに、御達に物見せむ」とて、かねてより御車新しく調じ、人々の装束ども賜びて、「よろしうせよ」とのたまひて、いそぎて、その日になりて、一条の大路の打杭打たせ給へれば、「今は」と言へども、イ誰ばかりかは取らむと思して、のどかに出で給ふ。

御車五つばかり、大人二十人、二つは、童四人、下仕四人乗りたり。男君具し給へれば、御前、四位五位、いと多かり。弟の侍従なりしは今は少将、童におはせしは兵衛佐、ウ「もろともに見む」と聞こえ給ひければ、皆おはしたりける車どもさへ添はりたれば、二十あまり引き続きて、皆、次第どもに立ちにけりと見おはするに、わが杭したる所の向かひに、古めかしき檳榔毛一つ、網代一つ立てり。

御車立つるに、「男車の交じらひも、疎き人にはあらで、親しう立て合はせて、見渡しの北南に立てよ」とのたまへば、「この向

な作業なのである。それは、人間だけを行為主体と見る世界像ではなく、関係するあらゆるものに行為の力能を見出す生きた世界像につながっている。

（松嶋健「ケアと共同性——個人主義を超えて」による）

設問

（一）「ケアをする者とされる者という二元的な関係とも家族とも異なったかたちでの、ケアをとおした親密性」（傍線部ア）とはどういうことか、説明せよ。

（二）「『社会』を中心におく論理から『人間』を中心におく論理への転換」（傍線部イ）とはどういうことか、説明せよ。

（三）「選択の論理は個人主義にもとづくものである」（傍線部ウ）とはどういうことか、説明せよ。

（四）「それは、人間だけを行為主体と見る世界像ではなく、関係するあらゆるものに行為の力能を見出す生きた世界像につながっている」（傍線部エ）とはどういうことか、本文全体の趣旨を踏まえて一〇〇字以上一二〇字以内で説明せよ（句読点も一字と数える）。

（五）傍線部a・b・cのカタカナに相当する漢字を楷書で書け。

践に見られる論理の特徴を「ケアの論理」として、「選択の論理」と対比して取り出してみせた。

選択の論理は個人主義にもとづくものであるが、その具体的な存在のかたちは市民であり顧客である。この論理の下で患者は顧客となる。医療に従属させられるのではなく、顧客はみずからの欲望にしたがって商品やサービスを主体的に選択する。医師など専門職の役割は適切な情報を提供するだけである。選択はあなたの希望や欲望にしたがってご自由に、というわけだ。これはよい考え方のように見える。ただこの選択の論理の下では、顧客は一人の個人であり、孤独に、しかも自分だけの責任で選択することを強いられる。インフォームド・コンセントはその典型的な例である。しかも選択するには自分が何を欲しているかあらかじめ知っている必要があるが、それは本人にとってもそれほど自明ではない。

対してケアの論理の出発点は、人が何を欲しているかではなく、何を必要としているかである。それを知るには、当人がどういう状況で誰と生活していて、何に困っているか、どのような人的、技術的リソースが使えるのか、それを使うことで以前の生活から何を<ruby>b<rt>　</rt></ruby>アキラめなければならないのかなどを理解しなければならない。重要なのは、選択することではなく、状況を適切に判断することである。

そのためには感覚や情動が大切で、痛み苦しむ身体の声を無視してたとえば薬によっておさえこもうとするのではなく、身体に深く棲みこむことが不可欠である。脆弱であり予測不可能で苦しみのもとになる身体は、同時に生を享受するための基体でもある。この薬を使うとたとえ痛みが軽減するとしても不快だが、別のやり方だと痛みがあっても気にならず心地よいといった感覚が、ケアの方向性を決める<ruby>c<rt>　</rt></ruby>ラシン盤になりうる。それゆえケアの論理では、身体を管理するのではなく、身体の世話をし調える<ruby>とこの<rt>　</rt></ruby>ことに主眼がおかれる。そこではさらに、身体の養生にかかわる道具や機械、他の人との関係性など、かかわるすべてのものについて絶え間なく調整しつづけることも必要となる。つまりケアとは、「ケアをする人」と「ケアをされる人」の二者間での行為なのではなく、家族、関係のある人びと、同じ病気をもつ人、薬、食べ物、道具、機械、場所、環境などのすべてから成る共同的で協働的

ある。精神病院は治療の場というより、社会を守るための隔離と収容の場であった。

しかしこうした状況は、精神科医をはじめとする医療スタッフと精神障害をもつ人びとによる改革によって変わっていく。一九六〇年代に始まった反精神病院の動きは一九七八年には精神病院を廃止する法律の制定へと展開し、最終的にイタリア全土の精神病院が閉鎖されるまでに至る。病院での精神医療に取って代わったのは地域での精神保健サービスだった。これは医療の名のもとで病院に収容する代わりに、苦しみを抱える人びとが地域で生きることを集合的に支えようとするものであり、「社会」を中心におく論理から「人間」を中心におく論理への転換であった。精神医療から精神保健へのこうした転換は公的サービスのなかで起こったことであり、それは公的サービスのなかに国家の論理、とりわけ医療を介した管理と統治の論理とは異なる論理が出現したことを意味している。

その論理は、私的自由の論理というより共同的で公共的な論理であった。たとえば、病院に代わって地域に設けられた精神保健センターで働く医師や看護師らスタッフは、患者のほうがセンターにやってくるのを待つのではなく、自分たちの方から出かけて行く。たとえば、地域に住む若者がひきこもっているような場合、個人の自由の論理にしたがうことで状況を放置すると、結局その若者自身と家族は自分たちではどうすることもできないところまで追い込まれてしまうことになる。そのような事態を回避し、地域における集合的な精神保健の責任をスタッフは負うのである。そこにはたしかに予防的に介入してリスクを管理するという側面がともないはするが、そうした統治の論理を最小限化しつつ、苦しむ人びとの傍らに寄り添い彼らの生の道程を共に歩むというケアの論理を最大化しようとするのである。

二つの人類学的研究から見えてくるのは、個人を基盤にしたものとも社会全体を基盤におくものとも異なる共同性の論理であaる。この論理を、明確に取り出したのがアネマリー・モルである。モルはオランダのある町の大学病院の糖尿病の外来シンサツ室でフィールドワークを行い、それにもとづいて実践誌を書いた。そのなかで彼女は、糖尿病をもつ人びとと医師や看護師の協働実

人類学者が調査してきたなかには、国家を知らない未開社会の人びととだけではなく、すでに国民国家という枠組みに包摂されたなかで生きる人たちもいる。ただそこには、なんらかの理由で国家の論理とは別の仕方で生きている人たちがいて、国家に抗したり、その制度を利用したりしながら生きており、そうした人たちから人類学は大きなインスピレーションを得てきた。ここでは、国家のなかにありながら福祉国家の対象から排除された人びとが形づくる生にまつわる事例を二つ紹介しておこう。

第一の例は、田辺繁治が調査したタイのHIV感染者とエイズを発症した患者による自助グループに関するものである。タイでは一九八〇年代末から九〇年代初頭にかけてHIVの爆発的な感染が起こった。そのなかでタイ国家がとった対策は、感染していない国民の感染予防であり、その結果すでに感染していた者たちは逆に医療機関から排除され、さらには家族や地域社会からも差別され排除されることになった。孤立した感染者・患者たちは互いに見知らぬ間柄であったにもかかわらず、生き延びるために、エイズとはどんなものでそれをいかに治療するか、この病気をもちながらいかに自分の生を保持するかなどをめぐって情報を交換し、徐々に自助グループを形成していった。

HIVをめぐるさまざまな苦しみや生活上の問題に耳を傾けたり、マッサージをしたりといった相互的なケアのなかで、感染者たちは自身の健康を保つことができたのだ。それは「新たな命の友」と呼ばれ、医学や疫学の知識とは異なる独自の知や実践を生み出していく。そこには非感染者も参加するようになり、ケアをする者とされる者という一元的な関係とも家族とも異なったかたちでの、ケアをとおした親密性にもとづく「ケアのコミュニティ」が形づくられていった。「近代医療全体は人間を徹底的に個人化することによって成立するものであるが、そこに出現したのはその対極としての生のもつ社会性」（田辺）だったのである。

こうした社会性は、福祉国家における公的医療のまっただなかにも出現しうる。たとえば筆者が調査したイタリアでは、精神障害者は二〇世紀後半にいたるまで精神病院に隔離され、市民権を剝奪され、実質的に福祉国家の対象の埒外に置かれていた。なぜなら精神障害者は社会的に危険であるとみなされていて、彼らから市民や社会を防衛しなければならないと考えられていたからで

国語

（一〇〇分）

（注）　解答は、一行の枠内に二行以上書いてはいけない。

第　一　問

次の文章を読んで、後の設問に答えよ。

「近代化」は、それがどの範囲の人びとを包摂するかによって異なる様相を示す。「第一の近代」と呼ばれるフェーズでは、市民権をもつのは一定以上の財産をもつ人にかぎられている。それは、個人の基盤が私的所有におかれており、財の所有者であってはじめて自己自身を所有するという意味での自由を有し、ゆえに市民権を行使することができるとみなされたからである。この制限は徐々に取り払われ、成人男子全員や女性に市民権が拡張されていく。市民権の拡張とともに今度は、社会的所有という考えにもとづき財を再配分する社会保障制度によって、「第一の近代」から排除されていた人びとが包摂され、市民としての権利を享受できるようになる。これがいわゆる福祉国家であり、人びとはそこで健康や安全など生の基盤を国家によって保障されることになったのである。それでも、理念的には国民全体を包摂するはずの福祉国家の対象から排除される人びととはつねに存在する。

2020
年度

問題編

■前期日程

問題編

▶試験科目・配点

教　科	科　　　目	配　点
外国語	「コミュニケーション英語Ⅰ・Ⅱ・Ⅲ」，ドイツ語，フランス語，中国語から１外国語を出願時に選択。英語試験の一部分に聞き取り試験（30分程度）を行う。 　ただし，英語の選択者に限り，英語の問題の一部分に代えて，ドイツ語，フランス語，中国語，韓国朝鮮語のうちから１つを試験場で選択することができる。	120点
数　学	数学Ⅰ・Ⅱ・Ⅲ・Ａ・Ｂ	120点
理　科	「物理基礎・物理」，「化学基礎・化学」，「生物基礎・生物」，「地学基礎・地学」から２科目を出願時に選択	120点
国　語	国語総合，国語表現	80点

▶備　考

• 英語以外の外国語は省略。

• 数学Ⅰ，数学Ⅱ，数学Ⅲ，数学Ａは全範囲から出題する。数学Ｂは「数列」，「ベクトル」から出題する。

• 「物理基礎・物理」は物理基礎，物理の全範囲から出題する。

• 「化学基礎・化学」は化学基礎，化学の全範囲から出題する。

• 「生物基礎・生物」は生物基礎，生物の全範囲から出題する。

• 「地学基礎・地学」は地学基礎，地学の全範囲から出題する。

※理科三類は，上記に加えて面接（個人面接）を課す。総合判定の判断資料とし，学力試験の得点にかかわらず不合格となることがある。

英語

（120 分）

（注　意）

1．3は聞き取り問題である。問題は試験開始後 45 分経過した頃から約 30 分間放送される。

2．解答は，5題を越えてはならない。

3．5題全部英語の問題を解答してもよいし，また，4・5の代わりに他の外国語の問題Ⅳ・Ⅴを選んでもよい。ただし，ⅣとⅤとは必ず同じ外国語の問題でなければならない。

（他の外国語の問題は省略―編集部）

1 (A)　以下の英文は，高齢者にやさしい（age-friendly）町づくりを促進するための世界的な取り組みについて論じたものである。この文章の内容を 70〜80 字の日本語で要約せよ。句読点も字数に含める。

The age-friendly community movement has emerged as a powerful response to the rapidly growing aging population. Although definitions of "age-friendly community" vary, reflecting multiple approaches and methods, many models highlight the importance of strengthening social ties and promote a vision that takes into account all ages. For example, Kofi Annan, who served as the seventh Secretary-General of the United Nations, declared in the opening speech at the UN International Conference on Aging in 1999, "A Society for All Ages embraces every generation. It is not fragmented, with youths, adults, and older persons going their separate ways. Rather, it is age-inclusive, with different generations recognizing and acting upon their common interests."

The World Health Organization and other international organizations further articulate this premise by defining aging as a lifelong process : "We are all aging at any moment in our life and we should all have the opportunity to do so in a healthy and active way. To safeguard the highest possible quality of life in older age, WHO endorses the approach of investing in factors which influence health throughout the life course."

In practice, however, the age-friendly community movement has focused primarily upon the needs and interests of older adults and their caregivers and service providers. In doing so, it has failed to gather enough data from youth and families about what produces good living conditions in a city or about opportunities for and barriers against working together with older adults.

What accounts for this gap between vision and practice ? One answer may lie in the common assumption of the age-friendly community movement that what is good for older adults is good for everyone. In other words, if the age-friendly movement succeeds in making communities suitable for older adults, those communities will then be suitable for all generations. While there are many shared interests among different generations, recent studies in the United States and Europe indicate that young adults and older adults differ in their voting patterns and attitudes more than at any time since the 1970s. These studies suggest that in order to fully understand what constitutes a city that is friendly to people at different stages of the aging process, it is critical to gather data from multiple generations about what makes a city good for both growing up and growing older.

From The Global Age-Friendly Community Movement : A Critical Appraisal by Corita Brown and Nancy Henkin, Berghahn Books

(B)　以下の英文を読み，(ア)，(イ)の問いに答えよ。

　　Culex molestus is a subspecies of mosquito known as the London Underground mosquito. It gained this name because it was first reported during the German bombing raids of the city in 1940, when the subway tunnels were used as overnight bomb shelters. The *Culex* is a very common type of mosquito, and it has many forms. While they look the same as *Culex pipiens*, their above-ground relatives, the *molestus* mosquitoes behave in a very different way. Up on London's streets, the mosquitoes feed on bird, not human, blood. They need this blood meal before they can lay their eggs, and they sleep during the winter. Down in the subway, the mosquitoes suck passengers' blood and they lay eggs before feeding; they are also active the whole year round.

　　Despite its name, the Underground mosquito is not unique to London, as recent studies have revealed. It lives in basements and subways all over the world, and it has adapted its ways to its human-built environment. (　ア　) and planes, its genes spread from city to city, but at the same time it also cross-breeds with local above-ground mosquitoes, absorbing genes from that source as well. ⎡　(1)　⎤— probably only since humans began constructing underground buildings, did *Culex molestus* evolve.

　　The evolution of the London Underground mosquito fascinates me not least because it seems such an interesting addition to evolution's standard portfolio. We all know about evolution perfecting the feathers of birds of paradise in distant jungles or the shape of rare flowers on high mountaintops. But apparently, the process is so ordinary that it is happening literally below our feet, among the dirty power cables of the city's subway system. Such a nice, unique, close-to-home example! The sort of thing you'd expect to find in a biology textbook.

　　But what if it is not an exception anymore? What if the Underground mosquito is representative of all plants and animals that come into contact with humans and the human-crafted environment? What if our grip on the Earth's ecosystems has become so firm that life on Earth is in the process of evolving ways to adapt to a thoroughly urban planet?

In 2007, for the first time in history, there were more people living in urban than in rural areas. ⎣ (2) ⎦. By the mid-twenty-first century, two-thirds of the world's estimated 9.3 billion will be in cities. Mind you, that's for the entire world. In western Europe, more people have lived in cities than in the countryside since 1870, and in the US that turning point was reached in 1915. Areas like Europe and North America have been firmly on the way to becoming urban continents for more than a century. A recent study in the US showed that each year, the average distance between a given point on the map and the nearest forest increases by about 1.5 per cent.

In ecological terms, the world has never seen the situation that we find ourselves in today: a single large animal species completely occupying the planet and turning it to its advantage. At the moment, our species appropriates fully one-quarter of the food that all of the world's plants produce and much of all the world's fresh water. Again, this is something that has never happened before. No other species that evolution has produced has ever been able to play such a central ecological role on such a global scale.

⎣ (3) ⎦. By 2030, nearly 10 per cent of the land on the planet will be densely populated, and much of the rest covered by farms, fields, and plantations which humans have shaped. Altogether a set of entirely new habitats, the likes of which nature has not seen before. And yet, when we talk about ecology and evolution, about ecosystems and nature, we are stubbornly ignoring the human factor, focusing our attention instead on that diminishing fraction of habitats where human influence is still very small.

Such an attitude can no longer be maintained. It's time to acknowledge the fact that human actions are the world's single most influential ecological force. Whether we like it or not, we have become fully integrated with everything that happens on this planet. ┌─(4)─┐. Out in the real world, however, the threads of human activity are tightly woven into nature's fabric. We build cities full of novel structures made of glass and steel. We pump greenhouse gases into the air that alter the climate; we release non-native plants and animals, harvest other species, and use a variety of natural resources for our own needs. Every non-human life form on Earth will come across humans, either directly or indirectly. And, mostly, such encounters are not without consequence for the organism in question. They may threaten its survival and way of life. But they may also create new opportunities, as they did for the ancestors of *Culex molestus*.

So what does nature do when it meets challenges and opportunities? It evolves. If at all possible, it changes and adapts. The greater the pressure, the faster and more widespread this process becomes. As subway passengers know all too well, in cities there is great opportunity, but also great competition. Every second matters if you want to survive, and nature is doing just that. ┌─(5)─┐.

注
mosquito 蚊
ecosystem 生態系

㈠ 下に与えられた語を正しい順に並べ替え，空所（　ア　）を埋めるのに最も適切な表現を完成させ，記述解答用紙の1(B)に記入せよ。なお文頭の語は大文字で始めよ。

cars　　get　　in　　mosquitoes　　thanks　　that　　to
trapped

(イ)　空所(1)〜(5)に入れるのに最も適切な文を以下のａ）〜ｇ）より一つず
　　つ選び，マークシートの(1)〜(5)にその記号をマークせよ。ただし，同じ
　　記号を複数回用いてはならない。

　ａ）　And it has also become clear that all this has happened very
　　　　recently

　ｂ）　Otherwise, it may not be possible to reverse some of the
　　　　changes we are imposing on Earth

　ｃ）　Perhaps in our imaginations we can still keep nature divorced
　　　　from the human environment

　ｄ）　Since then, that statistic has been rising rapidly

　ｅ）　So, our world is becoming thoroughly human-dominated

　ｆ）　While we have all been focusing on the vanishing quantity of
　　　　untouched nature, urban ecosystems have been rapidly evolving
　　　　behind our backs

　ｇ）　Yet the urban evolutionary rules are beginning to differ more
　　　　and more from the ones we find in the natural world

2

(A)　私たちは言葉を操っているのか。それとも，言葉に操られて
いるのか。あなたの意見を 60〜80 語の英語で述べよ。

(B)　以下の下線部を英訳せよ。

　生きてゆくためにはまず若干の自信を持たなくてはならぬ。しかし自信
ばかりで押し切っては，やがていつかは他人を害する立場に立つ。自分た
ちは，いつも自分たちの信念がある程度までまゆつばものだということを
悟り，かくて初めて寛容の態度を養うことができる。自信と疑問，独断主
義と懐疑主義との二刀流によって，われわれは世界と渡り合うことにした
い。(鶴見俊輔『アメリカ哲学』)

3 放送を聞いて問題(A), (B), (C)に答えよ。(A)と(B)は内容的に関連している。(C)は独立した問題である。(A), (B), (C)のいずれも 2 回ずつ放送される。

• 聞き取り問題は試験開始後 45 分経過した頃から約 30 分間放送される。

• 放送を聞きながらメモを取ってもよい。

• 放送が終わったあとも，この問題の解答を続けてかまわない。

(A) これから放送するのは，心理学者 Gopnik 博士の著書 *The Gardener and the Carpenter*（『庭師と大工』）に関するインタヴューである。これを聞き，(6)〜(10)の問いに対して，それぞれ最も適切な答えを一つ選び，マークシートの(6)〜(10)にその記号をマークせよ。

(6) Which of the following statements does NOT match the carpenter concept of parenting?

  a) It assumes parenting is like shaping basic materials into a particular form.

  b) It includes a clear idea of the final goal of parenting.

  c) It involves following a specific plan for raising children well.

  d) It is the dominant model of parenting in the developed world today.

  e) It requires cooperation between parents and other active agents.

(7) Which of the following changes in human society has been more important for producing the dominant model of parenting in the developed world?

  a) The development of an industrial economy.

  b) The emergence of higher education.

  c) The reduced experience of caring for children before having one's own.

  d) The rise of large, extended families.

  e) The shift from hunting and gathering to settled agricultural society.

(8) Which of the following statements is NOT mentioned in the interview?

　a) In modern society, people often start a family without first having the experience of caring for children.

　b) Parenting began to change in the 20th century.

　c) Parenting has been viewed as similar to going to school or working.

　d) Parenting will go more smoothly if you first have a successful career.

　e) Some parents look for the right manual in order to bring up their children well.

(9) Which of the following does Gopnik mention as a reason why humans have an especially long childhood?

　a) It allows them to acquire language.

　b) It allows them to become more flexible and adaptable.

　c) It allows them to develop a larger brain.

　d) It allows them to experience life more fully.

　e) It allows them to protect their surrounding environment.

(10) Based on this conversation, which of the following statements best describes the views of Gopnik and the host, Vedantam?

　a) Gopnik and Vedantam both prefer the carpenter model.

　b) Gopnik and Vedantam both prefer the gardening model.

　c) Gopnik and Vedantam find much to appreciate in both models.

　d) Gopnik prefers the carpenter model, but Vedantam prefers the gardening model.

　e) Gopnik prefers the gardening model, but Vedantam prefers the carpenter model.

(B)　これから放送するのは，司会者（Vedantam）と Gopnik 博士，Webb 博士の３人による，(A)と内容的に関連した会話である。これを聞き，(11)〜(15)の問いに対して，それぞれ最も適切な答えを一つ選び，マークシートの(11)〜(15)にその記号をマークせよ。

(11)　According to Gopnik, what is a likely outcome of the carpenter model of parenting?

   a)　Children will achieve more by taking chances.

   b)　Children will be better able to deal with uncertainty.

   c)　Children will be more likely to be cautious.

   d)　Children will be well-balanced in their later life.

   e)　Children will benefit from greater freedom.

(12)　According to Vedantam, what does Gopnik argue?

   a)　Children learn valuable lessons by taking risks.

   b)　Children need to develop specialized skills from an early age.

   c)　Parents need to have specific goals for their children.

   d)　The carpenter model is designed to increase the child's sense of freedom.

   e)　The current culture of parenting needs only minor adjustments to be successful.

(13)　What objection does Webb raise to Gopnik's argument?

   a)　Giving children a lot of freedom can limit their future opportunities.

   b)　If you are going to be free of anxiety, you need a structured life.

   c)　If you are going to succeed, you need to try a lot of things before choosing one.

   d)　In order to be an Olympic athlete, you must start taking lessons before the age of fourteen.

   e)　Success in life is based on a child's natural ability.

(14)　What does Gopnik think about the problem Webb describes?

　a)　Children should be encouraged to trust their parents.

　b)　Children should not be expected to work that hard in order to succeed.

　c)　Parents in a competitive culture should make great demands of their children.

　d)　Parents should give children every advantage possible to help them succeed.

　e)　We should feel sympathy for parents in this situation.

(15)　What conclusion does Webb finally draw from this discussion?

　a)　Life is like an unfair competition.

　b)　Most models of parenting do not prepare children well enough for life.

　c)　Not enough parents understand how to help their children succeed in life.

　d)　Parenting can be a very unrewarding activity.

　e)　The real problem lies in society.

(C)　これから放送する講義を聞き，(16)～(20)の問いに対して，それぞれ最も適切な答えを一つ選び，マークシートの(16)～(20)にその記号をマークせよ。

(16)　Which scientific advance made the recent progress in speed breeding possible?

　a)　Better space flight technology.

　b)　Developments in LED technology.

　c)　Improvements in climate control technology.

　d)　More efficient methods of harvesting.

　e)　The invention of the carbon arc lamp.

(17) When did scientists in China achieve their breakthrough in
making one of the world's vital food crops resistant to a disease ?

a) 2002

b) 2004

c) 2008

d) 2012

e) 2014

(18) Which of the crops listed below is NOT used to illustrate how
gene editing has protected plants from disease ?

a) Bananas

b) Barley

c) Rice

d) Soybeans

e) Wheat

(19) Which of the following is NOT mentioned as a location where
research projects are currently carried out ?

a) Australia

b) China

c) Europe

d) India

e) South Korea

(20) According to Hickey, meeting the future challenges of food
security will require

a) continuing advances in speed breeding.

b) efforts to control population growth.

c) new breakthroughs in gene editing.

d) the application of all available technologies.

e) the development of new tools.

4 (A)　以下の英文の段落(21)〜(25)にはそれぞれ誤りがある。修正が必要な下線部を各段落から一つずつ選び，マークシートの(21)〜(25)にその記号をマークせよ。

(21) Among the various elements of (a)the natural world which in fantasy fiction become invested with mysterious powers, trees and forests particularly often (b)undergo changes which elevate them from the domain of the natural into that of the super-natural. Consequently, their appearance (c)in fantastic stories lively characters and magical woodlands strengthens the charming and exotic appeal of a story. Yet it is a misunderstanding to perceive the trees and forests of fantasy (d)as hardly anything else than amusing (e)but otherwise insignificant characters.

(22) Various myths from across the world (a)include sacred trees which serve as a link between humankind and the divine. In other words, the tree was often associated with a particular god or, together with a sacred stone, it formed a place of worship, which was called a "microcosm," because (b)its structure reflected the nature of the cosmos. As the sacred "upside-down tree," whose roots were in the sky and branches reached the earth, it (c)was functioned also as a representation of the universe. Moreover, the location of the tree was often perceived as the ultimate center of reality, and the tree itself became a link between heaven and earth. (d)Because of its cycle of shedding and regrowing leaves, many cultures regarded the tree as symbol of life, and numerous myths (e)insisted that human life was connected to or, in fact, originated from trees and other plants.

(23) While some writers of fantasy fiction use fantastic trees and forests only (a)as important elements of their world-building, numerous others have recognized (b)the potential locking in the image of myths and fairy tales. As a result, in modern fantasy, trees and forests also (c)become a vessel of the divine, a space of trial and testing, a catalyst of the hero's physical and psychological change, and an active

agent in the resolution of conflict. Moreover, they are frequently (d)presented as the last trace of myth in the modern world, and their portrayal may be (e)a metaphor through which the author intends to convey an important message about humanity's relationship with the natural world.

(24) Today, many people treat our planet's ecosystems as commodities, and (a)acknowledge only their material and practical value. Of course, forests (b)have supplied people with resources for centuries, (c)yet now, more than ever, the environment is endangered by human progress, because (d)not only does our growing population require more and more space and resources, but also we are slowly "migrating" into the cyberspace (e)where we are easy to forget about our connection with the rest of the living world.

(25) Fortunately, fantasy fiction — (a)the heir to the traditions of myths and fairy tales — may still (b)remind us the spiritual value of nature. In fantasy fiction, trees and forests play vital roles and are presented as entities fundamental to the well-being of the imaginary world and its inhabitants. Staying in harmony with the natural world is (c)shown as a deeply rewarding experience, because the natural world is filled with the divine essence. Writers of fantasy fiction, such as MacDonald, Tolkien, and Lewis, (d)perceived nature religiously in their own lives and used myth to (e)convey this religious sensibility towards nature to their readers.

注
microcosm　小宇宙
cosmos　宇宙
ecosystem　生態系
catalyst　触媒
MacDonald　G. マクドナルド（1824-1905；英国の作家）
Tolkien　J. R. R. トールキン（1892-1973；英国の作家）
Lewis　C. S. ルイス（1898-1963；英国の作家）

(B) 以下の英文を読み，下線部(ア)，(イ)，(ウ)を和訳せよ。下線部(イ)を訳す際
には，"that same pool" が何を指しているかを明らかにせよ。

The social psychologist and writer Daniel Gilbert suggests that human beings are "works in progress that mistakenly think they're finished." And he claims, "the person you are right now doesn't remain as it is. It is as temporary as all the people you've ever been. The one constant in our lives is change." (ア)Time is a powerful force, he says, and one that perpetually revises our values, personalities, and preferences in everything from music and the places we would like to go to friendship.

Researchers at the University of Edinburgh, who conducted the longest-ever study of the stability of human character, have come to a similar conclusion, finding that those qualities that seemed to mark us as teenagers could be almost gone in our later lives. Characteristics might appear stable over short periods of time but change over decades. The researchers used data taken from a part of the 1947 Scottish Mental Survey, which tracked development in a pool of 70,805 children. They used a smaller sample of 1,208 fourteen-year-olds to study personality stability in the kids as they went from being adolescents to adults. The survey had identified six particular characteristics: self-confidence, determination, mood stability, sincerity, originality, and the desire to learn. (イ)In 2012, an attempt was made to track down that same pool of participants and, of those found, 174 agreed to take part in the continued research. They were asked to rate themselves on these same six characteristics and the degree to which they remained dominant factors in their behavior; family members, partners, and friends close to the participants were also asked to assess the continued presence of the earlier characteristics. The results determined that (ウ)while some of these characteristics remained steady over shorter periods of the participants' lives, most of them, with the exception of mood stability, had changed markedly, sometimes vanishing entirely.

From How to Disappear : Notes on Invisibility in a Time of Transparency by Akiko Busch, Penguin Press

5　以下の英文を読み，(A)〜(D)の問いに答えよ。

"Let's make a bet," my father said, on my fifteenth birthday. I remember very clearly being fifteen; or rather, I remember what fifteen feels like to a fifteen-year-old. The age is a diving board, a box half-opened.

We were sitting in stiff wooden chairs on the lawn, watching the evening settle over the neighborhood, all of that harmless fading light softening the world.

"I bet you'll leave here at eighteen and you'll never come back," he said. "Not once."

We lived two hours outside of Los Angeles, in a suburb attached to a string of other suburbs, where (A)the days rarely distinguished themselves unless you did it for them.

"You don't even think I'll come back and visit?" I said.

"No," he said. "I don't." My father was a reasonable man. He did not generalize. He was not prone to big, dubious statements, and he rarely gambled. I felt hurt and excited by the suggestion.

"What about Mom?" I asked.

"What about her?"

I shrugged. It seemed she had little to do with his prediction.

"And James?" I asked.

"Not sure about James," he said. "I can't bet on that one."

James was — and still is — my younger brother. I felt little responsibility for him. At ten, he was ｱ(26) but anxious and very much my parents' problem. My mother adored him, though she thought (B)_____. Make no mistake : we were equally loved but not equally preferred. If parents don't have favorites, they do have allies.

Inside, my mother was cooking dinner while James followed her around the kitchen, handing her bits of paper he'd folded into unusual shapes. Even then, he had a talent for geometry.

"Where will I go ?" I asked my father. My grades were merely ⬚ ア(27) . I'd planned—vaguely, at fifteen—to transfer somewhere after a few years at the local junior college.

"It doesn't matter where," he said, waving away a fly circling his nose.

Next door, the quiet neighbor kid, Carl, walked his dog, also called Carl, back and forth across his lawn. The weather was pleasant.

"What happens if I do come back ?" I asked.

"You'll lose if you come back," he said.

I hated to lose, and my father knew it.

"Will I see you again ?" I asked. I felt ⬚ イ in a way that felt new, at fifteen, as though the day had turned shadowy and distant, already a memory. I felt ⬚ イ about my father and his partly bald head and his toothpaste breath, even as he sat next to me, running his palms over his hairy knees.

"Of course," he said. "Your mother and I will visit."

My mother appeared at the front door with my brother, his fingers holding the back pocket of her jeans. "Dinnertime," she said, and I kissed my father's cheek as though I were standing on a train platform. I spent all of dinner feeling that way too, staring at him from across the table, mouthing goodbye.

My eighteenth birthday arrived the summer after I'd graduated from high school. To celebrate, I saw the musical *Wicked* at a theater in Los Angeles with four of my friends. The seats were deep and velvety. My parents drove us, and my father gave us each a glass of champagne in the parking lot before we entered the theater. We used small plastic cups he must have bought especially for the occasion. I pictured him walking around the supermarket, looking at all the cups, deciding.

A week after my birthday, my father woke me up, quieter than usual. He seemed 　ア(28)　. I still had my graduation cap tacked up on the wall. My mother had taken the dress I'd worn that day to the dry cleaner, and it still lay on the floor in its cover.

"Are you ready to go?" he asked.

"Where are you taking me?" I wanted to know.

"To the train station," he said slowly. "It's time for you to go."

My father had always liked the idea of traveling. Even just walking through an airport gave him a thrill—it made him 　ア(29)　, seeing all those people hurrying through the world on their way to somewhere else. He had a deep interest in history and the architecture of places he'd never seen in person. It was the great tragedy of his life that he could never manage to travel. As for my mother, it was the great tragedy of her life that her husband was 　ア(30)　 and didn't take any pains to hide it. I can see that now, even if I didn't see it then.

"Where's Mom?" I asked. "And where's James?"

"The supermarket," my father said. James loved the supermarket— the order of things, all 　ア(31)　 in their rows. "Don't cry," Dad said then, smoothing my pillowcase, still warm with sleep. He had a pained look on his face. "Don't cry," he said again. I hadn't noticed it had started. (C)My whole body felt emotional in those days, like I was an egg balanced on a spoon.

"You'll be good," he said. "You'll do good."

"But what about junior college?" I asked. "What about plans?" I'd already received a stack of shiny school pamphlets in the mail. True, I didn't know what to do with them yet, but I had them just the same.

"No time," my father said, and the urgency in his voice made me hurry.

From Suburbia !, The Southern Review, Volume 53, Number 2, Spring 2017, by Amy Silverberg, Louisiana State University Press

(A)　下線部(A)の内容を本文に即して日本語で説明せよ。

（解答欄：17.3 センチ × 3 行）

(B)　下に与えられた語を正しい順に並べ替え，下線部(B)を埋めるのに最も
　　適切な表現を完成させよ。

equal　　fooled　　into　　me　　she　　thinking　　we　　were

(C)　下線部(C)の内容をこの場面に即して具体的に日本語で説明せよ。

（解答欄：17.3 センチ × 2 行）

(D)　以下の問いに解答し，その答えとなる記号をマークシートにマークせ
　　よ。

　(ア)　空所(26)～(31)には単語が一つずつ入る。それぞれに文脈上最も適切な
　　　語を次のうちから一つずつ選び，マークシートの(26)～(31)にその記号を
　　　マークせよ。ただし，同じ記号を複数回用いてはならない。

　　　a)　average　　　　　b)　cheerful　　　　　c)　frightened
　　　d)　intelligent　　　e)　neat　　　　　　　f)　solemn
　　　g)　tolerant　　　　　h)　unhappy

　(イ)　空所(イ)に入れるのに最も適切な単語を次のうちから一つ選び，マ
　　　ークシートの(32)にその記号をマークせよ。

　　　a)　angry　　　　　　b)　delighted　　　　c)　excited
　　　d)　sentimental　　　e)　unfair

　(ウ)　本文の内容と合致するものはどれか。一つ選び，マークシートの(33)
　　　にその記号をマークせよ。

　　　a)　The author finally decided to go to the local junior college.
　　　b)　The author had planned to leave home since she was fifteen.
　　　c)　The author had to leave home because there was conflict
　　　　　between her parents.
　　　d)　The author's father drove her away because he hated her.
　　　e)　The author's father predicted that she would not come back
　　　　　home although he and her mother would visit her.

━━━━━━━　3　聞き取り問題放送用スクリプト　━━━━━━━━━━━━━━━━━━━━━━━

[問題(A)]

著作権の都合上，省略。

著作権の都合上，省略。

[問題(B)]

著作権の都合上，省略。

著作権の都合上，省略。

[問題(C)]

Farmers and plant breeders are in a race against time. According to
Lee Hickey, an Australian plant scientist, "We face a grand challenge

in terms of feeding the world. We're going to have about 10 billion people on the planet by 2050," he says, "so we'll need 60 to 80 percent more food to feed everybody."

Breeders develop new kinds of crops — more productive, disease-resistant — but it's a slow process that can take a decade or more using traditional techniques. So, to quicken the pace, Dr. Hickey's team in Australia has been working on "speed breeding," which allows them to harvest seeds and start the next generation of crops sooner. Their technique was inspired by NASA research on how to grow food on space stations. They trick crops into flowering early by shining blue and red LED lights 22 hours a day and keeping temperatures between 17 and 22 degrees Celsius. They can grow up to six generations of wheat in a year, whereas traditional methods would yield only one or two.

Researchers first started growing plants under artificial light about 150 years ago. At that time, the light was produced by what are called carbon arc lamps. Since then, advances in LED technology have vastly improved the precision with which scientists can adjust light settings to suit individual crop species.

Researchers have also adopted new genetic techniques that speed up the generation of desirable characteristics in plants. Historically, humans have relied on a combination of natural variation followed by artificial selection to achieve these gains. Now, breeders use gene-editing tools to alter DNA with great speed and accuracy. In 2004, scientists working in Europe identified a variation on a single gene that made a type of barley resistant to a serious disease. Ten years later, researchers in China edited the same gene in wheat, one of the world's most important crops, making it resistant as well.

Gene-editing tools have been used to protect rice against disease, to give corn and soybeans resistance to certain chemicals, and to save oranges from a type of bacteria that has destroyed crops in Asia and the Americas. In South Korea, scientists are using these tools to rescue an endangered variety of bananas from a devastating soil disease.

With cheaper, more powerful technology, opportunities are opening up to improve crops around the world. Dr. Hickey's team plans to use these discoveries to help farmers in India, Zimbabwe and Mali over the next couple of years, since he wants the discoveries to benefit developing countries, too.

According to Hickey, we will need to combine speed breeding and gene editing with all the other tools we have if we are to meet the food security challenges of the future. "One technology alone," he says, "is not going to solve our problems."

However, while basic speed breeding is generally accepted, many are reluctant to embrace gene-editing technology. They worry about unexpected long-term consequences. The benefits of this revolutionary technology, they feel, must be weighed against its potential dangers.

©The New York Times

数学

(150 分)

1 a, b, c, p を実数とする。不等式

$$ax^2 + bx + c > 0$$
$$bx^2 + cx + a > 0$$
$$cx^2 + ax + b > 0$$

をすべて満たす実数 x の集合と，$x > p$ を満たす実数 x の集合が一致しているとする。

(1) a, b, c はすべて 0 以上であることを示せ。

(2) a, b, c のうち少なくとも 1 個は 0 であることを示せ。

(3) $p = 0$ であることを示せ。

2 平面上の点 P，Q，R が同一直線上にないとき，それらを 3 頂点とする三角形の面積を △PQR で表す。また，P，Q，R が同一直線上にあるときは，△PQR = 0 とする。

A，B，C を平面上の 3 点とし，△ABC = 1 とする。この平面上の点 X が

$$2 \leqq \triangle ABX + \triangle BCX + \triangle CAX \leqq 3$$

を満たしながら動くとき，X の動きうる範囲の面積を求めよ。

3 $-1 \leqq t \leqq 1$ を満たす実数 t に対して，

$$x(t) = (1+t)\sqrt{1+t}$$
$$y(t) = 3(1+t)\sqrt{1-t}$$

とする。座標平面上の点 P$(x(t), y(t))$ を考える。

⑴　$-1 < t \leqq 1$ における t の関数 $\dfrac{y(t)}{x(t)}$ は単調に減少することを示せ。

⑵　原点と P の距離を $f(t)$ とする。$-1 \leqq t \leqq 1$ における t の関数 $f(t)$ の増減を調べ，最大値を求めよ。

⑶　t が $-1 \leqq t \leqq 1$ を動くときの P の軌跡を C とし，C と x 軸で囲まれた領域を D とする。原点を中心として D を時計回りに $90°$ 回転させるとき，D が通過する領域の面積を求めよ。

4　$n,\ k$ を，$1 \leqq k \leqq n$ を満たす整数とする。n 個の整数

$$2^m \quad (m = 0,\ 1,\ 2,\ \cdots,\ n-1)$$

から異なる k 個を選んでそれらの積をとる。k 個の整数の選び方すべてに対しこのように積をとることにより得られる ${}_nC_k$ 個の整数の和を $a_{n,k}$ とおく。例えば，

$$a_{4,3} = 2^0 \cdot 2^1 \cdot 2^2 + 2^0 \cdot 2^1 \cdot 2^3 + 2^0 \cdot 2^2 \cdot 2^3 + 2^1 \cdot 2^2 \cdot 2^3 = 120$$

である。

⑴　2 以上の整数 n に対し，$a_{n,2}$ を求めよ。

⑵　1 以上の整数 n に対し，x についての整式

$$f_n(x) = 1 + a_{n,1}\,x + a_{n,2}\,x^2 + \cdots\cdots + a_{n,n}\,x^n$$

を考える。$\dfrac{f_{n+1}(x)}{f_n(x)}$ と $\dfrac{f_{n+1}(x)}{f_n(2x)}$ を x についての整式として表せ。

⑶　$\dfrac{a_{n+1,k+1}}{a_{n,k}}$ を $n,\ k$ で表せ。

5　座標空間において，xy 平面上の原点を中心とする半径 1 の円を考える。この円を底面とし，点 $(0,\ 0,\ 2)$ を頂点とする円錐（内部を含む）を S とする。また，点 A$(1,\ 0,\ 2)$ を考える。

(1) 点 P が S の底面を動くとき，線分 AP が通過する部分を T とする。平面 $z=1$ による S の切り口および，平面 $z=1$ による T の切り口を同一平面上に図示せよ。

(2) 点 P が S を動くとき，線分 AP が通過する部分の体積を求めよ。

6 以下の問いに答えよ。

(1) A, α を実数とする。θ の方程式

$$A \sin 2\theta - \sin(\theta + \alpha) = 0$$

を考える。$A>1$ のとき，この方程式は $0 \leqq \theta < 2\pi$ の範囲に少なくとも 4 個の解を持つことを示せ。

(2) 座標平面上の楕円

$$C : \frac{x^2}{2} + y^2 = 1$$

を考える。また，$0 < r < 1$ を満たす実数 r に対して，不等式

$$2x^2 + y^2 < r^2$$

が表す領域を D とする。D 内のすべての点 P が以下の条件を満たすような実数 r $(0 < r < 1)$ が存在することを示せ。また，そのような r の最大値を求めよ。

    条件：C 上の点 Q で，Q における C の接線と直線 PQ が直交するようなものが少なくとも 4 個ある。

物理

（2 科目 150 分）

（注） 解答用紙は，〈理科〉共通。1 行：約 23.5 センチ，35 字分の区切りあり。1・2 は各 25 行，3 は 50 行。

1 xy 平面内で運動する質量 m の小球を考える。小球の各時刻における位置，速度，加速度，および小球にはたらく力のベクトルをそれぞれ

$$\vec{r}=(x,\ y),\ \vec{v}=(v_x,\ v_y),\ \vec{a}=(a_x,\ a_y),\ \vec{F}=(F_x,\ F_y)$$

とする。また小球の各時刻における原点Oからの距離を $r=\sqrt{x^2+y^2}$，速度の大きさを $v=\sqrt{v_x{}^2+v_y{}^2}$ とする。以下の設問に答えよ。なお小球の大きさは無視できるものとする。

I　(1) 以下の文中の ア から カ に当てはまるものを $v_x,\ v_y,\ a_x,\ a_y$ から選べ。

　各時刻において原点Oと小球を結ぶ線分が描く面積速度は

$$A_v=\frac{1}{2}(xv_y-yv_x)$$

で与えられる。ある時刻における位置および速度ベクトルが

$$\vec{r}=(x,\ y),\ \vec{v}=(v_x,\ v_y)$$

であったとき，それらは微小時間 Δt たった後にそれぞれ

$$\vec{r'}=(x+\boxed{\ \text{ア}\ }\Delta t,\ y+\boxed{\ \text{イ}\ }\Delta t),$$
$$\vec{v'}=(v_x+\boxed{\ \text{ウ}\ }\Delta t,\ v_y+\boxed{\ \text{エ}\ }\Delta t)$$

に変化する。このことを用いると，微小時間 Δt における面積速度の変化分は

$$\Delta A_v=\frac{1}{2}(x\boxed{\ \text{オ}\ }-y\boxed{\ \text{カ}\ })\Delta t$$

で与えられる。なお $(\Delta t)^2$ に比例した面積速度の変化分は無視する。

(2)　設問 I (1)の結果を用いて，面積速度が時間変化しないためには力 $\vec{F}$ の成分 F_x, F_y がどのような条件を満たせばよいか答えよ。ただし小球は原点Oから離れた点にあり，力は零ベクトルではないとする。

(3)　設問 I (2)の力 $\vec{F}$ を受けながら，小球が図 1－1 の半径 r_0 の円周上を点Aから点Bを通って点Cまで運動したとする。このとき，力 $\vec{F}$ が点Aから点Bまでに小球に行う仕事と点Aから点Cまでに小球に行う仕事の大小関係を，理由を含めて答えよ。

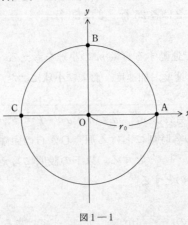

図 1－1

II　(1)　小球の原点Oからの距離 r の時間変化率は

$$v_r = \frac{xv_x + yv_y}{r}$$

で与えられる。これを動径方向速度とよぶ。このとき，小球の運動エネルギーと

$$K_r = \frac{1}{2}mv_r{}^2$$

との差を m, r および面積速度 A_v を用いた式で表せ。

(2)　面積速度が一定になる力 $\vec{F}$ の例として万有引力を考える。原点Oに質量 M の物体があるとする。このとき万有引力による小球の位置エネルギーは

$$U = -G\frac{mM}{r} \qquad (式1)$$

で与えられる（G は万有引力定数）。ただし物体の質量 M は小球の質量 m と比べてはるかに大きいため，物体は原点 O に静止していると考えてよい。小球の面積速度 A_v が 0 でないある定数値 A_0 をとるとき，力学的エネルギーが最小となる運動はどのような運動になるか答えよ。また，そのときの力学的エネルギーの値を m, M, A_0, G を用いて表せ。

Ⅲ　ボーアの原子模型では電子の円軌道の円周 $2\pi r$ とド・ブロイ波長 λ の間に量子条件

$$2\pi r = n\lambda \quad (n = 1,\ 2,\ 3,\ \cdots)$$

が成り立つ。以下で考える小球の円運動に対しても同じ量子条件が成り立つと仮定する。

(1)　設問Ⅱ(2)の（式1）に対応する万有引力がはたらく小球の円運動を考える。各 n について，量子条件を満たす円軌道の半径 r_n を n, h, m, M, G を用いた式で表せ。ただし小球のド・ブロイ波長 λ は，小球の速度の大きさ v を用いて $\lambda = \dfrac{h}{mv}$ で与えられる（h はプランク定数）。

(2)　宇宙には暗黒物質という物質が存在し，銀河の暗黒物質は銀河中心からおよそ $R = 10^{22}$ m の半径内に集まっていると考えられている。暗黒物質が未知の粒子によって構成されていると仮定し，設問Ⅲ(1)の結果を用いてその粒子の質量に下限を与えてみよう。暗黒物質の構成粒子を，（式1）に対応する万有引力を受けながら円運動する小球として近似する。設問Ⅲ(1)で考えたボーアの量子条件を満たす小球の軌道半径のうち $n = 1$ としたものが $R = 10^{22}$ m と等しいとしたときの小球の質量を求めよ。

　　なお銀河の全質量は銀河中心に集まっていて動かないと近似し，その値を $M \fallingdotseq 10^{42}$ kg とする。また，$G \fallingdotseq 10^{-10}$ m³/(kg·s²)，$\dfrac{h}{2\pi} \fallingdotseq 10^{-34}$ m²·kg/s と近似してよい。この設問で求めた質量が暗黒物質を構成する 1 粒子の質量のおおまかな下限となる。

2　　I　図2−1のように，水平面上に置かれた2本の長い導体のレール上に，質量 m の導体棒が垂直に渡してある。磁束密度の大きさ B の一様な磁場が全空間で鉛直方向（紙面に垂直方向）にかけられている。導体棒とレールの接点をX，Yと呼ぶ。また，導体棒はレール方向にのみ動けるものとし，摩擦や空気抵抗，導体棒の両端に発生する誘導電荷，および回路を流れる電流が作る磁場の影響は無視できるものとする。

　図2−1のように，間隔 d の平行なレールの端に電池（起電力 V_0），抵抗（抵抗値 R），スイッチを取り付け，導体棒を静止させる。スイッチを閉じた後の様子について，以下の設問(1)〜(5)に答えよ。

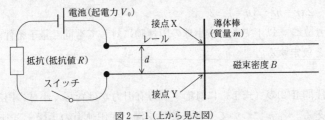

図2−1（上から見た図）

(1)　以下の文中の　ア　〜　オ　の空欄を埋めよ。ただし　ア ，
　エ ，　オ　には式を記入し，　イ ，　ウ　にはそのあとの括弧内から適切な語句を選択せよ。

　　スイッチを閉じると，回路に電流が流れ，導体棒は右向きに動きはじめた。ある瞬間の電流を I とすると，導体棒には大きさ　ア　の力が働き加速されるからである。このことから磁場の向きは，鉛直　イ　（上，下）向きであることがわかる。導体棒が動くと，接点X，Y間には　ウ　（X，Y）側を正とする誘導起電力 V が発生し，導体棒を流れる電流は小さくなる。電池の起電力 V_0 と誘導起電力 V の間に　エ　の関係が成り立つと，電流は流れなくなり，導体棒の速さは一定になる。この一定の速さを以下では「到達速さ」と表記する。この場合の到達速さは　オ　で与えられる。

(2)　導体棒に電流 I が流れているとき，微小時間 Δt の間に，導体棒の速さや接点X，Y間の起電力はどれだけ変化するか。速さの変化量 Δs，起電力の変化量 ΔV を，B, d, I, m, R, Δt, V_0 のうち必要なものを使ってそれぞれ求めよ。

(3)　スイッチを閉じてから導体棒が到達速さにいたるまでの間に，導体
棒を流れる電気量を，B，d，m，R，V_0 のうち必要なものを使って
求めよ。

(4)　設問(2)，(3)より，導体棒に流れる電流や電気量と接点 X，Y 間に発
生する起電力との関係が，コンデンサーを充電する際の電流や電気量
と電圧の関係と類似していることがわかる。スイッチを閉じてから導
体棒が到達速さにいたるまでの間に，接点 X，Y 間の起電力に逆らっ
て電荷を運ぶのに要する仕事はいくらか。設問(1)で求めた到達速さを
s_0 として，B，d，m，R，s_0 のうち必要なものを使って求めよ。

(5)　設問(3)で求めた電気量を Q とすると，スイッチを閉じてから導体
棒が到達速さにいたるまでに電池がした仕事は QV_0 で与えられる。
この電池がした仕事は，どのようなエネルギーに変わったか，その種
類と量をすべて答えよ。

Ⅱ　設問Ⅰの設定のもとで，導体棒が間隔 d の平行なレール上を到達速
さで右に移動している状態から，図2－2のように，導体棒は間隔 $2d$
の平行なレール上に移動した。以下の文中の　カ　～　ケ　の空欄を
埋めよ。

　　この間スイッチは閉じたままであった場合を考える。このとき，間隔
$2d$ のレール上での到達速さは，間隔 d のレール上での到達速さに比べ，
　カ　倍になる。また，それぞれの到達速さで移動しているときの接
点 X，Y 間の起電力は，レール間隔が 2 倍になるのにともない，
　キ　倍になる。

　　次に，導体棒が間隔 d のレール上を到達速さで移動しているときに
スイッチを切り，その後スイッチを切ったままの状態で，導体棒が間隔
$2d$ のレール上に移動した場合を考える。このときは，レール間隔が 2
倍になるのにともない，速さは　ク　倍になり，接点 X，Y 間の起電
力は　ケ　倍になる。

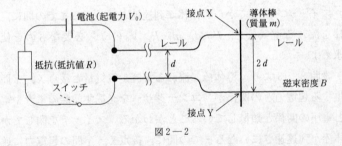

図2－2

Ⅲ　図2－3に示すように，間隔 d の平行なレールと間隔 $2d$ の平行なレールを導線でつなぎ，設問Ⅰと同様に，電池，抵抗，スイッチを取り付けた。磁場も設問Ⅰと同じとする。スイッチを切った状態で，図2－3のように質量 m の2つの導体棒1，2をそれぞれ間隔 d，間隔 $2d$ のレール上に垂直に置き静止させたのち，スイッチを閉じたところ，導体棒1，2はともに右向きに動き始めた。十分に時間が経ったのち，導体棒の速さは一定と見なせるようになった。このときの導体棒1，2の速さを B，d，m，R，V_0 のうち必要なものを使ってそれぞれ求めよ。

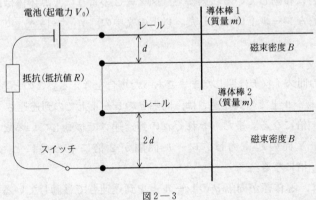

図2－3

3　図3－1に示すように，容器X，Yにそれぞれ1モルの単原子分子理想気体が入っている。容器Xの上部は滑らかに動くピストンで閉じられており，ピストンの上にはおもりが載せられている。ピストンの質量は無視できる。容器Yの体積は一定である。容器の外は真空であり，容器Xと，容器Yまたは物体Zが接触した場合にのみ熱のやりとりが行わ

れ，外部の真空や床などとの熱のやりとりは常に無視できるものとする。

容器の熱容量は無視できる。また，物体Zの温度は常に $\frac{4}{5}T_A$ に保たれているものとする。

はじめ，容器Xは容器Yと接触しており，ピストンの上には質量 $a^5 m$ ($a>1$) のおもりが載せられている。容器X内の気体の圧力は p_A である。容器X，Y内の気体の温度はともに T_A である。このときの容器X内の気体の状態を状態Aと呼ぶことにする。続いて，図3−1に示すように，以下の操作①〜④を順番に行い，容器X内の気体の状態を， A→B→C→D→Eと変化させた。これらの操作において，気体の状態変化はゆっくりと起こるものとする。気体定数を R とすると，状態A〜Dにおける容器X内の気体の圧力，温度，体積，内部エネルギーは表3−1のように与えられる。

操作①（A→B） 容器Xを，容器Y，物体Zのいずれとも接触しない位置に移動させた。次に，ピストン上のおもりを質量が m になるまで徐々に減らした。

操作②（B→C） 容器Xを物体Zに接触させ，容器X内の気体の温度が $\frac{4}{5}T_A$ になるまで放置した。

操作③（C→D） 容器Xを，容器Y，物体Zのいずれとも接触しない位置に移動させた。次に，ピストン上のおもりを質量が $a^5 m$ になるまで徐々に増やした。この操作後の容器X内の気体の温度を T_D とする。

操作④（D→E） 容器Xを容器Yと接触させ，容器X，Y内の気体の温度が等しくなるまで放置した。このときの温度を T_E とする。

以下の設問に答えよ。

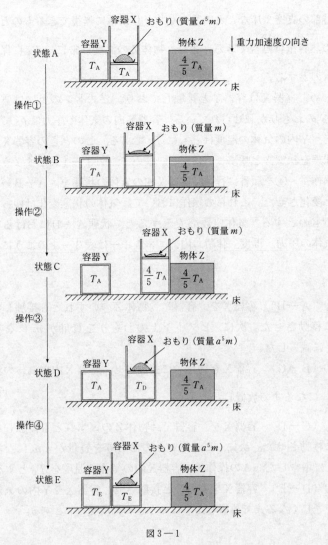

図 3—1

Ⅰ　操作①〜③において，容器X内の気体がされた仕事をそれぞれ W_1，W_2，W_3 とする。W_1，W_2，W_3 を，R，T_A，a を用いて表せ。

Ⅱ　操作④による容器X内の気体の状態変化（D→E）について，以下の設問に答えよ。

(1)　操作④による容器X内の気体の内部エネルギーの変化 ΔU_4 を，R，T_D，T_E を用いて表せ。

(2)　操作④において，容器X内の気体がされた仕事 W_4 を，R，T_D，T_E を用いて表せ。

(3)　状態Eにおける容器X内の気体の温度 T_E を，T_A，T_D を用いて表せ。

表3－1

	圧力	温度	体積	内部エネルギー
状態A	p_A	T_A	$\dfrac{RT_A}{p_A}$	$\dfrac{3}{2}RT_A$
状態B	$\dfrac{p_A}{a^5}$	$\dfrac{T_A}{a^2}$	$a^3\dfrac{RT_A}{p_A}$	$\dfrac{3}{2a^2}RT_A$
状態C	$\dfrac{p_A}{a^5}$	$\dfrac{4}{5}T_A$	$\dfrac{4}{5}a^5\dfrac{RT_A}{p_A}$	$\dfrac{6}{5}RT_A$
状態D	p_A	$\dfrac{4}{5}a^2T_A\;(=T_D)$	$\dfrac{4}{5}a^2\dfrac{RT_A}{p_A}$	$\dfrac{6}{5}a^2RT_A$

Ⅲ　a の値がある条件を満たすとき，操作①～④は，容器X内の気体に対して仕事を行うことで，低温の物体Zから容器Y内の高温の気体に熱を運ぶ操作になっている。操作④による容器Y内の気体の内部エネルギーの変化を ΔU_Y として，以下の設問に答えよ。

(1)　操作④によって容器Y内の気体の内部エネルギーが増加する（$\Delta U_Y > 0$）とき，操作①～④における容器X内の気体の圧力 p と体積 V の関係を表す図として最も適切なものを，図3－2のア～カの中から一つ選んで答えよ。

(2)　$\Delta U_Y > 0$ となるための a に関する条件を答えよ。

(3)　操作①～④の間に容器X内の気体がされた仕事の総和を W，操作②において容器X内の気体が物体Zから受け取る熱量を Q_2 とする。ΔU_Y を，W と Q_2 を用いて表せ。

(4)　状態Eからさらに引き続き，操作①～④を何度も繰り返すと，容器Y内の気体の温度は，ある温度 T_F に漸近する。T_F を，T_A と a を用いて表せ。

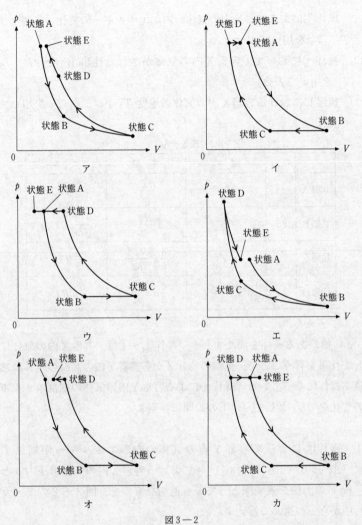

図 3 — 2

化学

（2 科目 150 分）

（注）　解答用紙は，〈理科〉共通。1 行：約 23.5 センチ，35 字分の区切
りあり。1・2 は各 25 行，3 は 50 行。

1

次のⅠ，Ⅱの各問に答えよ。必要があれば以下の値を用いよ。構
造式は例にならって示せ。

元　素	H	C	O	I
原子量	1.0	12.0	16.0	126.9

（構造式の例）

Ⅰ　次の文章を読み，問ア～カに答えよ。

　　天然化合物Aは，分子量 286 で，炭素，水素，酸素の各原子のみから
なる。71.5 mg の A を完全燃焼させると，143 mg の二酸化炭素と，
40.5 mg の水が生じた。Aを加水分解すると，等しい物質量の化合物B
と化合物Cが得られた。①Bの水溶液をフェーリング液に加えて加熱す
ると赤色沈殿が生じたが，Aの水溶液では生じなかった。Cに塩化鉄
（Ⅲ）水溶液を加えると特有の呈色反応を示したが，Aでは示さなかった。
　　セルロースやデンプンは，多数のBが縮合重合してできた多糖である。
セルロースを酵素セルラーゼにより加水分解して得られるセロビオース
と，デンプンを酵素アミラーゼにより加水分解して得られるマルトース
は，上の構造式の例（左側）に示したスクロースと同じ分子式で表され
る二糖の化合物である。

　これらの二糖は酵素Ｘ，または，酵素Ｙによって単糖に加水分解できる。Ｘはセロビオースを，Ｙはマルトースを加水分解して，いずれにおいてもＢのみを生成したが，Ｘはマルトースを，Ｙはセロビオースを加水分解できなかった。スクロースはＸにより加水分解されなかったが，Ｙにより加水分解され，等しい物質量のＢと化合物Ｄが生成した。Ａはより加水分解され，ＢとＣが生成したが，Ｙによる加水分解は起こらなかった。

　Ｃを酸化することにより化合物Ｅが得られた。Ｅは分子内で水素結合を形成した構造を持ち，Ｅに炭酸水素ナトリウム水溶液を加えると二酸化炭素が発生した。Ｅと無水酢酸に濃硫酸を加えて反応させると，解熱鎮痛剤として用いられる化合物Ｆが得られた。

〔問〕

　ア　化合物Ａの分子式を示せ。

　イ　化合物Ｂ，Ｄ，Ｆの名称を記せ。

　ウ　化合物Ｂには鎖状構造と六員環構造が存在する。それぞれの構造における不斉炭素原子の数を答えよ。

　エ　セロビオース，マルトース，スクロースの中で，下線部①で示した反応により赤色沈殿を生じる化合物をすべて答えよ。また，その理由を述べよ。

　オ　化合物Ｃの構造式を示せ。

　カ　化合物Ａの構造式を示せ。

Ⅱ　次の文章を読み，問キ～サに答えよ。

　セルロースは地球上に最も多く存在する有機化合物であり，石油資源に頼らない次世代の化学工業を担う重要化合物と考えられている。セルロースを濃硫酸中で加熱すると，最終的に糖ではない化合物Ｇが主として得られる。Ｇは炭素，水素，酸素の各原子のみからなり，バイオ燃料，生分解性高分子，医薬品合成の原料として広く利用可能である。Ｇを生分解性高分子Ｈなどの化合物に変換するため，以下の実験１～３を行った。

実験1：水中でアセトンに過剰量の水酸化ナトリウムとヨウ素を反応さ
せると，特有の臭気を有する黄色の化合物Ⅰが沈殿し，反応液
中に酢酸ナトリウムが検出された。アセトンの代わりにGを用
いて同じ条件で反応させたところ，Ⅰが沈殿した。続いて，Ⅰ
を除いた反応液を塩酸を用いて酸性にすると，ともに直鎖状化
合物であるJとKの混合物が得られた。分子式を比較するとJ
とKの炭素原子の数は，いずれもGより一つ少なかった。Kは
不斉炭素原子を有していたが，Jは有していなかった。58.0
mgのGを水に溶かし，0.200 mol/L の炭酸水素ナトリウム水
溶液で滴定したところ，2.50 mL で中和点に達した。一方，
67.0 mgのKを水に溶かし，0.200 mol/L の炭酸水素ナトリウ
ム水溶液で滴定したところ，5.00 mL で中和点に達した。

実験2：Jとエチレングリコール（1,2-エタンジオール）を混合して縮
合重合させたところ，物質量1：1の比でエステル結合を形成
しながら共重合し，平均重合度100，平均分子量 1.44×10^4 の
高分子Hが得られた。

実験3：Kを加熱すると分子内で一分子の水が脱離し，化合物Lが得ら
れた。Lに光照射すると，その幾何異性体Mが生成した。Lと
Mはともに臭素と反応した。LとMをそれぞれ，より高温で長
時間加熱すると，Mのみ分子内で脱水反応が起こり，化合物N
を与えた。

〔問〕

キ 化合物Ⅰの分子式を示せ。

ク 実験2の結果から，化合物Jの分子量を求めよ。

ケ 下の例にならい，高分子Hの構造式を示せ。

$$\left[\begin{matrix} CH - CH_2 \\ | \\ CH_3 \end{matrix} \right]_n$$

コ 化合物K，L，Nの構造式をそれぞれ示せ。ただし，鏡像異性体は
考慮しなくてよい。

サ 化合物Gの構造式を答えよ。

2

次の I，II の各問に答えよ。必要があれば以下の値を用いよ。

元素	H	C	N	O	Cl	Ar
原子量	1.0	12.0	14.0	16.0	35.5	39.9

アボガドロ定数　$N_A = 6.02 \times 10^{23}$/mol

$\sqrt{2} = 1.41$,　$\sqrt{3} = 1.73$

I　次の文章を読み，問ア～カに答えよ。

　　空気は N_2 と O_2 を主成分とし，微量の希ガス（貴ガス）や H_2O（水蒸気），CO_2 などを含んでいる。レイリーとラムゼーは，①空気から O_2，H_2O，CO_2 を除去して得た気体の密度が②化学反応で得た純粋な N_2 の密度より大きいことに着目し，Ar を発見した。

　　空気中の CO_2 は，緑色植物の光合成によって還元され，糖類に変換される。この反応に着想を得て，③光エネルギーによって CO_2 を CH_3OH や HCOOH などの有用な化合物に変換する人工光合成の研究が行われている。

〔問〕

ア　希ガスに関する以下の(1)～(5)の記述から，正しいものをすべて選べ。

(1)　He を除く希ガス原子は 8 個の価電子をもつ。

(2)　希ガスは，放電管に封入して高電圧をかけると，元素ごとに特有の色に発光する。

(3)　He は，全ての原子のうちで最も大きな第 1 イオン化エネルギーをもつ。

(4)　Kr 原子の電子数はヨウ化物イオン I^- の電子数と等しい。

(5)　Ar は，HCl より分子量が大きいため，HCl よりも沸点が高い。

イ　空気に対して，以下の一連の操作を，操作1→操作2→操作3の順で行い，下線部①の気体を得た。各操作において除去された物質をそれぞれ答えよ。ただし，空気は N_2，O_2，Ar，H_2O，CO_2 の混合気体であるとする。

操作1：NaOH 水溶液に通じる

操作2：赤熱した Cu が入った容器に通じる

操作3：濃硫酸に通じる

ウ 問イの実験で得た気体は，同じ温度と圧力の純粋な N_2 よりも密度が 0.476 ％大きかった。問イの実験で得た気体中の Ar の体積百分率，および，実験に用いた空気中の Ar の体積百分率はそれぞれ何％か，有効数字2桁で答えよ。ただし，空気中の N_2 の体積百分率は 78.0 ％とする。

エ 問イの実験で，赤熱した Cu の代わりに赤熱した Fe を用いると，一連の操作後に得られた気体の密度が，赤熱した Cu を用いた場合よりも小さくなった。その理由を，化学反応式を用いて簡潔に説明せよ。

オ 下線部②について，NH_4NO_2 水溶液を加熱すると N_2 が得られる。この反応の化学反応式を記せ。また，反応の前後における窒素原子の酸化数を答えよ。

カ 下線部③について，CO_2 と H_2O から HCOOH と O_2 が生成する反応を考える。この反応は，CO_2 の還元反応と H_2O の酸化反応の組み合わせとして理解できる。それぞれの反応を電子 e^- を用いた反応式で示せ。

Ⅱ 次の文章を読み，問キ〜コに答えよ。

　④多くの分子やイオンの立体構造は，電子対間の静電気的な反発を考えると理解できる。例えば，CH_4 分子は，炭素原子のまわりにある四つの共有電子対間の反発が最小になるように，正四面体形となる。同様に，H_2O 分子は，酸素原子のまわりにある四つの電子対（二つの共有電子対と二つの非共有電子対）間の反発によって，折れ線形となる。電子対間の反発を考えるときは，二重結合や三重結合を形成する電子対を一つの組として取り扱う。例えば，CO_2 分子は，炭素原子のまわりにある二組の共有電子対（二つの C=O 結合）間の反発によって，直線形となる。

　多数の分子が分子間力によって引き合い，規則的に配列した固体を分子結晶とよぶ。例えば，CO_2 は低温で図2−1に示す立方体を単位格

子とする結晶となる。図２－１の結晶中で，CO_2 分子の炭素原子は単位格子の各頂点および各面の中心に位置し，⑤酸素原子は隣接する CO_2 分子の炭素原子に近づくように位置している。

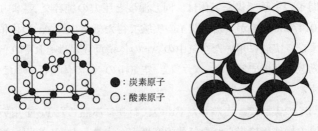

●：炭素原子
○：酸素原子

図２－１　（左）CO_2 の結晶構造の模式図。（右）分子の大きさを考慮して描いた CO_2 の結晶構造。

〔問〕

キ　いずれも鎖状の HCN 分子および亜硝酸イオン NO_2^- について，最も安定な電子配置（各原子が希ガス原子と同じ電子配置）をとるときの電子式を以下の例にならって示せ。等価な電子式が複数存在する場合は，いずれか一つ答えよ。

（例）　$\overset{\cdot\cdot}{\underset{\cdot\cdot}{O}}::C::\overset{\cdot\cdot}{\underset{\cdot\cdot}{O}}$　　$\left[H\overset{\cdot\cdot}{\underset{\cdot\cdot}{O}}:H \atop H \right]^+$

ク　下線部④の考え方に基づいて，以下にあげる鎖状の分子およびイオンから，最も安定な電子配置における立体構造が直線形となるものをすべて選べ。

　　HCN　　NO_2^-　　NO_2^+　　O_3　　N_3^-

ケ　図２－１に示す CO_2 の結晶について，最も近くにある二つの炭素原子の中心間の距離が 0.40nm であるとする。このとき，CO_2 の結晶の密度は何 g/cm^3 か，有効数字２桁で答えよ。答えに至る過程も記せ。

コ　下線部⑤について，CO_2 の結晶中で，隣り合う CO_2 分子の炭素原子と酸素原子が近づく理由を，電気陰性度に着目して説明せよ。

3

次の Ⅰ，Ⅱ の各問に答えよ。必要があれば以下の値を用いよ。

元　素	H	C	O	Na	S	Cl
原子量	1.0	12.0	16.0	23.0	32.1	35.5

気体定数　$R = 8.31 \times 10^3 \, Pa \cdot L / (K \cdot mol)$

Ⅰ　次の文章を読み，問ア～オに答えよ。

　　アメリカやアフリカにある塩湖の泥中に存在するトロナ鉱石は，主に炭酸ナトリウム，炭酸水素ナトリウム，水和水からなり，炭酸ナトリウムを工業的に製造するための原料や洗剤として用いられる。

　　①トロナ鉱石 4.52 g を 25℃ の水に溶かし，容量を 200 mL とした。この水溶液にフェノールフタレインを加えてから，1.00 mol/L の塩酸で滴定したところ，変色するまでに 20.0 mL の滴下が必要であった（第一反応）。次に，メチルオレンジを加えてから滴定を続けたところ，変色するまでにさらに 40.0 mL の塩酸の滴下が必要であった（第二反応）。以上の滴定において，大気中の二酸化炭素の影響は無視してよいものとする。また，ここで用いたトロナ鉱石は炭酸ナトリウム，炭酸水素ナトリウム，水和水のみからなるものとする。

〔問〕

ア　第一反応および第二反応の化学反応式をそれぞれ記せ。

イ　第一反応の終点における pH は，0.10 mol/L の炭酸水素ナトリウム水溶液と同じ pH を示した。この pH を求めたい。炭酸水素ナトリウム水溶液に関する以下の文章中の　a　～　e　にあてはまる式，　f　にあてはまる数値を答えよ。ただし，水溶液中のイオンや化合物の濃度は，例えば $[Na^+]$，$[H_2CO_3]$ などと表すものとする。

　　炭酸の二段階電離平衡を表す式とその電離定数は

$$H_2CO_3 \rightleftharpoons H^+ + HCO_3^- \qquad K_1 = \boxed{\text{a}}$$

$$HCO_3^- \rightleftharpoons H^+ + CO_3^{2-} \qquad K_2 = \boxed{\text{b}}$$

である。ただし，25℃ において，$\log_{10}K_1 = -6.35$，

$\log_{10} K_2 = -10.33$ である。

　　炭酸水素ナトリウム水溶液中の物質量の関係から

　　　　$[Na^+] =$ 　　　　　c　　　　　

の等式が成立する。また，水溶液が電気的に中性であることから

　　　　　　　　　　d

の等式が成立する。以上の式を，$[H^+]$ と $[OH^-]$ が $[Na^+]$ に比べ
て十分小さいことに注意して整理すると，$[H^+]$ は K_1，K_2 を用いて，

　　　　$[H^+] =$ 　e

と表される。よって，求める pH は 　f　 となる。

ウ　下線部①のトロナ鉱石に含まれる炭酸ナトリウム，炭酸水素ナトリ
　　ウム，水和水の物質量の比を求めよ。

エ　下線部①の水溶液の pH を求めよ。

オ　健康なヒトの血液は中性に近い pH に保たれている。この作用は，
　　二酸化炭素が血液中の水に溶けて電離が起こることによる。血液に酸
　　（H^+）を微量加えた場合と塩基（OH^-）を微量加えた場合のそれぞ
　　れについて，血液の pH が一定に保たれる理由を，イオン反応式を用
　　いて簡潔に説明せよ。

Ⅱ　次の文章を読み，問カ〜コに答えよ。

　　火山活動は，高温高圧の地下深部で溶融した岩石（マグマ）が上昇す
ることで引き起こされる。マグマは地下深部では液体であるが，上昇し
て圧力が下がると，②マグマ中の揮発性成分が気体（火山ガス）になり，
マグマは液体と気体の混合物となる（図3−1）。このとき，③マグマ
のみかけの密度は，気体ができる前のマグマの密度より小さくなる。こ
の密度減少がマグマの急激な上昇と爆発的噴火を引き起こす。

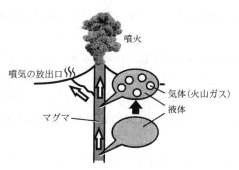

図3−1　火山活動の模式図

　火山ガスの一部は，マグマから分離して地中の割れ目などを通って上昇し，地表で噴気として放出される（図3−1）。火山ガスの組成（成分とモル分率）は，マグマから分離した時点で表3−1に示すとおりであり，上昇とともに式1の平衡が移動することで変化するものとする。噴気の放出口では，単体の硫黄の析出がしばしば観察される。その理由の一つとして，④式1において，ほぼ正反応のみが進行することが考えられる。

$$SO_2（気）+3H_2（気） \rightleftharpoons H_2S（気）+2H_2O（気）\qquad（式1）$$

表3−1　火山ガスの組成

成　分	H_2O	CO_2	SO_2	H_2S	HCl	H_2	その他
モル分率[%]	97.80	0.34	0.87	0.04	0.39	0.45	0.11

〔問〕

　カ　下線部②に関して，地中の深さ3km付近でマグマの質量の1.00％に相当するH_2Oのみが気体になる場合を考える。1.00Lのマグマから生じたH_2O（気）の体積を有効数字2桁で求めよ。答えに至る過程も記せ。ただし，このときの圧力は$8.00×10^7$Pa，温度は1047℃，H_2O（気）ができる前のマグマの密度は$2.40×10^3$g/Lとし，H_2O（気）は理想気体とみなしてよいものとする。

　キ　下線部③に関して，問カの条件で液体と気体の混合物となったマグマのみかけの密度は，気体ができる前のマグマの密度の何倍か，有効数字2桁で求めよ。ただし，液体と気体からなるマグマのみかけの密度は，（液体の質量＋気体の質量）/（液体の体積＋気体の体積）で表さ

れる。また，気体が生じたときの液体の体積変化は無視できるものと
する。

ク　式1の正反応の常温常圧における反応熱は正の値をもつ。必要な熱
　　化学方程式を記し，この値を求めよ。常温常圧における SO_2（気），
　　H_2S（気），H_2O（液）の生成熱は，それぞれ 296.9 kJ/mol, 20.2
　　kJ/mol, 285.8 kJ/mol とし，H_2O（液）の蒸発熱は 44.0 kJ/mol とす
　　る。

ケ　式1の平衡の移動に関する以下の文章中の　g　～　j　にあて
　　はまる語句を答えよ。ただし，　h　と　j　には「正」または
　　「逆」のいずれかを答えよ。

　　　圧力一定で温度が下がると，一般に　g　反応の方向に平衡が移
　　動するため，式1の　h　反応がより進行する。また，温度一定で
　　圧力が下がると，一般に気体分子の総数を　i　させる方向に平衡
　　が移動するため，式1の　j　反応がより進行する。

コ　下線部④の結果として，なぜ単体の硫黄を析出する反応が起こるの
　　か，表3－1に示した成分のモル分率を参考にして，簡潔に述べよ。
　　ただし，「その他」の成分は考慮しなくてよい。また，この硫黄が析
　　出する反応の化学反応式を記せ。

生物

（2 科目 150 分）

（注） 解答用紙は、〈理科〉共通。1 行：約 23.5 センチ，35 字分の区切りあり。1・2 は各 25 行，3 は 50 行。

1 次の I，II の各問に答えよ。

I 次の文章を読み，問 A～E に答えよ。

　遺伝的変異は突然変異によって生み出される。突然変異には、⒜DNA の塩基配列に変化が生じるものと、⒝染色体の数や構造に変化が生じるものがある。たとえば⒜において、ある遺伝子上で塩基の挿入や欠失が起こると、　1　がずれてアミノ酸配列が変化することがある。これによってアミノ酸の配列が大幅に変わってしまった場合は、タンパク質の本来の機能が失われることが多い。それ以外に塩基が他の塩基に入れ替わる変異もあり、これを置換変異と呼ぶ。置換変異の中で、アミノ酸配列の変化を伴わない変異を　2　、アミノ酸配列の変化を伴う場合を非　2　と呼ぶ。

　⒝の一例として、染色体相互転座という現象がある。これは異なる 2 つの染色体の一部がちぎれた後に入れ替わって繋がる変化で、がん（癌）でしばしば認められる染色体異常のひとつである。図 1－1 に示したのはある種の白血病で見られる染色体相互転座の例で、2 つの異なる染色体の一部が入れ替わることで、本来は別々の染色体に存在している遺伝子 X と Y が繋がり、融合遺伝子 X－Y ができる。この融合遺伝子 X－Y から転写・翻訳されてできる X－Y タンパク質が、血球細胞をがん化（白血病化）させることが知られている。正常な Y タンパク質の本来の働きは酵素であり、アミノ酸のひとつであるチロシンをリン酸化する

というリン酸化酵素活性を持つ。この酵素活性は，X-Yタンパク質の
がん化能力にも必須であることがわかっている。一方で，もう片方の染
色体にできた融合遺伝子Y-Xには，がん化など細胞への影響はないも
のとする。

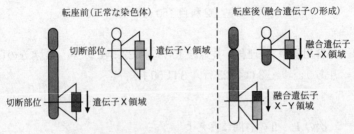

図1—1　染色体相互転座による融合遺伝子X-YとY-Xの形成
矢印は遺伝子が転写される方向を表す。

実験1　正常な遺伝子Xと遺伝子Yは，Xの4番目のエキソンと，Yの
　　　　2番目のエキソンがそれぞれ途中（破線部）で切れたのち融合する
　　　　ことで，融合遺伝子X-Yとなる（図1—2）。この融合遺伝子X-
　　　　Yの性質をより詳しく調べるために，人工的な融合遺伝子1〜4を
　　　　作製した（図1—3）。それらの遺伝子から発現したタンパク質の
　　　　大きさや性質を実験的に調べたところ，図1—3に示すような結果
　　　　が得られた。

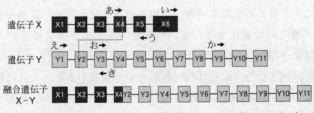

図1—2　正常な遺伝子Xと遺伝子Y，融合遺伝子X-Yのエキソン・イントロン
　　　　構造
■は遺伝子Xのエキソン，■は遺伝子Yのエキソン，四角内の数字はエキソンの番号，
エキソン間の直線はイントロンを表す。

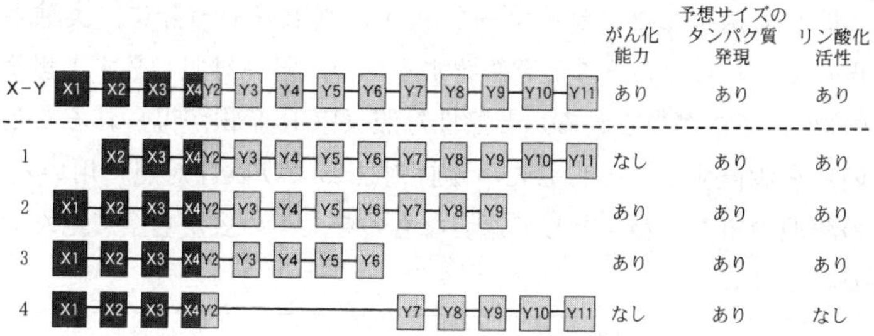

図1－3　人工的に作製した4種類の融合遺伝子1～4と実験結果

最上段の X-Y は，図1－2に示した融合遺伝子 X-Y と同一である。「予想サイズのタンパク質発現」の予想サイズとは，図示している全てのエキソンがタンパク質に翻訳された場合のサイズ，という意味である。

〔問〕

A　Ⅰの問題文の1と2に入る適当な語句を，それぞれ答えよ。

B　白血病細胞中に存在する融合遺伝子 X-Y を PCR 法で検出するために，図1－2のあ～きの中から，最も検出に優れたプライマーの組み合わせを書け（例：あ－い）。

C　図1－3に示した結果から言えることとして不適切なものを，以下の選択肢から全て選べ。

(1)　融合遺伝子のエキソンは，遺伝子 X と遺伝子 Y に由来するものがそれぞれ最低1個あり，かつ合計が最低8個あれば，その組み合わせに関わらずがん化能力を有する。

(2)　融合遺伝子1にがん化能力がないのは，最初のエキソンである X1 がないために，融合遺伝子の転写・翻訳が起こらないからである。

(3)　エキソン Y10 と Y11 はがん化に必要ではない。

(4)　融合遺伝子4にがん化能力がないのは，エキソン Y2 と Y7 の間で，RNA ポリメラーゼによる転写が停止するからである。

(5)　タンパク質 Y のリン酸化活性には，Y3 から Y6 に相当する領域が必要である。

D　問Bで選択したプライマーを用いて PCR を行う際に，実験手技が
正しく行われていることを確認するため，陽性対照（必ず予想サイズ
の PCR 産物が得られる）と陰性対照（PCR 産物が得られることはな
い）を設置することにした。陽性対照および陰性対照に用いる PCR
の鋳型の組み合わせとして適切なものを，下の表から全て選んで番号
で答えよ。

番号	陽性対照	陰性対照
1	融合遺伝子 1 の配列を含むプラスミド	融合遺伝子 3 の配列を含むプラスミド
2	融合遺伝子 2 の配列を含むプラスミド	融合遺伝子 4 の配列を含むプラスミド
3	融合遺伝子 3 の配列を含むプラスミド	融合遺伝子 2 の配列を含むプラスミド
4	融合遺伝子 X‐Y の配列を持つ白血病細胞から抽出した RNA	融合遺伝子 X‐Y の配列を持たない白血病細胞から抽出した RNA
5	融合遺伝子 X‐Y の配列を持つ白血病細胞から抽出したタンパク質	融合遺伝子 X‐Y の配列を持たない白血病細胞から抽出したタンパク質
6	融合遺伝子 X‐Y の配列を持つ白血病細胞から抽出した DNA	融合遺伝子 X‐Y の配列を持たない白血病細胞から抽出した DNA

E　図1−4に示した融合遺伝子5は，実験の準備過程でできた予想外
の融合遺伝子である。エキソン—イントロン構造は融合遺伝子 X‐Y
と同じであるが，そのタンパク質は図1−3に示した融合遺伝子3か
ら発現するタンパク質よりも小さく，さらにがん化能力を有していな
かった。そこでこの融合遺伝子5の DNA 配列を調べた結果，X4 と
Y2 のつなぎ目に予期しなかった配列の変化が見つかった。融合遺伝
子5に起こった DNA の変化として考えられる4つの候補 a〜d を図
1−4に示す。この中から融合遺伝子5として適切な DNA 配列を下
記の選択肢1〜4から選び，その理由を3行以内で述べよ。

融合遺伝子5
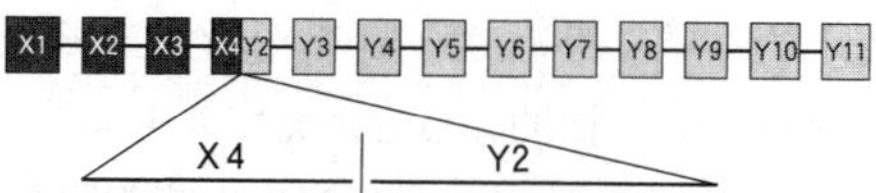

	X4				Y2				
X−Y	GAG	TAC	CTG	GAG	AAG	ATA	AAC	TTC	ATC
アミノ酸	Glu	Tyr	Leu	Glu	Lys	Ile	Asn	Phe	Ile
5 a	GAG	TAC	CTG	GA□	AAG	ATA	AAC	TTC	ATC
5 b	GAG	TAC	CTG	GA□	□□G	ATA	AAC	TTC	ATC
5 c	GAG	TAC	CTG	GAG	□□□	ATA	AAC	TTC	ATC
5 d	GAG	TAC	CTG	GAG	TAG	ATA	AAC	TTC	ATC

図１―４　融合遺伝子５に起こった変化の候補ａ～ｄとその塩基配列
変化前の融合遺伝子X―Yの塩基配列とアミノ酸配列を上に，変化後の塩基配列の候補ａ～ｄを下に示す。□はその部分の塩基が欠失していることを示す。

1）　ａとｄ

2）　ａとｂとｄ

3）　ｂのみ

4）　ａとｃ

Ⅱ　次の文章を読み，問Ｆ～Ｌに答えよ。

融合遺伝子X-Yによって発症する白血病（X-Y白血病）の治療には(ア)分子標的薬Ｑが使用される。X-Y融合タンパク質に対しては，分子標的薬ＱがX-Y融合タンパク質のチロシンリン酸化活性（以下「リン酸化活性」と称する）部位に結合し，その機能を阻害する。Xと融合していない正常なYタンパク質もリン酸化活性を持つが，(イ)正常なYタンパク質のリン酸化活性部位は全く異なる構造をしているため，分子標的薬ＱはX-Y融合タンパク質にしか作用しない。

一方で，この分子標的薬Ｑは近年，X-Y白血病以外にも，消化管にできるSタイプと呼ばれるがんの治療にも効果があることが分かった。このがんSでは，Rという遺伝子に変異が見られる。正常な遺伝子Rから転写翻訳されたRタンパク質はYタンパク質と同じくリン酸化活性を有する受容体であるが，R遺伝子に変異が起こった結果，がんSではRタンパク質が異常な構造に変化して，［ 3 ］非依存的に活性化されることが分かっている。

実験２　分子標的薬ＱがX-Y白血病細胞の増殖に与える効果を実験的

に確認した。約 1,000,000 個の X‐Y 白血病細胞を用意し，治療に
適切な濃度の分子標的薬 Q を加えて 4 週間培養し，経時的に細胞数
を数えた。この濃度では，X‐Y 白血病細胞の数は 3 日毎に 10 分の
1 に減ることが知られていたことから，図 1－5 に示した黒線のよ
うなグラフが予想された。しかし実際には X‐Y 白血病細胞は死滅
せず，28 日目に 500 個の細胞が残っていた。これらの生き残った
細胞が持つ融合遺伝子 X‐Y の配列を調べたところ，これらの細胞
ではもれなく，エキソン Y5 内に存在する塩基の置換変異により，
特定のアミノ酸が 1 つ変化していることがわかったが，そのリン酸
化活性は保たれていた。

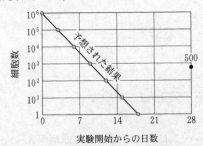

図 1－5　分子標的薬 Q が X‐Y 白血病細胞の増殖に与える効果

〔問〕

F　下線部(ア)に関して，がん治療における分子標的薬全般の説明として
　最も適切なものをひとつ選べ。なおこの場合の「分子」とは，核酸や
　タンパク質をさす。

(1)　分子標的薬は RNA ポリメラーゼの分解を介して，細胞全体の転
　　写活性を阻害する薬である。

(2)　分子標的薬はがん細胞の増殖や転移などの病状に関わる特定の分
　　子にのみ作用するように設計されている。

(3)　分子標的薬はがん細胞の表面を物理的に覆い固めることで，がん
　　細胞の分裂・増殖を阻害する薬である。

(4)　分子標的薬は細胞表面に出ている受容体にしか効果がない。

(5)　分子標的薬は標的分子が十分に大きくないと結合できないため，
　　小さい分子には効果がない。

G　下線部(イ)について，一般に酵素の活性部位はそれぞれの酵素に特有
　の構造をしており，特定の物質のみに作用する性質を持つ。この性質
　を酵素の何と呼ぶか。下記の選択肢からひとつ選べ。
　　基質交叉性，基質反応性，基質指向性，基質特異性，基質決定性，
　　基質排他性

H　　3　に入る適当な語句を，下の選択肢からひとつ選べ。
　　ビタミン，リガンド，ペプチド，シャペロン，チャネル，ドメイン

I　Ⅱの問題文の内容に関する記述として，以下の説明から不適切なも
　のを 2 つ選べ。
　⑴　X–Y 白血病細胞が消化管の細胞を誤って攻撃することで遺伝子
　　　R の変異が誘導され，がん S が起こる。
　⑵　X–Y 融合タンパク質のリン酸化活性部位との結合力を高めれば，
　　　より治療効果の高い分子標的薬を作ることができる。
　⑶　あるがんにおいて，遺伝子 R の変異がなくても，その発生部位が
　　　がん S と同じく消化管であれば，分子標的薬 Q の効果が期待できる。
　⑷　X–Y 融合タンパク質のリン酸化活性部位と，がん S で見られる
　　　変異 R タンパク質のリン酸化活性部位は，タンパク質の構造が類似
　　　している。

J　実験 2 で述べたアミノ酸の置換によって，なぜ分子標的薬 Q が効か
　なくなったと考えられるか。「構造」，「結合」という単語を使って 2
　行程度で述べよ。

K　実験 2 においてこのアミノ酸置換を持つ細胞は実験途中で融合遺伝
　子 X–Y に変異が起こって出現したのではなく，もともとの細胞集団
　の中に存在しており，分子標的薬 Q の影響を全く受けずに，4 日毎に
　2 倍に増殖すると仮定した場合，最初（0 日目）に何個の細胞が存在
　していたか計算せよ（小数第一位を四捨五入した整数で答えよ）。

L　K の仮定を考慮すると，図 1–5 の実際の細胞数の増減パターンは

下記1～6のどれが最も近いか。X軸，Y軸の値は，図1－5と同じとする。

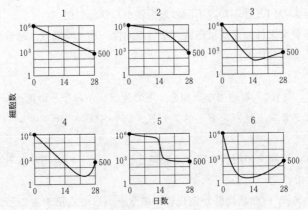

2　　次のⅠ，Ⅱの各問に答えよ。

Ⅰ　次の文章を読み，問A～Dに答えよ。

　アフリカを中心とした半乾燥地帯における貧栄養土壌での作物栽培に，大きな被害をもたらす寄生植物に，ストライガ（図2－1）というハマウツボ科の一年草がある。ストライガは，自身で光合成を行うものの，その成長のためには宿主への寄生が必須となる。実際に，土壌中で発芽したストライガは，数日のうちに宿主へ寄生できなければ枯れてしまう。ストライガは，ソルガムやトウモロコシといった現地の主要の作物に，どのようなしくみで寄生するのだろうか。その理解のためには，まず，これらの作物と菌根菌との関係を知る必要がある。

　ソルガムやトウモロコシは，土壌中のリン酸や窒素といった無機栄養が欠乏した環境において，菌根菌を根に定着させる。(ア)菌根菌は，土壌中から吸収したリン酸や窒素の一部をソルガムやトウモロコシへ与える代わりに，その生育や増殖に必須となる，光合成産物由来の糖や脂質をこれらの作物から受け取っている。

　(イ)ソルガムやトウモロコシは，菌根菌を根に定着させる過程の初期に

おいて，化合物Sを土壌中へ分泌し，周囲の菌根菌の菌糸を根に誘引する。(ウ)化合物Sは，不安定で壊れやすい物質であり，根から分泌された後，土壌中を数 mm 拡散する間に短時間で消失する。このような性質により，根の周囲には化合物Sの濃度勾配が生じ，菌根菌の菌糸はそれに沿って根に向かう。

　ストライガは，宿主となるソルガムやトウモロコシのこのような性質を巧みに利用し，それらへ寄生する。直径が0.3mm ほどの(エ)ストライガの種子は，土壌中で数十年休眠することが可能であり，化合物Sを感知して発芽する。その後，発芽したストライガの根は，宿主の根に辿り着くと，その根の組織を突き破り内部へ侵入する。最終的に，ストライガは自身と宿主の維管束を連結し，それを介して宿主から水分や無機栄養，光合成産物を奪い成長する。そのため，ストライガに寄生されたソルガムやトウモロコシは，多くの場合，結実することなく枯れてしまう（図2－1）。

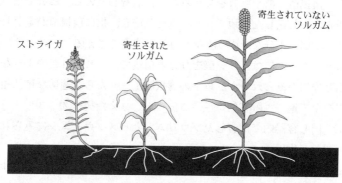

図2－1　ソルガムに寄生するストライガ

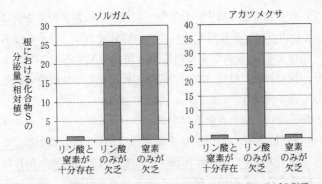

図2-2 無機栄養の欠乏が根における化合物Sの分泌量に及ぼす影響
グラフは，根の単位重量当たりの化合物Sの分泌量を，リン酸と窒素が十分存在
する条件での値を1として示している。

〔問〕

A 下線部(ア)について。菌根菌の宿主は，その光合成産物のかなりの量を，菌根菌に糖や脂質を与えるために消費している。ここでは，リン酸のみが欠乏した畑地でソルガムを栽培し，根に菌根菌が定着した後に，土壌へ十分な量のリン酸を与える場合を考える。このとき，菌根菌とソルガムには，リン酸を与える前後で，それぞれどのような種間相互作用がみられるか。以下の選択肢(1)～(6)から，適切な種間相互作用を全て選べ。解答例：与える前—(1) 与えた後—(2) (3)

(1) 同じ容器内で飼育したゾウリムシとヒメゾウリムシにみられる種間相互作用

(2) シロアリとその腸内に生息しセルロースやリグニンを分解する微生物にみられる種間相互作用

(3) ナマコとその消化管を外敵からの隠れ家として利用するカクレウオにみられる種間相互作用

(4) イヌとその体の表面に付着して吸血するダニにみられる種間相互作用

(5) ハダニとそれを食べるカブリダニにみられる種間相互作用

(6) アブラムシとその排泄物を餌にするアリにみられる種間相互作用

B 下線部(イ)について。土壌中のリン酸や窒素の欠乏が，ソルガムやマ

メ科牧草のアカツメクサの根における化合物Sの分泌量に及ぼす影響をそれぞれ調べ，その結果を図2－2にまとめた。根における化合物Sの分泌様式が，両者の間で異なる理由について，無機栄養の獲得戦略の観点から，3行程度で述べよ。

C　下線部(ウ)について。このような化合物Sの性質は，ストライガが宿主に寄生するうえで，どのような点で有利にはたらくか。1行程度で述べよ。

D　下線部(エ)について。ストライガの種子が存在する土壌において，宿主が生育していない状況で，化合物Sを散布すると，ストライガは発芽するものの，宿主への寄生が成立しないため枯死する。そこで，ストライガの種子が拡散している無機栄養の欠乏した畑地において，作物を栽培していない時期にストライガを枯死させるため，化合物Sの土壌での安定性を高めた類似化合物を開発した。さらに，作物の無機栄養吸収に影響を与えず，ストライガを効率よく，より確実に枯死させるため，この類似化合物を改良したい。以下2つの活性を個別に改変できるとした場合，それらを化合物Sの活性と比較してどのように改変することが望ましいか。2つの活性について，その理由を含め，それぞれ3行程度で述べよ。

【改変可能な活性】ストライガの発芽を誘導する活性，菌根菌を誘引する活性

II　次の文章を読み，問E～Hに答えよ。

ストライガは，どのようにして宿主から水分を奪うのだろうか。自身の根の維管束を宿主のそれに連結したストライガは，蒸散速度を宿主より高く保つことで，宿主から自身に向かう水分の流れを作り出す。この蒸散速度には，葉に存在する気孔の開きぐあいが大きく影響する。土壌が乾燥して水不足になると，多くの植物では，体内でアブシシン酸が合成され，その作用によって気孔が閉じる。このとき，体内のアブシシン酸濃度の上昇に応じ，気孔の開きぐあいは小さくなっていく。一方，ス

トライガでは，タンパク質Xのはたらきにより，気孔が開いたまま維持
される。この(オ)タンパク質Xは，陸上植物に広く存在するタンパク質Y
に，あるアミノ酸変異が起こって生じたものである。シロイヌナズナの
タンパク質Yは，体内のアブシシン酸濃度の上昇に応じ，その活性が変
化する。ここでは，タンパク質Xやタンパク質Yの性質を詳しく調べる
ため，以下の実験を行った。

実験1　遺伝子工学の手法により，タンパク質Xを過剰発現させたシロ
　　　イヌナズナ形質転換体を作製した。次に，この形質転換体を野生型
　　　シロイヌナズナとともに乾燥しないよう栽培し，ある時点で十分な
　　　量のアブシシン酸を投与した。しばらく時間をおいた後，サーモグ
　　　ラフィー（物体の表面温度の分布を画像化する装置）を用いて，葉
　　　の表面温度をそれぞれ計測し，その結果を図2－3にまとめた。

実験2　遺伝子工学の手法により，タンパク質Yを過剰発現させたシロ
　　　イヌナズナ形質転換体とタンパク質Yのはたらきを欠失させたシロ
　　　イヌナズナ変異体とを作製した。次に，これらの形質転換体や変異
　　　体を，野生型シロイヌナズナやタンパク質Xを過剰発現させたシロ
　　　イヌナズナ形質転換体とともに，乾燥しないよう栽培した。その後，
　　　ある時点から水の供給を制限し，土壌の乾燥を開始した。同時に，
　　　日中の決まった時刻における葉の表面温度の計測を開始し，その経
　　　時変化を図2－4にまとめた。この計測と並行し，タンパク質Xや
　　　タンパク質Yの発現量を測定したところ，各種のシロイヌナズナの
　　　葉におけるそれらの発現量に，経時変化は見られなかった。

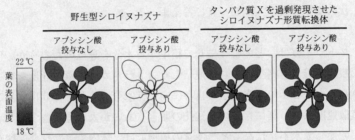

図2－3　野生型シロイヌナズナとタンパク質Xを過剰発現させたシロイヌナズナ
　　　　形質転換体の上からのサーモグラフィー画像

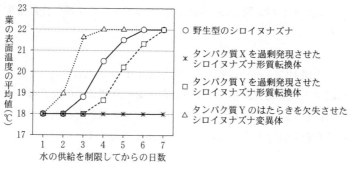

図2―4　各種のシロイヌナズナにおける水の供給を制限した後の葉の表面温度の経
時変化

〔問〕

E　実験1において，十分な量のアブシシン酸を投与した後に，野生型
シロイヌナズナの葉の表面温度が上昇した理由を，1行程度で述べよ。

F　実験1，実験2の結果をふまえて，タンパク質Xやタンパク質Yの
はたらきを述べた文として最も適切なものを，以下の選択肢(1)〜(8)か
ら一つ選べ。

(1)　タンパク質Xやタンパク質Yは，アブシシン酸の合成を促進する。

(2)　タンパク質Xやタンパク質Yは，アブシシン酸の合成を抑制する。

(3)　タンパク質Xは，アブシシン酸の合成を促進する。一方，タンパ
ク質Yは，アブシシン酸の合成を抑制する。

(4)　タンパク質Xは，アブシシン酸の合成を抑制する。一方，タンパ
ク質Yは，アブシシン酸の合成を促進する。

(5)　タンパク質Xやタンパク質Yは，気孔に対するアブシシン酸の作
用を促進する。

(6)　タンパク質Xやタンパク質Yは，気孔に対するアブシシン酸の作
用を抑制する。

(7)　タンパク質Xは，気孔に対するアブシシン酸の作用を促進する。
一方，タンパク質Yは，気孔に対するアブシシン酸の作用を抑制す
る。

(8)　タンパク質Xは，気孔に対するアブシシン酸の作用を抑制する。

一方，タンパク質Yは，気孔に対するアブシシン酸の作用を促進する。

G　下線部(オ)について。実験2の結果をふまえると，タンパク質Yとそれにアミノ酸変異が起こって生じたタンパク質Xとの間には，どのような性質の違いがあるか。体内のアブシシン酸濃度の上昇に伴うタンパク質の活性の変化に着目し，2行程度で述べよ。

H　実験2の7日間の計測期間中，4種類のシロイヌナズナはどれも葉の萎れを示さなかった。このとき，最も早く葉の光合成活性が低下したと考えられるものは4種類のうちどれか。また，その後も，水の供給を制限し続けたとき，最も早く萎れると考えられるものはどれか。その理由も含め，それぞれ3行程度で述べよ。

3　次のⅠ，Ⅱ，Ⅲの各問に答えよ。

Ⅰ　次の文章を読み，問A〜Dに答えよ。

ヒトも含めた多細胞動物は，後生動物と呼ばれ，進化の過程で高度な体制を獲得してきた。動物が進化して多様性を獲得した過程を理解する上では，現生の動物の系統関係を明らかにすることが非常に重要である。動物門間の系統関係は未だ議論の残る部分もあるが，現在考えられている系統樹の一例を図3−1に示す。この系統関係を見ると，どのようにして動物が高度な体制を獲得するに至ったのか，その進化の過程を見てとることができる。動物進化における重要な事象として，多細胞化，口（消化管）の獲得，神経系・体腔の獲得，左右相称性の進化，旧口／新口（前口／後口）動物の分岐，脱皮の獲得，脊索の獲得などが挙げられる。

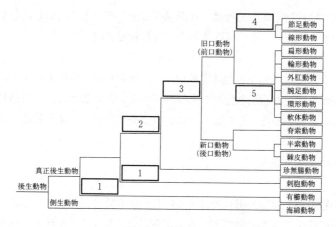

図3—1　動物門間の系統関係
著作権の都合上，図3—1中のイラストを省略しています――編集部

〔問〕

A　図3—1の1〜5に入る語句として最も適切な組み合わせを下記の
(1)〜(4)から選べ。

(1)　1：放射相称動物，2：体腔の獲得，　3：左右相称動物，
　　　4：脱皮動物，5：冠輪動物

(2)　1：放射相称動物，2：左右相称動物，3：体腔の獲得，
　　　4：脱皮動物，5：冠輪動物

(3)　1：左右相称動物，2：放射相称動物，3：体腔の獲得，
　　　4：冠輪動物，5：脱皮動物

(4)　1：体腔の獲得，　2：左右相称動物，3：放射相称動物，
　　　4：冠輪動物，5：脱皮動物

B　動物の初期発生が進行する過程で，一様であった細胞（割球）が複
数の細胞群（胚葉）へと分化する。後生動物は，外胚葉と内胚葉から
なる二胚葉性の動物と，外胚葉・中胚葉・内胚葉からなる三胚葉性の
動物に大別される。下記にあげた動物はそれぞれ，二胚葉性・三胚葉
性のどちらに分類されるか。「(1)二胚葉性」のように記せ。

(1)　イソギンチャク　　(2)　カブトムシ　　(3)　ゴカイ

(4)　ヒト　　(5)　クシクラゲ　　(6)　イトマキヒトデ

C　旧口動物と新口動物は，初期発生の過程が大きく異なることが特徴
　　である。どのように異なるのか，2行程度で記せ。

D　ウニやヒトデなどの棘皮動物は，五放射相称の体制を有するにもか
　　かわらず，左右相称動物の系統に属する。このことは，発生過程を見
　　るとよくわかる。それは，どのような発生過程か，2行程度で記せ。

Ⅱ　次の文章を読み，問E，Fに答えよ。

　動物の系統関係を明らかにする場合，その動物が持つ様々な特徴から
類縁関係を探ることができ，古くから形態に基づく系統推定は行われて
きた。しかし，形態形質は研究者によって用いる形質が異なるなど，客
観性にとぼしい。近年では，様々な生物種からDNAの塩基配列情報を
容易に入手できるようになり，これに基づいて系統関係を推定する分子
系統解析が，系統推定を行う上で主流となっている。
　1949年に「珍渦虫（ちんうずむし）」と呼ばれる謎の動物が，スウェ
ーデン沖の海底から発見された（図3－2）。この動物は，体の下面に
口があるが，肛門はないのが特徴である。珍渦虫がどの動物門に属する
かは長らく謎であり，最初は扁形動物の仲間だと考えられていた。1997
年に，珍渦虫のDNA塩基配列に基づく分子系統解析が初めて行われて
以来，現在までに様々な仮説が提唱されている。当初，軟体動物に近縁
だと報告されていたが，これは餌として食べた生物由来のDNAの混入
によるものだと判明した。その後，分子系統解析が再度行われた結果，
(ア)珍渦虫は新口動物の一員であるという知見が発表された。

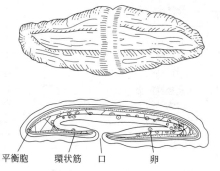

平衡胞　環状筋　口　　卵

図3－2　珍渦虫の体制. 上から見た図(上)と正中断面(下)

　さらにその後，扁形動物の一員と考えられていた無腸動物が珍渦虫に近縁であることが示され，両者を統合した珍無腸動物門が新たに創設された。しかし，その系統学的位置については，新口動物に近縁ではなく，「(ｲ)旧口動物と新口動物が分岐するよりも前に出現した原始的な左右相称動物である」という新説が発表された。また，(ｳ)珍渦虫と無腸動物は近縁でないとする説も発表されるなど，状況は混沌としてきた。

　2016 年，(ｴ)珍渦虫と無腸動物は近縁であり（珍無腸動物），これらは左右相称動物の最も初期に分岐したグループであることが報告された。しかし，2019 年に発表された論文では，(ｵ)珍無腸動物は水腔動物（半索動物と棘皮動物を合わせた群）にもっとも近縁であるという分子系統解析の結果が発表された。そのため珍無腸動物の系統学的位置は未解決のままである。

〔問〕

E　下線部(ｱ)～(ｵ)の仮説を適切に説明した系統樹を次の 1 ～ 4 から選び，(ｱ)－ 1 のように記述せよ。それぞれの仮説に当てはまるものはひとつとは限らない。

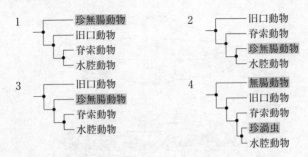

F　図3－2下の断面図にあるように，珍渦虫には口はあるが肛門はない。下線部(ア)が正しいとすると，その分類群の中ではかなり不自然な発生過程をたどることになると考えられる。それはなぜか，3行程度で記せ。

Ⅲ　次の文章を読み，問G～Ⅰに答えよ。

　多細胞体である後生動物は，単細胞生物からどのような過程を経て進化してきたのだろうか。この点についてはかなり古くから議論があり，これまでに様々な仮説が提唱されている。主として支持されてきたのが，ヘッケルの群体鞭毛虫仮説（群体起源説，ガストレア説）とハッジの多核体繊毛虫仮説（繊毛虫類起源説）である（図3－3）。

　ヘッケルの唱えた群体鞭毛虫仮説では，単細胞の鞭毛虫類が集合して，群体を形成し，多細胞の個体としてふるまうようになったものが最も祖先的な後生動物であるとしている。この仮想の祖先動物は「ガストレア」と呼ばれ，多くの動物の初期胚に見られる原腸胚（嚢胚）のように原腸（消化管のくぼみ）を有するとしている。この説では，　6　から　7　が生じたとしている。

　一方，ハッジの唱えた多核体繊毛虫仮説では，繊毛を用いて一方向に動く単細胞繊毛虫が多核化を経て多細胞化したとする。つまりこの説では，　8　から　9　が派生したとしている。

　近年の分子系統学的解析から，後生動物は単系統であることや，その姉妹群が襟鞭毛虫であることが示されている。襟鞭毛虫は群体性を示すことや，後生動物の中で最も早期に分岐した海綿動物には，襟鞭毛虫に

似た「襟細胞」が存在することから，現在ではヘッケルの群体鞭毛虫仮説が有力と考えられている。

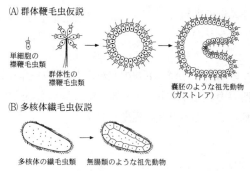

図 3 ― 3　ヘッケルの群体鞭毛虫仮説 (A) とハッジの多核体繊毛虫仮説 (B)

〔問〕

G　文中の空欄 6 〜 9 に当てはまる語句として最も適切な組み合わせを下記の(1)〜(4)から選べ。

(1)　6：放射相称動物，7：左右相称動物，8：左右相称動物，
　　　9：放射相称動物

(2)　6：左右相称動物，7：放射相称動物，8：左右相称動物，
　　　9：放射相称動物

(3)　6：放射相称動物，7：左右相称動物，8：放射相称動物，
　　　9：左右相称動物

(4)　6：左右相称動物，7：放射相称動物，8：放射相称動物，
　　　9：左右相称動物

H　動物の中には，外肛動物（コケムシ）のように，個体が密着して集団がまるで 1 個体であるかのように振る舞う「群体性」を示すものが存在している。群体性を示す動物の中には，異なる形態や機能を持つ個体が分化したり，不妊の個体が存在する種も知られる。このように同種の血縁集団として生活し，その中に不妊個体を含む異なる表現型を持つ個体が出現する動物は他にも存在している。その例として最も適切なものを下記からひとつ選べ。

(1)　アブラムシの翅多型

(2)　ミジンコの誘導防御

(3)　クワガタムシの大顎多型

(4)　社会性昆虫のカースト

(5)　ゾウアザラシのハーレム

Ⅰ　ヘッケルの唱えた「ガストレア」が後生動物の起源だとすると，現生の動物門の中で「ガストレア」の状態に最も近い動物門は何か。動物門の名称とその理由を3行程度で記せ。

■■■■地学■■■

（2 科目 150 分）

（注） 解答用紙は，〈理科〉共通。1 行：約 23.5 センチ，35 字分の区切
りあり。1・2 は各 25 行，3 は 50 行。

1 現在，太陽以外の恒星のまわりにも惑星が発見されている。この
ような惑星の中に地球によく似た環境の惑星があれば，人類の移
住が可能かもしれない。2 つの惑星 X1，X2 を持つ恒星 S を考える。こ
れらの惑星は同一平面上で恒星 S を中心とする円軌道を同じ方向に運動し，
惑星 X1 の軌道半径 a_1 は惑星 X2 の軌道半径 a_2 より小さいとする。惑星
X1 と惑星 X2 の公転周期をそれぞれ P_1，P_2 とする。惑星 X2 に人類が移
住したとして，次の問い（問 1 〜 3）に答えよ。ただし，光速 $c = 3.0$
$\times 10^8$ m/s，1 天文単位 $a_E = 1.5 \times 10^{11}$ m とし，必要であれば，$1.5^{\frac{1}{2}} = 1.22$，
$1.5^{\frac{1}{3}} = 1.14$ という近似を使ってよい。

問 1 惑星 X1 と惑星 X2 が最接近したときに，惑星 X2 にいる人が惑星
X1 に向けて電波を射出し，惑星 X1 の表面で反射して戻ってくるまで
の時間を測定した。この往復の時間（エコー時間）は Δt であった。以
下の問いに答えよ。

(1) 電波が光速 c で進むとして，a_1，a_2，Δt の関係式を求めよ。ただし，
エコー時間の間の惑星の位置の変化は無視でき，惑星半径は軌道半径
に比べて無視できるとする。

(2) 惑星 X2 の軌道半径 a_2 を，P_1，P_2，a_1 を用いて表せ。

(3) 測定結果は $\Delta t = 330$ 秒であった。P_1 が 1.0 年，P_2 が 1.5 年である

時，a_2 は何天文単位になるか。計算の過程とともに，有効数字 2 桁
で答えよ。

問2　惑星 X2 にいる人が恒星 S と惑星 X1 の天球上の位置を継続的に観
　　測した。ある時刻 t_1 で惑星 X1 と恒星 S の間の離角が最大となった（最
　　大離角）。次の最大離角は時刻 t_2 で見られた。時刻 t_1，t_2 で惑星 X1 の
　　スペクトルを測定したところ，t_2 でのスペクトル線の波長の方が t_1 で
　　のものより短かった。このスペクトル線の波長の変化は惑星の公転によ
　　るものとする。以下の問いに答えよ。

(1)　最大離角 θ_{max} と a_1，a_2 の間に成り立つ関係式を書け。

(2)　惑星 X1 と惑星 X2 が単位時間あたりに公転する角度の差を P_1，P_2
　　を用いて表せ。

(3)　時間差 $t_2 - t_1$ を，P_1，P_2，θ_{max} を用いて表せ。計算の過程も示すこ
　　と。

問3　地球大気最上端で太陽光線に垂直な単位面積が単位時間あたりに受
　　ける太陽からの全放射エネルギーを太陽定数という。惑星 X2 が受ける
　　恒星 S からの全放射エネルギーを同様に測定したところ，地球における
　　太陽定数と同じ値であった。以下の問いに答えよ。

(1)　恒星 S の光度は太陽の光度の何倍か，a_1，a_2，a_E の中から必要なも
　　のを用いて表せ。

(2)　恒星 S は主系列星であり，$a_2 > a_E$ であるとする。惑星 X2 の大気最
　　上端で，恒星 S からの光線に垂直な単位面積が単位時間あたりに受け
　　る紫外線の放射エネルギーは，地球が太陽から受ける紫外線の放射エ
　　ネルギーと比べて大きいと考えられるか，小さいと考えられるか，理
　　由を含めて 2 行程度で答えよ。

2   大気と海洋の現象に関する次の問い（問1～2）に答えよ。

問1   次の文章を読み，以下の設問に答えよ。

　　近年，人間活動によって大気中の(I)温室効果ガス濃度が上昇し，その結果として地上気温が上昇していることが，地球環境問題として認識されている。この(II)地球規模の温暖化は，地球上のどこでも同じ速さで進んでいるわけではなく，特に北極域で温度上昇が大きいことが報告されている。北極海には海氷が浮遊しているが，(III)海氷が融解し海面を覆っている面積が減少することによって，さらに温暖化が進むことが知られている。また，極域の温暖化にともなって，(IV)氷晶と過冷却の水滴が共存している雲の量がどう変化するのか注目されている。(V)海氷の融解が直接的に世界の平均海面水位に与える影響はないが，陸上にある山岳氷河や氷床の減少は海面上昇を引き起こす。

(1)   下線部(I)に該当する気体の名称を二酸化炭素のほかに2つ挙げよ。

(2)   下線部(II)とは別に，大都市域では地域的な気温の上昇（ヒートアイランド現象）も見られる。その原因として考えられるものを1つ挙げよ。

(3)   下線部(III)の理由として考えられるしくみを3行程度で説明せよ。

(4)   下線部(IV)の氷晶や過冷却の水滴の成長には飽和水蒸気圧が重要な要素の1つとなる。
　 (a)   飽和水蒸気圧とは何か，3行程度で説明せよ。
　 (b)   氷晶と過冷却の水滴が共存するとき，片方がもう片方よりも成長しやすい。その理由を，「飽和水蒸気圧」という語を用いて3行程度で述べよ。ただし，温暖化の影響は考えなくてよい。

(5)   下線部(V)の理由をアルキメデスの原理に基づき3行程度で説明せよ。

図を用いてもよい。ただし，塩分の効果は考えなくてよい。

問2　大気と海洋の間では，二酸化炭素のやり取りが行われており，海洋から大気へと二酸化炭素が放出されている海域と，大気から海洋へと二酸化炭素が吸収されている海域が存在する。この海洋による二酸化炭素の吸収や放出は，水温，生物活動など様々な影響を受けて大きく変動することが知られているが，湧昇も重要な要因の1つである。具体的には，二酸化炭素を多く含む下層の海水が湧昇すると，海洋による二酸化炭素放出量が増大する。以下の問いに答えよ。

(1)　下線部であげられている2つの要因が，海洋による二酸化炭素の吸収や放出に影響を与える理由について，それぞれ2行程度で述べよ。

(2)　東太平洋赤道域における大気海洋間の二酸化炭素のやり取りについて述べた以下の文章の①～③に入る適切な語句を選択せよ。

　　　東太平洋赤道域では，① 東・西 風の貿易風が吹いているため，両半球の海洋で ② 極・赤道 向きのエクマン輸送が生じている。その結果，赤道上で湧昇が起きるため，東太平洋赤道域は主に二酸化炭素が放出される海域となっている。また，エルニーニョ現象に伴う湧昇の ③ 弱化・強化 などによって，東太平洋赤道域における大気海洋間の二酸化炭素のやり取りは，年によって大きく変動することが知られている。

(3)　図2−1は，インド洋西部周辺の地上10mにおける風の季節変動の様子を示している。
　(a)　この海域では，モンスーンが卓越する。図2−1の(A)と(B)のどちらが北半球の夏の図であるかを答えよ。
　(b)　インド洋西部のアフリカ大陸沖やアラビア半島沖（赤道～北緯20度）では，湧昇の季節変動に伴って，大気海洋間の二酸化炭素のやり取りも大きく季節変動する。北半球の夏と冬のどちらの方が海洋からの放出量が多いか，その理由とともに3行程度で述べよ。

ただし,「エクマン輸送」,「湧昇」という語句を必ず用いること。

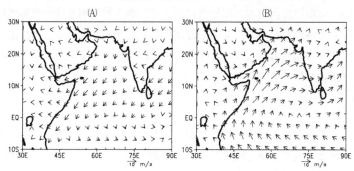

図 2 ― 1　インド洋西部周辺(東経 30 度〜東経 90 度,南緯 10 度〜北緯 30 度)の地上
10 m の風(矢印)。(A)と(B)は,それぞれある季節(夏または冬)の風を示して
いる。

3　地震と地質に関する次の問い(問 1 〜 2)に答えよ。

問 1　次の文章を読み,以下の設問に答えよ。

(1)　海嶺から離れた場所で海底面を強くたたいて地震波を発生させ,
様々な震央距離 x に対する P 波の走時を観測し,走時曲線(図 3 ―
1)を取得した。海洋底下は 2 つの層から構成され,浅い層を第 1 層,
深い層を第 2 層と呼ぶ。各層の厚さは水平方向に一定であり,層内を
伝わる P 波速度は各層中で一定であるとする。図 3 ― 1 の実線は直接
波の走時曲線,一点鎖線は第 1 層と第 2 層の境界で屈折して海洋底に
到達する波の走時曲線を示す。直接波と屈折波が同時に到達する震央
距離 x_l は,第 1 層の厚さ d,第 1 層の P 波速度 v_1,第 2 層の P 波速
度 v_2 を用いて,次の式で表される。

$$x_l = 2d\sqrt{\frac{v_2 + v_1}{v_2 - v_1}}$$

(a)　図 3 ― 1 の走時曲線から v_1, v_2, d を有効数字 2 桁で求めよ。計
算の過程を示すとともに,単位も明記せよ。

(b)　$x \geqq x_l$ における屈折波の走時 T_H を x, d, v_1, v_2 を用いて式で表

　　せ。

(c)　実際には直接波と屈折波に加えて，第1層と第2層の境界で反射
して海洋底に戻る反射波と呼ばれるP波が観測されることがある。
任意の震央距離 x の地点における反射波の走時 T_R は x, d, v_1 を
用いて次の式で表される。

$$T_R = \frac{2}{v_1}\sqrt{d^2 + \frac{x^2}{4}}$$

　　直接波と屈折波の走時曲線に対して，反射波の走時曲線を示すも
っとも適切な概念図を図3-2の①～④から1つ選び，その理由を
2行程度で述べよ。

(2)　図3-3に示すように，海嶺軸で発生した地震によるP波を，海嶺
軸に直交する測線 AA' に沿って観測した。

(a)　測線 AA' に沿う各観測地点での地面の最初の動き（初動）に着
目すると，図3-3のように押し波の領域と引き波の領域の分布が
得られた。また，この地震の断層面は，走向 N0°E，傾斜45°W の
面で代表されることがわかった。この地震の断層運動は，①右横ず
れ，②左横ずれ，③正断層，④逆断層のいずれであるか，東西方向
の断面図を描いて2行程度で説明せよ。

(b)　下の文章を読み，ア～ウの空欄にあてはまる語句をそれぞれ答え
よ。

　　上記の断層運動は，大西洋中央海嶺のようなプレート発散境界で
発生しやすい。なぜなら，海嶺では地殻を水平方向に　ア　力が
はたらいているからである。また，類似の断層運動は，海溝付近で
も起こりやすい。　ア　力は，海洋プレートが沈み込む前に曲げ
られることによっても生じるからである。

　　海嶺のように，マントル物質が深部から高温を保ったまま上昇し
てくるところでは，　イ　の低下によってマントル物質が融解し
てマグマが生じる。マントル物質が融けはじめる温度は，　ウ　
などが加わると大きく低下する。

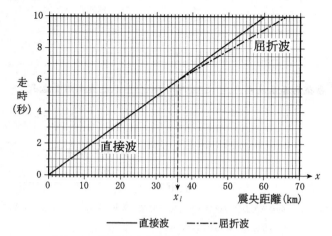

図 3 — 1　観測された走時曲線。x は震央距離を表す。

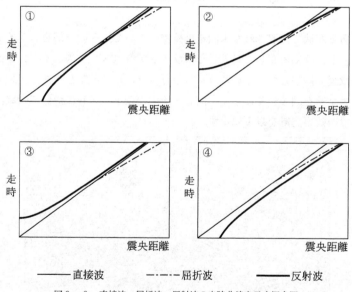

図 3 — 2　直接波，屈折波，反射波の走時曲線を示す概念図

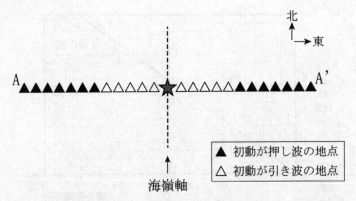

図 3 — 3　測線 AA'の位置を示す平面図。地震の震央を星印で，各地点の初動の
　　　　押し引き分布を▲印と△印で示す。

問 2　次の文章を読み，以下の設問に答えよ。

　　ある海域で採取された未固結堆積物について，その一部をスライドガ
　ラス上に薄く塗布して封入したスライド試料（スミアスライド）を偏光
　顕微鏡で観察した。開放ニコル（平行ニコル）で観察したある視野での
　スケッチを図 3 — 4 に示す。図 3 — 4 中の粒子 A〜D について，顕微鏡
　下での観察記録を以下に示す。

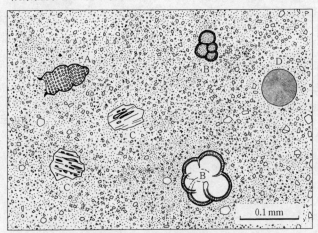

図 3 — 4　ある海域で採取された未固結堆積物から作成したスミアスライ
　　　ドの開放ニコル（平行ニコル）での顕微鏡観察のスケッチ

A. 粒径が 0.3mm 以下のケイ素からなる動物プランクトンの微化石。
　直交ニコルでの観察では，試料ステージを回転させても常に暗い。

B. 粒径が 0.5mm 以下の微化石で，内部は複数の隔壁により分けられ
　ている。直交ニコルでの観察では，炭酸カルシウムの結晶である方解
　石に特徴的な高い干渉色を示す。

C. さまざまな粒径で，発泡によってできたと思われる多様な形態の穴
　を含む。直交ニコルでの観察では，試料ステージを回転させても常に
　暗い。

D. 粒径が 0.3mm 以下のケイ素からなる植物プランクトンの微化石で，
　網目状の微細な組織を持つ。直交ニコルでの観察では，試料ステージ
　を回転させても常に暗い。

(1)　A～D の粒子は何か。それぞれについて以下の①～④の中から選
　べ。

　　①　放散虫　　　　　　　　　②　ケイ藻

　　③　軽石（火山ガラス）片　　④　有孔虫

(2)　顕微鏡観察により，この堆積物に含まれる粒子の量比を体積％と
　して見積もったところ，以下のようになった。

砕屑粒子（石英，長石類，粘土鉱物）78 ％

有孔虫 15 ％　　　　放散虫 3 ％　　　ケイ藻 2 ％　　　軽石片 2 ％

　　次に，砕屑粒子（石英，長石類，粘土鉱物）の粒径を測定し，そ
　の量比を体積％として見積もったところ，以下のようになった。

粒径 1/256 mm 未満の粒子　　　　　　　　65 ％

粒径 1/256 mm 以上で 1/16 mm 未満の粒子　32 ％

粒径 1/16 mm 以上で 2 mm 未満の粒子　　　 3 ％

粒径 2 mm 以上の粒子　　　　　　　　　　 0 ％

　　この堆積物の名前として，適切なものを以下の中から 1 つ選び，

そのように判断した理由を 1 行程度で説明せよ。

　　　含礫砂質シルト　　　火山礫　　　シルト質粘土

(3)　(2)の情報をふまえ，この堆積物が採取された場所として適切なも
　　のを，以下の①〜④の中から 1 つ選び，そのように判断した理由を
　　2 行程度で説明せよ。
　　①　大洋中央部の中央海嶺で水深 2500 m の地点
　　②　大陸周辺部に位置する海盆で水深 1600 m の地点
　　③　沈み込み帯の海溝で水深 8000 m の地点
　　④　大洋中央部の深海平原で水深 5800 m の地点

(4)　図 3 − 4 に見られる微化石を含め，堆積物中に多産する生物の化
　　石は示準化石あるいは示相化石として利用されることがある。顕生
　　累代を通じて生物の大量絶滅イベントは繰り返し起きてきた。この
　　ような大量絶滅イベントの存在は，各生物グループの示準化石とし
　　ての有用性を高める反面，示相化石としての利用を困難にすると考
　　えられる。これはなぜか，有用性を高める理由と利用を困難にする
　　理由をあわせて 3 行程度で説明せよ。

〔注〕　○獄史、決曹——裁判をつかさどる役人。　○文法——法律。

　　　　○験治——取り調べる。　○具獄——裁判に関わる文書一式。　○東海——郡の名。　○丁壮——若者。

　　　　○太守——郡の長官。　○枯旱——ひでり。　○府——郡の役所。

　　　　　　　　　　　　　　　　　○表——墓標を立てる。　○埶——熟と同じ。

設　問

（一）　傍線部 a・c・d を現代語訳せよ。

（二）　「姑欲レ嫁レ之、終不レ肯」（傍線部 b）を、人物関係がわかるように平易な現代語に訳せ。

（三）　「郡中以レ此大敬二重于公一」（傍線部 e）において、于公はなぜ尊敬されたのか、簡潔に説明せよ。

（解答欄：一三・五センチ×一・五行）

（一）傍線部イ・ウ・エを現代語訳せよ。

（二）「思ひのどむれども」（傍線部ア）とあるが、何をどのようにしたのか、説明せよ。（解答欄：一三・五センチ×一行）

（三）「あたかも神託に違はざりけりとなん」（傍線部オ）とあるが、神託の内容を簡潔に説明せよ。（解答欄：一三・五センチ×一行）

三

次の文章を読んで、後の設問に答えよ。ただし、設問の都合で送り仮名を省いたところがある。

于公為二県獄史、郡決曹一。決レ獄平、羅二文法一者、于公所レ決皆不レ恨。

東海有二孝婦一、少寡、亡レ子。養レ姑甚謹。姑欲レ嫁レ之、終不レ肯。姑謂二隣人一曰、「孝婦事レ我勤苦。哀二其亡レ子守レ寡一。我老、久累二丁壮一、奈何」。其後姑自経死。姑女告レ吏、「婦殺二我母一」。吏捕二孝婦一。孝婦辞不レ殺レ姑。吏験治、孝婦自誣服。具獄上レ府。于公以為二此婦養レ姑十余年、以レ孝聞、必不レ殺也。太守不レ聴、于公争レ之、弗レ能レ得。乃抱二其具獄一、哭二於府上一、因辞疾去。太守竟論殺二孝婦一。

郡中枯旱三年。後太守至、卜筮其故。于公曰、「孝婦不レ当レ死、前太守彊断レ之。咎レ党在レ是乎」。於是太守殺レ牛、自祭二孝婦冢一、因表二其墓一。天立大雨、歳熟。郡中以此大敬二重于公一。

（『漢書』による）

つつめども隠れぬものは夏虫の身より余れる思ひなりけり

といふ歌占をいだして、「汝、心幼くも我を疑ひ思ふかは。いざさらば言ひて聞かせん。汝、維摩の講匠を祥延に越えられて恨みをなすにあらずや。かの講匠と言ふはよな、帝釈宮の金札に記するなり。そのついで、すなはち祥延・壹和・喜操・観理とあるなり。帝釈の札に記するも、これ昔のしるべなるべし。我がしわざにあらず。とくとく愁へを休めて本寺に帰るべきなり。和光同塵は結縁の始め、八相成道は利物の終りなれば、神といひ仏といふその名は変はれども、同じく衆生を哀れぶこと、悲母の愛子のごとし。汝は情けなくも我を捨つといへども、我は汝を捨てずして、かくしも慕ひ示すなり。春日山の老骨、既に疲れぬ」とて、上がらせ給ひにければ、壹和、かたじけなさ、たふとさ、ひとかたならず、渇仰の涙を抑へていそぎ帰り上りぬ。その後、次の年の講師を遂げて、四人の次第、あたかも神託に違はざりけりとなん。

〔注〕

○興福寺――奈良にある藤原氏の氏寺。隣接する藤原氏の氏社で春日明神を祭神とする春日大社とは関係が深い。

○維摩の講師――興福寺の重要な法会である維摩会で、講義を行う高僧。

○祥延――僧の名。

○斗藪――仏道修行のために諸国を歩くこと。

○三面の僧坊――興福寺の講堂の東・西・北を囲んで建つ、僧侶達の住居。

○四所の霊社――春日大社の社殿。四つの明神に、連なった四つの社殿にまつる。

○鳴海潟――今の名古屋市にあった干潟。東海道の鳴海と、熱田神宮のある熱田の間の通り道になっていた。

○夏虫――ここでは蛍のこと。

○歌占――歌によって示された託宣。

○帝釈宮――仏法の守護神である帝釈天の住む宮殿。

○喜操・観理――ともに僧の名。

○和光同塵――仏が、衆生を救うために仮の姿となって俗世に現れること。

○八相成道――釈迦が、衆生を救うためにその一生に起こした八つの大事。

○利物――衆生に恵みを与えること。

(四)「近代は人間に自由と平等をもたらしたのではない。不平等を隠蔽し、正当化する論理が変わっただけだ」(傍線部エ)とはどういうことか、本文全体の趣旨を踏まえて一〇〇字以上一二〇字以内で説明せよ(句読点も一字と数える)。

(五) 傍線部a・b・cのカタカナに相当する漢字を楷書で書け。

a ツチカウ　　b タンジョウ　　c ケッカン

二

次の文章は、春日明神の霊験に関する話を集めた『春日権現験記』の一節である。これを読んで、後の設問に答えよ。

興福寺の壹和(いちわ)僧都は、修学相兼ねて、才智たぐひなかりき。後には世を遁(のが)れて、外山(とやま)といふ山里に住みわたりけり。そのかみ、維摩(ゆいま)の講師を望み申しけるに、思ひの外に祥延といふ人に越されにけり。なにごとも前世の宿業にこそ、とは^ア思ひのどむれども、その恨みしのびがたくおぼえければ、ながく本寺論談の交はりを辞して、斗藪(とそう)修行の身とならんと思ひて、弟子どもにもかくとも知らせず、本尊・持経ばかり竹の笈(おひ)に入れて、ひそかに三面の僧坊をいでて四所の霊社にまうでて、泣く泣く今は限りの法施を奉りけん心の中、ただ思ひやるべし。さすがに住みこし寺も離れまうく、馴れぬる友も捨てがたけれども、思ひたちぬることなれば、行く先いづくとだに定めず、なにとなくあづまのかたに赴くほどに、尾張(をはり)の鳴海潟(なるみがた)に着きぬ。

潮干(しほひ)のひまをうかがひて、熱田の社に参りて、しばしば法施をたむくるほどに、(イ)けしかる巫女(かんなぎ)来て、壹和をさして言ふやう、「汝(なんぢ)、恨みを含むことありて本寺を離れてまどへり。(ウ)人の習ひ、恨みには堪へぬものなれば、ことわりなれども、心にかなはぬはこの世の友なり。陸奥(むつ)国えびすが城へと思ふとも、(エ)それもまたつらき人あらば、さていづちか赴かん。いそぎ本寺に帰りて、日ごろの望みを遂ぐべし」と仰せらるれば、壹和頭(かうべ)を垂れて、「思ひもよらぬ仰せかな。かかる乞食(こつじき)修行者になにの恨みか侍るべき。あるべくもなきことなり、いかにかくは」と申すとき、巫女大いにあざけりて、

別のせいでもなければ、社会制度に c ケッカンがあるからでもない。まさしく自分の資質や能力が他人に比べて劣るからだ。格差が正当ではないと信ずるおかげで、我々は自らの劣等性を認めなくて済む。しかし公正な社会では、この自己防衛が不可能になる。底辺に置かれる者に、もはや逃げ道はない。理想郷どころか、人間には住めない地獄の世界だ。

身分制が打倒されて近代になり、不平等が緩和されたにもかかわらず、さらなる平等化の必要が叫ばれるのは何故か。人間は常に他者と自分を比較しながら生きる。そして比較は必然的に優劣をつける。民主主義社会では人間に本質的な差異はないとされる。だからこそ人はお互いに比べあい、小さな格差に悩む。そして自らの劣等性を否認するために、社会の不公平を糾弾する。〈外部〉を消し去り、優劣の根拠を個人の〈内部〉に押し込めようと謀る時、必然的に起こる防衛反応だ。

自由に選択した人生だから自己責任が問われるのではない。逆だ。格差を正当化する必要があるから、人間は自由だと社会が宣言する。努力しない者の不幸は自業自得だと宣告する。 エ 近代は人間に自由と平等をもたらしたのではない。不平等を隠蔽し、正当化する論理が変わっただけだ。

（小坂井敏晶『神の亡霊』 6　近代の原罪」による）

設　問

（一）「不平等が顕著な米国で、社会主義政党が育たなかった一因はそこにある」（傍線部ア）とあるが、なぜそういえるのか、説明せよ。

（解答欄：一三・五センチ×二行）

（二）「自己責任の根拠は出てこない」（傍線部イ）とあるが、なぜそういえるのか、説明せよ。

（解答欄：一三・五センチ×二行）

（三）「先に挙げたメリトクラシーの詭弁（きべん）がそうだ」（傍線部ウ）とはどういうことか、説明せよ。

（解答欄：一三・五センチ×二行）

情報の相互作用を通して脳の物理・化学的メカニズムが生成する。外因をいくつ掛け合わせても、内因には変身しない。

したがって、自己責任の根拠は出てこない。

遺伝や家庭環境のせいであろうと、他ならぬ当人の所与である以上、当人が責任を負うべきであり、したがって所与に応じて格差が出ても仕方ない。そう考える人は多い。では身体障害者はどうするのか。障害は誰のせいでもない。それでも、不幸が起きたのが、他でもない当人の身体であるがゆえに自業自得だと言うのか。能力差を自己責任とみなす論理も、それと同じだ。

封建制度やカースト制度などでは、貧富や身分を区別する根拠が、神や自然など、共同体の〈外部〉に投影されるため、不平等があっても社会秩序は安定する。人間の貴賤は生まれで決まり、貧富や身分の差があるのは当然だ。平等は異常であり、社会の歯車が狂った状態に他ならない。

対して、自由な個人が共存する民主主義社会では平等が建前だ。人は誰もが同じ権利を持ち、正当な理由なくして格差は許されない。しかし現実にはヒエラルキーが必ず発生し、貧富の差が現れる。平等が実現不可能な以上、常に理屈を見つけて格差を弁明しなければならない。だが、どんなに考え抜いても人間が判断する以上、貧富の基準が正しい保証はない。下層に生きる者は既存秩序に不満を抱き、変革を求め続ける。〈外部〉に支えられる身分制と異なり、人間が主体性を勝ち取った社会は原理的に不安定なシステムだ。近代の激しい流動性の一因がここにある。

支配は社会および人間の同義語だ。子は親に従い、弟子は師を敬う。部下が上司に頭を垂れ、国民が国家元首に恭順の意を表す。「どこにもない場所」というギリシア語の語源通り、支配のないユートピアは建設できない。ところでドイツの社会学者マックス・ヴェーバーが『経済と社会』で説いたように、支配関係に対する被支配者の合意がなければ、ヒエラルキーは長続きしない。強制力の結果としてではなく、正しい状態として感知される必要がある。支配が理想的な状態で保たれる時、支配は真の姿を隠し、自然の摂理のごとく作用する。先に挙げたメリトクラシーの詭弁がそうだ。

近代に内在する瑕疵を理解するために、正義が実現した社会を想像しよう。階層分布の正しさが確かな以上、貧困は差

力がないからだ。社会が悪くなければ、変革運動に関心を示さない。

アファーマティブ・アクション（積極的差別是正措置）は、個人間の能力差には適用されない。人種・性別など集団間の不平等さえ是正されれば、あとは各人の才能と努力次第で社会上昇が可能だと信じられている。だからこそ、弱肉強食のルールが正当化される。ア不平等が顕著な米国で、社会主義政党が育たなかった一因はそこにある。

子どもを分け隔てることなく、平等に知識をaツチカう理想と同時に、能力別に人間を格付けし、差異化する役割を学校は担う。そこに矛盾が潜む。出身階層という過去の桎梏を逃れ、自らの力で未来を切り開く可能性として、能力主義（メリトクラシー）は歓迎された。そのための機会均等だ。だが、それは巧妙に仕組まれた罠だった。「地獄への道は善意で敷き詰められている」という。平等な社会を実現するための方策が、かえって既存の階層構造を正当化し、永続させる。社会を開くはずのメカニズムが、逆に社会構造を固定し、閉じるためのイデオロギーとして働く。しかし、それは歴史の皮肉や偶然のせいではない。近代の人間像が必然的に導く袋小路だ。

親から子を取り上げて集団教育しない限り、家庭条件による能力差は避けられない。そのような政策は現実に不可能であるし、仮に強行しても遺伝の影響はどうしようもない。身体能力に恵まれる者も、そうでない者もいるように、勉強のできる子とそうでない子は必ず現れる。算数や英語の好きな生徒がいれば、絵や音楽あるいはスポーツに夢中になる子もいる。それに誰もが同じように努力できるわけではない。

近代は神を棄て、〈個人〉という未曾有の表象を生み出した。自由意志に導かれる主体のbタンジョウだ。所与と行為を峻別し、家庭条件や遺伝形質という〈外部〉から切り離された、才能や人格という〈内部〉を根拠に自己責任を問う。

だが、これは虚構だ。人間の一生は受精卵から始まる。我々は結局、外来要素の沈殿物だ。確かに偶然にも左右される。社会の影響は外来要素であり、心理は内発的だという常識は誤りだ。認知心理学や脳科学が示すように意志や意識は、蓄積された記憶と外来要素であり、親から受けた遺伝形質に、家庭・学校・地域条件などの社会影響が作用して形成される。才能も人格も本を正せば、親から受けた遺伝形質に、家庭・学校・地域条件などの社会影響が作用して形成される。しかし偶然も外因だ。能力を遡及的に分析してゆけば、いつか原因は各自の内部に定立できなくなる。社会の影響は外来要

一　次の文章を読んで、後の設問に答えよ。

（注）　解答は、一行の枠内に二行以上書いてはいけない。

（一〇〇分）

国語

学校教育を媒介に階層構造が再生産される事実が、日本では注目されてこなかった。米国のような人種問題がないし、英国のように明確な階級区分もない。エリートも庶民もほぼ同じ言語と文化を共有し、話をするだけでは相手の学歴も分からない。「一億総中流」という表現もかつて流行した。そんな状況の中、教育機会を均等にすれば、貧富の差が少しずつ解消されて公平な社会になると期待された。しかし、ここに大きな落とし穴があった。

機会均等のパラドクスを示すために、二つの事例に単純化して考えよう。ひとつは戦前のように庶民と金持ちが別々の学校に行くやり方。もうひとつは戦後に施行された一律の学校制度だ。どちらの場合も結果はあまり変わらない。見かけ上は自由競争でも、実は出来レースだからだ。それも競馬とは反対に、より大きなハンディキャップを弱い者が背負う競争だ。だが、生ずる心理は異なる。貧乏が原因で進学できず、出世を断念するならば、当人のせいではない。不平等な社会は変えるべきだ。批判の矛先が外に向く。対して自由競争の下では違う感覚が生まれる。成功しなかったのは自分に能

2019
年度

問 題 編

■前期日程

問題編

▶試験科目・配点

教 科	科 目	配 点
外国語	「コミュニケーション英語Ⅰ・Ⅱ・Ⅲ」，ドイツ語，フランス語，中国語から1外国語を出願時に選択。英語試験の一部分に聞き取り試験（30分程度）を行う。 ただし，英語の選択者に限り，英語の問題の一部分に代えて，ドイツ語，フランス語，中国語，韓国朝鮮語のうちから1つを試験場で選択することができる。	120点
数 学	数学Ⅰ・Ⅱ・Ⅲ・A・B	120点
理 科	「物理基礎・物理」，「化学基礎・化学」，「生物基礎・生物」，「地学基礎・地学」から2科目を出願時に選択	120点
国 語	国語総合，国語表現	80点

▶備 考

- 英語以外の外国語は省略。
- 数学Ⅰ，数学Ⅱ，数学Ⅲ，数学Aは全範囲から出題する。数学Bは「数列」，「ベクトル」から出題する。
- 「物理基礎・物理」は物理基礎，物理の全範囲から出題する。
- 「化学基礎・化学」は化学基礎，化学の全範囲から出題する。
- 「生物基礎・生物」は生物基礎，生物の全範囲から出題する。
- 「地学基礎・地学」は地学基礎，地学の全範囲から出題する。

※理科三類は，上記に加えて面接（個人面接）を課す。総合判定の判断資料とし，学力試験の得点にかかわらず不合格となることがある。

■英語■

（120 分）

〔注　意〕

1．3 は聞き取り問題である。問題は試験開始後 45 分経過した頃から約 30 分間放送される。

2．解答は，5 題を越えてはならない。

3．5 題全部英語の問題を解答してもよいし，また，4・5 の代わりに他の外国語の問題Ⅳ・Ⅴを選んでもよい。ただし，ⅣとⅤとは必ず同じ外国語の問題でなければならない。

（他の外国語の問題は省略―編集部）

1　(A)　以下の英文を読み，ヨーロッパで生じたとされる変化の内容を 70〜80 字の日本語で要約せよ。句読点も字数に含める。

In pre-industrial Europe, child labor was a widespread phenomenon and a significant part of the economic system. Until and during the nineteenth century, children beyond six years of age were required to contribute to society according to their abilities. From about the age of seven, they began a slow entry into the world of work, a world inhabited by both adults and children. The concepts of education, schooling, and protection against hazards were rare or entirely absent. In the early nineteenth century, children were also mostly viewed as the personal property of their parents, with few or no legal rights. Parents, mainly fathers, were given unlimited power and control over them and were allowed to treat them as they wished; physical punishment was almost universal and socially accepted.

This situation began to change as the nineteenth century progressed. Particularly in the half-century from 1870 to 1920, the rights of children in relation to parents, employers, and others expanded in the form of legal protection. Gradually, children began to be perceived as a separate category and not simply as the property of adults. The view that children have no more than economic value began to change and be replaced by the perception that they are a unique group that society has the responsibility to support and protect from the various dangers they face.

Another change in this period was the protection of children from parental abuse and neglect, which were subjected to intense scrutiny and challenged increasingly by government authorities. In 1889, both France and Great Britain passed laws against cruelty to children, including that caused by their parents. The nation became the defender of children's rights. The child's right to protection then led to the right to provision of various sorts, with the national government responsible for providing services. Health care, acceptable housing, and playgrounds — together with freedom from work and access to public schooling—emerged as elements of children's rights.

(B)　以下の英文を読み，(ア)，(イ)の問いに答えよ。なお，文章中の linguistic という単語は「言語の」，linguist は「言語学者」を意味する。

Music is a universal language. Or so musicians like to claim. "With music," they'll say, "you can communicate across cultural and linguistic boundaries in ways that you can't with ordinary languages like English or French." On one level, this statement is obviously true. You don't have to speak French to enjoy a piece of music written by the French composer Claude Debussy. ___(1)___ That depends on what you mean by "universal" and what you mean by "language."

Every human culture has music, just as each has language. So it's true that music is a universal feature of the human experience. At the same time, both music and language systems vary widely from culture to culture. Nevertheless, no matter how strange a foreign musical system may seem, studies show that people are pretty good at detecting the emotions conveyed in unfamiliar forms of music—that is, at least the two basic emotions of happiness and sadness. ⎡　(2)　⎤ For example, higher pitch, more variations in pitch and rhythm, and faster tempo convey happiness, while the opposite conveys sadness.

Perhaps, then, we are born with a musical sense. But language also has melody, which linguists call prosody. Exactly these same features —pitch, rhythm, and tempo—are used to convey emotion in speech in a way that appears to be universal across languages. Listen in on a conversation in French or Japanese or some other language you don't speak. You won't understand the content, but you will understand the shifting emotional states of the speakers. She's upset, and he's getting defensive. Now she's really angry, and he's backing off. He pleads with her, but she isn't convinced …. We understand this exchange in a foreign language because we know what it sounds like in our own language. Likewise, when we listen to a piece of music, either from our culture or from another, we recognize emotion on the basis of melodic features that mirror universal prosodic features. ⎡　(3)　⎤

But is music a kind of language? Again, we have to define our terms. ⎡　(4)　⎤ Biologists talk about the "language of bees," which is a way to tell fellow bees about the location of a new source of food. People talk about the "language of flowers," through which they can express their intentions. "Red roses mean … Pink carnations mean … White lilies mean …" And then there's "body language." By this we mean the gestures, movements, and facial expressions we use to convey emotions, social status, and so on. Although we often use body language when we speak, linguists don't consider it a true form of language. Instead, it's a communication system, just as are the so-called languages of bees and flowers.

By definition, language is a communication system consisting of a set of meaningful symbols (words) and a set of rules (syntax) for combining those symbols into larger meaningful units (sentences).

While many species have communication systems, none of these counts as language because they lack one or the other component. The alarm and food calls of many species consist of a set of meaningful symbols, but they don't combine those symbols productively according to rules. Likewise, bird song and whale song have rules for combining elements, but these elements aren't meaningful symbols. Only the song as a whole has (　ア　).

Like language, music has syntax—rules for ordering elements, such as notes, chords, and intervals, into complex structures. [　(5)　] Rather, it's the larger structure—the melody—that conveys emotional meaning. And it does that by mirroring the prosody of speech.

Since music and language share features in common, it's not surprising that many of the brain areas that process language also process music. [　(6)　] We tend to think that specific areas of the brain are tied exclusively to specific functions, but any complex behavior, whether language or music or driving a car, will recruit contributions from many different brain areas.

Music certainly isn't a universal language in the sense that you could use it to express any thought to any person on the planet. But music does have the power to evoke basic feelings at the core of the shared human experience. It not only crosses cultures, but it also reaches deep into our evolutionary past. And in that sense, music truly is a universal language.

　　From Is Music a Universal Language ?, Psychology Today by David Ludden

(ア)　空所（ 　ア　 ）に入れるのに最も適切な単語 1 語を同じページの本文中から抜き出し, その単語を記述解答用紙の 1 (B)に記入せよ。

　　編集部注：設問中の「同じページ」の範囲は, 第 4 段冒頭 (But is music …) から第 7 段第 3 文 (We tend to …) 12 語目の tied までである。

(イ)　空所(1)〜(6)に入れるのに最も適切な文を以下の a)〜 h) より一つずつ選び, マークシートの(1)〜(6)にその記号をマークせよ。ただし, 同じ

記号を複数回用いてはならない。

a) 　But is music really a universal language ?

b) 　But is the opposite true, that is, is language a universal music ?

c) 　But this doesn't mean that music is language.

d) 　In this sense, music really is a universal system for communi-
cating emotion.

e) 　Specific features of music contribute to the expression of these
emotions.

f) 　We, including scientists, often use "language" to mean "com-
munication system."

g) 　We usually do not define "language" as "communication."

h) 　Yet none of these elements has significance on its own.

2 　(A)　新たに祝日を設けるとしたら，あなたはどのような祝日を提
案したいか。その祝日の意義は何か。また，なぜそのような祝日
が望ましいと考えるのか。60〜80 語の英語で説明しなさい。なお，この
場合の祝日は，国民のための祝日でもよいし，国内外の特定の地域，もし
くは全世界で祝うようなものでもかまわない。

(B)　以下の下線部を英訳せよ。

世界中でプラスチックごみを減らす動きが活発だ。食品などのプラスチ
ック製容器や包装をなくしたり，レジ袋を有料化したりするのはもっとも
容易にできることだろう。それらを紙製品や生分解性の素材に変えたりす
る動きも目立つ。しかし，もっとも重要なのは，プラスチックごみによっ
てかけがえのない自然環境を汚染しているのは私たち自身であると，私た
ちひとりひとりが日々の暮らしのなかで自覚することである。とはいえ，
そうした意識改革が難しいことも確かで，先日もペットボトルの水を買っ
た際に，水滴で本が濡れてはいけないと，ついレジ袋をもらってしまった。

3 　放送を聞いて問題(A)，(B)，(C)に答えよ。(A)と(B)は内容的に関連し
ている。(C)は独立した問題である。(A)，(B)，(C)のいずれも 2 回ず

つ放送される。

- 聞き取り問題は**試験開始後 45 分経過した頃**から約 30 分間放送される。
- 放送を聞きながらメモを取ってもよい。
- 放送が終わったあとも，この問題の解答を続けてかまわない。

(A)　これから放送するのは，文化人類学者 Turner 博士による講義である。これを聞き，(7)〜(11)の問いに対して，それぞれ最も適切な答えを一つ選び，マークシートの(7)〜(11)にその記号をマークせよ。

(7)　Which of the following best describes the location where the lecture is being held ?

a)　A center of local government.

b)　A ski resort.

c)　A university town.

d)　An ancient historical site.

e)　An athletic training field.

(8)　What example does the lecturer give of ancient sports helping people find their places in society ?

a)　Sports as training for combat.

b)　Sports functioning as a rite of passage.

c)　Sports occurring in a religious ceremony.

d)　Sports representing an ideal social order.

e)　Sports serving as an early form of education.

(9)　Which of the following does <u>not</u> match any of the core elements of team sports mentioned by the lecturer ?

a)　Ability.　　　　b)　Discipline.　　　　c)　Luck.

d)　Rules.　　　　e)　Tactics.

(10)　Which of the following best describes the chief goal of team sports for school systems ?

a) They want students to become good citizens.

b) They want students to obey rules and respect authority.

c) They want students to practice fair play.

d) They want students to show consideration for others.

e) They want students to value teamwork.

⑾ Near the end of Dr. Turner's lecture, he argues that modern team sports appear to place supreme value on ___(ア)___ but, in fact, ___(イ)___ is of equal importance.

(*Each choice contains a pair of expressions that can fill in the blanks to complete the sentence.*)

a) (ア) effort 　　　　　　　(イ) cheating

b) (ア) fair play 　　　　　　(イ) victory

c) (ア) skill 　　　　　　　　(イ) chance

d) (ア) the group 　　　　　　(イ) the individual

e) (ア) winning 　　　　　　 (イ) losing

(B) これから放送するのは，司会者と DeBoer 博士，Van Klay 博士の 3 人による，(A)と内容的に関連した会話である。これを聞き，⑿～⒃の問いに対して，それぞれ最も適切な答えを一つ選び，マークシートの⑿～⒃にその記号をマークせよ。

⑿ Why does Van Klay object to Turner's analysis?

a) He thinks Turner's analysis doesn't match the contemporary world.

b) He thinks Turner's analysis doesn't put enough emphasis on socialization.

c) He thinks Turner's analysis focuses too much on team sports.

d) He thinks Turner's analysis is too Western-oriented.

e) He thinks Turner's analysis puts too much emphasis on politics.

⒀　What new thesis does Van Klay add to the discussion about sports ?

　　a)　Sports can never play a role in social or political reform.

　　b)　Sports do not reflect core values in every society.

　　c)　Sports reflect real life, not entertainment.

　　d)　The values reflected by a sport differ from society to society.

　　e)　When a sport moves from one society to another, it no longer reflects core values.

⒁　DeBoer says that Van Klay is unfair to Turner because

　　a)　Turner actually agrees with Van Klay.

　　b)　Turner did not have a chance to hear Van Klay's objection.

　　c)　Van Klay does not accurately describe Turner's argument.

　　d)　Van Klay's point is not relevant to the context Turner was analyzing.

　　e)　Van Klay's thesis is not proven.

⒂　What is the final conclusion drawn by DeBoer from the example of the rugby player ?

　　a)　It is difficult to come out as gay in a sport like rugby.

　　b)　It is hard to come out in a conservative society.

　　c)　Society and sports can influence each other.

　　d)　Society can change a sport for the better.

　　e)　Sports like rugby are too male dominated.

⒃　DeBoer believes a sport can have its greatest impact when

　　a)　it challenges established assumptions.

　　b)　it has little or no political meaning.

　　c)　it is changed by progressive attitudes.

　　d)　it teaches a sense of proper fair play.

　　e)　it teaches us how to follow the rules of the game.

(C) これから放送する講義を聞き，(17)〜(21)の問いに対して，それぞれ最も適切な答えを一つ選び，マークシートの(17)〜(21)にその記号をマークせよ。

(17)　Which of the following best corresponds to one of the lecturer's early childhood memories?
　　a) Collecting rocks by the sea.
　　b) Finger-painting on a playground.
　　c) Seeing a movie about ocean creatures.
　　d) Tracing letters in his bedroom.
　　e) None of the above.

(18)　Before the 1980s, most psychologists thought that early childhood memories
　　a) are blocked out for self-protection.
　　b) are built in a "construction zone."
　　c) are naturally unstable.
　　d) have only a 40% chance of being remembered.
　　e) will persist in a distorted form.

(19)　Which of the following is not a finding from a study conducted in the 1980s?
　　a) At 6 months of age, memories last for at least a day.
　　b) At 9 months of age, memories last for a month.
　　c) At the age of 2, memories last for a year.
　　d) Children $4\frac{1}{2}$ years old can recall detailed memories for at least 18 months.
　　e) The memories of children aged 3 and under persist, but with limitations.

(20)　Which of the statements below was a finding of the 2005 study?

a） Children create memories faster than adults, but then forget faster as well.

b） Children's memories vanish as they build up adult experiences.

c） Five-and-a-half-year-olds retain 80 % of the memories formed at age 3.

d） Seven-and-a-half-year-olds retain half of the memories formed at age 3.

e） Three-year-olds only retain 14 % of their memories.

⑳ The lecturer most wants to claim that :

a） Childhood memories are lost because they are formed in a brain that is rapidly developing.

b） Our earliest memories are more reliable than once thought.

c） The infant brain is still developing, which gives it great flexibility.

d） We forget most of our childhood memories so that we can retain the most valuable ones.

e） We have more links between brain cells in early childhood than in adulthood.

4 (A)　以下の英文の段落⑳～㉖にはそれぞれ誤りがある。修正が必要な下線部を各段落から一つずつ選び，マークシートの⑳～㉖にその記号をマークせよ。

⑳ The old-fashioned stereotype that women are (a)not suited by nature at mathematical study (b)suffered a major blow in 2014, when Maryam Mirzakhani became the first woman to receive the Fields Medal, math's most prestigious award. An equally important blow was struck by an Italian mathematician, Maria Gaetana Agnesi, born three hundred years ago. Agnesi was the first woman to write a mathematics textbook and to be (c)appointed to a university chair in math, (d)yet her life was marked by paradox. (e)Though brilliant, rich and famous, she eventually chose a life of poverty and service to the poor.

(23) Born May 16, 1718, in Milan, Agnesi was the eldest of her wealthy father's twenty-one children. As she grew up, her talents shone, particularly in the study of languages. (a)In part to give her the best education possible, her father invited (b)leading intellectuals of the day to the family's home. When Agnesi was nine, she repeated from memory a Latin speech, (c)likely composed by one of her tutors, in front of her father's guests. The speech condemned the widespread prejudice against educating women in the arts and sciences, (d)which had either been grounded in the view that a life of managing a household would require no such learning. Agnesi presented a clear and convincing argument that women should be free to pursue (e)any kind of knowledge available to men.

(24) Agnesi eventually became (a)tired of displaying her intellectual abilities in public and (b)expressed a desire to retire from the world and to (c)dedicate her to a religious life. When her father's second wife died, however, she (d)assumed responsibility for his household and the education of her many younger brothers and sisters. Through this role, she (e)recognized the need for a comprehensive mathematics textbook to introduce Italian students to basic methods that summarized recent mathematical discoveries.

(25) Agnesi found a special appeal in mathematics. Most knowledge acquired from experience, she believed, is prone to error and open to dispute. From mathematics, however, (a)come truths that are wholly certain. (b)Published in two volumes in 1748, Agnesi's work was titled the *Basic Principles of Analysis*. It was composed not in Latin, (c)as was the custom for great mathematicians such as Newton and Euler, but in Italian, to (d)make it more accessible to students. Agnesi's textbook was praised in 1749 by the French Academy : "It took much skill and good judgment to (e)reduce almost uniform methods to discoveries scattered among the works of many mathematicians very different from each

other."

(26) (a)A passionate advocate for the education of women and the poor, Agnesi believed that the natural sciences and math should play an important role in an educational curriculum. As a person of deep religious faith, however, she also believed that scientific and mathematical studies must be (b)viewed in the larger context of God's plan for creation. When her father died in 1752, she was free to answer a religious calling and devote the rest of her life to her other great passion : service to the poor. Although few remember Agnesi today, her pioneering role in the history of mathematics serves as (c)an inspiring story of triumph over gender stereotypes. She helped to clear a path for women in math (d)for generations to follow. Agnesi excelled at math, but she also loved it, perceiving (e)in its mastery of an opportunity to serve both her fellow human beings and a higher order.

(B)　以下の英文を読み，下線部(ア)，(イ)，(ウ)を和訳せよ。なお，文章中の Fred は，著者の両親が飼っている大型のリクガメの名前である。

Last July, I went to Honolulu to meet Fred and to spend the summer with my parents. My parents and I have a warm relationship, even though, or perhaps because, I don't speak to or visit them frequently ; until my most recent trip there, the previous July, I hadn't seen them in six years. I live in New York, and they live in Hawaii, and (ア)while it is true that traveling to the islands requires a certain commitment of time, the real reason I stayed away is that there were other places I wanted to visit. Of all the gifts and advantages my parents have given me, one of the greatest is their conviction that it is the duty of children to leave and do what they want, and the duty of parents not just to accept this but to encourage it. When I was 14 and first leaving my parents—then living in East Texas—to attend high school in Honolulu, my father told me that any parent who expected anything from his child was bound to be disappointed, because (イ)it was foolish and selfish to raise children in the hope that they might someday pay back the debt of their existence; he has maintained this ever since.

(ウ)This philosophy explains their love for a pet that, in many ways, contradicts what we generally believe a pet should be. Those of us with animals in our lives don't like to think of ourselves as having expectations for them, but we do. We want their loyalty and affection, and we want these things to be expressed in a way that we can understand. Fred, however, provides none of these things. Although he is, in his way, friendly, he is not a creature who, you feel, has any particular fondness for you.

© The New York Times

5 以下の文章を読み, (A)～(D)の問いに答えよ。なお, 文章中の stratocumulus という単語は「層積雲」を意味する。

Gavin Pretor-Pinney decided to take a break. It was the summer of 2003, and for the last 10 years, in addition to his graphic-design business in London, he and a friend had been running a magazine called *The Idler*. This title suggests "literature for the lazy." It argues against busyness and careerism and for the value of aimlessness, of letting the imagination quietly run free. Pretor-Pinney anticipated all the jokes: that (A)he'd burned out running a magazine devoted to doing nothing, and so on. But it was true. Getting the magazine out was tiring, and after a decade, it seemed appropriate to stop for a while and live without a plan—to be an idler himself in a positive sense and make space for fresh ideas. So he exchanged his apartment in London for one in Rome, where everything would be new and anything could happen.

Pretor-Pinney is 47, tall and warm, with a grey beard and pale blue eyes. His face is often bright, as if he's being told a story and can feel some terrific surprise coming. He stayed in Rome for seven months and loved it, especially all the religious art. One thing he noticed : the paintings he encountered were crowded with clouds. They were everywhere, he told me recently, "these soft clouds, like the sofas of the saints." But outside, when Pretor-Pinney looked up, the real Roman sky was usually cloudless. He wasn't accustomed to such endless, blue emptiness. He was an Englishman ; he was accustomed to clouds. He remembered, as a child, being charmed by them and deciding that people must climb long ladders to harvest cotton from them. Now, in Rome, he couldn't stop thinking about clouds. "I found myself ｱ(27) them," he told me.

Clouds. They were a strange obsession, perhaps even a silly one, but he didn't resist it. He went with it, as he often does, despite not having a specific goal or even a general direction in mind ; he likes to see where things go. When Pretor-Pinney returned to London, he talked about clouds constantly. He walked around ｱ(28) them, learned their scientific names, like "stratocumulus," and the weather conditions that shape them and argued with friends who complained they were gloomy or dull. He was realizing, as he later put it, that "clouds are not something to complain about. They are, in fact, the most dynamic and poetic aspect of nature."

Slowing down to appreciate clouds enriched his life and sharpened his ability to appreciate other pockets of beauty ｱ(29) in plain sight. At the same time, Pretor-Pinney couldn't help noting, (B)we were entering an era in which we were losing a sense of wonder. New, supposedly amazing things bounced around the internet so quickly that, as he put it, we can now all walk around with an attitude like, "Well, I've just seen a panda doing something unusual online — what's going to amaze me now?" His passion for clouds was teaching him that "it's much better for our souls to realize we can be amazed and delighted by what's around us."

At the end of 2004, a friend invited Pretor-Pinney to give a talk about clouds at a small literary festival in South West England. The previous year, there were more speakers than people in the audience, so Pretor-Pinney wanted an interesting title for his talk, to draw a crowd. "Wouldn't it be funny," he thought, "to have a society that defends clouds against the bad reputation they get—that stands up for clouds?" So he called it "The First Annual Lecture of the Cloud Appreciation Society." And it worked. Standing room only! Afterward, people came up to him and asked for more information about the Cloud Appreciation Society. They wanted to join the society. "And I had to tell them, well, I haven't really got a society," Pretor-Pinney said. So he set about ［ ア(30) ］ one.

He created a simple website with a gallery for posting photographs of clouds, a membership form and a bold manifesto. ("We believe that clouds are unjustly insulted and that life would be infinitely poorer without them," it began.) He also decided to charge a membership fee and issue a certificate in the mail. He did these things because he recognized that joining an online Cloud Appreciation Society that existed in name only might appear ridiculous, and he wanted to make sure that it did not seem (イ).

Within a couple of months, the society had 2,000 ［ ア(31) ］ members. Pretor-Pinney was surprised and delighted. Then, Yahoo placed the Cloud Appreciation Society first on its 2005 list of Britain's "Wild and Wonderful Websites." People kept clicking on that link, which wasn't necessarily surprising, but thousands of them also clicked through to Pretor-Pinney's own website, then paid for memberships. Other news sites noticed. They did their own articles about the Cloud Appreciation Society, and people followed the links in those articles too. Previously, Pretor-Pinney had proposed writing a book about clouds and had been rejected by 28 editors. Now he was an internet sensation with a large online following; he got a deal to write a book about clouds.

The writing process was ［ ア(32) ］. On top of not actually having written a book before, he demanded perfection of himself, so the work went slowly. But *The Cloudspotter's Guide*, published in 2006, is full of joy and wonder. Pretor-Pinney surveys clouds in art history, poetry, and modern photography. In the middle of the book, there's a cloud quiz. Question No. 5 asks of a particular photograph, "(C)_____ stratocumulus?" The answer Pretor-Pinney supplies is, "It is pleasing for whatever reason you find it to be."

The book became a bestseller. © The New York Times

(A) 下線部(A)に関して，"all the jokes" の例であることがわかるように，その内容を日本語で説明せよ。 （解答欄：17.3センチ×3行）

(B) 下線部(B)の内容を本文に即して日本語で説明せよ。

（解答欄：17.3センチ×3行）

(C) 下に与えられた語を正しい順に並べ替え，下線部(C)を埋めるのに最も適切な表現を完成させよ。

about　　is　　it　　layer　　of　　pleasing　　so　　that's

this　　what

(D) 以下の問いに解答し，その答えとなる記号をマークシートにマークせよ。

(ア) 空所(27)〜(32)には単語が一つずつ入る。それぞれに文脈上最も適切な語を次のうちから一つずつ選び，マークシートの(27)〜(32)にその記号をマークせよ。ただし，同じ記号を複数回用いてはならない。

a) admiring　　　b) disturbing　　　c) exhausting

d) hating　　　　e) hiding　　　　　f) ignoring

g) inventing　　　h) missing　　　　i) paying

j) recovering

(イ) 空所(イ)に入れるのに最も適切な単語を次のうちから一つ選び，マークシートの(33)にその記号をマークせよ。

a) cloudy　　　　b) expensive　　　c) lazy

d) pointless　　　e) serious

(ウ)　本文の内容と合致しないものはどれか。一つ選び，マークシートの 34 にその記号をマークせよ。

a)　It was not until he went to Rome that Pretor-Pinney found clouds attractive.

b)　Pretor-Pinney learned a lot about clouds after he came back to London, which helped him write *The Cloudspotter's Guide*.

c)　Pretor-Pinney's Cloud Appreciation Society drew people's attention quickly.

d)　Pretor-Pinney's talk about clouds at a small literary festival turned out to be exceptionally successful.

e)　Pretor-Pinney was busy both when co-editor of *The Idler* and when founder of the Cloud Appreciation Society.

━━━━━━━━━━ 3　聞き取り問題放送用スクリプト ━━━━━━━━━━━━━━━━━━━━━

[問題(A)]

Moderator : Welcome, everyone, to the 2019 Winter Lecture Series of the Society for Social Research, held this year in the beautiful village of Seefeld, Austria, where we're looking at sports and culture. We're delighted to have the renowned anthropologist Clifford Turner here to start things off. Before going any further, I'd like to thank the staff for their hard work and extend a hearty mountain greeting to those joining us on our live video stream. And now, Dr. Turner——.

Dr. Turner : Thanks, Harry. Hello, everyone. I believe I saw many of you on the slopes today. Fresh snow, amazing scenery——a great place to talk about sports.

　　As you know, a lot of research in our field looks at ancient sports in contexts where they're closely tied either to religious ceremonies——say, dealing with the spirit world, pleasing the gods——or to practicing core tasks of survival like hunting and combat. Then, of course, there are rites of passage, you know, fitting people into their social roles. That's all fascinating stuff, but tonight I'd like to focus on team sports in modern societies.

　　I argue that modern sports, especially team sports, serve a different set of functions. They're much more about representation ——projecting a model of our society, either as we wish it were or as we think it really is. And although sports still help us fit into society, the target today isn't any particular role, just adjusting to life in general.

　　So, what am I saying here? On the one hand, sports offer an ideal image of society, life as we think it should be——competition, sure, but with clear, fair rules. Think of the basic elements of team sports: skill, strategy, chance, and rules that govern how to play the game and how to determine a winner. And there's a close tie to social education. Today, school systems promote these sports as a way to teach teamwork, fair play, discipline, respect for authority, respect for opponents : their main objective here is to turn students into responsible members of society.

So, that's sports reflecting how we think things ought to be. But that function always exists alongside another one, the representation of *non*ideal life, life as we experience it, so-called "real life." This second function begins to take over as we move toward professional sports. Here, the competition is more intense ; more emphasis is placed on victory than on moral behavior or fair play, and so more attention is paid to the terrible consequences of failure, "the agony of defeat." You've heard what people say : "If you're not cheating, you're not trying"; "Just win, baby."

But here's the interesting thing : It's a paradox. That language, those sayings hide and even try to deny half the purpose of the ritual! In fact, the experience we fear —— defeat —— is as important as the victory we desire. Sports, in this sense, is preparing us to deal with *real* "real life." Bad things happen. Things don't always break our way. And we often lose. As we say, "That's life."

Okay, now I want to back up a step and return to earlier points before I go further...

[問題(B)]

Moderator : Before we open the floor to questions about Dr. Turner's presentation, let's hear from our panelists : sports psychologist Dr. Lisa DeBoer and cultural anthropologist Dr. Dale Van Klay. Dr. Van Klay, can we start with you ?

Van Klay : Well, I like Dr. Turner's work, but to be honest, it seems out of touch with the modern global scene. I agree that sports is a kind of social education, that is, a way of teaching important social values, but his model is fixed. We have a global sports culture now. You can't just treat a particular sport as if it carries a fixed set of values. Once a sport moves to another society, it loses its original meanings and gains new ones.

Moderator：What's your opinion, Dr. DeBoer ?

DeBoer：I think that is not being fair to Dr. Turner. I am sure he would agree with that, but he wasn't talking about sports spreading from one culture to another. He was talking about how sports function within a single society. An interesting case is France's 2018 World Cup team —— the French media loved it because it showed this image of a diverse France with players from a variety of ethnic backgrounds. They wanted that diversity to be truly the French reality. This example also raises something Dr. Turner didn't touch on : sports as a means for social or political change. Think of last year in the United States, when African-American football players protested police violence by refusing to join the opening ceremony...

Van Klay：And think about the angry reaction that produced! I mean, that rather goes against the basic idea of sports, doesn't it ? People want sports to be free from politics.

DeBoer：I disagree. Sports have always been about politics —— what about the nationalism and flag-waving ? But sports are also capable of introducing political change. Women and minorities in many cases found equal treatment in sports before they won rights in society. For example, the rugby player in the England league who recently came out as gay became a famous role-model.

Van Klay：I would argue that that might be an example of the reverse, of how changes in society make it possible for people in sports to take steps forward.

DeBoer：Well, that's just it —— they're mutually reinforcing. In a sport like rugby, where male culture has been such an unfortu-nate element of the game, at least in certain societies, it's doubly hard to come out. But when someone does, that makes it easier for others in the rest of society.

Van Klay：I'm not saying that sports can't have political meaning, only that they're expected to be outside politics.

DeBoer：But isn't it exactly when they challenge that expectation that sports have the greatest potential to produce change? The examples of the American football players and the rugby player both show that breaking with prior expectations of what a sport should be is key to the political meaning. And, of course, those expectations govern the culture of the game, too. When a sport challenges these, it can teach society more than just fair play. I think that's another way of understanding what Dr. Turner meant when he talked about sports as a kind of social education.

[問題(C)]

When I try to remember my life before my fifth birthday, I recall only a few passing images —— collecting rocks in a playground, finger-painting in my bedroom, watching a film about ocean creatures, tracing letters on a sheet of white paper. And that's all. But I must have experienced so much more back then. Where did those years go?

Psychologists have a name for this dramatic loss of memory: "childhood amnesia." On average, our memories reach no farther back than age three. Everything before then is dark.

The famous psychologist Sigmund Freud gave childhood amnesia its name in the early 1900s. He argued that adults forget their earliest years of life, up to age four, in order to shut out disturbing memories. Some psychologists accepted this claim, but most adopted another explanation for childhood amnesia: Children simply couldn't form stable memories until age seven. So, for nearly 100 years, the commonly accepted view was that early childhood memories didn't endure because they were never durable in the first place.

The 1980s brought the first modern scientific efforts to test these theories. One experiment after another in that decade revealed that the memories of children three and younger do in fact persist, but with limitations. At six months of age, infants' memories last for at least a day; at nine months, for a month; by age two, for a year. And a later 1991 study showed that four-and-a-half-year-olds could recall detailed memories from a trip to an amusement park 18 months before.

Yet, at around age six, children begin to forget many of their first memories. A 2005 study of memories formed at age three found that seven-and-a-half-year-olds recalled only 40% of them, while five-and-a-half-year-olds remembered twice as many. This work revealed a striking fact: Children can create and access memories in their first few years of life, yet most of those memories will soon vanish at a rate far beyond what we experience as adults.

What might explain the puzzle of this sudden forgetting? Research conducted in the last decade has begun to reveal the solution. Throughout childhood, the brain grows at an incredibly rapid rate, building out structures and producing an excess of connections. In fact, far more links are created between cells in those early years than the brain ends up with in adulthood. Without such flexible brains, young children would never be able to learn so much so quickly. However, most of the excess connections must eventually be cut away to achieve the efficient structure and function of an adult mind.

The problem, it turns out, is not so much that our childhood memories are unstable as that they are built in a construction zone, a crowded work site undergoing rapid growth and change. As a result, many of those memories will be effectively removed, others covered up, and yet others combined with later memories and impressions. And that is just as it should be. Nature values the overall process of development more than those first memories. Far from being the result of an infant's mental weakness or the need to block out bad memories, childhood amnesia, that first forgetting, is a necessary step on the path to adulthood.

(150 分)

1 次の定積分を求めよ。

$$\int_0^1 \left(x^2 + \frac{x}{\sqrt{1+x^2}}\right)\left(1 + \frac{x}{(1+x^2)\sqrt{1+x^2}}\right)dx$$

2 一辺の長さが 1 の正方形 ABCD を考える。3 点 P, Q, R はそれぞれ辺 AB, AD, CD 上にあり, 3 点 A, P, Q および 3 点 P, Q, R はどちらも面積が $\frac{1}{3}$ の三角形の 3 頂点であるとする。

$\dfrac{\mathrm{DR}}{\mathrm{AQ}}$ の最大値, 最小値を求めよ。

3 座標空間内に 5 点 A (2, 0, 0), B (0, 2, 0), C (−2, 0, 0), D (0, −2, 0), E (0, 0, −2) を考える。線分 AB の中点Mと線分 AD の中点Nを通り, 直線 AE に平行な平面を α とする。さらに, p は $2 < p < 4$ をみたす実数とし, 点 P $(p, 0, 2)$ を考える。

(1) 八面体 PABCDE の平面 $y = 0$ による切り口および, 平面 α の平面 $y = 0$ による切り口を同一平面上に図示せよ。

(2) 八面体 PABCDE の平面 α による切り口が八角形となる p の範囲を求めよ。

(3) 実数 p が(2)で定まる範囲にあるとする。八面体 PABCDE の平面 α による切り口のうち $y \geqq 0$, $z \geqq 0$ の部分を点 (x, y, z) が動くとき, 座標平面上で点 (y, z) が動く範囲の面積を求めよ。

4　n を 1 以上の整数とする。

(1)　n^2+1 と $5n^2+9$ の最大公約数 d_n を求めよ。

(2)　$(n^2+1)(5n^2+9)$ は整数の 2 乗にならないことを示せ。

5　以下の問いに答えよ。

(1)　n を 1 以上の整数とする。x についての方程式
$$x^{2n-1}=\cos x$$
は，ただ一つの実数解 a_n をもつことを示せ。

(2)　(1)で定まる a_n に対し，$\cos a_n > \cos 1$ を示せ。

(3)　(1)で定まる数列 $a_1,\ a_2,\ a_3,\ \cdots\cdots,\ a_n,\ \cdots\cdots$ に対し，
$$a=\lim_{n\to\infty}a_n,\quad b=\lim_{n\to\infty}a_n^n,\quad c=\lim_{n\to\infty}\frac{a_n^n-b}{a_n-a}$$
を求めよ。

6　複素数 $\alpha,\ \beta,\ \gamma,\ \delta$ および実数 $a,\ b$ が，次の 3 条件をみたしながら動く。

条件 1：$\alpha,\ \beta,\ \gamma,\ \delta$ は相異なる。
条件 2：$\alpha,\ \beta,\ \gamma,\ \delta$ は 4 次方程式 $z^4-2z^3-2az+b=0$ の解である。
条件 3：複素数 $\alpha\beta+\gamma\delta$ の実部は 0 であり，虚部は 0 でない。

(1)　$\alpha,\ \beta,\ \gamma,\ \delta$ のうち，ちょうど 2 つが実数であり，残りの 2 つは互いに共役な複素数であることを示せ。

(2)　b を a で表せ。

(3)　複素数 $\alpha+\beta$ がとりうる範囲を複素数平面上に図示せよ。

物理

（2 科目 150 分）

(注) 解答用紙は、〈理科〉共通。1 行：約 23.5 センチ，35 字分の区切りあり。1・2 は各 25 行，3 は 50 行。

1 水平な床面上にとった x 軸に沿って動く台車の上の物体の運動について以下の設問 I，II に答えよ。

I 図 1－1 に示すように，台車の上にばね定数 k を持ち質量の無視できるばねを介して質量 m の物体が取り付けられており，物体は台車上を滑らかに動く。台車に固定された座標軸 y を，ばねの自然長の位置を原点として，x 軸と同じ向きにとる。ばねは y 軸方向にのみ伸び縮みし，ばねと台車は十分長い。台車は x 軸方向に任意の加速度 a で強制的に運動させることができる。$T = 2\pi\sqrt{\dfrac{m}{k}}$ として以下の設問に答えよ。

(1) 台車が $x = 0$，物体が $y = 0$ で静止している状態から，台車を表 1－1 に示す加速度で強制的に運動させる。加速度の大きさ a_1 は定数である。時刻 $t = t_1$ における台車の速度，および時刻 $t = 0$ から $t = t_1 + t_2$ までの間に台車が移動する距離を求めよ。

表 1－1

	時刻 t	台車の加速度 a
加速区間	$0 \sim t_1$	a_1
等速区間	$t_1 \sim t_2$	0
減速区間	$t_2 \sim (t_1 + t_2)$	$-a_1$

(2) 物体が $y = 0$ で静止している状態から，表 1－1 で $t_1 = \dfrac{T}{2}$，$t_2 = nT$（n は自然数）として台車を動かす。時刻 $t = t_1 + t_2$ における物体の y 座標および台車に対する相対速度を求めよ。

(3) 次に台車をとめた状態で物体を $y=y_0$（<0）にいったん固定した
のち，$t=0$ で物体を静かに放し，表 1 − 2 に示す加速度で台車を強
制的に運動させる。

表 1 − 2

	時刻 t	台車の加速度 a
加速区間	$0 \sim \dfrac{T}{2}$	a_2
減速区間	$\dfrac{T}{2} \sim T$	$-a_2$

加速度の大きさ a_2 がある定数のとき，時刻 $t=T$ において物体の y
座標は $y=0$ となり，台車に対する物体の相対速度も 0 となる。a_2 の
値および $t=\dfrac{T}{2}$ における物体の y 座標を求めよ。

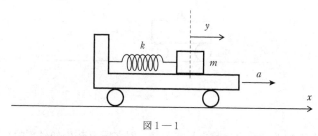

図 1 − 1

II 手のひらの上に棒を立て，棒が倒れないように手を動かす遊びがある。
このしくみを図 1 − 2 に示す倒立振子で考える。倒立振子は質量の無視
できる変形しない長さ l の細い棒の先端に質量 m の質点を取り付けた
ものとし，台車上の点 O を支点として x 軸を含む鉛直平面内で滑らかに
動くことができる。倒立振子の傾きは鉛直上向きから図 1 − 2 の時計回
りの角度 θ（ラジアン）で表す。θ の大きさは十分に小さく，$\sin\theta \fallingdotseq \theta$,
$\cos\theta \fallingdotseq 1$ の近似が成り立つ。台車は倒立振子の運動の影響を受けること
なく任意の加速度 a で強制的に動かせるものとする。重力加速度の大き
さを g, $T=2\pi\sqrt{\dfrac{l}{g}}$ として以下の設問に答えよ。

(1) 台車が加速度 a で加速しているとき，台車上で見ると，θ だけ傾い
た倒立振子の先端の質点には，図 1 − 2 に示すように重力 mg と慣性

力（$-ma$）が作用している。質点に働く力の棒に垂直な成分 f を θ, a, m, g を用いて表せ。ただし f の正の向きは θ が増える向きと同じとする。

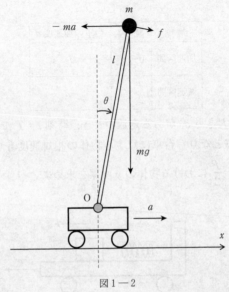

図1—2

(2) 時刻 $t=0$ で台車は静止しており，倒立振子を θ_0 傾けて静止させた状態から始まる運動を考える。時刻 $t=T$ で台車が静止し，かつ倒立振子が $\theta=0$ で静止するようにしたい。そのために倒立振子を図1—3に示すように運動させる。すなわち単振動の半周期分の運動で θ_0 から 0 を通過して $t=\dfrac{T}{2}$ で θ_1 に至り，続いて θ_1 から振幅の異なる単振動の半周期分の運動ののち，$t=T$ において $\theta=0$ に戻り静止する。このような運動となるように加速度 a を変化させる。

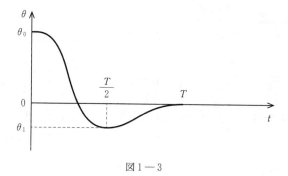

図 1 — 3

以下の式中の空欄 ア から オ に当てはまる式を選択肢①から⑰の中から選べ。選択肢は繰り返し使って良い。また空欄 i から iii に当てはまる数式を書け。

時刻 $t=0$ から $t=\dfrac{T}{2}$ の間の θ は

$$\theta = \boxed{\text{ア}} \cos\sqrt{\frac{g}{l}}\,t + \boxed{\text{イ}}$$

と表される。このように単振動する質点に働く復元力 F は

$$F = \boxed{\text{ウ}}\,(\theta - \boxed{\text{イ}}\,)$$

である。この運動を実現するためには設問Ⅱ(1)で求めた f が F と等しければよいので加速度 a は次の式となる。

$$a = \left(\boxed{\text{エ}} \cos\sqrt{\frac{g}{l}}\,t + \boxed{\text{オ}}\right) g$$

この式の第 1 項が単振動の加速度と同じ形であることを考慮すると、時刻 $t=0$ から $t=\dfrac{T}{2}$ の台車の速度の変化 v_1 は θ_0, θ_1, g, l を用いて

$$v_1 = \boxed{\text{i}}$$

となる。

時刻 $t=\dfrac{T}{2}$ から $t=T$ の運動についても単振動の半周期分であるので同様に考えれば、この区間の台車の速度の変化 v_2 は θ_1, g, l を用いて

$$v_2 = \boxed{\text{ii}}$$

となる。よって
$$\theta_1 = \boxed{\quad \text{iii} \quad} \theta_0$$
を得る。

① $\dfrac{\theta_0 + \theta_1}{2}$ ② $\dfrac{\theta_0 - \theta_1}{2}$ ③ $(\theta_0 + \theta_1)$

④ $(\theta_0 - \theta_1)$ ⑤ θ_0 ⑥ θ_1

⑦ 0 ⑧ π ⑨ $-ma$

⑩ $-mg$ ⑪ $-m(g+a)$ ⑫ $-\dfrac{ma}{l}$

⑬ $-\dfrac{mg}{l}$ ⑭ $-\dfrac{m(g+a)}{l}$ ⑮ $-al$

⑯ $-gl$ ⑰ $-(g+a)l$

2 　図2−1左に示すように，面積 S の薄い円板状の電極2枚を距離 d だけ隔てて平行に配置し，誘電率 ε，抵抗率 ρ の物質でできた面積 S，厚さ d の一様な円柱を電極間に挿入した。電極と円柱はすき間なく接触しており，電場は向かい合う電極間のみに生じると考えてよい。電極の抵抗は無視できるものとする。この電極と円柱の組み合わせは，図2−1右に示すように，並列に接続された抵抗値 R の抵抗と電気容量 C のコンデンサーによって等価的に表現することができる。以下の設問に答えよ。

Ⅰ　R と C をそれぞれ ε, ρ, S, d のうち必要なものを用いて表せ。

Ⅱ　図2−2に示すように上記の電極と円柱の組み合わせを N 個積み重ねて接触させ，素子Xを構成した。スイッチを切り替えることによって，この素子Xに電圧 V_0 の直流電源，抵抗値 R_0 の抵抗，電圧 $V_1 \sin \omega t$ の交流電源のいずれかひとつを接続することができる。ω は角周波数，t は時間である。以下の設問(1)〜(3)には ε と ρ は用いずに，N, R, C のうち必要なものを含む式で解答せよ。

(1)　はじめにスイッチを端子 T_1 に接続して素子Xに直流電圧 V_0 を加えた。スイッチを操作してから十分に長い時間が経過したとき，直流

電源から素子Xに流れる電流の大きさと，素子Xの上端に位置する電極Eに蓄積される電気量を求めよ。

(2) 続いてスイッチを端子 T_1 から T_2 に切り替えたところ，抵抗 R_0 と素子Xに電流が流れた。ただしスイッチの操作は十分短い時間内に行われ，スイッチを操作する間に素子X内の電極の電気量は変化しないものとする。スイッチを操作してから十分長い時間が経過したところ，電流が流れなくなった。スイッチを端子 T_2 に接続してから電流が流れなくなるまでに抵抗 R_0 で生じたジュール熱を求めよ。また，素子Xを構成する電極と円柱の組み合わせの個数 N を増やして同様の操作を行ったとき，抵抗 R_0 で発生するジュール熱は N の増加に対してどのように変化するかを次の①～④から一つ選べ。

① 単調に増加する ② 単調に減少する ③ 変化しない

④ 上記①から③のいずれでもない

(3) 次にスイッチを端子 T_2 から T_3 に切り替え，素子Xに交流電圧 $V_1 \sin \omega t$ を加えた。スイッチを操作してから十分に長い時間が経過したとき，交流電源から素子Xへ流れる電流を求めよ。

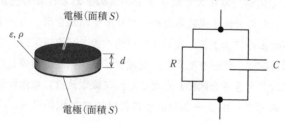

電極(面積 S)
ε, ρ
d
電極(面積 S)
R
C

図 2-1

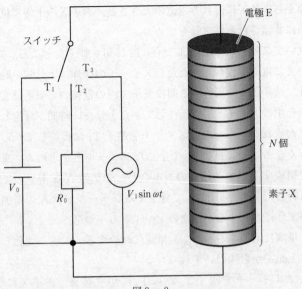

図2-2

Ⅲ　設問Ⅱで用いた素子Xを構成する物質の ε および ρ の値が未知であ
るとき，これらの値を求めるためにブリッジ回路を用いる方法がある。
図2-3のように素子X，設問Ⅱの交流電源，交流電流計，3つの抵抗
と1つのコンデンサーを配置し，交流ブリッジ回路を構成した。抵抗値
と電気容量の大きさを調節したところ，交流電流計に電流が流れなくな
った。このとき，図2-3のように各抵抗の抵抗値は R_1，$2R_1$，R_2，
コンデンサーの電気容量は $C_0 = \dfrac{1}{\omega R_2}$ であった。次の ア から ク
に入る適切な数式を書け。なお，J，K，L，Mは回路上の点を表す。
　K-M間の電圧は ア である。このことを用いて，抵抗 R_2 に流れ
る電流を，C_0 を含まない式で表すと， イ $\sin\omega t +$ ウ $\cos\omega t$ と
なる。一方，J-K間の電圧は エ であることから，J-L間を流れ
る電流を C や R を含む式で表すと オ $\sin\omega t +$ カ $\cos\omega t$ となる。
以上のことから次式が得られる。

$$\begin{cases} \varepsilon = \boxed{\text{キ}} \\ \rho = \boxed{\text{ク}} \end{cases}$$

ただし，　キ　と　ク　は R_1, R_2, ω, N, S, d のうち必要なもの を用いて表すこと。

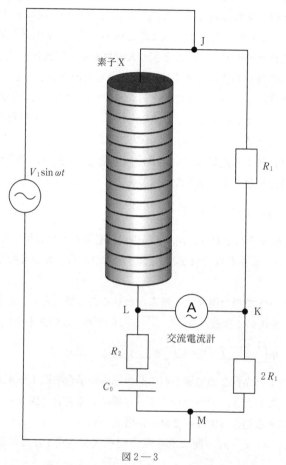

図 2 — 3

3 光の屈折に関する以下の設問Ⅰ，Ⅱに答えよ。問題文中の屈折率 は真空に対する屈折率（絶対屈折率）とする。また，角度は全て ラジアンで表す。光源からは全方位に光が放射されているものとする。光 の反射は無視してよい。

Ⅰ　図 3 — 1 に示すように，媒質 1 （屈折率 n_1）と媒質 2 （屈折率 n_2）

の境界での光の屈折を考える。境界は点Oを中心とする半径rの球面の一部であり、左に凸とする。点Oと光源（点C）を通る直線をx軸とし、球面がx軸と交わる点をBとする。光源は点Bから左にx_1だけ離れており、そこから発した図中の太矢印方向の光線は、x軸から高さhの球面上の点Pで屈折する。このときの入射角をθ_1、屈折角をθ_2とする。

　境界の右側から光源を見ると、あたかも光源が点A（点Bから左にx_2離れた位置）にあるように見える。本設問Iおよび次の設問IIでは、これを「見かけ上の光源」と呼ぶことにする。以下、入射角が微小となる光線を考える。すなわち、図中の角度θ_1, θ_2, α_1, α_2, ϕについて微小角度βに対する近似式$\sin\beta \fallingdotseq \beta$が成り立ち、$CP \fallingdotseq x_1$, $AP \fallingdotseq x_2$と近似できる場合を考える。以下の問に答えよ。

(1) $\dfrac{\theta_1}{\theta_2}$を$n_1$, n_2を用いて表せ。

(2) θ_1, θ_2をそれぞれα_1, α_2, ϕの中から必要なものを用いて表せ。

(3) α_1, α_2, ϕをそれぞれx_1, x_2, r, hの中から必要なものを用いて表せ。

(4) 問(1)—(3)で得た関係式を組み合わせることで（式1）が導かれる。x_1, x_2を用いて空欄　ア　、　イ　を埋め、この式を完成させよ。

$$n_1\left(\frac{1}{r} + \boxed{}\right) = n_2\left(\frac{1}{r} + \boxed{}\right) \qquad （式1）$$

(5) 媒質1と媒質2の境界が右に凸の球面の場合を問(1)—(4)と同様に考える。このとき、光源が点Oより左側にある場合［図3−2(A)］と、右側にある場合［図3−2(B)］が考えられる。それぞれの場合に対し、n_1, n_2, r, x_1, x_2の間に成り立つ関係式を（式1）と同様の形で表せ。

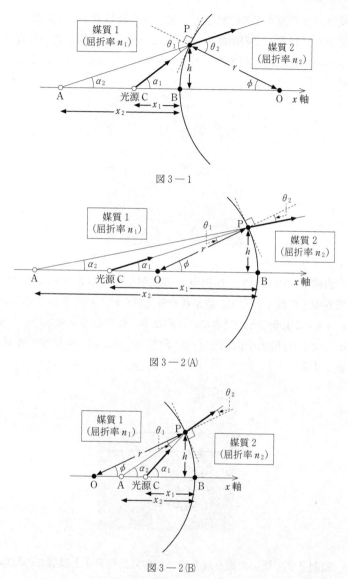

図 3 ― 1

図 3 ― 2 (A)

図 3 ― 2 (B)

Ⅱ　(1)　図 3 ― 3 に示すように，屈折率 n_1 の媒質 1 に光源があり，屈折
　　　率 n_2 の媒質 2 に観察者がいる。媒質 1 と媒質 2 の境界は平面であり，

　　　(式 1)において r が非常に大きい場合 $\left(\dfrac{1}{r} \fallingdotseq 0\right)$ とみなすことができる。

境界から光源までの距離を L_1，境界から観察者までの距離を L_2，光源から観察者までの距離を L_1+L_2 とするとき，観察者から設問 I で述べた「見かけ上の光源」までの距離を n_1，n_2，L_1，L_2 を用いて表せ。

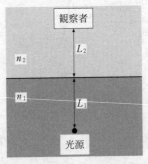

図 3 — 3

(2)　設問 II(1)の状況で，屈折率 n_f の透明な板を図 3 — 4 に示すように境界の上に置くことで，観察者から「見かけ上の光源」までの距離を L_1+L_2 にすることができた。このとき，板の厚さ d を求めよ。また，n_f と n_1，n_2 の大小関係を示せ。ただし，n_1，n_2，n_f はすべて異なる値とする。

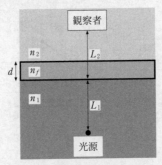

図 3 — 4

(3)　設問 II(2)で置いた板を取り除いたのち，媒質 1 と媒質 2 の境界を図 3 — 5 の(A)または(B)のように変形させた。変形した部分は半径 r の球の一部とみなすことができる。ただし，境界面の最大変位 δ は L_1，L_2 に比べて十分小さく無視してよい。いま，$n_1=1.5$，$n_2=1$，$L_1=1\,\mathrm{m}$，$L_2=2\,\mathrm{m}$ とする。このとき，変形した部分を通して見ると，

観察者から 4 m の位置に「見かけ上の光源」が見えた。この場合の球面は，下に凸 [図 3 − 5 (A)]，または上に凸 [図 3 − 5 (B)] のうちのいずれであるか。(A)または(B)の記号で答えよ。さらに，r の値を求めよ。

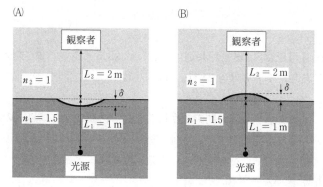

図 3 − 5

(4) 設問 II (3)の状況で，観察者の位置に厚さの無視できる薄いレンズを一つ置き，その上から見たところ，「見かけ上の光源」が光源と同じ位置（レンズから 3 m の位置）に見えた。このとき，凸レンズと凹レンズのどちらを用いたか答えよ。また，このレンズの焦点距離を求めよ。

■化学■

（2科目150分）

（注） 解答用紙は，〈理科〉共通。1行：約23.5センチ，35字分の区切
りあり。1・2は各25行，3は50行。

1 次の文章を読み，問ア〜ケに答えよ。必要があれば以下の値を用
いよ。構造式を示す場合は，例にならって，不斉炭素原子上の置
換様式（紙面の上下）を特定しない構造式で示すこと。

元素	H	C	N	O
原子量	1.0	12.0	14.0	16.0

（構造式の例）

フェノールでは，様々な置換反応がベンゼン環上の特定の位置で起こり
やすい。この置換反応は，多様な医薬品や合成樹脂を合成する際に利用さ
れる。そこで，フェノールから下記の化合物A，B，CおよびDを経由し
て，医薬品と関連する化合物Eを合成する計画を立て，以下の実験1〜8
を行った。

実験1：フェノールに，希硝酸を作用させると，互いに同じ分子式を持つ

Aと化合物Fの混合物が得られた。この混合物から，AとFを分離した。

実験2：フェノールに，濃硝酸と濃硫酸の混合物を加えて加熱し，十分に反応させると，化合物Gが得られた。AおよびFを，それぞれ同条件で反応させても，Gが得られた。

実験3：Aを濃塩酸中で鉄と処理した。その後，炭酸水素ナトリウム水溶液を加えたところ，二酸化炭素が気体として発生しBが得られた。

実験4：Bに，水溶液中でXを作用させるとCが得られた。

実験5：Bに，希硫酸中でXを作用させると，Cと異なる化合物Hが得られた。Hは，塩化鉄(Ⅲ)水溶液で呈色しなかった。

実験6：Hに，Yの水溶液を作用させた後に，希硫酸を加えたところ，Cと酢酸が得られた。Cと酢酸の物質量の比は，1：1であった。

実験7：Cに，ニッケルを触媒としてZを作用させると，Dが得られたが，未反応のCも残った。そこでCとDの混合物のエーテル溶液を分液ロートに移し，Yの水溶液を加えてよく振った。水層とエーテル層を分離した後に，エーテル層を濃縮してDを得た。

実験8：Dに，硫酸酸性の二クロム酸カリウム水溶液を作用させると，目的とするEが得られた。

フェノールとホルムアルデヒドの重合反応により，電気絶縁性に優れるフェノール樹脂が合成できる。塩基性触媒存在下にて処理すると，①フェノールとホルムアルデヒドは，付加反応と縮合反応を連続的に起こし，フェノールの特定の位置が置換されたレゾールが生成する。レゾールを加熱すると，フェノール樹脂が得られる。これに関連する以下の実験9〜11を行った。

実験9：フェノールとホルムアルデヒドを物質量の比2：3で重合し，さらに加熱すると，フェノール樹脂が得られた。

実験10：実験9で得られたフェノール樹脂を完全燃焼させたところ，水と二酸化炭素が生成した。

実験11：示性式$C_6H_4(CH_3)OH$で表されるクレゾールは，三種類の異性体を持つ。塩基性触媒存在下，クレゾールとホルムアルデヒドの重合反応により三種類のクレゾールに対応する生成物を得た。三

　　　種類の生成物をそれぞれ加熱すると，一つの生成物のみがフェノ
　　　ール樹脂と同様の硬い樹脂になった。

〔問〕

　ア　化合物Aの構造式を示せ。

　イ　化合物Gの構造式を示せ。

　ウ　化合物Hの構造式を示せ。

　エ　化合物Dの構造式を示せ。また，Dには立体異性体が，いくつ存在
　　　しうるか答えよ。

　オ　X，YおよびZの物質名をそれぞれ書け。

　カ　実験7の分液操作でCとDが分離できる理由を述べよ。

　キ　下線部①のレゾールの例としてフェノール2分子とホルムアルデヒ
　　　ド1分子の反応において得られる化合物Iがある。Iは，2分子のフ
　　　ェノールのベンゼン環がメチレン基（$-CH_2-$）によってつながれた
　　　構造を持つ。Iの構造式をすべて示せ。

　ク　実験10において生成した水に対する二酸化炭素の重量比を有効数
　　　字2桁で求めよ。なお，実験9においては，反応が完全に進行したも
　　　のとする。

　ケ　実験11において硬い樹脂を与えるクレゾールの異性体の構造式を
　　　示し，それが硬化した理由および他の異性体が硬化しなかった理由を
　　　述べよ。

2　　次のI，IIの各問に答えよ。必要があれば以下の値を用いよ。

元　素	H	O	P	Ca	Ni	Cu	Au
原子量	1.0	16.0	31.0	40.1	58.7	63.5	197

ファラデー定数　$F=9.65\times10^4 C/mol$

I　次の文章を読み，問ア～オに答えよ。

　　①リン酸カルシウムを含む鉱石に，コークスを混ぜて強熱するとP_4の

分子式で表される黄リン（白リンとも呼ばれる）が得られる。黄リンを
空気中で燃焼させると白色の十酸化四リンが得られる。十酸化四リンは，
強い吸湿性を持ち乾燥剤や脱水剤に利用され，水と十分に反応するとリ
ン酸になる。リン酸は，図2－1に示したように，水素－酸素燃料電池
の電解質として使われる。

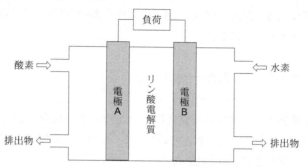

図2－1　リン酸電解質を用いた水素-酸素燃料電池の模式図

〔問〕

ア　下線部①の反応は以下の化学反応式で表される。

$$2Ca_3(PO_4)_2 + 10C \longrightarrow P_4 + 10CO + 6CaO$$

上記の反応は，十酸化四リンを生成する第一段階の反応と，十酸化四
リンと炭素の間の第二段階の反応の組み合わせとして理解できる。そ
れぞれの反応の化学反応式を示せ。

イ　下図は，無極性分子の十酸化四リンの分子構造の一部を立体的に示
したものである。この構造を解答用紙に描き写し，他の必要となる構
造を描き加えることで分子構造を完成させよ。

$$O=P-O-P=O$$
$$O \diagdown P \diagup O$$
$$\| $$
$$O$$

ウ　図2－1の電極Aと電極Bでのそれぞれの反応を電子 e^- を用いた
反応式で示せ。また，正極となる電極は電極Aと電極Bのどちらであ
るかを答えよ。

エ　図2－1の燃料電池を電圧 0.50 V において，10 時間作動させたと
ころ，90 kg の水が排出された。このとき，電池から供給された電力
量は何 J か，有効数字2桁で答えよ。答えに至る過程も記せ。なお，

　　$1J = 1C \cdot V$ である。

オ　燃料電池の性能を評価する指標の一つに，発電効率が用いられる。
　　発電効率は，燃料に用いた物質の燃焼熱のうち，何％を電力量に変換
　　できたかを示す指標である。図 2 − 1 の燃料電池が作動する際の反応
　　は，全体として，水素の燃焼反応として捉えることができ，水素の燃
　　焼熱は 286 kJ/mol である。問エの電池作動時の発電効率は何％か，
　　有効数字 2 桁で答えよ。

Ⅱ　次の文章を読み，問カ〜サに答えよ。

　　ある黄銅鉱から得られた試料Ｃは，$CuFeS_2$ を主成分とし，不純物と
してニッケルおよび金を含んでいた。この試料Ｃから銅と鉄を精製する
ため，以下の実験を行った。

実験 1：試料Ｃを酸素とともに強熱すると気体Ｄが発生し，硫黄を含ま
　　　　ない固体Ｅが得られた。気体Ｄは水に溶解することで，亜硫酸
　　　　水溶液として除去した。

実験 2：固体Ｅをさらに強熱すると融解し，上下二層に分離した。上層
　　　　からは金属酸化物の混合物である固体Ｆが，下層からは金属の
　　　　混合物である固体Ｇが得られた。固体Ｆにニッケルおよび金は
　　　　含まれなかった。

実験 3：固体Ｆを希硝酸中で加熱すると，Cu^{2+} イオンと Fe^{3+} イオン
　　　　を含む水溶液Ｈが得られた。

実験 4：水溶液Ｈに過剰量の塩基性水溶液Ｘを加えると，銅を含まない
　　　　赤褐色の固体Ｉが得られた。

実験 5：固体Ｉを強熱すると Fe_2O_3 が得られた。この得られた②$\underline{Fe_2O_3}$
　　　　$\underline{をメタンの存在下で強熱したところ，純粋な鉄が得られた。}$

実験 6：固体Ｇを陽極，黒鉛を陰極として，硫酸銅（Ⅱ）水溶液中で電解
　　　　精錬を行ったところ，陰極側で純粋な銅が得られた。

〔問〕

カ　気体Ｄの化学式を答えよ。

キ　実験 3 の水溶液Ｈに適切な金属を加えることで Cu^{2+} イオンのみを

還元できる。以下の金属のうち，この方法に適さない金属が一つある。その金属を答え，用いることができない理由を二つ述べよ。

  　ニッケル　　スズ　　鉛　　カリウム

ク　実験 4 の水溶液 X として適切な溶液の名称を答えよ。

ケ　固体 I の化学式を答えよ。

コ　下線部②では，鉄のほかに二酸化炭素と水が生成した。1.0 mol の鉄を得るのにメタンは何 mol 必要か，有効数字 2 桁で答えよ。

サ　実験 6 の電解精錬において，1.00 L の硫酸銅（II）水溶液中，3.96×10^5 C の電気量を与えた。固体 G 中の銅，ニッケル，金の物質量の比は，94.0：5.00：1.00 であり，陽極に用いた固体 G 中の物質量の比は電解精錬前後で変わらなかった。電解精錬後の水溶液のニッケル濃度は何 g/L か，有効数字 3 桁で答えよ。与えられた電気量は，全て金属の酸化還元反応に用いられ，水溶液の体積および温度は電解精錬前後で変わらないものとする。

3　次の I，II の各問に答えよ。

I　次の文章を読み，問ア〜オに答えよ。

酸化還元滴定を行うために以下の溶液を調製した。

  溶液 A：0.100 mol/L のチオ硫酸ナトリウム（$Na_2S_2O_3$）水溶液。
  溶液 B：ある物質量のヨウ化カリウム（KI）とヨウ素（I_2）を水に溶かして 1.00 L とした水溶液。

次に以下の実験を行った。

実験 1：溶液 B から 250 mL を取り，水を加えて希釈し 1.00 L とした。ここから 100 mL を取り，これに溶液 A を滴下した。溶液が淡黄色になったところでデンプン溶液を数滴加えると，溶液は青紫色になった。さらに，溶液 A を滴下し，溶液が無色になったところで，滴下をやめた。滴下した溶液 A の全量は，15.7 mL であった。

実験2：少量の硫化鉄（Ⅱ）に希硫酸をゆっくり加えて，気体Cを発生さ
せた。溶液Bから 250mL を取り，この溶液に気体Cをゆっく
り通して，反応させた。この溶液に水を加えて希釈し 1.00L
とした。ここから 100mL を取り，これに溶液Aを滴下した。
溶液が淡黄色になったところでデンプン溶液を数滴加えると，
溶液は青紫色になった。さらに溶液Aを滴下し，溶液が無色に
なったところで，滴下をやめた。滴下した溶液Aの全量は，
10.2mL であった。

〔問〕

ア　実験1，2では，ヨウ素とチオ硫酸ナトリウムが反応し，テトラチ
オン酸ナトリウム（$Na_2S_4O_6$）が生じる。この化学反応式を記せ。

イ　実験2で気体Cとヨウ素との間で起こる反応を化学反応式で記せ。
また，反応の前後で酸化数が変化したすべての元素を反応の前後の酸
化数とともに記せ。

ウ　溶液Bを調製するときに溶かしたヨウ素の物質量は何 mol か，有
効数字3桁で答えよ。答えに至る過程も記せ。

エ　実験2で反応した気体Cの物質量は何 mol か，有効数字3桁で答
えよ。答えに至る過程も記せ。

オ　各滴定に用いたビュレットの最小目盛りは0.1mL であり，滴下し
た溶液の量には，±0.05mL 以内の誤差があるとする。このビュレッ
トを用いた場合，実験に用いる各溶液の濃度を変えると，求められる
気体Cの物質量の誤差の範囲に影響が及ぶことがある。以下に挙げた
(1)～(4)の中で，求められる気体Cの物質量の誤差の範囲が最も狭くな
るものを選び，その理由を述べよ。

(1)　溶液Aのチオ硫酸ナトリウムの濃度を2倍にする。

(2)　溶液Aのチオ硫酸ナトリウムの濃度を0.5倍にする。

(3)　溶液Bのヨウ素の濃度を2倍にする。

(4)　溶液Bのヨウ素の濃度を0.5倍にする。

Ⅱ　次の文章を読み，問カ～シに答えよ。必要があれば以下の値を用いよ。

$$\sqrt{2} = 1.41, \quad \sqrt{3} = 1.73$$

　　二種類の陽イオン M_A，M_B と一種類の陰イオン X からなるイオン結晶には，図 3－1 に示す結晶構造をもつものがある。この結晶構造では，一辺の長さが a の立方体単位格子の中心に M_A が，頂点に M_B が位置し，X は立方体のすべての辺の中点にある。

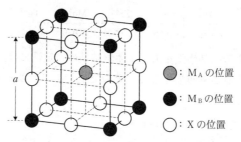

図 3－1　M_A，M_B，X からなるイオン結晶の構造

〔問〕

　カ　図 3－1 に示すイオン結晶の組成式を M_A，M_B，X を用いて表せ。

　キ　M_A および M_B の配位数をそれぞれ答えよ。

　ク　図 3－1 の結晶構造において，M_A と X をすべて原子 Y に置き換え，すべての M_B を取り除いたとする。このとき，Y の配列は何と呼ばれるか答えよ。

　ケ　図 3－1 の結晶構造において，M_A と X をすべて陰イオン Z に置き換え，単位格子のすべての面の中心に新たに M_B を付け加えたとする。このときに得られるイオン結晶の組成式を，M_B と Z を用いて表せ。また，この構造をもつ物質を一つ答えよ。

　コ　図 3－1 の結晶構造をもつ代表的な物質として，M_A が Sr^{2+}，M_B が Ti^{4+}，X が O^{2-} であるチタン酸ストロンチウムがある。その単位格子の一辺は $a=0.391\,nm$ である。イオン半径 $0.140\,nm$ をもつ O^{2-} と，Sr^{2+} および Ti^{4+} が接していると仮定して，各陽イオンの半径は何 nm か，小数第 3 位まで求めよ。

　サ　図 3－1 の結晶構造をもつイオン結晶の安定性には，構成イオンの価数の組み合わせが重要である。X を O^{2-} とし，表 3－1 にある M_A と表 3－2 にある M_B からそれぞれ一つを選んでイオン結晶を作るとする。価数の観点から安定な M_A と M_B の組み合わせをすべて答えよ。

表 3 - 1　M_A のイオン半径 r_A

M_A	Ca^{2+}	Cs^+	La^{3+}	Ce^{4+}
r_A[nm]	0.134	0.188	0.136	0.114

表 3 - 2　M_B のイオン半径 r_B

M_B	Fe^{3+}	Zr^{4+}	Mo^{6+}	Ta^{5+}
r_B[nm]	0.065	0.072	0.059	0.064

シ　図 3 - 1 の結晶構造をもつイオン結晶の安定性には，構成イオンの相対的な大きさも重要となる。その尺度として，以下のパラメータ u を用いることとする。

$$u = \frac{r_A + r_X}{r_B + r_X}$$

ここで，r_A, r_B, r_X は，それぞれ M_A, M_B, X のイオン半径である。X が O^{2-}（$r_X = 0.140\,\text{nm}$）のとき，問サで選択した M_A と M_B の組み合わせの中で，パラメータ u の値に基づき，最も安定と予想されるものを答えよ。また，その理由を記せ。

■生物■

（2 科目 150 分）

（注） 解答用紙は,〈理科〉共通。1 行：約 23.5 センチ, 35 字分の区切りあり。1・2 は各 25 行, 3 は 50 行。

1 次のⅠ, Ⅱの各問に答えよ。

Ⅰ 次の文 1, 文 2 を読み, 問A〜Dに答えよ。

[文 1]

　多くの生物の発生は, 1 個の細胞からなる受精卵から始まる。発生の過程では, 細胞分裂が繰り返し起こって多数の細胞が作られ, それらは多様な性質を持った細胞に分化しながら生物の体を作り上げていく。分裂により生じた細胞は親細胞の性質を受け継ぐこともあるが, (ア)他の細胞との相互作用により性質を変化させることもある。発生学の研究によく用いられる生物である「線虫」での一例について, いくつかの実験を通して細胞分化のしくみを考察しよう。

　発生のある時期において, 生殖腺原基の中の 2 つの細胞, A細胞とB細胞は, 図 1−1 のように隣り合わせに配置しているが, いずれもそれ以上分裂せず, その後, C細胞とよばれる細胞かD細胞とよばれる細胞に分化する（図 1−2 (a)）。その際, A細胞, B細胞のそれぞれがC細胞とD細胞のいずれの細胞になるかは, 個体によって異なっていて, ランダムに一方のパターンが選ばれるようにみえる。しかしC細胞が 2 個またはD細胞が 2 個できることはない。どうしてうまく 2 種類の細胞になるのだろうか。以下の実験をみてみよう。

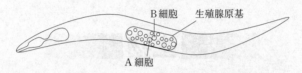

図 1 ― 1 線虫の幼虫

実験1 *X* 遺伝子の突然変異により X タンパク質が変化した突然変異
体線虫が2種類みつかった。ひとつは，X タンパク質が，X（−）
という機能できない形に変化した変異体である（以下これを
X(−) 変異体とよぶ）。もうひとつは，X タンパク質が，常に機
能してしまう X（＋＋）という形に変化した変異体である（以下
これを *X(＋＋)* 変異体とよぶ）。なお，正常型の（変異型でな
い）X タンパク質を X（＋）と書くことにする。*X(−)* 変異体で
は A 細胞と B 細胞がいずれも C 細胞に分化した。*X(＋＋)* 変異
体では A 細胞と B 細胞がいずれも D 細胞に分化した（図 1 ― 2
(b)）。

実験2 遺伝学の実験手法を用いて，A 細胞と B 細胞のうち，一方の細
胞だけの遺伝子が X（−）を生じる変異をもつようにした（他方
の細胞は X（＋）を生じる正常型遺伝子をもつ）。すると，*X(−)*
遺伝子をもつ細胞が必ず C 細胞に，*X(＋)* 遺伝子をもつ細胞が
必ず D 細胞に分化した（図 1 ― 2(c)）。

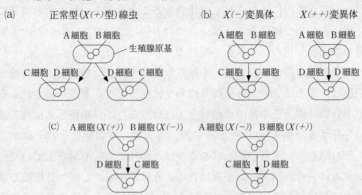

図 1 ― 2 線虫の C 細胞と D 細胞の分化の過程
A 細胞〜D 細胞以外の細胞は省略した。

〔問〕

　A　下線部(ア)について。胚のある領域が隣接する他の領域に作用してその分化の方向を決定する現象を何というか，答えよ。

　B　文1および実験1，2の結果から，どういうことがいえるか。以下の選択肢(1)〜(6)から適切なものをすべて選べ。(注：ここでいう分化とは，もともとA細胞またはB細胞であった細胞が，C細胞に分化するか，D細胞に分化するかということ。)

　(1)　A細胞とB細胞は相互に影響を及ぼし合いながらそれぞれの分化を決定している。

　(2)　A細胞とB細胞は他方の細胞とは関係なくそれぞれの分化を決定する。

　(3)　A細胞はB細胞に影響を及ぼさないが，B細胞はA細胞に影響を及ぼしてA細胞の分化を決定する。

　(4)　A細胞またはB細胞がC細胞に分化するにはその細胞でXタンパク質がはたらくことが必要である。

　(5)　A細胞またはB細胞がD細胞に分化するにはその細胞でXタンパク質がはたらくことが必要である。

　(6)　A細胞またはB細胞がD細胞に分化するには他方の細胞でXタンパク質がはたらくことが必要である。

［文2］

　C細胞とD細胞の分化に関係するもうひとつのタンパク質として，Xタンパク質に結合するYタンパク質がみつかった。Yタンパク質の機能がなくなる変異体（$Y(-)$ 変異体）では $X(-)$ 変異体と同様にA細胞とB細胞がいずれもC細胞に分化した。

実験3　各細胞でのXタンパク質の量を調べたところ，図1－3(a)のような結果が得られた。

実験4　各細胞でのYタンパク質の量を調べたところ，図1－3(b)のような結果が得られた。

(a)　X タンパク質の量

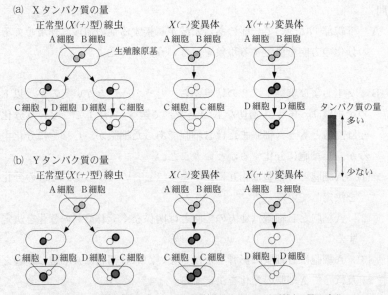

(b)　Y タンパク質の量

図 1 ― 3　各細胞での X タンパク質(a)と Y タンパク質(b)の量の変化
A 細胞～D 細胞以外の細胞は省略した。

　　X タンパク質の細胞の外側に位置する部分に Y タンパク質が結合すると，X タンパク質は活性化され，その情報を核の中に伝え，X 遺伝子と Y 遺伝子の発現（転写）を制御する（図 1 ― 4）。

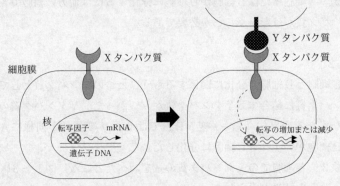

図 1 ― 4　X タンパク質と Y タンパク質のはたらきかた

〔問〕

　C　文 1，文 2 の内容と実験 1 ～ 4 の結果から，以下の文中の空欄 1 ～

5 に入る適切な語句をそれぞれ下記の選択肢①～⑩から選べ。解答
例：1─①，2─②

A細胞とB細胞が生じた直後は，いずれの細胞も同程度のXタンパ
ク質とYタンパク質を発現している。一方の細胞から突き出ているY
タンパク質は隣の細胞の 1 タンパク質に作用し，そのタンパク
質のはたらきを強める。その結果，作用を受けた細胞ではYタンパク
質が 2 し，Xタンパク質が 3 する。A細胞とB細胞が生じ
た直後には，上記の作用がA細胞とB細胞の間で拮抗しているが，一
旦バランスが崩れると，Yタンパク質の量は一方の細胞で急激に増え
て他方の細胞では急激に減ることになる。Yタンパク質が増加した細
胞のXタンパク質は 4 し，その細胞は 5 細胞に分化する。

語句

① A ② B ③ C ④ D
⑤ X ⑥ Y ⑦ 変 異 ⑧ 分 化
⑨ 増 加 ⑩ 減 少

D　正常型の線虫で，A細胞とB細胞が生じた直後に一方の細胞をレー
ザーにより破壊した。このとき，残った細胞はC細胞，D細胞のいず
れになると予想されるか。文1，文2の内容と実験1～4の結果をも
とに考察し，理由も含めて2行程度で答えよ。

Ⅱ　次の文3を読み，問E～Hに答えよ。

［文3］

線虫でのもうひとつの細胞分化のしくみをみてみよう。図1－5のよ
うに，発生の過程で，腹側の表皮の前駆細胞であるP1，P2，P3，P4，
P5 が並んでいるが，P3 細胞のすぐ上側にE細胞とよばれる細胞が位置
している。その後，発生が進むと，P3 細胞は分裂して卵を産む穴の中
心部分の細胞群（穴細胞とよぶ）になり，その両脇のP2 細胞とP4 細
胞は穴の壁を作る細胞群（壁細胞とよぶ）になる。これらのさらに外側
の細胞（P1 細胞とP5 細胞）は平坦表皮（表皮細胞とよぶ）になる
（表1－1(a)）。この発生過程でも，Yタンパク質が隣り合った細胞の

Xタンパク質を活性化させる機構がはたらくが，これに加え，E細胞から分泌されるZタンパク質による制御もはたらいている。Zタンパク質は離れた細胞のWタンパク質の細胞外の部分に結合し，Wタンパク質を活性化する。この効果は相手の細胞との距離が近いほど強い。

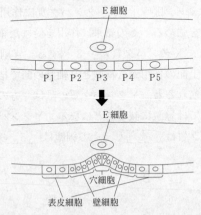

図1−5　卵を産む穴の発生の初期過程。E細胞のまわりの細胞は省略した。

実験5　P1〜P5細胞が分化する前にE細胞をレーザーで破壊したとき，
　　　　またはE細胞を移動させたとき，発生が進んだあとには，
　　　　P1〜P5細胞は表1−1(b)〜(c)のように分化した。

実験6　X(−)変異体，X(＋＋)変異体で，何も操作せず，あるいは
　　　　E細胞をレーザーで破壊したとき，発生が進んだあとには，
　　　　P1〜P5細胞は表1−1(d)〜(g)のように分化した。

表1−1　X遺伝子の変異およびE細胞の操作と表皮の前駆細胞の分化

	線虫の遺伝子型	E細胞の操作	P1	P2	P3	P4	P5
(a)	正常型	操作なし	表皮	壁	穴	壁	表皮
(b)	正常型	破壊	表皮	表皮	表皮	表皮	表皮
(c)	正常型	P4の上側に移動	表皮	表皮	壁	穴	壁
(d)	X(−)変異	操作なし	表皮	穴	穴	穴	表皮
(e)	X(−)変異	破壊	表皮	表皮	表皮	表皮	表皮
(f)	X(＋＋)変異	操作なし	壁	壁	穴	壁	壁
(g)	X(＋＋)変異	破壊	壁	壁	壁	壁	壁

表中で，「表皮」は表皮細胞，「壁」は壁細胞，「穴」は穴細胞に分化したことを示す。

〔問〕

　E　正常の発生過程で，E 細胞からの影響を直接または間接的に受けて
　　分化が決まると考えられる細胞を P1，P2，P3，P4，P5 のうちから
　　すべて選べ。

　F　X タンパク質がはたらいた表皮の前駆細胞はどのタイプの細胞に分
　　化すると考えられるか。以下の選択肢(1)〜(5)からもっとも適切なもの
　　を 1 つ選べ。

　　(1)　穴細胞　　　　　　　　　　(2)　壁細胞
　　(3)　表皮細胞　　　　　　　　　(4)　穴細胞および表皮細胞
　　(5)　壁細胞および表皮細胞

　G　W タンパク質の活性化により Y 遺伝子の発現が変化することがわ
　　かっている。W タンパク質の直接の効果により，正常の発生過程にお
　　いてもっとも顕著にみられる現象は以下のいずれか。文 3 と実験 5，
　　6 の結果から考察し 1 つ選べ。

　　(1)　P3 細胞で Y 遺伝子の発現が増加する。
　　(2)　P3 細胞で Y 遺伝子の発現が減少する。
　　(3)　P2 細胞と P4 細胞で Y 遺伝子の発現が増加する。
　　(4)　P2 細胞と P4 細胞で Y 遺伝子の発現が減少する。

　H　E 細胞から分泌された Z タンパク質の影響を受けて，X，Y，W タ
　　ンパク質がどのようにはたらいて表 1−1(a)のような穴細胞，壁細胞，
　　表皮細胞の分化パターンが決定するのか。X，Y，W の語をすべて使
　　って 5 行以内で説明せよ。

2　次の I，II の各問に答えよ。

I　次の文章を読み，問 A〜D に答えよ。

　葉において光合成反応がすすむ速度は様々な要因の影響を受ける。図

2－1は，土壌中の栄養や二酸化炭素，水分，そしてカルビン・ベンソン回路を駆動するために必要な酵素タンパク質が十分存在しているときの，光の強さと二酸化炭素吸収速度との関係（これを光―光合成曲線と呼ぶ）を模式的に示している。光がある程度弱い範囲では，二酸化炭素吸収速度は光の強さに比例して大きくなる。光化学反応から光の強さに応じて供給される　1　や　2　の量が二酸化炭素吸収速度を決める。

　光の強さがある強さ（光飽和点と呼ぶ）を超えると，それ以上二酸化炭素吸収速度が変化しなくなる（図2－1）。このときの二酸化炭素吸収速度を見かけの最大光合成速度（以下，最大光合成速度）と呼ぶ。このとき二酸化炭素の供給やカルビン・ベンソン回路の酵素タンパク質の量が光合成の制限要因となっている。

　最大光合成速度が大きければ大きいほど，暗黒下で測定される呼吸速度もそれに比例して大きくなる。その主な理由は次の通りである。最大光合成速度は光合成に関わる酵素タンパク質の量に比例する。こうした酵素タンパク質の中には時間とともに機能を失うものがある。酵素タンパク質の機能を復活させるためにはエネルギーが必要であり，そのエネルギーは呼吸によって供給される。このため，カルビン・ベンソン回路の酵素タンパク質を多く保持し最大光合成速度が大きな葉は，呼吸速度も大きくなる。

　タンパク質である酵素は窒素を含むため，(ア)無機窒素が少ない貧栄養の土壌では酵素タンパク質が十分に合成されず，最大光合成速度が小さくなる。

　土壌が湿っている環境では葉の気孔は開き気味であるが，土壌が乾燥し，水が十分にない環境となると葉の気孔は閉じられる。この場合，(イ)葉の内部の二酸化炭素濃度が低くなり，最大光合成速度は小さくなる。

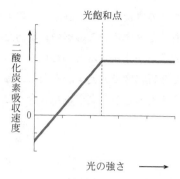

図2―1　光の強さと二酸化炭素吸収速度との関係(光―光合成曲線)

[問]

A　文中の空欄1と2に入るもっとも適切な分子名を記せ。ただし解答の順序は問わない。

B　下線部(ア),(イ)のときの光―光合成曲線はどのような結果になると予想されるか。図2―1を葉面積あたりの光―光合成曲線（太線）とし,該当する曲線（細線）を重ねあわせて描いたものとして適切と思われるものを,次のページにあるグラフ(1)〜(9)からそれぞれ1つずつ選べ。なお,貧栄養のときの最大光合成速度は富栄養のときの半分とする。解答例：アー(1),イー(2)

C　光が弱い環境では,植物は陰葉とよばれる葉を作ることが知られている。陰葉は最大光合成速度が小さいだけではなく,葉も薄くなる。ここではその陰葉の面積あたりの質量と最大光合成速度は陽葉の半分とする。このとき図2―1が(ウ)陽葉の面積あたりの光―光合成曲線,あるいは(エ)陽葉の質量あたりの光―光合成曲線とした際,新たに陰葉についての光―光合成曲線を細線で重ねあわせて描くと,どのようなグラフとなるだろうか。下線部(ウ)と(エ)について,曲線として適切と思われるものを次のページにあるグラフ(1)〜(9)からそれぞれ1つ選べ。ただし,葉の質量あたりに含まれる光合成に関係するタンパク質の量は変化しないものとする。解答例：ウー(1),エー(2)

D 薄くて面積あたりの質量の小さい陰葉をどのような光の強さのもと
でも作る植物があったとする。この葉の質量あたりの光合成速度が陽
葉よりも低下する環境が存在するとしたら，どのような環境だろうか。
その理由を含めて3行程度で答えよ。ただし，葉から失われる水の量
は葉面積に比例するものとし，葉が重なり合うことはないものとする。

グラフ

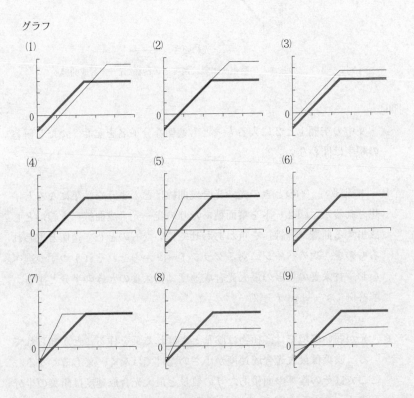

Ⅱ 次の文章を読み，問E～Jに答えよ。

　円盤のような形をしている葉緑体に目を向けてみよう。(オ)光が弱いと
きには光を最大限に利用できるように配置される。しかし光が強いとき
には，光に対して平行となるように配置されて，葉緑体内の酵素タンパ
ク質が強い光を受けて機能を失うのを抑えようとする。

　光化学系Ⅱは複数種類のタンパク質と 　3　 からなる構造体であり，

電子が流れていく最初の段階で　4　から電子を引き抜く役割をもつ。図 2 － 2 に示される実験で葉緑体が、(カ)強光を受けると，光化学系Ⅱの能力がいったん低下することがわかる。これを光化学系Ⅱが損傷を受けたという。D1 タンパク質はその光化学系Ⅱの反応中心にあるタンパク質である。損傷を受けても D1 タンパク質の量自体は減らない。しかし強光にあたると葉緑体内に活性酸素が発生する。その活性酸素が D1 タンパク質などの酵素タンパク質に高温や極端な pH にさらされたときのような変化を与えて傷害が起こるのである。弱光の下ではこの損傷は起こらない。

　そして葉緑体には光が弱まると，徐々に光化学系Ⅱの能力を復活させるしくみがあることがわかってきた。この能力の復活はタンパク質合成阻害剤を加えた状態では観察されない（図 2 － 2）。

　V と名づけられた遺伝子の変異体が発見され，光化学系Ⅱの能力が復活する過程について次のヒントを与えた。正常型の *V* 遺伝子からは損傷を受けた D1 タンパク質を分解する酵素が発現する。正常型植物と変異体 *V* についてタンパク質合成阻害剤を加えた状態で，強光を継続してあてる実験を行うと，D1 タンパク質の量が正常型植物では減少するのに対して，変異体 *V* では減少しなかった（図 2 － 3）。一方，タンパク質合成阻害剤を加えない状態で，強光をあてたあとの弱光下での光化学系Ⅱの能力の復活を比較したところ，変異体 *V* ではその復活が非常に起こりにくかった（図 2 － 4）。

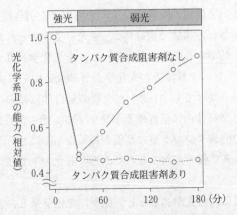

図2—2　正常型植物の光化学系Ⅱの能力に対
する強光照射とタンパク質合成阻害剤
の影響

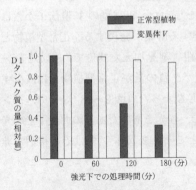

図2—3　タンパク質合成阻害剤を与え
て強光を照射した後での正常型
植物と変異体V中のD1タン
パク質の量

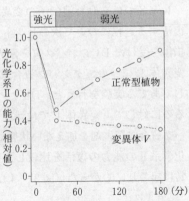

図2—4　強光照射後の正常型植物と変
異体Vでの光化学系Ⅱの能力の
時間変化

〔問〕

E　下線部(オ)について。下線部(オ)の現象には青色光を受け取ることが関
係する。この情報によって，下線部(オ)の現象に関係する可能性を排除
できる植物の光受容体を以下の選択肢(1)〜(4)から1つ選べ。

(1)　ロドプシン　　　　　　　(2)　クリプトクロム

(3)　フィトクロム　　　　　　(4)　フォトトロピン

F 青色光がもつ作用として知られていないものを，以下の選択肢(1)〜(4)からすべて選べ。

(1) 花芽形成 (2) 光屈性

(3) 光発芽 (4) 気孔開閉

G 文中の空欄3と4について。空欄3に色素，空欄4に分子の名前としてもっとも適切な語句をそれぞれ答えよ。解答例：3—○○（色素名），4—△△（分子名）

H 下線部(カ)について。強光を受けるとD1タンパク質の量は変わらないにもかかわらず，光化学系IIの能力が下がる理由を1行程度で述べよ。

I 図2−3の実験結果から推察できることとして適切なものを，以下の選択肢(1)〜(5)からすべて選べ。

(1) 変異体Vを用いた試料では，タンパク質合成阻害剤が作用しなかったために強光下で損傷を受けたD1タンパク質が減少しなかった。

(2) 変異体Vを用いた試料では，強光下で損傷を受けたD1タンパク質の分解が抑えられたため，タンパク質合成が阻害されてもD1タンパク質は減少しなかった。

(3) 変異体Vを用いた試料では，D1タンパク質の分解と合成の両方が起こったためにD1タンパク質が減少しなかった。

(4) 正常型植物を用いた試料では強光下で損傷を受けたD1タンパク質が分解され，さらに合成が抑えられてD1タンパク質が減少した。

(5) 正常型植物を用いた試料ではD1タンパク質の分解とタンパク質合成が共に抑えられて，D1タンパク質が減少した。

J 正常型V遺伝子からつくられるタンパク質分解酵素の役割をふまえ，D1タンパク質に注目して光化学系IIの能力が復活する過程を，3行程度で述べよ。

3 次の I，II の各問に答えよ。

I　次の文章を読み，問 A ～ E に答えよ。

　生物の形質の変異は(ア)遺伝子によって決められるか否かで大きく 2 種類に分類されるが，これらの変異がどのように生物の進化に寄与するか，古くから考えられてきた。(イ)ダーウィンの唱えた進化学説（ダーウィニズム）は，現在においても多くの生物学者に支持されている。一方，ラマルクが唱えた用不用説は，環境条件の変化により生じた獲得形質が遺伝することを仮定している。現在，一般的には「獲得形質の遺伝」は否定されているが，実際の生物にみられる現象を見渡すと，獲得形質が遺伝あるいは進化するように見える事例が多く知られる。環境条件に応答して表現型を変化させる性質は「表現型可塑性」と呼ばれ，ほぼすべての生物に備わっている。この表現型可塑性にも環境応答の様式に変異があり，そこに選択がかかることで可塑性そのものが進化することが知られている。

　事例 1　ミジンコの仲間の多くは，捕食者であるボウフラ（カの幼虫）が存在すると頭部に角を生じ捕食者から飲み込まれにくくすることで，被食を免れるという可塑性を進化させている。角の形成にはエネルギーが必要であり，産卵数の減少や成長率の低下などの代償が生じる。そのため，捕食者の非存在下では角は形成せず，捕食者が存在するときにのみ，(ウ)捕食者の分泌する化学物質（カイロモン）に応答して角を形成する。図 3 － 1 は，ある地域の異なる湖 A，B，C から採集したミジンコについて，腹部に対する頭部長の比（≒角の長さ）がカイロモンの濃度に依存してどのように変化するかを実験した結果である。

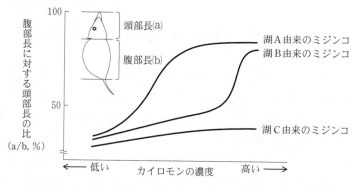

図 3 ― 1　カイロモンの濃度に応じたミジンコの頭部長の変化

事例 2　環境要因と生物の表現型（形質値）との関係は大きく分けると
　　　　図 3 ― 2 のように，可塑性のないもの（図 3 ― 2(a)），環境要因
　　　　に対して連続的に変化するもの（図 3 ― 2(b)），環境要因の変化
　　　　に対してあるところで急激に形質値を変化させる，すなわち不連
　　　　続に表現型が変化するもの（図 3 ― 2(c)）に分類できる。同種で
　　　　あっても環境条件によって複数のタイプの表現型が出現するもの
　　　　を「表現型多型」と呼ぶ。表現型多型の代表的な例に，社会性昆
　　　　虫のカースト多型，バッタの相変異，アブラムシの翅多型などが
　　　　ある。表現型多型を示すものには，図 3 ― 2(c)のように，体内の
　　　　生理機構に閾値が存在することによって，表現型を急激に変化さ
　　　　せるものがいる一方で，(エ)体内の生理機構に閾値は備わっていな
　　　　いが，その生物が経験する環境要因が不連続であるために，結果
　　　　として表現型多型が出現することもある。

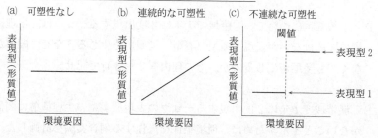

図 3 ― 2　環境要因と表現型（形質値）の関係

〔問〕

A　下線部(ア)について。これら2つの変異の名称を記せ。

B　下線部(イ)について。ダーウィニズムとはどのような説か。もっとも適切なものを以下の選択肢(1)〜(4)から1つ選べ。

(1)　よく使う器官は発達し，使用しない器官が退化することにより生物の形質進化が起こる。

(2)　集団内に生じた変異に自然選択がはたらくことで，環境に適した個体の生存・繁殖の機会が増え，その変異が遺伝すればその形質は進化する。

(3)　遺伝子の突然変異は大部分が自然選択に対して有利でも不利でもなく（中立的），突然変異と遺伝的浮動が進化の主たる要因である。

(4)　生物の形質は，遺伝子が倍化することにより，新たな機能が生じることによって進化する。

C　下線部(ウ)について。図3－1に示すように，湖によって「カイロモンの濃度」と「腹部長に対する頭部長の比（≒角の長さ）」の関係が異なることから，各湖に生息するミジンコと捕食者についてどのようなことが考えられるか。以下の選択肢(1)〜(3)からもっとも適切なものを1つ選べ。

(1)　湖Aおよび湖Bでは，捕食者の数に応じてミジンコは角を生やす。

(2)　湖Aと湖Bはミジンコの捕食者の種類や数は同じだった。

(3)　湖Cにはミジンコの捕食者が湖A，湖Bより多かった。

D　下線部(エ)について。温帯域で1年に2度出現するチョウは，生理機構に閾値はないが表現型多型（春型・夏型）を生じる。なぜ，閾値がなくても多型が生じるのか，その理由を2〜3行で記せ。

E　温帯域で1年に2度出現するチョウの表現型多型の生理機構に閾値がないことを示すために，環境条件を操作する飼育実験を計画した。どのように環境条件を操作し，どのような結果が得られれば表現型多型の生理機構に閾値がないことが示せるか，2〜3行で記せ。

Ⅱ　次の文章を読み，問 F～Ⅰに答えよ。

　　20 世紀の中ごろに活躍した発生学者のコンラート・H・ウォディン
トンは，環境刺激によって引き起こされる形質変化について選択実験を
行った。ショウジョウバエの卵を物質Ｘに曝して発生させると，後胸が
中胸に変化することにより（中胸が倍化することにより）翅が 4 枚ある
表現型（バイソラックス突然変異体に似る，図 3－3）がある頻度で生
じる。物質Ｘは，遺伝情報を改変することなく発生過程に影響を与える
物質である。ウォディントンはショウジョウバエの発生中の卵を毎世代，
物質Ｘに曝して生育させ，「中胸が倍化したハエ」を交配，産卵させ，
再び卵を物質Ｘに曝すことを繰り返した。これを約 30 世代繰り返した
後では，物質Ｘに曝した場合の「中胸が倍化したハエ」の出現率が上が
り，卵を物質Ｘに曝さずとも，「中胸が倍化したハエ」が羽化すること
もあった。この現象は遺伝的同化と呼ばれ，環境条件に引き起こされる
可塑性が進化した例として知られる。

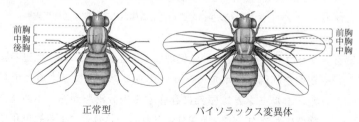

前胸　中胸　後胸　　　　　　　　　　　　　前胸　中胸　中胸

正常型　　　　　　　　　　バイソラックス変異体

図 3－3　ショウジョウバエの正常型とバイソラックス変異体

実験 1　タバコスズメガの幼虫の体色は緑色をしているが，「黒色変異
　　　　体」という突然変異系統の幼虫は黒色を示す。この黒色変異体の
　　　　4 齢幼虫に 30℃以上の熱処理を与えると，5 齢幼虫で緑色化す
　　　　る個体が出現する。この熱処理による緑色化の程度にはばらつき
　　　　（バリエーション）があるため，熱処理に対する応答性の違いに
　　　　基づいて下記の 3 群に分け，更にそれぞれの群の中で交配・選択
　　　　を行い，13 世代累代飼育を行った。体色のバリエーションはカ
　　　　ラースコア 0～4 で評価できる（黒色 0，正常型同様の緑色 4）。
　　　・緑色選択群：熱処理を与えたとき，緑色への変化の大きい個体

を選択

- 黒色選択群：熱処理を与えたとき，体色変化の少ない個体を選択

- 対照群：熱処理を与え，体色に関係なくランダムに選択

　各世代における，熱処理に応答した体色の変化を図3－4(a)に示す。また，13世代目の各選択群における処理温度とカラースコアの関係を図3－4(b)に示す。

(a) 各世代の熱処理後の体色応答

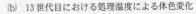

(b) 13世代目における処理温度による体色変化

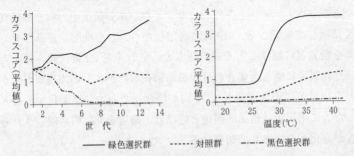

図3－4　タバコスズメガ幼虫の熱処理による体色応答に関する選択実験

実験2　タバコスズメガ幼虫の熱処理による体色変化には，昆虫の脱皮や変態を制御するホルモンαとホルモンβが関与すると予想された。ホルモンαは頭部に存在する内分泌腺から，ホルモンβは胸部にある内分泌腺から分泌される。熱処理による緑色化にこのどちらのホルモンが有効に働くのかを調べるため，熱処理前に腹部または頸部（頭部と胸部の境界）を結紮する実験を行った（図3－5）。ホルモンは体液中に分泌され全身を巡る液性因子であるため，結紮すると結紮部位を越えて移動できなくなる。実験の結果を，図3－5の表に示す。ただし，頭部の皮膚は胸部・腹部とは性質が異なり，体色の判別はできないものとする。また，ホルモンαとβは他方の分泌を制御する関係ではないことがわかっている。

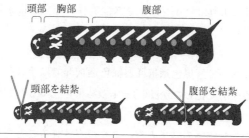

図 3 ― 5 　体色変化（胸部・腹部）に関与するホルモンの同定のための結紮実験

実験 3 　ホルモン α がこの体色変化に寄与することを検証するため，ホルモン α を幼虫に投与する実験を行った。その結果，選択群や熱処理の有無にかかわらず，投与量に応じて緑色化が起こった。また，各選択群の熱処理の有無による個体内のホルモン α の濃度変化を調べた結果，緑色選択群に熱処理を加えたときにホルモン α の濃度の上昇がみられ，黒色選択群では上昇は認められなかった。一方，ホルモン β は各選択群や熱処理の有無で濃度の差は認められなかった。

〔問〕

F 　ウォディントンが行ったショウジョウバエの選択実験にみられる現象を説明する文章として，もっとも適切なものを以下の選択肢(1)〜(4)から 1 つ選べ。

(1) 　毎世代，物質 X に応答して中胸が倍化する個体が選択されると，中胸倍化を促進する遺伝子の遺伝子頻度が世代を経るに従い高くなったため，中胸が倍化し 4 枚翅を生じやすい形質が進化した。

(2) 　毎世代，物質 X に応答して中胸が倍化する個体が排除されたため，4 枚翅を生じやすいという応答性が進化した。

(3) 　物質 X は翅の発生を誘発する物質であるため，後胸にも翅を生じさせた。

(4)　物質 X により，バイソラックス変異体の原因遺伝子に変異が生じ，世代を経て広まった。

G　実験 1 において，黒色選択群と緑色選択群ではそれぞれどのように表現型可塑性が変化したか。図 3−4 の結果を見て 3 行程度で説明せよ。

H　実験 2 の結紮実験の結果のみにより否定されることを以下の選択肢(1)〜(5)から 1 つ選べ。
(1)　ホルモン α さえあれば，体色の変化は引き起こされる。
(2)　ホルモン β さえあれば，体色の変化は引き起こされる。
(3)　ホルモン α と β がともにあるときにのみ，体色の変化は引き起こされる。
(4)　ホルモン α のみでは熱処理による体色の変化は引き起こされない。
(5)　ホルモン β のみでは熱処理による体色の変化は引き起こされない。

I　実験 3 から，熱処理による体色の変化の可塑性の変遷について考えられることとして適切なものを以下の選択肢(1)〜(5)からすべて選べ。
(1)　緑色選択群でも黒色選択群でも熱処理を与えたときにホルモン α の濃度上昇が起こらない。
(2)　タバコスズメガの幼虫では，熱処理を与えると体内のホルモン β の濃度が上昇することで緑色化が引き起こされている。
(3)　実験 1 開始前の黒色変異体である程度の緑色化が起こっているのは，熱処理によりホルモン α の濃度が上昇したことによるものである。
(4)　緑色選択群では熱処理によりホルモン α の濃度上昇が起こり，黒色選択群では熱処理によりホルモン β の濃度上昇が起こっている。
(5)　黒色選択群は熱処理を与えてもホルモン α の濃度上昇が起こらないような個体が選択され，結果として熱処理により体色が変化しないという形質が進化した。

地学

（2 科目 150 分）

（注）　解答用紙は，〈理科〉共通。1 行：約 23.5 センチ，35 字分の区切りあり。1・2 は各 25 行，3 は 50 行。

1　宇宙に関する次の問い（問 1 ～ 2）に答えよ。

問 1　恒星は核融合反応によって莫大なエネルギーを生成し宇宙空間に放射している。この恒星のエネルギー生成に関する以下の問いに答えよ。なお，太陽質量 $M_\circ = 2.0 \times 10^{30}$ kg，太陽の全輻射量（単位時間あたり放射するエネルギーの総量）$L_\circ = 3.8 \times 10^{26}$ J/s，光速 $c = 3.0 \times 10^8$ m/s，1 年 $= 3.2 \times 10^7$ 秒とする。数値での解答には有効数字 1 桁で答え，計算の過程も示せ。

(1)　太陽などの主系列星では，この反応で水素原子 4 個からヘリウム原子 1 個が作られるが，その際に質量が 0.7 ％減少する。この質量 m はアインシュタインの関係式 $E = mc^2$ によってエネルギー E に変換される。水素 1 kg がこの反応に使われる際に生成されるエネルギーを求めよ。

(2)　太陽の全輻射量を考慮すると，太陽では毎秒何 kg の水素原子がこの反応を起こしていると考えられるか答えよ。さらに，この反応におけるエネルギー生成率は主系列の期間変わらないものとし，水素（太陽形成時，太陽質量の 74 ％）がすべてこの反応を起こすとすると，太陽の主系列での寿命は何億年と推定できるか答えよ。ここで得られる値は太陽の主系列での寿命とされている 100 億年に比べて長いが，その主な物理的理由を述べよ。

(3)　大質量星である O5 型星の質量を $M=40M_\odot$，寿命を 500 万年とする。太陽の主系列での寿命を 100 億年とするとき，質量と寿命との比の値を O5 型星と太陽とで比較し，その値が両者で大きく異なることを示した上で，その主たる物理的理由を推論して述べよ。

問 2　火星と地球の公転運動に関する以下の問いに答えよ。以下では，火星の公転軌道は，長半径（太陽からの最大距離と最小距離の平均）a_M $=1.5$ 天文単位，離心率 $e_M=0.1$ の楕円軌道，地球の公転軌道は半径 a_E $=1$ 天文単位の円軌道であり，地球と火星は同一平面上を運動しているとする。また，火星が 1 日に公転する角度は一定であると近似してよい。地球の公転周期は $P_E=365$ 日，火星の公転周期は $P_M=687$ 日とする。解答には計算の過程も示せ。

(1)　地球と火星の会合周期は何日か，有効数字 2 桁で求めよ。

(2)　図 1 に示したように，火星の公転軌道は楕円であるため，衝が起こる時の地球—火星間の距離は毎回同じではない。火星が近日点に来た時に衝が起こった場合と，火星が遠日点に来た時に衝が起こった場合とでは，地球から見た火星の見かけの明るさは何倍異なると考えられるか，有効数字 1 桁で答えよ。ただし，火星の太陽光の反射率は時間変化しないものとする。

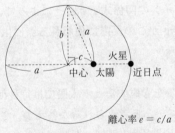

離心率 $e=c/a$

図 1　火星の公転軌道の模式図

(3)　今年，火星がちょうど近日点に来た時に衝が起こったとして，向こう 20 年に起こる衝のうちで，地球—火星間の距離が最短となるのは

何年後の衝か，有効数字2桁で求めよ。

2 大気と海洋の現象に関する次の問い（問1〜2）に答えよ。

問1　地表面（海面も含む）からの蒸発は，大気中に水蒸気を供給し，降
　　水は，大気中から水蒸気を除去する。また，大気中の水蒸気量は一般に
　　下層ほど多く，大気上端では非常に少ない。したがって，大気中の水蒸
　　気の収支を考える際には，大気上端での水蒸気の出入りは無視できるも
　　のとする。月平均の大気中の水蒸気収支に関して，以下の問いに答えよ。
　　なお，降水量と蒸発量は地表面での値とする。また，単位地表面積上の
　　気柱（地表面から大気上端までの大気）に含まれる総水蒸気量を気柱水
　　蒸気量 $[kg/m^2]$ と呼ぶ。

(1)　月平均など長期間平均した場合，ある領域での降水の総量と蒸発の
　　総量の差は，その領域の側面から流入する水蒸気の総量と流出する水
　　蒸気の総量の差とつり合っていると近似できる。図2−1（左）のよ
　　うな地表面積 $S[m^2]$ をもつ領域で平均した降水量を $P[m/s]$，蒸発
　　量を $E[m/s]$ とする。この領域に側面から単位時間に流入する水蒸
　　気量を $W_{in}[kg/s]$，流出する水蒸気量を $W_{out}[kg/s]$ とする。また，
　　液体の水の密度は $\rho[kg/m^3]$ とする。これらの量を用いて，上記の
　　つり合いの関係を式で表せ。

(2)　次に，図2−1（右）のように直交した xyz 軸をとり，x 方向に L
　　$[m]$，y 方向に $D[m]$ の直方体領域において，(1)のつり合いが成り
　　立っていると考える。この領域の平均降水量は 16.6 mm/日，平均蒸
　　発量は 8.0 mm/日，風は x 軸方向に吹き，風速は風上の側面A，風
　　下の側面Bのそれぞれにおいて一様で時間変化がないとする。側面A
　　での気柱水蒸気量は一様に 45.0 kg/m²，風速は 10.0 m/s，側面Bで
　　の気柱水蒸気量は一様に 30.0 kg/m²，風速は $V[m/s]$，L は 1.2
　　$\times 10^5$ m とし，液体の水の密度は 1.0×10^3 kg/m³ とする。

(a)　この直方体領域における(1)の W_{in}，W_{out} を，上で与えられた数値

や記号の中から必要なものを用いて表せ。

(b)　側面Bでの風速 V を有効数字2桁で求めよ。計算の過程も示すこと。

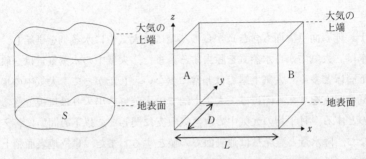

図2-1　(左)地表面積 S をもつ領域の概念図。(右)直方体領域の概念図。

(3)　図2-2に太平洋とその周辺での海上降水量（等値線）と鉛直積算水蒸気流（ベクトル）の1月の平均値を示す。鉛直積算水蒸気流とは，気柱を水平に通過する水蒸気の輸送量であり，各高度での水蒸気の水平の輸送量を地表面から大気上端まで積算したベクトルである（注1）。日本の東方海上の長方形領域Xと南半球の長方形領域Yは，それぞれ中緯度および熱帯において比較的降水量が多い領域であるが，異なる点も見られる。この図を用い，X，Yそれぞれの長方形領域において降水の総量と蒸発の総量との大小関係を推測し，その根拠とともに，合わせて5行程度で説明せよ。

(注1)　気柱の各高度で微小な厚さの大気の層を考えると，大気の単位体積あたりの水蒸気量 $[kg/m^3]$ ×水平風 $[m/s]$ ×層の厚さ $[m]$ がベクトルとして求まる。それを地表面から大気上端まで積算したベクトルが鉛直積算水蒸気流であり，単位は $[kg/(m\cdot s)]$ となる。ここで水平風はベクトルである。

(4)　下の文章を読み，ア～ウの空欄に当てはまる語句をそれぞれ答えよ。同じ語句を繰り返し使用してもよい。

大気中の水蒸気は，　ア　を介して大気の熱輸送の一端を担って

いる。今，(3)の長方形領域X，Yの側面境界を通した領域内外の大気
の　ア　のやりとりについて考える。長方形領域Xでは，　ア　は
　イ　しており，長方形領域Yでは，　ア　は　ウ　している。

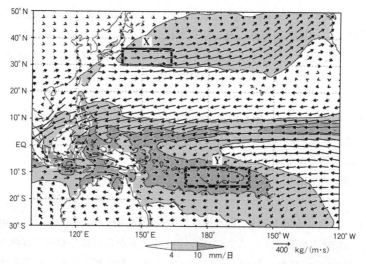

図2—2　太平洋とその周辺での降水量(等値線，海上のみ)と鉛直積算水蒸気流
　　　　(ベクトル)の1月の平均値。薄い影は4〜10mm/日，濃い影は
　　　　10mm/日以上の降水量を示す。ベクトルの縮尺は東西・南北方向で等
　　　　しく，右下のベクトルの長さは400kg/(m・s)を示す。

問2　日本海における海洋現象に関する以下の問いに答えよ。数値による
　　解答は有効数字2桁で答え，計算の過程も示せ。なお，重力加速度gは
　　$9.8\,\mathrm{m/s^2}$とする。

(1)　図2—3(a)は，海面下100mにおける水温分布図である。本州に沿
　　って存在する相対的に水温の高い領域は，南西から北東に向かって流
　　れる対馬暖流に伴うものである。対馬暖流が岸に平行に流れる地衡流
　　であるとして，その流れの向きが図2—3(b)に矢印で示してある。解
　　答用紙に図2—3(b)を模写したうえで，対馬暖流に働く圧力傾度力と
　　転向力を，これらの力の相対的な大きさと向きに注意してベクトルと
　　して図示せよ。力の名称も図中に示すこと。なお，圧力傾度力，転向

力以外の力を考慮する必要はない。

(2)　図 2 － 3 (a)をみると，5 月と 11 月では対馬暖流域の海面下 100 m
における水温分布に違いがみられる。北緯 39 度〜41 度，東経 138 度
〜140 度の対馬暖流に着目したとき，水温分布の季節による違いを反
映して，地衡流である対馬暖流の流れの速さに 5 月と 11 月ではどの
ような違いがあるか，理由とともに 3 行程度で説明せよ。等温線は，
地衡流に伴う海面高度の等高線に一致するとみなしてよい。

(3)　北緯 40 度付近の本州日本海側の海岸線はほぼ南北方向である。こ
こに北風が数日程度連続して吹き続けると，それに伴うエクマン輸送
により海面水温にどのような変化が起こりうるか，理由とともに 3 行
程度で説明せよ。

(4)　1983 年 5 月 26 日，日本海東部の秋田県沖を震源とする「日本海中
部地震」が発生し，これに伴う津波は発生からしばらく後に震源から
約 900 km 離れた対岸の朝鮮半島に到達するなど，日本のみならず周
辺諸国の沿岸にも被害をもたらした。この時の津波は水深に比べて波
長が十分長い長波であったとして，津波の発生から朝鮮半島に津波の
第一波が到達するまでに要した時間（単位：分）を求めよ。ただし，
この津波は，伝搬経路上の平均水深 2300 m に対する長波の速さで伝
わったものとみなしてよい。

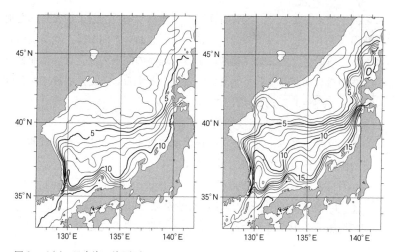

図 2 — 3 (a)　日本海の海面下 100 m における水温分布。5 月 (左)，11 月 (右)。等温線の間隔は 1 ℃。

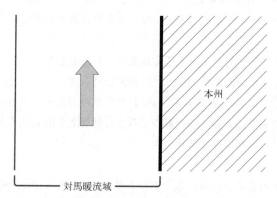

図 2 — 3 (b)　本州の海岸に平行に流れる対馬暖流の模式図

3　地質および地史に関する次の問い（問 1 ～ 2）に答えよ。

問 1　図 3 — 1 は，100 m ごとの等高線付きの地質図および A — B 線に沿う地形断面図である。上部から，泥岩，砂岩，礫岩の 3 層が観察され，また，特徴的な地質構造として褶曲が認められる。地形断面図に地層分

布を描き加えることで，地質断面図ができる。地質図および得られた地質断面図をもとに，以下の問いに答えよ。なお，本問では，地層境界面は平面で構成されており，褶曲による層理面の向きの変化は，褶曲軸での突然の折れ曲がりとして生じているものとする。また，必要であれば，$\sqrt{2} = 1.4$, $\sqrt{3} = 1.7$, $\sqrt{5} = 2.2$ を用いてよい。

(1) 下の文章を読み，ア〜ウの空欄にあてはまる方向をそれぞれ答えよ。その際，東西もしくは南北と答えよ。

　　地質図から見て取れる地層の走向はほぼ全域で ア 方向である。イ 方向の褶曲軸をもつ褶曲構造が見て取れ，これは，ウ 方向に圧縮する力がはたらくことによって形成されたと考えられる。

(2) 地質図のC地点地下での砂岩層の傾斜角の大きさを θ とするとき，$\tan\theta$ の値を有効数字1桁で答えよ。また，C地点地下の砂岩層の層厚（層理面に垂直な方向の厚さ）を有効数字1桁で答えよ。

(3) 本地質図で見られる褶曲構造は，もともと水平であった地層が広域的な水平方向の短縮をうけて形成したものである。元の地層の長さに対して地層が水平方向に短縮した長さの割合を水平短縮ひずみという。この褶曲による水平短縮ひずみを有効数字1桁で答えよ。ただし，褶曲軸の両側で，傾斜角の大きさは等しいとせよ。

(4) 下の文章を読み，エ〜オの空欄にあてはまる語句をそれぞれ答えよ。

　　新潟県中越地方では褶曲構造がよく見られる。中越地方では，新第三紀における エ の拡大に伴って新第三系が厚く堆積した後，新第三紀の終わりごろから，太平洋プレートからの強い圧縮により褶曲構造の形成が始まった。中越地方で掘削を行うとしばしば石油が産出するが，石油は水より軽いので，褶曲構造の オ 軸を中心に液体を通しにくい地層の下に集積していることが多い。

(5) (3)のような地質構造の解析から得られる水平短縮ひずみをその構造の形成に要した時間で割ると，長期的な水平地殻ひずみ速度が求まる。

一方で，GPS などによる地殻変動観測からは短期的な水平地殻ひず
み速度が求められる。大きな地震が発生しなかった期間の GPS 観測
から得られる中越地方の水平地殻ひずみ速度は，地質構造から推定さ
れる同地域の長期的な水平地殻ひずみ速度と比べて著しく大きい。こ
の違いが生じる理由を，プレート境界型巨大地震の発生と関係づけて，
3 行程度で説明せよ。

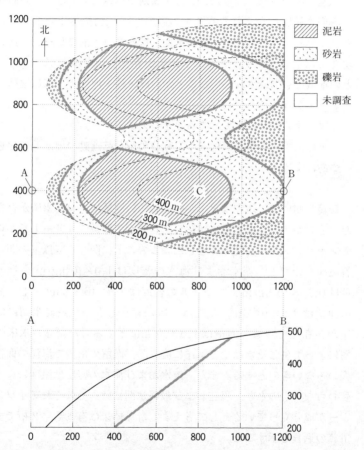

図 3 ― 1　地質図（上）および地形断面図（下）。座標軸の数字の単位は全てメートルで
　　　　ある。地質図の破線は等高線を，灰色の太線は地層境界を示す。断面図に
　　　　は，泥岩―砂岩層境界の一部が灰色の太線で描き加えられている。

問 2　地球の過去の気候について，以下の問いに答えよ。

(1)　およそ 260 万年前から始まった　ア　という地質時代は，氷期と
　　間氷期とよばれる寒暖を，数万年から 10 万年の周期で繰り返してき
　　たことが知られている。この原因は　イ　サイクル（周期）と呼ば
　　れる地球の自転運動や公転運動の周期的な変化であると考えられてい
　　る。過去 70 万年間に限ると 10 万年周期が卓越している。この周期性
　　は海底堆積物に含まれる有孔虫の殻の　ウ　同位体比の変動に反映
　　されている。直近の氷期（最終氷期）は約 2 万年前にピークに達し，
　　現在では南極やグリーンランドにしか存在しない氷床が，　エ　な
　　どの地域にも形成されていたことが，礫・砂・泥が小丘状に堆積した
　　オ　の分布からわかっている。

　　(a)　ア〜オの空欄にあてはまる語を答えよ。

　　(b)　下線部で述べられた地球の自転運動や公転運動の周期的変化を 3
　　　　つあげよ。

(2)　最終氷期には，現在は氷床が存在しない陸域にも厚い氷床が存在し
　　た。それが 2 万年前以降に融解し，陸面が年間数ミリメートルから数
　　センチメートルの速度で隆起した。このことに関連して以下の問いに
　　答えよ。ただし，淡水および海水の密度は $1.0 \times 10^3 \mathrm{kg/m^3}$，氷の密
　　度は $0.90 \times 10^3 \mathrm{kg/m^3}$，マントルの密度は $3.3 \times 10^3 \mathrm{kg/m^3}$ とし，海洋
　　の面積は $3.6 \times 10^8 \mathrm{km^2}$，現在は氷床が存在しないが最終氷期には氷
　　床が存在した陸域の面積は $1.0 \times 10^7 \mathrm{km^2}$ とする。ただし，氷床の融
　　解によって生じた水は全て海洋に流入し，融解の前後で海洋の面積は
　　変わらないものとする。また，淡水および海水の密度は温度によって
　　変わらないものとし，現在および最終氷期には，それぞれアイソスタ
　　シーが成り立っているとして考えよ。計算結果は有効数字 2 桁で表し，
　　計算の過程も示すこと。

　　(a)　最終氷期に氷床が存在していたが現在は氷床が存在しない陸域は
　　　　どこでも，最終氷期以降，現在までに 810m 隆起したとする。最終
　　　　氷期以降に融解した氷床の厚さはどこでも等しいとして，その厚さ
　　　　を求めよ。

⑥　一方で，最終氷期に存在していた氷床の融解によって，最終的に
　　海底は平均で何メートル隆起または沈降したか答えよ。

学校所󠄁以養レ士也。然古之聖王、其意a不レ僅此也。必使下治三天下之具皆出二於学校上而

後設二学校之意始備。天子之所レ是未二必是、天子之所レ非未二必非b不レ敢自

為二非レ是、而公三其非レ是於学校一。是故養レ士為二学校之一事、而学校不三僅為レ養レ士而設一也。

三代以下、天下之是非一出二於朝廷一。天子栄レ之則群趨以為レ是、天子辱レ之則群

擿以為レ非。而其所謂学校者、科挙囂争、富貴熏心。亦遂以二朝廷之勢利一一変其本

領。而士之有二才能学術一者、且往往自抜二於草野之間一、於二学校一初d無レ与也。究竟養レ

士一事e亦失レ之矣。

（黄宗羲『明夷待訪録』による）

〔注〕
○三代以下——夏・殷・周という理想の治世が終わった後の時代。
○囂争——騒ぎ争う。
○熏心——心をこがす。

設問

(一) 傍線部a・c・dの意味を現代語で記せ。

(二) 「不三敢自為二非レ是一」(傍線部b) を平易な現代語に訳せ。

(三) 「亦失レ之矣」(傍線部e) とあるが、なぜ「亦」と言っているのか、本文の趣旨を踏まえて説明せよ。

（解答欄：一三・五センチ×一・五行）

「実に汝をはかりて遣はしたるなり。常々言ふごとく、余り他に異なる愛し様なり。はなはだ悪しき事なり。重ねて我が言ふごとくなさずば、取り返すまじ」と、さまざま争ひけるに、隣家・門人などいろいろ言ひて、妻にわびさせて、嵐雪が心をやはらげ、猫も取り返し、何事なくなりけるに、

　　睦月はじめの夫婦いさかひを人々に笑はれて

　　喜ぶを見よや初ねの玉ばは木　　嵐雪

〔注〕○嵐雪──俳人。芭蕉の門人。
　　○唐猫──猫。もともと中国から渡来したためこう言う。
　　○門口・背戸口──家の表側の出入り口と裏側の出入り口。
　　○内室──奥様。
　　○玉ばは木──正月の初子の日に、蚕部屋を掃くために使う、玉のついた小さな箒。

設　問

（一）傍線部ア・イ・オを現代語訳せよ。

（二）「行くまじき方までも尋ねければども」（傍線部ウ）を、誰が何をどうしたのかわかるように、言葉を補い現代語訳せよ。

（三）「さては我をはかりてのわざなるか」（傍線部エ）とあるが、嵐雪は妻をどうだましたのか、説明せよ。

（解答欄：一三・五センチ×一行）

三

　次の文章を読んで、後の設問に答えよ。ただし、設問の都合で送り仮名を省いたところがある。

一

次の文章は、闌更編『誹諧世説』の「嵐雪が妻、猫を愛する説」である。これを読んで、後の設問に答えよ。

嵐雪が妻、唐猫のかたちよきを愛して、美しきふとんをしかせ、食ひ物も常ならぬ器に入れて、朝夕ひざもとをはなさざりけるに、門人・友どちなどにも、アうるさく思ふ人もあらんと、嵐雪、折々は、「獣を愛するにも、イ程あるべき事なり。」とつぶやきけれども、妻しのびてもこれを改めざりけり。

人にもまさりたる敷き物・器、食ひ物とても、忌むべき日にも、猫には生ざかなを食はするなど、よからぬ事」とつぶや

さてある日、妻の里へ行きけるに、留守の内、外へ出でざるやうに、かの猫をつなぎて、例のふとんの上に寝させて、さかななど多く食はせて、くれぐれ綱ゆるさざるやうに頼みおきて出で行きぬ。嵐雪、かの猫をいづくへやりともせんと思ひ、かねて約しおける所ありければ、遠き道を隔てて、人して遣はしける。妻、日暮れて帰り、まづ猫を尋ぬるに見えず。「猫はいづくへ行き侍る」と尋ねければ、「されば、そこのあとを追ひけるにや、しきりに鳴き、綱を切るばかりに見えず。「猫はいづくへ行き侍る」と尋ねければ、「されば、そこのあとを追ひけるにや、しきりに鳴き、綱を切るばかりに騒ぎ、毛も抜け、首もしまるほどなりけるゆゑ、あまり苦しからんと思ひ、綱をゆるしてさかななどあてけれども、食ひ物も食はで、ただうろうろと尋ぬるけしきにて、門口・背戸口・二階など行きつ戻りつしけるが、それより外へ出で侍るにや、近隣を尋ぬれども今に見えず」と言ふ。妻、泣き叫びて、ウ行くまじき方までも尋ねけれども、帰らずして、三日、四日過ぎければ、妻、袂をしぼりながら、

　猫の妻いかなる君のうばひ行く　　妻

かく言ひて、ここちあしくなり侍りければ、妻の友とする隣家の内室、これも猫を好きけるが、嵐雪がはかりて他所へ遣はしける事を聞き出だし、ひそかに妻に告げ、「無事にて居侍るなり。必ず心を痛め給ふ事なかれ。我が夫、猫を愛する事を憎み申され何町、何方へ取り返しに遣はし給へ」と語りければ、妻、「かかる事のあるべきや。我が知らせしとなく、けるが、エさては我をはかりてのわざなるか」と、さまざま恨みいどみ合ひける。嵐雪もオあらはれたる上は是非なく、

音ではないだろうか。目をつぶってしがみつける何かがあることではなく、

「分からない」世界こそが、人が知的に生きていける場所であり、世界が確定的でないからこそ、人間の知性や「決断」

に意味が生まれ、そして「アホな選択」も、また許される。ₑいろんな「形」、多様性が花開く世界となるのだ。それは

神の摂理のような〝真実の世界〟と、混沌が支配する〝無明の世界〟とのはざまにある場所であり、また「科学」と、ま

だ科学が把握できていない「非科学」のはざま、と言い換えることができる空間でもある。

（中屋敷均「科学と非科学のはざまで」による）

設　問

（一）「自然界ではある意味、例外的なものである」（傍線部ア）とはどういうことか、説明せよ。

　　　　　　　　　　　　　　　　　　　　　　　　　　　　　　　（解答欄：一三・五センチ×二行）

（二）「何か複雑で動的な現象」（傍線部イ）とはどういうことか、説明せよ。

　　　　　　　　　　　　　　　　　　　　　　　　　　　　　　　（解答欄：一三・五センチ×二行）

（三）「人類にもたらされる大きな福音」（傍線部ウ）とはどういうことか、説明せよ。

　　　　　　　　　　　　　　　　　　　　　　　　　　　　　　　（解答欄：一三・五センチ×二行）

（四）「いろんな『形』、多様性が花開く世界」（傍線部エ）とはどういうことか、本文全体の趣旨を踏まえて一〇〇字以上

一二〇字以内で説明せよ（句読点も一字として数える）。

（五）傍線部a・b・cのカタカナに相当する漢字を楷書で書け。

　　a　コウケン　　　　　b　ダイタイ　　　　　c　サイキン

りしない闇のような領域がまだ大きく広がっている。しかし、この先、どんなガンにも効果があるような特効薬が開発さ

れれば、ガンの治療にはそれを使えば良い、ということになるだろう。

それは、かつて c サイキンの感染症に対して抗生物質が発見された時のように、世界に新しい「形」がまた一つ生まれ

たことを意味することになる。このように人類が科学により世界の秩序・仕組みのようなものを次々と明らかにしていけ

ば、世界の姿は固定され、新たな「形」がどんどん生まれていく。それは ウ 人類にもたらされる大きな福音だ。

しかし、また一方、こんなことも思うのだ。もし、そうやって世界の形がどんどん決まっていき、すべてのことが予測

でき、何に対しても正しい判断ができるようになったとして、その世界は果たして、人間にとってどんな世界なのだろ

う？　生まれてすぐにその適性に合わせた遺伝子診断を行えば、その人がどんな能力やリスクを持っているのか、幼少

時からその適性に合わせた教育・訓練をし、持ち合わせた病気のリスクに合わせて、毎日の食事やエクササイズなども最

適化されたものが提供される。結婚相手は、お互いに遺伝子型の組合せと、男女の相性情報の膨大なデータベースに基づ

いて自動的に幾人かの候補者が選ばれる。

科学がその役目を終えた世界。病も事故も未知もない、そんな神様が作ったユートピアのような揺らぎのない世界に、

むしろ「息苦しさ」を感じてしまうのは、私だけであろうか？

少なくとも現時点では、この世界は結局のところ、「分からないこと」に覆われた世界である。目をつぶって何かに、

それは科学であれ、宗教であれ、すがりつく以外、心の拠りどころさえない。しかし、物理的な存在が、

「カオスの縁」に立ち、混沌から分子を取り入れ「形」を作り生きているように、知的な存在としての人間はこの「分か

らない」世界から、少しずつ「分かること」を増やし「形」を作っていくことで、また別の意味で「生きて」いる。その

営みが、何か世界に "新しい空間" を生み出し、その営みそのものに人の "喜び" が隠されている。そんなことを思うの

だ。

だから、世界に新しい「形」が与えられることが福音なら、実は「分からないこと」が世界に存在することも、また福

　また、生命の進化を考えてみよう。進化は、自己複製、つまり「自分と同じものを作る」という、生命の持続を可能とする静的な行為と、変異、つまり「自分と違うものを作る」という、秩序を破壊する、ある種、危険を伴った動的な行為の、二つのベクトルで成り立っている。現在の地球上に溢れる、大きさも見た目も複雑さもその生態も、まったく違う様々な生命は、その静的・動的という正反対のベクトルが絶妙なバランスで作用する、その〝はざま〟から生まれ出てきたのだ。

　生命は、原子の振動が激しすぎる太陽のような高温環境では生きていけないし、逆に原子がほとんど動かない絶対零度のような静謐な結晶の世界でも生きていけない。この単純な事実を挙げるまでもなく、生命は、秩序に縛られた静的な世界と、形を持たない無秩序な世界の間に存在する、〝何か複雑で動的な現象である。「カオスの縁」、つまりそのはざまの空間こそが、生命が生きていける場所なのである。

　「生きている」科学にも、少しこれと似た側面がある。科学は、混沌とした世界に、法則やそれを担う分子機構といった何かの実体、つまり「形」を与えていく人の営為と言える。たとえば、あなたが街を歩いている時、突然、太陽がなくなり、真っ暗になってしまったとする。一体、何が起こったのか、不安に思い、混乱するだろう。実際、古代における日食や月食は、そんな出来事だった。不吉な出来事の予兆とか、神の怒りとして、恐れられてきた歴史がある。

　しかし、今日では日食も月食も物理法則により起こる現象であることが科学によって解明され、何百年先の発生場所、その日時さえ、きちんと予測することができる。それはある意味、人類が世界の秩序を理解し、変わることのない〝不動〟の姿を、つかんだということだ。何が起こったのか訳が分からなかった世界に、確固とした「形」が与えられたのだ。

　一方、たとえばガンの治療などは、現在まだ正答のない問題として残されている。外科的な手術、抗ガン剤、放射線治療。こういった標準治療に加えて、免疫療法、鍼灸、食事療法など〝ダイタイ医療と呼ばれる療法などもあるが、どんなガンでもこれをやれば、まず完治するというような療法は存在しない。そこには科学では解明できていない、形のはっき

相互作用する独特な性質を多数持っている。水蒸気とも氷ともかなり異なった特性である。この〝水〟の状態で水分子が存在できる温度範囲は、宇宙のスケールで考えるなら、かなり狭いレンジであり、実際〝水〟を湛えた星はそうそう見つからない。巨視的に見れば〝水〟は分子同士が強固に束縛された氷という状態から、無秩序でカオス的に振舞う水蒸気という状態への過渡期にある特殊な状態、すなわち「カオスの縁」にある姿と言えるのかもしれない。

この「カオスの縁」という現象が注目されたのは、それが生命現象とどこかつながりを感じさせるものだったからである。生き物の特徴の一つは、この世界に「形」を生み出すことだ。それは微視的には有機物のような化学物質であり、少し大きく見れば、細胞であり、その細胞からなる我々人間のような個体である。そして、さらに巨視的に見れば、その個体の働きの結果できてくるアリ塚であったり、ビーバーのダムであったり、東京のような巨大なメガロポリスであったりする。

しかし、こういった生物の営みは、<u>ア 自然界ではある意味、例外的なものである。</u>何故なら、この世界は熱力学第二法則（エントロピー増大の法則）に支配されており、世界にある様々な分子たちは、より無秩序に、形のないカオスへ向かいつつある世界の中で、言葉を変えればカオスの方向へと、時間と共に向かっているはずだからである。そんなカオスへ向かいつつある世界で、「形あるもの」として長期間存在できるのは、一般的に言えば、それを構成する原子間の結合が極めて強いものであり、鉱物や氷といったものである。

ところが、生命はそんな無秩序へと変わりつつある世界から、自分に必要な分子を取り入れ、そこに秩序を与え「形あるもの」を生み出していく。その姿はまるで「カオスの縁」にたたずみ、形のないカオスから小石を拾い、積み上げているかのようである。また、その積み上げられる分子の特徴は、鉱石などと違い、反応性に富んだ物質が主であり、〝不動〟のものとして作り出されるのではなく、偶発的な要素に反応し、次々に違う複雑なパターンとして、この世に生み出されてくる。そして、それらは生命が失われれば、また形のない世界へと飲み込まれ、そこへと還っていくのだ。それは分子の、この世界における在り方という視点で考えれば、〝安定〟と〝無秩序〟の間に存在する、極めて特殊で複雑性に富ん

（注）　解答は、一行の枠内に二行以上書いてはいけない。

一

次の文章を読んで、後の設問に答えよ。

（一〇〇分）

国語

「カオスの縁（ふち）」という言葉をご存知だろうか？　この「カオスの縁」とは、一九六〇年代から行われているセル・オートマトンと呼ばれるコンピューター上のプログラムを使った研究が端緒となり提唱された概念である。とても大雑把に言えば、二つの大きく異なった状態（相）の中間には、その両側の相のいずれとも異なった、複雑性が非常に増大した特殊な状態が現れる、というようなことを指している。

身近なイメージで言えば、〝水〟を挙げられるだろうか。ご存知のように、水は気体・液体・固体という三つの形態をとる。たとえば気体の水蒸気は、水分子の熱運動が大きくなり、各分子が分子同士の結合力の束縛から放たれ、空間の中で自由気ままに振舞っている非常に動的な姿である。一方、氷は水分子同士が強固に結合し、各分子は自身が持つ特性に従って規則正しく配列され、理にかなった秩序正しい形を保っている静的な状態だ。

その中間にある液体の、いわゆる〝水〟は、生命の誕生に大きく[a]コウケンしたと考えられる、柔軟でいろんな物質と

///////////////// · memo · /////////////////

問題編

■前期日程

▶試験科目・配点

教科	科　　　　　　目	配　点
外国語	「コミュニケーション英語 I・II・III」，ドイツ語，フランス語，中国語から1外国語を出願時に選択。英語試験の一部分に聞き取り試験（30分程度）を行う。 　ただし，英語の選択者に限り，英語の問題の一部分に代えて，ドイツ語，フランス語，中国語，韓国朝鮮語のうちから1つを試験場で選択することができる。	120 点
数　学	数学 I・II・III・A・B	120 点
理　科	「物理基礎・物理」，「化学基礎・化学」，「生物基礎・生物」，「地学基礎・地学」から2科目を出願時に選択	120 点
国　語	国語総合，国語表現	80 点

▶備　考

• 英語以外の外国語は省略。
• 数学 I，数学 II，数学 III，数学 A は全範囲から出題する。数学 B は「数列」，「ベクトル」から出題する。
• 「物理基礎・物理」は物理基礎，物理の全範囲から出題する。
• 「化学基礎・化学」は化学基礎，化学の全範囲から出題する。
• 「生物基礎・生物」は生物基礎，生物の全範囲から出題する。
• 「地学基礎・地学」は地学基礎，地学の全範囲から出題する。
※理科三類は，上記に加えて面接（個人面接）を課す。総合判定の判断資料とし，学力試験の得点にかかわらず不合格となることがある。

■■ 英語 ■■

(120 分)

〔注　意〕

1. 3 は聞き取り問題である。問題は試験開始後 45 分経過した頃から約 30 分間放送される。

2. 解答は，5 題を越えてはならない。

3. 5 題全部英語の問題を解答してもよいし，また，4・5 の代わりに他の外国語の問題Ⅳ・Ⅴを選んでもよい。ただし，ⅣとⅤとは必ず同じ外国語の問題でなければならない。

(他の外国語の問題は省略―編集部)

1　(A)　次の英文の要旨を 70〜80 字の日本語にまとめよ。句読点も字数に含める。

Rumours spread by two different but overlapping processes: popular confirmation and in-group momentum. The first occurs because each of us tends to rely on what others think and do. Once a certain number of people appear to believe a rumour, others will believe it too, unless they have good reason to think it is false. Most rumours involve topics on which people lack direct or personal knowledge, and so most of us often simply trust the crowd. As more people accept the crowd view, the crowd grows larger, creating a real risk that large groups of people will believe rumours even though they are completely false.

In-group momentum refers to the fact that when like-minded people get together, they often end up believing a more extreme version of what they thought before. Suppose that members of a certain group are inclined to accept a rumour about, say, the evil intentions of a certain nation. In all likelihood, they will become more committed to that rumour after they have spoken to each other. Indeed, they may move from being tentative believers to being absolutely certain, even though their only new evidence is what other members of the group believe. Consider the role of the internet here : when people see many tweets or posts from like-minded people, they are strongly inclined to accept a rumour as true.

What can be done to reduce the risk that these two processes will lead us to accept false rumours ? The most obvious answer, and the standard one, involves the system of free expression : people should be exposed to balanced information and to corrections from those who know the truth. Freedom usually works, but in some contexts it is an incomplete remedy. People do not process information in a neutral way, and emotions often get in the way of truth. People take in new information in a very uneven way, and those who have accepted false rumours do not easily give up their beliefs, especially when there are strong emotional commitments involved. It can be extremely hard to change what people think, even by presenting them with facts.

From ON RUMOURS by Cass R. Sunstein (Penguin Books, 2009). Copyright © Cass R. Sunstein, 2009

(B)　以下の英文を読み，(ア)，(イ)の問いに答えよ。

When we think back on emotional events from the past, our memories tend to be distorted by internal influences. One way this can happen is through sharing our memories with others, something that most of us are likely to do after important life events—whether it's calling our family to tell them some exciting news, reporting back to our boss about a big problem at work, or even giving a statement to police. In these kinds of situations we are transferring information that was originally received visually (or indeed through other senses) into verbal information. We are turning inputs from our five senses into words.　(1)　; every time we take images, sounds, or smells and verbalise them, we potentially alter or lose information. There is a limit to the amount of detail we are able to communicate through language, so we have to cut corners. We simplify. This is a process known as "verbal overshadowing," a term invented by psychologist Jonathan Schooler.

Schooler, a researcher at the University of Pittsburgh, published the first set of studies on verbal overshadowing in 1990 with his colleague Tonya Engstler-Schooler. Their main study involved participants watching a video of a bank robbery for 30 seconds. After then doing an unrelated task for 20 minutes, half of the participants spent five minutes writing down a description of the bank robber's face, while the other half undertook a task naming countries and their capitals. After this, all the participants were presented with a line-up of eight faces that were, as the researchers put it, "verbally similar," meaning that the faces matched the same kind of description—such as "blonde hair, green eyes, medium nose, small ears, narrow lips." This is different from matching photos purely on visual similarity, which may focus on things that are harder to put into words, such as mathematical distances between facial features.

We would expect that the more often we verbally describe and reinforce the appearance of a face, the better we should retain the image of it in our memory.　(2)　. The researchers found that those who wrote down the description of the robber's face actually performed significantly worse at identifying the correct person out of the line-up than those who did not. In one experiment, for example, of those participants who had written down a description of the criminal, only 27 percent picked the correct person out of the line-up, while 61 percent of those who had not written a description managed to do so. That's a huge difference. By stating only details that could be readily put into words, the participants had overlooked some of the details of their original visual memory.

___(3)___, as indicated by the outcome of possibly the biggest effort ever to reproduce the result of an experiment in psychology. This was a massive project by 33 labs and almost 100 scholars, including Jonathan Schooler and Daniel Simons, published in 2014. All researchers followed the same methods, and they found that even when the experiment was conducted by different researchers, in different countries, and with different participants, the verbal overshadowing effect was constant. Putting pictures into words always makes our memories of those pictures worse.

Further research by Schooler and others has suggested that this effect may also transfer to other situations and senses. It seems that whenever something is difficult to put into words, verbalisation of it generally diminishes recall. Try to describe a colour, taste, or melody, and you make your memory of it worse. Try describing a map, a decision, or an emotional judgement, and it becomes harder to remember all the details of the original situation. ___(4)___. If we hear someone else's description of something we have seen, our memory of it is weakened in that case too. Our friends may be trying to help us when they give their verbal account of something that happened, but they may instead be overshadowing our own original memories.

According to Schooler, besides losing details, verbalising non-verbal things makes us generate competing memories. We put ourselves into a situation where we have both a memory of the time we described the event and a memory of the time we actually experienced the event. This memory of the verbalisation seems to overwhelm our original memory fragment, and we may subsequently remember the verbalisation as the best account of what happened. When faced with an identification task where we need all the original details back, such as a photo line-up, it then becomes difficult to think past our verbal description. In short, it appears our memories can be negatively affected by our own attempts to improve them.

___(5)___. Schooler's research also shows that verbalising our memories does not diminish performance — and may even improve it — for information that was originally in word form: word lists, spoken statements, or facts, for example.

　　　From The Memory Illusion by Julia Shaw Published by Random House Books

(ア)　空所(1)〜(5)に入れるのに最も適切な文を以下のa)〜h)より選び, マークシートの(1)〜(5)にその記号をマークせよ。ただし, 同じ記号を複数回用いてはならない。

　a)　All this is not surprising
　b)　But this process is imperfect
　c)　This effect is incredibly robust
　d)　However, it seems that the opposite is true
　e)　This is without doubt a highly sensitive area
　f)　This is also true when others verbalise things for us
　g)　This effect extends to more complex memories as well
　h)　This does not mean that verbalising is always a bad idea

(イ)　Jonathan Schooler らが発見したと言われていることの内容を, 15〜20 語程度の英語で要約せよ。文章から答えを抜き出すのではなく, できるだけ自分の英語で答えよ。

2　(A)　次の, シェイクスピアの戯曲『ジュリアス・シーザー』からの引用を読み, 二人の対話の内容について思うことを 40〜60 語の英語で述べよ。

引用

CASSIUS　Tell me, good Brutus, can you see your face?

BRUTUS　No, Cassius; for the eye sees not itself,
　　　　　But by reflection, by some other things.
　　　　　　　　　　　……

CASSIUS　I, your glass,
　　　　　Will modestly discover to yourself

That of yourself which you yet know not of.

引用の和訳

キャシアス　どうだ，ブルータス，きみは自分の顔が見えるか？

ブルータス　いや，キャシアス，見えない。目は，反射によってしか，
　　　　　　つまり他のものを通してしか自分自身を見ることができな
　　　　　　いから。

（中略）

キャシアス　私が，きみの鏡として，
　　　　　　きみ自身もまだ知らないきみの姿を，
　　　　　　あるがままにきみに見せてやろう。

(B)　以下の下線部を英訳せよ。

　「現在の行動にばかりかまけていては，生きるという意味が逃げてしま
う」と小林秀雄は語った。それは恐らく，自分が日常生活においてすべき
だと思い込んでいることをやってそれでよしとしているようでは，人生な
どいつのまにか終わってしまうという意味であろう。

3　放送を聞いて問題(A)，(B)，(C)に答えよ。(A)と(B)は内容的に関連し
　　ている。(C)は独立した問題である。(A)，(B)，(C)のいずれも 2 回ず
つ放送される。

- 聞き取り問題は試験開始後 45 分経過した頃から約 30 分間放送される。
- 放送を聞きながらメモを取ってもよい。
- 放送が終わったあとも，この問題の解答を続けてかまわない。

(A)　これから放送するのは，あるラジオ番組の一部である。これを聞き，
　(6)〜(10)の問いに対して，それぞれ最も適切な答えを一つ選び，マークシ
　ートの(6)〜(10)にその記号をマークせよ。なお，放送の中で使われている
umbilical cord という表現は「へその緒」という意味である。

(6)　According to Dr. Gisemba, what is one risk that the "Cord"
　　system has traditionally protected against?

a) The risk of losing money due to theft.

b) The risk of getting involved in too many obligations.

c) The risk of harm to mother and child during pregnancy.

d) The risk of losing cattle due to extended periods without rain.

e) The risk of large-scale loss of cattle in a community-wide epidemic.

(7) Which of the following best describes the way the "Cord" system works in actual practice ?

a) It is like the umbilical cord that connects a mother and her unborn child.

b) As with friendship groups, members can freely ask each other for favors.

c) Everyone is connected to one other person who will help in times of difficulty.

d) In times of trouble, people in the same network must volunteer to help each other.

e) Assistance is always given on request from anyone in your network when it is needed.

(8) What is the "puzzling fact" referred to by Dr. Gisemba ?

a) Humans are the most generous animals.

b) Even chimpanzees are not generous to each other.

c) Small children try to help adults when they drop something.

d) Humans tend not to help others if there is no advantage to themselves.

e) When small children see an adult drop something, they know it is accidental.

(9) What is Dr. Gisemba's "main interest" in studying the Maasai ?

a) The Maasai help us understand how herding cultures reduce risk.

　b) The Maasai help us understand the development of human generosity.

　c) The Maasai show how modern societies can preserve or increase generosity.

　d) The Maasai are a good example of a culture in which generosity is a fundamental feature.

　e) The Maasai show how a single system can protect a society against many different risks.

⑽ Which sentence below best matches the main finding of the computer simulation ?

　a) Generous individuals tend to live longer.

　b) Generous societies are as successful as more selfish societies.

　c) Individuals who are part of a family system live longer than those who are not.

　d) Communities survive better when giving is practiced without expectation of being repaid.

　e) When a very severe problem affects an entire community, giving generously can make things worse.

(B)　これから放送するのは(A)のラジオ番組の続きである。これを聞き, ⑾ 〜⒂の問いに対して, それぞれ最も適切な答えを一つ選び, マークシートの⑾〜⒂にその記号をマークせよ。

⑾ What, according to Mr. Park, is the main danger of "giving freely"?

　a) If people do not work, they will eventually become unemployable.

　b) It encourages people to receive something without giving anything back.

　c) People who are given things for free stop wanting to do

things for themselves.

d) In a society where free giving is very common, it stops being appreciated.

e) When people are given things for free, they gain no sense of accomplishment.

(12) What, according to Mr. Park, is one important way in which modern urban societies differ from Maasai society?

a) The Maasai have fewer material needs.

b) The Maasai have a stronger instinct for generosity.

c) The Maasai do not have a tax system to redistribute income.

d) The Maasai are more likely to be jealous of their neighbors' wealth.

e) The Maasai find it easier to know whether those around them are in trouble.

(13) According to Dr. Gisemba, how does the *kerekere* system in Fiji encourage generous behavior?

a) Fijians tend to be generous towards loyal friends.

b) Fijians tend to be generous to those who need the money most.

c) Fijians with a reputation for being generous tend to be rewarded.

d) Fijians work hard so that they can be more generous with their money.

e) Fijians with a reputation for being generous give away more money than others.

(14) Based on the conversation, which of these statements would Dr. Gisemba be most likely to agree with?

a) Society is becoming less kind towards the poor.

b) Societies where wealth can be easily hidden are less generous.

  c) People are unlikely to try to cheat within systems of generosity.

  d) Modern financial systems make it easier to redistribute money from rich to poor.

  e) No society can be considered civilized as long as some people have excessive wealth.

⒂ Based on the conversation, which of these statements does Mr. Park agree with ?

  a) Governments should not help the poor.

  b) The basic needs of the poor should be met by charities.

  c) Systems of free giving may work in small communities.

  d) The tax system should be replaced with voluntary donations.

  e) We should not be more generous to friends than to strangers.

(C) これから放送するのは，海洋で見られるある現象に関する講義である。これを聞き，⒃〜⒇の文それぞれの空所に入れるのに最も適切な表現を一つ選び，マークシートの⒃〜⒇にその記号をマークせよ。

⒃ Monster waves are more _____ than previously thought.

  a) common   b) enormous   c) forceful

  d) predictable   e) sudden

⒄ Evidence suggests that the monster wave that hit the German cargo ship was at least _____ meters high.

  a) 9   b) 12   c) 20

  d) 26   e) 27

⒅ In 2003, a survey using satellite images found 10 waves that were 25 meters or more in height within a period of _____.

a） one week   b） three weeks   c） ten weeks

d） one year   e） ten years

(19) The special claim of the new theory is that _____.

a） it is better to think of waves in terms of their energy

b） waves should not necessarily be treated as individuals

c） wave formation is even more unpredictable than we thought

d） individual waves can pass through or merge with other waves

e） an early warning system for monster waves will be difficult to develop

(20) The narrator suggests that, in the future, we may find ways to protect against the threat of monster waves, such as _____.

a） preventing their formation

b） increasing awareness of them among sailors

c） reducing the impact of global warming on ocean systems

d） designing structures that can withstand being hit by them

e） ensuring that fewer lives are lost when ships are sunk by them

4

(A) 次の英文の空所(21-22)，(23-24)，(25-26)，(27-28)それぞれについて，最も自然な英語となるように与えられた語を並べ替えて，その3番目と6番目に来る単語の記号をマークシートの(21)〜(28)にマークせよ。3番目の単語の記号と6番目の単語の記号を，それぞれその順にマークすること。ただし，それぞれ不要な語が一つずつ入っている。

The roots of the detective story go as far back as Shakespeare. But Edgar Allan Poe's tales of rational crime-solving created an important genre. His stories revolve around solving the puzzle of who committed the crime, ⎿ (21-22) ⏌ too.

The key figure in such a story is the detective. Poe's detective, Auguste Dupin, is a gentleman of leisure. He has no need to work. Instead, he keeps himself occupied by using "analysis" to help the real police solve crimes.

Even Arthur Conan Doyle, creator of Sherlock Holmes, had to acknowledge Poe's influence. Dupin, like Sherlock, smokes a pipe. He's also unnaturally smart and rational, a kind of superhero ⌐(23-24)¬ great feats of crime-solving. And in both cases, the story's narrator, who is literally following the detective around, is his roommate.

Poe's formula appealed to the scientific spirit of the 19th century. That's because detective stories promised that ⌐(25-26)¬ question. The detective story caught on because it promised that intelligence will triumph. The crime will be solved by the rational detective. Science will track down the ⌐(27-28)¬ at night.

(21-22)

a) inviting	b) puzzle	c) readers
d) solve	e) the	f) them
g) to		

(23-24)

a) accomplish	b) is	c) of
d) powers	e) thinking	f) to
g) uses	h) who	

(25-26)

a) answer	b) any	c) could
d) hold	e) in	f) reasoning
g) the	h) to	

(27-28)

a) and	b) honest	c) let

d） nor e） sleep f） souls

g） troublemakers

(B) 次の英文を読み，下線部(ア)，(イ)，(ウ)を和訳せよ。なお，文章中の mammal という単語は「哺乳動物」を意味する。

As a class, birds have been around for more than 100 million years. They are one of nature's great success stories, inventing new strategies for survival, using their own distinctive brands of intelligence, which, in some respects at least, seem to far exceed our own.

Somewhere in the mists of deep time lived the common ancestor of all birds. Now there are some 10,400 different bird species—more than double the number of mammal species. In the late 1990s, scientists estimated the total number of wild birds on the planet. They came up with 200 to 400 billion individual birds. (ア)That's roughly 30 to 60 live birds per person. To say that humans are more successful or advanced really depends on how you define those terms. After all, evolution isn't about advancement; it's about survival. It's about learning to solve the problems of your environment, something birds have done surprisingly well for a long, long time. (イ)This, to my mind, makes it all the more surprising that many of us have found it hard to swallow the idea that birds may be bright in ways we can't imagine.

Birds learn. They solve new problems and invent novel solutions to old ones. They make and use tools. They count. They copy behaviors from one another. They remember where they put things. (ウ)Even when their mental powers don't quite match or mirror our own complex thinking, they often contain the seeds of it — insight, for instance, which has been defined as the sudden emergence of a complete solution without trial-and-error learning.

From The Genius of Birds by Jennifer Ackerman, copyright © 2016 by Jennifer Ackerman.

5　次の文章を読み，問いに答えよ。なお，文章の中で使われている sign language という表現は「手話」を意味する。

"Janey, this is Mr. Clark. He's going to take a look at the room under the stairs." Her mother spoke too slowly and carefully, so that Janey could be sure to read each word. She had told her mother many times that she didn't have to do this, but her mother almost always did, even in front of people, to her embarrassment.

Mr. Clark kept looking at Janey intently. Maybe, because of the way her mother had spoken, he suspected she was deaf. (A)It would be like her mother not to have mentioned it. Perhaps he was waiting to see if she'd speak so that he could confirm his suspicion. She simply left her silence open to interpretation.

"Will you show him the room?" her mother said.

She nodded again, and turned so that he would follow her. Directly ahead and beneath a portion of the stairs was a single bedroom. She opened the door and he walked past her into the room, turned, and looked at her. She grew uncomfortable under his gaze, though she didn't feel as if he were looking at her as a woman, the way she might once have wanted if it were the right man. She felt she'd gone past the age for romance. It was a passing she'd lamented, then gotten over.

"I like the room," he spelled out in sign language. " (B29) "

That was all. No conversation, no explanation about how he'd known for certain that she was deaf or how he'd learned to speak with his hands.

Janey came back to her mother and signed a question.

"He is a photographer," she said, again speaking too slowly. "Travels around the world taking pictures, he says."

" (B30) "

"Buildings."

＊　　　　　　＊

Music was her entry into silence. She'd been only ten years old, sitting on the end of the porch above the steps, listening to the church choir. Then she began to feel dizzy, and suddenly fell backwards into the music.

She woke into silence nights later, there in her room, in her bed. She'd called out from her confusion as any child would, and her mother was there instantly. But something [(C)] wrong, or had not [(C)], except inside her where illness and confusion grew. She hadn't heard herself, hadn't heard the call she'd made — *Mama.* And though her mother was already gripping her tightly, she'd called out again, but only into silence, which is where she lived now, had been living for so many years that she didn't feel uncomfortable inside its invisibility. Sometimes she thought it saved her, gave her a separate place to withdraw into as far as she might need at any given moment — and (D)there were moments.

The floor had always carried her mother's anger. She'd learned this first as a little girl when her mother and father argued. Their words might not have existed as sound for her, but anger always caused its own vibration.

She hadn't been exactly sure why they argued all those years ago, but sensed, the way a child will, that it was usually about her. One day her mother found her playing in the woods behind their house, and when she wouldn't follow her mother home, her mother grabbed her by the arm and dragged her through the trees. She finally pulled back and shouted at her mother, not in words but in a scream that expressed all she felt in one great vibration. Her mother slapped her hard across her face. She saw her mother shaking and knew her mother loved her, but love was sometimes like silence, beautiful but hard to bear. Her father told her, (E)"She can't help herself."

＊   ＊

Weeks later, Mr. Clark said to Janey, "You might be able to help me."

"If I can," she spelled with her fingers.

"I'll need to ☐(F)☐ tomorrow. Maybe you can tell me some history about them."

She nodded and felt glad to be needed, useful in some small way. Then Mr. Clark asked her to accompany him to the old house at the top of Oakhill. "You might enjoy that. Some time away from here."

She looked toward the kitchen door, not aware at first why she turned that way. Perhaps she understood, on some unconscious level, what she hadn't a moment before. Her mother was standing there. She'd been listening to him.

When Janey turned back to him, she read his lips. "Why don't you go with me tomorrow?"

She felt the quick vibration of her mother's approach. She turned to her mother, and saw her mother's anger and fear, the way she'd always seen them. Janey drew in her breath and forced the two breath-filled words out in a harsh whisper that might have ☐(C)☐, for all she knew, like a sick child or someone dying : she said, "☐(B31)☐"

Her mother stared at her in surprise, and Janey wasn't sure if her mother was more shocked that she had used what was left of her voice, or at what she'd said.

"You can't. You just can't," her mother said. "I need you to help me with some things around the house tomorrow."

"No," she signed, then shook her head. "☐(B32)☐"

"You know good and well I do. There's cleaning to be done."

"It will ☐(G)☐," she said and walked out before her mother could reply.

First published in the Sewanee Review, vol. 117, no. 3, Summer 2009. Reprinted with permission of the author and the editor.

(A)　下線部(A)を，文末の it の内容がわかるように訳せ。

(B)　空所(B29)〜(B32)を埋めるのに最も適切な表現を次のうちから選び，

それぞれの記号を<u>マークシートの⑵〜⑶に</u>マークせよ。同じ記号を複数回用いてはならない。

a) I'll go.　　　　　b) I can't.　　　　　c) I won't.

d) Of what?　　　　e) I'll take it.　　　f) You don't.

g) Don't you dare.

(C)　本文中に 3 か所ある空所(C)にはいずれも同じ単語が入る。最も適切な単語を次のうちから一つ選び，その記号を<u>マークシートの⑶に</u>マークせよ。

a) ended　　　　　　b) gone　　　　　　c) seemed

d) sounded　　　　　e) went

(D)　下線部(D)の後にさらに言葉を続けるとしたら，以下のもののうちどれが最も適切か。一つ選び，その記号を<u>マークシートの⑷に</u>マークせよ。

a) given her when needed

b) when she didn't feel uncomfortable

c) when her mother would not let her go

d) when she needed to retreat into silence

(E)　下線部(E)の内容を，She が誰を指すか，また，She のどのような行動を指して言っているのかわかるように説明せよ。

(F)　下に与えられた語を正しい順に並べ替え，空所(F)を埋めるのに最も適切な表現を完成させよ。ただし，すべての語を用い，どこか 1 か所にコンマを入れること。

about　　buildings　　I　　know　　ones　　photograph

something　　the　　the　　will

(G)　空所(G)を埋めるのに最も適切な単語を次のうちから一つ選び，その記号を<u>マークシートの⑶に</u>マークせよ。

a) do　　　　　　　b) not　　　　　　c) postpone

d) wait

nnnnnnnnnnnn 3　聞き取り問題放送用スクリプト nnnnnnnnnnnnnnnnnnnnnnnnnnnnnnnnnnnnnnnnnnnnnnnnn

[問題(A)]

Interviewer : Welcome to another edition of *Window on the World*. My guest today is Dr. Abi Gisemba, who has recently returned from living for two years among the Maasai people of Eastern Africa. Dr. Gisemba, why don't you tell us about your research?

Dr. Gisemba : Well yes. I suppose the theme is cooperation. My argument is that we humans have a kind of instinct to help each other.

Interviewer : And your experiences with the Maasai support that argument...?

Dr. Gisemba : Very much so. Traditional Maasai culture and society is based on herding. Wealth means cattle. But that wealth is under constant threat from thieves and lack of rain and so on, no matter how careful or hard-working you are.

Interviewer : I see.

Dr. Gisemba : However, Maasai culture has evolved a system which reduces the risk—a system of mutual obligations.

Interviewer : People have to help each other?

Dr. Gisemba : Exactly. They call it *osotua*—the word *osotua* means the tube through which a pregnant woman gives her baby its essential nutrition before it's born.

Interviewer : Oh, you mean the umbilical cord.

Dr. Gisemba : Yes, the umbilical cord. That's why I call it the "Cord" system.

Interviewer : How does it work?

Dr. Gisemba : Everyone has a kind of network of others they can ask for help. Anyone in the network can ask for help if they're in trouble, and the person asked is obliged to help.

Interviewer : Rather like our own friendship networks...?

Dr. Gisemba : No, it's much more fundamental, and it's taken much more seriously. Parents pass their Cord network down to their children. And no one keeps track of who asks or who gives. There is no expectation of being paid back.

Interviewer : Extraordinary...

Dr. Gisemba : This is an extreme example, but in fact humans seem to be more generous than other animals, more inclined to help others. And that is a puzzling fact. They help even if there's no advantage to the individual who helps. Did you know that if a small child—as young as 18 months perhaps—sees an adult drop something "accidentally," the child will pick the thing up for the adult, or try to alert the adult? Even our closest evolutionary relatives, chimpanzees, don't do that.

Interviewer : So your real interest is in people's tendency to help others?

Dr. Gisemba : Well, actually, my main interest is in understanding how that tendency might have evolved, which is where the Maasai come in.

Interviewer : Oh I see. And I believe you have a computer model...?

Dr. Gisemba : We ran a computer simulation that measured life expectancy in three different kinds of societies: no giving at all, giving with the expectation of being repaid, and finally, giving freely without expectation of return...

Interviewer : Like the "Cord" system...

Dr. Gisemba : Yes. And when we compared the simulated societies, we found that the "Cord" system produced the highest family survival rates.

Interviewer : So it does make sense, after all, from the evolutionary point of view?

Dr. Gisemba : The only exception is when the whole group faces some large-scale risk which threatens them all equally—a really serious epidemic, for example. In that situation, giving without expectation of return doesn't help. But in that situation, nothing helps, so giving generously does no worse.

[問題(B)]

Interviewer : Thank you, Dr. Gisemba. I'd like to turn to my second guest, Mr. Eugene Park, who chairs a conservative political group called "Self-Reliance." I wonder how you react, Mr. Park, to these ideas about giving freely, giving for nothing?

Mr. Park : Well, Dr. Gisemba's research was very interesting, but there's a danger of making a false generalization here. Just because the Maasai practice giving freely doesn't mean that this system can be applied to other societies.

Interviewer : In fact, you believe that there are dangers in the kind of generosity Dr. Gisemba has described?

Mr. Park : That's right. We believe that, as far as possible, people should provide for themselves, rather than depending on other people. If you just give people things freely without conditions — whether they work or not, whether they succeed or whether they fail — well, that encourages laziness, it encourages dependence. It sounds like heaven, but it doesn't work in the real world.

Interviewer : Dr. Gisemba, I wonder how you respond to that?

Dr. Gisemba : Well, my research question was, why do humans have an instinct for generosity? Mr. Park's question is, how should we organize society for the best? These are two different questions...

Mr. Park : The problem is, some people are going to think, "If humans have an instinct for generosity, then governments ought to be generous too." Dr. Gisemba rightly sees that these issues are separate, but some people are going to make the jump — mistakenly — from her question to mine.

Interviewer : But some people might say, why not connect these questions? If humans have an instinct to help one another, and if, as Dr. Gisemba has shown, societies that give freely are more likely to prosper, then why shouldn't governments be generous too?

Mr. Park : Well, modern urban societies are organized very differently from Maasai society. If wealth is mainly in cattle, everyone can easily see whether a neighbor is truly in need or not. With us, wealth is often invisible, hidden in bank accounts for example, so it's easy for people who aren't really in need to cheat the system.

Dr. Gisemba：But systems of generosity can be found in other societies as well. Take Fiji, for example. In Fijian culture, wealth is easier to hide, yet they have a system which is very like the "Cord" system. It's called *kerekere*, which means "to request." In one experiment, fifty Fijian men were simply given an amount of money equal to a day's wages. On average, they only kept 12 % for themselves, and almost half gave all the money away.

Mr. Park：Of course, it's fine for people to give money away if they choose to. In fact, we think that the government should encourage donations to charities, churches, and so on. But if you just hand out money to anybody who asks, you reward the undeserving as well as the deserving.

Dr. Gisemba：But if you analyze the *kerekere* system, you find that the people who receive the most money from their friends are those who themselves have a good reputation for giving. So it seems that systems of generosity actually encourage honest behavior, rather than inviting people to "cheat the system."

Mr. Park：Well, another important difference is that Dr. Gisemba's research is based on small communities where people know each other. Maybe generosity works under these circumstances, but this is very different from a large government system that forces people to pay taxes to help others they've never met — the so-called "safety net." We think that this should provide only a basic minimum and no more.

Dr. Gisemba：I think there are good reasons to make the "safety net" as generous as we can afford. Firstly, we value fairness：life can be very unfair and we want to correct that if we can. Second, we want to live in a civilized society, and it's not civilized for large numbers of people to live below the poverty line.

Mr. Park : Of course, I'm not arguing that governments should let people who are genuinely in need starve to death. But it can't be right either for the government to force hard-working taxpayers to support people who could support themselves.

Interviewer : Well, I suppose politics has always been about finding a balance between competing philosophies. There we must end. But let me thank you both.

[問題(C)]

For centuries, sailors have told stories about monster waves, giant waves as tall as a 9- or 10-storey building that suddenly rise in the middle of the ocean, as if out of nowhere. And for centuries, those who live on land, having never seen them, have dismissed stories of these waves as fairy tales—exaggerations or outright fantasies—like the old stories of mermaids and dragons. But new evidence confirms that monster waves are real, and happen much more often than anyone thought.

In 1978, a German cargo ship disappeared in the middle of the Atlantic, with the loss of 27 crew. Investigators recovered a lifeboat that showed signs of having been struck by an extreme force. The lifeboats on that ship were stored 20 metres above the water.

Then, in 1995, a huge wave hit an oil drilling platform off Norway during a hurricane. Twelve-metre waves were hitting the platform. Everyone was inside to escape the storm, so no one saw the monster wave, but laser equipment measured it at 26 metres high.

According to the standard theory of how waves form, a wave that enormous should occur only once every 10,000 years.

Scientists were shocked and began using satellite images to locate and count these monster waves. A study of one three-week period in 2003, using 30,000 satellite images, found 10 waves that were 25 metres or more in height.

How can this phenomenon be explained? The standard theory treats waves as individuals that grow larger when one wave overtakes and merges with another. But a new theory suggests that waves can organize themselves into groups, which tend to stay together over time. According to that theory, waves within groups can pass energy to each other, creating terrifying waves like the ones that struck in 1978 and 1995. If this theory proves true, it might be possible to forecast these giants, and thus give an early warning to ships and oil platforms that are in danger.

The sea, as sailors have always known, is unpredictable, yet still we try to prepare for the most dangerous ocean events. Monster waves can do immense damage—another such wave sank an American cargo ship in October 2015, taking 33 lives. And as global warming pumps more energy into the earth's wind and ocean systems, these extraordinary events are likely to become more frequent. That is why new approaches are being developed to keep ships and oil platforms safe, including new designs that can survive the devastating impact of monster waves, waves that were once thought to exist only in the imagination of sailors.

■数学■

(150 分)

1　関数

$$f(x) = \frac{x}{\sin x} + \cos x \quad (0 < x < \pi)$$

の増減表をつくり，$x \to +0$，$x \to \pi - 0$ のときの極限を調べよ。

2　数列 a_1, a_2, … を

$$a_n = \frac{{}_{2n+1}\mathrm{C}_n}{n!} \quad (n = 1, \ 2, \ \cdots)$$

で定める。

(1)　$n \geqq 2$ とする。$\dfrac{a_n}{a_{n-1}}$ を既約分数 $\dfrac{q_n}{p_n}$ として表したときの分母 $p_n \geqq 1$ と分子 q_n を求めよ。

(2)　a_n が整数となる $n \geqq 1$ をすべて求めよ。

3　放物線 $y = x^2$ のうち $-1 \leqq x \leqq 1$ をみたす部分を C とする。座標平面上の原点 O と点 A$(1, \ 0)$ を考える。$k > 0$ を実数とする。点 P が C 上を動き，点 Q が線分 OA 上を動くとき，

$$\overrightarrow{\mathrm{OR}} = \frac{1}{k}\overrightarrow{\mathrm{OP}} + k\overrightarrow{\mathrm{OQ}}$$

をみたす点 R が動く領域の面積を $S(k)$ とする。
$S(k)$ および $\lim\limits_{k \to +0} S(k)$，$\lim\limits_{k \to \infty} S(k)$ を求めよ。

4 $a>0$ とし,
$$f(x)=x^3-3a^2x$$
とおく。次の 2 条件をみたす点 $(a,\ b)$ の動きうる範囲を求め,座標平面
上に図示せよ。

　条件 1 ：方程式 $f(x)=b$ は相異なる 3 実数解をもつ。

　条件 2 ：さらに,方程式 $f(x)=b$ の解を $\alpha<\beta<\gamma$ とすると $\beta>1$ である。

5 複素数平面上の原点を中心とする半径 1 の円を C とする。点
$P(z)$ は C 上にあり,点 $A(1)$ とは異なるとする。点 P におけ
る円 C の接線に関して,点 A と対称な点を $Q(u)$ とする。$w=\dfrac{1}{1-u}$ とお
き,w と共役な複素数を $\overline{w}$ で表す。

(1) u と $\dfrac{\overline{w}}{w}$ を z についての整式として表し,絶対値の商 $\dfrac{|w+\overline{w}-1|}{|w|}$ を求
めよ。

(2) C のうち実部が $\dfrac{1}{2}$ 以下の複素数で表される部分を C' とする。点
$P(z)$ が C' 上を動くときの点 $R(w)$ の軌跡を求めよ。

6 座標空間内の 4 点 $O(0,\ 0,\ 0)$, $A(1,\ 0,\ 0)$, $B(1,\ 1,\ 0)$,
$C(1,\ 1,\ 1)$ を考える。

$\dfrac{1}{2}<r<1$ とする。点 P が線分 OA,AB,BC 上を動くときに点 P を中心
とする半径 r の球（内部を含む）が通過する部分を,それぞれ V_1, V_2,
V_3 とする。

(1) 平面 $y=t$ が V_1,V_3 双方と共有点をもつような t の範囲を与えよ。さ
　　らに,この範囲の t に対し,平面 $y=t$ と V_1 の共通部分および,平面
　　$y=t$ と V_3 の共通部分を同一平面上に図示せよ。

(2)　V_1 と V_3 の共通部分が V_2 に含まれるための r についての条件を求めよ。

(3)　r は(2)の条件をみたすとする。V_1 の体積を S とし，V_1 と V_2 の共通部分の体積を T とする。V_1, V_2, V_3 を合わせて得られる立体 V の体積を S と T を用いて表せ。

(4)　ひきつづき r は(2)の条件をみたすとする。S と T を求め，V の体積を決定せよ。

■■■■■ **物理** ■■■■■

（2 科目 150 分）

（注） 解答用紙は，〈理科〉共通。1 行：約 23.5 センチ，35 字分の区切りりあり。1・2 は各 25 行，3 は 50 行。

1 図 1−1 のように水平な床の上に質量 M の台がある。台の中央には柱があり，柱上部の点 P に質量 m の小球を長さ L の伸び縮みしない糸でつるした振り子が取り付けられている。床に固定された x 軸をとり，点 O を原点，水平方向右向きを正の向きとする。小球と糸は，柱や床に接触することなく x 軸を含む鉛直面内を運動するものとする。また，床と台の間に摩擦はなく，台は傾くことなく x 軸方向に運動するものとする。以下の設問に答えよ。ただし，重力加速度の大きさを g とし，小球の大きさ，糸の質量，および空気抵抗は無視できるとする。

I 図 1−1 のように，振り子の糸がたるまないように小球を鉛直方向から角度 $\theta_0 \left(0 < \theta_0 < \dfrac{\pi}{2}\right)$ の位置まで持ち上げ，台と小球が静止した状態から静かに手をはなしたところ，台と小球は振動しながら運動した。

(1) 小球が最初に最下点を通過するときの，小球の速度の x 成分を求めよ。

(2) ある時刻における台の速度の x 成分を V，小球の速度の x 成分を v とする。このとき，点 P から距離 l だけ離れた糸上の点の速度の x 成分を，V, v, l, L を用いて表せ。

(3) 点 P からの距離が $l = l_0$ の糸上の点 Q は，x 軸方向には運動しない。l_0 を，M, m, L を用いて表せ。

(4) 角度 θ_0 が十分小さい場合の台と小球の運動を考える。この運動の周期 T_1 は，点 Q から見た小球の運動を考察することで求めることができる。周期 T_1 を，M, m, g, L を用いて表せ。ただし，θ_0 が十分

小さいため，点Qの鉛直方向の運動は無視できるとする。また，$|\theta|$ が十分小さいときに成り立つ近似式，$\sin\theta \fallingdotseq \theta$ を用いてよい。

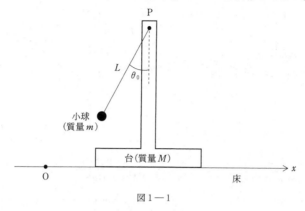

図1－1

Ⅱ　時刻 $t=0$ で台と小球が静止し，振り子が鉛直下向きを向いている。このとき，小球は床から高さ h の位置にある。この状態から図1－2のように，時刻 $t \geqq 0$ で台が加速度 a $(0<a<g)$ で x 軸の正の向きに等加速度運動するように，台に力 $F(t)$ を加え続けた。その結果，時刻 $t=t_0$ で，小球の高さがはじめて最大となった。

(1)　時刻 $t=t_0$ での小球の高さを，L, h, g, a を用いて表せ。

(2)　時刻 $t=0$ から t_0 までの間に，力 $F(t)$ がした仕事を，M, m, g, a, t_0, L を用いて表せ。

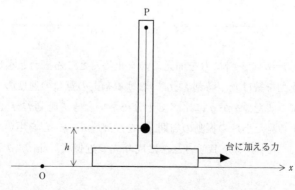

図1－2

(3) 台に加えた力 $F(t)$ のグラフとして最も適切なものを，以下のア～
カから一つ選んで答えよ。

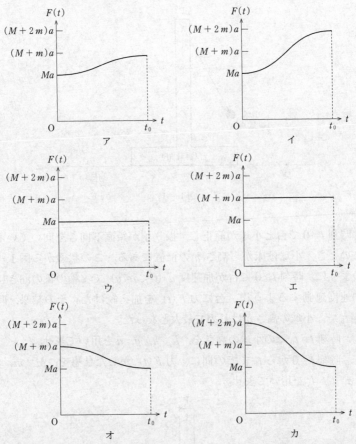

(4) 時刻 $t = t_0$ で，台に力を加えるのを止めたところ，台と小球はその
後も運動を続けた。時刻 $t \geqq t_0$ における糸上の点 Q の速度の x 成分を
求めよ。また，a が g に比べて十分小さいとき，時刻 $t \geqq t_0$ における
点 Q から見た小球の振動の周期 T_2 を，M, m, g, L を用いて表せ。
ただし，$|\theta|$ が十分小さいときに成り立つ近似式，$\sin\theta \fallingdotseq \theta$ を用いて
よい。

2　真空中に置かれた，ばねを組み込んだ平行板コンデンサーに関する以下の設問に答えよ。ただし，真空の誘電率を ε_0 とし，ばね自身の誘電率による電気容量の変化は無視できるとする。また，金属板は十分広く端の効果は無視できるものとし，金属板間の電荷の移動は十分速くその移動にかかる時間も無視できるものとする。さらに，金属板の振動による電磁波の発生，および重力の影響も無視できるとする。

Ⅰ　図2－1のように，同じ面積 S の2枚の金属板からなる平行板コンデンサーが電源につながれている。2枚の金属板は，ばね定数 k の絶縁体のばねでつながれており，上の金属板はストッパーで固定されている。下の金属板は質量 m をもち，上の金属板と平行のまま上下に移動し，上の金属板との間隔を変化させることができる。

　　電源の電圧を V にしたところ，ばねは自然長からわずかに縮み，金属板の間隔が d となる位置で静電気力とばねの弾性力がつりあい，下の金属板は静止した。

⑴　金属板間に働いている静電気力の大きさを求めよ。

⑵　ばねに蓄えられている弾性エネルギーを求めよ。

⑶　この状態から，下の金属板を引っ張り，上の金属板との間隔を d から $d+\varDelta$ までわずかに広げてはなすと，下の金属板はつりあいの位置を中心に単振動した。この単振動の周期を求めよ。ただし，$|\alpha|$ が1より十分小さい実数 α に対して成り立つ近似式，$(1+\alpha)^{-2} \fallingdotseq 1-2\alpha$ を用いてよい。

　　補足説明：⑶において，電源の電圧は V で一定に保たれている。

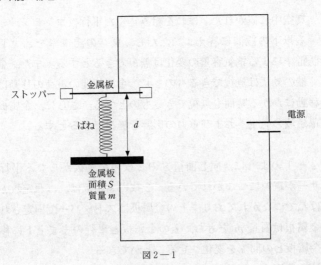

図2−1

Ⅱ 図2−2のような同じ面積 S の5枚の金属板からなる平行板コンデ
ンサーを含む回路を考える。金属板1，2，4，5は固定されている。
質量 m をもつ金属板3は，金属板4にばね定数 k の絶縁体のばねでつ
ながれており，ほかの金属板と平行のまま上下に移動することができる。
金属板2，3，4には，それぞれ，$-Q$，$+2Q$，$-Q$ の電荷が与えら
れている。金属板1と5は，図2−2に示すような電源と二つのスイッ
チを含んだ回路に接続されている。はじめ，スイッチ1は閉じ，スイッ
チ2は開いており，電源の電圧は0であった。このとき，5枚の金属板
は静止しており，隣り合った金属板の間隔はすべて l で，ばねは自然長
になっていた。

　　まず，電源の電圧を0から小さな値 V（$V>0$）までゆっくり変化さ
せた。この過程で金属板3は常に力のつりあいを保ちながら移動し，金
属板1と金属板5にはそれぞれ $-q$，$+q$ の電荷が蓄えられた。

補足説明：ばね定数 k は十分に大きいものとする。

(1) このとき，金属板3の元の位置からの変位 x を，ε_0, Q, q, k, S
を用いて表せ。ただし，図2−2中の下向きを x の正の向きとする。

(2) このときの $\dfrac{q}{V}$ を全電気容量とよぶ。$\dfrac{q}{V}$ を，ε_0, Q, k, S, l を用い
て表せ。

(3)　次に，スイッチ１を開きスイッチ２を閉じると金属板３は単振動した。この運動において，金属板３の図２－２の位置からの変位が x のときの金属板５の電荷を，Q, x, l を用いて表せ。ただし，図２－２中の下向きを x の正の向きとする。

(4)　設問Ⅱ(3)の単振動の周期を求めよ。

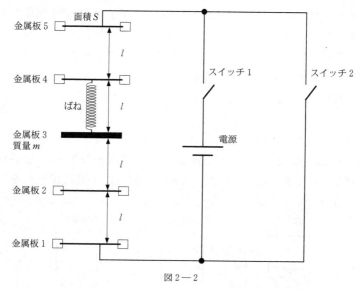

図２－２

3　図 3 のように，鉛直方向に立てられた 3 つの円柱状の容器 A，容器 B，容器 C が管でつながれている。3 つの円柱の断面積は等しく，全て S である。容器内には密度が一様な液体が入っており，液体は管を通して 3 つの容器の間を自由に移動できる。容器 A と容器 B の上端は閉じられ，容器 C の上端は開いている。容器 A の液面より上は何もない空間（真空）であり，容器 B の液面より上には単原子分子の理想気体が入っている。以下の設問に答えよ。ただし，気体と液体および気体と容器の間の熱の移動はないものとする。また，各容器の液面は水平かつ常に管より上にあり，液体の蒸発や体積の変化は無視できるものとし，容器 B の気体のモル数は常に一定であるとする。

I　最初，図 3 のように容器 A，容器 B の液面が容器 C の液面に比べてそれぞれ $5h$，$2h$ だけ高く，また容器 A の真空部分の長さが h，容器 B の気体部分の長さが $4h$ であった。このとき容器 B の気体の圧力 p_1 を，外気圧 p_0 を用いて表せ。

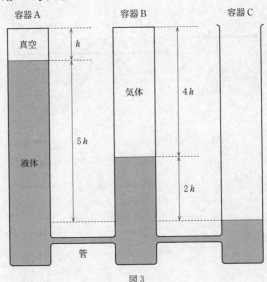

図 3

Ⅱ　図 3 の状態から，外気圧を p_0 に保ったまま，容器 B の気体にわずか
　な熱量をゆっくりと与えたところ，容器 B の液面が x だけわずかに下が
　った。

（1）　容器 A，容器 C の液面はそれぞれどちら向きにどれだけ移動するか
　　　を答えよ。

（2）　容 器 B の 気 体 の 体 積，圧 力，温 度 が $(V_1,\ p_1,\ T_1)$ か ら
　　　$(V_1+\Delta V,\ p_1+\Delta p,\ T_1+\Delta T)$ に変化したとする。体積と圧力の変化
　　　率 $\dfrac{\Delta V}{V_1}$，$\dfrac{\Delta p}{p_1}$ を，x と h を用いて表せ。

（3）　容器 B の気体がした仕事 W を求めよ。ただし，x は h に比べて十
　　　分小さく，容器 B の気体の圧力は p_1 で一定であるとして，x^2 に比例
　　　する項は無視してよい。

（4）　液体の位置エネルギーの変化を ΔE とする。ΔE は，容器 B の液面
　　　付近にある厚さ x，断面積 S の液体が，容器 A，容器 C の液面付近に
　　　移動したと考えることによって求められる。ΔE を p_0，p_1，x，h，S
　　　のうち必要なものを用いて表せ。ただし，設問Ⅱ(3)と同様に，x^2 に
　　　比例する項は無視してよい。

（5）　W と ΔE が等しいか等しくないかを答え，等しくない場合はその
　　　原因を簡潔に述べよ。

Ⅲ　図 3 の状態から，外気圧を p_0 に保ったまま容器 B の気体に熱量をゆ
　っくり与えていったところ，ある時点で容器 A の液面がちょうど上端に
　達し，真空部分がなくなった。

（1）　この時点での容器 B の気体の体積，圧力，温度 $(V_2,\ p_2,\ T_2)$ は，
　　　熱量を与える前の値 $(V_1,\ p_1,\ T_1)$ のそれぞれ何倍になっているか
　　　を答えよ。

（2）　この時点までに容器 B の気体に与えられた熱量 Q と温度変化
　　　T_2-T_1 の比 $C=\dfrac{Q}{T_2-T_1}$ を，容器 B の気体のモル数 n と気体定数 R
　　　を用いて表せ。

■化学■

（2 科目 150 分）

（注） 解答用紙は，〈理科〉共通。1 行：約 23.5 センチ，35 字分の区切りあり。1・2 は各 25 行，3 は 50 行。

1 次の文章を読み，問ア〜コに答えよ。必要があれば以下の値を用いよ。構造式は例にならって示せ。

元　素	H	C	N	O	S
原子量	1.0	12.0	14.0	16.0	32.1

（構造式の例）

二分子の α-アミノ酸の脱水縮合反応で得られるジペプチドにおいて，末端アミノ基と末端カルボキシ基の間でさらに分子内脱水縮合反応が進行すると，ジケトピペラジンとよばれる環状のペプチドが得られる。ジケトピペラジン類は多くの食品に含まれ，その味に影響することが知られている。また，いくつかのジケトピペラジン類は医薬品の候補としても注目されている。

α-アミノ酸　　　α-アミノ酸　　　　　　　　　　　ジペプチド

ジケトピペラジン

　ジケトピペラジン類 A，B，C，D に関して，次の実験を行った。A，B，C，D の構成要素となっている α-アミノ酸はすべて L 体である。側鎖（−R^1，−R^2）の構造は，次の①〜⑧の候補から選ぶこととする。

①　−CH$_2$−SH

②　−CH−CH$_3$
　　　|
　　　OH

③　−CH$_2$−C−OH
　　　　　||
　　　　　O

④　−CH$_2$−⟨benzene⟩−OH

⑤　−CH$_2$−⟨benzene⟩

⑥　−CH$_2$−CH$_2$−S−CH$_3$

⑦　−CH−CH$_3$
　　　|
　　　CH$_3$

⑧　−CH$_2$−CH$_2$−CH$_2$−CH$_2$−NH$_2$

実験 1：A，B，C，D それぞれに含まれるアミド結合を塩酸中で完全に加水分解したところ，A，C，D からは二種類の α-アミノ酸が得られたが，B からは一種類の α-アミノ酸のみが得られた。

実験 2：A，B，C，D それぞれを十分な量のナトリウムとともに加熱融解し，A，B，C，D を分解した。(i)エタノールを加えて残存したナトリウムを反応させた後に，水で希釈した。(ii)これらの溶液に酢酸鉛（Ⅱ）水溶液を加えると黒色沈殿が生じたのは，A と C の場合のみであった。

実験 3：A，B，C，D それぞれを濃硝酸に加えて加熱すると，A，B のみが黄色に呈色した。

実験 4：A，B，C，D のうち B のみが，(iii)塩化鉄（Ⅲ）水溶液を加えると紫色に呈色した。

実験 5：A を過酸化水素水に加えると，分子間で a 結合が形成され，二量体を与えた。この結合は b 剤と反応させることで切断され，もとの A が得られた。

実験 6：実験 1 における B の加水分解後の生成物を十分な量の臭素と反応させたところ，二つの臭素原子を含む化合物 E が得られた。

実験 7：C を完全燃焼させると，66.0mg の二酸化炭素と 24.3mg の水が生じた。

実験 8：D を無水酢酸と反応させたところ，化合物 F が得られた。

実験 9：D，F それぞれの電気泳動を行った。D は塩基性条件下で陽極側

に大きく移動したが，中性条件下ではほぼ移動しなかった。一方
で，Fは塩基性条件下でも中性条件下でも陽極側に大きく移動し
た。

〔問〕

ア　下線部(ⅰ)について，エタノールとナトリウムとの反応の化学反応式
　　を示せ。

イ　下線部(ⅱ)の現象から推定される側鎖構造の候補を，①～⑧の中から
　　すべて答えよ。

ウ　下線部(ⅲ)の現象から推定される側鎖構造の候補を，①～⑧の中から
　　すべて答えよ。

エ　　a　，　b　にあてはまる語句をそれぞれ記せ。

オ　A，Bの立体異性体は，それぞれいくつ存在するか答えよ。なお，
　　立体異性体の数にA，B自身は含めない。

カ　Eの構造式を示せ。

キ　Cに含まれる炭素原子と水素原子の数の比を整数比で求めよ。答え
　　に至る過程も記せ。

ク　Cの構造について，①～⑧の数字で $-R^1$，$-R^2$ の組み合わせを答
　　えよ。数字の順序は問わない。

ケ　Dの構造について，①～⑧の数字で $-R^1$，$-R^2$ の組み合わせを答
　　えよ。数字の順序は問わない。また，実験9の電気泳動において，D
　　が中性条件下でほぼ移動しなかった理由を簡潔に説明せよ。

コ　Fの構造式を示せ。

2　次の文章を読み，問ア〜ケに答えよ。必要があれば表2−1および表2−2に示す値を用いよ。

　金属酸化物は，金属元素の種類に応じてさまざまな性質を示し，工業的には耐熱材料や触媒として有用である。表2−1は，Mg，Al，Ca，Ba の四つの元素からなる代表的な酸化物の特徴を示している。一般に金属酸化物を得るには，金属単体を酸化する方法や①金属元素を含む化合物を加熱する方法がある。

　天然に産出する金属酸化物の中には，金属の単体を製造する際の原料として用いられるものがある。たとえば，②Al 単体は，融解した氷晶石に③純粋な Al_2O_3 を少しずつ溶かし，融解塩電解することで得られる。④この融解塩電解では，用いる電解槽の内側を炭素で覆い，これを陰極とし，炭素棒を陽極としている。

表2−1　Mg，Al，Ca，Ba の各元素の代表的な酸化物の性質

酸　化　物　の　組　成	MgO	Al_2O_3	CaO	BaO
酸　化　物　の　密　度[g/cm³]	3.65	3.99	3.34	5.72
金属イオンのイオン半径[nm]	0.086	0.068	0.114	0.149

表2−2　各元素の性質

元　　　　　　　　　　素	C	O	Mg	Al	Ca	Ba
原　　子　　量	12.0	16.0	24.3	27.0	40.1	137
単　体　の　密　度[g/cm³]	—	—	1.74	2.70	1.55	3.51
単　体　の　融　点[℃]	—	—	649	660	839	727

〔問〕

ア　下線部①の例として，消石灰 $Ca(OH)_2$ の水溶液に適量の CO_2 を吹き込んで得られる白色沈殿を取り出し，これを強熱して生石灰 CaO が生じる反応があげられる。$Ca(OH)_2$ から白色沈殿が生成する反応と，白色沈殿から CaO が生成する反応のそれぞれについて化学反応式を示せ。

イ　MgO，CaO，BaO の結晶は，いずれも図2−1に模式的に示す NaCl 型の結晶構造をもつイオン結晶である。MgO の単位格子の一辺の長さ（図中の a）が 0.42nm であるとき，CaO の単位格子の一辺の長さを有効数字2桁で求めよ。ただし，O^{2-} のイオン半径はどの結晶中でも同じものとする。

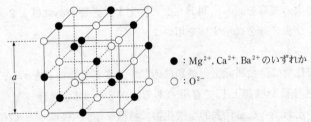

○：O²⁻ のいずれか
●：Mg²⁺, Ca²⁺, Ba²⁺ のいずれか
○：O²⁻

図 2-1　MgO, CaO, BaO の結晶構造の模式図

ウ　物質の融点は，その物質を構成する粒子間にはたらく化学結合と深く関係する。MgO, CaO, BaO の結晶のうち最も融点の高いものを推定し，化学式とともに，その理由を記せ。

エ　表に基づき，Al の単体を酸化して Al_2O_3 を得るときの酸化物と単体の体積比（＝酸化物の体積÷単体の体積）を，有効数字 2 桁で求めよ。

オ　下線部②における Al の単体は，Al^{3+} を含む水溶液の電気分解では得ることができない。その理由を簡潔に説明せよ。

カ　下線部③における純粋な Al_2O_3 は，天然のボーキサイトを精製することで得られる。バイヤー法とよばれる精製法では，ボーキサイトを濃水酸化ナトリウム水溶液に加熱溶解させる。その際，水酸化ナトリウムはボーキサイトに含まれる $Al_2O_3 \cdot 3H_2O$ と反応する。その反応の化学反応式を示せ。

キ　問カの反応で生成する水溶液の pH を調整すると，錯イオン $[Al(H_2O)_m(OH)_n]^{(3-n)+}$ が生成しうる。$m+n=6$ で表わせる錯イオンのうち，$n=2$ のときのすべての幾何異性体の立体構造を描け。ただし，H_2O と OH^- の立体構造は考慮しなくてよい。

ク　下線部④において，陽極で CO と CO_2 が発生した。それぞれが発生する際の陽極での反応を電子 e^- を用いた反応式で示せ。

ケ　下線部④において，陽極の炭素が 72.0 kg 消費され，陰極で Al が 180 kg 生成した。また，陽極では CO と CO_2 が発生した。このとき，発生した CO_2 の質量は何 kg か，有効数字 3 桁で答えよ。答えに至る過程も記せ。

3 次のⅠ，Ⅱの各問に答えよ。必要があれば以下の値を用いよ。
気体定数 $R = 8.3 \times 10^3 \, \mathrm{Pa \cdot L/(K \cdot mol)}$

Ⅰ 次の文章を読み，問ア～オに答えよ。

　濃度 9.0×10^{-2} mol/L の塩酸 2.0L に，気体のアンモニアを圧力 1.0×10^5 Pa のもとで毎分 0.20L の速度で溶かした。アンモニアの導入を開始した時刻を $t = 0$ 分とし，$t = 40$ 分にアンモニアの供給を止めた。$t = 40$ 分から濃度 1.0mol/L の水酸化ナトリウム水溶液を毎分 10mL の速度で滴下し，$t = 80$ 分に止めた。この水溶液に [a] mol の塩化アンモニウムを溶解させたところ，水素イオン濃度は 1.0×10^{-9} mol/L となった。

　気体のアンモニアは理想気体とし，アンモニアと塩化アンモニウムはすべて水溶液に溶けるものとする。また，アンモニアの溶解による溶液の体積変化は無視できるものとし，すべての時刻において温度は 27℃ で一定であり，平衡が成立しているものとする。

　アンモニアは水溶液中で以下のような電離平衡にある。

$$\mathrm{NH_3 + H_2O \rightleftharpoons NH_4^+ + OH^-}$$

この平衡における塩基の電離定数 K_b は，

$$K_b = \frac{[\mathrm{NH_4^+}][\mathrm{OH^-}]}{[\mathrm{NH_3}]} = 1.8 \times 10^{-5} \, \mathrm{mol/L}$$

で与えられる。

〔問〕

ア　$t = 10$ 分における水素イオン濃度を有効数字 2 桁で求めよ。答えに至る過程も記せ。

イ　アンモニウムイオン $\mathrm{NH_4^+}$ は，水溶液中で次の電離平衡にある。

$$\mathrm{NH_4^+ \rightleftharpoons NH_3 + H^+}$$

アンモニウムイオンの電離定数 K_a を有効数字 2 桁で求めよ。
ただし，水のイオン積 K_w は，$K_w = [\mathrm{H^+}][\mathrm{OH^-}] = 1.0 \times 10^{-14}$ $\mathrm{(mol/L)^2}$ とする。

ウ　$t = 40$ 分における水素イオン濃度を有効数字 2 桁で求めよ。答えに

　　　　至る過程も記せ。

　エ　$t=0$ 分から $t=80$ 分における pH の変化の概形として最も適当なも
　　　のを図 3-1 の(1)～(6)のうちから選べ。

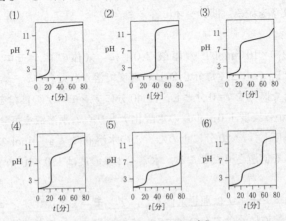

　　　　　　　　　　　　図 3-1　t に対する pH の変化

　オ　　a　にあてはまる数値を有効数字 2 桁で求めよ。

Ⅱ　次の文章を読み，問カ～コに答えよ。

　　　メタンは，化石資源である天然ガスの主成分として産出される。天然
　ガスを冷却して液体にしたものは液化天然ガスとよばれ，運搬が容易で
　あり，広く燃料として利用されている。メタンは，化学工業における重
　要な原料でもある。Ni などの触媒を使って高温でメタンと水蒸気を反
　応させることにより，一酸化炭素と水素が製造されている。この反応を
　メタンの水蒸気改質反応とよぶ。さらに，一酸化炭素と水素を，Cu と
　ZnO を成分とする触媒を使って反応させることにより，メタノールが
　工業的に合成されている。

〔問〕

　カ　一定圧力のもとで理想気体の温度を下げていくと，その体積はシャ
　　　ルルの法則にしたがって直線的に減少し，絶対温度 0K で体積は 0 に
　　　なる。横軸を絶対温度，縦軸を体積とした理想気体のグラフを図 3-

2に破線で示した。一方，実在気体では，臨界点より低く三重点より高い一定圧力のもとで，温度を下げていくと，分子間力のために温度 T_1 で凝縮して液体になる。さらに温度を下げて温度 T_2 に達すると，凝固し固体になる。図3－2を解答用紙に描き写し，絶対温度に対する実在気体およびその液体と固体の体積の変化を示すグラフを，理想気体との違いがわかるように同じ図の中に実線で描け。

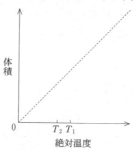

体積

0　　　T_2 T_1

絶対温度

図3－2　物質の絶対温度と体積の関係

キ　メタンの水蒸気改質反応を化学反応式で示せ。

ク　一酸化炭素と水素からメタノールを合成する反応は，以下の式1で表すことができる。

$$CO \,(気) + 2H_2 \,(気) \rightleftharpoons CH_3OH \,(気) \qquad (式1)$$

この反応を利用したメタノールの合成が，高圧下で行われる理由を説明せよ。

ケ　2L の密閉容器に，1.56 mol の一酸化炭素，2.72 mol の水素および触媒を封入して，ある温度に保った。式1において，平衡に達したとき，0.24 mol の水素が残っていた。このとき，容器内に存在する一酸化炭素およびメタノールの物質量をそれぞれ求めよ。

コ　室温で，CO（気）の生成熱が 110 kJ/mol，CO_2（気）の生成熱が 394 kJ/mol，H_2（気）の燃焼熱が 286 kJ/mol，CH_3OH（液）の燃焼熱が 726 kJ/mol，CH_3OH（液）の蒸発熱が 38 kJ/mol であるとき，式1で 1 mol の CH_3OH（気）を合成するときの反応熱を求めよ。反応熱を求めるために必要な熱化学方程式を示し，答えに至る過程も記せ。さらに，式1のメタノール生成反応は，発熱反応か吸熱反応かを答えよ。

生物

（2 科目 150 分）

（注）　解答用紙は，〈理科〉共通。1 行：約 23.5 センチ，35 字分の区切
　　　　りあり。1・2 は各 25 行，3 は 50 行。

1　次の I，II の各問に答えよ。

補足説明：図 1－1，図 1－2，図 1－6 の中，白い四角部分はエキソンをあらわし，
　　　　　　山型の実線はスプライシングにより除去される領域をあらわす。

I　次の文章を読み，問 A～D に答えよ。

　真核細胞において，核内で DNA から(ア)転写された mRNA 前駆体の
多くはスプライシングを受ける。(イ)スプライシングが起きる位置や組み
合わせは一意に決まっているわけではなく，細胞の種類や状態などによ
って変化する場合がある。これを選択的スプライシングと呼ぶ。選択的
スプライシングは，mRNA 前駆体に存在する様々な塩基配列に，近傍
のスプライシングを促進したり阻害したりする作用を持つタンパク質が
結合することによって，複雑かつ緻密に制御されている。例えば，(ウ)哺
乳類の α-トロポミオシン遺伝子は，1a から 9d まで多くのエキソンを
持つが，発現する部位によって様々なパターンの選択的スプライシング
を受け（図 1－1），これによって作られるタンパク質のポリペプチド
鎖の長さやアミノ酸配列も変化する（表 1－1）。

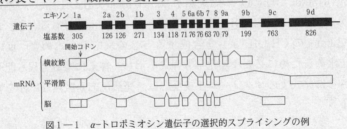

図 1－1　α-トロポミオシン遺伝子の選択的スプライシングの例

表1－1　各発現部位における α-トロポミオシ
ンタンパク質のポリペプチド鎖の長さ

横紋筋	平滑筋	脳
284 アミノ酸	284 アミノ酸	281 アミノ酸

　近年，スプライシングを補正してヒトの遺伝病の治療につなげようと
する研究が精力的に行われている。ヒトの5番染色体に存在する
SMN1（survival motor neuron 1）遺伝子とそのすぐ隣にある *SMN2*
遺伝子は，塩基配列がほとんど同じであるが，図1－2に示す通
り，(エ)エキソン7内部のある1つの塩基が，*SMN1* 遺伝子ではCである
のに対し，*SMN2* 遺伝子ではTになっているという違いがある。これ
により，*SMN2* 遺伝子から作られる mRNA の約9割では，スプライシ
ングの際にエキソン7が使用されず，スキップされた状態となっている。
このようにエキソン7がスキップされた mRNA から作られるタンパク
質（Δ7型 SMN タンパク質と呼ぶ）は安定性が低く，すぐに分解され
てしまう。一方，*SMN2* 遺伝子から作られる mRNA の残りの約1割で
は，スプライシングの際にエキソン7が使用され，*SMN1* 遺伝子由来
のタンパク質と同じアミノ酸配列を持つタンパク質（全長型 SMN タン
パク質と呼ぶ）が作られる（図1－2）。ヒトにおいて，*SMN1* 遺伝子
の欠損を原因とする脊髄性筋萎縮症と呼ばれる遺伝病が知られている。
最近，(オ)脊髄性筋萎縮症の治療に，スプライシングを補正する作用を持
つ人工的な核酸分子Xが有効であることが示され，注目を集めている。

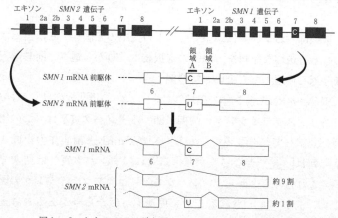

図1－2　ヒトの *SMN1* 遺伝子と *SMN2* 遺伝子およびそれらの
転写とスプライシング

〔問〕

A　下線部(ア)について。真核生物における転写の基本的なメカニズムについて，以下の語句をすべて用いて 3 行程度で説明せよ。同じ語句を繰り返し使用してもよい。

　　　基本転写因子，プロモーター，RNA ポリメラーゼ，
　　　片方の DNA 鎖，5′→3′

B　下線部(イ)について。異なる塩基配列の 6 つのエキソン（エキソン 1 ～ 6 と呼ぶ）を持つ遺伝子があるとする。スプライシングの際，エキソン 1 とエキソン 6 は必ず使用されるが，エキソン 2 ～ 5 がそれぞれ使用されるかスキップされるかはランダムに決まるとすると，理論上，合計で何種類の mRNA が作られるか答えよ。ただし，スプライシングの際にエキソンの順番は入れ替わらず，エキソンとイントロンの境目の位置は変わらないものとする。

C　下線部(ウ)について。α-トロポミオシン mRNA の開始コドンは，図 1 － 1 に点線で示すとおり，エキソン 1a の 192～194 塩基目に存在する。図 1 － 1 および表 1 － 1 の情報から，平滑筋で発現している α-トロポミオシン mRNA 上の終止コドンは，どのエキソンの何塩基目から何塩基目に存在すると考えられるか答えよ。
解答例：エキソン 1b の 51～53 塩基目

D　下線部(エ)および(オ)について。以下の文中の空欄 a ～ e に当てはまるもっとも適切な語句を，以下の選択肢①～⑩から選べ。同じ選択肢を繰り返し使用してもよい。解答例：a －①，b －②

　　SMN1 mRNA 前駆体の領域 A（図 1 － 2）の塩基配列は CAGACAA であり，スプライシングの制御に関わるタンパク質 Y は，この塩基配列を認識して結合する。しかし，*SMN2* mRNA 前駆体の領域 A の塩基配列は ▢ a ▢ となっており，ここにはタンパク質 Y は結合できない。これらのことから，タンパク質 Y には，スプライシングの際にエキソン 7 が ▢ b ▢ されることを促進するはたらきがあると考えられる。

　　一方，*SMN1* mRNA 前駆体と *SMN2* mRNA 前駆体で共通の領域
B（図 1 － 2）には，スプライシングの制御に関わるタンパク質 Z が
認識して結合する塩基配列が存在する。脊髄性筋萎縮症の治療に有効
な人工核酸分子 X は，領域 B の塩基配列と相補的に結合し，タンパク
質 Z の領域 B への結合を阻害すると考えられている。これらのことか
ら，タンパク質 Z には，スプライシングの際にエキソン 7 が ┌ c ┐
されることを促進するはたらきがあり，人工核酸分子 X は， ┌ d ┐
遺伝子のスプライシングを補正することによって， ┌ e ┐ 型 SMN
タンパク質を増加させる作用を持つと考えられる。

① TAGACAA　　　② CATACAA　　　③ UAGACAA

④ CAUACAA　　　⑤ 使　用　　　　⑥ スキップ

⑦ *SMN1*　　　　　⑧ *SMN2*　　　　⑨ *Δ*7

⑩ 全　長

Ⅱ　次の文章を読み，問 E ～ H に答えよ。

　　近年の塩基配列解析装置の急速な進歩によって，生体内に存在する
RNA を網羅的に明らかにする「RNA-Seq」と呼ばれる解析を行うこと
が可能になった（図 1 － 3）。例えば，今日用いられているある装置を
用いて RNA-Seq を行った場合，長い RNA の塩基配列全体を決定する
ことはできないが，それらの RNA を切断することで得られる短い
RNA について，数千万を超える分子数の RNA の塩基配列を一度に決
定することができる。こうして決定される一つ一つの短い塩基配列を
「リード配列」と呼び，DNA に含まれる 4 種類の塩基を表す A，C，
G，T のアルファベットをヌクレオチド鎖の 5′→3′ の順に並べた文字
列として表す（塩基配列決定の際に RNA は DNA に変換されるため，
U は T として読まれる）。リード配列を決定した後，そのリード配列の
元となった短い RNA がゲノム中のどの位置から転写された RNA に由
来するかを決めるためには，コンピュータを用いて，ヌクレオチド鎖の
向きも含めてリード配列と一致する塩基配列がゲノムの中に出現する位
置を見つける「マッピング」と呼ばれる解析を行う。今日の生物学では，
このように膨大なデータを情報科学的に解き明かしていくバイオインフ
ォマティクスが重要となっている。

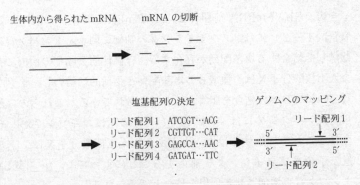

図1－3　mRNA を対象とした RNA-Seq の概略図

〔問〕

E　ヒトのゲノム（核相 *n* の細胞が持つ全 DNA）の塩基対数はおよそ 3×10^{f} である。空欄 f に当てはまる整数を答えよ。

F　一般に，真核生物の遺伝子から転写された mRNA 前駆体には，スプライシングが起きるほか，アデニンが多数連なったポリ A 配列と呼ばれる構造が付加される。これを利用して，真核生物の生体内から得られた RNA を，ある塩基が多数連なった一本鎖の DNA が結合した材質に吸着させることで，mRNA を濃縮して解析することができる。その塩基の名称をカタカナで答えよ。

G　リード配列が「ある特徴」を持つ場合，そのリード配列と一致する塩基配列はゲノムの2つのヌクレオチド鎖の全く同じ位置に出現する（図1－4）。「ある特徴」とはどのようなものかを考え，その特徴を持つ 10 塩基の長さの塩基配列の例を1つ答えよ。塩基配列は A，C，G，T のアルファベットを 5′→3′ の順に並べた文字列として表すものとする。

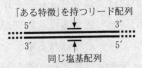

図1－4　「ある特徴」を持つリード配列のマッピング

H　真核生物の生体内から得られた mRNA サンプルに対して RNA-Seq を行い，得られたリード配列をゲノムに対してマッピングし，各遺伝子の各エキソン内にマッピングされたリード配列の数を数えた（図 1 − 5）。RNA-Seq において mRNA は短い RNA にランダムに切断され，解析装置に取り込まれて塩基配列が決定されたとする。リード配列は各エキソンの長さに比べれば十分に短い一定の長さを持ち，いずれかの遺伝子のエキソン内の 1 カ所に明確にマッピングされたものとして，以下の問(あ)〜(う)に答えよ。

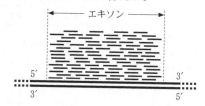

図 1 − 5　ある遺伝子のエキソンに多数のリード配列がマッピングされた様子

(あ)　遺伝子 1 〜 6 のエキソンの塩基数の合計と，エキソン内にマッピングされたリード配列の数の合計は表 1 − 2 に示すとおりであった。このことから，遺伝子 1 〜 6 のうち，mRNA の分子数が最も多かったものは遺伝子　g　，最も少なかったものは遺伝子　h　であったと考えられる。空欄 g，h に入る数字を答えよ。ただし，遺伝子 1 〜 6 は選択的スプライシングを受けないものとする。

解答例：g − 1，h − 2

表 1 − 2　RNA-Seq の結果(遺伝子 1 〜 6)

	遺伝子 1	遺伝子 2	遺伝子 3	遺伝子 4	遺伝子 5	遺伝子 6
エキソンの塩基数の合計	1000	800	3000	2500	1500	1800
エキソン内にマッピングされたリード配列の数の合計	4500	50	10000	150	7000	9000

(い)　遺伝子 7 は 4 つのエキソンを持ち，各エキソンの塩基数と，エキソン内にマッピングされたリード配列の数は表 1 − 3 に示すとおりであった。遺伝子 7 は選択的スプライシングを受け，エキソン 2 かエキソン 3 のいずれか，あるいは両方がスキップされることがある。

図1－6に示すように，エキソンが一つもスキップされない mRNA の分子数を x，エキソン2のみがスキップされた mRNA の分子数を y，エキソン3のみがスキップされた mRNA の分子数を z，エキソン2と3の両方がスキップされた mRNA の分子数を w とおく。いま x が0だったとすると，y と z と w の比はこの順番でどのようになるか，最も簡単な整数比で答えよ。

解答例：　3：2：5

表1－3　RNA-Seq の結果（遺伝子7）

	エキソン1	エキソン2	エキソン3	エキソン4
エキソンの塩基数	800	600	400	1000
エキソン内にマッピングされたリード配列の数	16800	3600	3200	21000

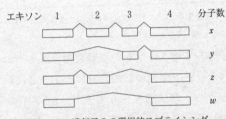

図1－6　遺伝子7の選択的スプライシング

(う)　遺伝子7について，x が0とは限らないとして，x, y, z, w の間に成り立たない可能性がある関係式を以下の選択肢(1)～(6)から2つ選べ。

(1)　$x < y$ (2)　$x + z < y + w$ (3)　$x < w$

(4)　$y > z$ (5)　$y > w$ (6)　$z < w$

2　次の文章を読み，問A～Jに答えよ。

オーストラリア南東部のタスマニア島には，タスマニアデビル（図2－1）と呼ばれる体長50～60cmの(ア)<u>有袋類</u>が生息する。タスマニアデビルは肉食性で，他の動物を捕食したり，死肉を食べたりして生きている。体

長の割に大きな口と強い歯をもち，気性が荒く，同種の個体どうしで餌や繁殖相手をめぐって頻繁に争うため，顔や首などに傷を負うことがしばしばある。

近年，野生のタスマニアデビルの顔や首の傷口の周囲に，大きな瘤（こぶ）ができているのが見つかるようになった。調査の結果，この瘤は悪性腫瘍（がん）とわかった。悪性腫瘍とは，体細胞の突然変異によって生じた，無秩序に増殖し他の臓器へと広がる異常な細胞集団である。この悪性腫瘍は急速に大きくなるため，これをもつタスマニアデビル個体は口や眼をふさがれてしまい，発症から数ヶ月で死に至る。悪性腫瘍をもつ個体は頻繁に見られるようになり，短期間のうちに野生のタスマニアデビルの生息数は激減した。現在，タスマニアデビルは絶滅の危機に瀕しており，様々な保護活動が行われている。

タスマニアデビルの悪性腫瘍について，以下の実験を行った。

図 2−1　タスマニアデビル（ウェブサイト「古世界の住人・川崎悟司イラスト集」より）

実験 1　悪性腫瘍をもつ 4 頭のタスマニアデビルを捕獲し，腫瘍の一部と，腫瘍とは別の部位の正常な体組織を採取し，DNA を抽出した。また，悪性腫瘍をもたないタスマニアデビル 4 頭を捕獲し，同様に体組織を採取し DNA を抽出した。これらの DNA 検体を用いて，あるマイクロサテライトを含む DNA 領域を(イ)PCR 法によって増幅し，得られた DNA の長さをゲル電気泳動によって解析した。その結果，図 2−2 に示す泳動像が得られた。マイクロサテライトとは，ゲノム上に存在する数塩基の繰り返しからなる反復配列である。繰り返しの回数が個体によって多様であるが，世代を経ても変化しないことを利用して，遺伝マーカーとして用いられる。正常細胞が悪性腫瘍化した場合にも，このマイクロサテライトの繰り返し回数は変化しないものとする。

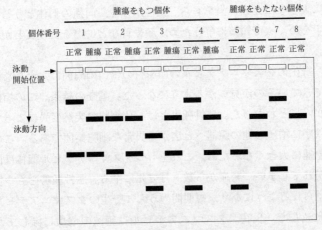

図 2—2　ゲル電気泳動の結果

実験 2　タスマニアデビルの悪性腫瘍，および様々な正常な体組織から
mRNA を抽出し，それを鋳型として⑦cDNA を合成し，DNA マイ
クロアレイ法によって遺伝子の発現パターンを網羅的に調べた。そ
の結果，悪性腫瘍の遺伝子発現パターンは㈢シュワン細胞のものと
よく似ており，悪性腫瘍はシュワン細胞から生じたものと考えられ
た。しかし，正常なシュワン細胞と比較して，悪性腫瘍細胞では，
遺伝子 X の mRNA 量が変化していた（図 2—3 左）。さらに，正
常なシュワン細胞と悪性腫瘍細胞とを，ヒストンの DNA への結合
を阻害する薬剤 Y で処理し，同様に遺伝子 X の mRNA 量を調べた
（図 2—3 右）。

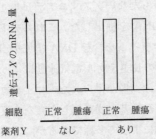

図 2—3　正常なシュワン細胞と悪性腫瘍細胞における
遺伝子 X の mRNA 量

実験3　遺伝子 X はヒトやマウスなどの動物に共通して存在し，同一の
　　　機能をもつと考えられた。遺伝子組み換え技術によって，遺伝子
　　　X を取り除いたノックアウトマウスを作製した。遺伝子 X ノック
　　　アウトマウスは病原体のいない飼育環境で正常に発育し，タスマニ
　　　アデビルのような悪性腫瘍の発生はみられなかった。遺伝子 X ノ
　　　ックアウトマウスのシュワン細胞を調べたところ，MHC の
　　　mRNA 量と細胞膜上の MHC タンパク質の量は図2－4に示す通
　　　りであった。また，(ｴ)正常なマウスの皮膚を別の系統のマウスに移
　　　植すると拒絶されたが，遺伝子 X ノックアウトマウスの皮膚を別
　　　の系統のマウスに移植しても拒絶されずに生着した。

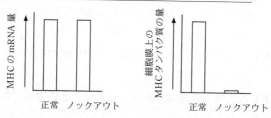

図2－4　正常マウスと遺伝子 X ノックアウトマウスにおける
MHC の mRNA 量と細胞膜上の MHC タンパク質の量

〔問〕

　A　下線部(ｱ)について。有袋類はオーストラリア地域に多く生息してい
　　るが，他の地域にはほとんど見られない。その理由を3行程度で説明
　　せよ。

　B　下線部(ｲ)，(ｳ)に用いられる酵素の名称と，それらの酵素の遺伝子は
　　何から発見されたものか，それぞれ答えよ。
　　解答例：イ－○○（酵素名），△△（酵素遺伝子の由来）

　C　下線部(ｴ)について。以下の文中の空欄1～8に適切な語句を記入せ
　　よ。
　　解答例：1－○○，2－△△

　　哺乳類では，シュワン細胞は末梢神経において，| 1 |は中枢神

経において，ニューロンの| 2 |を包み込む| 3 |を形成する。

| 3 |をもつ| 4 |神経繊維では，| 5 |の部位においてのみ興奮

が生じるため，| 6 |が起こる。そのため，| 3 |をもたない

| 7 |神経繊維と比べて興奮の伝導速度が| 8 |。

D　実験1に用いられた個体のうち，個体7と8はつがいであった。個
　　体1〜6のうち，個体7と8の子供である可能性がある個体をすべて
　　選べ。

E　実験1の結果から，タスマニアデビルの悪性腫瘍について考察した
　　以下の(1)〜(5)のうち，可能性があるものをすべて選べ。
　(1)　個体1〜4の悪性腫瘍は，それぞれの個体の正常細胞から発生し
　　　た。
　(2)　個体1と2は兄弟姉妹であり，これらの悪性腫瘍は親の正常細胞
　　　から発生したものが伝染した。
　(3)　個体3と4は兄弟姉妹であり，これらの悪性腫瘍は親の正常細胞
　　　から発生したものが伝染した。
　(4)　すべての悪性腫瘍は，個体1〜4のうち，いずれか1頭の個体の
　　　正常細胞から発生し，個体間で伝染した。
　(5)　すべての悪性腫瘍は，個体1〜8とは別の個体の正常細胞から発
　　　生した。

F　実験2の結果から，タスマニアデビルの悪性腫瘍では，遺伝子 X
　　にどのようなことが起きていると考えられるか。薬剤Yの作用をふま
　　え，2行程度で説明せよ。

G　実験3の結果から，遺伝子 X について考察した以下の(1)〜(5)のう
　　ち，実験結果の解釈として不適切なものを2つ選べ。
　(1)　遺伝子 X は，染色体上でMHC遺伝子と近い位置にある。
　(2)　遺伝子 X は，MHCの転写に必要ではない。
　(3)　遺伝子 X は，MHCの翻訳を制御する可能性がある。

(4) 遺伝子 X は，MHC の細胞膜への輸送を制御する可能性がある。

(5) 遺伝子 X は，MHC の遺伝子再編成を制御する可能性がある。

H　実験 2 と 3 の結果から考察した以下の(1)～(5)のうち，適切なものを 2 つ選べ。

(1) 遺伝子 X ノックアウトマウスのシュワン細胞を，薬剤 Y で処理 すると，遺伝子 X の発現が回復すると予想される。

(2) タスマニアデビルの悪性腫瘍では，MHC の mRNA 量が減少し ていると考えられる。

(3) タスマニアデビルの悪性腫瘍では，細胞膜上の MHC タンパク質 の量が減少していると考えられる。

(4) タスマニアデビルの悪性腫瘍を薬剤 Y で処理すると，細胞膜上の MHC タンパク質の量が回復すると予想される。

(5) 遺伝子 X ノックアウトマウスの細胞を，薬剤 Y で処理すると， 別の系統のマウスに移植しても拒絶されるようになる。

I　下線部(オ)の結果が得られたのはなぜか，その理由を 3 行程度で説明 せよ。

J　タスマニアデビルがこの悪性腫瘍によって絶滅しないために，有利 にはたらくと考えられる形質の変化は何か。以下の(1)～(6)のうち，適 切なものをすべて選べ。

(1) 攻撃性が強くなり，噛みつきによる同種間の争いが増える。

(2) 攻撃性が低下し，穏やかな性質となる。

(3) 同種間では儀式化された示威行動によって争うようになる。

(4) トル様受容体（TLR）による病原菌の認識能力が高まる。

(5) ナチュラルキラー（NK）細胞による異物の排除能力が高まる。

(6) ウイルスに対して抗体を産生する能力が高まる。

3 次のⅠ, Ⅱの各問に答えよ。

Ⅰ 次の文章を読み，問A〜Cに答えよ。

植物の発生や成長は，様々な環境要因の影響を受けて調節されている。
環境要因の中でも，温度は，光と並んで，植物の発生・成長の調節にお
いて，とくに重要な意味をもつ。温度と光で調節される発生現象の顕著
な例の一つが，花芽形成である。日長に応じて花芽を形成する植物は多
いが，その中には一定期間低温を経験することを前提とするものがある。
低温を経験することで，日長に応答して花芽を形成する能力を獲得する
のである。これを春化という。花芽形成に春化を要求する植物は，一般
に長日性である。こうした植物では，低温の経験の後に適温と長日条件
の2つが揃ったときに，花芽の形成が促進される。

植物はどういうときにどこで低温を感じ取り，それはどのように春化
につながるのだろうか。これらの問題に関しては，古くから工夫を凝ら
した生理学的実験が数多く行われている。例えば，(ア)組織片からの植物
体の再生を利用した実験や，(イ)接ぎ木を利用した実験により，春化にお
ける低温感知の特徴，春化と花成ホルモン（フロリゲン）の関係などに
ついて，重要な知見が得られている。

シロイヌナズナを用いた分子生物学的解析からは，*FLC* という遺伝
子の発現の抑制が春化の鍵であることがわかっている。*FLC* には花芽
形成を妨げるはたらきがある。低温期間中に(ウ)*FLC* 領域のクロマチン構
造が変化して遺伝子発現が抑制された状態が確立し，*FLC* 発現が低く
なることで花芽形成が可能となる。

〔問〕

A 下線部(ア)について。ゴウダソウは春化要求性の長日植物である。ゴ
ウダソウの葉を切り取って培養すると，葉柄の切り口近傍の細胞が脱
分化して分裂を始め，やがて分裂細胞の集団から芽が形成されて，植
物体を再生する。この植物体再生と低温処理を組み合わせて，春化の
特徴を調べる実験が行われた。この実験の概要と結果をまとめたのが
図3−1である。

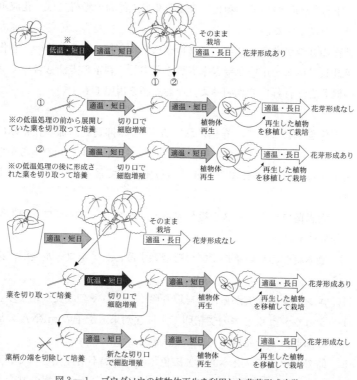

図3－1　ゴウダソウの植物体再生を利用した花芽形成実験

　以下の(1)～(5)の記述のそれぞれについて，図3－1の実験結果から支持されるなら「○」，否定されるなら「×」，判断できないなら「？」と答えよ。

(1)　一旦春化が成立すると，その性質は細胞分裂を経ても継承される。

(2)　植物体の一部で春化が成立すると，その性質は植物体全体に伝播する。

(3)　春化の成立には，分裂している細胞が低温に曝露されることが必要である。

(4)　春化は脱分化によって解消され，春化が成立していない状態に戻る。

(5)　低温処理時の日長によって，春化が成立するまでにかかる時間が異なる。

B　下線部(イ)について。春化による花芽形成能力の獲得には，花成ホル
モンを産生する能力の獲得と，花成ホルモンを受容し応答する能力の
獲得の2つが考えられる。これらそれぞれを判定するための，春化要
求性長日植物を用いた接ぎ木実験を考案し，判定の方法も含めて実験
の概要を5行程度で説明せよ。なお，図を用いてもよい。

C　下線部(ウ)について。春化における *FLC* の抑制と同様の仕組みは，
様々な生物の様々な現象に関わっている。以下の(1)～(6)のうちから，
FLC 抑制と同様の仕組みが関わる現象として最も適当なものを1つ
選べ。

(1)　大腸菌にラクトースを投与すると，ラクトースオペロンの抑制が
解除される。

(2)　酸素濃度の高い条件で酵母を培養すると，アルコール発酵が抑え
られる。

(3)　エンドウの果実から種子を取り除くと，さやの成長が止まる。

(4)　ショウジョウバエの受精卵で，母性効果遺伝子の mRNA の局在
が分節遺伝子の発現パターンを決める。

(5)　雌のマウスで，2本ある X 染色体の一方が不活性化されている。

(6)　ヒトのある地域集団で，A，B，AB，O の各血液型の割合が，
世代を経てもほぼ一定に保たれている。

Ⅱ　次の文章を読み，問D～Gに答えよ。

　植物の成長は，成長に適した温度域における，比較的小さな温度の違
いにも影響を受ける。最近，シロイヌナズナの胚軸の伸長に対する温度
の影響に着目した研究から，フィトクロムの関与を示す画期的な発見が
あった。

　フィトクロムは，光受容体として光応答にはたらく色素タンパク質で
ある。フィトクロムには，赤色光吸収型の Pr と遠赤色光吸収型の Pfr
が存在し，Pr は赤色光を吸収すると Pfr に変換し，Pfr は遠赤色光を吸
収すると Pr に変換する。また，Pfr から Pr への変換は，光とは無関係
にも起きる。図3－2に示すように，各変換の速度 v_1～v_3 は，Pr また
は Pfr の濃度（[Pr]，[Pfr]）と変換効率を表す係数 k_1～k_3 の積で決ま

る。

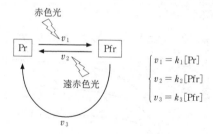

図3－2　フィトクロムの Pr と Pfr の変換

　シロイヌナズナの胚軸の伸長は，明所では抑制され，暗所で促進される。これに対して，(エ)フィトクロム完全欠損変異体の胚軸は明所でも伸長し，暗所と同じように長くなることなどから，胚軸伸長の光応答にフィトクロムが関与することはよく知られていた。図3－3に示すように，シロイヌナズナの胚軸の伸長は温度にも応答し，10℃から30℃の範囲の様々な温度で芽生えを育てると，温度が高いほど胚軸が長くなる。この温度応答についてフィトクロム完全欠損変異体を用いて調べてみると，温度の影響がほとんど見られず，どの温度でも胚軸がほぼ一様に長くなったのである。

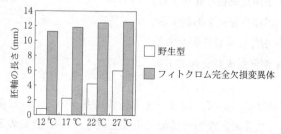

図3－3　シロイヌナズナの胚軸の伸長に対する温度とフィトクロム欠損の影響

　さらに精製フィトクロムを用いた試験管内実験によって，Pr・Pfr 間の変換に対する温度の影響も調べられた。光による変換の係数である k_1 と k_2 は，光に依存するが，温度には依存しない。しかし，k_3 が温度に依存するなら，Pr・Pfr 間の変換が温度で変わる可能性があり，この点が検討された。(オ)純粋な Pr の水溶液を，赤色光の照射下，様々な温度で保温して，全フィトクロムに占める Pfr の割合を測定する実験により，図3－4のような結果が得られた。この結果は，温度応答において

フィトクロムが温度センサーとしてはたらくことを示唆するものとして，注目を集めている。

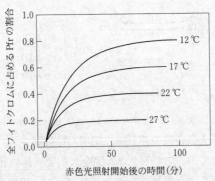

図 3 ― 4　各温度における Pfr の割合の変化

〔問〕

D　下線部(エ)について。この実験結果から，胚軸伸長の制御において，フィトクロムはどのように作用すると考えられるか。以下の(1)～(4)のうちから，最も適当なものを 1 つ選べ。

(1)　Pr が伸長成長を促進する。

(2)　Pr が伸長成長を抑制する。

(3)　Pfr が伸長成長を促進する。

(4)　Pfr が伸長成長を抑制する。

E　下線部(オ)について。図 3 ― 4 の情報に基づいて，k_3 と温度の関係をグラフで表せ。なお，横軸に温度を取り，k_3 は 27℃のときの値を 1 とする相対値で縦軸に取ること。また，大きさは，両軸に付す数字も含めて，10 文字分×10 行分程度とすること。作図はフリーハンドで構わない。

F　下線部(オ)の実験を，赤色光と同時に遠赤色光を照射して行うと，結果はどのようになると予想されるか。以下の(1)～(5)のうちから，最も適当なものを 1 つ選べ。

(1)　温度によらず，定常状態での Pfr の割合はほぼ 0 となる。

(2)　温度によらず，定常状態での Pfr の割合はほぼ 1 となる。

(3)　温度が高いほど Pfr の割合が低い傾向は赤色光下と同じであるが，温度の影響は弱くなる。

(4)　温度が高いほど Pfr の割合が低い傾向は赤色光下と同じであるが，温度の影響がより強くなる。

(5)　赤色光下とは逆に，温度が高いほど Pfr の割合が高くなる。

G　高温で伸長が促進される性質は，胚軸だけでなく，茎や葉柄でも見られる。この性質が自然選択によって進化したとすれば，それはどのような理由によるだろうか。自由な発想で考え，合理的に説明できる理由の 1 つを 3 行程度で述べよ。

■■■■■ 地学 ■■■■■

（2 科目 150 分）

（注）　解答用紙は，〈理科〉共通。1 行：約 23.5 センチ，35 字分の区切りあり。1・2 は各 25 行，3 は 50 行。

1　宇宙に関する次の問い（問 1 ～ 2）に答えよ。

問 1　天体を調べるにあたり，地球からその天体までの距離を知ることは最も基本となる。そのため歴史的に様々な手法が編み出されてきた。銀河系内外の天体の距離導出に関する以下の問いに答えよ。数値での解答には有効数字 2 桁で答え，計算の過程も示せ。また必要であれば，1 パーセクは 3.3 光年とせよ。

(1)　銀河系内の恒星までの距離は，年周視差を用いて正確に求めることができる。可視光の望遠鏡を搭載したヨーロッパの位置天文衛星「ガイア」により，今までにない高精度な年周視差測定が可能となった。

　(a)　地上ではなく衛星の望遠鏡を使うことで，より小さな年周視差を測定できる理由を 1 行程度で述べよ。

　(b)　ガイア衛星が最小で 1.0×10^{-4} 秒角の年周視差を測定できるとして，どれだけ遠方までの星の距離を求められるかを光年の単位で求めよ。

(2)　銀河系を中心として数千万光年の範囲に存在する局部銀河群や近傍銀河群内の銀河までの距離は，主に脈動変光星のケフェウス座 δ 型変光星（以下，種族 I セファイド）を標準光源として求められる。

　(a)　種族 I セファイドは，HR 図上において「不安定帯」と呼ばれる細長い帯の内側に分布する（図 1 － 1）。その帯の中で，変光周期

　　　P1，*P2*，*P3* を持つセファイドが分布する範囲を 3 本の太く短い
　　　実線で示した。周期光度関係に着目し，2 行程度の理由とともに
　　　P1，*P2*，*P3* の大小関係を不等号で表せ。

(b)　ある渦巻き銀河に変光周期 *P2* を持つ種族 I セファイドが見つか
　　　った。しかし，精密なスペクトル型（星の色）が測定されていない
　　　場合，このセファイドが図 1－1 の *P2* の太く短い実線上のどこに
　　　位置するかがわからないため，周期から求められる光度に若干の不
　　　定性が残る。このとき，図 1－1 を使って求められる銀河までの距
　　　離の最大値は最小値に対して何%大きくなるかを答えよ。ここで，
　　　x が 1 より十分小さい場合に成り立つ近似式 $10^x = 1 + 2.30x$
　　　$+ 2.65x^2$ を用いてもよい。

(3)　1 億光年より遠方の銀河の距離を精密に求めるためには，恒星より
　　も明るい標準光源が必要となる。そのような天体を 1 つ挙げよ。

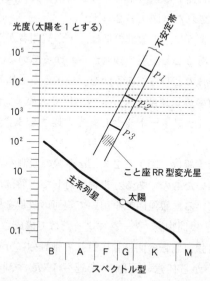

　　　図 1－1　HR 図上の不安定帯の位置。種族 II のこと座 RR 型変光星も不安
　　　　　　　定帯の中に位置する。なお，変光星の光度とスペクトル型は周期平
　　　　　　　均をとった値で定義している。

問2 　渦巻き銀河の銀河回転（円盤部に属する恒星や星間物質の，銀河中心のまわりの回転運動）に関する以下の問いに答えよ。銀河回転は厳密な円運動であるとし，同じ場所にある恒星と星間物質の回転速度は等しいとする。銀河円盤の厚さおよびバルジとハローの存在は無視してよい。数値での解答には有効数字2桁で答え，計算の過程も示せ。

(1)　ある渦巻き銀河の絶対等級を測ったところ −20.2 等であった。この銀河の光度は太陽の光度の何倍か，答えよ。太陽の絶対等級を 4.8 等とする。

(2)　この渦巻き銀河の円盤部は，本来は円形だが，視線に対して傾いているため楕円形の像として観測される（図1−2（上））。その長軸に沿って，星間物質から放射される輝線の1つである水素原子の Hα 輝線の波長を測ったところ，回転運動で生じるドップラー効果によって，銀河中心より右側では銀河中心での波長より長い波長が，左側では短い波長が観測された（図1−2（下））。

(a)　図に示すように，円盤部の像は，上が観測者から見て近い側，下が遠い側にあることが別の観測からわかっている。銀河回転の方向は図のAとBのどちらであるかを，理由とともに答えよ。

(b)　この銀河の後退速度を km/s の単位で求めよ。Hα 輝線の本来の波長を 656.4 ナノメートルとし，光の速さを 3.0×10^5 km/s とする。

(3)　図1−3の実線は，図1−2の Hα 輝線の観測から得られた銀河回転の速さを描いたものである。視線に対して円盤部が傾いている効果は補正されている。銀河回転を用いて銀河の質量を推定してみよう。銀河は，恒星，星間物質，ダークマターだけで構成されているとし，どの構成要素も銀河回転の回転軸に対して軸対称に分布しているとする。

(a)　銀河中心から任意の距離 R を速さ $V(R)$ で回転している恒星（あるいは星間物質）には，回転運動で生じる遠心力と銀河からの万有引力が働いており，これら2つの力はつりあっている。遠心力は $mV^2(R)/R$ と表せ，万有引力は $GmM(R)/R^2$ と表せるとする。ここで m は恒星（あるいは星間物質）の質量，G は万有引力定数，

$M(R)$ は銀河中心を原点とする半径 R の球内にある全構成要素の質量の総和である（球の外部の構成要素は万有引力に寄与しない）。図1－3の実線から，$M(2\,\text{万光年})$ と $M(4\,\text{万光年})$ の比を推定せよ。

(b) 恒星と星間物質の質量分布は光と電波の観測から求まる。銀河が恒星と星間物質だけでできていると仮定し，それらの総和による万有引力に遠心力がつりあうために必要な恒星（あるいは星間物質）の回転の速さを R の関数として求めたものが，図1－3の破線である。観測値よりも小さい速さが得られることから，銀河には光らない物質であるダークマターが存在していることが推定できる。実線と破線の比較から，$M(4\,\text{万光年})$ に占めるダークマターの割合を推定せよ。

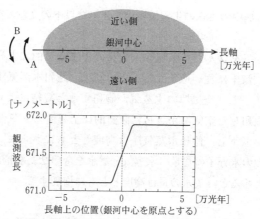

図1－2 （上）円盤部の像。（下）長軸に沿って測った Hα 輝線の波長。

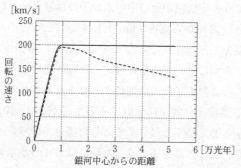

図1－3 回転の速さと銀河中心からの距離の関係

2　大気と海洋に関する以下の問い（問1〜2）に答えよ。

問1　雨はその生成のしくみにより，暖かい雨と冷たい雨の2つに大別される。ここでは暖かい雨の生成について考えてみよう。空気塊の中で雲粒として凝結している水を雲水と呼び，1cm³ の空気塊中の雲水の量を g/cm³ の単位で表すことにする。またここでは，雲粒が落下し始めるのに十分な大きさまで成長したものを降水粒子と呼び，さらにそれが落下中に大きく成長したものを雨粒と呼ぶことにする。以下の問いに答えよ。数値を求める問題には有効数字2桁で答え，計算の過程も示せ。雲粒や降水粒子は球形であるとし，円周率 π は3.0として計算せよ。

(1)　空気塊中の雲水の生成について述べた以下の文章の空欄ア〜ウを埋めよ。

　　水蒸気を含んだ空気塊が未飽和のまま断熱的に上昇すると気温は ア 減率に従い低下する。この結果，飽和水蒸気圧は高度とともに イ し，空気塊の水蒸気が飽和すると凝結により雲粒を生成する。飽和した空気塊がさらに断熱的に上昇すると気温は ウ 減率に従い低下し，飽和水蒸気圧は高度とともにさらに イ する。空気塊中の水分子の総量（水蒸気と雲水を合わせた総量）が一定に保たれるとすると，雲水の量は高度とともに増加する。

(2)　次に，雲底から成長していく雲の中での降水粒子の生成について考えてみよう。空気塊がその中の水分子の総量を一定に保ったまま上昇したとき，雲底から高度1km上昇するごとに 2.0×10^{-6} g/cm³ の水蒸気が凝結し，雲水になったとする。雲粒の数濃度が200個/cm³ で高度によらずに一定であると仮定した時，高度とともに増加する雲水は，個々の雲粒の半径の増加によってもたらされる。このようにして成長する雲粒は，雲頂においてその半径が 2.0×10^{-3} cm に達すると降水粒子として落下しはじめるとした場合，降水粒子の落下は雲頂が雲底から何kmの高さまで達した時にはじまるか求めよ。ただし，雲粒の半径は各高度においてすべての雲粒で同じと仮定し，水の密度を

1.0g/cm³ として計算せよ。

(3) さらに，雲頂で生成した降水粒子が，雨粒へと成長していく過程について考える。現実の大気では雲頂付近の雲粒の中で特に大きなものが降水粒子として落下し始めることにより，雨が引き起こされる。このような降水粒子が雲底までまっすぐ下向きに落下する間に，図2－1のように各高度にある雲粒と衝突し，それらをとらえることにより体積を増加させるとする。簡単のため，降水粒子がとらえる雲粒の半径は高度によらずすべて r cm であるとし，雲粒の数濃度は n 個/cm³ で一様に分布しているとする。また降水粒子の半径を R cm とした時，この降水粒子の中心が通る軌道から半径 R cm 以内に中心がある雲粒がすべてとらえられるとする。この時，降水粒子が Δz cm 落下する間に雲粒をとらえることにより増加させる体積 ΔV cm³ を R，r，n，Δz を使って表せ。ただし，降水粒子がとらえる雲粒数の計算においては，Δz cm の落下中での降水粒子の半径 R の変化は無視できるとし，また雲内での上昇流の影響は無視できるとする。

(4) 最後に，雨粒と降水量との関係を考える。雲頂付近から雲中を落下する降水粒子が，半径 1.0×10^{-3} cm の雲粒を合計 10 万個とらえることにより雨粒へと成長し，そのままの体積で地表面に落下したとする。このようにしてできた雨粒が地表面付近において 2.0×10^{-4} 個/cm³ の数濃度で存在し，それぞれが 5.0 m/s で落下する時，1 時間あたりの降水量は何 mm となるか答えよ。ただし，落下開始時の降水粒子の体積は無視できるとする。

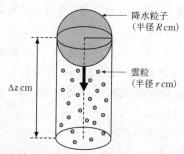

降水粒子
（半径 R cm）

雲粒
（半径 r cm）

Δz cm

図2－1　降水粒子が落下しながら雲粒と衝突し，とらえる様子を示した模式図

問2　太平洋熱帯域では数年に一度エルニーニョが発生する。太平洋熱帯
　　域での平均的な状況とエルニーニョ時の大気と海洋に関する以下の問い
　　に答えよ。数値での解答には有効数字2桁で答え，計算の過程も示せ。

(1)　図2-2は平均的な状況における太平洋熱帯域の海面水温と地表面
　　付近の風の分布である。この状況がどのように形成され維持されてい
　　るか，大気の状態が海洋に与える影響と海洋の状態が大気に与える影
　　響を考慮して5行程度で述べよ。その際，以下に示す大気と海洋に関
　　する語を全て用いること。
　　　　大気に関する語群：貿易風，対流活動，海面気圧
　　　　海洋に関する語群：海面水温，水温躍層，湧昇

(2)　平均的な状況における東部太平洋熱帯域での海水の運動を考えよう。
　　図2-2の点線で示された長方形の領域において，海面を上面とし，
　　風で直接駆動される表層の流れがおよぶ深さを下面とする海洋表層の
　　箱を考える。この箱の各側面や下面を通って出入りする単位時間あた
　　りの海水輸送量を流量（単位はm^3/s）と呼び，上面を出入りする流
　　量はないとする。この箱の北側（北緯5度）と南側（南緯5度）側面
　　での流量には，貿易風の東西成分Um/s（東向きを正とする）により
　　駆動される吹送流の海水輸送のみを考え，単位東西幅あたりの流量
　　Qm²/s（北向きを正とする）は$Q = -1.3 \times 10^{-6} \times \dfrac{|U|U}{f}$で与えられ
　　る。ここで，fは地球の自転によるコリオリ力の効果を表す係数であ
　　り，北緯5度では$f = 0.13 \times 10^{-4}$/sとなる。長方形領域の東西幅は
　　6000kmとし，南北方向の距離は緯度1度あたり100kmとせよ。
　　(a)　北緯5度における$|U|$は，どこでも10m/sであったとする。北
　　　　側側面での流量をm^3/sの単位で求め，その向きとともに答えよ。
　　(b)　南緯5度および北緯5度におけるUが等しいとすると，南側側
　　　　面での流量は北側側面と同じ大きさになるが，向きは逆になる。こ
　　　　の理由を1行で述べよ。
　　(c)　次に，長方形領域の下面における鉛直方向の流速wm/s（上向き
　　　　を正とする）を考えよう。この箱の海水の体積が時間とともに変わ

らず，東側側面での流入量と西側側面での流出量は常に等しいとする。また，下面での w m/s は一様であるとする。この時の w m/s を求めよ。

(3) エルニーニョ時には，赤道太平洋の広い範囲で大気と海洋の状況が大きく変わる。図2-2の長方形領域において，エルニーニョ時には北緯5度および南緯5度での $|U|$ が5.0m/s に弱まったとする。エルニーニョ時の w m/s は平均的な状況に比べてどれだけ増減しているか求めよ。

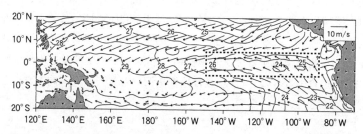

図2-2　平均的な状況における太平洋熱帯域での海面水温の等値線(単位は℃)と地表面付近の風(矢印)の分布

3　　地震と地質に関する次の問い（問1～2）に答えよ。

問1　図3－1のように，東西および南北方向に正確に2km間隔で地震
　　計を地表に並べて，微小地震を対象にした観測をしていたところ，偶然
　　近くで大きな地震（以後本震と呼ぶ）が発生した。本震のP波到着時刻
　　は正確に読みとれた（図3－2）が，その直後には，使用していた地震
　　計の計測範囲を超える地震動となり，S波到着時刻は読みとれなかった。
　　一方，本震後2週間ほどの間に，その震源周辺で多数の小規模地震が発
　　生した。図3－1の灰色部は，それらの震源が集中的に分布した領域
　　（余震域）を示している。この観測に関する以下の問いに答えよ。なお，
　　地表面は水平であるとし，また，地下の地震波速度構造は均質であると
　　する。本問で使用する3次元座標系 (x, y, z) の x 軸及び y 軸は図3
　　－1に定義するものとし，z 軸は地表をゼロとし，鉛直下向きを正とし
　　て定義する。

(1)　本震の震源（地震破壊が開始した点）の位置を (x_0, y_0, z_0) とす
　　る。x 軸上の観測点 $(x, 0, 0)$ と震源の間の距離を x_0，y_0，z_0 およ
　　び x の式で表せ。

(2)　図3－2のデータから推定される本震の震央の座標値 x_0 および y_0
　　を以下の選択肢から記号で選べ。
　　選択肢（単位はkm）：
　　(a)　2.0　　　　(b)　3.0　　　　(c)　4.0　　　　(d)　5.0
　　(e)　6.0　　　　(f)　7.0　　　　(g)　8.0　　　　(h)　9.0
　　(i)　10.0　　　 (j)　11.0　　　 (k)　12.0　　　 (l)　13.0

(3)　図3－1の観測点AとBにおける本震P波の到達時刻は，それぞれ，
　　2時5分43.6749秒，2時5分43.5916秒であった。このこと及び(2)
　　の答を用いて，震源の深さ z_0 が満たすべき方程式を導け。また，そ
　　の解を有効数字2桁で求めよ。ただし，P波速度は6.000km/sとす
　　る。計算の過程も示すこと。

⑷　余震域の 3 次元的な形態を調べると，走向 N0°E，傾斜 60°E の平面で代表されることがわかった。また，本震 P 波初動の東西成分は y 軸上の 6 つの観測点すべてにおいて西向きであった。本震の断層運動は，(a)右横ずれ，(b)左横ずれ，(c)逆断層，(d)正断層のいずれであるか，5 行程度の理由とともに答えよ。必要なら図を描いて説明してもよい。なお，本震の震源断層は余震域に含まれると仮定する。

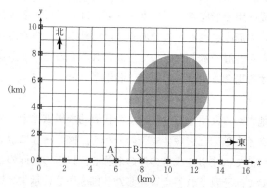

図 3 — 1　観測点（⊠印）の配置。灰色の領域は，余震域を xy 平面に投影したもの。

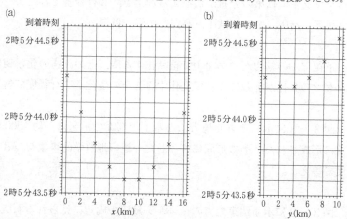

図 3 — 2　本震 P 波の到着時刻。x 軸上の観測点については(a)に，y 軸上の観測点については(b)に，到着時刻を×印で示した。

問2 鉱床について述べた次の文章を読み，以下の問いに答えよ。

　　鉱床とは，火成作用，変成作用または堆積作用により，地殻中で特定の化学成分が通常より高い割合で濃集している部分である。地殻にマグマが貫入して形成される火成鉱床の一つに，ペグマタイト鉱床が知られている。ペグマタイト鉱床を構成する岩石は，石英，(1)長石などの大きな結晶の集合体から構成される。一方，地殻中に貫入したマグマは熱水循環を活発化させ，銅・鉛・亜鉛に富んだ(II)黒鉱鉱床を形成することもある。変成作用で形成されるスカルン鉱床は，石灰岩を含む地層にマグマが貫入して形成されるものである。堆積鉱床の一つである風化残留鉱床は，岩石が低温で水と反応して形成されるものであり，良質な粘土鉱物が産出する場合，陶磁器の製造に利用される。

(1) 東北地方から九州地方にかけての代表的な黒鉱鉱床，スカルン鉱床，ペグマタイト鉱床と広域変成帯の分布を，図3－3に示す。凡例中のアとイにあてはまる変成帯の型の名称を，以下の語群の2つの語を組み合わせて，それぞれ答えよ。また，図3－3に示すア型の変成帯とペグマタイト鉱床の分布が類似する理由を，3行程度で答えよ。

　　　語群：高圧，中圧，低圧，高温，中温，低温

(2) 下線部(I)の鉱物がマグマ中で結晶化する際，その鉱物の化学組成はマグマの分化が進むにつれて変化する。その変化を2行程度で答えよ。

(3) 図3－3に示した東北地方にある下線部(II)の鉱床は，約1500万年前に形成された。その形成に寄与した一連の地質学的事象を，3行程度で答えよ。

(4) 図3－3に示す関東地方のスカルン鉱床の周辺に見られる石灰岩には，サンゴの化石が含まれることがある。石灰岩の周辺には放散虫の化石を含むチャートも見られる。浅く暖かい海に生息するサンゴを含む岩石と，深海底で堆積した放散虫を含む岩石が，ほぼ同じ場所で見られる理由を3行程度で答えよ。

(5)　風化作用で，母岩中の灰長石から元素が溶脱してボーキサイトがで
　　きる際に，アルミニウム以外で溶脱する主要な 3 つの元素を答えよ。
　　また，ボーキサイトを含む鉱床が，日本では大規模に形成されない理
　　由を，1 行程度で答えよ。

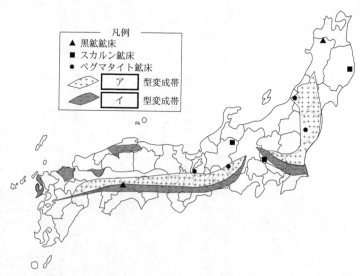

図 3 - 3　東北地方から九州地方にかけての鉱床と広域変成帯の分布

以テ至二誠惻怛之心ヲ力一、行シテ而応ズルニレ之ニ者上也。故ニ曰ハク、不レ患ヘ二人之不レ能ヲ一、而患フ二己之不レ勉ヲ一。

（『新刻臨川王介甫先生文集』による）

〔注〕　○先王──古代の帝王。
　　○下愚不レ可レ移之才──『論語』陽貨篇に「上知と下愚とは移らず（きわめて賢明な者ときわめて愚かな者は、何によっても変わらない）」とあるのにもとづく。
　　○惻怛──あわれむ、同情する。

設　問

（一）　傍線部a・b・cの意味を現代語で記せ。

（二）　「所三以待人二者尽矣」（傍線部d）を平易な現代語に訳せ。

（三）　「不下謀レ之以三至誠惻怛之心ヲ力一、行而先レ之、未レ有下能以三至誠惻怛之心ヲ力一、行而応ズルニレ之ニ者上也」（傍線部e）とは、誰がどうすべきだということか、わかりやすく説明せよ。

（解答欄：一三・五センチ×一・五行）

○丸鞘——丸く削った鞘。

設問

(一) 傍線部ア・イ・ウを現代語訳せよ。

(二) 「さやうの心」（傍線部エ）とは、何を指しているか、説明せよ。

（解答欄：一三・五センチ×一行）

(三) 「人目ばかりを憚り候ふものぞ」（傍線部オ）とあるが、公義は女房の言葉をどう解釈しているか、説明せよ。

（解答欄：一三・五センチ×一行）

三

次の文章は、宋の王安石が人材登用などについて皇帝に進言した上書の一節である。これを読んで、後の設問に答えよ。ただし、設問の都合で送り仮名を省いたところがある。

先王之為二天下一、不患三人之不レ為而患三人之不レ能、不患三人之不レ能而患己之不レ勉。

何謂下不患三人之不レ為而患三人之不レ能中乎。人之情所レ願得者、善行・美名・尊爵・厚利也。先王操二之以臨一天下之士、有レ能遵レ之以治者、則悉以二其所レ願得者一与レ之。士不レ能則已矣。苟能、則孰肯舍二其所一レ願得而不レ自勉以為レ才。故曰、不レ患三人之不レ為。

何謂下不患三人之不レ能而患己之不レ勉中乎。先王之法、所三以待レ人者尽矣。自非下愚不レ可レ移之才一、未レ有下不レ能レ赴者一也。然而不下謀レ之以二至誠惻怛之心一力行而先レ之、未レ有能

やれども取つても見ず、けしからぬ気色(けしき)つれなき女房のありけるをば、いかがすべき」とうち笑ひければ、公義「人皆岩木(いはき)ならねば、いかなる女房も、慕ふに靡(なび)かぬ者や候ふべき。今一度御文を遣はされて御覧候へ」とて、師直に代はつて文を書きけるが、イなかなか言葉はなくて、

　返すさへ手や触れけんと思ふにぞわが文ながらうちも置かれず

押し返して、仲立この文を持ちて行きたるに、女房いかが思ひけん、歌を見て顔うちあかめ、袖に入れて立ちけるを、仲立ちさてはウたよりあしからずと、袖をひかへて、「さて御返事はいかに」とばかり言ひければ、暫(しばら)くあれば、使ひ急ぎ帰つて、「かくこそ候ひつれ」と語るに、「重きが上の小夜衣」とばかり言ひ捨てて、内へ紛れ入りぬ。師直うれしげにうち案じて、やがて薬師寺をよび寄せ、「この女房の返事に、『重きが上の小夜衣』と言ひ捨てて立たれけると仲立ちの申すは、衣・小袖をととのへて送れとにや。その事ならば、いかなる装束なりとも仕立てんずるに、いと安かるべし。これは何と言ふ心ぞ」と問はれければ、公義「いやこれはエさやうの心にては候はず、新古今の十戒(じつかい)の歌に、

　さなきだに重きが上のオ小夜衣わがつまならぬつまな重ねそ

と言ふ歌の心を以つて、人目ばかりを憚(はばか)り候ふものぞとこそ覚えて候へ」と歌の心を釈しければ、師直大きに悦(よろこ)んで、「ああ御辺(ごへん)は弓箭(ゆみや)の道のみならず、歌道にさへ無双の達者なりけり。いで引出物せん」とて、金作(こがねづく)りの丸鞘(まるざや)の太刀(たち)一振り、手づから取り出だして薬師寺にこそ引かれけれ。兼好が不祥、公義が高運、栄枯一時に地をかへたり。

〔注〕
○兼好——兼好法師。『徒然草』の作者。
○紅葉襲の薄様——表は紅、裏は青の薄手の紙。
○薬師寺次郎左衛門公義——師直の家来で歌人。
○仲立ち——仲介役をした侍従。
○小夜衣——着物の形をした寝具。普通の着物よりも大きく重い。
○十戒の歌——僧が守るべき十種の戒律について詠んだ歌。

（二）　『理論的虚構』という意味はまったく含まれていない」（傍線部イ）とはどういうことか、説明せよ。

　　　　　　　　　　　　　　　　　　　　　　　（解答欄：一三・五センチ×二行）

（三）　『フランス革命』や『明治維新』が抽象的概念であり、それらが『知覚』ではなく、『思考』の対象であること」（傍線部ウ）とはどういうことか、説明せよ。

　　　　　　　　　　　　　　　　　　　　　　　（解答欄：一三・五センチ×二行）

（四）　「歴史的出来事の存在は『理論内在的』あるいは『物語り内在的』なのであり、フィクションといった誤解をあらかじめ防止しておくならば、それを『物語り的存在』と呼ぶこともできます」（傍線部エ）とあるが、「歴史的出来事の存在」はなぜ「物語り的存在」といえるのか、本文全体の論旨を踏まえた上で、一〇〇字以上一二〇字以内で説明せよ（句読点も一字と数える）。

（五）　傍線a・b・cのカタカナに相当する漢字を楷書で書け。

　　a　フタ　　　b　リンセツ　　　c　コショウ

一　　次の文章は『太平記』の一節である。美しい女房の評判を聞いた武蔵守・高師直は、侍従の局に仲立ちを依頼したが、すでに人妻となっている女房は困惑するばかりであった。これを読んで、後の設問に答えよ。

　侍従帰りて、「かくこそ」と語りければ、武蔵守いと心を空に成して、「たび重ならば情けに弱ることもこそあれ、文をやりてみばや」とて、兼好と言ひける能書の遁世者をよび寄せて、紅葉襲の薄様の、取る手も燻ゆるばかりに焦がれたるに、言葉を尽くしてぞ聞こえける。返事遅しと待つところに、使ひ帰り来て、「御文をば手に取りながら、あけてだに見たまはず、庭に捨てられたるを、人目にかけじと、懐に入れ帰りまるつて候ひぬる」と語りければ、師直大きに気を損じて、「いやいや物の用に立たぬものは手書きなりけり。今日よりその兼好法師、これへ寄すべからず」とぞ怒りける。かかるところに薬師寺次郎左衛門公義、所用の事有りて、ふとさし出でたり。師直かたはらへ招いて、「ここに、文を

トワークに支えられています。このネットワークから独立に「前九年の役」を同定することはできません。それは物語りを超越した理想的年代記作者、すなわち「神の視点」を要請することにほかならないからです。だいいち「前九年の役」という[c]コショウそのものが、すでに一定の「物語り」のコンテクストを前提としています。つまり「前九年の役」といっう歴史的出来事はいわば「物語り負荷的」な存在なのであり、その存在性格は認識論的に見れば、素粒子や赤道などの「理論的存在」と異なるところはありません。言い換えれば、[エ]歴史的出来事の存在は「理論内在的」あるいは「物語り内在的」なのであり、フィクションといった誤解をあらかじめ防止しておくならば、それを「物語り的存在」と呼ぶこともできます。

（野家啓一『歴史を哲学する——七日間の集中講義』による）

〔注〕
○霧箱——水やアルコールの蒸気で過飽和の気体の中を荷電粒子が通過するとき、進路に沿って発生する霧滴によって、粒子の飛跡を観測する装置。
○泡箱——沸点以上に加熱された液体の中を荷電粒子が通過するとき、進路に沿って発生する微小な気泡によって、粒子の飛跡を観測する装置。
○サイクロトロン——荷電粒子を加速する円形の装置。原子核の人工破壊や放射性同位体の製造に利用する。
○ポパー——Karl Raimund Popper（一九〇二〜一九九四）。イギリスの哲学者。
○六分儀——天体などの目標物の高度や角度を計測する器具。外洋を航行するとき現在地を知るためなどに用いる。
○安倍貞任——平安時代中期の武将（？〜一〇六二）。
○『陸奥話記』——平安時代後期に書かれた軍記。

設　問

（一）「その痕跡が素粒子の『実在』を示す証拠であることを保証しているのは、量子力学を基盤とする現代の物理学理論にほかなりません」（傍線部ア）とはどういうことか、説明せよ。

（解答欄：一三・五センチ×二行）

それらは理論的構成体なのである（ある人々には奇妙に聞こえようが、「戦争」や「軍隊」ですら抽象的概念である。具体的なものは、殺される多くの人々であり、あるいは制服を着た男女等々である）と述べています。同じことは、当然ながら歴史学にも当てはまります。歴史記述の対象は「もの」ではなく「こと」、すなわち個々の「事物」ではなく、関係の糸で結ばれた「事件」や「出来事」だからです。「戦争」や「軍隊」と同様に、ｳ「フランス革命」や「明治維新」が抽象的概念であり、それらが「知覚」ではなく、「思考」の対象であることは、さほど抵抗なく納得していただけるのではないかと思います。

「理論的存在」と言っても、ミクロ物理学と歴史学とでは分野が少々かけ離れすぎておりますので、もっと身近なところ、歴史学のｂリンセツ分野である地理学から例をとりましょう。われわれは富士山や地中海をもちろん目で見ることができますが、同じ地球上に存在するものでも、「赤道」や「日付変更線」を見ることはできません。確かに地図の上には赤い線が引いてありますが、太平洋を航行する船の上からも赤道を知覚的に捉えることは不可能です。しかし、船や飛行機で赤道や日付変更線を「通過」することは可能ですから、その意味ではそれらは確かに地球上に「実在」しています。

その「通過」を、われわれは目ではなく六分儀などの「計器」によって確認します。計器による計測を支えているのは、地理学や天文学の「理論」にほかなりません。ですから赤道や日付変更線は、直接に知覚することはできませんが、地理学の理論によってその「実在」を保証された「理論的存在」と言うことができます。この「理論」を「物語り」と呼び換えるならば、われわれは歴史的出来事の存在論へと一歩足を踏み入れることになります。

具体的な例を挙げましょう。仙台から平泉へ向かう国道四号線の近くに「衣川の古戦場」があります。ご承知のように、前九年の役や後三年の役の戦場となった場所です。僕も行ったことがありますが、現在目に見えるのは草や樹木の生い茂った何もないただの野原にすぎません。しかし、この場所で行われた安倍貞任と源義家の戦いがかつて「実在」したことをわれわれは疑いません。その確信は、言うまでもなく『陸奥話記』や『古今著聞集』をはじめとする文書史料の記述や『前九年合戦絵巻』などの絵画資料、あるいは武具や人骨などの発掘物に関する調査など、すなわち「物語り」のネッ

ことを保証しているのは、量子力学を基盤とする現代の物理学理論にほかなりません。その意味では、素粒子の「実在」の意味は直接的な観察によってではなく、間接的証拠を支えている物理学理論によって与えられていると言うことができます。逆に、物理学理論の支えと実験的証拠の裏づけなしに物理学者が「雷子」なる新粒子の存在を主張したとしても、それが実在するとは誰も考えませんし、だいいち根拠が明示されなければ検証や反証のしようがありません。ですから、素粒子が「実在」することは背景となる物理学理論のネットワークと不即不離なのであり、それらから独立に存在主張を行うことは意味をなしません。

科学哲学では、このように直接的に観察できない対象のことを「理論的存在 (theoretical entity)」ないしは「理論的構成体 (theoretical construct)」と呼んでいます。むろん理論的存在と言っても「理論的虚構」という意味はまったく含まれていないことに注意してください。それは知覚的に観察できないというだけで、れっきとした「存在」であり、少なくとも現在のところ素粒子のような理論的存在の実在性を疑う人はおりません。しかし、その「実在」を確かめるためには、サイクロトロンを始めとする巨大な実験装置と一連の理論的手続きが要求されます。ですから、見聞臭触によって知覚的に観察可能なものだけが「実在」するという狭隘な実証主義は捨て去らねばなりませんが、他方でその「実在」の意味は理論的「探究」の手続きと表裏一体のものであることにも留意せねばなりません。

以上の話から、物理学に見られるような理論的「探究」の手続きが、「物理的事実」のみならず「歴史的事実」を確定するためにも不可欠であることにお気づきになったと思います。そもそも「歴史 (history)」の原義が「探究」であったことを思い出してください。歴史的事実は過去のものであり、もはや知覚的に見たり聞いたりすることはできませんので、その「実在」を主張するためには、直接間接の証拠が必要とされます。また、歴史学においては史料批判や年代測定など一連の理論的手続きが要求されることもご存じのとおりです。その意味で、歴史的事実を一種の「理論的存在」として特徴づけることは、抵抗感はあるでしょうが、それほど乱暴な議論ではありません。

実際ポパーは、『歴史主義の貧困』の中で「社会科学の大部分の対象は、すべてではないにせよ、抽象的対象であり、

（注）　解答は、一行の枠内に二行以上書いてはいけない。

国語

（一〇〇分）

一　次の文章を読んで、後の設問に答えよ。

余りに単純で身も_aフタもない話ですが、過去は知覚的に見ることも、聞くことも、触れることもできず、ただ想起することができるだけです。その体験的過去における「想起」に当たるものが、歴史的過去においては「物語り行為」であるというのが僕の主張にほかなりません。つまり、過去は知覚できないがゆえに、その「実在」を確証するためには、想起や物語り行為をもとにした「探究」の手続き、すなわち発掘や史料批判といった作業が不可欠なのです。

そこで、過去と同様に知覚できないにも拘らず、われわれがその「実在」を確信して疑わないものを取り上げましょう。それはミクロ物理学の対象、すなわち素粒子です。電子や陽子や中性子を見たり、触ったりすることはどんなに優秀な物理学者にもできません。素粒子には質量やエネルギーやスピンはありますが、色も形も味も匂いもないからです。われわれが見ることができるのは、霧箱や泡箱によって捉えられた素粒子の飛跡にすぎません。それらは荷電粒子が通過してできた水滴や泡、すなわちミクロな粒子の運動のマクロな「痕跡」です。_アその痕跡が素粒子の「実在」を示す証拠である

/////////////////// · memo · ///////////////////

教学社 刊行一覧

2025年版　大学赤本シリーズ

国公立大学（都道府県順）

374大学556点 全都道府県を網羅

全国の書店で取り扱っています。店頭にない場合は，お取り寄せができます。

1　北海道大学（文系-前期日程）
2　北海道大学（理系-前期日程）医
3　北海道大学（後期日程）
4　旭川医科大学（医学部〈医学科〉）医
5　小樽商科大学
6　帯広畜産大学
7　北海道教育大学
8　室蘭工業大学／北見工業大学
9　釧路公立大学
10　公立千歳科学技術大学
11　公立はこだて未来大学 総推
12　札幌医科大学（医学部）医
13　弘前大学 医
14　岩手大学
15　岩手県立大学・盛岡短期大学部・宮古短期大学部
16　東北大学（文系-前期日程）
17　東北大学（理系-前期日程）医
18　東北大学（後期日程）
19　宮城教育大学
20　宮城大学
21　秋田大学 医
22　秋田県立大学
23　国際教養大学 総推
24　山形大学 医
25　福島大学
26　会津大学
27　福島県立医科大学（医・保健科学部）医
28　茨城大学（文系）
29　茨城大学（理系）
30　筑波大学（推薦入試）医 総推
31　筑波大学（文系-前期日程）
32　筑波大学（理系-前期日程）医
33　筑波大学（後期日程）
34　宇都宮大学
35　群馬大学 医
36　群馬県立女子大学
37　高崎経済大学
38　前橋工科大学
39　埼玉大学（文系）
40　埼玉大学（理系）
41　千葉大学（文系-前期日程）
42　千葉大学（理系-前期日程）医
43　千葉大学（後期日程）医
44　東京大学（文科）DL
45　東京大学（理科）DL 医
46　お茶の水女子大学
47　電気通信大学
48　東京外国語大学 DL
49　東京海洋大学
50　東京科学大学（旧 東京工業大学）
51　東京科学大学（旧 東京医科歯科大学）医
52　東京学芸大学
53　東京藝術大学
54　東京農工大学
55　一橋大学（前期日程）
56　一橋大学（後期日程）
57　東京都立大学（文系）
58　東京都立大学（理系）
59　横浜国立大学（文系）
60　横浜国立大学（理系）
61　横浜市立大学（国際教養・国際商・理・データサイエンス・医〈看護〉学部）

62　横浜市立大学（医学部〈医学科〉）医
63　新潟大学（人文・教育〈文系〉・法・経済科・医〈看護〉・創生学部）
64　新潟大学（教育〈理系〉・理・医〈看護を除く〉・歯・工・農学部）医
65　新潟県立大学
66　富山大学（文系）
67　富山大学（理系）医
68　富山県立大学
69　金沢大学（文系）
70　金沢大学（理系）医
71　福井大学（教育・医〈看護〉・工・国際地域学部）
72　福井大学（医学部〈医学科〉）医
73　福井県立大学
74　山梨大学（教育・医〈看護〉・工・生命環境学部）
75　山梨大学（医学部〈医学科〉）医
76　都留文科大学
77　信州大学（文系-前期日程）
78　信州大学（理系-前期日程）医
79　信州大学（後期日程）
80　公立諏訪東京理科大学 総推
81　岐阜大学（前期日程）医
82　岐阜大学（後期日程）
83　岐阜薬科大学
84　静岡大学（前期日程）
85　静岡大学（後期日程）
86　浜松医科大学（医学部〈医学科〉）医
87　静岡県立大学
88　静岡文化芸術大学
89　名古屋大学（文系）
90　名古屋大学（理系）医
91　愛知教育大学
92　名古屋工業大学
93　愛知県立大学
94　名古屋市立大学（経済・人文社会・芸術工・看護・総合生命理・データサイエンス学部）
95　名古屋市立大学（医学部〈医学科〉）医
96　名古屋市立大学（薬学部）
97　三重大学（人文・教育・医〈看護〉学部）
98　三重大学（医〈医〉・工・生物資源学部）医
99　滋賀大学
100　滋賀医科大学（医学部〈医学科〉）医
101　滋賀県立大学
102　京都大学（文系）
103　京都大学（理系）医
104　京都教育大学
105　京都工芸繊維大学
106　京都府立大学
107　京都府立医科大学（医学部〈医学科〉）医
108　大阪大学（文系）DL
109　大阪大学（理系）医
110　大阪教育大学
111　大阪公立大学（現代システム科学域〈文系〉・文・法・経済・商・看護・生活科〈居住環境・人間福祉〉学部-前期日程）
112　大阪公立大学（現代システム科学域〈理系〉・理・工・農・獣医・医・生活科〈食栄養〉学部-前期日程）医
113　大阪公立大学（中期日程）
114　大阪公立大学（後期日程）医
115　神戸大学（文系-前期日程）
116　神戸大学（理系-前期日程）医

117　神戸大学（後期日程）
118　神戸市外国語大学 DL
119　兵庫県立大学（国際商経・社会情報科・看護学部）
120　兵庫県立大学（工・理・環境人間学部）
121　奈良教育大学／奈良県立大学
122　奈良女子大学
123　奈良県立医科大学（医学部〈医学科〉）医
124　和歌山大学
125　和歌山県立医科大学（医・薬学部）
126　鳥取大学 医
127　公立鳥取環境大学
128　島根大学 医
129　岡山大学（文系）
130　岡山大学（理系）医
131　岡山県立大学
132　広島大学（文系-前期日程）
133　広島大学（理系-前期日程）医
134　広島大学（後期日程）
135　尾道市立大学 総推
136　県立広島大学
137　広島市立大学
138　福山市立大学 総推
139　山口大学（人文・教育〈文系〉・経済・医〈看護〉・国際総合科学部）
140　山口大学（教育〈理系〉・理・医〈看護を除く〉・工・農・共同獣医学部）医
141　山陽小野田市立山口東京理科大学 総推
142　下関市立大学／山口県立大学
143　周南公立大学 新 医 推
144　徳島大学 医
145　香川大学 医
146　愛媛大学 医
147　高知大学 医
148　高知工科大学
149　九州大学（文系-前期日程）
150　九州大学（理系-前期日程）医
151　九州大学（後期日程）
152　九州工業大学
153　福岡教育大学
154　北九州市立大学
155　九州歯科大学
156　福岡県立大学／福岡女子大学
157　佐賀大学 医
158　長崎大学（多文化社会・教育〈文系〉・経済・医〈保健〉・環境科〈文系〉学部）
159　長崎大学（教育〈理系〉・医〈医〉・歯・薬・情報データ科・工・環境科〈理系〉・水産学部）医
160　長崎県立大学 総推
161　熊本大学（文・教育・法・医〈看護〉学部・情報融合学環〈文系型〉）
162　熊本大学（理・医〈看護を除く〉・薬・工学部・情報融合学環〈理系型〉）医
163　熊本県立大学
164　大分大学（教育・経済・医〈看護〉・理工・福祉健康科学部）
165　大分大学（医学部〈医・先進医療科学科〉）医
166　宮崎大学（教育・医〈看護〉・工・農・地域資源創成学部）
167　宮崎大学（医学部〈医学科〉）医
168　鹿児島大学（文系）
169　鹿児島大学（理系）医
170　琉球大学 医